V&R

Religiöse Kulturen im Europa der Neuzeit

Herausgegeben von
Friedrich Wilhelm Graf, Miloš Havelka und
Martin Schulze Wessel

Band 3

Vandenhoeck & Ruprecht

Lisa Dittrich

Antiklerikalismus in Europa

Öffentlichkeit und Säkularisierung in
Frankreich, Spanien und Deutschland (1848–1914)

Vandenhoeck & Ruprecht

Mit 26 Abbildungen

Umschlagabbildung:
Galantara, Gabriele: Frankreichs höhere Balletkunst im Dienste der Freiheit.
In: Der Wahre Jakob, 4.10.1904, 4480, Bayerische Staatsbibliothek, 4 Z 36.299–1903/1905.

Bibliografische Information der Deutschen Nationalbibliothek

Die Deutsche Nationalbibliothek verzeichnet diese Publikation in der Deutschen Nationalbibliografie; detaillierte bibliografische Daten sind im Internet über http://dnb.d-nb.de abrufbar.

ISBN 978-3-525-31023-6

Weitere Ausgaben und Online-Angebote sind erhältlich unter: www.v-r.de

Der Druck dieses Buches wurde ermöglicht durch einen Druckkostenzuschuss aus Mitteln des von der Deutschen Forschungsgemeinschaft (DFG) finanzierten Internationalen Graduiertenkollegs »Religiöse Kulturen im Europa des 19. und 20. Jahrhunderts«.

Gesamtherstellung: Hubert & Co, Göttingen

Gedruckt auf alterungsbeständigem Papier.

Inhalt

Einleitung ... 7

1. Staat, Kirchen und Öffentlichkeit – Antiklerikale Kontexte ... 49
   - 1.1 Das religiöse Feld – Pluralisierung und Wandel ... 50
   - 1.2 Frankreich – Die Entstehung eines Mehrheitsantiklerikalismus ... 72
   - 1.3 Spanien – Antiklerikalismus in der Opposition ... 91
   - 1.4 Deutschland – Zwischen Staatsmacht, protestantischer Mehrheitsgesellschaft und Kritik im Obrigkeitsstaat ... 115
   - 1.5. Europäischer Antiklerikalismus: Kontexte und Entwicklungen – Zwischenfazit ... 141

2. Skandalisierungen und die Bildung europäischer Öffentlichkeit ... 147
   - 2.1 Die Entführung Edgardo Mortaras (1858) – Europa als Ausweg ... 148
   - 2.2 Das Erste Vatikanische Konzil (1869/1870) – Nationale Fragen und begrenzte Mobilisierung ... 181
   - 2.3 Die Hinrichtung Francisco Ferrers (1909) – Eine europäische Öffentlichkeit protestiert ... 219
   - 2.4 Europäische Öffentlichkeit: Nationale Grenzen und Strukturwandel – Zwischenfazit ... 277

3. Konfliktfelder und Säkularisierungskämpfe ... 289
   - 3.1 Eine Frage der Macht – Freiheitsforderungen und politische Legitimität ... 291
   - 3.2 Eine Frage der Wahrheit – Epistemologische Debatten ... 329
   - 3.3 Eine Frage des Glaubens – Eine religiöse Suche ... 357
   - 3.4 Eine Frage der Moral – Neue und alte Instanzen, neue und alte Werte ... 384
   - 3.5 Eine Frage der Zeit – Modelle für die Moderne ... 412
   - 3.6 Säkularisierung: Delegitimierung und Pluralität – Zwischenfazit ... 422

4. Formen und Dynamiken des Diskurses ... 431
4.1 Strukturen – Wiederholung und Verschmelzung ... 432
4.2 Charakter und Tonlagen – Stereotypisierung und Gegnerschaft ... 452
4.3. Karikaturen: Erhöhte Verdichtung – eine Coda ... 478
4.4 Antiklerikalismus: Ein binärer Code – Zwischenfazit ... 488

5. Antiklerikalismus als europäisches Phänomen – Fazit ... 491
5.1 Säkularisierung, Kirchen, Religion und Ultramontanismus ... 492
5.2 Der antiklerikale liberale Code – Eingrenzung und Abgrenzung ... 498
5.3 Europäische Dimensionen und Pfade ... 503

Danksagung ... 513

Abkürzungen ... 515

Bildnachweis ... 517

Bibliografie ... 519

Register ... 603
Personenregister ... 603
Sachregister ... 606

Einleitung

Unter dem Titel »El Kulturkampf internacional« publizierte der Kardinal und Erzbischof von Toledo, Ciriaco María Sancha[1], 1901 eine Schrift, mit der er auf die nach der Jahrhundertwende in Spanien aufbrechenden Auseinandersetzungen über die Rolle von Kirche und Religion in Staat und Gesellschaft reagierte.[2] Schon der Titel verweist auf den internationalen Charakter der Konflikte. Im Text selbst stellte der spanische Kirchenmann die zeitgenössischen Auseinandersetzungen seines Heimatlandes in einen europäischen Kontext, den er bis zurück zur Reformation spannte. Schließlich signalisierte die Verwendung des deutschen Begriffs Kulturkampf, den der Pathologe Rudolf Virchow (1821–1902) 28 Jahre zuvor maßgeblich geprägt hatte,[3] die grenzüberschreitende Bedeutung des Themas. Denn auf den 240 Seiten seiner Schrift analysierte Sancha zwar verschiedene Konzepte wie Antiklerikalismus und Klerikalismus, widmete dem deutschen Begriff Kulturkampf jedoch keine weiteren Erläuterungen. Der Germanismus – so muss man annehmen – war bereits vorher aus dem Deutschen in den passiven Wortschatz des potentiellen spanischen Publikums des Kardinals übergegangen. Das begriffliche Arsenal der Kulturkämpfer wurde also von den Gegnern in den Auseinandersetzungen aufgegriffen, dabei zirkulierte es im europäischen Rahmen, und das nicht nur zwischen den beiden ›Kernländern‹ Europas Deutschland und Frankreich. In seiner Schrift bemühte sich der Erzbischof, die verschiedenen Kritikpunkte spanischer Antiklerikaler

1 Ciriaco María Sancha y Hervás (1833–1909) nahm eine zentrale Stellung innerhalb der spanischen Kirchenhierarchie in der zweiten Hälfte des 19. Jahrhunderts ein. Er baute als Bischof die neu gegründete Diözese Madrid auf und übte Einfluss auf die Schaffung einer einheitlichen Linie im spanischen Katholizismus und in der aufkommenden katholischen Bewegung aus. Vgl. Archivo Bibliográfico de España, Portugal e Iberoamérica (im Folgenden ABEPI), III, 400 177–180. Vor- und Nachnamen handelnder Personen werden in der folgenden Studie jeweils bei der Erstnennung vollständig und, wenn diese ermittelt werden konnten, mit Lebensdaten angeführt. Ausführliche biografische Hinweise werden nur bei solchen Personen erbracht, die zentral für das Thema sind und deren Bekanntheit nicht vorausgesetzt werden kann.

2 Vgl. *Sancha y Hervás*: El Kulturkampf internacional.

3 Der Begriff Kulturkampf wurde nicht erstmals von Virchow 1873 in einer seiner Reden im preußischen Abgeordnetenhaus benutzt, sondern tauchte bereits in den 1840er Jahren in innerkatholischen Konflikten in der Schweiz auf. Vgl. *Borutta*: Antikatholizismus 1; zu weiteren früheren Beispielen *Lepp*: Protestantisch-liberaler Aufbruch 328; *Morsey*: Kulturkampf 163.

zu widerlegen: Er verteidigte die klösterliche Lebensform gegen ökonomische Argumente, moralische Kritik und die Anzweifelung ihres legalen Status, verwahrte sich gegen den Vorwurf der mangelnden Freiheit, die in religiösen Gelübden zum Ausdruck komme, und betonte, dass der Papst keine ausländische Macht darstelle. Für Sancha verbarg sich hinter der Kritik der Antiklerikalen eine irreligiöse Verschwörung von Freimaurern und Atheisten, die unter ausländischem Einfluss stünden. Die Bandbreite der Themen verdeutlicht die verschiedenen Dimensionen der Kulturkämpfe. »El Kulturkampf internacional« bündelt somit grundsätzliche Fragen nach Konfliktstoff, Zielsetzung und Reichweite, die diese Auseinandersetzungen des ausgehenden 19. Jahrhunderts bis heute aufwerfen und die im Zentrum der folgenden Studie stehen sollen.

Die zweite Hälfte des 19. und die ersten Jahre des 20. Jahrhunderts zeichneten sich in Europa durch rechtliche Auseinandersetzungen der (entstehenden) Nationalstaaten mit den Kirchen sowie durch soziale und kulturelle Konflikte aus, in denen Antiklerikale die Kirchen und die Religion kritisierten und deren Rolle in den sich wandelnden Gesellschaften verhandelten. In den letzten Jahren ist die europäische Dimension der Kulturkämpfe immer wieder betont worden;[4] der Antiklerikalismus war nicht zuletzt aufgrund der internationalen Verfasstheit seines Hauptfeindes, der katholischen Kirche, transnational.[5] Die Auseinandersetzungen entstanden im Zusammenspiel soziokultureller, politischer und ökonomischer Veränderungen der europäischen Gesellschaften: der Entstehung der Massenpresse und des politischen Massenmarktes, der Demokratisierung, der Verschärfung sozialer und weltanschaulicher Polarisierungen und des Erstarkens des Nationalismus. Ausschlaggebend war vor allem der strukturelle Wandel von Religion und Kirchen. Dieser beinhaltete sowohl die zunehmende Entkirchlichung und Pluralisierung als auch die religiöse Erneuerung vor allem in der katholischen Kirche.[6]

In den Kulturkämpfen wurden die zentralen Weichen für das Verhältnis von Religion, Staat und Gesellschaft in den modernen europäischen Gesellschaften gestellt. Die antiklerikale Kritik berührte alle Bereiche: Die Machtpositionen der Kirchen wurden bekämpft, institutionelle Fragen wie die Säkularisierung des

4 Vgl. als Übersicht zur internationalen und transnationalen Dimension *Rémond*: Special Issue: Anticlericalism. European Studies Review 13 (1983); *Clark/Kaiser*: Culture Wars; *Borutta*: Antikatholizismus; *Verhoeven*: Transatlantic Anti-Catholisim sowie *Werner/Havard*: European Anti-Catholicism.

5 Vgl. zur Betonung des Einflusses der international verfassten katholischen Kirche zuletzt *Verhoeven*: Transatlantic Anti-Catholicism 7 f., 126 f.

6 Vgl. für einen Überblick über die Kontexte bereits *Clark/Kaiser*: Introduction 1; *Kaiser*: Clericalism 75.

Personenstandswesens, der Friedhöfe, der Hospitäler und der Bildung diskutiert und in vielen europäischen Ländern die gesetzlichen Rahmenbedingungen des Verhältnisses von Staat, Gesellschaft und Kirchen entscheidend modifiziert.[7] Antiklerikale prangerten in den Konflikten moralische Verfehlungen des Klerus an, wandten sich mit ökonomischen Argumenten gegen die klösterliche Lebensführung und griffen Dogmen und Heiligenverehrung an, da diese den modernen Wissensmaßstäben nicht gerecht würden. Ihr Hauptgegner war dabei die katholische Kirche, insbesondere der sich entwickelnde politische Katholizismus und das entstehende kirchenpolitische Modell des Ultramontanismus. Einige Kirchenkritiker stellten ihren Kampf in den Kontext einer allgemeinen Religionskritik aus reformistischer oder atheistischer Perspektive. Dabei entwickelten sich zum Teil auch alternative religiöse Formen.

Die Bandbreite der antiklerikalen Themen korrespondierte mit der Heterogenität der Trägergruppen. Neben dem gesamten linken Spektrum von Liberalen, Republikanern, Sozialisten und Anarchisten vertraten die sich in diesen Jahrzehnten konstituierenden beziehungsweise konsolidierenden Assoziationen der Freidenker und Freimaurer kirchenkritische Positionen. Zugleich bestimmten konfessionelle Gegensätze die Kulturkämpfe. So waren es in den deutschen Ländern und auch in Frankreich besonders Teile der Protestanten und in geringerem Maße der Juden, die eine antikatholische Stoßrichtung des Antiklerikalismus pflegten. Die Konfliktlinien konnten allerdings auch anders verlaufen. Mitte des Jahrhunderts schlossen zum Beispiel in den Niederlanden Liberale mit Katholiken eine Allianz, da letztere sich als religiöse Minderheit von einer Trennung von Staat und Kirchen größere Freiheiten erhofften.[8] Der Kulturkampf des Reichskanzlers Fürst Otto von Bismarck (1815–1898) ist wohl das bekannteste Beispiel für eine konservative Kirchenkritik, durch das die häufig vorgenommene klare Verortung des Antiklerikalismus im linken politischen Spektrum in Frage gestellt wird.

Die Auseinandersetzungen wurden in erster Linie in geschriebenem und gesprochenem Wort ausgetragen, wobei vor allem der Presse eine entscheidende Rolle zukam.[9] Antiklerikale artikulierten sich zudem in Versammlungen, Demonstrationen und anderen Protestformen und die Konflikte nahmen zum Teil einen gewalttätigen Charakter an. Auch die transnationale Dimension der Auseinandersetzungen schlug sich vorrangig in medialer Form nieder; Bücher und Artikel der Kulturkämpfer anderer Länder wurden ebenso übersetzt wie die Grundlagenliteratur der Antiklerikalen. Man berichtete ausführlich über die

7 Vgl. zur zeitlichen Einordnung der verschiedenen nationalen Konflikte, ihren Gemeinsamkeiten wie Differenzen den Überblick bei *Clark/Kaiser*: Introduction 4–7.

8 Vgl. *Te Velde/Margry*: Contested Rituals.

9 Vgl. zur Rolle der Presse z. B. bereits *Rémond*: Religion et société 108.

Konflikte in anderen Ländern, solidarisierte sich mit Aktivitäten und Kampagnen jenseits der nationalen Grenzen und sah sich, wie der Text des Kardinals Sancha zeigte, in einem europäischen Kontext. Die Antiklerikalen und ihre Trägergruppen vernetzten sich zudem organisatorisch auf europäischer Ebene durch Kongresse und die Gründung von internationalen Verbänden.[10]

Untersuchungsgegenstand, Zeitraum und Begriffe

In der folgenden kulturgeschichtlich ausgerichteten Studie werden diese soziokulturellen antiklerikalen Mobilisierungen untersucht. Ausgehend von Ereignissen, die eine europäische Resonanz hatten und von Antiklerikalen durch mediale Inszenierung zu Skandalen, Fällen und Affären stilisiert wurden, analysiere ich die Reaktionen der Kirchenkritiker vor allem in Presse und Publizistik. Dies geschieht beispielhaft für drei Länder – Frankreich, Spanien und Deutschland.[11] Dieses auf eine Idee Wolfram Kaisers und Christopher Clarks zurückgehende exemplarische Vorgehen soll ermöglichen, punktuell, »en détail« und über einen längeren Zeitraum hinweg den Formen und Mechanismen transnationaler, nationaler und lokaler antiklerikaler Mobilisierung nachzugehen und mögliche Verschiebungen im Laufe der zweiten Hälfte des 19. Jahrhunderts aufzuzeigen sowie das Phänomen zu konzeptualisieren.[12]

Angelehnt an sozialwissenschaftliche Theorien zum Phänomen des Skandals sollen die jeweilige Rezeption der Ereignisse als Kristallisationsmomente gesellschaftlicher Mobilisierung untersucht werden. Ein Skandal ist nach Frank Böschs Definition ein »Normbruch einer Person oder Institution, die für die Wahrung von Normen steht – der aufgedeckt wird«, dessen Veröffentlichung eine »breite öffentliche Empörung«[13] hervorruft und in dessen Folge der Machtanspruch der kritisierten Person oder Institution in Frage gestellt wird. In Skandalen verhandeln Skandalierer in Medien im Wechselverhältnis zu den Skandalrezipienten die für das Kollektiv geltenden Normen, Gesellschafts- und Weltbilder und insofern kann die Untersuchung der antiklerikalen Skandalisierungen Aufschluss über die zur Diskussion stehenden normativen Vorstellungen

10 Vgl. zu den verschiedenen transnationalen Dimensionen die Skizze *Kaiser*: Clericalism.

11 Die territorialen Bezeichnungen beziehen sich auf die Staatsgrenzen im Untersuchungszeitraum; im Falle Deutschlands stellt das Deutsche Kaiserreich – auch vor seiner Gründung – den Rahmen dar. Deshalb wird im Folgenden oft eher die Bezeichnung »deutsche Länder« gewählt.

12 Vgl. für die Idee *Clark/Kaiser*: Culture Wars 339.

13 *Bösch*: Politische Skandale 25; ausführlicher *ders.*: Öffentliche Geheimnisse 8–10; angelehnt an *Hondrich*: Enthüllung und Entrüstung.

geben.[14] Da ein Skandal eine relevante, parteiübergreifende Mobilisierung voraussetzt,[15] verwende ich in der Analyse den Begriff selbst bewusst nicht und spreche nur von Skandalisierung. Denn im Falle der Kulturkämpfe kristallisierten sich in der medialen Öffentlichkeit zwei mehr oder weniger geschlossene Lager heraus.[16] Zudem wurden nicht nur Vergehen gegen gemeinsame Normen angeprangert (wie im Falle der moralischen Vorwürfe), sondern die Antiklerikalen versuchten (wenn sie etwa Vernunft gegen Glauben ausspielten), auch neue normgebende Konzepte zu etablieren. Trotz dieser Übertragbarkeitsprobleme möchte ich an der Anlehnung am Konzept des Skandals festhalten. Denn es verweist im Gegensatz zu dem des Falls und der Affäre auf den Charakter und die Funktion der Diskursführung Antiklerikaler, die die Studie herausarbeiten wird.[17]

Die Untersuchung beschränkt sich auf drei Ereignisse, die als die großen Skandalisierungen mit transnationaler Wirkung bezeichnet werden können. Als erstes wird die Rezeption der Entführung des jüdischen Jungen Edgardo Mortara (1851–1940) durch den Kirchenstaat 1858 in Bologna in den Mittelpunkt gerückt. Der Kirchenstaat nahm den Eltern das Kind weg, da dieses angeblich von einem Dienstmädchen getauft worden war und deshalb der Anspruch erhoben wurde, es im christlichen Sinne zu erziehen. Als zweites Ereignis habe ich das Erste Vatikanische Konzil und das Unfehlbarkeitsdogma 1869/1870 gewählt, das eine breite Diskussion über Dogmen, Kirchenverfassungen und Staat-Kirchen-Verhältnisse nach sich zog. Das dritte Ereignis lenkt schließlich den Blick von Rom weg nach Spanien: 1909 mobilisierte sich eine europäische Öffentlichkeit gegen die Hinrichtung des Freidenkers und libertären Pädagogen Francisco Ferrer (1859–1909) als angeblichen Verantwortlichen für die antiklerikalen Ausschreitungen in der sogenannten »Semana Trágica« in Barcelona im selben Jahr.

Ausschlaggebend für die Auswahl war zunächst der positive Befund einer transnationalen europäischen Mobilisierung gegen einen vermeintlichen Normbruch seitens der Gegner.[18] Zudem wurde versucht, in zweierlei Hinsicht eine

14 Vgl. zur Theorie des Skandals des Weiteren z. B. *Ebbighausen/Neckel*: Anatomie; *Käsler/Albers*: Der politische Skandal; *Bredow*: Legitimation durch Empörung; *Bösch*: Historische Skandalforschung; als historische Studie sei abgesehen von den verschiedenen thematisch fokussierten Arbeiten oder Einzelfalluntersuchungen vor allem auf *Bösch*: Öffentliche Geheimnisse verwiesen.

15 Vgl. *Bredow*: Legitimation durch Empörung 200; *Bösch*: Öffentliche Geheimnisse 9f.; *Domeier*: Der Eulenburg-Skandal 52–54.

16 Vgl. dazu vergleichend *Kaiser*: Clericalism 76.

17 Vgl. *Bösch*: Öffentliche Geheimnisse 6; *Offenstadt/Van Damme*: Introduction 9–12.

18 Aus diesem Grund wurde von einer Untersuchung der Dreyfus-Affäre abgesehen, die zunächst die politischen Gegner der Kirchenkritik mobilisierte. Vgl. aus der Fülle der Literatur das Standardwerk *Bredin*: L'affaire und die konzise Darstellung *Duclert*: L'affaire Dreyfus.

gewisse Repräsentativität zu erreichen. Erstens sollten in Bezug auf die inhaltlichen Auseinandersetzungen möglichst verschiedene klassische antiklerikale Themen behandelt werden, ohne dass dabei beansprucht wird, deren gesamtes Spektrum darzustellen. Zweitens greift die Auswahl in gewisser Hinsicht die übliche Verortung des Gegners auf; die Provokation ging in der Mortara-Affäre sowie beim Ersten Vatikanischen Konzil von Rom aus, dem Hauptgegner aller Antiklerikalen. Im Fall Ferrer agierten die Protestierenden gegen Spanien, als räumliches Symbol für die Inquisition. Die ausgewählten Fälle bieten darüber hinaus den Vorteil, dass auf Vorarbeiten zur Ereignisgeschichte und zu nationalen Reaktionen zurückgegriffen werden kann. Zugleich gilt aber für alle drei Ereignisse, dass es bisher keine systematische Untersuchung der antiklerikalen Mobilisierung im europäischen Rahmen gibt.[19]

Mit der Auswahl der drei Fälle wird die gesamte Hochzeit der Kulturkämpfe in den Blick genommen werden.[20] In die Jahrzehnte seit der Mitte des 19. Jahrhunderts bis zum Ausbruch des Ersten Weltkriegs fallen die entscheidenden und bleibenden gesetzlichen Veränderungen der Kulturkämpfe: In Frankreich wurde in diesen Jahren das laizistische Staatsmodell etabliert, das in der Trennung von Staat und Kirche 1905 kulminierte. Im Deutschen Kaiserreich veränderten sich mit dem Kulturkampf in den 1870er Jahren die Ehegesetzgebung und das Schulregiment. In Spanien wurde im revolutionären »Sexenio« (1868–1874) erstmals die Religionsfreiheit eingeführt und auch wenn diese später wieder zurückgenommen wurde, blieb die Idee der Toleranz für die folgenden Gesetzgebungen bis zur Errichtung des franquistischen Staates als Leitlinie maßgeblich. Das soziokulturelle Phänomen des modernen Antiklerikalismus ist selbstverständlich älter.[21] Frankreichs Kultur und Politik waren seit der Aufklärung und verstärkt in der ersten Hälfte des 19. Jahrhunderts von einer Kirchenkritik des geschriebenen Wortes geprägt, durch entsprechende Aktionen nur in der Revolutionsphase begleitet. Auch der moderne deutsche Antikatholizismus kann bis ins 18. Jahrhundert zurückverfolgt werden. In Spanien war der Kampf des liberalen Staates mit dem Absolutismus seit 1812 eng verknüpft mit Fragen der Kirchengesetzgebung.[22] Mitte des Jahrhunderts erhielten die Kulturkämpfe

19 Die Studie Timothy Verhoevens stellt auch die Mortara-Affäre und das Vatikanische Konzil in den Mittelpunkt, konzentriert sich jedoch thematisch ausschließlich auf den moralischen Aspekt sowie die geschlechterspezifische Dynamik der Auseinandersetzungen und nimmt besonders die USA in den Blick, so dass sich beide Untersuchungen sinnvoll ergänzen. Vgl. *Verhoeven*: Transatlantic Anti-Catholicism; zu den Vorarbeiten Kapitel 2.

20 Vgl. *Rémond*: Anticlericalism 123; *Sorrel*: L'anticléricalisme croyant 7 f.

21 Der moderne Antiklerikalismus seit der Aufklärung soll hier vom traditionellen, das heißt den mittelalterlichen und frühmodernen Formen abgesetzt werden.

22 Vgl. zur Aufklärung und zur ersten Hälfte des 19. Jahrhunderts in Frankreich *Mellor*: Histoire 70–290; *Rémond*: Anticléricalisme en France 61–121; speziell zum Antijesuitismus

aber eine neue Dynamik: Erstens wurde erst nach 1850 in nennenswertem Maße die auch unter Antiklerikalen umstrittene Idee eines religiös neutralen Staats- beziehungsweise Gesellschaftsmodells artikuliert. Zweitens waren es vor allem auch die neuen Mobilisierungsformen, die dem Antiklerikalismus in der zweiten Hälfte des Jahrhunderts einen anderen Charakter gaben. Als zentrale Trägergruppe entstanden nach der Jahrhundertmitte die Organisationen der Freidenker. Ebenso gründeten sich genuin antiklerikale Assoziationen. Diese griffen nun in vermehrtem Maße auf Artikulationsmittel wie Versammlungen, Proteste etc. zurück und gaben der Kirchenkritik damit ein neues Gesicht. Einen weiteren Dynamisierungsschub bedeutete die aufkommende Massenpresse und der mit ihr einhergehende »zweite Strukturwandel der Öffentlichkeit«[23]. Der Zeitraum von der Mortara-Affäre (1858) bis zum Fall Ferrer (1909) umgreift somit die zentrale Phase der politischen und gesetzlichen Veränderungen und spiegelt zugleich die soziale Dynamik, die dem Antiklerikalismus aus den sich entwickelnden Formen gesellschaftlicher und politischer Teilhabe erwuchs. Die Studie setzt jedoch zum Teil bereits früher ein und zieht den zeitlichen Bogen weiter, um die Entwicklungen in ihrem politischen Kontext sinnvoll verorten zu können. Schwerpunktmäßig umfasst sie die gesamte zweite Hälfte des langen 19. Jahrhunderts von 1848 bis 1914.

Einem begriffsgeschichtlich geschulten Leser kann nicht entgangen sein, dass in den bisherigen Ausführungen bereits eine Vielzahl von verschiedenen Begriffen für das in der folgenden Analyse untersuchte Phänomen gefallen sind. Neben ›Kulturkampf‹ und ›Antiklerikalismus‹ habe ich für bestimmte Kontexte die Begriffe ›Antikatholizismus‹ sowie ›Laizität‹ beziehungsweise ›Laizismus‹ verwendet. Um das Wortfeld zu vervollständigen, wären noch ›Antiultramontanismus‹ und ›Antijesuitismus‹ zu nennen. Die ersten fünf Konzepte entstammen spezifischen nationalen Kontexten, alle greifen bestimmte Aspekte der Auseinandersetzungen auf und lassen andere zurücktreten. Während mit ›Laizität‹ beziehungsweise ›Laizismus‹ neutrale Staats- beziehungsweise Gesellschaftsmodelle in Anlehnung an die französische Entwicklung beschrieben werden, bezeichnet der bislang nur im deutschen Kontext angewandte Begriff ›Antiultramontanismus‹ eine sehr spezifische inner- und außerkatholische Bewegung gegen die Erneuerung des Katholizismus.[24] Das Konzept ›Antijesuitismus‹ ist durch die klare Bezeichnung des Gegners begrenzt. In ähnlicher Weise konkretisiert der Begriff ›Antikatholizismus‹ das Phänomen und grenzt es zugleich ein.

Leroy: Le mythe jésuite; *Cubitt*: The Jesuit Myth 55–143; zu den deutschen Ländern *Borutta*: Antikatholizismus 47–95; zu Spanien *Caro Baroja*: Introducción 95–180; *La Parra López*: Los inicios; *Alonso García*: La ciudadanía católica y enemigos 41–220.

23 *Weisbrod*: Medien als symbolische Form 271.

24 Vgl. *Schlossmacher*: Antiultramontanismus.

Er unterstreicht eine religiös-konfessionelle Dimension, die meines Erachtens das Phänomen eher verdunkelt als erklärt, warum er in überwiegend katholischen Ländern auch nicht verwendet wird.[25] Begrifflich genauer wäre es, von ›Antikatholizismus‹ nur dann zu sprechen, wenn die konfessionelle Komponente zentral ist. Um die Vergleichbarkeit zwischen den Ländern und den Gruppen zu gewährleisten, wird deshalb im Folgenden zunächst von einem weiten, phänomenologischen Begriff des ›Antiklerikalismus‹ ausgegangen, mit dem kritische Äußerungen gegenüber den Kirchen, ihren Mitgliedern, Lehren oder der Religion an sich beschrieben werden.[26] Der so gefasste Begriff hat den Vorteil, dass spezielle Ausformungen wie Antijesuitismus oder Antikatholizismus als Unterformen in die Analyse integriert werden können.[27] Allerdings trägt auch der Begriff ›Antiklerikalismus‹ eine Spezifizierung des Phänomens in sich: Klerikalismus bezeichnete nämlich die Vorstellung eines illegitimen Anspruches von Vertretern der Kirchen auf Einmischung in Bereiche, für die sie nicht als zuständig erachtet wurden.[28] So rückt aber gerade dieser konfessionell unspezifische Begriff den Kampf um die Grenze zwischen Kirchen, Religion und Welt in den Mittelpunkt und damit den Kern des Phänomens, wie die folgende Untersuchung herausarbeiten wird.[29] Um eine sprachliche Flexibilität in der Darstellung zu gewährleisten, verwende ich daneben die beiden relativ unspezifischen Begriffe ›Kirchenkritik‹ sowie ›Kulturkampf‹.

Viele der genannten Begriffe stammen selbst aus den Quellen. Antiklerikale bezeichneten etwa ihre Gegner als ›klerikal‹, diese nahmen wiederum den Neologismus auf und belegten die Positionen der Kirchenkritiker in den Auseinandersetzungen mit dem zunächst pejorativ konnotierten Begriff ›Antiklerikalismus‹.[30] Als Quellenbegriffe sollen in dieser Studie deshalb in kritischer Ergänzung der analytischen Konzepte zugleich die Verwendung von Begriffen wie ›Klerikalismus‹, ›Ultramontanismus‹ und ›Jesuitismus‹ durch die Antiklerikalen

25 Vgl. dagegen *Borutta*: Männlichkeit 62; *ders.*: Antikatholizismus 34f.

26 Vgl. z.B. den Versuch der Klassifizierung bei *Lalouette*: L'anticléricalisme 338–341.

27 Vgl. zum Antijesuitismus im 19. Jahrhundert *Leroy*: Le mythe jésuite; *Cubitt*: The Jesuit Myth; *Healy*: The Jesuit Specter.

28 Andere lesen den Begriff Antiklerikalismus aufgrund des zweiten Morphems ausschließlich als eine Kritik gegen den Klerus. Dies entsprach jedoch nicht den Verwendungen in den Kulturkämpfen selbst. Vgl. dazu *Sánchez de Murillo*: Anticlericalism X–XI; dagegen *Oberman*: Anticlericalism X.

29 Vgl. aus der umfangreichen Literatur zur Definition *Rémond*: Anticléricalisme en France 11–16; *Ferrer Benimeli*: Clericalismo e anticlericalismo 68; zur Definition des Problemkerns als Grenzziehung, allerdings nur auf den Kirchen-Staat-Konflikt bezogen *Ivereigh*: Introduction 15.

30 Vgl. für die Begriffsentstehung ohne vertiefende Analyse *Rémond*: Anticléricalisme en France 8–11.

sowie ihre Selbstbezeichnungen untersucht werden. Damit werden auch Vorarbeiten für eine noch zu schreibende Begriffsgeschichte des Antiklerikalismus erbracht und das Selbstverständnis der Akteure in den Blick genommen. Die dominante negative Konnotation, die dem Ausgangskonzept Klerikalismus im Gegensatz zu seinem Pendant Antiklerikalismus als Quellenbegriff anhaftet – der Begriff wurde von den Gegnern der Antiklerikalen auch nie als positives Konzept übernommen[31] –, steht einer neutralen Verwendung in der Analyse entgegen. Die Gegner der Antiklerikalen werden deshalb von mir auch nur als solche bezeichnet oder, sofern dies möglich ist, sozial genauer als Priester, Pastoren, katholische Laien, konservative Politiker etc. charakterisiert.

Thema und Fragestellung I: Europa

Das Erkenntnisinteresse der Untersuchung wird durch drei Themenkomplexe geleitet: Europa, Formen des Antiklerikalismus, Medien und Kommunikation. In der folgenden Studie wird erstmalig der europäische Charakter des Antiklerikalismus systematisch analysiert und durch einen mehrdimensionalen Ansatz Europa selbst zum Thema gemacht.[32] Durch die Mischung eines vergleichenden, transfer- und wahrnehmungsgeschichtlichen Zugriffs werden die verschiedenen Ebenen der Kulturkämpfe (die nationale, lokale und europäische) beleuchtet, in Beziehung gesetzt und gewichtet.[33]

Ich gehe *erstens* den nationalen Unterschieden und Gemeinsamkeiten nach und vergleiche den Antiklerikalismus im strukturellen Kontext. Dazu werden die antiklerikalen Reaktionen auf Ereignisse als »tertium comparationis« analysiert. Der Vergleich stellt ein heuristisches Mittel in doppelter Hinsicht dar. Er soll die europäischen Gemeinsamkeiten herausarbeiten und zugleich die Entwicklung in den drei Ländern in Absetzung zu den anderen nationalen Wegen profilieren, indem nationale und konfessionelle Erklärungsmuster auf den Prüfstand gestellt werden und gemeinsames Deutungswissen in den jeweiligen

31 Vgl. *De la Cueva Merino/Montero García*: Introducción 16.

32 Vgl. zu methodischen Überlegungen zur europäischen Geschichte *Schmale*: Europäische Geschichte; *ders.*: Geschichte Europas; *Siegrist/Petri*: Geschichten Europas; *Kaelble/Kirsch*: Einleitung 14–18; *Mitterauer*: Die Entwicklung Europas.

33 Methodische Anregungen zu diesem Vorgehen stammen insbesondere aus dem Konzept der »Histoire croisée«. Vgl. *Werner/Zimmermann*: Vergleich, Transfer, Verflechtung; *dies.*: Penser l'histoire; zum Transnationalen *Patel*: Nach der Nationalfixiertheit; *Budde* u. a.: Transnationale Geschichte; *Saunier*: Learning by Doing; als neuere Literatur zum Vergleich und Transfer zum Beispiel *Kaelble/Schriewer*: Vergleich und Transfer; *Cohen/O'Connor*: Comparison and History; *Te Velde*: Political Transfer.

nationalen Kontext von Erwartung und Erfahrung eingeordnet wird.[34] Die Auswahl der Länder Frankreich, Spanien und Deutschland verspricht in der vergleichenden Perspektive gerade hinsichtlich der konfessionellen und religiösen Dimension der Konflikte neue Erkenntnisse. Die Auseinandersetzungen waren in den drei Ländern jeweils sehr unterschiedlich gelagert und so kann ein breites Panorama von Konstellationen eingefangen werden. Während in Frankreich die weitgehend monokonfessionelle Struktur in den Konflikten aufgebrochen wurde und die Entwicklung in das laizistische, das heißt religiös betrachtet neutrale Staats- beziehungsweise Gesellschaftsmodell mündete und damit das Land in dieser Hinsicht zum Vorreiter in Europa wurde, setzten die Antiklerikalen in Spanien ihre Anliegen kaum durch. Spaniens monokonfessionelle Konstellation wurde zwar an ihren Rändern geöffnet, zugleich blieb der Konflikt um die religiöse Frage aber ein zentrales, wenn nicht das wichtigste Feld der gesellschaftlichen Auseinandersetzungen bis weit ins 20. Jahrhundert hinein. Beiden Ländern weisen Teile der nationalen Forschung bis heute jeweils einen Sonderstatus zu, ohne dass dieser je wirklich nachgewiesen worden wäre. Die französische Entwicklung wird als einzig gelungenes Beispiel für ein neutrales Staats- und Gesellschaftsmodell dargestellt. Spanien steht dagegen angesichts der Langlebigkeit und der hohen Gewalttätigkeit des Antiklerikalismus bis in den Bürgerkrieg hinein für ein Scheitern der Kulturkämpfer.[35] Mit dem deutschen Fall wird der Protestantismus als ein wichtiger Faktor in den Auseinandersetzungen berücksichtigt, um ihn zugleich im Vergleich abzuwägen. Durch die Kontrastierung der nationalen Fälle können zudem die Begriffsbildung (wie beispielsweise »klerikal«) in den Quellen sowie in den nationalgeschichtlich geprägten Analysen hinterfragt und die Sensibilität für die konstruktive Funktion von Sprache bei Untersuchtem und Untersuchenden erhöht werden.[36]

Die europäische Dimension soll aber nicht nur durch die analytische Dimension der Gemeinsamkeiten beziehungsweise Unterschiede erschlossen werden. Deshalb wird *zweitens* auch die transnationale Kommunikation Antiklerikaler –

34 Vgl. zu diesem Vorgehen *Leonhard*: Europäisches Deutungswissen; allgemein zur heuristischen Funktion des Vergleichs *Kaelble*: Der historische Vergleich 49–55, 64–70.

35 Vgl. zu Frankreich *Mellor*: Histoire 9–20; *Baubérot*: La morale laïque 287; *Pellistrandi*: Clericalismo y anticlericalismo 23 f.; *Philippon*: Le combat; zu Spanien das schon zum Topos geronnene Bild vom Scheitern *Díaz Mozaz*: Apuntes 202 f.; *Aubert*: Poderes fácticos 221; *Salomón Chéliz*: Anticlericalismo en Aragón 14, 361; *Pérez Ledesma*: Anticlericalismo y secularización 276–280; *Martín Martínez*: Recepción y difusión; *Castro Alfín*: Cultura 71; zur Gewalt ebenda 70–97; *Delgado Ruiz*: La antireligiosidad popular 502 f.; *Pérez Ledesma*: El estado 228–231; *La Parra López*: Los inicios 14; *De la Cueva Merino*: Si los curas y frailes supieran.

36 Für das Problem der Sprache im Kontext von Vergleich und Transfer *Koselleck* u. a.: Drei bürgerliche Welten 14–22; *Leonhard*: Von den Sprachen.

in erster Linie medialer Art – herausgearbeitet.[37] Die Untersuchungen der Rezeption der ausgewählten Fälle ermöglichen es, anhand von konkreten Beispielen die gemeinsame Wahrnehmung der europäischen Ereignisse, den Nachrichtenfluss und die wechselseitige Beobachtung sowie die Verflechtung der Kommunikation zu verfolgen.

Das Europa, von dem diese Studie ausgeht, ist also zunächst ein gesetztes. Zudem hat es eine Schlagseite, die aus der wissenschaftlichen und sprachlichen Expertise der Verfasserin resultiert.[38] Empirisch stellt sich das damit eingehandelte Problem – abgesehen vom Ausschluss Nord- und Nordwest- sowie Ost- und Ostmitteleuropas – dass der Antikatholizismus und der Antiklerikalismus in den USA und in Lateinamerika unberücksichtigt bleiben.[39] Durch die Integration Spaniens soll jedoch die Gefahr, einen westeuropäischen Normalweg zu konstruieren, konterkariert werden. Theoretisch beschränkt sich der europäische Charakter des Antiklerikalismus in vergleichender und transnationaler Perspektive auf einen spezifischen und bewusst gewählten Blickwinkel, denn anders als Themen wie Migration oder Kolonialismus liegt den Kulturkämpfen zunächst kein thematisch begründeter grenzüberschreitender Charakter zu Grunde. Europäische Austauschprozesse stellten nur einen Teil der Geschichte dar, die im Fall der Kulturkämpfe der zweiten Hälfte des 19. Jahrhunderts vor allem nationalstaatlich geprägt war. Die Auseinandersetzungen waren eingebettet in die institutionellen und soziokulturellen Voraussetzungen des jeweiligen Staates. In ihnen wurde vor allem das Verhältnis der Kirchen zum Staat sowie zur jeweiligen nationalen Gesellschaft ausgelotet. Der europäische Fokus soll deshalb keinesfalls als Konstruktion einer gemeinsamen historischen Vergangenheit für ein zukünftiges Europa verstanden werden.[40] Er erhält seine Rechtfertigung dadurch, dass sich die Akteure selbst an Europa orientierten.

Mit dem Blick auf das Selbstverständnis der Akteure wird eine *dritte* Untersuchungsebene neben der vergleichenden und transnationalen eingeführt. Anti-

37 Aufgrund des Fokus auf Medien wird im Folgenden vorwiegend der Begriff transnational verwendet, da er den grenzüberschreitenden Charakter eines Prozesses oder Ereignisses betont. Internationale Phänomene werden zwar auch behandelt, aber die institutionellen Verbindungen zwischen Staaten und zivilgesellschaftlichen Organisationen stehen nicht im Mittelpunkt. Vgl. zur Differenzierung der beiden Begriffe etwa *Berger*: European Freemasonries 5.

38 Wenn im Folgenden Europa geschrieben wird, bezieht sich die empirische Belastbarkeit auf die drei ausgewählten Länder, es sei denn, es werden explizit andere Beispiele genannt.

39 Vgl. in vergleichender und transnationaler Perspektive z. B. zu den USA *Verhoeven*: Transatlantic Anti-Catholicism; zu Lateinamerika *Solis/Savarino Roggero*: El anticlericalismo.

40 Vgl. zu solchen normativ bestimmten Ansätzen z. B. *Duchhardt*: Europäische Geschichte; *Ruiz Domènec*: Europa.

klerikale standen nicht nur in einem europäischen Kommunikationsraum, sie nahmen diesen auch als solchen wahr und entwickelten eigene Europavorstellungen.[41]

Wenn eine europäische Geschichte mehr sein will als die Nationalgeschichte mit ihrem a priori gesetzten Rahmen, sollte der kontinentale Bezug gewichtet werden. Sie darf nicht im positivistischen Aufzeigen europäischer Vernetzungen stehen bleiben. Eine transnationale (hier europäische) Perspektive besonders für das 19. Jahrhundert muss immer auch gescheiterte Bemühungen und Ansätze der Verknüpfung in den Blick nehmen sowie die Beziehung zum nationalen (und lokalen) Rahmen ausloten, vor allem auch zu dessen rhetorischer Verwendung.[42] Aus diesen Überlegungen heraus soll *viertens* die Vernetzung der Medien und Akteure zugleich in ihrem Verhältnis zur nationalen (und zum Teil lokalen) Dimension der Konflikte analysiert werden. Dies geschieht sowohl hinsichtlich der politisch-legislativen Kämpfe als auch in Bezug auf die Bedeutung von Identitätsstiftung im nationalen und europäischen Rahmen. Es wird gezeigt, dass die in den Kulturkämpfen so wichtige nationale (und zum Teil lokale) Ebene im Kontext der Rezeption der drei Ereignisse in den Hintergrund und in ein Austauschverhältnis zur transnationalen und europäischen Dimension trat. Zugleich werden Gründe für erfolglose grenzüberschreitende Vernetzungen herausgearbeitet. Durch die Rückbindung transnationaler Mobilisierung in den jeweiligen nationalen (zum Teil lokalen) Kontext wird nicht nur der Antiklerikalismus in Europa genauer untersucht, sondern auch der Stellenwert der kontinentalen Dimension bestimmt und die Frage beantwortet werden, inwieweit eine europäische Geschichte der Kulturkämpfe im 19. Jahrhundert geschrieben werden kann, die mehr ist als die Summe der Nationalgeschichten.

Thema und Fragestellung II: Formen des Antiklerikalismus

Mit dem zweiten Themenkomplex rückt der Antiklerikalismus selbst in den Mittelpunkt. Die Analyse wird durch das Brennglas der ausgewählten Ereignisse die Pluralität und Vielschichtigkeit der politischen und nationalen Erscheinungsformen der Kulturkämpfe einfangen und das auf den ersten Blick diffuse Phänomen in seiner Zielsetzung sowie in seiner sozialen Formation konzeptualisieren.[43] Die Untersuchung fragt dafür nach den Akteuren, ihren Vorstellun-

41 Vgl. zu dieser Ebene *Petri*: Europa?; *Müller*: Europäische Geschichte.

42 Vgl. zur zentralen Rolle des nationalen Rahmens *Te Velde*: Political Transfer 214; *Patel*: Nach der Nationalfixiertheit; *ders.*: Transnationale Geschichte.

43 Vgl. zum diffusen oder unspezifischen Charakter in vergleichender Perspektive *Verucci*: Antiklerikalismus und Laizismus 33; in Frankreich *Rémond*: Anticléricalisme en France

gen und deren Tradition[44], ihrem Selbstverständnis als Antiklerikale sowie den Formen des Engagements und geht den Grenzen und Verbindungen zwischen den verschiedenen kirchenkritischen Gruppen nach. Dabei stehen aktive Antiklerikale im Fokus, die sich bewusst in die öffentlichen Auseinandersetzungen einschalteten.[45]

Wie die schlichte Nennung der Hauptträgergruppen bereits nahelegt, müssen *erstens* die politischen Verortungen des Antiklerikalismus herausgearbeitet werden. Was war die gemeinsame Basis für die Kirchenkritik Liberaler, Sozialisten oder gar Anarchisten? Wieso konnte Kirchenpolitik zugleich das linke Spektrum binden, aber auch Allianzen mit konservativen Kräften konstituieren, wie im deutschen Kulturkampf oder unter Napoleon III.? *Zweitens* sollen die verschiedenen antiklerikalen Trägergruppen im Kontext des religiösen Feldes verortet werden. Als *dritte* mögliche Differenz zwischen den Gruppen wird die soziale Reichweite analysiert. Während für die deutschen Länder die soziale Grenze zwischen antiklerikalen bürgerlichen Liberalen und katholischen nicht bürgerlichen Schichten als zentralen Trägern der beiden Lager des Kulturkampfes gezogen wird, sind ein Teil der spanischen Studien und auch manche ältere Arbeiten zum französischen Antiklerikalismus von der Vorstellung einer Kritik von unten an der katholischen Kirche als Institution bürgerlicher Ordnung geprägt.[46] Kann die eher binäre Betrachtungsweise für den deutschen Sprach-

360; *Lalouette*: Anticléricalisme et laïcité 646–649; in Spanien *Molina Martínez*: Anticlericalismo y literatura 19f.; *Salomón Chéliz*: Anticlericalismo en Aragón 81f.

44 Aufgrund der räumlich großen Ausdehnung der Studie wurde darauf verzichtet, in systematischer Form die Veränderungen im Vergleich zu den mittelalterlichen und frühmodernen, ebenso wie zu den modernen Vorläufern des Antiklerikalismus zu verfolgen. Vgl. aus der Fülle der Literatur z.B. zum traditionellen Antiklerikalismus *Marx*: Aspects de l'anticléricalisme; *Dykema/Oberman*: Anticlericalism; *Wanegffelen*: L'anticléricalisme croyant; in der Reformation *Goertz*: Antiklerikalismus und Reformation; aus anthropologischer Perspektive in Spanien *Lorenzo Vélez*: Cuentos anticlericales; *Esteban Gonzalo*: Refranero anticlerical; den Begriff für die Vormoderne problematisierend *Schreiner*: Mittelalter.

45 Auch alltägliche Konflikte zwischen Priestern und Gemeinden wurden aufgrund des transnationalen Rahmens ausgeklammert. Vgl. zur Untersuchung der alltäglichen Konflikte z.B. in der französischen Forschung *Zeldin*: Conflict of Moralities; *Magraw*: The Conflict; *McMillan*: Priest Hits Girl; *Boutry*: Prêtres et paroisses 580f.; *Faux*: Église et société 172–199, 511f.; für Spanien *Salomón Chéliz*: Anticlericalismo en Aragón 171–229; für die deutschen Länder *Dietrich*: Konfession im Dorf 117–126; *Köhle-Hezinger*: Evangelisch – katholisch.

46 Vgl. zu sozialen Differenzen im deutschen Kulturkampf z.B. *Becker*: Liberaler Staat passim; *Hartmannsgruber*: Bayerische Patriotenpartei passim; *Gross*: War against Catholicism 225–237; *Owzar*: Keine Lust zur Diskussion 124–145 oder *Borutta*: Antikatholizismus 357–366; zur ökonomischen Interpretation in Spanien *De Bellmunt*: Causes; *Sánchez de Murillo*: Anticlericalism 85f.; *Barbat/Estivill*: L'anticlericalisme; *Reig Armero*: Blasquistas y clericales; *Revuelta González*: Anticlericalismo español, Documentos 5; *Ferrer Benimeli*: Masonería, laicismo y anticlericalismo 112; in Frankreich *Bruhat*: Anticléricalisme et mouvement ouvrier 81, 89–100.

raum, in dem die sozialistische Kirchenkritik relativ vernachlässigt wird, und die eher antibürgerliche für die spanischen und französischen Formen des Antiklerikalismus bestätigt werden? Zudem ist *viertens* zu hinterfragen, ob die in den romanischen Ländern beliebte Unterscheidung zwischen einer ernsthaften intellektuellen Kirchenkritik und einem populären, radikalen, bis gewalttätigen Antiklerikalismus aufrechtzuerhalten ist.[47] Zu diesen vier potentiellen Grenzen der jeweiligen Reichweite innerhalb des Antiklerikalismus gesellt sich schließlich noch *fünftens* die geschlechterspezifische Problematik. Gerade die neuere Forschung zum Antiklerikalismus hat auf die Ausgrenzung von Frauen in der Kirchenkritik verwiesen. Frauen galten als besonders religiös, als Einfallstor des priesterlichen Einflusses und die kritisierten Formen katholischer Frömmigkeit mit ihrem gefühlvollen Charakter als genuin weiblich.[48]

Ausgehend von der Pluralität des Antiklerikalismus wird die Bedeutung der Kämpfe bestimmt. Neben politischen Interpretationen des Phänomens stehen solche, die die sozialen Komponenten oder die moralische Dimension in den Vordergrund rücken. Andere Studien stellen den religiösen Gehalt in den Fokus und je nach Standort analysieren sie den Antiklerikalismus als anti- oder areligiös, sehen die Kirchenkritik als Reaktion auf den aufkommenden Ultramontanismus, als konfessionelle Auseinandersetzung oder fragen nach dem Zusammenhang zwischen den Kulturkämpfen und Säkularisierung.[49] Die Einschätzung der Kulturkämpfe schwankt zwischen den Polen, die antiklerikale Kirchenkritik als eine emanzipatorische Bewegung zu sehen und der diametral entgegengesetzten Einschätzung, die die Gegner des Katholizismus in eine Reihe mit rassistischen und eugenischen Positionen stellt.[50] Deshalb werden der syste-

47 Vgl. dazu z.B. *De la Cueva Merino*: Clericales y anticlericales 381; *Álvarez Junco*: Los intelectuales 126; *Castro Alfín*: Cultura 70–97; *Salomón Chéliz*: Anticlericalismo en Aragón 96, 362, 367; *Pérez Ledesma*: Las clases populares 721–729; ähnlich zu Frankreich *Gadille*: French Anticlericalism 129, 134f.

48 Vgl. dazu z.B. für die deutschen Länder *Gross*: War against Catholicism 185–225; *Healy*: Anti-Jesuitism; *Borutta*: Antikatholizismus 366–386; für Frankreich *McMillan*: Clericals, Anticlericals and the Women's Movement; *Evans*: Feminism and Anticlericalism; für Spanien *Salomón Chéliz*: Mujeres, religión y anticlericalismo; *dies.*: Beatas sojuzgadas; *dies.*: Las mujeres.

49 Vgl. beispielhaft als politische Interpretation *Pérez Ledesma*: Anticlericalismo y secularización; zur Betonung der sozialen Komponente zuletzt für den deutschen Kulturkampf *Borutta*: Antikatholizismus 357–366; für eine moralische Lesart *Verhoeven*: Transatlantic Anti-Catholicism; als antireligiös *Champ*: La religion dans l'espace 169–173; die Auseinandersetzung mit dem Ultramontanismus betonend *McMillan*: Religion and Politics; *Gross*: War against Catholicism 24, 89–96; innerhalb des Säkularisierungsparadigmas *De la Cueva Merino/Montero García*: La secularización conflictiva oder *Borutta*: Antikatholizismus.

50 Vgl. etwa *Saunier*: Learning by Doing 170; auch *Borutta*: Antikatholizismus 352–368; die emanzipatorische Seite unterstreichen dagegen z.B. *Rémond*: Anticléricalisme en France 3–7 oder *De la Cueva Merino*: Balance historiográfico 354.

matische Kern der Kritik, aber auch deren innere Ambivalenzen herausgearbeitet. Der Blick auf das gesamte Spektrum wird schließlich zur Klärung beitragen, wie der Antiklerikalismus als soziale Formation zu beschreiben ist. Bislang wurden besonders von Untersuchungen, die verschiedene politische Gruppen ins Visier nahmen, sehr unterschiedliche Vorschläge gemacht und die Kirchenkritik als Ideologie, als einheitliches Weltbild mit religiösen Zügen, als soziale Bewegung, als Lager, als Identität oder als Kultur charakterisiert.[51] Als das zentrale Problem erweist sich in dieser Frage die schwache interne Kohärenz der Kirchenkritik in ihren Ideen und als soziale Formation. Hier wird die Studie ansetzen und einen neuen Vorschlag für eine Konzeptualisierung der Kirchenkritik im 19. Jahrhundert machen.

Thema und Fragestellung III: Medien und Kommunikation

Die Kulturkämpfe des 19. Jahrhunderts waren Orte gesellschaftlicher und öffentlicher Kommunikation und sie standen im Kontext der sich radikal verändernden medialen Landschaft.[52] Als vorrangig mediales Phänomen charakterisierte die Art der Diskursführung den Antiklerikalismus und folglich muss dieser Aspekt in die Konzeptualisierung der Kulturkämpfe mit aufgenommen werden.[53] Der dritte Fragenkomplex untersucht deshalb die Dynamik publizistischer Kommunikation im Zeitalter der entstehenden Massenpresse in den Auseinandersetzungen um Religion und Gesellschaft, Staat und Kirchen. Zum einen sollen die mediale Darstellung der Ereignisse und Konflikte analysiert werden. Zum anderen muss gerade hinsichtlich von Religion und Kirchen dabei

51 Vgl. zur Interpretation als Weltbild beziehungsweise Ideologie mit religiösen Zügen *Rémond*: Anticlericalism 3–7; *Gibson*: Republicans and Catholics 108f.; als soziale Bewegung für die Zeit der spanischen Restauration zum Beispiel *Salomón Chéliz*: Anticlericalismo en Aragón 361; *De la Cueva Merino/Montero García*: Introducción; als Lager *Clark/Kaiser*: Introduction 76; als Identität *De la Cueva Merino/Montero García*: Clericalismo y anticlericalismo; als Teil einer spezifischen Kultur *Cabanel*: Anticlericalismo 115f.

52 Vgl. zur neueren Mediengeschichte die vier programmatischen Aufsätze vor allem aus politikgeschichtlicher Perspektive *Requate*: Öffentlichkeit und Medien; *Schulz*: Aufstieg der vierten Gewalt; *Weisbrod*: Medien als symbolische Form; *Knoch/Morat*: Medienwandel und Gesellschaftsbilder; als Studien aus dem hier bearbeiteten Zeitraum seien ohne Anspruch auf Vollständigkeit genannt *Kohlrausch*: Monarch im Skandal; *Bösch*: Öffentliche Geheimnisse; *Biefang*: Reichstag und die im Kontext des Gießener Graduiertenkollegs »Transnationale Medienereignisse von der Frühen Neuzeit bis zur Gegenwart« entstandenen Sammelbände *Lenger*: Medienereignisse der Moderne; *Vogel*: Medienereignisse; *Bösch/Schmidt*: Medialisierte Ereignisse.

53 Vgl. zur medialen Dimension der Kulturkämpfe besonders *Sanabria*: Republicanism and Anticlerical Nationalism; *Kaiser*: Clericalism; *Borutta*: Antikatholizismus 155–218; *ders.*: Geistliche Gefühle.

der Frage nach dem Sagbaren und dem Unsagbaren nachgegangen werden, die selbst im Kontext der Kulturkämpfe zur Verhandlung stand. Können nationale Unterschiede ausgemacht werden und sind diese auf die verschiedenen nationalen Medien- und Öffentlichkeitsstrukturen zurückzuführen oder auf andere Bedingungsfaktoren, wie beispielsweise soziale, politische oder sozialpsychologische? Welche Rolle spielten Emotionen – sowohl realer als auch medial vermittelter Art – bei antiklerikaler Mobilisierung?[54] Von besonderem Interesse ist hierbei der spanische Antiklerikalismus, da er in der nationalgeschichtlichen Forschung als Sonderfall aufgrund der hohen physischen Gewaltbereitschaft der Kirchenkritiker behandelt wird. Die Kontrastierung spanischer Skandalisierungen mit denen in den beiden anderen Ländern soll die angebliche Einmaligkeit hinterfragen[55] und mögliche Ursachen für die hohe Gewalttätigkeit herausarbeiten.

Die Kulturkämpfe werden darüber hinaus als Kommunikationsprozesse analysiert, um den ihnen zu Grunde liegenden Austausch in den Blick zu nehmen. Kirchenkritiker wandten sich gegen konkrete Personen und Institutionen und traten mit ihren Gegnern in Debatten ein. Als eine Interessengruppe kommunizierten sie zudem mit Mitkämpfern und potentiellen Anhängern. Aufgrund fehlender Quellen wurde auf eine systematische Verfolgung der Frage nach der Rezeption der Presseerzeugnisse und Publizistik verzichtet, auch wenn in Einzelfällen mittels allgemeiner Anhaltspunkte wie Textform und Analphabetenraten mögliche Verbreitungen skizziert und anhand von Leserbriefen oder durch sich an die publizistischen Debatten anschließende Protestaktivitäten konkrete Rezeptionsprozesse nachgezeichnet werden. Der in der Studie viel verwendete Begriff der Mobilisierung bezeichnet deshalb in erster Linie das aktive ›sich mobilisieren‹ im Sinne des gesellschaftlichen Engagierens. Auf das verbreitete passive Verständnis von Mobilisierung als eines Top-down-Prozesses wird nur in Ausnahmefällen abgehoben. In inhaltlicher Hinsicht wird aber aufgrund des noch zu erläuternden kulturhistorischen Ansatzes sowie rezeptionstheoretischer Überlegungen davon ausgegangen, dass alle Texte in einem gewissen Rahmen mit den Erfahrungen und Einstellungen potentieller Leser kongruent sind beziehungsweise deren Sichtweisen aufgreifen oder vorwegnehmen müssen, um verstanden und im Falle von hochgradig konsumentenorientierten Produkten wie Zeitungen und Zeitschriften gekauft zu werden.

Ausgehend von den Funktionsweisen der medialen Darstellung und Kommunikation wird dann des Weiteren nach ihren Folgen gefragt werden. Trug die antiklerikale Mobilisierung zur Demokratisierung der verschiedenen Gesell-

54 Vgl. zur emotionalen Dimension der Kulturkämpfe ebenda.

55 Vgl. etwa die Gewaltanalysen bei *Borutta*: Antikatholizismus 218–266; in Frankreich *Lagrée*: Processions religieuses; *Lalouette*: Les libres penseurs.

schaften bei? Ließen die wiederholten Skandalisierungen noch Raum für wirkliche Auseinandersetzungen oder führten die antiklerikalen Inszenierungen zu einem unversöhnlichen Stil, bei dem die Gegenseite nicht mehr gehört wurde? Mit der Untersuchung der Folgen wird außerdem an die Annahme einer Trennung der französischen und spanischen Gesellschaft in ein »klerikales« und ein »antiklerikales« Lager[56] sowie die eines beziehungsweise zweier oder dreier protestantischer, eines katholischen und eines sozialdemokratischen Milieus im Deutschen Kaiserreich angeknüpft.[57] Diese Blockbildungen werden für alle drei Länder zunehmend hinterfragt. Die Forschung verweist auf die ideellen Überschneidungen, interne Grenzen, die Berührungspunkte im Alltag sowie Versuche grenzüberwindender Allianzen oder modelliert nun in den romanischen Ländern die Konstellation statt mit einer Zwei- mit einer Dreiteilung.[58] Meine Studie stellt durch die Betrachtung des gesamten Spektrums nicht nur die Frage nach der Einheit des Antiklerikalismus neu, sondern versucht, durch die kommunikationshistorische Linse gerade die Grenzziehungen und Austauschprozesse innerhalb und zwischen den angeblichen Lagern in den Mittelpunkt zu rücken. Da die Untersuchung keine sozialgeschichtliche Unterfütterung vornimmt, werde ich konzeptionell auch im deutschen Fall den Begriff des Lagers dem des Milieus vorziehen.[59]

56 Vgl. z.B. zu Frankreich *Langlois*: Catholiques et laïcs; *Kittel*: Deux France; *Mollenhauer*: Symbolkämpfe; zu Spanien *Álvarez Junco*: Mater dolorosa 383–431; *Juliá Díaz*: Dos Españas.

57 Vgl. den ersten Entwurf zur Aufteilung *Lepsius*: Parteisystem und Sozialstruktur 67–81; aus der umfangreichen Literatur zum katholischen Milieu *Loth*: Katholiken im Kaiserreich; *ders.*: Integration und Erosion; *Arbeitskreis für kirchliche Zeitgeschichte (AKKZG)*: Konfession und Cleavages; *Kösters/Liedhegener*: Historische Milieus; *Blaschke/Kuhlemann*: Religion in Geschichte und Gesellschaft; zum sehr viel problematischeren Konzept des protestantischen Milieus *Hübinger*: Confessionalism 166–168; *Reeken*: Kirchen im Umbruch; *Kuhlemann*: Protestantisches Milieu.

58 Vgl. zu Frankreich *Zeldin*: Conflicts in French Society 9–13; *Baubérot*: Laizismus 20–22; *Cabanel*: Catholicisme, protestantisme et laïcité 90–101; *Kittel*: Deux France 38f.; *McMillan*: Priest Hits Girl 79–81; *Mollenhauer*: Symbolkämpfe 228f.; zu Spanien *Sanabria*: Republicanism and Anticlerical Nationalism 7f.; *Suárez Cortina*: Religión, Iglesia y Estado 74; zu den deutschen Ländern *Loth*: Katholiken im Kaiserreich; *Loth*: Integration und Erosion; *Liedhegener*: Christentum und Urbanisierung; *Dietrich*: Konfession im Dorf; *Gross*: War against Catholicism 76–89; *Pahl*: Kirche im Dorf 239–249; *Mergel*: Konfessionelle Grenzen; *Zimmer*: Beneath the Culture War 294, 311–320, 328–333; *Owzar*: Keine Lust zur Diskussion. Für die deutschen Länder wird zudem auf die regionalen Differenzen sowie auf die Sonderstellung des katholischen Bürgertums verwiesen. Vgl. *Mergel*: Zwischen Klasse und Konfession; *ders.*: Für eine bürgerliche Kirche; *Heilbronner*: Search of the Catholic Bourgeoisie; *Dowe*: Auch Bildungsbürger.

59 Das Lagerkonzept basiert stärker auf der Idee der Abgrenzung sowie auf der Idee einer politischen Einheit und scheint deshalb geeigneter. Vgl. für die Problematisierung des Milieubegriffs *Dietrich*: Konfession im Dorf 18–22; *Holzem*: Katholische Kultur; zum Lagerkonzept *Rohe*: Wahlen und Wählertraditionen 21f.

Analysekonzept I: Öffentlichkeit

Die europäische Dimension der antiklerikalen Kritik sowie die Auseinandersetzungen mit deren Gegnern wird mithilfe eines spezifischen Konzepts von Öffentlichkeit untersucht. Ich operiere in Anlehnung an Jörg Requates und Martin Schulze Wessels Überlegungen mit einem doppelten Öffentlichkeitsbegriff.[60] Zunächst bezeichnet Öffentlichkeit die Sammlung der empirisch nachweisbaren Kommunikationen. Diese umfassen sowohl die publizistischen als auch die in Versammlungen hergestellten Formen von Öffentlichkeit (Konferenzen, Demonstrationen etc.) sowie andere alltäglichere kommunikative Prozesse, im Falle des Antiklerikalismus etwa unorganisierte Zusammenstöße auf lokaler Ebene.[61] In der Untersuchung wird ein Schwerpunkt auf die erste Form gelegt, da sich der europäische Charakter besonders in der Presse und Publizistik niederschlug. Europäische Öffentlichkeit muss in solch einer historisch empirischen Betrachtung von Vernetzung sofort zerfallen. Allenthalben kann man von einer antiklerikalen Teilöffentlichkeit sprechen. Deshalb wird im zweiten Schritt gefragt, inwiefern die Akteure sich selbst als Teil einer Öffentlichkeit verstanden und inszenierten und, um ihren Interessen politische und moralische Legitimation zu verleihen, Europa mit einer normativen Dimension ausstatteten und zu einer »Appellationsinstanz« machten.[62] Im Anschluss daran soll untersucht werden, mit welchen Gesellschafts- und Weltvorstellungen Europa dabei verbunden wurde, ob andere Raum- und Identitätsvorstellungen (wie der Westen oder das Abendland) eine Rolle spielten und wie sich im Jahrhundert der Nationalstaaten das Verhältnis zum nationalen Rahmen gestaltete.[63] Der Blick auf Öffentlichkeit ermöglicht es also, die methodischen Überlegungen zur europäischen und transnationalen Geschichtsschreibung praktisch umzusetzen. Studien zu Europavorstellungen haben für das 19. Jahrhundert betont, dass diese zunehmend Teil der politischen und gesellschaftlichen Auseinandersetzungen wurden.[64] Die Analyse wird nach der Rolle fragen, die Kirchenkritik in diesem Prozess spielte.[65]

60 Vgl. *Requate/Schulze Wessel*: Europäische Öffentlichkeit, Einleitung 11–39.

61 Vgl. zu den verschiedenen Ebenen *Gerhards/Neidhardt*: Strukturen und Funktionen 50–56.

62 Vgl. für den Begriff *Requate/Schulze Wessel*: Europäische Öffentlichkeit, Einleitung; zu diesen Fragen auch *Klaus*: Von der Beschränktheit.

63 Vgl. zum Verhältnis von Europavorstellungen und nationaler Orientierung z.B. *Gruner*: Europaperzeption und Europapläne 115f.

64 Vgl. z.B. *Brendel*: Zukunft Europa 437.

65 Vgl. bereits zu Europavorstellungen im Antiklerikalismus *Kaiser*: Clericalism 76.

In diesem doppelten Begriff von Öffentlichkeit verbinden sich eher funktional argumentierende sozialwissenschaftliche, systemtheoretische Ansätze mit dem bis heute immer im Hintergrund schwebenden normativ durchsetzten Idealtypus von Öffentlichkeit, den Jürgen Habermas prägte.[66] Öffentlichkeit war im 19. Jahrhundert weder nur ein intermediäres System der gesellschaftlichen Selbstverständigung, noch ein herrschaftsfreier, rational strukturierter Kommunikationsraum, der gegen Ende des Jahrhunderts durch die kapitalistisch ausgerichtete Massenpresse vermachtet wurde, wie Habermas in seiner epochalen Habilitationsschrift behauptete. Öffentliche Kommunikation stand vielmehr in einem komplexen Wechselverhältnis politischer und ökonomischer Bedingungen, gesellschaftlicher Machtfragen und Auseinandersetzungen sowie im Kontext technischer Möglichkeiten und ihrer Entwicklung.[67] Freier Austausch von Meinungen gerade hinsichtlich von Religion und Kirchen war ein umkämpftes und rechtlich beschränktes Feld. In Auseinandersetzung mit den Überlegungen aus den genannten sozialwissenschaftlichen Öffentlichkeitstheorien werden in dieser Untersuchung Fragen des Aufmerksamkeitsmanagements ebenso gestellt, wie die politischen Kontexte, die rechtlichen Voraussetzungen und der Charakter der Kommunikation Antiklerikaler im Kontext von Machtfragen analysiert.

Analysekonzept II: Säkularisierung

Leitend für die Analyse der antiklerikalen Vorstellungen wird das Konzept der Säkularisierung sein. Es ermöglicht in seiner Mehrdeutigkeit, die Pluralität der Akteure und Zielsetzungen sowie die nationalen Differenzen einzufangen und zugleich die grundlegende Stoßrichtung der Kulturkämpfe zu charakterisieren: Die Emanzipation von Kirchen und Religion und deren Neujustierung in Staat und Gesellschaft. Als Großtheorie für die Moderne ist die Säkularisierungstheorie eines der umstrittensten Konzepte und zugleich nicht aus den Diskussionen um Religion und Kirchen, besonders in Bezug auf den Antiklerikalismus des 19.

66 Vgl. zu Habermas die Neuauflage mit einem ausführlichen Vorwort *Habermas*: Strukturwandel der Öffentlichkeit; für die neueren Auseinandersetzungen in der Geschichtswissenschaft *Calhoun*: Habermas; *Mah*: Phantasies; *Gestrich*: Public Sphere 412–430; *Dooley*: The Dissemination; für das systemtheoretische Konzept in Anlehnung an Niklas Luhmann z. B. *Gerhards*: Politische Öffentlichkeit; *ders./Neidhardt*: Strukturen und Funktionen.

67 Vgl. methodisch zur historischen Erforschung von Öffentlichkeit im 19. und 20. Jahrhundert z. B. *Requate*: Öffentlichkeit und Medien; *Weisbrod*: Medien als symbolische Form; *Schulz*: Aufstieg der vierten Gewalt; sowie die äußerst gelungene Umsetzung bei *Bösch*: Öffentliche Geheimnisse.

und 20. Jahrhunderts, wegzudenken. In politisch-philosophischen Debatten bleibt das Konzept, genau wie zum Zeitpunkt seiner Entstehung im Kontext der Kulturkämpfe, nach wie vor ein politisches Instrument.[68] Befürworter wie Gegner der Theorie unterschiedlicher disziplinärer Provenienz lehnen mittlerweile die Annahme eines einheitlichen und kontinuierlichen Säkularisierungsprozesses ab[69] und differenzieren zwischen unterschiedlichen Bedeutungsebenen: Der funktionalen Differenzierung, der Idee der Privatisierung, der Rationalisierung, der Entzauberung oder des allgemeinen Verfalls des Religiösen im Sinne des Abfalls von Kirchen als moralisch maßgebenden Instanzen des Sozialen oder des individuellen Lebens.[70]

Besonders die ältere Antiklerikalismusforschung hat die Kirchenkritik zumeist schlicht als Folge der Säkularisierung im Sinne des Rückgangs von Religion und Kirchlichkeit interpretiert und dabei die modernisierungstheoretische Variante der Großerzählung unterstützt.[71] Die neuere Forschung beschreibt in einer konstruktivistischen Wendung Säkularisierung dagegen zunehmend als Ziel, als Produkt der Kulturkämpfe.[72] Dieses Verständnis verdeutlicht den

68 Vgl. zur Begriffsgeschichte *Lübbe*: Säkularisierung; *Marramao*: Die Säkularisierung; *Lehmann*: Säkularisation und Säkularisierung; *Schröder*: Säkularisierung; zu heutigen Debatten z. B. *Zachhuber*: Die Diskussion 32–41; *Hillgruber*: Staat und Religion.

69 Die Kritikpunkte richten sich zum einen gegen Säkularisierung als Konzept an sich. Man stellt den konstruktiven Charakter des Säkularen heraus, betont und problematisiert die der Theorie zugrunde liegende Differenzierung des Öffentlichen und Privaten sowie das Konzept des Religiösen. Zum anderen wird der empirische Gehalt besonders des Rückgangs der Religion bezweifelt. Vgl. als Überblick zu den Diskussionen *Wallis/Bruce*: Secularization; *Zachhuber*: Die Diskussion; zur theoretischen Kritik *Casanova*: Public Religions 11–39; *Asad*: Formations of the Secular; *Beckford*: Social Theory 30–73; *Scott*: Powers; zur empirischen Belastbarkeit *Lehmann*: Säkularisierung 14–36, 57–69, 126–143; *Casanova*: Europas Angst 83–121; als Verteidiger einer modifizierten Säkularisierungstheorie sei beispielhaft verwiesen auf *McLeod*: Religion and the People; *ders.*: Secularisation in Western Europe; *Brown*: A Revisionist Approach; *Pollack*: Säkularisierung; *Ziemann*: Säkularisierung und Neuformierung.

70 Vgl. zur Betonung der Mehrdeutigkeit *Casanova*: Public Religions 11–39; *Dobbelaere*: Secularization.

71 Vgl. zum Beispiel den Klassiker vergleichend *Chadwick*: The Secularization 108–137; für Spanien *Cuenca Toribio*: Punto de partida 712; *Revuelta González*: La recuperación eclesiástica 231; *Delgado Ruiz*: Anticlericalismo, espacio y poder 156 f.; *Mira Abad*: Secularización y mentalidades 17–55; *Sanabria*: Republicanism and Anticlerical Nationalism 9 f.; für Frankreich *Rémond*: Anticlericalism 51; *Cholvy/Hilaire*: Histoire religieuse, Bd. 2 172; für die deutschen Länder *Lill*: Zur Einführung 8. In Frankreich greift man allerdings, um den individuellen Abfall von Religion und Kirchen zu beschreiben, zumeist auf den Begriff »Déchristianisation« zurück, der aber auch zum Teil nur für die spezifische, radikale Religionspolitik der Französischen Revolution genutzt wird. Vgl. zu dem Konzept *Rémond/Le Goff*: Histoire de la France religieuse, Bd. 3; zur Begriffsdiskussion *Cabanel*: Les mots 33–35.

72 Vgl. zu Spanien, wo dies am verbreitetsten ist, *Álvarez Lázaro*: Librepensamiento y secularización; *Botti*: Iglesia, clericalismo y anticlericalismo 312 f.; *Pérez Ledesma*: Anticlerica-

engen Konnex von Antiklerikalismus und Säkularisierung und geht über die pauschalisierende Idee eines automatischen Prozesses hinaus. Zugleich weisen diese neueren Ansätze jedoch zwei konzeptionelle Probleme auf, die der Klärung des Verhältnisses zwischen Antiklerikalismus, Religion, Konfession und Säkularisierung im Wege stehen. Bevor wir uns diesen zuwenden, müssen jedoch zunächst einige Erläuterungen zu den begrifflichen und konzeptionellen Besonderheiten des französischen Falls erfolgen.

Um die Entwicklung des Verhältnisses von Religion und Kirchen in Gesellschaft und Staat im Frankreich des 19. und 20. Jahrhunderts zu kennzeichnen, wird der Begriff der Säkularisierung eher selten verwendet.[73] Bestimmt wird die historische und sozialwissenschaftliche Forschung zum französischen Fall durch das zumeist positiv aufgeladene Konzept der »Laïcité«, das ein klar formuliertes neutrales Staats- und Gesellschaftsmodell beschreibt.[74] Auch der Begriff der Laizität stammt von den französischen Kulturkämpfern,[75] wird für die Beschreibung ihrer Zielsetzung herangezogen und ist als Selbstbeschreibungsmodell für die französische Nation bis heute ähnlich wie der Säkularisierungsbegriff ein politisch und wissenschaftlich umkämpftes Selbstverständigungskonzept.[76] Die im Begriff oft implizit versteckte These eines nationalen Sonderweges löst sich mit Blick auf das Verständnis von Säkularisierung in der neueren Antiklerikalismusforschung auf und schrumpft auf die Bestimmung gradueller Unterschiede zusammen.[77] Während Säkularisierung verschiedene Varianten des Verhältnis-

lismo y secularización; *Suárez Cortina*: Secularización y laicismo; *Salomón Chéliz*: Anticlericalismo en Aragón 361; *Ferrer Benimeli*: Masonería, laicismo y anticlericalismo; *De la Cueva Merino*: Clericales y anticlericales 9–12; *ders.*: Balance historiográfico 354; differenzierend zwischen beiden Formen bei *ders./Montero García*: Introducción 10–15; *La Parra López*: Anticlericalismo; *Townson*: Anticlericalismo y secularización; zu den deutschen Ländern bereits sehr früh *Lübbe*: Säkularisierung 44–55; sowie *Prüfer*: Sozialismus statt Religion 340; *Borutta*: Antikatholizismus; *Habermas*: Piety, Power, and Powerless.

73 Der relativ seltene Einsatz kann sich auf konkrete Übertragungsprozesse von Institutionen aus dem kirchlichen in den staatlichen Bereich beziehen, wo er also eher dem deutschen Konzept der Säkularisation entspricht, oder er wird allgemein für Verweltlichung im Gegensatz zum institutionell geprägten Begriff der »Laïcité« auch für Teile der französischen Entwicklung verwendet. Vgl. zu den Verwendungsformen *Lanfrey*: Sécularisation, séparation et guerre scolaire 39–91; *Rémond*: Religion et société; *Fiala*: Les termes 55; *Coq*: Laïcité et République 19; *Mély*: La question 15.

74 Auch in Spanien wird der Begriff manchmal verwendet. Vgl. zur Definition als Modell zum Beispiel *Verucci*: Antiklerikalismus und Laizismus 27–30; *Delisle*: Introduction générale 9; zu Spanien *Valín Fernández*: Laicismo, educación y represión; *Fagoaga*: De la libertad.

75 Vgl. zur Begriffsgeschichte *Macherey*: Philosophies laïques; *Fiala*: Les termes; *Cabanel*: Les mots 64–66, 97; *Toscer-Angot*: Zur Genealogie.

76 Vgl. zu heutigen Diskussionen *Chélini-Pont*: L'origine religieuse; *Shiose*: L'univers flou; *Barbier*: La laïcité.

77 Vgl. zur Sonderwegsthese z. B. *Barbier*: La laïcité; *Coq*: Laïcité et République; *Pelli-*

ses von Religion, Kirchen, Staat und Gesellschaft beschreiben kann, hebt Laizität ausschließlich auf Neutralität oder Areligiosität ab. Laizismus hingegen bezieht sich auf die radikaleren Positionen eines antireligiösen Gesellschaftskonzeptes. In diesem Sinne werden die beiden aus dem Französischen stammenden, vielfach politisch und moralisch aufgeladenen Begriffe in der Analyse von Zusatzbedeutungen – wie Freiheit, Toleranz, radikaler Trennung von Staat und Kirche, spezifischen Moralkonzeptionen oder einer sakralisierten republikanischen Ordnungsvorstellung – gereinigt verwendet.[78] In diesen Definitionen und ihrer Annäherung werden alle drei Begriffe für den Vergleich anschlussfähig. Eine begleitende Begriffsuntersuchung wird der Historizität der Konzepte Säkularisierung und Laïcité Rechnung tragen[79] und soll in Ergänzung zur Analyse der phänomenologischen Unterschiede klären, inwieweit sich in der sprachlichen Besonderheit wirklich ein französisches Spezifikum artikulierte.

Hinsichtlich zweier Aspekte wird die Analyse die bisherigen konstruktivistischen Verwendungen des Säkularisierungskonzepts in der Antiklerikalismusforschung ausweiten. *Erstens* operiert die Untersuchung entgegen der spanischen Antiklerikalismusforschung und französischen Studien zur Laizität nicht mit klar definierten Konzepten dessen, was Säkularisierung beziehungsweise Laizität jeweils bedeutete. Denn wie die systematischen Arbeiten des Anthropologen Talal Asads sowie des Soziologen José Casanova dargelegt und Manuel Borutta und Rebekka Habermas für den deutschen Fall exemplifiziert haben, müssen die Säkularisierungsbemühungen der Kirchenkritiker im 19. Jahrhundert als Aushandlungen von Grenzziehungen beschrieben werden. In den Debatten wurde die Reichweite des Einflusses von Religion und Kirchen in der Welt diskutiert. Die verschiedenen Teilentwicklungen der Säkularisierung (Entflechtung von Religion und Politik, Privatisierung, Entzauberung) können herangezogen werden, um die Ziele der Antiklerikalen genauer zu charakterisie-

strandi: Clericalismo y anticlericalismo; für den Vergleich öffnen das Konzept dagegen *Baubérot*: Sécularisation et laïcisation 18; *Michel*: La laïcité; *Mély*: La question 17–19; *Toscer-Angot*: Zur Genealogie; als gradueller Unterschied bei *De la Cueva Merino*: Clericales y anticlericales 19 f.; *Suárez Cortina*: Secularización y laicismo.

78 Vgl. zu den Zusatzbedeutungen z. B. *Nicolet*: République 100–121; *Baubérot*: La morale laïque; *ders.*: Laizismus 29–31; *Barbier*: La laïcité 69, 74–80; *Leruth*: Laicism; *Cabanel*: Les mots 41, 66.

79 Manuel Borutta hat sich bemüht, eine im Foucaultschen Sinne entlarvende Genealogie des Säkularisierungsbegriffes zu schreiben, löst diese jedoch nur bedingt ein. Während er überzeugend darlegt, dass Säkularisierungskonzepte Produkte der Kulturkämpfe waren, verfolgt er die Fortschreibung der Theorie jenseits der bereits bekannten kämpferischen Töne in Max Webers Werk in der Zwischenkriegszeit und nach dem Zweiten Weltkrieg nicht weiter. Vgl. *Borutta*: Antikatholizismus 47–154, 267–387; zu Analysen über Max Weber hinaus *Tschannen*: Les théories; *Hölscher*: Die Säkularisierung.

ren.[80] Die Untersuchung weitet – diese Überlegungen aufgreifend – das Analyseraster im Vergleich zu den beiden genannten deutschen Arbeiten aus und berücksichtigt zusätzliche Elemente der traditionellen Säkularisierungstheorie (Rationalisierung und die Ablösung von Kirchen und Religion als moralisch maßgebende Instanzen). Außerdem widmet sich die Analyse insbesondere den diskursiven Mechanismen, mit denen in der kritischen Auseinandersetzung versucht wurde, Welt und Kirchen beziehungsweise Religion zu scheiden und vertieft damit das Verständnis von Säkularisierung als Produkt der Kulturkämpfe.

Neben der Flexibilisierung und Differenzierung des Konzepts der Säkularisierung selbst stellte sich in den bisherigen Studien vor allem deren Umgang mit Religion und Konfession als ein *zweites* Problem dar. Die ältere Forschung bestimmte die vereinfachende Gegenüberstellung von Religion, Kirchen und Säkularisierung oder im deutschen Fall eine konfessionelle Lesart. Die neuere französische und zum Teil die spanische Literatur differenziert, wenn sie diese Frage aufnimmt, schlicht positivistisch zwischen verschiedenen Varianten des Verhältnisses zwischen Religion, Kirchen und Säkularisierung.[81] Die aktuelle Forschung zu den deutschen Ländern bleibt dagegen letztlich in konfessionellen Erklärungsmustern stecken, in denen Religion oder Konfession als genuines Opfer der Säkularisierungsforderungen beschrieben und diese als implizit protestantische Modelle beziehungsweise als antikatholisch entlarvt werden.[82] Die Übergänge waren jedoch fließender. Deshalb frage ich konkret nach dem Ort der Konfession und des Religiösen in den kirchenkritischen Diskursen. Um die Kulturkämpfe nicht nur als eine Gegengeschichte, sondern als integrativen Bestandteil der modernen Religionsgeschichte zu erzählen, muss der Religionsbegriff ähnlich flexibel und situativ angewendet werden wie jener der Säkularisierung.[83] Die Bandbreite der Religionsdefinitionen kann sich hierbei nur als hilfreich erweisen.[84] Ausgehend von der Annahme, dass sich das Konzept von

80 Vgl. *Asad*: Formations of the Secular; *Casanova*: Public Religions 39–66; *Borutta*: Antikatholizismus; *Habermas*: Piety, Power, and Powerless; den Verhandlungscharakter jedoch in der modernisierungstheoretischen Perspektive bereits bei *Chadwick*: The Secularization.

81 Vgl. für die Unterscheidungen in Bezug auf Laizität z. B. *Baubérot/Zuber*: Une haine oubliée 93; *Coq*: Laïcité et République 17; *Terral*: Laïcité religieuse; für Spanien *Suárez Cortina*: David frente a Goliat 13–17; *ders.*: Secularización y laicismo; in vergleichender Perspektive *Kaiser*: Clericalism 50–60.

82 Vgl. *Borutta*: Antikatholizismus; *Habermas*: Piety, Power, and Powerless.

83 Vgl. theoretisch zu diesem Ansatz besonders *Asad*: Formations of the Secular; *Beckford*: Social Theory 30–73; aus religionshistorischer Perspektive *Nash*: Reconnecting Religion; *Lehmann*: Säkularisierung 57–69; *Hölscher*: Europe in the Age of Secularisation; *Ziemann*: Säkularisierung und Neuformierung.

84 Hier ist nicht der Platz, die verschiedenen Definitionen zu katalogisieren. Vgl. für einen guten Überblick über die neueren Debatten *Riesebrodt*: Cultus und Heilsversprechen 11–108; *Ziemann*: Sozialgeschichte der Religion 25–31.

Religion besonders im 19. Jahrhundert wandelte und der bis heute bestimmende abstrakte und universale Religionsbegriff entstand sowie die Kulturkämpfe entscheidend dazu beigetragen haben, Religion und Konfession qualitativ neu zu fassen,[85] stützt sich die Analyse zunächst auf einen konstruktivistischen Ansatz. Es wird gefragt, was die Akteure selbst als Religion bestimmten und ob die Antiklerikalen bewusst konfessionell argumentierten. Zugleich nimmt die Untersuchung aber auch den Beobachterstandpunkt ein, um mithilfe von funktionalen sowie inhaltlich definierten Konzepten von Religion zu analysieren, inwieweit Antiklerikalismus selbst als eine alternative Religion auftrat beziehungsweise religiöse Züge trug und konfessionelle Argumentationsmuster eine Rolle spielten.[86] Mit diesem mehrdimensionalen Zugriff unter konstruktivistischen Vorzeichen soll das Verhältnis zwischen Religion, Konfession, Säkularisierung und Antiklerikalismus in der jeweiligen historischen Entwicklung der untersuchten Länder im europäischen Vergleich erstmals systematisch analysiert werden. Dabei werden sowohl Unterschiede zwischen den verschiedenen Gruppen eingefangen als auch nationale Pfade der Säkularisierung herausgearbeitet. Nicht nur Säkularisierungstheoretiker differenzieren konfessionell geprägte Varianten, sondern auch dem Laizitätskonzept unterliegt zumeist die Vorstellung einer Unterscheidung zwischen einer in Brüchen und staatlich-institutionell vollzogenen Entwicklung in monokonfessionell katholischen Ländern und dem progressiven Wandel der Säkularisierung als Modell protestantisch geprägter Nationen. Darüber hinaus hat die Antiklerikalismusforschung nationale Deutungsmuster entworfen: Zum einen wird der spezifische Charakter der Auseinandersetzungen in den katholisch monokonfessionellen Ländern betont und zum anderen werden die Konflikte in den bikonfessionellen deutschen Ländern als konfessionelle Kämpfe gelesen, was jedoch mittlerweile auch in Frage gestellt wird.[87]

85 Vgl. dazu z.B. *Hölscher*: Secularization and Urbanization; *ders.*: Semantic Structures; *Baubérot*: Pour une comparaison 168; *Osterhammel*: Verwandlung 1241.

86 Dem Kardinalproblem der vergleichenden Religionswissenschaften im Zeitalter der Globalisierung, auch solche Praktiken und Vorstellung zu integrieren, die nicht an die klassische Transzendenzvorstellung anknüpfen, muss dabei kaum Rechnung getragen werden, da der antiklerikale Diskurs eng in der europäischen Vorstellungs- und Begriffswelt verankert war und blieb. Vgl. dazu zum Beispiel *Lehmann*: Säkularisierung 63; *Weir*: Secularization; *ders.*: The Secular Beyond; *Prüfer*: Sozialismus statt Religion 310.

87 Vgl. zur Antiklerikalismusforschung für Frankreich *Mellor*: Histoire 496; *Rémond*: Religion et société 39–41; *ders.*: Anticléricalisme en France 55–58; für Spanien *Salomón Chéliz*: Poder y ética 116; *Sànchez i Ferré*: Anticlericalismo y masonería 274; diese Vergleichsbarriere aufweichend *De la Cueva Merino*: La cuestión clerical-anticlerical 125f.; zu den deutschen Ländern *Walser Smith*: German Nationalism; *Hübinger*: Confessionalism; *Blaschke*: Das 19. Jahrhundert; *ders.*: Das 16. Jahrhundert; *ders.*: Dämon; *ders.*: Abschied; zur Kritik an der Epochenvorstellung des »zweiten konfessionellen Zeitalters« von Olaf Blaschke, die die konfessionelle Interpretation auch auf nicht bikonfessionelle Staaten überträgt und die er mittler-

Durch die Flexibilisierung der Begriffe Säkularisierung, Religion und Konfession werden in meiner Studie diese klassischen, bis zu den Kulturkämpfen selbst zurückführbaren, konfessionellen nationalen Deutungsmuster nun auf den Prüfstein gestellt. Damit weist die Untersuchung einen Weg aus der pauschalisierenden Betrachtung von Religion, Konfession und Säkularisierung in der zweiten Hälfte des 19. Jahrhunderts.

Analysekonzept III: Code

Um die soziale Formation des gesamten antiklerikalen Spektrums zu beschreiben, verwendet die Studie das Konzept des Codes. Es ermöglicht, die Kirchenkritik ausgehend von ihrer diskursiven Erscheinungsform in ihrer Vielfalt als flexible Einheit zu charakterisieren, kennzeichnende mediale Dynamiken einzufangen und bietet damit zugleich einen Ansatzpunkt zur Periodisierung des Phänomens in seiner Hochphase. In Anlehnung an Shulamit Volkovs antisemitischen Code verstehe ich unter kulturellem Code »ein ganzes System von Ideen und Einstellungen«[88], das zugleich kein kohärentes Weltbild darstellt. Solche Symbolkomplexe entstehen in einer medialen Anreicherung, die verschiedene Vorstellungen, Metaphern, Bilder, Symbole und Begriffe miteinander assoziativ verbindet. Ein Code beschreibt keine geschlossene Einheit, sondern eine diskursive Formation, die für verschiedenste Gruppen anschlussfähig sein kann. Das Konzept verweist zudem auf seinen Entstehungszeitraum beziehungsweise Entstehungskontext – ein bestimmter Grad an Medialisierung einer Gesellschaft ist notwendig, damit sich ein assoziativer Symbolkomplex ausbilden kann. Insofern verortet die Interpretation der Kirchenkritik als antiklerikaler Code das Phänomen im Zeitalter der entstehenden Massenmedien und gibt damit eine Erklärung für die Periodisierung der Hochzeit der Kulturkämpfe, die in der Stu-

weile revidiert hat, *Kretschmann/Pahl*: Rez. Zweites Konfessionelles Zeitalter; *Friedrich*: Das 19. Jahrhundert; *Steinhoff*: Zweites konfessionelles Zeitalter; *Schulze Wessel*: Das 19. Jahrhundert; zur Revision *Blaschke*: Säkularisierung und Sakralisierung; zu einer allgemeinen Kritik an der konfessionellen Sicht, die aber nicht konsequent in eine neue Lesart umgesetzt wird, *Groos*: War against Catholicism 301; *Borutta*: Antikatholizismus 23f.; zum Laizitätskonzept *Champion*: Les rapports église-état; *Baubérot*: Laizismus; *Cabanel*: Les mots 97–99; *Álvarez Tardío*: Política y secularización; *Townson*: Anticlericalismo y secularización; zur Säkularisierungstheorie *Wallis/Bruce*: Secularization 15–17; *Casanova*: Eurocentric Secularism; eine Ausweitung auf zwei weitere Nationstypen im Säkularisierungsprozess, die Grenzen der Katalogisierung aufzeigt, bei *McLeod*: Separation of Church and State 474f.; den Wandel von einer konfessionellen in eine säkularisierende Stoßrichtung im europäischen Antikatholisizmus des 19. Jahrhunderts konstatierte *Werner/Havard*: Introduction 13.

88 *Volkov*: Antisemitismus als kultureller Code 23; allgemein zum Begriff des Codes auch *Giesen/Junge*: Patriotismus 256.

die in den Blick genommen wird. Darüber hinaus ist ein medialer Anreicherungsprozess tendenziell mit einer spezifischen Dynamik verbunden: Vorstellungen, Metaphern, Bilder, Symbole und Begriffe werden verkürzt und gerinnen zu Schlagwörtern. Das Konzept des Codes kann deshalb über die Bestimmung der sozialen Einheit der Kirchenkritik hinausgehend auch Einblicke in den spezifischen Charakter des Antiklerikalismus vermitteln und einen Ansatzpunkt bieten, die besondere Tonlage der Auseinandersetzungen einzufangen.

Forschungsstand

Studien zum Antiklerikalismus in den verschiedenen nationalen Kontexten gibt es für die ausgewählten Länder in erheblicher Anzahl. Angesichts der Anlage der Analyse – der zeitlichen und räumlichen Ausdehnung sowie der gleichzeitigen Fokussierung auf einzelne Fälle – bilden diese nationalgeschichtlichen Untersuchungen eine entscheidende Grundlage, auf der ich aufbauen kann. Die Forschungslage zwischen den Ländern differiert allerdings gewaltig.[89] Am schnellsten lässt sich die Situation für die deutschen Länder charakterisieren. Neben der älteren politisch-sozialen Kulturkampfforschung, die sich auf die gesetzgeberischen Auseinandersetzungen konzentrierte, finden sich jene Analysen, die die konfessionelle Dynamik der Konflikte in den Blick nehmen.[90] Des Weiteren sind die institutionsgeschichtlichen Arbeiten Norbert Schlossmachers zu nennen.[91] Nach der Jahrtausendwende erschienen drei umfangreiche Untersuchungen, die den Antikatholizismus beziehungsweise den Antijesuitismus als ein kulturelles und mediales Phänomen analysieren. In dieser neueren Forschung werden besonders die moralischen und geschlechtergeschichtlichen Dimensionen herausgearbeitet.[92]

89 Die folgende Zusammenfassung zeichnet die jeweilige nationale Forschungslage nicht bis in einzelne Verästelungen nach. Thematische Schwerpunkte und deren Diskussionsstand werden in den systematischen Kapiteln dargestellt.

90 Vgl. zur älteren Literatur den Überblick bei *Borutta*: Antikatholizismus 20–24; sowie des Weiteren die dort nicht genannten politikhistorischen Studien *Schmidt-Volkmar*: Der Kulturkampf; *Ross*: The Kulturkampf; *ders.*: The Failure; mit regionalem Schwerpunkt *Southern*: The Bavarian Kulturkampf; den konfessionellen Blick einnehmend lokal und alltagsgeschichtlich *Köhle-Hezinger*: Evangelisch – katholisch; *Wahl*: Confession et comportement; *Owzar*: Kampf der Kulturen; aus kirchengeschichtlicher Perspektive *Hilge*: Die evangelische Kirche.

91 Vgl. *Schlossmacher*: Antiultramontanismus; *ders.*: Entkirchlichung.

92 Vgl. *Gross*: War against Catholicism; *Healy*: The Jesuit Specter; *Borutta*: Antikatholizismus; sowie die Aufsätze *Gross*: Kulturkampf and Unification; *ders.*: Strange Case; *ders.*: Kulturkampf and Geschlechterkampf; *Healy*: Anti-Jesuitism; *Borutta*: Männlichkeit; *ders.*: Das Andere; *ders.*: Enemies; *ders.*: Geistliche Gefühle; *ders.*: Orient; *ders.*: Genealogie der Säkularisierungstheorie; tendenziell ähnlich arbeitend auch schon *Heinen*: Umstrittene Moderne.

In Frankreich ist der Antiklerikalismus als eigenständiges Forschungsobjekt bereits lange Zeit etabliert.[93] In den 1980er Jahren hat René Rémond in seiner monumentalen Überblicksdarstellung zentrale konzeptionelle Fragen behandelt. Sein chronologischer Durchgang durch das 19. und 20. Jahrhundert orientiert sich aber vor allem an den politischen Entwicklungen und an Debatten der großen Autoren. In dieser Tradition stehen auch die aus katholischer Opfersicht geschriebene erste umfassende Untersuchung zum Antiklerikalismus von Alec Mellor und eine Reihe später entstandener Lokalstudien, die die Entwicklungen in der Dritten Republik nachzeichnen. Diese Arbeiten berücksichtigen zumeist die verschiedenen antiklerikalen Gruppen, ohne allerdings in der Analyse das Phänomen systematisch zu konzeptualisieren. Einige Autoren zeigen die Auseinandersetzung mit dem sich entwickelnden Ultramontanismus auf.[94] Eine andere Sichtweise auf die Kulturkämpfe nahm bereits ein von Theodore Zeldin 1970 herausgegebener Sammelband ein, der die Konflikte auf alltäglicher Ebene im Kontext moralischer Auseinandersetzungen verortet. Später wurden Debatten über den Kern des Antiklerikalismus geführt, in denen die moralische der politischen Dimension gegenüber gestellt wurde.[95] Aufsätze zum französischen Antiklerikalismus berührten auch sehr viel früher als Studien über deutsche Länder geschlechtergeschichtliche Aspekte.[96] Die beiden französischen Arbeiten zum Antijesuitismus von Michel Leroy und Geoffrey Cubitt, die sich vor allem auf die erste Hälfte des 19. Jahrhunderts konzentrieren, haben den Blick auf die diskursive Ebene der Kirchenkritik gelenkt.[97] Die vollständige Wendung der Geschichtsschreibung des Antiklerikalismus zu einer Kulturgeschichte von unten vollzogen dann schließlich die Studien der Historikerin Jacqueline Lalouette, die im Anschluss an ihre Dissertation zu den Freidenkern verschiedene Aufsätze verfasste und Sammelbände herausgab.[98] Diese Perspektive fortführend hat auch der Politikwissenschaftler Jérôme Grévy eine neue Darstellung der Konflikte der Dritten Republik vorgelegt, die sowohl die politischen wie die

93 Vgl. zu einer umfangreichen Literaturliste vor allem französischsprachiger Titel *Lalouette*: L'anticléricalisme 341–349.

94 Vgl. *Rémond*: Anticléricalisme en France; *Mellor*: Histoire; die Lokalstudien *Gondicart*: L'Anticléricalisme; *Faury*: Cléricalisme et anticléricalisme; *Papet*: Cléricaux et Anticléricaux; für weitere unveröffentlichte Qualifikationsarbeiten in diesem Stil *Lalouette*: L'anticléricalisme 342 f.; für die Spezialliteratur zur Gesetzgebung Kapitel 1.2.

95 Vgl. *Zeldin*: Conflicts in French Society; *Gibson*: Republicans and Catholics; *McMillan*: Religion and Politics.

96 Vgl. *Evans*: The Feminists 124–135; *ders.*: Feminism and Anticlericalism; *McMillan*: Clericals; *ders.*: A Reply.

97 Vgl. zum Antijesuitismus *Leroy*: Le mythe jésuite; *Cubitt*: The Jesuit Myth.

98 Vgl. *Lalouette*: La libre pensée; aus der Fülle ihrer Einzelschriften besonders *dies.*: Dimensions anticléricales; *dies.*: La république anticléricale; *dies.*: L'anticléricalisme.

lokalen Dimensionen einbezieht, ohne allerdings zwischen den sozialen Gruppen genauer zu differenzieren und über die klassische Blockbildung hinauszugehen.[99]

Am intensivsten ist der Antiklerikalismus des 19. Jahrhunderts in Spanien erforscht. Zwar monieren spanische Experten bis in die letzten Jahre hinein den mit Blick auf Frankreich schlechteren Forschungsstand. Diese Beschwerden halten einem systematischen Vergleich aber nicht Stand und scheinen eher dem notorischen Unterlegenheitsgefühl gegenüber dem Nachbarn nördlich der Pyrenäen entsprungen zu sein.[100] Die Diskussion auf der iberischen Halbinsel ist dabei allerdings noch bis heute oft von politischen Konflikten bestimmt. Dies hängt damit zusammen, dass die auch in hohem Maße gewalttätigen Kulturkämpfe der Zweiten Republik und des Bürgerkriegs nicht hinreichend aufgearbeitet wurden.[101] Die ersten wissenschaftlichen Studien entstanden nach dem Franquismus und waren mit Ausnahme der eher essayistischen Überblicksdarstellung des Anthropologen Julio Caro Baroja, die vom Mittelalter bis zum Bürgerkrieg reichte, tendenziell durch eine materialistische Sicht auf die Kulturkämpfe geprägt.[102] Ein umfangreicheres Interesse an den Kulturkämpfen des 19. Jahrhunderts entwickelte sich seit den 1990er Jahren. Dieses emanzipierte sich von der auch in den beiden anderen hier untersuchten Ländern zunächst manifesten klassisch politischen Betrachtungsweise der Konflikte und konzentrierte sich auf die sozialen und kulturellen Dimensionen der Auseinandersetzungen.[103] Es wurden umfangreiche Lokalstudien durchgeführt und in deren Zusammenhang eine ganze Reihe von Aufsätzen sowie ein neuerer Sammelband zu der sozialen und kulturellen Mobilisierung in der Phase der bourbonischen Restauration (1874–1923) besonders nach 1900 vorgelegt. Die neueren historischen Arbeiten konzeptualisieren verstärkt die verschiedenen inhaltlichen Aspekte (politische, moralische und geschlechterspezifische Fragen) des Anti-

99 Vgl. *Grévy*: Le cléricalisme.

100 Vgl. dazu *De la Cueva Merino*: Balance historiográfico 366; neben diesem Forschungsüberblick bietet auch *Pérez Ledesma*: Studies on Anticlericalism eine gute Orientierung.

101 Dies sieht man etwa an den Diskussionen um die Seligsprechung von im Bürgerkrieg getöteten Priestern durch Benedikt XVI. im Jahr 2007, an denen sich abgesehen von radikalen linken Organisationen auf der einen Seite und betroffenen Orden auf der anderen Seite auch der moderatere »El País« mit äußerst kritischen Artikeln beteiligte. Vgl. zu den radikalen Linken La Iglesia beatificará; zu den Orden Beatos Mártires; zum País *Pardo Lazina*: El obispo combatiente.

102 Vgl. *Caro Baroja*: Introducción; *Díaz Mozaz*: Apuntes; *Arbeloa*: Socialismo y anticlericalismo.

103 Den Anfang machten ein noch stärker politisch orientierter Sammelband und ein die neuen Tendenzen aufnehmendes Themenheft der Zeitschrift »Ayer«: *La Parra López/Suárez Cortina*: El anticlericalismo español; *Cruz*: El anticlericalismo.

klerikalismus, auch wenn die Autoren meistens dazu neigen, die Differenzen der beteiligten Gruppen unverhältnismäßig stark hervorzuheben.[104] Eine konzeptionell anregende, historisch allerdings nur bedingt valide Ergänzung für die moralische Seite der Konflikte – besonders hinsichtlich der Frage von Geschlecht und Gewalt – bilden die anthropologischen Studien von Manuel Delgado Ruiz.[105] Daneben sind einige Spezialuntersuchungen zu nennen, die sich einzelnen politischen Gruppen oder anderen Trägern der Kirchenkritik wie den Freimaurern widmen.[106] Für die Zeit vor der Restauration ist die Forschungslage – sieht man von den älteren politik- und kirchengeschichtlichen Untersuchungen zum Sexenio einmal ab – dagegen nach wie vor sehr schlecht.[107] Eine Ausnahme bildet die Dissertation von Gregorio Alonso García, der eine kulturgeschichtlich inspirierte Politik- und Rechtsgeschichte des Konflikts zwischen Staat und Kirche vom ausgehenden 18. Jahrhundert bis zum Beginn der bourbonischen Restauration geschrieben hat.[108]

Methodisch folgt meine Studie der in allen drei Ländern beobachtbaren kulturgeschichtlichen Wende in der Antiklerikalismusforschung und orientiert sich an Ansätzen, die versuchen, die Eigendynamik des Phänomens aus einer

104 Vgl. die Lokalstudien *De la Cueva Merino*: Clericales y anticlericales; *De Mateo Avilés*: Anticlericalismo en Málaga; *Salomón Chéliz*: Anticlericalismo en Aragón; *Louzao Villar*: Soldados de la fe; sowie die Aufsätze von den gleichen Autoren z. B. *De la Cueva Merino*: La Democracia frailófoba; *ders.*: Si los curas y frailes supieran; *ders.*: Anticlericalismo e identidad; *Salomón Chéliz*: Contra el poder; *dies.*: Mujeres, religión y anticlericalismo; *dies.*: El discurso anticlerical; *dies.*: Beatas sojuzgadas; *dies.*: ¿Espejos invertidos?; *dies.*: Anticlericalismo en la calle; *Louzao Villar*: Sociabilidad anticlerical; den Sammelband *De la Cueva Merino/Montero García*: La secularización conflictiva; daneben sind noch zwei eher populärwissenschaftliche Überblicksdarstellungen zu nennen *Arbeloa*: Clericalismo y anticlericalismo; *Navarra Ordoño*: El anticlericalismo.

105 Vgl. *Delgado Ruiz*: La ira sagrada; *ders.*: Las palabras de otro hombre; *ders.*: Luces iconoclastas. Eine ähnlich psychologisierende Interpretation bot bereits *Conard*: Sexualité et anticléricalisme.

106 Vgl. z. B. zum Republikanismus politikgeschichtlich orientiert *Reig Armero*: Blasquistas y clericales; *Magenti Javaloyas*: L'anticlericalisme blasquista; *Sanabria*: Republicanism and Anticlerical Nationalism; *Álvarez Junco*: Alejandro Lerroux 319–358; zum Antiklerikalismus der Arbeiterbewegung besonders der Anarchisten *ders.*: Ideología política 197–220; *ders.*: El anticlericalismo 197–220; der Freidenker *De Mateo Avilés*: Masonería, protestantismo, librepensamiento 151–186; *Ramos*: La República; für die Freimaurer den Überblick *De la Cueva Merino*: Balance y tareas.

107 Vgl. *Petschen*: Iglesia – estado; *ders.*: El anticlericalismo; *Cárcel Ortí*: Iglesia y revolución 207–333; *Martí Gilabert*: Cuestión religiosa en la Revolución 119–158, 186–202, 210–228; *ders.*: Cuestión religiosa en la I Républica; neuer aber in der gleichen Fragerichtung *Fernández García*: El conflicto Iglesia-Estado.

108 Vgl. *Alonso García*: La ciudadanía católica y enemigos; sowie die im Umfeld der Dissertation entstandenen Aufsätze *ders.*: Ciudadanía católica; *ders.*: Con leyes sabias.

Perspektive von unten zu beleuchten und vor allem der Rolle der Medien in dieser Dynamik nachzugehen. In den neueren Arbeiten zum deutschen Antiklerikalismus geriet durch die kulturgeschichtliche Ausweitung der Fragestellung und die Konzentration auf die moralischen Aspekte der eigentliche Kern der Auseinandersetzung, die Frage nach der Rolle von Religion und Kirchen, allerdings etwas aus dem Blick.[109] Der Gefahr, den eigentlichen Fokus aus dem Auge zu verlieren, soll mit dem flexiblen Säkularisierungs- und Religionskonzept begegnet werden. Die nationalgeschichtlichen Untersuchungen haben den Differenzen und Gemeinsamkeiten der verschiedenen Erscheinungs- und Organisationsformen des Antiklerikalismus bislang unterschiedlich viel Aufmerksamkeit gewidmet. Während die systematischen deutschen Arbeiten sich vorwiegend auf die Liberalen konzentrierten, widmeten sich Spezialuntersuchungen einzelnen Gruppen.[110] Hingegen existieren für den spanischen und französischen Fall Studien, die die gesamte Breite der antiklerikalen Strömungen und Themen analysieren. Insofern füllt meine Untersuchung in dieser Hinsicht für Deutschland eine Lücke, aber auch für die romanischen Länder (besonders für Frankreich[111]) soll sie durch ihr Forschungsdesign, den systematischen Vergleich von Mobilisierung anlässlich der selben Ereignisse in allen drei Ländern, neue Erkenntnisse über Kernbestandteile und Hauptfragen der Kirchenkritik liefern und so zu seiner Konzeptualisierung beitragen. Durch den Fokus auf die medialen Debatten wird zudem dem Aushandlungscharakter der Konflikte in besonderer Weise Aufmerksamkeit gewidmet, der in den meisten Studien bei dem Versuch der Systematisierung und Profilierung der verschiedenen Positionen vernachlässigt wird. Es geht in der folgenden Analyse also darum, die verschiedenen Positionen und inhaltlichen Dimensionen unter dem konstruktivistisch gewendeten Konzept von Säkularisierung und Religion in spezifischer

109 Vgl. z.B. die Reduzierung auf den Sexismus bei *Gross*: War against Catholicism 203; die ebenso auf dieses Themenfeld fokussierte mediengeschichtliche Untersuchung *Borutta*: Antikatholizismus 159–215; für Frankreich fast kein anderes Thema integrierend *Verhoeven*: Transatlantic Anti-Catholicism.

110 Diese behandeln aber zum Teil auch mehr als den Antiklerikalismus. Vgl. etwa zu den Freidenkern *Kaiser*: Arbeiterbewegung 81–103; *Simon-Ritz*: Organisation einer Weltanschauung passim; sowie die unveröffentlichte Dissertation *Weir*: Fourth Confession und *ders.*: Secularization; *ders.*: Towards a History; *ders.*: The Secular Beyond; zu den Sozialisten *Grote*: Sozialdemokratie und Religion 71–76, 167–202; *Prüfer*: Sozialismus statt Religion 44–101; zu den Protestanten die beiden institutionsgeschichtlichen Untersuchungen *Lepp*: Protestantisch-liberaler Aufbruch; *Müller-Dreier*: Konfession in Politik; zu den Juden *Joskowicz*: Anticlerical Alliances.

111 In Frankreich tendiert die Forschung dazu, Gruppen in positivistischer Manier nebeneinanderzustellen, ohne die Differenzen und Gemeinsamkeiten analytisch zu durchdringen.

Weise zu erweitern, zusammenzudenken und zugleich eine Schneise für eine europäische Perspektive zu öffnen.

Angesichts der oft wiederholten Betonung des internationalen Charakters des Antiklerikalismus wundert es, dass dieser Dimension bislang nur wenig Aufmerksamkeit zuteilwurde. Die nationalgeschichtliche Orientierung der historischen Forschung und wahrscheinlich auch der sich daraus ergebene empirische und theoretische Mehraufwand verhinderten lange einen systematischen Vergleich des Antiklerikalismus oder Antikatholizismus. Neben Darstellungen zu Teilbereichen existieren drei ältere Arbeiten zu den rechtlichen Auseinandersetzungen und zur Ideengeschichte, überblicksartige Aufsätze und Kapitel sowie fünf thematische Sammelbände, die versuchen die gesamtgesellschaftliche und kulturgeschichtliche Dimension zu umfassen. In der allgemeineren Literatur werden die Länderstudien aber nur nebeneinander gestellt und können deshalb letztlich nicht wirklich als vergleichende Untersuchungen gewertet werden.[112] Erst die 2010 erschienene Dissertation von Manuel Borutta untersucht die Kulturkämpfe der Liberalen in Italien und Deutschland systematisch vergleichend. Ob das nordeuropäische Netzwerk zur Erforschung des Antikatholizismus über eine Sammlung von Länderfällen hinausgehen und damit Boruttas Blick nach Süden um die nordeuropäische und atlantische Perspektive mehrheitlich protestantischer Länder erweitern wird, bleibt abzuwarten.[113] Die Arbeit des deutschen Historikers beweist in jedem Fall, wie lohnend der vergleichende Blick auf die nationalen Gesellschaften ist. Für die europäische Perspektive sind zwei weitere Studien zu nennen: ein Sammelband des »Centre national de la recher-

112 Vgl. die Überblicksdarstellungen *Schapiro*: Anticlericalism; vor allem auf die deutschsprachigen Länder bezogen *Franz*: Kulturkampf 27–75; gekürzt als *ders.*: Kulturkampf gestern; *Sánchez de Murillo*: Anticlericalism; die Aufsätze und Kapitel *Aubert*: Auseinandersetzung; *Becker*: Kulturkampf; die direkte Kritik am vergleichenden Vorgehen Beckers *Besier*: Der Kulturkampf; zu Italien und den deutschen Ländern *Lill*: Zur Einführung; auf Mitteleuropa bezogen *Stadler*: Kulturkampf; sowie *Wolffe*: Protestant-Catholic Divisions; *ders.*: Anti-Catholocism; *Gadille*: Höhepunkt; *Atkin/Tallett*: Priests, Prelates, and People 141–159; *Sanabria*: Republicanism and Anticlerical Nationalism 30–38; *Townson*: Anticlericalismo y secularización; *Ávila Espinosa*: El anticlericalismo; zu den einzelnen Themenbereichen die Untersuchung zu den Erziehungskämpfen stark wertend *Mély*: La question; zur Literatur *Lacouture*: Eugène Sue; *Griffin*: Anti-Catholicism; zum jüdischen Antiklerikalismus in den deutschen Ländern und Frankreich *Joskowicz*: Anticlerical Alliances; sowie die französische Lokalstudie *Philippon*: Le combat, die einen vergleichenden Blick auf den deutschen Kulturkampf im Singular wagt; die Nationalstudien zusammenfassenden Sammelbände Special Issue: Anticlericalism. European Studies Review 13 (1983); *Lill/Traniello*: Kulturkampf in Italien; *Clark/Kaiser*: Culture Wars; *Berlan u. a.*: L'Anticléricalisme; *Solis/Savarino Roggero*: El anticlericalismo.

113 Einzelne Projekte sind mit einer vergleichenden Perspektive konzipiert, wie der Beitrag von John Wolffe zum nordatlantischen Raum. Vgl. den Sammelband der ersten Tagung *Werner/Havard*: European Anti-Catholicism. Die Spezifika eines Antikatholizismus in mehrheitlich protestantischen Ländern wird die folgende Analyse nicht berücksichtigen können.

che scientifique« (im Folgenden CNRS) und eine Dissertation mit einem transatlantischen Fokus. Der CNRS-Band unternimmt in vergleichender Perspektive einen interessanten Versuch. Er überträgt den Begriff Antiklerikalismus auf religiöse Konflikte in China. Die Herausgeber schränken den analytischen Erklärungswert des Konzepts für außereuropäische Konflikte allerdings bereits in der Einleitung ein, da den Konflikten in Fernost die politische Dimension fehle.[114] Meine Studie wird den europäischen Charakter des Antiklerikalismus betonen, da sie davon ausgeht, dass die Akteure selbst in einem vor allem europäisch geprägten Handlungs- und Wahrnehmungsrahmen agierten. Die Ergebnisse der transatlantischen Untersuchung Timothy Verhoevens zur moralischen Dimension des Antiklerikalismus und den Austauschbeziehungen zwischen den USA und Frankreich legen diese Hypothese nahe. Verhoevens Arbeit zeigt, dass die Wahrnehmungs- und Transferbeziehungen in erster Linie eine Einbahnstraße in Richtung USA waren.

Die Frage nach transnationalen Perspektiven hat in der Antiklerikalismusforschung in systematischer Form erst mit der allgemeinen Konjunktur historiografischer Reflexion von Nationalgeschichte Einzug gehalten. Erste Einblicke bieten Wahrnehmungsanalysen von Gesetzesinitiativen in den jeweiligen anderen Ländern. Wobei gerade die älteren Studien extrem positivistisch gefärbt waren.[115] In den nationalstaatlich orientierten Untersuchungen beschränken sich die Nationsgrenzen überschreitenden Aspekte der Kirchenkritik auf einzelne Hinweise, die zudem oft nicht belegt werden.[116] Die sozialen Vernetzun-

114 Vgl. *Verhoeven*: Transatlantic Anti-Catholicism; *Goossaert/Zuber*: Introduction; mit ähnlicher globalgeschichtlicher Perspektive auf Japan die politische Dimension in den Blick nehmend *Kleinen*: Politics, Religion, and National Integration. Immer wieder wurde in den Versuchen, Antiklerikalismus zu konzeptualisieren, auf den besonderen Charakter der christlichen Religion mit ihrer Trennung des Religiösen und Weltlichen hingewiesen, die erst die Grundlage für die Kirchenkritik darstelle (vgl. z. B. *Rémond*: Anticléricalisme en France 12; *De la Cueva Merino*: Clericales y anticlericales 16). Dieser Frage kann aufgrund des europäischen Fokus der Studie nicht weiter nachgegangen werden.

115 Vgl. für Wahrnehmungen des Kulturkampfes in Frankreich nur auf die Katholiken bezogen *Winkler*: Stellungnahme; in England *Washington*: The English Reaction; in den USA *Sperl*: Die Vereinigten Staaten; mit einer über die positivistische Darstellung hinausgehenden Perspektive für Italien *Weiß*: Der deutsche Kulturkampf; zu den transnationalen Wahrnehmung der französischen Trennungsgesetzgebung *Rapoport*: L'écho; bei deutschen Protestanten *Tyrell*: Kulturkämpfe in Frankreich 117–128; speziell zur Schulgesetzgebung *Alexandre*: La loi scolaire; *Monés i Pujol-Busquets*: Le laicisme éducatif; auf einzelbiografischer Ebene zum deutsch-französischen Transfer in den mittleren Jahrzehnten des 19. Jahrhunderts *Kopper*: Moritz Hartmann.

116 Vgl. etwa die immer wieder im spanischen Kontext auftauchende These, dass Frankreich ein zentrales Modell darstelle, ohne dass dies je anhand einer konkreten Rezeptionsanalyse belegt wurde, *Salomón Chéliz*: Anticlericalismo en Aragón 119; *De la Cueva Merino/Mon-*

gen sind mit Ausnahme für die Freidenker bislang noch nicht in europäischer Perspektive untersucht worden.[117] Manuel Borutta beansprucht, diese Forschungslücke in seiner Dissertation zu schließen. Allerdings bleibt es in seiner vor allem vergleichend angelegten Medienuntersuchung bei vereinzelten Hinweisen zu europäischen Austausch- und Wahrnehmungsprozessen, die zum Teil eher als Vermutungen auf der Basis von Ähnlichkeiten denn als Resultate einer fundierten Rezeptionsanalyse vorgetragen werden.[118] Trotz dieser Ansätze fehlen also – abgesehen von Wolfram Kaisers Skizze in der Einleitung zu dem bereits erwähnten Sammelband – systematisch angelegte, transnational-europäische Untersuchungen des Antiklerikalismus.[119] Kaisers Skizze zeigt, wie vielfältig die Beziehungen und Verflechtungen und wie ähnlich die Themen und deren Darstellung waren. Deshalb diente sie als Orientierung für meine Analyse. Die Bedeutung und Gewichtung der dort benannten Verbindungen und Verflechtungen bleiben allerdings noch ungeklärt. Deshalb und aufgrund des nicht zu bewältigenden Umfanges wurde darauf verzichtet, Kaisers breites Panorama transnationaler Bezüge in meiner Studie aufzugreifen und zu systematisieren. Meine Untersuchung soll stattdessen durch die Fallanalysen die Transnationalisierung in Beziehung zum nationalen Rahmen setzen, um so erstmals den Stellenwert der europäischen Dimension zu bestimmen.

Über die Antiklerikalismusforschung hinausgehend knüpft die Untersuchung an zwei weitere Forschungsfelder an. Der Versuch, mehrere Fallstudien transnationaler Kommunikationssituationen systematisch über einen längeren Zeitraum zu vergleichen, kann zugleich zentrale Einsichten in die Bildung, Funktionsweise und Dynamik europäischer Öffentlichkeit liefern und damit die bisherigen historischen Arbeiten zur zweiten Hälfte des 19. Jahrhunderts, die sich auf Einzelfälle beschränken, gewinnbringend ergänzen.[120] Gerade der Religion und den Kirchen ist in neueren mediengeschichtlichen Untersuchungen zum 19. Jahrhundert bislang wenig Aufmerksamkeit zuteil geworden. Die mediengeschichtlichen Antiklerikalismusstudien konzentrieren sich dagegen vor allem auf verschiedene Medienträger und vernachlässigen dabei die Mechanismen öffentlicher Kommunikation in der Presse und ihre Dynamiken im

tero García: Introducción 16; *Martín Martínez*: Recepción y difusión; die Behauptung der Übernahme bestimmter Protestformen bei *Lyttleton*: Old Church 235.

117 Vgl. *Álvarez Lázaro*: Istituzionalizzazione; *Laqua*: Laïque, démocratique et sociale.

118 Vgl. *Borutta*: Antikatholizismus 159, 171, 181 f., 213, 224 f., 244, 247, 265.

119 Vgl. *Kaiser*: Clericalism; Ansätze zu einer Systematisierung auch bereits bei *Verucci*: Antiklerikalismus und Laizismus 47–56.

120 Vgl. neben dem Forschungsüberblick *Barth*: Medien, Transnationalität und Globalisierung; *Requate/Schulze Wessel*: Europäische Öffentlichkeit; *Stöckli*: Der Savoyerhandel; zur transnationalen Öffentlichkeit *Kaelble* u. a.: Transnationale Öffentlichkeiten.

Kontext des sich ausbildenden pluralistischen Meinungsmarktes und der zunehmenden Demokratisierung, die in der folgenden Analyse im Zentrum stehen werden.[121] Ebenso ergänzt meine Untersuchung die existierenden Arbeiten zu Europavorstellungen in der zweiten Hälfte des 19. Jahrhunderts, die sich vor allem auf Geistesgrößen konzentrierten und Religion jenseits der Idee des christlichen Europas innerhalb von Identitätsentwürfen nicht thematisieren, durch eine länderübergreifende Analyse von Alltagsquellen und die Frage nach der Rolle des Säkularen in den Identitätsvorstellungen der Kirchenkritiker.[122]

Methodischer Ansatz und Untersuchungsebenen

Ausgehend von dem kommunikationstheoretischen Vorbehalt, dass »Wirklichkeit als ein Ensemble von Produktionen, Deutungen und Sinngebungen aufzufassen«[123] ist, werden die sprachlichen und nichtsprachlichen Praktiken (das heißt Bilder, symbolische Handlungen etc.) antiklerikaler Skandalisierungen als Konstruktionen von Realität analysiert. Der Schwerpunkt wird auf schriftlichen Äußerungen liegen. Konkret untersuche ich Begriffe, Bilder, Symbole, Metaphern und Topoi, die die Akteure einsetzten, und die Gefühle, die diese transportierten. In der Studie werden klassische hermeneutische Vorgehensweisen besonders der Begriffsgeschichte eklektizistisch im Rahmen eines diskursanalytischen Ansatzes als Interpretationsverfahren verwendet.[124] Damit stellt sich besonders die Frage nach dem »Sagbaren«[125] und das »Wie« wird zum zentralen Bedeutungsträger. Zugleich sollen die handlungsanleitende Dimension der sprachlichen Sinnproduktionen in den Blick genommen und die Grenzen des Diskurses identifiziert werden. Neben den sprachlichen Äußerungen werden

121 Vgl. zur Literatur der neueren Mediengeschichte Anmerkung 52; eine Ausnahme stellt *Schlott*: Papsttod und Weltöffentlichkeit dar; zu mediengeschichtlichen Ansätzen in der Antiklerikalismusforschung Anmerkung 53.

122 Vgl. zur neueren Europakonzeptforschung *Schmale*: Europäische Geschichte, Literaturbericht 524–530, 680–683; sowie *ders.*: Geschichte Europas; *ders.*: Eckpunkte einer Geschichte; *Kaelble*: Europäer über Europa; *Frevert*: Eurovisionen; *Conter*: Jenseits der Nation; *Brendel*: Zukunft Europa; *Gruner*: Europaperzeption und Europapläne; *Geier*: Europabilder; einen religionshistorischen Zugang zu Europavorstellungen bietet ein Sammelband, der allerdings wie so oft nur Länderstudien nebeneinander stellt, *Malmborg/Stråth*: The Meaning of Europe; zum 20. Jahrhundert über Eliten hinausgehend *Jones*: Europa; *Bösch* u.a.: Europabilder.

123 *Mergel*: Überlegungen 590.

124 Vgl. zur historischen Diskursanalyse z.B. *Sarasin*: Diskurstheorie und Geschichtswissenschaft; *ders.*: Geschichtswissenschaft und Diskursanalyse; *Landwehr*: Historische Diskursanalyse.

125 *Ders.*: Geschichte des Sagbaren.

besonders Karikaturen untersucht, die das wichtigste antiklerikale Bildmedium darstellten und als integraler Teil der diskursiven Sinngebung behandelt werden.[126] Praktische Analyseinstrumente der Bilder sind semiotische, ikonografische und ikonologische Methoden.[127] Ein separater Abschnitt widmet sich im Anschluss an die neueren Ansätze der Visual History und kunsthistorischer Überlegungen zur Karikatur dem spezifischen medialen Charakter dieses Bildgenres und ästhetischen Besonderheiten.[128]

Entgegen der weit verbreiteten Annahme, dass ein diskursanalytischer Ansatz Kontext und Subjekt in sprachlichem Gewimmel auflöse, interessieren sich die meisten Theoretiker gerade für die Austauschprozesse von Subjekt, Kontext und diskursiver Vorgefasstheit der Weltaneignung.[129] Von diesen methodischen Überlegungen ausgehend halte ich es angesichts des Gegenstands der Untersuchung für angemessen, den theoretisch vorausgesetzten Konstruktionscharakter von Wirklichkeit in bestimmten Abschnitten darstellerisch zu unterschreiten und den historischen Kontext nicht in Sprache aufzulösen sowie dem Subjekt als autonomem Akteur dezidiert Raum zu geben. Auf der Ebene der historischen Darstellung kommt der hier verfolgte konstruktivistische Ansatz vor allem dadurch zum Tragen, dass das begriffliche Instrumentarium der Analyse (wie Säkularisierung, Laizität, Religion etc.) im »Säurebad des Vergleichs« dreier Forschungskontexte erarbeitet wurde sowie in den Kontext seiner historischen Entwicklung gestellt wird.

Die Antiklerikalismusforschung versuchte lange Zeit, die Kirchenkritik auf eine besonders starke Präsenz des »Klerikalismus« oder auf die Entstehung des Ultramontanismus zurückzuführen und so die Vehemenz oder die Absenz des Phänomens zu erklären.[130] Neuere Studien bemühen sich dagegen die Eigendynamik zu beleuchten, betonen die Grenzen des Verstehbaren der Vorwürfe, die »virtuelle Realität«, den Anteil von Stereotypen oder gehen soweit, den paranoi-

126 Vgl. zur integrierten Analyse von Bildern in sprachlichen Sinngebungsformen *Reichardt*: Wortfelder.

127 Beispielhaft sei verwiesen auf *Eco*: Einführung 197–249; *Panofsky*: Ikonographie und Ikonologie; die Adaption für die Geschichtswissenschaft bei *Wohlfeil*: Methodische Reflexionen; eine ähnliche Vorgehensweise bei *Jones*: Europa besonders 33–45.

128 Vgl. zum Ansatz der Visual History *Paul*: Historische Bildkunde; *ders.*: Aktuelle Historische Bildforschung; *ders.*: Das Jahrhundert, Einleitung.

129 Vgl. *Landwehr*: Historische Diskursanalyse 69–77; *Sarasin*: Geschichtswissenschaft und Diskursanalyse 54–55, 58 f.

130 Vgl. z. B. *Freeze*: A Case 182; *Evans*: Church 203; *Gross*: War against Catholicism; im regionalen Vergleich bereits auf ein sehr viel komplexeres Verhältnis verweisend *Rémond*: Anticléricalisme en France 45–47; *Cuenca Toribio*: Punto de partida 713–717; *Andrés Gallego/ Pazos*: La Iglesia 287–290.

den Charakter des Antiklerikalismus herauszuarbeiten.[131] Diese Analysen führen die Verfasser der beiden jüngsten Arbeiten zum liberalen deutschen Antikatholizismus in der Nachfolge Michel Foucaults und anderer Aufklärungskritiker dazu, die Kirchenkritik als Teil der die Freiheit des Subjekts begrenzenden Kräfte in der Moderne zu lesen.[132] Katholizismus und Religion werden dabei zum Opfer der Kulturkämpfe und ihrer Produkte, Säkularisierung und Modernisierung, stilisiert. Für den deutschen Minderheitenkatholizismus hat diese Interpretation durchaus ihren Reiz. Im Lichte einer monokonfessionell katholischen Gesellschaft wie der spanischen in der zweiten Hälfte des 19. Jahrhunderts, in der die Ausübung anderer Religionen und christlicher Konfessionen strafrechtlich verfolgt wurde, empfiehlt es sich dagegen, der Analyse der Grenzen, innerhalb derer sich die Antiklerikalen selbst bewegten, ein stärkeres Gewicht zu verleihen. Deshalb werden als zweite zentrale Untersuchungsebene – neben dem Diskurs – die Akteure und ihre Aktivitäten im Kontext lokaler, nationaler und europäischer Verhältnisse von Religion, Kirchen, Staat und Gesellschaft sowie der Strukturen und Funktionsweisen der öffentlichen Kommunikation in den drei Ländern und über die Ländergrenzen hinweg untersucht. Über die Akteursebene soll der Blick auf die Interaktion symbolischer Wirklichkeitskonstruktionen mit kontextuellen und strukturellen Bedingungen gerichtet werden.

Mit diesem Zugriff wird besonders berücksichtigt, dass die Kulturkämpfe Orte gesellschaftlicher Auseinandersetzungen von verschiedenen politischen und sozialen Gruppen waren. Kontext bedeutet in der folgenden Analyse also auch die Auseinandersetzung mit anderen Wirklichkeitskonstruktionen. Antiklerikale handelten mit ihren Gegnern und untereinander Ordnungsvorstellungen aus und versuchten neue zu etablieren. Die Eigendynamik des antiklerikalen Diskurses konstituierte sich, so wird die folgende Studie zeigen, durch die Setzung neuer Grenzen gegenüber Religion und Kirchen und zugleich arbeiteten sich die Kirchenkritiker an den Grenzen des ›Sagbaren‹ hinsichtlich dieser Themen ab.[133] Den sprachlichen Mechanismen, die dabei eingesetzt wurden, wird ganz im Sinne der Diskursanalyse deshalb ein besonderes Augenmerk

131 Vgl. z.B. für Grenzen des Verstehbaren *Lalouette*: L'anticléricalisme 333–338; der Begriff »virtual reality« *Clark*: The New Catholicism 36; ähnlich auch *Healy*: The Jesuit Specter 2–7; *Pellistrandi*: Clericalismo y anticlericalismo 27; die Betonung von Stereotypen bei *Borutta*: Antikatholizismus 167–169; für Paranoia *Gross*: War against Catholicism 128–239.

132 Vgl. ebenda 300; *Borutta*: Antikatholizismus 352–368.

133 In der Logik einer strengen Diskursanalyse müsste eigentlich der gesamtgesellschaftliche Diskurs um Religion und Kirchen untersucht werden. Aus pragmatischen Gründen wird jedoch nur der antiklerikale Diskurs als ein sinngebender Strukturierungszusammenhang verstanden, der in sprachlichen Äußerungen seinen Niederschlag fand und dessen Grenzen hinsichtlich der Trägergruppen im Laufe der Untersuchung bestimmt werden.

gewidmet. Zugleich werden aber auch rechtliche Restriktionen in Form von Pressepolitik ernst genommen.

Der gesellschaftliche Konflikt als Kontext wird ergänzt durch die Darstellung der rechtlichen und politischen Rahmenbedingungen von Religion und Kirchen. Anstatt diese als Teil kommunikativer Wirklichkeitskonstruktion etwa anhand der konkreten Auseinandersetzungen um Gesetzgebungen zu analysieren, musste aufgrund des exemplarischen Vorgehens auf eine eher traditionelle Darstellung des Kontextes zurückgegriffen werden. In den exemplarischen Untersuchungen der drei Fälle und der systematischen Diskursanalyse wird auf der Basis dieser Rahmenbedingungen die Frage nach Realitätsreflexion und fiktionalen sowie rhetorischen Dynamiken mehrfach gestellt. Dabei geht es nicht um den Nachweis von falscher Realitätswahrnehmung oder pathologischen Strukturen,[134] sondern um die Bezugnahme auf den Handlungsrahmen und Handlungshorizont der Akteure. Diese soll die jeweilige innere Logik, die Vorstrukturiertheit des Diskurses, seine Eigendynamik wie auch deren Entstehung beleuchten. Es wird versucht, in der nationalen Gegenüberstellung Homologien und Affinitäten zwischen sozialem Erleben und den Begriffen, Symbolen und Bildern des antiklerikalen Diskurses herauszuarbeiten, ohne aber vergleichend die ›Realitätsverhaftung‹ zu beurteilen. Vielmehr wird die im Diskurs stattfindende Aneignung von Wirklichkeit im jeweiligen nationalen Kontext analysiert und so versucht ein Stück Erfahrungsgeschichte zu schreiben.[135]

Quellen

Die empirische Untersuchung bezieht sich in erster Linie auf die Rekonstruktion antiklerikaler Weltdeutung und -aneignung vor allem im sprachlichen Diskurs im Kontext der drei Ereignisse. Deshalb stellen Presseerzeugnisse und Publizistik die Hauptgruppe der analysierten Quellen dar. Zunächst wurde eine repräsentative Auswahl von Zeitungen und Zeitschriften aus den Hauptstädten

134 Vgl. für die Realitätswahrnehmung *Anderson*: Lehrjahre der Demokratie 138f.; zur Pathologie Anmerkung 131. Die persönliche Ebene sowie individuelle Motivationen werden in der folgenden Untersuchung fast gänzlich ausgeblendet, denn erstens können für Presseartikel im 19. Jahrhundert die Autoren oft nicht eruiert werden und zweitens hätte eine systematische biografische Analyse den Rahmen der Studie überschritten. Soziale Verortungen der Antiklerikalen beruhen aus demselben Grund ausschließlich auf der Zuordnung zu den verschiedenen Gruppen und ihrer sozialen Trägerschichten. Vgl. zu Erklärungsansätzen auf der Basis persönlicher Erfahrung, die rein exemplarisch vorgehen, *Botti*: Spagna 165–211; *Molina Martínez*: Anticlericalismo y literatura 295–345; *Aubert*: Poderes fácticos 236–238; *Borutta*: Antikatholizismus 217; für einen psychoanalytischen Versuch *Mitchell*: Betrayal.

135 Vgl. zu einem solchen Vorgehen z. B. *Leonhard*: Europäisches Deutungswissen.

beziehungsweise aus den großen Städten der drei Länder systematisch untersucht. Dafür wurden für alle drei Fälle nach einer ersten Orientierung für jedes Land – abgesehen von einzelnen zentralen Momenten der Berichterstattung (begleitende Parlamentsdebatten, Erscheinen eines zentralen Artikels oder die Aufführung kommentierender Theaterstücke oder ähnliches) – jeweils die zentralen Phasen der Berichterstattung bestimmt und durchgesehen.[136]

Die Auswahl umfasst die zentralen politischen und sozialen Strömungen und berücksichtigt Unterströmungen und spezifische Typen von Presseerzeugnissen. Die Eingrenzung des Quellenmaterials folgte dem thematischen Rahmen »antiklerikaler Diskurs« und bezog deshalb auch Quellen mit ein, die an den Rändern des kirchenkritischen Spektrums wie etwa in der innerkirchlichen Kritik zu verorten sind.[137] Der Diskurs der kirchlichen Gegner wird durch eine eigene Quellenanalyse dagegen nur vereinzelt in konkreten Debatten berücksichtigt und vor allem anhand existierender Literatur rekonstruiert. Maßgebend für die Auswahl waren in erster Linie die Rolle der verschiedenen Presseorgane im Kontext der Kirchenkritik und ihr jeweiliger quantitativer Einfluss.[138] Es wurde systematisch mindestens jeweils ein Organ für jede Gruppe beziehungsweise Unterströmung analysiert und durch Stichproben weiterer Zeitungen und Zeitschriften ergänzt.[139] Zugleich versucht die Auswahl, gewisse regionale

136 In der Hauptsache und mit gewissen Schwankungen, die hier im Einzelnen nicht aufgeführt werden sollen, wurde für die Mortara-Affäre der Zeitraum von Mitte September 1858 bis Mitte Januar 1859 berücksichtigt, wobei für die deutschen Länder und Frankreich als Orientierung auf die bereits bestehenden Studien zurückgegriffen werden konnte. Für das Vatikanum konsultierte ich Dezember 1869, Mitte Februar bis Mitte März 1870 sowie Mitte Juni bis Ende Juli 1870; für den Fall Ferrer wurde Oktober 1909, in Spanien auch November, in Frankreich September 1909, neben der Berichterstattung zur Semana Trágica (Ende Juli und Anfang August) eingesehen. Wegen der 1909 herrschenden Zensur mussten für Spanien des Weiteren zusätzliche Organe analysiert und die gesetzten Zeiträume für bestimmte Gruppen ausgeweitet werden, um überhaupt genügend Material zu haben. So wurden besonders die in den folgenden Jahren wiederkehrenden Erinnerungsmanifestationen zum Tod des katalanischen Pädagogen Ferrer miteinbezogen. Angesichts der großen Differenzen in der Berichterstattung, die auch aus Gründen jenseits des Antiklerikalismus resultierten (Zensur, spezifische politische Umstände, Medienkulturen etc.), wurde davon abgesehen, quantitative Analysen systematisch vorzunehmen. Alle Angaben dieses Typus sind in der folgenden Untersuchung relative Zahlen und stellen nur Näherungswerte dar.

137 Vgl. zur Reflexion dieses Problems *Landwehr*: Historische Diskursanalyse 21, 101–105.

138 Auch wenn Auflagenzahlen für die zweite Hälfte des 19. Jahrhunderts immer nur Näherungswerte darstellen, wurden diese der Orientierung zugrunde gelegt. Vgl. zum Problem der Auflagenstärke in den drei Ländern zu Frankreich *Albert*: Presse française 147 f.; zu den deutschen Ländern *Heenemann*: Die Auflagenhöhen; zu Spanien *Sáiz/Seoane*: Historia del periodismo, Bd. 2 292 und Bd. 3 29.

139 Abgesehen von klaren Differenzen wie zwischen linken und rechten Liberalen wurden auch geringfügigere Unterschiede – etwa die föderale oder unionistische Orientierung spani-

Besonderheiten zu beachten. Während für Frankreich aufgrund der zentralen Rolle der Pariser Presse auf eine Differenzierung verzichtet wurde, bezieht die spanische Auswahl neben der Madrider Presse auch Organe aus Barcelona mit ein, besonders solche mit republikanischer Tendenz, da diese sich in der katalanischen Hauptstadt von ihren kastilischen Pendants durchaus deutlich unterschieden. Die Ergebnisse der Analyse für Spanien und Frankreich gelten so natürlich erst einmal nur für die untersuchten Städte, auch wenn die ausgewählten Zeitungen zum Teil auch in anderen Gebieten des Landes gelesen wurden. Wenn man allerdings die Schrittmacherfunktion der Madrider und Pariser Presse berücksichtigt[140] sowie ihre Nähe zur großen Politik in beiden stark zentralistisch geführten Ländern, kann durchaus von einer gewissen Repräsentativität für den jeweiligen nationalen Antiklerikalismus ausgegangen werden. Für Deutschland spielte Berlin als Hauptstadt des Kaiserreichs längst nicht die gleiche Rolle[141] und deshalb wurden hier auch Organe aus anderen Städten einbezogen, um so vor allem die konfessionelle Spannbreite der deutschen Länder zu erfassen. Die verschiedenen Ausprägungen des Katholizismus sowie die politischen Konstellationen im deutschen Flickenteppich kann die Studie allerdings nicht einfangen. Auf eine systematische Untersuchung der regionalen Beson-

scher Republikaner – berücksichtigt und im sozialistischen Lager neben der Parteienpresse auch Gewerkschaftsorgane konsultiert. Wegen der Kurzlebigkeit einiger Organe besonders im Kontext von Zensur und der revolutionären Lage in Spanien während des Ersten Vatikanischen Konzils musste der Berichtzeitraum zum Teil durch verschiedene Zeitungen abgedeckt werden. Das genaue Sample ist dem Quellenverzeichnis zu entnehmen. Die Auflistungen mehrerer zeitgenössischer Periodika in den Anmerkungen sind im Folgenden nach Ländern geordnet (Frankreich, Spanien, Deutschland) und folgen in der Anordnung darüber hinaus der politischen Orientierung (von links nach rechts). Organe nicht politischer antiklerikaler Gruppen werden jeweils als Letztes aufgeführt. Für die Auswahl der Quellen wurde auf folgende Pressegeschichten zurückgegriffen: für Spanien *Gómez Aparicio*: Historia del periodismo, Bd. 2 und 3; *Sáiz/Seoane*: Historia del periodismo, Bd. 2 und. 3; *Sánchez Aranda/Barrera*: Historia del periodismo; *Fuentes/Fernández Sebastián*: Historia del periodismo; für Frankreich *Bellanger u. a.*: Histoire générale, Bd. 2 und 3; für die deutschen Gebiete *Heenemann*: Die Auflagenhöhen; *Koszyk*: Deutsche Presse; *Stöber*: Deutsche Pressegeschichte. Des Weiteren wurde die folgende Spezialliteratur konsultiert: zu den Anarchisten *Litvak*: La prensa anarquista; zu den deutschen Protestanten *Mehnert*: Programme evangelischer Kirchenzeitungen; zu den Juden *Joskowicz*: Anticlerical Alliances 19 f., 262; zu den Freimaurern *Ferrer Benimeli*: Bibliografía de la masonería 521 f.; *ders./Cuartero Escobés*: Bibliografía de la masonería 371 f., 377, 379–381; *Poset*: Presse maçonnique; *Hoffmann*: Die Politik 117–124; zu den Freidenkern *Lalouette*: La libre pensée; *Groschopp*: Dissidenten; für den Fall Ferrer besonders *Park*: The European Reaction.

140 Vgl. dazu für Frankreich *Albert*: Histoire de la Presse 65–73; für Spanien *Sáiz/Seoane*: Historia del periodismo, Bd. 3 34–36.

141 Vgl. *Stöber*: Deutsche Pressegeschichte 153; *Schildt*: Das Jahrhundert 194.

derheiten musste verzichtet werden, denn dafür hätte ein sehr viel umfangreicheres Quellenkorpus gebildet werden müssen, in dem die verschiedenen deutschen Gebiete, vor allem auch Quellen ländlicher Herkunft berücksichtigt worden wären. Zwar wird dadurch der repräsentative Anspruch eingeschränkt, der Verzicht auf eine solche nationale Binnendifferenzierung erklärt und rechtfertigt sich jedoch durch den Erkenntnismehrwert der transnationalen europäischen Perspektiven. Um sowohl populärere wie auch intellektuellere Formen des Diskurses zu integrieren, wurden über die politischen und sozialen Gruppen hinausgehend insbesondere auch Satirezeitschriften, die ersten Massenblätter sowie Illustrierte untersucht.[142] Des Weiteren wurden bestimmte Periodika besonders im Kontext des Konzils über längere Zeiträume durchgesehen, um weiteres Material für die Untersuchung der antiklerikalen Karikaturen zu sammeln.[143]

Die Presseerzeugnisse mussten aber in verschiedener Hinsicht ergänzt werden. Tageszeitungen und Zeitschriften geben als Gebrauchsliteratur dem alltäglichen Charakter der antiklerikalen Mobilisierung besonders viel Raum und so kann ihre Analyse mediengeschichtliche Studien ergänzen, die sich über weite Strecken auf die große Literatur und bekannte Namen stützen.[144] Sie stellen aber naturgemäß den Teil der Diskussionen dar, dem eine gewisse argumentative Tiefe fehlt. Neben der Berücksichtigung von Zeitschriften wurden deshalb umfangreichere Darlegungen von antiklerikalen Positionen zusätzlich durch die monografische Publizistik zu den drei untersuchten Fällen sowie vereinzelte Texte bekannter Antiklerikaler erschlossen.[145] Für die begriffsgeschichtlichen Aspekte kamen zeitgenössische Lexika hinzu. Des Weiteren wurden bestimmte

142 Aufgrund des Fokus auf die transnationale Dimension wurden Quellentypen wie Sprichwortsammlungen vernachlässigt, die auch Einblicke in orale Sprachäußerungen und damit bestimmte Formen des populären Antiklerikalismus zu geben vermögen. Der Frage des Verhältnisses zwischen intellektuellem und populärem Antiklerikalismus nähere ich mich also tendenziell einseitig und ausschließlich aus der Perspektive des Ersteren sowie mit Hilfe von bereits existierender Literatur. Vgl. zu populären Erscheinungsformen *Castro Alfín*: Cultura; *Pérez Ledesma*: Las clases populares.

143 Zu den konsultierten Zeitschriften gehörten »El Cencerro« (1869, 1870 [unvollständig überliefert]), »La Campana de Gràcia« (1870 [unvollständig überliefert]), »Gil Blas« (1869, 1870), »Vida Socialista« (1909–1914), »Le Charivari« (1869, 1870), »Kladderadatsch« (1869, 1870), »Berliner Wespen« (1869, 1870, 1871).

144 Vgl. z. B. *Grévy*: Le cléricalisme; *Gross*: War against Catholicism; *Borutta*: Antikatholizismus.

145 Diese Quellen sind insofern problematisch, als aufgrund von anonymen oder pseudonymen Erscheinungsweisen in vielen Fällen die Autoren nicht ausgemacht werden konnten oder die Verfasser mittels der biografischen Hilfsmittel politisch oder konfessionell nicht einzuordnen waren. Sofern eine Einordnung möglich war, wird diese in der folgenden Analyse nur dann auch aufgeführt, wenn eine inhaltliche Differenzierung vorgenommen werden soll.

Parlamentsdebatten analysiert, die im Zusammenhang mit den Fällen standen oder Erkenntnisse zu bestimmten systematischen Fragen versprachen. Die Quellenauswahl integriert mittels der Presseorgane der Sozialisten, Anarchisten sowie der Massenblätter auch unter bürgerliche Akteure, zeigt aber zugleich an, dass meine Studie ihren Schwerpunkt auf die Untersuchung der Mobilisierung alphabetisierter Schichten legt. Um jedoch auch nichtsprachliche Praktiken und andere Perspektiven auf die sich entwickelnde Öffentlichkeit zu erfassen sowie die institutionellen Rahmenbedingungen des publizistischen Engagements abzustecken, wurden auch vereinzelt archivalische Quellen wie Polizeiakten, Berichte staatlicher Stellen und Ähnliches konsultiert.[146]

Aufbau der Untersuchung

Die Argumentation der Analyse wird in vier Kapiteln entwickelt, die jeweils eine chronologische, eine transnationale, sowie eine systematisch inhaltliche und formale Perspektive einnehmen. Das *erste*, eher traditionelle Überblickskapitel entfaltet ein Panorama zu Religion, Kirchen, Staat, Öffentlichkeit und Antiklerikalismus, um zum einen den Leser mit den nationalen Entwicklungen des untersuchten Zeitraums vertraut zu machen. Zum anderen wird in diachroner Perspektive der Handlungsrahmen und -horizont der Antiklerikalen selbst abgesteckt. Insofern werden hier Grundlagen gelegt, auf die die Untersuchung in den folgenden drei empirischen Abschnitten zurückgreifen kann.

Anhand der Rezeption der drei ausgewählten Ereignisse (der Mortara-Affäre, des Ersten Vatikanums und des Falls Ferrer) werden im *zweiten* Kapitel Formen und Dynamiken antiklerikaler europäischer Öffentlichkeit und ihre Veränderungen im Laufe des zweiten Strukturwandels dargestellt. Im Fokus steht das Verhältnis von nationaler (und lokaler) sowie europäischer Mobilisierung, das anhand des doppelten Öffentlichkeitsbegriffes untersucht wird. Zugleich geraten aber auch Strukturen und Probleme des Antiklerikalismus selbst in den Blick, die in den beiden folgenden Kapiteln wieder aufgegriffen werden. Eine abschließende Zusammenfassung bündelt schließlich die Entwicklungen und versucht, den grundlegenden Charakter der antiklerikalen Öffentlichkeit in der zweiten Hälfte des 19. Jahrhunderts zu charakterisieren und ihren Stellenwert in Hinblick auf die Frage nach der europäischen Dimension der Kulturkämpfe zu bestimmen.

Das *dritte* Kapitel präsentiert die inhaltlichen Gesichtspunkte der Diskursanalyse. Den roten Faden bildet die Frage nach dem Beitrag der Kirchenkritiker

146 Für die Darstellung der nichtsprachlichen Praktiken musste zugleich mit aller Vorsicht auch wieder auf die Darstellung der Presse zurückgegriffen werden.

zum Prozess der Säkularisierung. Über die historische Verortung der Theorie in ihrem Entstehungskontext im 19. Jahrhundert hinausgehend soll gezeigt werden, dass der Antiklerikalismus durch seine ›Politik der Skandalisierung‹ bemüht war, Kirchen, Klerus und zum Teil Religion als leitende, normgebende Orientierungsinstanzen in den Bereichen von Politik, Wissensgenerierung, Religion und Moral zu delegitimieren. Es werden jeweils im Einzelnen vor dem Hintergrund der Positionen der katholischen Kirche und ihrer Anhänger sowie den Veränderungen des religiösen und politischen Feldes die säkularisierende Stoßrichtung sowie die Widersprüche und Grenzen der Modelle analysiert. Zugleich geht es darum, den Zusammenhang von religiöser Orientierung und Antiklerikalismus zu klären sowie die religiösen Dimensionen der Kirchenkritik zu untersuchen. Ein weiterer Abschnitt widmet sich Zeitbezügen im Diskurs, mit denen sich die Antiklerikalen in den Fortschrittsglauben des 19. Jahrhunderts einschrieben und die eine besondere Form der Delegitimierung darstellten. Das Kapitel wird die zentralen Kritikpunkte und kritischen Positionen der Antiklerikalen herausarbeiten, die Unterschiede zwischen den verschiedenen Gruppen sowie die Differenzen zwischen den Ländern beleuchten und schließlich Kontinuitäten älterer Traditionen und Verschiebungen nachzeichnen.

Im *vierten* Kapitel werden die formalen Strukturen, Funktionsweisen und die mediale Dynamik des Diskurses in den Mittelpunkt gerückt. Mit dem antiklerikalen Code wird ein Interpretationsrahmen vorgeschlagen, der die spezifische Diskursführung darstellen und mit dem sich die soziale Formation des Phänomens der Kirchenkritik beschreiben lässt. Die Frage nach der inneren Kohärenz des Antiklerikalismus wird zusätzlich durch die Untersuchung von Fremd- und Selbstbezeichnungen der Akteure ergänzt. Ein Exkurs zu Karikaturen zeigt, dass dieses Medium der Form und Struktur des sprachlichen Diskurses kongenial entsprach und diesen zugleich in seiner medialen Dynamik übertraf.

Im *fünften* Kapitel sollen schließlich die Ergebnisse in einer transnationalen und Länder sowie Gruppen vergleichenden Perspektive zusammengeführt werden. Abschließend werden die Fragen nach Konzept, Grenzen und Dynamiken des Antiklerikalismus beantwortet und darüber entschieden, ob es sich tatsächlich um ein europäisches Phänomen mit gemeinsamen Charakteristika handelte, wie es das einleitend zitierte Buch »El Kulturkampf internacional« des spanischen Kardinals Sancha nahegelegt hat.

1. Staat, Kirchen und Öffentlichkeit – Antiklerikale Kontexte

Das 19. Jahrhundert stellte in Europa eine zentrale Umbruchphase für Kirchen und Religion in der Moderne dar. Diese setzten sich mit den Herausforderungen der sich wandelnden Welt auseinander und orientierten sich organisatorisch neu. Das Verhältnis zum Staat wurde neu geordnet. Der Antiklerikalismus war in diesen Prozessen Teilnehmer, Betroffener und bestimmender Akteur gleichermaßen. Der folgende einleitende Überblick wird diese Entwicklungen sowohl hinsichtlich der internationalen wie der nationalen Dimension umreißen. Der erste Abschnitt widmet sich den Entwicklungen von Kirchen und Religion im europäischen Kontext mit Schwerpunkt auf den drei ausgewählten Ländern, wobei die Darstellung die katholische Kirche als Hauptgegner der Antiklerikalen in den Mittelpunkt rückt. Darauf folgen drei chronologisch aufgebaute Länderkapitel, die die Entwicklung der Kirchenkritik auf zwei Ebenen verfolgen. Zum einen werden die politischen Auseinandersetzungen sowie die gesetzgeberischen Entwicklungen des Feldes untersucht. Dabei gilt es, die Trias Antiklerikale, Staat und Kirchen beziehungsweise Religion herauszuarbeiten. Es soll dabei keine grundlegende Neudeutung der legislativen Kulturkämpfe geliefert, sondern ausschließlich eine argumentative Basis für die spätere Analyse gelegt werden. Zum anderen wird der Antiklerikalismus als soziokulturelles Phänomen mit seinen Organisationen, seiner Presse und seiner Stellung innerhalb der drei Gesellschaften kursorisch beleuchtet. Die abschließende Zusammenfassung systematisiert die herausgearbeiteten Differenzen und Gemeinsamkeiten und wirft so Fragen für die spätere Analyse auf.

1.1 Das religiöse Feld[1] – Pluralisierung und Wandel

In den Beschreibungen der christlichen Kirchen, des Judentums und der nicht kirchlichen Religion im Europa[2] des 19. Jahrhunderts werden unterschiedliche Begriffe wie Konfessionalisierung, Aufschwung beziehungsweise Erweckung (»revival«, »awakening« oder »réveil«) oder aber auch Säkularisierung verwendet, um maßgebende Entwicklungsprozesse zu charakterisieren. All diese Konzepte und Narrative zielen darauf ab, bestimmte Aspekte der Reaktion auf die Modernisierungen durch die Kirchen und religiösen Gemeinschaften zu erfassen. Diese mussten sich an die veränderten Bedingungen in Staat und Gesellschaft anpassen, insbesondere an die Herausbildung des Nationalismus und der Nationalstaaten, den Ausbau des Verwaltungsstaates, die Parlamentarisierung und Demokratisierung, die umwälzenden Folgen der Industrialisierung, der Urbanisierung, die Entstehung der bürgerlichen Gesellschaft und den Aufschwung der Wissenschaften, vor allem der Naturwissenschaften. Weitere Herausforderungen waren das Erbe der Religionskritik der Aufklärung und der radikale Bruch mit jeder religiösen Tradition in der Französischen Revolution durch die Einsetzung des Kultes des höchsten Wesens. Kirchen und religiöse Gemeinschaften reagierten in sehr vielfältiger Weise auf den Wandel. Das folgende Panorama wird diese zum Teil gegenläufigen Tendenzen kurz skizzieren. Angesichts der großen Varianz und der Divergenzen sowie der gleichzeitigen Ausdifferenzierung insbesondere nicht kirchlicher Formen von Religion werden die Veränderungen dabei als eine Geschichte von Wandel und Pluralisierung beschrieben. Diese Begriffe erscheinen mir sinnvoller als solche, die die Entwicklungen mit Verfalls- oder Widerstandsnarrativen beschreiben.[3] Beginnen wir mit der katholischen Kirche, dem Hauptgegner der Antiklerikalen.

1 Der Begriff stellt keine Anleihe an das theoretische Konzept Pierre Bourdieus dar, sondern soll schlicht den Bereich des Religiösen auch in seinen nicht kirchlichen Spielarten zusammenfassen im Sinne einer erweiterten »shared history« der Konfessionen und darüber hinaus. Vgl. zum Konzept der »shared history« der Konfessionen und einem Aufriss *Graf*: Die Wiederkehr 30–50.

2 Der folgende Überblick enthält einen blinden Fleck hinsichtlich der außereuropäischen Aktivitäten und Einflüsse auf das religiöse Feld in Europa. Vgl. dazu etwa die neueren Bemühungen der Missionsgeschichtsschreibung *Habermas/Hölzl*: Mission global; im französischen Katholizismus *Cholvy/Hilaire*: Histoire religieuse, Bd. 2 218–228; *Boutry*: Le mouvement 445–452; im französischen Protestantismus *Carbonnier-Burkard/Cabanel*: Histoire des protestants 136–138; in Spanien einen Einblick gebend *Callahan*: Church, Politics and Society 211 f.; *Payne*: Spanish Catholicism 109 f.

3 Vgl. zur Kritik an den spezifischeren Konzepten z. B. ähnlich argumentierend *Kselman*: The Varieties; *Boutry*: Industrialisation et déstructuration; zur Pluralisierung speziell für außerkirchliche Religion *Baubérot*: Laizismus.

Katholizismus – Ultramontanismus und zivilgesellschaftliche Organisation

Im Laufe des 19. Jahrhunderts verlor der Kirchenstaat fast sein gesamtes Herrschaftsgebiet und damit einen Großteil seiner weltlichen Macht. Die damit verbundene Umbildung und Neuausrichtung wird zumeist mit dem Begriff ›Ultramontanismus‹ beschrieben. Andere Begriffe wie zum Beispiel katholischer ›Aufschwung‹ begreifen nur gewisse Tendenzen und deshalb wird der Begriff ›Ultramontanismus‹ im Folgenden als Bezeichnung vorgezogen.[4] Unter Ultramontanismus werden drei Entwicklungen subsumiert: Erstens die ab den 1830er beziehungsweise 1850er Jahren einsetzende spezifische inhaltliche Ausrichtung des Katholizismus, zweitens eine organisatorische Restrukturierung der römischen Kirche und drittens eine verstärkte Religiosität und eine neue Frömmigkeitskultur.[5]

Wenden wir uns zunächst der ersten Entwicklung zu. Ideell war der Ultramontanismus bestimmt von der Ablehnung der Grundprinzipien moderner Staaten und Gesellschaften. Diese Ablehnung manifestierte sich wohl am eindrücklichsten in der Enzyklika »Quanta Cura« (1864) und der beigeordneten Liste der zeitgenössischen ›Irrtümer‹, dem »Syllabus Errorum«. Zunächst als Reaktion auf die inneritalienischen Auseinandersetzungen im Zuge der nationalen Einigung verfasst, wurde dieser Text zum Maßstab der inhaltlichen Ausrichtung der katholischen Kirche. Kirchenkritiker griffen in ihren Argumentationen

4 Die Geschichte dieses zeitgenössischen und polemisch aufgeladenen Begriffs reicht weiter zurück als der Prozess, der hier beschrieben werden soll. Lange Zeit galt er als Kampfbegriff und war als normativ aufgeladenes Konzept im wissenschaftlichen Kontext umstritten. Mittlerweile hat er sich vor allem im deutschen Sprachraum selbst im Kontext der kircheninternen Katholizismusforschung als ein deskriptives Instrument zur Beschreibung für die Haupttendenz der katholischen Kirche im 19. Jahrhundert durchgesetzt. In Frankreich ist der Begriff ebenfalls verbreitet, während er im spanischen Kontext zumeist nicht verwendet wird. Hier greift die Forschung vor allem auf das Konzept des »neo-catolicismo« zurück. Seiner Geschichte und Rolle im Kontext der Kulturkämpfe wird sich Kapitel 4.1 widmen und so den problematischen Gehalt noch einmal vor Augen führen. Vgl. zum Begriff Ultramontanismus *Fleckenstein/Schmiedl*: Ultramontanismus; als Beispiel einer Polemik z. B. *Weber*: Ultramontanismus als katholischer Fundamentalismus.

5 Vgl. allgemein zum Ultramontanismus klar aus katholischer Sicht *Atkin/Tallett*: Priests, Prelates, and People; interessant wegen seines kulturgeschichtlichen Fokus unter dem Begriff »new catholicism« *Clark*: The New Catholicism; für die deutschen Länder *Nipperdey*: Deutsche Geschichte 1800–1866 406–415; *Fleckenstein/Schmiedl*: Ultramontanismus; für Frankreich *Cholvy/Hilaire*: Histoire religieuse, Bd. 1 149–197, 221–235; *Boutry*: Le mouvement 423–445; *Rémond*: Laïcisation, union sacrée et apaisement 69–101; für Spanien *Hibbs-Lissorgues*: Iglesia, prensa y sociedad 71–114; *Alonso García*: La ciudadanía católica y enemigos 207–220.

immer wieder auf die Liste zurück.[6] Aber auch kirchenintern übte das in der Enzyklika artikulierte integristische Weltbild nicht nur auf die Kirchenführer, sondern besonders auch auf den weltlichen Klerus großen Einfluss aus.[7] Der Syllabus verwarf neben der Religionsfreiheit die Trennung von Staat und Kirche, die Zivilehe, Volkssouveränität, die Demokratie, den Liberalismus und den Sozialismus, Vernunft als die allein maßgebende Instanz menschlichen Handelns und verurteilte grundsätzlich die Idee einer Versöhnung der katholischen Kirche mit dem ›Fortschritt‹. Die Abschottung vor Veränderungen richtete sich sozial gegen den ökonomischen Liberalismus. Der Ultramontanismus war allerdings weder die einzige Strömung, die die römische Kirche des 19. Jahrhunderts prägte, noch war er in sich geschlossen oder invariant. Seine spezifische Färbung gaben ihm insbesondere die verschiedenen Päpste. Während Pius IX. (1792–1878) nach 1848 die antimodernistische Wende des Katholizismus vollzog, suchte sein Nachfolger nach 1878 Leo XIII. (1810–1903) wieder den Ausgleich mit der sich wandelnden und zunehmend unabhängiger werdenden Gesellschaft, auch wenn er zugleich seinen Anspruch auf weltliche Macht verteidigte. Eine erneute Umkehr brachte dann die Wahl Pius' X. (1835–1914), der die antimoderne Ausrichtung der römischen Kirche wieder forcierte.[8]

Der Modernismus als Versuch, die historisch-kritische Methode mit der katholischen Theologie zu versöhnen, war die letzte große intellektuelle Herausforderung des die katholische Kirche im 19. Jahrhundert prägenden Ultramontanismus.[9] Zwei weitere Strömungen suchten ebenfalls eine Übereinkunft mit der sich wandelnden Welt. In der ersten Hälfte des 19. Jahrhunderts widersetzte sich der liberale Katholizismus der antimodernen Haltung. Er wurde aber in der zweiten Hälfte des Jahrhunderts marginalisiert. Als Forschungskonzept ist der Begriff durchaus umstritten. Im Folgenden sollen darunter die Bemühungen

6 Vgl. für den »Syllabus« und seinen Entstehungskontext *Langlois*: Lire le Syllabus und *Wolf*: Syllabus errorum; zu seiner Rezeption in den deutschen Ländern z. B. ebenda und *Port*: Die Reakation; in Frankreich *Aubert*: Monseigneur Dupanloup (1955); *ders.*: Monseigneur Dupanloup (1956); *Papa*: Il sillabo passim; in Spanien *Cárcel Ortí*: La Publicación; *Hibbs-Lissorgues*: Iglesia, prensa y sociedad 21–39.

7 Vgl. dazu die Untersuchung zur Priesterschaft in Frankreich *Boutry*: Prêtres et paroisses; *Pierrard*: La vie quotidienne; *Launay*: Le bon prêtre; *Gibson*: A Social History 57–103; *Faux*: Église et société; *Papet*: Cléricaux et Anticléricaux; für den deutschen Klerus *Götz von Olenhusen*: Klerus; *Schulte-Umberg*: Profession und Charisma; *Rönz*: Der Trierer Diözesanklerus, wo besonders regionale Unterschiede hervorgehoben werden müssen; zu Spanien in Ermangelung umfangreicher Studien *Callahan*: Organizational and Pastoral Failure 49; *Revuelta González*: Clero viejo 174–183; zur dortigen Forschungslage *Montero García*: La historia 268.

8 Vgl. zur Charakterisierung der Pontifikate *Gadille*: Höhepunkt 459–473.

9 Vgl. z. B. zum Modernismus in Frankreich den Überblick bei *Rémond*: Laïcisation, union sacrée et apaisement 101–112; zu den deutschen Ländern *Weiß*: Der Modernismus; zu Spanien *Botti*: Spagna.

verstanden werden, die römische Religion mit der sich modernisierenden Gesellschaft, dem Freiheitsprinzip und dem Liberalismus zu versöhnen. Der liberale Katholizismus konnte aber gerade in der ersten Hälfte des 19. Jahrhunderts zugleich in einem religiösen Sinn nicht liberal sein – das heißt sich gegen eine Anpassung der kirchlichen Lehren an die Welt wehren.[10] Zum Teil stellte er eine Schnittstelle zur externen Kirchenkritik dar, so dass er in der folgenden systematischen Analyse des Antiklerikalismus berücksichtigt wird, um die Überschneidungen zwischen kirchlichen Reformbestrebungen und externer Kirchenkritik aufzuzeigen. Der soziale Katholizismus, der mit der Enzyklika »Rerum Novarum« 1891 seine offizielle Anerkennung erhielt, war schließlich ein weiteres Auffangbecken für abweichende Tendenzen zur ultramontanen Ausrichtung der katholischen Kirche; eine seiner Trägerinnen war etwa die christdemokratisch ausgerichtete Bewegung des »Sillon«.[11] Die Auseinandersetzungen mit diesen divergierenden innerkirchlichen Strömungen führten zu heftigen Konflikten. Die mit dem Ultramontanismus einhergehende Vereinheitlichung begrenzte aber deren Reichweite und unterband letztlich die Entwicklung abweichender Tendenzen innerhalb der katholischen Kirche.

Kern und Namensgeber des Ultramontanismus war eine vielfältige, organisatorische Restrukturierung. Die katholische Kirche, ihrer weltlichen Handlungsräume zunehmend beraubt, konzentrierte sich verstärkt auf ihre spirituellen

10 Im nationalen Vergleich zeigt sich, dass das Konzept durchaus unterschiedlich aufgefasst wird. Während man in Frankreich und den deutschen Ländern eine liberale religiöse Orientierung nicht als maßgebend erachtet, ist diese in der spanischen Forschung zentrales Kriterium für einen liberalen Katholizismus. Vgl. zum umstrittenen Konzept *Becker*: Liberale Kulturkampf-Positionen 47–53; für die etwas ältere Forschungsdebatte in Spanien z.B. *Gómez Molleda*: Los reformadores 40–45; *Cuenca Toribio*: El catolicismo liberal; *Abellán*: Introducción; *Botti*: Spagna 41–43; für die mittleren Jahrzehnte *Uriguen González*: Orígenes y evolución 65–74; zu Frankreich *Palanque*: Catholiques libéraux 33–59; für die Zeit nach dem Ersten Vatikanum existiert für Frankreich keine vergleichbare Forschung, abgesehen von einer unveröffentlichten Doktorarbeit, die nicht eingesehen werden konnte: *Dange*: Les catholiques libéraux; für eine europäische Perspektive *Gadille*: Les catholiques libéraux; hierin auch den knappen Überblick zum deutschen Fall von *Conzemius*: Les foyers internationaux 25–37.

11 Es ist allerdings zu betonen, dass der soziale Katholizismus seine Wurzeln im ultramontanen hatte und dessen antimodernistische Haltung zum Teil durchaus weitertrug. Vgl. dazu *Mayeur*: Catholicisme intransigeant; allgemein zum sozialen Katholizismus in den deutschen Ländern *Rauscher*: Sozialer Katholizismus, Bd. 2; *Fleckenstein*: Katholische Initiativen; in Frankreich *Rollet*: L'action sociale; *Pierrard*: L'Église 238–250, 283–312; *Mayeur*: Catholicisme social 17–38, 129–140; besonders zum Sillon *Caron*: Le Sillon; in Spanien eine Liste der älteren Literatur bei *Montero García*: El movimiento católico 92–93; mit kritischer Einschätzung *Lannon*: Privilege, Persecution, and Prophecy 149–159; *ders.*: Catholic Identity 59 f.; *Callahan*: Organizational and Pastoral Failure 54–61; betont positiv bewertend *Cuenca Toribio*: Catolicismo social; in europäischer Perspektive *Atkin/Tallett*: Priests, Prelates, and People 172–177; *Misner*: Social Catholicism.

und gesellschaftlichen Aufgaben, auch wenn sie den damit verbundenen Machtverlust nur widerwillig akzeptierte.[12] Grundlegend für diesen Prozess war die Fokussierung auf Rom und die Stärkung des Papsttums, die im Unfehlbarkeitsdogma und dem päpstlichen Jurisdiktionsprimat kulminierte und deren Entstehung und Rezeption in Kapitel 2.2 ausführlich thematisiert wird. In der Entbindung aus nationalen Kontexten und der Orientierung nach Rom lag zunächst ein emanzipatorischer Gehalt, der sich besonders in der Frühphase des französischen Ultramontanismus und seiner Konvergenz mit dem beginnenden liberalen Katholizismus manifestierte, aber spätestens ab den 1860er Jahren verschwand.[13] Nicht nur der Papst erhielt mit dem Unfehlbarkeitsdogma mehr Macht, auch die Kurie und die Nuntien wurden zunehmend wichtiger als Schiedsrichter zwischen den nationalen Kirchen und den weltlichen Mächten. Diese institutionelle Machtverschiebung ging einher mit einer dogmatischen Disziplinierung und Vereinheitlichung des Ritus. Durch die organisatorische Ultramontanisierung und Hierarchisierung wurde der Katholizismus deterritorialisiert und transnationalisiert.[14]

Inwieweit die Hierarchisierung und Zentralisierung auch eine Klerikalisierung der katholischen Kirche (besonders durch den säkularen Klerus) darstellte, ist vor allem im deutschen Forschungskontext umstritten. Während bestimmte Autoren den Katholizismus von »klerikaler Kuratel« ›kolonialisiert‹ und geleitet sehen, nehmen andere Autoren eine ausgewogenere Position ein und betonen zwar eine professionalisierte und stärker hierarchisierte Priesterschaft, die sich aber zugleich einer zunehmend selbstbewussteren und aktiven Laienschaft gegenüber sah.[15] Einig sind sich die deutschen Katholizismushistoriker – und hier treffen sie sich mit den Einschätzungen ihrer französischen Kollegen –, dass die Rolle des Priesters sich mit dem gesellschaftlichen Wandel, der auch den Katholizismus strukturell modifizierte, grundlegend veränderte.[16]

12 Vgl. dazu speziell *Grew*: Liberty.

13 Vgl. zu dieser Periodisierung *Clark*: The New Catholicism 33.

14 Vgl. dazu z.B. *Palard*: Ultramontanisme et contre-révolution 76f.; *Atkin/Tallett*: Priests, Prelates, and People 130–141; *Viaene*: International History.

15 Vgl. für das Zitat und die radikale Interpretation *Blaschke*: Die Kolonialisierung; sowie aus der umfangreichen Literatur z.B. *Götz von Olenhusen*: Klerus und Ultramontanisierung; gegen dieses Argument insgesamt die Lokalstudie *Schulte-Umberg*: Profession und Charisma; aus dem breiteren Umfeld der Katholizismusforschung ähnlich vermittelnd argumentierend im Kontext der neuen Frömmigkeit *Mooser*: Katholische Volksreligion; speziell zur Kirchenverwaltung *Ebertz*: Ein Haus voll Glorie; im Kontext der Vereine *Herres*: Städtische Gesellschaft 399–400; *Mooser*: Das katholische Milieu 91; deutlich für eine demokratisierende Wirkung argumentierend *Große Kracht*: Religion in der Demokratisierungsfalle? 149–154; für ganz Europa zu einer vermittelnden Einschätzung kommend *Clark*: The New Catholicism 11–25, 44–46.

16 In Spanien wird die Frage nach dem Kräfteverhältnis zwischen aktiv werdenden Laien

Über den Klerus hinausgehend, oft aber von diesem initiiert, konstituierte sich seit der ersten Hälfte des 19. Jahrhunderts in Frankreich und den deutschen Ländern, in Spanien seit ca. 1868 beziehungsweise mit voller Kraft erst nach 1900 ein Verbandskatholizismus, der die katholische Kirche zu einer zivilgesellschaftlichen Organisation werden ließ. Diese Bewegung war besonders stark in den deutschen Ländern ausgeprägt.[17] Es bildeten sich Organisationen mit unterschiedlichster Zielrichtung. Neben karitativen Vereinen gründeten sich devotionale Organisationen und solche, die ethisch-moralische oder politische Ziele verfolgten oder schlicht Freizeitgestaltungsmöglichkeiten eröffnen wollten.[18] Eine besondere Rolle spielten in dieser Entwicklung der sich aus den karitativen Einrichtungen entwickelnde soziale Katholizismus mit seinen Kooperativen, Arbeiterbildungsvereinen und -organisationen sowie die entstehenden christlichen, katholischen Gewerkschaften.[19] Zudem engagierten sich Katholiken durch Geldsammlung für den Papst und gründeten eine Freiwilligenarmee, um in den Jahren der militärischen Auseinandersetzungen für die weltliche Macht des Kirchenoberhaupts zu kämpfen. Das katholische Pressewesen bildete sich aus.[20] Priester und Laien kämpften in Protestversammlungen gegen Geset-

und Priestern nicht ernsthaft gestellt. Beide Akteursgruppen werden zumeist einfach nur benannt. Dies liegt sicherlich auch daran, dass in der spanischen Kirchen- und Religionsgeschichte nach wie vor große Lücken hinsichtlich sozialgeschichtlicher Studien existieren. Thematisiert wird letztlich nur, dass populäre Frömmigkeitsformen in die Praxis der offiziellen Kirche integriert wurden. Vgl. für Spanien z. B. *De la Cueva Merino*: Clericalismo y movilización 38; *Callahan*: Church, Politics and Society 231–236; zur Forschungslage *Montero García*: La historia 268; zum französischen Kontext die Studien von *Boutry*: Prêtres et paroisses; *Pierrard*: La vie quotidienne; *Launay*: Le bon prêtre; *Gibson*: A Social History 57–103; *Faux*: Église et société; *Papet*: Cléricaux et Anticléricaux; für den deutschen *Schulte-Umberg*: Profession und Charisma; *Rönz*: Der Trierer Diözesanklerus.

17 Vgl. zu dieser Interpretation im Rahmen von Zivilgesellschaft *Borutta*: Religion und Zivilgesellschaft 22–33; für den Prozess z. B. gesamteuropäisch *McLeod*: Introduction 19–23; *Clark*: The New Catholicism 11–35, 44–46; für Frankreich den prägnanten Überblick bei *Grévy*: Le cléricalisme 9–37; für die deutschen Länder *Mooser*: Das katholische Milieu; *Halder*: Katholische Vereine; *Herres*: Städtische Gesellschaft; zu Spanien *Montero García*: El movimiento católico; *De la Cueva Merino*: Cultura y movilización; *De la Cueva Merino*: Católicos en la calle; *De la Cueva Merino/Montero García*: Clericalismo y anticlericalismo 111–118; *Suárez Cortina*: Entre cirios, barricadas y bayonetas 25–30; mit quantitativen Aussagen *Milán García*: El asociacionismo católico.

18 Vgl. zu dieser Klassifizierung *Milán García*: El asociacionismo católico 653.

19 Vgl. dazu z. B. zu den deutschen Ländern den Überblick bei *Fleckenstein*: Katholische Initiativen; speziell zu den überwiegend katholischen christlichen Gewerkschaften *Schneider*: Die christlichen Gewerkschaften 1–362; zu Frankreich *Launay*: Le syndicalisme chrétien 11–22; *Mayeur*: Catholicisme social; zu Spanien den Überblick der älteren Literatur bei *Montero García*: El movimiento católico 92 f.; neuer *Cuenca Toribio*: Catolicismo social.

20 Vgl. z. B. zu Frankreich *Middendorf*: Massenkultur 127–155; zu den deutschen Ländern *Koszyk*: Deutsche Presse 162–184; *Roegele*: Presse und Publizistik 409–422; *Große Kracht*: Reli-

zesänderungen oder kirchenkritische Aktivitäten. Kongresse wurden organisiert; in den deutschen Ländern institutionalisierte sich ab 1848 der Katholikentag als die zentrale Versammlung katholischer Laien. In Spanien fanden seit 1889 regelmäßig Versammlungen der spanischen Katholiken statt. All diese Aktivitäten wiesen eine erhebliche Laienbeteiligung auf und demonstrierten das beträchtliche Mobilisierungspotential und den hohen Identifikationsgrad der Gläubigen mit ihrer Kirche.[21] Für die Antiklerikalen bildete dieses zivilgesellschaftliche Engagement den Beweis für den großen Einfluss und die Macht der katholischen Kirche. Aus dieser organisatorischen Frontstellung heraus entwickelte sich die politisierte, teils imaginäre und teils reale Aufteilung der drei untersuchten Gesellschaften in zwei Lager, deren Reichweite und Funktion im Laufe dieser Studie zu überprüfen sind.

Auch durch die entstehenden katholischen Parteien integrierten sich Katholiken in organisatorischer Hinsicht in die sich konstituierende Zivilgesellschaft. Allerdings traten hier große nationale Unterschiede auf; nicht in allen europäischen Staaten entwickelten sich katholisch konfessionell orientierte Parteien parallel zur allgemeinen Entstehung des modernen Parteiwesens.[22] Während in den deutschsprachigen Ländern das »Zentrum«, seine Vorgängerorganisationen und die »Bayerische Patriotenpartei« als maßgebende organisierte Gegner in den Kulturkämpfen anzusehen sind, blieben die Versuche, eine einheitliche konfessionell katholische Partei zu gründen, in Frankreich und Spanien wenig erfolgreiche Unternehmungen.[23] In beiden Ländern scheiterten die Bemühungen zum einen an der inneren Zersplitterung des katholischen Lagers in politisch divergierende Tendenzen, zum anderen an dem mangelnden Willen einflussreicher Teile des Katholizismus, sich in ein parlamentarisches beziehungsweise demokratisches Regime zu integrieren. In Frankreich kam hinzu, dass der Konservativismus als potentieller Verbündeter sich gegen einen zu starken

gion in der Demokratisierungsfalle? 146–148; zu Spanien *Botrel*: La Iglesia católica 126; *Hibbs-Lissorgues*: Iglesia, prensa y sociedad 353–429; *Ruiz Sánchez*: Periodismo católico 133–199; *Cuenca Toribio*: Catolicismo y opinión; mit quantitativen Daten *Sánchez Sánchez*: El pan.

21 Aufgrund der Laienbeteiligung hat man besonders für den deutschen Fall die demokratisierende Wirkung dieser Entwicklung betont und die Modernität des Katholizismus damit unterstrichen. Vgl. dazu z. B. aus der Fülle der Literatur *Halder*: Katholische Vereine 400 f.; *Anderson*: Divisions of the Pope; ähnlich auch für Spanien *De la Cueva Merino*: Clericalismo y movilización 49.

22 Vgl. zum europäischen Kontext *Mayeur*: Des partis catholiques; *Evans*: Cross and Ballot.

23 Für Frankreich ist dabei anzumerken, dass Strukturen voll ausgebildeter Parteien sich nur langsam in dem untersuchten Zeitraum entwickelten und die außerhalb des parlamentarischen Systems stehenden semipolitischen katholischen Organisationen zwar eine Unterstützung aber zugleich auch eine Konkurrenz für die sich gründenden Parteiinitiativen darstellten. Vgl. zur Entstehung des Parteienwesens *Huard*: La naissance.

katholischen Einfluss innerhalb seiner eigenen Reihen wehrte; die konfessionelle Orientierung galt nur als unterstützend für die eigene Politik, aber nicht als bestimmend.[24] Die fehlende Organisation einer politischen Partei innerhalb des parlamentarischen Systems bedeutete aber weder dies- noch jenseits der Pyrenäen eine Abwesenheit katholischer Kräfte in der Lokalpolitik oder im nationalen Parlament. In ihrer Mehrheit war deren Politik in beiden Ländern antidemokratisch beziehungsweise antiparlamentarisch gefärbt.[25] Hierin lag der zweite zentrale Unterschied zum deutschen Katholizismus, der sich mit dem Zentrum im Kaiserreich zunehmend zur Stütze der Regierung entwickelte und von einigen Autoren darüber hinaus als treibende Kraft der institutionell letztlich misslungenen Parlamentarisierung und Demokratisierung des Kaiserreichs gedeutet wird. Das vollständig andere Verhältnis zum parlamentarischen Staat entsprang zum einen der natürlichen Distanz zur protestantischen Monarchie, zum anderen aber auch der politisch deutlich geringeren integristischen Orientierung des deutschen politischen Katholizismus.[26]

Die zivilgesellschaftliche Mobilisierung und die Bildung konfessioneller Parteien zeugen von einer sich verstärkenden bewussten religiösen Orientierung, die als ›Aufschwung‹[27] des Katholizismus charakterisiert worden ist. Dieser manifestierte sich auch innerhalb der engeren Grenze der Kirche und des Klerus. So setzte beispielsweise in verschiedenen Phasen in Frankreich und den deutschen Ländern ein kirchlicher Bauboom ein.[28] In allen drei zu untersuchen-

24 Vgl. zu Frankreich z. B. den kurzen Überblick bei *Mayeur*: Des partis catholiques 83–89; zu Spanien *Lannon*: Privilege, Persecution, and Prophecy 121–136; *Hibbs-Lissorgues*: Iglesia, prensa y sociedad 115–344; *Cuenca Toribio*: Catolicismo social 15–62; *Alonso García*: La ciudadanía católica y enemigos 464–466, der wie andere bereits vor ihm zudem auf die fehlende Notwendigkeit der Interessensverteidigung der Katholiken im spanischen konfessionell geprägten Staat verweist; zu den gescheiterten Initiativen im Einzelnen den Literaturüberblick bei *Montero García*: El movimiento católico 93.

25 Vgl. z. B. zur katholischen Präsenz im französischen Parlament *Mayeur*: Des partis catholiques 86–89; sowie zur politischen Orientierung den neueren vergleichenden Überblick *Kittel*: Deux France 38–40; zur Lokalpolitik und dem Klerus *Faury*: Cléricalisme et anticléricalisme 490 f.; sowie die neuere Studie über Wahlen besonders auf lokaler Ebene *Déloye*: Les voix; zur politischen Orientierung in Spanien *Suárez Cortina*: La confrontación 189; regional begrenzt *Louzao Villar*: Soldados de la fe 120–138; zur Präsenz im Parlament *Lannon*: Catholic Identity 59, 67.

26 Vgl. zum Zentrum und seinen Vorgängern z. B. für die ältere Literatur den Überblick bei *Becker*: Die Deutsche Zentrumspartei; sowie *Blackbourn*: Catholics and Politics; *Anderson*: Lehrjahre der Demokratie 112–115.

27 Der Begriff entstammt der englischen Literatur (»revival«) und wird im Deutschen eher seltener verwendet. Ich gebrauche ihn im Folgenden, um den innerkirchlichen organisatorischen Wandel sowie das Erstarken bestimmter religiöser Praktiken und religiöser Orientierung insgesamt zu beschreiben, das heißt für Teilaspekte des Ultramontanismus.

28 Vgl. *McLeod*: Introduction 20; speziell in Frankreich *Boudon*: Paris, capitale religieuse passim.

den Gesellschaften wuchs der Klerus, besonders die Orden und Kongregationen. In Frankreich verdreifachte er sich von 1830 bis 1878. In Spanien wird für den regulären Klerus bei einem Anstieg von 20.502 Mönchen und Nonnen auf 54.438 zwischen 1860 und 1900 von einer ähnlichen Wachstumsrate ausgegangen. In den besonders prosperierenden 1860er Jahren werden für Preußen zwischen 17 und 77 Prozent Wachstum je nach Provinz genannt. Außerordentlich viel Zulauf erhielten die Frauenkongregationen und -orden.[29]

Neben der allgemeinen inhaltlichen Neuausrichtung und der organisatorischen Restrukturierung wurde auch eine spezifische neue Frömmigkeitskultur prägend für die Entwicklung des Katholizismus im 19. Jahrhundert. Diese ultramontane Religiosität war von besonders gefühlsgeladenen Devotionsformen gekennzeichnet, die oft nicht pastoral gebunden waren und an alte populäre Traditionen anknüpften.[30] Maßgebend war besonders das individuelle Erleben von Wundern und Mystik – Erfahrungen, die die Grenzen zwischen Transzendenz und Immanenz verwischen ließen. Hier ist in erster Linie die Marienverehrung zu nennen. Im Laufe des 19. Jahrhunderts kam es in Europa zu mehreren Erscheinungen, deren Orte bevorzugte Pilgerziele wurden, wie das südfranzösische Lourdes. Die Hinwendung zur Muttergottes wurde noch verstärkt durch das Dogma von der Unbefleckten Empfängnis von 1854.[31] Zunehmender Beliebtheit erfreute sich auch der Herz-Jesu-Kult.[32] Heilige erfuhren größere Aufmerksamkeit. Eine besondere Rolle in diesen Kultformen nahm die Verehrung des Papstes ein. Das Kirchenoberhaupt erhielt im Zusammenhang mit der organisatorischen Restrukturierung eine hohe Symbolkraft und wurde zu einem Objekt von Devotion. Die Gefahr, die von der Einigung Italiens für den Papst und seine Macht ausging, sowie die Persönlichkeit Pius' IX. ließen erst die Verehrung für den Pontifex überhaupt zu einer Instanz in der katholischen Kirche

29 Vgl. zu den Zahlen und allgemein in Spanien *De la Cueva Merino*: The Assault 196; zu weiteren Angaben *Lannon*: Privilege, Persecution, and Prophecy 59–62; in den deutschen Ländern *Gross*: War against Catholicism 130–136; zu den Frauenorden *Meiwes*: Arbeiterinnen des Herrn; in Frankreich *Grévy*: Le cléricalisme 25 f.; *Sorrel*: La République contre les congrégations 14–23; in Bezug auf die Frauenorden *Langlois*: Le catholicisme; *Stone*: Anticlericals and Bonne Sœurs 107–112.

30 Feliciano Montero betonte 2003, dass für dieses Feld zu Spanien noch eine Forschungslücke klafft, die bis heute besteht. Vgl. *Montero García*: La historia 268; allgemein zu Spanien die Lokalstudie *De Mateo Avilés*: El apogeo 138–148 und *Callahan*: Church, Politics and Society 232–240; zu Frankreich *Kselman*: Miracles & Prophecies und den kurzen Überblick bei *Grévy*: Le cléricalisme 15, 25–32; zu den deutschen Ländern den Forschungsüberblick bei *Kotulla*: Lourdes 137 f.; für einen gesamteuropäischen Blick *Clark*: The New Catholicism 11–23.

31 Vgl. zum Marienkult z. B. *Harris*: Lourdes; *Kotulla*: »Nach Lourdes!«; *Porte*: Pontmain, Prophecy, and Protest; *Blackbourn*: Marpingen; *Kaufman*: Consuming Visions.

32 Vgl. zum Herz-Jesu-Kult *Busch*: Katholische Frömmigkeit; *Jonas*: Sacred Heart.

werden.[33] Die Gläubigen verehrten diese verschiedenen Objekte und Personen insbesondere in kollektiven Demonstrationen gemeinsamer Emotionen, wie etwa auf den zunehmenden Pilgerfahrten, Betaktionen oder Prozessionen. Aber auch profanere Formen wie Unterschriftensammlungen für den Papst während des Ersten Vatikanischen Konzils oder der Peterspfennig als Gabe für den Pontifex waren Bestandteile kollektiv gelebter Frömmigkeit.[34]

Die öffentlichen Manifestationen verstärkten das von Hierarchisierung und zivilgesellschaftlicher Mobilisierung geprägte Bild einer mächtiger werdenden katholischen Kirche. Gerade die nach außen getragene Frömmigkeit stand im Verruf, von Klerikern inszeniert zu sein. Antiklerikale sahen in den demonstrativen Glaubensakten eine Verführung des ›einfachen Volkes‹.[35] Diese Einschätzung entsprach allerdings nur zum Teil dem Charakter der Glaubensakte. Die Kirchenhierarchie war zwar oft bemüht, gerade spontan auflebende Devotionen unter die eigene Führung zu bringen und so zu disziplinieren, wie die Auseinandersetzung um Marpingen und andere Marienerscheinungen etwa verdeutlichen.[36] Auch wurden pastoral angeleitete Formen, besonders innere Missionen, zu einem wichtigen Element der neuen Frömmigkeitskultur.[37] Dennoch sollte das Element des spontanen Laienengagements innerhalb der ultramontanen Frömmigkeit nicht gering geschätzt werden. All die bis hierher skizzierten Veränderungen – die Zentralisierung und Hierarchisierung, die Entstehung des Verbandskatholizismus und der konfessionellen Parteien sowie die neue Frömmigkeitskultur – ließen die katholische Kirche zu einer in der Öffentlichkeit besonders sichtbaren und aktiven Organisation werden, die durch neue Formen versuchte, Einfluss auf die gesellschaftlichen Entwicklungen zu nehmen und deshalb von Antiklerikalen oft als eine bedrohliche Macht gesehen wurde.

Der Ultramontanisierung waren zwei weitere Prozesse eingeschrieben, die den Wandel vorantrieben und stabilisierten. Der *erste* Prozess war eine bereits mit dem ausgehenden 18. Jahrhundert einsetzende Feminisierung des Katholizismus. Hierunter versteht man dreierlei: erstens eine im Geschlechtervergleich größere Beteiligung von Frauen am religiösen Leben. Die Statistiken zur Frage der Entkirchlichung zeigen, dass Frauen und Mädchen an Kirchgang, Oster-

33 Vgl. für die Papstverehrung ein prägnanter Überblick bei *Grévy*: Le cléricalisme 16–25; eine tiefer gehende Analyse bei *Horaist*: La dévotion; *Seiler*: Somatische Solidarität.

34 Vgl. zum Peterspfennig *Benz*: Der Peterspfennig; für die Unterschriftensammlungen *Becquet*: Les Limousins 98.

35 Ausführlich zu diesem Topos besonders Kapitel 3.2.

36 Vgl. *Blackbourn*: Marpingen; ähnlich argumentieren für Frankreich *Bouflet/Boutry*: Un signe.

37 Vgl. zu den Missionen in europäischer Perspektive *Atkin/Tallett*: Priests, Prelates, and People 188–193; die sehr anschauliche Darstellung für deutschsprachige Gebiete bei *Gross*: War against Catholicism 29–73; in Spanien *Callahan*: Church, Politics and Society 236–240; *Revuelta González*: Jalones 236–251; in Frankreich *Grévy*: Le cléricalisme 14.

kommunion und den »Rites de passage« sehr viel häufiger teilnahmen als Männer. Auch der Ordensfrühling ist zum großen Teil auf das Anwachsen insbesondere weiblicher Gemeinschaften zurückzuführen. Den Verbandskatholizismus prägten vor allem weibliche Laien. Zweitens wurde von verschiedenen Forschern betont, dass gerade die neue Frömmigkeit mit ihrem emotionalen und ›süßlichen‹ Charakter innerhalb der zeitgenössischen bürgerlichen binären Geschlechterordnung als Teil der weiblichen Sphäre gewertet wurde oder (in einer sozial naiveren Lesart) eher von Frauen angenommen wurde. Drittens – und dies ist der umstrittenste Aspekt – betonen einige Untersuchungen, dass im Zuge der Feminisierung und der einflussreichen Rolle, die Frauen im Katholizismus einnahmen, auch eine Privatisierung der Religion vonstattenging. Frauen und in der binären Geschlechterwelt das Private wurden zunehmend zum Ort religiöser Traditionsweitergabe und Frömmigkeitspflege wie zum Beispiel im Kontext des Herz-Jesu-Kultes. Diese Tendenz stand allerdings der öffentlichen Dimension des Ultramontanismus entgegen[38] und muss auch als Teil der kulturellen Konstruktion der Geschlechterordnung und der Verortung der katholischen Kirche seitens der Kirchenkritiker angesehen werden.[39]

Den *zweiten* Prozess hat Urs Altermatt mit der griffigen Formulierung »Antimodernismus mit modernen Mitteln«[40] gefasst. Während die Ultramontanisierung ideell zwar mit einer Abwehr der modernen Entwicklungen einherging, nutzten Katholiken in der zivilgesellschaftlichen Mobilisierung und in den neuen Frömmigkeitsformen besonders moderne Mittel, insbesondere technische Errungenschaften. So wurde etwa künstliches Licht für die Ausgestaltung devotionaler Räume eingesetzt. Auch wenn Papst Gregor XVI. (1765–1846) die Eisenbahn noch verteufelt hatte, ermöglichte sie erst die massenhaften Pilgerfahrten auch über nationale Grenzen hinweg.[41] Die Möglichkeiten technischer Reproduktion ließ die personale Verehrung für die Muttergottes, den Papst und

38 Im Anschluss daran wird auch diskutiert, inwieweit die Feminisierung einen emanzipatorischen Charakter hatte und Frauen einen Freiraum verschaffte. Vgl. zur Zusammenfassung der Diskussion *Götz von Olenhusen*: Feminisierung von Religion; *Ziemann*: Sozialgeschichte der Religion 117–127; allgemein zur Feminisierungsthese zu Frankreich z.B. *Langlois*: Le catholicisme; *Fayet-Scribe*: Associations féminines; *Ford*: Divided Houses; kritisch *McMillan*: Religion and Gender; zu den deutschen Ländern den von Irmtraud Götz von Olenhusen herausgegebenen Sammelband; zu Spanien für diesen Zeitraum z.B. *Mínguez Blasco*: Monjas, esposas y madres católicas sowie die Überblicksdarstellungen mit weiterer Literatur *Blasco Herranz*: Género y religión; *Salomón Chéliz*: Mujeres, religión y anticlericalismo; *dies.*: Laicismo, género y religión 300–304.

39 Vgl. dazu ausführlicher Kapitel 3.2.

40 *Altermatt*: Katholizismus; eine ähnliche Schlussfolgerung auch bei *Clark*: The New Catholicism 46.

41 Vgl. z.B. die deutsche Rezeption von Lourdes *Kotulla*: »Nach Lourdes!«; zur Verteufelung *Borutta*: Antikatholizismus 134

Heilige eine neue Dimension annehmen in den nun massenhaft gefertigten Votivkarten, die für jedermann erschwinglich wurden. Besonders in der Pressekommunikation setzten Katholiken auf die neuen Einflussmöglichkeiten.[42] Die katholische Kirche reagierte also auf die sich rapide wandelnde Welt mit einer Mischung aus Abschottung und Aneignung.

Protestantismus und Judentum – Spaltungen und organisatorischer Ausbau

Mit der Feminisierung des Religiösen haben wir uns bereits einem überkonfessionellen Phänomen zugewandt.[43] In den folgenden Abschnitten werden nun kurz parallele Erscheinungen zu den katholischen Entwicklungen in den protestantischen Kirchen und dem Judentum im 19. Jahrhundert skizziert, ohne eine ähnliche Breite in der Darstellung anzustreben.[44] Den Protestantismus prägten zum Teil ähnliche Prozesse wie den Katholizismus, denn wie die römische Kirche mussten selbstverständlich auch die evangelischen Konfessionen auf die Herausforderungen der sich wandelnden Gesellschaften reagieren.[45] Dies taten sie in den hier interessierenden Gebieten unter sehr verschiedenen Vorzeichen.[46] In den deutschsprachigen Ländern wurde der Protestantismus mit

42 Vgl. zur Presse Anmerkung 20; allgemein zu diesem Komplex *Clark*: The New Catholicism; *Lagrée*: The Impact; *De la Cueva Merino*: Cultura y movilización 183–192.

43 Vgl. dazu für den Protestantismus für die deutschen Länder z. B. *Habermas*: Weibliche Religiosität; für die Diakonie *Prelinger*: Charity, Challenge, and Change; *Gause*: Friederike Fliedner; für das Judentum *Baader*: Gender, Judaism, and Bourgeois Culture.

44 Den Anteil des Protestantismus an der Kirchenkritik werden erst die folgenden Länderstudien berücksichtigen.

45 Dass solche Parallelen sicherlich auch auf den Austauschprozess sowie die gegenseitige Konkurrenz der Konfessionen zurückzuführen sind, soll hier nicht weiter vertieft werden. Vgl. dazu besonders *Graf*: Die Wiederkehr 30–50.

46 In der folgenden Studie wird auf eine systematische Berücksichtigung der evangelischen Christen im spanischen Kontext verzichtet, da die spanischen Protestanten im 19. Jahrhundert als marginal angesehen werden müssen. Auch wenn man für die Epoche ab 1868 von der »Segunda Reforma« (einer »zweiten Reformation«) spricht, zählten die evangelischen Christen während des Sexenio nur ca. 1.800, 1881 ca. 10.000 bis 12.000 und 1910 30.000 Personen, die stark vom anglophonen Protestantismus geprägt waren, lokal begrenzt agierten und im Feld der Kirchenkritik keinen nennenswerten Einfluss ausübten. Vgl. zum spanischen Protestantismus *Estruch*: Los protestantes españoles 16–21; *Vilar*: Protestantismo español 20–33; zu seiner lokalen Bedeutung in Málaga *De Mateo Avilés*: Masonería, protestantismo, librepensamiento 19–73; in der Bizkaya *Louzao Villar*: Soldados de la fe 180–185; während des Sexenio *Alonso García*: La ciudadanía católica y enemigos 405–413; *Orozco Guerrero*: Cádiz durante el Sexenio 211–223; zu den Zahlen *De Mateo Avilés*: Masonería, protestantismo, librepensamiento 36; *Alonso García*: La ciudadanía católica y enemigos 409; für ihre Rolle im Antikleri-

Beginn des Kaiserreiches zur Mehrheitsreligion und zudem im Zuge der kulturellen Einigung in den deutschen Nationalismus eingebunden und damit zu einem zentralen Pfeiler des neuen Staates. In Frankreich handelte es sich dagegen um eine Minderheitenreligion, die allerdings seit dem Ersten Empire eine rechtliche Anerkennung genoss. Getragen von der Erweckungsbewegung lebte die Frömmigkeit in Teilen des Protestantismus beider Länder seit der ersten Hälfte des 19. Jahrhunderts auf. In Frankreich verband sich der Aufschwung als innerreligiöse Bewegung zudem mit der durch das napoleonische Konkordat gewonnenen Bewegungsfreiheit.[47] In der Erweckungsbewegung lebte zugleich ein Interesse für soziale Fürsorge auf, dessen wohl markantestes Produkt im deutschen Kontext die Entstehung des Diakonissenamtes war. Die zunächst singulären Aktivitäten führten in der zweiten Jahrhunderthälfte wie im Fall des Katholizismus zu einer systematischeren Auseinandersetzung mit der sozialen Frage und zur Gründung verschiedenster Vereine und Organisationen.[48] Sie bildeten einen Teil des sich besonders im deutschen Kaiserreich nach 1880 entwickelnden Verbandsprotestantismus, der ein weit verzweigtes Netzwerk karitativer, bildungs- und kirchenpolitischer Organisationen darstellte und die soziale Formation des Protestantismus ähnlich wie im Fall der römischen Kirche grundlegend veränderte.[49] Die Vereinsbildungen waren die organisatorische Grundlage für die auch auf evangelischer Seite verfolgte internationale und darüber hinaus interkonfessionelle Zusammenarbeit wie etwa in der »Evangelical Alliance« (im Folgenden EA).[50]

kalismus *De la Cueva Merino*: Clericales y anticlericales 181–184; *Castro Alfín*: Anarquismo y protestantismo.

47 Vgl. zur Erweckungsbewegung in Frankreich *Encrevé*: Les protestants 59–66; *Carbonnier-Burkard/Cabanel*: Histoire des protestants 135 f., 141–145; in den deutschsprachigen Ländern *Schnabel*: Deutsche Geschichte, Bd. 4 379–492.

48 Vgl. für den sozialen Protestantismus in Frankreich *Carbonnier-Burkard/Cabanel*: Histoire des protestants 137 f., 152–154; in den deutschsprachigen Ländern *Kaiser*: Sozialer Protestantismus; *Friedrich*: Zwischen allen Stühlen; zu einem konfessionsübergreifenden Blick auf diese Frage *Greschat*: Das Zeitalter.

49 Was diese Veränderung für die Pastoren bedeutete beziehungsweise wie viel Einfluss innerhalb dieser Bewegung von ihnen ausging, ist bislang sehr viel weniger erforscht worden als für die katholischen Priester. Auch die Rolle der Laien harrt einer systematischeren Erforschung. Vgl. dazu für die deutschen Länder *Hübinger*: Kulturprotestantismus und Politik 219–222; *Reeken*: Kirchen im Umbruch 25–41, 44–51; zu den deutschen Pastoren ihre zunehmende Entbürgerlichung betonend *Janz*: Bürger besonderer Art; stärker die Nähe zur Gemeinde herausstreichend *Kuhlemann*: Bürgerlichkeit und Religion; für die Frankreichs *Carbonnier-Burkard/Cabanel*: Histoire des protestants 138 f.; allgemein zum Verbandsprotestantismus in Frankreich ebenda 135–138; in den deutschsprachigen Ländern die Lokalstudien *Reeken*: Kirchen im Umbruch 70–126; *Pahl*: Kirche im Dorf 151–217; sowie *Hölscher*: Protestantische Frömmigkeit 259–264.

50 Die EA wurden 1846 in London gegründet und sollte als konfessionsübergreifende

Die Entwicklungen der protestantischen Kirchen standen insgesamt unter dem Stern regelmäßig aufbrechender innerkonfessioneller Konflikte. Die theologischen, kirchenpolitischen und zum Teil politischen Differenzen sowohl in den deutschen Ländern wie in Frankreich führten zu heftigen Auseinandersetzungen und zum Teil zu Spaltungen. Während der Katholizismus sich in der Ultramontanisierung als Einheit stärkte, waren die protestantischen Konfessionen eher von Zersplitterung bedroht. Der deutsche Protestantismus erlebte das erste große Zerwürfnis angesichts der Kirchenunionsbestrebungen Friedrich Wilhelms III. von Preußen, die zur Abspaltung der Altlutheraner führten. Diese konservativen Schismatiker weigerten sich, mit den Reformierten unter einem Kirchendach verbunden zu sein.[51] Weitere nennenswerte Kirchenspaltungen innerhalb des deutschen Protestantismus folgten in der zweiten Hälfte des 19. Jahrhunderts nicht. Aber er zerfiel in einen neulutherischen, das heißt stark konservativ am Augsburger Bekenntnis orientierten Flügel, eine mittlere theologische Position, den eher politisch kulturell konzipierten Nationalprotestantismus, der besonders im Kaiserreich an Einfluss gewann, sowie den politisch und religiös liberal orientierten Kulturprotestantismus. Aufgrund dieser auseinanderstrebenden Strömungen sprechen einige Autoren von unterschiedlichen protestantischen Milieus und einer innerprotestantischen Konfessionalisierung. Die Parteien stritten sich theologisch vor allem über die Frage der Anwendung der historisch-kritischen Methode in der Theologie, die Vereinbarkeit von Wissenschaft, Vernunft und Glauben und damit auch über die Anpassung von Glaubenslehren an die veränderten Zeitbedingungen oder deren Wahrung. Politisch stand die traditionelle Vorstellung der Allianz von Thron und Altar gegen die Idee des Aufgehens des Protestantismus in der Kultur des 1871 gegründeten Nationalstaats, dessen Verfassung einige Protestanten aber durchaus revidieren wollten.[52]

Organisation den protestantischen Glauben stärken sowie den weltweiten Austausch und die Zusammenarbeit protestantischer Kirchen fördern. Sie war besonders einflussreich im englischsprachigen Raum. Sie ist bis heute untergliedert in nationale Zweigvereine. Vgl. *Ruhbach*: Evangelische Allianz; *Randall/Hilborn*: One body; zu den transnationalen Verbindungen *Railton*: No North Sea.

51 Vgl. zur preußischen Union und den Altlutheranern *Schnabel*: Deutsche Geschichte, Bd. 4 326–330, 346–348.

52 Vgl. z. B. im Anschluss an Lepsius' Milieukonzept *Hübinger*: Kulturprotestantismus, Bürgerkirche und liberaler Revisionismus; international öffnend *Hübinger*: Confessionalism; zu den unterschiedlichen Strömungen, Auseinandersetzungen und Spaltungen in den deutschsprachigen Ländern *Graf*: Protestantische Theologie; *ders.*: Die Spaltung; *Hölscher*: Die religiöse Entzweiung; zum Kulturprotestantismus besonders *Hübinger*: Kulturprotestantismus und Politik; *Lepp*: Protestantisch-liberaler Aufbruch; zu den Neulutheranern die Lokalstudie mit einem guten Überblick über die bisherige Literatur *Schindler-Joppien*: Neuluthertum; sowie *Buschmann*: Krise und Untergang.

In der französischen Entwicklung finden sich gewisse Parallelen, die vor allem die größere der beiden Konfessionen, die reformierte Kirche betraf. Die Lutheraner blieben von solchen Auseinandersetzungen weitgehend verschont, aber mit der Annektion des Elsasses nach 1871 wurden sie stark dezimiert. Die protestantische Erweckung ließ 1849 innerhalb des reformierten Spektrums die »Églises evangéliques libres« entstehen, die konservativ orientiert waren, sich von der reformierten Kirche trennten und so vom Konkordatsregime lossagten. Ihre Mutterkirche spaltete sich bald wie die deutschen Protestanten in einen konservativen und liberalen theologischen Flügel, die im Zuge der Trennungsgesetzgebung 1905 auch organisatorisch zwei separate Kirchen gründeten.[53]

Auch das Judentum unterlag vergleichbaren Entwicklungen.[54] In der Folge der Aufklärung bildete sich innerhalb des Judentums eine breite Reformbewegung. Die Erneuerer wollten zum einen durch die wissenschaftliche Beschäftigung mit der Religion dieser ein neues Fundament geben und die kulturelle Identität des Judentums füllen. Zum anderen versuchten sie sich liturgisch an den protestantischen Ritus anzupassen; sie führten die Predigt in der Landessprache, Orgelspiel und Chorgesang ein. Diesen liberalen Reformbemühungen stellte sich eine orthodoxe Bewegung gegenüber. Die Spaltung nahm in den deutschen Ländern ihren Ausgang, erreichte aber auch die kleine jüdische Gemeinschaft in Frankreich.[55] In der Trennung spiegelten sich die vielfältigen Antworten auf die Herausforderungen des gesellschaftlichen Wandels, die auch den Protestantismus und den Katholizismus bestimmten, aber im jüdischen Kontext zugleich eine besondere Bedeutung hatten: Mit der Anpassung an die zeitgenössische Gesellschaft war auch die Frage nach der Akkulturation an die christliche Mehrheitsgesellschaft und einer Neuorientierung der jüdischen Identität verbunden.[56] Wie diese Problematik einzuschätzen ist, soll hier nicht weiter diskutiert werden. Für unseren Zusammenhang bleibt festzuhalten, dass die christlichen Kirchen und das Judentum von heftigen Auseinandersetzungen über die Orientierung in der sich massiv wandelnden Welt geprägt waren, die

53 Vgl. zu den inneren Konflikten im französischen Protestantismus *Encrevé*: Les protestants 95–118, 113–135; *ders./Gadille*: Frankreich 190–198; *Encrevé* u.a.: Frankreich 525–531; *Carbonnier-Burkard/Cabanel*: Histoire des protestants 141–154; für die Entwicklung nach der Jahrhundertwende *Storne-Sengel*: L'Église réformée.

54 Ebenso wie bei den Protestanten vernachlässige ich aufgrund ihrer geringen Zahl die wenigen Hundert Juden, die im 19. Jahrhundert noch in Spanien lebten. Vgl. zu den Zahlen *Andrés Gallego/Pazos*: La Iglesia 265.

55 Vgl. zur jüdischen Reformbewegung aus der Fülle der Literatur das immer noch einschlägige Standardwerk *Meyer*: Response to Modernity.

56 Der Begriff der Akkulturation ist dem Begriff Assimilation vorzuziehen, da er nicht negativ als Quellenbegriff besetzt ist und zugleich die wechselseitigen Austauschprozesse dieser Annäherung in den Mittelpunkt rückt. Vgl. dazu z. B. *Maurer*: Entwicklung 177–179.

zu internen Lagerbildungen führten. Diese Konflikte ließen einen Teil der Gläubigen zu Kirchenkritikern werden, die sich im antiklerikalen Lager verorteten.

Religion jenseits der institutionalisierten Gemeinschaften

Die Pluralisierung des religiösen Feldes überschritt im 19. Jahrhundert in einem bis dahin unbekannten Maße auch die Grenzen der organisatorisch verfassten religiösen Gemeinschaften. Sie manifestierte sich in einer religiösen Suche innerhalb und außerhalb der etablierten Kirchen und Religionsgemeinschaften, die konfessionelle und nationale Schranken überwinden konnte. So übten etwa die unitarischen Lehren William Ellery Channings (1780–1842) eine große Anziehung auf französische Deisten und Protestanten, spanische liberale Katholiken sowie auf deutsche liberale Protestanten wie Karl Leopold Adolf Sydow (1800–1882) aus. In diesem Kontaktfeld begann sich auch eine internationale ökumenische Bewegung zu formieren; ausgehend von einer Initiative amerikanischer Unitarier veranstalteten verschiedene Vertreter ›liberaler Religiöser‹ ab 1900 internationale Kongresse, an denen auch liberale Katholiken teilnahmen.[57] Neben diesen sich an den Rändern der Kirchen entwickelnden Bestrebungen entstanden zudem neue kirchliche Zusammenschlüsse sowie Formen nicht kirchlicher Religiosität. Die Entwürfe sprengten zum Teil die in Europa klassische an Transzendenz angebundene Vorstellung des Religiösen, so dass eine eingehendere Untersuchung ihre Einordnung in das religiöse Feld eigentlich erst rechtfertigen müsste. Aufgrund des Erkenntnisinteresses dieser Studie soll solch eine die religiösen Dimensionen differenzierende Analyse aber nur der Kirchenkritik selbst zuteilwerden. Deshalb beschränkt sich die folgende Darstellung darauf, einige Tendenzen zur Illustration aufzuzählen, um so das Umfeld der Antiklerikalen zu charakterisieren. Denn besonders innerhalb der radikaleren Teile des kirchenkritischen Spektrums stießen diese zahlenmäßig wohl eher als gering zu veranschlagenden Positionen auf Interesse beziehungsweise wurden von ihnen mitgetragen.[58]

57 Auch wenn andere Religionen nicht ausgeschlossen wurden, lag der Schwerpunkt dennoch auf dem Christentum. Vgl. zum Einfluss Channings in Frankreich *Verhoeven*: Transatlantic Anti-Catholicism 40–43; in Spanien *Capellán de Miguel*: Gumersindo de Azcárate passim; auf Sydow, der Channings Werke übersetzte, *Channing*: Werke; insgesamt zu diesen ökumenischen Bestrebungen *Lyons*: Internationalism in Europe 248 f.; *Hübinger*: Kulturprotestantismus und Politik 251–262; *Graf*: Die Wiederkehr 142 f.

58 Die Auswahl konzentriert sich auf die Gruppen, die ein Reservoir für die Kirchenkritik darstellten. Die im Deutschen Kaiserreich nach 1900 durchaus zu beachtende Abwanderung aus den Großkirchen in Freikirchen oder Sekten wird im Folgenden nicht weiter vertieft. Ebenso übergeht der Überblick Formen populärer Religiosität. Vgl. zu Freikirchen und Sekten

Als Abspaltungen von etablierten Kirchen sind etwa die Deutschkatholiken und Lichtfreunde zu nennen, die sich für eine Reform der katholischen beziehungsweise protestantischen Amtskirchen in einem rationalistischen Sinne einsetzten und eine zentrale Trägergruppe der 1848er Revolution in den deutschsprachigen Ländern waren. Diese schlossen sich in der Restaurationsphase zu freireligiösen Gemeinden zusammen und gründeten 1859 einen Bund, der bis zum Ersten Weltkrieg allerdings nie mehr als 25.000 Mitglieder umfasste.[59] Aus der liberalen schismatischen Bewegung entwickelte sich die deutsche Freidenkerbewegung, welche an vorderster Front der Kirchenkritik stand, aber nicht ausschließlich als religiöse Bewegung beschrieben werden kann. Neben den freireligiösen Gemeinden und den Freidenkern, die besonders stark in Frankreich vertreten waren, aber auch in Spanien seit dem Sexenio Fuß fassten,[60] hatte im 19. Jahrhundert immer wieder das Interesse an Okkultismus, Spiritismus und Theosophie Konjunktur. Auch der Magnetismus übte eine starke Anziehungskraft auf bestimmte Kreise aus.[61] Diese Vorstellungen und religiösen Praktiken waren allerdings nicht notwendigerweise mit Kirchenkritik verbunden und müssen in manchen Fällen auch schlicht als Teil einer neuen

Greschat: Deutschland II., Protestantismus, Kaiserreich 680; zu populären Formen in Frankreich *Devlin*: Superstitious Mind; allgemein zur nicht kirchlichen Religiosität in Frankreich *Charlton*: Secular Religions; *Kselman*: The Varieties 176–178; in den deutschen Ländern *Nipperdey*: Religion im Umbruch 124–153; mit gesamteuropäischer Perspektive *McLeod*: Religion and the People 44–46; *Minois*: Geschichte des Atheismus 534–543.

59 Selbst in ihren Hochburgen konnten sie nie mehr als 1 Prozent der Bevölkerung auf sich vereinigen. Vgl. zu der Mitgliederangaben *Hölscher*: Protestantische Frömmigkeit 361; *Weir*: Fourth Confession 186; zu den Deutschkatholiken z. B. *Graf*: Die Politisierung; *Paletschek*: Frauen und Dissens; zu den Lichtfreunden *Brederlow*: Lichtfreunde und Freie Gemeinden; insgesamt zur freireligiösen Bewegung *Bahn*: Deutschkatholiken und Freireligiöse; *Herzog*: Intimacy and Exclusion; zur institutionellen Entwicklung *Simon-Ritz*: Organisation einer Weltanschauung 57–92.

60 Eine umfangreiche Studie fehlt für Spanien. Auf die Entwicklung und den Einfluss der Bewegung in allen drei Nationen gehen die folgenden Länderstudien ein. Vgl. zur Geschichte der Freidenker in den deutschen Ländern *Kaiser*: Arbeiterbewegung; *Groschopp*: Dissidenten; *Simon-Ritz*: Organisation einer Weltanschauung; *Weir*: Fourth Confession; in Frankreich *Lalouette*: La libre pensée; in Spanien noch immer grundlegend *Álvarez Lázaro*: Masonería y librepensamiento 1–29, 107–262.

61 Hierbei handelt es sich immer noch um ein wenig erforschtes Gebiet. Vgl. zu diesen Interessen z. B. in den deutschen Ländern *Linse*: Geisterseher und Wunderwirker; *Sawicki*: Leben mit den Toten; in Frankreich *Edelman*: Voyantes, guérisseuses et visionnaires; *Cuchet*: Le retour; *Sharp*: Secular Spirituality; *Heuser*: Allan Kardec; *Monroe*: Laboratories of Faith; in Spanien *Pomés Vives*: Diálogo Oriente-Occidente; die Lokal- beziehungsweise Regionalstudien *De Mateo Avilés*: Masonería, protestantismo, librepensamiento 192–198; *ders.*: Espiritistas y teósofos; *Horta*: Cos i revolució; ideengeschichtlich *Abellán*: Historia crítica, Bd. 5.1 422–440; *Abend*: Specters.

Unterhaltungskultur verstanden werden. Die Vermischung von Unterhaltung und religiösen Phänomenen ging in Paris so weit, dass in Kabaretts religiöse Riten als Teil des Programms aufgeführt wurden.[62] Diese spielerischen Formen sollten aber nicht insgesamt über den Charakter der nicht kirchlichen Religiosität hinwegtäuschen. Zum größten Teil äußerte sich diese in individuellen Entwürfen – Produkte einer Suche nach Orientierung –, die mehr oder wenig ausgereift waren und in manchen Fällen eine breitere Bewegung initiierten. Exemplarisch sei hier auf den Saint-Simonismus verwiesen, auf Victor Cousins[63] ›natürliche Religion‹ und David Friedrich Strauß' (1808–1874) »Der alte und der neue Glaube« (1872). Letzteres Werk ist ein Beispiel für die religiösen Überformungen materialistischer und positivistischer, das heißt bewusst nicht transzendenter Orientierungen, denen sich auch der erfolgreichste französische Religionsstifter Auguste Comte[64] sowie der wohl bekannteste deutsche Freidenker Ernst Haeckel[65] verschrieben hatten und die einen bestimmten Typus neuer religiöser Formen darstellten. Die Suche nach Alternativen zum kirchlichen Glauben scheint in Wellen vonstattengegangen zu sein. So waren in Frankreich die drei Jahrzehnte zwischen 1850 und 1880 besonders produktiv, in Spanien das Sexenio, während im deutschen Kaiserreich erst um die Jahrhundertwende ein verstärktes Interesse an religiöser Neuorientierung auftrat. In der von Thomas Nipperdey mit dem Begriff »vagierend« beschriebenen Religiosität des »Fin de siècle« standen ästhetizistische Ideen neben völkischen und naturmystischen Vorstellungen aus dem breiten Kontext der Lebensreformbewegung.[66] All diese

62 Vgl. dazu *Kselman*: The Varieties 177 f.

63 Victor Cousin (1792–1867), Philosoph und Kulturtheoretiker, entwarf ein Programm für eine spiritualistische Philosophie und prägte als extrem einflussreicher Universitätslehrer eine ganze Generation von französischen Denkern. Aufgrund seiner Ideen verlor er einige Jahre die Lehrerlaubnis. Vgl. zu Cousin *Charlton*: Secular Religions 96–106, 172–174.

64 Auguste Comte (1798–1857), Mathematiker, Philosoph und Soziologe. Comte begründete den französischen Positivismus und entwickelte nach einer tiefen persönlichen Krise einen ausgefeilten Religionsentwurf, der nicht nur ein Gedankengebäude darstellte, sondern auch einen Katalog von Riten umfasste und dem Katholizismus nachempfunden war. Comtes Religionsentwurf wurde insbesondere in Lateinamerika aufgenommen und es finden sich dort bis heute Anhänger dieses Kultus. Vgl. *Charlton*: Secular Religions 46–53, 87–95; *Pickering*: Auguste Comte und *Wartelle*: L'héritage.

65 Ernst Haeckel (1834–1919), Arzt, Zoologe und Philosoph. Haeckel förderte die Verbreitung des Darwinismus in den deutschen Ländern. Er war Mitbegründer des Monistenbundes 1906, der für eine wissenschaftliche begründete Weltanschauung eintrat und die Verbindung des Geistes mit der Natur anstrebte. Seine Aktivitäten innerhalb der Freidenkerbewegung beinhalteten auch ein intensives Engagement auf internationalem Parkett. Vgl. aus der ausufernden Literatur zu Haeckel den Sammelband *Lenz*: Darwin, Haeckel und die Folgen; *Richards*: The Tragic Sense und zum Monismus *Hübinger*: Die monistische Bewegung.

66 Vgl. für die Konjunkturen den Sammelband in Frankreich *Dierkens*: L'intelligentsia européenne; zu Spanien *Petschen*: El anticlericalismo 75; zu den deutschen Ländern *Nipperdey*:

Entwürfe waren geprägt von der Suche nach Alternativen zur etablierten, als unbefriedigend empfundenen Religiosität und Kirchlichkeit. Sie setzten sich mal mit der Frage der Vereinbarkeit von Wissenschaft und Glauben (Comte, Haeckel), mal mit sozialen Fragen auseinander (Saint Simon) und stellten sich damit ähnlichen Problemen, wie sie auch die innerkirchlichen Debatten beider christlichen Konfessionen sowie des Judentums prägten.

Entkirchlichung

Im Lichte dieser Entwicklungen außerhalb sowie innerhalb der beiden christlichen Konfessionen und des Judentums erscheint das 19. Jahrhundert weniger als ein Zeitalter des Verfalls von Religion denn als eines der Suche nach neuen Wegen. Dennoch soll nun zum Abschluss dieses Abschnitts noch der Blick auf ein Phänomen gelenkt werden, das einen gegenläufigen Prozess beinhaltet: die zunehmende Entfernung von einer kirchlich gebundenen Lebensführung. Diese Entwicklung wird zumeist als Teilaspekt der Säkularisierung behandelt sowie im alltagssprachlichen Kontext sogar mit dieser gleichgesetzt. Statt mit dem Säkularisierungskonzept möchte ich in diesem Zusammenhang jedoch lieber mit dem Entkirchlichungsbegriff operieren.[67] Mit diesem Konzept will die historische Forschung die Anbindung an Kirche messen, indem die Teilnahme an religiösen Handlungen wie etwa Kirchgang, Osterkommunion beziehungsweise Abendmahl, Prozessionen, Missionen oder den Rites de passage erhoben wird.[68] Denn gerade der ultramontane Aufschwung sowie sein protestantisches Pendant, die Erweckungsbewegung, und die sie begleitenden verstärkten Missionierungsbemühungen waren auch eine Reaktion auf die angeblich zu beobachtende Abwendung von kirchlicher Religiosität. Immer wieder betonten Vertreter der verschiedenen Kirchen im 19. Jahrhundert eine zunehmende religiöse Indifferenz. Pastoren und Priester sammelten Zahlen, um den empfundenen Verlust der Attraktivität der kirchlichen Religiosität empirisch zu belegen.[69] Diese und

Religion im Umbruch 124–153, der Begriff »vagierend« 143; zu den völkischen Varianten *Puschner*: Die völkische Bewegung 203–262; *Schnurbein/Ulbricht*: Völkische Religion; neuer mit dem Vorzug der Einbeziehung der etablierten Kirchen und Religion *Graf*: Die Wiederkehr 133–178.

67 Vgl. zur Diskussion des Begriffs Säkularisierung die Einleitung; für das spezifische Konzept der Entkirchlichung z. B. *Hölscher*: Die Religion 596.

68 Vgl. zu diesen und anderen Indikatoren im Überblick am Beispiel Frankreichs *Julia*: Indicateurs.

69 Vgl. dazu *Hölscher*: Möglichkeiten und Grenzen 42 f.; *Callahan*: The Catholic Church 241; *Castro Alfín*: La indefinida secularización 85; *Ziemann*: Sozialgeschichte der Religion 45; den Einfluss dieses zeitgenössischen Blicks auf die historische Forschung problematisierend

andere Quellen, die einen solchen Prozess nahelegen, existieren für die drei untersuchten Länder in unterschiedlichem Ausmaß,[70] so dass die folgenden Aussagen auf einer verschieden belastbaren Beweisgrundlage ruhen. Wie bereits der Begriff der Entkirchlichung andeutet, wird es hier nicht darum gehen, die liberale Meistererzählung der Säkularisierung als Abnahme von Religiosität zu rehabilitieren, sondern neben die Bilder des religiösen Aufschwungs und der Erneuerung sollen auch jene aus der Sicht der Zeitgenossen als Verfall empfundenen Erscheinungen gestellt werden, um so einen weiteren Aspekt der Entwicklung des religiösen Feldes zu beschreiben.[71]

für den deutschen Protestantismus *Hölscher*: Möglichkeiten und Grenzen; *ders.*: Protestantische Frömmigkeit 182–186; konfessionsübergreifend *Ziemann*: Sozialgeschichte der Religion 28f., 39–42.

70 Während in Frankreich für das 19. Jahrhundert eine Fülle von Quellen vorhanden ist und die Religionssoziologie über lange Jahre vor allem von Forschungen in diesem Feld bestimmt war, existiert für die deutschen Länder nur für den Protestantismus eine gute Materialbasis. Für Spanien bestimmte die Forschung bislang vor allem eine schwierige Quellenlage und abgesehen von einzelnen Lokalstudien verfügen wir bislang kaum über nennenswerte Ergebnisse. Es handelt sich bei den meisten Aussagen über Entkirchlichung um Versuche der Annäherung etwa über eine Petitionskampagne gegen die Einführung der Religionsfreiheit 1869 oder die Zahlen von Priesterkandidaten sowie diskursive Aussagen des Klerus selbst. In der methodisch sehr problematischen Auswertung dieser Quellen kommen die bisherigen Studien zu ähnlichen regionalen, sozialen und geschlechterspezifischen Unterschieden, wie sie im Folgenden vorgestellt werden. Dabei gehen die spanischen Autoren insgesamt von einer klaren Entkirchlichung ab Mitte des Jahrhunderts bis 1900 aus. Neben den konkreten Problemen der Zahlengenerierung aus kulturell in bestimmter Form vorgeprägten Quellen stellt sich methodisch das Problem der Vergleichbarkeit. In der folgenden Darstellung wird Spanien deshalb wegen der schlechten Forschungslage ausgeklammert. Vgl. für Frankreich *Cholvy/Hilaire*: Histoire religieuse, Bd. 1 197–216, 235–313 und Bd. 2 171–218; die verschiedenen Beiträge in *Rémond/Le Goff*: Histoire de la France religieuse, Bd. 3 177–329; zur Entwicklung dieser Forschungsrichtung in Frankreich *Ziemann*: Sozialgeschichte der Religion 18f.; zur deutschen Forschungslage ebenda 36–38; für den Protestantismus in den deutschen Ländern *Hölscher*: Die Religion; *ders.*: Protestantische Frömmigkeit 181–207; zu den Katholiken die Lokalstudie *Liedhegener*: Christentum und Urbanisierung 570–575; *ders.*: Säkularisierung als Entkirchlichung; *Nipperdey*: Religion im Umbruch 22f.; für Spanien die Übersicht *Lannon*: Privilege, Persecution, and Prophecy 4–32; *Callahan*: Church, Politics and Society 241–247; *ders.*: The Catholic Church 240–250; *Castro Alfín*: La indefinida secularización 85–88; gesamteuropäisch klar eine differenzierte Form der Säkularisierungstheorie vertretend *McLeod*: Introduction; *ders.*: Religion and the People; *ders.*: Secularisation in Western Europe.

71 Im Folgenden wird aufgrund der gebotenen Kürze nicht auf die Diskussion der Gründe dieses Prozesses eingegangen. Die Entkirchlichung wird im Kontext der klassischen Modernisierungstheorie verortet sowie auf spezifische Faktoren wie Mobilität, Urbanisierung, den Aufschwung der Wissenschaften oder den Einfluss der Aufklärung sowie in Frankreich auf die Revolution zurückgeführt. Vgl. dazu z. B. *Hölscher*: Die Religion 603–607; *ders.*: Protestantische Frömmigkeit 194–200; sowie die verschiedenen Beiträge in *Rémond/Le Goff*: Histoire de la France religieuse, Bd. 3 249–292.

Verallgemeinernd gesprochen muss wohl von einem gewissen Rückgang der Pflege kirchlicher Religiosität im Laufe des 19. Jahrhunderts ausgegangen werden, der in Phasen vonstattenging.[72] Dieser Prozess war allerdings vor allem ein städtisches Phänomen, insbesondere eines der entstehenden industriellen Zentren. So sanken zum Beispiel in Paris ab 1870 die Teilnahmen an den klassischen Rites de passage; 1865 wurden 7,4 Prozent der Kinder nicht getauft, 1908 waren es bereits 37,9 Prozent. Nur auf der Basis des zivilen Ritus geschlossene Ehen nahmen von 20,2 Prozent 1870 auf 39 Prozent (1908) zu. In Berlin zeigen besonders die jährlichen Abendmahlsquoten den Rückgang kirchlicher Gebundenheit. Lag 1740 die Quote bei den Protestanten noch bei 150 Prozent, so war sie bereits 1862 auf 17 Prozent gesunken und ging bis 1913 auf 14 Prozent zurück.[73] Hier muss allerdings auf den konfessionellen Unterschied hingewiesen werden, der vor allem für die deutschen Länder zu beachten ist. Auch wenn für den deutschen Katholizismus bei weitem keine vergleichbare Datenbasis vorliegt wie für die protestantischen Konfessionen, zeigen die existierenden Studien, dass die kirchliche Gebundenheit relativ stabil blieb.[74] Dagegen war das Judentum durchaus betroffen.[75] Des Weiteren bestanden regionale Differenzen; bestimmte Gebiete waren traditionell weniger kirchlich bestimmt als andere. Abgesehen von der Stadt-Land-Differenz stand in Frankreich etwa die stark katholische Bretagne dem relativ unkirchlichen Pariser Becken gegenüber. Zwischen den deutschen Ländern wurde ein Nord-Süd-Gefälle beobachtet. Hierbei hat die Forschung insbesondere für Frankreich hervorgehoben, dass die regionalen Unterschiede seit der Französischen Revolution stabil blieben.[76] Neben

72 Problematisiert wurde allerdings, inwieweit man vorher von einer durchgehenden Observanz ausgehen kann. Des Weiteren muss eigentlich die zweite Hälfte des 18. Jahrhunderts miteinbezogen werden, da der Prozess schon zu diesem Zeitpunkt einsetzte. Vgl. dazu *Hölscher*: Die Religion 597; *McLeod*: Secularisation in Western Europe 173–178.

73 Die Zahlen über 100 Prozent entstanden aus der mehrfachen Teilnahme. Vgl. zu den französischen Zahlen *Gibson*: A Social History 164; allgemein zu dem Stadt-Land-Unterschied ebenda 178–180; zu den deutschen Zahlen sowie für weitere Beispiele *Hölscher*: Weltgericht oder Revolution 143; *ders.*: Die Religion 600.

74 Vgl. hierzu besonders die vergleichende Lokalstudie *Liedhegener*: Christentum und Urbanisierung; allgemein *Conzemius*: Deutschland. I., Katholische Kirche, Kaiserreich 654. Thomas Nipperdey und Jürgen Herres betonen dagegen mit Blick auf Bayern und Mainz das Gegenteil, *Nipperdey*: Religion im Umbruch 22f.; *Herres*: Städtische Gesellschaft 383–385, 402f.

75 Vgl. für Frankreich *Cholvy/Hilaire*: Histoire religieuse, Bd.1 216–219 und Bd.2 53f.; für die deutschen Länder die Lokalstudien *Schüler-Springorum*: Assimilation and Community 114; *Rahden*: Juden und andere Breslauer 196–224.

76 Vgl. zu den regionalen Differenzen in Frankreich *Cholvy/Hilaire*: Histoire religieuse, Bd.2 259–312 und Bd.2 185–218; *Gibson*: A Social History 170–178; *Langlois*: Une France duelle; für die deutschen Länder *McLeod*: Secularisation in Western Europe 174; *Hölscher*: Säkularisierungsprozesse 243; *ders.*: Protestantische Frömmigkeit 182–189.

dem Geschlechterunterschied, der bereits im Kontext der Feminisierungsthese erläutert wurde, variierte die Entkirchlichung auch zwischen den verschiedenen sozialen Schichten und beruflichen Gruppen. Besonders geringe Kirchlichkeit wies das französische und deutsche protestantische Bürgertum auf, vor allem in bestimmten Berufsfeldern; so mieden etwa Fabrikanten oder Anhänger freier Berufe die Kirchen. Für Frankreich ist allerdings zugleich betont worden, dass die katholische Kirche gerade im Bürgertum in der zweiten Hälfte des 19. Jahrhunderts wieder an Zuspruch gewann. Abgesehen vom Bürgertum unterlag insbesondere die Arbeiterschaft als die zweite soziale Großgruppe dem Prozess der Entkirchlichung.[77]

Die Bedeutung der statistischen Daten der kirchlich gelebten Religiosität für den Glauben des jeweiligen Individuums ist methodisch vielfach diskutiert worden. Die älteren Säkularisierungsstudien reproduzierten die Sicht der Zeitgenossen aus den etablierten Kirchen und Religionen und erblickten darin einen Religionsverfall oder Atheismus.[78] In dieser Logik wurde auch der Antiklerikalismus mit diesem Phänomen gleichgesetzt.[79] Zunehmend wird der Abfall eher als Zeichen der Indifferenz, eines gewandelten religiösen Verständnisses oder einer wachsenden individuellen Orientierung gesehen und die Bedeutung von weiteren Faktoren wie Familieneinbindung, Konformitätsdruck oder der Einfluss des jeweiligen Priesters betont.[80] Was die Aufgabe kirchlicher Riten individuell bedeutet hat, ist aber wohl letztlich mit dem statistischen Material nicht zu erfassen.[81] Die Skizzierung des Phänomens erhellt eher einen anderen Punkt. Der Abfall kirchlicher Praktiken verweist noch einmal auf das Aufbrechen kirchlicher Religiosität, das sich auch in der beschriebenen Pluralisierung innerhalb und außerhalb der Kirchen sowie der etablierten Religionen manifestierte. In diesem Kontext agierten die Antiklerikalen. Die systematische Analyse wird zeigen, dass die Kirchenkritik des 19. Jahrhunderts auf diesen Veränderungen

77 Vgl. z. B. in Frankreich *Cholvy/Hilaire*: Histoire religieuse, Bd. 1 197–216, 235–258 und Bd. 2 178–185; *Gibson*: A Social History 195–226; *Dumons/Pollet*: Enterrement civil; für den Protestantismus in den deutschen Ländern *Hölscher*: Die Religion; *ders.*: Protestantische Frömmigkeit 189–194.

78 Vgl. z. B. die Kritik bei *Graf*: Die Wiederkehr 72 f.; *Ziemann*: Sozialgeschichte der Religion 45–47.

79 Vgl. z. B. den Versuch bei *Cabanel*: Anticlericalismo 116 f.

80 Darüber hinaus scheint es notwendig, die verschiedenen Riten in ihrer Bedeutung zu differenzieren. Vgl. zur Betonung individueller Orientierung *Gibson*: A Social History 235; eines veränderten religiösen Verständnisses *Kselman*: Funeral Conflicts 229 f.; zur Diskussion von Indifferenz und dem Einfluss anderer Faktoren *Poulat*: Déchristianisation du prolétariat; *Langlois/Jacquement*: Déchristianisation, structures familiales et anticléricalisme; *Dumons/Pollet*: Enterrement civil.

81 So argumentierte bereits *Graf*: Die Wiederkehr 84–86.

des religiösen Feldes aufbaute beziehungsweise auf sie reagierte und zugleich deren Katalysator war. Zunächst soll aber der zweite zentrale Kontext des Antiklerikalismus, das religionspolitische Umfeld in den drei untersuchten Ländern und die Stellung der Kirchenkritiker in den drei Gesellschaften, in einem diachronen Überblick vorgestellt werden.

1.2 Frankreich – Die Entstehung eines Mehrheitsantiklerikalismus

Der französische Antiklerikalismus entwickelte sich in der zweiten Hälfte des 19. Jahrhunderts von einer Oppositionsbewegung im Zweiten Empire zu einer der zentralen Achsen des politischen Selbstverständnisses der Dritten Republik, das sich sowohl aus republikanischen wie liberalen Ideen speiste.[82] Im Folgenden wird diese Entwicklung kursorisch im Rahmen einer Skizze der wesentlichen rechtlichen Eckpunkte von Kirchen und Religion nachgezeichnet, wofür zunächst ein Rückblick auf den Beginn des Jahrhunderts notwendig ist.

Staatliche Einbindung – das Konkordatsregime

Die maßgebende rechtliche Voraussetzung für die Kirchenkritik in Frankreich war bis 1905 das 1801 von Kaiser Napoleon I. (1769–1821) installierte Konkordatsregime. Der Vertrag setzte die katholische Kirche nach dem Bruch in der Revolution, der radikalen Dechristianierungspolitik im Kultus des Höheren Wesens sowie der ersten Trennung von Staat und Kirche (1795) wieder als bestimmende religiöse Institution des nationalen Lebens ein, unterstellte ihre innere Gestaltung aber zugleich dem neuen Staat.[83] Die katholische Religion wurde als »Religion der Mehrheit der Franzosen« verfassungsrechtlich verankert. Mit dieser Bestimmung erhielt der Katholizismus allerdings nicht den Status einer Staatsreligion; Gewissensfreiheit war weiterhin durch die Deklaration der Menschenrechte garantiert, das bürgerliche Recht mit dem »Code civil« weitgehend neutral in religiösen Dingen (so existierte zum Beispiel die Zivilehe) und einige andere Konfessionen wurden anerkannt. Die Güter der katholischen

82 Vgl. zur Mischung liberaler und republikanischer Ideen *Hazareesingh*: Intellectual Founders 5f.

83 Vgl. zu den folgenden Ausführung zum Konkordatsregime z. B. den äußerst gelungenen Überblick *McIntire*: Changing Religious Establishments, Part 1 254–272; als Kontext für die Antiklerikalen *Mellor*: Histoire 237–252.

Kirche blieben im Besitz des Staates, aber dafür wurden die Priester zu dessen Angestellten. Die Orden waren mit wenigen Ausnahmen verboten. Die einseitig in Kraft gesetzten ergänzenden sogenannten Organischen Artikel bestimmten des Weiteren in der Tradition der französischen Staatskirchenlehre des Gallikanismus, dass Bischöfe nur mit der Autorisierung des Staates ernannt werden konnten und mit kaiserlicher Erlaubnis ausreisen durften, ein Placet gegenüber Bullen des Papstes zu ergehen hatte, Ordensregeln staatlich anerkannt werden mussten und öffentliche Versammlungen von Religionsgemeinschaften einer Zustimmung bedurften. Ein allgemein gültiger imperialer Katechismus wurde erlassen. Die sogenannte »Université« sicherte als oberste Behörde der Erziehungsangelegenheiten dem Staat die Macht über alle Bildungsfragen, auch wenn die Kirche durchaus in diese Institution mit eingebunden war und damit ihre Rolle als moralische Leitinstanz innerhalb der Gesellschaft unter der staatlichen Autorität zugewiesen bekam.[84] Die Bestimmungen hinsichtlich des Status der katholischen Kirche erfuhren 1802 eine Fortsetzung in einer vergleichbaren, wenn auch eingeschränkteren Einbindung der zwei großen protestantischen Kirchen (der Reformierten sowie der Lutheraner) und 1808 der Juden in die Machtstruktur des Staates.[85]

Nennenswerte Modifikationen dieses rechtlichen Rahmens erfolgten abgesehen von der kurzzeitigen Wiedereinführung der katholischen Staatsreligion in der Restauration (1815–1830) nur auf der Ebene des Bildungswesens. Die sogenannte »Loi Guizot«, die nach dem protestantischen Kultusminister François Guizot (1787–1874) benannt war, lockerte in der Julimonarchie 1833 das staatliche Erziehungsmonopol; sie erlaubte die Gründung privater Primarschulen und ermöglichte staatliche Schulen unter protestantischer und jüdischer Regie. Religiöse und religiös-moralische Unterweisung blieb allerdings in allen Schulen verpflichtend. In der Zweiten Republik erging 1850 ein vergleichbares Gesetz zur Erziehungsfreiheit im Sekundarschulwesen (»Loi Falloux«). Ergänzend zur größeren Freiheit für die anerkannten Konfessionen ermöglichte es auch Privatschulen, die nicht an eine der drei christlichen Kirchen oder an die jüdische Religion gebunden waren. Diese Möglichkeit nutzten Teile der antiklerikalen Opposition im Zweiten Empire aus und gründeten in den Jahren ab 1869 eine Reihe laizistischer Schulen. Diese wurden allerdings von staatlicher Seite

84 So war etwa die Unterweisung in Katechese, Bibelkunde und Kirchengeschichte in der Primarschule verpflichtend. Vgl. *McIntire*: Changing Religious Establishments, Part 1 267.

85 Eine vollständige Gleichstellung der Juden erfolgte allerdings erst in den folgenden Jahrzehnten; 1818 wurden die noch existierenden Berufsbeschränkungen aufgehoben und erst 1831 erhielten die Rabbiner den gleichen Status als Staatsangestellte wie die katholischen Priester und protestantischen Pastoren.

bekämpft, da sie – so wurde argumentiert – nicht die weiterhin gültigen Vorschriften der obligatorischen religiösen Unterweisung erfüllten.[86]

Die in den skizzierten rechtlichen Bestimmungen kodifizierte Mischung aus Freiheitsrechten, staatlicher Prärogative, bevorzugter Behandlung der katholischen Kirche und in geringerem Maße der anderen anerkannten Religionsgemeinschaften bestimmte maßgeblich den Handlungsrahmen von Kirchen und Religion und damit auch von Antiklerikalen im Zweiten Empire.[87] Die existierende Gewissensfreiheit konnte durch Zensur eingeschränkt werden, da Religion und Moral einen besonderen Schutz genossen. Die Sonderstellung der katholischen Kirche blieb durch das Konkordat gesichert. Insbesondere die nicht anerkannten protestantischen Gemeinschaften und andere Religionen waren in ihrer Religionsausübung beschränkt, da ihre Versammlungen einer Zustimmung seitens des Staates bedurften, auch wenn die freie Religionsausübung prinzipiell zugesichert war.[88]

1859 ermöglichte eine Gesetzesnovelle die Anerkennung weiterer protestantischer Kirchen, was vor allem den im Zuge der Erweckungsbewegung von der reformierten Kirche abgespaltenen Églises evangéliques libres zu Gute kam. Bestimmend blieb in diesem rechtlichen Rahmen die politische Haltung der jeweiligen Regierung. Die zwanzigjährige Herrschaft Kaiser Napoleons III. (1808–1873) unterteilt die Forschung in dieser Hinsicht in zwei beziehungsweise drei Etappen.[89] In der ersten Phase bis ca. 1859 war die Regierung des Kaisers durch eine enge Kooperation mit der katholischen Kirche geprägt. Napoleon III. wollte sich durch eine die römische Religion unterstützende Politik die Zustimmung der Legitimisten und katholischen Kräften sichern. Das Kirchenbudget wurde erhöht. Unter seiner Regierung wuchs der Klerus, insbesondere der Ordensklerus, deutlich an. Die Sonntagsruhe wurde durchgesetzt. Zugleich engte der Staat den Freiraum der protestantischen Kirchen ein, indem die Zulassung von Schulen und Synoden deutlich erschwert sowie Missionen unterdrückt wurden. Innenpolitisch bestimmte ab 1859 dann ein gallikanischer Kurs die Haltung gegenüber der katholischen Kirche; so wurden etwa der ultramontane »Univers« 1861, Laienversammlungen oder die Lesung des Syllabus von der Kanzel verboten. Der Klerus unterlag einer strengen Überwachung; der Staat ging repressiv gegen kritische Kleriker vor und förderte bewusst Vertreter

86 Vgl. zu den Entwicklungen im Erziehungssystem *McIntire*: Changing Religious Establishments, Part 1 267–272.

87 Vgl. für die folgenden Erläuterungen besonders *Lalouette*: La séparation 244–272.

88 Vgl. ebenda 22; *Ungern-Sternberg*: Religionsfreiheit in Europa 23.

89 Vgl. zur Kirchenpolitik im Zweiten Empire *Mellor*: Histoire 290–301; *Encrevé* u.a.: Frankreich 487–490; *Rémond*: Anticléricalisme en France 132–170; *Lalouette*: La séparation 233–272.

des Gallikanismus. Dieser Strategiewechsel ging mit einer italienfreundlichen Außenpolitik einher, die die Sicherung des Kirchenstaates durch die französischen Truppen nur noch zu einer Übergangslösung machte. Begleitet wurde die neue Politik ab 1861 von der generellen Liberalisierung des Regimes. Für unseren Kontext ist insbesondere die Lockerung der Presse- und Buchzensur von Bedeutung. Mit der nach Mitte der 1860er Jahre deutlich zutage tretenden Schwäche des Regimes erstarkten allerdings erneut die konservativen Kräfte und in der Kirchenpolitik wurde die Position des liberalen Bonapartisten Émile Ollivier (1825–1913) maßgebend, der die Autonomie der katholischen Kirche zu fördern trachtete.

In der Opposition – Antiklerikalismus im Zweiten Kaiserreich

Während in den ersten Jahren des Zweiten Empires die Kirchenkritik in einer defensiven Position war und immer wieder an die Grenzen des Sagbaren stieß, änderte sich die Ausgangslage für den Antiklerikalismus durch den kirchenpolitischen Wandel[90]. Mit dem Einsetzen des liberalen Kaiserreichs wurden antiklerikale Forderungen zu offen diskutierten Fragen der Politik und die Kirchenkritik entwarf in der zweiten Dekade der Herrschaft Napoleons III. die theoretischen Grundlagen für die kulturkämpferischen Auseinandersetzungen der folgenden Jahrzehnte. Dabei stellten vor allem Presse und Publizistik ein Mittel dar, die bestehende Ordnung insgesamt anzugreifen, da Diskussionen von Religions- und Kirchenfragen einen Freiraum für grundlegende Systemkritik boten.[91] Diesen nutzten insbesondere die entstehende oppositionelle Presse liberalen und vor allem republikanischen Zuschnitts (der »Siècle«, der »Avenir National« oder der »Temps«). Zugleich waren vor allem die Universitäten ein Ort der Kirchen- und Religionskritik. 1863 besprachen die Antiklerikalen die historische Interpretation Jesu von Ernest Renan (1823–1892). 1864 bestimmte der Syllabus Errorum die Auseinandersetzungen. Kirchenkritiker stritten über mögliche Konzepte für eine grundsätzliche Umgestaltung des Verhältnisses von Religion, Staat und Kirchen und manche propagierten bereits die Trennung beider Institutionen. So erschien etwa 1869 ein ausführlicher Entwurf für eine gesetzliche Separation. Eine Fülle von Polemiken gegen Priester und die Geschichte der katholischen Kirche wurde gedruckt.[92] Die verbalen Attacken

90 Vgl. für den Antiklerikalismus im Zweiten Empire *Mellor*: Histoire 290–301; *Rémond*: Anticléricalisme en France 132–170; *Pierrard*: L'Église 215–238, 254–258.

91 Vgl. dazu *McMillan*: Priest Hits Girl 86 und *Guiral*: La presse 250–252, 337 f.

92 Vgl. den Trennungsentwurf *Hendlé*: Séparation; allgemein zu diesen Debatten *Lalouette*: La séparation 183–215; zu den Polemiken *Pierrard*: L'Église 218–220.

insbesondere auf die katholische Kirche und das Regime mündeten mitunter auch in Handgreiflichkeiten. 1865 führten die antiklerikalen Diskussionen auf einem studentischen Kongress zu Ausschreitungen in Paris. Dazu gesellten sich Störungen von Feiern des katholischen Ritus.[93] In der zweiten Hälfte des Zweiten Empires formierten sich zudem erstmals in größerem Umfang Freidenkerorganisationen, die zivile Beerdigungen organisierten, Hilfsvereine gründeten und sich in ihren Presseorganen neben Kirchenkritik auch ausgiebig mit verschiedenen Religionsentwürfen auseinandersetzten. Diese Gruppen gaben dem Antiklerikalismus erstmals einen eigenständigen organisatorischen Rahmen.[94] Sie kämpften grundsätzlich gegen positive Religionen, waren aber nicht notwendigerweise areligiös. Die französischen Freidenker schieden sich in einen deistisch und spiritistisch sowie einen materialistischen ausgerichteten Flügel.[95]

Ein zweiter Hort der antiklerikalen Kritik waren die im 18. Jahrhundert entstandenen Freimaurerlogen. Mit ihrem Ziel einer religionsübergreifenden ethisch-moralischen Synthese gerieten sie im 19. Jahrhundert auch außerhalb Frankreichs verstärkt in eine Frontstellung zur katholischen Kirche. Die verschiedenen offiziellen Verurteilungen der Freimaurerei durch Rom steigerte die bereits in der Zielsetzung der Logen angelegte Opposition sicherlich noch und trug mit dazu bei, dass sich die Kontrahenten wechselseitig zum Feindbild stilisierten, worauf noch einzugehen sein wird.[96] In Frankreich wurden die Freimaurer im liberalen Empire, als sie sich in eingeschränktem Maße wieder engagieren konnten, zu einem zentralen Ort sozialer Begegnung des oppositionellen Bürgertums, wo auch die Fragen von Religion und Kirchen diskutiert wurden. Allerdings war der Antiklerikalismus der französischen Freimaurer in dieser Zeit noch nicht radikal laizistisch oder antireligiös geprägt; den vollständigen Bruch mit der katholischen Kirche und dem Katholizismus vollzogen die meisten französischen Freimaurer erst in den Jahren zwischen dem Erscheinen des Syllabus und der antifreimaurerischen Enzyklika »Humanum Genus« 1884.[97]

93 Vgl. zu den genannten Gewaltfällen *Mellor*: Histoire 299; *Gadille*: French Anticlericalism 136.

94 Als Beispiele für die religiös orientierten Freidenker vgl. besonders die beiden Zeitschriften »La Morale Indépendante« (1865–1870) und »La Libre Conscience« (1866–1870). Vgl. zur Entwicklung und Organisation der Freidenker in Frankreich *Lalouette*: La libre pensée 25–39, 104–168.

95 Vgl. *Lalouette*: Libero Pensiero, repubblica e socialismo; *dies.*: La libre pensée 43–82.

96 Vgl. zu den offiziellen Verurteilungen etwa *Álvarez Lázaro*: Masonería e Iglesia 111–113.

97 Vgl. zu den Logen im Zweiten Empire *Mellor*: Histoire 301–304; *Faury*: Cléricalisme et anticléricalisme 377–390; *Chevallier*: La Maçonnerie, Bd. 2 455–476; zu ihrer sozialen Funktion *Silvan*: Anticléricalisme 17.

Die Kirchenkritik blieb trotz der gewandelten Politik des Regimes während dieser Zeit fast ausschließlich eine Oppositionsbewegung. Der von Teilen der Bonapartisten durchaus verfolgte Antiklerikalismus wurde konterkariert durch das taktische Verhältnis des Regimes zur katholischen Kirche, war in der Idee der staatlichen Prärogative im Sinne des Gallikanismus verhaftet und kann nicht zum Kern des antiklerikalen Spektrums gezählt werden.[98] In der vor allem republikanisch geprägten französischen Kirchenkritik stellte er eher eine Ausnahme dar. Aufgrund der rechtlichen Rahmenbedingungen befand sich der Antiklerikalismus insofern in seiner Mehrheit auch nach der Liberalisierung in einer prekären Situation. Dies verdeutlicht beispielweise ein offizieller Bericht über die öffentlichen Versammlungen kurz vor Ausbruch des Deutsch-französischen Krieges 1870, der die Unterdrückung kirchenkritischer Äußerungen durch Verwarnung oder das Auflösen von einschlägigen Treffen belegt.[99]

Mit dem Zusammenbruch des Regimes im Zuge des Krieges trat in der revolutionären Erhebung der Pariser »Commune« ein radikaler Antiklerikalismus zu Tage. In der Literatur zum französischen Antiklerikalismus wird diese Phase interessanterweise höchst stiefmütterlich behandelt. In der allgemeinen Entwicklung erscheint die Episode von 1871 über weite Strecken als ein Vorgriff auf die radikale Phase der Kirchenkritik in der Dritten Republik. Der Kirchenetat wurde im Haushalt gestrichen, die Trennung von Staat und Kirchen vollzogen, Schulen und Konvente säkularisiert, in der Bildung arbeitende Orden verboten und Kirchen umfunktioniert. Zugleich artikulierte sich in der Presse nun auch vermehrt eine antireligiöse Kritik, die in symbolischen Akten eine Entsprechung fand; Kirchen wurden gestürmt und Kultgegenstände zerstört. Sowohl die Profanisierungen als auch die antireligiöse Stoßrichtung gingen über die Ziele und Ausrichtung des Mehrheitsantiklerikalismus der Dritten Republik allerdings hinaus. Die Hinrichtung von 24 Klerikern in der sogenannten »Semaine sanglante« stellte zudem ein singuläres Ereignis dar. Hier artikulierte sich im lokalen Rahmen ein revolutionärer Antiklerikalismus, der eine Nähe zu den Ausbrüchen antiklerikaler Gewalt in Spanien im 19. und 20. Jahrhundert aufweist.[100] Man kann vermuten, dass dieser Charakter des Kommunarden-

98 Vgl. zum bonapartistischen Antiklerikalismus *Rémond*: Anticléricalisme en France 160 f.; zur Einordnung im antiklerikalen Spektrum Kapitel 3.1.

99 Vgl. Rapport sur des réunions publiques (1868–1870), Bibliothèque Historique de la Ville de Paris, NA 155, 521, 621.

100 Aufgrund des Fokus der Studie werden diese Ähnlichkeiten nicht weiter verfolgt. Vgl. zu möglichen Erklärungsansätzen und methodischen Überlegungen der Vergleichbarkeit ausführlicher Kapitel 3.3, Anmerkung 407; zur lokalen Reichweite und zum moderaten und vereinzelten Einfluss der Commune außerhalb der Hauptstadt *Pilbeam*: Republicanism in Nineteenth-Century 261.

Antiklerikalismus der Grund für die relative Zurückhaltung der Forschung ist. Die gewalttätigen Formen sind, so vermute ich, nicht in eine positive Bezugnahme auf den Antiklerikalismus als Teil der Geschichte des republikanischen Erbes integrierbar.[101]

Die Entstehung des Mehrheitsantiklerikalismus – die Republik der »Opportunistes«

Die ersten Jahre der Dritten Republik standen nach dem revolutionären Ausbruch in kirchen- und religionsgeschichtlicher Perspektive eher in einer Kontinuität zum Zweiten Empire. Das Konkordat blieb unangetastet. Die Politik der Konservativen suchte während der Phase des »Ordre moral« die katholische Kirche und die Religion zu stärken. 1875 übertrug ein Gesetz die in der Loi Guizot und der Loi Falloux zugestandene relative Freiheit im Feld der Bildung auf die Hochschulen und eröffnete damit die Möglichkeit, konfessionelle Privathochschulen zu gründen. Den Orden und Laien gewährte die Regierung unter der Maßgabe eines unpolitischen und nur regionalen Charakters Versammlungs- und Vereinsfreiheit. Der Bau der Basilika von Sacré-Cœur und Pilgerfahrten wurden von offizieller Seite unterstützt.[102] Die radikale Kirchenkritik wurde dagegen von einer repressiven Pressepolitik begrenzt.[103]

Die Ausgangssituation für die Antiklerikalen wandelte sich erst mit dem politischen Umschwung. Ab 1877 eroberten die Republikaner die politische Macht in Frankreich, die sie in den folgenden drei Jahrzehnten auch dafür nutzten, ihre Vorstellungen zur Neuorganisation des Verhältnisses von Kirchen, Religion, Staat und Gesellschaft umzusetzen. Die Hauptträger des französischen Antiklerikalismus bestimmten fortan die Politik Frankreichs. Die Kirchenkritik war ein zentrales Bindeglied des gesamten progressistischen Lagers und half, konkrete

101 Darauf deutet etwa der unterschiedliche Umfang der Darstellung der Commune in den beiden genannten Überblicksdarstellungen hin. Während das Standardwerk von Réné Rémond, das nicht frei ist von einer positiven Identifikation mit seinem Gegenstand, die Geschehnisse nur sehr kursorisch behandelt, berichtete Alec Mellor in seiner klar aus katholischer Sicht geschriebenen Arbeit ausführlicher. Beide Studien folgen den politischen Ereignissen, wobei die Commune als Übergangsphänomen nur gestreift wird. Spezialuntersuchungen zum Antiklerikalismus in dieser revolutionären Phase fehlen fast ganz. Vgl. *Mellor*: Histoire 305–311; *Rémond*: Anticléricalisme en France 167f.; ausführlicher zu Teilbereichen des Antiklerikalismus der Commune *Doizy*: La caricature anticléricale; sowie *Pierrard*: L'Église 261–276.

102 Vgl. zur Kirchenpolitik in dieser Phase *Encrevé* u.a.: Frankreich 490–493.

103 Vgl. etwa die Beispiele der Verfolgung radikaler Religionskritik *Doizy/Lalaux*: Dieu créa le rire 34f.

politische Allianzen zu bilden. Zugleich war der Antiklerikalismus aber auch ein umkämpftes Feld. Liberale und Republikaner sowie die Republikaner untereinander hatten unterschiedliche Einstellungen zur sogenannten »religiösen Frage«. Während die zunächst die Regierungsverantwortung übernehmenden Opportunistes eher gemäßigte Positionen vertraten, ging die politische Orientierung der in der Opposition stehenden »Radicaux« einher mit einem vehementen Antiklerikalismus und Laizismus. Die Kongruenz in politischer und religiöser Orientierung kannte allerdings auch Ausnahmen.[104] Die katholische Kirche und die ihr nahestehenden konservativen Kräfte waren dagegen bei aller notwendigen Differenzierung durchgängig Gegner der republikanischen Ordnung. Der Kampf zwischen diesen beiden Lagern bestimmte maßgeblich die politischen Auseinandersetzungen der Jahre bis 1914.[105]

Der erstarkende Antiklerikalismus der Republikaner war nicht nur ein Phänomen der politischen Elite.[106] Die Politik des gemäßigt republikanischen Lagers erhielt in den folgenden Jahren immer wieder die Zustimmung durch die kontinuierliche Wiederwahl. Die Grenzen des Antiklerikalismus verliefen zwar nicht vollständig parallel zu den politischen Zuordnungen, aber dennoch veranschaulichen die politischen Mehrheiten im demokratischen System die gute Position, in der sich die aktiven Antiklerikalen nun befanden: Die Mehrheit der französischen Bevölkerung konnte als potentielle Unterstützerin gelten. Auch die organisierte Kirchenkritik nahm Fahrt auf. Es wurden popularisierende Reihen wie die »Bibliothèque anticléricale« (1879–1881) gegründet, die

104 Im Folgenden werden die französischen Parteibezeichnungen verwendet. Organisationsgeschichtlich handelte es sich bei beiden Tendenzen nicht um voll ausgebildete Parteien. Diese entstanden vielmehr erst gegen Ende des Jahrhunderts. Hier sei angemerkt, dass die Opportunistes Teile der als liberal zu klassifizierenden Gruppen umfassten. Während gewisse Gruppen, die auch unter Liberalismus subsumiert werden, eher nicht dem Antiklerikalismus zuzuordnen sind, zeigten die untersuchten liberalen Zeitungen deutlich ihre Zugehörigkeit zur Kirchenkritik. Eine spezifische Berücksichtigung ihres Antiklerikalismus haben die liberalen Positionen in der Forschung bislang nicht erfahren. Allerdings ist der Begriff ›liberal‹ für die Dritte Republik auch eher ungebräuchlich und war unter den Zeitgenossen höchst umstritten. Vgl. z.B. zum Definitionsproblem des Liberalismus und der Liberalen im untersuchten Zeitraum besonders nach 1871 *Sick*: Vom Opportunisme; *Leonhard*: Semantische Deplazierung 10–16; allgemein zum französischen Liberalismus im 19. Jahrhundert *ders.*: Liberalismus passim und *Jaume*: L'individu effacé; zum Antiklerikalismus als gemeinsamer Achse der Republikaner *Mollenhauer*: Auf der Suche 27; *Sowerwine*: France since 1870 41–44; *Lalouette*: Dimensions anticléricales 138f.; für die verschiedenen Positionen *Mayeur*: Laïcité 112–114; *Hazareesingh*: Intellectual Founders 285f.; zu Entstehung der Parteien Anmerkung 24.

105 Vgl. z.B. *Lalouette*: El anticlericalismo 17.

106 Vgl. für den Antiklerikalismus dieser Jahre allgemein *Rémond*: Anticléricalisme en France 170–223; *Pierrard*: L'Église 313–315.

sich einer vehementen Kritik bedienten und Titel wie »Le Catechisme republicain du libre-penseur«, »Les Soutanes grotesques« oder »Les Galanteries de la Bible« lancierten.[107] Die Freidenker begannen sich zu einer breiten Bewegung zu formieren, auch wenn diese nie Massencharakter annahm.[108] In ihrem Umfeld entstanden weitere Assoziationen, die der Kirchenkritik ihren institutionellen Unterbau gaben. So wurde beispielsweise 1882 ein Verein für die Trennung von Staat und Kirche gegründet, der eine eigene Zeitschrift unterhielt.[109] Die politischen Kämpfe im Parlament und der Hauptstadtpresse schlugen sich in vielen Gebieten auch auf lokaler Ebene in Kämpfen zwischen republikanischen Bürgermeistern und der örtlichen ›Partei des Priesters‹ nieder.[110] Allerdings schwankte die Unterstützung der republikanischen Politik von Region zu Region, wobei die Bretagne, der Limousin, die Region Rhône-Alpes und der Midi Zentren bildeten.[111] Abgesehen vom Ausbau der organisatorischen Basis der Kirchenkritik wandelte sich der französische Antiklerikalismus in diesen Jahren, er gewann an Radikalität und wurde zu einem Massenphänomen. Bereits in der Übergangszeit zur Republik (1866–1872) manifestierten sich Formen breiter Mobilisierung wie beispielsweise in der Unterschriftensammlung der 1866 gegründeten »Ligue de l'enseignement« für eine laizistische Erziehung, die 1.256.267 Unterzeichner fand (was ca. 3,3 Prozent der französischen Gesamtbevölkerung entsprach).[112] Zivile Beerdigungen von republikanischen Führern und Kommunarden in Paris in den 1870er und 1880er Jahren hatten als offene Demonstrationen einer nicht kirchlichen Orientierung einen Zulauf von 30.000 bis 50.000 Personen (ca. zwischen einem bis drei Prozent der Stadt-

107 Diese Reihe konnte wohl Auflagen von mehreren hunderttausend Exemplaren verbuchen. Vgl. *Stone*: Anticlericals and Bonne Sœurs 107 f.

108 Jacqueline Lalouette geht in ihrer monumentalen Studie von etwa 900 Vereinen während dieser Jahrzehnte aus. Der nationale Dachverband »Association nationale des libres penseurs« hatte ca. 10.000 Mitglieder, was 1881 ungefähr 0,3 Prozent der Gesamtbevölkerung gewesen wären. Vgl. *Lalouette*: La libre pensée 43; *Lévêque*: Libre pensée et socialisme 140; zu den Bevölkerungszahlen *Armengaud*: Westeuropa 295.

109 Vgl. dazu *Lalouette*: La libre pensée 108.

110 Vgl. zu den Auseinandersetzungen auf lokaler Ebene *McMillan*: Priest Hits Girl und *Faux*: Église et société 172–199.

111 In Forschungen der historischen Soziologie hat man versucht, diese regionalen Schwerpunkte mit den Säkularisierungsdaten in der »longue durée« in Verbindung zu setzen. Die Versuche ergeben aber kein einheitliches Muster – sowohl stark religiöse Regionen wie die Bretagne als auch deutlich entkirchlichte wiesen einen hohen Antiklerikalismus auf. Zur Problematisierung dieses Vorgehens vgl. *Cholvy/Hilaire*: Histoire religieuse, Bd. 1 328; allgemein zu den regionalen Differenzen *dies.*: Histoire religieuse, Bd. 2 185–218; *Rémond*: Anticléricalisme en France 45–47.

112 Vgl. dazu den eine deutlich freidenkerische Position beziehenden Aufsatz *Couturier*: Une levée en masse; zu den Bevölkerungszahlen *Daumard*: L'État libéral 235.

bevölkerung).[113] Es etablierten sich Positionen, die Kirchen nicht mehr nur aus dem öffentlichen Raum zurückdrängen wollten, sondern sich bemühten, deren Einfluss grundsätzlich zu hemmen.[114] Moral wurde zusehends aus ihrer religiösen Verankerung gelöst.[115] Zugleich breiteten sich atheistische Vorstellungen aus, auch wenn diese anti- oder areligiösen Einstellungen in der ersten Phase der rechtlichen Laizisierung weiterhin eine Minderheitenposition blieben.[116]

Wenngleich die katholische Kirche eine Vorzugsbehandlung genoss, hatte das Konkordatsregime allen anerkannten Konfessionen Gewissensfreiheit eingeräumt sowie die Vormachtstellung des Staates gesichert. Mit den Gesetzesänderungen der 1880er Jahre wurde diese Grundstruktur nicht vollständig aufgelöst, aber die Kirchen und Religion aus staatlichen und gesellschaftlichen Zusammenhängen weitgehend verdrängt.[117] Friedhöfe wurden säkularisiert,[118] die Sonntagsruhe und religiöse Feiertage aufgehoben, das Gebet bei der jährlichen Parlamentseröffnung wurde abgeschafft, der nicht religiöse Eid ermöglicht, ein Scheidungsgesetz erlassen. Auf lokaler Ebene begann die Politik Krankenhäuser zu säkularisieren. Die Zulassung von Prozessionen und das Läuten der Glocken wurden den lokalen Autoritäten unterstellt.[119]

Das wichtigste Feld der Reformen der 1880er Jahre war aber das Bildungswesen.[120] Denn hier wurden die Werte der neuen Staatsform und der republikani-

113 Vgl. dazu *Ben-Amos*: Les funérailles; zu den Bevölkerungszahlen *Combeau*: Histoire de Paris 62.

114 Vgl. *Lalouette*: Dimensions anticléricales 127f.

115 Vgl. *McMillan*: Priest Hits Girl 87 sowie ausführlicher zu dieser Frage Kapitel 3.4.

116 Vgl. zur Zunahme des Atheismus z.B. *Lalouette*: La libre pensée 175–189; sowie für die Gewichtung dieser Positionen *Silvan*: Anticléricalisme 116.

117 Ob hier schon eine Art Trennung von Kirchen und Staat vollzogen wurde, ob diese erst das Gesetz von 1905 durchsetzte oder ob die erste Schwelle der Differenzierung beider Institutionen bereits mit dem Konkordat überschritten war, soll hier nicht weiter diskutiert werden. Vgl. zu den drei Positionen z.B. in der genannten Reihenfolge *Lalouette*: La séparation; *Barbier*: La laïcité; *Baubérot*: Laizismus; zu den Diskussionen allgemein *Lalouette*: La séparation 9–29.

118 Vgl. speziell zu diesen Maßnahmen sowie zu späteren Bestimmungen hinsichtlich von Beerdigungsformen *Bertrand*: Limites; *Combes*: La Franc-maçonnerie 78.

119 Auf katholischer Seite stießen diese Veränderungen durchaus auf Widerstände. Vgl. zu lokalen Protesten *Grévy*: Le cléricalisme 92–133; zu den verschiedenen gesetzlichen Veränderungen aus der Fülle der Literatur *McIntire*: Changing Religious Establishments, Part 1 274; *Lalouette*: La séparation 305–322; *Grévy*: Le cléricalisme 83–108; *Schultheiss*: Gender; sowie die relativ alte Darstellung aus katholischer Sicht, die aber die Diskussionen dieser ersten Phase antiklerikaler Gesetzgebung im Einzelnen äußerst präzise nachzeichnet, *Capéran*: Histoire contemporaine, Bd. 1–3.

120 Die Widerstände und Versuche zu verhandeln seitens der katholischen Hierarchie im Kontext der neuen Schulpolitik sollen hier nicht weiter ausgeführt werden. Vgl. dazu *Capéran*:

schen Nation den kommenden Generationen vermittelt.[121] Die in den Jahren von 1880 bis 1886 erlassenen Gesetze begründeten die obligatorische, kostenlose und laizistische Volksschule, schlossen den Klerus aus der Schulaufsicht aus, erlaubten nur noch staatlichen Hochschulen die Vergabe universitärer Diplome, säkularisierten das Lehrpersonal staatlicher Schulen und verpflichteten jedes Departement, ein staatliches Lehrerseminar sowie eine ebensolche Einrichtung für Lehrerinnen zu unterhalten. Die Veränderungen stellten einen erheblichen Einschnitt dar. Allerdings zeigten die Umsetzungen, insbesondere die Entfernung des kirchlichen Lehrpersonals, dass die Veränderungen in der Praxis nicht so radikal und so klar waren, wie die Bestimmungen auf dem Papier versprachen.[122] Nicht nur praktische Probleme (wie Lehrerinnenmangel) milderten die Radikalität der Gesetze ab, sondern auch die verschiedenen Positionen innerhalb des republikanischen Lagers und das Bestreben einiger Reformer um Ausgleich.[123] In den Auseinandersetzungen um die Erziehungsreformen manifestierte sich dabei erstmals in gebündelter Form die große Bandbreite antiklerikaler Positionen, die in Kapitel 3 systematisch analysiert werden. Vehementer Widerstand sowohl von katholischer Seite als auch innerhalb des republikanischen Lagers formierte sich in Bezug auf die Bestimmung zu Orden und Kongregationen:[124] Das ursprünglich anvisierte Verbot für Mitglieder nicht autorisierter Orden zu unterrichten konnte nicht durchgesetzt werden, führte aber zu der per Dekret erlassenen Maßgabe für alle Orden, sich autorisieren zu lassen. Davon ausgenommen waren die Jesuiten, die sich aufzulösen hatten. In Folge dieser Bestimmungen wurden 6.589 Mitglieder des regulären Klerus ausgewie-

Histoire contemporaine, Bd. 1 204–235, 262–267 und Bd. 2 192–237; *Chevallier*: La séparation 179–233; allgemein zur Schulpolitik aus der Fülle der oft politisierten Literatur *McManners*: Church and State 45–54; *Chevallier*: La séparation; *Ozouf*: L'école.

121 Vgl. dazu z. B. *Maingueneau*: Les livres oder *Ozouf*: République au tableau noir.

122 Vgl. zur Umsetzung z. B. *Faux*: Église et société 353–360; *Baubérot*: La morale laïque 79 f.; *Papet*: Cléricaux et Anticléricaux 451–502.

123 So wurde etwa nach zähen Verhandlungen der Gottesbezug im Curriculum als Grundlage der Moralerziehung beibehalten und die späteren Widerstände von katholischer Seite hinsichtlich der Lehrbücher durch Jules Ferrys (1832–1893) Weisung an das Lehrpersonal, sensibel mit den jeweiligen religiösen Befindlichkeiten umzugehen, abgefedert. Es brachen allerdings Konflikte auf, als Kindern staatlicher Schulen aufgrund der dort verwendeten Lehrbücher von einigen Priestern die Erstkommunion verweigert wurde. Diesen Widerstand unterband die Regierung rigoros und suspendierte diese an staatlichen Schulen eingestellten Priester. Vgl. zu den Lehrbuchdebatten auch auf lokaler Ebene z. B. *Faury*: Cléricalisme et anticléricalisme 147 f.; *Chevallier*: La séparation 390–420; *Baubérot*: La morale laïque 93; allgemein zur Einschätzung der Gesetze *Ozouf*: L'école 115 f.

124 Vgl. zu den Positionen in den Diskussionen über die Erziehungsfrage jenseits des republikanischen Lagers *Chevallier*: La séparation 71–108, 126–133, 319–341; *Baubérot*: La morale laïque 79 f.

sen und zwischen 2.000 und 6.000 gaben ihren Status auf.[125] Vor allem diese Maßnahmen gegen die Orden und Kongregationen der 1880er Jahre setzten solche antiklerikalen Positionen praktisch um, die in das religiöse Leben eingreifen wollten, um den Einfluss von Kirchen in der Gesamtgesellschaft zurückzudrängen und die über die Versuche der Neutralisierung staatlicher Institutionen weit hinausgingen.[126]

Auf diese Phase heftiger legislativer Kämpfe folgte eine Zeit relativen Friedens. Leo XIII. suchte ab 1892 mit seiner Politik des »ralliement« eine Annäherung der katholischen Kirche an die Republik zu erreichen. Die französische Kirche reagierte allerdings gespalten und folgte der päpstlichen Politik nur bedingt, dennoch eröffneten sich hier Möglichkeiten neuer Allianzen; diese waren beispielsweise mit Führungsfiguren wie Albert de Mun (1841–1914) aus dem Umfeld des Sozialkatholizismus verbunden, der die Regierung in diesen Jahren faktisch unterstützte.[127] Die Antiklerikalen reagierten skeptisch auf die Avancen.[128] Während die Regierungspolitik durch eine Beruhigung der Kämpfe bestimmt war, blieb die Kirchenkritik in ihren verschiedenen Ausprägungen als soziale Formation durchaus präsent und radikalisierte sich weiter.[129] Die oppositionellen Radicaux drängten etwa auf eine Fortführung der Laizisierungspolitik; fünf Mal wurde die Trennung von Staat und Kirchen im Parlament zwischen 1885 und 1903 beantragt.[130]

Eine zentrale Trägergruppe des Antiklerikalismus wurden in diesen Jahren auch die Sozialisten. Sie überwanden ihre Zersplitterung, erlangten zunehmend größeren politischen Einfluss und gestalteten durch ihre Regierungsbeteiligung

125 Die Zahlen schwanken zwischen 8.000 und 12.000 Betroffenen insgesamt je nach Autor. Vgl. dazu und allgemein zur Politik gegen die Orden *Moulinet*: Les mesures anti-congrégationistes; *McManners*: Church and State 50–52.

126 Die breite Diskussion über die Einschätzung der laizisierenden Maßnahmen der 1880er Jahre kann hier nicht dargestellt werden. Vgl. z. B. *Chevallier*: La séparation, der sie klar kritisch als Eingrenzung von Freiheit charakterisiert; aus katholischer Position *McManners*: Church and State; *McIntire*: Changing Religious Establishments, Part 2 274; als Teil der Laizisierung der Gesellschaft interpretierend *Lalouette*: La séparation 305–321.

127 Vgl. zum Ralliement *Encrevé* u. a.: Frankreich 509–513; auf lokaler Ebene *Faury*: Cléricalisme et anticléricalisme 192–196; zur Rolle De Muns *Engels*: Kleine Geschichte Frankreichs 76.

128 Vgl. *Rémond*: Anticléricalisme en France 198–200.

129 Eine umfangreiche Analyse des alltäglichen Antiklerikalismus oder der politischen Kultur der Kirchenkritik dieser Jahre steht noch aus. Die Hinweise in den Überblicksdarstellungen beschränken sich auf einige Absätze; nur Lokalstudien geben detaillierter Auskunft. Vgl. den jeweiligen chronologischen Abschnitt bei *Mellor*: Histoire 311–408; *Rémond*: Anticléricalisme en France 170–223; *Pierrard*: L'Église 414–424, 482–486; sowie die Lokalstudien *Faury*: Cléricalisme et anticléricalisme 197–205; *Papet*: Cléricaux et Anticléricaux 350–398.

130 Vgl. *Barbier*: La laïcité 39.

die Trennungsgesetze nach 1900 mit. Der französische Sozialismus wies seit seiner Frühzeit antiklerikale Züge auf, die auf die Revolution und auf die populäre Kirchenkritik zurückgingen. In der Dritten Republik stellte die Kirchenkritik jedoch vor allem ein umstrittenes Feld zwischen den verschiedenen Strömungen und den entstehenden sozialistischen Parteien dar. Tendenziell zielte die sozialistische Kritik auf eine radikale Trennung oder vollständige Laizisierung der Gesellschaft und übertraf damit die moderaten Radikalen in ihrer Reichweite. Die Unterschiede im Antiklerikalismus des sozialistischen Lagers entstammten ideologischen Differenzen ebenso wie taktischen Überlegungen, denn sie waren eng verbunden mit der Frage, ob man mit den bürgerlichen Republikanern Koalitionen eingehen sollte. Hier seien exemplarisch die drei Hauptpositionen charakterisiert. Die »Guesdistes« gingen theoretisch davon aus, dass der Antiklerikalismus ein interner Kampf der bürgerlichen Gesellschaft sei, der nur vom eigentlichen Ziel, dem Sozialismus, und vom Klassenkampf ablenke, welcher zu diesem Ziel führe. In der zukünftigen Gesellschaft – so ihre marxistische Interpretation – werde sich die Religion und damit Kirchen als Institution erübrigen. Bei aller Skepsis fanden sich aber auch in den Veröffentlichungen der Guesdistes die klassischen antiklerikalen Argumentationsmuster. Ihnen in der Theorie diametral entgegengesetzt waren Positionen wie die von Jean Jaurès (1859–1914). Für den bekannten Sozialistenführer und die sogenannten unabhängigen Sozialisten sollte der Kampf gegen die Kirchen die Republik konsolidieren und ihren Fortschritt sichern, auch wenn die Trennung nur als erster Schritt zu einer vollkommeneren Gesellschaftsordnung angesehen wurde. Damit ähnelten ihre Positionen, abgesehen vom Endziel, denen der radikalen Republikaner, mit denen Jaurès und die Unabhängigen kooperieren wollten. Zwischen diesen beiden extremen Polen fanden sich weitere Vorstellungen des Verhältnisses von Sozialismus, Antiklerikalismus und Religion. So vertrat etwa Edouard Vaillant (1840–1915) ebenfalls eine marxistisch geprägte Säkularisierungsthese, propagierte zugleich aber den antiklerikalen Kampf, um der laizistischen Gesellschaft näher zu kommen. Vaillant weigerte sich dabei allerdings gleichzeitig, mit den Republikanern zusammenzuarbeiten, da diese – so seine Argumentation – die kirchliche Macht nicht wirklich stürzen wollten. Mit dem Jahrhundertwechsel und der Beteiligung der Sozialisten an der Regierung gewannen schließlich die antiklerikalen Tendenzen Oberhand.[131] Eine deutliche Unterstützung erhielt die Kirchenkritik der Arbeiterbewegung zudem durch den zunehmenden Einfluss der Anarchisten innerhalb der Gewerkschaftsbewegung, die ihren Antikle-

131 Vgl. für den Antiklerikalismus der Sozialisten *Bruhat*: Anticléricalisme et mouvement ouvrier 71–81; *Pierrard*: L'Église 332–337, 425–460; *Howorth*: The French Socialists; *Stuart*: Marxism and Anticlericalism; *ders.*: Jesus the Sans-Culotte.

rikalismus im Kontext ihrer allgemeinen Macht- und Religionskritik artikulierten.[132]

Die Verbindung von Antiklerikalismus und Sozialismus manifestierte sich in personeller Hinsicht besonders in der Nähe der Freidenker zu den Sozialisten. Neben der Verankerung im Republikanismus waren die französischen Freidenker sozial eng mit den Sozialisten verbunden und diese Verknüpfungen überdauerten die beiden Gründungswellen zu Beginn der 1880er Jahre sowie im Jahrzehnt nach der Jahrhundertwende, in denen auch nationale Organisationen geschaffen wurden.[133] Unter den Freidenkern scheinen die materialistischen und atheistischen Positionen überhandgenommen zu haben.[134]

Ebenso wie die Sozialisten wurden Teile der Freimaurerlogen mit der endgültigen Etablierung der Republik Träger eines radikalen Antiklerikalismus. Sie waren wie im Zweiten Empire ein Ort parteienübergreifender Netzwerkbildung, wo neben Republikanern nun auch in gewissem Umfang Vertreter der entstehenden Arbeiterbewegung sozialistischer und später anarchistischer Provenienz ein Forum fanden.[135] Der liberale und adogmatische »Grand Orient« wurde in der Republik zum radikalen Vorreiter und Aktivisten innerhalb der Kulturkämpfe. Zunächst neutralisierte er den Religionsbezug in seinen Statuten 1877; der Hinweis auf den ›Großen Architekten des Universums‹ und damit der Gottesbezug wurde gestrichen. In den kommenden Jahren diskutierten die Freimaurer zudem immer wieder, ob eine verbindliche Leitlinie vorgegeben werden sollte, die die Mitglieder aufforderte, religiösen Riten fernzubleiben. Solch radikal-laizistische Forderungen waren aber auch im Grand Orient nicht mehrheits-

132 Eine ausführliche Analyse des anarchistischen Antiklerikalismus in Frankreich ist ein Desiderat. Vgl. zum Einfluss der Anarchisten *Maitron*: Le mouvement anarchiste 265–330; zu ihrem Antiklerikalismus die Studie zur Schulfrage *Ozouf*: L'école 239–243 und *Rémond*: Anticléricalisme en France 216f.

133 Die doppelte politische Verankerung im Republikanismus und Sozialismus führte vor dem Ersten Weltkrieg zu Auseinandersetzungen über die grundlegende Zielrichtung der Freidenkerbewegung, die nach dem Krieg auch in eine organisatorische Trennung beider Flügel mündete. Sozial rekrutierten sich die Freidenker in Frankreich auch aus unterbürgerlichen Schichten, wobei allerdings die Führungsebenen zumeist von Gebildeten besetzt wurden. Vgl. zur politischen und sozialen Verortung sowie zur Entwicklung der Freidenker *Bruhat*: Anticléricalisme et mouvement ouvrier 83f.; *Lévêque*: Libre pensée et socialisme; *Lalouette*: La libre pensée 39–68, 99–102; lokal auf den Norden begrenzt *Vandenbussche*: Libre pensée; mit internationalem Fokus *Laqua*; Laïque, démocratique et sociale, 258–263.

134 Vgl. dazu *Lalouette*: La libre pensée 175–182.

135 Wieweit der Einfluss der Freimaurer in der Republik ging, ist umstritten unter anderem auch aufgrund des zeitgenössischen konservativen Verschwörungstheorems der freimaurerischen Republik. Vgl. dazu sowie zur sozialen und politischen Zusammensetzung *Bruhat*: Anticléricalisme et mouvement ouvrier 81–83; *Mellor*: Histoire 368–380; *Chevallier*: La Maçonnerie, Bd. 3 7–117; *Berstein*: Le parti radical-socialiste 86f.; *Combes*: Histoire de la franc-maçonnerie, Bd. 2 158–165, 291–298.

fähig. In der Konsequenz blieb die offizielle Linie dieser Großloge neutral. Im Vergleich dazu war der Dachverband des traditionellen schottischen Ritus noch gemäßigter. Seine Statuten erlebten nur eine abgeschwächte Laizisierung: Der ›große Architekt‹ wurde ab 1875 als impersonelle Figur geführt. Des Weiteren gründete sich 1895 innerhalb des schottischen Ritus eine antiklerikale Großloge, die sich wie der Grand Orient aktiv für Gesetzesänderungen während der Trennungsphase engagierte.[136]

Auf dem Weg zur Trennung von Staat und Kirche – die ›radikale‹ Republik

Eine Radikalisierung antiklerikaler Positionen zeigte sich also bei Sozialisten, Freidenkern, Freimaurern, aber auch Radikale vertraten Positionen, die Kirchen und Religion nicht nur im staatlichen Bereich zurückdrängen wollten.[137] Nach der Jahrhundertwende schlug sich diese Tendenz als Orchestrierung und Unterstützung der neuen Gesetzeswelle in radikal antiklerikalen Zeitschriften und Zeitungen satirischer oder ernster Natur nieder. Die erste freidenkerische und republikanische Tageszeitung »L'Action« erschien 1903. Spezielle Karikaturenzeitschriften verbreiteten einen populistischen[138], süffisanten Antiklerikalismus und versorgten ihre Klientel zugleich mit weiterem Mobilisierungsmaterial wie Postkarten, Aufklebern, Plakaten etc.[139]

Auf der Gesetzesebene beendete die Dreyfus-Affäre (1895–1906) die Phase des relativen Friedens. Die Auseinandersetzungen um den fälschlich wegen angeblichen Hochverrats verurteilten jüdischen Hauptmann Alfred Dreyfus (1859–1935) führten zu einer Spaltung der gesamten französischen Gesellschaft, die zunächst nicht entlang der Front zwischen Kirchenkritikern und -verteidi-

136 Zusammen versammelten diese beiden Logen um 1908 zwischen 32.000 und 37.000 Maurer, was ungefähr 0,08 bis 0,09 Prozent der damaligen Gesamtbevölkerung entsprach. Vgl. allgemein zu den Freimaurern und ihrem Anteil an der Kirchenkritik *Mellor*: Histoire 368–380, 404–407; *Combes*: La Franc-maçonnerie; zu den Daten *Combes*: Histoire de la franc-maçonnerie, Bd. 2 365, 390; *Chevallier*: La Maçonnerie, Bd. 3 28; zu den Bevölkerungszahlen *Armengaud*: Westeuropa 295.

137 Vgl. *Lalouette*: Dimensions anticléricales 128 f.

138 Der Begriff des Populismus wird hier wertneutral verwendet und impliziert nicht die Vorstellung der bewussten Manipulation. Ich orientiere mich an Hans-Jürgen Puhle, der populistische Bewegungen als Protestbewegungen gegen das jeweilige »sog. Establishment« definiert, die »an das ›Volk‹ [appellieren] […] insbesondere an die ›einfachen‹ Leute und nicht an bestimmte Schichten, Klassen, Berufsgruppen oder Interessen.« In ihrem Selbstverständnis sorgen sich populistische Bewegungen um das »Wohl der ›einfachen Leute‹«. Vgl. *Puhle*: Zwischen Protest und Politikstil 17.

139 Vgl. *Doizy*: Corbeaux contre la Calotte 40–43.

gern verlief. Doch im Zuge der Ereignisse und besonders der radikalen antirepublikanischen, antisemitischen und militaristischen Agitation auf Seiten der Antidreyfusards schloss das republikanische Lager seine Reihen und bildete 1899 eine ›Regierung der republikanischen Verteidigung‹.[140] Da neben den neuen Rechten und konservativen Kreisen insbesondere auch die Presse des Männerordens der Assumptionisten und einige Kleriker aktiv an der Mobilisierung gegen Dreyfus beteiligt waren, verstärkte diese Frontstellung die antiklerikale Ausrichtung der republikanischen Politik erheblich.[141] Die Dreyfus-Affäre trug maßgeblich dazu bei, dass sich die »deux France« erneut gegenüberstanden. Die Vorstellung eines republikanisch-antiklerikalen und eines monarchistisch-antirepublikanischen und katholischen Frankreichs, die bis zur Französischen Revolution zurückreichte, wurde in der ersten Phase der Dritten Republik gerade von republikanischer Seite zur Selbstdarstellung und Identitätsfindung evoziert und erhielt mit der Affäre erneut Auftrieb.[142] Dies in der neueren Forschung hinterfragte dualistische Bild der französischen Gesellschaft wird in der systematischen Analyse der Kommunikation und der verschiedenen Positionen der Antiklerikalen auf seine Konsistenz überprüft werden.[143]

Die Fronten hatten sich mit dem Regierungswechsel 1899 verhärtet. In den folgenden Jahren setzten die Republikaner nun weitere gesetzliche Reformen durch, die schließlich in der Trennung von Staat und Kirche 1905 mündeten. Diese zweite Welle säkularisierender Maßnahmen wurde vor allem von den Radicaux getragen, die ab 1902 die Mehrheit im Parlament stellten. Die ersten Schritte noch unter der Führung der Opportunistes richteten sich gegen die Orden und Kongregationen. Ihr rechtlicher Status hatte sich seit den Auseinandersetzungen in den 1880er Jahren nicht verändert und so sollte ein neues Vereinsgesetz erneut die Autorisierung der Orden und Kongregationen einfordern. In der Umsetzung dieses Gesetzes zeigte sich der Staat äußerst restriktiv; er autorisierte so gut wie keine Gemeinschaft, die den Antrag dazu stellte. Als Folge wurden Hunderte von Orden und Kongregationen aufgelöst und mehrere zehntausend Kleriker ausgewiesen. 1904 wurde den Orden zudem jegliche Lehr-

140 Vgl. Einleitung, Anmerkung 18 und speziell zur Bedeutung der Affäre für die Geschichte der Dritten Republik *Winock*: Le mythe fondateur; für die Lagerbildung und die inhaltlichen Ausrichtungen *ders.*: Une question.

141 Vgl. zu dieser Interpretation z. B. *McManners*: Church and State 125–131.

142 Vgl. zur langen Tradition *Langlois*: Catholiques et laïcs; allgemein *Cabanel*: Anticlericalismo 109; *Kittel*: Deux France 35; *Cabanel*: Catholicisme, protestantisme et laïcité 97; *Mollenhauer*: Symbolkämpfe; *Grévy*: Le cléricalisme 152. Das ›katholische Frankreich‹ richtete sich nicht nur gegen Laizismus, Antiklerikalismus und Juden, sondern auch gegen den Protestantismus. Vgl. dazu *Leroy-Beaulieu*: Les doctrines 140–183; *Sacquin*: Bossuet et Maurras; *Baubérot/Zuber*: Une haine oubliée.

143 Vgl. zu den neueren Forschungen Einleitung, Anmerkung 58.

tätigkeit verboten.[144] In diesen Gesetzen manifestierte sich der Wunsch, die Kirche zu kontrollieren und den Einfluss katholischer Institutionen auf Gesellschaft und Staat auszuschließen. Ob die Orden eine Sündenbockfunktion einnahmen und die Maßnahmen um die Jahrhundertwende nur ein Ablenkungsmanöver waren oder genuin republikanischen Vorstellungen entsprangen, soll hier nicht diskutiert werden.[145] Kapitel 3 wird sie innerhalb des antiklerikalen Gedankengebäudes verorten.

Mit der Jahrhundertwende waren die Weichen für eine grundsätzliche Reform des rechtlichen Verhältnisses von Staat und Kirchen gestellt, auch wenn die maßgebenden Politiker eine Trennung nicht unbedingt favorisierten.[146] Das Parlament beauftragte zunächst nur eine Kommission mit der Ausarbeitung eines Gesetzesvorschlages. Gleichzeitig kam es zu diplomatischen Verwicklungen, weil der Kirchenstaat den Italienbesuch des Präsidenten als Anerkennung des italienischen Staates ansah und dagegen protestierte. Über die Frage von Bischofsernennungen sowie deren Freizügigkeit spitzte sich die Lage weiter zu; 1904 beendete die französische Regierung ihre diplomatischen Beziehungen zum Heiligen Stuhl. Außerhalb des Parlaments übten Radikale, Freidenker und Freimaurer sowie andere Organisationen Druck aus, eine Trennung von Staat und Kirche durchzusetzen. Das dann beschlossene Werk bestimmte als erstes überdauerndes Gesetz die Separation beider Institutionen. Im republikanischen Nationsverständnis gilt es als Grundstein der französischen Laizität. Sowohl Akteure der folgenden Kulturkämpfe wie auch Historiker dieser Auseinandersetzungen haben mit dieser Interpretation des Gesetzes immer wieder die Sonderstellung und Vorreiterrolle Frankreichs innerhalb Europas betont.[147] Was beinhaltete dieses Gesetz aber konkret? Zunächst legte es fest, dass der französische Staat in religiösen Dingen neutral sei und keine Religion anerkenne. Es bestimmte in liberaler Tradition allgemeine Religions- und Kultusfreiheit. Zugleich sicherte es dem Staat weitgehende Prärogative; die kirchlichen Gebäude blieben in Staatsbesitz; öffentliche Formen des Kultus (Prozessionen,

144 Vgl. zuletzt ausführlich zur Ordensgesetzgebung *Lalouette* u. a.: Les congrégations; *Sorrel*: La République contre les congrégations; für die Zahlen die verschiedenen Angaben ebenda 183; *Poulat*: Liberté, laïcité 209 f.; *Encrevé* u. a.: Frankreich 515.

145 Vgl. zu den verschiedenen Interpretationsansätzen z. B. *McManners*: Church and State 130–133; *Sorrel*: La République contre les congrégations 85–89

146 Vgl. für die folgenden Ausführungen zur Trennungsgesetzgebung insgesamt den Forschungsüberblick *Mayeur*: Avant-propos; die monografischen Studien *Larkin*: Church and State 80–145; *McManners*: Church and State 118–157; *Lalouette*: La séparation 322–417.

147 In diesem Kontext stellt sich auch die nach wie vor strittige Frage, ob mit dem Gesetz von 1905 überhaupt eine Trennung erreicht wurde. Vgl. dazu den Überblick *Lalouette*: La séparation 9–29; sehr kritisch *McIntire*: Changing Religious Establishments, Part 2 293–295; als Beispiel der Pflege des historischen Mythos etwa *Bories-Sawala*: Sacrée laïcité; zur Hinterfragung dieser Sichtweise *Poulat*: Liberté, laïcité 212; *Grévy*: Le cléricalisme 233.

Glockengeläut etc.) bedurften staatlicher Autorisierung und die Gestaltung der zu gründenden Kultusvereine (die den zukünftigen institutionellen Rahmen der Religionen bestimmen sollten) wurde vorgegeben. Andere Festlegungen zielten auf die Privatisierung der Religion; politische Auseinandersetzungen auf der Kanzel wurden verboten, ebenso das Tragen des Habits in der Öffentlichkeit und das Anbringen von religiösen Emblemen an öffentlichen Gebäuden.[148]

Um die einzelnen Bestimmungen wurde lange gerungen und das Ergebnis fiel weitaus schwächer aus, als der ursprüngliche Vorschlag der Kommission vorsah.[149] Die Debatten fanden nicht nur innerhalb der beiden Kammern statt; während Protestanten sich für eine mildere Fassung engagierten und dafür in gewissem Rahmen Schützenhilfe seitens der Juden erhielten, wurde das Gesetz von Radikalen, Sozialisten und Freidenkern als zu schwach kritisiert. Unterstützer waren dagegen besonders die Freimaurer.[150] Im Parlament wurde das Trennungsgesetz aber mit klarer Mehrheit beschlossen und die Wiederwahl der Radikalen zeigte die breite Zustimmung in der französischen Bevölkerung.[151] Die Haltung der Protestanten und Juden verweist auf deren ambivalente Situation als Minderheitenreligionen.[152] Diese Sonderstellung bedeutete zunächst eine grundsätzliche Nähe zu einer säkularisierenden Politik, die das Verspre-

148 Vgl. zu den einzelnen Bestimmungen des Gesetzes *Barbier*: La laïcité 50–57; *Grévy*: Le cléricalisme 221–233 sowie *Lalouette*: El anticlericalismo 27.

149 Verantwortlich für den ausgleichenden Charakter des Gesetzes waren innerhalb des Parlaments wohl besonders die drei an der Ausarbeitung der Vorlage beteiligten Sozialisten Aristide Briand (1862–1932), Jean Jaurès und Francis Charles de Hault de Pressensé (1853–1914). Die Rolle des letzteren ist allerdings umstritten, *Lalouette*: La séparation 274 f.

150 Zur Hundertjahrfeier des Gesetzes wurden mehrere wissenschaftliche Konferenzen abgehalten und Sammelbände herausgegeben. Entgegen der älteren Literatur nehmen die dort vorgelegten neueren Aufsätze ähnlich wie die Darstellung Jacqueline Lalouettes (ebenda) die einzelnen Akteure jenseits der großen Politik und die sozialen Gruppen (Protestanten, Juden, Freimaurer, Freidenker, Sozialisten, Republikaner und andere) in den Blick. Vgl. *Boutry/Encrevé*: Vers la liberté religieuse; *Munier*: Regards croisés; *Chantin/Moulinet*: La séparation; *Humbert/Bernaudeau*: Auteurs et acteurs; darüber hinaus zur Kritik der Radikalen besonders *Lalouette*: La séparation 125–135; zu den Protestanten Bulletin de la Société de l'histoire du protestantisme français 151 (2005).

151 In der Kammer stimmten 341 für und 233 Parlamentarier gegen das Gesetz. Für den Senat sind verschiedene Daten überliefert. Es wird eine Verteilung von 192 zu 181 oder von 179 zu 103 genannt. Vgl. *Weber*: Der moderne Staat 75 und *Mayeur*: Les parlementaires; zum Argument der Wiederwahl bereits *Weber*: Der moderne Staat 81.

152 Protestanten stellten bis zum Deutsch-französischen Krieg ungefähr 2,35 Prozent nach 1870 1,5 Prozent der französischen Bevölkerung, wobei der Anteil der Lutheraner nach dem Fall des Elsass ans Deutsche Reich zu vernachlässigen ist. Die jüdische Bevölkerung wurde durch den Gebietsverlust fast um die Hälfte auf ca. 50.000 reduziert (ca. 0,2 Prozent der Gesamtbevölkerung). Vgl. zu den Zahlenangaben der Protestanten *Carbonnier-Burkard/Cabanel*: Histoire des protestants 127; *Encrevé/Gadille*: Frankreich 192; zu den Juden z. B. *Cholvy/Hilaire*: Histoire religieuse, Bd. 2 40.

chen auf freie Religionsausübung und konfessionelle Gleichheit gegenüber der katholischen Kirche enthielt. Zugleich fürchteten sich aber auch Vertreter beider Konfessionen vor den negativen Folgen einer radikalen antiklerikalen Politik.[153] Die Katholiken und die römische Kirche stellten sich mehrheitlich gegen das Gesetz,[154] wenngleich eine umfangreiche Mobilisierung gegen die rechtliche Trennung ausblieb. Die Ordensgesetzgebungen hatten zu einzelnen Solidarisierungen durch Laien geführt. Umfangreichere, aber lokal begrenzte Proteste entwickelten sich gegenüber den Inventuren des kirchlichen Besitzes, die im Anschluss an die Trennung durchgeführt wurden. Kleriker leisteten im Verbund mit lokalen Notabeln und besonders der ländlichen Bevölkerung passiven Widerstand, wobei in den entstehenden Tumulten ein Protestierender zu Tode kam.[155] Die Kirchenhierarchie widersetzte sich dagegen deutlich den Veränderungen; Pius X. verurteilte die Trennung und verbot die Gründung der Kultusvereine. Angesichts dieser Weigerung, die Strukturen zu schaffen, die die Voraussetzung für die Kultusausübung waren, sah sich die Regierung in den Folgejahren gezwungen, auf die katholische Kirche zuzugehen und eine Sonderregelung zu finden. Der Konflikt über die Organisationsform der französischen katholischen Kirche wurde endgültig erst 1923 während des sogenannten zweiten Ralliement beigelegt.[156]

Traditionellerweise wird die Folgezeit der Trennung als Auslaufen des Antiklerikalismus beschrieben; mit der Separation verlagerten sich die politischen Debatten, so die klassische Erzählung, auf andere Fragen. Für die hohe Politik gilt dies auch in gewissem Maße, allerdings nahm die Ausgestaltung des Trennungsgesetzes weiterhin die Aufmerksamkeit der Regierungen in Anspruch. Ebenso blieben die gesellschaftlichen Kräfte der Kirchenkritik aktiv. Die Proteste anlässlich der Hinrichtung Francisco Ferrers, die später im Fokus der Analyse stehen wird, fallen in diese Phase.[157] Ein besonderer Konflikt entbrannte in

153 Vgl. zu Details dieses ambivalenten Verhältnisses Kapitel 2.1, Kapitel 3.1 und 3.3; insgesamt zur Analyse der Stellung beider Konfessionen im Kontext des Antiklerikalismus zum Protestantismus *Cabanel*: Le Dieu; *Faury*: Cléricalisme et anticléricalisme 357–367; *Encrevé*: Pensée protestante; zu den Juden *Joskowicz*: Anticlerical Alliances; *Kaplan*: Devil.

154 Vgl. zur Reaktion der Kirchenhierarchie und des Papstes *Larkin*: Church and State passim; *McManners*: Church and State 158–177; zu den durchaus verschiedenen Positionen innerhalb der französischen Katholiken besonders *Colin*: Transigeance et Séparation; *Drumons/Moulinet*: Les laïcs catholiques.

155 Vgl. zu den Widerständen z. B. *Encrevé* u. a.: Frankreich 517 f.; *Lalouette*: El anticlericalismo 27; *Mayeur*: La séparation 111–147; *Faux*: Église et société 393–406; *Cabanel*: La révolte; *Grévy*: Le cléricalisme 158, 183–206; in der Armee *Garnier*: L'expulsion.

156 Vgl. dazu z. B. *Barbier*: La laïcité 52–57.

157 Diese Lesart korrespondiert mit einer im Vergleich zu früheren Phasen relativ dürftigen Forschungslage zum Antiklerikalismus seit der Trennung. Vgl. zur Erzählung des Nachlassens *Mellor*: Histoire 408–456; *Stone*: Anticlericals and Bonne Sœurs 127 f; allgemein zu die-

diesen Jahren anlässlich der Verurteilung von Lehrbüchern seitens der Bischofskonferenz. Einen definitiven Bruch in der Geschichte des französischen Antiklerikalismus stellte schließlich aber der Ausbruch des Ersten Weltkrieges dar. Mit der »Union sacrée« wurden die Gesetze gegen die Kongregationen und Orden aufgehoben, um jenseits aller Lagergrenzen den notwendigen nationalen Zusammenhalt zu erwirken.[158] Die im Kontext der Mobilmachung geschaffene nationale Einheit stellte sich allerdings schnell als brüchig heraus; mit der Gegenüberstellung antiklerikal und klerikal wurden auch während des Krieges Vorwürfe des nationalen Verrats lanciert.[159] Es zeigte sich also, dass die gesellschaftlichen Auseinandersetzungen auch nach der Trennung weiter akut blieben und dies gilt bis in die 1920er Jahre hinein.[160] So hatten die Freidenkerorganisationen zwar ihren Zenit überschritten, mischten sich aber auch noch in der Zwischenkriegszeit aktiv in das gesellschaftliche Leben Frankreichs ein.[161] Diese Entwicklung führt aber aus dem hier gesetzten zeitlichen Rahmen hinaus, der die Untersuchung auf die Hauptphase der antiklerikalen Gesetzgebung und Mobilisierung im europäischen Vergleich begrenzen soll. Statt die weitere Entwicklung zu verfolgen, wenden wir uns nun dem südlichen Nachbarn Frankreichs zu.

1.3 Spanien – Antiklerikalismus in der Opposition

Die spanische Geschichte der zweiten Hälfte des 19. Jahrhunderts wurde über weite Strecken vom Antiklerikalismus bestimmt[162] und doch standen Kirchenkritik und ihre alternativen Staats- und Gesellschaftsmodelle letztlich außerhalb des Machtzentrums des spanischen Staates. Diese Charakterisierung entspricht allerdings vor allem der Innenperspektive des Antiklerikalismus. Die katholische Kirche und ihre Vertreter fällten ein anderes Urteil über das Machtverhältnis zwischen Staat, Kirche und Antiklerikalen. Für sie war die Kirche Verfolgun-

ser Phase den Überblick bei *Rémond*: Anticléricalisme en France 216–218; aus katholischer Sicht *Encrevé* u. a.: Frankreich 519.

158 Vgl. dazu als letztes in vergleichender Perspektive den Band *Pyta/Kretschmann*: Burgfrieden und Union sacrée.

159 Vgl. zu den sogenannten »rumeurs infâme« auf Seite der Antiklerikalen *Cholvy/Hilaire*: Histoire religieuse, Bd. 2 235–252; *McMillan*: French Catholics; *Rémond*: Anticléricalisme en France 228–236; als Beispiel ähnlicher Vorwürfe von Katholiken L'origine allemande; ausführlich zur nationalen Aufladung der Konflikte Kapitel 4.2.

160 Vgl. zu dieser Phase *Rémond*: Anticléricalisme en France 225–282; *Grévy*: Le cléricalisme 218–220; *Kittel*: Deux France 43 f.; auf lokaler Ebene *Bouisson*: L'anticléricalisme; *Vandenbussche*: Libre pensée 165–182.

161 Vgl. *Vandenbussche*: Libre pensée 165–182 und *Lalouette*: La libre pensée 68–84.

162 Vgl. *Castro Alfín*: Palabras de Fuego 208.

gen ausgesetzt.[163] Die diametral entgegengesetzten Einschätzungen entspringen vor allem dem Umstand, dass in Spanien erst nach dem Tod König Ferdinands VII. (1784–1833) mehrheitlich unter der Führung der »Progresistas«, des radikaleren Flügels der Liberalen,[164] zwischen 1833 und 1843 die Kirche in den souveränen Staat eingegliedert und ihrer ökonomischen Grundlage durch weitreichende Säkularisationen beraubt wurde. Dieser Prozess stand im Kontext des Endes des »Ancien Régime« und der Errichtung des modernen Staates, einer Entkirchlichung, die in Frankreich und in den deutschen Ländern bereits in der Revolutionszeit und den unmittelbar folgenden Jahrzehnten vonstattenging.[165] In den spanischen Reformen wurden zudem die männlichen Orden – mit Ausnahme weniger karitativ und erzieherisch tätiger – verboten sowie die kirchlichen Finanzen dem Staat unterstellt.[166] Im Bildungssystem wurde die staatliche Souveränität durchgesetzt.[167] Die Kirche fühlte sich als Opfer dieser Veränderungen und stellte sich auf die Seite des alten absolutistischen Regimes.[168] Der Konflikt war zudem mit dem dynastischen Streit verknüpft, wer rechtmäßiger Nachfolger Ferdinands VII. sei. Dessen jüngerer Bruder Infant Carlos von Bourbon (1788–1855) erhob Anspruch auf den Thron, da er die wiedereingesetzte weibliche Erbfolgelinie und damit die Herrschaft Königin Isabellas II. (1830–1904) beziehungsweise die Regentschaft ihrer Mutter Maria Christina (1806–1876) nicht anerkannte. Seine Anhänger, die Karlisten, verwickelten Spanien im Laufe des 19. Jahrhunderts in – je nach Zählung – zwei beziehungsweise drei Bürgerkriege (1833–1840, 1847–1849, 1872–1876). Teile der Kirche unterstützten diese Bewegung, da die Karlisten für die traditionelle Form königlicher Herrschaft eintraten und das liberale politische System unter der Führung der regierenden Bourbonen ablehnten.[169]

163 Vgl. für die Position der Kirche z. B. *Callahan*: Church, Politics and Society 161–196.

164 Vgl. zur liberalen Kirchenpolitik in der ersten Hälfte des 19. Jahrhunderts den prägnanten Überblick *Callahan*: Church, Politics and Society 145–186; sowie *Alonso García*: La ciudadanía católica y enemigos 108–206.

165 Manche Autoren sehen trotz des deutlichen Systembruchs hier eine Fortsetzung der regalistischen Politik des 17. und 18. Jahrhunderts. Diese hatte versucht, die Rechte des Königs gegenüber der Kirche und insbesondere dem Papst zu stärken. Vgl. für die genannten Reformen z. B. die knappe Zusammenfassung bei *Moliner Prada*: Anticlericalismo y revolución 95–101; *La Parra López*: Iglesia y secularización; zur Tradition des Regalismus z. B. *Navarra Ordoño*: El anticlericalismo 97–109.

166 Hinter diesem Vorgehen standen vor allem ökonomische Beweggründe. Vgl. z. B. *Callahan*: Church, Politics and Society 159–162.

167 Vgl. zum Einfluss der Kirche auf das Erziehungssystem die konzise Darstellung bei *Pérez Garzón*: El estado educador.

168 Vgl. z. B. *Callahan*: Church, Politics and Society 146 f.; *La Parra López*: Trienio Liberal 255.

169 Die Gleichsetzung von Karlismus und Katholizismus war ein Topos antiklerikaler Kritik, mit dem der Antisystemcharakter sowie die Tendenz der karlistischen Bewegung zur

Eingliederung der katholischen Kirche und marginalisierter Antiklerikalismus – die Isabellinische Ära

Die neue progressistische Verfassung von 1837 garantierte zwar, die katholische Kirche zu unterhalten, enthielt sich aber jeglicher weiteren positiven rechtlichen Vorgabe religiöser Orientierung. Sie räumte damit durchaus einen Spielraum für eine tolerante Auslegung ein.[170] Dennoch änderte sich mit der neuen Verfassung verhältnismäßig wenig an der engen Verknüpfung von Staat und Katholizismus; die katholische Kirche wurde ebenso von den radikaleren wie von moderaten Liberalen als zentrale Institution innerhalb von Staat und Gesellschaft erachtet.[171] Insofern fielen die zum Teil als antiklerikal zu titulierenden Gesetzgebungen in den Reformjahren unter der Führung der radikalen Liberalen relativ gemäßigt aus.[172]

Der Machtwechsel 1843 und die folgenden, im Zeichen der Herrschaft der »Moderados« stehenden 25 Jahre stellten die Weichen um – auch aus Sicht der katholischen Kirche. Die neue Regierung half der Kirche, sich nach den Reformen zu reorganisieren und mit dem Regime zu arrangieren. In der Verfassung von 1845 wurde nun neben der Verpflichtung zum Unterhalt der Kirche direkt die Konfessionalität des spanischen Staates deklariert. Seit der ersten modernen Verfassung von 1812 war das Bürgerrecht in der spanischen Nation mit der katholischen Religion verknüpft und diese von den Progresistas etwas gelockerte Verbindung schlossen die Moderados erneut; ab 1845 blieb die Verknüpfung dann über das gesamte lange 19. Jahrhundert und darüber hinaus mit Ausnahme der kurzen Unterbrechung durch das revolutionäre Sexenio bestehen.[173]

Gewalt unterstrichen werden sollten. Der Umfang dieser Allianz ist bis heute ein umstrittenes Thema, variierte aber wohl im Laufe der Entwicklung. Vgl. für den Karlismus in der Isabellinischen Ära *Callahan*: Church, Politics and Society 147–152, 267f.; für die später dominanten pro-karlistische Position des Katholizismus im Sexenio *Matos Ferreira*: Die Iberische Halbinsel II. 632f.; in der Restauration *De la Cueva Merino/Montero García*: Clericalismo y anticlericalismo 105; *Lannon*: Privilege, Persecution, and Prophecy 121–125 und allgemein *Aróstegui* u.a.: El carlismo; zur Rolle des Vorwurfs im antiklerikalen Diskurs *Moliner Prada*: Anticlericalismo popular 504; *Mira Abad*: Actitudes religiosas 120; *Petschen*: El anticlericalismo 84–85; *Salomón Chéliz*: Anticlericalismo en Aragón 89.

170 Vgl. dazu *Alonso García*: Ciudadanía católica 172f.; eine tolerante Lesart der Verfassung von 1837 bietet *Cabrera Bosch*: La libertad religiosa 99–102; weniger differenzierend *Sánchez Férriz*: Libertad religiosa.

171 Vgl. *Callahan*: Church, Politics and Society 145.

172 Weder wurde der Versuch einer Trennung von Staat und Kirche gemacht noch die Zivilehe eingeführt. Des Weiteren wäre Toleranz gegenüber anderen Religionen oder gar Religionsfreiheit zu nennen. Vgl. für die beiden ersten Aspekte bereits *Botti*: Iglesia, clericalismo y anticlericalismo 313.

173 Vgl. bereits *Pérez Ledesma*: Anticlericalismo y secularización 271; *Alonso García*: Ciudadanía católica; für die Restauration *De Diego Romero*: Ciudadanía católica.

Des Weiteren gaben die Moderados den eingezogenen und nicht veräußerten Grundbesitz wieder an die Kirche zurück. Diese Politik unterbrach eine zweijährige Pause (1854–1856), in der die kurzzeitig regierenden Progresistas erneut ihre Säkularisationspolitik aufnahmen, die Jesuiten verboten, weibliche Orden begrenzten, staatliche Friedhöfe einführten und einen Bruch mit Rom heraufbeschworen, weil sie religiöse Toleranz gesetzlich zusicherten. All diese Maßnahmen hatten allerdings keinen dauerhaften Bestand, da sie entweder nicht umgesetzt oder von der nachfolgenden Regierung wieder kassiert wurden.[174] Die ab 1856 regierende »Unión liberal«, eine Abspaltung konservativerer Kräfte von den radikalen Liberalen, verfolgte nämlich erneut eine auf Kompromiss ausgerichtete Politik wie die Moderados.[175]

Deren Politik führte zu Verhandlungen mit Rom. Sie mündete in das Konkordat von 1851, das in den verbleibenden Dekaden des Jahrhunderts gültig bleiben sollte. Der Vertrag sicherte die neuen Besitzverhältnisse nach den Säkularisationen und im Ausgleich dafür wurde der Katholizismus zur einzig anerkannten Religion innerhalb Spaniens und der finanzielle Bestand der Kirche durch den Staat gesichert. Das Konkordat bestimmte weitreichende Prärogative des Staates; es sicherte der Krone die Bischofsernennungen zu und erlaubte verwaltungstechnische Eingriffe in die Strukturen der Diözesen. Zugleich brachte der Kompromiss der Kirche eine gewisse Unabhängigkeit und neue Bewegungsfreiheit. So musste die staatliche Erziehung im Rahmen des katholischen Glaubens stattfinden. Das bestimmte insbesondere eine Gesetzesnovelle von 1857: die nach dem Erziehungsminister benannte »Ley Moyano«. Sie ähnelte über weite Strecken den zeitgenössischen Bildungsreformen in Frankreich. Katechese ebenso wie das Lehrfach Grundlagen der Heiligen Geschichte wurden obligatorischer Bestandteil der Primarschulerziehung; der Gang zur Sonntagsmesse sollte vom Lehrer angeleitet werden und innerhalb der Klasse erfolgen; in der Sekundarschule war ein Kurs zu Religion und Moral für alle Schüler verpflichtend; das Gesetz wies der Kirche einen Platz innerhalb der Schulaufsichtsbehörde zu; des Weiteren mussten Lehrer bei ihrer Einstellung ein priesterliches Führungszeugnis vorlegen; katholische Privatschulen wurden in einem begrenzten Maßstab zugelassen.[176] Die Ley Moyano stand wie das Konkordat ganz im Zeichen des neuen Verhältnisses zwischen Staat und Kirche; unter der gesicherten Vorherrschaft des Staates wurde die katholische Kirche zur zentralen Insti-

174 Vgl. dazu *Callahan*: Church, Politics and Society 196–203; zu den Friedhöfen *Jiménez Lozano*: Los cementerios civiles 115–118.

175 Vgl. insgesamt für die Kirchenpolitik der Moderados *Callahan*: Church, Politics and Society 186–196, 203–208; *Alonso García*: La ciudadanía católica y enemigos 239–271, 283–302.

176 Vgl. zur Ley Moyano *Callahan*: Church, Politics and Society 230; *Alonso García*: Ciudadanía católica 175 f.

tution der moralischen Orientierung der Gesellschaft, der selbst aber nur ein geringer Spielraum zugestanden wurde.[177] Diese Politik war der des frühen Zweiten Empire vergleichbar. Entscheidender Unterschied war jedoch die in Frankreich verfassungsrechtlich verankerte Pluralität und die, wenn auch begrenzte, Religionsfreiheit. Die spanische Kirche ließ sich nur widerstrebend auf die Kompromissformel des Konkordats ein. Gewisse Teile setzten ihre Hoffnung auf den Ausgleich mit Hilfe der moderaten Liberalen, andere bezogen klar Position für die absolutistisch orientierten Karlisten. Zudem arbeiteten katholische Abgeordnete innerhalb des parlamentarischen Systems gegen die Politik der Moderados.[178] Denn auch unter deren Herrschaft musste die Kirche konkrete Einschränkungen ihrer Handlungsspielräume hinnehmen; so wurde etwa die Veröffentlichung des Syllabus 1864 verboten.[179] Dennoch stellte das Jahr 1851 einen Wendepunkt in der spanischen Kirchengeschichte dar. Mit ihm begann die Eingliederung des Katholizismus in den neuen liberalen Staat.[180]

Innerhalb dieses neuen Kräfteverhältnisses hatte der Antiklerikalismus Mitte des Jahrhunderts eindeutig das Nachsehen. Religionsfreiheit oder zumindest Religionstoleranz als zentrale antiklerikale Forderung waren durch die Verfassung und das Konkordat in weite Ferne gerückt; Toleranz galt nur im privaten Rahmen und sie war zudem gesetzlich nicht abgesichert, vielmehr wurde der Versuch, die Staatsreligion abzuschaffen oder zu modifizieren, mit Gefängnisstrafe oder Verbannung geächtet. In den Jahren 1861 bis 1863 verfolgte die Regierung etwa den Protestanten Manuel Matamoros García (1834–1866), weil er missioniert habe, und rief damit einen europaweiten, in erster Linie diplomatischen Protest vor allem aus protestantischen Ländern hervor.[181] Kirchenkritikern waren in ihren Aktivitäten enge Grenzen gesetzt. Die Presse- und Buchzensur standen unter staatlicher Kontrolle, sicherten aber der katholischen Kirche und ihren Lehren im Strafrechtskatalog von 1848 unter Androhung von Gefängnisstrafe einen besonderen Schutz zu, auch wenn die Zensurpolitik nicht in jedem Fall alle kirchenkritischen Publikationen unterband und zum Teil auf Ausgleich bedacht war.[182] Die Kirche konnte, obwohl ihr nur die Möglichkeit geblieben war, ihr missliebige Druckerzeugnisse wie jeder andere Bürger oder

177 Vgl. zur Einschätzung des Konkordats *Callahan*: Church, Politics and Society 192 f.; *Alonso García*: La ciudadanía católica y enemigos 283–288.

178 Vgl. zur Haltung der Kirche z. B. *Callahan*: Church, Politics and Society 207 f.

179 Vgl. dazu z. B. *Revuelta González*: El anticlericalismo español 169 f.

180 Vgl. zu dieser Einschätzung bereits *Salomón Chéliz*: Anticlericalismo en Aragón 15.

181 Vgl. *Alonso García*: Con leyes sabias; *ders.*: La ciudadanía católica y enemigos 344–363.

182 Vgl. zum Strafrechtskatalog *Callahan*: Church, Politics and Society 194; zur Zensur den Überblick *Castro Alfín*: Los males de la imprenta; zur Stellung der Kirche im Presseregime *Journeau*: Église et censure.

jede andere Institution anzuzeigen, dennoch immer wieder ihren Einfluss geltend machen.[183] Sie sicherte damit über weite Strecken die von den Moderados verfolgte Politik einer moralischen Einheit der Gesellschaft unter der Führung katholischer Lehren.

Im Gegensatz zu anderen Phasen der spanischen Geschichte sind die antiklerikalen Manifestationen der mittleren Jahrzehnte des 19. Jahrhunderts bislang noch vergleichsweise wenig erforscht worden.[184] Die Kirchenkritik artikulierte sich zu dieser Zeit vor allem in Presse, Publizistik und Literatur. Der harte Kern der Antiklerikalen war aber wohl relativ klein.[185] Aufgrund der hohen Analphabetenrate stellte in Spanien Mitte des Jahrhunderts neben den Druckerzeugnissen besonders die Rezitation von Einblattbögen durch Blinde ein wichtiges Kommunikationsmedium dar.[186] Thematisch wurden, wie in der ersten Jahrhunderthälfte, aktuelle kirchenpolitische Fragen behandelt. So kämpften Kirchenkritiker beispielsweise gegen das Konkordat und beschwerten sich über die Einmischung der Kirche in zivilrechtliche Angelegenheiten.[187] Auch ökonomische und moralische Kritik am Klerus, besonders den Jesuiten, war eine inhaltliche Konstante. Dabei wurden nach 1850 melodramatische Groschenromane zunehmend wichtiger.[188] Es stellten sich aber in diesen mittleren Jahrzehnten auch thematische Neuerungen ein. Die sich konsolidierende republikanische Bewegung,[189] Demokraten, Personen im Umkreis der kleinen Gruppen von Protestanten und radikalere Kräfte des »Progresismo« begannen, Religionsfreiheit einzufordern.[190] Religiöse Fragen selbst warf die erste Generation der

183 Vgl. zu Zensurbeispielen *Journeau*: Église et censure 216–229; zu Einmischungsversuchen der Kirche *Callahan*: Church, Politics and Society 195, 207.

184 Angesichts der geringen Aufmerksamkeit der Forschung stellt sich die Frage, ob das Fehlen von Untersuchungen auch auf eine schwach ausgeprägte Kirchenkritik schließen lässt. Die erste Falluntersuchung wird versuchen, Antworten darauf zu finden. Vgl. Kapitel 2.1; abgesehen von dem Überblick *Moliner Prada*: Anticlericalismo y revolución existieren eine auf die politisch-juristischen Fragen konzentrierte Doktorarbeit, *Alonso García*: La ciudadanía católica y enemigos, und ein Aufsatz, *Martí*: Provocacions eclesiàstiques.

185 Vgl. zu dieser Einschätzung *Alonso García*: Ciudadanía católica 181 f.

186 Vgl. zu diesem Kommunikationsmittel des Antiklerikalismus *Revuelta González*: El anticlericalismo español 166.

187 Vgl. zum antiklerikalen Themenspektrum vor 1850 *Mercader Riba*: Orígenes del anticlericalismo; *Revuelta González*: Política religiosa 53–120; *La Parra López*: Los inicios 34–63; *Moliner Prada*: Opinión pública; *Alonso García*: La ciudadanía católica y enemigos 108–206; nach 1850 *Martí*: Provocacions eclesiàstiques 28–30; *Moliner Prada*: Anticlericalismo y revolución 101–104; *Alonso García*: La ciudadanía católica y enemigos.

188 Vgl. zur antiklerikalen Literatur dieser Zeit *Ferreras*: La novela por entregas 270–287; *ders.*: Los orígenes 265–287; *Caro Baroja*: Introducción 183–185; *Molina Martínez*: Anticlericalismo y literatura 142–180.

189 Vgl. zum frühen Republikanismus und seiner Entwicklung *Castro Alfín*: Orígenes.

190 Vgl. zum Aufkommen dieser Forderungen *Gómez Molleda*: Los reformadores 137–

Krausisten auf.[191] Genuin religionskritische Positionen blieben dagegen Einzelmeinungen.[192]

Auch an den Hochschulen regte sich Kritik. 1864 protestierten rund 400 Studenten in Barcelona gegen die Einmischung der Kirche in die Lehre. Es kam zu tätlichen Auseinandersetzungen, da sich die staatlichen Kräfte eindeutig für die Begrenzung der Lehrfreiheit einsetzten.[193] Umfangreiche antiklerikale Ausschreitungen wie 1834 und 1835 entwickelten sich in diesen Jahren aber nicht mehr.[194] Auch mit dem Systemumsturz 1868 und in den folgenden revolutionären sechs Jahren kam es zu keinem nennenswerten neuerlichen Ausbruch antiklerikaler Gewalt. Während der ersten Revolutionsmonate wurden lokal begrenzt Kirchen und Konvente gestürmt, demoliert und entweiht. Demonstrationen für die Kultusfreiheit Anfang des Jahres 1869 vor dem Palast des Nuntius nahmen so bedrohliche Formen an, dass dieser aus seiner Residenz floh. Ebenso wurden die Feierlichkeiten zum 25-jährigen Papstjubiläum von Pius IX. 1871 von Antiklerikalen gestört.[195] Ein umfangreicher physischer Angriff auf Kirche und Klerus unterblieb jedoch.[196]

141; *Alonso García*: Ciudadanía católica 181–183; *ders.*: La ciudadanía católica y enemigos 304–364.

191 Die Krausisten waren eine Gruppe von Intellektuellen und Geistlichen, die ab den 1860er Jahren eine religiöse Neuorientierung suchten und die Harmonisierung von Wissenschaft und Glauben anstrebten sowie eine grundlegende Reform der spanischen Gesellschaft und Kultur verfolgten. Ihren Namen verdankt die Gruppe dem im deutschen Kontext relativ unbekannten Philosophen Karl Christian Friedrich Krause (1781–1832), an dessen hegelianischer Philosophie sie sich orientierten. Die Einordnung der Krausisten als liberale Katholiken wird bis heute in der Forschung diskutiert. Während katholische Autoren, wie José Manuel Cuenca Toribio, sie als Heterodoxe bezeichnen und das Fehlen eines einflussreichen liberalen Katholizismus in Spanien betonen, analysieren andere Autoren überzeugend die Texte der Krausisten im Rahmen des Gedankengebäudes des liberalen Katholizismus. Die epochemachende Studie von María Dolores Gómez Molleda hat allerdings bereits 1966 die Differenzen zwischen den religiösen Vorstellungen der verschiedenen Mitglieder der Gruppe verdeutlicht, die eher eine Sowohl-als-auch-Einschätzung nahelegen. Vgl. für die Forschungsdebatte in Spanien z. B. *Gómez Molleda*: Los reformadores 40–45; *Cuenca Toribio*: El catolicismo liberal; *Abellán*: Introducción; *Botti*: Spagna 41–43; allgmein zu den Krausisten *Capellán de Miguel*: La España armónica.

192 Vgl. dazu *Caro Baroja*: Introducción 205.

193 Vgl. *Martí*: Provocacions eclesiàstiques 29.

194 Vgl. dazu *Moliner Prada*: Anticlericalismo y revolución 77–81.

195 Vgl. zum Papstjubiläum *De la Fuente Monge*: El enfrentamiento 147–150; zu den Angriffen auf den Nuntiaturpalast *Cárcel Ortí*: Iglesia y revolución 134–139; *Moliner Prada*: Anticlericalismo y revolución 111–114; zu den revolutionären Formen der Gewalt *Callahan*: Church, Politics and Society 265–267; *Martí Gilabert*: Cuestión religiosa en la Revolución 9–18; *De la Fuente Monge*: El enfrentamiento 139 f.; allgemein zur Einschätzung der Gewalt ebenda 136; *Alonso García*: La ciudadanía católica y enemigos 367 f.

196 Später antworteten Klerus und engagierte katholische Laien im Zusammenhang der Beschlagnahmungen des kirchlichen Besitzes sowie im Kontext der Erhebungen der Karlisten

Revolutionärer Aufbruch, antiklerikale Kämpfe und Kompromisse – das Sexenio

Die demokratische Revolution und die Erste Republik stellen in der spanischen Kirchen- und Religionsgeschichte die Ausnahmephase der zweiten Hälfte des 19. Jahrhunderts dar. Die Revolution von 1868 beendete nicht nur die Herrschaft von Isabella II. und ließ die erste durch ein demokratisch konstituiertes Parlament ausgearbeitete Verfassung in Kraft treten, sondern die sogenannte »Revolución Gloriosa« war auch eine »religiöse«, wie der Demokrat Fernando Garrido[197] in einem bis heute vielfach bemühten Zitat betonte.[198] Terminologisch genau sollte man allerdings eher von einer antiklerikalen Revolution sprechen,[199] denn ein zentraler Teil der gesetzlichen Veränderungen erfüllte wichtige Forderungen der Kirchenkritiker und der Antiklerikalismus begann sich als soziokulturelle Erscheinung nun auch jenseits des geschriebenen Wortes zu entfalten.[200] Dabei gilt es zu beachten, dass in den letzten Jahren der Isabellinischen Ära die Kirche in den Augen vieler zu einer zentralen Stütze des Regimes geworden war und damit der Antiklerikalismus zumeist eine allgemeine Herrschaftskritik implizierte.[201]

Das vorübergehende Ende der bourbonischen Herrschaft bedeutete besonders durch die Pressefreiheit zunächst eine bis dahin unbekannte Öffnung. In den nun vielfach erst gegründeten Zeitungen und der Publizistik der Progresistas sowie der Republikaner und Demokraten setzte eine deutliche Radikalisie-

mit Gegenwalt. Am bekanntesten ist der Mord des Zivilgouverneurs von Burgos während der Konfiszierungen. Vgl. zur Gegengewalt *De la Fuente Monge*: El enfrentamiento 140.

197 Fernando Garrido Tortosa (1821–1883), frühsozialistischer und republikanischer Politiker sowie Schriftsteller und Journalist. Garrido musste mehrfach aufgrund seiner politischen Aktivitäten ins Gefängnis sowie ins Exil gehen. Er lebte zeitweilig in London, wo er an dem europäischen Komitee Giuseppe Mazzinis (1805–1872) als spanischer Delegierter teilnahm. Vgl. zu Garrido ABEPI, I, 379 204–263, II, 289,83–87; III, 265 183–193, IV, 258 134; sowie zur Rezeption des Werkes *Huber*: Die Lateranische Kreuzspinne 141; zu Mazzinis Komitee *Hanschmidt*: Republikanisch-demokratischer Internationalismus 69–93.

198 Vgl. das Zitat bei *Gómez Aparicio*: Historia del periodismo, Bd. 2 110.

199 Vgl. *Cárcel Ortí*: Iglesia y revolución 134 f.

200 Vgl. für den Antiklerikalismus im Sexenio die Aufsätze *Moliner Prada*: Algunos aspectos del anticlericalismo español; *ders.*: Anticlericalismo y revolución 104–121; *De la Fuente Monge*: El enfrentamiento; einen Forschungsüberblick bietet *Fernández García*: El conflicto Iglesia-Estado 443; aus deutlich katholischer Perspektive *Martí Gilabert*: Cuestión religiosa en la Revolución; *ders.*: Cuestión religiosa en la I Républica; die mentalitätsgeschichtlichen Lokalstudien *Mira Abad*: Actitudes religiosas; *dies.*: Secularización y mentalidades; zu den im Parlament vertretenen Positionen *Petschen*: Iglesia – estado; *ders.*: El anticlericalismo.

201 Vgl. *Moliner Prada*: Anticlericalismo y revolución 105; *Fernández García*: El conflicto Iglesia-Estado 443.

rung ein, die zu einem lebhaften Kampf mit den katholischen und konservativen Presseorganen führte.[202] Zugleich begannen die Freimaurerlogen zu wachsen und erste Freidenkergruppen entstanden. Beide Formationen bildeten nach einer ersten Aufbauphase wie in Frankreich in den folgenden Jahrzehnten ein Reservoir für die Kirchenkritik.[203] Die zahlenmäßig relativ kleine Gruppe der spanischen Freidenker war während des Sexenio wohl in erster Linie materialistisch ausgerichtet und im Gegensatz zu ihren Mitkämpfern in Frankreich weniger darum bemüht, zivile Riten zu ermöglichen, als mit der Propaganda und Verbreitung ihrer Ideen beschäftigt.[204] Thematisch drehten sich die antiklerikalen Diskussionen vor allem um die grundlegende Veränderung des Staat-Kirchen-Verhältnisses. Dabei konkurrierten laizistische Konzepte mit moderateren Positionen der Progresistas und der liberalen Katholiken.[205] Ein artikulierter Atheismus existierte abgesehen von den Freidenkern auch innerhalb des republikanischen Spektrums, blieb aber ein Minderheitenphänomen.[206]

Der Ausbruch der Revolution setzte eine geradezu hektische Betriebsamkeit in Gang, die gesetzlichen Rahmenbedingungen von Religion und Kirchen zu verändern. Die revolutionären »Juntas« in den Städten verfügten eine Fülle von Maßnahmen. Die Kultus- oder Lehrfreiheit wurden deklariert, Orden verboten, Jesuiten ausgewiesen, die Zivilehe wurde eingeführt, die Sonntagsruhe aufgehoben, öffentliche Kultusausübung verboten, Konvente und Kirche wurden als Modernisierungsmaßnahmen niedergerissen, Kunstgegenstände in Museen verfrachtet. Die Maßnahmen variierten von Ort zu Ort und nicht alle Juntas waren antiklerikal geprägt.[207] Die vorläufige Zentralregierung bemühte sich ebenfalls aktiv zu werden, unter ihren Mitgliedern bestand allerdings keine Einigkeit über die angestrebten Reformen. Zunächst erließ sie die Kultusfreiheit für das gesamte Staatsgebiet sowie eine Reihe von neuen Bestimmungen für die Orden; die Gesellschaft Jesu wurde ausgewiesen, ebenso die Orden, die sich nach 1837 niedergelassen hatten. Zudem dezimierte die Zentralregierung erzieherisch und karitativ tätige Gemeinschaften ca. um die Hälfte und verbot die Vinzenzkonferenzen. Damit gingen erneut Säkularisationen einher; Stiftungen wurden in Pa-

202 Vgl. dazu allgemein *Almuiña Fernández*: Clericalismo y anticlericalismo 165; sowie speziell zum Antiklerikalismus *Martí Gilabert*: Cuestión religiosa en la Revolución 42 f.; *De la Fuente Monge*: El enfrentamiento 137 f.

203 Vgl. zu den Logengründungen *Álvarez Lázaro*: Masonería y librepensamiento 31 f.

204 Vgl. zu den Anfängen der spanischen Freidenkerbewegung *Sànchez i Ferré*: El moviment lliurepensador 46 f.; *Álvarez Lázaro*: Laicismo y librepensamiento 165–168.

205 Vgl. zu diesen Debatten *Alonso García*: La ciudadanía católica y enemigos 364–404.

206 Vgl. dazu *La Parra López/Suárez Cortina*: Presentación 13 f.; allgemein zur Untersuchung der religiösen Vorstellungen der Zeit *Mira Abad*: Secularización y mentalidades.

207 Vgl. *Martí Gilabert*: Cuestión religiosa en la Revolución 9–18; *Fernández García*: El conflicto Iglesia-Estado 445–447; *Moliner Prada*: Anticlericalismo y revolución 104–110.

tronate überführt, das Eigentum der Klöster verstaatlicht und den Gemeinschaften nur zum Gebrauch überlassen, kirchliche Archive, Bibliotheken sowie Kunstgegenstände beschlagnahmt. Zugleich versuchte die provisorische Regierung aber auch, unkontrollierte Übergriffe auf kirchliche Einrichtungen einzudämmen und stellte Kirchen unter besonderen Schutz aufgrund ihres künstlerischen Wertes. Daneben bemühte sie sich, den moralischen Einfluss der katholischen Kirche im Bildungswesen zurückzudrängen; die Aufsicht über die Primarschulen ging in staatliche Hände über, das Curriculum wurde von kirchlichen und religiösen Themen bereinigt und die theologischen Fakultäten verboten. Schließlich beendete die provisorische Regierung die kirchliche Sondergerichtsbarkeit. Während viele der praktischen Maßnahmen der Juntas und der Zentralregierung als revolutionär gelten können,[208] sind die Bestimmungen über Religion und Kirchen in der Verfassung von 1869 eher von einer moderaten Haltung geprägt.

In der verfassungsgebenden Versammlung stellten die Progresistas die Mehrheit. Im Plenum waren aber die unterschiedlichsten Positionen vertreten, radikale Trennungsbefürworter gab es ebenso wie solche mit traditionalistischen Vorstellungen von einem konfessionellen Staat. Die Auseinandersetzungen über das Staat-Kirchen-Verhältnis entwickelten sich zu einer Grundsatzdebatte über religiöse Fragen und gewannen dadurch an Dynamik. Letztlich setzte sich eine mittlere Position durch. Die Religionsfreiheit wurde erstmals in der spanischen Geschichte zum Kernbestandteil einer Verfassung. Zugleich sicherte der Text aber der katholischen Kirche staatlichen Unterhalt zu.[209] Die ausschlaggebenden Kräfte waren insofern bei aller säkularisierenden Orientierung besonders darauf bedacht, keinen Bruch mit Rom herbeizuführen. In den folgenden Monaten folgten weitere Bestimmungen in der Logik dieser ambivalenten Politik, die auch die Regierung unter der zweijährigen Herrschaft des Königs Amadeus von Savoyen (1845–1890) fortsetzte; der Klerus musste einen Eid auf die Verfassung ablegen; die Melderegister wurden zu staatlichen Einrichtungen; die Zivilehe wurde eingeführt; es wurde ein Projekt zur Säkularisierung der Friedhöfe entwickelt.[210] Radikalere Positionen gewannen erst mit der Ausrufung der

208 Der kämpferische Ton der Erlasse sowie die nur sehr bedingte Umsetzung legen den revolutionären Charakter der Maßnahmen nahe. Vgl. *Fernández García*: El conflicto Iglesia-Estado 447–451; *Moliner Prada*: Algunos aspectos del anticlericalismo español 145; allgemein zu den Maßnahmen der Zentralregierung auch *Cárcel Ortí*: Iglesia y revolución 103–174; *Alonso García*: La ciudadanía católica y enemigos 365.

209 Vgl. zur Verfassung *Petschen*: Iglesia – estado; *ders.*: El anticlericalismo; *Cárcel Ortí*: Iglesia y revolución 175–207; *Martí Gilabert*: Cuestión religiosa en la Revolución 63–86; *Fernández García*: El conflicto Iglesia-Estado 464–478; eine genaue Analyse und Einordnung des Gesetzestextes bei *Cabrera Bosch*: La libertad religiosa 107–112.

210 Vgl. zu den späteren Maßnahmen *Cárcel Ortí*: Iglesia y revolución 207–305; *Martí Gilabert*: Cuestión religiosa en la Revolución 119–158, 186–202.

Republik 1873 an Boden. In den erneut ausbrechenden lokalen Aufständen veranlassten Antiklerikale eine Reihe von Maßnahmen wie die Schließung kirchlicher Gebäude, Verbote von Kultusausübung etc. Auf nationaler Ebene wurde unter anderem ein Trennungsgesetz vorbereitet, das aber nie in Kraft trat.[211] Sowohl die radikaleren wie auch die gemäßigten Reformen hatten allerdings nur kurzzeitig Bestand. Bereits vor der Restauration begann ihr Abbau, der mit der Reinthronisation der Bourbonen und der neuen Verfassung 1876 konsolidiert wurde.[212] In der Entwicklung des Antiklerikalismus im Sexenio fallen zwei Dinge ins Auge. Zum einen kam es zu einer Radikalisierung der Kirchenkritik, die sich insbesondere im Republikanismus, aber auch in der klaren Positionierung für die Religionsfreiheit seitens der Progresistas zeigte. Zum anderen kennzeichnete gerade die neue Verfassung eine spezifische Zurückhaltung.[213] Es stellt sich die Frage, ob dieser Dualismus von Radikalisierung und Zurückhaltung auf die politische Spaltung des antiklerikalen Lagers zurückzuführen ist oder ob sich hier eine Besonderheit der spanischen Kirchenkritik insgesamt manifestierte.[214]

Während die Kirchenkritiker mit den Republikanern und Freidenkern in diesen Jahren zusätzliche Trägergruppen erhielten, bildeten sich in den Kulturkämpfen dieser Jahre auf katholischer Seite neue Formen der Mobilisierung aus. So begann sich mit der Revolution der Verbandskatholizismus zu formieren. Die Kirchenhierarchie befürchtete angesichts des Ausbruchs der lokalen Aufstände Schlimmstes und nahm in ihrer Mehrheit eine intransigente Haltung gegenüber der Revolution und dem neuen Staat ein. Die deklarierte Religionsfreiheit wurde als Apostasie angesehen. Neben der klassischen Form der Einmischung durch Hirtenbriefe entwickelte die Kirche Aktivitäten in der verfassungsgebenden Versammlung und mobilisierte mit Presse und Unterschriftensammlungen auch eine große Anzahl von Laien. Die gegen die Kodifizierung der Religionsfreiheit gerichtete Kampagne vereinigte drei Millionen Unterstützer, was etwa einem Anteil von 20 Prozent der Bevölkerung entsprach.[215]

211 Vgl. zur ersten Republik *Cárcel Ortí*: Iglesia y revolución 305–333; *Martí Gilabert*: Cuestión religiosa en la Revolución 210–228; *ders.*: Cuestión religiosa en la I Républica; speziell zum Trennungsgesetz *Cabrera Bosch*: La libertad religiosa 113f.

212 Vgl. zum Abbau *Cárcel Ortí*: Iglesia y revolución 337–353; *Martí Gilabert*: Cuestión religiosa en la Revolución 227–239.

213 Vgl. zur Einschätzung der Positionen z.B. *Petschen*: El anticlericalismo 70; *Fernández García*: El conflicto Iglesia-Estado 506–508; *Revuelta González*: El anticlericalismo español 173.

214 Vgl. zur Diskussion dieser Frage Kapitel 3.3.

215 Vgl. zur katholischen Mobilisierung z.B. *Martí Gilabert*: Cuestión religiosa en la Revolución 45f., 63–65, 161–179; *Fernández García*: El conflicto Iglesia-Estado 451–461, 478–498; die Zahlen ebenda 493; speziell im Parlament *Petschen*: Iglesia – estado 29–78; für die dip-

Katholische Integration und der Aufbau kirchenkritischer Organisationen – die ersten Jahre der Restauration

Die Verfassung von 1876 deklarierte den Katholizismus zur Religion des Staates, die dieser zu unterhalten habe. Sie integrierte aber das Prinzip der religiösen Toleranz unter dem Vorbehalt, dass die christliche Moral nicht verletzt und der Kultus der Religion im Privaten vollzogen würde, in die konfessionelle Konzeption. Damit war die neue Ordnung offener als das Regime der Verfassung der Moderados, unterband aber religiöse Freiheit, wie sie die demokratischen Jahre gekannt hatten. Weitere Verfügungen unterstrichen die konfessionelle Struktur des Restaurationsregimes; die Umsetzung der Friedhofssäkularisationen wurde gestoppt, die Zivilehe aufgehoben und die kirchliche Gerichtsbarkeit wieder eingesetzt. Männliche Orden durften erneut aktiv werden, auch wenn sie keine finanzielle Unterstützung durch den Staat erhielten. Dieser behielt allerdings einige seiner Prärogative, etwa in der Kontrolle der kirchlichen Finanzen. Die Mischung aus konfessionellem Staat, religiöser Toleranz sowie eingeschränkten Freiräumen für die Kirche und deren Einbindung in die Institutionen des Staates kennzeichneten auch das Erziehungswesen.[216]

Die neue Verfassung stellte die Grundlage dar, auf der sich die Kirche innerhalb des liberalen Staates nun endgültig integrieren konnte. Die ersten Reaktionen seitens der katholischen Kräfte waren zwar ablehnend, da das Prinzip der religiösen Toleranz als Vergehen angesehen wurde und viele Kleriker skeptisch gegenüber der liberalen, parlamentarischen Ordnung blieben. Doch die in der neuen Ordnung gegebenen Entfaltungsmöglichkeiten und die Kompromissbereitschaft sowohl der noch im Sexenio gegründeten und aus den Moderados hervorgegangenen konservativen Partei als auch ihrer liberalen Gegner ließ die Kirche mit dem Regime kooperieren und schließlich zu einer Stütze der Restauration werden.[217] Die beiden Parteien hatten sich mit dem Neubeginn der bourbonischen Herrschaft in einem Pakt darüber verständigt, in der Regierung jeweils zu alternieren. Die Wahlen wurden diesem System durch Wahlfälschung und Druck von lokalen Honoratioren (sogenannten Kaziquen) ›angepasst‹,

lomatischen Verwicklungen, die in der Darstellung außen vor gelassen wurden, besonders *Cárcel Ortí*: Iglesia y revolución 103–358.

216 Vgl. für den Verfassungsrahmen in der Restauration *Cabrera Bosch*: La libertad religiosa 114–118; *Montero García*: Relaciones Iglesia-Estado; *De Diego Romero*: Ciudadanía católica 255–257; speziell zur Erziehungsgesetzgebung *García Regidor*: La polémica 61–90; *De Puelles Benítez*: Secularización y enseñanza 200–202.

217 Vgl. für die erfolgreiche Einbindung der Kirche *Robles Muñoz*: Insurrección o legalidad; *Matos Ferreira*: Die Iberische Halbinsel II. 634–636; *Lannon*: Privilege, Persecution, and Prophecy 119 f.; *ders.*: Catholic Identity 58; *Callahan*: The Catholic Church 30 f.

wobei der Klerus in das Machtsystem mit eingebaut war.[218] Die Kirche übte besonderen Einfluss innerhalb der staatlichen Schulen wie durch ihre privaten Erziehungseinrichtungen aus, die nach einer Aufstellung von 1908 17 Prozent im Primarschulsektor ausmachten und 1900 80 Prozent der Sekundarschulen stellten.[219] Sie suchte zum Teil sehr erfolgreich, religiöse Auffassungen als gesellschaftlich bestimmende Norm durchzusetzen. So wurde beispielsweise der Ozeanologe Odón de Buen[220], der die Lehren Charles Darwins (1809–1882) in Spanien verbreitete, auf Druck des Barcelonensischen Kardinals zeitweilig seines Lehrstuhls enthoben.[221] Zugleich verband sich die Kirche in Teilen mit den wirtschaftlichen Eliten des Landes, die in die erstarkenden religiösen Laienorganisationen eingebunden wurden.[222]

Dieses klassische Bild einer Verbindung von korrupten Eliten und intransigenter Kirche, das besonders auch von den Antiklerikalen gepflegt wurde, täuscht aber über die Differenzen und Dynamiken innerhalb der spanischen Kirche hinweg. Auch wenn diese Teil des neuen Systems wurde, konstituierte sie sich zugleich als unabhängige zivilgesellschaftliche Macht. Ansätze dazu hatten sich bereits im Sexenio entwickelt, die sich nun politisierten. Dabei verfolgten weder die Kirchenhierarchie noch die aktiven Laien ausschließlich eine friedliche Kooperation mit dem Regime.[223] Die Vorstellung, dass sich der Katholizismus und die Kirche in einer prekären Stellung befänden und sich neuen Angriffen stets erwehren müssten, blieb prägend in diesen Jahren.[224] Diese Ausgangssituation war Bestandteil des Zündstoffes für die nach der Jahrhundertwende neu aufbrechenden Konflikte.

218 Vgl. für das System z. B. *Fusi Aizpúrua*: El estado español; zum Einfluss des Klerus *Bernecker/Pietschmann*: Geschichte Spaniens 280.

219 Vgl. zum Erziehungssystem z. B. *Lannon*: Privilege, Persecution, and Prophecy 72 f.; *De la Cueva Merino*: The Assault 188; die Daten bei *Revuelta González*: La enseñanza 259–263.

220 Odón de Buen y del Cos (1863–1945), Biologe, erster spanischer Ozeanograf, Freimaurer und Freidenker. Der Darwinist De Buen band seine Aktivitäten als Hochschullehrer während der Restauration ein in sein Engagement für Volksbildung, das helfen sollte, die spanische Nation im republikanischen Sinne zu reformieren. Während der Diktatur Primo de Riveras wurde er Direktor der neu gegründeten staatlichen Fischereiverwaltung (»Dirección General de Pesca«) und des Ozeanografischen Instituts. Er ging zu Beginn des Franquismus ins Exil nach Mexiko. Vgl. ABEPI, I, 139 51, II, 158 213, III, 105 36–43, IV, 104 23 f.; zu seinen den politischen Aktivitäten *Nieto-Galan*: A Republican Natural.

221 Vgl. zu dieser Episode besonders *Avilés Farré*: Francisco Ferrer 106.

222 Vgl. dazu *Lannon*: Privilege, Persecution, and Prophecy 67–77; *Botti*: Cielo y dinero 42–48; *Lannon*: Catholic Identity 60.

223 Vgl. zum katholischen Aufschwung in Spanien Anmerkung 17; zu den systemkritischen Tendenzen Anmerkung 25.

224 Vgl. *Callahan*: Church, Politics and Society 276 f.; *ders.*: The Catholic Church 29–31.

In den ersten Jahren der Restauration ging der Antiklerikalismus zunächst zurück;[225] mit der Repression des Republikanismus wurde sein radikaler Teil paralysiert. Viele Kirchenkritiker gingen ins Exil.[226] Die Liberalen nahmen bis zur Jahrhundertwende zunächst Abstand von einer Wiederaufnahme ihrer antiklerikalen Politik.[227] Die neue Pressegesetzgebung setzte der gedruckten Kritik wieder verstärkt Grenzen. Überhaupt stellte die Pressegesetzgebung für die antiklerikale Mobilisierung während der gesamten Restauration eine Barriere dar.[228] Die Freidenkerbewegung blieb zahlenmäßig eine Minderheit, wenn auch eine wortgewaltige: Ein Zensus von 1877 nennt neben 829 Freidenkern, Rationalisten, Positivisten, Materialisten sowie Anhängern einer universellen oder natürlichen Moral 1247 Deisten.[229]

Ab den 1880er Jahren mit dem Beginn der ersten liberalen Regierung der Restauration begann sich die Kirchenkritik dann wieder verstärkt (besonders in gedruckter Form) zu artikulieren.[230] Zwei genuin antiklerikale Presseorgane wurden gegründet: der vom Republikaner José Nakens[231] geleitete »El Motín« und die eher dogmenkritisch ausgerichteten »Los Dominicales del Libre Pensamiento«.[232] Zusammen erreichten sie in den 1890er Jahren, so eine Schätzung, etwa jeden zehnten Lesekundigen in Madrid.[233] Dem Motín war ein eigener

225 Für die ersten Jahre der Restauration existieren sehr viel weniger Studien zum Antiklerikalismus als für die Jahre nach 1898. Neben einer Überblicksdarstellung sind vor allem zwei Lokalstudien zu nennen. Vgl. *Suárez Cortina*: Anticlericalismo, religión y política; *De la Cueva Merino*: Clericales y anticlericales besonders 85–98; *De Mateo Avilés*: Anticlericalismo en Málaga Kapitel I.1 und II.1. Hilfreich sind auch die einschlägigen Abschnitte in einer Darstellung antiklerikaler Belletristik *Molina Martínez*: Anticlericalismo y literatura, besonders 254–260, 263–346.

226 Vgl. z. B. *Dardé*: La larga noche 118 f.

227 Vgl. *De la Cueva Merino*: Clericales y anticlericales 200; *Molina Martínez*: Anticlericalismo y literatura 245 f.

228 Vgl. z. B. die Nennung von Zensurbeispielen vor der Jahrhundertwende *De la Cueva Merino*: Clericales y anticlericales 118; für spätere *Gómez Aparicio*: Historia del periodismo, Bd. 3 152; *Salomón Chéliz*: Anticlericalismo en la calle 136.

229 Protestanten werden dagegen mit 6.654 Personen beziffert. Diese Zahlen können selbstverständlich nur einen Näherungswert darstellen, da in einem sozial repressiven Kontext, wie es das Restaurationsregime hinsichtlich der religiösen Frage war, nicht von einer verlässlichen Auskunft über eventuell abweichende Religiosität ausgegangen werden kann. Vgl. zu Zahlenangaben *Andrés Gallego/Pazos*: La Iglesia 265.

230 Vgl. bereits *Gómez Molleda*: Los reformadores 428 f.

231 José Nakens (1841–1926), spanischer antiklerikaler Journalist und republikanischer Politiker, der mehrfach wegen seiner publizistischen Aktivitäten ins Gefängnis ging. Vgl. *Pérez Ledesma*: José Nakens.

232 Vgl. zu einer ausführlichen Analyse beider Zeitschriften *De Diego Romero*: Anticlericalismo y cultura; zum Herausgeber der Dominicales, Ramón Chíes (1846–1893), und der Ausrichtung der Zeitschrift außerdem *ders.*: Ramón Chíes.

233 Vgl. dazu *Pérez Ledesma*: La sociedad española 142.

Verlag angeschlossen, der antiklerikale Reihen herausgab. Neben einer antiklerikalen anspruchsvollen Belletristik entstand ein Markt von Gebrauchsliteratur, zum Teil mit extrem vulgärem Charakter. Bestimmte Autoren spezialisierten sich auf dieses Feld, auch schlicht aus ökonomischen Gründen. Neben Groschenromanen verbreiteten Postkarten, Einblattdrucke und Bonbonverpackungen antiklerikale Ideen.[234] Die Kirchenkritik widmete sich nun besonders dem Einfluss von Kirche und Religion in Erziehung und Wissenschaft. Durch die Verbreitung der Evolutionslehre, des Materialismus und Positivismus und durch die kirchlichen Widerstände gegen diese neuen Ideen erhielt das Feld neuen Konfliktstoff. Der gesetzliche Rahmen bot zudem die Möglichkeit, private Schulen zu gründen, so dass die Antiklerikalen hier ein neues Betätigungsfeld fanden und begannen, eigene Bildungseinrichtungen zu schaffen.[235]

In den Jahren bis 1898 konsolidierten sich die Freimaurerlogen. Sie konnten allerdings nie einen vergleichbaren Einfluss ausüben wie die Maurer nördlich der Pyrenäen. Die Logen waren wie in Frankreich Orte des sozialen Austausches des progressiven Bürgertums, in die auch in begrenztem Rahmen besonders die Führungsschicht der entstehenden anarchistischen Arbeiterbewegung integriert wurde. Die Freimaurer waren aber nicht, wie die besonders in Spanien einflussreiche katholische Verschwörungstheorie behauptet hat, der zentrale Träger des Antiklerikalismus. Zunächst ist festzuhalten, dass die spanischen Maurer nur in Katalonien eine vergleichbare Säkularisierung wie in Frankreich durchmachten. Das Spektrum reichte vielmehr von klar religiös gebundenen Logen zu rationalistischen Positionen. In den meisten Statuten blieb der Bezug auf den ›Archi-

234 Vgl. zur Literatur *Molina Martínez*: Anticlericalismo y literatura 37–41, 263–294; *Caro Baroja*: Introducción 207–213; *Navarra Ordoño*: El anticlericalismo 213–235; zu den neuen Verbreitungsformen *Sanabria*: Republicanism and Anticlerical Nationalism 47, 71, 77 f.; *Sala Burgués*: El anticlericalismo 51.

235 Neben der bekannten Einrichtung der »Institución Libre de Enseñanza« (im Folgenden ILE), unterscheidet die Forschung hier zwischen akonfessionellen neutralen, laizistischen und rationalistischen Schulen. Die ILE wurde 1876 im Zuge eines Protestes gegen die Abschaffung der Lehrfreiheit von einer Gruppe krausistischer Hochschullehrer gegründet. Sie war die wichtigste außerstaatliche und unabhängige Bildungseinrichtung im Spanien des ausgehenden 19. Jahrhunderts, die sich, nachdem man aus ökonomischen Gründen von der ursprünglichen Idee Abstand genommen hatte, eine freie Universität zu konstituieren, auf die Primar- und Sekundarschulerziehung konzentrierte und über Jahrzehnte die Intellektuellenschmiede in Spanien wurde. Vgl. zur ILE *Abellán*: Historia crítica, Bd. 5.1 146–203; zu den Schulgründungen *Martín Rubio*: Educación y formación; *Suárez Cortina*: Democracia y anticlericalismo 212–217; *Álvarez Lázaro*: Páginas de historia 101–129; die Lokalstudien *Solà Gussinyer*: Las escuelas racionalistas; *De la Cueva Merino*: Clericales y anticlericales 236–260; *Costas Costas*: La escuela; *Freán Hernández*: La libération Absatz 18–26; *Louzao Villar*: Soldados de la fe 281–287; für Zahlenangaben *Lázaro Lorente*: Con Barrabás o con Cristo 228; allgemein zu den Konflikten in diesem Bereich *García Regidor*: La polémica.

tekten des Universums‹ erhalten. Neutralität und Toleranz in der religiösen Frage waren die leitenden Prinzipien sowie das Verbot, religiöse und politische Fragen zu diskutieren. Zugleich bestimmte Kirchen- und zum Teil auch Religionskritik aber durchaus die verschiedenen Aktivitäten eines nicht gering zu veranschlagenden Teils der Freimaurer.[236] Die zum Teil mit den Logen sich überschneidende Freidenkerbewegung erstarkte ebenfalls, ohne jedoch je eine vergleichbare Stärke wie in Frankreich zu erreichen. Erste nationale Organisationen wurden geschaffen. Die Gruppen waren in der Restauration sowohl in religiöser als auch in politischer Hinsicht relativ heterogen. Spanische Freidenker konnten eine materialistische oder spiritistische Weltsicht verfolgen, sie rekrutierten sich politisch besonders aus dem republikanischen Umfeld, aber in ihren Reihen fanden auch Teile der Arbeiterbewegung, besonders Anarchisten Aufnahme, wobei letztere sich nach der Jahrhundertwende zunehmend aus diesem Kontext lösten.[237]

Öffentlicher Protest, Gewalt und antiklerikale Opposition – nach der Jahrhundertwende

Die antiklerikale Mobilisierung dynamisierte sich ab 1898. Die Jahre nach diesem einschneidenden Datum in der spanischen Geschichte bis 1912 gelten als Hochzeit der Kulturkämpfe im langen 19. Jahrhundert südlich der Pyrenäen.[238]

236 Vgl. allgemein zur Geschichte der in diesen Jahren sehr zersplitterten Logen den detaillierten Überblick *Álvarez Lázaro*: Masonería y librepensamiento 31–102, 258; speziell zu Katalonien *Sànchez i Ferré*: La maçoneria; zur sozialen Funktion und Zusammensetzung *Ferrer Benimeli*: Masonería, laicismo y anticlericalismo 115–118; *ders.*: La masonería 159–180; *De la Cueva Merino*: Anticlericalismo y masonería 443; zu ihrem Anteil am Antiklerikalismus die letztgenannte Lokalstudie sowie der Forschungsüberblick bei *ders.*: Balance y tareas 33–38; *Ferrer Benimeli*: Masonería, laicismo y anticlericalismo; *Álvarez Lázaro*: La masonería 281–301; speziell zum Verhältnis zu den Freidenkern *ders.*: Masonería y librepensamiento 107–262.

237 Sozial richteten sich die Gruppen ebenso wie in Frankreich auch an unterbürgerliche Schichten. Vgl. dazu *Álvarez Lázaro*: Masonería y librepensamiento 7–12; *ders.*: Laicismo y librepensamiento 168–203; *De la Cueva Merino*: Clericales y anticlericales 185–188; *Sànchez i Ferré*: El moviment lliurepensador 47–60; zur religiösen Orientierung im Besonderen *De Diego Romero*: Imaginar la República 447–449; *Ramos*: Heterodoxias religiosas.

238 Diese Etappe des Antiklerikalismus ist – was angesichts der Konjunktur der Kirchenkritik nicht verwundert – die am besten erforschte. Neben einer Anzahl von Überblicksaufsätzen existieren vier Dissertationen, die diese Zeit in den Blick nehmen – Lokalstudien mit verschiedenen thematischen und methodischen Schwerpunkten. Daneben sind die Arbeiten José Álvarez Juncos zum Anarchismus, die Studien zum populistischen Republikanismus sowie einige eher ideengeschichtliche Untersuchungen zu Intellektuellen der Zeit zu nennen. Vgl. die Überblicksdarstellung *De la Cueva Merino*: La Democracia frailófoba; *ders.*: Movilización

Der Antiklerikalismus eroberte nun vor allem als ein urbanes Phänomen die Straße. Lokale Ereignisse, nationale politische Fragen, katholische Kultusausübungen besonders in der Öffentlichkeit (wie Prozessionen oder die Anbringung religiöser Symbole an öffentlichen Orten) wurden systematisch als Ausgangspunkt für antiklerikale Proteste genommen. Dabei mobilisierte die Kirchenkritik eine große Anzahl von Personen. So sollen etwa die Demonstrationen für eine neue Ordensgesetzgebung im Jahr 1910 zwischen 35.000 und 200.000 Personen in Madrid versammelt haben.[239] Um 1900 bestimmte eine Welle von Protesten den Antiklerikalismus, die zumeist einen agitatorischen Charakter annahmen. Am bekanntesten sind wohl die Reaktionen auf das antiklerikale Theaterstück »Electra« des realistischen Romanciers Benito Pérez Galdós (1843–1920). Nach dessen Uraufführung in Madrid 1901 formierte sich ein spontaner Zug durch die Stadt zum Haus des Schriftstellers und zu Konventen, besonders zu Jesuitenresidenzen, bei dem antiklerikale Parolen skandiert, die »Marseillaise« sowie der »Himno de Riego«[240] gesungen und Steine auf die Häuser der religiösen Gemeinschaften geworfen wurden. Die Unruhen hielten fünf Tage an und gingen so weit, dass der Kriegszustand ausgerufen wurde. Die weiteren Inszenierungen des Stückes im Laufe des Jahres an anderen Orten Spaniens zogen ebenfalls Demonstrationen nach sich, die nach einem ähnlichen Schema abliefen. Die antiklerikale Gewalt dieser Jahre nahm allerdings auch schwerere Formen an und manifestierte sich in Brandstiftungen, dem Einsatz von Schusswaffen

política; *Suárez Cortina*: Anticlericalismo, religión y política; *ders.*: Democracia y anticlericalismo; *Pérez Ledesma*: La sociedad española; *De la Cueva Merino/Montero García*: Clericalismo y anticlericalismo; *Salomón Chéliz*: El discurso anticlerical; *dies.*: Anticlericalismo en la calle; die Lokalstudien *De la Cueva Merino*: Clericales y anticlericales; *Salomón Chéliz*: Anticlericalismo en Aragón; *De Mateo Avilés*: Anticlericalismo en Málaga Kapitel I.2, Kapitel II.2 und II.3; *Sanabria*: Republicanism and Anticlerical Nationalism; *Louzao Villar*: Soldados de la fe; Zusammenfassungen der ersten beiden Arbeiten in *De la Cueva Merino*: The Stick; *ders.*: The Assault; *Salomón Chéliz*: Contra el poder; *dies.*: Republicanismo y rivalidad; *dies.*: Anticlericalismo y movilización; *Louzao Villar*: Sociabilidad anticlerical; zum Anarchismus *Álvarez Junco*: El anticlericalismo; *ders.*: Ideología política 197–220; zum Republikanismus *Reig Armero*: Blasquistas y clericales; *Magenti Javaloyas*: El problema religioso; *dies.*: La cuestión religiosa, 1906; *dies.*: La cuestión religiosa, 1899–1902; *dies.*: L'anticlericalisme blasquista; *Álvarez Junco*: Alejandro Lerroux; zu den Intellektuellen *Álvarez Junco*: Los intelectuales; *González Cuevas*: La guerra civil; *Suárez Cortina*: Religión, Iglesia y Estado.

239 Die Angaben variierten je nach Provenienz der Zeitung. Vgl. *Aubert*: Poderes fácticos 239; weitere Zahlenangaben zu Demonstrationen und eine Diskussion ihres Aussagenwertes in *De Mateo Avilés*: Anticlericalismo en Málaga 123.

240 Das Lied bezieht sich auf den spanischen liberalen Revolutionär Rafael del Riego (1784–1823), der im Bürgerkrieg gegen das absolutistische Fernandinische Regime (1820–1823) kämpfte. Es war im 19. Jahrhundert der von den Linken favorisierte, aber nicht siegreiche Kandidat für eine Nationalhymne, zu der es in der Zweiten Republik wurde. Vgl. dazu *Álvarez Junco*: Confirmación 24.

und Bombenanschlägen.[241] Die Bilanz der tätlichen Auseinandersetzungen waren drei Tote.[242] 1909 brachen zudem im Kontext der Semana Trágica umfangreiche antiklerikale Unruhen aus. Die Entstehung und der Ablauf dieser größten antiklerikalen Revolte des Restaurationsregimes werden im Zusammenhang mit dem Fall Ferrer ausführlicher beleuchtet.[243]

Die Mobilisierung auf der Straße war eingebunden in ein breites Spektrum antiklerikaler Aktivitäten. Die Presse und das gedruckte Wort nahmen nach wie vor eine zentrale Stellung ein. Die Kirchenkritik entwickelte zudem eine eigene Festkultur; Karfreitagsbankette wurden in den Kreisen der radikalen Antiklerikalen ausgerichtet, zivile Feiern der klassischen Rites de passage als öffentliche Manifestation der Kirchenkritik inszeniert und in der Presse der Freidenker, Republikaner und Sozialisten politisch instrumentalisiert.[244] Neben Zivilehen und -beerdigungen nutzten Antiklerikale in Spanien auch die Ersetzung der Taufe durch die Eintragung Neugeborener ins Melderegister zu demonstrativen Zwecken.[245]

Die dynamisierte Mobilisierung nach der Jahrhundertwende entstand aus einer spezifischen politischen Konstellation, wurde von lokalen Ereignissen mit ausgelöst und durch die nationale Krise der Jahrhundertwende zusätzlich angeheizt.[246] Nach 1900 schien es, dass der Katholizismus und der Karlismus in der

241 Vgl. *Salomón Chéliz*: Anticlericalismo y movilización 191, 199, 201, 203.

242 Bereits in den 1880er und 1890er Jahren war es zu einzelnen vergleichbaren Ausschreitungen gekommen, doch den systematischen und epidemischen Charakter erhielt die Mobilisierung erst mit der Jahrhundertwende. Nach 1903 ebbten diese Protestformen dann wieder ab. Vgl. speziell zu den Reaktionen auf »Electra« *Fox*: Electra 66–75; *Botti*: Iglesia, clericalismo y anticlericalismo 309f.; *De la Cueva Merino*: Si los curas y frailes supieran 203f.; *ders.*: The Assault 192–194; allgemein zur Mobilisierung auf der Straße z. B. *De Mateo Avilés*: Anticlericalismo en Málaga 94–109; *De la Cueva Merino*: Movilización política 111–115, 117; *ders.*: Si los curas y frailes supieran 200–208; *Salomón Chéliz*: Anticlericalismo y movilización 191, 199, 201, 203; *dies.*: Anticlericalismo en Aragón 229–243, 248–259; *González Calleja*: La razón 381–402; *Louzao Villar*: Soldados de la fe 217–226; zu den früheren Gewaltausbrüchen *Prats Batet*: Los movimientos anticlericales; zu den Konjunkturen *De la Cueva Merino*: La Democracia frailófoba 241f.; *ders.*: Si los curas y frailes supieran 200–208; speziell zur Gewalt gegen die Jesuiten *Revuelta González*: La Compañía, Bd. 2 742–762.

243 Vgl. Kapitel 2.3.

244 Vgl. dazu die Beispiele bei *De la Cueva Merino*: Movilización política 114–116; *Salomón Chéliz*: Anticlericalismo en Aragón 236–243; *Louzao Villar*: Sociabilidad anticlerical 75–77.

245 Vgl. *De la Cueva Merino*: Movilización política 169–175, 184; *Louzao Villar*: Sociabilidad anticlerical 77.

246 Vgl. zu den verschiedenen Gründen z. B. *Gómez Aparicio*: Historia del periodismo, Bd. 3 124–163; *De la Cueva Merino*: Clericales y anticlericales 35–38; *ders.*: Movilización política 102–107; *ders.*: La Democracia frailófoba 241f.; *ders.*: The Assault 193f.; *Aubert*: Poderes fácticos 241, 248f.

spanischen Gesellschaft an Einfluss gewannen. Die Regierung war in der Hand der Konservativen, die eine Initiative für eine konfessionelle Sekundarschulerziehung lancierten. Aus Frankreich wanderten ausgewiesene Orden und Kongregationen in einer größeren Zahl ein und stärkten die wachsenden einheimischen religiösen Gemeinschaften. Zum Jahrhundertwechsel organisierte die Kirche religiöse Feiern. Der Karlismus erhielt Aufwind und die Infantin, die Prinzessin von Asturien, heiratete einen karlistischen General und Sohn des Kronprätendenten Don Carlos. Ferner erregte der sogenannte Ubao-Fall die Öffentlichkeit: Ein minderjähriges Mädchen aus gut bürgerlichen Verhältnissen war gegen den Willen der Eltern in ein Kloster eingetreten; diese vermuteten dahinter den Einfluss des Beichtvaters und verlangten gerichtlich die Freisetzung ihrer Tochter.[247] Die Niederlage im Kubakrieg und der Verlust der letzten Kolonien 1898 hatten zudem eine Krise des nationalen Selbstbewusstseins herbeigeführt und dem bereits mehrere Jahre zuvor anschwellenden Diskurs über den spanischen Niedergang neuen Nährstoff gegeben. Die katholische Kirche hatte sich im Kubakrieg für den Kampf gegen die Separatisten eingesetzt und diesen als »Reconquista« gedeutet. Die Niederlage interpretierte sie dann als Folge zunehmender Entchristlichung. Antiklerikale warfen der Kirche hingegen ihre Position im Krieg vor und sahen im kirchlichen Einfluss einen zentralen Grund für den Verlust der Kolonien sowie für Spaniens ökonomische und kulturelle Rückständigkeit im europäischen Vergleich. In diesen gegensätzlichen Varianten des sogenannten »Regeneracionismo« wurden die Idee der zwei Spanien erneuert und aus den Dekadenzdiagnosen zwei unterschiedliche Zukunftsmodelle für die spanische Nation entwickelt. Die eine Seite sah die Rettung in der Befreiung vom Einfluss der Kirche und Religion, die andere Seite stützte all ihre Hoffnung in eine Regeneration durch den katholischen Einfluss. Ähnlich wie in Frankreich verknüpften sich die spanischen Kulturkämpfe in Folge der Nationalisierung der katholischen Kirche um die Jahrhundertwende mit der nationalen Frage.[248] Die Orientierung nach ›Europa‹ von Antiklerikalen südlich

247 Galdós' Theaterstück »Electra« soll von dieser Geschichte inspiriert worden sein. Vgl. dazu *Fox*: Electra 76 f.; *De la Cueva Merino*: The Assault 192.

248 Innerhalb der Blöcke existierten allerdings durchaus Unterschiede. Ein Diskussionsfeld eröffnete hier besonders die klassisch gewordene Darstellung des italienischen Historikers Alfonso Botti zum sogenannten Nationalkatholizismus. Das Konzept, das zunächst mit der franquistischen Idee der spanischen Nation verbunden wird, hat Botti auf frühere Erscheinungen eines rechten modernen katholischen Nationalismus in der Restauration ausgeweitet und wurde dafür stark kritisiert. Vgl. dazu *Botti*: Cielo y dinero; *ders.*: Algo más; zu den katholischen Nationsentwürfen um 1900 *ders.*: Iglesia, clericalismo y anticlericalismo 311 f.; *Callahan*: The Catholic Church 40–46; den antiklerikalen *De la Cueva Merino*: Movilización política 102 f.; *ders.*: The Assault 193; allgemein zum katholischen Nationalismus *Lannon*: Catholic Identity 62–64, 71 f.; *Álvarez Junco*: Mater dolorosa 383–391, 405–496; zu den »dos Españas«

der Pyrenäen gab dieser nationalen Aufladung aber einen besonderen Charakter, wie Kapitel 2.3 zeigen wird.

Ausgelöst von den verschiedenen innen- und außenpolitischen Faktoren wurde der Antiklerikalismus nach 1898 zu einem zentralen Bestandteil des politischen Diskurses und übte innerhalb der politischen Landschaft eine spezifische Funktion aus. Er band breite Schichten der entstehenden Arbeiterschaft sowie Teile der vorwiegend städtischen Mittelschicht und ihre politischen Kräfte zusammen (Anarchismus, Sozialismus und Republikanismus) und bot ihnen ein Aktionsfeld.[249] Der Antiklerikalismus stellte hier die Klammer einer Alternativkultur dar.[250] Alle drei Gruppen waren mehr oder weniger revolutionär orientiert und agierten außerhalb oder am Rande des politischen Systems. Die spanischen Sozialisten und Anarchisten konstituierten sich im letzten Drittel des 19. Jahrhunderts und im ersten Jahrzehnt nach 1900 erstmals organisatorisch. Sie waren regional sehr unterschiedlich erfolgreich und blieben letztlich in ihrem Einfluss hinter den republikanischen Parteien und Strömungen zurück.[251] Der Republikanismus wurde trotz des seit 1890 existierenden allgemeinen Männerwahlrechts durch das praktizierte Prinzip des »Turno« von einer realen politischen Teilhabe ausgegrenzt. In dieser Lage stellten die antiklerikalen Aktivitäten auf der Straße für alle drei politischen Gruppen eine alternative Form der Beteiligung dar.[252] Auch wenn die Kirchenkritik unterschiedliche Schwerpunkte setzte, wurden durch den Antiklerikalismus konkrete politische Kooperationen zwischen Republikanern, Sozialisten und Anarchisten möglich.[253]

ebenda 383–431; *Juliá Díaz*: Dos Españas; *Delgado*: Religion und Nation; zur Krise von 1898 aus der Fülle der Literatur z. B. *Álvarez Junco*: Mater dolorosa 584–593; *Pan-Montojo/Álvarez Junco*: Más se perdió; *Juliá Díaz*: Debates.

249 Sozial fungierte insbesondere der Republikanismus als Bindeglied. Vgl. zu dessen Zusammensetzung *Mosher*: The Birth 320 f.; *Dardé*: La larga noche 115; *Octavio Ruiz*: La cultura política 190 f.; zu den politischen Verbindungen *Gabriel*: Republicanismo popular und *Paniagua Fuentes*: Republicanos, socialistas y anarquistas.

250 Vgl. zur Bindefunktion *Suárez Cortina*: Entre cirios, barricadas y bayonetas 43; zur Alternativkultur *Ortiz*: Redefining Public Education.

251 Vgl. z. B. *Pérez Ledesma*: El movimiento obrero; *López Estudillo*: El anarquismo español 78 f.; *Smith*: Anarchism, Revolution and Reaction 146–189.

252 Vgl. die Argumentation bei *Sanabria*: Republicanism and Anticlerical Nationalism 42, 161, 175–178.

253 Besonders einflussreich war der 1910 entstandene Zusammenschluss für die Parlamentswahlen, die »Conjunción Republicano-Socialista«. Vgl. dazu *Robles Egea*: Conjunción Republicano-Socialista; *De la Cueva Merino*: The Assault 196; zu anderen Beispielen der Zusammenarbeit *Salomón Chéliz*: Anticlericalismo en Aragón 70 f., 249, 255; *De la Cueva Merino*: Clericales y anticlericales 268–271, 381; zu den verschiedenen Schwerpunkten allgemein bereits z. B. *Salomón Chéliz*: Anticlericalismo en Aragón 154–161; *De la Cueva Merino/Montero García*: Clericalismo y anticlericalismo 104 f.

Die Kritik an katholischer Kirche und Religion an sich war grundlegender Bestandteil des spanischen Anarchismus seit seinem Entstehen.[254] Der spanische Sozialismus war dagegen ähnlich wie der französische durch ein ambivalentes Verhältnis zur Kirchenkritik geprägt. Der unangefochtene Führer der sozialistischen Bewegung der ersten Jahre, Pablo Iglesias (1850–1925), vertrat eine Position wie die Guesdistes; religiöse Überzeugungen seien Privatsache und ein antiklerikaler Kampf lenke nur vom eigentlichen Ziel ab. Die Macht der Kirche werde sich im Zuge der kommenden ökonomischen Veränderungen auflösen. Dennoch verbreitete nach ihrer Konsolidisierungsphase auch die sozialistische Presse eine antiklerikale Kritik und besonders um 1910 verstärkte sich die kirchenkritische Tendenz deutlich, als Allianzen mit dem Republikanismus gesucht wurden.[255] Letzterer war die zentrale Achse des Antiklerikalismus nach der Jahrhundertwende. Die republikanischen Kräfte hatten sich nach der Repression der demokratischen Revolution wieder erholt und bestimmten in lokalem Rahmen trotz ihrer nach wie vor existierenden inneren Zersplitterung als Oppositionsbewegung maßgeblich die Politik der Jahre nach 1900.[256] An der Peripherie, in Barcelona und Valencia, mobilisierten zwei populistisch agitierende republikanische Führer insbesondere mittels antiklerikaler Kritik und einer neuartigen Massenpolitik Arbeiter und Teile der Mittelschichten für die republikanische Bewegung.[257] Von seiner Unterstützungsbasis in Barcelona mischte sich Alejandro Lerroux[258] auch in die nationale Politik ein, verlor in

254 Vgl. *Paniagua Fuentes*: Religión y anticlericalismo 257–269; *Álvarez Junco*: Ideología política 197–220; *De la Cueva Merino*: Clericales y anticlericales 178–181; *Salomón Chéliz*: Anticlericalismo en Aragón 122–126.

255 Vgl. *Arbeloa*: Socialismo y anticlericalismo 151–159; *De la Cueva Merino*: Clericales y anticlericales 168–178; *Suárez Cortina*: Democracia y anticlericalismo 201–205; *Louzao Villar*: Soldados de la fe 154–175; während des Sexenio *Mira Abad/Moreno Seco*: Alicante.

256 Vgl. allgemein zum Republikanismus im Restaurationsregime *Dardé*: La larga noche 120–135; zur Zersplitterung ebenda 117; *Suárez Cortina*: La quiebra 139–154 und *De Diego Romero*: Imaginar la República passim; zum Antiklerikalismus *De la Cueva Merino*: Clericales y anticlericales 107–168, 181; *ders.*: The Stick 255–257; *ders.*: La Democracia frailófoba 254–258; *Salomón Chéliz*: Republicanismo y rivalidad; *dies.*: El discurso anticlerical; *De Diego Romero*: Anticlericalismo y cultura; *ders.*: Imaginar la República 255–309; *Sanabria*: Republicanism and Anticlerical Nationalism.

257 Vgl. zum republikanischen Populismus *Alcalde Fernández*: Anticlericalismo y populismo; *Álvarez Junco*: Populismo, caudillaje y discurso demagógico; *Álvarez Junco*: El populismo und die Lokalstudie *De la Cueva Merino*: Clericales y anticlericales 206–209.

258 Alejandro Lerroux García (1864–1949), republikanischer Politiker und Journalist. Lerroux leitete mehrere Zeitungen und bestimmte mit seiner demagogischen Politik maßgeblich den radikalen Flügel des Republikanismus während der Restauration. In der Zweiten Republik wurde er Minister unter Manuel Azaña (1880–1940) und kooperierte dann 1934 mit den Konservativen, um eine Revolution zu verhindern. Vgl. zu Lerroux in der Restauration *Álvarez Junco*: Alejandro Lerroux.

der katalanischen Hauptstadt aber aufgrund seiner zentristischen Haltung an Einfluss, weil er in Konflikt mit dem erstarkenden katalanischen Nationalismus geriet. In Valencia spielte der Schriftsteller und Politiker Vicente Blasco Ibáñez[259] eine ähnliche Rolle. Seine republikanische Partei konnte in der Mittelmeerstadt die Wählermehrheit auf sich vereinigen und so einige ihrer politischen und kirchenkritischen Ideen umsetzen. In den Jahren von 1898 bis 1911 bestimmten er beziehungsweise seine Anhänger maßgeblich die Politik in Valencia: Sie stellten die finanzielle Unterstützung für die religiöse Festkultur ein, unterstützten laizistische Schulen und hoben das Verkehrsverbot am Karfreitag auf. Ihre Politik blieb allerdings lokal begrenzt und strahlte kaum auf das übrige Spanien ab. Die mit allen drei Gruppen (Republikanern, Sozialisten und Anarchisten) verbundenen Freidenker verzeichneten zudem als weiterer zentraler Träger antiklerikaler Kritik in den Jahren nach der Jahrhundertwende wahrscheinlich den größten Zulauf ihrer Geschichte.[260]

Der Antiklerikalismus war ab 1900 aber nicht nur Teil der sich außerhalb der etablierten Kräfte engagierenden Gruppen und Strömungen, sondern wurde durch die veränderte Politik der Liberalen auch zu einem Gegenstand der Auseinandersetzung zwischen den beiden regierenden Parteien. Inwieweit sich hier wirklich eine neue Agenda zeigte, nur eine Minderheitenposition aufschien oder die kirchenkritische Politik der Liberalen der taktische Versuch war, Forderungen bestimmter Teile der Bevölkerung zu integrieren, kann und soll hier nicht diskutiert werden.[261] Die liberalen antiklerikalen Gesetzesinitiativen und -novellen konzentrierten sich besonders auf drei Bereiche. Das wichtigste Feld war die

259 Vincente Blasco Ibáñez (1867–1928), naturalistischer Schriftsteller und republikanischer Führer. Neben seiner politischen Aktivität ist er besonders für seine Romane bekannt, die ebenfalls von Kirchenkritik durchsetzt sind. Nach seinen politisch aktiven Jahren ging er zunächst nach Lateinamerika und schließlich nach Frankreich, wo er sich nur noch seiner Schriftstellerei widmete. Vgl. zum Blasquismus besonders die marxistisch inspirierte Monografie *Reig Armero*: Blasquistas y clericales und die Arbeiten von *Magenti Javaloyas*: La cuestión religiosa, 1906; *dies.*: L'anticlericalisme blasquista; zum Antiklerikalismus der Romane *Lacouture*: Eugène Sue.

260 Vgl. zur Entwicklung der Freidenker *Álvarez Lázaro*: Laicismo y librepensamiento 163; zu ihren Aktivitäten in diesen Jahren *De la Cueva Merino*: Clericales y anticlericales 185–188; *ders.*: Movilización política 110; *Suárez Cortina*: Democracia y anticlericalismo 200–201. Aufgrund einer internen Krise in diesen Jahren darf der Beitrag der Freimaurer zur Kirchenkritik dagegen nicht sehr hoch eingeschätzt werde. Vgl. zur Krise *Álvarez Lázaro*: Masonería y librepensamiento 33; für die weiterhin verfolgten antiklerikalen Aktivitäten der Logen z. B. *Martín*: El anticlericalismo.

261 Vgl. z. B. als Taktik *De la Cueva Merino*: The Stick 256; *ders.*: The Assault 199–201; differenzierender und allgemein zum Antiklerikalismus der Liberalen *ders.*: Clericales y anticlericales 38–45, 217–223; *ders.*: La Democracia frailófoba 252 f.; *De Mateo Avilés*: Anticlericalismo en Málaga 22–29; *Salomón Chéliz*: Anticlericalismo en la calle 134–137; *Suárez Cortina*: Entre cirios, barricadas y bayonetas 37–39.

Ordensgesetzgebung; sowohl 1902, 1906 als auch 1910 versuchte die liberale Partei hier Reformen durchzusetzen. Sie begrenzte die industrielle Betätigung und reglementierte verwaltungstechnisch die Existenz religiöser Gemeinschaften. 1910 ging sie so weit, in der sogenannten »Ley de Candado« (»Vorhängeschlossgesetz«) die Gründung neuer Orden zu verbieten. Diese Initiativen führten jeweils zu breiten Protesten von konservativer Seite, besonders des zunehmend organisierten Katholizismus und zu Konflikten mit dem Vatikan. Die Widerstände verwässerten im Laufe der Diskussionen die Vorhaben und die jeweils durchgesetzten Veränderungen wurden in den meisten Fällen durch die nachfolgenden konservativen Regierungen wieder aufgehoben.[262] Ähnlich erging es dem Versuch, die Zivilehe als fakultative Variante auch für die autochthone Bevölkerung zu ermöglichen.[263] Etwas erfolgreicher war eine säkularisierende Maßnahme im Erziehungswesen. 1910 gelang es, den obligatorischen Katechismusunterricht für nicht katholische Kinder an öffentlichen Schulen zu streichen. Andere Reformen, wie die Abschaffung des obligatorischen Religionsunterrichts in den Abiturjahrgängen, hatten dagegen keinen Bestand.[264] Bei aller Dynamik blieb der Antiklerikalismus in der Dekade nach 1900 letztlich vor allem ein Oppositionsphänomen und konnte trotz der Reformbemühungen der Liberalen nicht wie in Frankreich Teil der staatsbestimmenden Agenda werden. Dafür war die Kirchenkritik zu sehr verbunden mit den systemkritischen Kräften des Republikanismus, Sozialismus und Anarchismus und die liberale Kirchenpolitik zu gemäßigt beziehungsweise innerhalb des Zwei-Parteien-Systems nicht durchsetzbar.[265]

Der Aufschwung des Antiklerikalismus bei den politischen Kräften außerhalb der etablierten Parteien sowie bei den Liberalen politisierte im Gegenzug den Katholizismus und ließ ihn seine innere Zersplitterung zum Großteil überwinden.[266] Der Schulterschluss entsprang dem Gefühl, eine »unterdrückte und

262 Einen ersten Vorstoß zu einer neuen Ordensgesetzgebung hatte es bereits 1887 gegeben, er war aber nicht durchgesetzt worden. Vgl. dazu z. B. *Milán García*: El asociacionismo católico; zur Ordensgesetzgebung 1910 *Sánchez de Murillo*: Anticlericalism 134; *Montesinos Sánchez*: El contencioso Iglesia-Estado; *Andrés Gallego/Pazos*: La Iglesia 309.

263 Vgl. zu den Diskussionen um die Zivilehe *Magenti Javaloyas*: La cuestión religiosa, 1906 251–255; aus rechtshistorischer Perspektive *Cobacho López*: Matrimonio civil.

264 Weitere Reformen betrafen die Abschaffung des religiösen Eides. Vgl. dazu *Matos Ferreira*: Die Iberische Halbinsel II. 640; zu den Reformen im Erziehungswesen besonders *García Regidor*: La polémica 91–391; *De Puelles Benítez*: Secularización y enseñanza; *Martínez Blanco*: Las secularización 154–162; einen guten Überblick insgesamt bietet *Callahan*: The Catholic Church 62–85;

265 Die Betonung der oppositionellen Stellung des Antiklerikalismus bereits bei *Pérez Ledesma*: Anticlericalismo y secularización 276.

266 Vgl. *Revuelta González*: La recuperación eclesiástica 233 f.; *Hibbs-Lissorgues*: Iglesia, prensa y sociedad.

verfolgte Minderheit«[267] zu sein. Die Proteste gegen die Gesetzesinitiativen sowie gegen die Mobilisierung von Republikanern und Arbeiterbewegung auf der Straße wurden nun vor allem von Laienorganisationen und Wahlligen getragen, die sich im lokalen Rahmen bildeten, um katholische Kandidaten zu unterstützen.[268] Inwieweit hier jenseits der gegensätzlichen Nationsentwürfe zwei soziale Blöcke entstanden oder ob die beiden Lager differenziert werden müssen in konservative und katholische Kräfte zum einen und liberale, republikanische, sozialistische und anarchistische Kirchenkritik zum anderen, sollen auch für den spanischen Fall die systematische Diskursanalyse sowie die drei Fallanalysen zeigen.[269]

Die kirchenkritische Mobilisierung verlor nach 1913 deutlich an Schwung. Die Liberalen ließen von ihrer kirchenkritischen Politik ab. Der Antiklerikalismus trat in den folgenden Jahren gegenüber der sozialen Frage in den Hintergrund, blieb aber durchaus latent vorhanden.[270] Die katholische Kirche verband sich noch stärker mit dem politischen Regime. Erst mit der Errichtung der Zweiten Republik erschien der Antiklerikalismus wieder auf der politischen Tagesordnung. Das neue Regime setzte eine radikale Säkularisierung von Staat und Gesellschaft durch. Diese Reformen wurden von Gewaltakten begleitet, welche sich mit der zunehmenden Verhärtung der Fronten 1934 und schließlich zu Beginn des Bürgerkrieges in einem bis dahin unbekannten Maße Bahn brachen und in einem massenhaften Mord an Priestern kulminierten.[271] Aufgrund der sich auch hier manifestierenden Gewalttätigkeit sind die spanischen Kulturkämpfe vielfach als ein Sonderfall charakterisiert worden.[272] Die Gewalt der 1930er Jahre liegt außerhalb des gesetzten Untersuchungszeitraums. Die folgende Analyse wird aber die These des spanischen Sonderwegs erstmals syste-

267 »Minoría oprimida y perseguida«, *De la Cueva Merino*: Cultura y movilización 180.

268 Vgl. zur zivilgesellschaftlichen Mobilisierung Kapitel 1.1. sowie speziell zu den Wahlligen *Lannon*: Catholic Identity 67–69; zu ihrer lokalen Bedeutung in Valencia *Valls*: La derecha regional 19–50; in Sevilla *Ruiz Sánchez*: Política e Iglesia.

269 Vgl. zur Diskussion dieser Frage Einleitung, Anmerkung 58.

270 Vgl. zum Abflauen *De la Cueva Merino*: La Democracia frailófoba 241 f.; *Suárez Cortina*: Anticlericalismo, religión y política 185; *ders.*: Entre cirios, barricadas y bayonetas 49; *Salomón Chéliz*: Anticlericalismo en Aragón 259; zu seiner Persistenz z. B. *De la Cueva Merino*: Anticlericalismo e identidad 176–184.

271 Aus der Fülle der Literatur zu diesem Feld den Überblick *De la Cueva Merino*: Anticlericalismo en la Segunda República; *Salomón Chéliz*: Anticlericalismo en Aragón 159–161, 316–360; relativ parteiisch *Álvarez Tardío*: Anticlericalismo y libertad; zuletzt *Montero García/De la Cueva Merino*: Laicismo y catolicismo; *Louzao Villar*: Soldados de la fe 339–348; sowie den Forschungsüberblick bei *Pérez Ledesma*: Anticlericalismo y secularización und *De la Cueva Merino*: Balance historiográfico; zur Gewalt z. B. den Literaturüberblick *Vincent*: Keys 69–75; sowie *Albertí i Oriol*: El silenci und *Vincent*: The Spanish Civil War.

272 Vgl. z. B. *Salomón Chéliz*: Anticlericalismo en Aragón 361.

matisch vergleichend überprüfen und neue Erkenntnisse zu nationalen Differenzen präsentieren, die einen Erklärungsansatz auch für die Zeit nach 1914 bieten. Doch bevor wir uns der europäischen und vergleichenden Perspektive zuwenden, werden nun als dritter nationaler Fall die deutschen Länder in den Blick gerückt.

1.4 Deutschland – Zwischen Staatsmacht, protestantischer Mehrheitsgesellschaft und Kritik im Obrigkeitsstaat

Die strukturelle Ausgangssituation war im Vergleich mit den beiden romanischen Ländern für den deutschen Antiklerikalismus eine vollständig andere. *Erstens* entwickelten die Konflikte eine besondere Dynamik durch die strukturelle Bikonfessionalität, die durch zwei Wellen territorialer Verschiebungen in der ersten Hälfte des 19. Jahrhunderts wieder an Virulenz gewann: Die bereits im 18. Jahrhundert einsetzende Auflösung der territorial und konfessionell geschiedenen Gebiete brach mit der territorialen Neuordnung im Zusammenhang von Säkularisation und Mediatisierung im Zuge des Zusammenbruchs des Heiligen Römischen Reichs Deutscher Nation endgültig auf. Es entstanden neue Staaten, deren Bevölkerung nicht mehr religiös homogen war, sondern die große konfessionelle Minderheiten umfassten. Die zweite Weichenstellung erfolgte mit der Gründung des preußisch dominierten Deutschen Kaiserreichs 1871 und der damit einhergehenden Ausbildung einer protestantischen Mehrheitsgesellschaft, in der die Katholiken nur noch ein Drittel der Bevölkerung stellten. Beide territorialen Neuordnungen gingen einher mit der zunehmenden konfessionellen Mischung in den Städten im Zuge der Urbanisierung.[273] Diese Umverteilungen zwangen die Staaten, dem Zusammenleben der Konfessionen einen gesetzlichen Rahmen zu geben, der die Einheit der neu geschaffenen Länder nicht gefährdete beziehungsweise half, diese überhaupt herzustellen.

Die *zweite* Besonderheit des deutschen Falles – letztlich eine Folge der ersten – war die politische Breite der kirchenkritischen Allianzen, die in der zweiten Hälfte des Jahrhunderts die Gesetzgebungen veränderten. Während der bayerische und der badische legislative Kulturkampf in erster Linie Produkte der Liberalen waren, wurde der preußische und der des Reiches maßgeblich von Otto von Bismarck bestimmt. Letzterer stützte sich zwar auch auf die Liberalen,

273 Vgl. zur Besonderheit hinsichtlich der konfessionellen Zusammensetzung im europäischen Vergleich *Mergel*: Konfessionelle Grenzen 83 f.; allgemein zur Mischung *Schnabel*: Deutsche Geschichte, Bd. 4 26 f.; *Hölscher*: Protestantische Frömmigkeit 331–340; zum Faktor der Urbanisierung besonders *Walser Smith*: German Nationalism 94 f.

konnte im Reichstag allerdings auch zum Teil auf die konservativen Parteien bauen. Basis für die lagerübergreifenden Koalitionen war über weite Strecken ihre klar antikatholische Ausrichtung, die den Allianzen die Zustimmung von vielen der Protestanten sicherte. Dass die Konflikte allerdings nicht in der konfessionellen Dualität aufgingen und weitere Gruppen involvierten, wird der folgende Abschnitt verdeutlichen und meine vergleichende Analyse detailliert nachweisen. Hier sei einleitend festgehalten: Antiklerikalismus und Kirchenkritik stellten aufgrund der strukturellen Unterschiede zu den beiden anderen Ländern in der deutschen Geschichte ein breiteres und komplexeres Phänomen dar als in Frankreich und Spanien.[274] Wenden wir uns zunächst den Entwicklungen des Verhältnisses zwischen Staat und Kirchen zu.

Restrukturierung des Staat-Kirchen-Verhältnisses und latente Frontstellungen – die Zeit vor dem Kulturkampf

Mit Säkularisation, Mediatisierung, territorialer Neuordnung und Zusammenbruch des Reichs mussten die katholische und die evangelischen Kirchen in den deutschen Ländern in ihrer inneren Verfassung neu geordnet[275] wie auch ihr Verhältnis zu den territorial veränderten Einzelstaaten bestimmt werden. Dieser Prozess zog sich über die erste Hälfte des Jahrhunderts hin und verschränkte sich in seiner staatskirchlichen Stoßrichtung mit der Etablierung einer klaren Subordination der Kirchen unter den Staat.[276] Die Diskussion drehte sich deshalb immer wieder um die Frage der Freiheit der Kirchen.[277] Das Verhältnis der protestantischen Kirchen zur Obrigkeit blieb zunächst im Zuge der Restauration relativ stabil, baute es doch auf dem Territorialismus des Augsburger Friedens und der Tradition der evangelischen Landeskirchen auf. Das »ius circa

274 Insgesamt stellt sich die Forschungslage wie in der Einleitung bereits erläutert für die deutschen Länder sehr viel schlechter dar als für Spanien und Frankreich. Wir verfügen bislang über keine Darstellung, die einen Gesamtüberblick bietet.

275 Für die katholische Kirche mussten vor allem die Grenzen der Bistümer neu bestimmt werden, während sich für die evangelischen Kirchen insbesondere auch die Frage des Verhältnisses der beiden Konfessionen stellte, deren Beantwortung in Preußen und in den meisten anderen Ländern in unterschiedlich konstituierten konfessionellen Unionen mündete. Vgl. zur Neuordnung der katholischen Kirche den Überblick bei *Schnabel*: Deutsche Geschichte, Bd. 4 21 f.; für die evangelische Entwicklung ebenda 325–348; *Greschat*: Deutschland II., Protestantismus, Vormärz 312 f.; *Nowak*: Geschichte des Christentums 77–80.

276 Vgl. *Conzemius*: Deutschland I., Katholische Kirche, 1800–1848 296; *Landau*: Die Entstehung 32.

277 Vgl. *Nowak*: Geschichte des Christentums 72–77; *Greschat*: Deutschland II., Protestantismus, Vormärz 311.

sacra« – also die rechtlichen, wirtschaftlichen und administrativen Fragen in den Kirchen – gehörte zu den Obliegenheiten des Landesherren.[278] Für die katholische Kirche bedeuteten die Neuordnungen zu Beginn des Jahrhunderts einen stärkeren Bruch, da sie ihre weltliche Macht im Zuge der Säkularisation verlor und ihre vollständig andere innere Verfasstheit sowie ihre Hierarchie der Eingliederung in den säkularen Staat widerstrebten. In Bayern büßte der Katholizismus 1803 zudem seine Eigenschaft als Staatsreligion ein. Sowohl dort als auch in den Mittelstaaten und in den Ländern mit protestantischer Mehrheit etablierte sich ein Verhältnis, das die Souveränität des Staates über die katholische Kirche festlegte. In den deutschen Ländern wurde das Staat-Kirchen-Verhältnis im 19. Jahrhundert also in ähnlicher Weise umgestaltet wie in Frankreich und in Spanien. Zugleich blieben beide christlichen Konfessionen die zentralen moralischen Referenzinstanzen innerhalb der Gesellschaft, was sich insbesondere in ihrer Stellung im Erziehungswesen manifestierte.[279]

Je nach konfessioneller Verteilung von Bevölkerung und Herrscherhaus sowie abhängig von der Einstellung der Landesherren stellte sich die rechtlich relativ ähnliche Ausgangslage in den verschiedenen Staaten für die Kirchen sehr unterschiedlich dar.[280] Trotz der grundlegenden Neuordnungen führten die weitere Entwicklung und zusätzliche Reformen in der ersten Hälfte des Jahrhunderts immer wieder zu erneuten Auseinandersetzungen über das Staat-Kirchen-Verhältnis. Politische Reformen ließen spezifisch konfessionell akzentuierte Konflikte entstehen. Als Beispiele seien hier der bayerische ›Kniebeugeerlass‹ (der 1838 eingeführte Zwang, Prozessionen die Ehre durch Niederknien zu erweisen) und die sogenannten Kölner Wirren in Preußen (1836–1837) genannt. Unter letzterem versteht man die Auseinandersetzungen zwischen katholischer Kirche und preußischem Staat in dessen Westprovinzen im Vormärz, die über die Lehrfreiheit in den theologischen Fakultäten ausbrachen und in schwerwiegenden Konflikten über die Mischehenfrage mündeten.[281] In all diesen Fällen protestierten Kirchen gegen vom Staat bestimmte Verordnungen, die das Zusammenleben beider Konfessionen regeln sollten und die von einer der beiden jeweils als Einschränkung empfunden wurden. Das Streben nach mehr Freiheit ließ dann gerade die katholische Kirche im Zuge der 1848er Revolution zu einer emanzipatorischen Kraft werden. Die in der Paulskirchenverfassung errungenen neuen Freiheiten für Kirchen als Institutionen fanden zwar keine Umset-

278 Vgl. *Greschat*: Deutschland II., Protestantismus, Vormärz 310 f.

279 Vgl. *Schnabel*: Deutsche Geschichte, Bd. 4 21–43; *Conzemius*: Deutschland I., Katholische Kirche, 1800–1848 294–298; speziell zu Baden *Becker*: Liberaler Staat 16–19.

280 Vgl. zu den Unterschieden, auf die hier nicht eingegangen werden kann, *Schnabel*: Deutsche Geschichte, Bd. 4 passim.

281 Vgl. zum Kniebeugeerlass ebenda 162 f.; zu den Kölner Wirren zuletzt *Borutta*: Antikatholizismus 269–273.

zung,[282] aber die preußische Verfassung von 1850 nahm diese Ideen in modifizierter Form auf. Durch die Verankerung der Autonomie der Kirchen gestand die neue Verfassung, orientiert an der Idee des christlichen Staates, auch der katholischen sehr viel mehr Spielraum zu.[283] Dieser Entwicklung hin zu größerer kirchlicher Unabhängigkeit traten in den mittleren Jahrzehnten des Jahrhunderts Positionen gegenüber, die dem Staat in kirchlicher Hand liegende Aufgaben übertragen wollten. Im Vormärz gab es in den Landtagen der Mittelstaaten bereits Diskussionen über die Säkularisierung der Volksschulen beziehungsweise die Gründung von Simultanschulen, also gemischtkonfessioneller Einrichtungen, die den staatlichen Einfluss gestärkt hätten. Im preußischen Landtag wurde 1858 eine Gesetzesvorlage zur Einführung der Zivilehe eingebracht, die allerdings am Oberhaus scheiterte.[284]

Das Verhältnis von Staat und der Institution Kirche bildete nicht den einzigen Streitpunkt in den Auseinandersetzungen. Die für den Antiklerikalismus weitaus wichtigere Problematik war die Stellung des Individuums in dieser Konstellation. Die Frage nach Religionsfreiheit und rechtlicher Gleichstellung der Konfessionen stellte sich in den deutschen Ländern aufgrund der konfessionellen Verteilung in sehr viel virulenterer Form als in Spanien oder auch in Frankreich. Die deutsche Entwicklung von konfessioneller Freiheit und Gleichheit war von einer großen Ungleichzeitigkeit bestimmt und ähnelte in der langsamen Durchsetzung der individuellen Rechte zu großen Teilen den französischen Entwicklungen, allerdings in zeitversetzter Form. Setzen wir mit der Neuordnung in der Restaurationsphase ein. Zunächst ist auf den Artikel 16 der Bundesakte zu verweisen, der allen christlichen Religionsparteien in den Gebieten des Deutschen Bundes die bürgerliche und politische Gleichheit zusicherte und damit das Grundprinzip der Parität in der Tradition des Westfälischen Friedens fortschrieb. Diese Bestimmung führte im Laufe des Jahrhunderts zu ausführlichen Auseinandersetzungen, weil besonders protestantisch geprägte Staaten das Recht der katholischen Minderheiten missachteten. Dadurch wurde Parität zu einem Schlagwort der konfessionellen Konflikte.[285] Preußen kannte Gewissens-

282 Vgl. zur katholischen Kirche in der Revolution von 1848 sowie zur Paulskirchenverfassung z.B. *Landau*: Die Entstehung 33–37; *Conzemius*: Deutschland I., Katholische Kirche, 1800–1848 303f.; *Smolinsy*: Freiheit.

283 Die protestantische Kirche blieb allerdings durch ihre interne Gebundenheit an den Landesherrn im Summepiskopat zugleich dem Staate untergeordnet. Vgl. zur preußischen Verfassung von 1850 *Greschat*: Deutschland II., Protestantismus, Vormärz 320f.; *Landau*: Die Entstehung 37–42.

284 Vgl. für die Mittelstaaten *Schnabel*: Deutsche Geschichte, Bd. 4 104f.; für Preußen *Evans*: Cross and Ballot 111; allgemein zu dieser Tendenz *Borutta*: Antikatholizismus 273–275; im Erziehungssystem *Mély*: La question 325–329.

285 Vgl. dazu *Schnabel*: Deutsche Geschichte, Bd. 4 103f., 115–118; in der zweiten Hälfte des 19. Jahrhunderts *Baumeister*: Parität 13–39.

freiheit seit dem Allgemeinen Landrecht (1894). In Bayern, Baden und Württemberg wurde dieses Grundrecht im Frühkonstitutionalismus in den Jahren zwischen 1818 und 1821 eingeführt sowie die öffentliche Kultusausübung den christlichen Hauptkonfessionen erlaubt und die Bestimmung der Bundesakte in Form von staatsbürgerlicher und bürgerlicher Gleichheit landesrechtlich verankert. Die mitteldeutschen Staaten zogen in den 1830er Jahren nach. Diese Rechte waren als monarchisch erlassene Garantien allerdings zumeist nicht einklagbar. Erst die nicht umgesetzte Paulskirchenverfassung formulierte vollgültige Individualrechte. Die preußische Verfassung von 1850 verankerte das Recht auf öffentliche Kultusausübung und gestand allen Mitgliedern christlicher Konfessionen bürgerliche und staatsbürgerlichen Rechte zu – den Juden blieben bestimmte Staatsämter allerdings weiterhin verschlossen. Ihre Gleichstellung in staatsbürgerlicher und bürgerlicher Hinsicht sicherte der Norddeutsche Bund erst 1869 endgültig, nachdem Baden diesen Schritt bereits 1862 vollzogen hatte.[286]

Die staatsbürgerliche Gleichheit und Gewissensfreiheit war ein Thema, das Problem der Anerkennung schismatischer Religionsgemeinschaften und das Recht auf vollständige religiöse Selbstbestimmung ein anderes, das besonders mit der Bildung der Deutschkatholiken sowie der Lichtfreunde im Vormärz und den aus ihnen herauswachsenden freireligiösen Gemeinden zunehmend an Gewicht gewann. König Friedrich Wilhelm IV. (1795–1861) sanktionierte 1847 angesichts dieser Herausforderung Kirchenaustritte und in der Verfassung von 1850 wurde die religiöse Selbstbestimmung in eingeschränktem Maße zu einer Option. Das preußische Vertragswerk kannte neben den rechtlich anerkannten und autonomen Hauptkirchen auch andere Religionsgemeinschaften. In Bayern wurden die Deutschkatholiken hingegen verboten. Der Kampf um Anerkennung und Religionsfreiheit seitens dieser schismatischen Gruppen und Konfessionsloser stellte ein zentrales Thema in den kommenden Konflikten zwischen radikalen Antiklerikalen, Staat und etablierten Kirchen dar.[287] Mit der Reichseinigung trat eine gewisse Vereinheitlichung der Rechtslage ein. Die bürgerliche und staatsbürgerliche Gleichheit aus der preußischen Verfassung unter Einschluss der Juden wurde Teil der Reichsverfassung. Das Recht auf öffentliche Kultusausübung und Vereinigung wurde allerdings nicht reichsweit gewährt wie beispielsweise in Frankreich zu dieser Zeit. Diese Bestimmungen fanden

286 Vgl. zur Frage der Durchsetzung der Religionsfreiheit als individuellem Recht *Schnabel*: Deutsche Geschichte, Bd. 4 26; *Ungern-Sternberg*: Religionsfreiheit in Europa 24–27; zu den Juden z. B. *Grisar*: Circulardepesche 220; *Nowak*: Geschichte des Christentums 84–86.

287 Vgl. zur organisatorischen Entwicklung der Freireligiösen Anmerkung 59; zu ihrer rechtlichen Stellung stark aus der Betroffenensicht *Groschopp*: Geschichte des Kirchenaustritts.

zudem keine durchgängige Umsetzung auf der Landesebene, die weiterhin maßgeblich für die Sicherung der Grundrechte blieb. Zudem blieben sie von der Sache her begrenzt; das Schulwesen stand weiterhin unter kirchlicher Aufsicht. Darüber hinaus blieb das preußische Modell konfessioneller Zugehörigkeit maßgeblich, so dass alternative säkulare Entwürfe letztlich nur im Bezug auf dieses System existierten konnten.[288]

Nach diesem Überblick über den Flickenteppich der Gesetzgebung der deutschen Länder bis 1871 soll nun der Antiklerikalismus der zweiten Hälfte des Jahrhunderts in den Mittelpunkt gerückt werden.[289] Die Forschung situiert die Kirchenkritik in erster Linie in den konfessionellen Konflikten. Die Restaurationsphase kannte zwar Auseinandersetzungen dieser Art, bestimmend für das kirchliche Leben waren aber vor allem Ökumenebestrebungen.[290] Zugleich verstärkte sich allerdings die konfessionelle Färbung des Nationalismus. Hier artikulierte sich ein Antikatholizismus, der nationale Loyalitäten an konfessionelle Zugehörigkeiten band. Dieser Impetus verstärkte sich im Zuge der Einigungsphase in den 1860er Jahren.[291] Die konfessionelle Frontstellung erlebte bereits zwischen 1848 und 1855 einen ersten Höhepunkt und war auch kurz vor Ausbruch des Kulturkampfes durchaus präsent.[292] Die Kirchenkritik attackierte nun vermehrt auch die neue ultramontane Frömmigkeit.[293] Die Trierer Wallfahrt von 1844 war wohl der erste große Anlass für eine breite auch religiös ausgerichtete publizistische antiklerikale Kritik. Als Vorbereitung auf die legislati-

288 Vgl. zu den rechtlichen Bestimmungen *Ungern-Sternberg*: Religionsfreiheit in Europa 26; *Bohusch*: Verfassungsrechtliche Grundlagen 116–151; zum konfessionellen Modell *Weir*: Fourth Confession besonders 53–115, 420–422.

289 Zum Antikatholizismus beziehungsweise Antiklerikalismus der ersten Hälfte des Jahrhunderts als soziokulturellem Phänomen existiert bislang sehr wenig Literatur. Vgl. zuletzt *Borutta*: Antikatholizismus 62–95.

290 Vgl. zu den Annäherungen *Schnabel*: Deutsche Geschichte, Bd. 4 44–62, 476–485; *Mergel*: Konfessionelle Grenzen 87 f.; zu den Differenzen *Nowak*: Geschichte des Christentums 64–72.

291 Vgl. *Altgeld*: Katholizismus, Protestantismus, Judentum 125–158, 165–181, zu Konjunkturen besonders 67; *Echternkamp*: Religiöses Nationalgefühl; im Kontext des Preußisch-österreichischen Krieges *Hogg*: Fighting the Religious War.

292 Vgl. die quantitative Untersuchung der Produktion konfessioneller Polemiken *Köhle-Hezinger*: Evangelisch – katholisch 91, 93–98; ähnliche Konjunkturen weisen auch lokale konfessionelle Konflikte auf *Dietrich*: Konfession im Dorf 254–260; zur protestantischen Polemik im Vorfeld des Kulturkampfes *Kissling*: Geschichte des Kulturkampfes, Bd. 1 295–318.

293 In der einschlägigen Forschung wird darüber gestritten, ob zwischen den Glaubensmanifestationen und der auflebenden antiklerikalen Polemik eine direkte Kausalität zu konstruieren ist. In jedem Fall ist älteren Positionen zu widersprechen, die den Antikatholizismus vor dem Kulturkampf für gering erachten. Vgl. die Kausalität betonend *Gross*: War against Catholicism 29–96; dagegen argumentiert *Borutta*: Antikatholizismus 27; für die ältere Position z. B. *Anderson*: Windthorst 128.

ven Reformen sind auch die rechtlichen Entwürfe dieser Jahre zu beurteilen, die die Stellung der katholischen Kirche im Staat neu zu definieren versuchten. Zwischen 1850 und 1860 traten in den deutschen Ländern zudem auch in umfangreicherem Maße die typischen antiklerikalen Verschwörungstheorien antijesuitischer Natur auf.[294] In institutioneller Hinsicht fallen in diese Jahre außerdem die Gründung zweier Vereine der Kirchenkritik, des liberalen »Nationalvereins« 1859 und des konfessionell, aber ebenfalls auch liberal ausgerichteten »Deutschen Protestantenvereins« 1863.[295] Beide Assoziationen verdeutlichen die doppelte Besetzung der deutschen Konflikte: konfessionell und liberal. Zugleich traten in der Mitte des Jahrhunderts auch noch die aus der 48er Revolution übrig gebliebenen und zunehmend schwindenden demokratischen Kräfte sowie die sich mit ihnen zum Teil überschneidenden Freireligiösen als Träger des Antiklerikalismus auf.

Medial äußerte sich die Kritik sowohl in theologisch konfessionellen Polemiken als auch in populäreren Schriften wie Otto von Corvins[296] »Pfaffenspiegel«. Dieses zur Unterstützung für die deutschkatholische Bewegung verfasste Werk, das in volksaufklärerischem Ton moralische und epistemologische Themen behandelte, wurde bis 1891 sechsmal neu aufgelegt. Ein ähnlicher Erfolg war Karl August von Hases[297] »Handbuch der Protestantischen Polemik gegen die Römisch-Katholische Kirche« beschieden, das im gelehrten Ton die zentralen Differenzen zwischen protestantischem und katholischem Glauben erläuterte.[298] Beide Genres, populäre und gelehrte Schriften, prägten den Antiklerikalismus der zweiten Hälfte des 19. Jahrhunderts in den deutschen Ländern.

Als parallele, wenn auch nicht genuine Gegenbewegung begann sich der politische Katholizismus zu konstituieren. Hier zeigt sich, dass gerade in den mittleren Jahren des Jahrhunderts die politischen Fronten nicht klar aufgeteilt waren. Zwar kämpfte die neu entstehende politische Bewegung des Ultramontanismus

294 Vgl. zur Trierer Wallfahrt *Schieder*: Kirche und Revolution; *Borutta*: Antikatholizismus 77–88; zu den Gesetzesentwürfen *Kissling*: Geschichte des Kulturkampfes, Bd. 1 277–295; zur Ausbreitung der Verschwörungstheorien *Healy*: The Jesuit Specter 49; zum populären Antiklerikalismus der 1850er und 1860er Jahre allgemein *Gross*: War against Catholicism 74–127.

295 Vgl. zum Nationalverein *Gross*: War against Catholicism 107 f.; zum Protestantenverein *Lepp*: Protestantisch-liberaler Aufbruch.

296 Otto Julius Bernhard von Corvin-Wiersbitzki (1812–1886), demokratischer Schriftsteller und Journalist. Vgl. *Bautz*: Corvin-Wiersbitzki.

297 Karl August von Hase (1800–1890), evangelischer Kirchenrechtler und Professor in Jena. Hase ist dem liberalen Protestantismus zuzuordnen. Vgl. zu Hase z. B. *Jäger*: Nationalliberale Geschichtstheologie.

298 Die Monografie erlebte sieben Auflagen und wurde ins Englische übertragen. Vgl. zu Hases Darstellung *Borutta*: Antikatholizismus 170–177; *Wischmeyer*: Objektivitätsideal 253–255.

beispielweise selbstverständlich gegen den maßgeblich von Liberalen geführten Kulturkampf in Baden, doch zugleich konnten die Vertreter des politischen Katholizismus wie im Rheinland oder in Westfalen auch gemeinsam mit den Demokraten gegen den Staat opponieren.[299] Eine vorübergehende Klärung der Konfliktlinien unter konfessionellem Vorzeichen entstand erst mit den neu aufbrechenden Auseinandersetzungen auf gesetzlicher Ebene, die mit dem Badischen Kulturkampf ihren Ausgang nahmen.

Baden, Bayern, Preußen und das Reich – Legislative Kulturkämpfe

In verschiedenen deutschen Ländern wurden in den 1860er und 1870er Jahren gesetzliche Kulturkämpfe ausgefochten, die bislang zumeist im Zentrum der Untersuchungen zum Antikatholizismus beziehungsweise Antiklerikalismus gestanden haben.[300] Eine grundsätzliche Neudeutung dieser Auseinandersetzungen soll hier nicht erfolgen, aber eine kurze Darstellung dreier Beispiele (Baden, Bayern und Preußen beziehungsweise die Reichsebene)[301] den Charakter der Gesetzgebung und die verschiedenen Interessen in diesem Prozess veranschaulichen. Zunächst ist zu betonen, dass die gesetzlichen Kulturkämpfe in den deutschen Ländern vor allem als ein Konflikt zwischen Staat und Kirchen zu verstehen sind. Sie stellten hinsichtlich des Staatskirchenrechts eine Rückkehr zu einer staatshoheitlichen Auffassung dar, die in der preußischen Verfassung oder noch im Badischen Kulturkampf tendenziell durch die zugestandene größere kirchliche Autonomie abgelöst worden war. Zudem muss die Betonung der antikatholischen Ausrichtung relativiert werden. Diese wird zwar zu Recht in den Mittelpunkt gerückt und verstärkte insbesondere die innere Dynamik im Zuge der Auseinandersetzungen, aber einige der Reformen betrafen auch die evangelischen Kirchen.[302] Die Kämpfe in den verschiedenen Ländern wurden

299 Vgl. zur beginnenden Formierung des politischen Katholizismus in Baden *Becker*: Liberaler Staat 67–71; zu den Kooperationen im Rheinland und in Westfalen *Sperber*: Popular Catholicism 283.

300 Vgl. den Forschungsüberblick zu den gesetzlichen Kämpfen zur älteren Literatur besonders *Heinen*: Umstrittene Moderne 139; sowie *Borutta*: Antikatholizismus 20–24; die umfangreichste Darstellung, allerdings stark katholisch gefärbt, bietet nach wie vor *Kissling*: Geschichte des Kulturkampfes im Deutschen Reiche, Bd. 1–3.

301 Vgl. zu den hier nicht berücksichtigen Kämpfen in Württemberg und in Hessen *Evans*: Cross and Ballot 115; *Pickus*: Native Born Strangers.

302 Vgl. dazu etwa die Interpretation von Bismarcks Politik als Versuch, die Widerstände gegen die Reformen der evangelischen Kirchenverfassung zu brechen, bei *Thadden*: Bismarck – ein Lutheraner; sowie die überzogen aus protestantischer Opfersicht geschriebene Darstellung *Hilge*: Die evangelische Kirche.

darüber hinaus von unterschiedlichen Konstellationen und politischen Kulturen geprägt und lassen jeweils andere Grundzüge und Konfliktlinien in den Vordergrund treten. In Baden zeigte sich besonders der liberale Charakter. Die bayerischen Auseinandersetzungen verweisen hingegen eher auf soziale Dimensionen. Der preußische Kulturkampf stellte vor allem die Frage der staatlichen Prärogative und verdeutlichte die diskriminatorische Komponente; die nationale Aufladung der preußischen Auseinandersetzungen und damit auch der Reichsebene grenzte den Katholizismus aus dem Entwurf der deutschen Nation aus. Der Antiklerikalismus operierte in den Kulturkämpfen in seiner doppelten Stoßrichtung – der konfessionellen und der liberalen – und agierte durch den (Baden, Bayern) beziehungsweise zusammen mit dem Staat (Preußen).

Auf Drängen der katholischen Kirche wurde in Baden eine Reform in Angriff genommen, die 1860 zunächst in eine grundsätzlich neue Festlegung der Verhältnisse mündete. Damit traten die protestantische Dynastie, das nun an der Regierung beteiligte liberale Bürgertum wie die sich ultramontan ausrichtende katholische Kirche in einen einige Jahre andauernden Konflikt.[303] In der als staatskirchlich zu beschreibenden Verfassung wurde den Kirchen tendenziell mehr Freiheit zugestanden, allerdings blieb die staatliche Souveränität klar gewahrt.[304] Zugleich wurden die anerkannten religiösen Minderheiten (Juden) und die ›geduldeten‹ Religionsgemeinschaften (Mennoniten, Herrnhuter, Deutschkatholiken, Altlutheraner und Neutäufer) besser gestellt. Diese Pluralisierung ergänzte die Möglichkeit einer Notzivilehe, die Eheschließungen für gemischt konfessionelle Ehepaare ermöglichte, falls sich kein Geistlicher zu einer Einsegnung bereit erklärte.[305] In den Folgejahren wurden dann Bereiche, die vormals unter kirchlichem Einfluss gestanden hatten, in rein staatliche Hände übertragen. Diese zweite Gesetzeswelle brach mit der staatskirchlichen Tendenz der ersten Reform und entsprang vor allem liberalen Initiativen. Sie installierte 1864 eine staatlich geführte paritätische Schulaufsicht der Volksschulen. Die fakultative Einrichtung von Simultanschulen wurde erleichtert, 1870 die simultane Mittelschule obligatorisch. Die Einführung des sogenannten Kulturexamens, einer separaten staatlichen Prüfung über Kenntnisse des Lateinischen, Griechischen, aber auch der deutschen Literatur und Geschichte, für Priester rundete 1867 die neuen

303 Vgl. zum Kulturkampf in Baden *Becker*: Liberaler Staat 352–376; *Evans*: Cross and Ballot 95–102.

304 So wurde die interne Kirchenverwaltung (Finanzen, Gerichtsbarkeit, Kultusausübung, Organisation der geistlichen Bildungseinrichtungen, Ämterbesetzung) weitgehend in die autonome Regie der Kirchen übertragen, allerdings streng in den Grenzen des Staates. Ihm war etwa die öffentliche Kultusausübung sowie die Zulassung von Orden unterstellt und für die Besetzung bestimmter kirchlicher Ämter galten staatliche Bestimmungen.

305 Vgl. im Einzelnen *Becker*: Liberaler Staat 68–73.

Bestimmungen zum Erziehungssystem ab. Ab 1869/1870 war die Zivilehe obligatorisch.[306] Eine dritte Phase von Gesetzgebungen erfolgte im Windschatten des preußischen Kulturkampfes. Diese Reformen richteten sich nun sehr deutlich gegen die Macht der katholischen Kirche. 1872 wurde die Tätigkeit von Orden begrenzt. Die Altkatholiken, die sich im Zuge der Streitigkeiten um das Unfehlbarkeitsdogmas gebildet hatten, wurden anerkannt und unter besonderen Schutz gestellt, 1874 die Auflagen für das Kulturexamen für Priesteranwärter verschärft. Beide Kirchen band zudem die Einführung staatlicher Dotationen noch einmal stärker an den Staat. Letzteres stieß aber auf Widerstand der Liberalen. Ihnen gelang es schließlich 1876, die Simultanschule als obligatorische Volksschule einzuführen. Viele dieser erlassenen Gesetze wurden im Zuge der Beilegung der Kulturkämpfe in den 1880er Jahren wieder abgeschafft. Der Bruch mit der staatskirchlichen Verfassung im Sinne einer engen Verzahnung und Kooperation beider Institutionen blieb aber erhalten – ebenso wie die Zivilehe und die konfessionelle Gemeinschaftsschule.[307]

Der bayerische Kulturkampf ist schnell erzählt. Abgesehen von den in der Nachfolge der preußischen Politik ergriffenen Maßnahmen bestand er letztlich nur aus einer gescheiterten Schulreform. Dies ist auf die anderen machtpolitischen Voraussetzungen zurückzuführen. Ähnlich wie in Baden wurden die Reformen vor allem vom liberalen Bürgertum angetrieben, das mit Johann Freiherr von Lutz (1826–1890) in den entscheidenden Jahren den Kultusminister stellte. Dieser agierte aber in einer vollständig anderen konfessionellen Konstellation. Zum einen war das Herrscherhaus katholisch und der Kirche eng verbunden. Zum anderen stellten die Katholiken im Gegensatz zu Baden die Mehrheit der Bevölkerung, wo sie nur 30 Prozent ausmachten.[308] Das Projekt der Schulreform führte 1869 zu einem breiten Widerstand seitens kirchlicher Kräfte und des Klerus, zur Gründung der katholisch ländlich geprägten, antipreußischen, konservativen und zugleich demokratisch ausgerichteten Bayerischen Patriotenpartei, die in den folgenden Wahlen die Mehrheit erhielt und fortan jegliche weitere Reform auf landesgesetzlicher Ebene verhinderte.[309] Um aus dieser Ohnmachtsstellung herauszukommen, drängte die bayerische Regierung nach der Reichseinigung darauf, die Aktivitäten von Priestern bezüglich politischer Mobilisierung einzuschränken, und gab damit entscheidende Anstöße zum Kanzelparagrafen. Alle weiteren Maßnahmen nach 1871 erfolgten auf-

306 Zudem unterstellte ein Stiftungsgesetz von 1870 existierende und zukünftige Stiftungen mit einigen Ausnahmen der weltlichen Verwaltung und begrenzte so das kirchliche Stiftungswesen. Vgl. zur zweiten Reformwelle ebenda 127–131, 243–269, 286.

307 Vgl. zur Beilegung ebenda 371 f.; allgemein zur dritten Phase ebenda 317–346.

308 Vgl. zu den Zahlen in Baden *Evans*: Cross and Ballot 95.

309 Vgl. zur Patriotenpartei *Hartmannsgruber*: Bayerische Patriotenpartei.

grund der Mehrheitsverhältnisse auf administrativem Wege. Neben den Auseinandersetzungen um die Beschlüsse sowie Folgen des Vatikanums und der Umsetzung der vier Reichsgesetze verbot die bayerische Regierung Priesteramtskandidaten, am stark ultramontan geprägten »Collegium Germanicum« in Rom zu studieren, erleichterte 1873 die Einführung von Simultanschulen und stärkte damit die weltliche Schulaufsicht. Diese Maßnahme wurde allerdings im Zuge der Pazifizierung der Konflikte wieder zurückgenommen.[310] Die Schwierigkeiten der bayerischen Regierung zeigen, dass die Konfliktlinien der Auseinandersetzung zwischen städtisch-liberalem Bürgertum und einer adligen und bäuerlichen, katholisch geprägten Mehrheit in der Bevölkerung verliefen. Diese soziale Konstellation sollte im Zuge des preußischen Kulturkampfes und der unvergleichlich stärkeren Verhärtung der Fronten, dem Erstarken des Zentrums und der solidarischen Gemeinschaftsbildung der Katholiken in den 1870er Jahren deutlich zum Tragen kommen. Viele Studien zum Antikatholizismus nahmen diese sozialen Konfliktlinien zum Ausgangspunkt, um die in der liberalen Kirchenkritik verbreitete Volks- und Massenschelte zur machtpolitischen Frontstellung zu erklären und deren Antikatholizismus als elitär zu charakterisieren.[311] Die vergleichende Diskursanalyse dieser Studie soll klären, inwieweit die Kritik an Volk und Masse auf soziale Konfliktlinien in den gesamten Auseinandersetzungen zurückzuführen sind und ob der Antiklerikalismus grundsätzlich eine soziale Komponente enthielt.

In Preußen entstand der Kulturkampf im Vergleich zu den bayerischen und badischen Auseinandersetzungen zeitversetzt nach der Unfehlbarkeitsdeklaration des Papstes und der Einigung des Deutschen Kaiserreichs. Erstere belastete das Verhältnis zwischen katholischer Kirche und preußischer Regierung entscheidend und muss als ein Auslöser des Konflikts genannt werden.[312] Vor dem Hintergrund der Reichseinigung wurde der Konflikt zwischen Staat und katholischer Kirche national aufgeladen. Deshalb interpretiert die Forschung den preußischen Kulturkampf auch immer wieder als Teil protestantischer Nationsbildung.[313] Träger des Konflikts waren wie auch in Baden und Bayern die Liberalen. Sie kooperierten aber in Preußen mit dem konservativen Reichskanzler

310 Vgl. zum bayerischen Kulturkampf *Southern*: The Bavarian Kulturkampf; *Stache*: Bürgerlicher Liberalismus; *Evans*: Cross and Ballot 102–108; *Becker*: Kulturkampf in Preussen; *Borutta*: Antikatholizismus 304–307.

311 Vgl. *Anderson*: The Kulturkampf; ähnlich *Becker*: Liberaler Staat 196–198; *Becker*: Kulturkampf in Preussen; für die soziale Spaltung der Wählerschicht *Sperber*: Popular Catholicism 255–260.

312 Vgl. zu diesen Konflikten Kapitel 2.2.

313 Vgl. z. B. die klassische sozialgeschichtliche Interpretation der negativen Integration *Wehler*: Deutsche Gesellschaftsgeschichte, Bd. 3 900; stärker kulturgeschichtlich *Walser Smith*: German Nationalism.

und dessen Regierung sowie mit Teilen der Konservativen. Doch wenden wir uns zunächst den konkreten Gesetzgebungen zu, die zum Teil auch auf das gesamte Reich übertragen wurden.[314] Es können hier vier Gruppen von Maßnahmen unterschieden werden.[315] In der Entwicklung des preußischen Staat-Kirchen-Verhältnisses bedeuteten die Kulturkampfmaßnahmen für die Kirchen eine deutliche Einschränkung gegenüber der ihre Autonomie stärkenden Verfassung von 1850.

Eine erste Gruppe von Gesetzen weitete die staatliche Kontrolle über kirchliche Belange aus und führte das Verhältnis tendenziell in staatskirchliche Bahnen zurück. 1873 schuf Preußen einen weltlichen Gerichtshof für kirchliche Angelegenheiten. Die 1850 garantierte Autonomie wurde durch ein Gesetz von 1875 wieder zurückgenommen. Zugleich unterstellte die Regierung die Vermögensverwaltung der katholischen Gemeinden und der Diözesen dem Staat. Ein Jahr zuvor war mit der Verwaltung verwaister Bistümer ebenso verfahren worden. Ein zweites Maßnahmenbündel stärkte die staatliche Hoheit insgesamt und stellte zentrale Teile des gesellschaftlichen Lebens unter die weltliche Macht und verweist auf die säkularisierende Stoßrichtung der Reformen. Neben der obligatorischen Zivilehe, die 1875 reichsweit eingeführt wurde, waren Erziehung und Bildung dasjenige Gebiet, auf dem säkularisierende Maßnahmen im Sinne der Stärkung staatlicher Hoheit ergriffen wurden.[316] 1873 wurde zudem die kirchliche Disziplinargewalt über Geistliche aufgehoben. Ob eher säkularisierend oder staatskirchlich orientiert, beide Gesetzesgruppen verdeutlichen die besonders starke Staatszentrierung der gesetzlichen Auseinandersetzung in Preußen. Eine dritte Gruppe von gesetzlichen Reformen ging vor allem gegen den Einfluss der katholischen Kirche in der Gesellschaft vor. Diese Maßnahmen müssen zum Teil als diskriminatorische Kampfmaßnahmen gewertet werden. Der reichsweit durchgesetzte Kanzelparagraf von 1871 beziehungsweise 1873 sollte in erster

314 Sofern im Folgenden nicht besonders erwähnt, handelt es sich ausschließlich um preußische Gesetzgebung. Vgl. aus der umfangreichen Literatur den Überblick *Evans*: Cross and Ballot 108–117; für die Einzelgesetzgebung *Lindner*: Die Entwicklung; *Becker*: Kulturkampf in Preussen; auf einige Aspekte beschränkt *Borutta*: Antikatholizismus.

315 Vgl. zur Differenzierung *Heinen*: Umstrittene Moderne 141–143; einzelne Aspekte betonen dagegen z. B. *Evans*: Cross and Ballot 7, der den nationsbildenden Charakter hervorhebt; den diskriminatorischen Gehalt in den Vordergrund rücken *Gross*: War against Catholicism 1; *Borutta*: Antikatholizismus 296–324; für den staatskirchlichen Aspekt z. B. *Becker*: Kulturkampf in Preussen.

316 Die Schulaufsicht wurde 1872 dem Staat übertragen. Priesteranwärter mussten ab 1873 wie in Baden ein staatliches Kulturexamen ablegen. Kirchliche Bildungseinrichtungen unterlagen fortan staatlicher Genehmigungspflicht. Vgl. zu den Maßnahmen auf diesem Sektor *Lamberti*: State, Church, and the Politics of School Reform; *dies.*: State, Society, and the Elementary School 40–87.

Linie den Einfluss der katholischen Parteien eindämmen.[317] Prozessionen und Wallfahrten wurden durch eine Ministerialverfügung auf der Basis einer restriktiven Auslegung des preußischen Vereinsgesetzes von 1850 stark reglementiert.[318] Des Weiteren entfernte ein Erlass von 1872 das Lehrpersonal von Orden und Kongregationen aus öffentlichen Schulen, Jesuiten und verwandte Orden wurden aus dem gesamten Reichsgebiet ausgewiesen und 1875 in Preußen alle Orden mit Ausnahme jener, die karitativ tätig waren, verboten.[319] Daneben standen Maßnahmen, die besonders die Durchsetzung vorher erlassener Bestimmungen durch Zwang erreichen und den Widerstand seitens der katholischen Kirche brechen sollten; dazu gehörten die reichsweite Möglichkeit der Ausweisung von Priestern von 1874, die Pflicht zur Anzeige von Amtsernennungen 1873, das sogenannte Brotkorbgesetz, das die Zahlungseinstellung an Priester als Zwangsmittel vorsah, die Verschärfung der Überwachungsinstrumente von Vereinen und Presse 1874. Ein letztes Gesetz dehnte schließlich die individuelle Religionsfreiheit aus: 1873 wurden die Bedingungen für den Kirchenaustritt deutlich verbessert und in den staatlichen Machtbereich übertragen.[320]

Der Konflikt des preußischen Staates mit der katholischen Kirche hatte für letztere strukturell verheerende Folgen. Zeitungen wurden verboten, Priester festgenommen, so dass ganze Gemeinden verwaisten. Von zwölf Bischöfen waren am Ende nur noch drei im Amt. Die Zwangsmaßnahmen waren die Antwort auf den zunehmenden, vehementen Widerstand eines Teils der katholischen Bevölkerung. Nicht nur Priester, die deutsche Kirchenhierarchie und der Papst protestierten, sondern es mobilisierten sich in einem bis dahin unbekannten Maße auch Laien mit schriftlichen Äußerungen qua Zeitungen, durch Demonstrationen und in kultischen Solidaritätsbezeugungen. Dieser Widerstand nahm zum Teil gewalttätige Formen an und richtete sich dabei gegen die Staatsmacht sowie in Einzelfällen auch gegen potentielle Unterstützer wie Freimaurer oder Altkatholiken.[321] Wie bereits angedeutet, schwenkte der Staat

317 In Preußen wurde der bayerische Vorschlag, der sich gegen die Patriotenpartei richtete, aufgegriffen, um die Erfolge des Zentrums einzudämmen. Vgl. ausführlich den Kanzelparagrafen im internationalen Kontext verortend *Anderson*: Lehrjahre der Demokratie 126–132; sowie *Borutta*: Antikatholizismus 294–315.

318 Vgl. dazu *Speth*: Kulturkampf und Volksfrömmigkeit.

319 Vgl. zum Jesuitengesetz besonders *Healy*: The Jesuit Specter 51–116; allgemein zur Ordensgesetzgebung und ihrer Entwicklung im Kontext der Kirchenkritik *Borutta*: Antikatholizismus 247, 257–263, 290–296.

320 Vgl. zu den immer noch relativ restriktiv gehaltenen Bestimmungen im Einzelnen klar aus Betroffenensicht *Groschopp*: Geschichte des Kirchenaustritts 6 f.

321 Vgl. zum Widerstand gegen den Kulturkampf z. B. *Sperber*: Popular Catholicism 222–233, 249–251; *Walser Smith*: German Nationalism 42–49; *Borutta*: Antikatholizismus 247–254; *Heinen*: Umstrittene Moderne 153 f.; zum Problem der Durchsetzung der Gesetze besonders *Ross*: The Kulturkampf; *ders.*: The Failure; *Sperber*: Popular Catholicism 240–251.

schließlich in seiner Politik um, denn es zeigte sich, dass der Kampf aussichtslos war und neue innenpolitische Ziele ließen den preußischen Reichskanzler die Aussöhnung suchen, die auch der seit 1878 amtierende Papst Leo XIII. anstrebte. In den Jahren 1882/1883 wurden die ersten Gesetze abgemildert, der endgültige Abbau folgte 1886/1887. Erhalten blieben der Kanzelparagraf, das Schulaufsichtsgesetz, die Anzeigepflicht und die Zivilehe. Das Jesuitengesetz wurde erst 1917 gänzlich abgeschafft.[322]

Das langfristig wohl gravierendste Resultat der preußischen Kämpfe war die die nächsten Jahre bestimmende konfessionelle Frontstellung, die den Antiklerikalismus maßgeblich prägte. Entscheidenden Einfluss auf diese Entwicklung übte auch die Ausbildung des politischen Katholizismus aus. Die Gründungen der politischen Parteien waren in Baden und Bayern direkte Folgen der Auseinandersetzungen, in Preußen der Ausgangspunkt. Hinsichtlich der Entstehung des politischen Katholizismus zeigt sich also kein klares Ursache-Wirkungs-Muster. Ebenso sollte meines Erachtens die Mobilisierung des gesamten katholischen Lagers als ein mit der Kulturkampfgesetzgebung verwobener Prozess und nicht ausschließlich als Auslöser oder Folge betrachtet werden, denn Beispiele finden sich für beide Kausalitätsrichtungen. In jedem Fall wirkten die gesetzlichen Veränderungen als ein dynamisierender Impuls.[323] Die Kulturkämpfer verfolgten eine exklusive Konfessionspolitik, die Katholizismus und Katholiken aus der Gesellschaft ausgrenzte. Neben den legislativen durchgesetzten Exklusionsversuchen mithilfe des Kanzelparagrafen zeugt vor allem die Zensurpraxis von dem ausgrenzenden Charakter der Politik.[324] Eine gesellschaftliche Marginalisierung von Katholiken in den staatlichen Schaltstellen, die bereits in den Paritätsdiskussionen vor den gesetzlichen Konflikten zum Tragen kam, trug das Ihre zu diesem Prozess bei und blieb bis in die Wilhelminische Zeit virulent.[325] Doch ich greife vor.

322 Vgl. zu den Überbleibseln *Morsey*: Kulturkampf 177–180; besonders zum Jesuitengesetz *Healy*: The Jesuit Specter 194–226.

323 Vgl. die vorgängige Mobilisierung im Rahmen der ultramontanen Frömmigkeit betonend *Sperber*: Popular Catholicism 285–287; *Weichlein*: Konfession und Region; für den reaktiven Charakter der Kulturkampfgesetzgebung *Anderson*: Lehrjahre der Demokratie 101–145; *Borutta*: Antikatholizismus 294–315; für die konfessionalisierende Wirkung der gesetzlichen Maßnahmen dagegen die Literatur in Anmerkung 313, 321.

324 Vgl. zur Zensurpolitik *Wetzel*: Presseinnenpolitik im Bismarckreich 158–168.

325 Die diskriminatorische Politik bei der Besetzung der zentralen Stellen im Staat kann allerdings nicht nur auf die konfessionelle Intoleranz zurückgeführt werden. Martin Baumeisters Analyse des Topos des katholischen Bildungsdefizits verweist auch auf die realhistorische Dimension, die die Marginalisierung ein Stück weit erklärt. Vgl. *Baumeister*: Parität 40–44, 47, 63–71; ähnlich auch *Borutta*: Antikatholizismus 75–77; zur Ausgrenzung innerhalb des Bürgertums speziell an den Universitäten *Jarausch*: Students, Society, and Politics 173, 201, 230f.,

Die Anzahl konfessioneller Polemiken nahm in diesen Jahren kontinuierlich zu und wurde politisiert.[326] Protestantische Nationsentwürfe propagierten schon seit der Einigungsphase (zunehmend auch von konservativer Seite) die Idee einer genuinen Verbindung der deutschen Geschichte und Kultur mit dem Protestantismus und verschränkten damit den Nationsbegriff unlösbar mit der Mehrheitskonfession im neuen Reich. Die großdeutschen, vor allem katholisch geprägten Entwürfe hatten ausgedient. Die Größe und zukünftige Entwicklung der Nation wurden an die protestantische Kultur geknüpft und der Katholizismus als undeutsch ausgegrenzt.[327] Die Verquickung der konfessionellen Zugehörigkeit mit nationaler Zuverlässigkeit schob Katholiken auch hinsichtlich ihrer nationalen Zugehörigkeit eine Bringschuld zu, die in manchen ihrer nationalen Gegenentwürfe präsent war.[328] Diese politischen, sozialen und kulturellen Ausgrenzungsprozesse trugen entscheidend zur Ausbildung und Verfestigung des katholischen Lagers bei.[329] Als der äußere Druck nachließ und sich die Machtkonstellation wandelte, erodierte dann auch die katholische Geschlossenheit.[330] Für die unmittelbar an die gesetzlichen Kulturkämpfe anschließende Zeit bedeutete die konfessionelle Frontstellung zunächst einmal, dass sich das

257, 316, 371–379; *Swartout*: Culture Wars; zur Zeit des Kulturkampfes *Baumeister*: Parität 29–31; allgemein zur Paritätsdiskussion in der Wilhelminischen Zeit ebenda 18–31.

326 Vgl. *Köhle-Hezinger*: Evangelisch – katholisch 93–98.

327 Vgl. aus der Fülle der Literatur zum protestantischen Nationalismus z. B. *Gailus/Lehmann*: Nationalprotestantische Mentalitäten; *Walser Smith*: German Nationalism 20–37; für den Theologennationalismus *Graf*: Protestantische Theologie 19–21, 36 f.; zunehmend werden in der Forschung die Differenzen innerhalb der protestantischen Nationsentwürfe betont *Buschmann*: Auferstehung der Nation; *Becker*: Konfessionelle Nationsbilder; *Hübinger*: Sakralisierung der Nation.

328 Auch hier zeigt sich keine Einheitlichkeit der Positionen. Vgl. erstmals zur Bringschuld *Blackbourn*: The Problem 176; zu den katholischen Nationsentwürfen vor der Reichsgründung *Lill*: Katholizismus und Nation; *Altgeld*: Katholizismus, Protestantismus, Judentum 158–165; *Stambolis*: Nationalisierung trotz Ultramontanisierung 57–74; im Kaiserreich *Walser Smith*: German Nationalism 75–78, 143–146; *Becker*: Konfessionelle Nationsbilder; *Weichlein*: Der Apostel; *Schulte-Umberg*: Berlin – Rom – Verdun; *Bennette*: Fighting for the Soul; im Reformkatholizismus *Hastings*: Feminized Church 50–54.

329 Als Indikatoren der Lagerbildung verwendet die Forschung neben Vereinsbildung und öffentlichen Solidaritätsbekundungen besonders die konfessionelle Orientierung bei Parteimitgliedschaften und im Wahlverhalten. Des Weiteren werden soziale Faktoren genannt, mit denen eher das Konzept des Mileus unterstützt wird. Vgl. zur katholischen Lagerbildung in der Politik *Loth*: Katholiken im Kaiserreich; *Loth*: Integration und Erosion; zum Wahlverhalten *Sperber*: Popular Catholicism 253–276; *ders.*: Kaiser's Voters 282–284; *Rohe*: Wahlen und Wählertraditionen 73–83; *Dietrich*: Konfession im Dorf 372–381; *Anderson*: Lehrjahre der Demokratie 134–157.

330 Vgl. z. B. *Loth*: Integration und Erosion; *Mooser*: Katholische Volksreligion 152–154; *Walser Smith*: German Nationalism 144–146, 185–191; *Owzar*: Kampf der Kulturen 365–373; *Anderson*: Lehrjahre der Demokratie 184–188.

politische Spektrum nicht im Sinne eines Links-Rechts-Spektrums sortierte. Anders als in den beiden romanischen Ländern stand der Katholizismus in den deutschen Ländern zu solch einer Aufteilung quer und dies macht eine klare Einordnung der Kirchenkritik im Kaiserreich so schwer.

Trägergruppen und ihre Diversifikation – die Bismarck-Ära

Der Antiklerikalismus befand sich in dieser Konstellation als Gegner der katholischen Kirche zunächst einmal auf Seiten der politischen Macht und der bestimmenden Mehrheitsgesellschaft.[331] Die kulturkämpferische Allianz war allerdings in ihrer Zielsetzung bei weitem nicht so einig, wie der sich ausbildende Dualismus zunächst nahelegt. Differenzen traten nicht nur zwischen Antiklerikalen und der konservativen Regierung auf. Die verschiedenen Stoßrichtungen der Gesetzgebung verweisen bereits auf die disparaten Zielsetzungen, die bei näherer Betrachtung der konkreten Zustimmung und Ablehnung klar hervortreten. Das konfessionelle Band des deutschen Antiklerikalismus wurde insbesondere durch die Widerstände der konservativen Protestanten und der evangelischen Kirche zerrissen, die sich vor allem an den säkularisierenden Maßnahmen in der Schul- und Ehegesetzgebung sowie an der Stärkung der staatlichen Hoheitsrechte in kirchlichen Belangen stießen, ohne sich damit zugleich auf die Seite des Zentrums zu schlagen.[332] Die sich hier artikulierende Zersplitterung des deutschen Protestantismus in der zweiten Hälfte des 19. Jahrhunderts bildete aber nur eine Grenze für die konfessionelle Lagerbildung. Darüber hinaus standen am Rande beziehungsweise außerhalb der Kulturkampfallianz die Sozialisten und Freigeistigen als Teil des Antiklerikalismus.[333] Vernachlässigt wurden bislang oft aufgrund der allzu leichtfertigen Gleichsetzung von Zentrum und Katholizismus abweichende Positionen von Katholiken, die durchaus auch in den Reihen der Kirchenkritik zu finden waren. Ähnlich wie in Frankreich positionierten sich auch die deutschen Juden. Wegen ihres Minderheitenstatus standen viele der Kirchenkritik durchaus nahe. Gerade für

331 Von der Berücksichtigung der regionalen und ethnischen Grenzen wird hier abgesehen. Vgl. dazu z. B. *Walser Smith*: German Nationalism 167–206.

332 Vgl. zum Widerstand in protestantischen Kreisen *Greschat*: Deutschland II., Protestantismus, Kaiserreich 665 f.; *Hilge*: Die evangelische Kirche 99–167.

333 Für den deutschen Kontext wird im Folgenden für Freireligiöse und Freidenker der Oberbegriff der Freigeistigen verwendet, da er die Verbindungen zwischen beiden und die stärker religiöse Ausrichtung dieser Gruppen in den deutschen Ländern zu transportieren vermag. Vgl. zu den Freigeistigen im Kulturkampf *Weir*: Fourth Confession 294–356; zu den Sozialisten *Grote*: Sozialdemokratie und Religion 56–71.

die sich Säkularisierenden unter ihnen war die Freigeistigkeit attraktiv. Allerdings sahen die jüdischen Kulturkämpfer den diskriminatorischen Gehalt der Gesetzgebung äußerst kritisch.[334] In Kapitel 2.1 und Kapitel 3.3 werden diese Differenzierungen aufgenommen und die konfessionelle Dimension des Antiklerikalismus vermessen sowie die komplexe Stellung der dritten deutschen Konfession beleuchtet.

Die liberalen Parteien müssen als genuine Träger der Kulturkampfgesetze gezählt werden. Sie waren die treibenden Kräfte in Baden und Bayern. Die neueren Antiklerikalismusstudien haben deutlich herausgearbeitet, dass die intoleranten Züge, die sich im gesetzlichen Kulturkampf manifestierten, aus genuin liberalen Positionen entwickelt wurden und Liberale nicht, wie ältere Studien behaupteten, ihre eigenen Ideale verrieten.[335] Dennoch zeigt der genaue Blick auf die einzelnen Gesetzgebungen, dass sich durchaus unterschiedliche Positionen gegenüberstanden und sich Widerstände auch innerhalb des liberalen Spektrums gegen gewisse Maßnahmen regten. So drängten etwa süddeutsche Liberale auf die Einführung des Kanzelparagrafen oder der Jesuitengesetzgebung auf Reichsebene, aber gerade Fortschrittler artikulierten gegenüber diesen beiden Gesetzen deutliche Vorbehalte und lehnten sie zum Teil vollständig ab. Die Gesetze, welche die staatskirchlichen Prärogative stärkten und der Initiative der Regierung entsprangen (wie die Begrenzung geistlicher Disziplinargewalt, die Eingriffe in die Vermögensverwaltung, die Aufhebung der Autonomie der anerkannten Kirchen etc.), wurden eher gebilligt als bewusst forciert.[336] Die Grenze zwischen Unterstützung und Protest verlief sowohl zwischen den beiden großen liberalen Strömungen als auch geografisch zwischen Norden und Süden.[337] Die dahinterliegenden verschiedenen Begründungen und Vorstellungen sollen in Kapitel 3.1 aufgegriffen und systematisch herausgearbeitet werden. Der gesetzliche Kulturkampf stellt sich im Lichte der verschiedenen Positionen

334 Im Kaiserreich stellten die Juden zwischen ca. 1,0 und 1,3 Prozent der Bevölkerung. Vgl. *Hübinger*: Confessionalism 158; zum jüdischen Antiklerikalismus *Joskowicz*: Anticlerical Alliances; zum Verhältnis der Freigeistigen und der Juden *Weir*: Fourth Confession 109–111, 357–382, 412–418.

335 Vgl. *Heinen*: Umstrittene Moderne 140–143; *Gross*: War against Catholicism 300; *Borutta*: Antikatholizismus 352–368; zur Verratsthese etwa *Bornkamp*: Die Staatsidee; *Lill*: Zur Einführung 10.

336 Wegen der Konzentration auf die Hauptträgergruppen des Antiklerikalismus wird auf eine Diskussion der Position der Regierung, insbesondere in der Person des Reichskanzlers, verzichtet. Die Verbindung Bismarcks zu den Kirchenkritikern greift Kapitel 3.1 auf.

337 Vgl. zu den Differenzen insgesamt *Heinen*: Umstrittene Moderne 140–143; *Gross*: War against Catholicism 258–275; speziell zum Kanzelparagrafen *Lindner*: Die Entwicklung 16–18; zum Antijesuitengesetz *Healy*: The Jesuit Specter 68–69; *Gross*: Kulturkampf and Unification 558.

und Zielsetzungen innerhalb der konfessionellen Konfliktlinien wie auch zwischen den Liberalen als ein Kompromiss verschiedener sich zum Teil überschneidender Positionen dar, wobei der Antiklerikalismus nur einer der Träger der Reformen war.

Begleitet wurden die legislativen Auseinandersetzungen von einer breiten Produktion antiklerikaler Medien. Die »Gartenlaube« publizierte gerade in den Einigungsjahren eine Reihe antikatholischer Fortsetzungsromane populären Stils und setzte daneben Genrebilder, die unter der Decke volkstümlicher Darstellungen eine moralische Kritik insbesondere klösterlicher Lebensführung lancierten. Karikaturen zeichneten in radikalerer Form ähnliche Sujets.[338] Um die gesetzlichen Reformen konkret zu unterstützen, griffen Kirchenkritiker zudem die bereits vor der nationalen Einigung in Erscheinung getretenen neuen Formen antiklerikaler Massenmobilisierung wie Versammlungen und Petitionskampagnen auf und integrierten so unterschiedliche Teile der Bevölkerung.[339] In der Kampagne gegen die Jesuiten engagierten sich etwa der Protestantenverein, die sich gerade konstituierenden Altkatholiken, liberale Notabeln und Freimaurer, auf die von katholischer Seite mit Gegenkampagnen geantwortet wurde.[340] Anders als ihre romanischen Mitbrüder scheinen sich die deutschen Maurer erst nach 1871 intensiver an der Kirchenkritik beteiligt zu haben. Mit dem beginnenden Kulturkampf artikulierte sich nun sowohl in Teilen der linksliberalen wie auch der konservativen Logen ein vor allem kulturprotestantisch geprägter Antiklerikalismus.[341] Die freimaurerische Kirchenkritik sollte man in den deutschen Ländern aber auch nicht überbewerten. Denn auch wenn es zutreffend sein mag, dass gerade im Südwesten der Antiklerikalismus dem Laizismus der Logen in Frankreich in nichts nachstand, so kann doch in der Zusammenschau der Trägergruppen den deutschen Maurern nicht der gleiche organisatorische Stellenwert zugemessen werden wie den französischen, die mit

338 Vgl. zu diesen beiden Genres *Borutta*: Antikatholizismus 167–169, 186–191, 192–213; zur konfessionellen Aufladung der historischen Romane *Hirschmann*: Kulturkampf.

339 Anders als für Frankreich und Spanien verfügen wir bislang über keine Überblicksdarstellungen zur soziokulturellen antiklerikalen Mobilisierung. Die folgenden Ausführungen stützen sich auf Einzeldarstellungen zu verschiedenen Trägergruppen sowie die Untersuchung zum Antijesuitismus. Vgl. zu letzterem *Healy*: The Jesuit Specter; zu früheren Beispielen von Massenmobilisierung im Zusammenhang mit dem Moabiterklostersturm *Borutta*: Antikatholizismus 257 f.

340 Vgl. *Healy*: The Jesuit Specter 60–62.

341 Die deutschen Freimaurer waren in ihrer Mehrheit protestantisch. Zudem breiteten sich auch in den Logen alternative religiöse Vorstellungen aus. Für Katholiken stellte sich die Mitgliedschaft in einer Loge zunehmend als prekär dar, da sie dadurch zum Teil von Exkommunikation bedroht waren. Die Aufnahme von Juden war dagegen umstritten und stellte die zentrale Reformfrage der Freimaurerei dieser Jahre dar. Vgl. dazu *Hoffmann*: Die Politik passim.

dem Grand Orient einen zentralen Akteur im Kampf um eine laizistische Gesellschaft hatten.[342]

Die antiklerikale und antikatholische Mobilisierung ebbte mit der Beilegung des gesetzlichen Kulturkampfes zunächst ab.[343] Es erfolgten aber gerade in den 1880er Jahren Gründungen beziehungsweise ein Ausbau von kirchenkritischen Organisationen. Auf Seiten des konfessionellen Antiklerikalismus wurde der 1886 gegründete »Evangelische Bund« zum zentralen Träger. Dieser im Norden vor allem bildungsbürgerlich geprägte, in Städten und im Süden durchaus auch breitere Teile der Mittelschicht integrierende Verein hatte das Ziel, evangelische Interessen zu vertreten. Neben der Verbreitung eines kulturprotestantischen Antikatholizismus engagierte er sich in alltäglichen konfessionellen Konflikten über Begräbnisse, Ehen, Taufen sowie die öffentliche Organisation von Prozessionen. Der Bund entstand zunächst als Protest gegen die Beilegung des Kulturkampfes und die Behandlung der protestantischen Interessen in diesem Konflikt. Er wollte den zerstrittenen Protestantismus in einer Bewegung sammeln und besonders in der wilhelminischen Phase konnte er mit seiner antikatholischen und nationalistischen Ausrichtung eine Brückenfunktion zwischen konservativen und liberalen Protestanten einnehmen.[344] Ähnlich wie die Nationalliberalen war der artikulierte konfessionelle Antiklerikalismus nun durchaus aufgrund der neuen Mehrheitsverhältnisse zum Teil antigouvernemental gestimmt.[345]

Eine quantitativ weniger ins Gewicht fallende Gruppe der Antiklerikalen waren die sich nun verstärkt in Verbänden organisierenden Freigeistigen. Neben den freireligiösen Gemeinden entstand eine ganze Reihe von Freidenkervereinen, die 1881 einen Dachverband gründeten. Je nach Ausrichtung der Gemeinden beziehungsweise der Vereine rekrutierten sie sich sowohl aus bürgerlichen Kreisen, aus dem alten Mittelstand, aber auch aus der Arbeiterschicht. Die Gruppen blieben zahlenmäßig klein, artikulierten ihre Kirchenkritik aber dafür umso deutlicher. Ihre Geschichte ist wie in Frankreich und Spanien von religiöser Disparität geprägt. Während einige in der Nähe der freireligiösen Gemeinden verortet blieben und es personelle Überschneidungen gab, favorisierten andere atheistische Positionen, wobei monistische Vorstellungen zuneh-

342 Vgl. zum Antiklerikalismus der deutschen Freimaurerei ebenda 164–175, 217–224, 255–266; für den Vergleich ebenda 306.

343 Dies zeigt sich etwa an der antiklerikalen Romanproduktion, die ihren Tiefpunkt Ende der 1870er hatte, oder im Abfall der Karikaturenproduktion nach dem Kulturkampf. Vgl. zu den Romanen *Blaschke*: Das Deutsche Kaiserreich 191; zu den Karikaturen *Borutta*: Antikatholizismus 193.

344 Vgl. *Walser Smith*: German Nationalism 51–61, 130–138; ausführlicher *Müller-Dreier*: Konfession in Politik.

345 Vgl. dazu auch *Schlossmacher*: Entkirchlichung 502.

mend dominierten. Politisch und sozial gestaltete sich die deutsche Geschichte der Freidenker im Vergleich zu ihren französischen und spanischen Nachbarn allerdings konfliktreicher. Neben der Nähe zu Demokraten, später vor allem zum Liberalismus übten sowohl die freireligiösen Gemeinden wie die Freidenkervereine seit den 1860er Jahren und dann besonders unter den Sozialistengesetzen eine große Anziehungskraft auf die Sozialisten aus. Das Verhältnis zwischen den Vereinen und der sozialistischen Partei war jedoch gespalten und beiderseits bemühte man sich um Abgrenzung. Dadurch gerieten die Freireligiösen beziehungsweise Freidenker unter den Sozialisten in eine schwierige Lage.[346]

Als vierte Säule der Kirchenkritik ist schließlich die Arbeiterbewegung zu nennen. Die Sozialisten und die versprengten Anarchisten formulierten ebenso wie die liberalen Parteien eine deutliche Kirchenkritik. Während in den beiden romanischen Forschungstraditionen der sozialistische und anarchistische Beitrag zum Antiklerikalismus systematisch berücksichtigt wurde, vernachlässigen Studien zu den deutschen Kulturkämpfen diesen Aspekt.[347] Spezialforschungen haben jedoch die sich besonders in Presse und Publizistik artikulierende kirchen- und religionskritische Dimension des Sozialismus herausgearbeitet. Unumstritten waren die Forderungen nach der Trennung von Schule beziehungsweise Staat und Kirchen. Dagegen warf die Frage nach der Religion klare Differenzen innerhalb des Lagers auf. Die sich zum Teil unter dem zunehmenden marxistischen Einfluss durchsetzende offizielle Parteilinie verlangte Neutralität und überließ die religiöse Orientierung als Privatsache dem Einzelnen. Unter dieser Kompromissformel konnte zum einen eine materialistische Position lanciert werden, die davon ausging, dass Religion mit der revolutionären Umgestaltung automatisch verschwinden werde. Zum anderen integrierte die neutrale Linie die divergierenden religiösen und kirchenkritischen Vorstellungen. Hintergrund waren sicherlich auch taktische Überlegungen, kirchlich gebundene Arbeiter nicht durch atheistische Propaganda abzuschrecken.[348] Mit

346 In ihrer Hochburg Berlin etwa konnten die Freireligiösen im Laufe des Jahrhunderts nie mehr als 1 Prozent der Bevölkerung auf sich vereinen. Vgl. zur Geschichte der Freidenker im Kaiserreich z.B. *Kaiser*: Arbeiterbewegung 81–130; *ders.*: Sozialdemokratie; *ders.*: Organisierte Religionskritik; *Simon-Ritz*: Organisation einer Weltanschauung; *Hölscher*: Protestantische Frömmigkeit 356–369; die unveröffentlichte Dissertation *Weir*: Fourth Confession, die Zahlenangabe dort 186; zur Frage der religiösen Orientierung besonders *ders.*: Secularization.

347 Im Fall des Anarchismus ist dies wahrscheinlich auf seine insgesamt marginale Rolle zurückzuführen. Hier steht eine Untersuchung der Kirchenkritik noch aus.

348 Diese Vorsicht zeigte sich etwa bei bayerischen Sozialisten, die sich besonders gegen die Konkurrenz durch das Zentrum wehren mussten. Die hier aufscheinende Offenheit gegenüber religiöser Orientierung bot politisch Anknüpfungsmöglichkeiten zum sozialen Katholizismus und zu den erstarkenden christlichen Gewerkschaften, denen es gelang, ein Drittel der

dieser Position wurde zudem ein gemeinsamer Kampf mit bürgerlichen Antiklerikalen abgelehnt, da dieser – so die Argumentation – vom Klassenkampf ablenke. Die Forschung verkannte wahrscheinlich aufgrund dieser offiziellen Linie und des Fokus auf die Kulturkampfgesetzgebung, die die Sozialisten nicht unterstützten, oft die Bandbreite der religiösen Positionen. Während die Mehrheit der Sozialisten nominell im Protestantismus verortet war,[349] verband sich eine nicht gering zu veranschlagende Minderheit auch organisatorisch mit den Freireligiösen beziehungsweise Freidenkern und lancierte kämpferisch schismatische oder atheistische Positionen. Eine dritte Gruppe bemühte sich, im Sozialismus eine Alternative von und zu Religion aufzubauen. Die sich durchsetzende offizielle Neutralität verdrängte die beiden religionskritischen Positionen zunehmend und so stellten sich die deutschen Sozialisten im Gegensatz zu ihren romanischen Genossen an den Rand der Kirchenkritik. Dennoch blieb die Stellung zu Religion und Kirchen ein umstrittenes Feld im Sozialismus, was seine Berücksichtigung innerhalb des antiklerikalen Spektrums rechtfertigt.[350]

Neue Kämpfe und Allianzen – die Wilhelminische Ära

Nach der Phase relativer Ruhe im Anschluss an den Kulturkampf begann in den 1890er Jahren wieder eine Zeit erhöhter Konfliktivität, die sich sowohl in neuen Auseinandersetzungen über gesetzliche Fragen äußerte wie in der sie begleitenden oder sich unabhängig von ihnen artikulierenden antiklerikalen Mobilisie-

Arbeiter im Kaiserreich zu organisieren und mit denen die Sozialisten ihre Kritik am Industriekapitalismus teilten. Das Verhältnis zwischen beiden war allerdings zumeist gespalten. Vgl. zur Vorsicht der bayerischen Sozialisten *Pohl*: Katholische Sozialdemokraten 247; zu Zahlen zur katholischen Arbeiterbewegung z. B. *Weichlein*: Corporate Catholicism 237; zum Verhältnis zwischen Sozialisten und christlicher Arbeiterschaft *Sun*: The Enemy is Within our Walls.

349 Vgl. zum protestantischen Charakter der Partei bei Wahlen *Rohe*: Wahlen und Wählertraditionen 83–92; *Sperber*: Kaiser's Voters 53–63; insgesamt in der Frühphase *Welskopp*: Banner 149; *Spohn*: Religiosidad, laicismo, socialismo 56, 60–63.

350 Ob die religionskritischen Tendenzen grundsätzlich zurückgingen, wie es Sebastian Prüfer nahelegt, müssten weitere Studien überprüfen, denn seine Studie endet 1890. Untersuchungen zur Kirchenaustrittsbewegung nach der Jahrhundertwende legen andere Schlüsse nahe. Vgl. zu den sozialistischen Positionen insgesamt *Arbeloa*: Socialismo y anticlericalismo 58–64, 71–110; *Grote*: Sozialdemokratie und Religion 71–76, 167–202; *Hölscher*: Weltgericht oder Revolution 192–194; *ders.*: Protestantische Frömmigkeit 374–377; *Pohl*: Katholische Sozialdemokraten 233–253; *Weir*: Fourth Confession passim; in Karikaturen *Jürgensmeier*: Die katholische Kirche 232–237; sowie *Prüfer*: Sozialismus statt Religion 44–101; zu den verschiedenen religiösen Vorstellungen bis 1890 ebenda 223–337; im Kontext der Kirchenaustrittsbewegung *Ermel*: Die Kirchenaustrittsbewegung 133–145; *Kaiser*: Sozialdemokratie 284–298.

rung der Öffentlichkeit.[351] Die legislativen Debatten drehten sich entweder um die Rücknahme von Resten der Kulturkampfgesetzgebung, auf die das Zentrum und katholische Verbände drängten, oder sie zielten auf die individuellen Religionsrechte.[352] In den Auseinandersetzungen zeigten sich im Vergleich zum Kulturkampf neue Konfliktlinien und Allianzen, die allerdings wechselten und keine dauerhaften Blöcke schufen. Die Frage des Schutzes von Religion und einzelnen Konfessionen stellte sich angesichts der zunehmend radikalen Kirchenkritik außerhalb der großen Konfessionen verstärkt.[353] Radikale Antiklerikale konnten aufgrund § 166 des Strafgesetzbuches verfolgt werden. Dieser verbot die öffentliche Beschimpfung der anerkannten Kirchen und Religionsgemeinschaften. Die Verknüpfung des Pressegesetzes mit den strafrechtlichen Bestimmungen bedeutete für Kirchenkritiker immer wieder eine Eingrenzung in ihrer Tätigkeit.[354] Kulturkämpfer standen also auch zunehmend außerhalb der Mehrheitsgesellschaft und im Konflikt mit der Regierung. Ähnlich wie die Freigeistigen rieben sich besonders auch liberale Protestanten an dieser Bestimmung.[355] In der sogenannten Umsturzvorlage von 1894 drängte das Zentrum mit Konservativen zudem darauf, den Paragrafen zu verschärfen und auch die Lehren der Kirchen unter besonderen Schutz zu stellen. Das Vorhaben rief Proteste der Sozialdemokraten und Liberalen sowie des Evangelischen Bundes hervor und scheiterte im Reichstag. In der Mobilisierung der Sozialisten zeigte sich eine neue Frontlinie, allerdings bildeten die Protestierenden keine Einheit. So polemisierte der Bund zugleich gegen die Reformvorschläge wie gegen die Sozialdemokraten.[356] Neben dem staatlichen Schutz von Religion und Kirchen war die religiöse Durchsetzung staatlicher Institutionen ein weiteres Konfliktfeld, an dem sich radikale Antiklerikale stießen. Die Debatte um die Stärkung der konfessionellen Volksschule, die 1892 bereits eine mögliche Allianz von Zentrum und konservativen Regierungsparteien im preußischen Landtag offensichtlich machte, erregte wie die Umsturzvorlage Unmut bei Sozialdemokraten, Freigeistigen, Liberalen und den protestantischen Vereinen wie dem Deutschen Protestantenverein und dem Evangelischen Bund. Als 1904 und 1906 die Diskussionen erneut geführt wurden und die konfessionelle Volksschule zur Regelschule

351 Vgl. zu dieser Phaseneinteilung *Walser Smith*: German Nationalism 99; für die Dynamisierung des Konflikts auf lokaler Ebene *Wahl*: Confession et comportement 1000–1125.

352 Die Aktivitäten des Zentrums stehen zum Teil im Kontext der neuen Sammlungspolitik. Vgl. *Walser Smith*: German Nationalism 117, 146 f.; zu Konflikten in Bayern *Nord*: Catholic Culture 127 f.

353 Vgl. bereits *Hölscher*: Konfessionspolitik in Deutschland 40–44.

354 Vgl. für den Paragrafen § 166 *Wetzel*: Presseinnenpolitik im Bismarckreich 44, 74–76.

355 Vgl. etwa für die Freidenker *Tschirn*: Der klerikale Justizmord 12 f.; für die liberalen Protestanten *Hübinger*: Kulturprotestantismus und Politik 292.

356 Vgl. dazu *Müller-Dreier*: Konfession in Politik 469–471.

wurde, zeigte sich nun sehr deutlich, dass ein Riss zwischen protestantischem und protestantisch-liberalem Antikatholizismus verlief. Der Antiklerikalismus der Freidenker und Sozialisten agierte zusammen mit Liberalen, die aber, je rechter sie standen, zunehmend aufgrund der konfessionellen Orientierung auch in Opposition zur radikaleren Kirchenkritik gerieten.[357] Insofern ähnelten die Konflikte in der wilhelminischen Phase des Kaiserreichs zum Teil in ihrer tendenziellen Links-rechts-Aufteilung den Auseinandersetzungen in den beiden romanischen Ländern.

Auf Druck des Zentrums wurden zugleich religiöse Individualrechte im Laufe dieser Jahre gestärkt. Die katholische Partei brachte 1900 eine Gesetzesnovelle ein, die im Reichstag zum Teil erfolgreich war, aber auf Ratsebene kassiert wurde. Sie sollte die Rechte auf Gewissensfreiheit und Kultusfreiheit im gesamten Reich sichern, konkret Fragen der religiösen Kindererziehung und des Kirchenaustritts regeln sowie die korporativen Rechte der anerkannten Konfessionen stärken. Sie lehnte sich an existierende preußische Regelungen an. Auch wenn die Annahme des Gesetzes scheiterte, billigten Länder wie Sachsen und Mecklenburg-Schwerin in der Folge erstmals die freie öffentliche Religionsausübung zu. Während die korporativen Rechte direkt abgeschmettert wurden und besonders auf Widerstände in der evangelischen Kirche stießen, erhielt der Teil, der die Individualrechte absicherte, eine Mehrheit im Reichstag.[358] Außerdem versuchte die katholische Partei mehrfach, das Antijesuitengesetz zu Fall zu bringen. Diese Bemühungen scheiterten allerdings bis auf einen Teilerfolg 1903, der in einer Abmilderung des Gesetzes bestand. In diesem Kampf um die Frage der Jesuiten zeigte sich die alte konfessionelle Front durchaus beständig, auch wenn sie an ihren Rändern erodierte und Linksliberale wie Konservative sich zunehmend von der Kulturkampfgesetzgebung distanzierten.[359] Die Aktivitäten des Zentrums ließen also zum einen die konfessionelle Front der 1870er Jahre erneut aufleben, zum anderen verstärkten sie aber interne Differenzen im protestantischen Lager.[360]

Die erhöhte antiklerikale Mobilisierung manifestierte sich nach der Jahrhundertwende sowohl in den steigenden Auflagezahlen von Polemiken und Roma-

357 Vgl. dazu *Evans*: Cross and Ballot 216f.; zu den Debatten *Lamberti*: State, Society, and the Elementary School 154–209; *Hölscher*: Konfessionspolitik in Deutschland 40f.; *Müller-Dreier*: Konfession in Politik 453–459.

358 Vgl. *Walser Smith*: German Nationalism 136–138; *Bohusch*: Verfassungsrechtliche Grundlagen 145–158.

359 Vgl. *Healy*: The Jesuit Specter 88–116.

360 Eine Analyse der Politik seit den 1890er Jahren, die allein die Integration des politischen Katholizismus in den Mittelpunkt rückt, scheint zu kurz zu greifen. Vgl. *Walser Smith*: German Nationalism 117–166.

nen als auch in der Gründung neuer Vereine und dem Mitgliederzuwachs alter.[361] Die Universitäten wurden in den Jahren 1906 bis 1907 vom sogenannten ›Akademischen Kulturkampf‹ erfasst, in dem sich die nationalistische Agitation gegen die katholischen Verbindungen mit Fragen politischer Aktivität von Studenten überhaupt vermischte.[362] Auch die Kirchenkritik in den deutschen Ländern war geprägt durch Massenverbände und den entstehenden politischen Massenmarkt. Der Evangelische Bund sammelte etwa im Rahmen seiner Agitation 1890 innerhalb von drei Wochen allein in Brandenburg 75.000 Unterschriften gegen eine Revision des Jesuitengesetzes und zählte 1914 550.000 Mitglieder.[363] Auf katholischer Seite kämpfte seit 1890 der kulturkämpferisch und sozial ausgerichtete »Volksverein für das Katholische Deutschland«, der besonders bildungspolitisch aktiv war und mit seinen etwas mehr als 800.000 Mitgliedern ebenso einen Massenverein darstellte.[364]

Die Auseinandersetzungen lebten aus mehreren Gründen wieder auf. Die von Neuem auftretenden Vorwürfe einer illegitimen politischen Einmischung des Klerus in den Jahren nach 1900 verweisen auf die sich gewandelten Mehrheitsverhältnisse. Das Zentrum fungierte nun oft als Zünglein an der Waage, was dem politischen Katholizismus eine größere Macht verschaffte. Diese veränderte Situation lenkte die Aufmerksamkeit der Liberalen wieder auf den Katholizismus als Gegner. Hinzu kam die erneute nationalistische Aufladung des konfessionellen Konflikts, wohl hervorgerufen durch Spannungen in den polnischen Gebieten Preußens.[365] Die konfessionelle Frontstellung reicht allerdings nicht aus, die ausbrechenden Auseinandersetzungen zu erklären, wie bereits in den unterschiedlichen Positionierungen zu den gesetzlichen Reformvorhaben deutlich geworden sein sollte. Arbeiten zu beiden konfessionellen Lagern haben darauf verwiesen, dass die Auseinandersetzungen besonders nach der Jahrhundertwende durch die innerkonfessionellen Differenzen geprägt waren. Im Katholizismus distanzierten sich Modernisten oder sogenannte Reformkatholiken sehr bewusst vom Zentrum und dem Mehrheitskatholizismus und verknüpften zum Beispiel in der »Kraus-Gesellschaft« einen deutlichen Antiklerikalismus mit einem völkisch aufgeladenen Nationalismus.[366] Diese

361 Vgl. für die Entwicklungen der Auflagenstärke *Köhle-Hezinger*: Evangelisch – katholisch 91–93; *Blaschke*: Das Deutsche Kaiserreich 191; zur Neugründung von Vereinen *Schlossmacher*: Antiultramontanismus; *Anderson*: Lehrjahre der Demokratie 178.

362 Vgl. dazu *Zwicker*: Dueling Students 165–196.

363 Vgl. *Müller-Dreier*: Konfession in Politik 80, 459–469.

364 Vgl. *Heitzer*: Der Volksverein, für die Mitgliederzahlen ebenda 54–57.

365 Vgl. *Anderson*: Lehrjahre der Demokratie 176–183, 188–194; *Zwicker*: Dueling Students 169 f.

366 Vgl. *Schlossmacher*: Antiultramontanismus 178–182; *Owzar*: Kampf der Kulturen 365–373; *Hastings*: Feminized Church; *Anderson*: Lehrjahre der Demokratie 184–188.

Strömungen wurden von den liberalen Protestanten als Gesprächspartner angesehen, die sich ihrerseits in intrakonfessionellen Konflikten gegen konservative Tendenzen wandten.[367] Es entstanden neue antiklerikale überkonfessionelle Vereine wie der »Antiultramontane Reichsverband« oder der studentische »Bismarck-Bund« mit seinem Sprachrohr »Getreuer Eckard« – beide stark nationalistisch ausgerichtet.[368] Das Aufbrechen der konfessionellen Fronten legt nahe, davon auszugehen, dass sich in der im beschleunigten Wandel befindlichen Gesellschaft grundsätzliche Fragen der Orientierung von Religion und Kirchen sowohl im Katholizismus als auch im Protestantismus erneut stellten und damit der Antiklerikalismus wieder ein zentrales Thema wurde.

Druck wurde allerdings auch von außen auf die beiden Großkonfessionen ausgeübt. Abgesehen von der sich ausbreitenden »vagierenden Religiosität« und der Konkurrenz, die den etablierten Kirchen durch diese Formen erwuchsen, agitierten als Träger der Kirchenkritik Sozialisten und Freidenker in verstärktem Maße. Es traten also neue Positionen zu Kirchlichkeit und Religion auf, die als weiterer Grund für die verstärkte Mobilisierung gelten müssen. Das Freidenkermilieu gewann um die Jahrhundertwende an Bedeutung durch neue Organisationen wie die »Deutsche Gesellschaft für Ethische Kultur« oder den auf den Ideen des Biologen Ernst Haeckel fußenden »Monistenbund«. Diese Vereinsgründungen führten zu Bemühungen, eine gemeinsame Dachorganisation zu schaffen, was 1909 mit dem Weimarer Kartell gelang. Neben diesem Zusammenschluss innerhalb des bürgerlichen Teils der Bewegung vollzog sich zugleich die endgültige Abspaltung des proletarischen Teils der Freidenker mit der Gründung eines separaten Dachverbandes 1908. Trotz der organisatorischen Dynamik blieb die Freigeistigenbewegung allerdings relativ klein. Sie profilierte sich jedoch mit einem neuen praktischen Kritikmittel.[369] Die bürgerlichen Teile der Bewegung griffen ältere Bestrebungen aus den 1870er Jahren auf und riefen

367 Vgl. dazu *Leugers*: Latente Kulturkampfstimmung; *Hübinger*: Kulturprotestantismus und Politik 293.

368 Inwieweit die überkonfessionelle Orientierung auf die soziale konfessionelle Durchmischung im Kontext von Verstädterung und entstehendem politischen Massenmarkt zurückzuführen ist, kann hier nicht diskutiert werden. Vgl. zu diesen Tendenzen *Mergel*: Konfessionelle Grenzen 93; zu den überkonfessionellen Verbänden *Schlossmacher*: Antiultramontanismus 167–178; *Walser Smith*: German Nationalism 128–130.

369 Das Weimarer Kartell wird höchstens auf etwas weniger als 43.000 Mitglieder geschätzt und den proletarischen Freidenkerbund beziffert die Forschung für 1914 mit 6.000 Personen, was jeweils ca. 0,07 Prozent beziehungsweise 0,009 Prozent der Gesamtbevölkerung entsprach. Vgl. zur Einschätzung der Größe *Simon-Ritz*: Organisation einer Weltanschauung 153; *Hölscher*: Protestantische Frömmigkeit 366; zu den Bevölkerungsangaben *Köllmann*: Bevölkerungsgeschichte 1800–1970 18; insgesamt zu den Freidenkern in dieser Phase besonders *Simon-Ritz*: Organisation einer Weltanschauung; *Kaiser*: Arbeiterbewegung passim; *Weir*: Fourth Confession 382–412.

zum Kirchenaustritt aus, dem verstärkt 1908 und 1913/1914 Folge geleistet wurde – wahrscheinlich auch aus steuerlichen Gründen. Nach 1910 erhielten sie auch Unterstützung von Teilen der Sozialdemokraten und – allerdings nur sehr bedingt – von den proletarischen Freidenkern, die in diesen Aktionen eine alternative Streikform sahen. Der quantitative Erfolg blieb lokal begrenzt und wohl relativ gering, aber die Resonanz dieser Bewegung im Kontext der Kulturkämpfe als radikaler Angriff auf die traditionellen Formen religiösen Lebens und das ihnen eingeschriebene Selbstverständnis sollte nicht unterschätzt werden.[370]

Die verschiedenen Trägergruppen zeigen, dass sich das antiklerikale Spektrum sowohl in politischer wie in konfessioneller Hinsicht in der Wilhelminischen Ära diversifizierte. Die im Kulturkampf klar gezogene konfessionelle Lagerbildung löste sich zunehmend auf; Allianzen und gemeinsame Interessen wurden situativ gebildet. Zudem konnte die Kirchenkritik im Kaiserreich besonders seit den 1880er Jahren nicht mehr grundsätzlich auf eine Allianz mit dem protestantisch geprägten Nationalstaat setzen.

Wie die Geschichte des französischen Antiklerikalismus endet die Erzählung der Kulturkämpfe in den deutschen Ländern zumeist mit dem Burgfrieden zu Beginn des Ersten Weltkriegs. Wie in Frankreich blieben aber bei aller nationalistischen Harmonisierung die konfessionellen Feindbilder durchaus persistent. So prägte den Überfall auf Belgien der Mythos vom aufwieglerischen Priester und vom gewalttätigen fanatischen Charakter katholischer Massen, was zu erhöhter Gewalt gegen katholische Geistliche führte.[371] Außerdem wurden Vorwürfe nationaler Unzuverlässigkeit weiterhin gegenüber Jesuiten formuliert.[372] Auch wenn die Weimarer Verfassung 1919 die vollständige Religionsfreiheit durchsetzte, die staatskirchlichen Bestimmungen abschaffte und damit erstmals einen säkularen deutschen Staat etablierte, knüpften Antiklerikale in der Zwischenkriegszeit an die latent vorhandene Kirchenkritik an. Die Kirchenaustrittsbewegung wurde fortgesetzt und nahm jetzt erst richtig Fahrt auf. Nun prägten insbesondere die proletarischen Freidenker den radikalen Antiklerikalismus. Der Antiultramontane Reichsverband agitierte weiterhin. Die Politik blieb

370 Jochen-Christoph Kaiser gibt für die Jahre von 1908–1914 115.551 Austritte im ganzen Reich an, wobei die überwiegende Anzahl auf Preußen entfiel, dies entsprach 1914 ca. 0,17 Prozent der Gesamtbevölkerung. Vgl. *Kaiser*: Arbeiterbewegung 352; zu den Bevölkerungszahlen *Fischer*: Mitteleuropa, Deutschland 361; zur Kirchenaustrittsbewegung *Ermel*: Die Kirchenaustrittsbewegung; *Kaiser*: Sozialdemokratie 276–293; *ders.*: Arbeiterbewegung 30–37; *Hölscher*: Protestantische Frömmigkeit 400; speziell zu den Sozialisten *Prüfer*: Sozialismus statt Religion 188–192, 256–265.

371 Vgl. *Horne/Kramer*: German Atrocities 37, 40f., 104–107.

372 Vgl. *Healy*: The Jesuit Specter 215.

beeinflusst von konfessionellen Konflikten. So galt der katholische Zentrumspolitiker Wilhelm Marx (1863–1946) für das Amt des Reichpräsidenten für viele als nicht wählbar.[373] Die Auseinandersetzungen erhielten aber keinen mit der Zeit vor dem Krieg vergleichbaren Stellenwert innerhalb der gesellschaftlichen Auseinandersetzungen. In einem abschließenden Resümee soll nun die deutsche Entwicklung mit den beiden anderen Ländern verglichen und in den europäischen Kontext gestellt werden.

1.5 Europäischer Antiklerikalismus: Kontexte und Entwicklungen – Zwischenfazit

Die Religionsgeschichte des 19. Jahrhunderts wurde vor allem von zwei fundamentalen strukturellen Veränderungen geprägt. Zum einen wandelte sich das Staat-Kirchen-Verhältnis grundlegend. Zum anderen pluralisierte sich das religiöse Leben in einem bis dahin unbekannten Maße. Die christlichen Konfessionen und das Judentum spalteten sich in verschiedene Richtungen auf. Freireligiöse propagierten Alternativentwürfe christlicher oder nicht christlicher Prägung. Der Atheismus erstarkte. Bei aller Skepsis gegenüber der Datenlage zeigte sich in allen drei untersuchten Ländern eine zunehmende Entkirchlichung. Diese Pluralisierung sollte als Suchbewegung der Bestimmung der Rolle von Religion und Kirchen in der Auseinandersetzung mit den erstarkenden Wissenschaften, dem epistemologischen Wandel und der Herausbildung der modernen Nationalstaaten verstanden werden. Die folgende Analyse wird zeigen, dass und wie der Antiklerikalismus an dieser Suche beteiligt war.

In der zunehmenden Konkurrenz von Sinnangeboten entwickelte sich auf Seiten der beiden christlichen Großkonfessionen eine verstärkte Besinnung auf die jeweiligen Eigenheiten in Ablehnung zur sich verändernden Welt. Dieser oft als Konfessionalisierung bezeichnete Prozess zeigte sich in der römischen Kirche im Ultramontanismus. Verschiedene Gegenbewegungen wehrten sich zwar gegen die ihm inhärente Zentralisierung, Hierarchisierung und antimodernistische Orientierung sowie die neue emotionale Frömmigkeitskultur, dennoch muss der Ultramontanismus als die maßgebende Strömung innerhalb der katholischen Kirche im 19. Jahrhundert angesehen werden. Er stellte das zentrale Gegenmodell der Antiklerikalen dar, an dem sie sich abarbeiteten. Abgesehen von der intransigenten und antimodernistischen Ausrichtung gründete sich

373 Vgl. zur Kirchenaustrittsbewegung in der Weimarer Republik *Kaiser*: Arbeiterbewegung; zum Reichsverband *Schlossmacher*: Antiultramontanismus 168; zu Marx *Kittel*: Deux France 47.

die antikatholische Fokussierung der Antiklerikalen wahrscheinlich auch auf den besonderen Erfolg im organisatorischen Umbau der römischen Kirche: Mit der öffentlich gelebten Frömmigkeit, der Zentralisierung, Transnationalisierung und der umfangreichen Bildung von Assoziationen und Vereinen erhöhte sich deren Sichtbarkeit und verstärkte das Bild einer unabhängigen und geschlossenen Einheit.

Nicht nur die Untersuchungen des religiösen Feldes, sondern auch die Abschnitte über die drei Länder haben gezeigt, dass das Staat-Kirchen-Verhältnis ähnlichen Veränderungsprozessen unterlag. In Frankreich, Spanien und den deutschen Ländern wurden im Laufe des 19. Jahrhunderts zunächst die Kirchen unter die Souveränität der entstehenden modernen Nationalstaaten gestellt und als moralische Referenzinstanz der Gesellschaften integriert. Dabei öffneten sich die Staaten in unterschiedlichem Maße für das sich pluralisierende religiöse Feld. Das französische Konkordat kannte neben der katholischen Kirche Protestantismus und Judentum als Religionsgemeinschaften offiziell an. In den deutschen Ländern wurde aufgrund der territorialen Umgestaltung zu Beginn des Jahrhunderts die Parität der beiden christlichen Konfessionen festgeschrieben. Diese blieb allerdings ein umstrittenes Gut. Zugleich wurden den Juden mit einiger Verspätung die bürgerlichen Rechte zuerkannt. In Spanien war der Staat mit wenigen Unterbrechungen konfessionell organisiert, aber das Toleranzprinzip setzte sich am Ende des Jahrhunderts durch. Anhänger von religiösen Minderheiten waren sowohl links des Rheines wie südlich der Pyrenäen in der Ausübung ihres Kultus eingeschränkt, während in Frankreich seit Beginn der Dritten Republik auch hier Freiheit herrschte. Religiöse Orientierung blieb in allen drei Ländern innerhalb der staatlichen Konstitution aber trotz all der Veränderungen über weite Strecken die maßgebende moralische Referenzinstanz. Zugleich zeigte sich gerade in der zweiten Hälfte des 19. Jahrhunderts die Tendenz, einzelne Institutionen (wie Schule und Ehe), die bisher in kirchlicher Hand lagen, unter staatliche Hoheit zu stellen oder ganz zu verstaatlichen und damit religiös neutral zu gestalten.

Die Umgestaltungen waren in erster Linie Resultat von Staat-Kirchen-Konflikten.[374] Der Antiklerikalismus unterstützte die Prozesse zum Teil, setzte sie fort oder radikalisierte sie, wenn er (mit)regierte. Die Kirchenkritiker gestalteten hierbei in unterschiedlichem Maße die legislativen Veränderungen, je nachdem, welche Stellung sie in den drei Ländern einnahmen. In Frankreich wandelte sich der Antiklerikalismus von einem Oppositionsphänomen zur zentralen Säule der republikanischen Kultur in der Dritten Republik. In der ersten Phase der neuen Ordnung nahm die Regierung das gallikanische und napoleonische Erbe auf.

374 Vgl. *Walser Smith*: German Nationalism 19.

Die Opportunistes behielten die staatskirchlich geprägte Konkordatsverfassung bei. Zugleich begannen sie eine Laizisierungspolitik, die nach der Übernahme der Regierungsmehrheit durch radikalere Teile der Republikaner (und Antiklerikalen) im Zuge der Dreyfus-Affäre in die Trennung von Staat und Kirchen mündete.

Die spanische Entwicklung war von starken Schwankungen bestimmt und der Antiklerikalismus blieb hier tendenziell ein Oppositionsphänomen. Träger der Unterordnung der Kirche unter die Souveränität des Staates waren in der Mitte des Jahrhunderts die konservativen Liberalen, die allerdings schwerlich als Antiklerikale zu bezeichnen sind. Ihre progressistischen Gegner versuchten insbesondere die konfessionelle Prägung des Staates zurückzudrängen. Aber ihre Regierungsphasen blieben nach der Mitte des Jahrhunderts kurz und entsprechende Maßnahmen der linken Liberalen wurden wieder zurückgenommen. Ähnlich erging es den radikalen Reformen des revolutionären Sexenio, das erstmals die Religionsfreiheit im spanischen Staat etablierte. Das konservative Restaurationsregime versöhnte schließlich die katholische Kirche mit dem modernen Staat und gründete sich auf eine enge Bindung an sie. Der Antiklerikalismus artikulierte sich hier vor allem in den oppositionellen politischen Strömungen des Republikanismus, der Freidenker und der aufkommenden Arbeiterbewegung, auch wenn die turnusmäßig regierenden Liberalen nach der Jahrhundertwende die Kirchenkritik erneut für sich entdeckten. Ihren legislativen Vorstößen war aber das gleiche Schicksal wie den Bemühungen ihrer Isabellinischen Vorgänger beschieden. Nach dem Verlust der Regierungsmehrheit wurden diese zumeist wieder kassiert.

Die Eingliederung der Kirchen in die territorial neu gestalteten Länder des Deutschen Bundes erfolgte in der Restauration zunächst in einer deutlich staatskirchlich geprägten Art und Weise. Konflikte entzündeten sich in diesen Jahren insbesondere an Fragen konfessioneller Diskriminierung. Die Verfassungsveränderungen Mitte des Jahrhunderts in Preußen wie in Baden räumten den Kirchen dagegen mehr Spielraum ein. Sie entstammten dabei in Preußen dem konservativen Interesse der Stärkung des christlichen Staates unter Friedrich Wilhelm IV. In Baden trug der emanzipatorische Impetus der Liberalen maßgebend zur Veränderung bei. Diese gegensätzlich erscheinenden Stoßrichtungen verdeutlichen die komplexe Gemengelage in den deutschen Ländern, zu der besonders ab 1848 die enge Verbindung von katholischer Kirche und Religionsfreiheitsrechten im positiven Sinne hinzutrat. Die bikonfessionelle Struktur und insbesondere der politische Katholizismus verhinderten nach der Einigung in der protestantisch geprägten Mehrheitsgesellschaft eine klare Links-rechts-Aufteilung der Interessen, wie sie die Situation in den beiden anderen Ländern kennzeichnete. In den Kulturkämpfen der 1860er und 1870er Jahre mischten sich staatskirchliche Tendenzen mit säkularisierenden Stoßrichtungen und einer deutlich konfessionellen Diskriminierung gegen die katholische Kirche. Der liberale Antiklerikalismus und der konfessionelle Antikatholizismus kämpften gemeinsam. Dies verfestigte die konfessionelle Front und ließ ein relativ geschlossenes katholisches Lager entstehen. Der Staat-Kirchen-Konflikt baute in den deutschen Ländern aufgrund der konfessionellen Aufladung tendenziell auf einer breiteren Koalition auf, die das genuin kirchenkritische Spektrum überschritt. Die Auseinandersetzungen um die einzelnen Gesetze zeigten aber zugleich, dass durchaus Unterschiede in und Grenzen der Mobilisierung für den legislativen Kulturkampf auszumachen sind. Antiklerikale arbeiteten mit beziehungsweise in den jeweiligen Regierungen der deutschen Staaten. Sie waren aber nicht souverän in ihren Entscheidungen wie die demokratisch gewählten Republikaner in Frankreich. Zugleich gestaltete sich die Allianz in den deutschen Ländern brüchig und die konfessionelle Front löste sich zunehmend im Zuge der sich erneut verstärkenden Konflikte in der Wilhelminischen Ära auf. Dabei ist festzuhalten, dass Antiklerikale durchaus mit ihren Forderungen außerhalb der protestantisch geprägten Mehrheitsgesellschaft sowie der politischen Macht stehen konnten. Diese oppositionelle Komponente deutscher Kirchenkritik wurde besonders durch die seit den 1880er Jahren erstarkenden neuen Trägergruppen des Antiklerikalismus (den Freidenkern und den Sozialisten) verstärkt.

Als soziokulturelles Phänomen wurde der Antiklerikalismus in allen drei Ländern von unterschiedlichen politischen Phasen geprägt. In den hier in den Blick genommenen sechzig Jahren konstituierte er sich zunehmend als ein massenmediales Phänomen, dessen Dynamik sich der folgende Abschnitt widmen wird. Vereine und Assoziationen mit kirchenkritischer Zielsetzung entstanden, die als Teilnehmer der Zivilgesellschaft Veränderungen forcierten. Das antiklerikale Spektrum wandelte sich besonders durch die nun organisiert auftretenden Trägergruppen der Freigeistigen und der entstehenden Arbeiterbewegung. Wobei erstere die antiklerikalen Forderungen maßgeblich radikalisierten. Es scheint allerdings für die untersuchten Jahre fragwürdig bereits von einer grundsätzlichen Ablösung vom liberalen Antiklerikalismus zu sprechen.[375] Die verschiedenen Trägergruppen agierten neben- und miteinander. Das ausgefächerte Spektrum antiklerikaler Positionen in allen drei Ländern verdeutlicht, wie unterschiedlich die kirchenkritischen Positionen sein konnten. Neben emanzipatorischen Zügen trug die Kirchenkritik konfessionell diskriminatorische Züge und war durch Intoleranz bestimmt. Welche Forderungen jeweils von den konfessionellen, liberalen, republikanischen, sozialistischen, anarchistischen und freigeistigen Antiklerikalen formuliert und wie diese begründet wur-

375 Vgl. etwa *Clark/Kaiser*: Introduction 6.

den, wird Kapitel 3 im Einzelnen untersuchen und damit die Frage der Einheit des antiklerikalen Lagers jenseits der skizzierten Nationsentwürfe für alle drei Länder systematisch zu analysieren.

In vergleichender Perspektive scheint eine Interpretation der deutschen Länder als Sonderfall nicht abwegig zu sein. Der Antiklerikalismus war in allen drei Ländern unterschiedlich stark. In Frankreich und Spanien baute er in der zweiten Hälfte des 19. Jahrhunderts vor allem auf dem Republikanismus auf. Während sich südlich der Pyrenäen für die untersuchte Zeit keine dauerhafte republikanische Führung etablieren konnte, wurde sie zur staatstragenden politischen Strömung in Frankreich. In den deutschen Ländern fehlte diese Stütze der Kirchenkritik fast gänzlich. Hauptträgergruppe waren die Liberalen, die nach der Reichseinigung schmerzlich lernen mussten, dass sie über keine Massenbasis verfügten.[376] Die konfessionelle Basis einer antikatholischen Front war zwar über einige Jahre mehrheitsfähig, aber an den Rändern brüchig und in sich instabil. Aufgrund dieser komplexen Konstellation, die eine schlichte Zweilagerteilung unmöglich macht, fällt es schwer, für die deutschen Länder zu einer definitiven Einschätzung über die Stärke der Antiklerikalismus zu kommen. Die folgende Analyse wird zu klären versuchen, ob das Fehlen des Republikanismus oder der konfessionelle Faktor einen deutschen Sonderweg im Antiklerikalismus nahelegen. Sie wird die drei sehr unterschiedlich gelagerten nationalen Fälle von Kirchenkritik zusammenführen und auch untersuchen, inwieweit sich die verschiedenen strukturellen Kontexte, Mehrheiten und Lagerbildungen in der antiklerikalen Mobilisierung und im Diskurs niederschlugen oder dieser gar jene bestimmte.

376 Vgl. z. B. *Langewiesche*: Liberalismus in Deutschland 133–164.

2. Skandalisierungen und die Bildung europäischer Öffentlichkeit

Der transnationale Charakter des Antiklerikalismus zeigte sich nicht nur in den alltäglichen Formen der Vernetzung. Im Laufe der zweiten Hälfte des 19. Jahrhunderts traten immer wieder Ereignisse auf, die eine transnationale Wahrnehmung nach sich zogen und die Antiklerikale derartig mobilisierten, dass eine europaweite Reaktion entstand. In diesen Momenten verdichteter Kommunikation bildeten sich Ansätze und Formen einer europäischen Öffentlichkeit. Europaweite publizistische Mobilisierung lässt sich selbstverständlich schon vor der Entstehung der modernen Massenkommunikation in der zweiten Hälfte des 19. Jahrhunderts beobachten,[1] allerdings erhielten die Vernetzungen durch den »zweiten Strukturwandel der Öffentlichkeit«[2] eine neue Qualität. Die entstehende Massenpresse, die Beschleunigung der Nachrichtenübermittlung durch Telegrafie, Telefon und durch die Verbesserung des Verkehrsnetzes sowie die anwachsende Alphabetisierung und politische Demokratisierung veränderten den Charakter der Kommunikation grundlegend und gaben der Mobilisierung eine stärkere Dynamik.[3] Zudem wurde Kirchenkritik auch erst in dieser Zeit zu einem Massenphänomen. Anhand der Rezeption der drei ausgewählten Ereignisse werden im Folgenden Formen und Dynamiken antiklerikaler europäischer Öffentlichkeit und ihre Veränderungen dargestellt werden. Dabei werden erstens die Veränderungen mit Blick auf die Vernetzung zivilgesellschaftlicher Organisationen und in Hinblick auf Presse und Publizistik im 19. Jahrhundert in Europa sowie der Umgang der Antiklerikalen mit diesen strukturellen Voraussetzungen nachgezeichnet.[4] Zweitens soll mittels des von mir zugrunde

1 Vgl. z. B. *Abrosimov*: Genese; *Vogel*: Untergang.

2 *Weisbrod*: Medien als symbolische Form 271. Vgl. zu diesem grundlegenden Wandel der Medienkommunikation auch *Schulz*: Aufstieg der vierten Gewalt; sowie *Knoch/Morat*: Medienwandel und Gesellschaftsbilder.

3 Vgl. zur Entstehung der Massenpresse im europäischen Vergleich z. B. *Chapman*: Comparative Media History 43–149; *Requate*: Politischer Massenmarkt 22–30; zur zunehmenden Vernetzung der Kommunikation in Europa allgemein *Requate/Schulze Wessel*: Europäische Öffentlichkeit, Einleitung 22–30; zu Telegrafie und Nachrichtenagenturen *Siebold*: Weltnachrichtenordnung; *Laborie*: L'Europe mise en réseaux.

4 Vgl. zur Internationalisierung zivilgesellschaftlicher Organisationen *Geyer/Paulmann*: Mechanics; *Fäßler*: Globalisierung 85–87; allgemein *Lyons*: Internationalism in Europe; zu den einzelnen Gruppen abgesehen von den klassischen Untersuchungen der sozialistischen Inter-

gelegten doppelten Öffentlichkeitsbegriffes insbesondere der Grad und Charakter der empirisch fassbaren europäischen Kommunikation sowie das kollektive Selbstverständnis der Akteure als Öffentlichkeit analysiert und mit der jeweiligen nationalen und lokalen Orientierung in Beziehung gesetzt werden. Drittens werden spezielle Dynamiken, Probleme und Lagerbildungen der antiklerikalen Pressemobilisierung im Kommunikationsprozess beleuchtet. Im Anschluss an diesen punktuellen diachronen Durchgang resümiert eine abschließende Zusammenfassung die beobachteten strukturellen Entwicklungen und versucht, den grundlegenden Charakter der antiklerikalen Öffentlichkeit in der zweiten Hälfte des 19. Jahrhunderts auf der Folie des Habermasschen Idealtypus zu bestimmen und ihren Stellenwert für die Frage nach der Europäizität der Kulturkämpfe einzuschätzen.

2.1 Die Entführung Edgardo Mortaras (1858) – Europa als Ausweg

Am Abend des 23. Juni 1858 drangen mehrere Gendarmen in das Haus des jüdischen Kaufmanns Momolo Mortara (1816–1871) und seiner Ehefrau Marianna Padovani (1819–1890) in Bologna ein und forderten die Herausgabe ihres sechs Jahre alten Sohnes Edgardo. Grund für diese Forderung war die angebliche heimliche Taufe des Jungen durch das christliche Dienstmädchen Anna Morisi. Sie hatte behauptet, den Jungen getauft zu haben, als er im Alter von wenigen Monaten sterbenskrank war. Der Knabe genas aber und der Fall wurde 1858 den Kirchenoberen von Bologna bekannt, das zu diesem Zeitpunkt noch zum Kirchenstaat gehörte. Daraufhin veranlasste der zuständige Inquisitor die Entwendung des Knaben, die nach einigem Hin und Her 24 Stunden nach der nächtlichen Ruhestörung vollzogen wurde. Edgardo wurde nach Rom in das Haus der Katechumenen gebracht (die römische Einrichtung für die Bekehrung Ungläubiger), wo er eine christliche Erziehung erhalten sollte.[5]

nationale zu den Anarchisten *Van der Linden*: Transnational Labour History; *Berry/Bantman*: New Perspectives; zu den Freidenkern *Álvarez Lázaro*: Istituzionalizzazione 239–241; zu den Freimaurern *Berger*: Between Universal Values and National Ties; *Berger*: European Freemasonries; zu den Republikanern *Hanschmidt*: Republikanisch-demokratischer Internationalismus.

5 Vgl. für diese oft erzählte Geschichte die ausführliche Darstellung bei *Kertzer*: Die Entführung 13–27, 64–76.

Eine Minderheit wendet sich an die Öffentlichkeit

Um die Rückgabe ihres Sohnes zu erreichen, griffen die Eltern auf das Netzwerk der jüdischen Religionsgemeinschaft in Italien zurück, über das die Nachricht vom Geschehenen innerhalb weniger Tage verbreitet wurde. Die Gemeinden Sardiniens beschlossen, die Geschichte der Entführung an die offiziellen Vertretungen der Juden in Frankreich und Großbritannien zu melden, und schickten am 12. August 1858 einen Brief mit der Bitte, die jeweilige Regierung um diplomatische Hilfe zu ersuchen und an die Öffentlichkeit zu treten.[6] Diese Aktivitäten müssen vor dem Hintergrund der Emanzipation gesehen werden, die den Juden überhaupt erst ermöglichte, als Bürger des jeweiligen Staates Einfluss zu nehmen. Während das Ehepaar Mortara mit Hilfe der jüdischen Gemeinden in Italien aktiv an einer Rückgabe Edgardos arbeitete und ein Memorandum an den Papst verfasste, gelangte die Geschichte über die angeschriebenen Vertretungen zunächst in Frankreich, bald in ganz Europa und ab Oktober auch in den USA an die allgemeine Öffentlichkeit.[7] Man interessierte sich für das Schicksal des Jungen und seiner Familie und diskutierte den Fall und seine Implikationen einige Monate lang ausführlich in der Tagespresse und in Zeitschriften. Sowohl diesseits als auch jenseits des Atlantiks engagierten sich neben jüdischen auch protestantische und andere Organisationen wie Freimaurer oder die »American Party«, um gegen das Vorgehen der katholischen Kirche zu protestieren. In den USA entstand eine regelrechte Versammlungsbewegung; in verschiedenen Städten besonders in den Nordstaaten organisierten Juden zum Teil gemeinsam mit Protestanten Treffen von bis zu 3.000 Personen, auf denen antiklerikale Vorträge gehalten und Petitionen verabschiedet wurden. In den Niederlanden wurde in der zweiten Kammer eine Interpellation vorgebracht, um vom Kultusminister eine Erklärung über das Verhalten der Regierung in der Mortara-Affäre einzufordern.[8]

6 Vgl. das Schreiben in Roma 75f.; für die erste Verbreitung der Nachricht und die Aktivitäten der jüdischen Gemeinden sowie der Familie *Kertzer*: Die Entführung 77–124, 142–204, 227–231, 257–271; *Volli*: Il caso Mortara 1120f.

7 Vgl. für die weitere Verbreitung der Nachricht z.B. ebenda 1093–1100; *Weil*: L'affaire Mortara 112f.

8 Vgl. insgesamt zur Mobilisierung jenseits der Medienöffentlichkeit in den Niederlanden *Lang*: Weekrlank; *Volli*: Il caso Mortara 1109f.; in Italien *Zöller*: Publizistik und Protest 47f.; *Bremer*: Papst entführt Kind; in Frankreich *Volli*: Il caso Mortara 1123, 1135f., 1131f., 1134f.; in Großbritannien ebenda 1102–1108, 1111–1117, 1123f.; *Langham*: The Reaction; in den deutschen Ländern *Volli*: Mortara nel primo centenario 153–167; für die Versammlungsbewegung in den USA *Korn*: The American Reaction 21–79; *Schappes*: A Documentary History 385–392, 674–676; sowie *Verhoeven*: Transatlantic Anti-Catholicism 57–74.

Die Mortara-Affäre beschäftigte die europäische und US-amerikanische Presse von September 1858 bis Januar 1859. Aber auch Monate und Jahre später druckten verschiedene Blätter – und zwar nicht nur jüdische – immer wieder Artikel, die die Erinnerung an den Fall wachhielten.[9] Aus der tagesaktuellen Aufmerksamkeit entwickelte sich allmählich eine systematischere Auseinandersetzung. Es entstanden verschiedene Broschüren, die die unterschiedlichen Berichte und Positionen noch einmal rekapitulierten, wie die Broschüre »Roma e la opinione pubblica d'Europa nel fatto Mortara«.[10] Einige dieser Broschüren erfuhren auch eine Übersetzung.[11] Die Medienpräsenz des Falls scheint dabei die Rezipienten durchaus mobilisiert zu haben. In der Presse wurde die Affäre als zentraler Gegenstand gesellschaftlicher Konversation ausgemacht. [12] Außerdem bereiteten verschiedene Autoren die Ereignisse von 1858 dramatisch auf und diese Werke wurden zum Teil medienwirksam inszeniert. Das französische Theaterstück »La tireuse de cartes« zählte bei seiner Uraufführung 1859 im Theater Porte Saint-Martin sogar Napoleon III. nebst Gattin zu den Premierengästen und zog eine erneute Auseinandersetzung in der französischen Presse mit der Mortara-Affäre nach sich.[13] Die Erinnerung an die Entführung von Bologna fand im Laufe ihrer späteren Rezeption schließlich Eingang in die Kultur der Kirchenkritik. So war eine Repräsentation Edgardo Mortaras Teil eines papstkritischen Wagens des Nürnberger Karnevals von 1861.[14] Aber auch noch Jahre später widmete sich etwa eine Darstellung der Affäre, die 1908 in einer populärwissenschaftlichen Reihe der Freidenkerkultur des deutschen Kaiserreichs neben Schriften von klassischen Referenzautoren erschien.[15]

9 Vgl. z.B. Journal des Débats, 9.11.1859, 4.1.1860, 3.5.1867; La Presse, 12.12.1859, 20.1.1867; Univers Israélite 18 (1862/1863) 58; 19 (1863/1864) 453; Archives Israélites 21 (1860) 28f.; El Imparcial, 29.6.1867.

10 Vgl. daneben auch die Broschüren *Wolffberg*: Mortara; *Friedrich*: Der gewaltsame Kinderraub; *Assézat*: Affaire Mortara.

11 Vgl. z.B. die Übersetzung der Sammlung der Artikel der »Civiltà Cattolica« unter dem Titel Der kleine Neophyt; die deutsche Übersetzung der Schrift Edgar Mortara; Edgard Mortara, deutsche Version.

12 Vgl. L'Espérance 21 (1859) 23; Revue Chrétienne 5 (1858) 702; Kladderadatsch 11 (1858) 198.

13 Vgl. das französische Stück *Séjour*: La tireuse de cartes; für die sich anschließende Debatte Archives Israélites 21 (1860) 47f., 85–91; La Gazette de France, 9.1.1860; La Patrie, 3.1.1860; L'Ami de la Religion, 29.12.1859 und 3.1.1860; das deutsche Stück *Stein*: Der Knabenraub; das italienische Drama *Pulle, [Pseudonym von Riccardo Castelveccio]*: La famiglia ebrea, das in Bologna, Ferrara und Neapel zur Aufführung gelangte, sowie das amerikanische Werk *Moos*: Mortara; allgemein zu den dramatischen Umsetzungen und Inszenierungen *Volli*: Mortara nel primo centenario 219; *dies.*: Il caso Mortara 1175; *Hohls* u.a.: Europa 124; *Kertzer*: Die Entführung 391f.

14 Vgl. *Urban*: Bamberger Kirche 147–148.

15 Vgl. *Zacher*: Raub.

Taufen jüdischer Kinder gegen den Willen der Eltern hatte es schon vor 1858 gegeben und sie hörten auch mit der Mortara-Affäre nicht auf.[16] Die Entführung Edgardos fand aber in einer spezifischen historischen Konstellation statt, die es ermöglichte, dass die Bologneser Geschichte zu einem Fall für die Öffentlichkeit werden konnte.[17] Die Geschehnisse in der Emilia fielen erstens in die Phase des endgültigen Zerfalls des Kirchenstaates und der Gründung des italienischen Nationalstaates, in der jedes Vorkommnis, das die weltliche Herrschaft des Papstes berührte, zu einem Politikum werden konnte.[18] Zweitens stand die Mortara-Affäre am Beginn der Hochzeit der Kulturkämpfe und bot einen passenden Anlass für Liberale, um ihre Kritik an der katholischen Kirche und dem sich entwickelnden Ultramontanismus vorzubringen.

Zwei Parteien stehen sich gegenüber, eine unterstützt mit Besonnenheit die Rechte der Vernunft, der Natur, der Wahrheit, die andere dient der klerikalen Herrschaft [...] dem Sophismus, der Schurkerei, den Invektiven, [...] der Raserei.[19]

Wie der Siècle Ende Oktober 1858 feststellte, kristallisierten sich in der Rezeption des Falles zwei Positionen heraus. Die liberalen und demokratischen Kritiker des Vorgehens des Kirchenstaats pochten vor allem auf das väterliche Verfügungsrecht als Naturrecht und verteidigten die Gewissens- und Religionsfreiheit des Vaters beziehungsweise des Kindes. Sie betonten die Unantastbarkeit der Zivilrechte gegenüber den kanonischen Setzungen. Auch die jüdischen Journalisten beriefen sich auf diese Prinzipien und griffen die sie begleitenden antiklerikalen Topoi von Gewalt, Tyrannei und Fanatismus der katholischen Kirche auf, auch wenn sie zum Teil zurückhaltendere Töne anschlugen, die aus ihrer besonderen Stellung resultierten.[20]

16 Vgl. *Kertzer*: Die Entführung 61–64, 400–408; *Da Silva*: L'affaire Mortara 13–23.

17 Vgl. *Volli*: Il caso Mortara 1122.

18 Neben dem negativen Einfluss auf die Stimmung in der Öffentlichkeit besonders in Italien in Bezug auf die weltliche Macht des Papstes wird in der Literatur immer wieder darauf hingewiesen, dass die Mortara-Affäre maßgeblich zur Entscheidung Napoleons III. beitrug, die französischen Truppen in Italien abzuziehen. Vgl. zur Diskussion der politischen Auswirkungen z. B. *dies.*: Alcune conseguenze benefiche 309 f.; *Weil*: L'affaire Mortara 114–119; *Miletto*: Der Mortarafall 2–11, 17; *Mattioli*: Das letzte Ghetto 133–135.

19 »Partout deux partis sont en présence, l'un soutien avec calme les droits de la raison, de la nature, de la vérité; l'autre sert la domination cléricale [...] de sophisme, d'escobarderies, d'invectives, [...] de fureurs«, Le Siècle, 27. 10. 1859. In der folgenden Untersuchung werden bei Zitaten aus zeitgenössischen Quellen die Orthografie, die Zeichensetzung sowie die Hervorhebungen der Originale beibehalten. Bei allen Zitaten handelt es sich um eigene Übersetzungen.

20 Gérard Da Silva bestreitet mit dem Hinweis auf den religiösen Charakter der kritischen Argumentationen den antiklerikalen Gehalt. Meine thematische Konzeptualisierung des Antiklerikalismus versteht dies jedoch nicht als Ausschlusskriterium. Vgl. *Da Silva*: L'affaire Mortara 9; sowie Kapitel 3.3; allgemein für die antiklerikalen Position in der Affäre *Weil*: L'affaire

Der Kirchenstaat und mit ihm die katholische Presse verteidigten 1858, nachdem viele Kirchenblätter zunächst geschwiegen hatten,[21] die bis dahin geltenden kirchenrechtlichen Bestimmungen, die zwar eine Taufe von Kindern gegen den Willen der Eltern grundsätzlich verboten, unter Todesgefahr aber erlaubten. Außerdem beharrten sie auf dem dogmatischen Standpunkt des Sakraments der Taufe, das einmal vollzogen nicht auslöschbar sei.[22] Als die katholische Seite im Zuge der Mobilisierung zunehmend unter Druck geriet, begann sie zum einen, den Spieß umzudrehen, indem sie die Mortaras moralisch desavouierte und den Eltern ein rechtliches Vergehen vorwarf; sie hätten das Verbot für Juden im Kirchenstaat, christliche Dienstmädchen anzustellen, übertreten. Zum anderen lancierte die katholische Presse den Verdacht, hinter der Empörung stecke eine Kampagne von Revolutionären, Freimaurern und Juden.[23] Vor allem arbeiteten die katholischen Stimmen mit Elementen eines klassischen Verschwörungstheorems des 19. Jahrhunderts, nämlich der Idee der jüdischen Finanzierung einer antikatholischen liberalen Presse.[24] Dabei kamen zusehends antisemitische Stereotype zum Einsatz. Besonders Louis Veuillot[25] verfolgte im Anschluss an die Mortara-Affäre im Flaggschiff der französischen Ultramontanen, dem Univers, eine breit angelegte antisemitische Kampagne. Diese wandte sich zum Beispiel auch gegen die im November 1858 beschlossene Aufnahme jüdischer Vertreter in den algerischen »Conseil général«, weitete die Thematik also auf andere Gegenstände aus und verband zentrale Bausteine des traditionellen katholischen Antijudaismus wie Ritualmordvorwürfe mit Elementen des politischen und rassischen Antisemitismus der zweiten Hälfte des 19. Jahrhunderts.[26]

Mortara 113; *Verhoeven*: Transatlantic Anti-Catholicism 62–66; *Zöller*: Publizistik und Protest 28 f.; zur Pressemobilisierung der Juden ebenda 31 f.; *Joskowicz*: Anticlerical Alliances 235–243; *Da Silva*: L'affaire Mortara 93–102.

21 Vgl. La Presse, 29. 9. 1858.

22 Vgl. für die kanonische Rechtslage 1858, die durchaus unterschiedlich bewertet wird, *Weil*: L'affaire Mortara 107–112, 121; *Brechenmacher*: Der Vatikan 113–116; *Da Silva*: L'affaire Mortara 139–162.

23 Vgl. für die katholischen Argumente z. B. *Braive*: Choc psychologique 69; *Weil*: L'affaire Mortara 113 f.; *Kertzer*: Die Entführung 209–226; *Langham*: The Reaction 96–98; sowie die die Artikel der Civiltà Cattolica zusammenfassende Broschüre Der kleine Neophyt; für die Aktivitäten der Kurie *Miletto*: Der Mortarafall 1; *Kertzer*: Die Entführung 197.

24 Vgl. *Clark*: The New Catholicism 36–44; ausführlicher zu den Verschwörungstheorien im Kontext der Kulturkämpfe Kapitel 4.2.

25 Louis Veuillot (1813–1883), publizistischer Kopf des französischen Ultramontanismus und Chefredakteur des Univers. Vgl. zu Veuillot z. B. die neueste, aber relativ unkritische Biografie *Pierrard*: Louis Veuillot.

26 Das gemeinsame Auftreten beider Formen unterstützt die Forschungsposition, dass beide Konzepte Ende des 19. Jahrhunderts nicht wirklich zu trennen sind. Vgl. dazu z. B. *Caron*: Catholic Political Mobilization 265 f.; allgemein für die Diskussion der Konzepte Anti-

Die judenfeindlichen Argumentationsfiguren hatten 1858 meines Erachtens eine kompensatorische Funktion. Dies legt die Entwicklung der katholischen Berichterstattung nahe: Katholische Journalisten reagierten mit den antisemitischen Stereotypen auf die breite antiklerikale Empörung und suchten in einem Gegenangriff, einen anderen Schuldigen herauszustellen. Ohne hier ausführlich die Erklärungsansätze zum Antisemitismus diskutieren zu wollen, möchte ich auf einen Aspekt hinweisen, den die Mortara-Affäre in dieser Hinsicht verdeutlicht. Der katholische Antisemitismus entsprang 1858 und sicherlich auch in anderen Momenten erhöhter Konfliktivität durchaus einem ›Realkonflikt‹, auch wenn dieser nicht zwischen Katholiken und Juden zu suchen ist.[27] Er resultierte vielmehr aus den kulturkämpferischen Auseinandersetzungen, bei denen Juden und Antiklerikale eine Allianz bilden konnten.[28]

Die Mortara-Affäre veranschaulicht zugleich die ambivalente Position, die Juden im antiklerikalen Spektrum einnahmen. Juden gerieten in der komplizierten Gemengelage von Protestanten, säkularen Liberalen und Katholiken nicht nur in der Affäre, sondern oft grundsätzlich in eine problematische Position, da sie aus Interessenskongruenz als religiöse Minderheit oder aus realer liberaler beziehungsweise republikanischer Überzeugung[29] die kirchenkritischen Positionen teilten. Diese zunehmend auch national gedachten Allianzen exponierten

semitismus und Antijudaismus *Hoffmann*: Christlicher Antijudaismus; *Heil*: Antijudaismus; für den Antisemitismus in der Mortara-Affäre in Frankreich *Winock*: Louis Veuillot 81–88; *Da Silva*: L'affaire Mortara 37–62; in den deutschen Ländern *Zöller*: Publizistik und Protest 36–41.

27 Die Realkonfliktthese ist umstritten. In der deutschen Forschung hat in den letzten Jahren besonders Olaf Blaschke harsche Kritik daran geübt, welche wiederum verschiedene Gegenargumentationen hervorriefen. Vgl. die These unterstützend z. B. *Hamburger*: Juden im öffentlichen Leben 142; *Tal*: Christians and Jews 85–96; *Mazura*: Zentrumspartei und Judenfrage; *Birnbaum*: Jews of the Republic; eine gemischte Interpretation vorschlagend, die sowohl die Eigendynamik wie die reale Konfliktebene berücksichtigt, *Millman*: Jewish Anticlericalism; zu den neueren Diskussionen *Blaschke/Mattioli*: Katholischer Antisemitismus; *Blaschke*: Offenders or Victims; *ders./Altermatt*: Katholizismus und Antisemitismus; *Joskowicz*: Liberal Judaism 181 f.

28 Dies bedeutet aber selbstverständlich auf der anderen Seite nicht, dass in den antiklerikalen Schriften keinerlei antisemitische oder antijüdische Äußerungen zu finden sind oder der Antiklerikalismus per se eine Allianz mit jüdischen Interessen bildete. Vgl. etwa zu antijüdischen Stereotypen während der Mortara-Affäre Augsburger Allgemeine Zeitung, 7. 11. 1858; Kladderadatsch 11 (1858) 233, 236; zum Antisemitismus beziehungsweise Antijudaismus im antiklerikalen Spektrum *Borutta*: Antikatholizismus 397 f.; zu ambivalenten philosemitischen Tendenzen im Freigeistigenspektrum *Weir*: Fourth Confession 357–382, 412–418.

29 Vgl. zur bestimmenden politischen Orientierung in Frankreich *Hyman*: Jews 56; *Nord*: The Republican Moment 64–89; in den deutschen Ländern *Hamburger*: Juden im öffentlichen Leben 31–53; *Toury*: Die politischen Orientierungen 115–253.

sie als das schwächere Glied besonders gegenüber dem Gegner.[30] Die jüdische antiklerikale Kritik ermöglichte der katholischen Kirche und ihren Vertretern, ihre antisemitischen Angriffe als Verteidigung zu rechtfertigen, mit denen sie wie 1858 an ältere antijüdische Vorurteile anknüpften. Des Weiteren konnten sie das Engagement der Juden als rein konfessionelles Interesse diskreditieren. Wohl aus Angst vor derartiger Desavouierung hielt sich die jüdische Presse während der Affäre oder aber auch während des Konzils in ihrer Kritik zurück. Dennoch führte die untersuchte jüdische Presse 1858 sowohl in den deutschen Ländern als auch im französischen Sprachraum die klassischen Topoi gegen die katholische Kirche an, auch wenn die verschiedenen Organe sich in der Vehemenz ihrer Kritik und des eingenommenen Standpunktes durchaus unterschieden.[31]

Seit der Aufklärung und verstärkt in den mittleren Jahrzehnten des 19. Jahrhunderts können solche Positionen innerhalb des französischen und deutschen Judentums in Presse, Publizistik und offiziellen Organen der Gemeinden nachgewiesen werden. Diese Rhetorik war allerdings zumeist nicht religionskritisch und zeichnete sich im Kontext konkreter Gesetzesvorhaben besonders im Kulturkampf beziehungsweise der säkularisierenden Maßnahmen in Frankreich in den 1880er Jahren und während der Separation 1905 oft durch Mäßigung aus, denn hier mussten zum Teil auch die Interessen der eigenen Glaubensgemeinschaft geschützt werden. Eine abweichende Position nahmen die Juden innerhalb des deutschen Freigeistigenspektrums ein, die in der »konfessionslosen« Religion eine soziale und politische Integrationsmöglichkeit sahen oder die deren politische und religiöse Ausrichtung teilten. Jedoch blieb auch ihre Position prekär. Die ambivalente Ausgangslage aufgrund ihrer Minderheitenstellung galt für Juden beider Seiten des Rheins während der ganzen zweiten Hälfte des 19. Jahrhunderts. Dennoch haben die beiden neuesten Arbeiten zum jüdischen Antiklerikalismus beziehungsweise zur jüdischen Haltung gegenüber den

30 Vgl. zur Ambivalenz der jüdischen Position *Joskowicz*: Anticlerical Alliances besonders 275–328; *Toury*: Die politischen Orientierungen 246–252; *Tal*: Christians and Jews besonders 81–121; allgemein zur trikonfessionellen Gemengelage in den deutschen Ländern *Walser Smith*: Protestants, Catholics and Jews.

31 Vgl. zu den verschiedenen Standpunkten Univers Israélite 14 (1858/1859) 10–12, 173–193; Archives Israélites 19 (1858) 547, 552, 557; Allgemeine Zeitung des Judentums 22 (1858) 516, 617–625, 636f.; sowie *Da Silva*: L'affaire Mortara 93–102 und *Joskowicz*: Anticlerical Alliances 241. Letzterer verweist darauf, dass im Fall der »Allgemeinen Zeitung des Judentums« die Zurückhaltung wahrscheinlich darauf zurückzuführen ist, dass ihr Herausgeber auch eine Petition an den Papst schickte. Hier tritt ein Problem der Quellenauswahl zu Tage, denn die Konzentration auf die Allgemeine Zeitung in der Analyse ist aufgrund deren besonderer Position im deutschen Umfeld kritisch, aber in Ermangelung einer adäquaten Alternative war sie nicht zu vermeiden.

Staat-Kirchen-Fragen auch klare Unterschiede herausgearbeitet. In Frankreich hielt die antiklerikale Einbindung von Juden in den republikanischen Staat dem antisemitischen Druck stand und erstarkte während der Jahre der Trennungsgesetzgebung bei aller wachsenden Vorsicht der jüdischen Presse und der offiziellen Vertreter gegenüber einer radikalen Exponierung. Ausschlaggebend dafür war wohl die Ausgrenzung des Antisemitismus aus dem republikanischen Mehrheitsnationalismus im Zuge der Dreyfus-Affäre, der den positiven Bezug für die jüdische Minderheit ermöglichte. In den deutschen Ländern ging das Engagement dagegen zurück. Bereits im Kontext des Kulturkampfes nahmen Juden kritische Positionen gegenüber den diskriminierenden Maßnahmen gegen die katholische Kirche ein, auch deswegen, weil sie eine ähnliche Behandlung befürchteten. Mit dem Erstarken des Antisemitismus und kritischen Stimmen des Zentrums gegen diese Ausgrenzungen verschoben sich die Allianzen und die antiklerikale Stoßrichtung als Mittel der Integration in den protestantischen Mehrheitsnationalismus trat zurück. Auch der Weg von Juden ins Spektrum der Freigeistigen geriet im Zuge des erstarkenden Antisemitismus an Grenzen. Aus christlichem Kontext entstammende Freigeister betonten bei aller Kritik am Antisemitismus weiterhin die Differenz zu ihren jüdischen Mitkämpfern.[32] Doch wenden wir uns von der grundsätzlichen Sonderstellung der Juden im antiklerikalen Spektrum ab und kehren zurück zu den konkreten Auseinandersetzungen des Jahres 1858.

32 Jenseits dieser nationalen Tendenzen und der Besonderheit der Freigeistigen muss auf die Differenzen innerhalb des sich als jüdisch definierenden Spektrums verwiesen werden, die sich tendenziell einer Systematik entziehen, aber deutlich machen, dass offizielle Vertreter eher zurückhaltender reagierten und religiöse Differenzen im deutschen Fall eine Rolle spielten. Dies soll an dieser Stelle aber nicht vertieft werden. Aufgrund der Unterschiede wird der jüdische Antiklerikalismus in der Forschung unterschiedlich bewertet. Einige Autoren interpretieren ihn als rein pragmatische Position, die aus der Minoritätsstellung der Juden resultierte, andere betonen die ideele Nähe, die aus der gemeinsamen emanzipatorischen Zielrichtung entsprang. In der Literatur fehlt darüber hinaus eine systematische Untersuchung des Zionismus und jüdischer Vertreter im Freigeistigenkontext außerhalb Preußens, die auch hier nicht geleistet werden kann. Vgl. allgemein zum jüdischen Antiklerikalismus für die pragmatische Interpretation *Toury*: Die politischen Orientierungen 170–177, 246–252; *Kaplan*: Devil, der missverständlich die Beschreibung »soft clerical« verwendet; zur ideellen Interpretation *Tal*: Christians and Jews 81–85, 96–121, 295f.; *Birnbaum*: Jews of the Republic 115–136; *Leff*: Sacred Bonds 117–156; *Joskowicz*: Anticlerical Alliances; zur Position im Freigeistigenkontext *Weir*: Fourth Confession 108–110, 357–382, 412–418; zu den religiösen Unterschieden Kapitel 3.3.

Verhinderter Nachrichtenfluss, europäische Brücken und Gerüchtebildung

Die Auseinandersetzungen speisten sich zum einen aus dem Rekurs auf verschiedene Prinzipien, zum anderen aus unterschiedlichen Versionen der Geschichte selbst, die im Zuge der Rezeption diskutiert wurden. Man stritt sich über den Ablauf und die Umstände der angeblichen Taufe, über aktuelle Fragen wie zum Beispiel, ob die Geschichte überhaupt stattgefunden habe, ob die Eltern etwa selbst überlegten zu konvertieren, inwieweit ihnen ein Besuchsrecht zugestanden wurde, oder über die Reaktionen des Jungen angesichts der neuen Situation. Während die katholische Presse von einer wundersamen Bekehrung und einer spirituellen Begabung des Jungen schwärmte, ergingen sich die liberalen Stimmen in emotionalen Schilderungen des Drucks, dem der Knabe ausgesetzt sei, und seines Leidens unter der Trennung von den Eltern, insbesondere der Mutter.[33]

Der Kampf um die ›wahre‹ Geschichte konnte im Fall Mortara besonders leicht entstehen, da die gesamte Berichterstattung von der Schwierigkeit bestimmt war, Informationen zu erhalten. 1858 nutzten die Zeitungen nur selten Telegramme der Agenturen.[34] Zu diesem Zeitpunkt hatten die großen Nachrichtenagenturen die Welt noch nicht vertraglich unter sich aufgeteilt; zu dem ersten Zusammenschluss dieser Art kam es erst ein Jahr später.[35] Informationsquelle waren 1858 entweder eigene Korrespondentenberichte oder besonders häufig andere, oft ausländische, vor allem italienische Zeitungen. Die Nachrichtenverbreitung brauchte dementsprechend relativ lange: Informationen zur Mortara-Affäre aus Paris gelangten in zwei bis drei Tagen in die deutschen Länder, während der Weg von Italien nach West- und Nordeuropa sogar ein bis zu zwei Wochen dauerte.[36]

33 Vgl. für die verschiedenen Versionen der Geschichte z. B. Clamor Público, 23. 10. 1858; Journal des Débats, 22. 10. 1858; *Kertzer*: Die Entführung 89, 98–119, 121–183.

34 In Frankreich und in den deutschen Ländern sind Hinweise auf Agenturnachrichten fast gar nicht auszumachen, was allerdings nicht notwendigerweise heißen muss, dass gewisse Informationen nicht über den Telegrafendraht verbreitet worden sind. Denn Zeitungen gaben besonders zu Beginn der Verwendung des Telegrafen diesen nicht als Quelle an. In Spanien griffen die Journalisten häufiger auf die »Correspondencia de España« zurück, eine Zeitung, die als Vorläufer der Informationspresse galt und über einen telegrafischen Informationsteil verfügte. Vgl. *Sáiz/Seoane*: Historia del periodismo, Bd. 2 42 f. und Bd. 3 244 f.; für die Verwendung der Correspondencia z. B. Las Novedades, 18. 11. 1858; La Época, 21. 12. 1858.

35 Vgl. *Albert*: Histoire de la Presse 32–37; *Palmer*: Des petits journaux 103–104.

36 In den spanischen Zeitungen waren leider keine Informationen zur zeitlichen Dauer der Informationsübermittlung zu finden. Vgl. für die Verbindung zwischen Frankreich und den deutschen Ländern Volkszeitung, 15. 10. 1858; Nationalzeitung, 20. 10. 1858; für die Ver-

Die Probleme, Informationen zu erhalten, zeigten sich besonders darin, dass die immer gleichen Nachrichten und Geschichten immer wieder in verschiedenen Zeitungen aus denselben Quellen zitiert wurden. Oft hatten mehrere Blätter auch einfach denselben Korrespondenten.[37] So wiederholten unterschiedliche Zeitungen nahezu wortwörtlich die Erzählung der Begebenheit in Alatri: Edgardo wurde Mitte November vom Rektor des Hauses der Katechumenen in diesen östlich von Rom liegenden Ort gebracht, da die Eltern auf dem Weg waren, ihn zu besuchen. Die Mortaras reisten ihrem Sohn nach und versuchten Kontakt mit ihm aufzunehmen, was erfolgreich verhindert wurde. Während des Aufenthaltes in der Stadt bedrohte die Bevölkerung das Ehepaar angeblich sogar und es wurde von der Polizei aufgegriffen und ausgewiesen.[38] Diese und ähnliche Wiederholungen waren sicherlich auch der Tatsache geschuldet, dass in der Mortara-Geschichte nicht ständig etwas Neues passierte, so dass der der Presse inhärente Neuigkeitshunger nicht ausreichend gestillt werden konnte.[39] Die Nachrichtenarmut erklärt die Gleichförmigkeit der Berichterstattung aber nur bedingt. Auch an der Art der Berichterstattung werden die Schwierigkeiten der Journalisten deutlich, Zugang zu Informationen zu bekommen. Zum einen bestimmte eine tastende und abwartende Haltung die Presse,[40] zum anderen wurde immer wieder der Wahrheitsgehalt der Nachrichten thematisiert. »La Discusión« rätselte zum Beispiel darüber, ob Österreich sich diplomatisch für eine Rückgabe des Kindes stark mache.[41] Des Weiteren ist hervorzuheben, dass die Informationen oft einen komplizierten Weg über mehrere Zeitungen nah-

bindung zwischen Italien und den deutschen Ländern Nationalzeitung, 20. 10. 1858; Vossische Zeitung, 23. 10. 1858; für Italien und Frankreich La Presse, 24. 10. 1858.

37 Vgl. z. B. Las Novedades, 7. 11. 1858 und La Discusión, 8. 11. 1858, wo der gleiche Artikel erschien, oder den Schwäbischen Merkur, 9. 11. 1858 und die Vossische Zeitung, 11. 11. 1858; für eine transnationale Übertragung Le Siècle, 20. 10. 1858 und La Discusión, 22. 10. 1858.

38 Vgl. für die Alatrigeschichte *Kertzer*: Die Entführung 228–231; *Korn*: The American Reaction 7–9; ihre Nacherzählung in Le Siècle, 28. 10. 1858; Univers Israélite, 14 (1858/1859) 191–193; Le Lien 3 (1858) 177; Las Novedades, 13. 11. 1858; Nationalzeitung, 30. 10. 1858; Volkszeitung, 30. 10. 1858; Allgemeine Zeitung des Judentums 22 (1858) 636f. Sowohl der Siècle als auch die Nationalzeitung und die Allgemeine Zeitung des Judentums griffen alle auf die »Opinione« als Informationslieferanten zurück.

39 Vgl. zur Frage von Aufmerksamkeit und Neuigkeitswert die systemtheoretischen Überlegungen bei *Gerhards*: Politische Öffentlichkeit 82, 89f.

40 Vgl. z. B. La Presse, 29. 9. 1858; Univers Israélite 14 (1858/1859) 70; El Estado, 23. 10. 1858; Clamor Público, 21. 11. 1858; Kölnische Zeitung, 29. 10. 1858; Nationalzeitung, 5. 11. 1858; Allgemeine Zeitung des Judentums 22 (1858) 573, 636f.

41 Vgl. La Discusión, 23. 11. 1858; für ähnliche Formen der Berichterstattung La Presse, 9. 7. 1858; Journal des Débats, 15. 10. 1858; Volkszeitung, 30. 10. 1858; Allgemeine Zeitung des Judentums 22 (1858) 636f.

men.[42] Zentraler Bezugspunkt war dabei häufig die liberale »Indépendance Belge«, die die Pressefreiheit in Belgien ausnutzte und frei berichten konnte und deshalb in den Jahren nach 1848 eines der meist gelesenen Organe in Europa war.[43]

Die unsichere Informationsbasis führte im Laufe der Beschäftigung mit der Mortara-Affäre zu Gerüchtebildungen. Diese Form der »Kommunikation im Modus der Unsicherheit«[44] ist typisch für repressive Presseregime, in denen Informationen geheim gehalten werden. In der Mortara-Affäre traf dies insofern zu, als der Kirchenstaat zunächst einmal kein Interesse daran hatte, dass die Geschichte überhaupt in die Öffentlichkeit geriet, und darüber hinaus in einzelnen Staaten aus unterschiedlichen Gründen, wie wir später noch sehen werden, die Berichterstattung beschnitten wurde. Gerüchte sind Nachrichten, denen einerseits mehr oder weniger Plausibilität zugemessen wird und die andererseits noch keine Bestätigung durch eine einschlägige Instanz erfahren haben.[45] Jörg Requate hat herausgestellt, dass diese unsichere Form der Nachrichten im 19. Jahrhundert oft aufgrund der schwierigen Informationsbeschaffung noch den Normalfall darstellte. Viele der Meldungen in der Mortara-Affäre zeugen von einer solchen unsicheren Informationssituation, wenn etwa ein angebliches Lösegeldangebot der Rothschilds erwähnt wird. Diese Nachrichten stellten sich im Nachhinein zum Teil als wahr heraus (die Idee einer Lösegeldstiftung, die bei den Rothschilds gesammelt werden sollte, wurde zum Beispiel im »Univers Israélite« als mögliche Lösung vorgeschlagen[46]), andere entsprangen dagegen eher einem Wunschdenken wie etwa die Gerüchte über eine baldige Rückgabe des Jungen.[47] Die katholische Presse ging in den deutschen

42 Vgl. z.B. Allgemeine Zeitung des Judentums 22 (1858) 636f., welche ein Turiner Blatt zitiert, das die Opinione zitiert, der wiederum die Indépendence Belge als Quelle angibt; weitere Beispiele in Le Siècle, 4.11.1858; Clamor Público, 21.10.1858; Protestantische Kirchenzeitung 5 (1858) 789f.

43 Vgl. z.B. Le Siècle, 28.10.1858; Univers Israélite 14 (1858/1859) 199; Le Lien 3 (1858) 177; La Discusión, 28.10.1858; Clamor Público, 21.10.1858; Volkszeitung, 15.10.1858; Vossische Zeitung, 15.10.1858; Allgemeine Zeitung des Judentums 22 (1858) 601f.; für die Indépendance Belge und ihre besondere Rolle *Van den Dungen*: Milieux de presse 32, 69, 257.

44 *Ernst*: Mutmassungen über Gerüchte 106.

45 Die hier verwendete Definition von Gerücht ist abzugrenzen von dem insbesondere von Frühneuzeithistorikern herausgearbeiteten Phänomen, dass in Krisenzeiten Gerüchte entstehen, die undurchschaubare Aspekte der Lebenswelt erklären sollen, wobei gerne auf nicht beeinflussbare Strukturen zurückgegriffen wurde wie z.B. Naturereignisse oder Verschwörungen. Vgl. *Würgler*: Fama und Rumor; *Requate*: Unverbürgte Sagen; sowie WerkstattGeschichte 5 (2009), darin besonders *Vogel*: Die Politik.

46 Vgl. Univers Israélite 14 (1858/1859) 235.

47 Vgl. zum Lösegeldgerücht *Korn*: The American Reaction 19f.; *Volli*: Il caso Mortara 1110–1111; für das Rückgabegerücht La Discusión, 25.10.1858; Journal des Débats,

Ländern sogar so weit, die Bologneser Geschichte zunächst generell als Gerücht abzuklassifizieren.[48] In allen Fällen wurden ungesicherte Nachrichten lanciert, die bestimmten Vorurteilsstrukturen entsprachen. Dabei wurden zum Teil wohl auch bewusst Falschmeldungen in Umlauf gebracht, insbesondere von katholischer Seite, wie etwa die bevorstehende Bekehrung der Eltern.[49]

»Es scheint, als sollte das Aufeinander-Platzen der geistlichen und der weltlichen Macht im Bereiche der Familie nicht ablassen und bei etwaiger Erschöpfung des vorhandenen Stoffes zeitig für andere gesorgt werden.«[50] So beschreibt die »Kreuzzeitung« ein Phänomen, das 1858 die Gerüchteküche noch zusätzlich anheizte. Die Berichterstattung zur Mortara-Affäre wurde mit vergangenen und aktuellen Parallelfällen angereichert, die plötzlich überall auftauchten. Oft handelte es sich bei diesen Geschichten um historische Beispiele, in denen die Behörden Partei für die Opfer ergriffen und sie ihrer ursprünglichen Religionsgemeinschaft wieder zugeführt hatten.[51] Auch katholische Zeitungen verwendeten diese Form juristischer Argumentation, mit Hilfe von Präzedenzfällen ihre Position zu verteidigen.[52] Jenseits des Verweises auf die Notwendigkeit einer rechtlichen Klärung der Frage hatte diese Argumentationsstruktur aber noch andere Funktionen in der Berichterstattung. Durch die Darstellung aktueller Fälle, die oft nur national beziehungsweise regional begrenzte Aufmerksamkeit erregten, näherten die Journalisten die Geschichte der Lebenswelt ihrer Leser an und erhöhten so den Realitätscharakter des Geschehens.[53] Zugleich vermittelte die Masse von vergleichbaren Geschichten eine Ubiquität des Vorgehens der Kirchen und schwor dabei das Gefühl einer allgegenwärtigen Gefahr herauf. Die

16. 10. 1858; Le Siècle, 4. 11. 1858; El Estado, 9. 11. 1858; Clamor Público, 7. 11. 1858, 21. 11. 1858; Augsburger Allgemeine Zeitung, 15. 10. 1858; Nationalzeitung, 21. 10. 1858.

48 Vgl. die Aussagen der Vossischen Zeitung, 15. 10. 1858.

49 Vgl. Kölnische Zeitung, 29. 10. 185; Vossische Zeitung, 30. 10. 1858; *Korn*: The American Reaction 19 f.

50 Kreuzzeitung, 18. 11. 1858.

51 Vgl. z. B. Journal des Débats, 6. 11. 1858; Le Siècle, 2. 10. 1858; Univers Israélite, 14 (1858/1859) 211; Archives Israélites 19 (1858) 655, 716–718; Le Lien 3 (1858) 148, 164; Monde Maçonnique 1 (1858) 588 f.; La Iberia, 6. 11. 1858; Kölnische Zeitung, 4. 11. 1858; Vossische Zeitung, 15. 10. 1858; Allgemeine Zeitung des Judentums 22 (1858) 516; Protestantische Kirchenzeitung 5 (1858) 1095; allgemein zu dieser Beobachtung für den deutschen Fall *Volli*: Il caso Mortara 1152; *Zöller*: Publizistik und Protest 27.

52 Vgl. z. B. Mainzer Journal, 5. 11. 1858; die Diskussion des Journal des Débats mit dem Univers am 9. 10. 1858.

53 Vgl. für solche nationalen Beispiele etwa den Guggenheim-Fall in Frankreich Journal des Débats, 9. 11. 1858; Le Siècle, 5. 11. 1858; Univers Israélite 14 (1858/1859) 211; Le Lien 3 (1858) 181; für Parallelfälle in den deutschen Ländern Volkszeitung, 5. 11. 1858; Allgemeine Zeitung des Judentums 23 (1859) 71; Protestantische Kirchenzeitung 5 (1858) 859.

»Vossische Zeitung« berichtete über die Geschichte eines katholischen Bediensteten, der angesichts der Berichterstattung zur Mortara-Affäre aus Scherz den Sohn seiner Herrschaft mit Wasser besprengte, woraufhin sich der Vater samt seinem Kind nach Civitavecchia flüchtete. Auch diese Anekdote malte die Vorstellung eines sich verselbstständigenden Systems von Zwangstaufen aus.[54]

Die Presse konnte das Interesse an der Affäre durch diese wahren oder fiktiven Mortara-Geschichten aufrecht erhalten, auch wenn sie kaum wirkliche Neuigkeiten lieferte. Gleichzeitig sollten die Präzedenzfälle das Bewusstsein der Leser schärfen. Die Beispiele bezogen sich nicht nur auf zwangsgetaufte Kinder, sondern auch auf nervenkranke oder verliebte Frauen und auf ohnmächtig werdende Männer. Das heißt, bei allen Opfern handelt es sich um Individuen, die als ›nicht bei vollem Selbstbewusstsein‹ gelten konnten.[55] In dem in diesen Geschichten entworfenen Schwarz-Weiß-Muster gab es moralisch klar zugeordnete Rollen und der Täter war zumeist die katholische Kirche. Aber es wurden auch Beispiele von protestantischen Zwangskonversionen angeführt. Im Laufe der noch folgenden langjährigen Rezeption wurde die Geschichte Edgardo Mortaras durch das Parallelisieren verschiedener Fälle zur sprichwörtlichen Chiffre von Zwangstaufen: Das Freidenker-Blatt »La Humanidad« sprach zum Beispiel noch 1871 von »einem neuen Mortara«[56]. Der Familienname des Bologneser Jungen wurde in diesem Prozess zu einem Emblem für Intoleranz und ultramontanen Katholizismus. Derartige begriffliche Verselbstständigungen traten in antiklerikalen Skandalisierungen häufiger auf.[57]

54 Vgl. Vossische Zeitung, 15.10.1858; zum gleichen Fall auch Archives Israéiltes 20 (1859) 45; für andere Parallelfallschilderungen mit paranoidem Charakter Univers Israélite 14 (1858/1859), 45; Diario Español, 13.11.1858; Allgemeine Zeitung des Judentums 22 (1858) 516; Nationalzeitung, 23.11.1858; Kladderadatsch 11 (1858) 208; allgemein für die entstehende Paranoia besonders auch bei den Protestanten Archives du Christianisme 41 (1858) 204; L'Espérance 20 (1858) 377; *Volli*: Il caso Mortara 1129.

55 Vgl. für die Frage des individuellen Selbstbewusstseins Kapitel 3.1 und 3.2.

56 »Un nueono (sic!) Mortara«, La Humanidad, 24.7.1871; eine ähnliche Verwendung auch in La Presse, 27.5.1860; Univers Israélite 10 (1863/1864) 64, 239; Archives Israélites 21 (1860) 74–78; L'Excommunié, 11.12.1869; Le Lien 4 (1859) 20; Le Charivari, 5.2.1870; vgl. für die Verselbstständigung des Namens als Begriff in der jüdischen Presse bereits *Joskowicz*: Anticlerical Alliances 242.

57 Vgl. ebenda 242; zu einer vergleichbaren Verwendung des in Kapitel 2.3 vorgestellten Falls Wohlstand für alle, 12.4.1911; sowie die Wortschöpfung ausgehend von einem Sexskandal um einen Priester in Frankreich *Lalouette*: La libre pensée 236f.

Exkurs: Mediale Dynamik – Bildungen antiklerikaler Erzählmuster

Über den Begriff hinausgehend führte die Akkumulation von Parallelgeschichten zur Ausbildung eines bestimmten Plots, der zum Bestandteil des antiklerikalen Repertoires wurde. Solche stereotypen Erzählmuster sind charakteristisch für den Antiklerikalismus. Neben Geschichten von Zwangstaufen Unschuldiger und Wehrloser gehörten Berichte über sexuelle Beziehungen zwischen Nonnen und Mönchen oder zwischen Priestern und verheirateten Frauen, Erzählungen von Erberschleichungen durch Beichtväter sowie Schilderungen von klerikalen Mördern zum kirchenkritischen Kanon in Presse, Publizistik und Belletristik.[58] Besonders einflussreich waren auch die Berichte über Einkerkerung, Folter und sexuellen Missbrauch im Kloster. Dieses Erzählmuster erhielt starken Aufwind durch die sogenannte Ubryk-Affäre. 1869 entdeckten Krakauer Behörden eine Nonne, die in einem Verlies in einem Kloster gehalten wurde und deutliche Spuren von Misshandlungen aufwies. Die Nonne wurde befreit und den Verantwortlichen in der Kirchenhierarchie der Prozess gemacht. Diese Geschichte beschäftigte ähnlich wie die Bologneser Geschichte mit den an sie angelagerten Parallelfällen für mehrere Monate die europäische Presse und führte in Berlin zu antiklerikalen Ausschreitungen.[59]

Die antiklerikalen Erzählmuster standen in der Grauzone zwischen Realität, Kolportage und Fiktionalität. Zum einen wurden sie mit einem Wahrheitsanspruch lanciert. Dieser zeigte sich bei unserem Beispiel von 1858 zum Beispiel in den räumlichen Verortungen der Mortara-Fälle, die die Geschichten real erscheinen ließen.[60] Zum anderen wurden in den Erzählungen gewisse Vorurteilsstrukturen bedient und der Realitätsgehalt der Geschichten ist wohl oft eher zweifelhaft, wie schon Manuel Borutta für die Ubryk-Geschichten betont hat.[61] Die Begebenheit in Civitavecchia hat zum Beispiel deutlich phantastische Elemente einer Abenteuergeschichte, wenn der Vater nach der Taufe die Flucht

58 Vgl. dazu z.B. *Lalouette*: Dimensions anticléricales 131 f.; *Cubitt*: The Jesuit Myth 202; *Salomón Chéliz*: El discurso anticlerical 90; *Ford*: Divided Houses 37–71; *Verhoeven*: Transatlantic Anti-Catholicism 76, 85; für die literarischen Verarbeitungen dieser Geschichten *Molina Martínez*: Anticlericalismo y literatura; zum sich wiederholenden einfach gestrickten auf Schwarz-weiß-Mustern basierenden Plot des klassischen antiklerikalen Romans *Ferreras*: La novela por entregas 270–287; *Leroy*: Le mythe jésuite 280–312.

59 Timothy Verhoeven hat herausgearbeitet, dass dieser Plot sowohl fiktional wie real bereits viele Vorläufer hatte. Vgl. zu dieser Affäre *Borutta*: Enemies; *ders.*: Antikatholizismus 239–254; *Gross*: Strange Case; *ders.*: War against Catholicism 157–184; *Verhoeven*: Transatlantic Anti-Catholicism 129–135.

60 Vgl. z. B. Vossische Zeitung, 15. 10. 1858; Allgemeine Zeitung des Judentums 22 (1858) 516, 601 f.

61 Vgl. *Borutta*: Enemies 234 f.

ergreift und von den Sbirren des Papstes verfolgt wird, sich einem Schusswechsel mit ihnen stellt und nur von französischen Offizieren vor den Polizeischergen gerettet wird.[62] Antiklerikale Erzählmuster wurden wie in diesem Beispiel in der Presse oft stark dramatisiert und damit literarisiert. Zugleich ist aber zu betonen, dass gerade konkrete Fälle wie die Mortara- oder die Ubryk-Affäre die Erzählmuster überhaupt erst entstehen ließen beziehungsweise ihren Realitätsgehalt erneuerten, so dass sie nicht als rein fiktional betrachtet werden können. Mit ihren Vorurteilsstrukturen übten die Erzählungen im Rahmen des antiklerikalen Diskurses spezifische Funktionen aus, die in Kapitel 4.2 Thema sein werden.

Zentral für die Frage der Mobilisierung war, dass die antiklerikalen Erzählmuster mit einem sehr konkreten politischen Interesse publiziert wurden und ihre Kolporteure in längerer Sicht ein Repertoire erschufen, auf das dann in Momenten verstärkter Mobilisierung zurückgegriffen werden konnte. Gerade in der spanischen Forschung ist betont worden, dass die Erzählmuster als Teil des traditionellen Antiklerikalismus im kollektiven Gedächtnis verankert waren und während der politischen Aktualisierung des Phänomens im 19. und 20. Jahrhundert insbesondere im Rahmen der Mobilisierung von Gewalt eine dynamisierende Wirkung entfalteten.[63] Der Topos angeblicher Misshandlungen und sexueller Beziehungen in Konventen hat wohl zum Beispiel auch entscheidend zu den antiklerikalen Ausschreitungen in der Semana Trágica beigetragen, die in Kapitel 2.3 dargestellt werden.[64] Doch kehren wir zurück zu den Pressereaktionen im Jahre 1858.

Nationale Grenzen und transnationale Kommunikation

Die transnationale Ausrichtung der Berichterstattung in der Mortara-Affäre entstand zum einen aufgrund von Informationsgrenzen und von Informationsnot, zum anderen interessierten sich die Journalisten aber auch für die Mobilisierung der anderen nationalen Öffentlichkeiten. Die Zeitungen berichteten über Mobilisierung jenseits der Presse[65] wie über das diplomatische Engage-

62 Vgl. Vossische Zeitung, 15. 10. 1858.

63 Vgl. *Castro Alfín*: Cultura 72–87; *De la Cueva Merino*: Anticlericalismo en la Segunda República 223; *Vincent*: Keys 81 f.

64 Vgl. erstmals bei *Ullman*: Tragic Week 202.

65 Vgl. z. B. Archives Israélites 19 (1858) 666, 715, 20 (1859) 104–107; Clamor Público, 22. 10. 1858; Nationalzeitung, 29. 10. 1858; Vossische Zeitung, 6. 10. 1858; Kölnische Zeitung, 1. 11. 1858; Allgemeine Zeitung des Judentums 22 (1858) 601–603, 636 f.

ment anderer Länder[66] und stellten auch die Diskussionen in der ausländischen Presse ausführlich dar.[67] Dabei kam es zwischen den verschiedenen Organen, teilweise auch über die Grenzen hinweg, in Ansätzen zu Diskussionen, wenn auf eine Replik eine Gegenreplik folgte. Das »Journal des Débats« verwahrte sich etwa gegen die Vorwürfe der Blasphemie und der Gottlosigkeit, die das ultramontane »Journal de Bruxelles« gegen es vorgebracht hatte und diese Diskussion zitierten die »Archives Israélites« in ganzer Breite. Die Kommunikation der Presse war dabei nicht nur auf den Austausch von Vorwürfen begrenzt. Die deutschen und französischen Kritiker setzten sich beispielsweise intensiv bis in einzelne Argumente mit der Verteidigung der Taufe durch die Civiltà Cattolica, das als semioffiziell geltende Organ des Kirchenstaats, auseinander.[68]

Die Intensität der transnationalen Orientierung der Presse wurde auch durch das jeweilige nationale Umfeld bestimmt.[69] Innerhalb von Europa erhielt Edgardo Mortaras Entführung in der französischen Presse die größte Aufmerksamkeit, wo sie durch »La Presse« am 9. Juli erstmals auch außerhalb Italiens bekannt gemacht wurde. Die Affäre fiel in Frankreich in die Phase der sich radikalisierenden Auseinandersetzungen um die Idee der Trennung von Staat und Kirche. Das Regime Napoleons III. war bis 1859 eher auf Ausgleich mit der katholischen Kirche bedacht, aber in der Presse wurde trotz einer relativ repressiven Politik das Verhältnis von Religion und Gesellschaft breit diskutiert.[70] Entscheidend zur starken Rezeption trug die Tatsache bei, dass französische Truppen seit 1849 im Kirchenstaat stationiert waren, um dessen Fortbestehen zu sichern. Daraus leiteten die französischen Kritiker Einspruchsrechte ab. Le Siècle formulierte zum Beispiel ganz konkret den Anspruch, dass Frankreich anlässlich der Affäre die Modifizierung der Rechtslage im Kirchenstaat einfordern dürfe. Die politisch ambivalente Lage erleichterte es der sich formierenden Öffentlichkeit, ein transnationales Einspruchsrecht einzufordern und so die

66 Vgl. z.B. Le Siècle, 25.11.1858; Journal des Débats, 17.11.1858; El Estado, 22.10.1858; Clamor Público, 21.10.1858; La Discusión, 23.11.1858; Nationalzeitung, 23.10.1858; Allgemeine Zeitung des Judentums 23 (1859) 24f.

67 Vgl. zur Darstellung der ausländischen Pressediskussionen z.B. Le Siècle, 2.10.1858; Archives Israélites 19 (1858) 653–654; Las Novedades, 13.11.1858; El Estado, 23.10.1858; Clamor Público, 22.10.1858; Nationalzeitung, 27.10.1858; Volkszeitung, 24.10.1858; Allgemeine Zeitung des Judentums 22 (1858) 636f.

68 Vgl. für die Darstellung der Diskussion *Scalise*: Il caso Mortara 93, 116; für verschiedene internationale Bezugnahmen Le Siècle, 24.11.1858; Journal des Débats, 29.9.1858, 15.10.1858; Archives Israélites 19 (1858) 557–560, 619; Schwäbischer Merkur, 25.11.1858; zur Geschichte und Einschätzung der Civiltà *Clark*: The New Catholicism 23–35.

69 Vgl. für die jüdische Presse *Joskowicz*: Anticlerical Alliances 239; *Bauman*: Variations on the Mortara Case; allgemein für die USA *Korn*: The American Reaction 101–107, 111–117.

70 Vgl. zur Entwicklung der Idee der Trennung und zur Religionspolitik im Zweiten Empire Kapitel 1.2.

nationalen Grenzen, denen sich Öffentlichkeit zumeist gegenübersieht, in Hinblick auf ihre herrschaftslegitimierende Funktion zu überschreiten.[71] Im Laufe der Diskussionen wurde die Frage der Rückgabe des Jungen dann zu einem nationalen Anliegen stilisiert und die Auseinandersetzungen nahmen dabei einen agitierenden Ton an.[72]

Auf den ersten Blick bildeten sich in Frankreich wie auch in den meisten anderen Ländern zwei Lager heraus. Dieses Bild muss aber feiner differenziert werden. Im Lager der Kritiker gab es auf der einen Seite die Position der vehementen Antiklerikalen, die besonders von den drei großen liberalen Zeitungen des Empire – La Presse, Le Journal des Débats, Le Siècle –, von den jüdischen Zeitschriften und in geringerem Maße von den Periodika der Protestanten und Freimaurer geteilt wurde. Auf der anderen Seite sind die offiziellen und bonapartistischen Organe zu nennen, wie der »Constitutionnel«, »La Patrie« oder der »Moniteur Officiel«. Die Berichterstattung in diesen Zeitungen war durch Zurückhaltung geprägt. Sie kritisierten zwar das Vorgehen, nahmen die Mortara-Affäre aber nicht zum Anlass, umfassende und allgemeine Vorbehalte gegen die katholische Kirche zu formulieren. Im Lager der Verteidiger der Kirche ist in erster Linie das starke Engagement des Univers zu nennen. Zwischen beiden Polen fand sich außerdem noch eine Gruppe Unentschiedener, wie die »Union« oder die »Gazette de France«. Bei diesen Zeitungen handelt es sich um legitimistische und katholische Blätter, die zwar keine klare Kritik gegen das Vorgehen vorbringen wollten, es aber auch nicht vollständig guthießen und deshalb auch nicht die radikale Haltung Veuillots im Univers teilten.[73] Die Gruppen waren aber nicht so kohärent, dass es keine Auseinandersetzungen gegeben hätte, wie etwa zwischen den liberalen Organen. La Presse kritisierte zum Beispiel am Journal des Débats, dass er noch zu sehr in den religiösen Diskussionen gefangen sei und sich offen von der katholischen Position distanzieren müsse. Der Siècle antwortete darauf mit einer Apologie der Neutralität des Staates und gab den Vorwurf zurück.[74] Die liberalen und republikanischen Zeitungen grenzten sich im Laufe der Diskussion voneinander ab und diskutierten ausführlich die jeweilige Haltung, auch wenn sie sich gegen Ende der Berichterstattung über die Affäre wieder einander annäherten. Die gegenseitige Profilierung war typisch für die französische Presselandschaft im 19. Jahrhundert. Requate hat in seiner Journalismusstudie überzeugend dargelegt, dass der spezifisch

71 Vgl. zu Herrschaftslegitimation und Öffentlichkeit *Kaelble/Kirsch*: Einleitung 18.

72 Vgl. z. B. Journal des Débats, 19. 10. 1858; La Presse, 18. 10. 1858; Le Siècle, 27. 11. 1858.

73 Vgl. zu dieser Einteilung *Volli*: Il caso Mortara 1093 f.; *Da Silva*: L'affaire Mortara 36–70.

74 Vgl. z. B. La Presse, 12. 10. 1858, 18. 10. 1858, 24. 10. 1858; Le Siècle, 20. 10. 1858, 24. 10. 1858, 28. 10. 1858.

polemische Charakter der Presse in Frankreich daher resultiert, dass der Journalismus lange Zeit wichtiges Sprungbrett für politische Karrieren war und beide Bereiche eng miteinander verbunden blieben.[75] Eine Polemik zwischen potentiellen Verbündeten muss deshalb als Teil der nationalen politischen Kultur gesehen werden. Der Antiklerikalismus ist hier wohl nicht auszunehmen und der radikal polemische Charakter, den die Kulturkämpfe in Frankreich annahmen, lässt sich zum Teil sicherlich auch auf diesen Umstand zurückführen.

Die Diskussionen um die Mortara-Affäre in Frankreich bestimmte ab Mitte Oktober 1858 mehr und mehr die Auseinandersetzung zwischen dem Univers, der den Primat des kanonischen Rechts verteidigte und mit dem Vorwurf der Häresie sowie einer antikatholischen Verschwörung gegen die Kritiker polemisierte, und den Antiklerikalen, die die Unrechtmäßigkeit der Entführung im Rahmen des Zivil- und Naturrechts herausstellten und ihrerseits auf die ultramontane Position mit antiklerikalen Schlagworten antworteten.[76] Diese Form des Schlagabtauschs mit dem Univers, die sich nicht nur an der Mortara-Affäre entzündete, war zentral für die Ausbildung des antiklerikalen Lagers in Frankreich. In den Pressepolemiken mit Veuillot als zentralem Vertreter des radikalen Ultramontanismus bildeten sich über die Jahre hinweg die Grundmuster der antiklerikalen Argumentation heraus.[77] Wie auch auf transnationaler Ebene setzten sich die Kirchenkritiker und ihre Verteidiger mit den Positionen der jeweiligen anderen Seite wirklich auseinander. Die bonapartistische, liberale, demokratische, jüdische und protestantische Presse ging auf die Argumente ihrer Gegner ein, die wiederum auf sie antworteten. Man ging in der Suche nach Austausch so weit, dass die Darstellung der Dinge in der »Times« an den britischen katholischen Klerus geschickt wurde. Allerdings waren dessen Antworten, wie die gesamte europäische Presse ihrerseits unter Berufung auf den »Jewish Chronicle« später schrieb, negativ oder destruktiv. Angeblich seien die verschickten Ausgaben der Times zum Teil verunreinigt und angesengt zurückgeschickt worden.[78] In den von der Mortara-Affäre ausgelösten nationalen und transnationalen Diskussionen zeigte sich, dass die Auseinandersetzungen nicht zu einer gemeinsamen Position führen konnten, auch wenn ein Austausch der

75 Thogmartin führt die Polemik hingegen nur auf den stark fragmentierten Charakter der Presselandschaft zurück. Vgl. *Requate*: Journalismus als Beruf 55–117; *Thogmartin*: The National Daily 81–83.

76 Vgl. z.B. Le Siècle, 23.11.1858; La Patrie, 28.10.1858; Journal des Débats, 20.10.1858; La Presse, 5.11.1858; Archives Israélites 19 (1858) 678–686; L'Espérance 20 (1858) 343; Le Lien 3 (1858) 152; zur Einmischung Veuillots *Isser*: The Mortara Affair; *Winock*: Louis Veuillot.

77 Vgl. für die Rolle der Mortara-Affäre im französischen Antiklerikalismus *Rémond*: Anticléricalisme en France 156–159.

78 Vgl. z.B. Vossische Zeitung, 21.10.1858; insgesamt dazu *Green*: Moses Montefiore 265.

Argumente gesucht wurde. Der eingeforderte Primat des kanonischen Rechts stand der Vorstellung des Zivilrechts, das mit dem Naturrecht begründet wurde, unversöhnlich gegenüber. Die Polemik war hier der performative Ausdruck der Unvereinbarkeit der Positionen, die eine reale Chance auf eine Übereinkunft zwischen den Parteien verhinderte. Ziel war weniger die Überzeugung des Gegners denn des potentiellen Publikums.[79]

Die Fokussierung auf die nationalen Vertreter der gegnerischen Position, die nicht der Kirchenhierarchie angehörten, erklärt sich auch aus der drohenden Gefahr, juristisch belangt zu werden, wenn Träger der Religion direkt angegriffen worden wären.[80] Die Religion genoss im Presserecht des Zweiten Empire einen besonderen Schutz und ein Jahr vor der Mortara-Affäre war La Presse wegen beleidigender Äußerungen über den Papst in einem Artikel George Sands verboten worden.[81] Diese rechtliche Situation führte wahrscheinlich zu einer relativen Zurückhaltung in der konkreten Kritik am Papst.[82] Aus der Auseinandersetzung mit den Antiklerikalen heraus entwickelte Veuillot seine antijüdische Kampagne, in der die Diskussionen über das Schicksal des Mortara-Jungen zu einem interreligiösen Konflikt wurden, auf den ich bereits eingegangen bin. Diese Wendung der Diskussionen hat wahrscheinlich dazu geführt, dass am 21. November durch den französischen Innenminister ein Bescheid an die Presse erging, eine weitere Thematisierung der Affäre zu unterlassen.[83] Das Vorgehen der Regierung, für das leider keine archivalischen Belege zu finden sind, erscheint vor dem Hintergrund der möglichen Repressionsmittel ungewöhnlich. Das Presserecht im Zweiten Empire sah keine Zensur mehr vor, aber eine repressive Lenkung der Zeitungen wurde durch administrative Vorschriften wie die Verpflichtungen zur Ablieferung von Belegexemplaren, die Möglichkeit der Abmahnung und die nachträgliche juristische Verfolgung gewährleistet.[84] Dass diese umfangreichen Mittel im Fall Mortara nicht ausgenutzt wurden, muss auf die ambivalente Position zurückgeführt werden, der sich Napoleon III. angesichts der Geschehnisse von Bologna gegenübersah und die auch die Zurückhaltung der bonapartistischen Presse erklärt. Zum einen verurteilte der Kaiser das Vorgehen der Kirche und seine Diplomaten engagierten sich für die Rückgabe des Jungen. Zum anderen war er auf eine Zustimmung der franzö-

79 Vgl. allgemein zu diesem Grundzug von Polemik *Stenzel*: Rhetorischer Manichäismus 5–7.

80 Vgl. für diese Form der Umgehung von Zensur bereits *Frölich*: Repression und Lenkung 375.

81 Vgl. *Guiral*: La presse 250–252.

82 Vgl. dazu z. B. Journal des Débats, 16. 10. 1858, 18. 10. 1858

83 Vgl. Le Siècle, 22. 11. 1858.

84 Vgl. *Cazals*: La presse toulousaine 87 f.; *Terrou*: Le cadre juridique.

sischen Katholiken angewiesen und wollte außerdem seine Machtstellung in Italien nicht aufs Spiel setzen.[85] Eine an alle gerichtete Weisung, die Diskussionen abzubrechen, bot die Möglichkeit, ohne direkt Partei zu ergreifen eine weitere Anheizung der Stimmung zu unterbinden, was auch erfolgreich gelang. Nach einigen letzten Worten des Univers und des Siècle finden sich ab Dezember 1858 in der Tagespresse keine weiteren Auseinandersetzungen mit der Mortara-Affäre.[86]

In Spanien erfuhr die Affäre im Vergleich zu Frankreich eine sehr viel geringere Presserezeption. Die Vorgänge in Bologna führten zwar auch südlich der Pyrenäen zu einer klaren Empörung der Demokraten und progressistischen Liberalen beziehungsweise Unionisten, die den Fall nutzten, um antiklerikale Kritik am Regime der Kirche insgesamt zu formulieren. Aber der Umfang der direkten Angriffe war doch sehr viel kleiner und die Geschehnisse von Bologna wurden mit keinem einzigen Leitartikel bedacht. Dies lag nicht daran, dass die spanischen Antiklerikalen sich den Bologneser Fall nicht aneigneten.[87] Zum Teil wurde die Mortara-Affäre direkt mit nationalen Belangen in Verbindung gebracht.[88] Vielmehr erschwerten die religiöse Kultur und die repressive Pressepolitik der Isabellinischen Ära die Rezeption, wie anhand der Position der moderaten Liberalen verdeutlicht werden kann. Die Moderados agierten zumeist als Verteidiger des Vorgehens des Kirchenstaats, aber sowohl im »Estado« als auch im »Diario Español« sind Artikel zu finden, die durchaus eine kritische oder sogar antiklerikale Position vertreten. Beide Zeitungen wurden aufgrund dieser Äußerung von anderen Zeitungen kritisiert beziehungsweise von der Regierung zur Räson gerufen und sahen sich zu Erklärungen genötigt. Während das Diario behauptete, aus Versehen allzu kritische Aspekte aus einer anderen Zeitung übernommen zu haben, verteidigte der Estado seine Position damit, dass er auch anderen Meinungen wie dem extrem kritischen Korrespondenten aus Frankreich Platz einräume.[89] Die Regierung mischte sich in die

85 Vgl. für die offizielle Haltung die Analyse der Protestantischen Kirchenzeitung 5 (1858) 1079; sowie *Langham*: The Reaction 100 f.; *Zöller*: Publizistik und Protest 52–54; für die bonapartistische Presse *Da Silva*: L'affaire Mortara 115–128.

86 Die jüdischen und protestantischen Zeitschriften berichteten auch in den folgenden Monaten weiter. Sie unterlagen aber als nicht politische Organe auch einem anderen rechtlichen Regime als die Tagespresse. Vgl. z. B. Archives Israélites 20 (1859) 61 f., 99–107, 423–427, 798–810, 21 (1860) 30 f., 46 f., 77–81, 90 f., 267–277.

87 Vgl. zur Bemächtigung des Falls durch die Progresistas La Iberia, 2. 11. 1858; Clamor Público, 26. 10. 1858; für die Demokraten La Discusión, 24. 8. 1858.

88 Vgl. La Iberia, 26. 10. 1858; Las Novedades, 13. 11. 1858.

89 Vgl. allgemein für die Moderados z. B. La Época, 29. 10. 1858; für ambivalente Positionen El Estado, 15. 11. 1858, 23. 10. 1858; Diario Español, 28. 11. 1858, 30. 11. 1858; für die Rechtfertigungen El Estado, 30. 10. 1858, 4. 12. 1858; Diario Español, 30. 11. 1858.

Berichterstattung des Diario, hier ähnlich wie das französische Innenministerium, nicht mit den in Spanien durchaus zur Verfügung stehenden repressiven Mitteln ein, sondern ging ebenfalls informell vor.[90] Aus den Berichten des spanischen Vertreters des Kirchenstaates wissen wir, dass der Nuntius die Regierung drängte, die Kritik im Diario zu stoppen, und zugleich andere Zeitungen veranlasste, gegen die kritische Berichterstattung zu schreiben.[91] An den Schwierigkeiten der Moderados zeigte sich, dass antiklerikale Kritik in Spanien zur Zeit der Mortara-Affäre sich sowohl gesellschaftlichem Druck als auch staatlicher Repression gegenübersah. Angesichts drohender Verbote und Abmahnungen, wie sie die Moderados erhielten, verwundert es nicht, dass auch die Demokraten und Progresistas keine ausführlichere Kritik unternahmen. Alle Kritiker wichen in dieser Situation auf die Berichterstattung über die Diskussionen im Ausland, besonders in Frankreich, aus. Zugleich griffen sie wie ihre Mitkämpfer nördlich der Pyrenäen die Presseorgane der gegnerischen Seite an, um so indirekte Kritik an der katholischen Kirche zu lancieren.[92]

Auch in der deutschsprachigen Presse war die Rezeption im Vergleich zu Frankreich verhältnismäßig gering; die Mortara-Affäre brachte es hier ebenfalls nicht auf die Titelseiten. In den deutschen Ländern muss die Zurückhaltung in erster Linie auf die ambivalentere Rezeption des Falls zurückgeführt werden.[93] Die Gruppe der Vertreter der mittleren, unentschiedenen Position war im Vergleich zu Frankreich und Spanien sehr viel größer. Die konservative Kreuzzeitung äußerte sich positiv über die verhaltene Kritik der bonpartistischen Presse

90 Die rechtlichen Rahmenbedingungen in Spanien waren 1858 der Gesetzeslage im Zweiten Empire nicht unähnlich. Die Presse unterlag ebenfalls administrativen Formen der Restriktion, Belegexemplare mussten abgeliefert werden, bestimmte Pressevergehen ermöglichten das Verbot von Zeitungen und die katholische Religion genoss besonderen Schutz. Hinzu kam noch das Verantwortungsprinzip der Redakteure. Der Kirche unterlag die Aufsicht dogmatischer Schriften und zudem konnte sie durch Beschwerde wie jeder andere Bürger oder jede Institution in Spanien auf die Einhaltung des besonderen Schutzes, dem Kirche und Religion unterlagen, beharren. Vgl. zur Rechtslage *Sáiz/Seoane*: Historia del periodismo, Bd. 2 197–242; *Castro Alfín*: Los males de la imprenta 83–120; speziell zum Verhältnis von Kirche und Staat *Journeau*: Église et censure; *Alonso García*: La ciudadanía católica y enemigos 289.

91 Für konkrete repressive Maßnahmen, Beschlagnahmung oder juristische Verfolgung wurden weder in der Presse noch in den einschlägigen Archiven (»Archivo General de la Villa de Madrid« und im »Archivo Nacional Histórico«) Nachweise gefunden. Vgl. zum Nuntiaturbericht *Kertzer*: Die Entführung 197.

92 Vgl. für die Berichterstattung der Diskussionen im Ausland z. B. La Discusión, 22. 10. 1858; Las Novedades, 7. 11. 1858; La Iberia, 2. 11. 1858; Diario Español, 26. 10. 1858; Clamor Público, 28. 11. 1858; allgemein für diese Art der Umgehung von Zensur *Palmer*: Des petits journaux 127; *Mira Abad*: Actitudes religiosas 240; für die Kritik an der gegnerischen Presse La Discusión, 23. 11. 1858; La Iberia, 2. 11. 1858.

93 Vgl. *Zöller*: Publizistik und Protest 82.

in Frankreich, sprach sich aber gegen eine Einmischung der preußischen Regierung in die Affäre aus.[94] Die großen liberalen Blätter zeigten sich gespalten.[95] Diejenigen wie die »Augsburger Allgemeine« oder die »Kölnische Zeitung«, die ihre Kritik nicht so vehement formulierten, wagten nicht, den Papst und die kirchlichen Gesetze direkt anzugreifen, oder sahen die antiklerikale Mobilisierung in Frankreich skeptisch. Zugleich fanden sich sowohl in der Augsburger Allgemeinen wie auch in der satirischen Presse antijüdische Stereotype, mit denen die Autoren sich gegenüber dem Schicksal der Mortaras distanzierten.[96] Entschiedene Kritiker des Vorgehens des Kirchenstaats waren die jüdische und die demokratische Presse, wie die »Volks-« oder die »Nationalzeitung«. Diese beiden Organe nutzten die Gelegenheit, um ihre antiklerikale Position zu untermauern.[97] Die Gruppe der entschiedenen Kritiker brachen die Mortara-Affäre in Einzelfällen auch auf nationale Fragen herunter.[98] Aber auch sie unterschied sich deutlich von ihren Mitkämpfern in den romanischen Ländern. In Frankreich und auch in Spanien wurde ein sehr viel kämpferischer Ton angeschlagen. Für die französischen Antiklerikalen war das Vorgehen der Kirche »hassenswert« und »nicht zu dulden«, für die Spanier »entsetzlich« und »grauenhaft«. Nördlich der Pyrenäen sprach man vom Kampf, südlich wortwörtlich vom Protest gegen die katholische Kirche.[99] In der deutschen Presse wurde die Affäre nur als »traurig«, »häßlich« und »betrüblich« charakterisiert.[100] Während in Frankreich also eine agitatorische Sprache gewählt wurde, überwog in Spanien der Ausdruck vehementer Abscheu und in den deutschen Ländern eine resignative Abwehr.

94 Vgl. z. B. Kreuzzeitung, 21. 11. 1858 und 4. 12. 1858.

95 Die Unterschiede scheinen das konfessionelle Umfeld zu reflektieren; liberale Zeitungen aus mehrheitlich katholischen Regionen waren nicht so eindeutig in ihrer Kritik. Allerdings möchte ich angesichts des kleinen Samples nicht so weit gehen, eine abschließende Hypothese hinsichtlich eines konfessionellen »Bias« zu formulieren. Vgl. für eine klare Kritik Vossische Zeitung, 6. 10. 1858; Schwäbischer Merkur, 25. 11. 1858; für eine ambivalentere Position Augsburger Allgemeine Zeitung, 18. 10. 1858 oder Kölnische Zeitung, 24. 11. 1858.

96 Vgl. Anmerkung 28.

97 Die liberalen protestantischen Zeitungen formulierten zum Teil eine ähnlich vehemente Kritik wie Demokraten, die konservativen unter ihnen erwähnten die Affäre aber überhaupt nicht. Vgl. z. B. für die Rezeption der Juden Allgemeine Zeitung des Judentums 22 (1858) 557–560; für die Demokraten Volkszeitung, 30. 10. 1858; Nationalzeitung, 25. 11. 1858; für die Protestanten die Evangelische Kirchenzeitung und dagegen die Protestantische Kirchenzeitung 5 (1858) 789 f.

98 Vgl. Vossische Zeitung, 6. 10. 1858; Allgemeine Zeitung des Judentums 23 (1859) 82.

99 In der Reihenfolge des Zitierens »acte aussi odieux«, Journal des Débats, 29. 10. 1858; »intolérable scandale«, Journal des Débats, 18. 10. 1858; »espantoso precedente«, La Iberia, 2. 11. 185; »hecho [...] tan odioso«, Clamor Público, 23. 10. 1858.

100 In der Reihenfolge des Zitierens Volkszeitung, 19. 10. 1858; Nationalzeitung, 25. 11. 1858; Schwäbischer Merkur, 25. 11. 1858.

Diese Zurückhaltung war aber nicht nur eine Frage der Einstellung, sondern wie in Spanien auch durch das Presseregime bedingt. Die rechtliche Lage in den deutschen Ländern unterschied sich nach 1848 wenig von den beiden anderen Ländern, entscheidend war die Umsetzung der Gesetze, die von der politischen Konjunktur bestimmt war und im Nachmärz bis 1858 beispielsweise in Preußen zu einer starken Selbstzensur der Presse führte.[101] Es ist deshalb zu vermuten, dass auch in den deutschen Ländern die mögliche Repression eine breitere Berichterstattung verhinderte, zumal durchaus einzelne Verbote im Zusammenhang der Mortara-Affäre ergingen.[102] Auf die eindämmende Wirkung von Zensur und Pressepolitik lässt auch die Tatsache schließen, dass auch in der deutschen Berichterstattung auf bestimmte Taktiken zurückgriffen wurde, um ein Verbot zu umgehen. Viele Artikel bezogen sich, wie auf der iberischen Halbinsel, auf die Diskussionen des Falles im Ausland und die Presse setzte Korrespondentenberichte und Privatmitteilungen ein, die einen anderen Stellenwert in der Beurteilung durch die Behörden hatten.[103]

Die Berichterstattung zur Mortara-Affäre war also deutlich transnational ausgerichtet, allerdings wurde diese Perspektive weniger aus einem Freiraum und gutem Nachrichtenfluss geboren, sondern vielmehr aus einem Mangel an beidem. Die europäische Dimension der Kommunikation war ein Ausweichmanöver der jüdischen Außenseiter und zum Teil auch der mobilisierten Antiklerikalen. Zum einen zwang die schlechte Informationslage, auf Quellen jenseits der nationalen Grenzen zuzugreifen. Zum anderen bestimmten, wie an dem Vergleich der drei Länder deutlich geworden ist, die jeweilige Pressepolitik und die politische Lage, ob die Journalisten sich transnational orientierten. Während in Frankreich der Freiraum und die militärischen Aktivitäten in den italieni-

101 Sowohl das Pressegesetz des Norddeutschen Bundes als auch das der Einzelstaaten sah neben restriktiven administrativen Maßnahmen die Abgabe eines Pflichtexemplars vor. Aufgrund von Vergehen gegen Recht und Ordnung des jeweiligen Landes sowie die Religion konnten Zeitungen im Nachhinein eingezogen werden und der Autor beziehungsweise der Redakteur war juristisch für den Inhalt verantwortlich. Auch wenn die Gesetzeslage relativ einheitlich war, existierten durchaus regionale Unterschiede. So bot beispielsweise das bayerische Pressegesetz im Nachmärz mehr Freiräume. Der besondere Schutz, den Religion im Bund genoss, war jedoch auch verpflichtend für die Landesgesetze. Vgl. *Koszyk*: Deutsche Presse 120–126; *Siemann*: Offene Kontrolle; neuer *Requate*: Journalismus als Beruf 244–253; *Kohnen*: Pressepolitik; *Frölich*: Repression und Lenkung.

102 Vgl. Archives Israélites 19 (1858) 628, die über eine Einziehung des »Nürnberger Anzeigers« berichten.

103 Vgl. z. B. für die Berichterstattung über die Diskussionen im Ausland Vossische Zeitung, 21.01.1858; Nationalzeitung, 25.10.1858; für die Korrespondentenberichte Augsburger Allgemeine Zeitung, 7.11.1858; Vossische Zeitung, 15.10.1858; Allgemeine Zeitung des Judentums 22 (1858) 664–666; allgemein zur Funktion dieser Form der Berichterstattung *Frölich*: Repression und Lenkung 375.

schen Gebieten eine intensive innerfranzösische Diskussion entstehen ließen, orientierten sich die Kirchenkritiker in den deutschen Ländern und Spanien an der Berichterstattung im Ausland, wohl um drohenden Verboten zu begegnen. In diesen beiden Ländern entstanden weder unter den Kritikern noch zwischen diesen und ihren nationalen Gegnern nennenswerte Diskussionen. Motor war in allen drei Ländern deshalb die französische Berichterstattung. Als hier die Diskussionen Ende November 1858 unterbunden wurden, lief auch bald die Rezeption in den deutschen Ländern und in Spanien aus.

Europäische Gefühlsgemeinschaft

Die europäischen Kommunikationsstrukturen gingen 1858 mit einem kollektiven Selbstverständnis einher. Ständig verwendeten die protestierenden Journalisten den Begriff Europa. Damit bezeichneten sie einerseits den Raum, in dem man sich empörte, andererseits beschrieben sie die europäische Öffentlichkeit als gesellschaftliche Orientierungsinstanz.[104] Die Mortara-Affäre »wurde vor das Tribunal der öffentlichen Meinung Europas zitiert«[105]. Europäische Öffentlichkeit und Öffentlichkeit allgemein wurden zu einem Akteur und zur Richtschnur gegen die Ansprüche der katholischen Kirche erhoben, die sich dem öffentlichen Druck beugen sollte.[106] Der Begriff der Öffentlichkeit als Garant rationaler politischer Vernunft entstand bereits im 18. Jahrhundert. Die Bedeutung als Personenverband erhielt der Begriff nach der Studie Lucian Hölschers erst in der zweiten Hälfte des 19. Jahrhunderts.[107] Insofern muss die Verwendung im Fall Mortara als ein frühes Beispiel gelten. Das Selbstverständnis als Öffentlichkeit bildete sich 1858 allerdings nicht einheitlich aus, sondern variierte je nach nationalem Kontext. Interessanterweise entspricht die Verteilung

104 Vgl. für Verwendungen des Begriffs als Raumbeschreibung Journal des Débats, 15.10.1858; La Presse, 5.11.1858; Univers Israélite 14 (1858/1859) 217; La Discusión, 15.10.1858; La Iberia, 2.11.1858; Clamor Público, 22.10.1858; für die Idee einer protestierenden europäischen Öffentlichkeit Journal des Débats, 29.9.1858; La Presse, 24.10.1858; Le Siècle, 10.11.1858; Univers Israélite 14 (1858/1859) 21; Archives Israélites 20 (1859) 641; La Discusión, 25.10.1858; El Estado, 9.11.1858; Clamor Público, 21.11.1858; allgemein zum Europakonzept in der Mortara-Affäre bereits *Braive*: Choc psychologique 69.

105 »[A] été [cité] au tribunal de l'opinion publique en Europe«, Journal des Débats, 29.9.1858.

106 Vgl. für den einfachen Öffentlichkeitsbegriff Journal des Débats, 16.10.1858; Le Lien 3 (1858) 177; Las Novedades, 13.11.1858; La Iberia, 12.11.1858; El Estado, 23.10.1858; Clamor Público, 7.11.1858; Nationalzeitung, 21.10.1858; Augsburger Allgemeine Zeitung, 18.10.1858; Vossische Zeitung, 21.10.1858; Allgemeine Zeitung des Judentums 22 (1858) 636f.

107 Vgl. *Hölscher*: Öffentlichkeit (Grundbegriffe).

der Anrufung Europas dem Grad der Mobilisierung. Die deutsche Rezeption, die am wenigsten eindeutig in ihrem Protest war, verwendete den Kollektivbegriff sehr viel seltener als die Mitstreiter in Frankreich und Spanien, wo er fast in jedem zweiten Artikel erschien.

Zumeist wurde bei der Verwendung des Begriffs Europa nicht genauer spezifiziert. Welche Länder er geografisch umfasste, erläuterte man nicht. In der Berichterstattung über ausländische Diskussionen unternahm nur die jüdische Presse den Versuch, mit der Zusammenstellung der verschiedenen nationalen Proteste eine umfassende europäische Bewegung zu evozieren, wobei neben den westeuropäischen Ländern außerdem deutsche Staaten, Italien, Russland und Österreich-Ungarn aufgeführt wurden.[108] Diese Vorstellung kann nicht als allgemeiner Maßstab angesehen werden, da die jüdische Öffentlichkeit zu diesem Zeitpunkt von der nationalen Presse geschieden war.[109] Die beobachtende und wertende Gemeinschaft wurde auch mit anderen Kollektivbegriffen gefasst wie Menschheit, Welt und Gemeinschaft von Nationen oder schlicht Zivilisation.[110] Hinter den weltumfassenden Begriffen stand wohl jedoch zumeist auch eine Europavorstellung.[111] Erstens waren diese Kollektivsingulare in der überwiegenden Zahl durch Attribute wie zivilisiert oder gebildet weiter eingegrenzt. Zweitens wurde die Rezeption der Affäre in den USA, die mindestens so intensiv war wie in Frankreich, in Europa kaum wahrgenommen. Die Proteste begannen in der neuen Welt zwar durchaus mit Verspätung – im November – doch hätten die europäischen Journalisten während des elften Kalendermonats vor dem Ende der Berichterstattung durchaus die Chance gehabt, sich mit den Mitkämpfern jenseits des Atlantiks zu verbünden. Aber sie nutzen sie nicht. Die USA gehörten nicht zur evozierten Gemeinschaft, entweder weil sie nicht wahrgenommen oder weil sie nicht dazu gezählt wurden. Das geht aus den Quellen nicht hervor.[112]

108 Vgl. z.B. Univers Israélite 14 (1858/1859) 159f., 278–283; Archives Israélites 19 (1858) 653–656, 712–719; Allgemeine Zeitung des Judentums 22 (1858) 664–666, 705f.

109 Vgl. zur Rolle der jüdischen Presse in Frankreich und den deutschen Ländern *Joskowicz*: Anticlerical Alliances 154–158.

110 Vgl. dazu z.B. Le Siècle, 20.10.1858; Journal des Débats, 18.10.1858; La Presse, 12.10.1858; La Discusión, 25.10.1858; La Iberia, 23.11.1858; Clamor Público, 31.10.1858; Schwäbischer Merkur, 23.11.1858; Vossische Zeitung, 6.10.1858; Augsburger Allgemeine Zeitung, 23.11.1858; Allgemeine Zeitung des Judentums 22 (1858) 559.

111 Vgl. zu dieser Beobachtung bereits *Frevert*: Eurovisionen 61. Angesichts der starken Präsenz des Europabegriffes und dem Fehlen von Konzepten wie Abendland, Okzident oder Westen sehe ich hier und in den folgenden Fallanalysen davon ab zu fragen, inwieweit ein Konzept des Westens verwendet wurde.

112 Auch die transatlantisch angelegte Studie von Verhoeven stellt die Verbindungen USA-Frankreich hinsichtlich der Kommunikationsströme fast ausschließlich in Richtung

Das Recht einer Dienstmagd einzuklagen, ein jüdisches Kind ohne Wissen und gegen den Willen der Eltern zu taufen, sich auf eine heimliche Taufe zu berufen […], um den kirchlichen Autoritäten das Recht, dieses Kind mittels Gewalt zu entwenden und es in der katholischen Religion zu erziehen, das ist ein unwürdiger, ein unzumutbarer Skandal, das heißt gleichzeitig das moralische Gesetz und die Gesetze aller zivilisierten Nationen mit Füßen zu treten, dies ist der einmütige und allgemein anerkannte Eindruck des öffentlichen Gewissens in Frankreich und Europa.[113]

Dieses Zitat aus dem Journal des Débats vom 18. Oktober evozierte wie andere Artikel als Teil der bereits beschriebenen Idee einer europäischen öffentlichen Meinung die Vorstellung einer spezifischen Zivilisationskultur, die als eine Wertegemeinschaft entworfen wurde. Die Instanz des zivilisierten Europas stand für Fortschritt und sollte Vorbild für die gesamte Welt sein. Die Journalisten knüpften mit dieser Vorstellung an den bestimmenden Europadiskurs des 19. Jahrhunderts besonders im Nachmärz an. Dessen Wurzeln liegen Wolfgang Schmale zufolge in der Idee der Überlegenheit des christlichen Europas.[114] 1858 waren das Naturrecht, die Gewissensfreiheit und ein spezifisches moralisches Verständnis, auf das ich noch eingehen werde, die zentralen Bausteine der europäischen Zivilisation. Die christliche Komponente spielte nur eine geringe Rolle, aber sie wurde in einzelnen Artikeln durchaus angeführt.[115] Die antiklerikale

Westen dar. Vgl. *Verhoeven*: Transatlantic Anti-Catholicism 57–75; für die Rezeption der Affäre in den USA *Kertzer*: Die Entführung 94–156.

113 »Réclamer pour une servante le droit de baptiser un enfant israélite à l'insu de ses parens, malgré ses parens, se fonder sur ce baptême clandestin […] pour attribuer aux autorités ecclésiastiques le droit d'enlever cet enfant de vive force et de faire élever cet enfant dans la religion catholique, c'est commettre un indigne, un intolérable scandale, c'est de fouler aux pieds en même temps la loi morale et les lois des toutes les nations civilisées, telle est l'impression unanime et bien constatée maintenant de la conscience publique en France et en Europe«, Journal des Débats, 18. 10. 1858.

114 Vgl. *Schmale*: Geschichte und Zukunft 91–100; insgesamt zu diesem Europaverständnis im Gebildetendiskurs *Kaelble*: Europäer über Europa 28–31, 52–62; im Vormärz *Brendel*: Zukunft Europa 413 f.; für seine Stärke im Nachmärz *Conter*: Jenseits der Nation 42. Ob die Wurzeln dieser Vorstellung in der Aufklärung liegen, ist umstritten. Vgl. z. B. *Adamovsky*: Euro-Orientalism 114; Kaelble beschreibt diese Vorstellung als ein Kind des 19. Jahrhunderts, *Kaelble*: Europäer über Europa 54.

115 Der Anspruch, ein anderes Europa zu vertreten, tauchte in der katholischen und konservativen Presse nur recht vereinzelt auf. Angesichts dieses Fehlens sowie der christlichen Anbindungen der antiklerikalen Europavorstellung scheint es mir nicht sinnvoll, von der Ausbildung zweier Europamodelle im Fall der Mortara-Affäre zu sprechen. Vgl. dagegen *Zöller*: Publizistik und Protest 75 f.; zu christlichen Bezügen bei Antiklerikalen z. B. La Discusión, 8. 11. 1858; Las Novedades, 4. 10. 1858; allgemein zu den christlichen Wurzeln und dem Nachlassen der religiösen Aufladung *Schmale*: Eckpunkte einer Geschichte 67–69; *Brendel*: Zukunft Europa 413; zu christlich konservativen Konzepten in der zweiten Hälfte des 19. Jahrhunderts *Gollwitzer*: Europabild und Europagedanke 284–302, 338–340.

Europavorstellung war 1858 nicht notwendigerweise antireligiös oder antichristlich, aber die katholische Kirche hatte sich aus antiklerikaler Sicht durch ihr Verhalten während der Affäre aus der zivilisierten Gemeinschaft selbst ausgeschlossen.

Die Europavorstellungen gingen in Frankreich in der Mortara-Affäre mit dem Anspruch einer nationalen Führungsrolle einher. In der heimatlichen Publizistik wurde Frankreich innerhalb der zivilisierten Welt in Bezug auf das Verhältnis von Staat und Kirchen zum Vorreiter stilisiert. Die Journalisten verwiesen sowohl auf die in der Revolution proklamierte Religionsfreiheit und die Trennung von Kirche und Staat als auch auf den Code civil.[116] Die Mortara-Affäre diskutierten die Antiklerikalen in Frankreich, wie bereits erläutert, als eine nationalpolitische Frage, und dabei wurde auch das Nationsverständnis Teil der Auseinandersetzungen. Die »älteste Tochter der Zivilisation«[117] stand der sprichwörtlichen ›ältesten Tochter der Kirche‹ gegenüber. Argumentationen wie diese trugen zur Ausbildung des Konzepts der laizistischen Nation im Laufe des Zweiten Empires bei, das in der Dritten Republik prägend werden sollte.[118] Die historischen Stereotype des nationalen Selbstbildes Frankreichs wurden interessanterweise auch in deutschen Artikeln wiederholt und zeigen, wie nationales Sonderbewusstsein mit europäischem Selbstverständnis einhergehen konnte.[119]

Die Entführung Edgardos rief »peinliche Gefühle« und eine »Entrüstung in Europa« hervor, da sie eine »allen unseren Begriffen und Gefühlen schroff widersprechende Sache«[120] sei. Die imaginierte Gemeinschaft der Protestierenden stand für Zivilisation und Fortschritt, zugleich konstituierte sie sich durch gemeinsame Emotionen.[121] Die eingeforderten moralischen Normen ent-

116 Vgl. Le Siècle, 20.10.1858; Journal des Débats, 16.10.1858; La Presse, 18.10.1858; *Assézat*: Affaire Mortara; allgemein für dieses nationale Selbstverständnis bereits *Rémond*: Anticléricalisme en France 158f.

117 »[F]ille aînée de la civilisation«, Univers Israélite 14 (1858/1859) 182.

118 Vgl. bereits Kapitel 1.2, Anmerkung 142.

119 Vgl. z.B. Nationalzeitung, 27.10.1858; Augsburger Allgemeine Zeitung, 18.10.1859.

120 In der Reihenfolge des Zitierens »penible sensation«, La Presse, 9.7.1858; »indignación de Europa«, Clamor Público, 7.11.1858; Volkszeitung, 19.10.1858.

121 Lynn Hunt hat in ihrer Studie zu Menschenrechten deren Entstehung auf eine neue Gefühlsordnung zurückgeführt. Nach Hunt begründete sich der universale Anspruch der Rechte in einer gefühlten Gleichheit, einer »imagined empathy«, auf die auch die Antiklerikalen im Falle der Mortara-Affäre zurückgriffen. Vgl. *Hunt*: Inventing Human Rights 26–69; ähnlich bereits bei *Rorty*: Menschenrechte, Rationalität und Gefühl; zu Gefühlsgemeinschaft auch *Pernau*: An ihren Gefühlen sollt Ihr sie erkennen; zum Bezug auf gemeinsame Gefühle Journal des Débats, 12.10.1858; La Presse, 5.11.1858, Le Siècle, 18.10.1858; Monde Maçonnique 1 (1858) 314; La Discusión, 8.11.1858; Clamor Público, 11.11.1858; Allgemeine Zeitung des Judentums 22 (1858) 489. Hier und in den folgenden Abschnitten werden ausgehend vom

stammten nicht einer positiven Setzung, sondern dem allgemeinen menschlichen moralischen Gefühl, dem Gewissen.[122] Die Verwendung dieses in der Berichterstattung zentralen Begriffs zeigt, dass das Gewissen als »universelles Gewissen«[123] als etwas Überindividuelles, allen Menschen gemeinsam Eingegebenes angesehen wurde. Zugleich schränkte man die universelle Instanz immer wieder ein, wenn die Journalisten von »ehrlichen Herzen« oder »menschlich Fühlende[n]« schrieben.[124] Wie im Zusammenhang mit dem Europadiskurs manifestiert sich hier ein Changieren zwischen Universalität und Ausgrenzung, das in Kapitel 2.3 noch einmal ausführlicher thematisiert werden wird. Die Herkunft von Wertmaßstäben wurde ebenso wenig wie die Europavorstellungen von den antiklerikalen Protestierenden in der Mortara-Affäre antichristlich definiert, aber mit dem Bezug auf das menschliche Gewissen und Gefühl aus seiner kirchlichen Gebundenheit gelöst.[125] Das europäische Gewissen als gemeinsame emotionale Empörung kann also als Ausdruck einer Emanzipation von kirchlichen Setzungen gelesen werden.[126]

Die Evokation einer emotionalen Gemeinschaft korrespondierte mit der emotionalen Darstellung der Affäre.[127] Die Geschichte der Kindesentführung verfügte über zentrale Elemente, die solch eine Berichterstattung ermöglichten. Es handelte sich um ein persönliches Schicksal, bei dem die Opferrollen klar zugeordnet waren. Jedermann konnte die Situation der Familie Mortara mitfühlen. Die Journalisten nutzten die Grundstruktur der Geschichte aus und arbeiteten besonders emotionale Aspekte der Entführung heraus, so dass eine Leidensgeschichte entstand. So wurde zum Beispiel die Entführung als Tragödie der Familie geschildert, die die Mutter wahlweise wahnsinnig oder krank werden ließ. Auch die Darstellung des Kampfes der Mortaras um das Besuchsrecht

methodischen Zugriff der Diskursanalyse Gefühle vor allem als kulturell geformt analysiert. Vgl. zu methodischen Überlegungen der Erforschung von Gefühlen z. B. *Frevert*: Gefühle; *Borutta/Verheyen*: Vulkanier und Choleriker.

122 Der Begriff des Gewissens wurde alltagssprachlich verwendet, als »Wertgefühl [...], das sich spontan im Menschen Geltung verschafft«. In Spanien fehlt dieser Bezug. Dort appellierte man dagegen an den gesunden Menschenverstand (»sentido común«). Vgl. zur Definition Meyers kleines Lexikon Philosophie 164; die Beispiele Le Siècle, 18. 10. 1858; Journal des Débats, 18. 10. 1858; Monde Maconnique 1 (1858) 314; Clamor Público, 23. 10. 1858, La Iberia, 2. 11. 1858; Volkszeitung, 19. 10. 1858; Augsburger Allgemeine Zeitung, 18. 10. 1858; Nationalzeitung 29. 10. 1858; Allgemeine Zeitung des Judentums 22 (1858) 556.

123 »[C]onscience universelle«, Journal des Débats, 16. 10. 1858.

124 In der Reihenfolge des Zitierens »coeurs honnêtes«, Journal des Débats, 19. 10. 1858; Allgemeine Zeitung des Judentums 23 (1859) 82.

125 Vgl. z. B. die demokratische Nationalzeitung, 20. 19. 1858, die von einem »christlichen Gewissen« spricht; oder die protestantische Broschüre *Albrecht*: Der gewaltsame Kinderraub 25 f.

126 Vgl. dazu ausführlicher Kapitel 3.4.

127 Vgl. bereits *Kertzer*: Die Entführung 67–79; *Korn*: The American Reaction 7–9.

emotionalisierte die Berichterstattung. Die Episode von Alatri wurde bereits genannt. Den missglückten Versuch des Ehepaares, ihren Sohn in dieser Stadt zu sehen, beschrieb die kritische Presse als langwierige Leidensodyssee. Diese wurde von einer geglückten Familienzusammenführung flankiert, von der ein häufig abgedruckter Brief der Mutter berichtete, in dem Marianna Padovani beschrieb, wie sie ihren Sohn unter Tränen wieder in die Arme schloss.[128] Der Rückgriff auf die Betroffenenposition erhöhte die Emotionalität der Erzählung noch und bot eine breite Identifikationsfläche. Man appellierte zum Teil auch ganz direkt an allgemein geteilte Erfahrungen von Eltern-, besonders von Mutterschaft, um den potentiellen Lesern die Erlebnisse der Bologneser Familie näherzubringen, wie der Untertitel der in Frankreich und den deutschen Ländern anonym erschienenen Broschüre »Edgard Mortara. Den Israeliten des neunzehnten Jahrhunderts, den Vätern und Müttern aller Nationen und aller Religionen gewidmet« exemplarisch zeigt.[129] Emotionalisierung als Berichterstattungsstrategie wurde allerdings auch von Katholiken verwendet, wenn die wundersame Bekehrung des Jungen in süßlichen Tönen beschrieben wurde.

Gefühle waren 1858 ein umkämpftes Feld: Das Journal des Débats sprach zum Beispiel dem Univers das Recht ab, Mitgefühl mit den Mortaras zu zeigen.[130] Die emotionale Darstellung und moralische Aufladung der Affäre in der Presse waren die zentralen Mittel, um eine gemeinsame Betroffenheit bei den Lesern zu erzeugen, welche entscheidend war für die Bereitschaft, sich außerhalb der eigenen Lebensgrenzen, hier konkret jenseits der nationalen Grenzen einzumischen. Die protestierenden Journalisten bedienten sich zur Mobilisierung der Beschwörung eines Kollektivs, der europäischen Öffentlichkeit als Werte- und Gefühlsgemeinschaft. Die emotionalisierte Berichterstattung tat ein Übriges, Gefühle im Sinne dieser Werte- und Gefühlsgemeinschaft zu produzieren, auch wenn 1858 damit kaum konkrete gemeinsame Handlungen und Druck erzielt werden konnten.

128 Vgl. allgemein für eine emotionale Darstellung der Geschichte Le Siècle, 10.11.1858; Clamor Público, 23.10.1858; Schwäbischer Merkur, 25.11.1858; Allgemeine Zeitung des Judentums 22 (1858) 557–560; speziell für die Entführung La Presse, 9.7.1858; Univers Israélite 14 (1858/1859) 10–12; Archives Israélites 19 (1858) 548–551; Las Novedades, 13.11.1858; El Estado, 23.10.1858; Allgemeine Zeitung des Judentums 22 (1858) 489; für die emotionale Aufladung der Alatri-Episode La Iberia, 2.11.1858; Allgemeine Zeitung des Judentums 22 (1858) 664f.; für den Brief der Mutter Le Siècle, 10.11.1858; Univers Israélite 14 (1858/1859) 173; Schwäbischer Merkur, 9.11.1858; Vossische Zeitung, 11.11.1858; Allgemeine Zeitung des Judentums 22 (1858) 664f.; Protestantische Kirchenzeitung 5 (1858) 1122.

129 Vgl. Edgard Mortara, deutsche Version; Iberia, 2.11.1858; für die verschiedenen Überzeugungsstrategien, die an den Common sense appellieren, wie Moralinszenierung und die Basis vergleichbarer Erfahrungen *Neidhardt*: Öffentlichkeit, öffentliche Meinung, soziale Bewegungen, Einleitung 18f.

130 Vgl. Journal des Débats, 15.10.1858; La Presse, 29.9.1858.

Neue Mittel der Interessenvertretung

Die Instanz Öffentlichkeit spielte in der Mobilisierung 1858 eine entscheidende Rolle, aber ein wichtiges Mittel war auch das Prinzip der Fürsprache. Dieses Kommunikationsverhalten ist typisch für korporative Gesellschaften.[131] Die Mortaras selbst, die jüdischen Gemeinden in Frankreich, Großbritannien, Preußen, in den Niederlanden und Belgien, aber auch protestantische, zum Teil stark antikatholische Organisationen wie die EA oder die amerikanische »American Party« sowie überkonfessionelle religiöse Vereinigungen wie die »Alliance Chrétienne Universelle«[132] und prominente Persönlichkeiten (zum Beispiel Vertreter der Rothschildfamilie) verfassten Schreiben, entweder an die jeweiligen Regierungen mit der Bitte um Intervention oder an den Kardinalstaatssekretär des Kirchenstaates, Giacomo Antonelli (1806–1876), beziehungsweise den Papst direkt. Sie sollten die Rückgabe Edgardos veranlassen.[133] Die Bittschriften in der Mortara-Affäre zeigen sehr deutlich, dass die alten Kommunikationsmuster der Fürsprache zwar noch verwendet, aber zunehmend aufgebrochen wurden; die Petitionen richteten sich nun nicht mehr nur an den konkreten Adressaten, sondern sie wurden auch zugleich oft in der Presse abgedruckt, um dem Anliegen einen größeren Nachdruck zu verleihen.[134] Die Presse als Akteur übte in diesem Zusammenhang in den deutschen Ländern und Spanien nur indirekt Druck aus. Konkrete Forderungen nach Einmischung der jeweiligen Regierung finden sich nur in Frankreich, wo eine »Interventionsrhetorik«[135] die Berichterstattung bestimmte.[136] Entscheidend war neben der relativen Pressefreiheit dabei sicherlich auch, dass nur im Zweiten Empire ein allgemeines Männerwahlrecht existierte. Auch wenn die Wahlen unter Napoleon III. z.T. manipu-

131 Vgl. zur Fürsprache im Kontext jüdischer Interessenvertretung *Guesnet*: Strukturwandel 45–52.

132 Zu dieser anscheinend vorwiegend protestantisch geprägten Organisation war außer den zeitgenössischen Quellen keine weitere Literatur zu finden. Vgl. für den Protest und die darin enthaltene Selbstauskunft zur Organisation Archives du Christianisme 41 (1858) 179 und Nationalzeitung, 29.10.1858.

133 Die preußische Bittschrift initiierte der Herausgeber der Allgemeinen Zeitschrift des Judentums und Magdeburger Rabbiner Ludwig Philippson (1811–1889). Vgl. dazu *Joskowicz*: Anticlerical Alliances 241; für die Bittschriften allgemein *Volli*: Il caso Mortara 1102–1108, 1111–1120; *dies.*: Mortara nel primo centenario 153–167; *Braive*: Choc psychologique 75; *Langham*: The Reaction 80–87, 94–96.

134 Vgl. z.B. Journal des Débats, 20.10.1858; Univers Israélite 14 (1858/1859) 282 f.; Allgemeine Zeitschrift des Judentums 23 (1859) 10 f.; zu Petitionen als universalgeschichtlichem Phänomen *Van Heerma Voss*: Introduction; dagegen auf das 19. Jahrhundert begrenzend *Tilly*: Durable Inequality 217.

135 *Schulze Wessel*: Religiöse Intoleranz 72.

136 Vgl. z.B. Le Siècle, 20.10.1958; La Presse, 18.10.1858; Journal des Débats, 29.9.1858.

liert wurden und die gesetzgeberische Gewalt des Parlaments begrenzt war, beruhte das politische System doch auf dem Prinzip der Volkssouveränität und war damit in gewissem Maße von der Öffentlichkeit abhängig.[137]

Im Zusammenhang mit der Fürsprache sind insbesondere die Aktivitäten Sir Moses Montefioris hervorzuheben, an denen dieses spezifische Kommunikationsverhalten exemplifiziert werden kann. Montefiori gehörte der englischen Hochfinanz an und hatte bereits in der Damaskus-Affäre 1840 und bei den russischen Pogromen von 1846 im Interesse der jüdischen Gemeinschaft interveniert. 1858 wurde er Präsident des Ausschusses des »Board of Deputies« (der offiziellen Vertretung der englischen Juden), der die Aktivitäten im Fall der Mortara-Affäre koordinieren sollte.[138] Dieser Ausschuss schickte zum einen Informationen über die Geschehnisse in Bologna an die britische Presse, zum anderen richtete er eine Petition an den britischen Außenminister, der zwar eine offizielle Einmischung ausschloss, aber wohl erfolgreich für ein Besuchsrecht der Eltern intervenierte. Die Kommission beschloss daraufhin, ein Memorandum direkt an den Papst zu schicken, das Montefiori persönlich überbringen sollte. Zuvor hatte sie zusätzlich mit Sir Culling Eardly[139] und der EA über eine eventuelle Kooperation verhandelt, die allerdings nicht zu Stande kam. Das Board bevorzugte es wahrscheinlich wegen der eingangs beschriebenen prekären Lage, direkt mit Rom in Kommunikation zu treten und mit großer Vorsicht zu agieren, um den Papst nicht durch eine jüdisch-protestantische Allianz zu verärgern; einer gemeinsamen Demarche bei Napoleon III. rechnete es keine großen Chancen aus.[140] Montefiori reiste dann im Frühjahr 1859 nach Rom. Ausgestattet mit Empfehlungsschreiben des Außenministers für die diplomatischen Kreise in Rom gelang es ihm, mit seiner Mission bis zum Kardinalstaatssekretär vorzudringen, wo er allerdings abgewiesen wurde. Montefioris Aktivitäten verdeutlichen besonders zwei Aspekte des Prinzips der Fürsprache: Erstens ist diese Form der Kommunikation meist sehr langwierig, da ihre Inhalte

137 Vgl. *Tacke*: Von der Zweiten Republik 322 f., 328 f.

138 Sir Moses Montefiori (auch als Montefiore) (1784–1885) war eine der zentralen öffentlichen Figuren des britischen Judentums im 19. Jahrhunderts. Vgl. zu Montefiori *Green*: Moses Montefiore; zur Damaskus-Affäre *Brawer*: Damascus Affair; speziell zu seinen Aktivitäten im Rahmen der Mortara-Affäre z. B. *Kertzer*: Die Entführung 257–274; *Langham*: The Reaction 80–87.

139 Sir Culling Eardly (1805–1863), protestantischer Aktivist, Anglikaner, der aber die Nähe der Kongregationalisten suchte. Eardley war kurzzeitig Mitglied des Unterhauses und gründete 1846 die EA, die sich sowohl wohltätigen wie missionarischen Zwecken verschrieben hatte und in den ersten Jahrzehnten ihrer Existenz besonders aktiv für Religionsfreiheit eintrat. Vgl. zu Eardley *Voigt*: Vier Vorkämpfer; zur Allianz Kapitel 1.1, Anmerkung 50.

140 Vgl. zu seinem Austausch mit Culling Eardley L'Espérance 21 (1859) 23; *Green*: Moses Montefiore 268.

nur auf Umwegen an den Adressaten gelangen. Zweitens ist die Fürsprache stark von Abhängigkeitsverhältnissen bestimmt, die im Kommunikationsprozess auch nicht hinterfragt werden. Mit den neueren Formen der Interessenvertretung durch Anrufung von Öffentlichkeit, wie sie in der Presse praktiziert wurden, beschleunigte sich die Kommunikation dagegen und alte Abhängigkeiten wurden beendet.

Die Reaktionen der Regierungen auf die Bitten um Fürsprache waren zum größten Teil verhalten. Nicht nur Großbritannien, sondern auch Preußen lehnte es ab, offiziell aktiv zu werden, weil die Regierungen beider Länder sich als protestantische Mächte kaum Einflussmöglichkeiten ausrechneten. Der US-amerikanische Präsident James Buchanan (1791–1868) befürchtete, dass eine Einmischung seinerseits zu einem Anspruch von anderen Staaten auf Intervention in der Sklavenfrage führen könnte. Auch Napoleon III. hielt sich in Hinblick auf eine offizielle Demarche zurück, aber der französische Botschafter in Rom, Antoine Agénor Alfred Herzog de Gramont (1819–1880), intervenierte sehr aktiv beim Heiligen Stuhl. Auf dem diplomatischen Weg engagierten sich ebenso Piemont und Österreich und der Württembergische Geschäftsträger in Rom.[141]

Auch wenn alte Varianten der Interessenvertretung die Mobilisierung jenseits der Presse 1858 bestimmten, kann die Mortara-Affäre zugleich als Beginn modernerer Formen jüdischer Selbstvertretung gelten. Institutionell manifestierte sich diese Entwicklung in der Umstellung des amerikanischen »Board of Delegates« als offizielle Vertretung der Juden zu einer regierungsunabhängigen, repräsentativen Institution und besonders in der Gründung der »Alliance Israélite Universelle« (im Folgenden AIU), die im Kontext der Rezeption der Geschehnisse in Bologna 1860 in Frankreich gegründet wurde.[142] Die bis heute existierende internationale Organisation setzte sich seit ihrer Gründung grenzübergreifend gegen Judenhass sowie für jüdische Emanzipation und Wohlfahrt

141 Vgl. für Großbritannien *Langham*: The Reaction 87–90; *Kertzer*: Die Entführung 65 f., der von keiner erfolgreichen Einmischung ausgeht; für Frankreich und Österreich *Volli*: Mortara nel primo centenario 153–167; *dies.*: Il caso Mortara 1109 f.; sowie *Miletto*: Der Mortarafall 2–11; zu den deutschen Ländern *Meisl*: Beiträge zum Fall Mortara; zu den USA *Korn*: The American Reaction 88 f.

142 Sowohl der Rabbiner Élie Aristide Astruc (1831–1905), der maßgeblich die Diskussion mit dem Univers über das Judentum führte, als auch Isidore Cahen (1826–1902), späterer Chefredakteur der reformorientierten Archives Israélites, waren Gründungsmitglieder der AIU. Vgl. zur Formulierung der Gründungsidee im Jahr 1858 Archives Israélites 19 (1858) 489, 624, 696; allgemein zum Einfluss der Mortara-Affäre auf die Entstehung jüdischer Selbstvertretungsorganisationen *Volli*: Il caso Mortara 11128–11131; *Da Silva*: L'affaire Mortara 112 f.; *Joskowicz*: Anticlerical Alliances 241 f.; zu Astruc *Weill*: Élie-Aristide Astruc; zu Cahen JBA, I, 46 51, 156 267–278, I, Supplement, 24 64–66, II, 86 233–236.

ein und arbeitete auch an einer Rückgabe des Bologneser Jungen. In ihren Aktivitäten verband die AIU das alte Prinzip der Fürsprache mit Mitteln des öffentlichen Drucks. Die AIU kann sicherlich nicht generell als antiklerikal eingestuft werden, allerdings zeichnete sich gerade ihre Gründergeneration durch Wurzeln im Saint-Simonismus sowie im liberalen, nicht antireligiösen Antiklerikalismus aus. Diese politischen und religiös reformerischen Tendenzen traten allerdings im Laufe der 1860er zurück und die erzieherische Arbeit wurde zum Schwerpunkt ihrer Aktivitäten.[143] Ein Vorbild für ihre Gründung war die EA. Mit deren zentralen Leitungsfiguren Culling Eardley und Abram-François Pétavel[144] standen einige der jüdischen Intellektuellen, die sich in der Affäre engagierten und zum Teil zu den Gründungsmitgliedern der AIU gehörten, bereits vor 1858 im Kontakt, da sie das Ziel einer religiösen Erneuerung einte.[145] Diese Verbindungen stellten 1858 die Grundlage dazu bereit, dass es zu dem Versuch gemeinsamen Engagements kam. Die AIU engagierte sich aber ihrerseits einige Jahre später für die Protestanten in Spanien 1863 und reihte sich damit in die Aktivitäten der EA ein.[146] Die Aktivitäten der AIU und die Verbindungen zur protestantischen Alliance zeigen, dass die Politik der konfessionellen Interessenvertretungen eine neue Dimension annahm, in der ein Engagement über die eigene Konfession hinaus möglich war und in der ein Rahmen für neue Allianzen geschaffen wurde, der auch auf einer antiklerikalen Stoßrichtung beruhen konnte.

Zusammenfassend kann man festhalten, dass sich in der Mortara-Affäre eine Umbruchphase der Formen von Mobilisierung und politischer Einflussnahme manifestierte. Die Affäre war zwar auch geprägt vom alten Mittel der Fürsprache, aber aus ihr heraus entstanden auch modernere Formen der Interessenvertretung. Entscheidend für diese Entwicklung war ein wachsender Freiraum, nicht nur für Juden. Die Idee einer unabhängigen und europäischen Öffentlichkeit als Werte- und Emotionsgemeinschaft sowie als Appellationsinstanz, die

143 Vgl. zur AIU *Nord*: The Republican Moment 68–78; *Graetz*: Les Juifs en France 364–429; *Hyman*: Jews 77–90; *Leff*: Sacred Bonds; *Kaspi/Assan*: Histoire de l'Alliance.

144 Abram-François Pétavel (1791–1870) war evangelischer Pastor in Neuchâtel. Vgl. *Joskowicz*: Anticlerical Alliances 253 f.

145 Beide Leitfiguren verfolgten trotz ihres Kampfes letztlich aber das Ziel der Konversion der Juden. Vgl. ebenda 253–255.

146 Vgl. zu den Verbindung der AIU und der EA *Graetz*: Les Juifs en France 371–395; *Joskowicz*: Anticlerical Alliances 253–256; *Simon-Nahume*: Aux origines de l'Alliance 39; für die internationale Mobilisierung für die Protestanten *Alonso García*: Con leyes sabias; allgemein zu transkonfessionellen Verbindungen jüdischer Interessensvertreter *Green*: Nationalism; zur Entwicklung des Verhältnisses der Juden zur Öffentlichkeit insgesamt in diesem Zeitraum *Guesnet*: Strukturwandel.

sich während der Mobilisierung konstituierte, ermöglichte es in Frankreich, in Ansätzen politischen Druck auszuüben, wie das Berichterstattungsverbot zeigt. Die Ausbildung dieser ›neuen‹ Instanz korrespondierte mit dem jeweiligen Grad der Mobilisierung und war wie die transnationalen Kommunikationsstrukturen abhängig vom nationalpolitischen Kontext. Der Europabezug war nicht nur ein Druckmittel, sondern bedeutete auch hinsichtlich der Informationsbeschaffung und -verteilung für die italienischen Juden ebenso wie für die kritische Presse besonders in den deutschen Ländern und in Spanien einen Ausweg aus einem repressiven Rahmen. Zugleich schloss die übergreifende Identifizierung weder die Konstruktion noch den Einsatz nationaler Selbststilisierung aus. Die europäische Solidarität entstand insbesondere aus der emotionalisierenden Berichterstattung, wofür sich die Geschichte der Entführung von Bologna besonders gut eignete. Der von der europäischen Öffentlichkeit aufgebaute Druck war in erster Linie gegen die transnationale Institution katholische Kirche gerichtet und zeigte bereits eine deutliche Emanzipation von deren Macht als moralischer Instanz. Hinsichtlich des Antiklerikalismus wurde insbesondere herausgearbeitet, dass trotz des Austausches mit dem Gegner eine gemeinsame Übereinkunft aufgrund von diametral einander entgegengesetzten Positionen nicht möglich war. Zugleich bestimmte die Diskursführung eine Tendenz zu Verschwörungstheorien und medialer Verselbstständigung, die ein Repertoire antiklerikaler Erzählmuster entstehen ließ und eine Verständigung noch erschwerte.

2.2 Das Erste Vatikanische Konzil (1869/1870) – Nationale Fragen und begrenzte Mobilisierung

Am 8. Dezember 1869, dem Tag der Unbefleckten Empfängnis Marias, trat das Erste Vatikanische Konzil zusammen. Es war im Juni ein Jahr zuvor offiziell einberufen worden, um nach der Reduzierung des Kirchenstaates auf seine römischen Gebiete zentrale Weichen für die katholische Kirche neu zu stellen. Die Kirche antwortete damit auf eine bedrängte Lage. Politisch mussten nicht nur die Gebietsverluste verkraftet werden, sondern zunehmend lösten sich auch die Verflechtungen mit den europäischen Staaten. Theologisch galt es, auf die Herausforderungen der ›modernen Irrtümer‹ des Liberalismus, Rationalismus und Positivismus und die wachsenden Differenzen zwischen liberalen Katholiken und Ultramontanen zu reagieren.[147] Die Arbeiten der Versammlung blieben ein Torso, da einerseits die Diskussionen zu vehementen Gegensätzen

147 Vgl. *Aubert*: Vaticanum I 15–41; *Conzemius*: Das I. Vatikanum 57–60; *Schatz*: Das Erste Vatikanum 140.

sowohl innerhalb des Episkopats als auch in der gesamten katholischen Welt führten, die die Beschlussfassungen erschwerten; andererseits fiel die Unterbrechung des Konzils am 20. Juli 1870 mit dem Beginn des Deutsch-französischen Krieges zusammen, nach dessen Beendigung es angesichts der vollkommen neuen Situation nicht wieder einberufen werden sollte. Weder die Debatten über einen neuen Katechismus führten zu einem Ergebnis, noch wurden die dogmatischen Neubestimmungen des Verhältnisses von Staat und Kirche zu Ende diskutiert. Der Entwurf des Kirchenschemas orientierte sich eng am Syllabus Errorum von 1864, anathematisierte Religionsfreiheit, die Trennung von Staat und Kirche und die Idee des staatlichen Schulmonopols. Abgeschlossen wurde nur die Konstitution »De fide catholica«, die das Verhältnis zwischen Vernunft und Glauben neu regelte und die päpstliche Unfehlbarkeit dogmatisierte und deren Diskussion die letzten Monate der Bischofsversammlung prägte.[148]

Während das Glaubensschema und die Katechismusdiskussion die Öffentlichkeit kaum bewegten, entzündeten sich am Kirchenschema und an der Idee des unfehlbaren Papstes heftige Debatten, die die katholische Welt entgrenzten. Innerkirchlich war das Unfehlbarkeitsdogma der Schlussstein des ultramontanen Gebäudes. Heute wird das Dogma als Teil der Emanzipation der Kirche vom Staat gewertet. 1869/1870 wurde allerdings vor allem in Kombination mit der Konstitution »De Ecclesia« befürchtet, dass es eine Machterweiterung des Papstes auch in weltlichen Dingen bedeuten würde. Die Idee der Unfehlbarkeit des Kirchenoberhauptes wurde auch erst im Laufe der Diskussionen auf Glaubensdinge beschränkt. Die Regierungen und die Antiklerikalen ängstigten sich also durchaus zu Recht davor, dass ein Papst seine neue Stellung ausnutzen könnte, um sich in die Angelegenheiten der Staaten und der säkularen Gesellschaften einzumischen. Diese Befürchtungen hielten allerdings auch nach den Einschränkungen an. Die außerkirchliche Welt sah während der Vorbereitung und der gesamten acht Monate der Dauer des Konzils wegen der möglichen aus Kirchenschema und Unfehlbarkeitsdogma resultierenden Neubestimmungen des Verhältnisses der Kirche zur Welt gebannt nach Rom.[149] Die sich konstituierende Öffentlichkeit war 1869/1870 im Vergleich zu den beiden anderen untersuchten Fällen transnationaler Mobilisierung zugleich am stärksten und am schwächsten ausgeprägt. Die europäische Dimension spielte allerdings trotz der zwischenstaatlichen Dimension des Konzils nur in klar begrenzten Kontex-

148 Vgl. *Aubert*: Vaticanum I 150–296; *Schatz*: Das Erste Vatikanum 146–157; sowie speziell für das Kirchenschema *ders.*: Vaticanum I, Bd. 2 121–130.

149 Vgl. zum Charakter des Dogmas *ders.*: Vaticanum I, Bd. 1 287–289; *ders.*: Das Erste Vatikanum 158–161; *Gadille*: La phase décisive 343–346; sowie *Gross*: War against Catholicism 51; zu den bis heute anhaltenden Diskussionen z. B. *Hasler*: Pius IX., Bd. 1 und Bd. 2; *Schatz*: Kirchenbild; *Wolf*: Ist es möglich 90.

ten eine Rolle. Bestimmend blieben oft nationale Kontexte und die Frage der Organisation des Verhältnisses von Staat und Kirche in den einzelnen Ländern, wie der folgende Abschnitt zeigen wird.

Regierungsaktivitäten, Öffentlichkeit und katholische Mobilisierung

Die Fragen des Konzils bewegten natürlich in erster Linie die Regierungen. Anders als bei vorhergehenden ökumenischen Konzilien waren die Vertreter der katholischen Mächte nicht eingeladen worden, als Beobachter teilzunehmen, dennoch mussten vor allem die Länder mit katholischer Bevölkerung ihre Haltung gegenüber der Bischofsversammlung bestimmen. Die Positionen variierten dabei zwischen interventionistischen, staatskirchlichen Positionen, die zum Teil die französische und bayerische Politik prägten, und dem liberalen Verständnis der gegenseitigen Freiräume im Sinne des von dem Grafen Camillo Benso di Cavour (1810–1861) geprägten Ausspruchs ›der freien Kirche im freien Staat‹, das zum Beispiel die spanische Haltung kennzeichnete. Zugleich wurde die Politik auch von Wünschen einer indirekten Beeinflussung wie bei Otto von Bismarck geleitet.[150] Allerdings wurden nur zwei ernst zu nehmende Versuche einer wirklichen Einmischung unternommen. Der erste fand bereits im April 1869 statt; der bayerische Ministerpräsident Chlodwig Fürst zu Hohenlohe-Schillingsfürst (1819–1901) versuchte durch eine Zirkulardepesche, ein gemeinsames Vorgehen mit den anderen europäischen Mächten und die Entsendung eines Sonderbotschafters nach Rom zu initiieren. Sein Vorschlag lief aber ins Leere, weil er von allen angeschriebenen Regierungen abgelehnt wurde.[151] Der zweite neuralgische Moment für das Verhältnis von weltlichen Staaten und Kirche waren die Aktivitäten Frankreichs im Frühjahr 1870, das Rom durch seine Truppen nach wie vor sicherte. Die französische Regierung gab zwischenzeitlich angesichts des veröffentlichten Kirchenschemas und der beginnenden Diskussion um die Unfehlbarkeit ihre während der Vorbereitungsphase beschlossene Nichteinmischungspolitik auf. Sie wandte sich mit einer Note an den Papst und das Konzil, um gegen die Wendungen der Verhandlungen zu protestieren. Diesem Protest schlossen sich Bayern, Spanien, Preußen, Österreich und Portugal

150 Vgl. zur unterschiedlichen Positionierung der Regierungen *Aubert*: Vaticanum I 101–108, 201–215; *Schatz*: Vaticanum I, Bd. 1 275–286 und Bd. 2 281–293; für Preußen besonders *Conzemius*: Preussen; für Spanien *Martín Tejedor*: España, Concilio Vaticano I 109–115; *Martí Gilabert*: Cuestión religiosa en la Revolución 147–149; zu Cavours Kirchenpolitik *Seibt*: Rom oder Tod 41–43.

151 Vgl. *Aubert*: Vaticanum I 103–107; *Schatz*: Vaticanum I, Bd. 1 275–282; *Weber*: Das I. Vatikanische Konzil.

an. Die Bemühungen scheiterten aber ebenso, da einerseits der Heilige Stuhl in einer intransigenten Position verharrte und jede Einmischung ablehnte und andererseits Frankreich sich nicht zu radikaleren Druckmitteln wie dem Truppenabzug entschließen konnte.[152]

Die diplomatischen Auseinandersetzungen bewegten sich zwar im Bereich der staatlichen Arkanpolitik, dennoch wurden die Tätigkeiten der Regierungen aufmerksam von der breiten Öffentlichkeit beobachtet und das über die Ländergrenzen hinweg.[153] Öffentlichkeit war zugleich ein Faktor innerhalb der Regierungsaktivitäten während des Konzils, so beobachtete das französische Kultusministerium zum Beispiel intensiv die sich engagierende Presse in Frankreich, aber auch in den deutschen Ländern.[154] Dies hatte unterschiedliche Gründe: Erstens mussten einige Regierungen Rücksicht nehmen auf ihre jeweilige katholische Bevölkerung wie zum Beispiel die englische Regierung.[155] Zweitens diskutierten die Parlamente in Frankreich und Spanien die Fragen der jeweiligen Positionierung und durch die Parlamentsberichtserstattung wurde diese Debatte Teil der öffentlichen Auseinandersetzung.[156] Drittens versuchten verschiedene Regierungen über die Öffentlichkeit Druck gegenüber Rom aufzubauen, etwa wenn Bismarck das Kirchenschema in der »Süddeutschen Zeitung« veröffentlichen ließ.[157] Die breite Öffentlichkeit mischte sich also in die Auseinandersetzungen zwischen Regierungen und Kirchenstaat ein und erstere rechneten zum Teil mit ihrem Einfluss.

152 Vgl. *Weber*: Der moderne Staat 25 f.; *Schatz*: Vaticanum I, Bd. 2 293–310; *Christophe*: Le Concile Vatican 40–42.

153 Vgl. z. B. für nationale Beobachtungen Le Rappel, 18. 3. 1869; Le Temps, 10. 3. 1870; La Igualdad, 8. 12. 1869; La Iberia, 16. 3. 1870; Volkszeitung, 19. 1. 1869; Augsburger Allgemeine Zeitung, 19. 3. 1870; für internationale Beobachtungen La Marseillaise, 12. 2. 1869; Le National, 11. 12. 1869; Volkszeitung, 24. 3. 1870; Augsburger Allgemeine Zeitung, 19. 3. 1870.

154 Der Schwerpunkt der Beobachtung lag auf der katholischen Bevölkerung, aber einige Dokumente geben auch Auskunft über die Proteste von Protestanten sowie Antiklerikalen. Vgl. Archives Nationales de France (im Folgenden ANF), Minstère de Culte, F/19/1939–1942.

155 Vgl. z. B. *Schatz*: Vaticanum I, Bd. 2 288–290.

156 In Frankreich wurde die Haltung der Regierung gegenüber dem Konzil in den »Corps législatif« am 10. 7. 1868 beziehungsweise am 9. 4. 1869 und im Senat am 24. 12. 1869 beziehungsweise am 11. 1. 1870 verhandelt. In Spanien war das Konzil in den »Cortes« am 5. 5. 1869, am 23. 10. 1869 sowie am 7. 12. 1869 Thema. Vgl. für Frankreich Moniteur Officiel, 11. 7. 1868; Journal Officiel, 10. 4. 1869, 25. 12. 1869, 12. 1. 1870; für die Rezeption dieser Debatten in der nationalen und internationalen Presse Le National, 27. 12. 1869; Le Siècle, 27. 12. 1869; El Pueblo, 8. 3. 1870; Correspondencia de España, 17. 12. 1869; Nationalzeitung, 13. 1. 1870; Augsburger Allgemeine Zeitung, 20. 2. 1870; für Spanien Diario de Sesiones, Serie histórica, Bd. 14 4025 f., 4588–4590 und *Martí Gilabert*: Cuestión religiosa en la Revolución 147–149; für die Rezeption La Igualdad, 28. 12. 1860; República Ibérica, 7. 12. 1869; Volkszeitung, 7. 12. 1869; Augsburger Allgemeine Zeitung, 10. 12. 1869.

157 Vgl. *Conzemius*: Preussen 259, 387; für Bismarcks Pressepolitik *Weber*: Das I. Vatikanische Konzil 67.

Zunächst aber war das Vatikanum ein Ereignis in der katholischen Welt[158] und deren Reaktionen auf die Geschehnisse in Rom bestimmten auch die antiklerikalen Proteste angesichts des Konzils. Den Schwerpunkt der katholischen Mobilisierung stellten die deutschen Länder und Frankreich dar. Die Beteiligung an den öffentlichen Debatten, die sowohl in Presse, in Broschüren, Hirtenbriefen, Laienadressen, Subskriptionen und Versammlungen geführt wurden, reichte bei den Katholiken vom Episkopat über Wissenschaftler, liberal-katholische Vordenker wie Charles de Montalembert[159] und den einfachen Klerus bis hin zu Laien.[160] Die katholische Öffentlichkeit, die sich im Zusammenhang des Vatikanums konstituierte, war trotz der nationalstaatlichen Verfasstheit der Kirchenhierarchie klar gesamteuropäisch geprägt. Davon zeugen sowohl die gegenseitigen Beobachtungen und Bezugnahmen sowie die Übersetzungen der Broschürenliteratur als auch die vielfältigen persönlichen Kontakte und das gesellige Umfeld, das sich rund um das Konzil in Rom herausbildete.[161] Bereits Jahre zuvor begann die Diskussion über eventuelle Themen und Reformen. Nicht nur die später triumphierenden Vertreter des Ultramontanismus, sondern auch liberale Katholiken setzten ihre Hoffnungen in die Versammlung.

158 In einer französischen Qualifikationsarbeit wurde für die Rezeption des Vatikanums in Toulouse eine vergleichende Quantifizierung vorgenommen, aus der deutlich hervorgeht, dass das Konzil in der republikanischen Presse sehr viel weniger Raum einnahm als in der ultramontanen und liberal katholischen. Diese Daten sind angesichts der stark schwankenden Konjunktur der Berichterstattung mit Vorsicht zu betrachten, aber sie stellen durchaus einen Näherungswert für Frankreich dar. Vgl. *Cazals*: La presse toulousaine 98–100.

159 Charles de Montalembert (1810–1870), französischer Historiker und Politiker, Abgeordneter in der Zweiten Republik sowie im Zweiten Empire. Er gilt als der zentrale Vertreter des liberalen Katholizismus. Vgl. *Riché*: Montalembert.

160 Vgl. zu den Broschüren z.B. die Antwort auf einen Unfehlbarkeitsgegner *Hergenröther*: Anti-Janus, die wiederum eine Replik hervorrief *Huber*: Das Papstthum; für die deutschen Universitäten *Freudenberger*: Universität Würzburg; *Franzen*: Katholisch-Theologische Fakultät Bonn; *Hoffmann*: Das Ringen; für Hirtenbriefe z.B. *Palanque*: Catholiques libéraux 105; für Laienadressen *Granderath/Kirch*: Geschichte, Bd. 2 609f.; *Schatz*: Vaticanum I, Bd. 1 222 und Bd. 2 222–229; für Subskriptionen in Frankreich ebenda 264–270; *Becquet*: Les Limousins 98; in Spanien *Martín Tejedor*: España, Concilio Vaticano I 108; *Moreno Cebada*: Santo Concilio, Bd. 1 271–277, 692; insgesamt zur katholischen Pressemobilisierung *Palanque*: Catholiques libéraux 128–134; *Brandmüller*: Ignaz von Döllinger 85–87.

161 Vgl. z.B. für die Beobachtungen *Carbonero y Sol*: Crónica del Concilio, Bd. 2 289–321; *Aubert*: Vaticanum I 84–111; für die schriftlichen Kontakte *Cecconi*: Storia del Concilio, Bd. 2 323f.; *Palanque*: Catholiques libéraux 105–112; für die Übersetzungen *Döllinger*: Le pape; *Dupanloup*: Muss der Katholik an die päpstliche Unfehlbarkeit glauben?; *Dechamps*: Über die Opportunität; *Carbonero y Sol*: Crónica del Concilio, Bd. 3 320f.; Discurso contra la supremacia; für die persönlichen Kontakte *Granderath/Kirch*: Geschichte, Bd. 2 649; *Palanque*: Catholiques libéraux 44–46, 63; *Brandmüller*: Ignaz von Döllinger 49; für die Salons *Palanque*: Cercle; *Schatz*: Vaticanum I, Bd. 2 222–226.

Den Auftakt zur intensiveren Beschäftigung mit der Bischofsversammlung machte ein Artikel der Civiltà Cattolica im Februar 1869, in dem die Stimmung in Frankreich angesichts des bevorstehenden Konzils beschrieben wurde. Der Autor teilte die französischen Katholiken in zwei Gruppen ein, wobei er den liberalen die ›wahren‹ Katholiken gegenüberstellte. Damit waren die Lager vorgezeichnet. Der Text führte zu vehementen Antworten in der katholischen Welt sowohl in Frankreich als auch außerhalb. Bald darauf mischte sich auch der Münchner Kirchenhistoriker Ignaz von Döllinger[162] in die Debatten mit ein. Er veröffentlichte in der Augsburger Allgemeinen Zeitung im März 1869 unter dem Pseudonym Janus eine Artikelserie, die später in Buchform erschien, in der er die Civiltà angriff und vor einer Dogmatisierung der Unfehlbarkeit auf dem Konzil warnte.[163] Döllingers Beteiligung an den Diskussionen zum ökumenischen Konzil sollten im Laufe der nächsten Jahre maßgebend für die Rezeption des Konzils sogar bei den Kirchenkritikern werden: Er verfasste neben dem Janus unter seinem Namen unterschiedliche Beiträge zum Konzil und informierte mit den anonym erscheinenden römischen Briefen in der Augsburger Allgemeinen, die später als »Quiriniusbriefe« in monografischer Form veröffentlicht wurden, die allgemeine Öffentlichkeit über die Vorgänge in Rom während der Versammlung.[164] Auf Einfluss und Entstehung dieser Briefe komme ich später noch einmal zurück. Döllinger setzte mit den Janusartikeln das Thema der Unfehlbarkeit auf die publizistische Tagesordnung, von der es bis zur Abstimmung des Dogmas im Juli 1870 nicht mehr verschwinden sollte. Der Bischof von Orleans Félix Dupanloup[165], Gegner der Unfehlbarkeit, charakte-

162 Johann Joseph Ignaz von Döllinger (1799–1890), Kirchenhistoriker und Theologe. In den 1820er Jahren band er sich an den Görreskreis, war 1848/1849 Mitglied des Frankfurter Parlaments und trat für die Autonomie der Kirche ein. Ab den 1850er Jahren geriet er zunehmend in Opposition zum Ultramontanismus und wurde als zentraler Kritiker des Konzils, weil er das neue Dogma nicht anerkannte, 1871 exkommuniziert. Er trat allerdings nie der altkatholischen Kirche bei. Ab 1871 beziehungsweise 1872 (je nach Quelle) war er Rektor der Münchner Universität. Vgl. aus der umfangreichen Literatur zu Döllinger *Bischof*: Theologie und Geschichte; als Überblick *Bautz*: Döllinger.

163 Vgl. zu den Diskussionen vor der Konzilseröffnung *Palanque*: Catholiques libéraux 61–120; *Schatz*: Vaticanum I, Bd. 1 197–238, 247–274.

164 Vgl. zu den publizistischen Aktivitäten Döllingers ausführlich *Bischof*: Theologie und Geschichte 122–132; *Conzemius*: Römische Briefe; *ders.*: Die Verfasser; *ders.*: Römische Briefe, Entstehungsgeschichte; *ders.*: Römische Briefe, Quellenkritische Untersuchung; zur Einschätzung seines Einflusses ebenda 114; *Schatz*: Vaticanum I, Bd. 2 219–222.

165 Félix Antoine Philibert Dupanloup (1802–1878) war von 1849 bis zu seinem Tode Bischof von Orléans. Er hatte sich bereits durch seine moderate Interpretation des Syllabus Errorum 1865 in der breiteren Öffentlichkeit einen Namen gemacht. Auch wenn er die zweite zentrale Figur der Widerstände gegen das Dogma darstellte, kannte er dessen Verabschiedung sofort an. Vgl. *Boudon*: Dupanloup.

risierte das Dogma als »die Frage, die im gegenwärtigen Augenblick ganz Europa in Flammen setzt«[166]. An ihr bildeten sich die beiden Lager innerhalb des Episkopats heraus, die Majorität und Minorität,[167] aber auch die katholische Welt außerhalb des Vatikans schied sich in Unfehlbarkeitsgegner und -befürworter. Die Lager waren dabei nicht einheitlich und die Gründe für eine Gegnerschaft zum Dogma vielfältig. Einige lehnten die Unfehlbarkeit aus rein theologischen Überlegungen ab und kritisierten besonders seine historische Begründung. Andere wie der Bischof von Orleans fürchteten eine Auseinandersetzung mit der außerkirchlichen Welt und wollten auf die Dogmatisierung also eher aus Opportunitätsgründen verzichten.[168] Diese Angst vor den Folgen für das Verhältnis zwischen Staat, Gesellschaft und Kirche bildete die Brücke zwischen der katholischen Mobilisierung und der Beschäftigung der allgemeinen Öffentlichkeit mit dem Dogma. Die umfangreiche und internationale katholische Mobilisierung sowie ihre Lagerkämpfe waren die Folie, vor der sich der antiklerikale Protest gegen das Konzil erhob.

Ambivalente Aneignung und Informationsnot

Als zwischenstaatliches Ereignis wurden die Geschehnisse des Konzils von Beginn der Diskussionen an über den gesamten Zeitraum der Zusammenkunft bis zum Ende der politischen Auswirkungen der Beschlüsse in der weltlichen Presse beobachtet. Liberale, Republikaner, Demokraten, Sozialisten[169], Freimaurer, Freidenker, Juden[170] und Protestanten nutzten zugleich die bestehende Aufmerksamkeit aus, um ihre kritische Position gegenüber der katholischen

166 Zitiert nach *Aubert*: Vaticanum I 243.

167 Die Bezeichnungen stammen aus der Kirchengeschichtsschreibung und nehmen das Ergebnis der Abstimmung über das Dogma vorweg.

168 Vgl. z.B. *Palanque*: Catholiques libéraux 130–149; allgemein für die verschiedenen Positionen der Katholiken *Cecconi*: Storia del Concilio, Bd. 2 1081–1102.

169 Die Kritik war in der im Entstehen begriffenen sozialistischen Presse am wenigsten ausgeprägt und zum Teil findet sich hier bereits in Ansätzen die Position, die den marxistischen Sozialismus prägen sollte. Vgl. z.B. Social-Demokrat, 10.12.1869; insgesamt zur sozialistischen Presse *Grote*: Sozialdemokratie und Religion 50–55; aus marxistischer Perspektive *Horváth*: Sozialismus und Religion 273.

170 Die jüdische Presse variierte in der Stärke der Kritik. Während der Univers Israélite auch 1869/1870 durch eine vehemente kritische Position hervortrat, hielten sich sowohl die Archives als auch die Allgemeine Zeitung des Judentums eher zurück und der deutsche orthodoxe »Israelit« berichtete gar nicht. Die Gründe für die Zurückhaltung lagen wahrscheinlich in der ambivalenten Position der Juden innerhalb des antiklerikalen Spektrums. Vgl. dazu Kapitel 2.1.

Kirche insgesamt zu propagieren.[171] Die Institution wurde als hierarchisch und repressiv beschrieben. Die Vergangenheit der Kirche stellten die Journalisten als eine Geschichte der Gewalt und moralischer Vergehen dar. Auch Glaubensfragen, vor allem die Idee der Unfehlbarkeit, diskutierte die Presse und Publizistik ausführlich, wobei oft ein ironisch veralbernder Ton angeschlagen wurde.[172] Insgesamt wurde die Haltung der katholischen Kirche zu den sich wandelnden Gesellschaften kritisiert.[173] Das Vatikanum bot also eine Gelegenheit, um die ganze Bandbreite antiklerikaler Themen anzuschneiden. Der Fokus lag dabei aber auf den zwischenstaatlichen rechtlichen Konsequenzen von Unfehlbarkeit und Kirchenschema für die säkulare Welt;[174] man reklamierte Religionsfreiheit und forderte die Trennung von Staat und Kirche in unterschiedlichster Ausprägung.[175] In Spanien debattierten die Antiklerikalen vor allem die Bestimmungen

171 In dieser Aufzählung fehlen die Bonapartisten und die Moderados aus Spanien, die potentielle Gegner des Konzils waren. Sie verfolgten ihre Berichterstattung jedoch nicht mit einer kirchenkritischen Haltung. Die deutsche konservative (protestantische) Tagespresse nahm zwar eine antiultramontane Haltung ein, in der klassische Topoi des Antiklerikalismus bedient wurden, aber der Ton ihrer Artikel lässt es nicht zu, von einer wirklichen Mobilisierung zu sprechen. Vgl. zur antiklerikalen Rezeption z.B. Réforme politique et sociale, 16.12.1869; Le Rappel, 21.2.1870; Le National, 27.6.1870; Le Temps, 26.3.1870; Vrai Protestant 2 (1868/1869) 197–199; Protestant Libéral 7.10.1869; Libre Pensée, 25.3.1870; Monde Maçonnique 12 (1870) 743–746; La Reforma, 15.10.1869; La Discusión, 28.9.1869; El Imparcial, 28.12.1870; Volkszeitung, 15.3.1870; Augsburger Allgemeine Zeitung, 24.11.1869; Evangelische Kirchenzeitung 42 (1869), 1026; Protestantische Kirchenzeitung 16 (1869) 295f.; Sonntags-Blatt 21 (1870) 104.

172 Vgl. für den Vorwurf der Repression z.B. Le Rappel, 24.2.1870; Le Temps, 8.4.1869; La Discusión, 2.7.1870; La Igualdad, 18.9.1869; Volkszeitung, 18.2.1870; Augsburger Allgemeine Zeitung, 12.3.1869; für die negativen Beschreibungen der Kirchenhistorie den Fortsetzungsroman »Concile de Constance« von Félix Derriège, der im Feuilleton des National vom 28.12.1869–9.2.1870 veröffentlicht wurde; sowie Le National, 16.2.1870; L'Excommunié, 29.1.1870; Vrai Protestant 2 (1868/1869) 250f.; La Reforma, 15.10.1859; Augsburger Allgemeine Zeitung, 3.19.1869; Allgemeine Zeitung des Judentums 33 (1869) 980–982; für die Diskussion von Glaubensfragen, insbesondere der Unfehlbarkeit, La Marseillaise, 5.2.1870; Le Temps, 7.1.1870; L'Excommunié, 11.9.1869; El Pueblo, 1.7.1870; Volkszeitung, 2.7.1868; Evangelische Kirchenzeitung 42 (1869) 1155–1157. Zu Derriège waren keine Informationen zu ermitteln.

173 Vgl. z.B. Le Rappel, 7.1.1870; Revue de Deux Mondes, 2. Periode, 86 (1870) 491–495; República Iberia, 9.2.1869; La Iberia, 8.12.1869; Augsburger Allgemeine Zeitung, 15.3.1870; Volkszeitung, 10.9.1869, 30.7.1869.

174 Vgl. z.B. La Marseillaise, 18.3.1870; Le Temps 9.3.1870; La Libre Conscience N.F. 4 (1869/1870) 171–177; Archives Israélites 31 (1870) 72f., 101; La Refoma, 22.10.1869; La América, 13.12.1869; Social-Demokrat, 10.12.1869; Volkszeitung, 10.9.1869; Vossische Zeitung, 19.12.1869; Allgemeine Zeitung des Judentums 33 (1869) 715f.; Bauhütte 13 (1870) 340–342; Es werde Licht! 1 (1870) 185–191.

175 Vgl. z.B. für die Religionsfreiheit Volkszeitung, 24.3.1870; Bauhütte 14 (1871) 243f.; für die Forderung der Trennung Réforme Politique et Sociale 8.2.1870; Le Siècle, 14.12.1869;

der neuen Verfassung von 1869,[176] während in Frankreich die Truppenstationierung in Rom erneut Teil der Auseinandersetzungen war.[177] Neben der tagespolitischen Berichterstattung entstand zugleich eine umfangreiche Broschürenliteratur. Diese war aber ähnlich wie die später noch darzustellende Versammlungsbewegung auf gewisse Kreise des antiklerikalen Spektrums begrenzt.[178]

Die zwischenstaatliche Rolle des Konzils lässt im Vergleich zu den beiden anderen Ereignissen einen besonders hohen Grad der Mobilisierung vermuten. Die Tagespresse in allen drei Ländern griff das Konzil allerdings in einer Weise auf, die von starker Unsicherheit geprägt war. Da nicht klar war, was beschlossen würde und inwieweit ein theologischer Beschluss über die Unfehlbarkeit des Papstes säkularisierte Laien interessieren müsste und ob er eine reale Gefahr für die Unabhängigkeit der Gesellschaften und Nationalstaaten bedeuten würde, existierte keine konkrete Handlung, gegen den man hätte protestieren können. Angesichts dieser Ungewissheit taten sich die meisten kirchenkritischen Journalisten mit einer klaren Positionierung angesichts des Konzils schwer und ihre Berichterstattung kann als agitierend, aber nicht als mobilisierend charakterisiert werden. Abgesehen von der deutschen liberalen Presse, die sich deutlich gegen die ultramontane Tendenz in Rom stellte,[179] überwog bei den anderen Antiklerikalen eine ambivalente Haltung. Die Republikaner und Demokraten sowie die Liberalen in Frankreich und Spanien schwankten zwischen der Beschwörung der Gefahren, die durch die Entscheidungen des Konzils entstehen könnten, und der Beruhigung, dass der Fortschritt der modernen Gesellschaft von der katholischen Kirche nicht aufgehalten werden könne, wie beispielsweise das folgende Zitat aus einem Artikel im »Imparcial« vom 21. Juli 1870 verdeutlicht:

Vrai Protestant 2 (1868/1869) 251; Archives Israélites 31 (1870) 101; La Libre Pensée, 16.4.1870; Le Monde Maçonnique 12 (1869/1870) 197; La Igualdad, 8.12.1869; La América, 28.9.1869; Volkszeitung, 13.7.1870; Augsburger Allgemeine Zeitung, 19.3.1870.

176 Vgl. z.B. La Iberia, 13.3.1870; El Imparcial, 8.12.1869.

177 Vgl. La Marseillaise, 1.3.1870; Le National, 5.3.1870; Revue des Deux Mondes, 2. Periode, 83 (1869) 494f.

178 Vgl. z.B. die Freidenkerbroschüren *Saillard*: La révolution; Kirche, Staat und ökumenisches Konzil; die demokratische Schrift *Bernier*: L'infaillibilité théocratique; die liberale *Bonnal de Ganges*: Le concile; die Broschüre mit vehement antikatholischer Tendenz *Reinhard*: Zum Allerwelts-Pfaffenkongreß.

179 Eine Ausnahme stellte die Kölnische Zeitung dar, die sich fast jeglichen Kommentars enthielt, aber sehr bewusst über die Minorität berichtete. Vgl. für die Kritik Augsburger Allgemeine Zeitung, 9.10.1869; Vossische Zeitung, 19.12.1869; Gartenlaube 17 (1870) 42; Preußische Jahrbücher 27 (1871) 398.

Solange sich diese Versuche [die Unfehlbarkeit zu deklarieren, L.D.] gegen unsere politische Verfasstheit und gegen den Geist, der unserer Nation Leben verleiht, richten, können wir vollkommen ruhig sein. Die moderne Zivilisation, die die Gewissensfreiheit nicht nur in Spanien, sondern in allen gebildeten Nationen respektiert und beschützt, ist schon bei uns zu tief und in anderen Völkern noch tiefer verwurzelt, als dass sie durch den Sturm, den Rom entfachen wollte, zerstört werden könnte.[180]

Republikaner, Demokraten und die meisten sozialistischen Journalisten distanzierten sich von den Diskussionen in Rom insofern, als dass sie immer wieder ihre Indifferenz gegenüber dem Konzil betonten. »Man findet in ganz Europa nur eine tiefe Gleichgültigkeit« gegenüber diesem »Akt des Wahnsinns«,[181] schrieb der Siècle anlässlich der Diskussion um das Kirchenschema. Hintergrund der Ambivalenzen in der Rezeption, die zwischen Beobachtung, Kritik und betonter Gleichgültigkeit schwankte, war neben der unentschiedenen Situation auch ein Problem, das den Antiklerikalismus insgesamt kennzeichnete.[182] Eine Einmischung in theologische Debatten widersprach einerseits der säkularen Position, die von einer eigentlichen Trennung beider Sphären ausging. Andererseits befürchtete man, wie bereits erläutert, dass die Beschlüsse des Konzils den Einfluss der Kirche verstärken könnten.[183] Dabei gilt zu bedenken,

180 »Mientras esas tentativas [de declarar la infalibilidad, L.D.] se dirijan contra nuestra organización política y el espíritu que da vida á nuestra nacionalidad podemos estar perfectamente tranquilos. La civilización moderna, que respeta y protege, no solo en España, sino en todas las naciones cultas, la libertad de la conciencia como un derecho fundamental de los ciudadanos [...], está profundamente arraigada ya entre nosotros y mucho más en otros pueblos para que pueda ser quebrantada por la tempestad que desde Roma se ha querido desencadenar«, El Imparcial, 21.7.1870. Vgl. für das Vertrauen auf den Fortschritt auch Le National, 10.12.1869; Justicia Social, 10.10.1869, 15.10.1869; Volkszeitung, 10.12.1869; für die Beschwörung der Gefahr La Marseillaise, 15.3.1870; Le Temps, 22.7.1870; La Discusión, 8.12.1869; La Iberia, 16.7.1870; Volkszeitung, 13.7.1869.

181 »[On] ne rencontre dans tout l'Europe qu'une profonde indifférence [...] [devant cet] acte de folie«, Le Siècle, 18.2.1870. Vgl. für die betonte Indifferenz auch Le Siècle, 10.12.1869; Justicia Social, 10.10.1869; Volkszeitung, 31.12.1869; zu den spanischen Republikanern bereits *Mira Abad*: Actitudes religiosas 263.

182 Schatz sieht in dieser Zurückhaltung ein taktisches Manöver der antikirchlichen Liberalen, die dadurch die Spaltung der Katholiken erreichen wollten. Wenn eine taktische Überlegung die Haltung bestimmte, dann aber eher die Hoffnung, dass die intransigente Haltung Roms zu einer Trennung zwischen Staat und Kirche und nicht zu einem katholischen Schisma führen sollte. Vgl. z.B. Le National, 27.12.186; El Imparcial, 10.12.1869 und dagegen *Schatz*: Vaticanum I, Bd.1 286.

183 Bewusst artikulierten dieses Dilemma vor allem die jüdische und die Freimaurerpresse. Aufgrund ihres Charakters als Religionsgemeinschaft beziehungsweise überkonfessionelle Vereinigung sahen diese Gruppen sich wahrscheinlich besonders gezwungen, dem Vorwurf einer Intoleranz gegenüber der katholischen Kirche ihrerseits vorbeugen zu müssen. Vgl. z.B. Archives Israélites 31 (1870) 356; Allgemeine Zeitung des Judentums 33 (1869) 715f.; Bauhütte 14 (1870) 243f.; La Iberia, 16.3.1870.

dass die Journalisten in Staaten agierten, in denen Konkordate, staatskirchliche Verfassungen oder andere Bestimmungen ein enges Verhältnis mit Rom bestimmten. Eine neutrale, säkulare öffentliche Sphäre war zu diesem Zeitraum keine gelebte Realität, aber die Antiklerikalen versuchten vielfach bereits nach deren Maximen zu handeln, auch wenn nicht alle Kirchenkritiker dieses Ideal teilten. Dieses Dilemma fand sich häufig in den Auseinandersetzungen zur Hochzeit der Kulturkämpfe. Antiklerikale sahen sich vor die Frage gestellt, wie viel Freiraum sie der Kirche durch die geforderte Lösung der engen Bindung vom Staat zugestehen wollten und wie in der Öffentlichkeit über dieses Thema zu debattieren sei. Bereits in den Diskussionen zur Mortara-Affäre haben wir gesehen, dass in Frankreich die unterschiedlichen kirchenkritischen Positionen darum rangen, wer ›laizistischer‹ agierte. Wie sich an den Debatten von 1869/1870 besonders deutlich zeigt, erschwerte die Sorge über die Entwicklung des Ultramontanismus dabei eine konsequente Umsetzung einer neutralen Haltung. Man fürchtete sich sowohl vor der konkreten Machtausweitung des Papstes als auch vor dem zunehmend vehement in der Öffentlichkeit vertretenen absoluten Wahrheitsanspruch, wie er sich beispielsweise im Unfehlbarkeitsdogma manifestierte.[184]

Ähnlich wie 1858 bestimmten neben den Unsicherheiten gegenüber dem Ausgang der Diskussionen große Informationsdefizite die Rezeption des Ersten Vatikanischen Konzils. Das Informationsnetzwerk war im Fall des Vatikanums dabei allerdings schon sehr viel besser ausgebildet. *Erstens* schickten viele Zeitungen direkt Korrespondenten nach Rom, die gerade zu Beginn des Konzils mit großer Regelmäßigkeit Berichte in die Heimatländer sandten. Nicht nur die großen Tageszeitungen wie Le Temps, die Vossische Zeitung oder der Imparcial, sondern auch kleinere Zeitschriften wie die »Libre Pensée«, oder die Allgemeine Zeitung des Judentums wählten diesen Kommunikationskanal.[185] *Zweitens* konnten die Journalisten nun ausführlich auf den Service der Nachrichtenagenturen zurückgreifen, insbesondere der »Havas«, die Italien zu ihrem Monopolgebiet zählte.[186] Gerade die telegrafische Übermittlung beschleunigte den Informationsfluss ungemein. Während die Korrespondentenbriefe auch 1869/

184 Vgl. ausführlich auch Kapitel 3.1.

185 Vgl. z.B. Le Temps, 8.6.1870; La Libre Pensée, 12.2.1870; El Imparcial, 28.12.1869; Frankfurter Zeitung, 22.12.1869; Vossische Zeitung, 18.12.1869; Allgemeine Zeitung des Judentums 34 (1870) 211.

186 Vgl. zu den Einflusssphären der Nachrichtenagenturen *Siebold*: Weltnachrichtenordnung 50–62; zur Verwendung der Depeschen der Havas z.B. Le National, 25.6.1870; La Discusión, 25.6.1869; Vossische Zeitung, 29.12.1869; des jeweiligen nationalen Depeschendienstes, in den deutschen Ländern des »Wolffschen Telegraphenbüro«, Frankfurter Zeitung, 12.2.1870; in Spanien der Agentur »Fabra«, La Discusión, 11.8.1869.

1870 im Durchschnitt noch vier bis sieben Tage von Italien nach Frankreich und in die deutschen Länder beziehungsweise 14 Tage nach Spanien brauchten, gelangte zum Beispiel die Nachricht über die Abstimmung zum Teil noch am selben Tag nach Frankreich.[187] Durchschnittlich dauerte die Übermittlung von Informationen durch den Telegrafendraht bis zum Abdruck in einer Tageszeitung allerdings zwei Tage, nach Spanien drei Tage.[188]

Im Fall des Vatikanums beeinträchtigte der Kirchenstaat allerdings den an sich verbesserten Informationsfluss, denn die Beratungen in Rom unterlagen strengster Geheimhaltung.[189] Damit wandte der Kirchenstaat eine für die Zeit typische Form restriktiver Pressepolitik an. In Rom wurden nicht nur die Bischöfe mit Schweigepflicht belegt, sondern auch die ein- und ausgehenden Informationen vollständig kontrolliert und gegebenenfalls zensiert. Die Zensur traf insbesondere die Minorität und ihre Anhänger, aber auch ultramontane Katholiken wie die Civiltà Cattolica. Desgleichen litt auch die Berichterstattung in der nicht katholischen liberalen Presse unter der Repression. Zum Beispiel wurde der Korrespondent der Augsburger Allgemeinen ausgewiesen, weil er im Verdacht stand, dass er und nicht Döllinger als Informationskanal für die ausführliche Berichterstattung der Zeitung verantwortlich war.[190] Der Versuch Roms, die Öffentlichkeit aus den Beratungen herauszuhalten, ging indes nicht auf, selbst die Prälaten versuchten trotz des Verbots, durch das Lancieren von Nachrichten Druck auf die Diskussionen auszuüben. Durch die Geheimhaltung wurde vielmehr Misstrauen geschürt, Gerüchte als Nachrichten abgedruckt, Falschmeldungen breiteten sich aus und die Presse suchte sich ihre Wege, um die Informationssperre zu umgehen. Informationen bezog man etwa von den vatikanischen Druckern. Der Korrespondent der Freidenkerzeitschrift »L'Excommunié« schlich sich gar als Bischof verkleidet in die Konzilsaula ein – er flog

187 Vgl. für die Zeit, die die Korrespondentenberichte von Italien brauchten z.B. Le National, 13.2.1870; El Imparcial, 28.12.1869; Vossische Zeitung, 3.7.1870; für die Übermittlungszeit der Abstimmungsnachricht Le Temps, 13.7.1870.

188 Vgl. den Abdruck des Telegramms über die Abstimmung am 15.7.1870 im National, im Siècle und in der Augsburger Allgemeinen Zeitung; einen Tag später fand es sich in der Vossischen, den Münchner Neuesten Nachrichten und in der Discusión; für die übliche Dauer der Übermittlung von drei Tagen nach Spanien El Imparcial und La Igualdad am 11.12.1869, wo über die Eröffnungszeremonie berichtet wird.

189 Vgl. *Schatz*: Vaticanum I, Bd. 2 219.

190 Vgl. z.B. die Indizierung von Döllingers Janusbroschüre *Bischof*: Theologie und Geschichte 166–168; zum Korrespondenten der Augsburger Allgemeinen *Beiser*: Vatican Council 55; zur Zensur der Civiltà *Weber*: Das I. Vatikanische Konzil 60; zur Zensur der eingehenden Informationen ebenda 125; zur Zensur ausgehender Nachrichten Le National, 15.1.1870, der davon berichtet, dass Berichte seines Korrespondenten abgefangen worden seien.

allerdings rasch auf.[191] Die Kurie reagierte auf diese sich zuspitzende Dynamik schließlich dadurch, dass sie ab Februar 1870 ein Pressebüro einrichtete, das die kritische Presse las, nach Rücksprache mit dem Papst Informationen herausgab und dabei sowohl die Civiltà Cattolica wie ausgewählte Korrespondenten anderer Zeitungen aus Europa und Lateinamerika versorgte.[192]

Wenn über die klassischen Wege (Depeschen und Korrespondentenberichte) keine Neuigkeiten zu erhalten waren, griff die Presse in dieser schwierigen Informationssituation wie 1858 vor allem auf andere Zeitungen zurück, was die transnationale Orientierung eines Teils der Berichterstattung zur Folge hatte.[193] 1869/1870 bestimmten vor allem zwei Organe die Rezeption des Konzils. Als erstes ist hier die Times zu nennen, die ihre Informationen wahrscheinlich vorrangig über den inoffiziellen Gesandten am Heiligen Stuhl Lord Odo Russell (1829–1884) bezog. Dieser profitierte davon, dass Rom den Erzbischof von Westminster, Henry Edward Manning (1808–1892), von der Schweigepflicht dispensiert hatte, weil er als Vermittler zwischen Heiligem Stuhl und Öffentlichkeit agieren sollte, und so versorgte dieser den Gesandten mit Informationen. Das Londoner Blatt belieferte dann seinerseits die Öffentlichkeit besonders mit Informationen über die diplomatischen Verwicklungen.[194] Der Rückgriff auf die Times in diplomatischen Fragen seitens der Presse ist sicherlich auch darauf zurückzuführen, dass die Depeschen der Agenturen aufgrund ihrer Verflechtungen mit den Regierungen von letzteren in ihrem Sinne beeinflusst wurden.[195]

Wichtigste Informationsquelle für die Kirchenkritiker aber war die Augsburger Allgemeine Zeitung. Döllinger und der liberale Katholik Lord John Acton[196]

191 Vgl. zu Gerüchten und Falschnachrichten Réforme politique et sociale, 11.1.1870; Le National, 8.12.1869; La Igualdad, 23.2.1870; La Iberia, 2.3.1870; Volkszeitung, 16.3.1870; Vossische Zeitung, 15.7.1870; zu den Druckern *Aubert*: Vaticanum I 189; zum falschen Bischof L'Excommunié, 19.2.1870; Le Rappel, 18.1.1870; zur entstehenden Dynamik allgemein *Aubert*: Vaticanum I 189f.; *Weber*: Das I. Vatikanische Konzil 134; *Schatz*: Das Erste Vatikanum 141.

192 Vgl. *Schatz*: Vaticanum I, Bd. 2 219–222 und die Beschreibung bei *Mateos Gago y Fernández*: Colección de Opúsculos 9f.

193 Vgl. z. B. Réforme politique et sociale, 19.2.1870; Le National, 14.2.1870; La Igualdad, 10.2.1870; República Ibérica, 16.2.1870; Volkszeitung, 5.2.1870; Augsburger Allgemeine Zeitung, 9.2.1870; für die deutsche protestantische Presse *Nembach*: Die Stellung 18–22.

194 Vgl. für die Informationskanäle und die Pressepolitik der britischen Regierung ebenda 22; *Conzemius*: Preussen 387; *Schatz*: Vaticanum I, Bd. 2 289.

195 Vgl. für den Einfluss der Regierungen auf die Agenturen *Guiral*: La presse 69; *Paz Rebollo*: Las agencias; *Stöber*: Die erfolgverführte Nation 125–127.

196 John Emerich Edward Dalberg Acton (1834–1902), englischer Historiker, Schüler und Freund Döllingers, studierte bei Leopold von Ranke (1795–1886). Acton gehörte von 1859 bis 1865 als liberaler Abgeordneter dem Unterhaus an. Er wurde 1895 Professor für Neuere

machten sie aufgrund ihrer Kontakte zu dem am besten informierten Organ während des Konzils, was der Zeitung angeblich einen immensen Zuwachs an Lesern eintrug.[197] Die Stellung der Augsburger Allgemeinen war so einzigartig, dass sogar die Havas und die französische Regierung Informationen von ihr bezogen.[198] Die persönlichen Kontakte des Münchner Kirchenhistorikers zu seinem englischen Freund, der bei den Bischöfen ein- und ausging sowie Döllingers Verbindung zu Mitarbeitern der Münchener und Berliner Gesandtschaft in Rom ermöglichten ihm als Einzigem, an bestimmte Informationen zu gelangen und diese aus Rom herauszuschleusen.[199] Der größte Coup der Augsburger Allgemeinen während des Konzils war wohl die Veröffentlichung des Entwurfs des Kirchenschemas am 4. Februar 1870, der sofort von der ausländischen Presse nachgedruckt wurde; in den französischen Organen findet sich der Text am 6. Februar und die spanische Presse zitierte diese wiederum drei Tag später.[200] Dieser Informationsfluss, bei dem Spanien das letzte Glied in der Kette bildete, war durchaus typisch. Der Augsburger Allgemeinen gelang mit dieser Indiskretion die zweite wichtige diplomatische Aktivität seitens der französischen Regierung anzustoßen, über die bereits berichtet wurde.

Austausch und Lagerbildung

Die transnationale Kommunikation wurde also zum einen aus der Informationsnot geboren, zum anderen nahmen die antiklerikalen Kritiker Europa durchaus als Diskussionsraum wahr. Dabei beanspruchten nicht die Aktivitäten und die Kritik der Antiklerikalen den meisten Platz in der eigenen Presse[201]

Geschichte in Cambridge und begründete die »Cambridge Modern History« sowie die »English Historical Review«. Vgl. *Bautz*: Acton.

197 Angeblich gewann sie 10.000 neue Leser. Vgl. *Conzemius*: Römische Briefe 427.

198 Die Augsburger Allgemeine stellte aufgrund ihres weiten Korrespondentennetzwerks auch über die Konzilsberichterstattung hinausgehend einen zentralen Bezugspunkt für die internationale Berichterstatung in Europa dar. Vgl. dazu *Requate*: Kommunikationswege und -bedingungen 75; für die französische Regierung ANF, Minstère de Culte, F/19/1939; für die Havas Le Siècle, 5. 2. 1870.

199 Die Quiriniusbriefe Döllingers sind zum Teil eine Zusammenstellung der Berichte der verschiedenen Informanten. Franz Xaver Bischof hat zudem darauf hingewiesen, dass Döllinger seinerseits auch Informationen aus der internationalen Presse entnahm. Vgl. *Bischof*: Theologie und Geschichte 202–210; zu den Quiriniusbriefen *Lösch*: Döllinger und Frankreich 290; *Conzemius*: Römische Briefe; *ders.*: Die Verfasser; *ders.*: Römische Briefe, Entstehungsgeschichte 187; *ders.*: Römische Briefe, Quellenkritische Untersuchung.

200 Vgl. Augsburger Allgemeine Zeitung, 4. 2. 1870; Le National, 6. 2. 1870; República Ibérica, 9. 2. 1870.

201 Die Gruppen, die besonders angesprochen wurden wie Protestanten, Freidenker und Freimaurer, beobachteten allerdings in höherem Maße ihre Mitstreiter jenseits der Grenze.

und es entwickelte sich auch im nationalen Rahmen kaum eine Diskussion unter den Kirchenkritikern.[202] Im Zentrum der Berichterstattung standen vielmehr die Gegner, vor allem die innerkatholische Opposition. Alle kirchenkritischen Blätter berichteten ausführlich über die Kritik Döllingers oder anderer Wortführer wie des Ordensmanns Père Hyacinthe[203], die Adressen der Laien und die Auseinandersetzungen der Bischöfe, die als Teil einer katholischen Öffentlichkeit gesehen wurden.[204] Die Antiklerikalen positionierten sich zu diesen Protesten allerdings unterschiedlich. Während im Falle der Augsburger Allgemeinen Zeitung die innerkatholische Opposition mit Döllinger und dem bereits 1863 suspendierten Münchner Theologen Jakob Frohschammer[205] sich mit der liberalen Kirchenkritik überlappte[206] und auch bei Teilen der Protestan-

Vgl. z. B. für die Protestanten Neue Evangelische Kirchenzeitung 11 (1869) 277–279; für die Wahrnehmung der Stimmung im Ausland Le National, 27. 12. 1869; Augsburger Allgemeine Zeitung, 30. 8. 1869, 12. 12. 1869, 23. 3. 1870.

202 Vgl. für die seltenen Auseinandersetzungen unter den Kirchenkritikern Le Temps, 19. 2. 1870, wo dieser gegen republikanische Positionen argumentiert; Le National, 17. 2. 1870, der vor allem liberale Zeitungen wie den Journal des Débats kritisierte; die Volkszeitung, 27. 7. 1869, die sich auch gegen liberale Organe wandte.

203 Père Hyacinthe (1827–1912), mit bürgerlichem Namen Charles Loyson, war Karmelitermönch und bekannter Prediger von Notre-Dame de Paris. Seine Proteste im Zusammenhang mit dem Konzil führten zu seiner Exkommunikation 1869. Er heiratete 1872, engagierte sich vorübergehend in der schweizerischen altkatholischen Kirche, gründete aber 1878 die »Église catholique indépendante«, die er bis 1893 als Priester leitete. Vgl. *Laplanche*: Loyson; *Zuber*: Hyacinthe Loyson; *Verhoeven*: Transatlantic Anti-Catholicism 1–4, 160–163.

204 Vgl. z. B. Le National, 14. 5. 1869; Revue de Deux Mondes, 2. Periode, 86 (1869) 169 f.; La Igualdad, 1. 10. 1869; La Discusion, 25. 2. 1879; República Ibérica, 30. 3. 1870; El Imparcial, 16. 9. 1869, 9. 2. 1870; Vossische Zeitung, 31. 10. 1869; Süddeutsche Zeitung, 2. 10. 1869; zu diesem Fokus in der Presse jenseits der drei untersuchten Länder *Beiser*: Vatican Council 12, 70, 137; *Mezza*: Il Concilio Vaticano 67; allgemein *Schulze Wessel*: Russland 29–33.

205 Jakob Frohschammer (1821–1893), katholischer Theologe und Philosoph an der Münchner Universität. Als Priester geweiht wurde er doch relativ schnell von seinen seelsorgerischen Tätigkeiten befreit, um sich ganz der Wissenschaft zu widmen. Ab 1851 wurde Frohschammer Universitätsprediger in München. Er bemühte sich um einen Ausgleich zwischen Christentum und moderner Wissenschaft. Nach der Indizierung eines seiner Werke wurde er, nachdem er sich geweigert hatte zu widerrufen, seiner geistlichen Ämter enthoben und 1869/1870 schließlich exkommuniziert. Vgl. *Lachner*: Frohschammer.

206 Döllingers Aktivitäten, mit denen er sich mit der kirchenkritischen Presse gemein machte und in antiklerikale und antijesuitische Anklagen einstimmte, entsprangen wahrscheinlich dem Wunsch, in größerem Maße meinungsbildend zu wirken und so stärkeren Druck auf die Vorgänge in Rom auszuüben. In den folgenden systematischen Kapiteln werden aufgrund der Nähe und des maßgebenden Einflusses der Artikel von Döllinger diese als Teil der liberalen und kirchenkritischen Presse behandelt, ohne jedes Mal zu differenzieren. Vgl. zur Einschätzung der Beweggründe Döllingers *Conzemius*: Römische Briefe, Entstehungsgeschichte 190–196, 200–204, 227; *Bischof*: Theologie und Geschichte 208.

ten eine starke Nähe zu den liberalen Kritikern innerhalb der katholischen Kirche zu beobachten ist,[207] setzten sich die französischen und spanischen Antiklerikalen dieser politischen Orientierung sowie die Republikaner und Demokraten insgesamt mit der Minorität und ihren Anhängern außerhalb Roms zwar auseinander, blieben aber gleichzeitig zumeist auf Distanz und kritisierten deren Positionen. Der Minorität wurde der Glaube an die »die unmögliche Versöhnung des Katholizismus mit dem Geist unseres Jahrhunderts«[208] vorgeworfen. So fand sich, wie in diesem Zitat der »Igualdad«, gerade in Frankreich und auch bei den spanischen Republikanern und deutschen Demokraten immer wieder die Aussage, dass der liberale Katholizismus ein Ding der Unmöglichkeit sei.

Auch wenn bei manchen die Distanz überwog, übernahmen Antiklerikale und Antikatholiken Argumente der innerkirchlichen Opposition für ihre Kritik. Ausgeprägt war diese Rezeption besonders in der protestantischen Broschürenliteratur zum Konzil, was nicht sonderlich verwundert, da deren Autoren zumeist evangelische Theologen mit berufsbedingtem Interesse an dogmatischen Fragen waren. Diese verwickelten sich zum Teil in konkrete Auseinandersetzungen mit Vertretern der katholischen Öffentlichkeit.[209] Die Quiriniusbriefe Döllingers und das dort gezeichnete Bild des Konzils sowie die dogmatischen Diskussionen wurden aber zum Beispiel ebenso intensiv in der Berichterstattung aller Kirchenkritiker rezipiert.[210] Die theologischen Auseinandersetzungen des (katholischen) Spezialdiskurses fanden also Eingang in die tagespolitische Presse. Zugleich wandten sich sogar die radikalsten Religionskritiker noch bewusst an gläubige Katholiken; so richtete sich laut Eigenaussage etwa ein französischer »Guide du

207 Vgl. z.B. *Nembach*: Die Stellung 66–69; Protestant Libéral, 23.9.1869, 11.11.1869; Vrai Protestant 2 (1868/1869) 221 f.

208 »[I]mposible conciliación del catolicismo con el espíritu de nuestro siglo«, La Igualdad, 18.9.1869. Vgl. für Kritik an der Minorität auch z.B. Le Rappel, 23.9.1869; Le National, 22.9.1869; Revue de Deux Mondes, 2. Periode, 83 (1869) 740–742; Justicia Social, 28.1.1870; Volkszeitung, 7.12.1869; für eine positive Wahrnehmung dagegen Le National, 19.6.1870; El Imparcial, 15.3.1870.

209 Vgl. für die konkreten Auseinandersetzungen z.B. die Auseinandersetzungen zwischen dem evangelischen Pfarrer Adolphe Schaeffer (1826–1896) mit dem Abt Modeste Schickelé (1836–1925) sowie dem Priester Louis Cazeaux (1803–1870), *Schaeffer*: Non possumus; *Schickelé*: A propos du Non possumus; *Cazeaux*: Examen critique; die anonyme Antwort des protestantischen Theologen Friedrich Nippold auf einen Bischofsbrief vom Mainzer Bischof Wilhelm Emmanuel von Ketteler (1811–1877), die eine Erwiderung provozierte, *Nippold*: Bischofsbrief, *Köhler*: Das allgemeine Concil. Friedrich Nippold (1838–1918) engagierte sich Zeit seines Lebens im konfessionellen Kulturkampf. Er unterstützte im Anschluss an das Erste Vatikanum die altkatholische Bewegung, war Gründer des Evangelischen Bundes und Vorstandsmitglied des »Gustav-Adolf-Vereins«. Vgl. *Patsch*: Friedrich Nippold.

210 Vgl. *Weber*: Das I. Vatikanische Konzil 136; *Bischof*: Theologie und Geschichte 203.

Libre Penseur«, in dem eine Liste rationalistischer und materialistischer Literatur zusammengestellt war, an »unentschlossene«[211] Gläubige.

Kirchenkritiker bezogen sich während des Konzils auch auf intransigente Katholiken und offizielle Verlautbarungen der Kirche. So kommentierten Liberale und manchmal auch Republikaner die öffentlichen Schriften (wie die Konvokationsbulle oder die päpstliche Eröffnungsrede) sowie ultramontane Positionen zum Teil auch über nationale Grenzen hinweg und setzten sich mit diesen ernsthaft auseinander.[212] Zugleich drängte sich immer wieder ein polemischer Ton in den Vordergrund, der einen sachlichen Austausch verhinderte. Insbesondere die Idee der Unfehlbarkeit und der Glaube an die vermittelnde Funktion des Heiligen Geistes auf der Bischofsversammlung waren Zielscheibe des Spotts. In Frankreich zog Veuillot erneut den Unmut der Antiklerikalen auf sich. »Le National« ging so weit, dass er dem publizistischen Führer der Ultramontanen eine eigene Rubrik widmete. Er sammelte unter Titeln wie »Die Possen von Herrn Veuillot« oder »Die Geständnisse des Herrn Veuillot« Ausschnitte aus dessen neuesten Veröffentlichungen.[213]

Der polemische Ton war 1869/1870 erneut besonders stark in Frankreich ausgeprägt, während in der deutschen Publizistik sachliche Auseinandersetzungen mit den innerkatholischen Debatten dominierten. Unterstützt wurde diese Polemik in Frankreich von der politischen Konjunktur und den mit ihr einhergehenden Veränderungen im Presserecht. 1868 wurde die Gesetzgebung des Zweiten Empire entscheidend gelockert, was zu einem starken Aufschwung der oppositionellen republikanischen und sozialistischen Presse führte. Entscheidend war dabei besonders die Abschaffung der nachträglichen Verweise und der administrativen Verbote eines Organs. Auch wenn die Umsetzung der neuen Freiheit nicht sofort reibungslos realisiert wurde, konnte die Kirchen- und Religionskritik auch aufgrund der gewandelten Haltung Napoleons III. gegenüber der katholischen Kirche sehr viel freier artikuliert werden und so avancierte dieses Themenfeld zu einem Kampfplatz der Opposition.[214]

211 »[I]ndécises«, *Verlière*: Guide 9.

212 Vgl. z.B. für die Auseinandersetzung mit den offiziellen Texten des Konzils Le Siècle, 5.7.1868; Le Temps, 17.12.1869; Augsburger Allgemeine Zeitung, 21.6.1868; *Schick*: Protestantische Antwort; für Auseinandersetzungen allgemein Le National, 26.3.1870; Le Temps, 8.3.1870; El Pueblo, 22.7.1870; El Imparcial, 13.12.1869; Volkszeitung, 19.2.1870; Augsburger Allgemeine Zeitung, 1.6.1870.

213 In der Reihenfolge des Zitierens »Les faceties de M. Veuillot«, 18.2.1870; »Les Aveux de M. Veuillot«, 25.2.1870; für den polemischen Ton allgemein z.B. Réforme politique et sociale, 25.12.1869; Le National, 17.12.1869; Le Temps, 1.1.1870; La Discusión, 2.7.1870; Justicia Social, 21.2.1870; El Imparcial, 18.2.1869; Volkszeitung, 2.7.1870; Kölnische Zeitung, 7.12.1869.

214 Vgl. zur Pressepolitik und ihren Folgen *Terrou*: Le cadre juridique; *Guiral*: La presse 249–265; 313–327; 345–358; für die Religionspolitik Napoleons III. Kapitel 1.2.

Eingriffe in die Presse lassen sich während des Konzils aber dennoch sowohl in politischen wie in religiösen Fragen nachweisen; es wurden Verbote und Anklagen gegen radikale Freidenkerorgane ausgesprochen, Kürzungen vorgenommen – die die Presse mit Auslassungspunkten kennzeichnete – sowie Selbstzensur geübt, wie etwa, wenn man davon absah, radikale Texte abzudrucken, oder deutlich und für den Leser sichtbar kürzte.[215] Dennoch, so muss angesichts der Differenzen in der Tonlage der Berichterstattung vermutet werden, unterstützte die freiere Pressepolitik in Frankreich im Vergleich zu den deutschen Ländern eine klare Kritik an den Diskussionen in Rom.[216] In den deutschen Ländern griff dagegen die Pressezensur deutlich in die Berichterstattung ein. In Bayern wurde beispielsweise die Augsburger Allgemeine viermal eingezogen. Hinzuweisen ist außerdem auf die Verbote und gerichtlichen Verfolgungen, die die von einem zeitgenössischen Journalisten als die »bekannte Caricatur vom Zeitgeist und vom Papst«[217] titulierte bildliche Kritik in Süddeutschland nach sich zog (vgl. Abb. 1). In mehreren Städten wurde die Karikatur beschlagnahmt und einige an ihrer Verbreitung beteiligte Kirchenkritiker zur Verantwortung gezogen.[218]

Interessant ist im Kontext von Pressefreiheit die mittlere Position, die die spanischen Antiklerikalen im internationalen Vergleich einnahmen, denn sie verweist auf die Besonderheiten des spanischen Falls. Die Polemik war bei den Kirchenkritikern auf der iberischen Halbinsel stärker als in den deutschen Ländern, aber längst nicht so ausgeprägt wie bei ihren französischen Mitstreitern. Zugleich fiel die Berichterstattung insgesamt sehr viel geringer aus. Mit der Revolution von 1868 wurde in Spanien die allgemeine Pressefreiheit eingeführt,

215 Vgl. für Verbote und Anklagen die Aussagen in der Libre Pensée, 23.7.1869 und im L'Excommunié, 25.3.1870; für Presseeingriffe die Streichungen im L'Excommunié, 11.9.1869; für Selbstzensur besonders Monde Maçonnique 11 (1869) 741–744 und L'Excommunié, 6.11.1869.

216 Vgl. z. B. *Lucifer*: Les Orléanaises; *Bernard*: Jésus et Jésuite; *Bonnal de Ganges*: Le concile; *Barrillot*: Le concile oecuménique; *Bernier*: L'infaillibilité théocratique.

217 Vgl. *Urban*: Caricatur 46.

218 Das Presserecht wurde in den deutschen Ländern und im Norddeutschen Bund seit 1858 nicht nennenswert modifiziert, aber die Umsetzung war seit Beginn der Neuen Ära kurz vor der deutschen Einigung eigentlich sehr viel lockerer. In der Behandlung des Vatikanums in Bayern hat Josef Urban auf der Basis ultramontaner Quellen einen Schwerpunkt in der Repression katholischer Organe betont. Solch ein protestantischer Bias wurde für die Kulturkampfzeit für das gesamte Reich nachgewiesen (vgl. *Wetzel*: Presseinnenpolitik im Bismarckreich 74–76) und Bayern nahm diesen anscheinend bereits 1869/1870 vorweg. Vgl. für die Repression der Augsburger Allgemeinen *Weber*: Das I. Vatikanische Konzil 61; zur Karikatur *Urban*: Kleinstadtwirbel; *ders.*: Caricatur 42 f., 46 f.; für weitere Beispiele für zensierende Maßnahmen sowie gerichtliche Verfolgungen von Pressevergehen *ders.*: Bamberger Kirche 42, 292, 297; allgemein zum Presserecht in dieser Zeit *Kohnen*: Pressepolitik.

Abb. 1: *Gonin*, Guilio: Le concile écouménique – Das ökumenische Koncil (1868). Untertitel: Priester, hebt euch hinweg, ich kann mit dem Zuge nicht ausweichen. Prêtre, laisse la route libre, je dois poursuivre mon chemin. Schriftzug auf der Fahne: Wissenschaft, Fortschritt, Zukunft; auf dem Banner: Ökumenisches Koncil.
Guilio Gonin (auch als Guido) (1833–1906), Zeichner und Lithograf. Gonin lebte lange Zeit in Paris. Vgl. Archivio Biografio Italiano, IV 247, 137–140.

aber die Kirchenkritiker nutzten sie in Bezug auf das Vatikanum nur bedingt.[219] Dies kann zum einen auf die revolutionäre Situation im Land zurückgeführt werden; andere Dinge waren wichtiger als die Bischofsversammlung in Rom. Zum anderen war hierfür meines Erachtens die gesellschaftliche Repression in Fragen der katholischen Religion verantwortlich, die auch die politischen

219 Das Bild einer absoluten Pressefreiheit während der Revolutionsjahre, das in der Forschung immer wieder gern gezeichnet wird, muss nuanciert werden: Es blieb die Möglichkeit bestehen, durch die Ausrufung des Ausnahmezustandes die Grundrechte einzuschränken, und das Belegexemplar wurde ebenso wenig abgeschafft wie das Verantwortungsprinzip. Zudem übten bewaffnete Gruppen, die sogenannten »Partidos de porra« (die Parteien des Knüppels), zum Teil gewaltsamen Druck auf Journalisten aus. Vgl. *Almuiña Fernández*: Los gobernadores civiles 180; *Marcuello Benedicto*: Libertad de Imprenta 84; allgemein zum Presserecht während der 1868er-Revolution *Sáiz/Seoane*: Historia del periodismo, Bd. 2 266–268; *Fuentes/Fernández Sebastián*: Historia del periodismo 117–119.

Schwankungen der 1860er und 1870er Jahre überdauerte und bereits im vorangegangenen Abschnitt beschrieben worden ist und deren Konsequenzen für den Antiklerikalismus noch einmal in Kapitel 3.3 systematisch analysiert werden. Zensur war insofern nur ein Grund für die unterschiedliche Stärke und Ausrichtung der Rezeption des Konzils in antiklerikalen Kreisen.

Die Mischung aus Polemik und konkreter konstruktiver Auseinandersetzung prägte auch die katholische Konzilsliteratur. Der Priester Jakob Schmitt (1834–1914) argumentierte beispielsweise in seiner Broschüre »Die Lehre von der päpstlichen Unfehlbarkeit für das katholische Volk« gegen das verbreitete Argument, dass Päpste sich auch irrten und moralisch fehlbar seien, indem er die dogmatische Unfehlbarkeit davon abgrenzte. Zugleich warf er aber den Kritikern Gotteslästerung vor. Die Polemik katholischer Publizisten konnte so weit gehen, den alten religiösen Vorwurf des Bundes mit dem Satan anzuführen. Andere Autoren prangerten die intransigente Haltung und den revolutionären Charakter der Kritiker an.[220] Die Schere, die in diesem Schlagabtausch zwischen Antiklerikalen und Katholiken entstand und durch die beiderseitige Polemik immer weiter auseinanderging, ließ vermittelnde Positionen wie die des liberalen Katholizismus unhaltbar werden.[221] Das Erste Vatikanum war in dieser Hinsicht ein Scheidepunkt. Der Abschluss des ultramontanen Gebäudes in der Unfehlbarkeit und die zunehmende Distanzierung der Kirchenkritiker gegenüber dem Katholizismus zwangen liberale Katholiken sich zu entscheiden. Gerade für das deutsche liberale katholische Bürgertum begann die Situation mit den Auseinandersetzungen um das Konzil zunehmend prekär zu werden.[222] In Spanien löste das Dogma endgültig die Bindungen der Krausisten mit dem Katholizismus.[223] Mit dem Wendepunkt 1869/1870 endeten ihre Hoffnungen auf eine Liberalisierung des Katholizismus und in der Folge wurden die Krausis-

220 Vgl. *Schmitt*: Die Lehre; für den Vorwurf des Bundes mit dem Satan *Moreno Cebada*: Santo Concilio, Bd. 1 54; zur Intransigenz und zum revolutionären Charakter *ders.*: Santo Concilio, Bd. 1 7; *L'Ermite de Brompton*: Le Possumus Libéral; *Carbonero y Sol*: Crónica del Concilio, Bd. 2 374–376; für die konkreten Bezugnahmen z. B. *Hagelüken*: Randglossen; *L'aumonier du Cercle des jeunes ouvriers*: Le pape; *Mateos Gago y Fernández*: Colección de Opúsculos 84–95, 104 f.

221 Vgl. dagegen *Owzar*: Du sollst nicht streiten; meine Beschreibung aber unterstützend *ders.*: Keine Lust zur Diskussion.

222 Vgl. *Mergel*: Ultramontanism, Liberalism, Moderation; *ders.*: Zwischen Klasse und Konfession; *Heinen*: Umstrittene Moderne 152 f.

223 Bezeichnend ist in dieser Hinsicht, dass auch die neuere spanische Forschungsliteratur in der Einschätzung der Positionen zum Konzil eine klare Trennung zwischen Katholiken und Liberalen (sowie Radikalen) macht – mittlere Positionen werden von vorneherein ausgeschlossen. Vgl. z. B. *Almuiña Fernández*: Clericalismo y anticlericalismo 162 f.

ten und die 1876 von ihnen gegründete ILE zu Trägern einer kirchenkritischen Kultur in der iberischen Welt.[224]

Begrenzte Proteste und Europäisierung

Die bisherige Beschreibung der entstehenden Öffentlichkeit könnte den Eindruck vermitteln, dass die Kirchenkritiker während des Konzils kommentierende Zaungäste eines europaweiten, aber katholischen Geschehens waren, die sich zwar einmischten und von ihren Gegnern auch wahrgenommen wurden, aber nur sehr bedingt Teil einer bewussten kirchenkritischen Mobilisierung waren. Dieser Befund gilt sicherlich für einen großen Teil der Tagespresse und Zeitschriften. Das Konzil führte allerdings auch zu sehr klaren persönlichen Implikationen. Einzelne Leserbriefe in den Zeitungen verdeutlichen, dass die Konzilspolemik durchaus mit einer Identifikation durch die Rezipienten der Zeitungen korrespondierte. Im National schrieb ein Leser beispielsweise, um im Kontext des Konzils die Verwerflichkeit des Klerus zu verdeutlichen, von einem entlaufenen Mönch und einem luxuriös ausgestatten Orden der ›Misericordia‹ aus Caen. Er verband also das internationale Geschehen mit seiner unmittelbaren Lebenswelt.[225] Auch die sich in gewissem Rahmen entwickelnde Versammlungsbewegung und die vereinzelten gewalttätigen Zusammenstöße und Ausschreitungen zeigen, dass das Echo der Bischofskonferenz in bestimmten Kreisen größer war, als die tagespolitische Berichterstattung vermuten lässt. In Bordeaux, Lyon und insbesondere Marseille demonstrierten Antiklerikale etwa gegen die Eröffnung der Kirchenversammlung und die Festbeleuchtung öffentlicher Gebäude zu Ehren der Unbefleckten Empfängnis am 8. Dezember 1869. Die Protestierenden versammelten sich vor kirchlichen Häusern und lokalen politischen Einrichtungen, sangen Revolutionslieder, skandierten ein Hoch auf die Republik und zerschlugen Fenster. Die quantitativen Angaben über die Beteiligung schwankten für die größte Demonstration in der Stadt am Mittelmeer zwischen 200 und 3.000 Personen, von denen 60 festgenommen worden

224 Vgl. zum Bruch z. B. *Suárez Cortina*: Religión, Iglesia y Estado 77; *Capellán de Miguel*: Gumersindo de Azcárate 198–257; sowie die autobiografische Schrift des Krausisten, Philosophen und Priesters Fernando de Castro y Pajares (1814–1874); *De Castro*: Memoria testamentaria 93–95.

225 Vgl. Le National, 20. 6. 1870; eine ähnlich deutliche Identifikation auch in einem Leserbrief der Volkszeitung, 7. 7. 1870; für weitere Beispiele in den polnischen Gebieten *Stasiowski*: Polen 267–275.

sein sollen.[226] Die Ausschreitungen in den drei südfranzösischen Städten wurden allerdings von der Mehrheit der potentiellen Verbündeten in Frankreich negativ bewertet.[227]

Der umfangreichste lokale Protest im Rahmen der Rezeption des Konzils in den deutschen Ländern war wahrscheinlich die sogenannte ›Forchheimer Revolution‹. In dem fränkischen Ort rief die Zirkulation der bereits erwähnten Karikatur ›Vom Zeitgeist und vom Papst‹ in den einschlägigen Kreisen im Sommer 1869 tätliche Ausschreitungen von Ultramontanen hervor. Die Karikatur stammte aus Italien, wo sie 1868 entworfen worden war. Sie erschien als Einblattdruck, wurde dann in Karlsruhe nachgedruckt und später in Süddeutschland mittels eines Flugblattes verbreitet. Angeblich war sie auch auf dem Protestantentag im Mai 1869 im Umlauf. Die französische Bildunterschrift lässt zudem vermuten, dass sie auch für den französischen Markt gedacht war. Die Verbreitung der Karikatur bezeugt, dass die Nationsgrenzen überschreitende Medienkommunikation zu Mobilisierung in anderen Ländern führte, die bis auf die lokale Ebene herunterreichen konnte. Die Ausschreitungen in Forchheim entstanden, als eine Gruppe von jungen überzeugten Anhängern der Patriotenpartei (vor allem Handwerker und Unteroffiziere) gegen die öffentliche Ausstellung des Bildes beim örtlichen Buchhändler protestierte, das Schaufenster demolierte, Vertreter der Liberalen in ihren Häusern angriff und sich ein Scharmützel mit Arbeitern einer Gerberei lieferte. Zudem wurde die Synagoge demoliert, da namentlich der jüdische Religionslehrer des Ortes die Verbreitung der Karikatur forciert hatte. Die Unruhen zogen sich über mehrere Tage und wurden durch militärischen Einsatz und die Verhängung der Ausgangssperre niedergeschlagen. Die Ausschreitungen banden durch ihre gerichtlichen Konsequenzen auch die Antiklerikalen intensiv in die Auseinandersetzungen mit ein. Der Buchhändler und der Religionslehrer verbreiteten als Kommentatoren nicht nur eine Karikatur des Dogmas und wurden dadurch Zielscheibe der ultramontanen Wut, sondern mussten sich wegen Störung des Religionsfriedens vor Gericht verantworten, wurden allerdings freigesprochen. Der Lehrer selbst engagierte sich so weit, dass er in der Folge einen Ehrenprozess gegen den ultramontanen und in der bayerischen Politik äußerst aktiven Pfarrer und Landtagsabgeordneten Franz Josef Mahr (1822–1884) anstrengte, den er gewann.[228] Hier wird deutlich, wie weite Kreise eine einzelne Polemik ziehen konnte.

226 Die Bekämpfung der Festbeleuchtung am 8. Dezember wurde später zu einer Tradition in Lyon. Vgl. dazu *Dubois*: Représenter, Protester, Expier; für die Ausschreitungen 1869 die Zusammenfassung der Berichte des Kultusministeriums aus den Diözesen ANF, Minstère de Culte, F/19/1940; Le Rappel, 11.12.1869; La Sémaphore, 10.12.1869.

227 Vgl. z.B. Le Siècle, 10.12.1869; Le National, 15.12.1869; L'Excommunié, 18.12.1869.

228 Vgl. zur Darstellung der Abläufe und der Herkunft der Karikatur *Urban*: Kleinstadtwirbel; *ders.*: Bamberger Kirche 296–301; *ders.*: Caricatur; *Borutta*: Antikatholizismus 135f.

Die nicht publizistischen Formen der Mobilisierung verdeutlichen wie der Ländervergleich der Berichterstattung *erstens*, dass der jeweilige lokale beziehungsweise nationale Kontext entscheidend war, ob sich eine Identifikation vollzog. Die rechtlichen Freiräume und das politische Umfeld bestimmten die nationale Konfliktlage und gaben den Rahmen für die verschiedenen Formen der Aktivitäten.[229] Die Eskalationen in Franken entstanden beispielsweise in einer angespannten politischen Situation, in der sich Patriotenpartei und liberal geprägte Regierung gegenüberstanden und religiöse Debatten an der Tagesordnung waren. Die katholische Partei hatte trotz des allgemeinen Sieges bei den vorausgegangenen Wahlen in den fränkischen Regierungsbezirken stark verloren. Zudem war die Frage des Einflusses des Klerus, wie ihn der Pfarrer Mahr verkörperte, in der von ihren Gegnern als ›ultramontan‹ charakterisierten Partei Thema der politischen Auseinandersetzung.[230] Durch diese Ausgangslage existierte eine allgemeine Sensibilität für etwaige Konflikte und so konnte eine Provokation von Seiten der Kirchenkritiker Gegenmobilisierung hervorrufen.

Zweitens gingen die nicht publizistischen Proteste von den Gruppen aus, die in ihrem Selbstverständnis am stärksten von der zunächst einmal genuin religiösen Thematik betroffen waren. Die Mobilisierung war vor allem unter den Protestanten beachtlich, die sich wegen der an sie ausgesprochenen Einladung, sich dem Konzil anzuschließen und in den Schoß der katholischen Kirche zurückzukehren, selbstverständlich in besonderer Art und Weise herausgefordert sahen. Der katholischen Offerte wurde fast ausschließlich mit Ablehnung begegnet, die grundsätzliche Haltung gegenüber dem Konzil variierte jedoch je nach innerprotestantischer Orientierung.[231] Viele evangelischen Christen mischten sich

229 Auf einen vertiefenden Vergleich verschiedener deutscher Länder, der die These des bestimmden Einflusses des Kontextes unterstützt hätte, musste wegen des transnationalen Fokus verzichtet werden. Vgl. für die unterschiedliche nationale Rezeption z. B. *Te Velde/Margry*: Contested Rituals 137; *Papenheim*: Roma o morte 216; *Schatz*: Vaticanum I, Bd. 1 276; *Stasiowski*: Polen 44–56, 223; *Altholz*: Vatican Decrees 594.

230 Die Durchsicht der bayerischen Regierungspräsidentenberichte als exemplarische Untersuchung lokaler Differenzen zeigte, dass nicht publizistische Auseinandersetzungen im stark liberal geprägten München sowie im protestantischen Franken ausbrachen. Vgl. Bayerisches Hauptstaatsarchiv (im Folgenden BayHStA), Ministerium des Inneren, MInn 30981/7, MInn 30981/8, MInn 30981/9, MInn 30981/10, MInn 30981/11; speziell zur Situation in Franken *Urban*: Bamberger Kirche 262–310; *ders.*: Kleinstadtwirbel; *ders.*: Caricatur 44 f.

231 So kritisierte die konservative »Evangelische Kirchenzeitung« zum Beispiel die Idee der Unfehlbarkeit aus konfessioneller Perspektive, hielt sich aber hinsichtlich einer allgemeineren Kritik an der katholischen Kirche zurück, während die liberal ausgerichtete »Protestantische Kirchenzeitung« in die antiklerikale Presse einzuordnen ist. Vgl. für die verschiedenen Absagen *Cecconi*: Storia del Concilio, Bd. 2 15–156; *Granderath*: Acta et decreta 1123 f., 1132–42; *ders./Kirch*: Geschichte, Bd. 1 328–356; *Urban*: Bamberger Kirche 191–197; für die vereinzelten positiven Reaktionen der spätere Konvertit *Baumstark*: Gedanken eines Protestanten; sowie *Klopp*: Der evangelische Ober-Kirchenrath.

auch jenseits von Presseorganen und Broschüren mit Versammlungen in die Auseinandersetzungen mit ein. So reagierten protestantische Interessenverbände wie die EA oder der Protestantenverein und evangelisch kirchliche Einrichtungen mit Vorträgen und gemeinsamen Betaktionen – allerdings kann auch die protestantische Versammlungstätigkeit nur teilweise als genuin kirchenkritisch eingeordnet werden.[232]

Die zweite Gruppe, die sich direkt angesprochen fühlte, waren die Freidenker. Abgesehen von dem sogenannten Antikonzil in Neapel, auf das ich anschließend ausführlicher eingehen werde, wurden sowohl in Frankreich als auch in den deutschen Ländern lokale Kongresse abgehalten. In Leipzig rief Eduard Löwenthal, Begründer der monistischen Religion der Cogitanten,[233] zur Eröffnung des Konzils zu einer Versammlung auf, die jedoch ziemlich erfolglos war.[234] In Frankreich organisierte die theistische »Alliance religieuse universelle« im Frühsommer 1870 den »Congrès philosophique international de Paris«, an dem zum Teil bekannte Personen der französischen Kirchenkritikkultur wie Jules Simon[235], der Frauenrechtler Léon Richer[236] oder der Historiker Jules Michelet[237] beteiligt waren. Der Kongress tagte wenige Male, bis er mit Beginn des Krieges auf unbestimmte Zeit vertagt und dann nicht wieder aufgenommen wurde.[238]

232 Vgl. z.B. Vrai Protestant 2 (1868/1869) 241–244; *Granderath*: Acta et decreta 1132–1135; die als Broschüren verlegten Vorträge *Modon/Moulinez*: La suprématie papale; *Luigi*: Le catholicisme moderne; *Cropp*: Dogma; *Uhlhorn*: Das römische Concil.

233 Eduard Löwenthal (1836–1917), Pazifist und Religionsbegründer. Die von ihm begründeten Cogitanten wurden von Preußen als Religionsgemeinschaft anerkannt. Nach der deutschen Einigung war Löwenthal besonders in der Friedensbewegung aktiv. Vgl. Deutsches Biographisches Archiv (im Folgenden DBA), I, 778 395–403; II, 827 195–206.

234 Vgl. Münchner Neueste Nachrichten, 2.11.1869, 8.12.1869; Deutschkatholisches Sonntags-Blatt 20 (1870) 3f.; Sonntags-Blatt 20 (1869) 180, 21 (1870) 4.

235 Jules Simon (1814–1896), Politiker und Gräzist, gemäßigter Republikaner. Simon, der sich insbesondere der Schulpolitik verschrieben hatte, saß bereits während der Zweiten Republik in der Deputiertenkammer, wurde zu einem Führer der Opposition im Zweiten Empire. In der Dritten Republik war er von 1876 bis 1877 Premierminister, ab 1875 wurde er Senator auf Lebenszeit. Als solcher setzte er sich im Zusammenhang der Debatte um die Laizisierung der Primarschulerziehung für die Beibehaltung des Gottesbezugs ein. Vgl. zu Simon *Bertocci*: Jules Simon.

236 Léon Richer (1824–1911), Journalist, Freidenker, Republikaner und einer der Hauptakteure der liberalen französischen Frauenbewegung. Vgl. zu Richer mit besonderem Augenmerk auf die Frauenbewegung *Bidelman*: Pariahs Stand Up 91–183.

237 Jules Michelet (1798–1874), bekanntester Historiker Frankreichs im 19. Jahrhundert, Demokrat und dezidierter Antiklerikaler, der mit seinen gemeinsam mit Edgar Quinet organisierten öffentlichen Vorlesungen über die Jesuiten, den Antijesuitismus maßgeblich prägte. Vgl. zu Michelet die Intellektuellenbiografie *Petitier*: Jules Michelet; für seinen Antijesuitismus *Leroy*: Le mythe jésuite 82–91; *Cubitt*: The Jesuit Myth 127–131; *Boutry*: Edgar Quinet.

238 Außerdem fand eine Versammlung der Freidenker in Graz statt. Vgl. Deutschkatholi-

Die dritte Gruppe, die sich in besonderer Weise engagierte, waren die Freimaurer. In der Jahresversammlung des Grand Orient im Juli 1869 wurde der Vorschlag eingebracht, einen Gegenkongress zu veranstalten. Da unter den Abgeordneten aber keine Einigkeit darüber herrschte, beschloss die Versammlung, die einzelnen Logen zu konsultieren. Hier entspann sich dann in der Folge eine breite Diskussion, wie das Konzil einzuschätzen sei und ob sich die Großloge trotz des gesetzlichen Verbotes politischer Aktionen in der Freimaurerarbeit und dem Gebot der Toleranz durch einen Kongress positionieren sollte. Diese Debatten zeugen erneut von dem antiklerikalen Dilemma angesichts des Konzils, das ich bereits erläutert habe, und von der unterschiedlichen Haltung der Freimaurer gegenüber der religiösen Frage und dem Antiklerikalismus. Man diskutierte, ob eine Stellungnahme nicht letztlich einen Dogmenkampf bedeutete und ob solch eine genuin religiöse Auseinandersetzung für die Freimaurerei überhaupt legitim sei.[239] Die veröffentlichten und im darauffolgenden Jahr auf der Jahresversammlung vorgestellten Ergebnisse der Enquete ergaben keine Mehrheit für einen Kongress, so dass das Unternehmen scheiterte.[240] Interessant sind bei dieser Initiative die Ansätze internationaler Verbindungen; auf der einen Seite wurde mit der Idee eines Freimaurerkonzils ein Vorschlag italienischer Brüder aufgenommen, auf der anderen Seite wurden die Bemühungen um eine Mobilisierung jenseits der französischen Grenzen sehr positiv wahrgenommen. So zogen sie unter anderem in den deutschen Ländern Debatten nach sich, ob ein internationaler Freimaurerkongress durchgeführt sollte.[241] Auch wenn ein solcher in der direkten Folge des Konzils nicht umgesetzt werden sollte, sind hier doch die ersten internationalen Bemühungen um eine Vernetzung der Maurerei zu verzeichnen.

sches Sonntags-Blatt 20 (1870) 7; zum französischen Kongress die Berichterstattung in Libre Conscience 3 (1868/1869) 361 f., 4 (1869/1870) 136; N.F. 4 (1869/1870) passim; allgemein, jedoch ohne den Zusammenhang mit dem Konzil zu berücksichtigen, bereits *Combes*: Charles Fauvety 35.

239 Pierre Chevallier hat dieses Dilemma als Spezifikum der Freimaurerei beschrieben, die am Ende des 19. Jahrhunderts zwischen spiritueller Organisation und religiöser Neutralität schwankte. Die vergleichende Perspektive auf das gesamte Spektrum der Kirchenkritik zeigt aber, dass es keine freimaurerische Besonderheit war. Vgl. *Chevallier*: Le Frère Thévento.

240 Vgl. für die Idee, für die Debatten auf der Jahresversammlung und in den Logen sowie für die Enquete Bulletin de Grand Orient 25 (1869/1870) 307–312, 330–334, 26 (1870/1871) 229 f., 290–292; *Grand Orient de France*: Enquête maçonnique; Monde Maçonnique 11 (1868/1869) 357, 631, 12 (1869/1870) 152–156, 197, 267–272, 275–286, 385–427.

241 Vgl. für den italienischen Vorschlag Monde Maçonnique 11 (1868/1869) 357, 631; für die internationale Wahrnehmung und die Diskussion in den deutschen Ländern, der Schweiz und den Niederlanden Bauhütte 12 (1869) 379 f., 13 (1870) 385–387; 14 (1871) 45 f.; für die Entwicklung der internationalen Verbindungen der Freimaurer insgesamt Kapitel 3.3, Anmerkung 343.

Als bedingt erfolgreiche internationale Initiative und umfangreichster nicht publizistischer Protest Antiklerikaler muss das Antikonzil angesehen werden. Eine vergleichbare Veranstaltung sucht man 1858 oder 1909 vergebens. Der republikanische Parlamentarier Giuseppe Ricciardi[242] war der Initiator dieses Gegentreffens zum Konzil.[243] Er rief Anfang 1869 Freidenker auf, sich in Neapel zur Eröffnung des Konzils zu treffen, um gegen das ›antifortschrittliche‹ Konzil zu protestieren und die Vorstellungen einer dogmenfreien Religion zu propagieren. Zudem wollte er mit der Versammlung eine internationale Assoziation initiieren. Der Vorschlag wurde in der internationalen Presse sowie als Einzelblatt veröffentlicht und an Universitäten und bekannte Vertreter des republikanischen Spektrums sowie der Freidenkerkultur verschickt, wie den Sprachwissenschaftler Émile Littré[244], den Historiker Edgar Quinet[245] oder Giuseppe Garibaldi (1807–1882), die ihrerseits nicht persönlich erschienen, aber Zustimmungsbriefe verfassten.[246] Zustimmungsadressen schickten neben Privatpersonen und Freidenkergruppen auch Freimaurerlogen,[247] republikanische und

242 Giuseppe Ricciardi (1808–1882), Publizist und demokratischer Abgeordneter, Chefredakteur des italienischen Freidenkerorgans »Libero Pensiero«. Vgl. zu Ricciardi *Ceccuti*: Il concilio Vaticano 133f.; *Palamara*: Pensiero e azione.

243 Eine archivgestützte Untersuchung des Antikonzils konnte aufgrund des anderen Fokus dieser Studie nicht geleistet werden. Vgl. insgesamt zum Gegenkonzil Ricciardis apologetische Schrift *Ricciardi*: L'Anticoncilio; die katholische Darstellung *Moreno Cebada*: Santo Concilio, Bd. 1 LIV–LXV; sowie *Ceccuti*: Il concilio Vaticano 164–175; *Fiore*: Anticoncilio di Napoli; *Ricci*: Giuseppe Ricciardi; *Papenheim*: Roma o morte 224f.; *Palamara*: Pensiero e azione 192f.

244 Émile Littré (1801–1881), Philologe, Philosoph, Medizinhistoriker und Freimaurer. Bekannt wurde er durch sein »Dictionnaire de la langue française« (1863–1877), in dem er erstmals den Begriff Antiklerikalismus definierte. Seine Aufnahme in die »Académie française« führte zum Austritt des Bischofs Dupanloup 1875. Vgl. zu Littré *Hazareesingh*: Intellectual Founders 23–84; *Rey*: Littré.

245 Jean Louis Edgar Quinet (1803–1875), Historiker, Schriftsteller und überzeugter Republikaner. Er lehrt von 1838 bis 1846 als Professor für ausländische Literatur am »Collège de France«, wo er mit Michelet in einer antijesuitischen Vorlesungsreihe kooperierte. Er war Abgeordneter der verfassungsgebenden Versammlung 1848, ging unter Napoleon III. ins Exil und kehrte erst nach Ende des Zweiten Empires nach Frankreich zurück, wo er 1871 erneut ein Mandat nun in der »Assemblée nationale« erhielt. Vgl. z. B. die relativ unkritische Biografie *Richer*: Edgar Quinet; zur Vorlesungsreihe bereits Anmerkung 237.

246 Vgl. für die Verbreitung der Ankündigung *Ricciardi*: L'Anticoncilio 11–15; *ders.*: Aux libres penseurs; *Carbonero y Sol*: Crónica del Concilio, Bd. 2 371; sowie für den Abdruck des Aufrufs Libre Conscience, 3 (1868/1869) 263f.; L'Excommunié, 31.7.1869; La Igualdad, 9.2.1869; Deutschkatholisches Sonntags-Blatt 19 (1869) 63; Sonntags-Blatt 20 (1869) 153.

247 Die Beteiligung der Freimaurer war entgegen der in katholischen Schriften und der liberalen Presse anzutreffenden Idee, die aus katholischen Verschwörungstheorien geboren wurde, dass die Logen Drahtzieher des Antikonzils waren, auf internationaler Ebene nur bedingt bestimmend. Die Mehrheit der italienischen Delegierten, die Ricciardi auflistete,

universitäre Vereine, Arbeiter- und Frauenvereine, wobei die Mehrzahl der Zuschriften aus Italien stammte.[248] In Ungarn sollen bis zu 50.000 Unterschriften gesammelt worden sein. Neben europäischer Aufmerksamkeit (in Belgien, den Niederlande, Norwegen, Polen, England, Ungarn, Rumänien, Spanien, Frankreich, in den deutschsprachigen Länder und Russland) kam Unterstützung durchaus auch aus den USA und Lateinamerika.[249] In verschiedenen europäischen Staaten, besonders in den deutschen Ländern, Ungarn und Frankreich mobilisierten sich Freidenker sowie freireligiöse Gruppen und organisierten Wahlen von Delegierten, um in Neapel vertreten zu sein. In den deutschen Ländern ging die Initiative von den freireligiösen Gemeinden aus. Sie debattierten zunächst ausführlich, ob die Aktion aussichtsreich sei und ob es sinnvoll wäre teilzunehmen, wählten nach dem positiven Entschluss vier Delegierte, von denen drei reisten, und sammelten Geld, um deren Reisen zu finanzieren.[250] In Frankreich versammelten sich Freidenker in Lyon, Marseille und Paris speziell zur Vorbereitung des Antikonzils. Die eigene Presse sprach von Treffen mit bis zu 3.000 Personen. Auf den Versammlungen wurden wie in den deutschen Ländern die Delegierten gewählt und Geldsammlungen initiiert. Auch hier waren sich die Freidenker über eine Teilnahme zunächst nicht einig. Zugleich begannen in Frankreich auch schon konkrete inhaltliche Auseinandersetzungen. Man lehnte auf der einen Seite die Idee der »charité« als Teil des Programmvorschlags Ricciardis ab und entwarf ein eigenes Programm, das soziale Gleichberechtigung einforderte – hier manifestierte sich ein zentraler Unterschied zwischen den verschiedenen antiklerikalen Strömungen, auf den ich im systematischen Kapitel ausführlicher eingehen werde. Andere Gruppen enthielten sich einer Beteiligung, weil sie die stark politische Ausrichtung bemängelten und

waren zwar Freimaurer, aber er selbst versammelte als Repräsentant noch 72 Freidenkerorganisationen, womit die Orientierung deutlich zu diesen Gruppierungen neigte. Außerdem kritisierten Teile der Freimaurerei, so wie etwa der italienischen Großmeister Frappoli, das Projekt öffentlich. Vgl. für die Idee der Drahtzieherrolle *Carbonero y Sol*: Crónica del Concilio, Bd. 2 367; Augsburger Allgemeine Zeitung, 17. 12. 1869; für kritische Positionen bei den Freimaurern *Cecconi*: Storia del Concilio, Bd. 2 737; *Carbonero y Sol*: Crónica del Concilio, Bd. 2 372–374; *Ricciardi*: L'Anticoncilio 18 f.; für die Teilnehmerzahlen ebenda 183; *Ceccuti*: Il concilio Vaticano 151–153.

248 Vgl. zur italienischen Beteiligung besonders ebenda 127–183; *Palamara*: Pensiero e azione 192–199.

249 Vgl. für die Zustimmungsadressen *Ricciardi*: Aux libres penseurs 15, 25, 28, 97–211; sowie für Spanien *Martín Tejedor*: España, Concilio Vaticano I 115.

250 Die Mobilisierung in den deutschen Ländern stand in enger Verbindung mit den österreichischen Aktivitäten, was angesichts der Tatsache, dass die Reichsgründung unmittelbar bevorstand, nicht verwundert. Vgl. für die Mobilisierung in den deutschen Ländern Deutschkatholisches Sonntags-Blatt 19 (1869) passim; Sonntags-Blatt 21 (1869) passim.

eine religiöse Kritik forderten, die sie dann selbst in einer eigens gegründeten Zeitschrift formulierten.[251]

Mit einer Verschiebung um einen Tag versammelten sich dann am 9. Dezember im Teatro San Ferdinando in Neapel nach zeitgenössischen Angaben 55.700 Personen zur Eröffnungssitzung des Antikonzils, in der die ausländischen Delegierten vorgestellt wurden, Zustimmungsadressen verlesen wurden und die Debatte über das Programm eröffnet wurde, welche die bereits im Vorfeld aufgetauchten Differenzen über den sozialen Gehalt aufnahm.[252] Es waren Abgeordnete aus Mexiko, den USA, aus Argentinien, Belgien, Ungarn und Rumänien anwesend. Die Franzosen sandten gleich vier Vertreter und aus den deutschsprachigen Ländern kamen Leberecht Uhlich[253] und Johannes Ronge[254] als Repräsentanten der freireligiösen Gemeinden. Spanien wurde von dem radikalen Republikaner Francisco Suñer y Capdevila[255] vertreten, dessen Teilnahme

251 Vgl. für die Mobilisierung in Frankreich L'Excommunié, 31.7.1869, 11.9.1869, 16.10.1869, 13.11.1869, 27.11.1869, 4.12.1869, 11.12.1869, 25.12.1869; Le Réveil, 24.11.1869, 29.11.1869; Libre Pensée, 29.1.1870; Libre Conscience 3 (1868/1869) 263 f.; *Graffin*: Lettre; für die kritischen Positionen zum Antikonzil unter den französischen Freidenkern Réforme politique et sociale, 27.11.1869; Bonne Nouvelle du XIX Siècle 15 (1870) 7; L'Excommunié, 4.9.1869; Revue Spiritualiste 12 (1869) 172–175, 193–200; für die Zeitschrift und ihre Kritik Concile de la Libre Pensée 1 (1870) 2 f., 321; zum Streit mit Ricciardi z. B. L'Excommunié, 28.8.1869, 11.9.1869.

252 Die in einer ultramontanen Chronik angegebene Zahl eines angeblichen Augenzeugen ist sicherlich viel zu hoch, wenn man bedenkt, dass das Theater San Ferdinando heute 500 Personen fasst (*Teatro Stabile Napoli*: Info). Auch wenn am 9.12.1869 nur Stehplätze existiert hätten, scheint die Zahl von 55.700 vollkommen unrealistisch. Zugleich wissen wir, dass die Zulassung zur Versammlung sehr restriktiv gehandhabt wurde. Ricciardi listete 35 italienische und 19 ausländische Delegierte auf, wobei er zugibt, nicht alle Italiener aufzuzählen – die tatsächliche Teilnehmerzahl war laut einer neueren Studie nicht besonders hoch. Vgl. *Moreno Cebada*: Santo Concilio, Bd. 1 LIV; *Ricciardi*: L'Anticoncilio 183–185; *Fiore*: Anticoncilio di Napoli 343; *Ricci*: Giuseppe Ricciardi 119.

253 Leberecht Uhlich (1799–1872), protestantischer Theologe und Begründer der Lichtfreunde sowie der freireligiösen Gemeinden nach der 1848er Revolution. Abgeordneter in der preußischen Nationalversammlung während der Revolution. Vgl. zu Uhlich den Überblick bei *Myrrhe*: Lichtfreunde; *Friedrich*: Uhlich.

254 Johannes Ronge (1813–1887), katholischer Priester, 1844 exkommuniziert, begründete den Deutschkatholizismus. Ronge war ein äußerst beliebter freireligiöser Prediger und Mitglied des Frankfurter Vorparlaments. Er ging nach der gescheiterten Revolution von 1848 für zwölf Jahre nach England ins Exil und engagierte sich nach seiner Rückkehr maßgeblich in den freireligiösen Gemeinden. Vgl. zu Ronge den kurzen Überblick *Graf*: Ronge.

255 Francisco Suñer y Capdevila (1826–1898), Arzt und Freidenker. Suñer y Capdevila gilt als der Vertreter des Materialismus im Spanien des 19. Jahrhunderts aufgrund seines Buches »Dios« (1869). Er saß in der verfassungsgebenden Versammlung 1869 und stieß durch die Leugnung der Jungfrauengeburt in seiner Rede vom 26.4.1869 eine breite religiöse Debatte an. Vgl. *Sánchez Martínez*: Francisco Suñer Capdevila.

aber umstritten ist.[256] Als am Tag darauf die Diskussionen über das Programm des Antikonzils fortgesetzt wurden, führte die verspätete Ankunft der gallischen Delegierten zu Hochrufen auf Italien und die französische Republik. Das Umschlagen der Diskussionen auf politisches Gebiet veranlasste die anwesenden Polizisten, die Versammlung aufzulösen.[257] Um überhaupt noch etwas zu erreichen, verfasste Ricciardi in den Folgetagen zusammen mit einigen Delegierten, insbesondere den ausländischen Teilnehmern, ein Programm und vertagte sich auf den Herbst 1870.[258] Der Ausbruch des Deutsch-französischen Krieges verhinderte wahrscheinlich jedoch auch im Fall des Antikonzils die Wiederaufnahme der Versammlung. Das in Neapel beschlossene Programm führte letztlich zum erneuten Scheitern der Aktivitäten, da sich die französischen Delegierten weigerten, es zu unterschreiben, weil es ihrer Position als materialistische Freidenker weder in sozialer noch in religiöser Hinsicht entsprach. Die Differenzen zwischen den unterschiedlichen Freidenkergruppen hatten sich bereits in der Vorbereitung in Frankreich und auch in den deutschsprachigen Ländern manifestiert und sollten auch die internationale Zusammenarbeit in den kommenden Jahrzehnten erschweren.[259]

Auch wenn die Teilnehmer in der Mehrheit aus Italien stammten, muss das Antikonzil entgegen anderer Einschätzung als europäisch bezeichnet werden.[260] Aus italienischer Sicht mag die neapolitanische Versammlung vor allem ein nationales Ereignis gewesen sein. Wenn man allerdings den Blick auf die Mobilisierung außerhalb des Stiefels lenkt, relativiert sich diese Einschätzung. *Erstens* wurde das Konzil als ein internationales einberufen, Ricciardi wandte sich explizit an die »Freidenker aller Nationen«[261] und auch außerhalb Italiens wurde dies so wahrgenommen, wovon die ausländischen Delegierten sowie die Zuschriften zeugen. Der ausländische, vorwiegend europäische Zuspruch war relativ hoch; 30 Prozent der eingegangenen Freidenker- und 18 Prozent der Freimaurerzu-

256 Ricciardis Schrift führt Suñer auf, aber in der spanischen Presse wurde berichtet, dass er nicht als Delegierter in Erscheinung trat. Vgl. *Ricciardi*: Aux libres penseurs 62; El Imparcial, 17.12.1869.

257 Vgl. *Ceccuti*: Il concilio Vaticano 174f.; *Fiore*: Anticoncilio di Napoli 349.

258 Es gab jedoch auch Stimmen, die behaupteten, dass Ricciardi nicht am beschlossenen Kompromiss beteiligt war. Vgl. Sonntags-Blatt 21 (1870) 148; Blätter für freies religiöses Leben 15 (1870) 3f.

259 Vgl. zu den Differenzen in Frankreich Anmerkung 251; für die im Anschluss an das Konzil stattfindende Diskussion der französischen Freidenker Libre Pensée, 24.1.1870, 3.2.1870; L'Excommunié, 8.1.1870, 22.1.1870, 29.1.1870; *Verlet*: 1793–1869; in den deutschen Ländern z.B. Deutschkatholisches Sonntags-Blatt 19 (1869) 186f., 20 (1870), 9–11 und Sonntags-Blatt 20 (1869) 176.

260 Vgl. *Kaiser*: Clericalism 69; *Borutta*: Antikatholizismus 349.

261 Vgl. *Ricciardi*: Aux libres penseurs.

schriften stammten beispielweise nicht aus Italien.[262] Die ausländischen Delegierten waren zwar in der Minderheit, sie bestimmten aber inhaltlich durch die Bildung des Programmkomitees die Resultate der Versammlung.[263] *Zweitens* führten die nationalen Aktivitäten zu einer Einbindung der existierenden Netzwerke von Freidenkern und Freireligiösen in einen internationalen Kontext. Dies schlug sich auch im Selbstverständnis der Akteure nieder. Sie sahen sich als Teil einer europäischen Aktion. Dieses allgemeine Verbundenheitsgefühl ließ die transatlantischen Verbindungen tendenziell außer Acht und insofern ist das Etikett europäisch durchaus gerechtfertigt.[264]

Das Antikonzil stellte in transnationaler Hinsicht einen Schritt auf dem Weg zu einer organisatorischen Vernetzung der Freidenker dar. Allerdings darf sein Beitrag zu dieser Entwicklung auch nicht zu hoch veranschlagt werden. Freidenker unterhielten bereits seit den 1860er Jahren Verbindungen auf europäischer Ebene. Das neapolitanische Treffen stellte aber den ersten eigenständigen Freidenkerkongress dar. Zur Verstetigung der grenzüberschreitenden Verbindung trug es allerdings nicht wirklich bei. Denn es sollte noch zehn Jahre dauern, bis eine internationale Organisation, die »Fédération International de la Libre Pensée«, gegründete wurde, deren Ursprung zudem eher im belgischen Freidenkertum zu suchen ist. Dieser Verband veranstaltete in den folgenden Jahrzehnten regelmäßig, zum Teil in jährlichen Abständen, internationale Kongresse. Die Versammlungen waren ähnlich wie die Diskussion vor und auf dem Antikonzil von internen Streitigkeiten um die Frage nach der Haltung gegenüber Religion geprägt. Eine gemeinsame Richtlinie, in der das Freidenkertum als Methode der Suche nach Wahrheit mittels der menschlichen Vernunft definiert wurde, konnte erst 1904 gefunden werden.[265]

Das Treffen in Neapel war in nationaler Hinsicht zugleich Ergebnis und Katalysator der Netzwerkbildung.[266] Ricciardi wandte sich an die bekannten

262 Diese Zahlen sind aufgrund des apologetischen Charakters von Ricciardis Schrift nur bedingt verlässlich. Vgl. *ders.*: L'Anticoncilio 97–211.

263 Vgl. die Beschreibung Uhlichs im Deutschkatholischen Sonntags-Blatt 20 (1870) 5 und *Ricciardi*: L'Anticoncilio 16f.

264 Vgl. zum europäischen Selbstverständnis L'Excommunié, 30.11.1869; La Igualdad, 3.9.1869; *Verlet*: 1793–1869 8; die Berichte über die Mobilisierung in anderen Ländern Igualdad, 4.12.1869, 8.12.1869; La Discusión, 12.2.1869, 21.10.1869; Volkszeitung, 25.10.1869; zur Einbindung Le National, 2.–3.1.1870; L'Excommunié, 13.11.1869; La Igualdad, 1.3.1869; Deutschkatholisches Sonntags-Blatt 19 (1869) 170; Sonntags-Blatt 21 (1870) 8.

265 Neben diesem internationalen Verband existierten weitere regionale, zumeist auf den romanischen Sprachkreis konzentrierte Vereinigungen. Vgl. dazu sowie zu den Vorläufern *Catroga*: Anticlericalismo y librepensamiento 116; *Lalouette*: La libre pensée 25–39, 57f.; zur Fédération und den Kongressen *Álvarez Lázaro*: Masonería y librepensamiento 13–29; *Álvarez Lázaro*: Istituzionalizzazione 239f.; *Laqua*; Laïque, démocratique et sociale.

266 Unter Netzwerk werden hier sowohl persönliche Kontakte als auch solche Verbindun-

Personen der Freireligiösen und Freidenker und profitierte von bereits bestehenden Organisationsstrukturen, wie sie sich beispielsweise in den deutschen Ländern fanden. Zudem stieß seine Initiative im nationalen Rahmen die Bildung von solchen Interessensgruppen an. Die französischen Vorbereitungstreffen müssen im Kontext der Entstehung einer republikanischen Gegenkultur und speziell der Freidenkerorganisationen am Ende des Zweiten Empire gesehen werden. Mit der Liberalisierung von Presse und Versammlungsfreiheit 1868 lebten die von Napoleon III. zwar gestörten, aber nie vollständig zerschlagenen republikanischen Netzwerke wieder auf und die Oppositionskultur wurde wieder vermehrt in zivilgesellschaftlichen Organisationen (wie Logen und Vereinen), aber auch in Universitäten und Akademien gepflegt. Diese Strukturen sollten dann nach 1870 die Grundlage für die neue politische Kultur der Dritten Republik bilden.[267] In Spanien regte der Aufruf vom Anfang des Jahres 1869 im Kontext der Revolution und des aufkommenden Materialismus zur Entstehung der wahrscheinlich ersten Freidenkergesellschaft überhaupt an.[268] Die Igualdad nahm Ricciardis Schreiben, das über den Umweg des französischen Siècle auf die iberische Halbinsel gelangt war, zum Anlass, zur Bildung einer »Asociación Española de Libre Pensadores« aufzurufen. Diesem Appell folgten vor allem Zuschriften aus Santander, Madrid, Málaga und Sevilla. Man versammelte sich dann am 9. März 1869 in der »Universidad Central« in Madrid zu einem ersten Konstituierungstreffen. Der Bericht ist allerdings der letzte Hinweis über das Schicksal dieser Organisation. Wahrscheinlich verlief die Initiative im Sande, da die Umwälzungen der Revolution die gesamte Aufmerksamkeit in Anspruch nahmen.[269] Insofern scheiterte nicht nur das internationale Antikonzil, sondern auch sein nationaler Ableger in Spanien.

Das Treffen in Neapel beweist erneut exemplarisch, dass durchaus eine transnationale Öffentlichkeit mobilisiert wurde, zugleich verdeutlicht es aber die Grenzen, in denen diese sich bewegte. Bestimmt wurden die Teilnahme und das Gelingen des Antikonzils wie die nationale Mobilisierung auf der einen Seite von den politischen und rechtlichen Umständen und damit zumeist von nationalen Kontexten. In Neapel waren es ebenfalls nur spezifische Gruppen, die sich

gen verstanden, die auf der gemeinsamen Teilnahme an einem Ereignis (wie Kongressen, Tagungen etc.) beruhen. Vgl. zu dieser zweiten Variante von Netzwerken *Everett*: Two Mode Techniques.

267 Vgl. für die Entstehung der Freidenkerorganisationen *Lalouette*: La libre pensée 30–39; für die republikanische ›Untergrundkultur‹ im Zweiten Empire *Nord*: The Republican Moment 9–14, 190–217.

268 Vgl. zum Kontext Kapitel 1.3 und *Sánchez Martínez*: Francisco Suñer Capdevila 64f., 95–130.

269 Vgl. für die Initiative La Igualdad, 9.2.1869, 16.2.1869, 17.2.1869, 19.2.1969, 20.2.1969, 23.2.1869, 1.3.1869, 5.3.1869, 7.3.1969, 12.3.1869.

so stark angesprochen fühlten, dass sie Protestaktionen initiierten. Die Aktivitäten spielten sich dann trotz des transnationalen Bezugs sicherlich aufgrund der noch nicht stark ausgebauten internationalen Organisationsstrukturen vorwiegend auf nationaler Ebene ab. Zwischen den sich engagierenden Gruppen entstand in Neapel wie bei anderen Versammlungsaktionen nur in manchen Fällen das Gefühl, einer gemeinsamen Bewegung anzugehören.[270] Zudem beschränkten sich die aktiven Gruppierungen zumeist darauf, die eigene Agenda zu diskutieren. Die Freidenker und Protestanten nutzten die Berichterstattung insgesamt vor allem dazu, ihre Positionen als Alternative zu präsentieren, wobei die Freidenker dabei kaum konkret auf die Gegenstände des Konzils Bezug nahmen.[271] Diese Egozentrik ging einher mit internen Debatten, die im Falle des Gegenkonzils sogar dessen Ende mitbedingten.[272] Auch wenn das nicht publizistische Engagement eine Sache spezieller Gruppen blieb, hatten diese Aktivitäten zum Teil ein Echo in der allgemeinen Presse. Über das neapolitanische Treffen informierte die Tagespresse beispielsweise relativ ausführlich. Es verwundert aber auch nicht, dass den nicht publizistischen Initiativen von der breiteren potentiell kirchenkritischen Öffentlichkeit dabei durchaus klare Kritik widerfuhr, da sich hier sehr spezielle Positionen artikulierten.[273]

Der ambivalente Befund zu den Kommunikationsformen und Wahrnehmungen hinsichtlich der Konstituierung einer Öffentlichkeit im Rahmen der Berichterstattung sowie der nicht publizistischen Aktivitäten zum Konzil korreliert mit dem Selbstverständnis der Akteure. »Die öffentliche Meinung, die den überkommenen Versuch des Jesuitismus, seine Herrschaft über die Welt zu stärken, kaum ernst zu nehmen schien, beginnt sich zu regen.«[274] Wie in diesem

270 Vgl. für die Selbstwahrnehmung als eine gemeinsame Bewegung jenseits des Antikonzils Libre Conscience 4 (1869/1870) 460; für konkrete Bezugnahmen über Gruppengrenzen hinweg Monde Maçonnique 11 (1869/1870) 197, 357, 741 f., 12 (1869/1870) 658; L'Excommunié, 30. 10. 1869.

271 Vgl. für den Theistenkongress La Libre Conscience N. F. 4 (1869/1870) 100–106, 109–118, 121–123, 137–141, 212–215, 237–256; für das Antikonzil *Ricciardi*: L'Anticoncilio 53–77; für die französischen Protestanten Vrai Protestant 2 (1868/1869) 245 f., 250 f.

272 Vgl. für das Antikonzil Anmerkung 251, 258, 259; für die Protestanten Evangelische Kirchenzeitung 42 (1869) 85, 1185–1991 und *Cropp*: Dogma 19–23.

273 Eine Ausnahme stellte die spanische Presse dar, wo sich in den sozialistischen und republikanischen Blättern die Freidenker artikulierten, da sie noch nicht über eigene Organe verfügten. Vgl. z. B. La Federación, 5. 9. 1869 und La Igualdad, 14. 12. 1869; allgemein zur Rezeption Réfome politique et sociale, 6. 11. 1869; La Marseillaise, 27. 12. 1869; Le National, 18. 9. 1869; Le Temps, 6. 1. 1870; La Igualdad, 9. 2. 1869; Volkszeitung, 25. 10. 1869; Augsburger Allgemeine Zeitung, 17. 12. 1869; für kritische Stimmen Le Réveil, 29. 11. 1869; El Pueblo, 22. 12. 1869; El Imparcial, 18. 12. 1869; Augsburger Allgemeine Zeitung, 17. 12. 1869; Volkszeitung, 17. 12. 1869.

274 »L'opinion publique, qui avait affecté de prendre peu au sérieux la tentative surannée

Zitat des National artikulierten Kirchenkritiker zwar die Idee, Teil einer beurteilenden Instanz zu sein, auf die man sich berief und die auf die katholische Kirche und Regierungen Druck ausüben sollte, aber weder die explizite Verwendung der Begriffe ›Öffentlichkeit‹, ›opinion publique‹ oder ›opinión pública‹ noch ein implizites Selbstverständnis waren im Diskurs prominent.[275] Dies gilt ebenso für den Begriff Europa und die Artikulation eines europäischen Gemeinschaftsgefühls in Frankreich und den deutschen Ländern.[276] Wenn hier ein solches Verständnis formuliert wurde, bezog es sich zumeist auf die Idee einer Staatengemeinschaft oder eines gemeinsamen Protestes. Europa als eine Zivilisation, als Kultur stand erst an dritter Stelle.[277] Auch 1869/1870 baute die Berichterstattung in allen drei Ländern neben dem Europabegriff diffuse weltumfassende Kollektivbegriffe (›humanité‹, ›monde‹, ›humanidad‹, ›mundo‹, ›Welt‹, ›Menschheit‹) als potentielles Gegenüber zur Kirche auf. Diese Begriffe wurden aber wie 1858 zumeist weiter spezifiziert als ›zivilisiert‹, ›gebildet‹, ›vernünftig‹, ›laizistisch‹, ›modern‹. Durch diese Attribuierung muss auch im Zusammenhang des Konzils davon ausgegangen werden, dass hier ein europäisches beziehungsweise westliches Selbstverständnis zum Tragen kam.[278] Das Vatikanum war also im Selbstverständnis der Antiklerikalen ein europäisches oder westliches Ereignis, auch wenn dies nur zum Teil betont wurde.[279]

faite par le jésuitisme pour se remparer de la domination du monde, commence à s'émouvoir«, Le National, 27.12.1869.

275 Der Begriff taucht insgesamt in ca. zehn Prozent der Artikel auf. Vgl. für eine explizite Verwendung z.B. Réforme politique et sociale, 23.12.1869; Le Siècle, 28.11.1869; El Pueblo, 10.3.1870; El Imparcial, 16.3.1869; Bauhütte 12 (1869) 380; für ein implizites Verständnis als Öffentlichkeit Le Marseillaise, 14.3.1870; Le National, 27.12.1869; Le Temps, 8.6.1869; Vrai Protestant 3 (1870) 123; El Imparcial, 22.11.1869; Volkszeitung, 10.9.1869; Preußische Jahrbücher 24 (1869) 49.

276 Nicht einmal in jedem zehnten französischen und deutschen Artikel wurde der Begriff verwendet. Vgl. zur Verwendung des Begriffes Le National, 13.7.1870; Le Temps, 31.7.1870; Vrai Protestant 2 (1868/1869) 245; L'Excommunié, 30.10.1869; Volkszeitung, 4.7.1870; Augsburger Allgemeine Zeitung, 21.6.1870; Kladderadatsch 23 (1870) 49.

277 Vgl. beispielsweise zur Idee einer Staatengemeinschaft Le National, 18.6.1870; Le Temps, 20.3.1870; L'Excommunié, 13.11.1869; Volkszeitung, 24.3.1870; Augsburger Allgemeine Zeitung, 19.3.1870; Kladderadatsch 23 (1870) 49; zur europäischen Protestgemeinschaft Le Siècle, 18.2.1870; Libre Pensée, 21.12.1869; Volkszeitung, 31.10.1869; Augsburger Allgemeine Zeitung, 14.3.1870; zu Europa als Zivilisation oder kulturelle Gemeinschaft Le Rappel, 1.3.1870; Le National, 30.9.1869; Volkszeitung, 4.7.1870.

278 Vgl. für die weltumfassenden Kollektivbegriffe Le National, 23.9.1869; Le Temps, 8.3.1870; L'Excommunié, 23.6.1869; La Discusión, 8.12.1869; El Pueblo, 15.3.1870; La Iberia, 22.7.1870; Volkszeitung, 24.11.1869; Augsburger Allgemeine Zeitung, 24.10.1869; Gartenlaube 17 (1869) 715; Es werde Licht! 1 (1870) 185; Bauhütte 14 (1871) 243.

279 Vgl. auch die Wahrnehmung als europäisches Ereignis durch Kirchenkritiker in den USA *Beiser*: Vatican Council 237; für transatlantische Auswirkungen des Ereignisses in den USA *Verhoeven*: Transatlantic Anti-Catholicism 1–19, 159–176.

Der Grad der Mobilisierung und die Ausbildung eines Gemeinschaftsgefühls korrelierten allerdings nicht zwingend. Dies verdeutlichen etwa die spanischen Reaktionen im Vergleich mit den beiden anderen Länderbeispielen. Die Mobilisierung im Rahmen des Konzils war auf der iberischen Halbinsel, wie bereits erläutert, nicht sehr stark ausgeprägt. Zugleich spielte der Europabegriff im spanischen Diskurs eine entscheidende Rolle.

> Alle Völker des westlichen Europas machen sich bereit, den Kreis ihrer Philosophen auf diesen großartigen Kongress zu schicken. Spanien, das Vaterland Servets, noch vor kurzem [...] brutalisiert durch die Fäulnis des Fanatismus und der Ignoranz, das aus seinem Herzen quoll, heute größer und regeneriert durch die neuen Ideen, hat würdevoll dem Ruf der Zivilisation geantwortet.[280]

Wie in dieser Antwort der Igualdad auf Ricciardis Aufruf zum Antikonzil wurde im Rahmen des Konzils die spanische Religionskultur zum Gradmesser der Zugehörigkeit zur europäischen Kultur und zur Zivilisation insgesamt. Der Begriff Europa (als Protest- und Kulturgemeinschaft) sowie der Begriff der Zivilisation fanden sich fast in jedem zweiten Artikel zum Vatikanum.[281] Eine nationale Entwicklung sollte grundlegende Veränderungen anstoßen, die Spanien schließlich zum Teil dieses Europas machen werde. Der spanische Katholizismus und die enge Verbindung von Staat und Kirche waren in Augen der Antiklerikalen der Grund für den uneuropäischen Charakter Spaniens.[282] Mit diesem Dualismus wurde Bezug auf die »Leyenda negra« genommen: das negative Spanienbild, das auf den Darstellungen der Grausamkeiten während der Eroberung Amerikas, der Verfolgung der Juden und Mauren und der spanischen Inquisition beruhte und seit dem 16. Jahrhundert fortgeschrieben wurde. An die historischen Vorwürfe konkreten politischen Vorgehens knüpfte sich in den folgenden Jahrhunderten ein allgemeiner Diskurs über die typisch spanische Despotie, die Intoleranz, den Fanatismus sowie die abergläubische religiöse Hingabe, die das Land südlich der Pyrenäen präge und dessen Dekadenz fördere.[283] Die Variante der Leyenda negra des 19. Jahrhunderts, die sich vor allem

280 »Todos los pueblos de la Europa occidental se disponen á enviar su pléyade de filósofos á ese brillante congreso. España, la patria de Servet, un dia [...] embrutecida por la podredumbre de fanatismo e ignorancia que rosaba su corazón, engrandecida y regenerada hoy por las nuevas ideas, ha respondido dignamente al llamamiento de la civilización«, La Igualdad, 3.9.1869.

281 Vgl. allgemein La Federación, 14.11.1869; La Iberia, 22.7.1870; als Protestgemeinschaft El Pueblo, 10.3.1870; El Imparcial, 18.6.1869; als Zivilisation oder kulturelle Gemeinschaft La Igualdad, 3.9.1869; La Iberia, 17.3.1870.

282 Vgl. auch z.B. La Federación, 14.11.1869; El Imparcial, 4.3.1870, 21.7.1870; allgemein für diesen Diskurs während der 1868er Revolution *Drochon*: Une polémique; *Mira Abad*: Actitudes religiosas 279.

283 Vgl. zur umfangreichen Literatur zur Leyenda negra *Juderías*: La leyenda negra; *Gar-*

an der Rolle des Katholizismus abarbeitete, spielte eine wichtige Rolle in den Diskussionen um das Nationsverständnis auf der iberischen Halbinsel, das sich auch besonders im Zusammenhang der Revolution von 1868 neu stellte. Das Konzil war eine Gelegenheit, um diese Frage zu thematisieren. Die Verwendung der Topoi der Leyenda negra durch Antiklerikale und die problematische Konstellation, die der starke Europabezug auch mit sich brachte, wird im folgenden Abschnitt noch einmal ausführlicher thematisiert.

Staat, Kirche und Nationsfragen – ein deutsches Nachspiel

Die Berichterstattung zum Konzil als internationalem Ereignis brach abrupt mit der Verkündigung des Unfehlbarkeitsdogmas ab. Doch das innerkirchliche Nachspiel des neuen Dogmas forcierte einen national begrenzten Konflikt zwischen Staat und katholischer Kirche in den deutschen Ländern, der in den Diskussionen während des Vatikanums bereits vorgezeichnet wurde;[284] die päpstliche Unfehlbarkeit war ein Anlass für den Ausbruch des deutschen Kulturkampfes.[285] Das Dogma wurde von Teilen des Klerus und der katholischen Laien nicht anerkannt, so dass ein Schisma entstand. 1871 gründete sich die altkatholische Kirche, die sowohl im gerade entstandenen Deutschen Kaiserreich, der Schweiz und in Österreich Fuß fasste. Die neue Kirche war bestimmt durch einen Reformkatholizismus und spielte zahlenmäßig nur eine marginale Rolle, wobei sie ihre Anhänger besonders aus dem Bildungsbürgertum rekrutierte.[286] In sie mündeten zum Teil die bereits während des Konzils geknüpften internationalen Verbindungen unter den Dogmengegnern. In Kontakt mit den deutschen Altkatholiken standen etwa Charles Loyson und auch konservative Protestanten wie Edmond de Hault de Pressensé[287], die sich bereits im Rahmen des

cía Cárcel: La leyenda negra; *Molina Martínez*: La leyenda negra; *Kamen*: Del imperio a la decadencia; auf Deutsch resümierend *Baumeister*: Diesseits von Afrika 38–41.

284 Das Konzil hatte auch ähnliche Auseinandersetzungen in anderen Ländern zur Folge, die hier nicht im Einzelnen dargestellt werden sollen. Vgl. zu den innerkirchlichen Auseinandersetzungen im Anschluss an die Verkündigung insgesamt *Schatz*: Vaticanum I, Bd. 3 207–301; *Christophe*: Le Concile Vatican 75–81.

285 Vgl. beispielsweise *Franz*: Kulturkampf gestern 181.

286 Vgl. zur Entstehung der altkatholischen Kirche *ders.*: Kulturkampf 161 f.; *Franzen*: Katholisch-Theologische Fakultät Bonn; *Urban*: Bamberger Kirche 492–567; *Sperber*: Popular Catholicism 233–240; *Schatz*: Vaticanum I, Bd. 3 251–255; zur kritischen Diskussion der sozialen Zusammensetzung *Pohl*: Katholische Sozialdemokraten 327.

287 Edmond Marcellin de Hault de Pressensé (1824–1891), protestantischer Theologe, Pastor, Publizist sowie gemäßigt republikanischer Politiker. Pressensé studierte in Halle und

Konzils engagiert hatten.[288] Die Entstehung des Altkatholizismus führte gerade in Bayern aber etwa auch in Schlesien zu lokalen Konflikten um die Benutzung von Kirchen, die Entlassung von Priestern und Lehrern, die das Dogma nicht anerkannten, oder um Verweigerungen der Sakramentspende gegenüber Laien. Die Reibungen mobilisierten zum Teil in hohem Maße die katholische Bevölkerung sowohl auf Seiten der Unfehlbarkeitsanhänger wie auch der Gegner und riefen in einigen Orten neben Unterschriftenaktionen und Boykotts sogar gewalttätige Formen des Protests wie Vandalismus hervor.[289] Diese Konflikte führten dazu, dass der jeweilige Staat Partei ergreifen musste – eine Situation, die in Bayern durch das nicht ergangene Placet (der Absegnung der Veröffentlichung der römischen Beschlüsse, das der Regierung aufgrund des Staatsvertrags mit der katholischen Kirche zustand) verschärft wurde.

Die Konflikte der katholischen Kirche mit den Schismatikern (sowie das Placet in Bayern) setzten das Verhältnis zwischen Staat und Kirche auf die Tagesordnung nationalpolitischer Diskussionen, wobei sowohl die Regierung in Bayern wie in Preußen zu einer Trennung beider Sphären tendierte.[290] Vergleichbare Forderungen, die Kirchenkritiker bereits in den Jahren vor und während des Konzils formuliert hatten, erhielten nun einen konkreten Grund und fanden Resonanz.[291] Sie wurden sowohl in der Presse und Publizistik erneut artikuliert, aber auch im bayerischen Landtag, wo am 11. Oktober 1871 der Abgeordnete Georg Friedrich Kolb (1808–1884) einen Antrag auf Trennung von Staat und Kirche stellte.[292] Der liberale protestantische Kirchenrechtler Paul Hinschius[293] forderte in einer kurzen Schrift zum Unfehlbarkeitsdogma 1871

Berlin, leitete die konservativ protestantisch orientierte »Revue Chrétienne«, war Deputierter zwischen 1871 und 1876 sowie ab 1883 Senator auf Lebenszeit. 1891 wurde er Mitglied der »Académie des sciences morales et politiques«. Vgl. zu Pressensé Archives Biographiques Françaises (im Folgenden ABF), I, 856 43–57, II, 531 455f., III, 375 142f., 154–166.

288 Vgl. zu den Verbindungen *Euler*: Le concile, Bd. 2 524; *Aubert*: Vaticanum I 525; *Schatz*: Vaticanum I, Bd. 3 218f.

289 Vgl. zu den Konflikten in Bayern *Bayerischer Landtag*: Verhandlungen der Kammer des bayerischen Landtages 313–385; *Rummel*: Meringer Kirchenstreit; *Weber*: Das I. Vatikanische Konzil 254–273; *Bulin*: Konflikte um die Rezeption 21–148; in Preußen *Granderath/Kirch*: Geschichte, Bd. 3 700–706; *Stasiowski*: Polen 237–357.

290 Vgl. zu den Auseinandersetzungen zwischen Kirche und Staat *Weber*: Das I. Vatikanische Konzil; *Urban*: Bamberger Kirche 566–605; *ders.*: Interpellation Herz; *Gatz*: Auseinandersetzungen.

291 Vgl. für die Vorlauffunktion der Konzilsdiskussionen *Schatz*: Vaticanum I, Bd. 3 245f.; für die nochmals klar vorgebrachten politischen Forderungen z. B. Volkszeitung, 8. 10. 1871; Augsburger Allgemeine Zeitung, 19. 12. 1871; Allgemeine Zeitung des Judentums 35 (1871) 902f.; oder die Broschüre *Hecker*: Betrachtungen.

292 Vgl. *Bayerischer Landtag*: Verhandlungen der Kammer des bayerischen Landtages 32f.; sowie *Weber*: Das I. Vatikanische Konzil 273–284.

293 Paul Hinschius (1835–1898), protestantischer Kirchenrechtler und nationalliberaler

die Neuorganisation des Verhältnisses zur katholischen Kirche und entwarf einen Maßnahmenkatalog, der zum Beispiel schon das Jesuitenverbot sowie die Zivilehe vorsah, welche später im Kulturkampf Teil der gesetzlichen Veränderungen werden sollten.[294] Mit dieser und einer weiteren Schrift machte der Jurist den preußischen Kultusminister auf sich aufmerksam, der dann Hinschius' Berufung nach Berlin betrieb, damit dieser als Berater im Kulturkampf fungieren konnte.[295]

> Von den Führern und Schildträgern des geistigen Romanismus [wird] ein Hauptschlag gegen die religiösen Heiligthümer, welche einst unser Volk in einem blutigen 30jährigen Ringen für alle übrigen erkämpft hat, ja gegen die gesamte moderne Kultur und die ihr zusammenhängenden Staats- und sonstigen Einrichtungen unserer Zeit versucht.[296]

So kommentierte Hinschius das Unfehlbarkeitsdogma; das deutsche Volk als protestantische Nation galt ihm als Vorreiter für die moderne Gesellschaft, mithin als Bollwerk gegen die römische Herrschaft. Der protestantische Nationalismus, der hier zum Tragen kam und zentraler Teil des Kulturkampfes war, artikulierte sich mit besonderer Vehemenz im Laufe der Konzilsdiskussion unmittelbar vor dem Einigungskrieg.[297] Die deutschen Kirchenkritiker warnten vor dem Verlust nationaler Selbstbestimmung und priesen die deutsche protestantische Kultur als Garantin für Fortschritt.[298] Das Vatikanische Konzil als transnationales Ereignis wurde also nicht nur zum Anlass genommen, nationale Fragen des Kirchen- und Staatsrecht zu diskutieren, sondern auch spezifische Vorstellungen der Nation zu propagieren. Während in Spanien Europa der klare Bezugspunkt war und eine zunehmende Distanzierung religiöser Bindung im Fokus stand, wurde in den deutschen Ländern das Konzept der Nation protestantisch aufgeladen. Der europäische Bezug mündete also auch hier in einen nationalen Hafen – eine Struktur, die die gesamte Rezeption der Bischofsversammlung prägte.

Politiker. Reichstagsabgeordneter zwischen 1872 und 1878 sowie zwischen 1889 und 1890. Hinschius gehörte zeitweilig dem Preußischen Herrenhaus als Vertreter der Universitäten an. Vgl. *Liermann*: Hinschius.

294 Vgl. *Hinschius*: Die Stellung.

295 Vgl. *Liermann*: Hinschius 190.

296 *Hinschius*: Päpstliche Unfehlbarkeit 5.

297 Vgl. zum protestantischen Nationalismus Kapitel 1.4, Anmerkung 291 und 327; zur Konjunktur des Nationalen in den 1860ern *Kuhlemann*: Konfessionalisierung der Nation 32.

298 Vgl. für die Presse Volkszeitung, 18.3.1870; Frankfurter Zeitung, 10.6.1870; Augsburger Allgemeine Zeitung, 8.2.1870; Deutschkatholisches Sonntags-Blatt 19 (1869) 76, 145f.; sowie *Kraussold*: Römisches Concil; *Nippold*: Welche Wege führen nach Rom; *Volkmuth*: Petrus und Paulus; *Conzemius*: Römische Briefe, Entstehungsgeschichte 207.

Das Erste Vatikanische Konzil erlangte zum einen als ein zwischenstaatliches und innerkatholisches Ereignis die Aufmerksamkeit einer europäischen Öffentlichkeit. Zum anderen war es Aufhänger für kirchenkritische Diskussionen und Aktivitäten. Über fast zwei Jahre beschäftigte sich die breite Öffentlichkeit mit den theologischen Diskussionen in Rom. Die Debatten 1869/1870 zeugen klar von einer Durchlässigkeit zwischen der katholischen und nicht katholischen Öffentlichkeit. Für die Geschichte des Antiklerikalismus stellt aber gerade die Bischofskonferenz in Rom einen zentralen Scheidepunkt dar. Denn bereits hier zeigte sich die Tendenz zu einer solch starken Polemik, die jede konstruktive Auseinandersetzung unmöglich machte, und gerade das neue Dogma führte zu einer Trennung der katholischen Kirche von innerkirchlichen Strömungen liberaler Tendenz. Die Kirchenkritiker taten sich zugleich aus verschiedenen Gründen mit einer klaren Formulierung ihrer Position gegenüber den römischen Aktivitäten schwer. *Erstens* bedingte die Struktur des Ereignisses ihre zögernde Haltung. Es fehlte die Macht des Faktischen. *Zweitens* stellten die innerkatholischen Diskussionen die Kirchenkritiker vor die Frage, ob eine Einmischung nötig und opportun sei. Hinter diesem Problem stand zum Teil das spezifische Dilemma antiklerikaler Kritik, aus einer säkularen Haltung jegliche religiöse Frage vermeiden und gleichzeitig befürchteten Übergriffen auf das Säkulare vorbeugen zu wollen. *Drittens* erschwerten die Geheimhaltung der Diskussionen und die drohenden Repressionen im jeweiligen nationalen Kontext die Mobilisierung. Europa stellte aber dennoch 1869/1870 einen Kommunikations- und Wahrnehmungsraum dar, auch wenn die Kirchenkritiker dabei oft Zaungäste der innerkatholischen Auseinandersetzungen blieben, die nur beobachteten und kommentierten. Gerade die Informationsnot forcierte wie 1858 transnationale Verbindungen. Proteste über Presse und Publizistik hinausgehend rief das Vatikanum bei den Kirchenkritikern nur in spezifischen lokalen Kontexten und bei bestimmten Gruppierungen hervor. Diese Mobilisierung blieb zudem oft national beziehungsweise lokal begrenzt. Zum Teil trug sie aber, wohl am prominentesten im Fall des Antikonzils, zur europäischen Netzwerkbildung kirchenkritischer Gruppen bei, die in den allgemeinen Kontext der Internationalisierung zivilgesellschaftlicher Institutionen einzuordnen ist. Trotz der transnationalen Orientierung blieb 1869/1870 der nationale Kontext bestimmend. Die jeweilige politische, religiöse und publizistische Kultur setzte den Rahmen für die Rezeption. Zudem stand insbesondere die Frage der Organisation des Verhältnisses von Staat und Kirche im jeweiligen Land zur Debatte. Der ambivalente Befund über die Entstehung einer transnationalen europäischen Kommunikationsgemeinschaft korrelierte mit dem nur bedingt ausgeprägten Selbstverständnis der Akteure als europäische Öffentlichkeit. Zugleich hat sich im Ländervergleich gezeigt, dass auch eine geringe Aufmerksamkeit auf die Geschehnisse jenseits der jeweiligen nationalen Grenzen mit einer klaren europäischen Fokussierung einhergehen konnte wie im Falle Spaniens. Hier wurden das transnationale Ereignis und das Verständnis einer europäischen Kultur genutzt, um ein spezifisches Konzept der Nation zu propagieren. Diese Verknüpfung von Transnationalität und Nationalismus fand sich auch unter umgekehrten Vorzeichen in den deutschen Ländern; hier wurde die Abwehr der international verfassten römischen Kirche genuiner Teil der protestantischen Vorstellung der Nation.

2.3 Die Hinrichtung Francisco Ferrers (1909) – Eine europäische Öffentlichkeit protestiert[299]

Im Herbst 1909 entstand eine umfassende, europäische antiklerikale Protestwelle gegen die Hinrichtung Francisco Ferrers, die die bereits dargestellten Fälle vollständig in den Schatten stellt. Der Welle ging eine längere spanische Vorgeschichte voraus, die als Semana Trágica in die Geschichte eingegangen ist.[300] Die Aushebung von Reservisten für den spanischen Marokkokrieg im Juli 1909 und die hohen Verlustzahlen in den Kämpfen hatten in der Bevölkerung Widerstand geweckt.[301] Als Antwort wurde in Barcelona ein Generalstreik ausgerufen, den neben den Gewerkschaften sowohl Sozialisten, Anarchisten als auch Republikaner unterstützten. Der Protest entlud sich in der katalanischen Hauptstadt und ihrer Umgebung in gewalttätigen Ausschreitungen, die eine Woche anhielten (26. Juli bis 4. August 1909). Die Gewalt war vor allem antiklerikaler Natur. Sie richtete sich gegen Kirchen und kirchliche Einrichtungen, welche geplün-

299 Erste Argumentationslinien dieses Abschnitts finden sich bereits in *Dittrich*: Die Hinrichtung Francisco Ferrers.

300 Vgl. zur Semana Trágica, deren Ereignisgeschichte bis heute nicht vollständig aufgeklärt ist, die beiden Pionierstudien *Ullman*: Tragic Week; *Romero Maura*: Política de los obreros; sowie etwas populärwissenschaftlich, aber neueren Datums *Voltes*: Semana Trágica; ein Forschungsstand ebenda 11–17.

301 Die Gründe für die antiklerikalen Ausschreitungen können hier nicht ausführlich diskutiert werden. Die Erklärungen schwanken zwischen einer politischen, ökonomischen beziehungsweise sozial strategischen Interpretation und betonen darüber hinaus alle die Rolle des antiklerikalen Diskurses. Außerdem ist bis heute umstritten, ob die Angriffe auf die kirchlichen Einrichtungen geplant oder spontan waren. Vgl. z. B. zu den ökonomischen Argumentationen *Ullman*: Tragic Week, besonders 28, 38; *Martín Rubio*: Educación y formación 81; sowie die zeitgenössische Berichterstattung Le Matin, 4.10.1909; El Socialista, 19.11.1909; Vorwärts, 18.8.1909; Vossische Zeitung, 14.10.1909, Morgenausgabe (im Folgenden MA); politisch argumentieren *Romero Maura*: Política de los obreros 518–542; *López Sánchez*: Un verano; zur antiklerikalen Stimmungsmache allgemein *Ullman*: Tragic Week 4; *Kaplan*: Ciudad roja 158–177; *Álvarez Junco*: Alejandro Lerroux 319–353; für die Frage der Spontaneität die Darstellung verschiedener Interpretationen *Voltes*: Semana Trágica 141–144.

dert, geschändet und angezündet wurden. Insgesamt brannten 30 bis 40 Klöster und 12 bis 21 Kirchen sowie etliche weitere Gebäude kirchennaher Institutionen.[302] Priester, Geistliche oder Nonnen waren zwar nicht das primäre Ziel der Angriffe, dennoch hatte die katholische Kirche am Ende der Woche drei, vier oder fünf Todesopfer zu beklagen.[303] Die Regierung reagierte auf den Aufstand mit harter Repression und rief den Kriegszustand aus. Nach der militärischen Niederschlagung, bei der zwischen 75 und 100 Zivilpersonen zu Tode kamen, führte sie insbesondere in Barcelona ein rigides Zensurregime ein, verbot Presseorgane und schloss zivilgesellschaftliche Einrichtungen.[304] Diese Maßnahmen endeten erst am 7. November, als der Kriegszustand aufgehoben wurde und somit die Individualrechte wieder Geltung erlangten. Im Zusammenhang mit den Repressionen wurden von den 17 verhängten Todesstrafen fünf ausgeführt,[305] wobei nur eine Bedeutung für eine gesamteuropäische Geschichte erlangte: die von Francisco Ferrer y Guardia.

Francisco Ferrer wurde Ende August als angeblicher Anführer der Ausschreitungen festgenommen, durch ein Kriegsgericht verurteilt und am Morgen des 13. Oktober 1909 in der Festung Montjuich hingerichtet. Als Antwort auf seine Festnahme, das Urteil und besonders seine Hinrichtung erhoben sich in den meisten Ländern Europas Proteste, da man davon ausging, dass Ferrer unschuldig sei, und das juristische Verfahren kritisierte. Die Exekution wurde zum Fall Ferrer. Der Fall ist ein Beispiel für die zahlreichen Skandale und Affären, die um die Jahrhundertwende 1900 transnationale Mobilisierung auslösten.[306] Da die Protestierenden die Kirche als Drahtzieher der Hinrichtung ausmachten, hatte die Mobilisierung eine klar antiklerikale Stoßrichtung. An diesem Fall lässt sich die in den Jahrzehnten um 1900 sprunghaft zunehmende Vernetzung der medialen Kommunikation und der zivilgesellschaftlichen Organisationen beispielhaft aufzeigen. Zugleich waren aber auch der transnationalen Rezeption der Exekution des katalanischen Pädagogen verschiedene Grenzen gesetzt, die weitere Einblicke in Bedingungen, Strukturen und Prozesse der Entstehung einer europäischen Öffentlichkeit ermöglichen. Dabei spielten neben nationalen Differenzen im Fall Ferrer vor allem Identitätsvorstellungen eine Rolle, die mit dem antiklerikalen Weltbild eng verknüpft waren.

302 Vgl. zu den Zahlenangaben *Romero Maura*: Política de los obreros 515; *Ullman*: Tragic Week 1; *Solà Gussinyer*: École nouvelle 18.

303 Vgl. zu den Todeszahlen *Romero Maura*: La Semana Trágica 360; *Ullman*: Tragic Week 286; *Abelló i Guëll*: La Semana Trágica 88.

304 Vgl. zu den Zahlen *Romero Maura*: La Semana Trágica 359; *Voltes*: Semana Trágica 133; allgemein zur Repression ebenda 157–163.

305 Vgl. zu den Todesurteilen *Lázaro Lorente*: El proceso 29; *Voltes*: Semana Trágica 158.

306 Vgl. die Rezeption insgesamt *Park*: The European Reaction.

Netzwerke, Mobilisierung und Schuldzuweisung

Ferrer gehörte im Laufe seines Lebens sehr unterschiedlichen politischen Strömungen und Gruppen an, daher bot sein Fall Anknüpfungspunkte für verschiedene Teile des antiklerikalen Spektrums.[307] Politisch begann er im Umfeld des revolutionären Republikanismus in der Frühphase der Restauration aktiv zu werden. Nach dem gescheiterten Putschversuch des Generals Manuel Villacampa (1827–1889) 1886 ging Ferrer ins Exil nach Paris. Hier bewegte er sich im Umfeld des ebenfalls ausgewanderten republikanischen Führers Manuel Ruiz Zorilla (1833–1895) und knüpfte dank seiner bereits in Barcelona verfolgten Freimaureraktivitäten schnell auch Kontakt zu den französischen Logen.[308] Zugleich agierte er im internationalen Freidenkermilieu.[309] In den 1890er Jahren wandte er sich eine Zeitlang sozialistischen Ideen zu. Nach der Jahrhundertwende unterstützte er zeitweilig finanziell die anarchosyndikalistische »Solidaridad Obrera« und schrieb auch selbst für die anarchistische Wochenzeitschrift »Huelga General«.

Eine Wende in seinem Leben bedeutete die Freundschaft zu einer reichen, französischen Katholikin, Madame Ernestine Meunier, die seine Spanischschülerin gewesen war. Diese vermachte ihm 1901 eine Immobilie in Paris, welche ihm einträgliche Gewinne einbrachte. Damit ermöglichte sie ihm, noch im gleichen Jahr einen langgehegten Traum zu realisieren und eine rationalistisch orientierte Schule in der katalanischen Hauptstadt zu gründen. Diese »Escuela Moderna« war antimilitaristisch, antiklerikal und koedukativ.[310] Ferrers erzieherische Arbeit stand im Kontext eines umfassenden volkspädagogischen Engagements, das er mit seinem Vermögen finanzierte. Neben der Schule gründete er ein eigenes Verlagshaus, das Schul- und Lehrbücher wie auch verschiedenste Werke anarchistischer, revolutionärer, rationalistischer und vor allem antiklerikaler Provenienz (von Autoren wie zum Beispiel Anselmo Lorenzo[311], Charles

307 Vgl. zu Ferrers noch nicht vollständig erschlossenem Leben z. B. die unveröffentlichte Dissertation *Aguinaga*: Francisco Ferrer; *Avilés Farré*: Francisco Ferrer; zum Forschungsstand zu Ferrer *ders.*: Republicanismo, librepensamiento y revolución 250; *Solà Gussinyer*: El honor 73.

308 Vgl. zu Ferrers Verbindung zur Freimaurerei *Crouzet*: Francisco Ferrer.

309 Vgl. zu den Verbindungen mit den Freidenkern *Lalouette*: Souvenir de Ferrer 175–180; *Solà Gussinyer*: École nouvelle 25; *García Sanz*: Relaciones 312; *Álvarez Lázaro*: La masonería librepensadora; *ders.*: Un libre pensador.

310 Ferrers pädagogisches Unternehmen ist im Kontext der internationalen Bemühungen um 1900 anzusiedeln, die im deutschen Kontext als Reformpädagogik bezeichnet werden. Vgl. zur Pädagogik Ferrers z. B. *Avilés Farré*: Francisco Ferrer 93–119; *Iurlano*: Barcellona 93–160, 185–193; *Klemm*: Francisco Ferrer – Ein libertärer Schulreformer; *Muro*: La enseñanza.

311 Anselmo Lorenzo (1841–1914), Drucker, Publizist und Gründungsvater des spanischen Anarchismus. Vgl. *Villena Espinosa*: Anselmo Lorenzo.

Malato[312], Georges Yvetot[313], Errico Malatesta[314], Odón de Buen, Nicolás Estévanez[315] und Fürst Piotr Alexejewitsch Kropotkin [1842–1921]) veröffentlichte und sich zur Aufgabe machte, gerade ausländische Titel ins Spanische zu übertragen.[316] All seine Aktivitäten in Spanien endeten abrupt 1906. Er wurde von den Behörden in Zusammenhang mit dem gescheiterten Attentatsversuch auf den jungen König Alfons XIII. (1886–1941) am Tag von dessen Hochzeit gebracht. Ferrers Schule wurde geschlossen, er selbst inhaftiert, aber ein knappes Jahr später auch unter Druck einer transnationalen Kampagne wegen Mangels an Beweisen freigesprochen.[317] Ferrer ging nach dieser Erfahrung erneut einige Zeit nach Paris und setzte dort in anderer Form seine pädagogischen Tätigkeiten fort. 1908 gründete er die »Ligue internationale pour l'éducation rationelle de l'enfant«. Zugleich kümmerte er sich um die erneute Herausgabe seiner pädagogischen Zeitschrift und des Vereinsorgans »L'École Renouvée«, das in Belgien erschien. In der internationalen Liga versammelten sich Anarchisten, Syndikalisten, Freidenker und reformorientierte Pädagogen. In der Zeitschrift schrieb die republikanisch, anarchistisch und rationalistisch orientierte Avantgarde.[318] Dort veröffentlichten neben Piotr Kropotkin auch Georges

312 Charles Armand Antonin Malato de Cornet (1857–1938), französischer Anarchist, Freimaurer, Schriftsteller und Publizist. Er schrieb z.B. für die »Guerre Sociale« und »La France libre«. Er wurde gemeinsam mit Ferrer im Zusammenhang mit dem Attentat auf den spanischen König von 1906 gerichtlich verfolgt. Vgl. ABF, II, 434 333–343; III, 310 102.

313 Georges Louis Francois Yvetot (1868–1942), Drucker, führender französischer Gewerkschaftler, Anarchist und Herausgeber der Guerre Sociale. Vgl. ABF, II, 642 208–216.

314 Errico Malatesta (1853–1932), italienischer Anarchist und Freimaurer. Nach einer ersten Phase als Republikaner wandte er sich dem Anarchismus zu. Er war an der Ersten Internationale sowie an der Gründung der anarchosyndikalistischen »Associación Internacional de Trabajadores« beteiligt und agierte seit 1878 in verschiedenen Ländern. Vgl. *Berti*: Errico Malatesta.

315 Nicolas Estévanez y Murphy (1838–1914), spanischer Infanterist, Dichter, Republikaner und Kriegsminister in der Ersten Republik. Mit der Restauration verlor er seinen militärischen Posten und musste ins Exil gehen. Nach seiner Rückkehr nach Spanien schrieb er unter anderem im Imparcial und engagierte sich im revolutionären Republikanismus. Auch er wurde mit dem Attentat auf Alphons XIII. in Verbindung gebracht. Vgl. ABEPI, I, 300 392–397 und 401 f., II, 315 180 f.

316 Vgl. zu den Autoren seines Verlags *Best* u. a.: L'affaire Ferrer Annexe II.

317 Es ist bis heute nicht geklärt, ob Ferrer das Attentat unterstützt oder mitgeplant hat. Vgl. für schuldig plädierend *Park*: The European Reaction 167; *Voltes*: Semana Trágica 69; *Avilés Farré*: Francisco Ferrer 168–193; dagegen für die Unschuld argumentierend *Solà Gussinyer*: Francesc Ferrer 75 f.; zur Kampagne von 1906/1907 die apologetische Studie einer der Töchter *Ferrer*: Francisco Ferrer 181; sowie *Solà Gussinyer*: Las consecuencias europeas 45; *García Sanz*: Relaciones 333–338; *Avilés Farré*: Francisco Ferrer 178–187.

318 Vgl. zur Liga und zu den Autoren der Zeitschrift *Solà Gussinyer*: Las escuelas racionalistas 43–57; *Bianco*: Ferrer dans la Presse 164–168; *Aguinaga*: Francisco Ferrer 154–164; *Avilés Farré*: Francisco Ferrer 192–213.

Clemenceau (1841–1929) oder Ellen Key[319]. Ferrer war durch seine politischen Aktivitäten, seine Exilszeiten und sein pädagogisches Engagement – dies gilt es nach diesem Überblick festzuhalten – international mit einer Vielzahl von Personen unterschiedlicher Provenienz vernetzt.[320] Sein Leben veranschaulicht die verschiedenen Formen antiklerikaler transnationaler Verbindungen: die organisatorische Vernetzung von Freidenkern, Freimaurern sowie politischen Strömungen, die informellen Kontakte durch Freunde und Bekanntschaften, die insbesondere aus Exilszeiten resultierten, sowie die Zirkulationsprozesse von Büchern und Ideen.

Ferrers umfangreiches Netzwerk war die Grundlage für die große Solidarisierungskampagne von 1909. Die Proteste wurden, wie in vielen anderen Fällen transnationaler Mobilisierung, von einer kleinen Gruppe angestoßen.[321] Aktiv engagierten sich gegen seine Exekution persönliche Bekannte, Freunde und Mitstreiter Ferrers.[322] Dann beförderte sicherlich sein allgemeiner Bekanntheitsgrad, der insbesonders durch die Kampagne gegen die Proteste 1906/1907 erweitert worden war, die Mobilisierung gegen seine Hinrichtung. Die Kampagne für Ferrer gelang 1909 vor allem wegen seines politisch bunten Lebens; unterschiedliche Gruppen konnten jeweils die für sie passenden Werte mit Ferrer verknüpfen und den katalanischen Pädagogen so zu einem der Ihren machen.[323]

Den Auftakt der Mobilisierung machte Ferrer selbst. Er wandte sich direkt nach seiner Festnahme an die Öffentlichkeit und übermittelte durch seine Lebensgefährtin Soledad Villafranca[324] dem ihm aus Pariser Zeiten bekannten

319 Ellen Karolina Sophie Key (1849–1926), Reformpädagogin und Publizistin. Vgl. *Mann*: Ellen Key; zu ihrer Pädagogik *Baader* u. a.: Ellen Keys Vision.

320 Vgl. zu den Kontakten Ferrers die Auswertung seines Adressbuch durch Juan Avilés *Avilés Farré*: Francisco Ferrer 86–88.

321 Vgl. zu dieser Grundstruktur *Requate/Schulze Wessel*: Europäische Öffentlichkeit, Einleitung 15.

322 Der Anarchistenführer Anselmo Lorenzo, dessen Schriften Ferrer herausgegeben hatte, engagierte sich beispielsweise aktiv, indem er Artikel verfasste. Sein Freund Charles Malato organisierte Demonstrationen, hielt Reden auf Veranstaltungen und verfasste 1911 eine Broschüre zur Verteidigung des katalanischen Pädagogen. Vgl. zu Anselmo Lorenzo Tierra y Libertad, 13.10.1911; El Socialista, 22.10.1909; El Intrasigente, 14.10.1912; zur Freundschaft Malatos mit Ferrer sowie zu dessen Aktivitäten *Valois*: L'affaire Ferrer 187; *Ferrer*: Francisco Ferrer 85; *Malato*: L'Assassinat.

323 Vgl. z. B. *Park*: The European Reaction 593–597; *Aguinaga*: Francisco Ferrer 307 f.; *Solà Gussinyer*: Francesc Ferrer 119–121.

324 Soledad Villafranca (1878–1948), Lehrerin in der Escuela Moderna und Ferrers Lebensgefährtin zur Zeit seiner Hinrichtung. Sie engagierte sich in den folgenden Jahren in Ferrers Namen. Vgl. *Park*: The European Reaction 294 f.; *Avilés Farré*: Francisco Ferrer 105, 119, 124 f., 271, 273 f.

französischen Sozialistenführer und Herausgeber der »Humanité«, Jean Jaurès, Briefe aus dem Gefängnis, damit dieser sie veröffentlichte,[325] und versandte Schreiben an den Direktor des País sowie an seinen Freund Charles Albert[326] mit gleicher Zielsetzung.[327] Albert gründete mit zwei weiteren Pariser Freunden des Katalanen, Charles-Ange Laisant[328] und Alfred Naquet[329], das »Comité de défense de victimes de la répression espagnole«, das während des ersten Monats der Mobilisierung federführend war. Die Aktivitäten des Komitees wandten sich jedoch insgesamt gegen die Repression der Aufständischen von Barcelona und waren nicht ausschließlich auf Ferrer bezogen. Die Subskriptionsliste des Komitees bezeugt, dass der Kern der Protestierenden neben bekannten Einzelpersonen unterschiedlicher ideologischer Provenienz sich zunächst aus Anarchisten, Freidenkern, Menschenrechtsaktivisten, aber auch aus Sozialisten und Gewerkschaftlern zusammensetzte.[330] Der sozialistische Einfluss zeigte sich auch in der französischen Pressemobilisierung, die am Anfang der Proteste besonders Jaurès' L'Humanité und die von Yvetot herausgegebene, revolutionärer ausgerichtete Guerre Sociale vorantrieben.

Unter den Unterstützern waren sowohl deutsche, englische, italienische als auch belgische Rationalisten.[331] In diesem Milieu war Ferrer aufgrund seiner pädagogischen Aktivitäten und wegen seiner Teilnahme an den internationalen Kongressen dieser Gruppen bekannt.[332] Diese Verbindungen stellten die Kontakte zur Verfügung, durch die die französische Mobilisierung sich transnationalisierte, wie bereits Pedro Álvarez Lázaro herausgestellt hat.[333] Aus der Liga unterschrieb der englische Freidenkerführer William Heaford den Subskrip-

325 Vgl. zur Freundschaft zu Jaurès 80 Aniversario 13 de octubre 1909.

326 Charles Victor Albert Fernand Daudet, Pseudonym Charles Albert (1869–1957), Journalist, Sozialist, später Anarchist. Vgl. ABF, II, 142 27–38.

327 Vgl. zu Ferrers Aktivitäten L'Humanité, 7.10.1909, 8.10.1909; Francisco Ferrer 56–59.

328 Charles-Ange Laisant (1841–1920), Mathematiker, Publizist und Politiker, Freimaurer, Freidenker, Republikaner, Boulangist, später anarchistisch orientiert. Laisant war einige Jahre Abgeordneter in der Kammer sowie Herausgeber des »Petit Parisien«. Vgl. ABF, I, 583 10–38, II, 381 181–188, III, 271 319–323.

329 Alfred Naquet (1834–1916), Mediziner, republikanischer Politiker und zeitweilig Freimaurer. Naquet kämpfte insbesondere um die Legalisierung der Ehescheidung und war Verfechter der Trennung von Staat und Kirche. Vgl. *Lefkovitz*: A Political Biography; zu seinen Freimaurerverbindungen *Combes*: La Franc-maçonnerie 78.

330 Vgl. die Subskriptionslisten *Park*: The European Reaction 204–210; für den Einfluss der Gewerkschaften und der Menschenrechtsorganisation *Delaunay*: La Ligue.

331 Vgl. *Álvarez Lázaro*: La masonería librepensadora 78.

332 Vgl. zu den Teilnahmen an den Freidenkerkongressen *Avilés Farré*: Republicanismo, librepensamiento y revolución 258; *García Sanz*: El caso Ferrer 331 f.

333 Vgl. *Álvarez Lázaro*: La masonería librepensadora; zur Beteiligung der Liga am Subskriptionsaufruf *Park*: The European Reaction 204–210.

tionsaufruf des Komitees und engagierte sich in den Protesten in England.[334] Ernst Haeckel – auch führendes Gründungsmitglied der Erziehungsvereinigung – initiierte nach Subskription einen separaten Intellektuellenprotest im Kaiserreich.[335] Aus dem weiteren internationalen Freidenkerumfeld zeigte sich etwa der Belgier Georges Lorand in Brüssel besonders aktiv.[336]

In der Anfangsphase konzentrierten sich die Protestierenden auf Pressearbeit und kleinere Solidaritätsdemonstrationen für die Gefangenen in Spanien und besonders für Ferrer. Nach etwa einem Monat schwoll die Mobilisierung Anfang Oktober dann deutlich an.[337] Nun engagierte sich das gesamte linke Lager der europäischen Gesellschaften, Liberale, Freimaurer, Freidenker, Republikaner, Sozialisten, Anarchisten und Gewerkschaftler. Rechte und konservative Kräfte hielten Ferrer dagegen zumeist für einen der Anführer der Unruhen und verwahrten sich gegen eine Einmischung in innerspanische Angelegenheiten.[338] Die Protestierenden bedienten sich unterschiedlicher Formen der Mobilisierung: Neben einer ausführlichen Presseberichterstattung über Prozess, Hinrichtung und die nachfolgenden Proteste, die über mehrere Wochen die Titelseiten der Pro-Ferrer-Presse bevölkerte, wurden Petitionen und Broschüren verfasst, Geld gesammelt, Vorträge sowie Versammlungen veranstaltet und im Kaiserreich kam bereits im November ein wohl sehr erfolgreicher Aktualitätenfilm zu Ferrers »Schicksal« heraus.[339] Außerdem lancierte ein Teil der fran-

334 William Heaford, radikal liberaler Journalist, Freidenker und englisches Mitglied der Erziehungsliga. Vgl. zu Heaford *Avilés Farré*: Francisco Ferrer 179, 185f.; *Álvarez Lázaro*: Un librepensador 132; zu seinen Aktivitäten *Avilés Farré*: Francisco Ferrer 179 und die Artikel in Les biens.

335 Er initiierte mit Lujo Brentano (1844–1931), Max Liebermann (1847–1935), Max Weber (1864–1920), Julius Meier-Graefe (1867–1935), Richard Dehmel (1863–1920) eine Adresse, die im »Berliner Tageblatt« erschien, im Verlagshaus S. Fischer ausgelegt und von anderen Organen unterschiedlicher Provenienz abgedruckt wurde und unter deren ersten 140 Unterzeichnern 41 Professoren waren. Vgl. *Ferrer*: Francisco Ferrer 192; *Park*: The European Reaction 439, 463; Frankfurter Zeitung, 18.10.1909, Abendausgabe (im Folgenden AA); Tägliche Rundschau, 19.10.1909, MA.

336 Georges Lorand (1860–1918), Jurist, belgischer radikaler republikanischer Politiker und Journalist, Abgeordneter in der Kammer. Vgl. Biografisch Archief van de Benelux, I, 419 274f., II, 170 358–365: zum Kontakt zu Lorand das Adressbuch Ferrers Arxiu Ferrer i Guàrdia (im Folgenden AFG), R-0097; als Beispiel seines Engagement die Schriften in Les Biens.

337 Die Konjunkturen und führenden Gruppen des Protests unterschieden sich zwischen den nationalen Öffentlichkeiten, wie ich später noch ausführen werde. Die Beschreibung des Verlaufes orientiert sich hier an der französischen Mobilisierung, die das Zentrum der Proteste auch in transnationaler Hinsicht darstellte. Vgl. dazu bereits *Robert*: Protestation universelle 245–265; *Park*: The European Reaction 199–297.

338 Vgl. zu den konservativen Positionen ebenda 145–151, 220–222, 250–259, 445–454, 597–599.

339 Vgl. für die verschiedenen Protestformen ebenda; zum Film *Müller*: Frühe deutsche Kinematographie 109, 300.

zösischen Gewerkschaften auf Initiative Yvetots den Boykott spanischer Waren in Hafenstädten.[340] Nach der Hinrichtung entstanden in den Folgetagen verschiedene Formen der Massenmobilisierung. In Paris wurde demonstriert, während die Protestierenden in Rom den Generalstreik ausriefen, wobei auch gewalttätige Ausschreitungen ausbrachen.[341] Zugleich begann man, Ferrer als Helden zu verehren. In Frankreich wurden vielfach Vorschläge zur Umbenennung von Straßen und Plätzen gemacht, wobei solche Orte ausgewählt wurden, die bislang Namen trugen, die mit der katholischen Kirche in Verbindung standen.[342] In verschiedenen Ländern initiierten die Protestierenden Denkmalprojekte, von denen allerdings nur eines in Belgien realisiert wurde.[343] Beide Protestformen verdeutlichen, dass Antiklerikale auch um den öffentlichen Raum kämpften. Dabei besetzten sie 1909 beziehungsweise 1910 Straßen und Plätze mit ihren eigenen positiven Symbolen. Andere Formen der antiklerikalen Arbeit konzentrierten sich dagegen vor allem auf die Entfernung beziehungsweise Verdrängung religiöser Symbolik in der Öffentlichkeit.[344] In der heißen Phase der

340 Der französische Boykott wurde international allerdings nicht mitgetragen. Vgl. dazu Voix du Peuple, 21.–28.10.1909, 31.10.–7.11.1909; allgemein *Solà Gussinyer*: Las consecuencias europeas 34; *Avilés Farré*: Francisco Ferrer 250; *Park*: The European Reaction 215f., 219f., 232, 238, 273–276.

341 Vgl. zum Generalstreik z.B. *Iuso*: October 1909.

342 Vgl. *Aguinaga*: Francisco Ferrer 212–289; *Boeldieu*: Au mois d'octobre; *Boscus*: L'affaire Ferrer 114.

343 Es muss in Frankreich neben der gemeinsamen Initiative der »Ligue des droits de l'Hommes«, des republikanischen Siècle, der sozialistischen Humanité sowie der Tageszeitung der Freidenker L'Action, welche den Künstler Maillard (wahrscheinlich Auguste Achille Maillard [1864–1944]) beauftragten, noch ein weiteres Projekt von einem Bildhauer namens Devré (oder Derre) gegeben haben sowie eine Initiative von den Freidenkern. Ob die beiden Projekte identitisch waren, konnte nicht eruiert werden. Vgl. zu den Projekten in Frankreich ANF, Police, F/7/13321; Archives de la Préfecture de Police de Paris (im Folgenden APPP), BA 1075; AFG, E-038; Bulletin Officiel de la Ligue des Droits de l'Homme 10 (1910) 212–224, 474–480, 449–451, 759–799, 989–991; *Brissa*: La revolución 336; *Ferrer*: Francisco Ferrer 205; *Lalouette*: Souvenir de Ferrer 182; zu einer italienischen Initiative Lanterne, 19.10.1909; *Ferrer*: Francisco Ferrer 271; zum belgischen Projekt *Avilés Farré*: Francisco Ferrer 277f.; *Álvarez Lázaro*: La masonería librepensadora 82; *Vergara*: El monumento; zu nicht realisierten Initiativen in Spanien Vida Socialista, 26.9.1911; El Motín, 4.11.1909; *Sangro y Ros de Olano*: La sombra de Ferrer 421–439; *Solà Gussinyer*: Francesc Ferrer 129f.; *Avilés Farré*: Francisco Ferrer 277f.

344 Ein anderes Kampffeld um den Raum waren Prozessionen, die gestört oder von offizieller Seite untersagt wurden. Vgl. zur Entfernung und zur Verdrängung religiöser Symbole *Lalouette*: Iconoclastie et caricature 51; *Cabanel*: Dans la rue; für Prozessionen in Frankreich *Lagrée*: Processions religieuses; *Lalouette*: Les libres penseurs; zu Verboten *Lalouette*: Dimensions anticléricales 135–137; in Spanien *Castro Alfín*: Palabras de Fuego 117; *De la Cueva Merino*: Si los curas y frailes supieran 204; für Verbote dort im Sexenio *De la Fuente Monge*: El enfrentamiento 147–150; während der Restauration *Magenti Javaloyas*: L'anticlericalisme blasquista 49; für die deutschen Länder das Promotionsprojekt *Krull*: Prozessionen in Preußen; *Speth*: Kulturkampf und Volksfrömmigkeit.

Mobilisierung häuften sich 1909 außerdem symbolische Akte, die die Empörung gegenüber dem spanischen Staat zum Ausdruck brachten. Ausländische Träger spanischer Orden gaben diese zurück. Rathäuser flaggten Halbmast. Protestierende demolierten Symbole Spaniens wie Flaggen oder Wappen spanischer Institutionen.[345]

Diese Phase der Proteste ebbte nach ca. anderthalb bis zwei Wochen ab. Aber die Versammlungen, die Initiativen für Denkmäler und die Produktion von Broschüren liefen zum Teil noch über Monate und Jahre weiter.[346] Die Protestierenden gestalteten Büsten, Plaketten und Skulpturen. Sie schrieben Lieder, Gedichte auf den katalanischen Pädagogen, verarbeiteten sein Leben zu einem Roman und führten zu seinen Ehren ein Theaterstück auf. Daneben entstand eine Vielzahl von Devotionalien. Neben Postkarten, auf denen zumeist Bilder des Pädagogen abgedruckt waren, die aber zum Teil auch antiklerikale Karikaturen in Umlauf brachten[347], wurden Poster, Medaillons und Medaillen produziert.[348] Ferrer wurde mit diesen Aktivitäten in den folgenden Jahren Teil einer spezifischen Erinnerungskultur: Sowohl Anarchisten, Sozialisten, Freidenker, Freimaurer, Republikaner als auch Liberale nahmen seinen Todestag besonders in Spanien wiederholt zum Anlass, um seiner zu gedenken und die mit ihm verbundenen Werte zu propagieren.[349]

345 Vgl. dazu z.B. L'Humanité, 14.10.1909; La Lanterne, 20.10.1909; Le Siècle, 16.10.1909; Berliner Tageblatt, 19.10.1909, MA; *Park*: The European Reaction 273, 477.

346 Vgl. für die Broschüren ebenda 616–623; *Day*: Francisco Ferrer 79–97; für spätere Versammlungsaktivitäten L'Action, 14.12.1909 und Bulletin Hebdomaire des Loges de la Région Parisienne. Relevant du Grand Orient de France et de la Grande Loge de France, 4.–11.12.1909, 12.–18.12.1909.

347 Vgl. für die Postkarten *Best* u.a.: L'affaire Ferrer 189–203.

348 Vgl. zu den Skulpturen, Büsten und Plaketten *Brissa*: La revolución 338; *Avilés Farré*: Francisco Ferrer 277f.; Société Nouvelle 11 (1909) o.p.; zum Theaterstück *Lefebvre*: Montéhus 5; *Delord*: Francisco Ferrer; für den Roman *Heymann*: Francesco Ferrrer; die Gedichtsbeispiele Der Anarchist, 13.10.1909; Ulk, 22.10.1909; *Best* u.a.: L'affaire Ferrer 198; *Lalouette*: Souvenir de Ferrer 179; für Lieder APPP, BA 1075; *Best*: Francisco Ferrer 189, 194; *Rebérioux*: Manifester pour Ferrer 91, 97; für die Medaillons etc. Societé Nouvelle 11 (1909) 166; *Day*: Francisco Ferrer 97–99; *Best* u.a.: L'affaire Ferrer 152.

349 Vgl. z.B. die Sonderausgabe Der Anarchist, 13.10.1910; die Berichterstattung über den Freidenkerkongress 1910 in Barcelona Solidaridad Obrera, 7.10.1910; Progreso Ilustrado, 30.10.1909; Diluvio, 15.10.1910; Heraldo de Madrid, 13.10.1909; die nach ihm benannte Zeitung Francisco Ferrer, 1.8.1911; für die Freimaurer Centro Documental de la Memoria Histórica (im Folgenden CDMH), 760-B-7; Boletin Oficial de la Gran Logia Simbólica Regional Catalana-Balear 16 (1914) 1; für die Sozialisten El Socialista, 13.10.1914; *Domela Nieuwenhuis*: Francisco Ferrer; allgemein für Spanien El País, 13.10.1910; El Motín, 15.10.1910; für Frankreich APPP, BA 1075; die systematische Untersuchung der Straßenumbenennungen *Aguinaga*: Francisco Ferrer 212–289; die Lokalstudie *Vandenbussche*: Libre pensée 161.

Die Hinrichtung Ferrers war für Antiklerikale eine willkommene Gelegenheit, ihre Gesellschaftsvorstellungen zu artikulieren. Im Mittelpunkt stand der Vorwurf, die katholische Kirche sei an der Verhaftung und Exekution schuld. So fragte ein Publizist »warum hat die Kirche Ferrer getötet?«[350]. Das Komitee bezeichnete ihn als »Märtyrer der Priester«[351]. Bilder und Karikaturen zeigten, wie Kleriker, besonders Jesuiten, den Befehl für die Exekution erteilten (vgl. Abb. 2).[352] Die Schuld am Tod des katalanischen Pädagogen wurde allerdings auch dem König, der Regierung sowie dem spanischen ›Militarismus‹ und ›Kapitalismus‹ angelastet. Gerade in der Berichterstattung der Sozialisten und Anarchisten standen die anderen ›Schuldigen‹ fast gleichberechtigt neben der katholischen Kirche und ihren Vertretern.[353] Dennoch, der gemeinsame Nenner der Mobilisierung lag in der Ablehnung der Exekution als einer konkreten Regierungshandlung und in der antiklerikalen Stoßrichtung: »[A]uch wenn in diesen Reihen nicht alle von der gleichen Partei sind, vertreten alle den selben Antiklerikalismus.«[354]

Die Schuldzuweisung an die Kirche basierte 1909 weniger auf konkreten Beweisen als auf der selbstverständlichen Gegnerschaft zwischen dem Freidenker Ferrer und der Kirche sowie einzelnen Stellungnahmen von spanischen Kirchenmännern, Laien konfessionell orientierter Organisationen und Artikel der kirchennahen Presse, in denen Ferrer als Gründer laizistischer Schulen zum Anstifter der Aufständischen deklariert wurde. In der Tat verfolgten einschlägige Organe im Zusammenhang mit der Repression der Semana Trágica eine Kampagne, die Ferrer als Führer der Revolte herausstellte. Beschwerden des Episkopats und des Nuntius drängten die spanische Regierung angesichts der

350 »Pourquoi l'église a tué Ferrer?«, *Chapelier*: Pourquoi l'église a tué Ferrer.

351 » Martyr de prêtres«, *Comité de Défense des Victimes de la Répression Espagnole*: Un martyr des prêtres.

352 Vgl. allgemein zu dieser Schuldzuweisung z. B. Anarchie, 18. 9. 1909; Guerre Sociale, 27. 10.–3. 11. 1909; L'Humanité, 13. 10. 1909; La Lanterne, 15. 9. 1909, 8. 10. 1909; Le Siècle, 15. 10. 1909; Tierra y Libertad, 13. 10. 1910; El Socialista, 23. 10. 1909; El País, 10. 10. 1909; Vorwärts, 29. 9. 1909; Frankfurter Zeitung, 17. 10. 1909, 3. MA; Tägliche Rundschau, 14. 10. 1909, AA; BZ am Mittag, 13. 10. 1909; Der Freidenker 17 (1909) 177; Ulk, 29. 10. 1909; als weitere bildliche Schuldzuweisung Jugend 14 (1909) 410.

353 Vgl. z. B. Le Libertaire, 31. 10. 1909; L'Humanité, 7. 10. 1909, 13. 10. 1909; Le Socialiste, 22. 10. 1909; Tierra y Libertad, 13. 10. 1909; El Socialista, 16. 10. 1909; Der Anarchist, 16. 10. 1909; Vorwärts, 29. 9. 1909; für die Nennung weiterer Schuldiger in der Presse außerhalb der Arbeiterbewegung La Lanterne, 8. 10. 1909; El País, 19. 10. 1909; Berliner Tageblatt, 14. 10. 1909, MA.

354 »[S]implement si dans ces rangs tous ne sont pas du même parti tous du moins professent le même anticléricalisme«, Le Matin, 18. 10. 1909. Diese Interpretation unterstützt auch die Auswertung der in Frankreich angegriffenen Gebäude und der auf den Demonstrationen skandierten Parolen. Vgl. *Robert*: Protestation universelle.

Abb. 2: Portrait de Fonfonse XIII. Roi d'Espagne (Portrait von Fonfonse XIII. König Frankreichs). In: Les Corbeaux, 3. 10. 1909, 8.
Untertitel: Ein Instrument der Jesuiten.
Fonfonse muss als Wortspiel von ›Bouffon‹ verstanden werden, das mit der Bedeutung Hofnarr eine Verkehrung des Verhältnisses zwischen dem dargestellten Jesuiten und dem König zum Ausdruck bringt.

Geschehnisse, die Pressefreiheit einzuschränken und laizistische Schulen zu schließen. Beides kann allerdings nicht als Beweis für den realen Einfluss der katholischen Kirche auf den Urteilsspruch gelten. Die Presse in Frankreich und im Kaiserreich kannte die selbstverständlich vertraulichen Schreiben der Kirchenleitung nicht und nahm auch nur selten Bezug auf die katholische Pressekampagne, um die Kirche als Schuldigen festzumachen.[355] Der fehlende Nachweis konkreter Einflussnahme macht den vehement antiklerikalen Ton der Berichterstattung umso bemerkenswerter und zeigt, dass der Antiklerikalismus im Fall Ferrer von einem konkreten Realkonflikt abgelöst war. Vielmehr zeigte sich in den Schuldzuweisungen 1909, dass die Kritik an der katholischen Kirche mehr als nur die Institution und ihre Träger beinhalten konnte. Am Antiklerikalismus lagerten sich verschiedene Vorstellungen an, so dass er allgemein zu einem Synonym für ein spezifisches progressives, freiheitliches Gesellschaftskonzept wurde, wie die sozialistischen Adaptionen verdeutlichen und wie ich in Kapitel 3 ausführlicher erläutern werde.[356]

Europäische Dimensionen

Die Proteste gegen die Hinrichtung Ferrers führten trotz der verstärkten nationalen Orientierung vor dem Ersten Weltkrieg[357] zu einer momenthaften Verdichtung einer selbstbewussten europäischen (Teil-)Öffentlichkeit. Die europäische Dimension manifestierte sich dabei in erster Linie in der Presseberichterstattung, die den Prozess und die Hinrichtung begleitete. Der hohe Grad der transnationalen Vernetzung zeigte sich besonders darin, dass die Presse in den drei untersuchten Ländern oft dieselben Nachrichten abdruckte.[358] Wie in den beiden anderen Fällen kann diese Gleichförmigkeit mit einem Informationsmangel erklärt werden. Die spanische Regierung hatte im Rahmen der Repression der Semana Trágica den Ausnahmestand ausgerufen und die Presse, wie

355 Vgl. zu den Stellungnahmen der Kirchenmänner und zur Pressekampagne in der zeitgenössischen Darstellung *Bertrand*: La vérité 16–18; *Bonafulla*: La Revolución 41–53; *Simarro Lacabra*: El proceso Ferrer 122–295; sowie in der Literatur *Ferrer*: Francisco Ferrer 189; *Corts i Blay*: Anticlericalisme; speziell zum Episkopat deutlich katholisch apologetisch *ders.*: La Setmana Tràgica 37–132, 254–264, 288, 291–582; zum Hinweis auf die ›klerikale‹ Propaganda in der Presse jenseits der spanischen Grenzen Le Siècle, 9.9.1909; L'Action, 20.9.1909; Berliner Tageblatt, 13.10.1909, AA; BZ am Mittag, 13.10.1909.

356 Vgl. zu dieser Interpretation der Proteste bereits *Park*: The European Reaction 597.

357 Vgl. z.B. *Kaelble* u.a.: Entwicklung 24.

358 Vgl. z.B. die Ähnlichkeiten in den Beschreibungen der letzten Stunden Ferrers Frankfurter Zeitung, 16.10.1909, AA; Tägliche Rundschau, 15.10.1909, AA; Menschentum 38 (1909) 176.

die ausländischen Korrespondenten, über die die meisten großen Zeitungen mittlerweile verfügten, einer rigiden Zensurpolitik unterworfen. Auch der wilhelminische Staat griff vereinzelt in die Berichterstattung zu den spanischen Vorkommnissen ein.[359] Bestimmte Informationswege, beispielsweise Privatkorrespondenzen und Wirtschaftsbriefe, sowie die Wichtigkeit der Korrespondenten an den Grenzstationen in den Pyrenäen zeigen sehr deutlich, dass der normale Informationsfluss gestört und deshalb die internationale Vernetzung der Presse zentral war.[360] Neben der Humanité war besonders auch der »Matin« zentrales Verbindungsorgan. Die Orientierung am Matin verweist auf den ambivalenten Einfluss der Nachrichtenagenturen für die Pressekommunikation seit dem ausgehenden 19. Jahrhundert. Die flächendeckende Versorgung mit Nachrichten durch die Agenturen bedeutete immer auch eine Vereinheitlichung. Die daraus resultierende Uniformierung der Information konnte einer freiheitlichen, unabhängigen und pluralen Informationspolitik durchaus entgegenstehen, denn die Agenturen waren eng mit den Regierungen verbunden.[361] Der Matin versuchte sich zu dieser Zeit deshalb aus der stark von der französischen Regierung kontrollierten Berichterstattung der Havas zu lösen, indem er ein eigenes Büros in der Londoner Timesredaktion aufbaute, die aufgrund ihres umfangreichen Korrespondentennetzwerks relativ unabhängig von den Agenturen war.[362] Ihren Einfluss auf die Agenturen nutzte die spanische Regierung 1909 nun aus und ließ eine geschönte Darstellung beziehungsweise Falschmeldungen über das juristische Prozedere durch die Havas via der mit ihr verbundenen spanischen Agentur Fabra verbreiten.[363] Die Internationalisierung durch das Agenturwesen war, wie der Blick auf diese Episode im Fall Ferrer zeigt, von gleichzeitigen Nationalisierungstendenzen konterkariert.

359 Über Korrespondenten in Spanien verfügten z. B. sowohl der Matin, das Berliner Tageblatt, die BZ am Mittag, die Tägliche Rundschau als auch die Vossische Zeitung. Vgl. zur Zensur in Spanien z. B. El País, 13. 10. 1909; El Motín, 7. 10. 1909; in Frankreich Le Matin, 13. 10. 1909; im Kaiserreich Vossische Zeitung, 21. 10. 1909, AA.

360 Vgl. zu den Privatkorrespondenzen und Geschäftsbriefen Le Siècle, 8. 9. 1909; Vorwärts, 5. 8. 1909; Frankfurter Zeitung, 10. 10. 1909, MA; zur Kommunikation über die Grenzstationskorrespondenten in San Sebastian, Cerbère, Hendaye und Perpignan Guerre Sociale, 13.–19. 10. 1909, 3. Sondernummer; La Lanterne, 14. 10. 1909; Le Temps, 13. 10. 1909; Petit Parisien, 10. 10. 1909.

361 Vgl. insgesamt zur Problematik der Nachrichtenagenturen *Albert*: Histoire de la Presse 32–37, 52; *Siebold*: Weltnachrichtenordnung 48, 64; speziell für Spanien *Paz Rebollo*: El colonialismo informativo; *dies.*: Las agencias.

362 Vgl. *Palmer*: Des petits journaux.

363 Vgl. z. B. zur Entlarvung der Falschmeldung L'Action, 12. 10. 1909; Le Matin, 13. 10. 1909; zur Verbreitung den Abdruck der Havas-Nachricht in Le Siècle, 13. 10. 1909; L'Action, 12. 10. 1909; Le Temps, 13. 10. 1909; El País, 14. 10. 1909; España Nueva, 24. 10. 1909; Berliner Tageblatt, 12. 10. 1909, MA; sowie die Proteste der Havas angesichts dieser Episode ANF, Archives Havas, Série I, 5 AR 95.

Aber neben dem Informationsmangel und der strukturellen Internationalisierung des Nachrichtenwesens stand hinter der transnationalen Berichterstattung auch das Interesse, die internationalen Reaktionen auf das spanische Ereignis zu beleuchten. Die Presse schrieb nicht nur über die Geschehnisse in Spanien, sondern berichtete unter Überschriften wie »Protestkundgebungen des Auslands« oder »Ferrer und Europa«[364] auch über Proteste in den anderen Ländern und über deren Widerhall in Spanien. Diese Zusammenstellung von Berichterstattung über und Reaktionen auf den Fall machte die Exekution Ferrers zu einem europäischen Ereignis.[365] Ausschlaggebend für die Nachrichtenübernahme konnte zudem die journalistische Qualität der Erzeugnisse sein. So kopierte etwa die französische Freidenker-Tageszeitung L'Action besonders sinnfällige Karikaturen, bei denen auch das Problem der Übersetzung wegfiel.[366] Auch äußerst pointierte Artikel, wie die Leitartikel des liberal-demokratischen Chefredakteurs Theodor Wolff (1868–1943) aus dem Berliner Tageblatt, kopierte die Presse außerhalb des Kaiserreichs mehrfach.[367] Das liberale Organ beobachtete und kommentierte wiederum seine Rezeption in anderen Ländern.[368] Diese gegenseitige Wahrnehmung führte in Ansätzen auch zu Diskussionen unterschiedlicher Positionen über die Landesgrenzen hinweg, wobei insbesondere eine Debatte zwischen den europäischen Protestierenden und der spanischen Presse und Regierung entstand,[369] auf die ich im Folgenden nochmal eingehen werde.

364 In der Reihenfolge des Zitierens Berliner Tageblatt, 14.10.1909, MA; »Ferrer et l'Europe«, Le Matin, 18.10.1909.

365 Vgl. z.B. zu den internationalen Presseschauen Le Siècle, 14.10.1909; Le Matin, 18.10.1909; Petit Parisien, 14.10.1909; El Liberal, 18.10.1909; España Nueva, 17.10.1909; Berliner Tageblatt, 13.10.1909, AA; Frankfurter Zeitung, 14.10.1909, AA; zu den Berichten über Proteste in anderen Ländern Temps Nouveaux, 17.10.1909; L'Humanité, 9.10.1909; La Lanterne, 13.10.1909; Le Siècle, 21.10.1909; Petit Parisien, 14.10.1909; Freie Arbeiter, 16.10.1909; Vorwärts, 15.10.1909; Kölnische Zeitung, 19.10.1909, AA; BZ am Mittag, 16.10.1909; über die Stimmung in Spanien Guerre Sociale, 13.–19.10.1909, 4. Sondernummer; Le Siècle, 14.10.1909; Le Temps, 12.10.1909; Frankfurter Zeitung, 17.10.1909, 3. MA; Vossische Zeitung, 13.10.1909, AA; sowie die nachträglichen Zusammenstellung in Broschüren und Monografien *Normandy/Lesueur*: Ferrer 160–177; *Brissa*: La revolución; *Simarro Lacabra*: El proceso Ferrer.

366 Sie zitierte den »Simplicissimus«, die »Lustigen Blätter«, die »Jugend«, den »Pasquino« und den »Asino«. Vgl. z.B. L'Action, 18.9.1909, 30.9.1909, 6.11.1909.

367 Vgl. zu Wolff *Sösemann*: Theodor Wolff; *Sösemann/Frölich*: Theodor Wolff; zum Abdruck L'Humanité, 12.10.1909; La Lanterne, 16.10.1909; Le Matin, 13.10.1909; España Nueva, 17.10.1909; El Imparcial, 14.10.1909.

368 Vgl. z.B. Berliner Tageblatt, 13.10.1909, MA.

369 Vgl. zu den transnationalen Diskussionsansätzen z.B. die Diskussion mit der spanischen Regierung beziehungsweise mit dem König Le Siècle, 3.11.1909; Frankfurter Zeitung,

Jenseits der Presse entwickelten sich im Rahmen der Erinnerungs- und Aufarbeitungsarbeit der Protestierenden internationale Kooperationen. Am deutlichsten wird dies im Zusammenhang mit dem Denkmal für Ferrer in Brüssel, das vor allem auf eine Initiative der dortigen Freidenkerbewegung zurückging. Der transnationale Charakter zeigte sich sowohl darin, dass neben einer Berichterstattung in der europäischen Presse die Gelder für das Denkmal nicht nur aus Belgien, sondern auch aus Frankreich, dem Kaiserreich, Spanien, Rumänien und Italien stammten sowie bei der Eröffnung im November 1911 Zuschriften bekannter europäischer Vertreter der Proteste verlesen wurden.[370] Persönlich erschienen allerdings nur Soledad Villafranca, Ferrers älteste Tochter, der Anarchist Fernando Tarrida del Mármol[371], Lorenzo Portet[372] sowie William Heaford und ein Abgesandter der »España Nueva«.[373] Die internationale Beteiligung speiste sich hier, wie die Namen zeigen, erneut vor allem aus dem Netzwerk Ferrers. Aber auch andere Aktivitäten weisen eine internationale Beteiligung auf, so zum Beispiel Erinnerungsfeiern von Freimaurern, und zahlreichen Broschüren widerfuhr bei der Aufarbeitung der Vorgänge und der Proteste zudem oft eine internationale Verbreitung durch Übersetzung.[374]

Die Protestierenden verstanden sich 1909 als eine europäische oder weltumfassende Öffentlichkeit. Theodor Wolff schrieb in einem seiner Leitartikel, »die öffentliche Meinung [...] revanchiert sich«,[375] und artikulierte hier das Selbstverständnis einer Öffentlichkeit als Kontrollinstanz und handelnder Akteur. 1909 war das Selbstverständnis noch omnipräsenter als in der Mortara-

16.10.1909, 2. MA; Tägliche Rundschau, 22.10.1909, AA; mit der spanischen Presse Temps Nouveaux, 20.11.1909, Supplement; Voix du Peuple, 10.–17.10.1909; L'Action, 17.10.1909; Le Temps 18.10.1909; Berliner Tageblatt, 19.11.1909, MA; die spanischen Antworten El País, 13.10.1909; España Nueva, 16.10.1909; El Motín, 4.11.1909.

370 Hier sind z.B. der spanische Anarchist Anselmo Lorenzo oder Ernst Haeckel zu nennen.

371 Fernando Tarrida del Mármol (1861–1915), Ingenieur, Journalist, Republikaner, später Anarchist, war mit Ferrer befreundet. Tarrida del Mármol musste nach dem Prozess von Montjuich (1896–1897) ins Exil gehen und lebte in Frankreich, Belgien und London. Vgl. ABEPI, IV, 615 297.

372 Lorenzo Portet (1870–1917), Freidenker, Republikaner und Freund Ferrers, der nach seinem Tod den Verlag des Pädagogen weiterführen sollte. Vgl. *Avilés Farré*: Francisco Ferrer 77, 129, 272f.

373 Vgl. zur Geschichte des Denkmals Société Nouvelle 11 (1909) 303f.; sowie Anmerkung 343; für die internationalen Verbindungen El País, 5.11.1911; El Radical, 6.11.1911; Les Biens; *Ferrer*: Francisco Ferrer 184–190; *Park*: The European Reaction 209; *Avilés Farré*: Francisco Ferrer 277f.

374 Vgl. für die Freimaurertreffen APPP, BA 1075; *Park*: The European Reaction 282f.; für die Übersetzungen ebenda 616–628.

375 Berliner Tageblatt, 14.10.1909, MA.

Affäre.[376] Das Selbstverständnis einer wachsamen transnationalen Öffentlichkeit muss im Kontext der um die Jahrhundertwende zunehmenden grenzüberschreitenden Mobilisierung gesehen werden.[377] Ähnlich wie 1858 sind allerdings deutliche Unterschiede auszumachen. Während in Frankreich in fast jedem längeren Artikel auf die Instanz Öffentlichkeit verwiesen wurde, spielte diese im deutschen Kontext nur eine sehr viel geringere Rolle. Diese Differenzen scheinen mit dem unterschiedlichen nationalen Grad der Mobilisierung einhergegangen zu sein, der noch zu erläutern ist.

Die Legitimation des Einspruchs der Instanz Öffentlichkeit war 1909 zudem sehr viel prekärer. Die Proteste im Fall Ferrer waren eine eindeutige Einmischung in eine nationale Angelegenheit. Deshalb konnte sich auch keine Regierung zu einer offiziellen Stellungnahme entschließen, auch wenn der Fall in verschiedenen Parlamenten und repräsentativen Kammern verhandelt wurde.[378] Die Protestierenden verwendeten gegen diesen Einwand unterschiedliche Argumente. In Frankreich beriefen sie sich vor allem auf das »universale Gewissen«, das der »zivilisierten Welt« oder die »öffentliche Meinung Europas«.[379] Dort und im Kaiserreich betonten sie die emotionalisierende Wirkung des Falls, die »menschliche Empörung«, »die Wut« und »das Entsetzen«, die die Hinrichtung hervorgerufen habe.[380] »Das Gefühl [lasse] die Einheit der Herzen entstehen«,[381] schrieb der Dramatiker Paul Hyacinthe Loyson[382]. Wie bereits 1858 lag die Begründung in der solidarischen Einforderung von bestimmten Rechten

376 Vgl. z.B. Temps Nouveaux, 30.10.1909; L'Humanité, 7.10.1909; Le Matin, 20.10.1909; Le Siècle, 10.10.1909; L'Action, 11.9.1909; El Socialista, 29.10.1909; Nuevo Régimen, 16.10.1909; El Motín, 21.10.1909; El Liberal, 17.10.1909; Der Anarchist, 16.10.1909; Sozialistische Monatshefte 13 (1909) 1401–1405; Berliner Tageblatt, 11.10.1909, MA; Vossische Zeitung, 14.10.1909, MA; BZ am Mittag, 19.10.1909; Der Freidenker 17 (1909) 169; allgemein dazu auch *Park*: The European Reaction 201.

377 Vgl. *Park*: The European Reaction 599–607.

378 Vgl. die Diskussionen in den verschiedenen Kammern in Frankreich, England, Belgien und den Niederlanden ebenda 278–280, 595; *Solà Gussinyer*: Las consecuencias europeas 44f.; *Combeau*: Paris 267–278.

379 In der Reihenfolge des Zitierens »conscience universelle«, L'Acacia 24 (1909) 247; »la conscience du monde civilisé«, in einer Schrift des Comité de défense, ANF, Police, F/7/13321; »opinion européenne« *Bertrand*: La vérité 10f.

380 In der Reihenfolge des Zitierens BZ am Mittag, 13.10.1909; »la colère«, La Lanterne, 16.10.1909; *Tschirn*: Der klerikale Justizmord 1.

381 »Le sentiment [...] réalise l'unité des cœurs«, *Loyson* u.a.: Les idées 65.

382 Paul Hyacinthe Loyson (1873–1921), Sohn des abtrünnigen Karmelitermönchs Père Hyacinthe, Dramatiker und Publizist. Neben feministischen und antiklerikalen Dramen schrieb er auch für die L'Aurore, L'Action und den Siècle. Er engagierte sich in verschiedenen zivilgesellschaftlichen Organisationen wie der »Association des Libres-Penseurs et Libres-Croyants« oder der »Société Zola«, deren Generalsekretär er zeitweise war. Vgl. ABF, I 680 327–331, II, 427 80.

und Werten in der Gefühlsgemeinschaft: Die Gemeinschaft würde getragen von einem »Menschlichkeitsgefühl« oder einem »Gefühl der Gerechtigkeit«.[383] Während eines Pariser Erinnerungstreffens im »Hôtel des Sociétés Savantes« am 2. November formulierte Rechtsanwalt Jean-Jacques Kaspar[384], der später eine Abhandlung über den Prozess verfasste, diese Idee folgendermaßen:

> Der Tod Ferrers [...] ist allgemein auf Ablehnung gestoßen. Trotz der Grenzen, der rivalisierenden Interessen [...] können sich die zivilisierten Völker nicht mehr ignorieren und einander fremd bleiben [...] durch alles, was die moderne Kultur schafft, formen sie eine Gesellschaft, noch als Ideal, die aber bereits jetzt die Gestalt der Menschheit entwirft [...] Es ist nur natürlich, dass dieses internationale Gewissen zunächst nur von Männern gesehen wurde, die durch ihre Funktion dazu bestimmt sind, die menschlichen Wahrheiten zu entdecken und zu verbreiten, in denen sich alle Geister zusammenfinden können und sollen.[385]

Eine dritte Form, die Intervention zu rechtfertigen, war die Identifikation mit dem spanischen Volk, als dessen Verteidiger man sich gegen Regierung und Kirche gerierte.[386]

Dynamiken des Strukturwandels

Das erstarkte Selbstverständnis von Öffentlichkeit hatte im Vergleich zur Mobilisierung Mitte des 19. Jahrhunderts eine andere Qualität. Seit Ausgang des Jahrhunderts war Öffentlichkeit eine Institution innerhalb der drei untersuchten Gesellschaften – wenn auch in unterschiedlichem Maße. Dessen waren sich die Protestierenden bewusst, so dass im Fall Ferrer vor allem auf direkten Einfluss gesetzt wurde. Hintergrund war das veränderte politische Machtgefüge. In

383 In der Reihenfolge des Zitierens Der Anarchist, 22.10.1909; »sentiment de Justice«, La Lanterne, 20.9.1909.

384 Zu diesem Ferreranhänger waren keine Informationen zu finden.

385 »La mort de Ferrer [...] a soulevé une réprobation universelle. En dépit des frontières, des ambitions rivales, [...] les peuples civilisés ne peuvent plus s'ignorer, rester étrangers les uns aux autres. [...] par tout ce qui constitue la culture moderne, ils forment une société, idéale encore, mais qui déjà dessine la forme de l'humanité [...]. Il est naturel que cette conscience internationale ait d'abord pour interprète les hommes, dont la fonction propre est de découvrir et de répandre les vérités humaines, dans lesquelles peuvent et doivent s'unir tous les esprits«, zitiert nach *Ferrer*: Francisco Ferrer 179; ähnlich auch L'Humanité, 11.10.1909; Voix du Peuple, 31.8.–7.9.1909; La Lanterne, 21.9.1909, 17.10.1909; Der Anarchist, 22.10.1909; allgemein zu dieser Vorstellung 1909 *Park*: The European Reaction 227, 599.

386 Vgl. Guerre Sociale, 13.–19.10.1909, 3. Sonderausgabe; Voix du Peuple, 10.–17.10.1909; La Lanterne, 21.9.1909; Vida Socialista, 9.10.1910; El País, 25.10.1909; El Intransigente, 12.10.1912; Der Anarchist, 16.10.1909; Vorwärts, 11.10.1909; Berliner Tageblatt, 16.10.1909, AA, 17.10.1909.

Frankreich existierte seit der Gründung der Dritten Republik das allgemeine Männerwahlrecht, mit dem über das Parlament nun auch die Regierung gewählt wurde. Die politischen Systeme des Kaiserreichs und der Restauration hatten in unterschiedlicher Form dem Mitspracherecht durch das allgemeine Männerwahlrecht, das in Spanien 1889 eingeführt worden war, gewisse Grenzen gesetzt.[387] Dennoch ermöglichten in beiden Ländern die sich ausbreitende Massenpresse und andere Mobilisierungsformen (etwa das wachsende Verbandswesen im Kaiserreich oder der populäre Republikanismus in Spanien) zunehmend politische Teilhabe, deren Einbindung in das System allerdings zum Teil prekär blieb.[388] Öffentlichkeit betrachteten die Protestierenden aller drei Länder als eigenständige Akteurin. Der Wandel manifestierte sich außerdem im weitgehenden Verzicht auf persönliche Fürsprache oder direkte Appelle an die Verantwortlichen. Stattdessen setzte die Presse auf den anonymen Druck der Akteurin Öffentlichkeit.[389] Die Bewusstwerdung dieses Wandels zeigte sich des Weiteren in den auftretenden Diskussionen über Charakter und Einfluss der Institution Öffentlichkeit. So entspann sich etwa eine Debatte zwischen dem revisionistischen Organ »Sozialistische Monatshefte« und der »Neuen Zeit« über den realen Einfluss, den Öffentlichkeit nehmen könne.[390]

387 In Spanien war wie im Kaiserreich die Regierung vom Parlament unabhängig und wurde vom König ernannt sowie weitestgehend durch das System des Turno legitimiert. Vgl. Kapitel 1.3, Anmerkung 218.

388 In Spanien blieb das Potential der Printmedien dabei geringer wegen der hohen Analphabetenrate, die um 1900 noch zwischen 66,5 und 98 Prozent lag, wobei neuere Daten von einem Rückgang auf unter 50 Prozent bis 1910 ausgehen. Vgl. dazu *Castro Alfín*: Los males de la imprenta 19; *Fuentes/Fernández Sebastián*: Historia del periodismo 99; *Bernecker*: Spanische Geschichte 132; *Rodríguez Infiesta*: Socialización política 156; *Sáiz/Seoane*: Historia del periodismo, Bd. 3 32; zu Rolle und Charakter von Öffentlichkeit in Frankreich *Nord*: The Republican Moment 8 f.; für Spanien z. B. *Rodríguez Infiesta*: Socialización política 28–40; *Sanabria*: Anticlerical Politics 130–160, 172–187; *Capellán de Miguel/Garrido Martín*: Los intérpretes; die Lokalstudien *Radcliff*: From Mobilization to Civil War; *Kaplan*: Ciudad roja; *Marín*: La semana trágica; sowie zum Populismus Kapitel 1.3; zur Öffentlichkeit im Kaiserreich *Langewiesche*: Politikstile im Kaiserreich; *Hardtwig*: Performanz und Öffentlichkeit 177; *Bösch*: Öffentliche Geheimnisse; *Kohlrausch*: Monarch im Skandal; *Biefang*: Reichstag.

389 Begnadigungsgesuche wurden vor allem von Familienangehörigen an den König, die Königin beziehungsweise die Regierung gestellt. Vgl. für die Frage, ob Papst Pius X. (1835–1914) ein Gnadengesuch an den spanischen König absandte, *Park*: The European Reaction 156; *Voltes*: Semana Trágica 191; *Solà Gussinyer*: El honor 74; *Corts i Blay*: Documentació 674; sowie *ders.*: La Setmana Tràgica 159–162, 268; für die Gesuche der Familie *Lázaro Lorente*: El proceso 8; *Voltes*: Semana Trágica 191; für weitere Gesuche besonders in Spanien El País, 12. 10. 1909, España Nueva, 12. 10. 1909, 14. 10. 1909; *Ferrer*: Francisco Ferrer 132; *Park*: The European Reaction 152–154; *Lázaro Lorente*: El proceso 36; *Benet*: Maragall 175.

390 Diese Debatte ist symptomatisch dafür, dass die deutschen Sozialisten erst mit den 1890er Jahren Öffentlichkeit als politischer Akteurin eine positive Rolle zuwiesen. Vgl. *Höl-*

Das neue Interesse an Öffentlichkeit stützte sich 1909 auch auf den strukturellen Wandel dieser Instanz. Zum einen veränderte die Beschleunigung und Vernetzung der Nachrichtenübermittlung die internationale Dimension möglicher Einmischung. Zum anderen gab die quantitative Zunahme der beteiligten Akteure der Öffentlichkeit ein neues Gesicht und Gewicht. Durch den immensen Ausbau des Telegrafennetzwerks und die Einführung des Telefons in den Jahrzehnten vor der Jahrhundertwende 1900 konnten im Fall Ferrer die Neuigkeiten innerhalb von wenigen Stunden über Grenzen hinweg verbreitet werden.[391] Die damit erreichte Aktualität führte besonders in Frankreich zu einer erhöhten Emotionalisierung der Berichterstattung. Während die Zeitungen in den Tagen vorher bis zur Bestätigung der Hinrichtung noch darüber rätselten, ob das Urteil vollstreckt würde, berichteten Sonderausgaben bereits nach der Vollstreckung am Nachmittag über dessen Vollzug.[392] Die »neugierige Angst«[393], die Titel wie »Die Rache der Priester – Ferrer vor seinen Richtern – Wagen sie es?«[394] aufbauten, entlud sich in Paris direkt in gewalttätigen Demonstrationen, zu denen Sonderausgaben gerufen hatten.

Die Technik beschleunigte auch die Möglichkeit des diskursiven Austausches durch die von den Agenturen zusammengestellten Presserevuen. So konnte man etwa die Zusammenfassung der erwähnten Leitartikel Wolffs bereits zwei Tage später in Frankreich lesen.[395] Die neuen Informationskanäle ermöglichten damit ein Gefühl politischer Gleichzeitigkeit,[396] das den Glauben an die Einflussnahme von Öffentlichkeit durchaus verstärkte. So betonten einige Protestierende die Errungenschaften der neuen Kanäle und ihre Wirkung auf die Struktur der Öffentlichkeit. Entsprechend schrieb Paul Harms[397] im Berliner Tageblatt

scher: Öffentlichkeit (Grundbegriffe) 463; für die Diskussion 1909 Sozialistische Monatshefte 13 (1909) 1401–1405; Neue Zeit 28 (1909) 98 f., 225–228; *Park*: The European Reaction 494–501.

391 Vgl. für die Verbreitung der Nachricht durch das Telefon sowie den Draht L'Action, 13. 10. 1909; Vossische Zeitung, 13. 10. 1909, AA; *Park*: The European Reaction 233 f.; zur Ausbreitung von Telegrafie und Telefon allgemein *Charlet/Ranc*: L'évolution; *Wessel*: Die Rolle des Telefons; *Laborie*: L'Europe mise en réseaux.

392 Vgl. eher pessimistisch L'Action, 13. 10. 1909; La Lanterne, 13. 10. 1909; Le Temps, 12. 10. 1909; eher optimistisch Le Siècle, 12. 10. 1909; neutral; Petit Parisien, 11. 10. 1909; Berliner Tageblatt, 13. 10. 1909, MA; zu den Sonderausgaben Sociale, 13.–19. 10. 1909, 1. Sondernummer; L'Humanité, 13. 10. 1909, Sondernummer.

393 »[C]uriosité anxieuse«, La Lanterne, 13. 10. 1909.

394 »La Vengeance de prêtres – Ferrer devant ses ›juges‹ – Oseront-ils?«, L'Humanité, 8. 10. 1909.

395 Vgl. Anmerkung 367.

396 Vgl. allgemein dazu *Knoch/Morat*: Medienwandel und Gesellschaftsbilder 22.

397 Paul Dietrich Nicolaus Harms (1866–1945), Journalist evangelischer Konfession. Vgl. DBA, II, 524 412–414.

heute geht alles schneller, bei Hus oder Bruno hat es Wochen, Monate, Jahre gedauert, bis man es wusste [...]. Wie anders heute. Am Morgen war Ferrer von den spanischen Jesuitenknechten erschossen – und schon am Abend des nämlichen Tages hallte die Welt wieder von Kundgebungen [...]. Die öffentliche Meinung von heute kann Schritt halten mit den Ereignissen, die wie Hussens und Giordano Brunos Scheiterhaufen, in düsterer Glut über die Jahrhunderte hinwegleuchten.

Er fuhr fort, dass sich nun »die Welt – und nicht nur die dünne Oberschicht, die [...] im Mittelalter und noch zu Beginn der Neuzeit [...] [das] bildete [...], was wir heute öffentliche Meinung nennen«, bewege. Nun dringe die Nachricht »ebenso rasch [...] in die MASSEN.«[398] Harms beschrieb in seinem Artikel also auch einen quantitativen Wandel der Öffentlichkeit. 1909 mobilisierte sich eine Massenöffentlichkeit: In fast jeder größeren Stadt Frankreichs und Italiens wurde demonstriert.[399] Die Größe der Demonstrationen und Versammlungen variierte stark. In Frankreich sollen bei der größten Demonstration am 17. Oktober zwischen 15.000 und 100.000 Personen mitmarschiert sein. Diese Demonstration stellte außerdem eine wichtige rechtliche Neuerung dar: Erstmals gab es in Frankreich eine offizielle Genehmigung dieser Protestform.[400] Im deutschen Kaiserreich erreichten die Protestversammlungen eine Größenordnung von bis zu 10.000.[401] Das Comité de défense resümierte in seinem Abschlussbericht, dass es 15.000 Plakate und 30.000 Bekanntmachungen gedruckt und seine Broschüre mittlerweile eine Auflage von 25.000 erreicht habe.[402] Auch wenn diese Zahlen im Vergleich zu heute sehr gering erscheinen, muss in Absetzung zu den Protesten während des Vatikanums und anderen Fällen antiklerikaler Mobilisierung vor allem in ihrer Addition ein deutlicher Sprung konstatiert werden.[403] Ebenso lässt sich in Hinblick auf die Menge der Informationen in der Presse ein quantitativer Unterschied zu 1869/1870 feststellen. Pressestimmen aus dem Ausland wurden nun in großem Maßstab wieder-

398 Berliner Tageblatt, 16.10.1909, AA.

399 Vincent Robert zählt für Frankreich 135 Demonstrationen und schätzt die Beteiligung insgesamt auf 150.000 Personen, was zwei Prozent der damaligen Wahlbevölkerung waren.Vgl. dazu *Robert*: Protestation universelle 255; allgemein zu Frankreich *Park*: The European Reaction 245–265; zu Italien *García Sanz*: Relaciones 348–372; *Antonioli* u.a.: Contro la chiesa.

400 Vgl. *Robert*: Protestation universelle 259, 269; *Rebérioux*: Manifester pour Ferrer 90–96.

401 Die Angaben Teilnehmerzahl variierten je nach Provenienz der Zeitung, der sie entnommen sind, und sind daher mit gewisser Vorsicht zu betrachten. Vgl. *Park*: The European Reaction 265, 267–271, 477f.; *Rebérioux*: Manifester pour Ferrer 93.

402 Vgl. *Avilés Farré*: Francisco Ferrer 271.

403 Die Größe der Menschenansammlungen während des Moabiter Klostersturms, der ein singulärer Fall in den deutschen Ländern blieb, belief sich nach offiziellen Schätzungen beispielsweise auf zwischen 3.000 und 10.000 Personen. Vgl. *Borutta*: Antikatholizismus 250.

gegeben. In der heißen Phase füllten die Berichte über Ferrer, die Pressestimmen und Proteste in anderen nationalen Öffentlichkeiten oft sowohl die erste wie auch die letzte Seite der großen Tageszeitungen.[404]

Der von Harms konstatierte Strukturwandel betraf aber nicht nur die Menge, sondern bedeutete auch einen qualitativen Wandel jenseits der Frage der Transnationalisierung. Es engagierte sich nun ein sehr viel breiterer Teil der Gesellschaften gegen die Kirchen. Obwohl bestimmte Aktivitätsformen, wie die Initiativen für Denkmäler, vor allem von bürgerlichen und kleinbürgerlichen Antiklerikalen getragen wurden,[405] beteiligten sich auch andere Bevölkerungsschichten in großem Rahmen an den Protesten gegen die Hinrichtung. In erster Linie handelte es sich um die institutionellen Träger der Arbeiterbewegung, wie Gewerkschaften, sozialistische Parteien sowie ihre Presseorgane und die der Anarchisten. Die Einbindung anderer Bevölkerungsteile wurde zugleich durch die erhöhten Auflagenstärken und die Entstehung der Massenpresse gefördert. Von den herangezogenen Organen wären hier beispielsweise die »BZ am Mittag«, aber auch das Berliner Tageblatt zu nennen, in Frankreich war der Matin das zentrale antiklerikale Massenblatt und in Spanien erfüllten der »Liberal« oder der »Heraldo de Madrid« diese Rolle.[406] Verschiedene Medien und Protestformen aus dem Engagement für Ferrer demonstrieren darüber hinaus das Bemühen um breitenwirksame Mobilisierung, wie etwa die große Anzahl von Straßenplakaten, Autodemos[407], der Film oder die verschiedenen popularisierenden Devotionalien. Diese neuen Mittel ergänzten die klassischen Formen wie Lieder und gemeinsame Zeitungslektüre, die bislang besonders auch nicht alphabetisierte Schichten erreicht hatten,[408] und traten erst im letzten Drittel

404 Vgl. Anmerkung 365.

405 Vgl. z.B. die Spenderliste für das nicht realisierte Denkmal der Ligue des droits de l'Hommes BOLDH 10 (1910) 212–224, 459–461, 474–480, 665–669, 759–799, 989–991.

406 Dies gilt, wenn man den Typus der Massenpresse nicht an seiner politischen Neutralität und einer notwendigen alphabetisierten Bevölkerungsmehrheit festmacht, sondern das ökonomische Interesse sowie die ansprechende Form und die nicht rein parteipolitische Orientierung zum Maßstab macht. Vgl. dazu *Bösch*: Populärkultur und Politik; *Gómez Mompart*: Prensa de masas; zur Entstehung der Massenpresse aus der Fülle der Literatur z.B. für Frankreich *Albert*: Histoire de la Presse 32–37, 52, 55–65; für die deutschen Länder und vergleichend *Requate*: Journalismus als Beruf; *Gossel*: Medien und Politik 110–116; für Spanien *Sáiz/Seoane*: Historia del periodismo, Bd. 3 20–28, 203–206; zum Auflagezuwachs *Albert*: Histoire de la Presse 65; *Martin*: Médias et journalistes 77; *Fuentes/Fernández Sebastián*: Historia del periodismo 166.

407 Vgl. dazu z.B. *Avilés Farré*: Francisco Ferrer 249f.; *Tartakowsky*: Manifester à Paris 31f.

408 Vgl. zur Rolle von Liedern im antiklerikalen Kontext insgesamt *Lalouette*: La chanson révolutionnaire; für die gemeinsame Lektüre etwa im Kontext des spanischen Anarchismus *Litvak*: La prensa anarquista 215f.; im Antiklerikalismus *Sanabria*: Republicanism and Anticlerical Nationalism 115.

des Jahrhunderts in massenhafter Form auf. Sie waren Ausdruck der Fundamentalpolitisierung der betroffenen Gesellschaften. Die neuen Formen wie die persönlichen Kommentare der Spender in den Subskriptionslisten sowie die Veröffentlichung von Leserbriefen und Zuschriften durch die Zeitung, die im Fall Ferrer zum Teil in großem Umfang geschahen, ermöglichten und demonstrierten eine massenhafte und individuelle Beteiligung und Identifikation mit dem Fall. Ein öffentlicher Brief des Romanciers Benito Pérez Galdós, der allerdings nur mittelbar auf Ferrer Bezug nahm, zog beispielweise eine ganze Reihe von Zustimmungsbriefen nach sich.[409] Dabei engagierten sich nicht nur Intellektuelle mit ihrem um die Jahrhundertwende entstehenden Selbstverständnis persönlich.[410] Politik war um 1900 nicht mehr nur Sache von einigen wenigen.

Unversöhnlichkeit und Emotionalisierung

Wie eingangs erläutert, spaltete der Fall Ferrer ebenso wie die Mortara-Affäre die Öffentlichkeit in zwei mehr oder weniger kohärente Lager. Auch wenn sich einzelne bekannte Katholiken wie der Lyriker Joan Maragall (1860–1911) oder Romolo Murri[411] für Ferrers Begnadigung aussprachen, verteidigte die Mehrheit der katholischen und konservativen Presse das Vorgehen der Regierung.[412] Die Angriffe auf die katholische Kirche und den Klerikalismus führten sogar dazu, dass sich, wenn auch in sehr viel geringerem Maße, eine katholische Gegenöffentlichkeit jenseits der Presse formierte. In München versammelte zum Beispiel das »Kartell der katholisch bürgerlichen Vereine« unter der Führung von Klerikern am 4. November »Katholische Frauen und Männer« auf zehn gleichzeitig in München abgehaltenen Veranstaltungen unter dem Motto

409 Vgl. für die Kommentare BOLDH 10 (1910) 212–224, 450f., 474–480, 665–669, 759–799, 989–991; die Leserbriefe El País, 12.10.1909, 14.10.1909, 15.10.1909, 23.10.1909, 24.10.1909; España Nueva, 24.10.1909; El Liberal, 7.10.1909; Berliner Tageblatt, 15.10.1909, AA; sowie den Brief von Galdós in España Nueva, 5. und 6.10.1909.

410 Der Begriff des Intellektuellen wird hier funktionalistisch verwandt. Vgl. zur Entstehung der Intellektuellen sowie zur funktionalistischen Definition *Charle*: Intellectuels; *Lepsius*: Kritik als Beruf; *Hertfelder*: Kritik und Mandat; dagegen stark normativ *Bourdieu*: Satz und Gegensatz; *Aubert*: Consecuencias; für 1909 das Schreiben der deutschen Intellektuellen Anmerkung 335; mit ähnlichem Selbstverständnis *Kaspar*: Réponse des intellectuels.

411 Romolo Murri (1870–1944), Theologe, Publizist und Vertreter des Modernismus. Murri wurde wegen seiner modernistischen Haltung 1909 exkommuniziert. Vgl. *Wagner*: Romolo Murri.

412 Vgl. für die Gegenstimmen im katholischen Lager in Italien *García Sanz*: El caso Ferrer 456f.; in Frankreich ANF, Police, F/7/1255B; zu Maragall *Benet*: Maragall; zu Murri *Luparini*: The Truly Modern Man 125.

»Es gilt einen Kampf um Leben und Tod!«.[413] Daneben meldeten sich auf internationaler Ebene zwei Vertreter der Kirchenhierarchie zu Wort, zum einen der Bischof von Malines, zum anderen der Erzbischof von München-Freising.[414]

Trotz der klaren Fronten fand eine direkte Kommunikation zwischen den beiden Lagern statt. Die Presse zitierte und kritisierte sich gegenseitig bis in die einzelnen Argumente hinein, insbesondere im Deutschen Reich. Die Wahrnehmung der Gegenseite war allerdings vor allem national geprägt,[415] mit Ausnahme der spanischen katholischen und vor allem konservativen Presse, die breit transnational wahrgenommen wurde.[416] In erster Linie griffen die Antiklerikalen (besonders die französischen Protestierenden) 1909 aber die Äußerungen der Ferrer geneigten Öffentlichkeit auf und übergingen gegnerische Meinungen.[417]

Der Austausch mit dem gegnerischen Lager war ähnlich wie im Jahre 1858 durch Unversöhnlichkeit der Positionen geprägt. Dieses zeigte sich schon allein darin, dass von unterschiedlichen ›Tatsachen‹ ausgegangen wurde und die Öffentlichkeit sich über die wahre Geschichte Ferrers und der Proteste stritt. Gerade das bunte, abwechslungsreiche und von Mythen umrankte Leben des Pädagogen war dazu prädestiniert, gegensätzlich interpretiert zu werden.[418] Abgesehen davon, dass vieles aus seinem Leben gar nicht bekannt war, bot auch seine politische Orientierung großen Spielraum für unterschiedliche Deutungen. So prangerte die katholische und konservative Presse Ferrer als Anarchisten und Revolutionär an, während die liberalen und demokratischen Organe eher seine Vergangenheit als emanzipatorischer Pädagoge betonten.[419] Daneben

413 Vgl. BayHStA, Ministerium des Äußeren, MA/93377; zu französischen und spanischen Gegenversammlungen APPP, BA 1642; El Liberal, 17.11.1909 und *Park*: The European Reaction 182.

414 Vgl. zur Einmischung der Kirchenhierarchie *Sangro y Ros de Olano*: La sombra de Ferrer 340–352; BayHStA, Ministerium des Äußeren, MA/93377.

415 Vgl. zu nationalen Bezugnahmen Le Siècle, 15.10.1909; Le Matin, 10.10.1909; El Liberal, 16.10.1909; El País, 15.10.1909; El Motín, 2.12.1909; Frankfurter Zeitung, 21.10.1909, AA; Tägliche Rundschau, 15.10.1909, MA; Der Freidenker 17 (1909) 169; Menschentum 38 (1909) 176.

416 Vgl. zu internationalen Bezugnahmen Temps Nouveaux, 18.9.1909; L'Humanité, 15.10.1909; La Lanterne, 18.10.1909; Frankfurter Zeitung, 15.10.1909, AA; Vossische Zeitung, 22.10.1909, AA.

417 Vgl. die Presseschauen Anmerkung 365.

418 Vgl. zum mythischen Charakter Ferrers *Avilés Farré*: Francisco Ferrer 13; sowie allgemein zur Ambivalenz der Person *Solà Gussinyer*: El honor.

419 Vgl. für die negative Darstellung Ferrers z. B. Die Zukunft 69 (1909) 171–186; *Canals*: Los sucesos; *Comas*: Un revolucionario; *Meffert*: Die Ferrer-Bewegung 7–17; Ferrer im Lichte der Wahrheit; oder die Beispiele in *Park*: The European Reaction 220–222; für die positiven Berichte zu Ferrer beispielhaft Guerre Sociale, 20.–26.10.1909; Le Siècle, 13.9.1909; L'Acacia

erörterten die Journalisten und Publizisten die Indizien seiner Beteiligung an der Semana Trágica sowie die Legalität und Legitimität des Prozedere vor dem Militärgericht.[420] Besonders umstritten war auch das Privatleben Ferrers: Die Gegner des katalanischen Pädagogen versuchten, ihn als schlechten Vater und Ehemann darzustellen, und stellten sein Verhalten gegenüber Madame de Meunier, deren Vermögen ihm die Gründung der Escuela Moderna ermöglicht hatte, als Erbschleicherei dar.[421] Der Fall Ferrer nahm dabei Züge einer klassischen Enthüllungsgeschichte an, die in seiner Struktur eigentlich nicht angelegt waren.[422] Die antiklerikale Presse hielt dagegen das Bild eines Philanthropen und liebenswürdigen Menschen hoch und feierte den Pädagogen als Märtyrer.[423] Dieser Begriff war omnipräsent in der Berichterstattung.[424] Die Beschreibung seiner stoisch heroischen Haltung bei der Hinrichtung, die entstehenden Devotionalien und die Verehrung seiner Person belegen das Bemühen, Ferrer als Helden zu verehren.[425]

Es wurde nicht nur um die ›wahre Geschichte‹ gestritten. Während Antiklerikale gegen die klerikale Verschwörung gegen den katalanischen Pädagogen ins Feld zogen und vor der Macht der Kirche, ihrer Anhänger und besonders der Jesuiten in ganz Europa warnten, sahen die konservativen und katholischen Journalisten, wohl auch in der Folge einer vom spanischen Nuntius initiierten Kampagne, in den Protesten das Werk von Anarchisten, Juden und Freimaurern. Zum Teil ging die konservative Presse so weit wie zum Beispiel Matthias

24 (1909) 123–135; Vida Socialista, 9.10.1910; El Socialista, 22.10.1909; El Intransigente, 12.10.1912; El Liberal, 21.10.1909; Freie Arbeiter, 2.10.1909; Frankfurter Zeitung, 17.10.1909, 3. MA; Der Freidenker, 17 (1909) 185; *Joserey*: La violence légale; *Domela Nieuwenhuis*: Francisco Ferrer.

420 Auch in der heutigen Forschung ist man sich über Ferrers Schuld nicht einig. Vgl. beispielweise verteidigend *Solà Gussinyer*: El honor; abgewogen aber doch schuldig sprechend *Avilés Farré*: Francisco Ferrer 215–221; zum Nachweis der Schuld durch Zeitgenossen z.B. *Comas*: Un revolucionario VII–VIII; *Meffert*: Die Ferrer-Bewegung 20–24; zur Position der Ferrer-Anhänger exemplarisch die Darstellung *Kaspar*: Réponse des intellectuels.

421 Vgl. z.B. die Zusammenstellung bei *Cauderlier*: Hommage à Ferrer.

422 Vgl. für die Struktur von Enthüllungsgeschichten *Käsler/Albers*: Der politische Skandal; *Bösch*: Öffentliche Geheimnisse.

423 Vgl. zum positiven Bild von Ferrer La Lanterne, 14.10.1909; L'Acacia 24 (1909) 123–135; El Socialista, 22.10.1909; España Nueva, 19.10.1909; El Liberal, 21.10.1909; Freie Arbeiter, 2.10.1909; Berliner Tageblatt, 17.10.1909; Menschentum 38 (1909) 173; *Domela Nieuwenhuis*: Francisco Ferrer.

424 Vgl. z.B. L'Anarchie, 19.10.1909; L'Action, 16.10.1909; Le Siècle, 14.10.1909; Acacia 24 (1909) 123; *Comité de Défense des Victimes de la Répression Espagnole*: Un martyr des prêtres; El Radical, 19.10.1910; Berliner Tageblatt, 17.10.1909; *Tschirn*: Der klerikale Justizmord; allgemein *Avilés Farré*: Francisco Ferrer 220.

425 Vgl. zum Bericht der Hinrichtung L'Humanité, 18.10.1909; La Lanterne, 16.10.1909; Le Matin, 14.10.1909; Freie Arbeiter, 30.10.1909; Berliner Tageblatt, 14.10.1909, AA.

Erzberger (1875–1921), Ferrer selbst als Juden zu bezeichnen.[426] Diese beiden Verschwörungstheorien müssen als komplementäre Gegenerzählungen begriffen werden, die die Auseinandersetzung um Religion und Kirche im 19. Jahrhundert prägten und entscheidend zur hohen Dynamik der Konflikte beitrugen. Die Verschwörungstheorien und die ihnen zugrunde liegenden entgegengesetzten Realitätsvorstellungen, auf deren Effekte ich ausführlicher in Kapitel 4.2 eingehen werde, trugen entscheidend dazu bei, dass die Kommunikation zwischen Kirchenkritikern und -verteidigern misslang.

Unversöhnlichkeit prägte den Dialog zwischen den beiden Lagern 1909 und verhinderte eine Durchlässigkeit.[427] Journalisten und Publizisten bezogen sich zwar aufeinander, kritisierten sich gegenseitig, konnten aber die Argumente der Gegenseite letztlich aufgrund der dieser diametral gegenüberstehenden eigenen Position gar nicht annehmen.[428] Zur Veranschaulichung soll hier beispielhaft eine in der Reihe »Apologetische Volksbibliothek« des Verlags des Katholischen Volksvereins erschiene Broschüre vorgestellt werden, die wie andere Schriften der Serie Handreichungen für den Kampf mit den Antiklerikalen im Zusammenhang mit der Kirchenaustrittsbewegung boten.[429] Der Kaplan Franz Meffert[430] versammelte in seiner Monografie sämtliche Aspekte der konservativ,

426 Noch heute finden sich in der spanischen Forschung Studien, die den Einfluss der Freimaurer während der Proteste 1909 insinuieren und die Verschwörungstheorie fortschreiben. Die Verbindungen Ferrers zur Freimaurerei hatten im Kontext der Proteste 1909 geringen Einfluß. Als Organisation reagierten die Freimaurer durchaus unterschiedlich. Während die spanischen Freimaurerlogen eher zurückhaltend waren und letztlich erst auf Druck von außen reagierten, stellten sich die beiden Großlogen des Grand Orient in Belgien und Frankreich auf die Seite der Protestierenden. Aber in den französischen Logen waren durchaus einige Ateliers mit dieser Positionierung nicht einverstanden. Vgl. zur Rolle der Freimaurer *Álvarez Lázaro*: La masonería librepensadora; *Avilés Farré*: Francisco Ferrer 264–266; *Nefontaine*: Francisco Ferrer; zu den persönlichen Verbindungen Ferrers *Crouzet*: Francisco Ferrer; zur zeitgenössischen Idee der Freimaurerverschwörung und der Rolle des Nuntius *Valois*: L'affaire Ferrer; *Comas*: Un revolucionario 115–126; *Sangro y Ros de Olano*: La sombra de Ferrer; Ferrer im Lichte der Wahrheit; *Meffert*: Die Ferrer-Bewegung; *Avilés Farré*: Francisco Ferrer 261–266; *Park*: The European Reaction 222; *Corts i Blay*: Documentació 671 f.; *ders.*: La Setmana Tràgica 137–144, 256–258; heutige Adaptionen *ders.*: Anticlericalisme 560; *Lacalzada de Mateo*: El racionalismo bifurcado 482; zu den antisemitischen Behauptungen Erzbergers Frankfurter Zeitung, 16.10.1909, AA.

427 Eine Ausnahme stellte die Kölnische Zeitung dar, deren Berichterstattung vor allem um Ausgleich bemüht war.

428 Vgl. z.B. aus der deutschen Presse Berliner Tageblatt, 16.10.1909, MA, 23.10.1909, MA; Tägliche Rundschau, 21.10.1909, AA; Der Freidenker 17 (1909) 165.

429 Vgl. die Broschüre *Meffert*: Die Ferrer-Bewegung; zum verlegerischen Kontext *Heitzer*: Der Volksverein 27; *Klein*: Der Volksverein 50.

430 Franz Meffert (1868–1944), Priester, Sozialpolitiker und katholischer Redakteur. Meffert wurde nach seinen ersten seelsorgerischen Tätigkeiten 1902 Mitarbeiter des Volksvereins

katholischen Version der Ferrer-Affäre.[431] Er stellte Ferrer als verworfene Person und anarchistischen Pädagogen dar, betonte die Legalität des Prozesses und versuchte den revolutionären Charakter herauszustreichen, als dessen Drahtzieher er die Freimaurer auszumachen glaubte. In seiner Broschüre bemühte er sich sichtlich angestrengt, seine Version des Falls zu beweisen. So zitierte er zum Beispiel ausführlich aus dem Verlagsprogramm Ferrers, um dessen Pädagogik zu charakterisieren.[432] Daneben setzte er sich mit einzelnen Argumentationslinien der Kritiker auseinander: Er argumentierte etwa gegen die apologetischen Erklärungen der Ferreranhänger, die Semana Trágica sei ein Resultat der ökonomischen Konkurrenz der Orden, indem er unterschiedliche Zahlenangaben gegeneinander stellte.[433] Zugleich versuchte Meffert, die Gegenseite zu desavouieren mittels einer Darstellung einer tumultuösen Ferrer-Versammlung, mit der er die Selbstbezeichnung der Protestierenden als »Kulturmenschheit« veralberte.[434] Auf diese Vorwürfe antwortete nun seinerseits der Freidenker Gustav Tschirn[435], der Mefferts Apologie der Hinrichtung menschliche Kälte vorwarf.[436] Die Darstellung des katholischen Theologen sowie die an sie anschließende Diskussion war hinsichtlich ihres Doppelcharakters – des sich in den Indizien und Beweisen manifestierenden konkreten Gegenwartsbezugs und des demagogischen Zuges, der sich in der Bedienung klassischer Vorurteile zeigte – symptomatisch für die Auseinandersetzungen. Die Broschüre zeigt, dass zwar eine Kommunikation zwischen Antiklerikalen und ›Klerikalen‹ stattfand, diese aber den Charakter eines Dialogs zwischen »Schwerhörigen« annahm: Die Stichworte des Gegners werden aufgegriffen, ohne die Argumentationslinien wirklich zu berücksichtigen.[437] Wie bereits die Kommunikation 1858 und 1869/1870 verdeutlicht das Beispiel, dass trotz der Entfremdung der Positionen die Kommunikation zwischen Antiklerikalen und ihren Gegnern nicht ganz unter-

und baute die apologetische Abteilung auf, die besonders mit der »Apologetischen Korrespondenz« die Presse mit Material zur Verteidigung der katholischen Sache versorgte. Später war er Mitarbeiter in der »Caritas«. Vgl. DBA, II, 869 159–162, III, 610 208 f.

431 Andere Titel waren z. B. »Papsttum und Inquisition« oder »Niedergang katholischer Völker«. Vgl. die Anzeige in der Broschüre *Meffert*: Die Ferrer-Bewegung.

432 Vgl. ebenda 17.

433 Vgl. ebenda 11–13, 23.

434 Vgl. ebenda 28 f., 34.

435 Gustav Tschirn (1865–1931), freireligiöser Prediger, Publizist und Republikaner. Er arbeitete seit 1892 als Prediger in Breslau, nach dem Ersten Weltkrieg in Wiesbaden. Seit 1901 war Tschirn Vorsitzender des bürgerlichen Freidenkerverbandes und Präsident des Bundes Freireligiöser Gemeinden. Vgl. *Simon-Ritz*: Organisation einer Weltanschauung 76.

436 Vgl. Freidenker 17 (1909) 166.

437 Vgl. zu dieser Charakterisierung der Kulturkämpfe bereits *Stürmer*: Dialog der Schwerhörigen; *Revuelta González*: Anticlericalismo español, Documentos 201; keine Kommunikation ausmachend dagegen *Heinen*: Umstrittene Moderne 151.

brochen wurde und insofern nicht von einer versäulten Öffentlichkeit auszugehen ist.[438] Vielmehr waren die Gegensätzlichkeiten zentrales Element des Diskurses beider Seiten, mittels dessen die eigene Position geschärft wurde.

Die Unversöhnlichkeit wurde durch emotionalisierende Berichterstattung verstärkt, welche besonders die Öffentlichkeit für den Fall mobilisieren sollte. Zur Vorstellung einer emotionalen Gemeinschaft und zum Spannungsaufbau gesellte sich die Darstellung des Falles als persönliches Schicksal eines Märtyrers: Die Schilderungen des Lebens des Pädagogen in den Zeitungen – so umstritten sie auch waren – stellten eine Nähe zwischen den Lesern und Ferrer her, die zusätzlich noch über die abgedruckten Fotografien verstärkt wurde. Des Weiteren wurde Ferrer durch die in verschiedenen Organen abgedruckten Briefe und Interviews aus dem Gefängnis als Person greifbar.[439] Die minutiöse, fast filmische Beschreibung seiner letzten Stunden sowie der Hinrichtung ermöglichte das Miterleben der Momente und die vollständige Identifikation mit dem Todeskandidaten,[440] wie Tschirn sie in einem Vortrag, den er auf mehreren Protestversammlungen hielt, formulierte:

> In tiefer Trauer und voll Entsetzen schreit die Kulturwelt auf, […] heiße Erregung [bebt] von Volk zu Volk […] weil EINER fiel. Wir hören das Pfeifen der Kugeln und fühlen das Blei unsere Brust durchschlagen, so leibhaftig durchleben wir, was wir eben erfuhren.[441]

Die Trauer evozierten die Protestierenden in klassischen Formen, etwa durch den Druck eines Trauerrandes um die den Tod verkündenden Zeitungsausgaben oder das Flaggen von Flor.[442] Aber nicht nur die Identifikation mit dem Protagonisten des Falls forcierte eine Emotionalisierung, auch das Schicksal seiner Familie wurde thematisiert. Die potentielle Verarmung der in Paris lebenden Tochter Trinidad aufgrund der Konfiszierung des Vermögens ihres Vaters wurde mitleidsvoll diskutiert und führte zum Antrag auf Finanzierung der Erziehung ihrer Kinder im Pariser Stadtrat, der allerdings abschlägig entschieden wurde. Besonders beliebt waren die Schilderungen, wie Trinidad, Paz (eine weitere Tochter) oder Ferrers Mutter die Todesnachricht aufnahmen, und der

438 Dieses Ergebnis fügt sich ein in die neuere Forschung zum katholischen Milieu – in den letzten Jahren ist mehrfach betont worden, dass die konfessionellen Grenzen nie vollständig abgeschlossen waren. Vgl. zur Diskussion Einleitung, Anmerkung 58; zum Konzept der Versäulung *Lijphart*: The Politics of Accommodation.

439 Vgl. z.B. zu den Briefen La Lanterne, 15.10.1909; España Nueva, 7.10.1909; Berliner Tageblatt, 14.10.1909, AA; zu den Fotos L'Humanité, 8.10.1909; Le Siècle, 10.10.1909; Le Petit Parisien, 18.10.1909; Berliner Tageblatt, 13.10.1909, AA; Menschentum 38 (1909) 174.

440 Vgl. z.B. El Motín, 2.12.1909; *Wendel*: Francisco Ferrer 14.

441 *Tschirn*: Der klerikale Justizmord 3.

442 Vgl. L'Action, 14.10.1909 und *Park*: The European Reaction 240.

Bericht, wie letztere der Beerdigung beiwohnte.[443] Diese Form der Berichterstattung wählten dabei nicht nur die Massenblätter, sondern sie fanden sich auch in den seriösen Tageszeitungen wie zum Beispiel in Le Temps. Sie zeugen von einer »emotionalisierten politischen Kultur«, die Wolfgang Hardtwig als charakteristisch für die Zeit ab 1900 bis zum Zweiten Weltkrieg ansieht, an deren Mitgestaltung die neuen Medien maßgeblich beteiligt waren, wie hier im Fall Ferrer, und in der sich der Antiklerikalismus mit den ihm typischen Opfergeschichten glänzend einpasste.[444]

Nationale Varianten und Grenzen

Kehren wir zurück zur Frage der Transnationalisierung der Öffentlichkeit. Die Mobilisierung fasste in den verschiedenen Ländern unterschiedlich Fuß. Neben Frankreich, das von Beginn an Kernland der Proteste war, sind als Hauptakteure das linke Lager in Italien und Belgien zu nennen.[445] Trotz der gemeinsamen, in ganz Europa beobachtbaren strukturellen Veränderungen der öffentlichen Kommunikation, trotz der transnationalen Verbindungen und des Gemeinschaftsgefühls der Öffentlichkeit prägten nationale Kontexte auch 1909 die Reaktionen und Mobilisierung in den jeweiligen Ländern. So unterschieden sich die Proteste in ihren Trägergruppen sowie im Ablauf (in Italien waren Anarchisten und Sozialisten die Motoren, in Belgien vor allem die Freidenker, während in Frankreich wie bereits beschrieben die Proteste von einer breiten Front angestoßen wurden): Bestimmend für die Differenzen waren insbesondere, wie bereits in den beiden anderen untersuchten Fällen von Mobilisierung, politische Kontexte und Konjunkturen, persönliche Verbindungen sowie rechtliche Rah-

443 Vgl. beispielsweise für die Frage des ökonomischen Schicksals Trinidad Ferrers L'Humanité, 13.10.1909; La Lanterne, 13.10.1909; Le Siècle, 16.10.1909; El País, 17.10.1909; España Nueva, 14.10.1909; BZ am Mittag, 28.10.1909; für die Diskussionen im Stadtrat *Combeau*: Paris 267–278; zur Aufnahme der Hinrichtung sowie zur Beschreibung der Beerdigung La Lanterne, 16.10.1909; Le Temps, 15.10.1909; Le Matin, 13.10.1909; España Nueva, 2.11.1909; BZ am Mittag, 28.10.1909; Menschentum 38 (1099) 176.

444 Vgl. *Hardtwig*: Performanz und Öffentlichkeit 77; zu den Opfergeschichten bereits Kapitel 2.1.

445 In England, der Schweiz, im Deutschen Kaiserreich, in Österreich-Ungarn, Portugal, Dänemark, Schweden, Russland und den Niederlanden engagierte man sich gegen das Urteil gegen den katalanischen Pädagogen, aber die Proteste nahmen längst nicht solch einen Raum ein. Vgl. zu Italien *García Sanz*: España e Italia 328–361; *Avilés Farré*: Francisco Ferrer 255–258; *Antonioli* u. a.: Contro la chiesa; zu Belgien *Park*: The European Reaction 298–350; *Avilés Farré*: Francisco Ferrer 256; zu den Protesten in den anderen Ländern *Ferrer*: Francisco Ferrer 175–202; *Park*: The European Reaction 149–198, 513–592; *Lázaro Lorente*: El proceso; *Solà Gussinyer*: Las consecuencias europeas 38–45.

menbedingungen, wie nun an den näher untersuchten Beispielen Frankreich, dem Wilhelminischen Kaiserreich und Spanien erläutert werden soll.[446]

In Frankreich wurde das gesamte Land mobilisiert.[447] Nicht nur bestimmte die Hinrichtung das öffentliche Leben in Paris in den Tagen der Exekution, sondern auch in 52 von damals 55 Departements lassen sich Proteste für Ferrer nachweisen. Allerdings gewann die Mobilisierung in der Provinz langsamer an Fahrt.[448] An der vielfältigen Verbreitung von Versammlungen in den Departements war insbesondere die zu diesem Zeitpunkt stark anarchistisch geprägte »Confédération générale de travail« (im Folgenden CGT) beteiligt. Zugleich organisierten republikanische und sozialistische Politiker, Parteien und Vereinigungen Protestveranstaltungen.[449] Die Liberalen waren trotz kritischer Positionen eher zurückhaltend und nutzten die Gelegenheit kaum, um antiklerikale Kritik zu äußern, was sicherlich im Zusammenhang mit Ferrers politischem Hintergrund, der radikalen Ausrichtung der Proteste sowie der Frage internationaler Einmischung zu verstehen ist.[450] Der hohe Grad der Mobilisierung in Frankreich hatte neben der engen Verbindung, die Ferrer zu diesem Land hatte, vor allem politische Gründe: Die Exekution des Pädagogen war nochmals ein Anlass, die republikanische Wertegemeinschaft aus den gleichnamigen Parteien und den Sozialisten, die im Zusammenhang der Dreyfus-Affäre geschaffen worden war, zu demonstrieren und dabei als zentrales Bindeglied dieser politischen Koalition den Antiklerikalismus zu fördern.[451]

Im Kaiserreich begannen die Proteste erst mit der Hinrichtung Ferrers.[452] Während die Presseberichterstattung hinsichtlich der eindeutigen Positionierung der französischen in nichts nachstand (davon zeugt die Häufigkeit, mit der gerade deutsche Artikel zitiert wurden[453]), war die Versammlungstätigkeit jenseits des Rheins sehr viel geringer. Ein eindeutiger Grund für diese Zurückhaltung lässt sich schwer ermitteln. Als erstes muss man bedenken, dass Ferrer im

446 Vgl. bereits zur Erklärung mittels politischer Gründe *García Sanz*: El caso Ferrer 434; *Park*: The European Reaction 597.

447 Vgl. für die französischen Proteste z.B. *Park*: The European Reaction 199–297; *Best u. a.*: L'affaire Ferrer; *Aguinaga*: Francisco Ferrer 299–319; *Avilés Farré*: Francisco Ferrer 247–254; Robert: Protestation universelle 245–265.

448 Vgl. zur innerfranzösischen Verbreitung ebenda 255 und *Boscus*: L'affaire Ferrer 114–125.

449 Vgl. zu den Protesten in der Provinz *Robert*: Protestation universelle; *Park*: The European Reaction 271–276.

450 Vgl. ebenda 251–254.

451 Vgl. *Boscus*: L'affaire Ferrer 124–132; zur Dreyfus-Affäre beispielsweise *Winock*: Le mythe fondateur.

452 Vgl. *Park*: The European Reaction 435.

453 Vgl. Anmerkung 367.

Kaiserreich über sehr viel weniger persönliche Kontakte verfügte als in Frankreich.[454] Hinzu kam die stärkere Verbindung Frankreichs mit der iberischen Halbinsel aufgrund der Nachrichtenstruktur – die Informationen gelangten immer erst im zweiten Schritt und verzögert ins Deutsche Reich. Eine große Rolle spielte sicherlich ebenso die vollständig andere politische Lage. Im Kaiserreich entwickelte sich durchaus ein breites Engagement vom ganz linken Rand bis zur Mitte, ähnlich wie in anderen Ländern Europas: Die Anarchisten hielten Versammlungen ab, ebenso wie die Sozialdemokratie, Gewerkschaften und Freidenker. Demokratische und liberale Vereine sowie Parteien riefen zu Protestkundgebungen auf. Friedrich Naumann (1860–1919) sprach etwa über die spanische Regierung und den Klerikalismus bei einer Veranstaltung der Freisinnigen, aber auch der Goethebund entschloss sich zu einem Protestschreiben. Im Kaiserreich war die Ferrer-Allianz zum Teil sogar noch breiter aufgestellt.[455] Große nationalliberale, stark antikatholisch orientierte Tageszeitungen wie die dem Evangelischen Bund nahestehende »Tägliche Rundschau« beteiligten sich an den Protesten. Ebenso nutzen die konservativen Pressestimmen bei aller Kritik gegen die Mobilisierung doch zum Teil auch das Ereignis, um gegen den heimischen ›Klerikalismus‹ zu agitieren.[456] Entscheidend für die verhältnismäßig schwachen Proteste im Deutschen Reich war aber sicherlich, dass der Antiklerikalismus beziehungsweise Antikatholizismus nach 1900 auf der Agenda der Regierungen nicht mehr oben stand und die Aktivitäten der verschiedenen Gruppen nicht auf einer übergreifenden politischen Koalition aufbauen konnten. Zudem verhinderte Ferrers Profil sicherlich auch ein weitergehendes Engagement konservativer und rechter liberaler Kräfte.[457] Hier manifestierten sich das einleitend geschilderte Aufbrechen der konfessionellen Lagerbildung im

454 Die Verbindung Ferrers ins Reich bestand vor allem aus seinem Kontakt zu Ernst Haeckel. Vgl. *Park*: The European Reaction 436.

455 Vgl. die Protestbeschreibungen für das Kaiserreich bei *Ferrer*: Francisco Ferrer 192–194; *Lázaro Lorente*: El proceso 38; *Solà Gussinyer*: Las consecuencias europeas 42; *Park*: The European Reaction 425–505.

456 Vgl. dazu ebenda 445–452. Interessanterweise engagierten sich protestantisch kirchlich gebundene Zeitschriften liberaler und konservativer Provenienz weder im Kaiserreich noch in Frankreich in nennenswertem Maße. Man kritisierte vielmehr die antireligiöse Ausrichtung Ferrers und sein Privatleben, auch wenn die Hinrichtung im Kaiserreich vereinzelt als Anlass genommen wurde, auf die Gefahr des ›römischen Klerikalismus‹ zu verweisen. Vgl. dazu die Oktober- und Novemberausgaben der Revue Chrétienne, des »Protestant Libéral«, der »Allgemeinen Evangelisch-Lutherischen Kirchenzeitung«, der »Evangelischen Kirchenzeitung«, der »Reformierten Kirchen-Zeitung« und der »Christlichen Welt«.

457 Denn es ist zu bedenken, dass auf lokaler Ebene sowie in vielen Landtagen die Liberalen, das heißt potentielle Ferrer-Anhänger, durchaus die Mehrheit stellten. Vgl. *Anderson*: Lehrjahre der Demokratie 125; sowie für einzelne Daten *Langewiesche*: Liberalismus in Deutschland 314–319.

Kaiserreich und die komplexere Stellung der Kirchenkritik im gesamtgesellschaftlichen Gefüge. Empirisch belegbare Kausalitäten können allerdings nicht erbracht werden, um diese Überlegungen zu unterstützen. Fest steht, dass sich im republikanischen Frankreich gerade auf lokaler Ebene die regierenden politischen Allianzen (von Republikanern und Sozialisten) maßgeblich an den Erinnerungsveranstaltungen beteiligten, wie die Straßenumbenennungsprojekte eindrucksvoll demonstrieren,[458] während sich die Proteste im Kaiserreich tendenziell einer Repression gegenübersahen.

Das Presseregime war im Kaiserreich mit dem Reichspressegesetz von 1874 zwar weitgehend liberalisiert worden, zentrale repressive Mittel aus der Restaurationszeit blieben jedoch erhalten. Für unseren Kontext ist vor allem der besondere Schutz, den christliche Kirchen und andere zugelassene Religionsgemeinschaften genossen, herauszustreichen. Diese in § 166 des Pressegesetzes festgelegte Sonderbehandlung wies zwar in der Umsetzung vor allem einen protestantischen Bias auf. Dennoch zeigte sich seine einschränkende Wirkung auch im Zusammenhang antiklerikaler Mobilisierung und so auch 1909.[459] So sind Einzelfälle von Selbstzensur nachweisbar: Die Vossische Zeitung zitierte nach Eigenaussage einen Artikel der »New York Times« nicht, da die dort lancierten Beschimpfungen eine mögliche strafrechtliche Verfolgung nach sich gezogen hätten.[460] In der französischen Dritten Republik galt dagegen seit 1883 eine allgemeine Pressefreiheit.[461]

Den anderen Kontext, in dem sich die Proteste im Kaiserreich bewegten, zeigte auch ein überlieferter Fall behördlichen Eingreifens im Kaiserreich: Eine Akte im Bayerischen Hauptstaatsarchiv gibt darüber Auskunft, dass Lujo Brentano[462] wegen seines Engagements im deutschen Intellektuellenprotest vom Kultusministerium inoffiziell gerügt wurde, da die »scharfe und verletzende«

458 Vgl. *Aguinaga*: Francisco Ferrer 212–289.

459 Vgl. für das Presserecht im Kaiserreich *Requate*: Journalismus als Beruf 244–264; *Mommsen*: Lenkung und Selbstzensur; sowie insbesondere für die antikatholische Anwendung des Religionsparagrafen vor allem während der Kulturkampfzeit *Wetzel*: Presseinnenpolitik im Bismarckreich.

460 Vgl. Vossische Zeitung, 21.10.1909, AA.

461 Rechtliche Verfolgungen auf der Basis allgemeiner Bestimmungen wie Angriffe gegen die öffentliche Ordnung, die Moral, auf den Präsidenten etc. existierten zwar auch hier, aber Religion stand nicht unter einem gesonderten Schutz und die Exekutive, die für die Einschätzung von Presseregimen immer zu berücksichtigen ist, war selbst tendenziell antiklerikal geprägt, so dass die Kirchenkritik selten betroffen war. Vgl. für das Presserecht in der Dritten Republik z.B. *Albert*: Presse française 240–249; *Thogmartin*: The National Daily 70–89; für Verbote antiklerikaler Darstellung *Doizy*: De la caricature anticléricale à la farce biblique 86; *ders./Lalaux*: Dieu créa le rire 34f.

462 Lujo Brentano (1844–1931), Wirtschaftswissenschaftler und Sozialreformer, Gründungsmitglied des »Vereins für Socialpolitik«. Vgl. *Zahn*: Brentano.

Verurteilung des Prozesses einer auswärtigen Macht durch einen bayerischen Beamten vorschnell und ohne wirkliche Kenntnisse der Sachlage geschehen sei. Ein dienstrechtliches Verfahren wurde allerdings mangels der erforderlichen Voraussetzungen nicht eingeleitet.[463] Deutsche Antiklerikale sahen sich letztlich in einer prekäreren Stellung als ihre französischen Mitkämpfer. Zwar zeigt die Breite der Allianz 1909, dass Antiklerikalismus oder besser gesagt Antikatholizismus im Kaiserreich sich politisch gesehen auf eine politisch heterogenere Trägerschicht stützen konnte als in der Dritten Republik, doch war der rechtliche Rahmen eingeschränkter. Mit Rückgang des Interesses einer antikatholischen Ausrichtung des Regimes nach dem Kulturkampf besonders seit den 1890er Jahren verloren Antiklerikale die sichere Stütze durch den Staat.[464] Der Antikatholizismus im Kaiserreich stand zunehmend, dies zeigt der Fall Ferrer erneut, unter anderen politischen Vorzeichen als der romanische Antiklerikalismus. Radikale Antiklerikale und deutlich liberal ausgerichtete Formen des kirchenkritischen Protestes erlebten selbst Repressionen, wie etwa die Auseinandersetzungen um die Einmischung Brentanos beweisen.

Die Proteste gestalteten sich nicht nur unterschiedlich in den verschiedenen Ländern, sondern wurden auch dazu genutzt, nationale Fragen anzusprechen. Die Antiklerikalen warnten explizit vor der virulenten ›klerikalen‹ Gefahr im jeweiligen Land.[465] Die Antiklerikalen im Kaiserreich wetterten gegen den seit Sommer wieder regierenden ›schwarz-blauen Block‹[466] und prangerten das Rechtssystem an. Zugleich wurde die Verfolgung Ferrers als Beispiel fehlender Gewissensfreiheit aufgegriffen und zum Anlass genommen, das Presseregime zu kritisieren sowie auf die Tatsache hinzuweisen, dass eine so freie Schule wie die Ferrers im Kaiserreich rechtlich gar nicht möglich sei. Daran schlossen sich dann zum Teil spezifische Forderungen von Seiten der Freidenker, Sozialisten und Anarchisten nach Schulgründungen beziehungsweise Erziehungsreformen an. Die Demokraten verlangten die Trennung von Staat und Kirche.[467] Noch nicht erfüllte Ziele der Antiklerikalen wurden auch in Frankreich thematisiert wie die vollständige Laizisierung der Schulen, zum Beispiel in Bezug auf die

463 Vgl. BayHStA, Ministerium des Äußeren, MA/93377.

464 Vgl. zu den Phasen im Kaisereich bereits Kapitel 1.4.

465 Vgl. La Lanterne, 26.9.1909; Le Siècle, 3.11.1909; Le Matin, 20.10.1909; Berliner Tageblatt, 17.10.1909; Der Freidenker 17 (1909) 178.

466 Gemeint ist die Allianz von Konservativen und Zentrum.

467 Vgl. für die politische Kritik Vorwärts, 20.10.1909; Der Wahre Jakob 26 (1909) 6015; Frankfurter Zeitung, 22.10.1909, 3. MA; Berliner Tageblatt, 15.10.1909, MA; Vossische Zeitung, 20.10.1909, AA; zur mangelnden Pressefreiheit Der Freidenker 17 (1909) 168; für die Erziehungsfragen Der Anarchist, 15.11.1911; Der Wahre Jakob 26 (1909) 6015; Frankfurter Zeitung, 22.10.1909, 3. MA; *Tschirn*: Der klerikale Justizmord 2, 10, 14f.; *Domela Nieuwenhuis*: Francisco Ferrer o.p.

Einmischung der Kirchenhierarchie in die Lehrbüchergestaltung.[468] Nationale Belange standen allerdings nicht so stark im Vordergrund wie im Kaiserreich, was zeigt, dass eine starke Mobilisierung nicht notwendigerweise mit einer ›persönlichen‹ Betroffenheit zusammenhängen musste. Die Anknüpfung an ein internationales Ereignis, um nationale Belange zu besprechen, ist hinsichtlich der Frage der Einschätzung der Transnationalisierung jedoch ein zweischneidiges Schwert. Zum einen muss hinter einer Anbindung an den eigenen Lebenskontext ein höherer Grad der Identifikation vermutet werden. Dies wird besonders deutlich, wenn man erwägt, dass 1909 im Kaiserreich als Konsequenz aus dem Fall Ferrer zum Kirchenaustritt aufgerufen wurde.[469] Eine Umsetzung dieser Forderungen hätte tiefgreifende Einschnitte für die Betroffenen bedeutet. Andererseits – und dafür sprechen die geringe Anbindung in Frankreich sowie die gleichzeitige hohe Mobilisierung – zeigt der Fall Ferrer, dass eine starke Identifikation mit einem nicht nationalen Ereignis nicht mit nationalen Themen verknüpft werden musste und eine Nationalisierung des Gegenstandes auch eine Zurückhaltung hinsichtlich transnationaler Einmischung bedeuten kann.

Wie gestalteten sich nun dagegen die Proteste in Spanien, wo das transnationale Ereignis zunächst einmal ein nationales war? In Anbetracht dessen, dass der Fall Ferrer in die Hochphase der antiklerikalen Mobilisierungen in Spanien nach 1900 fiel, würde man erwarten, dass Antiklerikale auf der iberischen Halbinsel die Proteste im Ausland willkommen geheißen und als erneuten Anlass genommen hätten, für ihre Ziele zu kämpfen. Interessanterweise enttäuscht das empirische Material allerdings diese Vermutungen des historischen Betrachters. *Erstens* setzten die Proteste hier stark verzögert ein. Eine kritische Berichterstattung begleitete den Prozess wie die Hinrichtung von Anbeginn, auch wenn die Journalisten immer wieder mit der rechtlichen Ausnahmesituation zu kämpfen hatten, einige Organe ganz oder teilweise verboten wurden und besonders Informationen über die Solidaritätsbekundungen im Ausland nicht über die Grenze gelangten.[470] Auch die Versammlungstätigkeiten wurden teilweise ver-

468 Vgl. Le Siècle, 16.10.1909; La Lanterne, 23.10.1909; L'Action, 23.10.1909; Société Nouvelle 11 (1909) 143.

469 Vgl. Der Anarchist, 13.10.1909; Frankfurter Zeitung, 22.10.1909, 3. MA; Der Freidenker, 17 (1909) 177.

470 Die verfassungsrechtlichen Garantien und damit die verankerte Pressefreiheit wurden erst wieder am 7.11.1909 eingesetzt. Ganz verboten waren in diesem Zeitraum die anarchistische »Tierra y Libertad« und Solidaridad Obrera sowie eine Reihe katalanischer Zeitungen, teilweise unterdrückt wurden auch »El Socialista« und El País. Darüber hinaus sind auch Fälle von Selbstzensur zu beobachten. Vgl. ebenda 14.10.1909, 7.11.1909; *Solà Gussinyer*: Francesc Ferrer 132; zu den Schwierigkeiten der Informationsbeschaffung El País, 12.10.1909; El Liberal, 14.10.1909; España Nueva, 17.10.1909; zur Einschränkung der Verbindungen von Tele-

boten – Straßenproteste und Versammlungen fanden erst nach der Hinrichtung statt. Man kann von ca. 30 Demonstrationen ausgehen. *Zweitens* zeigt sich, dass dann vor allem die radikalen Gruppen des antiklerikalen Spektrums (Anarchisten, Sozialisten, Republikaner und Freidenker) aktiv waren. Liberale und auch Freimaurer beteiligten sich nur zögerlich. Daneben organisierten sich ähnlich wie im Kaiserreich auch vereinzelt Gegendemonstrationen.[471]

Die España Nueva stellte die internationale Mobilisierung unter den Titel »Die Proteste gegen Maura«[472]. In diesem und ähnlichen Zitaten manifestierte sich die politische Zielrichtung, die die spanischen Proteste zunächst hatten. Diese mobilisierten in erster Linie gegen die Regierung des konservativen Antonio Maura y Montaner (1853–1925) und sein Vorgehen im Zusammenhang der Semana Trágica sowie gegen die Kriegsführung in Marokko. Der Druck der Proteste im In- und wahrscheinlich auch im Ausland wurde schließlich so stark, dass Maura nach hitzigen Parlamentsdebatten am 21. Oktober 1909 dem König seinen Rücktritt anbot, den Alfons XIII. annahm.[473] Diesen Sieg feierte die Linke dann drei Tage später in einer großen Demonstration in Madrid mit 30.000 Personen nach Aussage der eigenen Presse. Die Protestkundgebung war bereits vorher geplant worden und versammelte neben bekannten Größen aus der Politik (wie dem Sozialistenführer Pablo Iglesias, dem Republikaner Rodrigo Soriano Barroeta-Aldamar [1868–1944] oder dem Gewerkschaftsführer Vicente Barrio [1863–1926]) auch viele Intellektuelle wie Pérez Galdós oder José Ortega y Gasset (1883–1955).[474] Der antiklerikale Gehalt der Proteste gewann erst nach dem Rücktritt Mauras die Überhand.[475] Die Erinnerung an Ferrers Hinrichtung wurde dann aber in den folgenden Wochen, Monaten und Jahren

fon und Telegraf ebenda, 18.10.1909; zur verzögerten Berichterstattung El Socialista, 12.11.1909; El País, 11.10.1909; zur Selbstzensur El Motín, 7.10.1909; España Nuvea, 17.10.1909; El Imparcial, 15.10.1909; El Liberal, 14.10.1909.

471 Vgl. für die Demonstrationen z.B. El País, 18.10.1909, 19.10.1909, 25.10.1909, 28.10.1909, 29.10.1909; El Liberal, 23.10.1909, 24.10.1909; zu den Versammlungen und Protesten *Park*: The European Reaction 149–189; *Avilés Farré*: Francisco Ferrer 258–261; *Lázaro Lorente*: El proceso 33–36; zum Verbot von Versammlungen ebenda; zu den Gegendemonstrationen El Liberal, 23.10.1909, 3.11.1909; sowie *Park*: The European Reaction 182.

472 »La Protesta contra Maura«, España Nueva, 17.10.1909.

473 Angeblich begründete Alfons XIII. diese Entscheidung vor dem Sohn des geschassten Regierungspräsidenten damit, dass Maura nicht gegen halb Spanien und halb Europa zu halten sei. Vgl. beispielsweise *Voltes*: Semana Trágica 171; allgemein dazu *Park*: The European Reaction 170–180; *Avilés Farré*: Francisco Ferrer 259–261; sowie die Parlamentsdebatten in Diario de Sesiones de Cortes, Legislatura de 1909, 21–84.

474 Die reale Beteiligung war wahrscheinlich niedriger als die angegebene Zahl. Vgl. z.B. España Nueva, 24.10.1909; den Aufruf im El País, 24.10.1909; allgemein *Lázaro Lorente*: El proceso 34.

475 Vgl. zum geringen antiklerikalen Gehalt *De Mateo Avilés*: Anticlericalismo en Málaga 100.

immer wieder zum Anknüpfungspunkt kirchenkritischer Mobilisierung. So verband die Presse die Erinnerung an den katalanischen Pädagogen mit der Forderung der Ausweisung von Orden, der Trennung von Staat und Kirche oder der Aufforderung, sich in der privaten Lebensführung von der kirchlichen Gebundenheit zu lösen und Freidenker veranstalteten 1910 zeitgleich zum Jahrestag der Hinrichtung einen Kongress, auf dessen Programm auch eine Erinnerungsfeier für den gefallenen Helden stand.[476]

Ausschlaggebend für die verhältnismäßig geringe Mobilisierung in Spanien war zunächst das rigide Zensurregime.[477] Der Fall Ferrer stellt in dieser Hinsicht keine Ausnahme dar. Im Vergleich zu Frankreich bedeutete auch in Spanien wie im Deutschen Kaiserreich gerade das Presserecht einen Hemmschuh für antiklerikale Mobilisierung.[478] Die repressive Politik zeigte sich auch in den folgenden Jahren, als der Fall Ferrer wieder zum Thema wurde.[479] Die Person Ferrers selbst war der zweite Grund für die geringe Mobilisierung in Spanien. Zum einen schätzte man sein politisches Engagement in Spanien sehr viel kritischer ein. Bereits während des Prozesses 1906/1907 hielten sich breite Teile der gemäßigteren Öffentlichkeit zurück, ihn zu verteidigen, weil nicht an seine Unschuld geglaubt und seine revolutionäre Einstellung, die in seinem Heimatland naturgemäß bekannter war, abgelehnt wurde. Dies gilt auch – und wegen der Implikation 1906 noch in erhöhtem Maß – für 1909.[480] Ferrers Kritiker verurteilten die Semana Trágica und fürchteten ein erneutes Ausbrechen von Gewalt, was sich mit Bombenattentaten in Barcelona im Oktober sowie dem Angriff auf den Staatsanwalt des Verfahrens auch zu bestätigen schien.[481] Zudem fühlte sich

476 Vgl. zur antiklerikalen Aufladung der Erinnerung z. B. Vida Socialista, 10. 7. 1910; El Radical, 9. 7. 1910; España Nueva, 26. 3. 1911; El Motín. 28. 10. 1910 und allgemein *Ferrer*: Francisco Ferrer 214 f.; *Ferrer Benimeli*: La masonería 168; zum Freidenkerkongress Solidaridad Obrera, 21. 10. 1910; Progreso Ilustrado, 30. 10. 1910.

477 Vgl. zu dieser Erklärung *Aguinaga*: Francisco Ferrer 204–206.

478 Das Pressegesetz von 1883, das die Politik in der Restauration bestimmte, kannte zwar eine allgemeine Pressefreiheit, aber zugleich unterschiedliche Ausnahmen. So gab es Sondergesetze für die Repression der Anarchisten und der peripheren Nationalismen; die katholische Religion stand unter besonderem Schutz. Daneben verfügte die Regierung durch das Mittel des Ausnahmezustands über die Möglichkeit, sämtliche Grundrechte einzuschränken. Vgl. zur Pressegesetzgebung *Sáiz/Seoane*: Historia del periodismo, Bd. 3 64–68; zur negativen Auswirkung auf antiklerikale Mobilisierung *Salomón Chéliz*: Anticlericalismo en la calle 136.

479 Vgl. für die späteren Beispiele von Zensur die anarchistische Solidaridad Obrera, 21. 10. 1910; der republikanische El Diluvio, 15. 10. 1910; die liberale La Mañana, 13. 10. 1910; für das Verbot von Erinnerungsfeiern Tierra y Libertad, 19. 10. 1910; El Diluvio, 13. 10. 1910.

480 Vgl. für die Zurückhaltung in Spanien 1906/1907 *Ullman*: Tragic Week 100; für die Zweifel an der Unschuld *Avilés Farré*: Francisco Ferrer 258–261; *Delgado*: Polémica; *Lázaro Lorente*: El proceso 36; *Álvarez Lázaro*: La masonería librepensadora 362 f.

481 Vgl. für die Bombenattentate *Park*: The European Reaction 168; für den Angriff auf

1909 von den radikalen Kräften keiner wirklich zuständig: Der katalanische Pädagoge hatte wenig Freunde unter den revolutionären Kräften in Barcelona und seine Zugehörigkeit zu ›allen‹ beziehungsweise zu keiner der Strömungen führte dazu, dass keine der Gruppe sich für ihn als einen der Ihren stark machte.[482] Außerdem stellte für einige die Fokussierung der Repression auf Ferrer eine Möglichkeit dar, selbst einer Verfolgung zu entgehen. So halfen Teile der radikalen republikanischen Partei, die an dem Aufstand beteiligt gewesen waren, sogar mit, ihn zu verurteilen, indem sie ihn belasteten.[483] Für dieselben Gruppen wurde Ferrer aber dann in den Folgejahren zum Symbol ihres Kampfes.

Europa zwischen Universalität und Ausgrenzung

Europa avancierte 1909 – in noch viel ausgeprägterem Maße als während der Mobilisierung für den jüdischen Jungen 1858 – zur zentralen Selbstbeschreibungskategorie aller Protestierender. Die europäische Zivilisationsgemeinschaft wurde dabei besonders in Absetzung zu Spanien als dem ›Anderen‹ konstruiert und dieses Fremdbild machte es den spanischen Protestierenden ungleich schwerer, sich mit Europa zu identifizieren und bildete den dritten Grund für die geringe Mobilisierung südlich der Pyrenäen. Theodor Wolff klassifizierte in einem bereits zitierten Artikel des Berliner Tageblatts die »öffentliche Meinung« als die »Europas«.[484] Andere sprachen vom »Europa mit Gewissen«, dem »Kulturgewissen Europas« oder den »Völker[n] Europas«.[485] Das Selbstverständnis der protestierenden Öffentlichkeit als Gemeinschaft und Akteur entsprach einer europäischen Identitätsvorstellung. Europa wurde dabei mit spezifischen Werten und Gesellschaftskonzepten verbunden und im Diskurs mit Zivilisation, Kultur und Fortschritt gleichgesetzt.[486] Auch 1909 operierten die Protestieren-

den Staatsanwalt z.B. Vorwärts, 21.10.1909; zur Angst vor Gewalt und Revolution *Ullman*: Tragic Week 306; *Avilés Farré*: Francisco Ferrer 258–260.

482 Diese Situation führte nach der Hinrichtung dazu, dass man sich gegenseitig Vorwürfe machte, an dem Vollzug der Hinrichtung mitschuldig zu sein. Vgl. El Diluvio, 13.10.1909, 12.7.1910; *Park*: The European Reaction 152–156; als Grund für eine geringe Mobilisierung bereits bei *Solà Gussinyer*: Francesc Ferrer 119–121; *ders.*: El honor 51.

483 Vgl. dazu *Aguinaga*: Francisco Ferrer 304–306; *Avilés Farré*: Francisco Ferrer 259.

484 Berliner Tageblatt, 14.10.1909, MA.

485 In der Reihenfolge des Zitierens »l'Europe consciente«, L'Action, 11.9.1909; *Wendel*: Francisco Ferrer 13; »pueblos europeos«, El Motín, 18.11.1909.

486 Die hier aufscheinende klassische Differenz zwischen dem französischen Begriff der Zivilisation und dem deutschen Begriff der Kultur unterlaufen einige Übersetzungen von Artikeln, die beide Begriffe gleichsetzen, so dass den Unterschieden an dieser Stelle kein größerer Stellenwert beigemessen werden soll. Vgl. z.B. zur Zivilisation L'Anarchie, 19.10.1909; Voix du Peuple, 17.–24.10.1909; L'Action, 20.10.1909; zur Kultur Neue Zeit 28 (1909) 98; Berliner

den mit dem Konzept des überlegenen Europas. Allerdings wurden andere Vorstellungen als 1858 – nicht Moral und Naturrecht – als essentieller Bestandteil der europäischen Identität angesehen:[487] Die Protestierenden vertraten die Sache Ferrers. Dieser galt wegen seiner Aktivitäten für die laizistische Erziehung zunächst generell als Vertreter des Rationalismus, der Aufklärung und der Vernunft.[488] Zudem wurde das juristische Verfahren des Kriegsgerichts, das laut der kritischen Presse Ferrer ohne Zeugenvernehmung und rechtskräftige Beweise verurteilt hatte, zum Negativbeispiel: »Das europäische Empfinden verlangt[e], daß kein Bürger ohne Einhaltung gesetzlicher Formen gestraft werden kann.«[489] Europa stand also auch für Rechtsstaatlichkeit und Gerechtigkeit.[490] Gemeinsamer Kern aller Europaentwürfe aber war der Freiheitsbegriff. Freiheit bedeutete im Zusammenhang mit dem Fall Ferrer neben der individuellen Freiheit als Freiraum gegenüber staatlicher Macht insbesondere »geistige Befreiung« vom Einfluss der »Pfaffen«.[491]

Der Bezug der protestierenden Öffentlichkeit auf eine europäische Identitätsvorstellung legitimierte den grundsätzlichen Geltungsanspruch der eingeforderten Werte.[492] Das Identitätskonzept war 1909 allerdings von hoher Ambivalenz hinsichtlich der In- und Exklusion geprägt. Zum einen wurden die Werte mit einer universalen Gültigkeit belegt. Neben Europa appellierten die Protestierenden wie 1858 immer wieder auch an weltumfassende Zusammenhänge. Die Proteste waren schließlich nicht auf Europa begrenzt, sondern fanden auch ein Echo in einigen Kolonien, im Libanon, den USA und besonders auch in Lateinamerika.[493] Dennoch blieb die Wahrnehmung als protestierende transnationale

Tageblatt, 11.10.1909, AA; *Wendel*: Francisco Ferrer 13; zum Fortschritt Temps Nouveaux, 12.10.1909; Voix du Peuple, 10.–17.10.1909; L'Acacia 24 (1909) 247; El Diluvio, 1.4.1911; El Intransigente, 12.10.1912; Freie Arbeiter, 23.9.1909; Vorwärts, 19.10.1909; Berliner Tageblatt, 16.10.1909; Der Freidenker 17 (1909) 177.

487 Vgl. ausführlicher zu verschiedenen Europakonzeptionen Kapitel 2.1, Anmerkung 104.

488 Vgl. Voix du Peuple, 10.–17.10.1909; L'Action, 11.10.1909; El Socialista, 29.10.1909; España Nueva, 19.10.1909; Freie Arbeiter, 23.9.1909; Berliner Tageblatt, 17.10.1909.

489 Berliner Tageblatt, 14.10.1909, MA.

490 Vgl. Voix du Peuple, 10.–17.10.1909; L'Humanité, 14.10.1909; La Lanterne, 16.10.1909; Le Siècle, 15.10.1909; El Socialista, 22.10.1909; El País, 25.10.1909; Freie Arbeiter, 16.10.1909; Frankfurter Zeitung, 14.10.1909, AA; Der Freidenker 17 (1909) 177.

491 Berliner Tagblatt, 14.10.1909, MA. Vgl. ähnlich auch Temps Nouveaux, 12.10.1909; L'Humanité, 16.10.1909; La Lanterne, 16.10.1909; El Socialista, 29.10.1909; El Diluvio, 1.4.1911; Der Anarchist, 22.10.1909; Freie Arbeiter, 27.9.1909; Vorwärts, 19.10.1909; Frankfurter Zeitung, 17.10.1909, 2. MA; Der Freidenker 17 (1909) 177.

492 Vgl. zur Legitimationsfunktion von Identitäten für Öffentlichkeit allgemein *Kaelble/Kirsch*: Einleitung 13–15; *Giesen*: Europäische Identität 69–78.

493 Vgl. für die außereuropäischen Proteste *Ferrer*: Francisco Ferrer 198–202; *Park*: The European Reaction 569–592; *De Cambra Bassols*: Anarquismo y positivismo 19.

Öffentlichkeit vorwiegend auf Europa beschränkt, wie die Zusammenstellungen der Proteste in der Presse zeigen.[494] Mit dieser begrenzten Wahrnehmung korrespondierte auch eine begriffliche Eingrenzung. Die weltumspannenden Kollektivsingulare wurden wie 1858 immer wieder eingeschränkt, wenn die Protestierenden von »Kulturmenschheit«, »zivilisierte[r] Welt« oder »gesittete[r] Welt« sprachen.[495] Dieses Changieren zwischen Universalität und Partikularität betraf insbesondere Spanien.[496]

Dem ›zivilisierten‹ Europa wurde das Bild eines der Vergangenheit verhafteten und barbarischen[497] Spaniens gegenüber gestellt, das unter dem »Joch«[498] der Kirche und des Klerus litt.[499] Dieses Bild fungierte im antiklerikalen Diskurs nicht nur 1909 als Negativfolie.[500] Es speiste sich vor allem aus zwei Großdiskursen. Die Presse griff in der Berichterstattung in chiffrenartiger Form zentrale Topoi der bereits erwähnten Leyenda negra auf und schrieb sie weiter.[501] Die Protestierenden arbeiteten 1909 vor allem mit dem Motiv der Inquisition und dem Stereotyp der Jesuiten. Das Gerichtsverfahren und die Exekution wurden als inquisitorisch bezeichnet.[502] Dabei stellten insbesondere Karikaturen die

494 Vgl. die Presseschauen Anmerkung 365.

495 In der Reihenfolge des Zitierens Berliner Tageblatt, 16. 10. 1909, AA; »monde civilisé«, L'Humanité, 7. 10. 1909; Frankfurter Zeitung, 18. 10. 1909, AA; für andere Beispiele eingeschränkter weltumfassender Begriffe z. B. L'Action, 19. 10. 1909; Le Siècle, 13. 9. 1909; El Diluvio, 1. 4. 1911; Vorwärts, 19. 10. 1909; für die universalen Kollektivsingulare Voix du Peuple, 10.–17. 10. 1909; La Lanterne, 15. 10. 1909; El Socialista, 22. 10. 1909; Nuevo Regimen, 12. 7. 1911; Freie Arbeiter, 23. 9. 1909; Berliner Tageblatt, 9. 10. 1909, MA; BZ am Mittag, 13. 10. 1909.

496 Vgl. allgemein zu diesem Phänomen *Park*: Cosmopolitanism and Universalism 220; im Kontext der Freimaurerei *Hoffmann*: Nationalism and the Quest for Moral Universalism; *Berger*: Between Universal Values and National Ties 220.

497 Vgl. z. B. Der Anarchist, 16. 10. 1909; Berliner Tageblatt, 16. 10. 1909, MA; Vossische Zeitung, 20. 10. 1909, AA.

498 Le Siècle, 9. 9. 1909.

499 Vgl. zu diesem Bild bereits *García Sanz*: Relaciones 328; *Bachoud*: L'affaire Ferrer 105–107. 1909 war die zweite Negativfolie Russland, mit dem man Spanien oft verglich. Weitere geografische Differenzierungen des Raumes Europa sind nicht nachzuweisen. Vgl. zu Russland etwa Berliner Tageblatt, 14. 10. 1909, MA; Der Freidenker 17 (1909) 167; Christliche Welt 23 (1909) 1052; La Campana de Gràcia, 25. 12. 1909; allgemein zur Orientalisierung Russlands z. B. *Adamovsky*: Euro-Orientalism.

500 Vgl. etwa die Verwendung des Bildes 1869 Vrai Protestant 3 (1870) 22–23; *Ricciardi*: L'Anticoncilio 145 f.; in der Berichterstattung zum Prozess von 1906/1907 *Avilés Farré*: Francisco Ferrer 180–185; in zeitgenössischer Reiseliteratur *Bachoud*: L'affaire Ferrer 105–107; in Presseberichten zur entstehenden Arbeiterbewegung in Spanien ANF, Police, F/7/13066; allgemein *Rémond*: Anticléricalisme en France 141.

501 Vgl. *Aubert*: Consecuencias 168–174; sowie allgemein Kapitel 2.2, Anmerkung 283.

502 Vgl. zum Topos der Inquisition z. B. Voix du Peuple, 31.10.–7. 11. 1909; L'Action, 16. 10. 1909; Le Matin, 4. 10. 1909; L'Acacia 24 (1909) 247; Der Anarchist, 16. 10. 1909; Berliner Tageblatt, 17. 10. 1909; Der Freidenker 17 (1909) 162; *Wendel*: Francisco Ferrer 3.

Hinrichtung mit äußerster Drastik als gewalttätig und grausam dar. Die Jesuiten wurden als die eigentlichen Drahtzieher des Prozesses ausgemacht. Theodor Wolff entwarf die Vorstellung jesuitischer ›Hintermänner‹, deren »Werkzeug« und »[Lakai]«[503] die Regierung sei.[504] (vgl. Abb. 3, Abb. 4, Abb. 5)

Der zweite Fundus, aus dem die Journalisten ihr Spanienbild schöpften, war der zeitgenössische Diskurs katholischer Inferiorität, die Vorstellung der ökonomischen und kulturellen Rückständigkeit katholischer Nationen und Völker.[505] Sie gab einen passgenauen Rahmen für die weitergehenden Topoi der Leyenda negra ab. »Diese allmächtige Klasse [der Kleriker, L. D.] in Spanien hat es geschafft, bis heute die Mentalität des größten Teils der Halbinsel auf dem Niveau zu halten, wo sie zur Zeit Karls V. war«.[506] Wie das französische Organisationskomitee betonten die Protestierenden immer wieder – oft auch in visueller Form (vgl. Abb. 6) – die Spanien vom Fortschritt ausschließende Allmacht des Klerus.[507] Dieser halte das spanische Volk in einem starken ›irrationalen‹ Glauben gefangen, der zur Verdummung und zum geringen Bildungsgrad, insbesondere zur hohen Analphabetenrate führe.[508] Zum anderen wurde der Klerus für die schlechte ökonomische Lage Spaniens verantwortlich gemacht.

503 Berliner Tageblatt, 14. 10. 1909, MA.

504 Vgl. z. B. auch Temps Nouveaux, 30. 10. 1909; Le Siècle, 16. 10. 1909; La Lanterne, 8. 10. 1909; Les Corbeaux, 3. 10. 1909 (Abb. 2, S. 229); Der Anarchist, 12. 10. 1909; Der Wahre Jakob 26 (1909) 6356; Berliner Tageblatt, 14. 10. 1909, MA; Tägliche Rundschau, 14. 10. 1909, AA; Der Freidenker 17 (1909) 163.

505 Die kausale Verknüpfung von Religion und Ökonomie ist bis ins 16. Jahrhundert zurückzuverfolgen. Die konfessionelle Aufladung und Verbindung mit einer erwarteten Modernisierung trat allerdings erst mit der Aufklärung beziehungsweise im 19. Jahrhundert auf. Vgl. dazu *Münch*: The Thesis; *Nipperdey*: Max Weber 74 f.; allgemein zu diesem Topos *Baumeister*: Parität 73–84; für die Rolle der Inferiorität im Antiklerikalismus in Frankreich im sozialistischen Kontext *Stuart*: Marxism and Anticlericalism 298; in Spanien *De Mateo Avilés*: Anticlericalismo en Málaga 37–39; allgemein *Rémond*: Anticléricalisme en France 189 f.; *Verhoeven*: Transatlantic Anti-Catholicism 22, 39 f.

506 »Cette classe [des clericales, L. D.] toute puissante en Espagne, a réussi jusqu'à présent a maintenir la mentalité de la plus grand partie de la péninsule au niveau de ce qu'elle était sous Charles-Quint.«, *Comité de Défense des Victimes de la Répression Espagnole*: Un martyr des prêtres 8.

507 Vgl. zur Frage der Allmacht z. B. Temps Nouveaux, 2. 10. 1909; Le Siècle, 17. 10. 1909; L'Acacia 24 (1909) 125; Der Anarchist, 19. 10. 1909; Sozialistische Monatshefte 13 (1909) 1402; Berliner Tageblatt, 17. 10. 1909; BZ am Mittag, 19. 10. 1909; Der Freidenker 17 (1909) 162.

508 Vgl. für die Frage des Glaubens L'Acacia 24 (1909) 125; Der Anarchist, 13. 10. 1910; Sozialistische Monatshefte 13 (1909) 1402; Berliner Tageblatt, 17. 10. 1909; BZ am Mittag, 13. 10. 1909; für die mangelnde Bildung Société Nouvelle 11 (1909) 70; L'Action, 20. 10. 1909; Le Matin, 13. 10. 1909; Freie Arbeiter, 7. 8. 1909; Vossische Zeitung, 22. 10. 1909, AA; Der Freidenker, 17 (1909) 178.

Ferrer

(Zeichnung von Wilhelm Schulz)

Mit Neid schielen die deutschen Pfaffen nach Spanien hinüber.

Abb. 3: *Schulz*, Wilhelm: Ferrer. In: Simplicissimsus 14 (1909/1910), 510.
Untertitel: Mit Neid schielen die deutschen Pfaffen nach Spanien hinüber.
Wilhelm Schulz (1865–1952), fester Zeichner, Autor und später Teilhaber des Simplicissimus.
Vgl. DBA, II, 1196 164–165, III, 832 93 f.

Das Haupt Ferrers

„Sire, der Infant wird einst wie Sie ein treuer Sohn der Kirche sein; wir wollen ihn frühzeitig lehren, mit den freien Köpfen des Landes zu spielen."

Abb. 4: *Gulbransson*, Olaf: Das Haupt Ferrers. In: Simplicissimus 14 (1909/1910), 526. Untertitel: »Sire, der Infant wird einst wie Sie ein treuer Sohn der Kirche sein; wir wollen ihn frühzeitig lehren, mit den freien Köpfen des Landes zu spielen.«
Olaf Leonhard Gulbransson (1873–1958), fester Zeichner des Simplicissimus, Professor der Bayerischen Akademie der Bildenden Künste. Vgl. *Ahlers-Hestermann*, Gulbransson 300 f.

Abb. 5: Leur œuvre (Ihr Werk). In: La Calotte, 2. 11. 1909, Titelblatt.
Übertitel: »Ferrer ist auf Veranlassung der spanischen Mönche hingerichtet worden.« *Die Geschichte*. Untertitel: LOYOLA. – Noch einer, der nicht unsere Raubzüge und Diebstähle anprangert!

Er [der Klerus, L. D.] gibt Ratschläge, wie die Vermögen zu investieren sind, mischt sich in testamentarische Verfügungen und hält die Hand über das gesamte Leben aller. Durch seine reaktionäre Aktion verhindert er jeden Fortschritt, er zerstört jede industrielle und landwirtschaftliche Bewirtschaftung.[509]

509 »Il [le clergé, L. D.] […] donne conseil sur l'emploi des fortunes, intervient dans les dispositions testamentaires et à la haute main sur la vie de tous. Par son action rétrograde, il empêche tout progrès, annihile toutes exploitations industrielles ou agricoles«, *Comité de Défense des Victimes de la Répression Espagnole*: Un martyr des prêtres 8.

Abb. 6: *Gestwicki*, Bruno: Spanien emanzipiert sich. In: Lustige Blätter, 15. 9. 1909, 18.
Untertitel: Der Pfaffe: Sei doch nicht so flatterhaft, España! Seit tausend Jahren bist du mein Verhältnis, und da willst du mich mit einem Male verlassen?
Bruno Gestwicki (1882–1976), Pressezeichner und Karikaturist, ständiger Mitarbeiter der »Lustigen Blätter« und des »Ulk«. Vgl. DBA, III, 293 337.

Der Klerus entziehe durch konkrete Einmischung, aber auch generell durch die Einforderung von Spenden und seinen großen Landbesitz der spanischen Wirtschaft die notwendigen Ressourcen.[510]

Dieses Spanienbild lässt sich nicht nur in den zwei zeitgenössischen Paralleldiskursen nationaler Zuschreibungen verorten, sondern es können zwei konkrete Quellen ausgemacht werden, welcher sich die Presse 1909 bediente. Erstens zitierten Journalisten des Kaiserreiches immer wieder das im selben Jahr in deutscher Übersetzung erschienene Buch des Freidenkers José Ferrándiz[511], in dem dieser die neueste Geschichte Spaniens im 19. Jahrhundert insbesondere mit Blick auf den Einfluss des ›Klerikalismus‹ darstellte.[512] Der zweite herangezogene ›Experte‹ war der republikanische Politiker Camille Pelletan (1846–1915), der sich im Herbst 1909 auf einer Reise durch die iberische Halbinsel befand. Er verfasste zwei umfangreiche Reisebeschreibungen, die unter dem Titel »Geschichten aus Spanien« und »Das schwarze Spanien« am 4. und am 13. Oktober als Leitartikel im Matin erschienen und die zentralen Komponenten des Spanienbildes aufführten.[513] An den Transferprozessen kann man sehen, dass das antiklerikale Spanienbild sowohl von Auto- wie Heterostereotypen geprägt wurde und in einem internationalen Austauschprozess entstand, der aber die spanischen Antiklerikalen an die Grenze der Verbrüderung mit ihren Mitkämpfern jenseits der Pyrenäen führte.

Mit diesem Bild wurde Spanien implizit in Opposition zu den Europaentwürfen gesetzt, aber die Protestierenden grenzten es auch explizit aus der europäischen Wertegemeinschaft aus: In Wolffs Leitartikel vom 14. Oktober findet sich beispielsweise die Formulierung, dass Europa mit den Pyrenäen ende.[514]

510 Vgl. für die Frage der ökonomischen Rückständigkeit z. B. Le Matin, 13. 10. 1909; Société Nouvelle 11 (1909) 70; Der Anarchist, 16. 10. 1909; Berliner Tageblatt, 9. 10. 1909, MA; *Normandy/Lesueur*: Ferrer 25; *Tschirn*: Der klerikale Justizmord 12.

511 José Ferrándiz y Ruíz (1852–1927), abtrünniger Priester aus dem Kontext der ILE, der sich nach seiner Abkehr von der Kirche 1897 dem antiklerikalen Engagement verschrieb. Er übersetzte David Friedrich Strauß sowie die politische Geschichte der Päpste von Pierre Lanfrey (1828–1877), verfasste verschiedene antiklerikale Broschüren wie die »Memorias de una monja« (»Erinnerungen einer Nonne«) oder »Los secretos de la confesión« (»Die Geheimnisse der Beichte«) und schrieb für die Dominicales, den El País und weitere republikanische Zeitungen. 1915 kehrte er wieder in die Kirche zurück. Vgl. *Botti*: Spagna 171–181.

512 Das Buch wurde ausschließlich auf dem deutschen Markt verlegt. Vgl. dazu *Molina Martínez*: Anticlericalismo y literatura 151; die Schrift selbst *Ibero [Pseudonym von José Ferrándiz]*: Das heutige Spanien; die Zusammenfassung von Rezensionen in der Anzeige bei *Ramus*: Francisco Ferrer; zur Verwendung 1909 Freie Arbeiter, 4. 9. 1909; Vossische Zeitung, 20. 10. 1909, AA; Freidenker 17 (1909) 178; *Wendel*: Francisco Ferrer 6.

513 In der Reihenfolge des Zitierens »Cosas de España«, »Espagne Noire«, Le Matin, 4. 10. 1909, 13. 10. 1909. Vgl. zur Verwendung. z. B. Vossische Zeitung, 7. 10. 1909, AA, Beilage; *Wendel*: Francisco Ferrer 7.

514 Vgl. Berliner Tageblatt, 14. 10. 1909, MA; für andere Beispiele L'Humanité,

Abb. 7: *Asmodée* (unbekanntes Pseudonym): Dans l'ombre (Im Schatten). In: La Calotte, 2. 11. 1909, 6.
Untertitel: Die Schwarzen verschönern Spaniens Landkarte.
Das Pseudonym bezieht sich auf einen Dämon des Alten Testaments. Vgl. zu den Pseudonymen in der Calotte *Doizy*: Corbeaux contre la Calotte 74 f.

Eine Karikatur in der antiklerikalen »Calotte« zeigte einen Jesuiten, der auf einer Europakarte Spanien schwarz malt – kein singuläres Motiv (Abb. 7). Die im romantischen Diskurs positiv aufgeladene Exotisierung Spaniens galt es 1909 zu überwinden.[515] Die Werte und Normen, die mit Europa verknüpft wurden, hatten zunächst einen universellen Anspruch. Durch die binäre Konstruktion der Europavorstellungen wurde jedoch eine Außengrenze gezogen und die räumliche Verortung Europas verhärtete diese Abschließung nochmals. Damit wurde der universelle Anspruch unterminiert.[516] Die Ausgrenzung formulierten die Protestierenden natürlich mit dem Anspruch, dass Spanien sich nur ändern müsse, um im Kreis der zivilisierten europäischen Nationen Aufnahme zu finden. Zugleich produzierten sie aber Europa- und Spanienvorstellungen, die in einem Gegensatz zueinanderstanden und ein klares hierarchisches Gefälle konstruierten.

Die Ambivalenz von (europäischer) Universalität und räumlicher Ausgrenzung wurde noch komplexer dadurch, dass die Europaentwürfe eigentlich in Opposition zu einer Institution standen, die ebenso einen universellen An-

13. 10. 1909; Le Siècle, 16. 10. 1909; Petit Parisien, 14. 10. 1909; Vorwärts, 20. 10. 1909; Frankfurter Zeitung, 15. 10. 1909, 2. MA; *Wendel*: Francisco Ferrer 1.

515 Vgl. zum positiven Bild Spaniens in der Romantik aus der Fülle der Literatur z. B. *Fernández Herr*: Les origines; *Hoffmann*: Romantique Espagne.

516 Einem ähnlichen Mechanismus unterliegt das Konzept der Zivilisation. Vgl. dazu *Adamovsky*: Euro-Orientalism; *Bollenbeck*: Kultur und civilisation; sowie kürzlich *Mazower*: Ende der Zivilisation.

spruch erhob: der katholischen Kirche. Paul Hyacinthe Loyson warnte beispielsweise in seiner bereits zitierten Erinnerungsrede vor der von der Kirche ausgehenden Gefahr für das moderne Europa, wieder in die Barbarei zu verfallen. Ein Karikaturentext zu den Ferrer-Protesten stellte mit Genugtuung fest, dass auch die Religion ihre Grenzen habe, und kommentierte damit das Bild eines vor einer aufgebrachten Menge davon laufenden Jesuiten (Abb. 8).[517] Die Gegenüberstellung von kritisierter Kirche (und zum Teil von Religion) mit Europa evozierte man 1858 und 1869/1870 genauso wie 1909. Die Entwürfe waren also trotz des universellen Anspruchs nur Teil einer spezifischen Gesellschaftsvorstellung und politischen sowie religiösen Orientierung. Während Europa 1858 noch zum Teil christlich konstruiert war, stellten die antiklerikalen Europaentwürfe 1909 eine Alternative zum christlich konnotierten Europakonzept dar, das nach der Jahrhundertwende durchaus noch eine Rolle spielte und gegen das zum Teil explizit angeschrieben wurde.[518]

Es blieb aber nicht bei der diskursiven Ausgrenzung von Spanien und der katholischen Kirche. Die Exklusion wurde bei den radikalen Kräften der Protestierenden (Freidenkern, Sozialisten und Anarchisten) zudem von offensiv drohenden Tönen begleitet, die sich besonders in Frankreich bei den Demonstrationen in gewalttätigen Ausschreitungen gegen kirchliche und besonders spanische Einrichtungen niederschlugen. Die doppelte diskursive Ausgrenzung von Kirche und Spanien nahm damit eine sehr handfeste Dimension an. Neben Scharmützeln, die sich die Demonstranten mit der Polizei lieferten, wurden spanische Flaggen verbrannt, Wappen heruntergerissen sowie Konsulate und Botschaften angegriffen.[519] Daneben kam es insbesondere in Italien zu schwächeren Formen antiklerikaler Gewalt.[520] Die Ausschreitungen hatten zum Teil spontanen Charakter. So wurde etwa trotz aller präventiver Maßnahmen, die Gewalt verhindern sollten, bei der Großdemonstration am 17. Oktober in Paris ein Abée in den Tuillerieren bedroht und beinahe in einen der Brunnen geworfen.[521] Andere

517 Vgl. zu Loyson Le Siècle, 3. 11. 1909; für weitere Beispiele der Gegenüberstellung La Lanterne, 25. 10. 1909; L'Action, 14. 10. 1909; El Liberal, 21. 10. 1909.

518 Vgl. El Liberal, 21. 10. 1909; zum christlichen Europamodell und dem Rückgang seines Einflusses beziehungsweise seiner Persistenz z. B. *Gollwitzer*: Europabild und Europagedanke 338–340; *Möckl*: Europavorstellungen; *Schmale*: Eckpunkte einer Geschichte; *Perkins*: Christendom and European Identity.

519 Vgl. für die unterschiedlichen Formen der antispanischen Ausschreitungen z. B. ANF, Police, F/7/13066.

520 Vgl. zur antiklerikalen Gewalt die zeitgenössische relativ neutral gehaltene Monografie *Brissa*: La revolución 326, 329, 332–334; sowie *Park*: The European Reaction 271–276, 241; *Lázaro Lorente*: El proceso 36; *Solà Gussinyer*: Las consecuencias europeas 37 f.; für Italien besonders *García Sanz*: El caso Ferrer 350, 455.

521 Vgl. zur Jagd auf den Abée den Polizeibericht ANF, Police, F/7/12558B; für Kirchen- und Zeitungsstürmungen ebenda und ANF, Police, F/7/13066; *Brissa*: La revolución 329, 332.

Qui donc prétendait que la Religion ne connaît pas de frontières?

RATICHON. – Dans les temps passés, les bonnes poires nous donnaient de l'argent pour acheter des pommes; maintenant, on nous les donne toutes cuites!

Abb. 8: *Asmodée*: Qui donc prétendait que la Religion ne connaît pas de frontières? (Wer sagt, dass die Religion keine Grenzen kennt?). In: La Calotte, 8. 10. 1909, 3.
Untertitel: Ratichon. – Früher gaben uns die Lammfrommen Geld, um Äpfel zu kaufen, jetzt geben sie uns Fallobst.
Ratichon ist ein pejorativ konnotiertes Synonym für Priester und wohl ein Derivat von ›Ratte‹ (rat). Vgl. *Honoré*, Le vocabulaire 75.

Formen wie das Werfen eines Knallkörpers in einer Kirche, die Schüsse auf Gläubige, das Zünden von Bomben, die versuchten Brandstiftungen der Kirchen (die besonders in Italien beliebt waren) oder die nicht antiklerikal sondern revolutionär ausgerichteten Bombenattentate in Spanien zeigen, dass der Gewalt durchaus längere Planungen vorausgingen.[522] Der Diskurs der Presse und besonders die emotionalisierende Berichterstattung wirkten sicherlich unterstützend für beide Gewaltformen. Zum einen enthielt die Schuldzuweisung für den Tod Ferrers den Vorwurf der Illegitimität der Gewaltausübung: Die Exekution wurde als Mord und Verbrechen deklariert.[523] Vor dem Hintergrund der als illegitim dargestellten Aktion gegen Ferrer verwandelte sich die Gewalt der Proteste in der Logik des Diskurses in Notwehr.[524] Zum anderen riefen die französische Presse und auch Plakate ganz konkret zur Rache und Gegengewalt

522 Vgl. z. B. für den Knallkörper El País, 19. 10. 1909; für die Schüsse auf Gläubige BZ am Mittag, 25. 10. 1909; für die Bombenattentate in Spanien z. B. Tägliche Rundschau, 25. 10. 1909, AA; für die Brandstiftungen in Italien *García Sanz*: El caso Ferrer 455.

523 Vgl. L'Humanité, 12. 10. 1909; Le Siècle, 14. 10. 1909, 15. 10. 1909; Société Nouvelle 11 (1909) 138–167; Vida Socialista, 9. 10. 1909; España Nueva, 9. 11. 1909; El Liberal, 31. 10. 1909; Der Anarchist, 4. 12. 1909; Vorwärts, 20. 10. 1909; Berliner Tageblatt, 9. 10. 1909, MA; Der Freidenker 17 (1909) 166; Das Menschentum 38 (1909) 173.

524 Inwieweit diese Darstellungen und die darin enthaltene emotionalisierende Berichterstattung wirklich die Gewalttätigkeiten hervorriefen, kann kaum eingeschätzt werden, da zur Rezeptionswirkung keine Quellen zur Verfügung stehen.

gegen die Kirche, den König oder die spanischen Verantwortlichen auf. So forderte beispielsweise die »Voix du Peuple« »Blut für Blut« und ein Anschlag des Komitees skandierte ebenfalls in Abwandlung einer biblischen Formulierung: »Das Blut der Opfer wird auf die Köpfe seiner Henker zurückfallen«.[525] Die mentale Ausgrenzung wurde aber nicht nur in Form von ›symbolischen‹ und physischen Gewalttaten in Handlungen übersetzt, sondern der Boykott führte darüber hinaus zu einer ökonomischen Exklusion Spaniens. Mit dieser Maßnahme und dem in der Presse kreierten negativen Image wurde die Wirtschaft des Landes südlich der Pyrenäen durchaus empfindlich getroffen.[526]

Insgesamt wirkte sich die Ausgrenzung Spaniens negativ auf die zwischenstaatlichen Beziehungen aus.[527] Die offiziellen Stellen Spaniens versuchten, gegen die feindliche Stimmung und die konkreten Angriffe vorzugehen. *Erstens* drängten sie auf diplomatischem Weg bei verschiedenen Regierungen auf ein repressives Vorgehen gegen die Protestierenden, insbesondere mit Hinweis auf die ausgesprochenen Beleidigungen gegen den spanischen König.[528] Die ausländischen Regierungen reagierten allerdings zumeist zurückhaltend. Sie wollten sich zwar selbst nicht in die spanischen Belange einmischen, wurden aber auch nur vereinzelt aktiv gegen die Proteste.[529] *Zweitens* bemühten sich sowohl

525 In der Reihenfolge des Zitierens »sang pour sang«, Voix du Peuple, 10.–17.10.1909; »[q]ue le sang des victimes retombe sur la tête des bourreaux!« abgedruckt bei *Valois*: L'affaire Ferrer 224. Vgl. für weitere Beispiele das im Polizeiarchiv erhaltene Plakat »Ferrer sera vengé. Église sera brulée« (Ferrer wird gerächt. Die Kirche wird abgebrannt), APPP, BA 1075; Guerre Sociale, 13.–19.10.1909, 1. Sondernummer; La Lanterne, 7.9.1909; sowie die konkreten Aufrufe zu antispanischer Gewalt L'Humanité, 14.10.1909; Guerre Sociale, 8.–14.9.1909; mit doppelter oder unpräziser Zielrichtung La Lanterne, 14.10.1909; Der Anarchist, 19.10.1909; sowie allgemein *Park*: The European Reaction 235, 238f.; *Rebérioux*: Manifester pour Ferrer 82.

526 Vgl. *Solà Gussinyer*: Las consecuencias europeas 31.

527 Im Folgenden wird in einer gewissen Vereinfachung ausschließlich das Verhältnis zwischen ›Spanien‹ und ›Europa‹ beleuchtet. Die katalanischen Befindlichkeiten spielten zwar in der Repression der Semana Trágica eine Rolle, verkomplizierten jedoch nicht den zu beschreibenden Dualismus, wie die Analyse der exemplarisch untersuchten Presse gezeigt hat. Eine Analyse nationalistischer katalanischer Organe würde diesen Befund eventuell modifizieren, konnte aber aufgrund des transnationalen Fokus nicht geleistet werden. Vgl. zum späteren Einfluss des negativen Bildes in den Beziehungen zu Italien *García Sanz*: Relaciones 277.

528 Vgl. zu Frankreich *Park*: The European Reaction 230; *Solà Gussinyer*: Las consecuencias europeas 32; zu Italien *García Sanz*: Relaciones 347–377; allgemein zu den diplomatischen Aktivitäten verschiedener Botschafter die Memoiren des damaligen Staatsministers *Allendesalazar*: La diplomacia española 233–254.

529 Die französische Regierung wollte beispielsweise Repressionen vermeiden, da jede andere Politik im innenpolitischen Kontext der zunehmend auch gewalttätigen Konflikte mit der Arbeiterbewegung eine schlechte Presse eingebracht hätte. Zugleich fürchtete sie, gegen ihre eigenen Interessen in Katalonien zu agieren, wenn sie sich nicht gegen die Proteste stellte.

Regierungsmitglieder, Botschafter wie auch der König selbst, die Presseberichterstattung im spanischen Sinne zu beeinflussen. Sie lancierten Richtigstellungen von Falschnachrichten, leiteten Nachrichten weiter, gaben Interviews und versuchten, durch Schmiergelder eine positive Berichterstattung zu erzielen.[530] Im Land selbst wurde die ausländische Presse verboten, die exkludierende Formulierungen druckte.[531]

In diesen Bemühungen, gegen das Spanienbild und die Ausgrenzung aus dem europäischen Konzert vorzugehen, unterstützten die konservative und gemäßigte spanische Presse und Publizisten ihre Regierung, da sie meinten, die nationale Ehre verteidigen zu müssen.[532] Auch die bereits erwähnten Gegenproteste hatten einen patriotischen Charakter – so demonstrierten beispielsweise Madrider Studenten gegen die antispanischen Proteste[533] und außerdem mischten sich Teile der spanischen Intellektuellen wie die beiden Schriftsteller der 98er Generation Azorín (Pseudonym von José Martínez Ruiz [1873–1967]) und Miguel de Unamuno y Jugo (1864–1836) in die Diskussionen ein. Diese Auseinandersetzungen nahmen zum Teil konkret Bezug auf die Presse jenseits der Pyrenäen und erhielten selbst wiederum Antworten aus ›Europa‹.[534]

Deshalb verurteilte sie die Gewaltausschreitungen, stellte Polizei zur Sicherung der spanischen Einrichtungen zur Verfügung, wirkte mäßigend auf sich in den Protesten engagierende Lokalpolitiker ein und zensierte in einigen Fällen die publizistischen Aufrufe zur Gewalt. Vgl. für den Druck auf die lokalen Politiker *Aguinaga*: Francisco Ferrer 219; zur Zensur ANF, Police, F/7/13321; Guerre Sociale, 13.–19. 10. 1909, 3. Sondernummer; *Delord*: Francisco Ferrer; allgemein zur Haltung der französischen Regierung und der Polizei APPP, BA 1075, BA 1499; ANF, Police, F/7/13321; *Solà Gussinyer*: Las consecuencias europeas 31–34; *ders.*: École nouvelle 18–20; *Bachoud*: L'affaire Ferrer 107 f.; sowie zur Haltung der Regierungen insgesamt *Park*: The European Reaction 599.

530 Vgl. zur Pressepolitik der Botschafter ANF, Police, F/7/13066; *Allendesalazar*: La diplomacia española 233–254; *Paz Rebollo*: El colonialismo informativo 392–394; *García Sanz*: Relaciones 356; zur Einmischung von Regierungsmitgliedern wie dem Außenminister *Park*: The European Reaction 151; zum König *Ferrer*: Francisco Ferrer 179 f.

531 Vgl. den Hinweis der España Nueva, 13. 10. 1909 zur Zensur des Berliner Tageblatts.

532 Am aktivsten war der Eigentümer des ABC und konservative Politiker Torcuato Luca de Tena y Álvarez Ossorio (1861–1929), der einen Brief an dreizehn große konservative und liberale Tageszeitungen in Frankreich, im Kaiserreich, in Italien, Großbritannien und Portugal schickte mit der Bitte um Veröffentlichung; sie kamen zum Teil seinem Gesuch nach. Vgl. dazu z. B. *Hernández Villaescusa*: La revolución 133–136; *Gómez Aparicio*: Historia del periodismo, Bd. 3 261–267; für den Abdruck des Briefs Temps Nouveaux, 20. 11. 1909; Le Temps, 18. 10. 1909; Berliner Tageblatt, 19. 10. 1909, MA; Vossische Zeitung, 21. 10. 1909, AA; für weitere Beispiele die Zusammenstellung konservativer Presse im El Socialista, 29. 10. 1909; *Hernández Villaescusa*: La revolución 133–163; *Comas*: Un revolucionario 115–126; *Canals*: Los sucesos 282–292; *De Urdebuenas*: Melilla, Barcelona, Ferrer 109–140; in der Forschung dazu *Voltes*: Semana Trágica 200–204.

533 Vgl. El Liberal, 23. 10. 1909.

534 Unter der 98er Generation versteht man in Spanien eine Gruppe von Schriftstellern,

Die spanischen Ferrer-Anhänger übernahmen in weiten Teilen die antispanische Kritik. So zitierten sie etwa den exkludierenden Artikel aus dem Berliner Tageblatt. Auch die spanischen Antiklerikalen ließen Europa mit den Pyrenäen enden[535] und nutzten die Proteste, um ihren Missmut über die Situation Spaniens auszudrücken, den Einfluss des Klerus, das inquisitorische Vorgehen der Behörden, die fanatische Religiosität, den niedrigen Bildungsstand und die ökonomische Lage anzuprangern.[536] Die kritische Haltung gegenüber dem aktuellen Zustand der spanischen Politik und Gesellschaft fiel mit einer vehementen nationalen Selbstkritik zusammen. Sie sprachen von Scham über die Situation im eigenen Land, von einer Entehrung Spaniens.[537] Die Protestierenden importierten hier nicht nur ein Fremdbild. Die Kritik jenseits der Gebirgskette war ein erneuter Anlass, das Selbstbild spanischer Antiklerikaler zu pflegen.[538] Mit dem Fall Ferrer sahen sie ihr Land vor das Tribunal der freiheitlich geprägten öffentlichen Meinung Europas gebracht:

> Man verurteilt uns, man beleidigt uns, man zerstört uns, und der Name Spaniens wird heute auf der ganzen Welt mit Empörung, mit Wut oder mit Verachtung ausgesprochen, und man droht uns mit allen möglichen Repressalien; […] wir sind für einen großen Teil der ausländischen Meinung die Stinker der Zivilisation, die Parias der menschlichen Würde, diejenigen, die erobert, gejagt, ausgemerzt werden müssen.[539]

die sich besonders angesichts des Verlustes der letzten Kolonien 1898 intensiv mit der nationalen Zukunft des Landes beschäftigten. Vgl. aus der umfangreichen Literatur zur 98er Generation den Überblick in *Dittrich*: Landschaft und Gemeinschaft 16–27; zur transnationalen Kommunikation der Intellektuellen 1909 *Díaz-Plaja*: España 112f.; *Solà Gussinyer*: Francesc Ferrer 85, 128; *Bachoud*: L'affaire Ferrer 110–113; *Aubert*: Consecuencias 156–160.

535 Vgl. für die Zitate aus dem Berliner Tageblatt España Nueva, 27.10.1909; El País, 17.10.1909; El Liberal, 18.10.1909; El Imparcial, 14.10.1909; allgemein El Socialista, 22.10.1909; El País, 16.10.1909; El Motín, 11.11.1909; El Liberal, 16.10.1909.

536 Vgl. für Beispiele von Autoexklusion El País, 18.10.1909; El Liberal, 18.10.1909; El Motín, 28.10.1909; das Rundschreiben des spanischen Großorients *Álvarez Lázaro*: La masonería librepensadora 374f.; für die Spanienkritik, zur Macht des Klerus sowie der Jesuiten und zum inquisitorischen Regime Tierra y Libertad, 13.10.1910; Solidaridad Obrera, 7.10.1910; El Socialista, 14.10.1910; El Motín, 7.10.1909; El País, 24.10.1909; El Liberal, 21.10.1909; zum ökonomischen Einfluss Tierra y Libertad, 13.10.1910; El Liberal, 21.10.1909; in Bezug auf Bildung und Wissenschaft El Socialista, 29.10.1909; El País, 3.11.1909; Campana de Gràcia, 25.12.1909.

537 Vgl. El Liberal, 16.10.1909; El Pais, 20.10.1909; Nuevo Régimen, 16.10.1909.

538 Vgl. allgemein zum nationalen Selbstbild im Antiklerikalismus *Salomón Chéliz*: Anticlericalismo en Aragón 488–492 und *Sanabria*: Republicanism and Anticlerical Nationalism 69–99.

539 »Nos juzgan duramente, nos ultrajan, nos destrozan, y el nombre de España se pronuncia hoy en todo el mundo con indignación, con cólera, o con desprecio, y se nos amenaza con toda clase de represalias; […] somos para gran parte de la opinión extranjera, los apestados de la civilización, los parias de la dignidad humana, los que deben ser conquistados, cazados, exterminados«, El Motín, 21.10.1909.

Europa war dagegen das erstrebenswerte Modell, das in fast jedem Artikel angeführt wurde: Die erfolgreiche Demonstration nach dem Fall der Regierung und die Wiedereinführung der Pressefreiheit wurden als gelungene Europäisierungen gefeiert.[540] Das pro-europäische Lager bekam von Seiten der Intellektuellen Unterstützung durch Ramiro de Maeztu (1875–1936). Der ebenfalls der 98er Generation entstammende Schriftsteller antwortete Azorín und Unamuno mit einem in verschiedenen spanischen Zeitungen abgedruckten Artikel, in dem er die Beweggründe der europäischen Protestierenden beschrieb. José Ortega y Gasset verteidigte den deutschen Intellektuellenprotest.[541]

Durch die Dichotomie des Diskurses von Spanien und Europa südlich der Pyrenäen geriet die antiklerikale Adaption des europäischen Diskurses allerdings in ein Dilemma, das die spanischen Autoren an die Grenze der Verbrüderung mit ihren Mitkämpfern jenseits der Pyrenäen führte.[542] Das Spanienbild implizierte eine Exklusion aus Europa und die Anerkennung, dass die ›europäischen‹ Werte im eigenen Land keine Geltung hätten, obwohl sie zugleich in Anspruch genommen wurden. Ein Ausweg aus dieser Aporie war die Zielrichtung der Proteste zu präzisieren: »Die Proteste Europas richten sich nicht gegen das spanische Volk oder die spanische Nation«[543], sie gelten vielmehr der Regierung, der klerikalen Herrschaft:

Aber gegen das offizielle Spanien, das schwarze Spanien, das Maura repräsentiert, erhebt sich ein anderes Spanien, welches mit der Stimme seiner Presse, seiner Kulturvereine, seiner Kammern, seiner Räte, in den überall auftauchenden ›Meetings‹ in den Chor Europas einstimmt. Dieses Spanien hat laut und klar gesprochen […]. Dieses andere Spanien, das von heute […] wird […] seine Wiedereingliederung in die Zukunft erklären, seinen Pfandbrief der freien und fortschrittlichen Menschheit ausstellen.[544]

540 Vgl. El País, 24. 10. 1909; España Nueva, 23. 10. 1909.

541 Vgl. El Motín, 4. 11. 1909; La Publicidad, 30. 10. 1909; *Ortega y Gasset*: Fuera de la Discreción; *Bachoud*: L'affaire Ferrer 111–113; zur Person Maeztus die bereits zitierte kollektivbiografische Skizze *Dittrich*: Landschaft und Gemeinschaft 16–27.

542 Vgl. für eine ähnlich prekäre Situation angesichts eines von außen projizierten antikatholischen Bildes in Italien *Borutta*: Antikatholizismus 120–150, 152.

543 »Las protestas de Europa no van contra el pueblo español ni contra la nación española«, El País, 16. 10. 1909.

544 »Pero, frente á la España oficial, frente á la España negra, que representa Maura, se alza otra España, que une su voz á la de Europa en la Prensa, en los Ateneos, en las Cámaras, en los Concejos, en los ›meetings‹, en todas partes. Esa España ha hablado alto y fuerte […]. La otra España, la de hoy […] proclamará […] su reincorporación al porvenir, su cédula de humanidad libre y progresiva«, El Liberal, 21. 10. 1909. Vgl. zur Ausrichtung der Proteste gegen die Regierung und den Klerikalismus auch z. B. España Nueva, 25. 10. 1909; *Simarro Lacabra*: El proceso Ferrer X–XI, 279.

Die spanischen antiklerikalen Journalisten beteuerten also zugleich, dass auch ein anderes, modernes, europäisches Spanien existiere, welches Europa nur gezeigt werden müsse.[545] Die Tatsache, dass die diskursive Exklusion von (ausgrenzenden) Handlungen begleitet war, erschwerte das Dilemma von Ein- und Ausgrenzung noch entscheidend und dadurch erhielt der Diskurs eine realpolitische Bedeutung. So versuchte beispielsweise der Führer der »Unión General de Trabajadores«, Vicente Barrio, die französischen Gewerkschaften zum Stopp des Boykotts nach dem Fall der Regierung zu bewegen.[546] Aber auch die Auseinandersetzung mit den Ferrer-Gegnern stellte spanische Protestierende vor ein Problem. Die konservative Abwehr der antispanischen Proteste ging einher mit dem Vorwurf des Antipatriotismus. Diesen wiesen die spanischen radikalen Antiklerikalen selbstverständlich zurück und betonten immer wieder, dass eigentlich ihre Haltung die wahre patriotische sei.[547] Gemäßigt liberale Zeitungen wie der Imparcial oder das »Diario Universal« taten sich dagegen angesichts dieser Problematik sehr viel schwerer. In ihrer Berichterstattung wiederholten sie zwar auch antispanische Topoi und reihten sich vor allem in die antigouvermentale Stoßrichtung der Proteste mit ein. Sie stimmten aber der Kritik nur teilweise zu und betonten insbesondere die gemäßigten Positionen der europäischen Proteste. Eine antiklerikale Stoßrichtung vermisst man bei den gemäßigten Liberalen ganz, obwohl ihre politische Ausrichtung sie eigentlich nahegelegt hätte.[548] Beide Varianten im Umgang mit dem antispanischen Europadiskurs zeigen ein ambivalentes Verhältnis zur europäischen Bewegung auf der iberischen Halbinsel, was ein weiterer Grund für das verhaltene Echo der antiklerikalen Proteste in Spanien war.

Die spanischen Auseinandersetzungen mit den europäischen Stimmen muss als Teil der Suche nach nationaler Orientierung gesehen werden, die gerade um 1900 im Zusammenhang mit dem Verlust der letzten Kolonien und der daraus entstandenen Krise besonders virulent war: »Spanien war das Problem und Europa die Lösung«, so die später sprichwörtlich gewordene zeitgenössische Formulierung Ortega y Gassets.[549] Seit der Entstehung der Leyenda negra setzte man sich in Spanien mit den nationalen Heterostereotypen auseinander und

545 Vgl. zur Idee des anderen Spaniens z.B. El Socialista, 29.10.1909; Nuevo Régimen, 16.10.1909; El Liberal, 21.10.1909; *Simarro Lacabra*: El proceso Ferrer 244; *Bonafulla*: La Revolución 205; sowie Diario de Sesiones de Cortes, Legislatura de 1909, 14–16, 51.

546 Vgl. Voix du Peuple, 12.–20.11.1909, 21.–28.11.1909.

547 Vgl. die Parlamentsdebatte Diario de Sesiones de Cortes, Legislatura de 1909, 14–16; für die Pressediskussionen El País, 30.10.1909; España Nueva, 15.10.1909; Campana de Gràcia, 27.11.1909 oder den Bericht eines Protests von Bürgern *Bonafulla*: La Revolución 205–210; dazu auch *Aubert*: L'influence idéologique 82f.

548 Vgl. z.B. Diario Universal, 14.10.1909; El Imparcial, 15.10.1909.

549 Vgl. z.B. *Juliá Díaz*: Dos Españas 145.

suchte in dieser Auseinandersetzung insbesondere ab Mitte des 19. Jahrhunderts, die Frage der zukünftigen nationalen Ausrichtung zu klären. Auch im spanischen Antiklerikalismus wurden diese Debatten wie etwa bereits zur Zeit des Konzils geführt.[550] Dabei stellte Europa den Hauptreferenzpunkt dar, allerdings war das normativ aufgeladene geografische Konzept nicht immer das erstrebenswerte Ziel. Besonders mit dem aufkommenden Kulturpessimismus wandte sich gerade ein Teil der 98er Generation, die die Diskussionen um 1900 bestimmte, gegen eine Orientierung am europäischen Ideal.[551] Unamunos prägnantes und mittlerweile zum Schlagwort avanciertes »Sollen sie erfinden« soll als Reaktion auf die Ferrer-Unruhen formuliert worden sein. Die europäische Kritik stieß im Jahr 1909 also in eine schwelende Debatte, in der der Antiklerikalismus eine Komponente darstellte, und fungierte als weiterer Katalysator der Auseinandersetzungen.[552] Die Reaktionen in Spanien zeigen in ihrer Ambivalenz, dass in Hinblick auf die Frage von Transnationalisierung nationale Stereotype eine Grenze internationaler Berichterstattung und Mobilisierung definieren konnten.[553]

Interne Differenzen und Erfolge der Öffentlichkeit

In der europäischen Presselandschaft verliefen die Konfliktlinien nur zum Teil zwischen den Nationen beziehungsweise ›Europa‹ und Spanien, sie verschränkten sich in den jeweiligen nationalen Kontexten ebenso mit politischen Differenzen. Die Vieldeutigkeit Ferrers bot Anknüpfungspunkte für unterschiedlichste Gruppen, ihre Gesellschaftskonzepte und politischen Forderungen.[554]

550 Vgl. *La Parra López*: Secularización y opciones modernizadores; *Sanabria*: Anticlerical Politics 171 f., 300–320, 329–332; *Salomón Chéliz*: Anticlericalismo en Aragón 488.

551 Vgl. zum Kulturpessimismus der 98er Generation *Dittrich*: Landschaft und Gemeinschaft, mit weiteren Literaturhinweisen; sowie zu ihren Europadebatten *Villacorta*: Les espagnols.

552 »Que inventen ellos!«, vgl. *González Cuevas*: La guerra civil 54; allgemein zum Spanien-Europa-Diskurs aus der Fülle der Literatur z. B. *Laín Entralgo*: España como problema; *Schmidt*: Spanien; *Abellán*: El significado; *Abellán*: El reto europeo; *Jáuretegui*: Europeanism versus Africanism; zusammenfassend mit weiteren Literaturhinweisen *Aschmann*: Spanien.

553 Vgl. die ähnliche Beobachtung im Zusammenhang der Dreyfus-Affäre *Fuchs/Fuchs*: Die Affäre Dreyfus 75; *Brennan*: The Reflection of the Dreyfus Affair 485.

554 Vgl. dazu exemplarisch die verschiedenen Selbstbezeichnungen der Protestierenden: 1. als Arbeiterklasse Voix du Peuple, 10.–17. 10. 1909; L'Humanité, 14. 10. 1909; Der Anarchist, 16. 10. 1909; 2. als Freidenker L'Action, 20. 10. 1909; La Lanterne, 16. 10. 1909; Le Siècle, 9. 9. 1909; 3. als Demokraten L'Humanité, 7. 10. 1909; La Lanterne, 21. 9. 1909; Le Siècle, 10. 10. 1909; El Socialista, 17. 12. 1909; España Nueva, 16. 10. 1909; 4. als Republikaner Le Siècle, 9. 9. 1909; La Calotte, 12. 11. 1909; 5. als Liberale L'Humanité, 10. 10. 1909; El Socialista, 22. 10. 1909; Nuevo Régimen, 16. 10. 1909; El Motín, 10. 10. 1909.

Die Differenzen wurden jedoch durch den gemeinsamen Feind überdeckt. Während der Mobilisierung kooperierten Liberale mit Republikanern sowie Freidenkern und zum Teil mit Sozialisten. In Spanien verbanden sich auch Anarchisten mit Sozialisten.[555] Manche dieser Koalitionen hatten sogar langfristigen Bestand.[556] Zugleich brachen die unterschiedlichen Positionen im Ferrer-Lager immer wieder durch und man suchte sich von den politisch anders orientierten Protestierenden abzugrenzen. Die schillernde Biografie des Pädagogen ermöglichte zwar die breite Zustimmung, führte aber nach dessen Tod und dem Abebben der ersten Proteste auch dazu, dass in den folgenden Monaten und Jahren einzelne Gruppen einen ausschließlichen Vertretungsanspruch auf das Anliegen Ferrers erhoben.[557] Die Haupttrennlinie verlief zwischen den Gruppen der Arbeiterbewegung und den eher bürgerlich geprägten Parteien. Sozialisten und Anarchisten verteidigten ihre Standpunkte gegen die bürgerlichen Elemente der Protestbewegung, versuchten sich aber zugleich auch voneinander abzugrenzen, wohingegen Liberale, Republikaner und Demokraten die Formen der anarchistischen und sozialistischen Beteiligung, besonders die mit ihnen identifizierten gewalttätigen Akte kritisierten und sich gegen die Gleichsetzung der Proteste mit Anarchismus durch die konservative Presse wehrten.[558] Gewalt und Anarchismus waren dabei die neuralgischen Punkte für die gemäßigten

555 Vgl. für die evozierte Einheit zwischen Liberalen und Republikanern La Lanterne, 20.9.1909; zwischen Demokraten, Republikanern, Freidenkern und Sozialisten beziehungsweise Arbeitern Aufruf des Comité de défense APPP, BA 1642; Guerre Sociale, 13.–19.10.1909; L'Humanité, 16.10.1909; Boletín Oficial del Grande Oriente Español 17 (1909) 166; *Wendel*: Francisco Ferrer 14; die Kooperation im El Socialista mit Anarchisten wie Anselmo Lorenzo am 22.10.1909; sowie allgemein in Frankreich *Rebérioux*: Manifester pour Ferrer 93; im Kaiserreich *Park*: The European Reaction 470, 478; in Italien *García Sanz*: El caso Ferrer 454f.; *Fedele/Nusarra*: Ferrer and Sicily.

556 Die Verbindung zwischen den Republikanern und Sozialisten mündete in den folgenden Jahren in die dauerhaftere Zusammenarbeit der antidynastischen Kräfte im Rahmen der »Conjunción republicano-socialista«, die im November 1909 gebildet wurde. Vgl. *Park*: The European Reaction 183–185; allgemein zu diesem Bündnis *Robles Egea*: Conjunción Republicano-Socialista.

557 Vgl. Guerre Sociale, 27.10.–3.11.1909; L'Anarchie, 28.10.1910; Tierra y Libertad, 13.10.1910; Palabra Libre, 23.4.1911; La Rebeldía, 25.11.1911; allgemein *Rebérioux*: Manifester pour Ferrer 95.

558 Vgl. die anarchistischen Abgrenzungen Temps Nouveaux, 17.10.1909; Tierra y Libertad, 13.10.1910; Solidaridad Obrera, 21.10.1910; Der Anarchist, 30.10.1909; Freie Arbeiter, 23.9.1909; die sozialistischen Beispiele Voix du Peuple, 10.–17.10.1909; Vorwärts, 17.10.1909; El Socialista, 23.10.1909; die Kritik am und Abwehr vom Anarchismus und Sozialismus Le Siècle, 21.10.1909; L'Action, 11.9.1909; Le Matin, 10.10.1909; Le Temps, 15.10.1909; Sociéte Nouvelle 11 (1909) 86; Vossische Zeitung, 19.10.1909, MA; Tägliche Rundschau, 16.10.1909, MA.

Kritiker und das nicht nur in Spanien.[559] Neben politischen Differenzen manifestierten sich auch religiöse Unterschiede in den internen Streitigkeiten der Antiklerikalen anlässlich der Ferrer-Proteste. Während einer Veranstaltung der »Union de libres penseurs et de libres croyants pour la culture morale«, einer Vereinigung von moderaten Freidenkern, liberalen Protestanten und katholischen Renegaten, brach anlässlich der Rede des protestantischen Theologen Wilfred Monod[560] eine große Empörung aus, als dieser sich positiv auf die Bibel bezog. Radikal laizistisch orientierte Freidenker im Publikum sahen in der Anrufung von Religion einen Affront angesichts der ›religiösen Verfolgung‹ Ferrers.[561]

Die Zersplitterung manifestierte sich auch darin, dass der Fall Ferrer zusätzlich einen Anlass darstellte, nationale politische Konflikte auszutragen. Im Kaiserreich entspann sich zum Beispiel eine intensive Auseinandersetzung zwischen orthodoxen Marxisten und Revisionisten um die Bedeutung der Hinrichtung eines bürgerlichen Antiklerikalen für die Arbeiterbewegung sowie die Berechtigung, die ›bürgerliche‹ Öffentlichkeit für die Zwecke der Sozialisten zu mobilisieren. Diese Diskussion und ähnliche Debatten in Frankreich standen im Kontext der Auseinandersetzungen des sozialistischen Lagers über die geeigneten Mittel des Klassenkampfes sowie die Legitimität von Koalitionen mit anderen politischen und sozialen Kräften. In diesem Zusammenhang wurde auch die umstrittene Frage aufgeworfen, welche Rolle der Antiklerikalismus im sozialistischen Gesellschaftsmodell spielen solle.[562] Diese grundsätzlichen Richtungsentscheidungen waren national eingebunden, standen in den Jahren nach der Jahrhundertwende aber auch auf der internationalen Tagesordnung der Sozialisten und wurden über die Grenzen hinweg diskutiert. 1903 lancierte der marxistische »Mouvement Socialiste« ausgehend von der konkreten Situation in

559 Vgl. Voix du Peuple, 31.10.–7.11.1909; L'Action, 19.10.1909; La Lanterne, 16.10.1909; Le Siècle, 14.10.1909; Le Temps, 15.10.1909, 18.10.1909; Le Matin, 15.10.1909; Vorwärts, 19.10.1909; Berliner Tagblatt, 13.10.1909, AA, 14.10.1909, AA; Frankfurter Zeitung, 15.10.1909, AA; Vossische Zeitung, 14.10.1909, AA; Tägliche Rundschau, 14.10.1909, AA; dagegen eine Verteidigung von Gewalt, die jedoch in den nächsten Ausgaben zurückgenommen wurde, im Guerre Sociale, 13.–19.10.1909, 1. Sonderausgabe; allgemein zum Problem der Gewalt in Italien *García Sanz*: El caso Ferrer 454–456.

560 Wilfred Monod (1867–1943), reformierter (konservativer) Pastor, Ökumeniker, Gründer des Tertiarerordens, Vertreter des sozialen Christentums. Vgl. zu Monod *Mauch*: Monod.

561 Vgl. dazu sowie zu dieser Vereinigung *Baubérot*: Le christianisme social, besonders 242f. und *Lalouette*: La libre pensée 66–68.

562 Vgl. Sozialistische Monatshefte 13 (1909) 1401–1405; Neue Zeit 28 (1909) 97–99, 225–228 und *Park*: The European Reaction 494–501; zu ähnlichen Debatten in Frankreich *Howorth*: The French Socialists 175; *Cazals*: Rue Francisco Ferrer 114; *Aguinaga*: Francisco Ferrer 217; *Rebérioux*: Manifester pour Ferrer 80–87, 94.

Frankreich (der Beteiligung von Sozialisten an der Regierung sowie an lokalen antiklerikalen Aktionen) eine Umfrage, wie sich die sozialistischen Parteien gegenüber dem Kirchenkampf und den religiösen Positionen ihrer Mitglieder verhalten sollten. In den Antworten der führenden Sozialisten aus Frankreich und den deutschen Ländern spiegelten sich die bereits erläuterten Tendenzen des sozialistischen Lagers beider Länder.[563] Die Hinrichtung Ferrers wirkte sich in Frankreich vor allem negativ auf den Beitrag der Sozialisten zu den antiklerikalen regierenden Allianzen aus. Im Pariser Stadtparlament zerbrach im Zuge der sozialistischen Antragstellung auf Versorgung der Enkel Ferrers durch die Stadt sowie auf eine Straßenumbenennung zu Ehren des Pädagogen die regierende Koalition mit den radikalen Republikaner und Sozialisten, was den Verlust des Pariser Stadtrats für die Linke bis in die 1930er Jahre bedeuten sollte.[564] Die politischen Streitigkeiten im nationalen Kontext sowie die gegenseitigen Abgrenzungen zeigen, dass die antiklerikale Einheit der Ferrer-Anhänger labil war und aus der Dynamik der Proteste heraus entstand. Die Hinwendung zum nationalen Bezugsrahmen verstärkte sich besonders, als der Höhepunkt der Berichterstattung bereits überschritten war.[565] Daran wird deutlich, dass die Mobilisierung auf *europäischer* Ebene nur eine flüchtige Erscheinung war.

Dieses fragile Gebilde konnte aber durchaus Erfolge feiern: Ein individuelles Schicksal bewegte die europäische Öffentlichkeit und die Regierung Maura fiel. Zu politischen Handlungen auf zwischenstaatlicher Ebene führten die Proteste zwar nicht. Dennoch wird deutlich, dass transnationale Handlungsräume über klassisch diplomatische Interventionen hinausgehend existierten und letztere, wenn sie ausblieben, sogar ersetzen konnten.[566] Das Selbstverständnis der Öffentlichkeit als Kontrollinstanz entsprach in eingeschränktem Maß der Realität. Erstens gelang es den Protestierenden wie den Akteuren in der Mortara-Affäre, ein individuelles Schicksal auf die Tagesordnung des öffentlichen Interesses und der Politik zu setzen. Der zweite Erfolg, den die Protestierenden feiern konnten, war der politische Druck, der sich in der Abwehr der Kritik des Auslands in Spanien und im erzwungenen Regierungswechsel manifestierte. Die Wirkung der europäischen antiklerikalen Öffentlichkeit 1909 beweist, dass, wenn auch noch keine internationalen Institutionen bestanden, die über Ent-

563 Vgl. *Poulat*: Socialisme et anticléricalisme; *Arbeloa*: Socialismo y anticlericalismo; zusammenfassend zu dieser grundlegenden Diskussion im Sozialismus Kapitel 1.2, 1.3 und 1.4.

564 Vgl. dazu *Park*: The European Reaction 278–280; *Combeau*: Paris 267–278.

565 Vgl. *Rebérioux*: Manifester pour Ferrer 85; *Aragno*: Campania for Ferrer; *García Sanz*: El caso Ferrer 454.

566 Vgl. zu den beiden Ebenen des Erfolgs *Requate/Schulze Wessel*: Europäische Öffentlichkeit, Einleitung 34.

scheidungsgewalt verfügt hätten, eine transnationale politische Teilhabe auch jenseits der Grenzen existieren konnte.

Die sich konstituierende europäische Teilöffentlichkeit war sich dieser Handlungsräume durchaus bewusst. Dies zeigt sich nicht nur in ihrem eigenen Selbstverständnis, sondern auch darin, dass sie den Rücktritt der spanischen Regierung als einen Triumph für sich verbuchte: »Der Sturz Mauras ist ein Sieg [...] der öffentlichen Meinung der Gebildeten und des freiheitlichen denkenden Europas.«[567] Solche Aussagen fanden sich insbesondere in der deutschen und spanischen Presse und Publizistik. In den beiden Ländern, in denen der demokratischen Partizipation und der Pluralisierung der politischen Macht enge Grenzen gesetzt waren, übte die Institution einer transnationalen Öffentlichkeit anscheinend einen besonderen Reiz aus. 1909 schuf die transnationale Öffentlichkeit für die im nationalen Rahmen in der Opposition stehenden Ferrer-Anhänger einen Handlungsspielraum und den nutzten letztere aus.[568] Die Hinwendung politisch marginalisierter Gruppen zu Europa als Appellationsinstanz haben wir bereits 1858 und 1869/1870 beobachtet.[569] 1909 hatte diese Hinwendung nun auch reale Konsequenzen: Für die Politik auf der iberischen Halbinsel bedeutete der Fall Ferrer das Aufbrechen des politischen Systems. Der auch durch die ausländische Hilfe erzwungene Rücktritt Mauras durchbrach das System des Alternierens der beiden großen Parteien, das bis dato die Politik der Restauration bestimmt und die vollständige Demokratisierung der Gesellschaft behindert hatte. Dies bedeutete allerdings nicht, dass die politische Teilhabe sich damit dauerhaft veränderte. Vielmehr geriet das politische System in eine Sackgasse, die schließlich in der Diktatur Primo de Riveras enden sollte.[570]

567 Sozialistische Monatshefte (1909) 1404. Vgl. für weitere Beispiele Temps Nouveaux, 11.12.1909; La Lanterne, 26.10.1909; Le Matin, 18.11.1909; El Socialista, 22.10.1909; España Nueva, 25.10.1909, 6.11.1909; El Liberal, 21.10.1909; Vossische Zeitung, 22.10.1909, AA; Kladderadatsch 62 (1909) 774; Der Freidenker, 27 (1909) 152; Das Menschentum 38 (1909) 173; *Bertrand*: La vérité 10; *Kaspar*: Réponse des intellectuels 72 f.; *Simarro Lacabra*: El proceso Ferrer VI.

568 Dies spiegelte sich auch darin, dass die Aktivitäten im Rahmen der Proteste 1909 Luis Simarro dazu anstifteten, dass er besonders aktiv die Gründung der spanischen Sektion der Menschenrechtsliga vorantrieb. Luis Simarro Lacabra (1851–1921), Neurologe, Psychiater, Inhaber des ersten spanischen Lehrstuhls für Psychologie, Großmeister des »Gran Oriente Español« und Freidenker. Simarro ist dem Umfeld des ILE zuzuordnen und engagierte sich politisch in verschiedenen Bereichen. Vgl. zu Lacabra *Carpintero* u. a.: Luis Simarro; zu seinem Engagement für Menschenrechte *Ferrer Benimeli*: La masonería 167 f.; *Delaunay*: La Ligue 34 f.

569 Vgl. dazu bereits *Requate/Schulze Wessel*: Europäische Öffentlichkeit 11–22, 30–39.

570 Vgl. beispielsweise *Tusell/Avilés*: La derecha española 36–71; *González Hernández*: El universo conservador 330–389.

Der Fall Ferrer ist ein Beispiel für eine besonders erfolgreiche temporäre Bildung einer transnationalen Öffentlichkeit in Europa um 1900. In den Protesten im Herbst 1909 zeigten sich in kondensierter Form die mit dem zweiten Strukturwandel von Öffentlichkeit einhergehenden quantitativen und qualitativen Veränderungen seit den 1870er Jahren. Die Entwicklung der modernen Massenpresse, die zunehmende Vernetzung zivilgesellschaftlicher Organisationen und die wachsende Demokratisierung in der zweiten Hälfte des 19. Jahrhunderts beschleunigte Mobilisierung und vergrößerte deren Reichweite, indem neue Teile der Gesellschaft erreicht wurden, und gab Protesten eine höhere Dynamik. Dabei entstand insbesondere eine stark emotionalisierte politische Kultur, an der auch die antiklerikale Kritik ihren Anteil hatte. Die Veränderungen führten außerdem zu einem verstärkten Selbstbewusstsein der transnationalen Öffentlichkeit. Diese konstituierte sich als emotionale Gemeinschaft und verband sich mit einem spezifischen Identitätskonzept von Europa, mit dem man das Recht auf Einmischung in nationale Belange einforderte. Dabei setzten die Protestierenden nicht mehr auf das Prinzip der Fürsprache, sondern vertrauten auf die Kraft des eigenen Drucks und dies mit Recht. Denn die Proteste trugen dazu bei, auch wenn die Hinrichtung Ferrers nicht verhindert wurde, die politischen Verantwortlichen für die Exekution zur Rechenschaft zu ziehen. Die europäische Öffentlichkeit war 1909, so zeigt der Fall Ferrer, eine feste Institution, auf die in gesellschaftlichen und politischen Auseinandersetzungen gezählt wurde.

Die Proteste verdeutlichen allerdings ebenso die strukturellen Grenzen der Transnationalisierung der Institution. Zum einen transzendierte die transnationale Öffentlichkeit nicht einfach den nationalen Rahmen; beide Ebenen waren in unterschiedlicher Form miteinander verknüpft. Die transnational vernetzenden Agenturen hatten aufgrund ihrer engen Verbindungen mit der jeweiligen Regierung besonders einen nationalisierenden Einfluss auf die Berichterstattung. Dagegen wurden gerade wegen der durch die nationale Zensur unterbrochenen Vernetzung ausländische Presseerzeugnisse konsultiert. Es war einem ähnlichen Mechanismus geschuldet, dass sich vor allem national marginalisierte Gruppen an Europa als Appellationsinstanz wandten, wie es etwa die spanischen Proteste demonstrierten. Zum anderen stellte die nationale Ebene immer wieder eine Barriere für eine transnationale Mobilisierung dar. Der nationale rechtliche und politische Kontext bestimmte, ob und wie man sich der europäischen Bewegung anschloss. Die sich in Spanien und in den anderen Ländern an die Proteste anschließenden Auseinandersetzungen zeigen, dass, obwohl allgemeine europäische Werte diskutiert wurden, diese oft an die jeweilige nationale Politik zurückgebunden beziehungsweise auf die nationale Ebene heruntergebrochen wurden. Hier wird sichtbar, dass Öffentlichkeit dazu tendiert, sich in einem Raum zu konstituieren, in dem Institutionen mit politischer Entscheidungsgewalt als Adressat zu finden sind. Dabei konnten gerade nationale politische Konflikte maßgebend werden und so die Einheit der sich mobilisierenden Öffentlichkeit wiederum aufbrechen. Außerdem wurden die Europaentwürfe, die zentral für die Vergemeinschaftung waren, durch binäre Abgrenzung zu einem anachronistischen, brutalen und klerikalen Spanien konstruiert. Durch die räumliche Verortung Europas wurde der universelle Anspruch des Europakonzepts unterlaufen und dessen Außengrenze unterstrichen. Die diskursive und in Handlungen umgesetzte Ausgrenzung führte dazu, dass gerade diejenigen, die am stärksten auf die transnationale Appellationsinstanz verwiesen waren, die spanischen Ferrer-Anhänger, in ein Dilemma gerieten und sich mit dem Anschluss an die europäischen Proteste besonders schwertaten.

2.4 Europäische Öffentlichkeit: Nationale Grenzen und Strukturwandel – Zwischenfazit

Wie anhand der drei Beispiele deutlich wurde, konstituierte sich europäische Öffentlichkeit in der zweiten Hälfte des 19. Jahrhunderts situativ und war wandelbar.[571] Sie unterlag in diesen Jahrzehnten wie ihr nationales Pendant einem grundlegenden Transformationsprozess.[572] Die untersuchten Fallbeispiele veranschaulichen den zunehmenden Einfluss, den Öffentlichkeit ausübte. 1858 wurde vielfach noch zum Mittel der Fürsprache gegriffen, eine Form der Interessenvertretung traditioneller Gesellschaften. Dagegen zeigte sich für den Fall nach der Jahrhundertwende, dass nun die Anrufung der europäischen Instanz vorherrschend war. Öffentlichkeit etablierte sich in den untersuchten Jahrzehnten als vorgestelltes Personenkollektiv, wurde im Zuge der Fundamentalpolitisierung und Ausbreitung der Massenmedien eine eigenständige Macht und konnte als appellative Instanz als Korrektiv in den politischen Systemen fungieren. Die antiklerikale Öffentlichkeit artikulierte sich nach 1900 mittels der gesamten Bandbreite bis heute klassischer Protestformen: Neben Presse und Publizistik veröffentlichten die Kirchenkritiker Protestschreiben und Subskriptionslisten, veranstalteten Konferenzen und Versammlungen, organisierten Demonstrationen sowie Boykotts. Die Häufung von Skandalen und europäischer Mobilisierung um die Jahrhundertwende verdeutlicht, dass sich die politischen Systeme in einer krisenhaften Umbruchphase befanden und Politik sowie die katholische Kirche sich zunehmend durch öffentliche Debatten legiti-

571 Vgl. zu dieser Charakterisierung für die erste Hälfte des Jahrhunderts *Daum*: Oszillationen des Gemeingeistes 35; sowie *Requate/Schulze Wessel*: Europäische Öffentlichkeit, Einleitung 16.

572 Vgl. dazu zum 20. Jahrhundert *Weisbrod*: Medien als symbolische Form.

mieren mussten.[573] Regierungen antworteten auf den von der Öffentlichkeit gewonnen Einfluss und begannen zunehmend mit Pressearbeit auf die Herausforderung zu reagieren.[574] Die katholische Kirche sah sich etwa während des Konzils, aber auch im Fall Ferrer gezwungen, sich öffentlich zu rechtfertigen. Diesen Wandel machte sich der Antiklerikalismus zu Nutze. Die Mortara-Affäre und der Fall Ferrer beweisen, dass transnationale Öffentlichkeit nicht ein utopisches Konzept ohne Bezug zu politischen Entscheidungsprozessen war, sondern durchaus erfolgreich agieren konnte.[575] In beiden Fällen wurden Themen auf die Tagesordnung gesetzt, die nicht genuin internationales Interesse entfachen mussten. Das Schicksal der jeweils Betroffenen wurde damit bekannt und so Druck auf die Verantwortlichen jenseits der Nationsgrenzen ausgeübt. 1909 war der Druck sogar so groß, dass die spanische Regierung zurücktrat.

In allen untersuchten Fällen stellte Europa einen relativ unstrukturierten, aber gemeinsamen Wahrnehmungs- und Kommunikationsraum dar. Die geografischen Grenzen dieses Europas waren nicht genau festzulegen, umfassten aber zumeist das westliche Kerneuropa, zum Teil skandinavische Staaten und Russland. Die Beobachtungen von Geschehnissen außerhalb der kontinentalen Grenzen können als marginal angesehen werden. Für den europäischen, transnationalen Rahmen profitierte der neue ›Akteur‹ besonders von der technischen Entwicklung dieser Jahre (Telegraf, Telefon, Ausbau des Schienen- und Straßennetzes) und der damit einhergehenden zunehmenden internationalen Vernetzung insbesondere auch institutioneller Art. Anhand der drei Ereignisse konnten diese Entwicklungen und ihr konkreter Nutzen illustriert werden. Der Ausbau der Korrespondentennetzwerke, die entstehenden Agenturen, die zunehmenden Kontakte der antiklerikalen Akteure sowie ihrer Institutionen erleichterten die grenzüberschreitende Kommunikation. Dabei kann zwischen 1858 und 1909 ein großer qualitativer Sprung verzeichnet werden. Die Nachrichtenübermittlungszeit reduzierte sich von mehr als einer Woche auf wenige Stunden, was die Dynamik von Mobilisierung erhöhte. Der Ausbau der transnationalen Kommunikation führte Dank der Presseschauen zugleich auch zu einer verstärkten Wahrnehmung der anderen nationalen Öffentlichkeiten, wie anhand des Falls Ferrers deutlich wurde.

Ob eine transnationale Öffentlichkeit entstand, bestimmte eine komplexe Gemengelage. Zentral war zunächst die Struktur des Falles, des Ereignisses

573 Vgl. zur Häufung der Skandale und der erhöhten Mobilisierung *Park*: The European Reaction 599–607; *Bösch*: Öffentliche Geheimnisse; zur Frage der Legitimationskrise *Schmidt-Gernig*: Presse als vierte Gewalt.

574 Vgl. für die Regierungen z. B. für die deutschsprachigen Länder *Piereth*: Propaganda; *Hense*: Kommunikationsobservanz; *Green*: Intervening in the Public Sphere.

575 Vgl. dagegen *Kaelble*: Historical Rise 13.

selbst. Je nach Ereignis konstituierte sich eine informierende oder eine agitierende Öffentlichkeit.[576] Dabei verdeutlichen die Fallbeispiele, dass unterschiedliche Aspekte ausschlaggebend waren, die zum Teil auch für nationale Mobilisierung gelten. *Erstens* ist Mobilisierung immer eine Frage der Identifikation.[577] Das heißt, der Gegenstand musste im Fall unserer Beispiele Antiklerikale ansprechen und dies differierte oft zwischen unterschiedlichen politischen und religiösen Einstellungen. Das zeigte insbesondere die ambivalente Haltung der antiklerikalen Presse 1869/1870. Es war wohl besonders hilfreich, wenn das Ereignis das Potential für eine emotionale Berichterstattung hatte. Der menschliche Faktor in der Geschichte der Entführung des jüdischen Jungen und der Hinrichtung des katalanischen Pädagogen erleichterte die Mobilisierung außerhalb des engeren politischen Kontextes nicht unbeträchtlich. *Zweitens* zeigte der Vergleich des Vatikanums mit den beiden anderen Ereignissen, dass die Macht des Faktischen eine entscheidende Rolle spielte. Proteste entwickeln sich besser, wenn der Stein des Anstoßes bereits in der Welt ist und nicht nur befürchtet wird. Befürchtungen können Allianzen binden, die sich dann beim Wegfall des Anlasses wieder auflösen (wie im Fall Ferrer). *Drittens*, und auch dies zeigt die Gegenüberstellung des Konzils mit den beiden anderen Fällen, fördern Erfolgsaussichten Mobilisierung. *Viertens* spielt der Faktor Zeit eine Rolle; transnationale nicht publizistische Aktionen brauchen einen gewissen Vorlauf. So entstand zum Beispiel der einzig wirklich nennenswerte internationale Kongress (das Antikonzil) im Zusammenhang der eher lauwarmen Mobilisierung 1869/1870, während die Hinrichtung Ferrers nur in einem sehr geringen Maße eine transnationale Versammlungsöffentlichkeit entstehen ließ.

Abgesehen von diesen strukturellen Voraussetzungen zeigen alle drei Ereignisse, dass trotz der entstehenden transnationalen Öffentlichkeit der nationale oder lokale Rahmen entscheidenden Einfluss auf die Mobilisierung nahm. Die transnationale Öffentlichkeit blieb jeweils national oder lokal geprägt.[578] Bei aller Ähnlichkeit der Diskussionen und Topoi in der Rezeption der drei Fälle wurden die Debatten durch nationale und lokale Filter betrachtet. Man brach den Gegenstand auf die niedrigen Ebenen herunter und nutzte ihn, um nationale oder lokale Debatten auszutragen (vgl. zum Beispiel die Diskussionen der Sozialisten im Kaiserreich 1909, die Auseinandersetzungen in Forchheim 1869 oder die Frage der Laizität in der Rezeption der Mortara-Affäre in Frank-

576 Vgl. zu den Öffentlichkeitstypen *Neidhardt*: Öffentlichkeit, öffentliche Meinung, soziale Bewegungen, Einleitung 20.

577 Vgl. bereits *Guesnet*: Strukturwandel.

578 Vgl. dazu bereits für den untersuchten Zeitraum *Bösch*: Transfers and Similarities 29; für die Zeit nach 1945 *Requate/Vollert*: Die Lieben 325; *Stråth/Wodak*: Europe – Discourse – Politics 16; *Kryżanowski* u. a.: Conclusion 262.

reich).[579] In den drei untersuchten Fällen war für diese Tendenz weniger die durch die Kartellbildung der Agenturen zunehmende nationalisierte Wahrnehmung verantwortlich, als ein struktureller Zug von Öffentlichkeit. Diese neigt dazu, sich dort zu konstituieren, wo politische Entscheidungsträger als Ansprechpartner existieren.[580] Daneben konnte der Charakter der jeweiligen nationalen Öffentlichkeit die Art der Rezeption bestimmen; der polemische Ton der französischen Presse prägte beispielsweise auch deren Auseinandersetzung mit der Mortara-Affäre.

Neben dem nationalen beziehungsweise lokalen Filter bestimmte auch der politische und rechtliche nationale oder lokale Kontext, ob ein nicht nationales Ereignisses überhaupt wahrgenommen wurde, wie die drei Fälle ergänzend zu den bisherigen Analysen zum Verhältnis nationaler und transnationaler beziehungsweise europäischer Öffentlichkeit zeigen. So lenkte etwa die revolutionäre Situation in Spanien während des Konzils die Aufmerksamkeit von dem Ereignis weg. Zugleich müssen für die zweite Hälfte des 19. Jahrhunderts auch noch legale Voraussetzungen berücksichtigt werden. Denn gerade im Fall oppositioneller Gruppen, als solche müssen Antiklerikale in der zweiten Hälfte des 19. Jahrhunderts in vielen Gesellschaften durchaus noch gesehen werden, schränkten die rechtlichen Rahmenbedingungen die entstehende transnationale Mobilisierung deutlich ein (wie während der Mortara-Affäre oder im Fall Ferrer in Spanien). Meine Untersuchung verdeutlicht vor allem, dass gerade den strukturellen Voraussetzungen für die Bildung von transnationaler Öffentlichkeit ein zentraler Stellenwert zukam.

Das Verhältnis zwischen lokalem, nationalem und transnationalem Bezug lässt sich weder als simple Transzendierung noch als einfaches Gegeneinander beschreiben.[581] Die zunehmende Vernetzung der Nachrichtenübermittlung baute nicht notwendigerweise auf einer ausgeprägten nationalen Rezeption auf. So zeigte sich in allen drei untersuchten Fällen, dass gerade bei Informationsmangel auf Berichterstattung jenseits der nationalen Grenzen zurückgegriffen wurde. Ausgehend von diesem Befund könnte man argumentieren, dass die Nationalisierung öffentlicher Diskussionen in der zweiten Hälfte des 19. Jahrhunderts gerade deshalb einsetzte, weil mit der zunehmenden Vernetzung und dem Fall rechtlicher Presserestriktionen die kompensatorische Funktion trans-

579 Vgl. zu dieser Struktur von Öffentlichkeit bereits z. B. *Stöckli*: Der Savoyerhandel 310, 314.

580 Vgl. dazu *Kaelble* u. a.: Entwicklung 18, 24; zur Begründung durch die Kartellbildung *Requate/Schulze Wessel*: Europäische Öffentlichkeit, Einleitung 26.

581 Vgl. dazu bereits *Kaelble* u. a.: Entwicklung 13, 24; *Requate/Schulze Wessel*: Europäische Öffentlichkeit, Einleitung 22–30; das Nationale als reine Ablehnung der Globalisierung dagegen bei *Conrad*: Globalisierung und Nation; *ders.*: Globalisierungseffekte.

nationaler Wahrnehmung und Beobachtung zurückging. Eine kompensatorische Funktion transnationaler Öffentlichkeit manifestiert sich auch darin, dass es oft Außenseiter waren, die sich an die transnationale beziehungsweise europäische Öffentlichkeit wandten. So bemühten sich 1858 die Juden um transnationale Aufmerksamkeit.[582] Im Verhältnis zwischen lokal, national und transnational lag darüber hinaus oft eine eigentümliche Ambivalenz.[583] So bedeuteten etwa die Kirchenaustrittsaufforderungen 1909 als Nationalisierungen einen besonders hohen Grad transnationaler Identifikation, aber zugleich auch eine Ablenkung vom eigentlichen Gegenstand der Proteste. Die nationalen Anbindungen konnten so weit gehen, dass gerade ein transnationales Ereignis dazu genutzt wurde, ein spezifisches Konzept von Nation zu formulieren. Auch hier manifestierten sich unterschiedliche Verhältnisbestimmungen der Ebenen.[584] Während des Konzils wurde in den deutschen Ländern in Absetzung zur international ausgerichteten katholischen Kirche die protestantische Vorstellung der Nation geschärft. Im Fall Ferrer war die spanische nationale Identitätssuche dagegen keine exklusive Abwehr des Transnationalen, sondern bestimmt durch den Wunsch nach Inklusion.

Die transnationale Vernetzung und Wahrnehmung stellen nur *einen* Aspekt europäischer Öffentlichkeit dar. Sie konstituierten nicht automatisch einen politisch-sozialen Raum Europa.[585] Diesen habe ich anhand der Verwendung des Europabegriffes seitens der Akteure analysiert. Andere Kollektivbegriffe wie ›Welt‹, ›Zivilisation‹ etc. wurden zwar auch immer wieder benutzt, aber in der gleichzeitigen Begrenzung der universalen Begriffe zeigte sich ein deutlicher Eurozentrismus.[586] Hinsichtlich des Europabegriffs nahm das Konzil ebenfalls eine Sonderstellung unter den untersuchten Fällen ein. Europa spielte 1869/1870 keine entscheidende Rolle, auch wenn sich die Akteure durchaus als Rezeptionseinheit wahrnahmen. Dagegen war der Begriff in den beiden anderen Fällen zentral. Sowohl die Entführung des Mortara-Jungen als auch die Exekution Ferrers waren Anlass, ein spezifisches Selbstverständnis und Identitätskonzept von Europa zu evozieren und zu pflegen. Der Mobilisierungsgrad korrespondierte zumeist mit der Entstehung einer transnationalen Gemeinschaftsvor-

582 Vgl. zu dieser Beobachtung auch beispielsweise schon *Requate/Schulze Wessel*: Europäische Öffentlichkeit, Einleitung 15, 31.

583 Vgl. zu ähnlichen Befunden in der Internationalisierung *Geyer/Paulmann*: Introduction 5–7.

584 Vgl. dazu bereits *Kohli*: Entstehung 125.

585 Vgl. zu dieser begrifflichen Unterscheidung *Preston*: Media, Political Communication and the European Public Sphere 46 f.; die 1848er Revolution als Beispiel fehlender Automatisierung *Langewiesche*: Kommunikationsraum Europa 27.

586 Vgl. zur Schwierigkeit, den Diskurs des Westen von dem Europas zu trennen, bereits *Petri*: Europa? 48 f.

stellung. So wurde der Begriff ›Europa‹ 1869/1870 wenig verwendet. Nur im Kontext des Antikonzils trat er vermehrt auf. Zugleich verdeutlicht der relativ geringe Grad der Vernetzung der spanischen Antiklerikalen während des Konzils und der gleichzeitig sehr prominente Europabezug in der Berichterstattung, dass auch die transnationale Identitätsbildung eine kompensatorische Funktion haben konnte.[587]

Der Europabegriff sollte 1858 und 1909 Solidarität herstellen und spezifische politische und gesellschaftliche Vorstellungen legitimieren, ohne dabei eine politisch verfasste Einheit zu bezeichnen. Die dabei evozierte Europavorstellung jenseits von Institutionen und konkreten Plänen spielte im antiklerikalen Selbstverständnis, so legen meine Ergebnisse nahe, durchaus eine gewichtige Rolle. Hier entstand eine alltägliche Identitätsvorstellung, die zwar nicht als das tragende politische Ordnungskonzept gelten kann, deren Einfluss aber auch nicht kleingeschrieben werden sollte, wie dies oft für die zweite Hälfte des 19. Jahrhunderts getan wird.[588] Europa wurde in diesen Dekaden christlich oder säkular verstanden, protestantisch oder katholisch (und unterschiedlich politisch) besetzt und ging als Gemeinschaftsvorstellung unterschiedliche Allianzen ein.[589] Das als zivilisiert etikettierte Europa der Antiklerikalen war nur ein Modell unter vielen und muss in die im 19. Jahrhundert maßgebende Vorstellung europäischer Überlegenheit eingeordnet werden. Dieses Modell war wahrscheinlich der Vorläufer der Idee eines säkularen Europas, das heute zum Grundverständnis der Europäischen Union gehört.[590] Antiklerikale bedienten sich des Konzepts Europa und machten es zum Vehikel relativ konkreter Vorstellungen des Verhältnisses von Religion, Kirchen, Staat und Gesellschaft. Die Europavorstellungen in den untersuchten Fällen zeigen, dass zwar kein einheitliches und konkretes Konzept von Laizismus oder Säkularität entwickelt wurde, sich aber gerade in diesem Zeitraum bei den Kirchenkritikern eine zunehmende Emanzipation von der Idee des christlichen Europas vollzogen hat. Während 1858 christliche Bezüge noch hergestellt wurden, fehlten diese 1909 fast ganz.[591]

587 Vgl. auch *Kaelble* u. a.: Entwicklung 8; allgemein zur strategischen und situativen Nutzung von Europakonzepten *Jones*: Europa 27; *Wagner*: Von der kolonialpraktischen Kooperation.

588 Vgl. dazu z. B. *Charle*: Vordenker der Moderne 12; *Ruppenthal*: Tagungsbericht, Leitbild Europa.

589 Vgl. zur Diversifizierung der Europavorstellungen im 19. Jahrhundert *Schmale*: Eckpunkte einer Geschichte 69 f.

590 Vgl. *Haguenau-Moizard*: État et religions 54; die These der Entstehung unserer Europavorstellungen erst nach 1945 dagegen bei *Schmale*: Eckpunkte einer Geschichte 83; zur Differenzierung der heutigen Gesetzeslage im europäischen Raum Religion – Staat – Gesellschaft 11 (2010) und 12 (2011).

591 Vgl. zu christlich aufgeladenen antiklerikalen Europakonzepten *Petri*: Europa? 32; für

Die im Identifikationskonzept implizierten Grundwerte differierten zwischen den verschiedenen Fällen. So war 1858 das Naturrecht Kern des europäischen Selbstverständnisses, während 1909 der Rationalismus sowie der Rechtsstaat angeführt wurden. Gemeinsam waren den Entwürfen die Idee der genuin europäischen Gewissens- und Religionsfreiheit und eine wie auch immer gedachte Unabhängigkeit von der katholischen Kirche.

Auch wenn den Europaentwürfen als Zivilisationskonzept zunächst ein universalisierender Zug unterlag, waren auch diese Identitätsvorstellungen durch ein ›Anderes‹ konstituiert.[592] Zum einen grenzten sich die Antiklerikalen gegen die selbst mit universalem Anspruch auftretende katholische Kirche ab. Zum anderen fungierten verschiedene Länder auch innerhalb des Kontinents als Gegenüber, wie Spanien im Fall Ferrer. Die Analyse der Proteste 1909 zeigen, dass hier eine spezifische Spannung zwischen universalem Anspruch und territorial sowie kultureller Grenzziehung entstand.[593] Für die spanischen Antiklerikalen führte diese Spannung in ein Dilemma, da sie sich mit ihrer Einstimmung in die Kritik dem Vorwurf des Antipatriotismus aussetzten. Dieses Dilemma war wohl entscheidend dafür, dass die spanischen Antiklerikalen sich nicht rückhaltlos an den transnationalen Protesten beteiligten.

Bislang untersuchen viele Studien europäische Öffentlichkeit unter dem Blickwinkel der europäischen Integration und wenden die Kriterien institutionalisierter Öffentlichkeit demokratischer Systeme zur Bewertung an.[594] Die hier herausgearbeiteten Verwendungen der Europabezüge und -konzepte legen dagegen nahe, diesen Impuls zur teleologischen Interpretation zu unterdrücken und dem Phänomen und seinen spezifischen historischen Ausprägungen nachzuspüren. Zentral scheint hierbei, die Perspektive der Akteure mit einzubeziehen, um das komplexe Verhältnis von Europäisierung und Nationalisierung im Zeitalter des Imperialismus adäquat beschreiben zu können.

Was bedeuten diese Ergebnisse aber für den Antiklerikalismus als europäisches Phänomen? In der zweiten Hälfte des 19. Jahrhunderts existierte trotz der zunehmenden Dominanz der nationalen Orientierung durchaus eine antiklerikale europäische Öffentlichkeit. Der Antiklerikalismus war eine bewusst euro-

eine ausführliche Diskussion der Frage der Religion im antiklerikalen Diskurs siehe Kapitel 3.3.

592 Vgl. allgemein zur Wichtigkeit der In- und Exklusion im Europadiskurs die Aufsätze von Rolf Petri und Stuart Woolf in Comparativ 14, 3 (2004) und *Malmborg/Stråth*: The Meaning of Europe.

593 Vgl. zu dieser Spannung *Kaelble* u.a.: Entwicklung 18; generell zum nationalisierenden Blick auf Europa *Petri*: Europa? 28; für nationalistische Barrieren in transnationaler Wahrnehmung von Kulturkämpfern bereits *Weiß*: Der deutsche Kulturkampf 234.

594 Vgl. dazu z.B. *Kaelble* u.a.: Entwicklung 13, 24; *Kaelble*: Historical Rise.

päische Bewegung. Antiklerikale verbanden sich mit Mitkämpfern jenseits der jeweiligen Grenzen, weil sie meinten, den gleichen Kampf zu führen. Sie entwickelten Vorstellungen von einer europäischen Kultur und ordneten ihnen Modelle des Verhältnisses von Staat, Gesellschaft, Kirchen und Religion zu. Europäizität sollte nicht überbewertet werden, aber für bestimmte Gruppen wie die Antiklerikalen, die oft an den Rändern der nationalen Gesellschaften agierten, war sie eine wichtige Dimension ihres Engagements. Der Europabezug hatte sowohl in Hinblick auf Kommunikation und Information als auch auf die Identitätsvorstellung eine kompensatorische Funktion. Gerade die Kulturkämpfe blieben jedoch zugleich an die nationalen politischen Kontexte als Handlungsrahmen und Handlungshorizont gebunden. Nationale und europäische Ebene waren nicht durch ein Gegeneinander, sondern durch Gleichzeitigkeit geprägt. Je nach Situation und politischer Orientierung konnten Akteure von Öffentlichkeit auf eine oder beide Karten setzen und beide Ebenen ergänzten, widersprachen oder vermischten sich.[595] Der Europabezug der Antiklerikalen war also situativ bestimmt.

Abgesehen von der Frage nach Europa zeigen meine Analysen grundlegende Charakteristika von Öffentlichkeit in der zweiten Hälfte des 19. Jahrhunderts. In diesem Zeitraum entsprach Öffentlichkeit weder dem demokratischen bürgerlichen Ideal einer herrschaftsfreien Sphäre, wo einzig der rationale Austausch der Meinungen regierte, noch stellte sie ausschließlich eine ›vermachtete‹ Masse dar, wie das Habermassche normative Entwicklungsmodell suggeriert.[596] *Erstens* ist zu betonen, dass trotz des Rückgangs politischer und rechtlicher Restriktionen Zensur und staatliche Eingriffe auch in der zweiten Hälfte des 19. Jahrhunderts für Antiklerikale bestimmter Länder (hier besonders Spanien und den deutschen Ländern) zum Alltag ihrer Mobilisierungsbemühungen gehörten.

Zweitens waren die sich ausweitenden Trägerschichten der antiklerikalen Öffentlichkeit nicht durch Marktmechanismen ›vermachtet‹ oder bildeten eine durch die politischen Entscheidungsträger manipulierte Masse. Anhand der drei untersuchten Ereignisse konnte gezeigt werden, dass sich die antiklerikale Öffentlichkeit zwar vor allem auf die gebildeten Schichten stützte, aber im Zuge der Fundamentalpolitisierung der drei analysierten Gesellschaften sowie der zunehmenden Alphabetisierung auch breitere Schichten integriert wurden. Als transnationales, schichtübergreifendes Phänomen scheint sich der Antiklerikalismus – so legen meine Untersuchungen nahe – insbesondere in der zweiten Hälfte des 19. Jahrhunderts entwickelt zu haben. Im Fall Ferrer beteiligten sich

595 Vgl. zu Ergänzungen beider Ebenen im transatlantischen Antikatholizismus bereits *Verhoeven*: Transatlantic Anti-Catholicism 10 f.

596 Vgl. allgemein zu dieser Kritik am Habermasschen Modell z. B. *Gestrich*: Public Sphere 423.

an den Protesten in nennenswertem Maßstab kleinbürgerliche und unterbürgerliche Teile der Bevölkerung. Diese neuen Akteure ergriffen sehr aktiv die Initiative, wie die Vorreiterrolle des CGT, der Boykott oder die Subskriptionen beweisen.[597] Die Beteiligung dieser Trägerschichten hatte allerdings auch ihre Grenzen und gerade bestimmte Formen des Engagements führten zu Konflikten unter den Protestierenden. Die bürgerlichen Protestler kritisierten die gewalttätigen Mobilisierungsformen, die besonders mit den Antiklerikalen der Arbeiterbewegung identifiziert wurden. Auch für den Antiklerikalismus galt, dass die Mittel des Protests also unterschiedlich und umkämpfter Teil der sich konstituierenden Öffentlichkeit waren.[598] Hier schließt sich bereits ein weiterer Befund an.

Öffentlichkeit war *drittens* insbesondere in den untersuchten Jahrzehnten ein politisch, kulturell und sozial umkämpfter Raum.[599] Antiklerikalismus und Antikatholizismus stellten dabei zentrale Agenten der gesellschaftlichen Konflikte dar. Sie forcierten die zunehmende gesellschaftliche Pluralisierung und bündelten im Kontext einzelner Protestfälle Teile der entstehenden, zunehmend fragmentierten Massengesellschaft. Die sich konstituierende antiklerikale (Teil-) Öffentlichkeit wandte sich in erster Linie gegen die katholische Kirche (wie 1858 und 1869/1870), konnte sich aber auch gegen die Politik einzelner staatliche Machtträger richten (so 1909). Je nach politischer und konfessioneller Konstellation konstituierten Antiklerikale in der jeweiligen nationalen Gesellschaft dann eine Gegenöffentlichkeit: Der Fall Ferrer demonstriert, dass im Wilhelminischen Kaiserreich und besonders im Spanien der Restauration diese teilgesellschaftliche Mobilisierung eine Ersatzfunktion für fehlende politische Teilhabe erfüllen konnte. Die antiklerikalen oder antikatholischen Koalitionen waren mal mehr politisch (1909), mal eher konfessionell oder religiös (die deutsche Rezeption 1869/1870).[600] Die Kommunikationsprozesse waren durchsetzt

597 Vgl. zur Kritik an der einseitigen Idee der Vermachtung im Habermasschen Idealtypus *Schulz*: Aufstieg der vierten Gewalt 81 f.; *Weisbrod*: Medien als symbolische Form 272; *Bösch*: Zeitungsberichte im Alltagsgespräch.

598 Vgl. zu diesen Grenzen von Öffentlichkeit jenseits des Antiklerikalismus *Hurd*: Class, Masculinity, Manners and Mores; *Sweeney*: Liberalism.

599 Vgl. dazu bereits *Eley*: Nations, Publics, and Political Cultures; *Weisbrod*: Medien als symbolische Form.

600 Vgl. dazu bereits für den deutschen Fall im Antijesuitismus *Healy*: The Jesuit Specter 16; allgemein *Leugers*: Latente Kulturkampfstimmung; konkret für die Zusammenarbeit in Frankreich von Protestanten und Freigeistigen *Baubérot*: Le christianisme social 122–129; in den deutschen Ländern zwischen kulturkämpferischen Protestanten und Sozialisten *Müller-Dreier*: Konfession in Politik 498, 501 f.; zwischen Freigeistigen und Sozialdemokraten *Simon-Ritz*: Organisation einer Weltanschauung 463–465; zu Allianzen der spanischen Antiklerikalen mit der winzigen protestantischen Minorität *Martín*: El anticlericalismo 390 f.; *Salomón Chéliz*: Anticlericalismo en Aragón 258; *De la Cueva Merino*: La Democracia frailófoba 258;

von In- aber auch Exklusionsmechanismen.[601] Die antiklerikalen Gruppen stritten untereinander über die Deutungshoheit, wie etwa die Ausfälle gegen den liberalen Katholizismus 1869/1870 oder die Debatten 1909 und in den Folgejahren über den Vertretungsanspruch von Ferrers Anliegen demonstrieren. Die Gruppen grenzten sich voneinander ab und nutzten intern die Ereignisse aus, um ihr jeweiliges Profil zu schärfen.[602] Hierbei traten soziale, politische und religiöse Differenzen zu Tage. Die kontinuierlichen Aus- und Eingrenzungsprozesse bildeten situativ »Cluster«, aber die Einheit des antiklerikalen Spektrums blieb letztlich labil.

Der Fokus aber lag auf dem Gegner. Wie bereits anhand der Europavorstellungen erläutert, schlossen Antiklerikale die katholische Kirche und ihre Träger aus der vorgestellten Gemeinschaft der Öffentlichkeit aus. Die Kommunikation selbst war dabei allerdings nicht von vorneherein unterbrochen. Anhand der drei Fälle ließ sich jedoch nachzeichnen, dass der öffentliche Diskurs der Antiklerikalen zunehmend von Polemik und stereotypen Vorteilen gekennzeichnet war, Zwischenpositionen in den Fronten zerrieben wurden, die Teilöffentlichkeiten sich verstärkt abgrenzten und sich tendenziell zwei Lager herausbildeten. Dennoch möchte ich nicht von einer versäulten gesamtgesellschaftlichen Öffentlichkeit sprechen, da die Beobachtung und Kommentierung des Gegners (abgesehen vielleicht von Frankreich nach der Jahrhundertwende) genuiner Charakterzug des Antiklerikalismus war.[603] Der ›Klerikalismus‹ war Kern des Antiklerikalismus.[604] Die antiklerikale Kritik förderte mit ihrer kontinuierlichen Abgrenzung die Ausbildung des radikal modernekritischen Ultramontanismus.[605] Je exklusiver und radikaler die Ideen formuliert wurden, desto eher

für politische Zusammenarbeit jenseits der bereits genannten offiziellen Allianzen in Spanien zwischen Sozialisten, Republikanern und Liberalen z. B. ebenda 251; *De la Cueva Merino*: Clericales y anticlericales 204, 269; *Magenti Javaloyas*: L'anticlericalisme blasquista 168; *Louzao Villar*: Soldados de la fe 151–154, 157, 170 f.; die Verbindungen zu den Liberalen nicht berücksichtigend und die zu den Anarchisten betonend *Salomón Chéliz*: Anticlericalismo en Aragón 70 f., 249 f., 255 f.

601 Vgl. zu dieser Struktur von Öffentlichkeit *Weisbrod*: Medien als symbolische Form 271.

602 Vgl. für die koalitionssprengende Kraft der Kirchenkritik z. B. bereits für den deutschen Fall *Leugers*: Latente Kulturkampfstimmung; sowie für Spanien *Salomón Chéliz*: Anticlericalismo y movilización 194 f.

603 Vgl. für konkrete Auseinandersetzungen auf lokaler Ebene in Spanien auch *Mira Abad/Moreno Seco*: Alicante; zum deutschen Fall *Borutta*: Religion und Zivilgesellschaft 34.

604 Vgl. dazu bereits *Grévy*: La république 77 f.; ähnlich auch, allerdings im klassischen Dreierschema der Milieus im Kaiserreich argumentierend *Borutta*: Religion und Zivilgesellschaft 33; sowie ausführlicher zu dieser Frage Kapitel 4.1.

605 Vgl. dazu z. B. allgemein *Clark*: The New Catholicism 36–44; in Frankreich *Rémond*: Anticléricalisme en France 46 f.; *McMillan*: Religion and Politics 44 f.; *Lalouette*: L'anticlérica-

konnte sich das Engagement allerdings nur noch an die eigene Klientel oder Unentschiedene richten.[606] Dies ist die innere Logik eines sich radikalisierenden Phänomens, das sich vorwiegend in einer zunehmend fragmentierten Massenkommunikationsgesellschaft artikuliert. Als zentrales Problem in den Auseinandersetzungen zwischen Antiklerikalen und ihren Gegnern erwies sich sowohl 1858 als auch 1869/1870 die Frage, ob die zur Debatte stehenden Fragen als kirchliche Gegenstände überhaupt Teil der »res publica« seien. Auch hier wurde um Deutungshoheit gekämpft. Die Frage, inwieweit sich die weltliche Öffentlichkeit in kirchliche Angelegenheiten einmischen dürfe, stellte sich in beiden Fällen als besonders prekär heraus, da kein allgemein gültiges Verständnis dessen existierte, was die weltliche Sphäre eigentlich ausmachte. Die Diskussionen verdeutlichen, dass eben gerade in der zweiten Hälfte des 19. Jahrhunderts diese säkulare Sphäre erst bestimmt wurde.[607]

Die antiklerikale Öffentlichkeit lebte *viertens* weniger von rationalen Argumenten als von spezifischen Überzeugungsstrategien.[608] Abgesehen von Gewaltausübung zeichnete sich die antiklerikale Öffentlichkeit besonders durch eine hohe Emotionalisierung sowie Schwarz-weiß-Bilder (klare Opfer-Täter-Erzählungen und Verschwörungstheorien) aus[609] – Kommunikationsformen, die der entstehenden Massenpresse entsprachen.[610] Meines Erachtens sollte man davon absehen, diese Rhetorik einzig als Mittel zur Macht zu verstehen.[611] Transnationale Mobilisierung und Solidarisierung wie im Fall Ferrer und der Mortara-Affäre zeugen vielmehr davon, dass die vorgestellte emotionale Einheit der protestierenden Öffentlichkeit Grundlage für ein neues Selbstverständnis des Rechts auf Einmischung war. Das Band der Gefühle konstituierte ein spezifisches Unrechtsgefühl, auf dem die Forderung allgemeiner Menschenrechte fußte. Ihre starke Dynamik zog die antiklerikale Öffentlichkeit nicht nur aus Polemik, Emotionalisierung und der Exklusion gegenüber dem jeweiligen

lisme 333–338; für den deutschen Fall *Healy*: The Jesuit Specter 142; für Spanien *Pérez Ledesma*: Anticlericalismo y secularización 276.

606 Vgl. zu den Diskursstrategien und den Beziehungen zur Struktur des potentiellen Publikums *Neidhardt*: Öffentlichkeit, öffentliche Meinung, soziale Bewegungen, Einleitung 23.

607 Vertiefend hierzu Kapitel 3.1.

608 Vgl. dazu allgemein die politikwissenschaftlichen Analysen *Llanque*: Räsonnement und Deliberation; *Gerhards/Neidhardt*: Strukturen und Funktionen 69–75; *ders.*: Öffentlichkeit, öffentliche Meinung, soziale Bewegungen, Einleitung 16, 20.

609 Vgl. bereits dazu in der wilhelminischen Öffentlichkeit *Hardtwig*: Performanz und Öffentlichkeit; *Bösch*: Öffentliche Geheimnisse 470–476.

610 Vgl. z. B. *Delporte*: Presse et culture 100–119.

611 Vgl. dagegen die funktionalistische und systemtheoretische Lesart *Gerhards*: Politische Öffentlichkeit 96.

Feind, sondern auch aus der wachsenden Beschleunigung und Vernetzung der Kommunikation. Dabei war für den Antiklerikalismus besonders belebend, aber vielleicht auch besonders verhängnisvoll, dass er von der Beschleunigung und den bleibenden Informationsdefiziten profitierte. Anhand der Mortara-Affäre wurde gezeigt, wie sich bestimmte erzählerische Plots von Schauergeschichten, die zwischen Realität und Fiktion schwankten, aus dem Themenbereich Sexualität und Gewalt verselbstständigten und ein erzählerisches Repertoire ausbildeten, auf das Antiklerikale dann in anderen Momenten zurückgriffen. Diese Dynamiken der kirchenkritischen Vorurteilsstrukturen werden im nächsten Abschnitt vertiefend weiterverfolgt.

3. Konfliktfelder und Säkularisierungskämpfe

In der Kritik der Antiklerikalen standen Kirchen, insbesondere die katholische, der Katholizismus als spezifische Konfession, bestimmte Tendenzen innerhalb des Protestantismus oder des Judentums, das Christentum, andere monotheistische Religionen oder Religion an sich.[1] Neben Institutionen oder Glaubensformen nahmen Kirchenkritiker bestimmte Personenkreise ins Visier. Der Klerus als Vertreter von Religion und Kirche erhielt ausnehmend viel Aufmerksamkeit. Des Weiteren konnten die Kurie, Konzilien, Synoden oder der Papst Ziel antiklerikaler Mobilisierung sein.[2] Eine Sonderstellung nahmen die Jesuiten ein. Mit den unterschiedlichen Antagonisten sprachen die Antiklerikalen zunächst verschiedene Themenbereiche an. Politische und kirchenpolitische Verfassungsfragen wurden diskutiert, epistemologische und religiöse Debatten geführt, moralische Maßstäbe des zwischenmenschlichen Alltags, des Sexualverhaltens oder der Ökonomie verhandelt. Zugleich wiederholten sich in der Kritik immer wieder bestimmte Vorwürfe, die stereotyp gegenüber den verschiedenen Gegnern formuliert wurden. Das gegnerische Personal verschmolz in den antiklerikalen Bildern und Texten so oftmals zu einem diffusen Konglomerat.[3] Die Kritik hatte einerseits eine rein negierende Dimension; auf der anderen Seite artikulierten die Antiklerikalen positive Vorstellungen und Gesellschaftsmodelle.[4] Der folgende Abschnitt wird – die verschiedenen Gegner zusammenziehend – den Inhalt dieses dualistischen Diskurses anhand verschiedener Konfliktfelder systematisch untersuchen: Politik, Wissen, Religion und Moral.[5]

1 Für die seltenen Fälle außerchristlicher Religionskritik unter den Antiklerikalen der drei untersuchten Länder vgl. die Karikaturen zum Islam bei *Doizy/Lalaux*: Dieu créa le rire 11, 16.

2 Vgl. z.B. zum Konzil Kapitel 2.2; zu Synoden Volkszeitung, 31.12.1869; zum Papst Kapitel 3.4; zur Kurie zum Beispiel Augsburger Allgemeine Zeitung, 21.6.1869.

3 Vgl. dagegen die Versuche der Systematisierung der Gegner, die zwischen Institutionen-, Personen- und Glaubenskritik und damit zwischen politischer, antiklerikaler und antireligiöser Kirchenkritik unterscheiden oder thematische Differenzierungen in den Vordergrund rücken und zwischen politischem, pädagogischem und sozialem Antiklerikalismus differenzieren *Lalouette*: El anticlericalismo 18, 37; *De la Cueva Merino*: La cuestión clerical-anticlerical 126–129.

4 Vgl. zur Idee der Antiposition bereits die zeitgenössische Schrift des liberalen Katholiken Antoine Leroy-Beaulieu (1842–1912) *Leroy-Beaulieu*: Les doctrines; weitere Studien, die den Charakter als Gegenposition betonen, *Rémond*: Anticléricalisme en France 11–16 oder *De la Cueva Merino*: Clericales y anticlericales 12–17.

5 Aufgrund des exemplarischen Vorgehens erhebt die folgende Untersuchung keinen

Auf all diesen Gebieten bemühten sich Antiklerikale, Kirchen, Klerus und zum Teil Religion als leitende, normgebende Orientierungsinstanzen zu delegitimieren. Mit dieser ›Politik der Skandalisierung‹ zielten sie darauf, Staat und Gesellschaft zu säkularisieren. Säkularisierung bedeutete, wie im Folgenden demonstriert wird, in diesem Zusammenhang Unterschiedliches – funktionale Differenzierung, Bruch mit der kirchlichen Deutungsmacht, Privatisierung – und ist nicht zwingend mit der Abkehr von Religion gleichzusetzen. Die Analyse wird deshalb auch den komplexen Zusammenhang von religiöser Orientierung und Antiklerikalismus beleuchten sowie die religiösen Dimensionen der Kirchenkritik ausloten.[6] Im Einzelnen werden erstens die Säkularisierungsbemühungen sowie die Ambivalenzen, Widersprüche und Grenzen der propagierten Gesellschaftsmodelle analysiert, zweitens Kontinuitäten[7] und Verschiebungen[8] nachgezeichnet sowie drittens existierende Unterschiede zwischen den verschiedenen Gruppen und den drei Ländern herausgearbeitet.[9] Neben den inhaltlichen Aspekten geht die Analyse auch der medialen Eigendynamik sowie den Austauschprozessen der Kirchenkritiker mit dem strukturellen und diskursiven Umfeld nach. Ein letzter Abschnitt widmet sich speziell der Delgitimierung durch zeitliche Zuschreibungen. Ein Schlussabschnitt führt schließlich die Ergebnisse der verschiedenen Felder zusammen, um die Kernbestandteile des Antiklerikalismus zu definieren und die Hauptstoßrichtung des Diskurses zu bestimmen.

Anspruch auf thematische Vollständigkeit. Die zentralen Bereiche, um die sich die Auseinandersetzungen in den untersuchten drei Ländern drehten, werden allerdings alle berührt.

6 Vgl. dazu besonders Kapitel 3.2 und 3.3.

7 Es wird hier kein systematischer Vergleich durchgeführt, aber auf der Basis existierender Studien soll gezeigt werden, welche Themen die Antiklerikalen der zweiten Hälfte des 19. Jahrhunderts aus früheren Formen der Kirchenkritik vor allem der Vor- und Frühmoderne übernahmen und welche neu waren.

8 Ich spreche absichtlich nicht von Entwicklung, da die zeitlich weit auseinanderliegenden Fälle es nicht zulassen, mit der Idee konsekutiver Entwicklungsprozesse zu operieren, sondern sich letztlich nur diachrone Differenzen nachweisen lassen.

9 Die Differenzen zwischen den Gruppen und Ländern sowie zeitliche Verschiebungen wurden berücksichtigt, sofern eine belastbare Menge von Belegstellen zu finden war und wenn sich signifikante Unterschiede feststellen lassen konnten.

3.1 Eine Frage der Macht – Freiheitsforderungen und politische Legitimität

Antiklerikale kämpften in der zweiten Hälfte des 19. Jahrhunderts im nationalen Rahmen in erster Linie um politische Macht und bemühten sich um gesetzliche Neubestimmungen.[10] Programme der entstehenden Parteien mussten kirchenkritische Positionen berücksichtigen und die religiöse Frage konnte Wahlen entscheiden.[11] Auch eine zivile Beerdigung konnte als Ausdruck antiklerikaler Gesinnung ein politisches Statement sein.[12] Zeitgenossen wie Forscher haben immer wieder betont, dass Antiklerikalismus vor allem ein Mittel zur politischen Mobilisierung war. Sozialhistorisch orientierte Historiker übernahmen hier die Positionen ihrer Quellen. Wie Teile der Sozialisten, besonders die Marxisten, interpretierten sie den Kampf gegen die Kirchen als ein Ablenkungsmanöver von sozialen Verwerfungen.[13] Kirchennahe Forscher wollten mit der Ablenkungsthese den Sündenbockstatus der Kirchen betonen und so den Antiklerikalismus desavouieren.[14] Andere, vor allem spanische Historiker, haben die massenmobilisierende Wirkung und den populistischen Charakter unterstrichen.[15] Für das Deutsche Kaiserreich heben vor allem die Katholizismusforscher hervor, dass der Antikatholizismus ein Instrument der Liberalen war, ihre

10 Vgl. zur Betonung der politischen Dimension z. B. *Owzar*: Kampf der Kulturen; *Pérez Ledesma*: Anticlericalismo y secularización und *McMillan*: Priest Hits Girl 86.

11 Vgl. zum Antiklerikalismus als politisches Parteiprogramm z. B. *Pérez Ledesma*: Anticlericalismo y secularización 273–276; *McMillan*: Remaking Catholic Europe 87, 90 f.; sowie zur wahlentscheidenden Bedeutung von Religion *McLeod*: Secularisation in Western Europe 227.

12 So wurde etwa die Beerdigung des Gründungsvaters der spanischen Krausisten Julián Sanz del Rio (1814–1869) zu einer Massenkundgebung der spanischen Antiklerikalen. Vgl. dazu und allgemein zur Bedeutung ziviler Beerdigungen in Spanien *Jiménez Lozano*: Los cementerios civiles 65, 118; in Frankreich *Hazareesingh*: Intellectual Founders 76; *Dumons/Pollet*: Enterrement civil 482; *Ben-Amos*: Les funérailles.

13 Vgl. zur sozialen Ablenkungsthese der Zeitgenossen z. B. *Rémond*: Anticléricalisme en France 5–7, 218–220; *De la Cueva Merino*: Clericales y anticlericales 331 f.; *Stuart*: Marxism and Anticlericalism 294 f.; zur Übernahme dieser Erklärung in Frankreich deutlich marxistisch gefärbt *Dion*: État, Église et luttes 130–174; allgemein *Boscus*: L'affaire Ferrer; *Grévy*: La république 39 f.; im spanischen Kontext *Ullman*: Tragic Week 28, 324; *Pérez Garzón*: Luis Morote 121–123.

14 Vgl. z. B. *Revuelta González*: La Compañía, Bd. 2 742–762.

15 Vgl. z. B. *Álvarez Junco*: Alejandro Lerroux 337–354; *De la Cueva Merino*: Clericales y anticlericales 206–209; *Sanabria*: Republicanism and Anticlerical Nationalism 62–65; *Magenti Javaloyas*: El problema religioso 178; *dies.*: L'anticlericalisme blasquista; *Salomón Chéliz*: Anticlericalismo en Aragón 197; *Stone*: Sons 120; *McMillan*: Priest Hits Girl 90 f.; ausführlicher zum spanischen Populismus Kapitel 1.3.

schwindenden Mehrheiten gegenüber dem Zentrum zu verteidigen.[16] Die gemeinsame Feindschaft zu Kirchen, Klerus und zum Teil zu Religion ließ zudem situativ Koalitionen entstehen: Der Antiklerikalismus stellte ein Themenfeld bereit, das die Einheit sowohl im liberalen wie im republikanischen Lager sichern konnte, Nähe zwischen beiden, Sozialisten und in begrenztem Maße auch Anarchisten herstellen ließ, wie anhand der Mortara-Affäre und des Falls Ferrer gezeigt wurde.[17] Zugleich verlieh die Kirchenkritik Gemeinschaften Kohärenz und fungierte als Emulgator nationaler und europäischer Identitätsbildung.[18] All diese Aspekte, die besonders in der älteren Forschung zu funktionalistischen Erklärungen des Phänomens herangezogen worden sind, stellen aber nur eine Seite der Medaille dar.

Antiklerikalismus übernahm nicht nur Funktionen im politischen Feld, sondern stellte im 19. Jahrhundert, und dies war neu, ein genuin politisches Programm dar. Bislang wurde in Studien zu Spanien, aber auch zu Frankreich und den deutschen Ländern der Antiklerikalismus vor allem als Teil politischer Kämpfe betrachtet sowie an konkrete Gesetzgebungen angebunden interpretiert.[19] Dabei konzentrierten sich die Analysen in erster Linie auf die antiklerikalen Ideen neuer Ordnungen und auf die politischen Freiheitsvorstellungen. Der Kontrastfolie, dem politischen Bild von Kirche, wurde dagegen wenig Aufmerksamkeit geschenkt.[20] Der folgende Abschnitt wird über konkrete politische Auseinandersetzungen hinausgehend den grundlegenden politischen Gehalt des Antiklerikalismus vorstellen. Dabei wird dem Gegenbild zu den antiklerikalen Freiheitsvorstellungen erhöhte Aufmerksamkeit zuteil, denn nur so lässt sich der der Kirchenkritik inhärente Dualismus herausarbeiten, der maßgeblich die Dynamik der Kulturkämpfe begründete. Kirche war im Antiklerikalismus über

16 Vgl. zuletzt ausführlich *Anderson*: Lehrjahre der Demokratie 126–132, 191 f., 196 f.

17 Vgl. für die koalitionsbildende Funktion zwischen politischen Richtungen Kapitel 1.2, Anmerkung 105 und Kapitel 1.3, Anmerkung 253; Kapitel 2.3, Anmerkung 451, 474; Kapitel 2.4, Anmerkung 600.

18 Vgl. dazu Kapitel 2.1, 2.2 und 2.3 sowie Kapitel 4.2.

19 Vgl. z. B. für Spanien, wo die politische Dimension am stärksten betont wird, wohl auch wegen der bis heute anhaltenden Politisierung und Polarisierung des Themas, *Pérez Ledesma*: Anticlericalismo y secularización; *De la Cueva Merino*: Balance historiográfico; *ders.*: Clericales y anticlericales; *ders./Montero García*: La secularización conflictiva; für die deutschen Länder *Healy*: The Jesuit Specter; *Gross*: War against Catholicism; *Borutta*: Antikatholizismus; für Frankreich *Sculle*: French Anticlericalism; *Faury*: Cléricalisme et anticléricalisme; *Papet*: Cléricaux et Anticléricaux; *Silvan*: Anticléricalisme; *Grévy*: Le cléricalisme.

20 Eine Ausnahme stellt Jérome Grévys Studie zum Antiklerikalismus im Zweiten Empire und der Dritten Republik dar, der das »theokratische Bild« der Kirche als zentral beschreibt. Vgl. *Grévy*: Le cléricalisme 39–47; als Beispiel für die Konzentration auf die positiven Vorstellungen *Rémond*: Anticléricalisme en France 11–16; *De la Cueva Merino*: Clericales y anticlericales 224–236 und *Salomón Chéliz*: Anticlericalismo en Aragón 137–143.

weite Strecken ein Symbol für eine als grauenhaft geschilderte alte politische Ordnung, die abzuschaffen sei. Ihr gegenüber formulierten die Kirchenkritiker ihre Freiheitsforderungen. Die Bilder der Machtausübung der katholischen Kirche und ihre Gegenmodelle stellten die Grundlage für die Forderung dar, sich von Kirche und zum Teil von Religion zu emanzipieren – Säkularisierung in unterschiedlicher Reichweite und Form.

Die fundamentalen politischen Auseinandersetzungen in den Kulturkämpfen speisten insbesondere die hohe Brisanz des Antiklerikalismus. Viele neuere Studien haben die emotionale Dynamik damit erklärt, dass die Konflikte Machtfragen des Bereichs individueller Lebensführung betrafen, vor allem das Geschlechterverhältnis. Andere führten die hohe Sprengkraft auf das antiklerikale Religionskonzept zurück, das aufgrund der implizit geforderten Privatisierung den Widerstand der Kirchen und Gläubigen hervorrief.[21] Der erste Teil des folgenden Abschnitts wird dagegen zeigen, dass die grundsätzliche Brisanz aus dem Kampf um Machtlegitimation sowie -verteilung im Staat und in der Steuerung des Öffentlichen entsprang: aus dem Kampf um das Politische.[22] Zum einen kollidierten in den Kulturkämpfen reale Fragen der Machtverteilung und der kritische Diskurs setzte an realer oder vermeintlicher Machtausübung an. Zum anderen hinterfragten Kirchenkritiker die Macht der Kirchen an sich und bemühten sich, ein neues Legitimationsmittel von Herrschaft zu etablieren. Die Antiklerikalen entwickelten von dem grundlegenden Dualismus ausgehend konkrete politische Forderungen und Konzepte, denen die Entflechtung von Kirchen beziehungsweise Religion und Politik, Staat beziehungsweise Gesellschaft zugrunde lag, die aber nicht immer im Konzept der Privatisierung aufgingen.[23] Der Antiklerikalismus muss vielmehr als eine Suche nach Formen begriffen werden, einen Freiraum von Kirchen und Religion zu bestimmen.[24] Diesen

21 Vgl. zu diesen Erklärungsansätzen der emotionalen Dynamik für das Geschlechterverhältnis etwa *Gibson*: Republicans and Catholics 110–120; *Gross*: War against Catholicism 185–225; *Verhoeven*: Transatlantic Anti-Catholicism; zur individuellen Lebensführung allgemein *Minois*: Geschichte des Atheismus 512 f.; *Mira Abad/Moreno Seco*: Alicante; *Cabanel*: Le Dieu 85 f.; *Borutta*: Antikatholizismus 156; zum Widerstand gegen das normative Religionskonzept, dessen Grundlage ebenfalls im bürgerlichen Geschlechtermodell verortet werden kann, *Borutta*: Antikatholizismus 267–357, 366–368.

22 Beide Sphären, das Politische und Öffentliche, dürfen hier aber nicht gleichgesetzt werden. Vielmehr ging es in den antiklerikalen Diskussionen zum Teil auch darum, ob das Öffentliche insgesamt in den Hoheitsbereich der Politik fiele.

23 Vgl. für die Interpretation als verschiedene Vorstellungen politischer Säkularisierung *Pérez Ledesma*: Anticlericalismo y secularización; *De la Cueva Merino/Montero García*: Introducción 12 f.; dagegen auf Privatisierung reduzierend *Borutta*: Antikatholizismus 267–357; *ders.*: Genealogie der Säkularisierungstheorie.

24 Vgl. bereits ähnlich zu Frankreich *Lalouette*: La république anticléricale 10.

positiven Konzepten und unterschiedlichen Vorstellungen in ihren nationalen und politischen Varianten sowie ihren Ambivalenzen wird sich der zweite Teil des Abschnitts widmen.

Allmacht und Herrschsucht

Kirchen sind Herrschaftsverbände und dies waren sie auch in der zweiten Hälfte des 19. Jahrhunderts. In allen drei untersuchten Ländern betonten Antiklerikale in ihren Darstellungen diese Seite des Feindes; die katholische Kirche stellte für sie eine »Theokratie«, eine »absolute Monarchie« dar.[25] Klerus und Kirche waren in den Augen der Kulturkämpfer durchtränkt vom »Geist der Herrschaft«, von einem Streben nach »Allmacht«.[26] Mit »Herrschsucht«[27] griffen die Kirchenkritiker des 19. Jahrhunderts einen alten Topos antiklerikaler Kritik auf,[28] den sie insbesondere in der Auseinandersetzung mit dem Unfehlbarkeitsdogma und dem Ultramontanismus systematisierten: Der »sieggekrönte Absolutismus der neuen ultramontanen Konfession« bestimme mit dem Unfehlbarkeitsdogma als Schlussstein seines Gebäudes den Papst zum »absoluten und allmächtigen Souverän«.[29] Das Dogma wurde als »Dictatur des Lehramts« gesehen, das ausschließlich »zur Verherrlichung der PFAFFENGEWALT« diene.[30] Nach außen bedeutete die Unfehlbarkeit für die Antiklerikalen die »Zementierung [der] Priesterherrschaft«[31]. Hier artikulierte sich weniger eine Kritik an der weltlichen Macht des Papstes in den italienischen Gebieten als die Angst, dass die Kirche gegen die säkulare Welt agieren würde,[32] was in der ersten Fassung

25 In der Reihenfolge des Zitierens »théocratie« beziehungsweise »teocracia«, Le Temps, 31.7.1867; El Intransigente, 12.10.1910; La Iberia, 22.7.1870; »monarchie absolue«, Le Temps, 22.7.1870. Vgl. ähnlich auch Temps Nouveaux, 12.11.1909; Le National, 22.9.1869; Le Matin, 20.10.1909; Morale Indépendante 5 (1869/1870) 417; Justicia Social, 10.10.1869; Augsburger Allgemeine Zeitung, 11.3.1869.

26 In der Reihenfolge des Zitierens »esprit de domination«, Le Siècle, 20.10.1858; Gartenlaube 17 (1870) 384 und *Huber*: Die Lateranische Kreuzspinne VIII. Vgl. ähnlich auch El País, 3.11.1909; *Keller*: Streiflichter 39; Concil und Jesuitismus V; allgemein zu diesem Vorwurf im französischen Antijesuitismus *Leroy*: Le mythe jésuite 115–118.

27 Preußische Jahrbücher 24 (1869) 497; Bauhütte 12 (1869) 386; Es werde Licht! 1 (1870) 155; *Huber*: Die Lateranische Kreuzspinne V; *Roth*: Die Unfehlbaren 9.

28 Vgl. *Encrevé/Gadille*: Frankreich 179; *Grévy*: Le cléricalisme 40.

29 In der Reihenfolge des Zitierens Badener Laienadresse, In: *Cecconi*: Storia del Concilio, Bd. 2 343–355, hier 345; »souverain absolu et omnipotent«, Revue des Deux Mondes 86 (1870) 492.

30 In der Reihenfolge des Zitierens *Preger*: Die Unfehlbarkeit 26; Volkszeitung, 19.2.1870.

31 Preußische Jahrbücher 27 (1871) 529.

32 Vgl. z. B. Le National, 11.9.1869; Le Siècle, 22.11.1869.

des Kirchenschemas auf dem Konzil durchaus als Option offen gehalten wurde. Dass das Unfehlbarkeitsdogma schwächer ausfiel und aus heutiger theologischer Sicht anders bewertet wird, ist an dieser Stelle irrelevant[33] – der Diskurs war durchtränkt von Allmachtszenarien. Aus dem 24. Satz des Syllabus Errorum (»die Kirche hat die Macht äußeren Zwang anzuwenden«) leitete man ab, dass sie »also Kerker, Galgen, Scheiterhaufen verhängen [...] kann [...], die Fürsten und Obrigkeiten zwingen [würde], bei Strafe des Bannes und seiner Folgen, ihre Confiscations-, Kerker- und Todesurtheile zu vollstrecken«, und »die Päpste auch jetzt noch nach Gutdünken Könige absetzen« sowie »ganze Reiche und Nationen ihrem Wohlgefallen gemäß verschenken können«.[34]

Wie in diesen Beispielen aus der Rezeption des Vatikanums griffen Antiklerikale in ihrer Kritik reale, zugeschriebene und potentielle Machtausübungen an und stilisierten die katholische Kirche zum Sinnbild für autokratische Herrschaftsstrukturen, die sie ablehnten.

> Die römische Kirche hat die Freiheit unterdrückt und ihre Autorität zunehmend versammelt von Grad zu Grad, von Jahrhundert zu Jahrhundert. Sie ist von der Gleichheit der Gläubigen zur Herrschaft der Priester vorangeschritten, von der Herrschaft der Priester zu der der Bischöfe; von der Herrschaft der Bischöfe endlich zum Chef der Bischöfe, welcher alle anderen in sich vereinnahmt.[35]

Antiklerikale kritisierten die autoritäre Bestimmung von Glaubensinhalten im Syllabus oder anderen päpstlichen Dekreten sowie das Prinzip des Anathemas als radikale Verurteilung und veralberten die katholische »Verfolgungssucht Andersdenkender«[36] in ihrer Wahllosigkeit und alles umgreifenden Spannweite: »Die Kirche verurteilt sowohl Liberale wie Demokraten, konstitutionelle Monarchisten und Republikaner, Konservative und Sozialisten.«[37] Die Presse und Publizistik prangerte immer wieder die Intoleranz und den Fanatismus der

33 Vgl. zum Inhalt und zur Diskussion des Dogmas sowie seiner heutigen Bewertung Kapitel 2.2, Anmerkung 148 und 149.

34 Augsburger Allgemeine Zeitung, 10. 3. 1869.

35 »L'Eglise romaine a comprimé la liberté et concentré l'autorité de degré en degré et de siècle en siècle. Elle a passé de l'égalité des croyants à la domination des prêtres, de la domination des prêtres à celle des évêques; de la domination des évêques enfin à un chef des évêques qui absorbe en lui tous les autres«, Libre Conscience N. F. 4 (1869/1870) 172. Vgl. auch Le Siècle, 6. 7. 1870; Bauhütte 13 (1870) 386; *Schaeffer*: Non possumus 20.

36 *Huber*: Die Lateranische Kreuzspinne VIII. Vgl. auch die satirischen Gedichte zu den Anathemata im Kirchenschema Kladderadatsch 23 (1870) 24, 27; Augsburger Allgemeine Zeitung, 10. 2. 1870.

37 »L'Eglise condamne également les libéraux et les démocrates, les royaliste constitutionnels et les republicains, les conservateurs et les socialistes«, *Quinet*: Œuvres complètes, Bd. 11 418.

Kirche an.[38] In den Augen der Antiklerikalen war die katholische Kirche darauf ausgerichtet, »Nationen in Hammelherden [zu verwandeln]«[39] und vom Individuum den sprichwörtlich gewordenen »Kadavergehorsam« einzufordern.[40] Dieser den Statuten des Jesuitenordens entlehnte Ausdruck stand für den unbedingten Gehorsam, »blinde Unterwerfung« und »passive Willfährigkeit«.[41] Ziel der Kirche sei es, dass »die ganze Welt nicht ein Hirt und eine Herde, sondern ein Glaubens-Despot und eine Sklaven-Herde werde«[42]. Es solle »für alle denkenden Menschen die UNERTRÄGLICHSTE Knechtschaft, die Knechtung des menschlichen Geistes, der menschlichen Vernunft errichtet werden.«[43]

Auch wenn diese Bilder von Herrschsucht und Gehorsam in der zweiten Hälfte des 19. Jahrhunderts bereits Topoi waren und sich weiter im medialen Diskurs verselbstständigten, sollte man doch betonen, dass die katholische Kirche gerade aufgrund ihrer Selbstbezeichnung als alleinseligmachende Kirche, ihrer hierarchischen und vom Staate unabhängigen Verfassung, die in der zunehmenden Ultramontanisierung noch verstärkt wurde, leicht zum Sinnbild von Unterdrückung stilisiert werden konnte.[44] Die in Kapitel 1.1 geschilderten

38 Vgl. z.B. zum Begriff Intoleranz La Lanterne, 20.9.1909; Univers Israélite 14 (1858) 182; Monde Maçonnique 1 (1858) 314f.; Libre Pensée, 29.1.1870; Solidaridad Obrera, 3.10.1910; Clamor Público, 26.10.1858; zum Fanatismus Voix du Peuple, 10.–17.10.1909; Le Siècle, 20.10.1858; Le Matin, 20.10.1909; Archives Israélites 19 (1858) 545; L'Excommunié, 18.12.1869; La Igualdad, 22.7.1869; El Motín, 11.11.1909; La América, 13.12.1869; Vorwärts, 17.10.1909; Volkszeitung, 24.10.1858; Berliner Tageblatt, 17.10.1909; Gartenlaube 12 (1870) 126; Allgemeine Zeitung des Judentums 22 (1858) 516; Bauhütte 13 (1870) 341; die protestantischen Broschüren *Rabbe*: Le père Hyacinthe 8, 34; *Perdiguier*: Religion et Fanatisme 6.

39 *Reinhard*: Zum Allerwelts-Pfaffenkongreß 53.

40 Vgl. zum Kadavergehorsam z.B. *Thomassen*: Thaetigkeit, Bd.2 11; bei Quinet und Michelet *Boutry*: Edgar Quinet 97–99 sowie *Cubitt*: The Jesuit Myth 280; *Leroy*: Le mythe jésuite 123–125; *Healy*: Anti-Jesuitism 171.

41 In der Reihenfolge des Zitierens »soumission aveugle«, *Ruelle*: La schmita 24; »obéissance passive«, Le Siècle 16.12.1869. Vgl. ähnlich auch Le Temps. 22.7.1870; La Iberia, 13.1.1870; Palabra Libre, 23.4.1911; Allgemeine Zeitschrift des Judentums 33 (1869) 268; Frankfurter Zeitung, 17.10.1909, 3. MA.

42 Neueste Nachrichten aus dem Gebiete der Politik, 26.3.1869.

43 Bauhütte 13 (1870) 341. Vgl. zum Vorwurf der Unterdrückung und des Gehorsams z.B. auch Réforme politique et sociale, 18.2.1870; Le National, 6.1.1870; Vrai Protestant 2 (1868/1869) 250; Libre Conscience N.F. 4 (1869/1870) 174; L'Excommunié, 6.11.1869; L'Action, 8.9.1909; Monde Maçonnique 12 (1869/1870) 197; La Igualdad, 22.7.1870; El Liberal, 21.10.1909; La Humanidad 2 (1871) 16; Volkszeitung, 7.7.1870; Vossische Zeitung, 19.12.1869; sowie allgemein *Borutta*: Antikatholizismus 320; speziell als Vorwurf gegen den Jesuitenorden *Verhoeven*: Transatlantic Anti-Catholicism 108f.

44 Ähnlich argumentierte bereits *Steinhoff*: Zweites konfessionelles Zeitalter 557f.; dagegen rein als Polemik interpretiert von *Becker*: Kulturkampf in Preussen 89f. Vgl. zur konkreten Bezugnahme auf das Prinzip der alleinseligmachenden Kirche Le Rappel, 7.1.1870; Monde Maconnique 12 (1868/1869) 284; *Assézat*: Affaire Mortara 6f.; *Albrecht*: Der gewaltsame Kinderraub 20f.; *Bernier*: L'infaillibilité théocratique 3f.

Veränderungen, die Umstrukturierung der Kirche zu einem zivilgesellschaftlichen Organisationsträger (mit Presse, Vereinen etc.) und die zunehmende Hierarchisierung im Zuge der Ultramontanisierung müssen als Folie für die Kritik gesehen werden und boten in den deutschen Ländern mehr Angriffsfläche als die protestantischen Kirchen.[45] In Frankreich waren die evangelischen Kirchen sowieso nur eine Minderheitengemeinschaft und stellten deshalb keine machtvolle Institution dar. Abgesehen von der grundsätzlichen Kritik bildeten oft die der katholischen Kirche zugeschriebenen konkreten Machtansprüche beziehungsweise Machtausübungen den Ausgangspunkt für Beschwerden. Gerade in der Presse wurden lokale Fälle von Intoleranz ausgebreitet.[46] Neben spektakulären Fällen von Machtausübung, wie in der Mortara-Affäre oder dem Unfehlbarkeitsdogma, bekämpften die Kirchenkritiker politische Äußerungen von Priestern auf der Kanzel, die katholische Mobilisierung für das Zentrum, die Errichtung katholischer Mädchenschulen etc. All diese Konflikte konnten selbstverständlich nur durch einen bestimmten Wahrnehmungsfilter als Beispiele der ›Herrschsucht‹ angeführt werden. Sie zeigen aber doch, dass Antiklerikalismus nicht als reines Stereotypenset (vergleichbar dem Antisemitismus) abgetan werden kann.[47] So fokussierte sich die Kritik zwar auf die katholische Kirche, ebenso wurden aber auch in anderen Konfessionen und Religionen autokratische Strukturen angeprangert. Manch ein Kritiker ging so weit, in allen monotheistischen Religionen, in der Idee Gottes selbst, das Prinzip des Despotismus

45 Entgegen der Arbeiten, die sehr konkret antiklerikale Mobilisierung als Antworten auf die katholische Erneuerung darstellen, wird hier auf die gesamtkirchliche Entwicklung und deren Wahrnehmung durch Antiklerikale abgehoben. Konkrete Reaktionsabläufe kann ich mit dem Ansatz meiner Studie nicht sinnvoll untersuchen. Vgl. für die Analyse als konkrete Reaktion für den deutschen Fall in den 1850er und 1860er Jahren *Gross*: War against Catholicism 96–127; für das Kaiserreich *Borutta*: Antikatholizismus 289–315; für Frankreich im Zweiten Empire *Faury*: Cléricalisme et anticléricalisme 62; *Rémond*: Anticléricalisme en France 132–170; für die Trennungsgesetzgebung *Larkin*: Church and State 71; für Spanien in der Phase der Restauration *De la Cueva Merino*: Clericales y anticlericales 335–377; *ders./Montero García*: Clericalismo y anticlericalismo; *Salomón Chéliz*: Anticlericalismo en Aragón 28–60; allgemein auf das Aktions-Reaktionsverhältnis abhebend dagegen *Rémond*: Anticléricalisme en France 11–16, 46 f. oder *Lalouette*: La séparation 265–272.

46 Vgl. beispielsweise die Evangelische Kirchenzeitung 83 (1909) 957, die einen Fall schildert, in dem ein Vater in Spanien eine zweimonatige Haftstrafe absitzen muss, da er seinen Sohn evangelisch beerdigt hatte, oder die verschiedenen Episoden im Zusammenhang mit der Mortara-Affäre, Kapitel 2.1, Anmerkung 53.

47 Vgl. zu Beispielen und für die Frage des Realitätsgehalts der Vorwürfe bereits *Lalouette*: L'anticléricalisme 333–338; zur Auseinandersetzung mit dem Zentrum und der Kanzel als Ort politischer Stellungnahmen *Borutta*: Antikatholizismus 290–314; aufbauend auf *Anderson*: Lehrjahre der Demokratie 101–198; die Einmischungsvorwürfe als ein gesamteuropäisches Phänomen ebenda 107.

zu sehen.[48] Die folgende Darstellung wird sich aufgrund des Schwerpunkts der Quellen allerdings fast ausschließlich auf die Kritik an der katholischen Kirche konzentrieren.

Weltliche Macht und Herrschaft wurden in den Diskurs miteinbezogen: »Bis ins 19. Jahrhundert war die römische Kirche der eiserne Arm des Staates, um sie in ihren orthodoxen Bestrebungen mit Grausamkeiten zu unterstützen, wie die Geschichte uns zeigt.«[49] Die »herrschsüchtige Clerisei« stehe »im Bunde mit der weltlichen Despotie«.[50] Während des Ersten Vatikanischen Konzils prangerte die Presse in Frankreich die Verknüpfung staatlicher mit kirchlicher Macht in der Kirchenpolitik Napoleons III. an.[51] Deutsche Demokraten beschworen die Gefahr von Konkordaten, den Staat zum »Gehilfen« der »Herrschgelüste« Roms zu machen und nannten das »PROTESTANTISCHE STAATSKIRCHTHUM« eine Frucht der Reaktion.[52] In Spanien wetterten die Antiklerikalen gegen die Allianz der Isabellinischen Monarchie mit der Kirche[53] und beschwerten sich in der Restauration über die in Spanien dominante klerikale Reaktion, »weniger wegen ihrer eigenen Macht denn aufgrund ihres interessengeleiteten Zusammengehens mit monarchistischen Politikastern«[54]. Für einen Teil der Antiklerikalen waren Kaisertum und Monarchie wie die Kirchen Vertreter der alten Ordnung; ihre Kirchenkritik machten sie deshalb zum Vehikel einer weitreichenden Herrschaftskritik. Der grundlegende Angriff auf das politische System war selbstverständlich ein neuralgischer Punkt für die Einheit des Antiklerikalismus. Die Differenzen verliefen im Laufe des 19. Jahrhunderts aber nicht immer entlang der gleichen Linien. Mitte des Jahrhunderts wurden diese allgemeinen herrschafts-

48 Vgl. für Frankreich etwa die Reaktionen auf die Verurteilung von sechs schwedischen Frauen im Mai 1858 wegen ihrer Konversion zum Katholizismus z. B. Le Siècle, 18. 10. 1858; La Presse, 27. 10. 1858; Le Lien 3 (1858) 15, 164; Revue Chrétienne 41 (1858) 203; L'Éspérance 20 (1858) 230; beispielhaft zur innerprotestantischen Kritik in den deutschen Ländern die Wormser Erklärung; die innerjüdischen Debatten zwischen Reformern sowie ihren Kritikern *Joskowicz*: Anticlerical Alliances 201–204, 256–260, 286 f.; zu atheistischer Kritik *Verlet*: 1793–1869 8; Réforme politique et sociale, 6. 11. 1869; Libre Pensée, 26. 3. 1870.

49 »Hasta el siglo XIX la Iglesia romana ha sido el brazo férreo del Estado, para apoyar con la crueldad que la historia enseña, sus ortodoxas pretensiones«, República Ibérica, 20. 3. 1870.

50 *Huber*: Die Lateranische Kreuzspinne V.

51 Vgl. La Marseillaise, 23. 2. 1870; Le National, 18. 9. 1869; Libre Pensée, 24. 1. 1870; Vrai Protestant 2 (1868/1869) 48.

52 Volkszeitung, 13. 7. 1870. Vgl. ähnlich auch ebenda, 10. 9. 1869 und *Hecker*: Betrachtungen 111.

53 Vgl. z. B. El Imparcial, 4. 3. 1870; La Iberia, 16. 3. 1870; sowie *Mira Abad*: Actitudes religiosas 121–129.

54 »[M]ás que por su propio poderío, por el contubernio interesado con ella de los politicastros monárquicos«, Escuela Moderna, 13. 10. 1910.

kritischen Positionen vor allem von Demokraten und Republikanern vertreten, während sie sich 1909 in den sozialistischen, anarchistischen und freidenkerischen Beiträgen artikulierten. Nur in Spanien stimmten auch die Republikaner in diesen Chor mit ein.[55] Begleitet wurde dies von einer höheren Präsenz des Freiheitsbegriffes während des Konzils und des Falls Ferrer in den spanischen Protesten.[56] Die nationalen Differenzen korrespondierten durchaus mit einer unterschiedlichen politischen Ausgangslage: Von den drei untersuchten Ländern war ausschließlich Spanien nach der Jahrhundertwende noch ein konfessionell konstituierter Staat. Die Kirche stellte hier einen Teil des lokalen Machtsystems des Kaziquismus dar. Insofern liegt es nahe, diesen anderen Erfahrungsraum als Quelle für die allgemeine Herrschaftskritik im republikanischen Antiklerikalismus in Spanien anzunehmen.[57] Dennoch sollte betont werden, dass die Kritik an der Macht der Kirchen und ihrer Herrschaftsform zum großen Teil unabhängig von der realen Verflechtung von Kirchen, Staat und Gesellschaft war, denn die Allmachtszenarien bildeten Antiklerikale in allen drei Ländern in gleichem Maße aus – trotz der sehr unterschiedlichen Konstellationen.[58]

Illegitimität

Die Kritik der Antiklerikalen richtete sich nicht nur gegen bestimmte reale oder vermeintliche Strukturen und Entwicklungen in der katholischen Kirche, sondern sie stellte die Illegitimität von deren Herrschaft generell heraus. Die

55 Vgl. Tierra y Libertad, 30.10.1909; El Socialista, 22.10.1909; El Motín, 11.11.1909; España Nueva, 16.10.1909; Der Anarchist, 22.10.1909; Der Freidenker 17 (1909) 162; *Bertrand*: La vérité 13f.; *Bonafulla*: La Revolución 37; das Gedicht in *Domela Nieuwenhuis*: Francisco Ferrer o.p.; *Ramus*: Francisco Ferrer 2; *Wendel*: Francisco Ferrer 7.

56 Vgl. La Marseillaise, 23.3.1870; Le Temps, 10.3.1870; L'Acacia 24 (1909) 247; Libre Conscience 3 (1868/1869) 369; La Igualdad, 22.7.1870; El Liberal, 16.10.1909; Augsburger Allgemeine Zeitung, 15.3.1870; Frankfurter Zeitung, 18.10.1909, AA; Es werde Licht! 2 (1871) 110; Der Freidenker 17 (1909) 177; die protestantische Broschüre *Rabbe*: Le père Hyacinthe 21; die anarchistische Schrift *Ramus*: Francisco Ferrer 97.

57 Vgl. zu diesen Aspekten Kapitel 1.3; ausführlich zu den Folgen dieser strukturellen Unterschiede für die antiklerikale Kritik Kapitel 3.3; für die oft artikulierten Vorwürfe der Verbindung mit der Macht in Spanien *Salomón Chéliz*: Anticlericalismo en Aragón 137–143; für Vorwürfe der politischen Einmischung in Frankreich und den deutschen Ländern, wo jedoch aufgrund der Stellung des Katholizismus außerhalb des politischen Establishments die Dynamik eine andere war, *Anderson*: Lehrjahre der Demokratie 151–157 und z.B. *Faux*: Église et société 173–177.

58 Vgl. zu diesem Argument bezogen auf den Vergleich lokaler Konflikte *Köhle-Hezinger*: Evangelisch – katholisch 76; für die verschiedenen Konstellationen Kapitel 1.2, 1.3 und 1.4.

Machtausübung der Kirche wurde insbesondere mittels zweier Herrschaftstypen beschrieben: der »Tyrannei« und des »Despotismus«.[59] Beide Begriffe bezeichnen illegitime, mit Gewalt verbundene Herrschaftsformen und insofern stellte diese Charakterisierung zugleich die Rechtmäßigkeit der Machtausübung in Frage: Vermeintliche oder verübte Macht wurde als »Anmaßung« tituliert oder direkt als »Usurpation« beziehungsweise als »Mißbrauch der Macht« bezeichnet.[60] In der Mortara-Affäre diskutierte die Presse zudem die Illegalität der Machtausübung.[61] Gewalttätigkeit als zentrales Motiv des antiklerikalen Diskurses war hinsichtlich der politischen Dimension das Hauptargument dieser Delegitimierungsstrategie.[62] Die katholische Kirche führte in den Darstellungen der Antiklerikalen »ein Schreckensregiment der Unterdrückung, Folter- und Henkers-Taten«[63]. Immer wieder wurde betont, dass die Macht des Katholizismus auf Gewaltausübung beruhe:

Der Klerikalismus [...] erhebt sich [...] wie ein Herr und Souverän, diktiert regressive Gesetze, verfolgt die Gewissen [...] bildet Geschwader [...] erklärt Kriege, provoziert Rebellion, erstickt sie in Blut, verfolgt auf Grund von Meinungsdelikten, deportiert, schließt Schulen, verbrennt Bücher, beschlagnahmt die Zeitungen, den Telegraphen, den Briefverkehr und foltert bis hinein in die Kapelle.[64]

Die Presse schrieb vom »schrecklichen Schrecken der Mönche«, dem inneren »Terrorregime«, den »Verfolgungen« durch die Kirche und ihrem repressiven

59 Vgl. zum Begriff der »Tyrannei« z.B. La Marseillaise, 5.2.1870; Le Siècle, 16.10.1909; Journal des Débats, 15.10.1858; L'Excommunié, 11.9.1869; Porvenir del Obrero, 9.10.1913; El Socialista, 22.10.1909; El País, 25.10.1909; El Imparcial, 15.12.1869; El Liberal, 13.11.1909; Der Wahre Jakob 26 (1909) 6015; Augsburger Allgemeine Zeitung, 7.11.1858; Allgemeine Zeitung des Judentums 22 (1858) 611 f.; Menschentum 38 (1909) 173; zum Begriff »Despotismus« Le Rappel, 1.2.1870; Le National, 18.9.1869; Revue des Deux Mondes 86 (1870) 156; Vrai Protestant, 1 (1868/1869) 48; L'Excommunié, 28.8.1869; La Iberia, 13.3.1870; Porvenir del Obrero, 12.10.1912; Justica Social, 28.3.1870; El Liberal, 13.11.1909; Es werde Licht! 1 (1870) 178.

60 Vgl. z.B. zum Begriff »Anmaßung« und »pretención« El País, 24.10.1909; República Ibérica, 20.3.1870; El Imparcial, 21.7.1870; Augsburger Allgemeine Zeitung, 21.6.1870; zum Begriff »usurpation« und »usurpación« Journal des Débats, 12.10.1858; La América, 13.12.1869; zum Mißbrauch »abuso de poder«, Clamor público, 21.10.1858.

61 Vgl. z.B. Journal des Débats, 15.10.1858; Le Siècle, 20.10.1858; Archives Israélites 20 (1858) 211; Clamor Público 11.11.1858; Vossische Zeitung, 15.10.1858; Edgard Mortara, deutsche Version 20.

62 Vgl. für diese Bilder bereits für Spanien im Sexenio *Mira Abad*: Iglesia y anticlericalismo 103; sowie im Antijesuitismus *Cubitt*: The Jesuit Myth 188–191.

63 *Tschirn*: Der klerikale Justizmord 10.

64 »El clericalismo [...], se levanta [...] como amo y soberano y dicta leyes regresivas y persigue las conciencias, hace escuadras [...] y declara guerras, provoca rebeliones, las ahoga en sangre, persigue por delitos de opinión, deporta, clausura escuelas, quema libros, secuestra la Prensa, el telégrafo, el correo, atormenta hasta en capilla«, El País, 16.10.1909.

Charakter.[65] Der radikal antiklerikale Motín ging so weit zu sagen, dass »das Blut die einzige Flüssigkeit sei, die [den] Durst [der Klerikalen, L.D.] stille«[66]. Auch hinsichtlich klerikaler Gewaltausübung berichteten die Journalisten über lokale Fälle.[67] Im Folgenden soll dieser Aspekt der Delegitimierung anhand zweier Beispiele näher illustriert und die Funktionsweise des Diskurses dargestellt werden.

Wie bereits im Abschnitt zum Fall Ferrer erläutert, war die Darstellung der Hinrichtung 1909 von äußerster Gewalttätigkeit bestimmt. Karikaturen sowie Berichte verwendeten eine radikale Bildsprache, die in ihrer Drastik die Emotionalisierung der Berichterstattung erhöhte und das angebliche Verbrechen der Kirche noch infamer erscheinen ließ. In Wort und Schrift imaginierten die Antiklerikalen wiederholt das Fließen von Blut und stellten so die Hinrichtung als brutalen Exzess dar: Das »Blutgericht« habe ein »Bluturteil« gefällt und die vom »Blutduft« umnebelten »mörderischen Mönche« hätten den »Rachedurst der Kirche« gestillt, indem die Hinrichtung vollzogen worden sei.[68] Karikaturisten wählten das Motiv des abgeschlagenen Kopfes Ferrers, der in einer Art Prozession angehoben oder auf einem Stecken getragen wurde. Täter waren dabei Jesuiten, Mönche oder die Regierung beziehungsweise der Prinz, aber immer mit dem Segen der Kirche versehen (vgl. Abb. 4, S. 259, Abb. 5, S. 260). Andere Zeichnungen bildeten die Leiche oder Särge ab (vgl. Abb. 9 und Abb. 10). Auf all diesen Darstellungen floss Blut. Entweder tropfte es aus dem Haupt des Pädagogen, strömte aus einem Sarg, bildete eine Lache unter der dargestellten Leiche oder befleckte den dargestellten Klerus.

Besondere Grausamkeiten enthielt eine ins Deutsche Kaiserreich verlagerte futuristische Dystopie im Simplicissimus: Die der Ferrer-Geschichte nachempfundene Hinrichtung eines fiktiven Revolutionärs namens Dr. Färber wurde unter dem Titel »Spanien in Deutschland« als Folge imaginierter politischer Entwicklungen bis 1915 dargestellt. Die Revolution sei ausgebrochen, so die

65 In der Reihenfolge des Zitierens BZ am Mittag, 19.10.1909; Nationalzeitung, 21.10.1858; »perscución«, El Liberal, 16.10.1909. Vgl. ähnlich auch El Motín, 11.11.1909; Le Siècle, 12.2.1870.

66 »La sangre el único liquido que apaga [la] sed [de los clericales, L.D.]«, El Motín, 21.10.1909.

67 Vgl. z.B. die Vorwürfe im Zusammenhang der Ubryk-Affäre Berliner Wespen, 20.2.1870; zu einem Prügelskandal in einem Berliner Fürsorgeheim der evangelischen Kirche Simplicissimus 14 (1909/1910) 335; zu den Gerüchten um Misshandlung in Klöstern vor der Semana Trágica Kapitel 2.1, Anmerkung 64; weitere bei *Salomón Chéliz*: Anticlericalismo en Aragón 87; *Castro Alfín*: Palabras de Fuego 213; *Verhoeven*: Transatlantic Anti-Catholicism 152–157.

68 In der Reihenfolge des Zitierens Der Anarchist, 22.10.1909; Berliner Tageblatt, 11.10.1909, AA; Vorwärts, 11.10.1909, 20.10.1909; Berliner Tageblatt, 11.10.1909, AA.

Abb. 9: Ferrer †. In: Lustige Blätter, 3. 11. 1909, 3.

Abb. 10: *Pousthomis*, Léon: Postkarte La Mort de Ferrer, par Montéhus (Der Tod Ferrers, von Montéhus) (1909).
Untertitel: Ankündigungsplakat zur Aufführung von »Der Tod Ferrers«. Schriftzug unter der Bombe: Morgen.
Das Pseudonym Montéhus bezieht sich auf den Sänger und Schriftsteller Gaston Mardochée Brunschwig (1875–1952). Vgl. *Delord*: Francisco Ferrer 5.
Léon Césaire Auguste Pousthomis (1881–1916), Zeichner. Vgl. Katalog der Bibliothèque nationale de France (im Folgenden BNF), Pousthomis, Léon Césaire Auguste.

Erzählung, nachdem das brutale Regime des Klerus die Sklaverei wiedereingeführt und die letzten Sozialdemokraten vor dem verfallenen Reichstagsgebäude in einem Käfig, der an die Ketzerkäfige erinnerte, aufgehängt habe. Im Herbst 1914 sei schließlich eine »Folterwoche« von den »vereinigten Ultramontan-Orthodoxen« veranstaltet worden, auf der bei einem Wettbewerb 137 Simultanschullehrer gevierteilt, zersägt, mit Luft aufgepumpt und anderen Mitteln gemartert wurden. Dieser Exzess wurde in einer Zeichnung, die wahrscheinlich von Theodor Thomas Heine[69] stammt, reich bebildert und das dabei fließende Blut als einziges Element farblich rot dargestellt (vgl. Abb. 11).[70] Auch wenn es sich um Karikaturen beziehungsweise eine fiktive Geschichte handelte, wurde Ferrers Hinrichtung in diesen Bildern sowie in den begleitenden Texten und den verschiedenen Artikeln plastisch vergegenwärtigt, mentale Bilder kreiert und der Einfluss der Kirche zum Schreckbild stilisiert.

Der Katholizismus könne sich »auf eine sehr lange Tradition des Bluts und der Grausamkeiten berufen«[71], so wurden die Antiklerikalen nicht müde zu betonen. Und sie bedienten sich der Geschichte der Kirche, um deren noch existierenden Einfluss zu hinterfragen. Dieser Umgang mit der Historie soll nun als zweites Beispiel für die Erzeugung des Schreckensbildes kirchlicher Herrschaft dargelegt werden. Ein Hauptbezugspunkt der Antiklerikalen war die Inquisition.[72] Unabhängig vom Anlass spielten karikierende und ernsthafte, radikale wie gemäßigte Texte sowie Bilder mit Stichwörtern und Emblemen wie »Folter«, »Scheiterhaufen« und »Henker« auf den »Terrorismus der Inquisition« an.[73]

69 Thomas Theodor (zunächst David Theodor) Heine (1867–1948), Maler und Zeichner. Als Mitbegründer des Simplicissimus gestaltete er die Entwicklung der Zeitschrift maßgeblich bis 1933, als er ins Exil gehen musste. Vgl. *Friedel*: Thomas Theodor Heine.

70 Vgl. Simplicissimus 14 (1909/1910) 527–546, Zitate 529. Eine Farbdarstellung findet sich in der Online Edition des Simplicissimus der »Klassik Stiftung Weimar«, recherchierbar über die Webseite des Projekts, URL: http://www.simplicissimus.info (am 19. 10. 2012).

71 »El catolicismo tiene sobre si una tradición larguísima de sangre y de crueldades«, El País, 25. 10. 1909.

72 Vgl. den Topos im Kontext des Falls Ferrer Kapitel 2.3, Anmerkung 502; im spanischen republikanischen Antiklerikalismus *Castro Alfín*: Palabras de Fuego 215 f. und im französischen und US-amerikanischen *Verhoeven*: Transatlantic Anti-Catholicism 153; allgemein zum Mythos der Inquisition seit der Reformation und zur Entstehung einer kritischen Geschichtsschreibung der kirchlichen Institution *Peters*: Inquisition.

73 In der Reihenfolge des Zitierens Kladderadatsch 11 (1858) 226; »bûchers«, *Assézat*: Affaire Mortara 7; »les bourreaux«, Archives Israélites 19 (1858) 556; Augsburger Allgemeine Zeitung, 14. 3. 1869. Vgl. zu Anspielungen auf die Inquisition auch Réforme politique et sociale, 25. 12. 1869; Le National, 8. 9. 1869; Journal des Débats, 16. 10. 1858; Libre Pensée, 26. 3. 1870; El Imparcial, 4. 3. 1870; Volkszeitung, 7. 7. 1870; Augsburger Allgemeine Zeitung, 13. 3. 1869; Allgemeine Zeitung des Judentums 35 (1871) 903; Evangelische Kirchenzeitung 43 (1870) 698; Bauhütte 14 (1871) 244; Kladderadatsch 57 (1869) 226; die protestantische Schrift *Rabbe*: Le père Hyacinthe 9.

Abb. 11: *Heine*, Thomas Theodor (wahrscheinlich): Zeichnung aus »Spanien in Deutschland«. Sonderausgabe des Simplicissimus. In: Simplicissimus 14 (1909/1910) 529.

Ein anderer regelmäßig evozierter Teil der Geschichte war die französische Protestantenverfolgung, für die nicht die Krone, sondern die Kirche verantwortlich gemacht wurde.[74] Die historischen Warnungen richteten sich selten gegen eine reale Gefahr einer möglichen (Wieder-)Aufnahme von Inquisitionsverfahren oder der Verfolgungen. Sie produzierten zumeist nur eine diffuse und schematische Vorstellung von der Herrschaft der katholischen Kirche. Als Neujahrskommentar 1870 wetterte der National, den zeitgenössischen Einfluss von Priestern in Familien kritisierend, gegen »die moralischen Verfolgungen, die die Nachkommen *Torquemadas* mangels physischer Tortur sich gut zu Nutze zu machen«[75] wüssten. Die historischen Bezüge wurden, wie in diesem Beispiel aus der republikanischen Zeitung, mit der gegenwartsbezogenen Kritik verknüpft und so mit der Brutalität der evozierten Geschichte assoziativ verwoben.

Mit den ständig wiederholten Bild- und Sprachclustern wurde ein spezifisches, sehr schematisches Geschichtsbild konstruiert, das oft kaum über die Schlagworte oder die immer wiederkehrende Auflistung der Märtyrer der eigenen Sache, wie Jan Hus (um 1369–1415), Giordano Bruno (1548–1600), Étienne Dolet (1509–1546), Miguel Servet (um 1511–1553), Chevalier de la Barre (Lefèbvre, Jean-François, 1745–1766), hinausging.[76] Literarische Verarbeitungen vollzogen systematischere Auseinandersetzungen mit der Kirchengeschichte. So thematisierte etwa die spanische antiklerikale Literatur seit der ersten Hälfte des 19. Jahrhunderts Geschichten der Inquisition.[77] Ebenso fand sich in Presse und Publizistik eine über Anspielungen hinausgehende Beschäftigung mit dem »Holocaust des Glaubens«[78]. »Wenn man die Geschichte des Papsttums durchblättert [...], gibt es kein Verbrechen, das nicht unter dem heiligen Deckmantel begangen wurde [...], grauenvolle und blutige Episoden der Geschichte [...], Elternmord, Brudermord«[79], schrieb die demokratische »La

74 Vgl. Réforme politique et sociale, 25.12.1869; Le Siècle, 20.10.1858; El Motín, 11.11.1909; Augsburger Allgemeine Zeitung, 13.3.1869; die protestantischen Schriften *Tube*: Römische Concil 36; *Schick*: Protestantische Antwort 185–197; *Maffre*: Le concile 19–21; zu Beispielen fiktionaler Verarbeitung dieser historischen Episode in Frankreich *Verhoeven*: Transatlantic Anti-Catholicism 21.

75 »[P]ersécutions morales que les descendants de Torquemada savent bien appliquer à défaut des tortures physiques«, Le National, 2.–3.1.1870.

76 Vgl. zu den Aufzählungen z.B. L'Action, 16.10.1909; Monde Maçonnique 1 (1858) 315; Justicia Social, 28.1.1870; El Imparcial, 25.9.1869; Volkszeitung 3.7.1868; Berliner Tageblatt, 16.10.1909, AA; Der Freidenker 17 (1909) 161; *Reinhard*: Zum Allerwelts-Pfaffenkongreß 16 sowie *Ruelle*: La schmita 7; *Read*: Phoenix ille 425; allgemein zur Rolle Giordano Brunos als Symbol bereits *Chadwick*: The Secularization 178f.

77 Vgl. zur Themenwahl antiklerikaler Literatur in Spanien im 19. Jahrhundert *Molina Martínez*: Anticlericalismo y literatura; *Ferreras*: La novela por entregas 270–287.

78 »[H]olocausto de la fe«, La Igualdad, 9.3.1870.

79 »[O]jear la historia horrenda del pontificado [...] no hay genero alguno de crímenes

Reforma« anlässlich des Konzils und ließ eine sich über mehrere Spalten ziehende Aufzählung von Gewalttaten folgen. Dieser Fokus auf Verbrechen und Gewalt in der Geschichte des Papsttums bestimmte viele Artikel: »Die Väter der Inquisition, die Väter der Borgia-Familie, die Verteidiger von Saint Barthelemy und die Richter Savonarolas«[80] stellten Antiklerikale in eine Reihe und schrieben eine Geschichte von »Mord« und »Totschlag«, in der unablässig »Blut floß« – eine Geschichte von »Gewaltherrschern und Tyrannen«.[81] Die sinnfällig betitelte Monografie von Franz Huber[82] »Die Lateranische Kreuzspinne, oder: das Papstthum als Hemmschuh der Völkerwohlfahrt. Eine volksthümliche Studie. Bd. 1: Päpste als Menschenschlächter« vollzog auf zweihundert Seiten einen Durchgang durch die Geschichte des Papsttums und stellte sie als eine kontinuierliche gewaltsame Unterdrückung Andersdenkender dar. Nicht nur während des Konzils fanden sich in der einschlägigen Presse und Publizistik historische Aufzählungen der Gewalttaten, die im Namen des Kirchenstaates verübt worden waren. »Der Anarchist« listete in seiner Erinnerungsausgabe an Ferrer 1910 in einer Art Chronik der Gewalt beispielsweise folgendes auf:

1096: Der Beginn der Kreuzzüge, in denen 7 Millionen Menschenleben vernichtet wurden […]
1415 Der Reformator Johannes Huß lebendig verbrannt […]
1553 Michael Servet, Arzt und Kirchenphilosoph, wird am 27. Oktober zu Gent als Ketzer verbrannt […]
1572: Batholomäusnacht oder Pariser Bluthochzeit. – Coligny und 2000 protestantische Edelleute werden von katholischen Fanatikern in der Nacht vom 23. auf den 24. August ermordet […]
1600: Giordano Bruno, bahnbrechender Philosoph, [….] wird wegen des Abfalls von der katholischen Kirche von der Inquisition ergriffen und auf dem Campo dei fiori lebendig verbrannt […]
1788: Die letzte Ketzerverbrennung in Spanien. Die Schlußrechnung ergibt für Spanien 31 656 lebendig Verbrannte.
1894: Affäre Dreyfuß […]
1909: Am 13. Oktober wird der Volksaufklärer Francisco Ferrer […] auf das Betreiben der Jesuiten erschossen.[83]

que no se haya cometido bajo pretestos santos […] episodios de la historia horrible y sangrienta […] parricidio, fratricidio«, La Reforma, 15. 10. 1869.

80 »Los padres de la Inquisición, los Papas de la Familia de Borgia, los apologistas de la Saint Barthelemy y los jueces de Savonarola«, El Pueblo, 1. 7. 1870.

81 *Roth*: Die Unfehlbaren, Zitate auf 34, 41, 25, 54.

82 Laut Klappentext Dozent der Geschichte an der Hochschule in Bern. Huber verfasste neben dieser populären Papstgeschichte außerdem zwei antijesuitische Schriften und gab in den Jahren nach dem Konzil eine sehr kurzlebige antiklerikale Zeitschrift heraus. Weitere biografische Daten zu Huber waren nicht zu ermitteln.

83 Der Anarchist, 13. 10. 1910. Ähnliche Darstellung während des Konzils, die auch als

Der Motín gab eine ganze Reihe von Gewaltchroniken heraus. In der »Biblioteca de la Inquisición« erschien der »Almanaque de la Inquisición« oder »Los autos da fe, El santo oficio, Conjuros y exorcismos, Los judíos« (»Die Autodafés. Das Heilige Offizium, Beschwörungen und Exorzismen, Die Juden«).[84] Für diese antiklerikalen Kirchenchroniken[85] konnten die Autoren durchaus auf zeitgenössische historische Arbeiten zurückgreifen. Huber verarbeitete zum Beispiel neben Juan Antonio Llorentes (1756–1823) dezidiert kritisch liberaler »Historia crítica de la Inquisición en España« (französisch 1817, spanisch 1822)[86] Leopold Rankes Papst- und Ferdinand Gregorovius' (1821–1891) Romgeschichte.[87]

In den systematischen Darstellungen der Geschichte, in den Karikaturen wie in den Presseartikeln unterschiedlicher politischer und sozialer Provenienz zeigten Antiklerikale einen Katholizismus, der schon immer »in seiner Essenz brutal blutig, verfolgungssüchtig und repressiv«[88] gewesen sei. Auch wenn die radikale und gewalttätige Bildsprache sich besonders bei den sozialistischen, anarchistischen, republikanischen und satirischen Organen fand und auch die Tonlagen variierten, so waren doch alle Texte durch eine gemeinsame Argumentationslinie geprägt. Die repetitiven und gleichförmigen Geschichten des Schreckens sollten demonstrieren, dass die katholische Kirche in ihrem Wesen eine Gewaltherrschaft sei, und damit wurde ihre Herrschaft über die begriffliche Typologisierung hinausgehend delegitimiert.[89]

Serien verfasst wurden, beispielsweise in L'Excommunié, 27.10.1869; La Iberia, 17.3.1870; Vossische Zeitung, 20.11.1869; Volkszeitung, 3.7.1870; die protestantischen Monografien *Maffre*: Le concile; *De Pressensé*: Le concile du Vatican 16; liberal katholisch *X*...: L'infaillibilité papale 141–144.

84 Vgl. zur Herausgebertätigkeit des Motín *Sanabria*: Anticlerical Politics 345–358.

85 Vgl. neben Huber *Roth*: Die Unfehlbaren und *La Chatre*: Histoire des papes.

86 Auch L'Action (11.10.1909) griff auf diese Darstellung zurück. Vgl. zu Llorente *García Cárcel*: La leyenda negra 10.

87 Auch wenn diese beiden Werke einen weniger parteiischen Standpunkt formulierten, erzählten sie einige Episoden der Kirchenstaatshistorie als Schauergeschichten und boten damit einfache Anküpfungspunkte für die antiklerikale Rezeption. Vgl. z.B. die Beschreibung des Pontifikats Urban VI. (1318–1389) bei Gregorovius oder die Darstellung der Herrschaft Cesare Borgias (1475–1507) als Teil der Papstgeschichte bei Ranke *Gregorovius*: Geschichte der Stadt Rom, Bd. 6 522; *Ranke*: Die römischen Päpste, Bd. 1 52–59; allgemein zu Ranke, der Rezeption und Indizierung des Werkes *Wolf* u.a.: Rankes Päpste; zur Entwicklung in den verschiedenen Ausgaben sowie der zunehmend kritischen Sicht *Wischmeyer*: Objektivitätsideal 255–257; zu Gegorovius' Romdarstellungen *Arnaldi*: Gregorovius als Geschichtsschreiber und *Esch*: Gregorovius als Geschichtsschreiber.

88 »Esencialmente, brutalmente sanguinario, perseguidor y represivo«, El País, 25.10.1909.

89 Vgl. ähnlich argumentierend *Prüfer*: Sozialismus statt Religion 56–70.

Freiheitsvorstellungen

Dem Bild der autokratischen, despotischen und gewaltsamen Herrschaft setzten die Antiklerikalen ihr Regime der Freiheit entgegen.[90] Freiheit wurde im 19. Jahrhundert zum Legitimationsbegriff von Herrschaft[91] und in diesen Kontext muss auch die politische Dimension der Kirchenkritik gerückt werden. Die Kulturkämpfe standen im Zusammenhang mit dem grundlegenden Wandel von Herrschaft und Macht seit dem Zusammenbruch des Ancien Régime. Für Antiklerikale war die Kirche Teil der alten Ordnung von Hierarchie, Gehorsam sowie Gewalt.[92] Gegen die »brennenden und passionierten Katholiken – das heißt die Anhänger des Despotismus und der Intoleranz« – präsentierten sie sich als »die Anhänger der Toleranz und Freiheit wie sie Christus und Robespierre verstanden« hätten, als »die Männer der freien Gedanken und des freien Gewissens«.[93] Für die Kirchenkritiker musste auch religiöse Macht durch Freiheit legitimiert werden. Ihre Texte waren durchzogen von Anrufungen der Freiheit, die sich bis zu Freiheitshymnen steigerten, wie das folgende Finale des Theaterstücks »Der Knabenraub zu Carpentras« von Leopold Stein[94], das die Mortara-Affäre historisch in eine andere Zeit verlagerte:

Frei ist die Meinung – frei die Religion – um ihretwillen soll Niemand sein verfolgt [...]. Freiheit [wird] erblühn im Strahl der Wahrheit!!! [...] Gestürzt der alten Zeiten Wahngebilde [...], tausendjährige Sklavenketten, die [...] Scheiterhaufen-Gluth [...]. Alle [werden] einer Freiheit, und alle [...] eines Gottes sich erfreuen [...]. In Frankreich [...] haben sie die Abendglocken schon geläutet, die den großen Tag der neuen Zeit verkünden.[95]

90 Vgl. *Rémond*: Anticlericalism 121 sowie *De la Cueva Merino*: Clericales y anticlericales 224–236, die Freiheit als die Kernidee des Antiklerikalismus definieren.

91 Vgl. *Dipper*: Freiheit 489.

92 Vgl. bereits *Chadwick*: The Secularization 108; *De la Cueva Merino*: Clericales y anticlericales 224–227.

93 In der Reihenfolge des Zitierens »vous êtes des catholiques ardents et passionnés, c'est-à-dire des partisans du despotisme et de l'intolérance; je suis partisan de la tolérance et de la liberté comme l'entendaient Christ et Robespierre«, *Barrillot*: Le concile oecuménique 11; »les hommes de la libre pensée et de la libre conscience«, Le Siècle, 14.7.1868. Vgl. zum Selbstverständnis als Vertreter der Freiheit auch z.B. Temps Nouveaux, 30.10.1909; L'Humanité, 7.10.1909; L'Action, 11.9.1909; Journal des Débats, 22.10.1958; Monde Maçonnique 11 (1868/1869) 357; Libre Conscience 3 (1868/1869) 361; Tierra y Libertad, 13.10.1909; República Ibérica, 22.7.1870; El Liberal, 21.10.1909; Vorwärts, 20.10.1909; Frankfurter Zeitung, 17.10.1909, 2. MA.

94 Leopold Stein (1810–1882), Rabbiner und Schriftsteller. Stein war Anhänger der jüdischen Reformbewegung. Vgl. *Brüll*: Stein, Leopold.

95 *Stein*: Der Knabenraub 84.

In ähnlicher Verehrungslyrik, allerdings mit einem stärker gewaltbereiten Impetus übte sich auch Erich Mühsam (1878–1934) anlässlich der Hinrichtung Ferrers.

> Das Blutgericht hat seinen Mord vollbracht
> [...]
> Blut. Was ist Blut? Ein warmer roter Saft,
> Der Quell des Lebens und der Born der Kraft.
> Jedoch das Blut, das für die Freiheit fließt,
> Das ist der Dünger draus die Freiheit sprießt.[96]

Unabhängig von Motivation, sozialer und politischer Orientierung war allen antiklerikalen Gruppen gemeinsam, dass sie ihre Gegnerschaft als Befreiungskampf gegen eine als unerträglich und illegitim charakterisierte Herrschaft imaginierten: Die katholische Kirche herrsche immer mit Gewalt und von dieser Last und diesem Zwang müsse man sich befreien. Die Bilder der Gewalt und Schreckensherrschaft sowie die dagegen aufgebaute Freiheitsrhetorik stellten grundlegend die Frage von Machtlegitimation und -verteilung und machten die Kirchenkritik so zu einem genuin politischen Diskurs (zum Teil auch über die kirchliche Herrschaft hinausweisend). Die Einführung der neuen politischen Ordnung der Freiheit rechtfertigte sich dabei aus der Negativfolie. Zudem verlieh die als grauenhaft, gewalttätig und repressiv geschilderte kirchliche Herrschaft dem Kampf der Antiklerikalen seine Dringlichkeit und damit seine Sprengkraft. Aus der Befreiungslogik lassen sich auch die ›illiberalen‹ Züge des Antiklerikalismus und Antikatholizismus besser verstehen. Die Wirkung dieser Bilder sei in Bezug auf die Frage antiklerikaler Machtausübung herausgestellt: Vor diesem Diskurspanorama konnten antiklerikaler Zwang und Gewalt für die Kulturkämpfer als gerechtfertigte Gegenwehr erscheinen.[97]

Wenden wir uns nun im zweiten Teil dieses Abschnitts den positiven politischen Modellen und ihren verschiedenen Ausprägungen zu. Das Freiheitsprinzip der Antiklerikalen fußte auf der aufklärerischen Idee der individuellen Befreiung aus der Unmündigkeit und der daraus sich entwickelnden Autonomie des Individuums.[98] Der Freiheitsbegriff der Antiklerikalen war in erster Linie ein negativer. »Es [ging] darum, die Gewissen von der Herrschaft desjeni-

96 Der Anarchist, 22.10.1909.

97 Die Vorstellung selbst Opfer zu sein zieht auch Jérôme Grévy zur Erklärung der antiklerikalen Politik heran, ohne diese im Diskurs selbst nachzuweisen. Vgl. *Grévy*: Le cléricalisme 230.

98 Vgl. *Dipper*: Freiheit 488; bereits als Grundforderung der Liberalen z.B. *Healy*: The Jesuit Specter 4; *Gross*: War against Catholicism 22f., in antikatholischen Schriften von Aufklärung und Romantik *Borutta*: Antikatholizismus 54–56, 69; allgemein *Rémond*: Anticléricalisme en France 3–7.

gen zu befreien, der der souveräne Richter des Guten und Bösen ist«[99], um die Etablierung der Geistesfreiheit und der »Souveränität des Individuums«[100]. Dafür müsse die »volle Freiheit, die Freiheit nicht zu glauben, wie die Freiheit zu glauben proklamiert«[101] werden, schrieb das gemäßigte Freidenkerblatt Libre Conscience. Nicht alle antiklerikalen Gruppen gingen so weit. Sie waren sich aber einig, dass die katholische Kirche mit ihrem hierarchischen Prinzip der geistigen Emanzipation im Wege stehe.[102] Auch wenn gewisse Stimmen insbesondere im liberalen Lager ihre Hoffnung auf einen Wesenswandel in der Kirche artikulierten,[103] tendierte der antiklerikale Diskurs dazu, durch die Essentialisierung der hierarchischen Prinzipien das Wesen des Katholizismus auf Gehorsam und Despotie zu reduzieren und damit den »römischen Katholizismus« grundsätzlich als »inkompatibel mit der modernen Freiheit«[104] zu klassifizieren. Für die Antiklerikalen »war der Kampf zwischen der römischen Kirche und der Freiheit unvermeidlich«[105].

Plausibilität bezog die deklarierte Unvereinbarkeit aus der konkreten Positionierung der katholischen Kirche. Der Syllabus Errorum von 1863 hatte Religionstoleranz und -freiheit öffentlich verurteilt.[106] Zudem rieben sich die Antiklerikalen an realen Vorfällen wie in den untersuchten Fällen. Der Protestantismus entsprach der Vorstellung der individuellen Autonomie mit der Grundannahme des ›Priestertums aller Gläubigen‹ selbstverständlich eher. Diese Feststellung soll nicht die klassisch liberal-protestantische Apologie der Religion beziehungsweise Konfession der Freiheit wiederholen, sondern bewusstmachen, dass das Grundprinzip des evangelischen Christentum ein anderes war und deshalb im stereotypen Bild der Antiklerikalen auch eine andere Rolle zugewiesen bekam. Dennoch wurde die Dualität von Gehorsam und Freiheit nicht ausschließlich auf den Katholizismus projiziert. An dieser Stelle soll das Augenmerk zudem noch auf einen anderen Aspekt des Faktors Konfession gelenkt werden. Die Grenzen der geistigen Freiheit wurden in den meisten Quellen

99 »Ils s'agit de libérer les consciences à la domination de celui qui est le juge souverain du bien et du mal«, Le Rappel, 7. 1. 1870.

100 »[L]a souveraineté de l'individu«, Monde Maçonnique 13 (1869/1870) 412.

101 »[P]roclame […] une liberté entière, la liberté de ne pas croire, comme la liberté de croire«, Libre Conscience N. F. 4 (1869/1870) 100.

102 Vgl. zur Idee der Gewissensfreiheit, der Geistesfreiheit und der individuellen Autonomie in Gegenüberstellung zum kirchlichen hierarchischen Prinzip Anmerkung 56.

103 Vgl. dazu etwa die Stimmen der liberalen Katholiken während des Konzils Kapitel 2.2.

104 »Le catholicisme romain est incompatible avec la liberté moderne«, *Quinet*: Œuvres complètes, Bd. 11 415.

105 »La lucha entre la libertad y la iglesia romana es inevitable«, La Igualdad, 22. 7. 1869; fast mit gleichem Wortlaut auch Le National, 27. 12. 1869; La Discusión, 15. 7. 1870.

106 Vgl. *Hub*: Syllabus 478.

nicht bestimmt, sondern die Autonomie und der Prozess der Befreiung schlicht als das zu erstrebende Ziel deklariert. Nur die konservativen Protestanten forderten eine Eingrenzung von Freiheit durch den Bezug auf Gott.[107] Die Betonung der göttlichen Grenze war einer der beiden Kardinalunterschiede zwischen konservativen Protestanten und allgemeinem Antiklerikalismus und er legt eine typologische Differenzierung zwischen Antiklerikalismus und konfessionellem Antikatholizismus nahe.[108]

Jenseits dieser internen Differenzen verdeutlichen meine Falluntersuchungen in den drei Ländern, dass die Antiklerikalen in der zweiten Hälfte des 19. Jahrhunderts verschiedene Konzepte favorisierten, die das naturrechtlich begründete Recht auf individuelle Gewissensfreiheit in Religionsdingen garantieren sollten.[109] Wenden wir uns zunächst den Individualrechten selbst zu. In der Mortara-Affäre dominierte die schon in der Reformationszeit entstandene Vorstellung der Toleranz.[110] In Frankreich beriefen sich die Journalisten in zwei von drei Artikeln, in den deutschen Ländern und in Spanien in jedem dritten auf dieses Prinzip.[111] In den beiden späteren Untersuchungsfällen tritt Toleranz gegenüber dem staatlich garantierten Recht auf Gewissens- oder Religionsfreiheit[112] zurück.[113]

107 Vgl. etwa Vrai Protestant 2 (1868/1869) 245; Evangelische Kirchenzeitung 43 (1870) 693; *De Pressensé*: Le concile du Vatican 1.

108 Vgl. für den zweiten zentralen Unterschied Kapitel 3.3.

109 Vgl. die Benennung der Freiheit als Naturrecht z.B. Réforme politique et social, 18.3.1870; La Iberia, 23.11.1869; Bauhütte, 13 (1870) 231; zur Entwicklung der Idee der individuellen Religionsfreiheit allgemein z.B. *Chadwick*: The Secularization 23–37; *Poulat*: Liberté, laïcité 67–84; sowie kritisch die liberale, antiklerikale Meistererzählung hinterfragend *Helmstadter*: Introduction.

110 Vgl. zur Herkunft und zum Wandel der Idee der Toleranz z.B. *Chadwick*: The Secularization 23; *Grell/Scribner*: Tolerance and Intolerance; *Sidenvall*: Elusivness 256.

111 Vgl. z.B. Le Siècle, 18.10.1858; La Presse, 5.11.1858; Archives Israélites 19 (1858) 655; La Discusión, 22.10.1858; Clamor Público, 26.10.1858; Augsburger Allgemeine Zeitung, 19.10.1858; für spätere Beispiele L'Action, 16.10.1909; Le Temps, 20.6.1870; Monde Maçonnique 12 (1868/1869) 396; Libre Conscience 3 (1868/1869) 361; El Liberal, 16.10.1909; Volkszeitung, 2.7.1868; Der Freidenker 17 (1909) 177; Bauhütte 13 (1870) 341; die protestantische Schrift *Maffre*: Le concile 31.

112 Die unterschiedlichen Begriffsverwendungen bei den Antiklerikalen gingen nicht immer mit einer klaren konzeptionellen Differenzierung einher, zumeist wurde das geforderte Konzept in den tagespolitischen Schriften nicht genauer erläutert. Vgl. allgemein zur Unterscheidung beider Begriffe *Ungern-Sternberg*: Religionsfreiheit in Europa 23–27; *Lalouette*: La séparation 21; zur Gewissensfreiheit z.B. Le Socialiste, 29.10.1909; L'Action, 16.10.1909; Le National, 30.9.1869; Le Temps, 22.7.1870; Le Matin, 13.10.1909; Archives Israélites 19 (1858) 525; Libre Conscience 3 (1868/1869) 361; Monde Maçonnique 1 (1858) 314; El Socialista, 29.9.1909; La Discusion, 8.12.1869; El Motín, 21.10.1909; Frankfurter Zeitung,

Die Forderung nach individueller Freiheit war eingebettet in die grundlegende Diskussion um die Neuordnung des politischen Verhältnisses von Kirchen, Gesellschaft, Staat und Religion. Während die Kirchenkritik der Frühmoderne sich auf die Ausübung der Macht der religiösen Institution konzentriert hatte, ging der moderne Antiklerikalismus so weit, die Legitimität kirchlicher Autorität an sich zu hinterfragen und deren Einflussbereich neu auszumessen sowie insbesondere die weltliche Macht im staatlich-politischen Bereich zu kritisieren.[114] Bis ins 18. Jahrhundert standen die Kirchen, vor allem die katholische, potentiell mit staatlicher Herrschaft im Konflikt. Spätere Auseinandersetzungen konstituierten sich zwischen der Trias Individuum (beziehungsweise Gesellschaft), Staat und Kirchen (beziehungsweise Religion).[115]

Die Frage der […] Gewissensfreiheit – die Mutter aller anderen – […] [beinhaltet] den unvereinbaren Antagonismus zwischen der Souveränität von Gottes Gnaden und der individuellen und nationalen Souveränität, deren Durchsetzung die Basis für unseren neuen politischen Zustand ist.[116]

Die geforderte Souveränität verorteten die Antiklerikalen wie in diesem Zitat nicht nur im Individuum, sondern beanspruchten sie gegenüber den Kirchen wahlweise für Volk, Nation oder Staat. Als Gegenmodell zum Vorgehen des Papstes in der Mortara-Affäre feierte das Journal des Débats den »liberalen Geist unseres Jahrhunderts, der den mittelalterlichen Geist mit seinen tyranni-

14.10.1909, AA; Augsburger Allgemeine Zeitung, 20.10.1858, 21.6.1869; Allgemeine Zeitung des Judentums 22 (1858) 410; Bauhütte 12 (1869) 401; Es werde Licht! 1 (1870) 187; zur Religionsfreiheit Reforme politique et sociale, 6.11.1869; Le Temps 26.6.1870; El Imparcial, 8.12.1869; El País, 16.10.1909; Volkszeitung, 19.1.1870; Augsburger Allgemeine Zeitung, 11.3.1869; Allgemeine Zeitung des Judentums 23 (1859) 82; Deutschkatholisches Sonntags-Blatt 19 (1869) 76.

113 Es stellt sich die Frage, ob dies auf eine konzeptionelle Verschiebung zurückzuführen ist oder das Prinzip der Toleranz 1858 deswegen favorisiert wurde, weil ›nur‹ die jüdische Religion betroffen war. Dies ist auf der Grundlage meiner Quellen nicht endgültig zu entscheiden. Die Verschiebung könnte im ersten Fall als verspäteter Niederschlag der geistesgeschichtlichen Entwicklung in den tagespolitischen Diskurs verstanden werden: Ende des 18. Jahrhunderts verdrängte die Forderung nach Religionsfreiheit zunehmend die Toleranzidee. Die rechtliche Umsetzung dieser Verschiebung variierte von Land zu Land. Vgl. dazu z.B. Kapitel 1.2, 1.3 und 1.4; zur Ideengeschichte *Preuß*: Definition 54f.; zur aufklärerischen Idee von Religionsfreiheit z.B. *Sidenvall*: Elusivness 256.

114 Vgl. zur Differenzierung des »modernen« Antiklerikalismus als systematische Machtkritik *Díaz Mozaz*: Apuntes 56, *Ferrer Benimeli*: Masonería, laicismo y anticlericalismo; *Wanegffelen*: L'anticléricalisme croyant.

115 Vgl. *Franz*: Kulturkampf 284–293.

116 »La question de liberté […] de conscience – mère de toutes les autres – [contient] l'antagonisme irréconciable entre la souveraineté de droit divin et la souveraineté individuelle et national dont l'aplication est la base de notre nouvel état politique«, *Bernier*: L'infaillibilité théocratique 32.

schen Institutionen [...], seiner Unterordnung des Staates unter die Kirche zurückgedrängt«[117] habe. Während des Konzils ängstigten sich die Antiklerikalen über eventuelle Beschlüsse, die »gegen die Freiheit und Autonomie aller Nationen gerichtet«[118] seien. Im Fall Ferrer wurde vom Berliner Tageblatt mit »Blick in die deutsche klerikale Presse« festgestellt, dass der »FREIHEITSFEINDLICH[E] FANATISMUS [...] auch bei uns heimisch« sei und der Autor des Artikels forderte, diesem den »Wall des freiheitlichen Volkswillen« entgegenzustellen.[119] An der divergierenden Verwendung der Begriffe kann die unterschiedliche politische Orientierung abgelesen werden. So war etwa – was nicht weiter erstaunt – der Volksbegriff besonders prominent bei Anarchisten, Sozialisten, radikalen Republikanern oder Demokraten. Der antiklerikale Diskurs stellte also durchaus einen Ort dar, an dem unterschiedliche Vorstellungen politischer Verfasstheit artikuliert werden konnten.[120]

117 »[L]'Esprit [...] libéral de notre siècle qui a fait reculer l'Esprit du moyen-âge avec ses institutions tyranniques [...], avec [...] la subordination de l'état à l'Église«, Journal des Débats, 16. 10. 1858.

118 »[C]ontrarias a la libertad y a la autonomía de todas las naciones«, La Reforma, 15. 10. 1869.

119 Berliner Tageblatt, 17. 10. 1909. Vgl. auch zur Nation La Lanterne, 16. 10. 1909; Journal des Débats, 29. 9. 1858; Le Matin, 20. 10. 1909; Libre Conscience N. F. 4 (1869/1870) 174; La Discusión, 22. 10. 1858; La Iberia, 17. 3. 1870; Preußische Jahrbücher 24 (1869) 499; zum Volk Voix de Peuple, 10.–17. 10. 1909; L'Humanité, 14. 10. 1909; Le Siècle, 10. 12. 1869; Vrai Protestant 2 (1868/1869) 250; Monde Maçonnique 12 (1868/1869) 410; El Socialista, 29. 10. 1909; Justicia Social, 28. 1. 1870; El Imparcial, 18. 6. 1869; La Humanidad 2 (1871) 122; Der Anarchist, 16. 10. 1909; Social-Demokrat, 10. 12. 1869; Volkszeitung, 18. 2. 1869; Vossische Zeitung, 18. 10. 1909, AA; Allgemeine Zeitung des Judentums, 33 (1869) 269; Deutschkatholisches Sonntags-Blatt 19 (1869) 76; zum Staat La Marseillaise, 11. 3. 1870; Le Siècle, 14. 7. 1868; L'Action, 14. 10. 1909; Revue des Deux Mondes 76 (1868) 502; Monde Maçonnique 12 (1868/1869) 399; La Discusión, 8. 12. 1869; El Imparcial, 10. 12. 1869; Volkszeitung, 19. 1. 1871; Vossische Zeitung, 4. 8. 1909, AA; Evangelische Kirchenzeitung 42 (1869) 85; Allgemeine Zeitung des Judentums 32 (1868) 594; Bauhütte 12 (1869) 401.

120 Eine nationale oder chronologische Differenzierung der verschiedenen Kollektivsingulare oder Gemeinschaftsbegriffe soll hier nicht erfolgen, da der unterschiedliche politische Kontext und die politischen Orientierungen die Wortverwendungen bestimmten und eine Ausdifferenzierung eher von der Frage der Verhältnisbestimmungen der alternativen Ordnungsvorstellungen zu Religion und Kirchen im antiklerikalen Diskurs wegführen würde. So spielte der Begriff der Nation in der Berichterstattung zum Konzil in den deutschen Ländern eine große Rolle, die kurz vor der Reichseinigung standen, während in Spanien der revolutionäre Kontext der Revolution von 1868 eher den Begriff des Volkes in den Vordergrund treten ließ. Darüber hinaus ist hier neben der Frage von Volk, Staat und Nation auch auf die konkreten politischen Ordnungsmodelle oder Forderungen (wie Demokratie, Republik oder Revolution) hinzuweisen, die die Antiklerikalen zum Teil in ihren Diskurs einflochten.

Die Suche nach dem Säkularen

Die Souveränität von Nation, Volk oder Staat und die Idee individueller freier Entfaltung erforderte eine vor dem Einfluss der Kirchen geschützte Sphäre: das Säkulare. Der antiklerikale Diskurs der zweiten Hälfte des 19. Jahrhunderts war maßgeblich durch die Imagination und Forderung dieser Sphäre sowie durch die Bestimmung ihrer Grenzen geprägt. Die Auseinandersetzungen drehten sich um die Frage der Differenzierung der Angelegenheiten der Kirchen beziehungsweise der Religion und des Profanen, des Zivilen, des Weltlichen, des Staatlichen, des Politischen.[121] Der Begriff ›Klerikalismus‹ selbst impliziert bereits den Vorwurf der Übertretung einer Grenze, der besonders hinsichtlich der politischen Einflussnahme formuliert wurde.[122] Die Bezeichnung ›säkular‹ und ihre Derivate waren in der Tagespresse in den untersuchten Fällen nur in Spanien von Bedeutung, wo sie den Prozess der Befreiung des gesellschaftlichen Lebens vom Einfluss der Kirche als ›secularización‹ beschrieb.[123] Das Phänomen war also der Begriffsbildung weitgehend vorgängig.[124] Die folgende Analyse der Bemühungen um die Schaffung der Sphäre kann insofern nicht mit einer quellengesättigten begriffsgeschichtlichen Untersuchung verbunden werden, dennoch soll der Begriff als analytisches Konzept Verwendung finden. Die Untersuchung wird die Unterschiede dieser Entwürfe sowie ihre Ambivalenzen herausarbeiten und die ihnen inhärente Grenze bestimmen.

Unter den Antiklerikalen war umstritten, was jeweils von den Kirchen emanzipiert werden sollte und wie weit die Freiheit reichen müsste. Diese Differenzen spiegeln sich in den verschiedenen Gesetzen und Gesetzesvorhaben der Kulturkämpfe in allen drei Ländern und in den bis heute stark divergierenden Ein-

121 Vgl. für die Begrenzung der Kirche auf das Religiöse El País, 6.10.1909; die Abgrenzung zum Profanen El Motín, 11.11.1909; zum Politischen La Iberia, 17.3.1870; zum Staatlichen Concil und Jesuitismus V; zum Weltlichen und Zivilen Le Siècle, 14.7.1868.

122 Vgl. zum Begriff ›Klerikalismus‹ Kapitel 4.1; zum Vorwurf der politischen Einflussnahme z.B. in Frankreich *Faury*: Cléricalisme et anticléricalisme 101–103; *Faux*: Église et société 173–177; *Grévy*: La république 72f., 97; in Spanien *Salomón Chéliz*: Anticlericalismo en Aragón 106–108, 120, 209–224; in den deutschen Ländern *Borutta*: Antikatholizismus 304–315.

123 Vgl. z.B. El Socialista, 29.10.1909; El Radical, 14.10.1910.

124 Hermann Lübbe und Hartmut Lehmann kommen in ihren begriffsgeschichtlichen Analysen zu ähnlichen Ergebnissen für das 19. Jahrhundert. Ersterer entnimmt seine positiven Beispiele besonders dem akademischen Feld oder dem englischsprachigen Kontext. Wann und wie der Begriff ein Allgemeinbegriff in den Niederungen der Politik und Gesellschaft in den hier analysierten Sprachräumen wurde, untersucht er leider nicht. Lehmann betont dagegen, dass, auch wenn der Begriff sich im Zeitraum 1831 bis 1935 einbürgerte, seine Verwendung noch sehr selten war. Vgl. *Lübbe*: Säkularisierung; *Lehmann*: Säkularisation und Säkularisierung 13.

schätzungen der legislativen Veränderungen wider.[125] Die Frage der Reichweite der ›Befreiung‹ war nicht nur davon abhängig, welchen Wert die Antiklerikalen jeweils der Religion zuschrieben, sondern wurde insbesondere in Auseinandersetzung mit der katholischen Kirche ausgehandelt. Sowohl der Syllabus als auch die Diskussionen auf dem Ersten Vatikanischen Konzil drehten sich um die Bestimmungen des Machtanspruchs der Kirche hinsichtlich ihres Eingreifens in das gesellschaftliche und staatliche Leben. Die katholische Kirche definierte in den letzten beiden Dritteln des 19. Jahrhunderts ihre Rolle in den sich wandelnden Gesellschaften neu. Wie anhand der Rezeption des Unfehlbarkeitsdogmas gezeigt wurde, beobachteten die Antiklerikalen diese Debatten und diskutierten, ob man sich in die eigentlich theologischen Kontroversen einmischen sollte oder nicht. Das Problem war, dass viele eigentlich gern von einer schon existierenden Trennung aus agiert hätten und sich nicht einmischen wollten. Diese Separation bestand aber noch nicht aufgrund der Staatskirchenverträge und die Ansprüche der sich zunehmend ultramontanisierenden Kirche stellten eine mögliche Trennung sogar in Frage. Die entworfenen Allmachtszenarien und die Kritik an der autokratischen Herrschaft zeigen, dass die Antiklerikalen kontinuierlich befürchteten, dass die Kirche die ihr zugestandenen Freiräume ausnutzen würde, um andere in ihrer Freiheit zu beschränken. Und die Folie, vor der die Imagination geschaffen wurde, stellen die intensiv beobachteten Debatten und Entwicklungen innerhalb der katholischen Kirche dar.[126]

Wenden wir unseren Blick von den Debatten der äußeren Grenzziehung zu den inneren Differenzen. Die Idee der Trennung von Staat und Kirche spielte vor allem Mitte des 19. Jahrhunderts im antiklerikalen Diskurs eine zentrale Rolle. Auch wenn in den von mir untersuchten Quellen die Erläuterungen zu diesem Modell oft kaum über das Schlagwort hinausgingen, war die Idee der Trennung ein dominanter Bezugspunkt. Jacqueline Lalouette hat in ihrer Untersuchung der Entstehung und Entwicklung der Idee der Trennung von Staat und Kirche in Frankreich gezeigt, dass das Modell gerade im Zweiten Empire einen starken Zuwachs an Anhängern fand und sich radikalisierte. Die Studie der Pariser Historikerin verdeutlicht des Weiteren, dass in der Dritten Republik die Idee nach den ersten Jahren erneut an Unterstützern gewann, bis sie 1905 in das berühmte Gesetz gegossen wurde.[127] Dieser Befund korrespondiert mit meinen Analysen. 1869/1870 kreisten die französischen Debatten vor allem um das

125 Vgl. als besonders eklatant die divergierenden Einschätzungen der deutschen Kulturkampfgesetzgebung in Kapitel 1.4, Anmerkung 315.

126 Vgl. dazu bereits zu Spanien *Salomón Chéliz*: Anticlericalismo en Aragón 106–108; oder den Einfluss des Syllabus und des Unfehlbarkeitsdogmas für die Entwicklung der Idee der Trennung in Frankreich *Lalouette*: La séparation 265–272.

127 Vgl. *Lalouette*: La séparation.

Modell der Trennung, während in der Mortara-Affäre diese Forderung kaum eine Rolle spielte. In den deutschen Ländern dominierte die Forderung nach der Trennung auch besonders zur Zeit des Konzils. Die Irrelevanz der Idee 1909 in beiden Ländern lässt vermuten, dass die legislativen Veränderungen während der Dritten Republik die Forderung der Antiklerikalen weitgehend befriedigt hatten. Im deutschen Kontext wurden hingegen weiterhin einzelne rechtliche Aspekte moniert wie Fragen der Pressefreiheit oder der kirchliche Einfluss auf die Schulen,[128] so dass das weitgehende Fehlen der Forderung nach Trennung den Schluss zulässt, dass eine vollständige Separation nicht als erstrebenswert galt. Zugleich muss bedacht werden, dass der Kulturkampf bereits eine relative Entflechtung von Staat und Kirche (wie etwa in der Zivilehe) beziehungsweise Subordination letzterer für Teilbereiche durchgesetzt hatte. Für Spanien zeigten meine Analysen dagegen, dass die Forderung nach Trennung beider Institutionen auch noch 1909 eine größere Rolle spielte,[129] was nicht verwundert angesichts des weiterhin bestehenden konfessionellen Charakters des Staates. Die Unterschiede zwischen den drei Ländern entsprechen hier also weitgehend der jeweiligen Ausgangslage.

Was eine Trennung jeweils konkret bedeutete, musste definiert werden – ob Streichung religiöser Fragen aus dem Strafrecht, Abschaffung kirchlicher Disziplinargewalt, Beendigung der Finanzierung der Kirchen durch den Staat, des Einflusses auf Universität, Schulen oder in der Politik. Der folgende kurze Überblick wird die verschiedenen Positionen skizzieren. Die Zusammenstellung tendiert notgedrungen zu einer Vereinfachung und Verallgemeinerung, da die Modelle sich innerhalb der Gruppen oft unterschieden, soll aber vor allem dazu dienen, gewisse Tendenzen auszumachen und die Spannbreite der Positionen darzulegen.[130]

Für den deutschen Kulturkampf können folgende Grundhaltungen ausgemacht werden. Die Nationalliberalen sahen die Realisierung der Trennung vor allem in der Unabhängigkeit des Staates verwirklicht und beanspruchten für diesen zugleich Eingriffsmöglichkeiten in die Angelegenheiten der Kirchen. Der autonome und omnipotente Staat sicherte für sie Freiheit, Bildung und damit Kultur sowie Zivilisation. Auch für die Fortschrittlichen verwirklichte die Macht des Staates die Freiheit, indem dieser das ›säkulare‹ Leben vor der Macht der Kirchen schützte. Demokraten traten dagegen für die vollständige Trennung von Staat und Kirchen ein und betrachteten Eingriffe des Staates in die Aktivitä-

128 Vgl. Kapitel 2.3.

129 Vgl. auch bereits *Martín Martínez*: El anticlericalismo 396.

130 Ich rekurriere dabei auf nationalgeschichtliche Studien, da mein Quellenmaterial kaum geeignet war, konkrete Modelle herauszuarbeiten. Deshalb orientieren sich die folgenden Beschreibungen vor allem an den entstehenden politischen Parteien, da sie zumeist den Untersuchungsrahmen und das Kategorisierungsmuster der Analysen darstellen.

ten der Kirchen eher kritisch als Begrenzungen der kirchlichen Freiheit.[131] Ähnlich positionierten sich auch die Sozialisten, deren offizielles Fernziel aber häufig eine vollständig von Religion befreite Welt darstellte.[132] Positionen eines kämpferischen Laizismus blieben im deutschen Kontext eine Minderheit.[133] Protestanten lehnten eine vollständige Trennung zumeist ab. Sie verteilten sich auf die verschiedenen Positionen der Liberalen oder traten als Konservative für eine konfessionelle Prägung des Staates ein. Und selbst die politisch am stärksten emanzipatorisch orientierten Kulturprotestanten sahen das Christliche im Staat aufgehoben:[134] In ihm realisierte sich für sie die »religiös-sittliche Gemeinschaft«[135], wie der liberale Kirchenhistoriker Friedrich Nippold formulierte. Auch Paul Hinschius sah in den »modernen Staaten, in welchen das edle Kleinod der Gewissensfreiheit« gepflegt würde, einen »ächt christlichen Sinn« verwirklicht.[136] Das Christliche war hier allerdings klar protestantisch konnotiert. Ansätze zu Modellen der Trennung entwickelten Mitte des Jahrhunderts auch Vertreter der katholischen Kirche nicht liberaler Provenienz, da sie hofften, dadurch die Kirche von den sich verstärkenden staatskirchlichen Einschränkungen zu befreien.[137] Diese Überlegungen waren in Frankreich noch viel ausgeprägter.

In Frankreich war die Ausgangslage aufgrund der gallikanischen Tradition eine andere. Die staatskirchliche Vergangenheit führte dazu, dass gerade Mitte des Jahrhunderts, aber durchaus auch während der Jahrhundertwende und der Debatten um die gesetzlichen Veränderungen nach 1900 neben den üblichen Verdächtigen der Freiheitsgestimmten (Liberale, Republikaner, Freidenker, Freimaurer, Anhänger außerkirchlicher Formen von Religiosität, liberale Katholiken, Vertreter des liberalen Katholizismus) ebenso die frühen Ultramontanen (wie Hugues Felicité Robert de La Mennais [1782–1854]) der Trennung anhingen, weil sie darin eine Chance einer religiösen Befreiung und Erneuerung

131 Vgl. *Birke*: Zur Entwicklung und politischen Funktion 271–275; *Gross*: War against Catholicism 246–255, 273–275.

132 Vgl. zur ablehnenden Haltung der Sozialisten in der Kulturkampfgesetzgebung *Grote*: Sozialdemokratie und Religion 56–71; *Weir*: Fourth Confession 325–339.

133 Vgl. etwa sogar die Debatten in den freireligiösen Kreisen *Weir*: Fourth Confession.

134 Vgl. *Gross*: Kulturkampf and Unification 560; die stark antikatholisch gefärbte alte Darstellung *Bornkamp*: Die Staatsidee 60–62; zur der Realisierung des Christlichen im Staat als Idee des liberalen Protestantismus auch *Lepp*: Protestantisch-liberaler Aufbruch 283–319.

135 *Nippold*: Bischofsbrief 450. Vgl. ähnlich auch *Hinschius*: Päpstliche Unfehlbarkeit 19; *Neumeister*: Neun Thesen 62.

136 *Hinschius*: Päpstliche Unfehlbarkeit 19. Vgl. in ähnlichem Sinn auch *Neumeister*: Neun Thesen 62.

137 Vgl. z.B. Bischof von Kettelers Überlegungen *Birke*: Bischof Kettelers Kritik; oder die Debatten im Rahmen des Badener Kirchenstreits *Smolinsy*: Freiheit.

sahen.[138] Die Haltung der Vertreter der beiden Minderheitenreligionen war dagegen zum Teil ambivalent. Der erlangte Status als anerkannte Religion wurde als Schutz der eigenen Interessen betrachtet und deshalb favorisierten nicht alle Anhänger der Protestanten und Juden grundsätzlich eine Trennungspolitik.[139] Die Commune setzte dann kurzzeitig und lokal begrenzt die Trennung durch. Diese Politik wie die veränderte Ausgangslage durch Errichtung der Dritten Republik veranlasste die verschiedenen Gruppen, die Positionen neu zu justieren. Als die Opportunistes die Macht im Staat erhielten und die Gesetzesänderungen der 1880er Jahre realisierten, rückten sie die Trennung in eine fernere Zukunft, da sie noch nicht bereit waren, auf jegliche Einflussnahme zu verzichten und das Kirchenbudget ihnen ein willkommenes Mittel war, die Machtansprüche der katholischen Kirche zu reglementieren. Andere befürchteten, die religiösen Gefühle der Bevölkerung zu verletzen. Die Radicaux kämpften tendenziell weiterhin für die Trennung, um eine staatliche Neutralität zu garantieren oder aber die Emanzipation der Gesellschaft von Religion zu erringen. Aber auch unter ihnen lassen sich Positionen finden, die am Konkordat festhielten. Sozialisten kämpften fast ausschließlich für die Trennung. Aber auch hier gab es Ausnahmen und unterschiedliche Begründungshorizonte. Während die Guesdistes mit ihrer Vorrangstellung der ökonomischen Frage keine Anhänger der Separation waren, sahen andere gerade darin ein Mittel zur Schwächung des Kapitalismus. Eine dritte Gruppe verfolgte die Trennung als Teil des Kampfes für die existierende Republik.[140] Die staatlichen Prärogative konnten hier zum Teil als Maßnahmen angesehen werden, eine endgültige Abkehr von Religion zu forcieren – gerade unter den Radicaux und den Sozialisten war nach der Jahrhundertwende besonders der Wunsch nach einer umfassenden gesellschaftlichen Laizisierung im Sinne einer weitgehenden Verbannung von Kirchen und Religion aus der Gesellschaft verbreitet.[141] Die

138 Vgl. zum französischen Ultramontanismus *Lalouette*: La séparation 119–125, 168–189, 226–241; zu liberalen Befürwortern bei den Katholiken *Drumons/Moulinet*: Les laïcs catholiques 72–74; *Colin*: Transigeance et Séparation.

139 Vgl. insgesamt zu den unterschiedlichen und sich wandelnden Haltungen der Protestanten z.B. *Baubérot*: Vers un nouveau pacte laïque 64–68, 82; *Encrevé*: Pensée protestante; *Harismendy*: Les protestants; Bulletin de la Société de l'histoire du protestantisme français 151 (2005); *Hause*: French Protestants; *Cabanel*: Protestants et juifs; zu den Juden ebenda; *Delmaire*: Les juifs; *Hermon-Belot*: Pensée juive; *Laloum*: La Séparation.

140 Vgl. allgemein für die verschiedenen Positionen und ihre Entwicklungen *Lalouette*: La séparation 68–187, 226–244, 272–298, 323–366; für die gallikanischen, staatskirchlichen Komponenten im französischen Antiklerikalismus *Baubérot*: Vers un nouveau pacte laïque 172f. oder *Ordioni*: Les origines gallicanes.

141 Ein besonders klares Beispiel ist etwa die Forderung des Verbots des Katechismus auf dem Parteikongress der radikalen Partei 1906. Vgl. *Berstein*: Le parti radical-socialiste 89; zur Einschätzung des Sozialismus nach der Jahrhundertwende *Fabre*: Socialisme et Séparation.

Debatten, die zwischen staatskirchlichen Vorstellungen, Neutralität und Emanzipationsforderungen für Staat oder Gesellschaft pendelten, bestimmten auch noch die Auseinandersetzungen, die mit der Kodifizierung der Trennung von 1905 einhergingen und sich über drei Jahre hinzogen.[142]

Auch in Spanien schwankten die Positionen zwischen dem Anspruch auf Neutralität, staatlichen Prärogativen und antireligiösen Wünschen. Die spanischen Sozialisten sprachen sich zumeist für eine Trennung aus. Die Republikaner, als Grundpfeiler des spanischen Antiklerikalismus, versammelten vor allem Anhänger des Konzepts staatlicher Neutralität, die zum Teil der Kirche mehr Freiraum geben sollte, von anderen aber als Barriere gegen die Kirche gedacht war. Die radikalen und föderativen Teile des Lagers wünschten sich dagegen eine vollständige Laizisierung der Gesellschaft. Einige von ihnen wollten wie die meisten Liberalen dagegen die Verbindungen des Staates und der Gesellschaft zur Kirche in der Restauration nicht lösen, aber auch letztere forcierten im Parlament Maßnahmen gegen die Orden und traten für starke Prärogative des Staates ein. Während des Sexenio sprachen sich die liberalen Zeitungen allerdings durchaus klar für eine Trennung aus. Im spanischen Kontext sei außerdem noch auf die Anarchisten verwiesen, die einen deutlichen Laizismus vertraten.[143]

Grenzziehungen und Grenzen der Freiheit

Die Differenzen zwischen den Gruppen lassen sich auf zwei Kernfragen reduzieren. Das erste Problem, um das die Diskussionen kreisten, war die Frage, welcher Raum als säkularer Freiraum definiert werden sollte. Hierbei wurde zum Teil positiv bestimmt, was öffentlich und was privat sei.[144] Die Antiklerikalen verwendeten allerdings selbst meist nicht diese Konzepte. Der bereits angespro-

142 Vgl. dazu z.B. *Larkin*: Church and State 80–145; *Baal*: Combes 273f.; *Baubérot*: La morale laïque 45–72; *Grévy*: La république 66–79, 153, 163–184; *Lalouette*: La séparation 305–417.

143 Vgl. zu den verschiedenen Positionen für das Sexenio El Imparcial, 18.6.1870; La Iberia, 16.3.1870 und *Petschen*: Iglesia – estado 272–282; für die Restauration *Suárez Cortina*: Anticlericalismo, religión y política; *ders.*: Democracia y anticlericalismo; *De la Cueva Merino*: Clericales y anticlericales 168–223; *Salomón Chéliz*: Anticlericalismo en Aragón 137–143 und *De Diego Romero*: Imaginar la República 279–286.

144 Bis heute können diese Auseinandersetzungen über die Definition des Öffentlichen in den unterschiedlichen, oft politisch motivierten und zugleich historischen Interpretationen der Bestimmung der Laizität in Frankreich beobachtet werden. Vgl. *Baubérot*: La morale laïque; *Barbier*: La laïcité; theoretisch zur Problematisierung des Verhältnisses Religion und Säkularisierung in den Konzepten Privat und Öffentlich *Casanova*: Public Religions 39–66.

chene Unterschied zwischen der Idee des staatlich Neutralen beziehungsweise Nichtreligiösen und eines radikalen gesellschaftlichen Laizismus prägte die drei Länder in unterschiedlichem Maße. Dem Staat als Institution fiel außer bei den Anarchisten in allen drei Ländern tendenziell die Aufgabe zu, die als Menschenrecht eingeklagte Freiheit in religiösen Dingen zu schützen.[145] Allerdings zeigte sich diese Staatszentrierung insbesondere im deutschen Kontext;[146] hier wurde immer wieder die Gefahr für den Staat betont, die von der katholischen Kirche ausgehe.[147] Dieser Befund beweist, dass die in Kapitel 1.4 herausgestellte Staatszentrierung der deutschen Kulturkämpfe nicht nur ein Produkt der Verfassung und der Konfliktkonstellation, sondern auch des anders gelagerten Diskurses war.[148]

In Frankreich operierten die Antiklerikalen zudem noch mit einer anderen Raumbezeichnung, um das Säkulare zu benennen. So schrieb Le Siècle als Kommentar auf die Einberufungsbulle zum Konzil etwa vom »Überfall [...] auf die Zivilgesellschaft«.[149] Unter Zivilgesellschaft wurde »Wissenschaft«, öffentliche »Institutionen«, »Gesetze« oder allgemein das »öffentliche Leben« verstanden.[150] Diese nationale Differenz fand ihren Niederschlag auch im Neologismus ›Laïcité‹

145 Vgl. zu dieser Kantschen Prägung des Freiheitsbegriffs *Dipper*: Freiheit 518; sowie allgemein zur Idee des säkularen Staates *Chadwick*: The Secularization 126f.; für die Argumentationen in Frankreich La Marseillaise, 11.3.1870; Le National, 6.1.1870; Le Temps, 8.3.1870; Morale Indépendante 5 (1869/1870) 418; in Spanien Solidaridad Obrera, 7.10.1909; El Socialista, 29.10.1909; El Radical, 14.10.1909; El Imparcial, 18.6.1870.

146 Vgl. zur Idee der Trennung von Staat und Kirche in den deutschen Ländern Volkszeitung, 19.1.1870, 13.7.1870, 10.9.1869; Augsburger Allgemeine Zeitung, 15.3.1870; Bauhütte 14 (1871) 244; Menschentum 38 (1909) 174; die dezidiert protestantische Schrift *Cropp*: Dogma 9; *Hinschius*: Die Stellung; *Huber*: Die Lateranische Kreuzspinne 136.

147 Vgl. zur Frage der Staatsgefahr Augsburger Allgemeine Zeitung, 4.2.1870; Volkszeitung, 18.10.1871; Allgemeine Zeitung des Judentums 32 (1868) 594; Es werde Licht! 1 (1870) 187; Bauhütte 12 (1869) 410; die protestantische Schrift *Cropp*: Dogma 9. Die Belegstellen verdeutlichen, dass die Staatszentrierung besonders stark in den bürgerlichen Gruppen war und insofern unterstützt dieser Befund aus der Perspektive der Kulturkämpfe die bereits in der Bürgertumsforschung herausgearbeitete Eigenheit der deutschen Staatszentrierung. Vgl. dazu etwa die Ergebnisse der Bielefelder Forschungsgruppe zusammenfassend *Kocka*: Europäische Entwicklungen 70–75.

148 Vgl. zur Staatsorientierung der liberalen Kulturkämpfer bereits *Becker*: Liberale Kulturkampf-Positionen; *Blackbourn*: Progress and Piety 61; *Walser Smith*: German Nationalism 37–41.

149 »[L]'envahissement [...] de la société civile«, Le Siècle, 14.7.1868. Vgl. zur Verwendung des Begriffs der Gesellschaft insbesondere der Zivilgesellschaft als säkularer Raum z.B. Le National, 14.1.1870; Le Temps, 2.12.1869; Libre Conscience 3 (1868/1869) 369; *Dénoix des Vergnes*: Le concile 16 und *Saillard*: La révolution 125f.

150 Vgl. z.B. zur Wissenschaft Le Siècle, 14.7.1868; zu den öffentlichen Institutionen beziehungsweise dem öffentlichen Leben insgesamt Le National, 14.1.1870; zum Gesetz Le Siècle, 20.10.1858.

(›Laizität‹) und seinen verschiedenen Derivaten, den das gesamte Spektrum der französischen Kirchenkritiker (besonders während des Konzils) gebrauchte. Der Begriff fand außerhalb Frankreichs nur in Spanien und dort selten Verwendung.[151] Aus der ursprünglichen sozialen Bezeichnung des Antonyms von ›clerc‹ entwickelten sich ›laïque‹ und seine Derivate in dieser Zeit zu einer Beschreibung von staatlicher oder gesellschaftlicher Neutralität und Nichtreligiosität. In den 1870er und 1880er wurde der Begriff in Frankreich zunehmend verbreitet.[152] Während der untersuchten Ereignisse benutzten ihn die französischen Antiklerikalen zumeist in seiner Adjektivform und benannten damit unterschiedliche Dinge. Er bezeichnete zunächst ähnlich wie Zivilgesellschaft eine von kirchlichem Einfluss freie Gesellschaft und ihre Institutionen – Gerichte, Richter, staatliche Institutionen, die Regierung, die Gesellschaft insgesamt. Zugleich konnte er spezifischer Neutralität in religiösen Dingen konstatieren oder weitergehend eine rationalistisch orientierte Erziehung einfordern. 1909 bezog er sich dann auch auf das Resultat der Gesetzesänderungen in der Dritten Republik.[153] Weder diese Beschreibungen noch das Konzept der Zivilgesellschaft definierten die Grenzen des Säkularen klarer als der Staatsbegriff aus dem deutschen und spanischen Kontext. Beide Konzepte zeigen dennoch, dass die Befreiung von der Macht der katholischen Kirche in Frankreich oft weiter gefasst wurde als in den beiden anderen Ländern. Insofern ist Jacqueline Lalouette durchaus beizupflichten, dass die Diskussionen in Frankreich eher zu einer Laizisierung der Gesellschaft tendierten, und dies nicht erst mit dem Trennungsgesetz von 1905, sondern durchaus auch schon im Zweiten Empire.[154] Der private Entfaltungsraum für die Religion, so könnte man schließen, wurde in Frankreich enger gefasst. Zugleich verdeutlicht der Begriff der Laizität im Vergleich zu den beiden anderen Ländern, dass sich in Frankreich begrifflich

151 In Spanien tauchte der Begriff ›laicidad‹ erst 1909 auf und kennzeichnete dann besonders die rationalistische Pädagogik sowie weitreichende Konzepte gesellschaftlicher Befreiung von kirchlichem Einfluss – als radikalere Variante des Begriffes ›secularización‹. Vgl. Solidaridad Obrera, 7.10.1909; Vida Socialista, 9.10.1910; Palabra Libre, 16.7.1910.

152 So fand er etwa Eingang in den Littré im Supplementband 1877 Littré, Laïcité (1877). Der Larousse führt ihn ebenfalls Larousse, Laïcité (1873); vgl. auch *McManners*: Church and State 46; zur Begriffsgeschichte und weiteren Bedeutungsdimensionen allgemein Einleitung, Anmerkung 75 und 78.

153 Vgl. für die breite Verwendung im Sinne nicht kirchlich bestimmter Gesellschaft z. B. zu Gerichten und Recht Le Rappel, 21.12.1869; La Presse, 18.10.1858; für gesellschaftliche Institutionen Le National, 14.1.1870; für die Regierung Le National, 25.4.1869; für Gesellschaft Le Siècle, 22.7.1870; Le Temps, 27.2.1870; für unabhängige Erziehung Moniteur Universel, 11.7.1868; für rationalistische Erziehungsprojekte L'Humanité, 14.10.1909; La Marseillaise, 27.12.1869; La Lanterne, 16.10.1909; L'Action, 20.10.1909; für die Gesetzesänderungen Le Matin, 4.10.1909, L'Humanité, 14.10.1909.

154 Vgl. *Lalouette*: La séparation.

eine Vorstellung eines neuen Gesellschaftsmodells festigte, um dessen Ausprägungen sich die internen Debatten der Antiklerikalen drehten. Das Konzept der Laizität erhielt dabei zum Teil einen substantiellen positiven Gehalt, wie etwa in den Versuchen, eine laizistische Moral zu gründen.[155] Der Vergleich bestätigt somit die in der Forschung immer wieder betonte Sonderstellung Frankreichs aufgrund der Entwicklung des Konzepts der Laizität, relativiert zum anderen aber die Spezifika, da sachlich ähnliche Diskussionen auch in Spanien und den deutschen Ländern zu finden waren.[156]

Die Antiklerikalen divergierten zweitens in der Einschätzung, wieweit der Einfluss der Kirchen und der Religion reichen dürfe: Die staatliche Toleranz gegenüber Kirchen und Religion habe ihre Grenze da, so formulierte die Freimaurerzeitung »Bauhütte«, wo »ein System den Boden der Belehrung und ruhigen Erörterung [verlasse] [...] und die Gleichberechtigung verschiedener Anschauungen mit Füßen [trete]«[157]. Doch wann dies geschehe, war selbstverständlich auch Definitionssache. Ab wann schränkte der Wirkungsradius der Kirchen und Religion die freie Entfaltung des Individuums ein? In diesem Kontext sind beispielsweise die Debatten um den Kanzelparagrafen zu situieren – einige Kulturkämpfer sahen hinter der Beeinflussung durch die Kanzel eine Bevormundung, andere kritisierten den Paragrafen aber auch als Einschränkung individueller Freiheit.[158] Die Diskussion zwischen La Presse und Le Siècle in der Mortara-Affäre zeigt exemplarisch, dass in Bezug auf die Frage des Wirkungsradius Vorstellungen von staatlicher Neutralität und Nichtreligiosität miteinander konkurrierten. Während La Presse forderte, dass nur eine klare Distanzierung zur Haltung der katholischen Kirche den Freiraum für das väterliche Recht auf die Erziehung des Kindes sichern könnte, betonte Le Siècle, dass der Staat keinerlei Position beziehen sollte, sondern rein neutral agieren müsse. Es wurde auch diskutiert, wie viel religiöser Bezug für eine Gesellschaft willkommen war beziehungsweise benötigt wurde. Dies demonstrieren beispielsweise die Debatten um die obligatorische, laizistische Schule in Frankreich 1881. Nach langen Diskussionen bestimmte man, dass der Gottesbezug nicht aus dem Curriculum genommen werden dürfe.[159] Je nach Einstellung wurden gewisse religi-

155 Vgl. dazu *Verucci*: Antiklerikalismus und Laizismus 29.

156 Vgl. zur Sonderstellung allgemein z. B. *Baubérot*: Laizismus 29 oder *Cabanel*: Les mots 41; in Bezug auf die Säkularisierung der Eidesformeln in Frankreich und den deutschen Ländern *Weichlein*: Ich versichere bei Strafe des Zuchthauses; dagegen den Sonderfall mit Blick auf Spanien auflösend *Martín Martínez*: Recepción y difusión, der allerdings trotz des Anderes suggerierenden Titels leider keine Transferanalyse unternimmt.

157 Bauhütte 13 (1870) 230.

158 Vgl. dazu *Borutta*: Antikatholizismus 304–315.

159 Vgl. *Silvan*: Anticléricalisme 51–58; besonders die Debatte im Senat Sénat. Débats parlementaires, 1881 987–1031; zur Mortara-Affäre Kapitel 2.1, Anmerkung 74.

öse Vorstellungen als Allgemeingut und als freiheitskompatibel angesehen. Rebecca Habermas hat kürzlich noch einmal darauf hingewiesen, dass im Kaiserreich der Protestantismus als Wahrer allgemeiner Werte betrachtet und so zum Träger eines als säkular gedachten Staates gemacht wurde.[160] Die bereits erwähnten kulturprotestantisch geprägten Staatsvorstellungen geben davon Zeugnis. Neben denen, die Religion durchaus noch einen Raum zugestanden, den Anhängern von staatlicher Neutralität oder Nichtreligiosität, etablierten sich aber auch Positionen, die den emanzipierten Freiraum noch weiter fassen wollten. Sie trachteten danach, den Aktionsraum der Kirchen und Religion stark zurückzudrängen, damit sich die Individuen vollständig frei und unabhängig von ihnen entwickeln könnten. Die Vertreter dieser radikalen Vorstellung eines antireligiösen Laizismus forderten etwa, dass der öffentliche Raum von jeglicher religiöser Symbolik gereinigt werde, die Schulen ohne jeden religiösen Bezug auskommen müssten und die Orden verboten werden sollten, da sie die freie Entfaltung der Individuen einschränkten. Zum Teil gingen die radikalen Antiklerikalen soweit, die Gesellschaft vollständig vom Klerus befreien zu wollen.[161] Diese weitreichenden Forderungen eines radikalen Laizismus entsprachen einem ganz bestimmten Bild von Freiheit: Dem autonomen, wissenschaftlich aufgeklärten, nicht religiösen Individuum, das zudem zumeist männlich bestimmt wurde.[162] Hier überschritten die antiklerikalen Forderungen, zum Teil bewusst, die in der Forschung oft konstatierte Hauptzielrichtung der Trennung des Öffentlichen und Privaten.[163]

Abgesehen von diesen beiden Kernfragen ist festzuhalten, dass nicht alle antiklerikalen Positionen in das Bestreben einsortiert werden können, die individuelle Entfaltung durch Trennung zu garantieren. In allen drei Ländern waren viele Antiklerikale eher Anhänger von Modellen, die in staatskirchlicher Tradition den Einfluss auf die Kirchen garantieren sollten.[164] Viele Gesetzesvorhaben und Streitfälle der europäischen Kulturkämpfe drehten sich um Hoheitsfragen

160 Vgl. *Habermas*: Piety, Power, and Powerless 461–464.

161 Vgl. zu diesen Vorstellungen etwa das Programm des ersten nationalen Freidenkerkongresses in Spanien Solidaridad Obrera, 7.10.1910; für die freie Schule *Tschirn*: Der klerikale Justizmord; das Ordensverbot im Programm der »Partido Radical« *De la Cueva Merino*: Clericales y anticlericales 148–168; sowie für die vollständige Befreiung vom Klerus Réforme politique et sociale, 8.2.1870.

162 Ausführlicher zu den Implikationen dieser Vorstellung Kapitel 3.2; zur Frage eines spezifischen und damit eingrenzenden Freiheitsbegriffs allgemein *Goltermann*: Figuren der Freiheit, besonders 150.

163 Vgl. z.B. *Faury*: Cléricalisme et anticléricalisme 235; *Delgado Ruiz*: Las palabras de otro hombre 53; *Borutta*: Antikatholizismus 366–368.

164 Vgl. dagegen ebenda 267–390, der die Kulturkämpfe ausschließlich auf die Frage der Trennung beider Sphären begrenzt.

des Staates, wie etwa die Zivilehe, die Säkularisierung von Erziehung, Friedhöfen und Krankenhäusern. Oft drehte es sich schlicht um Eingriffsmöglichkeiten und die Durchsetzung staatlicher Hegemonie.[165] Hier gingen manche Konservative im Kaiserreich, die Moderados unter der Regentschaft Isabellas II. oder Bonapartisten im Zweiten Empire, eine Allianz mit der Kirchenkritik ein[166] oder agierten ähnlich wie Antiklerikale.[167] Ohne dass dies hier ausführlicher diskutiert werden kann, ist auch Bismarcks Position, abgesehen von der Frage der nationalpolitischen Einigung durch die ›inneren Reichsfeinde‹, vor allem in diese Tradition des Konfliktes von Staat und Kirchen zu stellen.[168] Die ›Seitenwechsel‹ Antiklerikaler sowie ihre aus den Allianzen und der Interessenskorrelation folgende Orientierung am Staat waren ein Grund, der immer wieder dazu führte, die Illiberalität der Kirchenkritik zu betonen.[169]

Nehmen wir abschließend den diametral entgegengesetzten Blickwinkel ein, um die spezifischen Ambivalenzen der Freiheitsrhetorik, die bislang vor allem aus der Innenperspektive des Antiklerikalismus beleuchtet wurden, und deren inhärente Grenze zu analysieren – der zweite Grund für die Illiberalität des Antiklerikalismus. »Es ist das Recht des Individuums alles zu machen, was ihm

165 Vgl. etwa die Einschätzung von Émile Combes Kirchenpolitik bei *Larkin*: Church and State 99–101; die Positionen im südspanischen Antiklerikalismus *De Mateo Avilés*: Anticlericalismo en Málaga 37 oder den Vorschlag von Hinschius zur Ausweisung der Jesuiten 1871 *Hinschius*: Die Stellung 62 f.

166 Vgl. zur Einschätzung des Antiklerikalismus im Zweiten Empire *Mellor*: Histoire 290–310; *Rémond*: Anticléricalisme en France 150–166.

167 Es wäre sicherlich lohnend, die konservativen Gruppen und ihren Antiklerikalismus beziehungsweise Antikatholizismus einmal systematisch zu vergleichen sowie ihr Verhältnis zu den demokratischen beziehungsweise liberalen Pendants zu analysieren.

168 Ob man allerdings den deutschen Reichskanzler deshalb gleich als Liberalen bezeichnen sollte, wie es Manuel Borutta kürzlich tat, sei dahingestellt. Bismarcks Haltung im Kulturkampf hat die unterschiedlichsten Deutungen erfahren. Neben dem älteren klassischen Bild des Machtpolitikers, der die Liberalen von ihren verfassungspolitischen Zielen ablenkte oder die nationale Integration fördern wollte, stehen die neueren Interpretationen, die inhaltliche Zielsetzungen herausarbeiten. In eine ähnliche Richtung wie Borutta und auch David Blackbourn, allerdings kirchenpolitisch gewendet, argumentiert etwa Rudolf von Thadden. Er hat gezeigt, dass der preußische Staatsmann einen entkonfessionalisierten paritätischen Staat schaffen und mit den kulturkämpferischen Maßnahmen die Kirchenhierarchie in der Landeskirche schwächen sowie die Laien stärken wollte, in der Hoffnung damit die protestantische Kirche zu beleben. Vgl. *Borutta*: Antikatholizismus 314–320; *Blackbourn*: Progress and Piety 61; *Thadden*: Bismarck – ein Lutheraner; sowie für die älteren Deutungen z. B. *Morsey*: Kulturkampf 165 f.; *Anderson*: The Kulturkampf; *Aschoff*: Bismarck 63–74; zusammenfassend *Borutta*: Antikatholizismus 21 f.

169 Vgl. z. B. für die deutschen Länder *Becker*: Liberale Kulturkampf-Positionen; *Lill*: Zur Einführung 12; für Spanien *Revuelta González*: Anticlericalismo español, Documentos 11 f.; zu Frankreich *Weber*: Der moderne Staat 375.

gefällt, solange es nicht die Interessen seines Mitmenschen beeinträchtigt.«[170] Diese so klar erscheinende und harmonische Beschreibung der Grenzziehung individueller Freiheit in der freidenkerischen Libre Pensée täuscht über ein Grundproblem hinweg. Individuelle Freiheit steht tendenziell immer in Konflikt mit der Freiheit des Anderen. Dieses inneren Widerspruchs der Freiheitsrhetorik bedienten sich in den Auseinandersetzungen insbesondere auch die katholische Kirche und ihre Verteidiger. So findet sich in den katholischen Quellen immer wieder die Kritik an der Intoleranz der Antiklerikalen und ihren freiheitseinschränkenden Forderungen sowohl in individueller als auch in korporatistischer Hinsicht.[171] Das Argument war zum Teil sicherlich nur eine diskursive Strategie, um sich das herrschaftslegitimierende Konzept Freiheit auch zu eigen zu machen, wie etwa im Falle des »Mainzer Journals«, das sich in der Mortara-Affäre zugleich zum Bollwerk der Ordnung und Autorität stilisierte.[172] Des Weiteren richteten sich die Angriffe vor allem gegen staatskirchliche Maßnahmen oder Bestrebungen, die gesamte Gesellschaft zu laizisieren.[173] In der ersten Stoßrichtung sind die katholischen Überlegungen zur Trennung von Staat und Kirche zu verorten, die besonders in Frankreich und in den deutschen Ländern Mitte des Jahrhunderts getätigt wurden, sowie die in Kapitel 1.4 beschriebenen Initiativen des Zentrums nach der Jahrhundertwende.[174] Zugleich sollte man aber nicht verkennen, dass, auch wenn sie mit neutralem Anspruch auftrat, die staatliche Hoheit als Grundpfeiler des Säkularen oder der Laizität und der ihr inhärente freiheitsbegrenzende Charakter gegenüber Kirchen und Religion angegriffen wurden.[175]

Hier liegt das Kernproblem des Konzepts: Das Säkulare an sich geht von einer Unabhängigkeit aus, die es selbst nie erreicht, da seine Bestimmung immer schon ein Verhältnis definiert (wie etwa in der Bestimmung dessen, was privat ist).[176] Die Schaffung des säkularen Öffentlichen als individueller Entfaltungs-

170 »C'est le droit de l'individu de faire tout ce qui lui plaît en tant que les intéresses des ses semblables ne son point lèses«, Libre Pensée, 4.6.1870.

171 Vgl. Mainzer Journal, 19.11.1858, 30.10.1858; allgemein zu diesem Aspekt *Magenti Javaloyas*: La cuestión religiosa, 1906 261 und *Grew*: Liberty 209.

172 Vgl. Mainzer Journal, 20.11.1858, 25.10.1858; allgemein zum Topos des Bollwerks in der konfessionellen Polemik in den deutschen Ländern *Köhle-Hezinger*: Evangelisch – katholisch 103; *Mergel*: Transnationaler Katholizismus 143.

173 Vgl. zur Kritik an der laizisierenden Stoßrichtung *L'Ermite de Brompton*: Le Possumus Libéral 58; *Hernández Villaescusa*: La revolución 153; *Comas*: Un revolucionario 25–27; an staatskirchlichen Tendenzen während des Konzils *Moreno Cebada*: Santo Concilio, Bd. 1 34–38; *De Valori*: Infaillibilité du Pape 67.

174 Vgl. Anmerkung 137 und 138.

175 Vgl. zur Kritik an der staatlichen Hoheit Die jüngsten Juden=Affairen 85; *Borutta*: Antikatholizismus 269–273; *Zimmer*: Beneath the Culture War 306.

176 Ähnlich auch schon z.B. *Lalouette*: La séparation 16; *McIntire*: Changing Religious

raum oder kollektiver nicht kirchlich definierter Souveränität, so zeigen die verschiedenen Vorstellungen wie die Gesetzgebungen, bedeutete immer die Eingrenzung des Spielraums der Kirchen. Neutralität, auch wenn sie intendiert wurde, was nicht immer der Fall war, war nicht zu erreichen. Legitimiert wurde der repressive Zug durch die Allmachtszenarien und die Freiheitsrhetorik. Deshalb ist auch der neueren Forschung zum liberalen Antiklerikalismus in den deutschen Ländern beizupflichten, dass die hier versteckte Illiberalität des Antikatholizismus nicht als Verrat beschrieben werden kann.[177] Zugleich sollte man außerdem davon absehen, die Entstehung des säkularen Staates oder der säkularen Gesellschaft als einen automatischen Prozess anzusehen. Sie war vielmehr das Produkt von intensiven Kämpfen insbesondere der zweiten Hälfte des 19. Jahrhunderts.[178] Es standen sich zwei sich ausschließende Ansprüche auf Macht- und Einflusssphären gegenüber. Das Dilemma des Anspruchs auf Freiheit allerdings zu stark zu betonen und dadurch den Eindruck zu erwecken, es handele sich einfach um zwei gleichwertige Ansprüche auf Macht, hieße die Zielsetzung des Säkularen und zum Teil der Laizität zu verkennen. Der Wunsch der Konstituierung einer säkularen Sphäre ging entgegen religiös legitimierter Positionen in vielen Fällen nicht davon aus, einen privilegierten Zugang zu einer äußeren Wahrheit durchzusetzen.[179] Es war vielmehr, so die Formulierung des Philosophen Richard Rorty, oft der Versuch, Religion aus der »epistemischen Arena«[180] zurückzuziehen und ins Individuum zu verlagern. Dem gegenüber war dem Glauben als allgemein gültigem Wahrheitsanspruch eine tendenziell intolerante Haltung zu eigen, die besonders stark in der katholischen Kirche namentlich in ihrer ultramontanen Ausrichtung im 19. Jahrhundert ausgeprägt war. Dass auch Antiklerikale zum Teil einen epistemischen Kampf mit den Kirchen führten, soll nun ausführlich im nächsten Abschnitt behandelt werden.

Fassen wir zusammen: Der antiklerikale Diskurs war von dem dualistischen Bild einer autokratischen, despotischen und gewaltsamen katholischen Kirche, die vor allem als Herrschaftsverband kritisiert wurde, und dem gefeierten Regime von Freiheit bestimmt. Aus dieser Binarität der immer wieder evozierten und so

Establishments, Part 2 293; *Asad*: Formations of the Secular 118f.; *Borutta*: Antikatholizismus 267–288, 366–368; auf die Ambivalenzen der Freiheitsforderungen verweisen auch *Healy*: Religion and Civil; *Poulat*: Liberté, laïcité 19–43, 212; *Baubérot*: La morale laïque 46–48.

177 Vgl. z.B. bei *Becker*: Liberaler Staat 374–376; dagegen argumentieren *Gross*: War against Catholicism 240–291; *Heinen*: Umstrittene Moderne; *Borutta*: Antikatholizismus 324–326.

178 Vgl. z.B. *Chadwick*: The Secularization 126f.

179 Vgl. *Reemtsma*: Religiosität oder *Preuß*: Definition 53, beide klar aus einer apologetischen säkularen Position.

180 *Rorty*: Antiklerikalismus 42.

essentialisierten Brutalität kirchlicher Macht und der segensreichen Befreiung muss die spezifische politische Dynamik des Diskurses verstanden werden. Sie delegitimierte den Machtanspruch der Kirche an sich und begründete zugleich die jeweils favorisierte neue Ordnung des Verhältnisses von Staat, Gesellschaft, Kirchen und Religion. Damit ist der Antiklerikalismus im grundlegenden Wandel der Herrschaftslegitimation im 19. Jahrhundert zu verorten. Der Diskurs der Kirchenkritiker zeigte auch in diesem Feld eine starke Eigendynamik und einen Hang zur Stereotypisierung, ist aber nicht vollständig vom Handlungshorizont der Akteure abzukoppeln. Er setzte immer wieder an sehr konkreten Exempeln an und bezog sich auf die Veränderungen insbesondere in der katholischen Kirche. Die fundamentalen Prinzipien des Katholizismus und ihre Entwicklung prädestinierten diesen für die vehemente Kritik, aber zugleich griffen Antiklerikale auch Beispiele von Hierarchie und Gehorsam in anderen Konfessionen an. Außerdem zeigte sich, dass der Antiklerikalismus besonders im spanischen Kontext zur Kritik an der politischen Herrschaft genutzt wurde. Der Diskurs entsprach damit dem anderen Erfahrungsraum auf der iberischen Halbinsel, wo die Verknüpfung von Staat und (katholischer) Kirche deutlich enger gestrickt war als in Frankreich und auch in den deutschen Ländern.

Freiheit bedeutete für Antiklerikale in erster Linie individuelle Freiheit und Emanzipation. Da diese Idee als Kernforderung der Antiklerikalen anzusehen ist, muss man meines Erachtens den Antikatholizismus konservativer Protestanten vom Antiklerikalismus ausnehmen. Letzterer kann dann als genuiner Teil politischer Orientierungen emanzipatorischer Tendenz verstanden werden – ein Befund, der angesichts der Hauptträgergruppen nicht weiter verwundert. Die individuelle Freiheit sollte durch unterschiedliche Konzepte politischer Ordnung gesichert werden. Während in der Mortara-Affäre vor allem Toleranz gefordert wurde, bestimmte der Ruf nach dem Recht auf Gewissens- und Religionsfreiheit das Erste Vatikanum und ebenso den Fall Ferrer. Abgesehen von der Einforderung dieser Individualrechte suchten die Antiklerikalen in den Debatten in der zweiten Hälfte des 19. Jahrhunderts, das Verhältnis zwischen Religion, Kirchen, Staat und Gesellschaft insgesamt neu zu ordnen und so unabhängige Freiräume zu sichern. Ein öffentlich bestimmter freier, das heißt hier säkularer Spielraum für Individuen und die nicht kirchlich bestimmten Kollektive sollte definiert werden. Antiklerikale bemühten sich also in ihren Diskursen und den dort vertretenen Modellen, Säkularisierung als Differenzierung des Religiösen oder Kirchlichen vom Weltlichen, Öffentlichen, Staatlichen oder Gesellschaftlichen voranzutreiben. Dabei entwickelten die verschiedenen Gruppen unterschiedliche Vorstellungen, die von staatskirchlichen Konzepten, der Schaffung einer neutralen, öffentlichen, unabhängigen Sphäre bis zu Wünschen der endgültigen Verdrängung von Kirchen und Religion reichten. Säkularisierung war hier kein automatischer Prozess, sondern resultierte aus langwierigen

Kämpfen. Zentraler Bezugspunkt war in diesen Jahrzehnten die Forderung nach der Trennung von Staat und Kirche. Zur Debatte standen dabei zwei Fragen: Welcher Raum sollte befreit werden und wie weit durfte der Einfluss der Kirchen und der Religion reichen, ohne die individuelle Freiheit oder die staatliche Souveränität zu beeinträchtigen. Alle drei Gesellschaften suchten Grenzen neu zu ziehen. In Bezug auf die zweite Frage konnten insbesondere auch nationale Unterschiede ausgemacht werden. In Spanien und besonders in den deutschen Ländern war der Staat Garant für die Freiheit. In Frankreich neigte die Debatte hingegen dazu, nicht nur das Staatliche als unabhängig zu definieren, sondern auch die Zivilgesellschaft. Hier entwickelten die Antiklerikalen ihr gallisches Sondermodell der Laizität. Abschließend wurde ausgehend von der katholischen Kritik an der repressiven Tendenz des Antiklerikalismus auf das Dilemma hingewiesen, dass der säkularen und laizistischen Idee inhärent war: Auch bei einem Anspruch auf Neutralität bedeutete die Abgrenzung des Freiraums immer die Eingrenzung der Freiheit der Kirchen.

3.2 Eine Frage der Wahrheit – Epistemologische Debatten

> Wir verstehen und würdigen solche Wünsche und Forderungen gebildeter Bekenner der katholischen Religion, weil wir es begreifen, daß sie mit Schmerz das Gegentheil wahrnehmen und die Befürchtungen hegen, daß die katholische Kirche, die ihnen lieb ist, ein ganz abgestorbener Zweig am Baume der Erkenntniß der Gegenwart und der Zukunft werde.[181]

Wie die demokratische Volkszeitung in diesem Zitat – ein Kommentar zu noch hoffnungsvoll gestimmten liberal katholischen Reaktionen auf die Einladungsbulle zum Konzil – sahen Antiklerikale das epistemologische Zeitalter der katholischen Kirche und zum Teil auch das von anderen Kirchen, Konfessionen und Religionen an seinem Ende und setzten diesem die Welterkenntnis durch Vernunft und Wissenschaft entgegen. Nicht alle waren so radikal wie die demokratische Berliner Zeitung und sprachen katholischer beziehungsweise religiöser Erkenntnisweise jegliche Zukunft ab, aber in ihrem Diskurs verarbeiteten Antiklerikale aller Provenienzen die Auseinandersetzung der beiden Episteme[182], die besonders im Zeitalter der Kulturkämpfe ausgefochten wurden.

181 Volkszeitung, 13.7.1869.

182 In Anlehnung an Foucaults Konzept bezeichnet der Begriff im Folgenden die »Ordnung [...] [die] das Fundament der Erkenntnisse [...] bilde[t]«, die Standpunkte, Wahrnehmungen der Welt sowie die Logiken, auf denen sich Wissen an sich konstituiert. Vgl. zum Begriff des Epistems und zum Zitat *Foucault*: Ordnung der Dinge 24f.

Wissensbestände und Wissenspopularisierung

Ein »Guide de Libre Penseur«, der anlässlich des Konzils herausgegeben wurde, veranschaulicht die Aufnahme der Debatten in den antiklerikalen Diskussionen. Der Führer bot eine Liste mit Lektüreempfehlungen und zählte neben den materialistischen Aufklärern Claude Adrien Helvétius (1715–1771), Paul Henry d'Holbach (1723–1789), Autoren wie den Zoologen und Evolutionstheoretiker Jean-Baptiste de Lamarck (1744–1829), Charles Darwin, den deutschen Materialisten und Atheisten Jakob Moleschott (1822–1893) oder den französischen Sprachwissenschaftler und Positivisten Émile Littré auf. In der Liste fanden sich aber auch Namen wie Strauß und Ludwig Feuerbach (1804–1872).[183] Die verschiedenen Autoren verweisen auf mehrere wissenschaftliche Felder, die das kirchliche und religiöse Epistem im 19. Jahrhundert in Frage stellten.

Mit der Orientierung an der menschlichen Vernunft war die Kirchenkritik Erbin der Aufklärung. Die Naturwissenschaften erhielten erst im 19. Jahrhundert einen vergleichbaren Stellenwert wie die Vernunft. Die Entwicklung des Positivismus und Szientismus ließen Wissenschaften dann schließlich allgemein zur alternativen Erklärungsform zum Glauben werden, in der das Heil der Welt gesehen wurde.[184] Hier manifestierte sich eine allgemeine Hinwendung zur sinnlich wahrnehmbaren Welt. Zentralen Einfluss auf die Ausbildung des Dualismus Wissenschaft und Glaube nahmen die Entdeckungen Darwins und die Auseinandersetzungen mit seinen Theorien besonders in den 1860er und 1870er Jahren.[185] In den Debatten um Darwins Evolutionstheorie wurde nicht von vornherein die biblische Schöpfungsgeschichte ad acta gelegt, aber ihre Gültigkeit musste nun neu oder anders begründet werden.[186] Die Begegnung von Naturwissenschaft und christlicher Religion spielte sich auch auf anderen Fel-

183 Vgl. *Verlière*: Guide.

184 Vgl. *Castro Alfín*: Cultura 80; *Todorov*: Scientisme et totalitarisme; zur Rolle des Positivismus und Szientismus für den Antiklerikalismus und die Religionskritik in Frankreich z. B. *Mellor*: Histoire 418–423; *Cabanel*: Anticlericalismo 115f.; zum Positivismus in Spanien *Núñez Ruiz*: La mentalidad positiva.

185 Vgl. zur Rezeption Darwins z. B. in Spanien *Pelayo*: Creacionismo y evolucionismo; *ders.*: Ciencia y creencia; *ders.*: Ciencia y secularización; *Glick*: Darwin en España; *Nieto-Galan*: A Republican Natural; zur Rezeption im anarchistischen Kontext *Girón Sierra*: En la mesa; in Frankreich *Conry*: L'introduction und *Stebbins*: France; in den deutschen Ländern *Chadwick*: The Secularization 161–188; *Kelly*: Descent of Darwin; *Simon-Ritz*: Organisation einer Weltanschauung 35–45; *Daum*: Wissenschaftspopularisierung passim; im sozialistischen Kontext *Weikart*: Socialist Darwinism.

186 Vgl. dazu *Chadwick*: The Secularization 161–188; besonders die Diskussion in Spanien *Glick*: Spain; *Pelayo*: Ciencia y creencia 135–181, 341–347; in der deutschen protestantischen Theologie *Schröder*: Naturwissenschaften und Protestantismus.

dern ab, wie etwa der Medikalisierung von Wundererscheinungen. Hier waren zum einen Koalitionen beider Episteme zu beobachten, zum anderen ›entzaubernde‹ Positionen, die Wunder als pathologisch oder als Resultate von Selbstheilungskräften ansahen und damit ein Zusammengehen beider Felder ausschlossen.[187]

Ein weiteres Feld, das religiöser und kirchlicher Welterklärung Konkurrenz machte, war die geschichtliche Betrachtung. Die Anwendung der historischen Methode auf die Religionslehren bestimmte im Laufe der gesamten zweiten Hälfte des 19. Jahrhunderts und darüber hinaus die theologischen Debatten sowohl im Protestantismus als auch im Katholizismus.[188] Mit Strauß' »Das Leben Jesu« (1835/1836) begann die historische Jesu-Lebenforschung. In seinem Werk und in späteren Versuchen wie Ernest Renans »La vie de Jésus« (1863) (um nur die beiden populärsten Bücher zu nennen) wurde die bereits während der Aufklärung in die Theologie aufgenommene wissenschaftliche Kritik an den Evangelien systematisiert und durch den historischen Zugriff der Offenbarungscharakter demontiert.

Mit dem Namen Feuerbachs verbindet sich schließlich eine letzte Herausforderung für kirchliche und religiöse Welterklärung: Der wissenschaftliche Blick auf das Religiöse an sich stellte im Laufe des 19. Jahrhunderts die kirchliche Welterklärung immer häufiger in Frage. Feuerbachs Psychologisierung kann in die Tradition der romantischen Perspektive auf religiöse Phänomene als individuelles Gefühl gestellt werden.[189] Diese Sichtweise ergänzte die rationale Betrachtung von Religion in England in der Frühmoderne und in der französischen Aufklärung und das aufkommende Interesse für nichtchristliche Religionen als ethnologisches Phänomen. Beide Stränge verbanden sich mit der historischen Perspektive, wurden in der zweiten Hälfte des 19. Jahrhunderts systematisiert und mündeten in der Institutionalisierung des Fachs Religionswissenschaft

187 Vgl. dazu beispielsweise die Arbeiten des Neurologen Jean Martin Charcot (1825–1892), der Wunder kritisch als Selbstheilungskräfte interpretierte, oder die Hysteriediagnosen von Ekstasen durch den Arzt, Freidenker und Freimaurer Désiré-Magloire Bourneville (1840–1909), der auch intensiv an der Säkularisierung des Spitalwesens im Paris der Dritten Republik beteiligt war. Vgl. zu Charcot *Lalouette*: Charcot; zu Bourneville *Galanopoulos*: Le Dr. Bourneville; für weitere Beispiele der Pathologisierung *Goldstein*: The Hysteria Diagnosis; für die Allianzen *Harris*: Lourdes 320–357; *Duffin*: Medical Miracles; *Zander*: Maria erscheint.

188 Vgl. dazu konfessionsübergreifend *Chopineau*: Bible et histoire; *Chadwick*: The Secularization 210–223; *Charlton*: Secular Religions 15f.; für den Katholizismus *Schnabel*: Deutsche Geschichte, Bd. 4 62–74; im Kontext des Modernismus *Arnold*: Kleine Geschichte des Modernismus; *Poulat*: Histoire, dogme et critique; *Weiß*: Der Modernismus; *Botti*: Spagna; für den Protestantismus *Graf*: Protestantische Theologie 69–94; *Nowak*: Historische und dogmatische Methode.

189 Vgl. den zentralen Text Friedrich Schleiermachers (1768–1834) *Schleiermacher*: Über die Religion.

als eigenständigem Erkenntnisweg jenseits der Theologie. Parallel dazu etablierte sich Ende des Jahrhunderts, verknüpft mit den Namen Émile Durkheims (1858–1917) und einige Jahre später Max Webers, die Betrachtung von Religion als soziales Phänomen.[190]

Entscheidend für den breiten Antiklerikalismus waren weniger die akademischen Auseinandersetzungen als die Popularisierung dieser Debatten. Insbesondere in der zweiten Hälfte des 19. Jahrhunderts vor allem in Freigeistigen- und Freidenkerkreisen, unter den Sozialisten und Anarchisten, aber durchaus auch darüber hinausgehend wurden naturwissenschaftliche Erkenntnisse einem breiten Publikum nahegebracht.[191] Auch die historische Perspektive wurde popularisiert.[192] Das ethnologische Interesse an Religion zeigte sich in populärer Form etwa in dem von französischen Freidenkern initiierten Museum für die Religion des Fernen Ostens, das zunächst in Lyon eröffnet wurde, um dann 1885 nach Paris übersiedelt zu werden.[193] Die Schriften der einschlägigen Autoren dieser antiklerikalen Grundlagenliteratur wurden insbesondere von kirchenkritischen Akteuren übersetzt und so über die Grenzen hinweg verbreitet.[194] Die antikleri-

190 Vgl. zum Interesse an außereuropäischen Religionen in Frankreich aus zum Teil religiöser Motivation *Charlton*: Secular Religions 137–154; allgemein *Masuzawa*: The Invention; zum wissenschaftlichen Interesse an Religion *Graf*: Die Wiederkehr 136–143; zur Entstehung der Religionswissenschaft *Rudolph*: Religionswissenschaft; *Kippenberg*: Entdeckung; zur Etablierung des Fachs in Frankreich *Poulat*: Liberté, laïcité 304–327; *Lalouette*: Science et foi 250–255; *Minois*: Geschichte des Atheismus 528–531.

191 Vgl. zur Rezeption von Positivismus und naturwissenschaftlichen Erkenntnissen z. B. in den deutschen Ländern allgemein *Daum*: Wissenschaftspopularisierung; *Schwarz*: Schlüssel zur modernen Welt; bei den Freidenkern in Frankreich *Lalouette*: Une rencontre oubliée; *dies.*: Libre pensée et positivisme, in Spanien *Uría*: La España liberal 25; zu den Sozialisten in den deutschen Ländern *Kelly*: Descent of Darwin 123–141; *Prüfer*: Sozialismus statt Religion 70–77, 213–215, 324–330; in Spanien *Weikart*: Socialist Darwinism; *De la Cueva Merino*: Clericales y anticlericales 168–178; in Frankreich *Bruhat*: Anticléricalisme et mouvement ouvrier 75–81, der auch die Anarchisten untersucht; bei den spanischen Anarchisten *Álvarez Junco*: Ideología política 31–35; *Girón Sierra*: En la mesa; bei den Republikanern in Frankreich *Nord*: The Republican Moment 212–216; *Decormeille*: Sources et fondements; in Spanien *Uría*: La España liberal 36–38.

192 Vgl. die Rezeption Renans im französischen Antiklerikalismus *Lalouette*: Dimensions anticléricales 130 f.; bei den spanischen Freimaurern *Sànchez i Ferré*: Anticlericalismo y masonería 279; bei den deutschen Sozialisten *Prüfer*: Sozialismus statt Religion 78 f.

193 Heute ist diese Sammlung Teil des Nationalmuseums. Vgl. *Poulat*: Liberté, laïcité 307; *Lalouette*: Science et foi 252.

194 So übesetzte der Anthropologe, Zoologe und Freidenker Antonio Machado Núñez (1815–1896) Darwin und Haeckel. In Katalonien übertrugen zwei Freidenker, die in Deutschland studiert hatten, die Schriften des Materialisten Ludwig Büchner (1824–1899), welche in einem anarchistisch orientierten Verlag erschienen. Ebenso fungierten in Frankreich die Freidenker als Popularisierer von Büchner, Moleschott und Darwin. Ähnliche Verbreitungsprozesse lassen sich auch für andere Wissensfelder wie die Bibelkritik nachweisen. Littré über-

kalen Zeitschriften besprachen die Bücher.[195] Dabei gilt es festzuhalten, dass auch die Popularisierung der verschiedenen Wissensbestände nicht in der Opposition zu Glaube und Religion aufging.[196]

In der Antiklerikalismusforschung ist immer wieder auf diese verschiedenen wissenschaftlichen Traditionsbestände, ihren Einfluss auf die Kirchenkritik sowie den Dualismus Vernunft und Wissenschaft versus Glauben hingewiesen worden.[197] Bislang haben sich aber nur wenige Autoren der konkreten Wirkungsweise der Infragestellung des religiösen und kirchlichen Welterklärungsanspruchs durch Antiklerikale außerhalb des akademischen Diskurses gewidmet. Dabei bleiben die existierenden Analysen der Wirkungen der verschiedenen Wissensbestände im Tentativen oder beschränken sich auf eine einseitige Darstellung des Dualismus und seines entzaubernden Einflusses.[198] Die Skizzierung der akademischen Diskurse und ihrer Popularisierung hat jedoch bereits deutlich gemacht, dass das Verhältnis des ›alten‹ Epistems von Kirchen und Religion und des ›neuen‹ von Vernunft und Wissenschaft nicht in einem schlichten Dualismus aufging. Im Folgenden werden deshalb die antiklerikalen Darstellungen jenseits des akademischen Feldes in Bezug auf die Gegenüberstellung von Glauben beziehungsweise ›Aberglauben‹ sowie Wissenschaft und Vernunft systematisch befragt und die Funktionsweisen des Diskurses herausgearbeitet. Es wird dargelegt, dass der antiklerikale Diskurs die Orientierung und Sinngebung durch Kirchen und Religion Bezüge mit verschiedenen Mitteln

setzte etwa Strauß' »Das Leben Jesu«. Vgl. zu den spanischen Beziehungen *Pelayo*: Ciencia y creencia 135–181, 269–306, 341–347; *Palà Moncusí*: Nou dogma 192; *Pohl-Valero*: The Circulation 120–121; zu den französischen *Darwin*: De l'origine des espèces; *Strauss*: Vie de Jésus; *Lalouette*: Une rencontre oubliée 60–64.

195 Vgl. dazu etwa die Auseinandersetzung mit Büchners Schrift »Kraft und Stoff« (1855) im L'Excommunié, 6.11.1869; insgesamt mit den deutschen Materialisten La Humanidad 2 (1871) 27–29, 341; die Rezeption Haeckels in Spanien *Pelayo*: Ciencia y creencia 260–309, 347; die Besprechungen von Renan »Leben Jesu« Le Temps, 9.3.1870; Le National, 5.3.1870; Concile de la Libre Pensée 1 (1870) 79; El Diluvio, 9.4.1911.

196 Vgl. *Daum*: Wissenschaftspopularisierung passim; dagegen die Gegenüberstellung von Naturwissenschaft und Religion in Deutschland im Vergleich zu Großbritannien betonend, *Schwarz*: Schlüssel zur modernen Welt 285–300.

197 Vgl. z.B. für Frankreich *Lalouette*: Science et foi 246–255; *Mellor*: Histoire 315–365, 418–423; *Bruhat*: Anticléricalisme et mouvement ouvrier 75–81; *McManners*: Church and State 13–19; *Minois*: Geschichte des Atheismus 546–562; *Cabanel*: Anticlericalismo 115f.; zu den deutschen Ländern *Gross*: War against Catholicism 96–110; zu Spanien *Álvarez Junco*: Ideología política 31–33; *De la Cueva Merino*: Clericales y anticlericales 34f.; *Salomón Chéliz*: Anticlericalismo en Aragón 82f., 126, 154–161.

198 Vgl. zum Tentantiven *Chadwick*: The Secularization 161–188; zur einseitigen Darstellung repulikanischer und freidenkerischer Auseinandersetzungen *De Diego Romero*: Anticlericalismo y cultura 51–59; in ethnologischen Beschreibungen der Gartenlaube *Borutta*: Antikatholizismus 95–101 und *ders.*: Genealogie der Säkularisierungstheorie 368–374.

dekonstruierte, ohne dabei notwendigerweise auf jegliche Transzendenz zu verzichten.[199] Der zweite Teil des Abschnitts geht noch einen Schritt weiter und zeigt, dass dem neuen Epistem der Antiklerikalen zudem oft ein allgemeingültiger Wahrheitsanspruch zugrunde lag, der mit Formen sozialer Ausgrenzung einherging und religiöse Dimensionen beinhalten konnte. Dabei widmet sich dieser Abschnitt auch noch einmal ausführlicher dem Konzept der individuellen Autonomie und Mündigkeit und seinen Implikationen.[200]

Dekonstruktion und Pathologisierung

Bevor wir uns dem Diskurs der Antiklerikalen zuwenden, soll einleitend kurz die Grundposition der katholischen und protestantischen Kirchen zu den epistemologischen Herausforderungen in der zweiten Hälfte des 19. Jahrhunderts skizziert werden. Für die Kirchenkritiker muss die offizielle Positionierung der katholischen Kirche in der zweiten Hälfte des 19. Jahrhunderts als maßgebliche Folie gelten. Im Syllabus sowie in den Konzilsdiskussionen wurden Rationalismus und insbesondere die historische Kritik verworfen.[201] Dort wo die Kirche Einfluss auf ihre Gestaltung hatte, waren auch immer wieder auftretende konkrete Streitigkeiten um die Lehrfreiheit an den Universitäten zentral. In Spanien war wohl der bekannteste Fall der Universitätsstreit von 1876, der zur Gründung der ILE führte.[202] Für Frankreich sind die Aberkennung des Lehrstuhls Ernest Renans am Collège de France oder der Rücktritt des Bischofs Felix Dupanloup aus der Académie française 1875 zu nennen, der damit gegen die Aufnahme Littrés protestierte.[203] Diese Art der Konflikte konnte sogar gewalttätige Formen annehmen.[204] In den Auseinandersetzungen manifestierte sich die diskursive Gegenüberstellung von Wissenschaft und Religion an handfesten Beispielen und demonstrierte den Antiklerikalen die Unversöhnlichkeit der beiden Episteme. Auch wenn innerhalb der katholischen Kirchen selbst die Herausforderung durch Wissenschaft und Rationalität verarbeitet wurde, wie Renan selbst oder der Modernismusstreit verdeutlichen, muss die offizielle und

199 Vgl. zum Atheismus ausführlicher Kapitel 3.3.

200 Hier sollen ausschließlich Implikationen der vernunft- und wissenschaftsbestimmten Modelle analysiert werden. Genuin religiöse Positionen und Kritik werden erst im nächsten Abschnitt behandelt.

201 Vgl. *Schatz*: Vaticanum I, Bd. 2 121–130; *ders.*: Das Erste Vatikanum 146–157.

202 Vgl. Kapitel 1.3.

203 Vgl. *Gadille*: Höhepunkt 452.

204 Vgl. die Ausschreitungen von Studenten 1864 in Barcelona, *Martí*: Provocacions eclesiàstiques 28.

dominierende Linie als ein Abschotten vor der Veränderung beschrieben werden.[205] Obwohl die antiklerikale epistemologische Kritik von Glaube und Religion sich vor allem an der katholischen Kirche abarbeitete, auch aufgrund der oben erwähnten verbindlichen Lehrentscheidungen, traten Konflikte auch in protestantischen Fakultäten und protestantisch geprägten Universitäten auf. So wurde etwa 1872 ein Disziplinarverfahren gegen den liberalen Theologen Adolf Sydow eröffnet, weil er die Jungfrauengeburt geleugnet hatte.[206]

Doch schauen wir uns den antiklerikalen Diskurs selbst an. Bestimmend war zunächst die in unterschiedlichsten Varianten wiederholte Gegenüberstellung von wissenschaftlicher und vernunftbasierter Erkenntnis gegenüber Kirchen, Glauben, Dogmen, Wundern und Transzendenz:[207] Die experimentelle Wissenschaft bedeutete für viele Antiklerikale »die absolute Emanzipation des menschlichen Geistes von der Kirche«[208]. »Die Vernunft [stehe] über dem blinden Glauben«[209], schrieb eine kritische Broschüre zum Konzil. Antiklerikale konstatierten allgemein die »Unvereinbarkeit der strengen Consequenzen des Offenbarungsglaubens mit den Resultaten der geistigen Fortentwicklung«[210]. Die Zuversicht in die wissenschaftliche Erkenntnis artikulierte auch die Volkszeitung:

> Eine ganz andere Macht, die Wissenschaft, [ist] jetzt zur Herrschaft gelangt, die gebieterisch wie die Wahrheit alle Geister durchdringt und allgewaltig wie die Natur in unüberwindlicher Weise die Wunderwelt der Illusionen [das katholische Gedankengebäude, L. D.] vernichtet.[211]

205 Vgl. für eine differenziertere Darstellung der Reaktionen im Katholizismus auf die historische Kritik *Chopineau*: Bible et histoire 41; *Weiß*: Tendenzen und Strategien.

206 Vgl. *Schröder*: Sydow; *Greschat*: Deutschland II., Protestantismus, Kaiserreich 679, dort auch die Nennung weiterer Fälle.

207 Vgl. bereits *Faury*: Cléricalisme et anticléricalisme 239–242; *Grévy*: La république 52 f. oder *Lalouette*: Science et foi.

208 »[E]mancipation absolut de l'esprit humaine de l'église«, *Michon*: Le concile 20. Vgl. für den emanzipatorischen Charakter von Wissenschaft z. B. auch *Dénoix des Vergnes*: Le concile 9.

209 »[L]a raison est au-dessus de la foi«, *Barrillot*: Le concile oecuménique 11; in fast gleichem Wortlaut L'Excommunié, 16. 10. 1869.

210 Frankfurter Zeitung, 9. 12. 1869. Vgl. für weitere Gegenüberstellungen zu Vernunft und Wissenschaft z. B. Voix du Peuple, 10.–17. 10. 1909; Réforme politique et sociale, 25. 12. 1869; Le Siècle, 16. 12. 1869; L'Action, 16. 10. 1909; La Calotte, 22. 10. 1909; Le Temps, 27. 2. 1870; Monde Maçonnique 12 (1869/1870) 658; L'Excommunié, 2. 10. 1869; La Federación, 14. 11. 1869; Vida Socialista, 9. 10. 1910; República Ibérica, 22. 7. 1870; El Imparcial, 8. 12. 1869; Frankfurter Zeitung, 14. 10. 1909; Augsburger Allgemeine Zeitung, 19. 3. 1870; Bauhütte 12 (1869) 401.

211 Volkszeitung, 4. 7. 1868.

Das imaginierte Ende der Kirche konnte also auch den Glauben miteinschließen.[212] Mit der ständig konstatierten Binarität der beiden Erkenntniswege entwickelte der alltägliche antiklerikale Diskurs in der Presse und Publizistik kein ausgefeiltes neues Gedankengebäude oder verbreitete die eingangs skizzierten wissenschaftlichen Theorien und Ansätze, sondern etablierte zunächst schlicht die Vorstellung, dass Vernunft, Wissenschaft und Glaube sich ausschlössen.[213]

Die Antiklerikalen blieben aber nicht bei der Gegenüberstellung beider Prinzipien. Vielmehr versuchten sie, Glaube mithilfe vernunftgeleiteter Argumentationen oder unter Bezug auf Wissenschaft als leitendes Epistem zu dekonstruieren. Ein zentraler Begriff, in dessen Rahmen der Kampf geführt wurde, war Aberglaube, »superstition« oder »superstición«. Ursprünglich ein Begriff um falsche, besonders vorchristliche oder magische Glaubensvorstellungen zu verurteilen, seit der Aufklärung bereits Synonym für das Hemmnis der menschlichen Vernunft in ihrem Weg der Emanzipation, verwendeten ihn die Kirchenkritiker der zweiten Hälfte des 19. Jahrhunderts, sowohl um echten und wahren Glauben vom aufgesetzten und falschen zu differenzieren als auch um Glauben an sich zu verurteilen. Die Antiklerikalen lehnten mittels dieses Begriffes vor allem spezifische Vorstellungen ab:[214] Neben klassischer protestantischer Kritik am ausgeprägteren rituellen Charakter des Katholizismus oder an der Marienverehrung fanden sich in antiklerikalen Schriften auch über die konfessionelle Grenze hinweg kritische Äußerungen gegenüber dem »Fetischismus« sowie der »Idolatrie« der Papst-, Bild- und Reliquienverehrung.[215] Auch wenn diese Begriffe

212 Vgl. z. B. auch *Berthazène*: Absurdité 11.

213 Vgl. bereits ähnlich *Chadwick*: The Secularization 161–188.

214 Vgl. für die Verwendung des Begriffs als Kritik an bestimmten Glaubenssätzen und -vorstellungen Le Siècle, 11. 11. 1858; L'Acacia 24 (1909) 125; Libre Conscience 3 (1868/1869) 370; El Estado, 26. 11. 1858; Augsburger Allgemeine Zeitung, 17. 12. 1869; Protestantische Kirchenzeitung 17 (1870) 723–734; Es werde Licht! 1 (1870) 185–192; *Salmerón*: Prólogo IX; für die Verwendung gegen Glauben an sich L'Action, 14. 10. 1909; El Socialista, 29. 10. 1909; El País, 13. 10. 1912; Escuela Moderna, 13. 10. 1910; Sozialistische Monatshefte 13 (1909) 1492; Volkszeitung, 30. 7. 1869; *Bernier*: L'infaillibilité théocratique 5; *Verlet*: 1793–1869 3; allgemein zu diesem Vorwurf während des Konzils in Spanien *Mira Abad*: Actitudes religiosas 99–103; als antikatholischer Topos in den deutschen Ländern *Köhle-Hezinger*: Evangelisch – katholisch 102; allgemein zum Begriff des Aberglaubens *Sparn*: Aberglaube; *Hölscher*: Semantic Structures 195 und *Habermas*: Piety, Power, and Powerless 459; für den Topos in der Aufklärung bereits *Jäger*: Mönchskritik und Klostersatire 198 f.

215 Vgl. für die typische protestantische Kritik an äußerlichen Ausdrucksformen des Glaubens z. B. Le National, 23. 12. 1869; Vrai Protestant 1 (1868/1869) 18 f.; die protestantischen Schriften *Schaeffer*: Non possumus 23 f.; *Puaux*: Le concile oecuménique 15; *Schick*: Protestantische Antwort 226; sowie *Healy*: The Jesuit Specter 187 und *Salomón Chéliz*: Anticlericalismo en Aragón 126; zur Kritik an der Marienverehrung Vossische Zeitung, 31. 1. 1870; Sonntags-Blatt 8 (1869) 127 f.; *Bourdonné*: Concile et papauté 4 f.; für das Begriffsfeld des ›Fetisch‹, des ›Fetischismus‹, der ›Idolatrie‹, des ›ídolo‹ etc. Le National, 16. 12. 1869; Le

zumeist nicht näher erläutert wurden, zeigt ihre Verwendung, dass sie eine Skepsis gegenüber der Zuschreibung von Transzendenz auf sinnlich wahrnehmbare Gegenstände ausdrückten. Die begreifbare Welt hatte in den Augen vieler, wenn auch nicht aller Antiklerikaler keinen Platz für Übersinnliches. Viele protestantische oder radikale Kirchenkritiker sahen Glauben oder bestimmte Glaubensvorstellungen als »Märchen«, »Phantasien«, als »absurde« oder »fantastische« Geschichten an.[216] Diese Bezeichnungen transportierten die Vorstellung des fiktiven und menschengemachten Charakters der Glaubensinhalte und gaben damit einem diesseitigen Weltverständnis Ausdruck. Die Auffassungen der Antiklerikalen standen mit ihrer Kritik an den übersinnlichen Ideen und Phänomenen in diametraler Opposition zu den sich ausbreitenden ultramontanen, emotional geprägten Frömmigkeitspraktiken, die besonders Wunder, Reliquien und sinnlich erfahrbare Manifestationen des Transzendenten in den Mittelpunkt rückten.[217]

In den Beschreibungen verdichtete sich zudem eine weitere Variante der Glaubenskritik: Religiösen Vorstellungen wurde seitens der Antiklerikalen ein innerer logischer Widerspruch nachgewiesen. Während des Konzils fragten die Antiklerikalen beispielsweise, wie es sein könnte, dass das Konzil, wenn es selbst nicht unfehlbar sei, wie die neue Lehre der päpstlichen Unfehlbarkeit vorgebe, die letztere bestimmen könne. Diese Argumentationen entstammten zum Teil innerkirchlicher Kritik, wie sie etwa Döllinger in den Janusbriefen lanciert hatte, wo er anhand von historischen Fällen päpstlicher Fehler die Idee der Unfehlbarkeit des Kirchenoberhaupts demontierte. Die antiklerikale Presse und Publizistik griff dieses Argument auf und stellte lange Listen über irrende und häretische Päpste zusammen. Diese Beurteilung war zum einen also nur eine Ausweitung theologischer Debatten, zum anderen unterwarfen die Kritiker auf beiden Seiten das Dogma aber der individuellen vernunftbestimmten Legitimitätszuschreibung. Und die antiklerikale Presse sorgte dafür, dass die Überlegungen in der täglichen Berichterstattung einem sehr viel breiteren Publikum zugänglich

Temps, 22.7.1870; Monde Maçonnique 13 (1870/1872) 57; La Iberia, 13.3.1870; Süddeutsche Presse, 6.7.1870; *De Castro*: Memoria testamentaria 95; *Comité de Défense des Victimes de la Répression Espagnole*: Un martyr des prêtres 8; *Ramus*: Francisco Ferrer 12f.; dazu auch bereits *Borutta*: Antikatholizismus 180.

216 Vgl. zum Begriff des »Absurden« und des »Unsinns« (»niaserie«, »ridicule«) Le Siècle, 14.7.1869; L'Excommunié, 11.9.1869; Morale Indépandante 5 (1869/1870) 234; La Reforma, 22.10.1869; El Intransigente, 14.10.1912; La América, 13.12.1869; Protestantische Kirchenzeitung, 17 (1870) 607; *Barrillot*: Le concile oecuménique 12; zum Fantastischen El Intransigente, 14.10.1912; zu »Phantasie« und »Märchen« Volkszeitung, 7.12.1870; Evangelische Kirchenzeitung 42 (1869) 1190; Bauhütte 14 (1871) 244.

217 Vgl. bereits zur ultramontanen Frömmigkeit als Folie *Grévy*: Le cléricalisme 32, 55; zu ihrer Charakterisierung *Fleckenstein/Schmiedl*: Ultramontanismus 15.

wurden, als nur den theologisch Interessierten.[218] Beliebt waren auch die Hinweise auf die Ineffektivität der dem Papst zugeschriebenen Unfehlbarkeit. Sowohl spanische radikale Antiklerikale wie auch deutsche und französische gemäßigtere Kräfte veralberten die Unfehlbarkeit als neues Orakel, das nun Wetter und Krankheiten voraussagen, Lotteriezahlen oder Börsendaten nennen können müsste.[219]

Die Antiklerikalen unterzogen unterschiedlichste Glaubensformen solcher Kritik. Dabei griffen sie nicht nur auf die mit der Vernunft begreifbare Logik oder sinnliche Erfahrung, sondern auch auf Wissenschaft zurück, um die Unwahrheit der verschiedenen Vorstellungen nachzuweisen. So wurde mit Hinweis auf die Wissenschaft die Idee der Transsubstantiation, der Jungfrauengeburt, der wundersamen Heilungen in Lourdes oder anderen Wallfahrtsorten verworfen.[220] Radikale Religionskritiker untersuchten die Bibel auf interne Widersprüche hin – ein gängiges Mittel besonders im Kontext der Freigeistigen und Freidenker.[221] Auf rationaler Basis wurden Reliquien wie die Splitter des Kreuzes Jesu kritisiert, die ein ganzes Haus ergäben, oder die Vorstellung veralbert, dass ein Einjähriger den Wunsch geäußert haben sollte, getauft zu werden.[222] Hinter diesen Vorstellungen vermuteten Antiklerikale zudem profane menschliche Interessen, die sie zu demaskieren suchten. Le National kommen-

218 Vgl. für den Widerspruch im Bestimmungsprozedere z. B. Le Rappel, 14. 10. 1869 oder *Bernier*: L'infaillibilité théocratique 5; für die Kritik mittels historischer Beispiele aus innerkirchlicher Position *Frohschammer*: Die Unfehlbarkeit 28; *X*...: L'infaillibilité papale 141–144; zur Übernahme dieser Argumentation Le Temps, 27. 5. 1870; L'Excommunié, 18. 7. 1870; Vrai Protestant 2 (1868/1869) 133 f.; La Federación, 30. 5. 1870; República Ibérica, 20. 3. 1870; El Imparcial, 10. 3. 1870; Augsburger Allgemeine Zeitung, 4. 10. 1869; Preußische Jahrbücher 27 (1871) 500; Evangelische Kirchenzeitung 43 (1870) 688; die protestantischen Schriften *Maffre*: Le concile 7–12; *Uhlhorn*: Das römische Concil 107–108; die radikale Kritik in *Bernier*: L'infaillibilité théocratique 5 f.; *Spitzer*: Papstthum und Concil 33.

219 Vgl. zu diesem Argumentationscluster Le Rappel, 14. 10. 1869; La Igualdad, 18. 7. 1870; Augsburger Allgemeine Zeitung, 20. 7. 1870; Deutschkatholisches Sonntags-Blatt 19 (1869) 115; die Karikatur im »Kikerie« *Kaiser*: Clericalism 71.

220 Vgl. zur Transsubstantiation Es werde Licht 2 (1871) 104; zur Jungfrauengeburt z. B. L'Excommunié, 12. 3. 1870; El Imparcial, 8. 12. 1869; El Motín, 7. 10. 1909; zu Lourdes Le Temps, 21. 8. 1869 oder die Protestantische Kirchenzeitung 5 (1858) 1077; dazu bereits in deutschen Karikaturen *Jürgensmeier*: Die katholische Kirche 101; im historischen Roman *Hirschmann*: Kulturkampf 88–181; im spanischen Antiklerikalismus *De Diego Romero*: Ramón Chíes 453.

221 Vgl. etwa die Artikelserie »Contradiction de la Bible«, Libre Pensée, 5. 3. 1870; Vida Socialista, 17. 7. 1910; *Boissonade*: La Bible dévoilée; in Karikaturen *Doizy*: De la caricature anticléricale à la farce biblique 77; *ders./Lalaux*: Dieu créa le rire 28; allgemein für die spanischen Freidenker bereits *De Diego Romero*: Ramón Chíes 454 f.

222 Vgl. zu den Kreuzreliquien *Spitzer*: Papstthum und Concil 50; zur Frage der Taufe Le Charivari, 18. 10. 1858; ein ähnliches Argument auch in der República Ibérica, 20. 3. 1870.

tierte beispielsweise den Auftaktartikel der Konzilsdiskussionen in der Civiltà mit »Voilà Saint Esprit!«[223]. Andere bedienten sich des alten Vorwurfs aus der Reformationszeit, dass hinter der Reliquienverehrung und dem Wunderglauben nur materielles Interesse stehe.[224]

All diese Formen der Kritik – die Betonung der Opposition beider Episteme, der Aberglaubetopos, das ironisierende oder ernsthafte Aufzeigen logischer Widersprüche von Glaubensvorstellungen, der Verweis auf ihre Unhaltbarkeit gegenüber wissenschaftlichen Erkenntnissen sowie der realen Erfahrung und die Rückführung auf materielles, also rational zugängliches menschliches Interesse – bildeten den Versuch, Vernunft und Naturwissenschaft zum bestimmenden epistemologischen Maßstab zu machen und die Glaubensvorstellungen diesem Maßstab zu unterwerfen. Letztere wurden dadurch im Diskurs ihres transzendenten Charakters entkleidet. Dies bedeutet nicht, dass in allen drei Ländern alle Gruppen materialistisch oder atheistisch waren. Erstens spielten diese Argumentationsfiguren vor allem bei den radikaleren Gruppen und den Protestanten eine zentrale Rolle. Zweitens werde ich im nächsten Abschnitt zeigen, dass der Antiklerikalismus in der zweiten Hälfte des 19. Jahrhunderts oft auch Glaubenskämpfe beinhaltete. So fanden sich unter den Antiklerikalen Positionen, die aufgrund von Vernunft beziehungsweise Wissenschaft alles Transzendente verneinten, neben solchen, die es für die rationale Erkenntnis schlicht als nicht zugänglich erachteten, und solchen, die die Vereinbarkeit beider Episteme verlangten: Während materialistische Freidenker in der Kommentierung des Konzils ihre Gottesleugnung mit dem Hinweis auf die Opposition zu Wissenschaft und Vernunft erklärten und zum Schluss kamen, dass »die Vernunft nirgendwo eine Spur irgendeines Gottes oder einer übernatürlichen Macht gefunden habe«[225], argumentierte die Volkszeitung, dass »[man] aus Vernunftgründen UNGLÄUBIG aber niemals ANDERSGLÄUBIG werden [kann]«[226]. Die republikanische Igualdad forderte dagegen, »ohne Waffenstillstand und Verschnaufpause alle religiösen Systeme, welche nicht auf einer rationalen Idee von Gott beruhten, zu bekämpfen«[227].

223 Le National, 14. 2. 1869; ähnlich auch Kladderadatsch 23 (1870) 87. Vgl. für weitere Beispiele La Marseillaise, 5. 2. 1870; La Lanterne, 26. 10. 1909; Der Anarchist, 13. 10. 1910.

224 Vgl. Le Charivari, 1. 10. 1858; L'Illustration, 4. 12. 1869; Tierra y Libertad, 13. 10. 1910; El Socialista, 31. 12. 1909; Campana de Gràcia, 31. 12. 1909.

225 »[N]ulle part elle [la raison, L. D.] n'a trouvé les traces d'un Dieu quelconque, d'une puissance surnaturelle«, Libre Pensée, 26. 3. 1870. Vgl. ähnlich auch z. B. L'Excommunié, 6. 11. 1869; *Spitzer*: Papstthum und Concil 41–43; *Verlet*: 1793–1869 8.

226 Volkszeitung, 28. 9. 1870; ähnlich auch *Domela Nieuwenhuis*: Francisco Ferrer o. p.

227 »[C]ombatir sin tregua ni descanso todos los sistemas religiosos que no se funden sobre una noción racional de Dios«, La Igualdad, 3. 9. 1869. Vgl. eine ähnliche Position auch in Augsburger Allgemeine Zeitung, 4. 10. 1869 (Frohschammer); Justicia Social, 28. 1. 1870; *Bonnal de Ganges*: Le concile 5, 15.

Die Veralberung von Glaubensvorstellungen ging zum Teil so weit, dass der explizite Bezug auf Wissenschaft oder Vernunft gar nicht mehr notwendig war. »Man weiß ja, wer die Rebellion und die Desaster der Religion und der Kirche sind: Satan (nicht lachen!)«[228] schrieb El País 1909 und setzte mit seinem nachgeschobenen Kommentar bereits voraus, dass die Teufelsvorstellungen bei seinen Lesern nicht ernst genommen würden. Eine Broschüre zum Konzil erwähnte, ohne dies genauer auszuführen, in ähnlicher Weise schlicht die Tatsache der Anbetung der Vorhaut Christi.[229] In beiden Beispielen wird sichtbar, dass die antiklerikale Veralberung und Dekonstruktion von Glaubensvorstellungen dort ansetzte, wo bereits Zweifel existierten. Diese Struktur lag tendenziell auch der ernsthaften Herleitung und Kritik der herausgestellten Widersprüche zu Vernunft und Wissenschaft zugrunde. Um einer rationalistischen Religionskritik gegenüber aufgeschlossen zu sein, mussten die neuen Episteme als Maßstab bereits anerkannt sein. Diesen aber zu etablieren stellte das Ziel des epistemischen Kampfes dar, den die Kirchenkritiker führten. Insofern war der antiklerikale Diskurs zirkulär.[230]

Anhand einer Episode, die die Gartenlaube im Juniheft von 1870 schilderte, soll ein weiteres Argumentationscluster beschrieben werden, welches zur Glaubenskritik herangezogen wurde und einen spezifischen Zug des antiklerikalen Diskurses verdeutlicht. Die Familienzeitschrift berichtete über einen Ausflug des Papstes in die nähere Umgebung Roms und leitete ihren Artikel zunächst mit einer physiognomischen Beschreibung des Kirchenoberhauptes ein:

> [D]urch die aufreibenden Eindrücke, die die Berufung zur Folge hatte, ist Pius der Neunte ganz außerordentlich gealtert […] Die Würde des Souverains in seinem Wesen ist gewichen und hat ihm nur mehr den Ausdruck jener Starrheit zugelassen. […] Mühsam gestützt auf seinen Begleiter ging der Papst die Straße hinan, ein Bild der menschlichen Schwäche und Gebrechlichkeit. Allein sein Antlitz stand zu dieser in schneidendem Gegensatz, denn ein Selbstbewußtsein, eine Manie der Vergötterung lag auf demselben, die neben dieser Erscheinung fast etwas Wahnwitziges hatte.[231]

Worin dieser Wahn sich ausdrücke, wusste der Artikel auch zu berichten. Er erzählt von dem Versuch des Papstes, einen lahmen Bettler am Wegesrand zu

228 »[L]as rebeliones y los desastres de la religión y de la Iglesia ya se sabe quien es: Satanás (no reirse ¿eh?)«, El País, 3.11.1909.

229 Vgl. *Bonnal de Ganges*: Le concile 40f.; ähnlich etwa auch zu Wundern Le Charivari, 5.9.1858; Le Rappel, 13.11.1869; Der Wahre Jakob 26 (1909) 6356; zum heiligen Geist Volkszeitung, 2.7.1869; zu einer Christusdarstellung Volkszeitung, 11.2.1870.

230 Vgl. bereits die Überlegungen Guillaume Doizys und Jean-Bernard Lalaux' zu den antireligiösen Karikaturen *Doizy/Lalaux*: Dieu créa le rire 29 oder *Cuenca Toribio*: Punto de partida 710.

231 Gartenlaube 18 (1870) 384; zur gleichen Episode auch Sonntags-Blatt 20 (1870) 115.

heilen, indem er ihm befahl aufzustehen. In äußerst quälender Dramatik berichtet der Autor, dass das Wunder misslang und der Bettler mehrfach versuchte, der Weisung des Papstes zu folgen, der weiter insistierte. Die Beschreibung endet mit dem Kommentar, dass »das Allmachtstreiben [des Papstes], seine Unfehlbarkeitsmanie [nicht] Politik [...], sondern Glauben« sei. Auch wenn die Haltung des Papstes in dem Artikel gegen die Intrigen und das Machtstreben der angeblichen Drahtzieher der Unfehlbarkeitslehre positiv abgegrenzt wurde und durch die Kritik vor allem die Idee des neuen Dogmas getroffen werden sollte, transportierte die Gartenlaube eigentlich einen viel weitergehenden Angriff auf die Kirche. Der Glaube des Oberhauptes der Kirche wird als Altersstarrsinn beschrieben und sogar als Wahn. Dies war ein Topos, der vor allem den Diskurs der radikaleren Antiklerikalen durchzog. Aktivitäten der Kirche, der Ultramontanen, der Priester oder der Gläubigen wurden als »blinder Glauben«, »blinder Fanatismus«, oder »blinder Eifer« beschrieben. Die Priester seien »erblindet durch ihren Ehrgeiz oder ihren Fanatismus«.[232] Aus dem unvernünftigen Eifer wurde im Diskurs Wahn: »Roma locuta est.«[233] Der Gegner, so befanden die Antiklerikalen, »kämpfe gegen die gesunde Philosophie und sogar die gesunde Vernunft«[234]. Die Unfehlbarkeit sei eine »Halluzination«, ein »Wahnsinn«, das »Delirium des Papsttums«, das Mariendogma ein »Hirngespinst«, die Erbsünde »ein Wahn«.[235] Glaube wurde in all diesen Charakterisierungen psychologisiert und pathologisiert.

Auf die pathologisierende Tendenz antiklerikaler Beschreibungen von Glaubensformen ist bereits mehrfach verwiesen worden. Dabei haben einige Autoren betont, dass in der Pathologisierung vor allem geschlechterspezifische und

232 In der Reihenfolge des Zitierens »foi aveugle«, Le Siècle, 16.12.1869; *Waagen*: Der unfehlbare Papst 22; Augsburger Allgemeine Zeitung, 18.10.1858; »cegados por la ambición o por el fanatismo«, La Discusión, 15.7.1870. Vgl. zum Wortfeld ›blind‹ auch La Lanterne, 15.10.1909; Libre Conscience 3 (1868/1869) 369; El País, 3.11.1909; La Iberia, 13.3.1870; Der Wahre Jakob 26 (1909) 6414; Volkszeitung, 18.2.1869; Vossische Zeitung, 6.10.1858; Evangelische Kirchenzeitung 43 (1870) 699; Brief der Loge Jovellanos Nr. 337 zum Gedenken Ferrers, 18.10.1913, CDMH, 760-B-7.

233 L'Action, 11.10.1909 und Kladderadatsch 21 (1868) 191.

234 »[P]ugnan abiertamente contra la sana filosofía y aún contra la sana razón«, La Discusión 16.9.1869. Vgl. zum gesunden Menschenverstand oder zur gesunden Vernunft auch La Presse, 12.10.1858; Tierra y Libertad, 13.10.1910; El Pueblo, 15.3.1870; Clamor Público, 23.10.1858; Volkszeitung, 24.11.1869; Preußische Jahrbücher 27 (1871) 529.

235 In der Reihenfolge des Zitierens »hallucination«, *Maffre*: Le concile 3; »locura«, El Pueblo, 10.3.1870; ähnlich auch *Reinhard*: Zum Allerwelts-Pfaffenkongreß 42; »delirios del papado«, La Igualdad, 22.7.1870; Evangelische Kirchenzeitung 42 (1869) 63; *Huber*: Die Lateranische Kreuzspinne 88. Vgl. ähnliche Charakterisierung des Unfehlbarkeitsdogmas Le Rappel, 1.1.1870; Libre Pensée, 26.3.1870; El Pueblo, 15.3.1870; Volkszeitung, 10.9.1870; *Hecker*: Betrachtungen 11.

soziale Stereotype des bürgerlichen Gesellschaftsentwurfs produziert wurden, indem die Kirchenkritiker besonders weibliche Glaubensausübung sowie Volksreligiosität angriffen. Hier artikulierte sich ein exklusiver Charakter des Antiklerikalismus, der gleich noch ausführlicher behandelt wird.[236] Die von mir untersuchten Texte lenken jedoch den Blick auf einen anderen Aspekt. Die Pathologisierung von Glaubensvorstellungen und Religion wurde auch verwendet, um deren Autorität zu delegitimieren. Nicht nur sozial Benachteiligte wurden dieser Kritik unterzogen, sondern besonders im Fall der Unfehlbarkeit Instanzen, denen eigentlich Ehrerbietung zu erweisen war: dem Konzil, den Bischöfen und sogar dem Papst. Das bedeutet nicht, die Exklusionsmechanismen des antiklerikalen Diskurses zu negieren, vielmehr soll auf die Ambivalenz verwiesen werden, die der Pathologisierung zugrunde lag. Zum einen hatte sie einen antiautoritären und demokratisierenden Zug. Zum anderen sprach aus ihr Intoleranz und oft soziale und geschlechtliche Exklusion.

Die Pathologisierung hatte als Psychologisierung noch eine weitere Funktion, die mit dem antiautoritären Zug verbunden war. Sie machte in romantischer Tradition Glauben zu einem inneren Erlebnis. »Die wichtigsten ethischen und religiösen Wahrheiten sind in der Menschenseele grundgelegt.«[237] So formulierte Jakob Frohschammer in einer seiner Broschüren gegen das Unfehlbarkeitsdogma eine zentrale Grundannahme des Antiklerikalismus. Auch wenn sich die Kirchenkritiker über die ›ethischen und religiösen Wahrheiten‹ nicht einig waren und individuell sehr unterschiedliche Vorstellungen hatten,[238] basierte bei allen Gruppen mit Ausnahme der konservativen Protestanten die Kirchenkritik auf der Idee, dass im Individuum selbst und der von ihm sinnlich erschließbaren Welt die Wahrheit zu finden sei. Individuelle Vernunft war der neue Maßstab, nicht mehr geoffenbarte Lehre oder die Dogmen.[239] Diese Individualisierung zeigte sich auch in der bereits im vorangegangenen Abschnitt behandelten Idee individueller Freiheit.

236 Vgl. z. B. *Grévy*: La république 54; *Lalouette*: La Salette 169–173; zu diesem Thema in Karikaturen *dies.*: Iconoclastie et caricature 55; für die Interpretation als Exklusion *Stone*: Anticlericals and Bonne Sœurs 104–108; *Borutta*: Antikatholizismus 59, 174–177, 205–208.

237 *Frohschammer*: Recht 43.

238 Vgl. Kapitel 3.3 und 3.4.

239 Vgl. dazu etwa im Kontext des Konzils Le Temps, 16. 3. 1870; L'Excommunié, 11. 9. 1869; Monde Maçonnique 12 (1870) 197; Protestant Libéral, 7. 10. 1869; El Imparcial, 25. 9. 1869; Neueste Nachrichten aus dem Gebiet der Politik, 25. 3. 1869; Preußische Jahrbücher 27 (1871) 529: allgemein zur Individualisierung von Glaube im Antiklerikalismus zu Frankreich *Gadille*: French Anticlericalism; zu Spanien *Delgado Ruiz*: La ira sagrada 56; *Salomón Chéliz*: Anticlericalismo en Aragón 126; speziell für das Sexenio z. B. *Mira Abad*: Actitudes religiosas 59–61.

Entmündigung und Ausgrenzung

Die Kirchenkritik delegitimierte nicht nur Glaubensformen oder transzendente Vorstellungen mittels Vernunft und Wissenschaft sowie Pathologisierung, sondern ging darüber noch hinaus. Antiklerikale setzten Kirchen, Klerus oder Glauben mit Ignoranz und Unbildung gleich und sprachen so Religion oder nur kirchlicher beziehungsweise katholischer Religion jeden Erkenntniswert ab. Unbildung und Ignoranz bildeten für die Kirchenkritiker die Voraussetzung für die Deutungshoheit des Katholizismus, des Klerikalismus oder des Glaubens an sich. Die »Armee der ungebildeten Geister ist der Nerv des Katholizismus« schrieb der National und deshalb sorge die »Pfaffengewalt« durch ihre Schulen, Priester und Lehren für die »Verdummung von Meinungen, Ansichten [...] und Behauptungen« oder tue zumindest nichts für die Aufklärung.[240] Der Diskurs war durchzogen von dem Vorwurf der Ignoranz der Gläubigen, des religiös (zumeist katholisch) orientierten Volkes, des kirchlichen Regimes schlechthin,[241] der schlechten Bildung des katholischen Klerus[242] sowie durch den Kle-

240 In der Reihenfolge des Zitierens »l'armée d'esprits ignorants qui est le nerf du catholicisme«, Le National, 28.12.1869; Volkszeitung, 19.2.1870. Vgl. für den Vorwurf der ›Verdummung‹ auch z.B. Libre Pensée, 26.2.1870; La Federación, 14.11.869; Der Anarchist, 13.10.1910; Frankfurter Zeitung, 17.10.1909, 2. MA; die republikanische Schrift *Verlet*: 1793–1869 7; die radikal antiklerikale Schrift *Reinhard*: Zum Allerwelts-Pfaffenkongreß 53; zu diesem Topos in den deutschen 1848er Karikaturen *Jürgensmeier*: Die katholische Kirche 99; im deutschen Vormärz *Borutta*: Antikatholizismus 93f.; für die fehlende Bemühung um Aufklärung Le Siècle, 17.9.1869; Monde Maçonnique 12 (1869) 272; *Tschirn*: Der klerikale Justizmord 5; dazu im französischen Antiklerikalismus bereits *Grévy*: La république 53f.; im spanischen *Salomón Chéliz*: Anticlericalismo en Aragón 112f.

241 Vgl. zum Volk und zu den Gläubigen Le National, 10.3.1870; Le Temps, 27.2.1870; L'Acacia 24 (1909) 131; Vrai Protestant 2 (1868/1869) 23; Augsburger Allgemeine Zeitung, 16.3.1870; *Loge Maçonnique les Ecossais Inséparables à l'Oriem [sic!] de Paris*: Rapport, BNF, 8 – R PIECE – 26367; dazu bereits im spanischen Antiklerikalismus *Mira Abad*: Actitudes religiosas 99–103, 136; in der deutschen liberalen Kulturkampfpresse *Blackbourn*: Progress and Piety 61; zum kirchlichen Regime Journal des Débats, 12.10.1858; Libre Pensée, 26.3.1870; La Discusión, 23.3.1870; El País, 24.10.1909; Der Anarchist, 13.10.1910; Der Wahre Jakob 26 (1909) 6356.

242 Vgl. Vrai Protestant 2 (1868/1869) 251; La Discusión, 23.3.1870; Sozialistische Monatshefte 13 (1909) 1402; *Bernard*: Jésus et Jésuite 21; *Reinhard*: Zum Allerwelts-Pfaffenkongreß 53; *Joserey*: La violence légale 9; die wahrscheinlich jüdische Schrift *Wolffberg*: Mortara 11; zu diesem Topos bereits *Healy*: The Jesuit Specter 173–193. Das negative Bild klerikaler Bildung der Antiklerikalen wurde in der Forschung zunächst reproduziert, heute differenziert man dieses Urteil zunehmend. Zudem wird diskutiert, inwieweit in diesem Topos ein Wandel der sozialen Herkunft der Priester verarbeitet wurde. Vgl. zu beiden Fragen für Frankreich zusammenfassend *Gibson*: A Social History 68–72, 80–87; für die deutschen Länder von der alten Position aus argumentierend *Schieder*: Katholische Kirche 526; differenzierend

rus[243] und des bereits erläuterten Inferioritätstopos katholischer Nationen beziehungsweise Regionen.[244] Sich selbst wähnten die Kulturkämpfer dagegen als »aufgeklärt« und die Allianzen, die mit dem Publikum oder bestimmten Teilen des Katholizismus geschlossen wurden, charakterisierten die Antiklerikalen als »gebildet«.[245] Es gelte, »im Volk die Vernunft und die Intelligenz zu entwickeln« und »Menschen, Bürger zu schaffen und nicht Untertanen«.[246] Wie im vorangegangenen Abschnitt dargelegt, war das Kernkonzept der antiklerikalen Freiheitsrhetorik auch bei den nicht bürgerlichen Gruppen die individuelle Befreiung aus der geistigen Unmündigkeit. Ihm wohnte tendenziell eine Nähe zum Protestantismus mit seiner Fokussierung auf den individuellen Glauben inne, es ging aber nicht in ihm auf. Der individuellen Mündigkeit stand die katholische Kirche mit ihren Lehren, zum Teil aber auch die Religion an sich im Weg.[247] In allen drei untersuchten Ländern wurde Bildung ein zentraler Stellenwert in den antiklerikalen Programmen zugewiesen[248] und das Erziehungssys-

Schulte-Umberg: Profession und Charisma; *Rönz*: Der Trierer Diözesanklerus; für Spanien *Revuelta González*: Clero viejo 187f.; *Callahan*: Church, Politics and Society 219–223.

243 Vgl. dazu *Healy*: The Jesuit Specter 183–185; *Borutta*: Antikatholizismus 261; *Aubert*: Poderes fácticos 236–238.

244 Für Frankreich ist die sozialhistorische Dimension der Inferiorität katholischer Bildung im Vergleich zu den staatlichen Einrichtungen sehr viel umstrittener als jenseits des Rheines und für eine profunde Einschätzung scheinen weitere Studien notwendig. Für Spanien wird die Frage in vergleichender Perspektive gar nicht gestellt, da das staatliche Schulsystem so schwach entwickelt war. Vgl. z. B. für Frankreich *Anderson*: The Conflict; *Poulat*: Liberté, laïcité 350–361; *Langlois*: Une France duelle 3250; zum sozialen Hintergrund in den deutschen Ländern Kapitel 1.4; allgemein zur Inferioritätsdebatte Kapitel 2.3, Anmerkung 505.

245 In der Reihenfolge des Zitierens »éclairés«, Journal des Débats, 16. 10. 1858; so auch in La Presse, 24. 10. 1858 und L'Action, 11. 9. 1909; für »gebildet« Sozialistische Monatshefte, 13 (1909) 1404; Volkszeitung, 9. 7. 1869; Berliner Tageblatt, 16. 10. 1909, MA; Augsburger Allgemeine Zeitung, 4. 10. 1869; Es werde Licht! 2 (1871) 110; Bauhütte 13 (1869) 231; in Frankreich ist oft auch »vernünftig« zu finden Journal des Débats, 10. 10. 1858; Morale Indépendante 5 (1868/1870) 236.

246 »[D]évelopper dans le peuple la raison et l'intelligence, faires des hommes, des citoyens, et non plus des sujets«, *Saillard*: La révolution 55. Vgl. für die Idee der geistigen Emanzipation auch Le Siècle, 8. 9. 1909; La Lanterne, 20. 9. 1909; Le Temps, 10. 3. 1870; L'Excommunié, 31. 7. 1869; Tierra y Libertad, 13. 10. 1910; El Socialista, 22. 10. 1909; La Discusión, 8. 12. 1869; Volkszeitung, 4. 12. 1869; Es werde Licht! 2 (1870) 109f.; die rationalistische Schrift *Bonnal de Ganges*: Le concile 44.

247 Vgl. für die protestantische Imprägnierung des deutschen Bildungskonzepts *Borutta*: Antikatholizismus 76f.

248 Vgl. zu den Bildungsforderungen z. B. Voix du Peuple, 10.–17. 10. 1909; Réforme politique et sociale, 6. 11. 1869; Le National, 3. 7. 1870; L'Excommunié, 30. 11. 1869; Tierra y Libertad, 13. 10. 1910; El Socialista, 22. 10. 1909; La Discusión, 8. 12. 1869; El Liberal, 21. 10. 1909;

tem zu einem Hauptfeld der legislativen Kämpfe. Die Forderungen nach Reformen des Bildungswesens lassen sich als Versuch sehen, die Ausbreitung des von den Kirchenkritikern favorisierten Wissens und ihrer Weltvorstellung zu garantieren. In der Logik der Antiklerikalen ging es aber nicht darum, einem alternativen Epistem einen Geltungsbereich zu schaffen, sondern Erkenntnis und Bildung an sich zu ermöglichen.[249] Religion und Kirchen wurde im Diskurs tendenziell eine grundsätzlich erkenntnishemmende Wirkung attestiert. Wie in Bezug auf die Pathologisierung fielen diesen binären Zuschreibungen ebenso abgesehen von Kirchen, Klerus und Glaube auch andere zum Opfer: Frauen und das ›Volk‹, die ›Masse‹.[250]

Beide Gruppen standen aufgrund ihrer angeblich fehlenden Mündigkeit für die Antiklerikalen unter dem Einfluss der Kirchen und des Klerus:

> Und selbst unter der aufgeklärten Bevölkerung stellt man den zerstörerischen Einfluss fest, den die durch die Predigten und besonders in den Beichtstühlen fanatisierten Frauen auf die Gesellschaft ausüben können,[251]

schrieb etwa der National. Das Verhältnis von Kirche und Gläubigen wurde als Abrichtung imaginiert:

> Was sind jene Massen, die in verschiedenen Vereinen uns entgegentreten, anders, als willenlos Gefangene, gedankenlos Gehorsame, gut abgerichtet zu Bravoschreiern, wenn von dem armen geknechteten Papste, und dem den Katholicismus, ja alle Religion vernichtenden Liberalismus die Rede ist.[252]

Basis für die Indienstnahme war die »bigotte Unwissenheit« von Frauen im Gegensatz zu den »denkende[n] Männer[n]«.[253] Religion oder spezifische religiöse Vorstellungen wie das Mariendogma wurden mit Weiblichkeit assoziiert, während Unabhängigkeit, Mündigkeit und Rationalität genuin männliche

Vorwärts, 11.10.1909; Berliner Tageblatt, 16.10.1909, AA; die protestantische Schrift *Neumeister*: Neun Thesen 63.

249 Vgl. für den Erziehungsgestus bereits *Borutta*: Antikatholizismus 92–94, 110–112.

250 Vgl. zur Zusammenbindung beider Gruppen bereits *De Diego Romero*: Anticlericalismo y cultura 83–93 und *Verhoeven*: Transatlantic Anti-Catholicism 103–129.

251 »Et même parmi les populations éclairées, se rend-on compte de l'action délétère que les femmes fanatisées au prêche et surtout au confessionnal pourraient exercer dans la société«, Le National, 27.12.1869. Vgl. zum Einfluss des Klerus auf Frauen auch La Marseillaise, 2.3.1870; Monde Maçonnique 12 (1869/1870) 276; sowie bereits für den spanischen Antiklerikalismus der Restauration *Salomón Chéliz*: Anticlericalismo en Aragón 90f.

252 *Keller*: Streiflichter 40. Vgl. zum Einfluss auf die ›Masse‹, das ›Volk‹ z.B. auch *Loge Maçonnique les Ecossais Inséparables à l'Oriem [sic!] de Paris*: Rapport, BNF, 8 – R PIECE – 26367; Berliner Tageblatt, 17.10.1909; *Domela Nieuwenhuis*: Francisco Ferrer o.p.

253 In der Reihenfolge des Zitierens *Nippold*: Bischofsbrief 2; Augsburger Allgemeine Zeitung, 3.6.1870.

Eigenschaften waren.[254] Mit Wunder-»Erzählungen für die Dienstmägde [habe] man früher die ignorante Bevölkerung in den Schlaf gewogen«[255]. »Priester, Mönche und Nonnen [...] [erhielten] das Volk am liebsten in der Dummheit [...] [denn] mit dummen Menschen könn[t]en sie machen, was sie woll[t]en«[256].

Das »Othering« des Diskurses transportierte also klare soziale und geschlechterspezifische Klassifizierungen und Exklusionen. In Bezug auf die Geschlechterperspektive ist dies für alle drei untersuchten Länder bereits mehrfach gezeigt worden. Antiklerikale situierten ihre Gegner (Kirchen, Klerus, Jesuiten oder Religion) in der Logik der bürgerlichen Sphärentrennung: Gegenüber der emotionalen, irrational geprägten, privaten Sphäre der schwachen Frauen stand der öffentliche Bereich der rationalen und starken Männer. Kirchen sowie Religion wurden von den Antiklerikalen als weiblich etikettiert. Diese Zuschreibung delegitimierte den Gegner beziehungsweise ordnete ihn dem hegemonialen Epistem der Männer, Vernunft und Wissenschaft, unter. Dieses mittlerweile sehr klar herausgearbeitete Bild, das sich ausgezeichnet in die ältere Bürgertumsforschung einpasst, sollte angesichts seines Auftretens im Diskurs der nicht bürgerlichen antiklerikalen Gruppen vielleicht doch weniger als genuin bürgerlich denn als frauenfeindlich analysiert werden.[257] Mit dem »Gendering« reagierten die Antiklerikalen auch auf die in Kapitel 1.1 angesprochene Feminisierung des Religiösen. Sie orientierten sich in ihrer Beschreibung von Religiosität und deren Attribuierung als emotional und süßlich an den Frömmigkeitsvorstellungen wie dem Herz-Jesu-Kult oder der Marienverehrung. Zugleich antworteten sie auf die Herausforderung der zunehmenden weiblichen Präsenz in der Öffentlichkeit, die Frauen durch die Beteiligung an der öffentlich gelebten Religion in Vereinen, Prozessionen etc. zuwuchs, beziehungsweise darauf, dass der wachsende Zulauf der weiblichen Orden auch eine Alternative zum männ-

254 Vgl. zum Mariendogma etwa Evangelische Kirchenzeitung 42 (1869) 63; zu Religion El Motín, 13.10.1910; zu den Geschlechterstereotypen im Diskurs allgemein Le Travail, 12.1.1869; Voix du Peuple, 15.–22.8.1909; Le Siècle, 24.11.1869; Libre Pensée, 5.3.1870; El Socialista, 24.12.1909; Gil Blas, 17.3.1870; Gladiador del Libre Pensamiento, 1.8.1914; Campana de Gràcia, 2.7.1910; El Cencerro 7 (1869) 7f.; Jeremías, 19.2.1869; Augsburger Allgemeine Zeitung, 25.7.1869; Deutschkatholisches Sonntags-Blatt 20 (1870) 145.

255 »[C]onte de bonne femme, dont on berçait autrefois la population ignorante«, Le National, 8.1.1870.

256 *Domela Nieuwenhuis*: Francisco Ferrer o.p. Vgl. zur ungebildeten »Masse« z.B. auch Le Siècle, 15.12.1869; Der Anarchist, 13.10.1910; Volkszeitung, 9.7.1869; *Schmidt*: Concilien 27.

257 Ein weiteres Argument gegen eine genuin bürgerliche Lesart ist das Othering in der Auseinandersetzung des Katholizismus mit dem Altkatholizismus. Vgl. dazu *Berlis*: Celibate or Married Priests? 63–69; zur starken Orientierung am bürgerlichen Konzept z.B. *Borutta*: Antikatholizismus 288.

lich dominierten Sozialmodell der Familie bedeutete.[258] Hierin lag ein wichtiger sozialhistorischer Hintergrund der Kulturkämpfe.[259]

Anstatt diesen Teildiskurs noch einmal zu vertiefen, möchte ich hier auf eine Ambivalenz hinweisen, die im starken Schwarz-weiß-Bild und der Nachzeichnung des antiklerikalen Diskurses oft vernachlässigt wurde.[260] Die fehlende weibliche Mündigkeit, die sich in der religiösen Orientierung angeblich äußerte, bedeutete zum einen, dass der paternalistische Anspruch erhoben wurde, Frauen und Mädchen führen und vor dem Einfluss des Klerus schützen zu müssen. Zum anderen stand dahinter eine Forderung nach Emanzipation und Frauenbildung.[261] Hier war eine Schnittstelle, an der Antiklerikalismus und Feminismus zusammengingen. Verknüpfungen existierten insbesondere im republikanischen und sozialistischen Lager sowie bei den Freireligiösen und Freidenkern. Im französischen Kontext verdeutlicht wohl die Person Léon Richers am sinnfälligsten die republikanischen Verbindungen und auch bei den Liberalen und Freidenkern gab es Kontakte. In Spanien arbeitete eine Reihe von Frauen in der Freidenkerbewegung mittels deren Organisationen und Presseorganen aktiv für die Frauenemanzipation, auch der Anarchismus und der Sozialismus wiesen eine Beteiligung von Frauen auf und im republikanischen Kon-

258 Dass die diskursive Sphärenaufteilung der Antiklerikalen auch als reales Lebensmodell gelebt wurde, ist mehrfach aufgezeigt worden. In der neueren Geschlechterforschung wird die soziale Realität des bipolaren diskursiven Modells allerdings in Frage gestellt, wie bereits im Kontext der Feminisierungsthese angesprochen wurde. Vgl. dazu *McLeod*: Piety and Poverty 165; *Salomón Chéliz*: Mujeres, religión y anticlericalismo 241 und *Borutta*: Antikatholizismus 288; zum Gendering sowie zur Interpretation des Otherings im Antiklerikalismus als Reaktion auf die Feminisierung des Religiösen z. B. für den deutschen Fall als erster *Blackbourn*: Progress and Piety 62 f.; des Weiteren *Healy*: The Jesuit Specter 147–177; *Gross*: War against Catholicism 185–225; *ders.*: Kulturkampf and Geschlechterkampf; *Borutta*: Das Andere; *ders.*: Antikatholizismus 267–288, 366–368; zur deutschen Sozialdemokratie *Prüfer*: Sozialismus statt Religion 214–222; zu Spanien besonders *Salomón Chéliz*: Beatas sojuzgadas; *dies.*: Las mujeres 104 f.; *dies.*: Devotas mojigatas 80–97; *Delgado Ruiz*: Las palabras de otro hombre; zu Frankreich *Evans*: Feminism and Anticlericalism; *McMillan*: Clericals; *ders.* A Reply; *ders.*: Religion and Gender 62; *Kselman*: The Perraud Affair; *Ford*: Divided Houses; *Verhoeven*: Transatlantic Anti-Catholicism 75–159; speziell zur Frage der Orden *Stone*: Anticlericals and Bonne Sœurs 104–109; *Meiwes*: Arbeiterinnen des Herrn 290–295.

259 Einige Autoren verorten den Diskurs in einer allgemeinen Krise der Männlichkeit. Vgl. auf den Jahrhundertwechsel bezogen *Hastings*: Feminized Church 33–35; umfassender *Verhoeven*: Transatlantic Anti-Catholicism 125 f.

260 Vgl. z. B. *Gross*: War against Catholicism 185–225 und *Borutta*: Antikatholizismus 267–288, 366–368.

261 Vgl. etwa Libre Conscience 2 (1868/1869) 331; Monde Maçonnique 12 (1869/1870) 276; dazu auch für den spanischen Antiklerikalismus *Mira Abad*: Actitudes religiosas 183–189; *Sanabria*: Republicanism and Anticlerical Nationalism 140–144; für Frankreich *Zeldin*: Conflict of Moralities 45, 50.

text bildeten sich in bewusster Absetzung zu den in der neuen katholischen Frömmigkeit mobilisierten Frauen eigenständige Vereine heraus, wie die »Damas rojas«. Für den deutschen Fall sei das Engagement Lily Brauns (1865–1916) im Kontext der Ferrer-Proteste erwähnt, wo die sozialistische Frauenrechtlerin einen Vortrag auf einer Frauenversammlung hielt.[262] Diese Verbindungen stießen jedoch an Grenzen. Die Gründe dafür können hier nicht diskutiert werden.[263] Die genannten Beispiele sollten aber verdeutlicht haben, dass die Emanzipationsforderungen nicht als reine Rhetorik zu verstehen sind.[264]

So wie die geschlechterstereotypen Zuordnungen einen sozialhistorischen Hintergrund hatten, kann das Bild der gläubigen und ungebildeten Masse auf die ultramontane Mobilisierung zurückgeführt werden. Die öffentlichen Manifestationen des Glaubens großer Menschenmengen stellten den Erfahrungshorizont für die antiklerikalen Darstellungen dar. Zugleich waren sie im deutschen, besonders im preußischen Kontext verknüpft mit realen Machtfragen im Zuge der Einführung des allgemeinen Wahlrechts und des Einflusses des Zentrums beziehungsweise der konfessionellen Zugehörigkeit auf Wahlentscheidungen.[265] Die Bilder der gläubigen Masse, des gläubigen Volkes verdeutlichen vielleicht noch stärker als die geschlechterspezifischen Zuordnungen die Ambivalenz des

262 Vgl. zu Richer Kapitel 2.2, Anmerkung 236; zu den französischen Freidenkern *Couturier*: La Libre Pensée; zu den Liberalen *Bidelman*: Pariahs Stand Up besonders 9, 59f., 67, 81, 83, 109, 119f.; zu den spanischen Verbindungen z.B. *De Mateo Avilés*: Masonería, protestantismo, librepensamiento 174–182; *Fagoaga*: De la libertad; *dies.*: La herencia laicista; *Ramos*: Hermanas en creencias; *dies.*: La República; *dies.*: Las primeras modernas; *Sanfeliú*: Familias republicanas; *Del Moral Vargas*: Acción colectiva femenina; *Hibbs-Lissorgues*: Voix singulières; *Espiago Tocino*: Las mujeres; *dies.*: Las primeras republicanas 87f.; einen guten Überblick bietet *Salomón Chéliz*: Laicismo, género y religión 295–300; zum deutschen Beispiel Vossische Zeitung, 18.10.1909, MA.

263 In der Forschung hat man dafür in Spanien die misogyne und antifeministische Tendenz beziehungsweise das traditionelle Frauenbild des antiklerikalen Diskurses verantwortlich gemacht, während man in Frankreich den Grund für die Brüche mit dem französischen Feminismus in dessen Wandel hin zu einem protestantisch gemäßigten gesucht hat. Vgl. zur Misogynie z.B. *Salomón Chéliz*: Mujeres, religión y anticlericalismo; *dies.*: Las mujeres; *dies.*: Devotas mojigatas 73, 85–97; *Louzao Villar*: Soldados de la fe 261–264; *Sanfeliu*: Republicanas 299–307; zum Wandel des Feminismus *Evans*: The Feminists 124–135; *ders.*: Feminism and Anticlericalism; der auf James McMillan reagierte *McMillan*: Clericals; *ders.*: A Reply; dagegen die weniger überzeugenden Versuche, das Gendering als simple Biologisierung und Sexismus zu deuten bei *Gross*: War against Catholicism 185–225; *ders.*: Kulturkampf and Geschlechterkampf; *Verhoeven*: Transatlantic Anti-Catholicism 142; Verbindungen und Grenzen auch in *Klejman/Rochefort*: L'égalité 62f.

264 Vgl. ähnlich bereits für die englischen Freidenkerinnen *Schwartz*: Infidel Feminism.

265 Vgl. *Gross*: War against Catholicism 225–239; *Borutta*: Antikatholizismus 296–326; ähnlich auch *Owzar*: Du sollst nicht streiten 49; *Anderson*: Lehrjahre der Demokratie 101–198.

Emanzipationskonzepts im antiklerikalen binären Diskurs. Der Zukunftscharakter der Mündigkeitsvorstellung wurde in zwei verschiedene Richtungen gewendet und war ein zentraler Scheidepunkt zwischen den antiklerikalen Gruppen in sozialer Hinsicht. Während die Liberalen, das heißt zumeist bürgerlichen Antiklerikalen, das Bild der ungebildeten, gläubigen Masse beschworen und so auf dem angeblichen Jetztzustand beharrten, stellten Volk und Masse für Sozialisten, Anarchisten aber auch für Republikaner und für die Zeit des Konzils in Spanien auch bei den Liberalen selbstverständlich das Subjekt dar, in dessen emanzipatorische Kraft sie ihre Hoffnungen setzten.[266] Der vergleichende Blick schränkt die Interpretation, dass der deutsche gesetzliche Kulturkampf vor allem Produkt der Entstehung des Zentrums und dessen Massenerfolg und damit ein politisches Manöver der Liberalen gewesen sei, deutlich ein. Auch wenn die nationalstaatliche Einigung und die entstehende Volkspartei den Diskussionen sicherlich eine besondere Dynamik verliehen, verdeutlichen die kritischen Bilder des Volkes jenseits der deutschen Grenzen, dass diese nicht nur eine Reaktion auf eine politische Konstellation waren.[267] Die hier herausgestellten inneren Differenzen zwischen den Gruppen lenken dagegen den Blick auf eine andere deutsche Besonderheit: Das Fehlen eines Republikanismus, der in den romanischen Ländern eine Brücke zwischen bürgerlichem und unterbürgerlichem Antiklerikalismus darstellte. Sowohl in Frankreich als auch in Spanien rekrutierte der Republikanismus seine Anhänger sozial nicht nur aus der Mittelschicht, sondern band auch Teile der Arbeiterbewegung mit ein.[268] Dem entsprach letztlich die andere Behandlung des Volkes und der Masse im Antiklerikalismus dieser beiden Länder. Insofern reproduzierte die deutsche Kirchenkritik in der unterschiedlichen Behandlung des ›Volkes‹ und der ›Masse‹ soziale Differenzen deutlicher und zerfiel in zwei verschiedene Lager.

266 Vgl. etwa Voix du Peuple, 10.–17.10.1909; Libre Conscience 2 (1868/1869) 331; El Socialista, 22.10.1909; Justicia Social, 28.1.1870; La América, 13.12.1869; La Iberia, 13.3.1870; Volkszeitung, 10.9.1869; zum ambivalenten Verhältnis zur ›Masse‹ bereits *Mira Abad*: Secularización y mentalidades 259–271.

267 Vgl. dagegen *Anderson*: Lehrjahre der Demokratie 118–124, 196f.

268 Vgl. zur sozialen Zusammensetzung des Republikanismus z.B. in Frankreich *Anderson*: France, 1870–1914 88–99; *Nord*: The Republican Moment 5; *Mollenhauer*: Auf der Suche 252–307; zu Spanien *Mosher*: The Birth 320f.; *Octavio Ruiz*: La cultura política 190f.

Verabsolutierung und Resakralisierung

Nach den sozialen Dimensionen des Diskurses wenden wir uns noch einmal seiner internen Logik zu. Exklusion äußerte sich nicht nur anhand sozialer und geschlechterspezifischer Grenzen. Das Konzept von Mündigkeit mit seinem Fokus auf Vernunft und Wissenschaft selbst war exklusiv. Wie bereits erläutert tendierte der Diskurs dazu, kirchlicher Lehre und Religion an sich jeglichen Erkenntniswert abzusprechen. Demgegenüber wurden die antiklerikalen Prinzipien und Zielvorgaben immer wieder als Wahrheit schlechthin präsentiert:

> Da sich die Vernunft und das Gewissen auf die Wissenschaft der Menschheit und ihre Erträge sowie auf die generellen Traditionen stützen [...], haben nur sie allein den Charakter der Universalität, den die sogenannten Offenbarungsreligionen beanspruchen.[269]

Wie in diesem Aufruf zum französischen Gegenkonzil suggerierte der antiklerikale Diskurs, »im Namen der freien Vernunftsforschung« und damit »im Namen der Wahrheit« zu sprechen. Kirchenkritiker beriefen sich zudem auf die »geschichtliche Wahrheit« und die »Wahrheiten des gesunden Menschenverstandes«.[270] Der Wahrheitsanspruch manifestierte sich auch in der omnipräsenten Licht- und Dunkelheitsmetaphorik. Diese ursprünglich religiöse und besonders in der Aufklärung geprägte Metapherngruppe schlug im antiklerikalen Diskurs Erkenntnis in manichäischer Manier der eigenen Seite zu und unterteilte dabei unterschwellig klar in Gut und Böse.[271] Die Vorstellungswelt und das kirchliche Regiment wurden als ewig finsterer Obskurantismus verworfen. Besonders Karikaturen setzten diese Metaphern um. Ein sich wiederholendes

269 »Comme c'est la raison et la conscience appuyées sur la science de l'humanité et de ses rapports, ainsi que sur les traditions générales [...], ils ont seuls ce caractère d'universalité que revendiquent vainement les religions dites révélées«, Libre Conscience 3 (1868/1869) 362.

270 In der Reihenfolge des Zitierens *Huber*: Die Lateranische Kreuzspinne 5; Preußische Jahrbücher 24 (1869) 497; »verdades de sentido comun«, El Imparcial, 8.12.1869. Vgl. zum Wahrheitsanspruch auch Réforme politique et sociale, 6.11.1869; Le Siècle, 26.10.1869; Monde Maçonnique 12 (1869/1870) 404; L'Acacia 24 (1909) 247; Libre Conscience 3 (1868/1869) 169; L'Excommunié, 6.11.1869; El Socialista, 22.10.1909; Bauhütte 12 (1869) 385; Der Freidenker 17 (1909) 162; *Berthazène*: Absurdité 16; *Kaspar*: Réponse des intellectuels, Vorwort, o.p.; *Frohschammer*: Recht 41; *Spitzer*: Papstthum und Concil 37; Brief der Loge Morayta Nr. 284 an den »Gran Consejo de la Orden« anlässlich der Hinrichtung Ferrers, 17.10.1909, CDMH, 760-B-7.

271 Die Licht- und Dunkelheitsmetaphorik blieb in dieser Zeit auch weiter Teil der religiösen Symbolik und die Gegner der Antiklerikalen verwendeten sie ebenso in ihren Invektiven. Vgl. z.B. *Aubert*: Vaticanum I 277; *Clark*: The New Catholicism 41; allgemein zur Herkunft der Metapher *Blumenberg*: Licht als Metapher; zu ihrer Geschichte im Frankreich des 19. Jahrhunderts *Kneißl*: Die Republik.

Abb. 12: Montbard, Georges (Pseudonym von Charles Loye): La nuit et le jour (Die Nacht und der Tag). In: L'Éclipse, 5. 12. 1869, Titelblatt.
Untertitel: Das Konzil von Rom – Das Konzil von Neapel.
Charles Auguste Loye (1841–1905), Illustrator und Karikaturist. Vgl. ABF, I, 754 45; Univers Arts, Montbard, Georges (Loye, Charles); Worldcat, Montbard, G.

Bild waren etwa Freiheitsallegorien, die bewaffnet mit einer Fackel die schwarz dargestellten Priester überstrahlten (vgl. Abb. 12).[272] Was zunächst nur als alternativer Erkenntnisweg antrat, wurde im Diskurs zu einer allgemeingültigen Wahrheit, die mit Absolutheitsanspruch auftrat.[273] Dies war vor allem bei Freigeistigen, Freidenkern und Freimaurern ausgeprägt.[274]

Die Verabsolutierung führte jedoch auch zu internen Auseinandersetzungen. So diskutierten etwa die Freidenker im Zusammenhang des Antikonzils, ob sie selbst religiöse Debatten führen sollten. Die Skeptiker betonten, einen ganz anderen Zugang zur Welt zu haben und sich nicht auf die gleiche Ebene wie die Gegner stellen zu wollen. Der Vorwurf, mit einer Versammlung der Freimaurer auch nur einen anderen Altar errichten zu wollen beziehungsweise sich als religiöse Sekte darzustellen, war ein gewichtiges Argument in den Debatten im französischen Grand Orient um einen Gegenkongress zum Vatikanum.[275]

Historiker der Kirchenkritik haben sich immer wieder bemüht, den Antiklerikalismus mit seinen neuen diesseitigen Wahrheitsmodellen und der darin enthaltenen Verabsolutierung als Glauben, als eigenständige Religion darzustellen.[276] Die Varianz der Kirchenkritik gerade in Bezug auf die religiöse Aufladung war allerdings so groß und, wie erläutert, auch unter den Antiklerikalen

272 Vgl. Le Temps Nouveaux, 12. 11. 1909, Supplement; Le Rappel, 11. 5. 1870; Le National, 8. 1. 1870; L'Action, 14. 10. 1909; Journal des Débats, 16. 10. 1858; L'Excommunié, 11. 12. 1869; Monde Maçonnique 12 (1869/1870) 415; La Discusión, 23. 3. 1870; Schwäbischer Merkur, 25. 11. 1858; Gartenlaube 18 (1870) 352; Volkszeitung, 24. 3. 1870; Bauhütte 13 (1870) 342; Kladderadatsch 11 (1858) 236; dazu bereits zu Frankreich *Faury*: Cléricalisme et anticléricalisme 241 f.; zum deutschen Kulturkampf z. B. *Owzar*: Kampf der Kulturen 360; zu Karikaturen *Wendel*: Die Kirche 94; *Dixmier* u. a.: Images d'une querelle 50.

273 Auch die protestantischen Kritiken insbesondere konservativer Provenienz formulierten zum Teil einen Wahrheitsanspruch (vgl. z. B. *Maffre*: Le concile 17, 30 oder Evangelische Kirchenzeitung 43 (1870) 698–700). Dieser soll hier aber ausgenommen werden, da die zitierten Beispiele das Hinübergleiten von einem anthropozentrischen Erkenntnisweg zum Anspruch auf gesicherte absolute Wahrheit verdeutlichen sollen. Die protestantischen Positionen konservativer Prägung stellten dagegen letztlich nur alternative Offenbarungsvorstellungen dar.

274 Die hier konstatierte Aufladung muss zum Teil im Kontext der Entwicklung naturwissenschaftlicher Weltanschauungen gesehen werden. Vgl. hierzu zu den deutschen Ländern *Daum*: Wissenschaftspopularisierung 193–235, 300–323, 460; *Schwarz*: Schlüssel zur modernen Welt 295–301.

275 Vgl. zu beiden Aktivitäten Kapitel 2.2; zu den Diskussionen der Freidenker L'Excommunié, 11. 12. 1869, 25. 12. 1869, 8. 1. 1870; El Imparcial, 1. 1. 1870; allgemein zu diesen Debatten bei den Freidenkern in Frankreich *Minois*: Geschichte des Atheismus 507; zu den Freimaurern Bulletin du Grand Orient 25 (1869/1870) 307–312, 330–334; Monde Maçonnique 12 (1869/1870) 267–277, 384–427.

276 Vgl. z. B. zu Frankreich *Gibson*: Republicans and Catholics 108 f.; *Rémond*: Anticléricalisme en France 7; *Grévy*: Le cléricalisme 231 f.; zu Spanien *De la Cueva Merino*: Clericales y anticlericales 155–169.

selbst stark umstritten, dass eine analytisch saubere Untersuchung dieser Frage sich jeweils nur spezifischen Ausprägungen widmen kann. An Phänomenen wie Haeckels Monismus könnte man zwar mit einem entsprechenden Raster oder Modell eine solche Analyse sinnvoll durchführen. In der Literatur findet sich aber zumeist nur eine disparate Aufzählung verschiedener Elemente mit dem Anspruch, dann von »religiöser Vergemeinschaftung«, »dritter Konfession« oder einfach »Religion« zu sprechen.[277] Ich möchte deshalb zum Abschluss dieses Abschnitts bewusst nur einzelne Elemente herausstellen, die zeigen, dass einer gewissen Ausprägung des Antiklerikalismus als Gegen- oder Alternativmodell zur traditionellen kirchlichen Religion und transzendenten Bezugssystemen durchaus eine »religiöse Dimension« inhärent war.[278] Es sollen Formen der Sakralisierung in den Blick genommen werden, die erneut die Verabsolutierung der antiklerikalen Positionen aufzeigen und verdeutlichen, dass die Gegenmodelle selbst einer Transzendierung unterlagen. Das hier verwendete Konzept der »religiösen Dimension« impliziert zudem nicht von vornherein eine Opposition zu den traditionellen Religionen und ermöglicht so auch gerade, den christlichen Entlehnungen nachzuspüren.[279]

Eine besondere Rolle in der religiösen Aufladung antiklerikaler Positionen spielte die Heroisierung bestimmter Personen. Wie im vorangegangenen Abschnitt aufgezeigt, bildete sich im Diskurs ein Kanon von Märtyrern der eigenen Sache heraus. In diesem Kontext stand insbesondere auch die Erinnerungskultur um Ferrer, an dessen Beispiel die Sakralisierungsformen der Personen vorgestellt werden soll. Die Bezeichnung Ferrers als Apostel, Märtyrer oder Heiliger durchzog sowohl die Proteste im Jahr 1909 wie auch die in den Folgejahren erscheinenden Erinnerungsartikel.[280] Zum Teil gingen die Texte so weit, ihn als

277 Hier sei z.B. auf die Ansätze speziell im Zusammenhang mit dem Monismus verwiesen, ohne deren analytische Überzeugungskraft im Einzelnen zu diskutieren, *Drehsen/Zander*: Rationale Weltveränderung; *Jentsch*: Evolution der Religion; *Weir*: Towards a History 201–205; *ders.*: The Secular Beyond; vgl. auch zum französischen Laizismus *Plé*: Die sakralen Grundlagen; allgemein für die Kritik an der inflationären Verwendung des Begriffes Religion im Rahmen der Analyse säkularer Formen des Religiösen *Lehmann*: Säkularisierung 62–64.

278 Ähnlich vorsichtig argumentieren für die französischen Freidenker *Lalouette*: La libre pensée 168, 269–276; *dies.*: Du bûcher 222; für die Anarchisten z.B. *Álvarez Junco*: Ideología política 33; für die deutsche Sozialdemokratie *Prüfer*: Sozialismus statt Religion 273–300.

279 Den Begriff »religiöse Dimension« schlug Peter Walkenhorst für die Analyse des Nationalismus vor, *Walkenhorst*: Nationalismus.

280 Vgl. zum Begriff Apostel La Lanterne, 20.9.1909; Tierra y Libertad, 13.10.1910; El Liberal, 18.10.1909; Menschentum 28 (1909) 173; zum Märtyrerbegriff Voix du Peuple, 24.–31.10.1909; Le Siècle, 14.10.1909; L'Action, 14.10.1910; L'Acacia 24 (1909) 123; Solidaridad Obrera, 7.10.1910; Tierra y Libertad, 1.8.1911; El Socialista, 13.10.1914; España Nueva, 12.10.1909; Palabra Libre, 13.10.1911; Der Anarchist, 13.10.1910; Frankfurter Zeitung, 14.10.1909, AA; Freidenker, 17 (1909) 174; Menschentum 28 (1909) 173; zur Bezeichnung als Heiliger Tägliche Rundschau, 14.10.1909, AA.

Heiland zu titulieren oder über verschiedene Kontexte eine Gleichsetzung zu Christus herzustellen. So imaginierte die Presse seine Auferstehung oder legte ihm in der Schilderung der letzten Momente seines Lebens die Worte »Vater, Vater, warum hast Du mich verlassen« in den Mund.[281] Was diese Bezeichnungen und Bezüge an weitergehenden Implikationen transportierten, zeigt ein Textbeispiel aus der anarchistischen Solidaridad Obrera:

> Heute jährt sich der Tod des Apostels des Rationalismus: Die katholisch-jesuitische Tiara hat gegen den unsterblichen Lehrer Francisco Ferrer Guardia ihren Hass entladen, glaubend so mit seinem Blut die erhabenen Erlösungsideale der Menschheit zu ertränken. […] Mit seiner Pädagogik arbeitete er für eine neue Menschheit, wo alle Menschen […] sich nur nach der Liebe und dem universellen Frieden richten. […] Der Same wird nicht lange brauchen, um seine Früchte zu bringen, […] Ferrer starb physisch, ja, aber moralisch existiert er weiter: […] seine Seele, die seine Arbeit ist, lebt: sie wird sogar wachsen in den Köpfen unserer Kinder und sie werden sie unsterblich machen […], weil sie die natürlichen Gesetze verkörpert, die Mütter der Wissenschaft und des Fortschritts.[282]

Ferrer als Apostel habe, so der Autor des Artikels, mit seiner Arbeit zur Erlösung der Menschheit beigetragen. Beide christlichen Anleihen (Apostel und Erlösung) projizierte er auf die innerweltlichen Konzepte Wissenschaft und Fortschritt, die dadurch transzendiert wurden. Zugleich wurde in diesem Textfragment der Tod mit der Transzendierung aufgehoben und der Pädagoge damit für unsterblich erklärt. Wissenschaft und Fortschritt erlangten so einen über den individuellen Menschen hinausgehenden Wert. Auch wenn dieser Erinnerungshymnus ein besonders radikales Beispiel ist, finden sich in der Kirchenkritik vor allem der radikaleren Provenienz über die gesamte zweite Hälfte des 19. Jahrhunderts Sakralisierungen der eigenen Positionen. Antiklerikale bezeichneten ihre positiven Gegenmodelle zur (katholischen) Kirche als »Heiligtum«, »Evangelium«, »Kult«,

281 Vgl. zur Bezeichnung ›Heiland‹ Der Anarchist, 13.10.1910; zum Vergleich mit Christus L'Action, 13.10.1909; Tierra y Libertad, 15.10.1913; España Nueva, 14.10.1910; Der Wahre Jakob 26 (1909) 6432; bereits dazu für Italien *García Sanz*: Relaciones 361; *Avilés Farré*: Francisco Ferrer 275; allgemein zur Evokation der Christusfigur im Antiklerikalismus bei den Sozialisten und Anarchisten *Botti*: Curas 16f.; *Álvarez Junco*: Ideología política 208–210; *De la Cueva Merino*: Clericales y anticlericales 173 und *Salomón Chéliz*: Anticlericalismo en Aragón 136.

282 »Hoy cumple un año la muerte del apóstol del Racionalismo: la tiera [sic!] católico-jesuitica descargó su odio contra el inmortal meastro Francisco Ferrer Guardia, creyendo asi ahogar con su sangre los sublimes ideales redentores de la humanidad. […] Con su enseñanza preparaba una humanidad nueva, donde todos los seres […] rigiéndose sólo por el amor y la paz universal. […] La semilla que no tardará en dar su fruto, […] Ferrer murió materialmente, sí, pero moralmente existe: […] vive su alma, que es su obra: mas ésta germinará en el cerebro de nuestros hijos, y ellos […] la harán eterna […] porque ella está encarnada con las leyes naturales, madres de la Ciencia y del Progreso«, Solidaridad Obrera, 21.10.1910.

»Glaube« oder »Religion«.[283] Sie sprachen von der Offenbarung durch die Wissenschaft,[284] dem »heiligen Geist der Menschlichkeit«, erklärten Geistesfreiheit zu einem der »heiligen Güter der Menschheit« und stilisierten Kultusfreiheit zum »heiligsten Grundrechte der Menschheit«.[285] Sie charakterisierten Volkssouveränität, Freiheit und menschlichen Verstand als von Gott gegeben.[286]

Diese Aufladungen der Rechtsideen und Gesellschaftsvorstellungen können als Ausgangspunkte für zivilreligiöse Vorstellungen gelesen werden. Oft hatten sie allerdings rein rhetorischen Charakter und ausgebaute Entwürfe dieser Art schlossen sich in den drei Untersuchungsfällen an die lancierte Kirchenkritik nicht an. Mit all diesen Sakralisierungstopoi setzten die Antiklerikalen ihre Ansichten absolut und verliehen ihnen eine religiöse Dimension. Im Kontext der Epistemologie hatte dies weiterreichende Implikationen. Die Aufladungen enthoben die antiklerikalen Vorstellungen dem Rahmen weltlicher Kritik und stellten sie auf die gleiche Ebene der oder des Kritisierten. Immanente Konzepte (wie Verstand oder Wissenschaft) verloren dadurch ihren ursprünglichen diesseitigen Charakter. Durch die transzendenten, vor allem christlichen Anleihen hoben die Kirchenkritiker außerdem auch die von ihnen forcierte Verlagerung der Erkenntnisgewinnung ins Individuum auf. Des Weiteren wurde die im Diskurs vieler Antiklerikaler aufgebaute Binarität der inner- und außerweltlichen Orientierung, von Glaube versus Vernunft beziehungsweise Verstand, unterlaufen und die Gegenüberstellung zu einem Glaubenskampf stilisiert. Dieser Aspekt wird im nächsten Abschnitt noch weiter vertieft, wo die Argumentationen Antiklerikaler in den Mittelpunkt gerückt werden, die bewusst als religiöse Debatten geführt wurden.

Fassen wir zusammen: Im alltäglichen Diskurs der Antiklerikalen fanden das rationalistische Erbe aus der Aufklärung, die erstarkenden Episteme der Natur-

283 Vgl. z.B. zum Begriff ›Heiligtum‹ *Véricel*: Observations 9; zu ›Evangelium‹ L'Excommunié, 11.9.1869; zu ›Kult‹ Monde Maçonnique 12 (1869/1870) 400; El Intransigente, 14.10.1912; zum Glauben Le Siècle, 30.12.1869; Augsburger Allgemeine Zeitung, 19.3.1870; *Saillard*: La révolution 124; für die Bezeichnung als Religion Le Siècle, 3.11.1909; Porvenir de Obrero, 16.11.1909; El País, 14.10.1909.

284 Vgl. Le National, 9.12.1869.

285 In der Reihenfolge des Zitierens Freidenker 17 (1909) 169; Bauhütte 13 (1870) 386; ebenda 12 (1869) 402. Vgl. allgemein zu Sakralisierungen von Freiheit Journal des Débats, 21.10.1858; Augsburger Allgemeine Zeitung, 4.10.1869; Frankfurter Zeitung, 18.10.1909, AA; Allgemeine Zeitung des Judentums 33 (1869) 716; von Gerechtigkeit und Toleranz Bauhütte 13 (1870) 386; von Wissenschaft La Igualdad, 22.7.1869; Augsburger Allgemeine Zeitung, 10.2.1869; Volkszeitung, 24.11.1869.

286 Vgl. Monde Maçonnique 13 (1870/1872) 29–33; Justicia Social, 3.9.1869; die protestantische Broschüre *Luigi*: Le catholicisme moderne 15, 39; die radikale Schrift *Saillard*: La révolution 80.

wissenschaften und der historischen Kritik sowie die zunehmende Psychologisierung von Religion seit der Romantik ihren Niederschlag. Kirchenkritiker nutzten Bausteine aus all diesen Bereichen, um spezifische Glaubensvorstellungen und Glauben an sich zu kritisieren und Gegen- beziehungsweise Alternativmodelle von Wissen und Erkenntnis zu etablieren. Im Prozess der Kritik behaupteten die Antiklerikalen die Hegemonie von Vernunft und Wissenschaft und dekonstruierten zugleich die transzendenten Bezüge. Die Kirchenkritiker pathologisierten Glaubensäußerungen und delegitimierten sie damit. Insofern entzauberte der Diskurs Glaubensvorstellungen und Glauben. Sowohl mit der Pathologisierung und der darin enthaltenen Psychologisierung als auch mit der Orientierung an Vernunft und der sinnlich zu erschließenden Welt wurden Glauben und Wissen individualisiert. Allerdings variierte der Stellenwert, den Transzendenz noch eingeräumt bekam. Nur zum Teil wurden Religion und transzendente Bezüge mit Dummheit und Unwissen gleichgesetzt. Mit all diesen verschiedenen Argumentationsclustern bemühten sich Antiklerikale, Kirchen und Religion als epistemologische Orientierungsinstanzen einzuhegen oder zu verdrängen. Insofern drängten sie auf eine Säkularisierung von Wissen. Die Orientierung an dem neuen Epistem kannte zugleich direkt gegenläufige Tendenzen. Bei einigen Gruppen wurde der alternative Erkenntnisweg mit einem Wahrheitsanspruch versehen. Die Absolutsetzung des Epistems von Vernunft und Wissenschaft zeigte sich besonders auch in der Tendenz, die jeweiligen Vorstellungen zu sakralisieren. Dabei verwendeten die Kirchenkritiker vor allem christliche Traditionsbestände. In diesen Sakralisierungen wurde die Ausrichtung an innerweltlichen Maßstäben und am Individuum unterlaufen, die ursprünglich forcierte Gegenüberstellung von dies- und jenseitiger Orientierung aufgehoben und die antiklerikale Kritik konnte Formen eines Glaubenskonfliktes annehmen.

Den Leitmaßstab, das Konzept der individuellen Mündigkeit, konstruierten die Antiklerikalen nicht nur durch die Gegenüberstellung zu Kirchen, Klerus und Glauben, sondern auch durch soziales und geschlechterspezifisches Othering. Das Konzept der Mündigkeit transportierte dabei den Anspruch, Frauen und das unmündige ›Volk‹ zu leiten, zugleich unterlag dem Diskurs aber auch ein emanzipatorischer Impetus. Ein zentraler Unterschied bei den Gruppen zeigte sich hier in der Behandlung des ›Volkes‹, der ›Masse‹. Während Liberale das Argument der Unmündigkeit verwendeten, um ihren Hegemonialanspruch zu formulieren, artikulierten Sozialisten, Anarchisten und Republikaner darin ihre Emanzipationsforderung. Aufgrund des Fehlens des Republikanismus in den deutschen Ländern ging der Unterschied zwischen den Gruppen tendenziell mit der sozialen Herkunft der Kirchenkritiker einher. Damit zerfiel das antiklerikale Spektrum hier deutlicher als in den beiden anderen Ländern in zwei Teile.

3.3 Eine Frage des Glaubens – Eine religiöse Suche

Nie war klar, was die »Antiklerikalen« den »Klerikalen« vorwarfen: Dass diese religiös oder dass sie dies nicht genug seien, dass sie in die »profane« Sphäre eindrängen oder dass sie keine höhere Spiritualität in die profane Welt einbrächten.[287]

Die religiöse Haltung der Antiklerikalen war, wie der italienische Historiker Aldo Mola in einem Aufsatz von 1996 beschrieb, extrem vielfältig. Sie oszillierte je nach Land und auch innerhalb eines Landes zwischen Atheismus, konfessionellem Liberalismus und nichtkonfessioneller moderner, nichtchristlich determinierter Religiosität. Trotz der umfangreichen Forschungen der letzten zwei Jahrzehnte ist das Verhältnis von Antiklerikalismus und Religion nach wie vor unklar und immer noch umstritten. Symptomatisch dafür ist die besonders im spanischen Kontext immer wieder auftretende argumentative Gleichsetzung von Antiklerikalismus und Antireligiosität. Sie muss als das Ergebnis der Persistenz der alten Vorwürfe aus den Zeiten der Kulturkämpfe gesehen werden, dass Antiklerikale antichristlich, atheistisch, antireligiös oder doch zumindest häretisch seien.[288] Diese Beurteilungen prägten lange auch die historischen Forschungen vor allem katholischer Provenienz, so dass die religiösen Konfliktlinien reproduziert wurden.[289] Allerdings werden die Topoi in der neueren Literatur immer noch aufgegriffen. Dies geschieht nun, um gegen sie anzuschreiben. Vor allem spanische aber auch französische Beiträge versuchen nachzuweisen, dass der Antiklerikalismus gerade nicht antireligiös oder häretisch gewesen sei.[290] Andere gehen so weit, das Phänomen überhaupt als eine Art neuen Glau-

287 »Jamás ha estado claro qué es lo que los ›anticlericales‹ reprochaban a los ›clericales‹: si el ser religiosos o el no serlo suficientemente, si el invadir la esfera ›profana‹ o el no saber introducir en el mundo profano una más alta espiritualidad«, *Mola*: El problema 239.

288 Vgl. z. B. die Anschuldigungen der katholischen Laienorganisation im Anschluss an die antiklerikalen Ausschreitungen in Barcelona 1909 *Simarro Lacabra*: El proceso Ferrer 30–33; die Debatte zu Beginn des Ersten Vatikanums in Spanien *Martín Tejedor*: Conc. Vaticano I 502 oder die Augsburger Postzeitung im Rahmen der Mortara-Affäre 9. 11. 1858; sowie *Silvan*: Anticléricalisme 110; *Borutta*: Antikatholizismus 354; *Castro Alfín*: Anarquismo y protestantismo 212; *La Parra López*: Trienio Liberal 255; *Villazón González*: Las polémicas 377.

289 Vgl. z. B. *Sànchez i Ferré*: Anticlericalismo y masonería 282; für Frankreich *McManners*: Church and State 125; *Mellor*: Histoire 36–69; *Champ*: La religion dans l'espace 169–173; für die deutschen Länder *Franz*: Kulturkampf gestern.

290 Eine Ausnahme in der neueren spanischen Forschung stellen die anthropologischen Studien von Manuel Delgado Ruiz dar, der den Antiklerikalismus als genuin religiöse Antibewegung, als Antiritual beschreibt. Vgl. dazu *Delgado Ruiz*: La ira sagrada; *ders.*: Luces iconoclastas; dagegen für die Betonung des religiösen Charakters für Spanien z. B. *Botti*: Curas; *Salomón Chéliz*: Anticlericalismo en Aragón 126; *Aubert*: Poderes fácticos 228 f.; *Suárez Cortina*: David frente a Goliat 13–17; *ders.*: Secularización y laicismo; *Mira Abad*: Secularización y mentalidades; *Martín Martínez*: Recepción y difusión 269 f.; für Frankreich *Faury*: Clérica-

ben zu charakterisieren.[291] Die Verschiebung vom Primat der Politik auf die kulturellen Implikationen hat auch in der deutschen Kulturkampfforschung die religiöse Dimension in den Blick gerückt. Dies geschah aber entlang der konfessionellen Grenzen: Zum einen wurde der Einfluss der ultramontanen Frömmigkeit herausgearbeitet, zum anderen hat man die protestantische Konfessionalisierung der Nation in den Vordergrund gerückt.[292] Die neuesten Studien betonen dagegen den konfessionsübergreifenden Charakter des Antiklerikalismus beziehungsweise Antikatholizismus und brechen so aus den historischen, religiös bedingten Fronten aus.[293] In Folge dieser Bemühungen bleibt das religiöse Element der deutschen Kulturkämpfe in einigen Fällen seltsam unterbelichtet, da der Antiklerikalismus hier nun wieder auf Säkularisierung reduziert wird, im Sinne des politischen Modells der Differenzierung und zum Teil als implizit protestantisch geprägtes Konzept.[294] Der nachstehende Abschnitt stellt dagegen die Verbindungen zwischen Antiklerikalismus, Religion und Konfession in den Mittelpunkt.

Die große Vielfalt antiklerikaler Strömungen korrespondierte mit sehr unterschiedlichen religiösen beziehungsweise konfessionellen Orientierungen.[295] Liberale Katholiken spielten vor allem bis zum Ersten Vatikanum eine Rolle. Allerdings waren auch in späteren Jahren praktizierende Katholiken unter den Antiklerikalen, wie der spanische Ministerpräsident José Canalejas Méndez (1854–1912), der zwar eine ›ordensfeindliche‹ Gesetzesnovellierung in der Phase der Restauration mit der sogenannten Ley de Candado durchsetzte, in seinem Haus aber über eine Privatkapelle verfügte.[296] Solche Positionen waren

lisme et anticléricalisme 227, 235; *Pérouas*: Refus d'une religion; *Rémond*: Anticléricalisme en France 43f.; *Cabanel*: Anticlericalismo; *Mayeur*: La question laïque 74–88; oder den Versuch, den gläubigen Antiklerikalismus als eigenständiges Phänomen zu analysieren, was aufgrund der Disparität der Vorstellungen sich analytisch nicht als fruchtbar erweist, *Sorrel*: L'anticléricalisme croyant.

291 Vgl. dazu *Rémond*: Anticléricalisme en France 7; *Gibson*: Republicans and Catholics 108f.

292 Vgl. zur Rolle ultramontaner Frömmigkeit im Kulturkampf besonders *Blackbourn*: Volksfrömmigkeit und Fortschrittsglaube; *ders.*: Marpingen; *Clark*: The New Catholicism; *Gross*: War against Catholicism 29–73; für die Interpretation als Konfessionalisierung der Nation aus der Fülle der Literatur z.B. *Walser Smith*: German Nationalism.

293 Vgl. z.B. *Joskowicz* Anticlerical Alliances; *Borutta*: Antikatholizismus; ansatzweise und zum Teil indirekt auch *Walser Smith*: The Longue Durée 86, 95; *Healy*: The Jesuit Specter 54, 56, 105; *Gross*: War against Catholicism 258–259, 302.

294 Vgl. z.B. *Borutta*: Antikatholizismus und *Habermas*: Piety, Power, and Powerless.

295 Vgl. allgemein dazu z.B. *Kaiser*: Clericalism 54; für Frankreich *Rémond*: Anticléricalisme en France 43f.; *Mayeur*: Laïcité 111–113; für Spanien *Barnosell*: God and Freedom; *Suárez Cortina*: Anticlericalismo, religión y política; *ders.*: Secularización y laicismo.

296 Vgl. zu diesem Beispiel *Suárez Cortina*: La confrontación 200; darüber hinaus *ders.*: Secularización y laicismo.

unter den französischen Antiklerikalen eher selten.[297] Der deutsche Antiklerikalismus war vor allem ein Phänomen des Protestantismus, auch wenn der konfessionelle Antikatholizismus konservativer Protestanten eher als ein Randphänomen der Kulturkämpfe zu betrachten ist.[298] In Frankreich waren liberale Protestanten gerade in den ersten Jahrzehnten der Dritten Republik überproportional am Aufbau des laizistischen Erziehungssystems beteiligt.[299] Des Weiteren sind Deisten, Theisten, Spiritualisten (wie die beiden Väter der Laizität Ferdinand Buisson[300] oder Émile Combes[301]), Spiritisten sowie Vertreter pantheistischer und agnostischer Vorstellungen und die Versuche, eine neue ›laizistische Religion‹ zu begründen, zu nennen. Im deutschen Sozialismus wurde neben atheistischen und freireligiösen Positionen die sozialistische Idee selbst zum Teil zu einer eigenen Religion und zur Alternative von Religion stilisiert.[302]

297 Vgl. *Grévy*: La république 67.

298 Vgl. bereits Kapitel 3.1.

299 Ein vergleichbarer Einfluss muss für Spanien im 19. Jahrhundert angesichts der zu vernachlässigenden Anzahl von Protestanten ins Reich der historischen Mythen des spanischen Katholizismus und Konservativismus eingeordnet werden, gegen die bis heute angeschrieben wird. Vgl. für die Dritte Republik *Cabanel*: Catholicisme, protestantisme et laïcité; ausführlicher *ders.*: Le Dieu; zum protestantischen Antiklerikalismus in Frankreich bis 1871 *Sacquin*: Bossuet et Maurras 411–415; für den Protestantismus in Spanien Kapitel 1.3; für die Auseinandersetzung mit dem historischen Mythos *Castro Alfín*: Anarquismo y protestantismo.

300 Ferdinand Buisson (1841–1931), Pädagoge, Republikaner, Friedens- und Menschenrechtsaktivist. Buisson war maßgeblich an der Neugestaltung des Erziehungswesens in der Dritten Republik beteiligt, viele Jahre Abgeordneter des »Parti radical« in der Kammer und wurde international besonders bekannt durch sein Friedensengagement nach dem Ersten Weltkrieg, aufgrund dessen ihm 1927 der Friedensnobelpreis verliehen wurde. Vgl. zu Buisson *Loeffel*: Ferdinand Buisson.

301 Émile Justin Louis Combes (1835–1921), studierte zunächst Theologie und wurde dann Mediziner. Combes saß 36 Jahre im Senat und war während der Dritten Republik mehrfach Minister. Er zeichnete sich nach seiner Abwendung von der Kirche in jungen Jahren durch einen vehementen Antiklerikalismus aus. Seine Aktivitäten für eine Verfassungsänderung als Premierminister 1902 bis 1905 leiteten die Trennung von Staat und Kirche ein, die allerdings nicht unter seiner Führung vollzogen wurde. Vgl. zu Combes *Merle*: Emile Combes.

302 Vgl. z. B. zum Deismus *McManners*: Church and State 45–54; *Ferrer Benimeli*: Masonería, laicismo y anticlericalismo; *De la Cueva Merino*: Clericales y anticlericales 110–122; zum Theismus beispielsweise die Zeitschrift Libre Conscience; zum Spiritismus *Monroe*: Laboratories of Faith; *Sharp*: Secular Spirituality; *Abend*: Specters; *Ramos*: Hermanas en creencias; *De Mateo Avilés*: Espiritistas y teósofos; *Horta*: Cos i revolució; der Einfluss der deutschen, vorwiegend unpolitischen Spiritisten ist wohl eher gering einzuschätzen *Linse*: Geisterseher und Wunderwirker; *Sawicki*: Leben mit den Toten 253, 268–271, 276–281, 312, 316–318, 357; zu den ›laizistischen‹ Religionsentwürfen *Combes*: Charles Fauvety; *Mayeur*: La question laïque 75–85; außerdem die unterschiedlichen religiösen Orientierungen der Freimaurer *Mellor*: Histoire 301–304, 368–380; *De la Cueva Merino*: Clericales y anticlericales 443–445, 447–451; *Álvarez Lázaro*: La masonería 281–301; *Hoffmann*: Die Politik 117–124; der Freidenker

Parallel zu den kirchenfernen Formen von Religiosität generierten insbesondere Freigeistige und Freidenker im Zuge ihrer Kritik an Religion und Kirchen selbst alternative Riten und Praktiken.[303] Ähnliche Versuche entstanden auch im Anarchismus und Sozialismus, wozu sicherlich auch die Überschneidungen mit den Freidenkern beziehungsweise dem freireligiösen Milieu beitrug.[304] Die Spezialforschung hat unterschiedlichste Formen ausgemacht, insbesondere alternative »rites de passage«. Die Gruppen veranstalteten zivile Taufen beziehungsweise festliche Einschreibungen ins Zivilregister, zivile Trauungen, entwickelten schon in der ersten Hälfte des 19. Jahrhunderts Ansätze einer eigenen Beerdigungskultur und erfanden die Jugendweihe. Wobei die staatlichen Rahmenbedingungen gerade in den deutschen Ländern und Spanien die Durchführungen von Beerdigungen beziehungsweise Kremation und Eheschließungen behinderte sowie sozialer Druck letztere und zivile Taufen erschwerten. Mit neuen Symbolsprachen setzten die Teilnehmer an solchen Feierlichkeiten ein bewusstes Zeichen ihrer religiösen und zum Teil politischen Zugehörigkeit. Bräute trugen rot auf ihrer Hochzeit. Statt Wasser nahm man Wein zur Taufe. Kinder erhielten bewusst nicht christliche Namen wie Paz, Acracio[305] oder Victor (nach Victor Hugo).[306]

Lalouette: La libre pensée 143–182; *Álvarez Lázaro*: Masonería y librepensamiento 7–13; *Myrhe*: Lichtfreunde; der spanischen Sozialisten *Ostolaza*: Los socialistas 201; für die deutschen *Prüfer*: Sozialismus statt Religion 223–337; dagegen auf den Protestantismus reduzierend *Spohn*: Religiosidad, laicismo, socialismo; in Wahlanalysen *Rohe*: Wahlen und Wählertraditionen 83–92; *Sperber*: Kaiser's Voters 53–63.

303 Ob die bei den Freimaurern entwickelten religiösen Praktiken als kritische, alternative Formen aufzufassen sind, scheint angesichts der vielfältigen Mischformen mit christlichen Beständen eher fraglich. Deshalb werden die freimaurerischen Riten im Folgenden nicht weiter berücksichtigt. Vgl. dazu in den deutschen Ländern *Hoffmann*: Die Politik 217–224, 255–266; in Spanien *Álvarez Lázaro*: La masonería 299–301.

304 Vgl. z. B. *Freán Hernández*: La libération; *Prüfer*: Sozialismus statt Religion 312–324.

305 Der Name ist eine Ableitung vom Begriff ›Acracia‹, einem Synonym für ›Anarchie‹ im Spanischen.

306 Vgl. insgesamt zu den Riten *Minois*: Geschichte des Atheismus 504–512; in Frankreich *Gibson*: A Social History 162–170; *Lalouette*: La libre pensée 333–396; *Nord*: The Republican Moment 197–200; in Spanien *De la Cueva Merino*: Movilización política 111, 114–116; *De Diego Romero*: Anticlericalismo y cultura 72–77; *ders.*: Imaginar la República 269–276; *Freán Hernández*: La libération Absatz 7–9; *Sànchez i Ferré*: El moviment lliurepensador 47; in den deutschen Ländern *Lübbe*: Säkularisierung 34–55; *Prüfer*: Sozialismus statt Religion 314–324; *Hölscher*: Protestantische Frömmigkeit 367–368; *Weir*: Fourth Confession 163–167; speziell zu zivilen Taufen in Frankreich *Kselman*: The Varieties 181; *Fouilloux/Langlois*: Les parrainages civils; zu Eheschließungen in Frankreich *Gadille*: French Anticlericalism 134 f.; zur Jugendweihe *Lalouette*: Dimensions anticléricales 137; zu den Beerdigungsriten und Trauerfeiern in Spanien *Jiménez Lozano*: Los cementerios civiles 73–82, 125–135, 203–206; in Frankreich *Pérouas*: Les Libres Penseurs; *Faury*: Cléricalisme et anticléricalisme 442–446; für das Kaiserreich die Anfänge der Feuerbestattung *Kaiser*: Arbeiterbewegung 54–63.

Die neuen Riten erfüllten oft die Funktion ihrer christlichen Vorgänger. Allerdings darf nicht jede Teilnahme an ihnen als eine bewusste religiöse Neuorientierung beziehungsweise Alternative verstanden werden. Besonders französische Dechristianisierungsstudien haben gezeigt, dass bei den alternativen Beerdigungsformen neben religiösen Motiven politische Gründe, eine zunehmende Indifferenz oder soziale Marginalisierung und ökonomischer Zwang ausschlaggebend für die Abwendung vom christlichen Ritus sein konnten.[307] Zudem lehnten Teile der Antiklerikalen selbst religiöse Zuschreibungen ab. So wehrten sich etwa französische Freidenker gegen Versuche in den alternativen Riten, eine neue Religion zu erblicken.[308] Einige Praktiken hatten schlicht genuin parodistischen Charakter. Wie etwa die blasphemischen Karfreitagsbankette, wo Schweinefleisch verspeist wurde.[309] Dennoch verbreiteten bestimmte Formen durchaus mit ernsthaftem Ton ein religiöses oder religionsähnliches Gedankengebäude wie die eigenen Katechismen der Freidenker.[310] Christliche Vorbilder und Motive strahlten in die Praktiken bis in die Ausgestaltung hinein; Freidenker krönten beispielsweise auf dem Kapitol während eines internationalen Kongresses in Rom 1885 eine Büste Garibaldis, ganz wie es im katholischen Ritus mit Madonnenfiguren üblich ist.[311] Aufgrund der großen Vielfalt an nicht religiösen Motiven, christlichen Adaptionen oder der gänzlichen Ablehnung religiöser, das heißt transzendenter Bezüge sollten die Riten meines Erachtens ebenso wenig wie die im vorangegangenen Abschnitt untersuchten Vorstellungen insgesamt als alternative Religion bezeichnet werden.

Das breite Spektrum an religiösen Orientierungen zeigt auf, dass eine schlichte Gleichsetzung mit dem Phänomen der Entkirchlichung der religiösen Dimension des Antiklerikalismus in keiner Weise gerecht wird.[312] Eine systematische Analyse der verschiedenen Vorstellungen und Praktiken sowie eine Gewichtung von deren Relevanz für den Antiklerikalismus können und sollen hier nicht geleistet werden. Denn *erstens* handelt es sich bei vielen der nicht kirchlichen Entwürfe um stark synkretistisch geprägte, individuelle Formen von

307 Vgl. *Langlois/Jacquement*: Déchristianisation, structures familiales et anticléricalisme; *Dumons/Pollet*: Enterrement civil; ähnlich für Spanien *De Diego Romero*: Imaginar la República 273 f.

308 Vgl. *Lalouette*: La libre pensée 378–380; eine ähnliche Abwehr kann in der bewusst einfachen Ausgestaltungen von Beerdigungen bei deutschen Sozialisten gesehen werden *Prüfer*: Sozialismus statt Religion 316 f., 322–324.

309 Vgl. für Spanien *De la Cueva Merino*: Movilización política 115; für Frankreich *Lalouette*: Les banquets.

310 Vgl. zu den Katechismen z. B. *De Diego Romero*: Ciudadanía católica 264 f.; *Lalouette*: Libérer la morale 154; ein weiteres Beispiel wären die monistischen Sonntagslesungen *Lübbe*: Säkularisierung 44.

311 Vgl. République Anticléricale 4 (1885) 428.

312 Vgl. etwa als Beispiel für solch eine Gleichsetzung *Cholvy*: Indifférence religieuse.

Religiosität. Die alternativen Riten wurden nur von einem Teil der Kulturkämpfer gepflegt und sind kaum als ein kohärentes Phänomen zu beschreiben. Insofern würde ihre Untersuchung für eine Systematisierung der Kirchenkritik kaum weiterhelfen.[313] *Zweitens* stellt sich ein Quellenproblem. Der Zugang zu individuellen religiösen Einstellungen und zu Glauben ist erkenntnistheoretisch nach wie vor das Kardinalproblem für die Analyse religiöser Phänomene.[314] Praktisch gesellt sich die Schwierigkeit dazu, dass die antiklerikale Kritik nur bedingt mit einer ausführlichen Erläuterung des eigenen religiösen Standpunktes einherging. Oft haben wir es nur mit einzelnen Splittern zu tun und sogar die schlichte konfessionelle Zuordnung der antiklerikalen Autoren scheitert in Frankreich an den fehlenden Konfessionsangaben französischer biografischer Lexika. Abgesehen davon, dass von einer konfessionellen Zuordnung letztlich nicht auf die Relevanz der religiösen Einstellung für die Frage der Positionierung in den Kulturkämpfen geschlossen werden kann. Hieran kranken oft die Zuschreibungen ›jüdisch‹ oder ›protestantisch‹ für kulturkämpferische Politiker.[315] Deshalb soll hier das Pferd nicht von hinten aufgezäumt werden, sondern nach den religiösen Debatten und Argumenten in der antiklerikalen Kritik in den drei untersuchten Gesellschaften gefragt werden. Nachdem gezeigt worden ist, dass im epistemologischen Kampf des Antiklerikalismus dieser eine religiöse Dimension annehmen konnte, wird nun eine interne Perspektive eingenommen und untersucht, inwieweit die Kritik mit einer Diskussion um Glaubensinhalte verbunden war. Damit soll das Selbstverständnis der Kirchenkritiker, was als religiös betrachtet wurde, mit integriert werden. Denn wie wir gesehen haben, drehte sich ein Teil der internen Debatten auch darum, ob man überhaupt über Religiöses streiten sollte.[316] Zugleich mussten auch religiöse Kirchenkritiker dem Vorwurf der Gegner entgegentreten, antireligiös zu sein. Insofern stritt man auch darüber, was religiös sei. Bislang wurde die Frage nach dem Anteil von Glaubensdiskussionen am Antiklerikalismus nur für den spanischen Fall systematisch behandelt und das ist sicherlich kein Zufall.[317] Die spanischen Kulturkämpfe weisen in Hinblick auf den Umgang mit religiösen Diskussionen klare

313 Eine systematische Analyse müsste in größerer Anzahl repräsentativ ausgewählte Einzelfälle in den Blick nehmen und würde zwangsläufig bei bekannteren Personen stehen bleiben. Vgl. z.B. die religiöse Orientierung erhellenden biografischen Studien zu Louis Blanc (1811–1882), Auguste Scheurer-Kestner (1833–1899), Ferdinand Buisson, Désiré-Magloire Bourneville, Paul Bert (1833–1886) und Jules Simon *Lalouette*: La république anticléricale 15–95; *dies.*: Paul Bert; *Bertocci*: Jules Simon 33–55.

314 Vgl. z.B. bereits *Minois*: Geschichte des Atheismus 500; *Graf*: Die Wiederkehr 103.

315 Vgl. für diese Argumentation bereits *Cabanel*: Protestants et juifs 155f.; *Joskowicz*: Anticlerical Alliances 277f.

316 Vgl. Kapitel 2.2.

317 Vgl. *Botti*: Curas; *Mira Abad*: Secularización y mentalidades; für Frankreich jedoch auf Freidenker und Protestanten beschränkt *Pérouas*: Refus d'une religion 156–199.

Differenzen zu den Auseinandersetzungen in den beiden anderen Ländern auf. Nach einem allgemeinen Überblick zu Atheismus, religiösen Argumentationsmustern und der konfessionellen Frage in der antiklerikalen Kritik sollen im Folgenden insbesondere diese Unterschiede herausgearbeitet werden. Ich möchte zeigen, dass gerade sie bestimmend waren für die verschiedenen nationalen Ausprägungen des Antiklerikalismus. Die besondere Behandlung der Frage nach der Religion in Spanien bietet zudem einen Erklärungsansatz für die starke Vehemenz und hohe Gewalttätigkeit der Auseinandersetzungen auf der iberischen Halbinsel.[318] Zugleich hilft der Vergleich der nationalen Differenzen, die Ausbildung der nationalen Modelle des Verhältnisses von Staat, Gesellschaft, Kirchen und Religion nachzuzeichnen und vor allem die Besonderheit der französischen Laizität noch einmal anders zu betrachten.[319] Darüber hinaus präsentiert der folgende Abschnitt insgesamt eine neue Perspektive auf das Verhältnis von Antiklerikalismus, Säkularisierung und Religion.

Atheismus und religiöse Kritik

Eine umfassende Kritik an Religion oder ein expliziter Atheismus wurde nur von Teilen der Antiklerikalen der zweiten Hälfte des 19. Jahrhunderts propagiert. Diese Vorstellungen fanden sich vor allem bei Anarchisten, Sozialisten sowie bei einem Teil der Freigeistigen.[320] Sie unterschieden sich aber in ihrer

318 Den ersten Versuch eines Vergleichs zwischen Frankreich und Spanien hinsichtlich der Radikalisierung hat bereits Luis Martín unternommen. Allerdings reduziert er den französischen Fall des gesamten 19. Jahrhunderts auf die Idee einer neutralen Laizität und berücksichtigt die Radikalität der gallischen Kirchenkritik nicht. Vgl. *Martín Martínez*: Recepción y difusión 270 f.

319 Da der deutsche Fall in Bezug auf die Behandlung religiöser Fragen zwischen den beiden anderen Ländern anzusiedeln ist, werde ich mich in der Darstellung vor allem auf Frankreich und Spanien konzentrieren und den deutschen Fall nur hinsichtlich des Faktors der Konfession ausführlicher behandeln.

320 Allerdings ist die religiöse Kritik der drei Gruppen in den untersuchten Ländern nicht auf den Atheismus zu reduzieren, wie noch ausgeführt wird. Vgl. zu den Sozialisten in den deutschen Ländern *Grote*: Sozialdemokratie und Religion passim; *Prüfer*: Sozialismus statt Religion 223–337; in Frankreich *Howorth*: The French Socialists 167–169; *Castaldo*: Socialism and Catholicism; *Stuart*: Jesus the Sans-Culotte; in Spanien *Arbeloa*: Socialismo y anticlericalismo 151–159; *De la Cueva Merino*: Clericales y anticlericales 173; zu den Anarchisten in Spanien *Paniagua Fuentes*: Religión y anticlericalismo 261–263; *Álvarez Junco*: Ideología política 29–35; *Suárez Cortina*: Anticlericalismo, religión y política 174; zu beiden Gruppen in Frankreich *Bruhat*: Anticléricalisme et mouvement ouvrier 62–67; zu den Freidenkern für Frankreich *Lalouette*: La libre pensée; für die deutschen Länder *Simon-Ritz*: Organisation einer Weltanschauung 60 f., 92–126, 133–154; für Spanien *Álvarez Lázaro*: Masonería y librepensamiento 11 f.

Argumentationsweise. Erstere lehnten Religion vor allem als ein Instrument der Unterdrückung der herrschenden Gesellschaft ab. So schrieb »La Réforme politique et sociale« in ihrem Aufruf zum Antikonzil »die Idee Gottes ist die Quelle und die Stütze des Despotismus«[321]. Der Atheismus der Freidenker entstammte dagegen vorwiegend erkenntnistheoretischen Überlegungen; mit dem Hinweis auf Vernunft und Wissenschaften wurden Vorstellungen von Transzendenz verworfen.[322] Allerdings überschnitten sich die Gruppen nicht nur organisatorisch, so dass eine klare Trennung beider Positionen nicht immer auszumachen ist.[323] Grundlegende Religionskritik beschränkte sich jedoch nicht auf die radikalen Gruppierungen des Antiklerikalismus, denn auch in Organen, die sich an ein breiteres Publikum richteten, fanden sich solche Einstellungen. Der gemäßigt liberale und protestantisch geprägte Temps behauptete etwa in seinem Kommentar zur Ankündigung des Konzils, dass der moderne Geist sich außerhalb der positiven Religionen bewege. Bei liberalen, republikanischen und demokratischen Religionskritikern überwog ebenso wie bei den Freidenkern eine erkenntnistheoretische Argumentation. Ihre Kritik insbesondere im Fall der Republikaner und Demokraten nahm dabei oft ihren Ausgangspunkt in neuen Formen von Religiosität, die sich von positiven Religionen abgrenzten und zumeist innerweltlich orientiert waren.[324]

Atheistische Positionen erhielten in den drei Ländern vor allem ab den 1860er beziehungsweise ab den 1870er Jahren Auftrieb.[325] Dies ist auf den Ein-

321 »L'idée de Dieu est la source et le soutien de tout despotisme«, Réforme politique et sociale, 6.11.1869. Vgl. ähnlich Der Anarchist, 13.10.1910; La Solidaridad, 26.3.1870; Tierra y Libertad, 15.10.1913; El Socialista, 22.10.1909; Vida Socialista, 9.10.1909; Porvenir del Obrero, 12.10.1909.

322 Vgl. z.B. L'Excommunié, 27.10.1869; Libre Pensée, 15.9.1869; L'Action, 11.10.1909; *Barrillot*: Le concile oecuménique 12; *Ruelle*: La schmita 23–25; die spanische Zuschrift zum Antikonzil bei *Ricciardi*: L'Anticoncilio 145.

323 Vgl. z.B. Tierra y Libertad, 1.11.1911; Vida Socialista, 17.7.1910; El Motín, 13.10.1910; Es werde Licht! 3 (1872) 97–112; dazu bereits *Villazón González*: Las polémicas 380f.; zur organisatorischen Überlappung Kapitel 1.2, 1.3 und 1.4.

324 Vgl. z.B. Le Temps, 7.7.1868; allgemein für Religionskritik und Atheismus außerhalb der anarchistischen, sozialistischen, freigeistigen Presse z.B. Le National, 18.9.1869; Volkszeitung, 19.10.1869; La Igualdad, 15.12.1869; Justicia Social, 21.7.1870; dazu bereits *Salomón Chéliz*: Anticlericalismo en Aragón 126. Auch waren Liberale und Republikaner nicht immer klar von Freigeistigen und Freidenkern zu differenzieren, da in vielen Fällen der jeweilige Autor nicht zu eruieren beziehungsweise einzuordnen war und auch die beiden letztgenannten Gruppen sich aus diesen politischen Strömungen rekrutierten. Vgl. dazu bereits Kapitel 1.2, 1.3 und 1.4.

325 Diese Tendenz zeigte sich insbesondere in der Entwicklung der Freigeistigkeit und des Freidenkertums. Vgl. für die Freidenker in Frankreich *Lalouette*: La libre pensée 175–183; *Daled*: L'émergence; eine Datierung des Wandels auf die Jahrhundertwende bei *Mayeur*: La question laïque 82, 85; in Spanien *Álvarez Lázaro*: Masonería y librepensamiento 7–13, 107–

fluss des Fortschritts der Naturwissenschaften, der Ausbreitung des Positivismus und materialistischer Weltentwürfe wie die Ludwig Büchners oder Ernst Haeckels sowie auf die Rezeption der Klassiker der Religionskritik, etwa Ludwig Feuerbachs oder Arthur Schopenhauers (1788–1860), zurückzuführen, deren Stellenwert für die antiklerikale Kritik im vorangegangenen Abschnitt bereits erörtert wurde.[326] Meine Quellenanalyse bestätigt den Aufschwung des Atheismus insofern, als 1858 keinerlei grundsätzliche Religionskritik in den Diskussionen zur Mortara-Affäre artikuliert wurde. Die Ausbreitung des Atheismus hat Historiker dazu geführt, radikale Religionskritik als die entscheidende Differenz zwischen traditionellem und modernem Antiklerikalismus zu bezeichnen und den Beginn des letzteren erst in der zweiten Hälfte des 19. Jahrhunderts zu verorten.[327] Atheismus war allerdings nur eine Variante der antiklerikalen Kritik in der Hochzeit der Kulturkämpfe und insofern fällt dieses Merkmal für eine Unterscheidung aus.[328]

Über weite Strecken waren die Kulturkämpfe in der Presse und Publizistik in Frankreich, Spanien und den deutschen Ländern durchsetzt von Auseinandersetzungen über die wahre Religion und den richtigen Glauben.[329] Je nach Kontext wurden Klerus, Kirchen oder Katholizismus in Opposition zu Religion, Gott, zur christlichen Lehre oder zum »wahren« Katholizismus gesetzt. Aus Sicht der Antiklerikalen entsprach zum Beispiel die Entführung des Bologneser Jungen, Edgardo Mortara, durch den Kirchenstaat nicht den »wahren Interessen der Religion«[330]. Das kanonische Recht, wie es Rom 1858 anwendete, verstieß ihrer Ansicht nach gegen das göttliche Recht. Im Vorlauf des Ersten Vatikanums bezeichnete eine Broschüre das Verhalten der katholischen Kirche als »anti-

210; sowie die Entwicklung der Freigeistigkeit im Kaiserreich *Simon-Ritz*: Organisation einer Weltanschauung 57–165; allgemein zum Atheismus für die deutschen Länder *Nipperdey*: Religion im Umbruch 124; für Spanien *Callahan*: Organizational and Pastoral Failure 49; *Barnosell*: God and Freedom 54f.; auch die Phase um 1900 als Umbruch charakterisierend *Salomón Chéliz*: Anticlericalismo en Aragón 121.

326 Vgl. *Kaiser*: Clericalism 65f.

327 Vgl. *Caro Baroja*: Introducción 14–16.

328 Vgl. dazu z.B. *Minois*: Geschichte des Atheismus 498.

329 Vgl. dazu bereits bei den französischen Freidenkern *Pérouas*: Refus d'une religion 194–199; für Spanien *Delgado Ruiz*: La ira sagrada 106f.; *ders.*: Luces iconoclastas; in international vergleichender Perspektive *Botti*: Curas.

330 Augsburger Allgemeine Zeitung, 18.10.1858. Vgl. für die Kritik mit dem Argument der »wahren« Religion auch Le Siècle, 24.11.1858; Le National, 30.9.1869; Vrai Protestant 2 (1868/1869) 246; Monde Maçonnique 1 (1858) 314f.; Libre Conscience 4 (1869) 283; Archives Israélites 40 (1858) 204; La Discusión, 16.9.1869; Las Novedades, 13.11.1858; El Imparcial, 8.12.1869; Gil Blas, 30.9.1869; Der Wahre Jakob 26 (1909) 6414; Berliner Tageblatt, 12.10.1909, AA; Augsburger Allgemeine Zeitung, 3.10.1869; Allgemeine Zeitung des Judentums 33 (1869) 981; die Freidenkerschrift *Tschirn*: Der klerikale Justizmord 14f.

christliche Bestrebungen«[331]. Katholiken wie Nichtkatholiken gingen in ihrer Kritik so weit, die Deutungshoheit über den »wahren« Katholizismus zu beanspruchen, der den Bemühungen der Kirche gegenüber gestellt wurde.[332]

Im Blick der Kritik stand nicht nur der konkrete Anlass der Debatten, sondern die Diskussionen wurden außerdem immer wieder genutzt, das Verhalten von Kirchen, Klerus oder Kurie einer moralischen Kritik zu unterziehen, wobei christliche Werte als Maßstab fungierten.[333] Der besondere Stand der Priester verleite zur Eitelkeit, die nicht der christlichen Lehre entspreche.[334] Die kirchenkritische Presse und Publizistik bemängelte den »Pomp« des Konzils, der gegen das christliche Armutsideal verstoße.[335] Machtbesessenheit und Gewalt in der Geschichte des Papsttums wurden in Opposition zur christlichen Friedensbotschaft und Weltentsagung gesetzt:

Männer, die der Welt ein leuchtendes Beispiel der Demuth der Friedfertigkeit sein sollten, die die ersten Jünger Christi auf Erden und im Himmel zu sein begehrten, denen demnach auch Christi Wort: MEIN REICH IST NICHT VON DIESER WELT! insbesondere galt, – rangen mit List und Gewalt, mit Lug und Trug nach der Päpstlichen Herrschaft.[336]

331 »[D]émarches antichrétiennes«, Lettres d'un franc-maçon 4. Vgl. für die Kritik von einem christlichen Standpunkt Le Siècle, 18.10.1858; Le Temps, 10.11.1869; Le Lien 3 (1858) 133; Vrai Protestant 2 (1868/1869) 18; Tierra y Libertad, 13.10.1909; La Discusión, 8.11.1858; La Igualdad, 16.7.1869; España Nueva, 14.10.1909; El Imparcial, 17.9.1869; Vorwärts, 20.10.1909; Volkszeitung, 24.10.1858; Vossische Zeitung, 14.10.1909, AA; Augsburger Allgemeine Zeitung, 21.1.1870; Protestantische Kirchenzeitung 16 (1870) 634–636; Evangelische Kirchenzeitung 42 (1869) 61; Sonntags-Blatt 21 (1870) 54, 87; die Freidenkerschriften *Barrillot*: Le concile oecuménique 13.

332 Vgl. zum echten Katholizismus z.B. Journal des Débats, 18.10.1858; Univers Israélite 14 (1858) 173–193; Libre Pensée, 29.1.1869; El País, 30.10.1909; La Iberia, 16.7.1870; Clamor Público, 21.10.1858; La América 13.2.1870; Gil Blas, 30.9.1869; Vorwärts, 20.10.1909; Frankfurter Zeitung, 21.10.1909, AA; Augsburger Allgemeine Zeitung, 10.9.1869; Nationalzeitung, 25.11.1858; Schwäbischer Merkur, 25.11.1858; Allgemeine Zeitschrift des Judentums 22 (1858) 637, 688; sowie *Delacouture*: Le droit canon.

333 Auszunehmen ist hier selbstverständlich die jüdische Presse, die stattdessen die jüdische Religion als positives Modell gegen die katholische Kirche hielt. Vgl. z.B. Allgemeine Zeitung des Judentums 33 (1869) 981; Archives Israélites 31 (1870) 72; dazu bereits *Joskowicz*: Anticlerical Alliances 332; zu den christlichen Wertmaßstäben z.B. Le Temps, 25.10.1869; El País, 13.4.1909; El Motín, 13.4.1911; *Chabert*: Le concile oecuménique 15; dazu bereits in laizistischen Moralentwürfen *Mayeur*: La question laïque 73–88; bei Freidenkern und Sozialisten *Chadwick*: The Secularization 74–93.

334 Vgl. z.B. Sonntags-Blatt, 21 (1871) 54.

335 Vgl. z.B. Revue des Deux Mondes 86 (1870) 148; La Discusión, 8.12.1869; El Imparcial, 25.9.1869; Kladderadatsch 22 (1869) 25.

336 Vossische Zeitung, 19.12.1869.

Dem fanatischen, hasserfüllten und auf Vergeltung bedachten Katholizismus stellte die antiklerikale Presse die Gnadenlehre des Evangeliums gegenüber.[337] Auf ähnliche Argumentationen griffen auch Sozialisten zurück, wenn sie sich auf Christus, das Urchristentum oder auf den Sozialismus als alternative Religion beriefen.[338] Und sogar in atheistischer Kirchenkritik spielten solche Elemente eine Rolle. So war ein zentraler Topos des anarchistischen Antiklerikalismus der »Verrat am Evangelium«. Den Kirchen wurde vorgeworfen, die christlichen Ideale der Armut und der Brüderlichkeit aufgegeben zu haben.[339] Auch wenn die Kritik zum Teil sicherlich eine polemische Strategie war, die den jeweiligen Gegner schlicht eines Widerspruchs überführen sollte, transportierten all diese Argumentationscluster dennoch spezifische religiöse Vorstellungen.[340]

Das emanzipatorische Gesellschaftsmodell des Antiklerikalismus war in den drei Ländern, wie auch die neuere Forschung betont hat, also zumeist kein anti- oder areligiöses. In den Riten und Praktiken sowie all den unterschiedlichen religiösen Orientierungen manifestierte sich der in Kapitel 1.1 beschriebene Prozess der Entkirchlichung und Pluralisierung des Religiösen. Die Argumentationsmuster zeigen, dass der antiklerikalen Kritik oft eine alternative (nur zum Teil nicht christliche) religiöse Vorstellungswelt unterlag, in der Religion beziehungsweise religiöse Wertvorstellungen mit Moderne und den antiklerikalen emanzipatorischen Gesellschaftsmodellen kompatibel war. Ausgangspunkt dieser Vorstellungen war dabei vermehrt das Individuum selbst, wie in den vorangegangenen Abschnitten dargelegt wurde.[341] Antiklerikale beriefen sich jedoch zugleich auf moralische Grundvorstellungen des Evangeliums wie Gleichheit, Gnade, Armut, Liebe, Demut und Barmherzigkeit und verbanden sie mit Vorstellungen von Humanität. So blieben die Moralvorstellungen vieler Antikleri-

337 Vgl. z. B. Der Anarchist, 13. 10. 1909; Der Wahre Jakob 26 (1909) 6414; Vossische Zeitung, 14. 10. 1909, MA; ausführlicher zu den Diskussionen um Moral Kapitel 3.4.

338 Vgl. zu den deutschen Ländern bereits *Grote*: Sozialdemokratie und Religion 112, 156–167; *Prüfer*: Sozialismus statt Religion 280–287; für Spanien *De la Cueva Merino*: Clericales y anticlericales 168–178; *Louzao Villar*: Soldados de la fe 155–160; *ders.*: No es la religión de Cristo; zu Frankreich *Fabre*: Socialisme et Séparation 197; *Kselman*: The Varieties 179 f.; *Stuart*: Jesus the Sans-Culotte 708, 713–715.

339 Vgl. dazu die Interpretation des spanischen Anarchismus *Álvarez Junco*: Ideología política 197–220; den religiösen Charakter des Anarchosyndikalismus im Bürgerkrieg strich als erster ein Zeitgenosse heraus *Brenan*: El laberinto español 240–245; ähnlich in den deutschen Ländern z. B. Der Anarchist, 13. 10. 1910.

340 Vgl. z. B. für solch eine strategische Verwendung des Arguments christlicher Moralvorstellungen Vida Socialista, 9. 10. 1910; El País, 3. 11. 1909; Der Anarchist, 13. 10. 1910.

341 Vgl. zur Individualisierung im Antiklerikalismus bereits Anmerkung 239; allgemein im Protestantismus *Hölscher*: Säkularisierungsprozesse 250–252; religiös und konfessionsübergreifend *Schlögl*: Rationalisierung als Entsinnlichung 62 f.

kaler auch bei einer Abwendung von christlicher Religion an das Neue Testament angebunden. Hier artikulierte sich eine gemeinsame Suchbewegung.

Die sich manifestierenden Differenzen in der religiösen Frage innerhalb der emanzipatorischen Entwürfe konnten aber gerade auch dazu führen, dass gemeinsame, gruppen- oder länderübergreifende Aktivitäten in der Kirchenkritik scheiterten. Auf internationaler Ebene traten diese Differenzen etwa deutlich im Zusammenhang mit dem Antikonzil zu Tage.[342] Sie stellten auch ein zentrales Hindernis für die internationale Freimaurervernetzung dar. Die recht langsam angehenden und stark durch die deutsch-französische Feindschaft geprägten Bemühungen verschiedener Logen und freimaurerischer Dachorganisationen um transnationale Zusammenarbeit mündeten ab 1889 in regelmäßig abgehaltenen Kongressen sowie nach der Jahrhundertwende in der Konstituierung internationaler Organisationen, deren Wirkungsgrad allerdings bis zum Ersten Weltkrieg recht begrenzt blieb. Englische und zum Teil auch deutsche Dachverbände lehnten es ab, mit ihren romanischen und besonders den französischen Brüdern zusammenzuarbeiten aufgrund deren laizistischer und antiklerikaler Ausrichtung.[343] Auch auf nationaler Ebene rieben sich die Kirchenkritiker immer wieder an der religiösen Frage, wie die Differenzen innerhalb des sozialistischen Lagers oder die Abgrenzungen und Streitigkeiten zwischen Sozialisten, Protestanten und Freigeistigen verdeutlichen.[344]

Konfessionelle Fronten

Aufgrund des antikatholischen Schwerpunkts des Antiklerikalismus liegt es nahe zu fragen, inwieweit in den (überwiegend) monokonfessionell geprägten Gesellschaften Frankreichs und Spaniens der Protestantismus in der religiösen Suche als ein explizites oder implizites Gegenmodell fungierte. In Frankreich stellte die Religion der Reformation für die Antiklerikalen besonders bis in die

342 Vgl. als weiteres Beispiel die Streitigkeiten unter Freidenkern während der Ferrer-Proteste in Frankreich Kapitel 2.3, Anmerkung 561.

343 Vgl. *Harland-Jacobs*: Freemasonry; *Berger*: Between Universal Values and National Ties; *ders.*: European Freemasonries.

344 Vgl. zu den innersozialistischen Unterschieden ausführlich Kapitel 1.2, 1.3 und 1.4; zu den Differenzen zwischen Protestanten und Sozialisten *Prüfer*: Sozialismus statt Religion 165–177, 347f.; *Hübinger*: Kulturprotestantismus und Politik 285–290; sowie Kapitel 1.4, Anmerkung 356; zwischen liberalen Protestanten und Freigeistigen *Simon-Ritz*: Organisation einer Weltanschauung 139f.; *Hübinger*: Kulturprotestantismus und Politik 275–285; *Baubérot*: Le christianisme social; zwischen Sozialisten und Freigeistigen *Grote*: Sozialdemokratie und Religion 95–98; *Kaiser*: Arbeiterbewegung 32–35, 86–89; *Simon-Ritz*: Organisation einer Weltanschauung passim; *Prüfer*: Sozialismus statt Religion 223–252; *Weir*: Fourth Confession passim.

1880er Jahre eine emanzipatorische Alternative dar, die aber keinen Niederschlag in einer breiten Konversionsbewegung fand. Unter den kirchenkritischen Intellektuellen des Zweiten Empires diskutierte man, ob Frankreich evangelisiert werden sollte. Einzelne dieser republikanischen Philoprotestanten, wie zum Beispiel der Philosoph Charles Renouvier[345], konvertierten, einige heirateten Protestantinnen oder ließen sich nach protestantischem Ritus begraben.[346] Zugleich war der Einfluss protestantischer Denker auf die Entwicklung der laizistischen Moral und die Neuordnung des Erziehungssystems als realpolitische Umsetzung des Antiklerikalismus zu Beginn der Dritten Republik bis zur Jahrhundertwende relativ einflussreich.[347] Auf der iberischen Halbinsel wurde der Protestantismus manchmal als positives Modell einer individuellen, intimistischen Religion gehandelt und während des demokratischen Sexenio rekrutierten sich Antiklerikale zum Teil aus dem Umfeld des Protestantismus, der in diesen Jahren zahlenmäßig einen kleinen Aufschwung erlebte.[348] In den von mir untersuchten Konflikten zeigte sich allerdings, dass die konfessionelle Alternative in beiden Ländern in der allgemeinen Presse keine entscheidende Rolle spielte. Es scheint, dass sowohl in Spanien als auch in Frankreich die theoretische Alternative, die der Protestantismus für die Antiklerikalen darstellte, nur bedingt auch als solche wahrgenommen beziehungsweise herausgestellt wurde.

Auch die neuere Literatur zum deutschen Fall hat gegen eine rein konfessionelle Interpretation der Konflikte plädiert. Aggressive Kulturkämpfer konnten auch in den deutschen Ländern Katholiken sein.[349] Dies beweist etwa das

345 Charles Renouvier (1815–1903), Philosoph. Vgl. zu Renouvier und dessen Auseinandersetzung mit dem Protestantismus *Cabanel*: Le Dieu 97–102.

346 Vgl. zum Protestantismus als Alternative bis 1860 *Baubérot/Zuber*: Une haine oubliée 153–170; darüber hinaus *Cabanel*: Le Dieu 80–88; allgemein auch *Nord*: The Republican Moment 109–114; für die Ehen *Lalouette*: Épouser une protestante.

347 Vgl. *Cabanel*: Catholicisme, protestantisme et laïcité; *ders.*: Le Dieu; *Loeffel*: La question Kapitel 1; *Faury*: Cléricalisme et anticléricalisme 105–108; *Stock-Morton*: Moral Education 85–92.

348 Konversion war aufgrund des rechtlichen Verbots in Spanien nur in diesen Jahren eine reale Alternative. Vgl. *Delgado Ruiz*: La ira sagrada 120–122; *Salomón Chéliz*: Anticlericalismo en Aragón 127 f.; *De Diego Romero*: Anticlericalismo y cultura 47–49; sowie *Alonso García*: La ciudadanía católica y enemigos 410.

349 So zählten etwa die kulturkämpferische kurzlebige »Liberale Reichspartei« oder der nationalistisch und antiultramontane »Verein für die Rheinprovinz« (gegründet 1874, aufgelöst wahrscheinlich 1883) durchaus auch Katholiken zu ihren Mitgliedern. Die Nationalliberale Partei war neben dem Zentrum die größte katholische Partei. Vgl. zur Reichspartei *Grohs*: Die Liberale Reichspartei; *Weber*: Die liberale Reichspartei; zum Verein für die Rheinprovinz *Schlossmacher*: Entkirchlichung; zur Zusammensetzung der Nationalliberalen *Sperber*: Kaiser's Voters 145; allgemein dazu z. B. *Gross*: War against Catholicism 119–126, 266; *Zimmer*: Beneath the Culture War 288.

Abstimmungsverhalten im Zusammenhang der Verabschiedung des Jesuitengesetzes 1872; katholische Liberale verhielten sich unterschiedlich zu den Entwürfen und unterstützten das Vorhaben beziehungsweise kritisierten es.[350] Das zweite zentrale Argument gegen eine rein konfessionelle Lesart sind die »innerprotestantischen Kulturkämpfe« zwischen Konservativen und Liberalen.[351] Konservative Protestanten mussten aufgrund ihrer Vorstellung der christlichen Nation und des christlichen Staates konsequenterweise die konfessionelle Trennlinie überschreiten, wenn Antiklerikale Forderungen erhoben, die die Religion aus der gesamten Gesellschaft zurückdrängen oder die konkreten Einflusssphären der protestantischen Kirchen beschneiden sollten.[352] So entwickelten sich Allianzen, die den konfessionellen Differenzen entgegenstanden, wie etwa im Kontext des Schulaufsichtsgesetzes von 1872, gegen das sich konservative Protestanten gemeinsam mit Katholiken engagierten.[353] Eine ähnliche Verschiebung der Fronten zeigte sich auch in Frankreich, wo Protestanten zum Beispiel den Schulreformen der 1880er Jahre zum Teil kritisch bis ablehnend begegneten.[354] Jenseits klassischer konfessioneller Vorwürfe situierten sich die protestantischen Christen in den französischen Kulturkämpfen auf beiden Seiten des Konflikts, wobei die Liberalen tendenziell eine gemäßigt antiklerikale Haltung einnahmen, während die Evangelikalen sich eher auf die Gegenseite schlugen.[355]

Auch im deutschen Judentum zeigten sich ähnliche Konfliktlinien zwischen religiös liberalen und orthodoxen Positionen im Kontext der Kulturkämpfe. Während des Konzils oder im Fall Ferrer tauchten antiklerikale oder antikatholische Topoi beispielsweise in den deutschen Pressebeispielen nicht in der orthodoxen Zeitschrift Der Israelit auf. Die Differenzierung entlang religiöser

350 Vgl. *Gross*: War against Catholicism 259–272.

351 Vgl. für den Begriff *Hübinger*: Kulturprotestantismus und Politik 291; allgemein *ders.*: Confessionalism; *Graf*: Die Spaltung.

352 Vgl. zur Distanz konservativer Protestanten die kritische Haltung 1909 Evangelische Kirchenzeitung 83 (1909) 959, 1053; allgemein bereits *Graf*: Protestantische Theologie 47 f.

353 Vgl. zur Schulfrage *Becker*: Liberaler Staat 247; *Borutta*: Antikatholizismus 356 f.; *Müller-Dreier*: Konfession in Politik 469–471; nach der Jahrhundertwende *Hölscher*: Konfessionspolitik in Deutschland 40 f.; allgemein zu den Konservativen im Kulturkampf *Schulte*: Die Stellung; zur evangelischen Kirche *Hilge*: Die evangelische Kirche; für weitere Beispiele der Zusammenarbeit und Nähe *Evans*: Cross and Ballot 101, 106, 217; *Friedrich*: Das 19. Jahrhundert 101 f.; *Landry*: That All May Be One 286–301.

354 Vgl. dazu *Encrevé*: Les protestants réformés.

355 Eine umfangreiche systematische Analyse der protestantischen Haltung gegenüber der Kirchenkritik im französischen Rahmen steht noch aus. Die bisherigen Studien konzentrieren sich vor allem auf die Reaktion der reformierten Protestanten gegenüber konkreten Gesetzesinitiativen. Vgl. die Literatur in Anmerkung 139; *Encrevé*: Les protestants 125–127; *Boutry*: Edgar Quinet 124.

Konfliktlinien war jedoch nicht so konsistent wie im Fall des Protestantismus, da aufgrund der Stellung als Minderheit, die bereits im Kontext der Mortara-Affäre erläutert wurde, zunächst insgesamt eine gewisse und zugleich ambivalente Nähe zum Antiklerikalismus seitens der jüdischen Gemeinschaft bestand. Diese potentielle Allianz überdeckte in Frankreich tendenziell die generell nicht so stark ausgeprägten internen Differenzen. Zudem konnte in beiden Ländern in gesetzgeberischen Debatten die Verteilung der innerkonfessionellen Spaltung gerade auch umgedreht werden. Während des Kulturkampfes positionierten sich etwa die reformorientierten Vertreter gegen das Austrittsgesetz, da man einen Exodus der Orthodoxen befürchtete.[356] Ähnliche, letztlich strategische Überlegungen aus einer Minderheitenposition heraus bestimmten zum Teil auch die öffentlichen Vertreter der reformatorischen Religion in Frankreich. So übte die Idee der Trennung während der Debatten nach der Jahrhundertwende auf einige religiös konservative Evangelikale durchaus Attraktivität aus, da sie hofften, so den Einfluss der liberalen Protestanten einzudämmen.

Abgesehen von diesen komplexen Gemengelagen ist jedoch festzuhalten, dass von protestantischer und zum Teil von jüdischer Seite sowohl dies- als auch jenseits des Rheins die Kritik an der katholischen Kirche auch dazu genutzt wurde, innerkonfessionelle Streitigkeiten auszutragen.[357] Diese fanden ihren Ausdruck beispielsweise in den auf konservative Protestanten oder orthodoxe Tendenzen im Judentum gemünzten Vorwürfen des ›Klerikalismus‹, ›Katholizismus‹, ›Papismus‹, ›Ultramontanismus‹ und ›Jesuitismus‹, die im Falle der Protestanten von ihnen selbst wie auch von nicht konfessionell orientierten Antiklerikalen verwendet wurden.[358] Die Kritik am Protestantismus und die interne Kritik am Judentum legen nahe, den Kern der Kulturkämpfe in der Opposition liberal-konservativ zu suchen. Für Frankreich haben Autoren vom Phänomen des ›Antiprotestantismus‹ gesprochen, der seine Wurzeln in den theologischen Differenzen zum Katholizismus seit der Reformation hatte. Hier sortierte man die antiklerikale Kritik ein.[359] Diese Verbindungslinien von Auto-

356 Vgl. insgesamt zur Stellung der Juden im Antiklerikalismus Kapitel 2.1; zu den Differenzen innerhalb des jüdischen Spektrums mit Blick auf die Kulturkämpfe *Toury*: Die politischen Orientierungen 251 f., 293–298; *Tal*: Christians and Jews 92, 112–116, 288 f.; *Birnbaum*: Jews of the Republic 115–136; *Leff*: Sacred Bonds 236; *Joskowicz*: Anticlerical Alliances 256–260, 330 f.; *Kaplan*: Devil 48, 118 f.

357 Vgl. für die Protestanten Protestantische Kirchenzeitung 16 (1870) 634–636; Evangelische Kirchenzeitung, 42 (1869) 85; *Cropp*: Dogma.

358 Vgl. z.B. für den Protestantismus Frankfurter Zeitung, 17.6.1870; Le Temps, 16.11.1869; allgemein zu diesem Phänomen in den deutschen Ländern bereits *Borutta*: Antikatholizismus 355; in Frankreich *Sacquin*: Bossuet et Maurras 413; *Mayeur*: La question laïque 75; für die Verwendung im jüdischen Kontext *Joskowicz*: Anticlerical Alliances 256–260, 296 f.

359 Vgl. *Sacquin*: Bossuet et Maurras; *Baubérot/Zuber*: Une haine oubliée; für den klar konfessionellen katholischen Antiprotestantismus im Deutschen Kaiserreich *Walser Smith*:

ren wie Jacques Bossuet (1627–1704) und Charles Maurras (1868–1952) zu den Kirchenkritikern verwirren meines Erachtens allerdings mehr, als dass sie das Phänomen erhellen. Gewisse Vorurteilsstrukturen glichen sich, aber die Kritik der Antiklerikalen an der reformatorischen Religion richtete sich in der Hauptsache gegen etwas anderes. Der Protestantismus entsprach in seiner Ausprägung als individualistische, emanzipatorische Gewissensreligion eher den religiösen Vorstellungen der Kirchenkritiker. In erster Linie wurden die protestantischen Beispiele der Intoleranz, der Verbindungen von Staat und Kirchen, hierarchische Strukturen innerhalb der evangelischen Kirchen und dogmatische Züge in Hinblick auf die Bindung an die Heilige Schrift – das heißt die im Zuge der Differenzierung der Konfession entstehende konservative Ausrichtung – ebenso verurteilt wie ihre katholischen Pendants.[360] Für den deutschen Kontext ist hervorzuheben, dass das emanzipatorische Bild des Protestantismus selbstverständlich auch ein historisch konstruiertes war und nicht dem Mehrheitsprotestantismus entsprach.[361] Antiklerikale suchten also in einer spezifischen Spielart des Protestantismus einen Kampfgenossen.[362] Bei jüdischen Antiklerikalen zielte die interne Kritik auf ein liberales und tolerantes Judentum im Sinne der Haskala und später der Reformbewegung, wobei sich die Bemühungen mit letzterer in Frankreich jedoch nur bedingt überschnitten. Die Verbindung über das liberale Element konnte konsequenterweise dann auch religionsübergreifende Brücken bauen. So waren die im Kontext der Analyse der Mortara-Affäre identifizierten antiklerikalen Aktivitäten der Juden etwa ein zentrales Mittel der Integration der dritten Konfession in Frankreich im gesamten 19. Jahrhundert.[363]

German Nationalism 71–74; *Blaschke*: Antiprotestantismus und Antikatholizismus; sowie *ders.*: Anti-Protestantism.

360 Vgl. für eine allgemeine Kritik am Protestantismus aus emanzipatorischer Perspektive Journal des Débats, 20. 10. 1858; Clamor Público, 26. 10. 1858; Volkszeitung, 25. 1. 1870; Berliner Tageblatt, 30. 7. 1909; Nationalzeitung, 7. 12. 1858; Kladderadatsch 17 (1869) 225; Berliner Wespen, 26. 9. 1869; Es werde Licht! 1 (1870) 29.

361 Vgl. Kapitel 1.4; konkret zur Orientierung des Mehrheitsprotestantismus z. B. *Borutta*: Antikatholizismus 355.

362 Aus radikal-laizistischer und atheistischer Perspektive konnten in einzelnen Argumentationen die liberalen Formen des Protestantismus jedoch als besonders perfide und gefährlich gegenüber einer endgültigen Freiheit von Religion angesehen werden. Vgl. dazu *Baubérot/Zuber*: Une haine oubliée 93.

363 Vgl. *Joskowicz*: Anticlerical Alliances passim; allgemein zu den Verbindungen zwischen kirchenkritischen Gruppen (wie Saint-Simonisten, Deutschkatholiken, liberalen Protestanten) und Juden *Leff*: Sacred Bonds 75–78, 84–102; *Nord*: The Republican Moment 84; *Weir*: Fourth Confession 109 f, 257–283, 412–418.

Nicht nur die Verschiebungen der Fronten und innerkonfessionellen Konfliktlinien erschweren gerade für die deutschen Kulturkämpfe eine eindeutige Bestimmung im Kontext der Konfessionen, wo die ältere Forschung sie zwischen Katholizismus und Protestantismus ursprünglich verortete. Angesichts meiner Untersuchungen scheint vielmehr gerade die Vermischung des konfessionellen Faktors mit anderen Determinanten die jeweiligen Oppositionen bestimmt zu haben. Während in der Mortara-Affäre die konfessionelle Karte in den deutschen Ländern (ganz im Gegensatz zu den USA und England) selbst in protestantischen Organen nicht gespielt wurde,[364] war die Rezeption des Ersten Vatikanums nicht nur für die protestantische Presse, sondern ebenso für die an ein allgemeineres Publikum gerichtete Tagespresse ein Anlass, in einem konfessionellen Sinne zu berichten. Sie bediente sich in der Berichterstattung zum Vatikanum des für die deutsche Einigung maßgebenden protestantischen Nationalismus.[365] Die konfessionelle Prägung der Diskussion bestimmte allerdings nur den geringeren Teil der deutschen antiklerikalen Kritik am Konzil. Ebenso arbeiteten die Antiklerikalen im Fall Ferrer zwar mit religiösen Argumentationsmustern, wie eingangs beschrieben, aber konfessionelle Orientierungen wurden dabei nicht explizit herausgestrichen.[366] Auch andere Studien haben Konjunkturen in der Bildung konfessioneller Fronten ausgemacht. So stand der Antijesuitismus besonders während des Kulturkampfes unter konfessionellen Vorzeichen, die sich nach 1890 im Kontext der veränderten politischen Konstellation auflösten.[367] Meine Untersuchung stützt die bisher herausgearbeitete Chronologie und legt die Annahme nahe, dass in der Fusion mit dem Nationalismus besonders während der Phase der Einigung der Antiklerikalismus konfessionell aufgeladen wurde.[368] Es wäre sicherlich lohnend, dieser Frage in zukünftigen Studien weiter nachzugehen. Insgesamt kann festgehalten

364 Vgl. dazu Kapitel 2.1.

365 Vgl. Kapitel 2.2, Anmerkung 298.

366 Selbstverständlich kann insbesondere für die deutschen Antiklerikalen nicht ausgeschlossen werden, dass der Kritik jeweils eine implizite konfessionelle Argumentation zugrunde lag.

367 Auch die Entwicklung der jüdischen Kirchenkritik zeigt, dass die konfessionsüberwindende Allianz im Antiklerikalismus nach 1871 gegenüber einer positiven Einstellung zum Zentrum zurücktrat. Ähnliche Konjunkturverläufe schlagen auch Studien vor, die sich ausschließlich mit den verschiedenen konfessionellen und innerkonfessionellen Konfliktlinien beschäftigen. Vgl. zum Antijesuitismus *Healy*: The Jesuit Specter 84–116, 194–226; zum jüdischen Antiklerikalismus *Joskowicz*: Anticlerical Alliances 300–302; zu weiteren Konjunkturverläufen *Hübinger*: Kulturprotestantismus und Politik 293–295; *Owzar*: Kampf der Kulturen 365–373; *Kuhlemann*: Konfessionalisierung der Nation; *Anderson*: Lehrjahre der Demokratie 102–198.

368 Vgl. zur Nationalisierung des Antikatholizismus bereits z. B. *Anderson*: Lehrjahre der Demokratie 142–144, 165–168, 174–176; *Borutta*: Antikatholizismus 153.

werden, dass konfessionelle Trennlinien sich nicht konsistent mit den antiklerikalen überschnitten und diese sich gerade im Protestantismus immer wieder auflösten. Insofern war der konfessionelle Faktor auch in den deutschen Kulturkämpfen sicherlich nur ein Faktor unter mehreren.[369]

Nationale Verschiebungen

Die religiösen Argumentationsmuster im Antiklerikalismus variierten ähnlich wie der konfessionelle Faktor von Situation zu Situation, von Gruppe zu Gruppe und von Land zu Land. Die Differenzen in Hinblick auf diese Frage besonders zwischen Frankreich und Spanien zeigen zentrale Unterschiede der nationalen Kulturkämpfe, wie ich nun anhand der von mir untersuchten drei Ereignisse exemplifizieren möchte.[370] 1858 stilisierte vor allem die französische Presse die Entführung Edgardo Mortaras zu einer Affäre. Die Behandlung der religiösen und theologischen Dimension des Konflikts war dabei ambivalent. Zum einen wurde in der Tagespresse vor allem in Auseinandersetzung mit dem ultramontanen Univers die theologische Frage der Gültigkeit der Taufe diskutiert. Zugleich argumentierten die kirchenkritischen Journalisten gegen das kanonische Recht mit Hinweis auf das höhere Naturrecht, das religiös begründet wurde. Zum anderen zogen sie sich auf den neutralen Standpunkt zurück. Wie gesehen stritten hier die beiden großen Tageszeitungen Le Siècle und La Presse darüber, ob eine bewusste Distanz oder eine neutrale Position laizistischer sei.[371] Die unentschiedene Argumentationshaltung und die Streitigkeiten darüber, was Laizität bedeuten sollte, zeigen, dass das Konzept des französischen Modells zu diesem Zeitpunkt noch nicht fest etabliert war, sondern noch darum gerungen wurde. 1858 lief die Auseinandersetzung zwischen den Anhängern der Laizität, während ich für 1869/1870 gezeigt habe, dass die zurückhaltende Berichterstattung zum Konzil in allen untersuchten Ländern durch die Schwierigkeit bestimmt war, eine ›neutrale‹ Position gegenüber den Entwicklungen des

369 Vgl. bereits ebenda 396.

370 Die nationalen Tendenzen, die dabei herausgearbeitet werden, beziehen sich vor allem auf die große Tagespresse demokratischer und liberaler Provenienz, wobei zum Teil nur eine der beiden politischen Orientierungen zur religiösen Aufladung der Diskussion beitrug. Die religiöse Orientierung der jüdischen, protestantischen und freigeistigen Presse und Publizistik wird dagegen eher vernachlässigt, da sie schon durch den grundlegenden Charakter der Organe und Schriften vorgegeben war.

371 Vgl. zu den theologischen Diskussionen Le Siècle, 24.10.1858; Journal des Débats, 15.10.1858; Univers Israélite 14 (1858) 10–12; L'Ésperance 20 (1858) 378; Le Lien 5 (1858) 169, 177; zur Betonung des neutralen Standpunktes Le Siècle, 20.10.1858, 24.10.1858, 28.10.1858; La Presse, 12.10.1858, L'Ésperance 20 (1858) 351.

Ultramontanismus zu finden.[372] Wenn man aber die Diskussionen in Frankreich 1858 in Verhältnis zur Berichterstattung zum Vatikanum und zum Fall Ferrer setzt, fällt ins Auge, dass die religiösen Argumente im Ländervergleich zunehmend seltener von den französischen Antiklerikalen verwendet wurden. 1869/1870 finden sie ihren Niederschlag vor allem in der Spezialpresse der Freidenker und Protestanten, 1909 scheinen die Debatten ihren religiösen Gehalt gänzlich verloren zu haben.[373]

Die spanische Rezeption der Mortara-Affäre war stark durch die drohende Zensur gehemmt, die Journalisten übten sich nachweislich in Selbstzensur und versuchten Verbote zu umgehen, indem sie über die Geschehnisse in Italien indirekt vor allem über die Diskussionen in Frankreich berichteten.[374] Dennoch griffen die Antiklerikalen in der Presse vereinzelt die theologischen Debatten auf und nahmen für sich in Anspruch, auf der Seite des wahren Glaubens zu stehen. Die republikanische Discusión grenzte etwa den ultramontanen Univers wegen seiner Haltung in der Affäre aus dem »christlichen Europa« aus.[375] Die Berichterstattung zum Ersten Vatikanischen Konzil vermittelt dagegen ein deutlich anderes Bild der spanischen Diskussionen. Mit dem Aufbrechen des rigiden Zensurregimes durch die Revolution von 1868 wurden die antiklerikalen Diskussionen in Spanien vor allem auch Debatten über religiöse Fragen. Das Argument des wahren Glaubens taucht nun in fast jedem zweiten Artikel auf, darin ähneln die iberischen Debatten den deutschen.[376] Eine spanische Besonderheit in der Rezeption des Konzils stellen allerdings die allgegenwärtigen ostentativen Deklarationen des eigenen Glaubens dar. Der liberale Imparcial schrieb etwa in seiner Kritik am Konzil »Gott errette die Kirche, Gott errette den Katholizismus«[377]. Dagegen kommentierte die republikanische Discusión das Unfehlbarkeitsdogma genuin antikatholisch: »Der Katholizismus wird zugrunde gehen, aber Christus stirbt nicht, Christus ist unsterblich!«[378] Dass die Debatten über

372 Vgl. Kapitel 2.1 und 2.2.

373 Vgl. für das Vatikanum z.B. Vrai Protestant 2 (1868/1869) 18; Protestant Libéral, 11.11.1869; insgesamt die Freidenkerzeitschriften Libre Pensée, L'Excommunié; Libre Conscience, Concile de la Libre Pensée; für den Fall Ferrer die Ausnahmen L'Action, 13.10.1909; Le Protestant 24 (1909) 269, beides Organe, die eine spezielle ›religiöse‹ Ausrichtung als protestantische beziehungsweise freidenkerische Zeitschrift hatten.

374 Vgl. Kapitel 2.1.

375 Vgl. La Discusión, 8.11.1858; zu den theologischen Debatten Clamor Público, 29.10.1858; La Discusión, 25.12.1858.

376 Vgl. Anmerkung 330, 331 und 332.

377 »Dios salve á la Iglesia, Dios salve al catolicismo«, El Imparcial, 9.3.1870.

378 »[E]l catolicismo perece, pero Cristo no muere, porque Cristo es inmortal!«, La Discusión, 15.7.1870. Vgl. für weitere Beispiele von Glaubensbekundungen während des Konzils República Ibérica, 20.3.1870; La Igualdad, 22.7.1870; El Imparcial, 19.11.1869; La Iberia, 13.3.1870; La América, 28.12.1869; Gil Blas, 20.2.1869.

das Verhältnis von Staat, Gesellschaft und Kirche zu einer religiösen Auseinandersetzung gemacht wurden, manifestierte sich auch in den Diskussionen zur neuen Verfassung 1869. In der Sitzung über den verfassungsrechtlichen Status des Katholizismus widmeten sich Parlamentsmitglieder unterschiedlicher politischer Orientierung ausgehend von einer Äußerung des erklärten Atheisten und angeblichen Delegierten des Antikonzils Francisco Suñer y Capdevila Fragen religiöser Überzeugungen. In der sogenannten »Sesión de blasfemias« diskutierten die Parlamentarier die Jungfräulichkeit der Gottesmutter sowie das Verhältnis von Mensch und Gott.[379] Atheistische, materialistische oder antireligiöse Positionen nahmen in diesen Diskussionen, und dies ist zu betonen, nur eine sehr marginale Position ein.[380]

Trotz der religiösen Aufladung und der Vehemenz, die den Kulturkämpfen daraus erwuchsen, wurde dem Konzil interessanterweise nicht so viel Aufmerksamkeit zuteil, wie man vermuten könnte.[381] Der Rezeption lag vielmehr eine besondere Zurückhaltung zugrunde. Diese begründete sich zum einen durch die revolutionäre Situation im Land, die die öffentliche Aufmerksamkeit im Inneren des Landes band. Zum anderen resultierte sie aus der hohen sozialen Kohärenz in religiöser Hinsicht, die die spanische Gesellschaft in der zweiten Hälfte des 19. Jahrhunderts bestimmte,[382] und der daraus entstehenden defensiven Position der Antiklerikalen. In der Berichterstattung des Konzils verteidigten sich die spanischen Kritiker, besonders diejenigen liberaler Provenienz, immer wieder gegen eventuelle Vorwürfe der Anti- oder Areligiosität.[383] So antwortete zum Beispiel der Imparcial in seinem Kommentar zum Kirchenschema »den Lesern, die glauben, dass die Religion hier eine Rolle spiele«, »die Religion spielt überhaupt keine Rolle«.[384] Und der Journalist Mariano Calavia[385] behauptete in einem Artikel, in dem er eine vehemente Kritik am Katholizismus und an positiven Religionen insgesamt artikulierte, »wir können nicht mit Hass auf ein religiöses System blicken«[386].

379 Vgl. dazu Diario de Sesiones, Serie histórica, Bd. 14 1357–1392.

380 Vgl. für die Debatten im Sexenio insgesamt *Mira Abad*: Secularización y mentalidades; für die religiösen Positionen in der verfassungsgebenden Versammlung *Petschen*: Iglesia – estado 272–282.

381 Vgl. Kapitel 2.2.

382 Vgl. Kapitel 1.3.

383 Vgl. zu dieser Beobachtung bereits für die Restaurationszeit *Villazón González*: Las polémicas 379; begrenzt auf die Liberalen *Magenti Javaloyas*: La cuestión religiosa, 1906 239, 264, 266.

384 »[A] aquellos [...] lectores que crean que la religión tiene algo que ver en esto«, »la religión nada tiene que ver«, El Imparcial, 4. 3.1870.

385 Mariano Calavia war Arzt, Politiker und Journalist. Vgl. ABEPI, I, 151 186.

386 »[N]o podemos mirar con odio un sistema religioso«, Justicia Social, 21.2.1870. Vgl. als weitere Beispiele der defensiven Haltung República Ibérica, 29.12.1869; La Igualdad,

Die ostentativen Glaubensbekenntnisse und die defensive Haltung zeigen, dass sich die Antiklerikalen tendenziell einem gewissen Druck gegenübersahen. In seiner Rede in der Sesión de blasfemías erklärte zum Beispiel der republikanische Abgeordnete Eugenio García Ruiz[387]:

Ich wünschte mir, meine Herren, dass aus unserem Wortschatz ein Ausdruck verschwände, der in unseren Dörfern bis heute Synonym für das Infamste und Verräterischste auf der Welt ist, dieser Ausdruck ist der Begriff Häretiker: Häretiker sind die Engländer, Häretiker ist der Großteil der Deutschen, Häretiker sind die Schweizer, Häretiker ist ein Teil der zivilisierten Nationen und dennoch, wenn man in Spanien Häretiker sagt, so meint man damit Dieb, Mörder, Brandstifter und all das Schlechte der Welt. Und warum? Weil unsere Kleriker, die Kirche diese Idee den armen Leuten eingepflanzt hat.[388]

Ich möchte mit diesem Zitat weniger auf den immer wieder betonten repressiven Charakter des spanischen Katholizismus hinweisen,[389] sondern verdeutlichen, dass spanische Antiklerikale sich fortwährend Vorwürfen ausgesetzt fühlten. Diese Vorwürfe lehnten sie zum einen ab, wenn sie ihre religiöse Kritik äußerten, zum anderen nahmen sie sie aber auch an, indem sie sich verteidigend

3.9.1870; El Imparcial, 1.12.1869; La Iberia, 11.3.1870. Vergleichbare Stellungnahmen waren im Falle des Konzils in den deutschen Ländern und in Frankreich eher selten. 1858 waren dagegen auch in Frankreich ähnlich defensive Positionierungen verbreitet. Vgl. Le Siècle, 24.10.1858, 28.10.1858, 23.11.1858; Journal des Débats, 29.9.1858; zum Konzil die Ausnahmen Le National, 4.3.1870; Le Temps, 8.4.1870; Bauhütte 12 (1869) 401 f.; Gartenlaube 18 (1870) 144.

387 Eugenio García Ruiz (1819–1883), Politiker und Journalist. García Ruiz war federalistischer Republikaner und saß in der Isabellinischen Ära im Parlament. Während der Ersten Republik hatte er ein Ministeramt inne. Vgl. ABEPI, I, 377 12–14, II, 385 404, III, 262 360–363, IV, 256 82 f.

388 »Yo quisiera, señores, que desapareciera de nuestro Diccionario una palabra que aún parece en nuestras aldeas sinónima de todo lo más infame y más aleve [sic!] del mundo, esto es, la palabra herege: hereges son los ingleses, hereges son la mayor parte de los alemanes, hereges son los suizos, hereges son una porcion de naciones civilizadas, y sin embargo, en España decir herege es decir ladron, asesino, incendiario y todo lo malo del mundo. ¿Y por qué? Porque nuestros clérigos, la Iglesia han hecho concebir esa idea á las pobres gentes«, Diario de Sesiones, Serie histórica, Bd. 14 1365.

389 Vgl. dazu beispielsweise den Druck hinsichtlich der Erteilung von Sterbesakramenten *Jiménez Lozano*: Los cementerios civiles 177–191; in Bezug auf Freizeitaktivitäten *Callahan*: Church, Politics and Society 207; auf Moralerziehung *Lannon*: Privilege, Persecution, and Prophecy 51–53; den Druck auf die dissidentische Tendenz der Krausisten *Capellán de Miguel*: Gumersindo de Azcárate passim; den gesellschaftlichen Druck etwa durch Industriepatrone *Rodríguez Infiesta*: Socialización política 76 f.; oder die staatliche Verfolgung von Protestanten 1861 bis 1863 *Alonso García*: La ciudadanía católica y enemigos 344–363; *ders.*: Con leyes sabias.

äußerten und ihre wie auch immer geartete Religiosität bewusst in die Öffentlichkeit trugen.

Dieses Gemisch aus Glaubensstreit, empfundener Repression und defensiver Haltung bestimmte den Charakter des spanischen Antiklerikalismus auch nach den Revolutionsjahren.[390] Der Fall Ferrer wurde nicht nur von den katholischen Kräften des Landes als religiöser Kampf gegen den anarchistischen und atheistischen Pädagogen aufgefasst, sondern in Spanien im Gegensatz zu Frankreich, aber auch zum Kaiserreich, besonders vehement auch von Seiten der Kirchenkritiker mit religiösen Argumenten geführt.[391] Die Hauptträger des Protests gegen die Hinrichtung Ferrers, die Republikaner, beriefen sich immer wieder auf die christliche Lehre der Gnade, um die Repression der antiklerikalen Ausschreitungen der Semana Trágica und die Exekution Ferrers zu kritisieren, für die sie die ›klerikalen‹ Kräfte verantwortlich machten.[392] Ein Leserbrief im Liberal beanstandete als »religiöse Verfolgung«[393] den Druck zu beichten, der auf Ferrer vor seiner Hinrichtung durch verschiedene Kleriker ausgeübt worden war. Der País schrieb, dass man in Spanien entweder Jesuit sei oder sonst direkt als Atheist gelte.[394] Auf den empfundenen Druck reagierten gewisse antiklerikale Kräfte erneut mit der Betonung der eigenen Religiosität. Der republikanische Abgeordnete Juan Sol y Ortega[395] verkündete etwa im Anschluss an die Hinrichtung Ferrers auf einer öffentlichen Protestkundgebung in Sevilla, dass er religiös sei.[396]

390 Vgl. zum religiösen Gehalt die Debatten der Krausisten *Botti*: Curas; Alejandro Lerroux' Antiklerikalismus *Álvarez Junco*: Alejandro Lerroux 342–354; zur defensiven Haltung die bereits öfter konstatierten Betonungen spanischer Antiklerikaler, nicht anti- oder areligiös zu sein, *Magenti Javaloyas*: La cuestión religiosa, 1906 239; *Villazón González*: Las polémicas 379; *Salomón Chéliz*: El discurso anticlerical 83, 92, 106, 121 f.; *Mira Abad*: Actitudes religiosas.

391 Vgl. für die katholische Seite *De Urdebuenas*: Melilla, Barcelona, Ferrer 279–299; das Manifest der Laienorganisatsion »Comite de Defensa Social« in *Simarro Lacabra*: El proceso Ferrer 30–33; für die antiklerikale Seite España Nueva, 13.10.1909, Campana de Gràcia, 1.4.1911; Vida Social, 9.10.1909; *Bertran*: Yo acuso 8.

392 Vgl. El País, 7.10.1909; España Nueva, 14.10.1909; El Motín, 11.11.1909.

393 »[P]ersecución religioso«, El Liberal, 16.10.1909; ähnlich auch Tierra y Libertad, 5.4.1911.

394 Vgl. El País, 30.10.1909.

395 Juan Sol y Ortega (1849–1913), katalanischer Rechtsanwalt und republikanischer Politiker. Sol y Ortega ist nicht definitiv einer Strömung innerhalb des republikanischen Lagers zuzuordnen. Vgl. ABEPI, I, 918 330–332, II, 858 307 f., IV, 601 156 f.

396 Vgl. El País, 2.11.1909; für die Kritik an diesem Statement El Motín, 11.11.1909.

Entwicklungspfade[397]

Die national unterschiedlich gelagerten Verschiebungen hinsichtlich der religiösen Debatten zwischen den von mir untersuchten Fällen verdeutlichen entscheidende Differenzen im Umgang mit der Frage nach der Religion in den nationalen Öffentlichkeiten. Während in Spanien und auch in den deutschen Ländern religiöse Überzeugungen in der zweiten Hälfte des 19. Jahrhunderts ein dauerhaftes öffentliches Streitthema im antiklerikalen Diskurs waren, legen meine Ergebnisse nahe, dass in Frankreich diese Dimension in den Kulturkämpfen zurücktrat. Man arbeitete hier für das laizistische Gesellschaftsmodell, indem Glaubensfragen aus der öffentlichen Kommunikation ausgeschlossen wurden, bevor dies als liberaler Kompromiss Verfassungswirklichkeit wurde. Insofern unterstützt auch mein Vergleich der Rolle der Religion im Antiklerikalismus die These des französischen ›Sonderwegs‹.[398] Versuche, religiöse Debatten zu vermeiden, finden sich auch in anderen Kontexten.[399] Selbstverständlich kann man gerade für die Frühphase der staatlichen Laizisierung in der Dritten Republik, aber auch im Kontext der Gesetzesnovellierung von 1905 nicht behaupten, dass religiöse Fragen aus der Neukonzeption des Staates gänzlich ausgeklammert wurden.[400] Meine Analyse bestätigt jedoch alle bisherigen Studien, die zeigen, dass in Frankreich eher um ein Staatsmodell als über religiöse Inhalte gestritten wurde und sich vielfach Versuche manifestierten, religiöse Fragen ganz aus den Diskussionen auszuschließen.

Das bewusste oder unbewusste Umgehen von Glaubensfragen im französischen Antiklerikalismus wirft zugleich ein neues Licht auf die Entwicklung der Laizität. Diese war nicht nur ein Kampf um ein spezifisches Staats- oder Gesell-

397 Vgl. zum Begriff *Schriewer*: Vergleich und Erklärung 66.

398 Vgl. z. B. *Baubérot*: Laizismus 29 oder *Cabanel*: Les mots 41. Der Begriff ›Sonderweg‹ bezieht sich hier ausschließlich auf eine spezifische Forschungstradition in Frankreich und soll keinen ›Normalweg‹ implizieren.

399 Vgl. für republikanische Parlamentsabgeordnete der 1880er Jahre *Silvan*: Anticléricalisme 97–116; in den Trennungsdebatten Chambre de Députés. Débats parlamentaires, 1905 1671, 1674 f.; *Chevallier*: La séparation 94, 147; die Vorsicht der Verwendung religiöser Symbolik in der Dritten Republik *Leruth*: Laicism 452 f.; *Ihl*: La fête républicaine 168, 230 f., 260 f., 327. Diese Veränderung korrespondiert mit der beobachteten Verschiebung weg von einer neuen, tendenziell protestantisch geprägten Zivilreligion hin zu einem neutralen Konzept von Laizität in Frankreich in diesen Jahren. Vgl. dazu z. B. *Martin*: L'émergence.

400 Vgl. für die religiöse Dimension und dem spanischen Fall ähnlich defensive Haltungen die Debatten um die Laizisierung der Schule Sénat. Débats parlamentaires, 1881 1025, 1028, 1031; *Chevallier*: La séparation 94, 147, 308, 334–337; *Grévy*: Le cléricalisme 84; *McIntire*: Changing Religious Establishments, Part 2 286 f.; für die Diskussionen zwischen 1903 und 1905 Chambre de Députés. Débats parlamentaires, 1905 1659, 1661, 1664, 1680; *Grévy*: Le cléricalisme 164; *Mayeur*: La séparation 24, 56 f., 74 f.

schaftsmodell, sondern auch eine praktizierte Säkularisierung im Sinne der Privatisierung von Religion.[401] Französische Antiklerikale konstituierten durch ihre Diskursführung eine neutrale, säkulare Sphäre in der öffentlichen Auseinandersetzung, die die Basis für ihre Forderung nach Laizisierung des Staates darstellte. Neuere Arbeiten zur Laizität haben diese individuelle Leistung bei der Modifizierung des Öffentlichen als zentrales Moment des französischen Modells herausgearbeitet.[402] Der Blick auf den Anteil religiöser Argumentationsmuster in den Kulturkämpfen beweist in der vergleichenden Perspektive, dass gerade viele der französischen Antiklerikalen in ihrem Kampf in der zweiten Hälfte des 19. Jahrhunderts dazu beitrugen, dass religiöse Deutungsmuster aus der Öffentlichkeit verschwanden und so ihre gesellschaftliche (aber nicht notwendigerweise ihre individuelle) Legitimationsfunktion verloren. Sie verwirklichten also den Anspruch, mit dem das Konzept des Säkularen laut Rorty auftritt.[403]

Auch viele spanische Antiklerikale sahen das Ideal in der Privatisierung von Religion, aber in ihrer Diskursführung entsprachen sie selbst nicht diesem Modell.[404] Die antiklerikalen Debatten waren in Spanien unter anderem Auseinandersetzungen um Glaubensfragen und blieben dies. Verschiedentlich wurde versucht, die besondere Vehemenz und den gewalttätigen Charakter des spanischen Antiklerikalismus mit der religiösen Aufladung der Kulturkämpfe zu erklären.[405] Diskussionen um religiöse Überzeugungen waren allerdings keine spezifische Besonderheit des iberischen Antiklerikalismus. Dies zeigen meine Untersuchungen zu den deutschen Ländern.[406] Hier soll und kann keine

401 Inwieweit diese Privatisierung auch eine Säkularisierung im Sinne eines persönlichen Glaubensabfalls oder einer Entkirchlichung voraussetzt, sei dahingestellt. Sicherlich hat die vergleichsweise hohe Zunahme des Atheismus in Frankreich für diese Veränderung durchaus unterstützend gewirkt.

402 Vgl. *Leruth*: Laicism 452 f., aufbauend auf der aktuell und politisch ausgerichteten Argumentation von *Nicolet*: L'idée républicaine 109.

403 Vgl. *Rorty*: Antiklerikalismus 33–47.

404 Vgl. zum Modell bei spanischen Antiklerikalen *Suárez Cortina*: Democracia y anticlericalismo 218.

405 Die Erklärungsansätze für die Gewalt reichen von anthropologischen Interpretationen, die die Ausbrüche als Gegenrituale deuten, über politische und ökonomische Faktoren sowie die lange Tradition gewalttätiger Konfliktlösung bis hin zum Hinweis auf den religiösen Gehalt der Konflikte. Vgl. für einen Überblick über die verschiedenen Erklärungsansätze zu Spanien allgemein *Pérez Ledesma*: Studies on Anticlericalism; für eindimensionale Erklärungen *Delgado Ruiz*: La ira sagrada; *ders.*: Luces iconoclastas 146–168; *Vincent*: The Spanish Civil War 79 f.; für die Anarchisten *Álvarez Junco*: El anticlericalismo 299 f.; für überzeugendere Kopplungen von verschiedenen Faktoren *Vincent*: Keys; *De la Cueva Merino*: Si los curas y frailes supieran.

406 Vgl. Anmerkung 330, 331, 332; dazu bereits mit Blick auf Italien *Botti*: Curas 16 f.; dagegen als spezifisches Charakteristikum bei *Suárez Cortina*: La confrontación 218.

umfangreiche Analyse antiklerikaler Gewalt und ihrer Entstehung in Spanien folgen, denn das überschritte den Zuschnitt meiner Untersuchung.[407] Ich möchte stattdessen nur das Erklärungspotential verdeutlichen, das dennoch in der Frage nach der Religion steckt: Sie kann helfen, die spezifische Konstellation jenseits der Pyrenäen zu verstehen, die in der zweiten Hälfte des 19. und Anfang des 20. Jahrhunderts den Boden für Gewalt bereitete.

Der Antiklerikalismus in Spanien war durch eine gleichzeitige Stärke und Schwäche geprägt. Spanische Kirchenkritiker thematisierten in den Kulturkämpfen Glaubensfragen, die den Auseinandersetzungen eine besondere Vehemenz verliehen. Zugleich agierten sie aus einer marginalisierten rechtlichen Position heraus. In Frankreich wurde der Antiklerikalismus schon in den letzten Jahren des Zweiten Empire zum Teil salonfähig und in der Dritten Republik stellte er eine der zentralen Orientierungsachsen der Gesellschaft dar. Die deutschen Antiklerikalen agierten ebenfalls in einer Gesellschaft, in der aufgrund der protestantischen Prägung des Deutschen Kaiserreiches vor allem ab 1871 Ausgrenzungen eher ihre Gegner betrafen.[408] Insofern muss dem konfessionellen Faktor als struktureller Komponente im internationalen Vergleich doch ein höheres Gewicht beigemessen werden, als die Diskursanalyse der Konflikte es

407 Während vergleichende Analysen zur Gewalt im Bürgerkrieg existieren, fehlt eine systematisch komparative Studie antiklerikaler Gewaltausbrüche in einer längeren diachronen Betrachtung. Bislang ist deshalb die viel zitierte Sonderstellung Spaniens nicht bewiesen. Eine vergleichende Perspektive zeigt nämlich, dass auch in anderen Ländern die Kulturkämpfe des 19. Jahrhunderts in gewalttätige Konfliktaustragung mündeten und es auch jenseits der Pyrenäen systematischere Ausbrüche im Zusammenhang revolutionärer Bewegungen gab. Um eine methodisch gesicherte Untersuchung durchzuführen, sollten Aspekte wie die antiklerikale Mobilisierung direkt vor den Handlungen, die Praktiken der Gewalt, die jeweiligen politischen Konstellationen im Moment der Gewalt sowie die politische Konfliktkultur miteinbezogen und die Gewaltfälle nach alltäglicheren und systematischeren Formen unterschieden werden. Vgl. zur Unterscheidung der verschiedenen Formen bereits *Castro Alfín*: Cultura 70–97; für den Bürgerkrieg die internationale Situierung *De la Cueva Merino*: El asalto; zu nationalen Erklärungsversuchen *ders.*: Si los curas y frailes supieran; *La Parra López*: Los inicios 14; *Pérez Ledesma*: Anticlericalismo y secularización 276–280; zu nicht spanischen Gewaltausbrüchen z. B. die gelungene mehrdimensionale Analyse des Moabiter Klostersturms *Borutta*: Enemies 230–247; *ders.*: Antikatholizismus 239–252; des Weiteren *Weir*: Fourth Confession 304–312; zu den Auseinandersetzungen um Schulen *McLeod*: Religion and the People 44 f.; zu eher alltäglichen Formen in Frankreich *Papet*: Cléricaux et Anticléricaux 219 f.; *Lagrée*: Processions religieuses; *McMillan*: Priest Hits Girl; *Lalouette*: Les libres penseurs; *Grévy*: Le cléricalisme 96; in Spanien *De Mateo Avilés*: Anticlericalismo en Málaga 94–109; *Revuelta González*: La Compañía, Bd. 2 746–758; *De la Cueva Merino*: Si los curas y frailes supieran 200–206 oder *Salomón Chéliz*: Anticlericalismo en Aragón 260–276; zur revolutionären Gewalt die Julirevolution *Leroy*: Le mythe jésuite 59 f. und die Commune *Langlois*: La fin 15 f.

408 Vgl. etwa die Analyse der Zensurpolitik Kapitel 2.2 und 2.3; sowie allgemein Kapitel 1.2, 1.3 und 1.4.

nahelegt.[409] Der spanische Staat blieb mit Ausnahme der sechs Jahre der Revolution im 19. Jahrhundert konfessionell verfasst.[410] Kritik an der öffentlichen Rolle von Religion war somit zugleich Kritik an der Verfassung des Staates. Spanische Antiklerikale sahen sich, wenn sie aktiv wurden, anders als ihre Mitstreiter in den beiden anderen Ländern, viele Jahre einer repressiven Politik gegenüber.[411]

Mit der Besonderheit der katholisch konfessionellen Prägung des spanischen Staates im 19. und Anfang des 20. Jahrhunderts im Kontext Westeuropas ist schon mehrfach versucht worden, die Radikalisierung des spanischen Antiklerikalismus und die Gewalt im Bürgerkrieg zu begründen.[412] Dieser Hinweis auf die Verfassung lässt allerdings eine Lücke zwischen der Mikroebene der antiklerikalen Handlungen und der Makroebene der strukturellen Differenzen. Es bleibt in gewisser Weise offen, wie die fehlende Säkularisierung des Staates und sein repressiver Charakter den Antiklerikalismus beeinflussten. Neben der staatlichen Repression waren die Antiklerikalen zusätzlich noch einem kirchlichen sowie gesellschaftlichen Druck ausgesetzt.[413] Dieser manifestierte sich im antiklerikalen Diskurs, in den Beschwerden über die kontinuierlichen Vorwürfe und in der defensiven Haltung. Die Mischung aus Anklage und Verteidigung war eine ambivalente Position, die sowohl die Ablehnung der Repression als auch die Anerkennung der sozialen Kohäsion in Bezug auf Religion implizierte. Kirche und Religion übten auf die konkrete Haltung der Antiklerikalen immer noch Macht aus, gegen die sie sich eigentlich wehrten – eine Situation, die Ohnmachtsgefühle und Frustration erzeugte und dann zu einem Nährboden von Gewalt werden konnte.[414] Der spezifische Charakter der religiösen Debatten im spanischen Antiklerikalismus – Glaubensstreit, empfundene Repression und defensive Haltung – lässt die Wirkung der repressiven Strukturen auf die Anti-

409 Vgl. zu einem ähnlichen Ergebnis für die deutschen Freidenker kommend *Weir*: Fourth Confession.

410 Vgl. *Alonso García*: Ciudadanía católica; *De Diego Romero*: Ciudadanía católica.

411 Vgl. Kapitel 1.2, 1.3 und 1.4.

412 Vgl. *Pérez Ledesma*: Anticlericalismo y secularización; *Salomón Chéliz*: Anticlericalismo en Aragón 14.

413 Vgl. die Beispiele in Anmerkung 389 sowie allgemein Kapitel 1.3.

414 Die hier angenommene Kausalkette stützt sich letztlich implizit auf die Frustrations-Agressions-Theorie, die mittlerweile umstritten ist, aber durchaus auch noch in der psychologischen Forschung bestand hat. Neben der Relativierung eines Automatismus hat man insbesondere die Bedeutung verschiedener weiterer Faktoren wie andere Emotionen, Erwartungen oder die Beschaffenheit des Frustrationsauslösers hervorgehoben. Deshalb spreche ich hier bewusst nur von einem Nährboden für Gewalt. Vgl. zur sozialpsychologischen Debatte z. B. *Aronson* u. a.: Sozialpsychologie 449–452.

klerikalen sichtbar werden und schließt in methodischer Hinsicht so die konstatierte Lücke zwischen Mikro- und Makroebene.

Der Antiklerikalismus kann in den drei untersuchten Ländern nicht als ein anti- oder areligiöses Phänomen betrachtet werden. Er stand im Kontext der Pluralisierung des religiösen Feldes der zweiten Hälfte des 19. Jahrhunderts und entstammte unterschiedlichen religiösen und konfessionellen Orientierungen, wobei der Atheismus nur eine Spielart unter vielen war. Die Kulturkämpfe in Presse und Publizistik waren zu weiten Teilen durchzogen von Diskussionen um den wahren Glauben und christliche Moralvorstellungen spielten in der Kritik der Antiklerikalen eine große Rolle. Wie man an den Debatten und Abgrenzungsbemühungen sehen kann, war die religiöse Frage dabei zugleich ein zentraler Punkt, an dem sich die verschiedenen gesellschaftlichen und politischen Gruppen unterschieden. Die Säkularisierungsbemühungen der Antiklerikalen wurden insofern begleitet von einer religiösen Suche.

Viele der emanzipatorischen Religionsvorstellungen, die in den Auseinandersetzungen als positive Modelle entworfen wurden, weisen Strukturen auf, welche die alternativen Entwürfe in die Nähe des Kulturprotestantismus rücken, ohne allerdings in diesem aufzugehen. Die neuen Religionsvorstellungen sollten mit der Moderne und insbesondere den emanzipatorischen Gesellschaftsmodellen der Antiklerikalen kompatibel sein. Deshalb waren sie zumeist stärker vom Individuum her gedacht. Als Konfession ist dem Protestantismus jedoch nur bedingt Bedeutung in den Kulturkämpfen der drei Länder beizumessen. Dies gilt sowohl für die (überwiegend) monokonfessionellen Länder Spanien und Frankreich, als auch für die deutschen Länder, wo die Konfliktlinien zumeist eher zwischen Liberalen und Konservativen als zwischen den Konfessionen zu suchen sind. Auch in der jüdischen Beteiligung im Antiklerikalismus manifestierten sich in den religiösen Debatten zum Teil ähnliche interne Differenzen. Meine Ergebnisse verdeutlichen darüber hinaus, dass der Einfluss des konfessionellen Faktors schwankte, und legen hier weitere Untersuchungen nahe. Die religiösen Argumentationsstrukturen variierten aber nicht nur zwischen den unterschiedlichen Gruppen, sondern auch den nationalen Vergleichsfällen. Die Differenzen zwischen den drei Ländern geben zentrale Einblicke in die Entstehung der verschiedenen nationalen Modelle des Verhältnisses von Staat, Gesellschaft, Kirchen und Religion. In Frankreich klammerten die Antiklerikalen in den Diskussionen zusehends ihre persönlichen religiösen Überzeugungen aus, das heißt, dass hier der staatlichen Laizisierung eine Säkularisierung im Sinne der Privatisierung von Religion vorausging, so dass die Pluralisierung des Religiösen eingehegt wurde. Die religiösen Debatten blieben in Spanien dagegen konstant und wiesen dabei zugleich einen spezifischen Charakter auf. Die spanischen Kulturkämpfe wurden bestimmt von Glaubensstreit, empfundener

Repression und defensiver Haltung. Dies Gemisch verlieh dem iberischen Antiklerikalismus seine besondere Dynamik. In Spanien wurde die Frage nach der Religion, wie sie Margarete in Goethes Drama an Faust stellt, wirklich zur Gretchenfrage, zum kritischen Kern des Problems des Antiklerikalismus.[415] Die religiöse Aufladung der Diskussionen gab den Konflikten eine besondere Vehemenz. Zugleich zeugen die iberischen Debatten von einer Anerkennung und gleichzeitigen Abwehr eines gesellschaftlichen Drucks – eine ambivalente Position, die Ohnmachtsgefühle erzeugte, welche zu einem Nährboden für Gewalt werden konnten. In den deutschen Ländern entstand aus den religiösen Argumentationsmustern aufgrund der konfessionellen Machtverteilung keine vergleichbare Dynamik. Dieser Befund wertet den konfessionellen Faktor wieder auf und lenkt bei aller Ähnlichkeit des antiklerikalen Diskurses den Blick auf die Bedeutung der strukturellen Differenzen.

3.4 Eine Frage der Moral – Neue und alte Instanzen, neue und alte Werte

Der Antiklerikalismus wurde bisher als Frage der Macht, unterschiedlicher Episteme oder der Religion betrachtet – der kirchenkritische Diskurs war aber auch durchtränkt von moralischen Argumentationen. Moralische Verfehlungen in der Geschichte der katholischen Kirche wurden angeprangert, der Klerus als sittlich verkommener Stand in Wort und Bild dargestellt und bestimmte Werte der katholischen und zum Teil der christlichen Moral generell kritisiert. Ebenso wenig wie die Frage nach der Religion war die omnipräsente Kritik an der Moral ausschließlich dichotomisch strukturiert, vielmehr überwog die Argumentation, dass Kirchen und Klerus die eigenen moralischen Ansprüche hintergehen würden.[416] Indem die Moral von Kirchen und Klerus kritisiert wurde, stellten Antiklerikale den Anspruch der Institution und des Standes in Frage, die legitimen maßgebenden moralischen Instanzen zu sein. Deshalb diskutierten die Kirchenkritiker auch, wer an Stelle der Kirchen die gesellschaftlichen Normen festlegen sollte. Im Kontext der Kirchenkritik sind auch die Bemühungen zu verorten,

415 Vgl. Faust I, Vers 3415, *Goethe*: Goethes Werke. Hamburger Ausgabe, Bd. 3.

416 Dieser Topos spielte bereits im traditionellen Antiklerikalismus eine entscheidende Rolle. Vgl. zum ausgehenden Mittelalter und zur Reformation z. B. *Goertz*: Antiklerikalismus und Reformation 65; *Grévy*: La république 47; für das 19. Jahrhundert bereits in Bezug auf sexuelles Verhalten *Borutta*: Das Andere 65; *ders.*: Antikatholizismus 194–196; allgemein *Faury*: Cléricalisme et anticléricalisme 226 f.; *Doizy*: Corbeaux contre la Calotte 97 f.; *De la Cueva Merino*: Clericales y anticlericales 381; *Salomón Chéliz*: Anticlericalismo en Aragón 106.

eine unabhängige, laizistische Moral zu etablieren.[417] Wie bereits angedeutet wurde und im Folgenden noch einmal ausführlicher an bestimmten Aspekten herausgestellt werden wird, waren Elemente christlicher Moralvorstellungen bei den meisten Antiklerikalen allerdings weiterhin bestimmend, auch wenn ihrer Kritik ein antiinstitutioneller Zug unterlag. Diesen auf den ersten Blick sich scheinbar widersprechenden Tendenzen wird der folgende Abschnitt nachgehen.

Den moralischen Aspekt antiklerikaler Kritik hat die Forschung zum 19. Jahrhundert bereits vielfach herausgearbeitet. Interessanterweise wurde dabei in den drei Ländern ein sehr unterschiedlicher Fokus gebildet. Während in Spanien die Mehrheit der Studien diskutiert, welche Funktion die moralische Kritik hatte, und unterschiedliche Themenbereiche aufdeckte,[418] widmeten die Arbeiten zu Frankreich der moralischen Frage weniger Aufmerksamkeit, die Analysen konzentrierten sich hier vor allem auf die politischen Aspekte des Antiklerikalismus. Nur vereinzelt finden sich in der französischen Literatur vergleichbare Diskussionen wie südlich der Pyrenäen.[419] Den deutschen Antiklerikalismus beziehungsweise Antikatholizismus interpretierte die Forschung in den letzten Jahren vor allem als Ort, wo eine spezifische Moral produziert wurde. Die meisten Autoren konzentrierten sich dabei thematisch auf die Sexualmoral und nur vereinzelt wurden systematisch auch andere Bereiche wie die Ökonomie mitein-

417 Diese Bemühungen waren, so legt die existierende Forschungsliteratur nahe, besonders stark in Frankreich ausgeprägt. Allerdings müsste diese Hypothese erst noch vergleichend bestätigt werden. Vgl. zu diesen Bemühungen *Chadwick*: The Secularization 229–249; *Stock-Morton*: Moral Education; *Baubérot*: La morale laïque 27–117; *Loeffel*: La question; *Lalouette*: Libérer la morale; zu internationaler Zusammenarbeit in diesem Kontext ebenda 153; für ähnliche Bemühungen in der deutschen Sozialdemokratie *Prüfer*: Sozialismus statt Religion 94f.

418 Vgl. zu Spanien z. B. stark funktionalistisch argumentierend *Álvarez Junco*: Alejandro Lerroux 337–358; *ders.*: Los intelectuales 123; den Antiklerikalismus der Anarchisten diskutiert José Álvarez Junco dagegen als Versuch, eine andere Moral zu etablieren, *ders.*: El anticlericalismo; *ders.*: Ideología política 197–220; ähnlich auch *Delgado Ruiz*: La ira sagrada; *ders.*: Las palabras de otro hombre; als Strategie lesen die moralische Kritik *De la Cueva Merino*: Movilización política 121; *Castro Alfín*: Cultura; *Salomón Chéliz*: Contra el poder 269–281; *dies.*: Anticlericalismo en Aragón 81–154, 247, 362, 367; die politische Dimension gegen die Moral ausspielend *Pérez Ledesma*: Studies on Anticlericalism.

419 Vgl. die wenigen auf Moral fokussierten Studien *Zeldin*: Conflict of Moralities; *Stone*: Anticlericals and Bonne Sœurs; die Diskussion über die Bedeutung des Geschlechterkonflikts *Evans*: Feminism and Anticlericalism; *Verhoeven*: Neither Male Nor Female; *ders.*: Transatlantic Anti-Catholicism 75–157; für eine politische Lesart argumentieren dagegen z. B. *McMillan*: Religion and Politics; tendenziell auch *Boutry*: Prêtres et paroisses 217–236, 451, 580f.; *Faux*: Église et société 172–199, 511f.; nur den moralischen Gehalt konstatieren, ohne diese Dimension weiter in ihre politische Interpretation einfließen zu lassen, *Faury*: Cléricalisme et anticléricalisme 226–228, 265–281; *Rémond*: Anticléricalisme en France 17–44; *Lalouette*: El anticlericalismo 29–33; *Grévy*: Le cléricalisme 37.

bezogen.[420] Im Folgenden sollen beide Lesarten verbunden und mittels meiner eigenen Falluntersuchungen und der bisherigen Literatur gezeigt werden, dass die unterschiedlichen Fokussierungen das Phänomen nicht angemessen erfassen.

Dem moralischen Diskurs kamen in allen drei Ländern zwar wichtige Funktionen zu, aber zugleich produzierte und verbreitete er auch spezifische Moralvorstellungen.[421] Dabei manifestierten sich in der Reichweite der Kritik und den Themensetzungen deutliche Unterschiede zwischen den verschiedenen Gruppen. Der Abschnitt beginnt mit dem ersten Aspekt. Anhand der Papstdarstellung Antiklerikaler wird zunächst die Funktion moralischer Kritik beleuchtet. Anschließend sollen die alternativen normgebenden Instanzen dargestellt werden. Die ausgereiften Entwürfe einer nicht religiös bestimmten Moral werden hier ausgespart, da sie wahrscheinlich nur eine begrenzte Rezeptionsweite beanspruchen konnten und ihnen in den breiten publizistischen Debatten keine zentrale Rolle zukam.[422] Stattdessen möchte ich die bislang wenig beachtete unterschwellige Etablierung alternativer Bezugsgrößen in der alltäglichen Kritik untersuchen. In ihnen manifestierte sich insbesondere die säkularisierende Stoßrichtung der Moralkritik. Im zweiten Teil werden drei zentrale thematische Schwerpunkte vorgestellt. Dabei wird verdeutlicht, dass die Antiklerikalen sich sowohl an überlieferten Moralvorstellungen orientierten als auch zum Teil radikal neue Vorstellungen entwickelten.[423] Vorauszuschicken ist, dass sich die moralische Kritik vor allem als Antikatholizismus, im Sinne einer Kritik an der katholischen Kirche, manifestierte.

420 Vgl. zur Frage der Sexualmoral besonders *Healy*: Anti-Jesuitism; *dies.*: The Jesuit Specter 130–150; *Borutta*: Das Andere; *ders.*: Enemies; *ders.*: Antikatholizismus 155–216; für eine umfangreiche Analyse der ökonomischen Kritik *Gross*: War against Catholicism 128–185; *Blackbourn*: Progress and Piety 60–66; *ders.*: Volksfrömmigkeit und Fortschrittsglaube 23–30.

421 Vgl. ähnlich argumentierend bereits *Faury*: Cléricalisme et anticléricalisme 227 f.; *Prüfer*: Sozialismus statt Religion 55.

422 Vgl. dazu *Chadwick*: The Secularization 229.

423 Die Analyse wird sich aufgrund der Eingrenzungen des untersuchten Materials nicht mit konkreten individuellen Konflikten der Lebensführung befassen, sondern fast ausschließlich Schlüsse aus dem medialen Diskurs ziehen. Sie erhebt hinsichtlich der Werte und Normen keinen Anspruch auf Vollständigkeit. Aufgegriffen werden zentrale Themenschwerpunkte der moralischen Kritik, die in den untersuchten Fällen von Wichtigkeit waren oder als unverzichtbar gelten müssen, um einen allgemeinen Eindruck des Diskurses zu gewinnen.

Skandalisierung und Vermenschlichung

Die bereits im Kontext der Gewaltvorwürfe vorgestellten antiklerikalen Kirchenchroniken kreierten während des Konzils ein Bild einer moralisch verkommenden Institution. Antiklerikale polemisierten gegen das Papsttum und sprachen ihm seine Sonderstellung ab, indem sie Päpste aus der Vergangenheit der allzu menschlichen Eigenschaft des Fehlens überführten. Die Ausflüge in die Kirchengeschichte blieben aber nicht auf die Unfehlbarkeit begrenzt, sondern weiteten sich auf die Sündhaftigkeit der Päpste aus. Antiklerikale nutzten die Gelegenheit, um gegen die Moral der Päpste zu wettern. Sie empörten sich über römische Geschichten von Lügen, Intrigen, Bestechung, Gewalt, Raub, Mord, Totschlag[424] ebenso wie Vergewaltigung, Konkubinat, Hurerei, Inzest, Sodomie etc. Sie schrieben die Vergangenheit des Heiligen Stuhls als eine »cronique scandaleuse«[425]. Wie die demokratische Reforma erzählten die Kirchenkritiker die Geschichte des Papsttums als eine Aneinanderreihung von Verbrechen und sexueller Ausschweifung:

> Bonifatius VIII. [sic!], ein echtes Monster, hat Benedikt VI. strangulieren lassen und die Augen Johannes XVI. herausgerissen, den er verhungern ließ. [...] Johannes XVIII. vergiftete Johannes XVII. und starb selbst vergiftet. [...] Sixtus IV. kaufte den Papststuhl, verkaufte die kirchliche Ehre, verschenkte nach eigenem Belieben die Schätze der Kirche und wollte die Tiara seinem Sohn vererben, den er von seiner eigenen Schwester bekam. [...] Diesem guten Papst verdankt die heilige Stadt ihre offiziell zugelassenen Bordelle.[426]

Die Darstellungen essentialisierten durch wiederkehrende Beschreibungen die moralische Verkommenheit der Institution des Papsttums und setzten so den Katholizismus mit Verbrechen gleich und kriminalisierten ihn.[427]

424 Vgl. zur Gewalt bereits Kapitel 3.1.

425 *Urban*: Bamberger Kirche 428.

426 »Bonifacio VIII [sic!], verdadero mónstruo, manda estrangular á Benito VI, saca los ojos y hace morir de hambre á Juan XVI. [...] Juan XVIII envenenó á Juan XVII y muere á su vez envenenado. [...] Sixto IV compra el papado, vende las dignidades eclesiásticas, regala á su antojo los tesores de la Iglesia y quiere ceder la tiara al hijo que habia tenido con su propia hermana. [...] A este buen papa debió la ciudad eterna sus casas de prostitucion legalmente autorizadas«, La Reforma, 15.10.1869. Vgl. ähnlich auch La Marseillaise, 9.4.1870; Le National, 4.1.1870; L'Excommunié, 27.10.1869; La Federación, 30.5.1870; El Imparcial, 28.12.1870; Volkszeitung, 18.3.1870; Augsburger Allgemeine Zeitung, 13.3.1869; die protestantischen Broschüren *Maffre*: Le concile 7–12; *Hinschius*: Päpstliche Unfehlbarkeit 12; die liberal-katholische Schrift *De Castro*: Memoria testamentaria 95; allgemein zu dieser Art der Geschichtsschreibung in Frankreich bereits *Grévy*: La république 49; in Spanien *Journeau*: Église et censure 325.

427 Ein weiteres Mittel, den Katholizismus zu kriminalisieren, waren die im Kontext des Inferioritätsdiskurses auftretenden Statistiken, die eine Korrelation von höheren Kriminali-

Antiklerikale griffen hier ein spezifisches Genre antiklerikaler Historiografie auf, das bereits seit der Französischen Revolution existierte. Diese Geschichtsdarstellungen sammelten Episoden und Legenden,[428] von ihnen als »beglaubigte Begebenheiten«[429] kolportierte Aspekte der Kirchengeschichte, und stellten sie einem breiteren Publikum zur Verfügung. Die Skandalgeschichten des Papsttums fanden in den Jahren 1869/1870 Eingang in die Tagesberichterstattung, wurden zum Teil als Fortsetzungsreihe und -roman veröffentlicht und in neuen Varianten in Buchform publiziert, welche dann wiederum die Presse auch jenseits der nationalen Grenzen besprach sowie zitierte und so zu Nachschlagewerken machte.[430] Die Informationen für diese Kirchenkritik stammten nicht nur aus den Monografien antiklerikaler Vorläufer, sondern die Kirchenkritiker konnten auch hinsichtlich der moralischen Kritik auf zeitgenössische wissenschaftliche Untersuchungen sowie auf die publizistischen Aktivitäten Döllingers zurückgreifen.[431]

Weder konfessionelle Zugehörigkeit noch das Bildungsniveau der Autoren stellten eine Grenze dar, sich hinsichtlich der Skandalisierung und Boulevardisierung zurückzuhalten. Während der katholische Theologieprofessor Döllinger sich in seinen publizistischen Schriften auch der Geschichten sexueller Ausschweifungen von Päpsten bediente, um gegen die Dogmatisierung der Unfehlbarkeit zu polemisieren, sucht man solche Episoden in den zeitgenössischen wissenschaftlichen beziehungsweise semiwissenschaftlichen Schriften der Pro-

tätsraten mit katholischer Konfession herausstellten. Vgl. z. B. die protestantische Broschüre *Tube*: Römische Concil 58 f.; Das Coelibat 9; *Reinhard*: Zum Allerwelts-Pfaffenkongreß 21–24; dazu bereits *Prüfer*: Sozialismus statt Religion 94 f.; *Köhle-Hezinger*: Evangelisch – katholisch 314.

428 So bezog sich der Autor des Artikels aus der Reforma mit der ersten Episode auf die bis heute gültig erachtete Überlieferung, während die Todesursache Johannes des XVII. als unklar gilt. Im Eifer des Gefechts vertat sich der Verfasser wohl auch in der Zählung eines der genannten Päpste. Anstatt Bonifatius VIII. meinte er wahrscheinlich Bonifatius VII., der Benedikt VI. auf dem heiligen Stuhl folgte. Vgl. dazu *Bautz*: Bonifatius VII; zu den Gerüchten um die Todesart im Falle Johannes' XVII. *Zimmermann*: Regesta Imperii.

429 *Dr. Hutten*: Das schwarze Schuldbuch 2.

430 Vgl. für die Vorläufer die mehrfach aufgelegten und übersetzten Werke *De la Vicomterie Saint-Samson*: Les crimes; *Lanfrey*: Histoire politique; für Bezüge auf Vorläufer La Humanidad 1 (1870); Justicia Social, 28. 3. 1870; für Fortsetzungsreihen La Marseillaise, 9. 4. 1870; L'Excommunié, 28. 12. 1869; La Discusión, 28. 10. 1869, 5. 11. 1869, 6. 11. 1869, 18. 11. 1869; Vossische Zeitung, 14. 11. 1869; für den später auch als Buch erschienen Roman Le National, 28. 12. 1869–9. 2. 1870; für die neuen Versionen des Genres in monografischer Form *De la Petruccelli Gattina*: Le concile; die Ankündigung der Broschüre »L'Infalliblité ou crimes des papes« in L'Éxcommnuié, 26. 2. 1870; die Annonce von »La historia de los crimenes de los papas, reyes y reinas« in der Igualdad, 17. 12. 1869; zu den Besprechungen und Bezügen La Reforma, 15. 10. 1869 (zu Petruccelli) oder die Reihe in La Discusión.

431 Vgl. z. B. Augsburger Allgemeine Zeitung, 13. 3. 1869.

testanten Ranke oder Gregorovius dagegen vergeblich. Beide Autoren konzentrierten sich auf Gewalt- und Simonievorwürfe.[432] Auch wenn die Unterschiede zwischen den genannten Darstellungen sicherlich auch eine Frage des Genres und damit des Tons waren, verdeutlichen ähnliche Differenzen in der thematischen Reichweite im publizistischen Diskurs der Antiklerikalen, dass auch innerhalb der zu mobilisierenden Zwecken geschriebenen Erzeugnisse unterschiedliche Grenzen des Sagbaren gezogen wurden. In Frankreich waren besonders Freidenker und der radikale National aktiv in der moralischen Kritik. Die gemäßigten Kräfte hielten sich dagegen hinsichtlich der Thematisierung von Vergehen von Päpsten zurück – ebenso in Spanien, wo sexuelle Fragen tendenziell ausgespart wurden.[433] Solche Vorsicht zeigten auch deutsche Freireligiöse, aber nicht die deutschen Liberalen.[434] Schon diese Skizze der Tendenzen verdeutlicht, dass keine das gesamte Spektrum der Antiklerikalen betreffenden nationalen Differenzen auszumachen sind.

Das Papsttum in seiner historischen Gestalt zu kritisieren war eine Sache, den aktuellen Papst anzugreifen eine andere. Hier zeigten antiklerikale Kritiker etwa während der Mortara-Affäre zum Teil eine besondere Zurückhaltung.[435] Klerus und speziell das Oberhaupt der katholischen Kirche stellten Autoritäten dar, denen eigentlich Ehrerbietung zuteilwerden musste – zumindest von katholischen Autoren.[436] Zudem gewann gerade in der Mitte des 19. Jahrhunderts im Zuge der Ultramontanisierung der Kirche der Papst zusätzlich an Bedeutung und wurde zum Objekt einer umfangreichen neuartigen religiösen Verehrung.[437] Im Laufe des Konzils arbeiteten Antiklerikale gegen diese neue Devotionsform und kritisierten auch aufgrund der Fokussierung auf die Unfehlbarkeit das amtierende Kirchenoberhaupt, Pius IX. Während die historische Kritik insbesondere die grundlegende Verkommenheit der Institution demonstrierte, zielte die aktuelle Kritik darauf ab, den Papst zum normalen Bürger, zum normalen Menschen zu machen.[438]

Die Kritik begann bereits in der Ansprache. Radikale Republikaner, Freimaurer und Freidenker verwehrten dem Papst die ihm institutionell zustehende

432 Vgl. Anmerkung 87.

433 Der verschiedene Fokus und Grad in der Kritik der gemäßigten Kräfte kann auf den unterschiedlichen Umgang mit Religion zurückgeführt werden, vielleicht entsprang die Zurückhaltung in Spanien aber auch generellen Grenzen des Sagbaren hinsichtlich von Sexualität. Vgl. zum Umgang mit Religion Kapitel 3.3.

434 Vgl. Anmerkung 426.

435 Vgl. Kapitel 2.1.

436 Vgl. zu Überlegungen der Angreifbarkeit der Autorität, auf den Klerus insgesamt bezogen bereits *De la Cueva Merino*: Clericales y anticlericales 292.

437 Vgl. dazu *Clark*: The New Catholicism 21–23.

438 Vgl. allgemein dazu bereits *La Parra López*: Trienio Liberal 248.

Anrede beziehungsweise Bezeichnung »Heiliger Vater« und sprachen von »Mastai Ferretti« oder »Juan Mastai«, verwendeten also seinen bürgerlichen Namen.[439] Zugleich entschärften sie den Machtanspruch des Papstes, indem sie ihn als »Oberbischof« oder »Bischof von Rom« bezeichneten – ein Mittel, das auch Liberale verwendeten.[440] Explizit stellten Autoren die menschliche Natur des Kirchenoberhauptes heraus: »Pius ist uns ein ehrenwehrter Mann, aber immerhin ein Mensch mit Schwächen und Fehlern und unterliegt mit gleichem Rechte der Beurtheilung wie andere Menschen.« Den Anspruch, über ihn moralisch richten zu dürfen, setzte der Autor der zitierten Broschüre dann direkt um und vermerkte das mangelnde Verständnis Pius' IX. für seine Zeit, seinen Hang zum Aberglauben und Luxus, die von ihm erlassenen Todesurteile und machte Andeutungen über sein Sexualleben vor der Erhebung in den Priesterstand.[441] Die menschlichen Züge Pius' IX. machten die Kritiker aller Provenienzen vor allem an drei Punkten fest. *Erstens* entwickelten sie das Bild eines dummen, ungebildeten, kindischen, alten Mannes. Sie sprachen vom »Männchen«, das »sich ein bisschen viel mit der Religion [beschäftige]«, vom »ohnmächtigen Greis« und gingen so weit, den Papst als »alten Epileptiker« zu titulieren.[442] *Zweitens* nutzten sie seine Beteiligung an den konkreten Auseinandersetzungen im Konzil aus, um zu zeigen, dass er eigentlich nicht so gutmütig sei, wie ihm nachgesagt wurde. Beispielsweise wurde ihm immer wieder sein Verhalten gegenüber dem Kardinal Guidi vorgeworfen. Diesen hatte der Papst zur Rede gestellt, nachdem der Kardinal sich in der Konzilsaula kritisch zum Unfehlbarkeitsdogma geäußert hatte. In der Aussprache, so die sich vorwiegend auf Döllingers Quiriniusbriefe stützenden antiklerikalen Schilderungen, verlor der Papst die Beherrschung ob der Verteidigung Guidis und formulierte in Rage den sprichwörtlich gewordenen Ausspruch »Die Tradition bin ich«[443]. Mit die-

439 Vgl. Libre Pensée, 16.7.1869; La Discusión, 15.6.1870; Campana de Gràcia, 18.9.1869; Bauhütte, 13 (1870) 240; *Barrillot*: Le concile oecuménique 7.

440 Vgl. La Iberia, 17.3.1870; La América, 28.12.1869; Volkszeitung, 24.11.869; Augsburger Allgemeine Zeitung, 24.7.1870.

441 Vgl. Concil und Jesuitismus das Zitat auf 158, 160f.; zur Betonung der Menschlichkeit auch Le National, 27.12.1869; Vossische Zeitung, 19.12.1869; *Roth*: Die Unfehlbaren 27; *Thomassen*: Thaetigkeit, Bd. 2 5.

442 In der Reihenfolge des Zitierens Volkszeitung, 10.4.1870; Kladderadatsch, 21 (1869) 221; »viejo epiléptico«, Justicia Social, 28.3.1870. Vgl. zur mangelnden Bildung des Papstes *Hinschius*: Päpstliche Unfehlbarkeit 25; *Reichelt*: Das Vatikanische Concil 25; zum schlichten und weltfremden Gemüt Revue des Deux Mondes 85 (1870) 173; El Imparcial, 2.3.1870; Vossische Zeitung, 2.7.1870; zur Kindlichkeit Le Temps, 26.7.1870; *Wendel*: Die Kirche 99; zum Alter Vossische Zeitung, 8.12.1869; Kladderadatsch 21 (1868) 191; die Bezeichnung als Epileptiker beruhte auf der realen Erkrankung des Papstes *Arnold*: Pius IX. 1367.

443 »Tradizione sono io.« Vgl. zur Darstellung der Guidi-Episode Le Temps, 28.6.1870; Protestant Libéral, 30.6.1870; Volkszeitung, 1.7.1870; sowie die Quiriniusbriefe in der Augs-

ser und vergleichbaren Anekdoten wurde dem Papst letztlich nachgewiesen, dem Zorn zu erliegen – einer der sieben Todsünden. Die *dritte* Gruppe von Zuschreibungen, der sich die Antiklerikalen bedienten, um den Papst zu desavouieren, und mit der sie ihn als sündigen Menschen darstellten, waren Hochmut und Eitelkeit – zwei weitere Todsünden. In der Idee der Unfehlbarkeit komme »sein Übermuth« ebenso wie »Eitelkeit« zum Vorschein.[444] Diese Vorwürfe steigerten sich zum in der Tagespresse verbreiteten Vorwurf, dass im Unfehlbarkeitsdogma der Anspruch versteckt sei, Gott zu sein.[445]

Die Kritik an der Person des Papstes stellte zum Teil eine vermeintliche große Nähe zum Kirchenoberhaupt her, etwa wenn seine »kindische Freude« über das neue Dogma beschrieben oder den Lesern der Tagespresse sein Ausbruch gegen Guidi plastisch vor Augen geführt wurde. Die despektierliche Annäherung an die Autoritätsperson des Papstes muss meines Erachtens als andere Seite der Medaille der aufkommenden Papstverehrung angesehen werden.[446] Mit Papst Pius IX. setzt die Katholizismusforschung einen neuen Grad der Präsenz des Kirchenoberhaupts in der katholischen Frömmigkeit an. Texte über Audienzen und öffentliche Auftritte sowie die vielfach gedruckten Farblithografien des Kirchenoberhauptes vermittelten Gläubigen eine bis dahin unbekannte physische Präsenz des Papstes in der Öffentlichkeit. Er wurde greifbar als Mensch. Die verschiedenen Medien transportierten das Bild eines tief religiösen, liebenden, volksnahen, mitleidenden und freundlichen alten Mannes, des »Pio Nono«.[447] Die antiklerikalen Darstellungen wirken demgegenüber als Persiflagen des neuen Genres der innerkatholischen Papstdarstellung. Der Weg vom liebenswerten »Pio Nono« zum dummen ›Greis‹ war nicht sehr weit, auch aufgrund des Homophons »nono« (neunter) und »nonno« (Großvater). Aus der tiefen Religiosität wurde Fanatismus und Zorn, aus Volksnähe und Mitleid

burger Allgemeinen Zeitung, 3.7.1870, 8.7.1870; allgemein dazu *Aubert*: Vaticanum I 285; weitere Beispiele für das aufbrausende Temperament Pius' IX. Le National, 5.2.1870; Le Temps, 23.7.1870; La Iberia, 13.3.1870; Frankfurter Zeitung, 13.5.1870; Augsburger Allgemeine Zeitung, 3.7.1870.

444 In der Reihenfolge des Zitierens Volkszeitung, 18.9.1869; »vanité«, Le Charivari, 15.9.1869. Vgl. ähnlich auch Protestantische Kirchenzeitung 17 (1870) 607; Sonntags-Blatt 20 (1870) 104.

445 Vgl. z.B. Le National, 23.12.1869; Le Temps, 8.4.1870; El Pueblo, 15.3.1870; Volkszeitung, 27.2.1870; Augsburger Allgemeine Zeitung, 12.3.1870; *De Castro*: Memoria testamentaria 94.

446 Vgl. zu ähnlichen zum letzten deutschen Kaiser *Hardtwig*: Performanz und Öffentlichkeit 76f.

447 Vgl. dazu *Clark*: The New Catholicism 21–23; *Horaist*: La dévotion; für die inhaltliche Darstellung besonders die äußerst interessante Analyse *Seiler*: Somatische Solidarität 84, 90, 95f.

Dummheit und Naivität. In den antiklerikalen Darstellungen des Papstes als physisch greifbarer Mensch stellte dieser kein devotionales Objekt der Gläubigen dar, sondern wurde gerade seiner besonderen Aura beraubt.

Verdrängung des moralischen Führungsanspruchs

Sowohl die skandalisierenden Geschichtsdarstellungen des Papsttums als auch die Kritik am amtierenden Kirchenoberhaupt delegitimierten im konkreten Fall des Konzils zunächst die Idee der Unfehlbarkeit. Grundsätzlicher hatte der moralische Diskurs drei weitere Funktionen. Die Kritik verfolgte *erstens* das Ziel, Amt und Person des Papstes schlicht moralisch zu desavouieren. *Zweitens* untergrub sie aber auch den Anspruch auf die moralische Definitionsmacht der Kirche insgesamt.[448] Die in allen drei Gesellschaften in der Mitte des 19. Jahrhunderts und zum Teil darüber hinaus von Kirchen und Religion eingenommene Rolle als moralisch maßgebende Instanzen insbesondere im Kontext des Erziehungswesens wurde damit grundsätzlich in Frage gestellt.[449] Hier zeigte sich erneut der demokratisierende Zug des Antiklerikalismus:[450] Die Kirchenkritik nivellierte den besonderen Status des Kirchenoberhauptes und forderte zugleich einen neuen Legitimationsmaßstab ein. Moralische Respektabilität ist zentral für den Führungsanspruch in demokratischen und repräsentativen Organisationen.[451] Indem die Antiklerikalen diese Maßstäbe anwendeten, behaupteten sie die andere Legitimierungsform. Auch wenn die Fallhöhe beim Papsttum natürlich sehr viel größer war, gelten die beiden genannten Wirkungsweisen extrapolierend für die gesamte moralische Kritik an Kirchen und Klerus.[452] Indem die moralischen Verfehlungen herausgestellt wurden, erwiesen sich Päpste und Klerus als genauso menschlich und damit in der Logik der anti-

448 Vgl. dazu bereits in Bezug auf die sexuellen Vergehen *Borutta*: Antikatholizismus 173; allgemein *Salomón Chéliz*: Anticlericalismo en Aragón 165, 373; *Revuelta González*: Anticlericalismo español, Documentos 9.

449 Vgl. dazu Kapitel 1.2, 1.3 und 1.4.

450 Vgl. Kapitel 3.1; ähnlich argumentierend zu französischen Karikaturen *Doizy/Lalaux*: Dieu créa le rire 29f.; allgemein zur Herrschaftskritik in moralischen Skandalen *Neckel*: Das Stellhölzchen oder *Hondrich*: Enthüllung und Entrüstung 31–37.

451 Vgl. *Hurd*: Class, Masculinity, Manners and Mores 102f.

452 Vgl. z.B. die Kurie und Konzilsväter als indiskret Le Temps, 8.4.1869, als naiv oder verrückt Volkszeitung, 19.8.1869; Allgemeine Zeitung des Judentums 34 (1870) 266; *Reinhard*: Zum Allerwelts-Pfaffenkongreß 1; als Streithähne Le Siècle, 28.11.1869; *Chabert*: Le concile oecuménique; die Versuche, sie als normale Menschen darzustellen, in Le Siècle, 27.11.1869; Le Temps, 11.12.1869; El Pueblo, 1.7.1870; Volkszeitung 19.8.1869; Allgemeine Zeitung des Judentums 43 (1870) 330.

klerikalen Kritik als moralisch fehlbar wie jeder andere Mensch auch. Besonders schwer wog dabei, dass die moralischen Verfehlungen gegen die Normen verstießen, für die die katholische Kirche eigentlich selbst eintrat. Die Desmaskierungen der schlechten Moral untergruben die Sonderstellung des Kirchenoberhauptes und des kirchlichen Standes insgesamt. Sie erschütterten den aus der besonderen Nähe zu Gott sowie der gottgefälligen Lebensweise abgeleiteten Autoritätsanspruch von Klerus und Kirche, die normbestimmenden Instanzen zu sein. Insofern unterhöhlte die moralische Kirchenkritik den gesellschaftlichen Respekt, der religiösen Institutionen und der Religion als Sakralem zukommt. Durch die hergestellte Gleichheit öffnete sich also *drittens* eine Schleuse, die Autorität der kritisierten Personen grundsätzlich zu hinterfragen und dies nicht nur in Bezug auf ihre moralische Definitionsmacht.

Inwieweit die moralische Kritik bewusst funktional lanciert wurde, ist in der Breite und auf der Basis des publizistischen Diskurses nicht festzustellen.[453] Äußerungen einzelner bekannter Autoren wie José Nakens verdeutlichen, dass die moralische Aufladung zum Teil durchaus nur Mittel zum Zweck war. Der spanische Journalist betonte, dass ihn die Darstellungen der moralischen Verfehlungen des Klerus in dem von ihm herausgegebenen radikal antiklerikalen Motín nur deshalb interessierten, weil sie die Autorität des Klerus und damit dessen politische Macht anzweifelten.[454] Auch ökonomische Interessen konnten bei der Produktion der Sex-und-Gewalt-Literatur eine Rolle spielen.[455] Andererseits sollte nicht verkannt werden, dass die omnipräsente moralische Kritik zugleich spezifische Moralvorstellungen kolportierte, die die publizistische Kritik als allgemein gültig voraussetzte: Wenn ein moralisches Vergehen angeprangert wurde, ging der jeweilige Autor davon aus, dass der Rezipient die Norm teilte, die er kritisierte.[456] Der inhaltlichen Bestimmung der moralischen Normen werden wir uns gleich zuwenden. Zunächst möchte ich aber zeigen, dass im Antiklerikalismus nicht nur Klerus, Katholizismus und Kirchen als normgebende Einrichtung angegriffen, sondern auch alternative Instanzen beziehungsweise Maßstäbe etabliert wurden.

In den Untersuchungen der Mortara-Affäre und des Falls Ferrer wurde herausgearbeitet, dass ein bestimmter Maßstab von Menschlichkeit eingefordert

453 Bisherige Studien bemühen sich in der Konsequenz auch ausschließlich für Einzelpersonen, den Glauben an die moralische Kritk zu beweisen. Vgl. *Zeldin*: Conflict of Moralities 34 f.; *Borutta*: Antikatholizismus 217.

454 Vgl. *Pérez Ledesma*: José Nakens 315 f.

455 Vgl. dazu *Jones*: Palladism 467 f.; *Botti*: Spagna 172 und *Molina Martínez*: Anticlericalismo y literatura 295–345.

456 Vgl. die methodischen Ausführungen zum Begriff des Skandals und der Skandalisierung in der Einleitung.

wurde in Abgrenzung zum als gewalttätig und grausam dargestellten Regime der Kirche.[457] 1858 verstieß die Entführung des Bologneser Jungen gegen das »menschliche Gefühl«. 1909 charakterisierten Antiklerikale die zustimmenden Reaktionen zur Repression von Klerus und katholischer Presse als »Herzenhärtigkeit« und das Ausbleiben eines Begnadigungsgesuchs durch den Papst als erbarmungslos.[458] Diese Maßgaben spielten auch in anderen Phasen erhöhter Kulturkampfaktivitäten eine Rolle. Es fanden sich in der Tages- und Wochenpresse immer wieder Beispiele von klerikaler Strenge und Härte hinsichtlich der Verteilung beziehungsweise der Verweigerung von Sakramenten. So berichtete etwa die Volkszeitung von einem Priester, der eine Eheschließung im Dunkeln vollzog, weil die Braut schwanger war. Als Folge, so schilderte das demokratische Blatt weiter, sei die Betroffene an Epilepsie erkrankt. Eine Broschüre zum Vatikanum prangerte die Begräbnisverweigerung von Selbstmördern an.[459] Unmenschliche Strenge wurde aber nicht nur dem Klerus angelastet. Manche Kirchenkritiker kritisierten auch die Elemente der christlichen Religion, die Härte und Intoleranz beinhalteten: Die Idee der Erbsünde und des Teufels, die Höllenlehre, das Fegefeuer.[460]

Hier soll nun weder die Frage der Kohärenz in Bezug auf die Forderung moralischer Strenge der Antiklerikalen interessieren noch der christliche Gehalt, sondern die Richtschnur der Menschlichkeit. Antiklerikale beriefen sich auf »Menschenliebe«, die »Liebe zur Menschheit«, »die Stimme der Menschheit«.[461] Kulturkämpfer imaginierten sich als eine Gemeinschaft »menschlich Fühlender« und forderten auf, »menschlich [zu] denken, menschlich [zu] handeln«, um »menschlich zu leben«.[462] Diese immer wieder auftretenden Bezüge

457 Vgl. zur Mortara-Affäre Kapitel 2.1, Anmerkung 122 und 124 und zum Fall Ferrer Kapitel 2.3, Anmerkung 380 und 383.

458 Das Zitat in Der Freidenker 17 (1909) 166. Vgl. für ähnliche Verurteilungen z. B. El Motín, 21.10.1909; Vossische Zeitung, 14.10.1909, MA; Frankfurter Zeitung, 17.10.1909, 3. MA; *Wendel*: Francisco Ferrer 5, 15 f.; die Frage des päpstlichen Begnadigungsgesuchs Kapitel 2.3, Anmerkung 389.

459 Vgl. Volkszeitung, 23.11.1858; Ein römisch-katholischer Laie 31.

460 Vgl. zum Teufelsglauben und zur Erbsünde *Huber*: Die Lateranische Kreuzspinne 88; zur Höllenlehre *Albrecht*: Der gewaltsame Kinderraub 15; zum Fegefeuer Edgard Mortara, deutsche Version 5 f., 19; allgemein zur Kritik an religiös forcierter Angst La Lanterne, 20.9.1909; dazu bereits in Spanien *Salomón Chéliz*: Anticlericalismo en Aragón 87, 104–110, 149; in Frankreich *Grévy*: La république 53.

461 In der Reihenfolge des Zitierens Allgemeine Zeitung des Judentums 22 (1858) 558; »amor a la humanidad«, El Liberal, 21.10.1909; »la voix de l'humanité«, Le Siècle, 13.9.1909, 23.10.1909.

462 In der Reihenfolge des Zitierens Allgemeine Zeitung des Judentums 23 (1859) 82; *Keller*: Streiflichter 13. Vgl. ähnlich zur auf menschlichen Gefühlen basierenden Gemeinschaft L'Action, 9.9.1909; Berliner Tageblatt, 16.10.1909, AA; für weitere Bezüge auf das Wortfeld

etablierten den Menschen als Maßstab und anthropologisierten so die Moral. Das »Gewissen« (»la conciencia«, »la conscience«) war die zweite Instanz moralischer Wertbestimmung, die Moral zudem individualisierte.[463] Abgesehen von der zentralen Forderung nach Gewissensfreiheit[464] spielte der Begriff als Beschreibung des Ortes wertender Entscheidungen während des Konzils ebenso wie 1858 und 1909 eine entscheidende Rolle. Er bezeichnete hier zwar nicht die protestierende Gemeinschaft wie in den beiden anderen Fällen, aber die Beschlüsse des Konzils würden »die Gewissen beunruhigen« und die Rechte des Gewissens durch die autokratisch bestimmten Entscheidungen verletzt.[465] In der alltäglichen Kirchenkritik waren selten ausgereiftere Ansätze zu finden, die vorschlugen, die institutionell bestimmte Moral von Kirchen und Klerus durch die Orientierung auf das Individuum abzulösen oder die religiös bestimmte Ethik auf menschliche Wertmaßstäbe zurückzuführen.[466] Durch die Anrufung von Menschheit, Menschlichkeit und Gewissen erhielt der Diskurs jedoch einen antiinstitutionellen Zug und präsentierte alternative Bezugsgrößen, die die Delegitimierung der Institution Kirche als moralisch maßgebender Instanz ergänzten. Insofern unterlag das moralische Feld einer Bemühung um Säkularisierung. Dies bedeutete allerdings nicht, dass die religiösen Maßstäbe gänzlich verloren gingen, wie nun in den folgenden Passagen dargelegt werden wird.[467] Wenden wir uns dafür den konkreten inhaltlichen Werten und Normen der antiklerikalen Moral zu.

»menschlich« »Menschheit«, »Menschlichkeit«, »humano«, »humanidad«, »humane«, »humanité« L'Action, 14. 10. 1909; El País, 2. 11. 1909; Vorwärts, 20. 10. 1909; Frankfurter Zeitung, 18. 10. 1909, AA; Vossische Zeitung, 6. 10. 1858; Es werde Licht! 2 (1871) 110; Freidenker 17 (1909) 174 f.; die anarchistische Schrift *Ramus*: Francisco Ferrer 97; bereits zu diesem Topos, ohne seine Implikationen weiter zu vertiefen, *Faury*: Cléricalisme et anticléricalisme 227.

463 Vgl. zum individualisierenden bereits Zug ebenda 270.

464 Vgl. Kapitel 3.1.

465 »Perturban las conciencias«, La Iberia, 13. 3. 1870. Vgl. ähnlich auch Le National, 16. 3. 1870; für das Recht des Gewissens Le Temps, 16. 3. 1870; Neueste Nachrichten aus dem Gebiet der Politik, 25. 3. 1870; für den Begriff des Gewissens Monde Maçonnique 12 (1869/1870) 275; L'Excommunié, 28. 11. 1869; Vrai Protestant 2 (1868/1869) 18; Justicia Social, 28. 1. 1870; La Iberia, 17. 3. 1870; Evangelische Kirchenzeitung 43 (1870) 68; zur Mortara-Affäre Kapitel 2.1, Anmerkung 122; zum Fall Ferrer Kapitel 2.3, Anmerkung 379 und 385; sowie für die dort fehlenden Bezüge in Spanien Vida Socialista, 9. 10. 1909; El Radical, 6. 11. 1911; El Liberal, 21. 10. 1909; Escuela Moderna, 13. 10. 1910; allgemein für die zunächst religiöse, dann zunehmend säkular gefasste Idee des Gewissens *Weyer*: Gewissen IV.; *Kittsteiner*: Entstehung.

466 Vgl. die Analyse von französischen Intellektuellen, die sowohl positivistische wie kantianische Moralkonzepte ausmacht, *Grévy*: La république 52.

467 So argumentierend bereits *Faury*: Cléricalisme et anticléricalisme 226–228, 265–281.

Wahrhaftigkeit und christliche Armut

Ein zentraler Topos waren die Vorwürfe der Lüge und Heuchelei. Diese Elemente hatten bereits einen Bestandteil der traditionellen Kleruskritik gebildet.[468] Die Antiklerikalen warfen dem Klerus zunächst vor allem Opportunismus mit dem Ziel des eigenen Machterhalts vor: Er sei

> katzenfreundlich, heuchlerisch, hochmütig mit den Kleinen, unterwürfig vor den Großen, fromm gegenüber den laschen Praktiken, in seinen Sitten, einzig bestimmt von der Idee, seinen Weg zu machen, anzukommen auf Teufel komm heraus.[469]

Aktuelle Beispiele der Anpassung der katholischen Kirche an verschiedene politische Regime beziehungsweise Tendenzen in der Kirchenpolitik, wie etwa 1848 an die Republik in Frankreich, wurden aufgegriffen. Dies Verhalten werteten die Antiklerikalen als heuchlerisch angesichts der späteren Kollaboration mit Napoleon III.[470] Abgesehen von diesen spezifischen Interpretationen klerikalen Verhaltens in Gegenwart und Vergangenheit setzte der Vorwurf der Lüge auch am Prinzip des katholischen Sündenerlasses an. Der Ablass wurde in reformatorischer Tradition als korrumpierend verurteilt, die Unfehlbarkeit als Möglichkeit jedes Vergehen zu rechtfertigen.[471] Kirchenkritiker nahmen also sowohl moralische Strenge als auch menschliche Nachsicht für sich in Anspruch. Ein besonderer Fall war die sprichwörtlich gewordene Jesuitenmoral, »die [lehre], daß Lüge, Meineid, Diebstahl und Mord bei guter Absicht, das heisst zum Gedeihen der römisch-kirchlichen Allmacht, erlaubt sei«[472]. Die kasuistische Moral, die nicht nur den Jesuiten vorgeworfen wurde, könne nicht nur verwerfliche Handlungen verteidigen, sondern verderbe durch diese Mög-

468 Vgl. für die hier untersuchte Zeit bereits *Salomón Chéliz*: Anticlericalismo en Aragón 93 f., 103; *Borutta*: Antikatholizismus 108; *Prüfer*: Sozialismus statt Religion 57 f.; für den traditionellen Antiklerikalismus in Spanien *Lorenzo Vélez*: Cuentos anticlericales 52–59.

469 »[U]n clergé mielleux, hypocrite, superbe avec les petits, plat devant les grands, pieux dans la pratique relâche, dans ses mœurs et dominé par la seule idée de faire son chemin, d'arriver per fas et nefas«, Le National, 23. 12. 1869.

470 Vgl. zum Bezug auf die 1848er Revolution Le Rappel, 26. 9. 1869; Le Siècle, 22. 12. 1869; als weitere Beispiele die Kritik an der Haltung von Bischöfen während des Konzils Le Rappel, 31. 12. 1869; Le National, 1. 12. 1869; Ultramontane Kampfmittel 9; des Klerus in der portugiesischen Revolution Vida Socialista, 9. 10. 1911; des Katholizismus im Deutschen Kaiserreich Der Anarchist, 6. 11. 1909; historische Beispiele in Le Temps, 25. 10. 1869; La Humanidad 2 (1870) 122; Preußische Jahrbücher 24 (1869) 497; *Roth*: Die Unfehlbaren 9; *Reinhard*: Zum Allerwelts-Pfaffenkongreß 53; *Janus [Pseudonym von Ignaz von Döllinger]*: Papst und Concil 92, 131, 301–312.

471 Vgl. z. B. zum Ablass *Scholl*: Paulus 106; zur Unfehlbarkeit Le Siècle, 10. 12. 1869; Le National, 16. 3. 1870; *De Castro*: Memoria testamentaria 93 f.; *Keller*: Streiflichter 15.

472 *Huber*: Die Lateranische Kreuzspinne 31.

lichkeit das moralische Verständnis der Individuen und der Gesellschaft.[473] Insofern waren die Vertreter der Kirche in den Augen der Antiklerikalen letztlich eine Gefahr für die ›sittliche Gesundheit‹ der Nation beziehungsweise des Volkes.

Für die Kirchenkritiker ging von der klerikalen Lebensweise ebensolche Gefahr für die Prinzipien von Arbeit und Ökonomie sowie den Umgang mit materiellen Gütern aus.[474] Ökonomisch stellte die katholische Kirche im Untersuchungszeitraum in allen drei untersuchten Ländern keine maßgebende Macht mehr dar. Im ausgehenden 18. beziehungsweise in der ersten Hälfte des 19. Jahrhunderts waren die großen Säkularisationen in Frankreich, Spanien und den deutschen Ländern durchgeführt worden. Dennoch existierten strukturelle Gegebenheiten, die als Folie für die Kritik fungierten. Die Stellung der Kirche als Teil der lokalen Machteliten in Spanien und auch in Frankreich Mitte des Jahrhunderts sowie der ultramontane Aufschwung mit dem einhergehenden Ordenswachstum, den Geldsammlungen und den Bautätigkeiten der Kirche sowie die traditionell auf Repräsentation ausgelegte Ausstattung und Liturgie des katholischen Ritus verliehen dem ökonomischen Antiklerikalismus grundsätzlich seine Plausibilität.[475] Die vor allem im Deutschen Kaiserreich beschworene katholische Inferiorität ließ jedoch eher ein gegensätzliches Bild entstehen. Nennenswerte nationale Unterschiede in der Argumentation, die auf die strukturellen Differenzen zurückgeführt werden könnten, haben sich in der Analyse nicht ergeben, so dass auch für das ökonomische Feld gilt, dass der Diskurs zunächst relativ unabhängig vom Handlungshorizont funktionierte.[476] Die katholische Kirche fungierte vielmehr in allen drei Ländern als Symbol für eine spezifische ökonomische Ordnung.[477]

473 Vgl. Le Siècle, 27.10.1869; Vossische Zeitung, 6.10.1858; Nationalzeitung, 29.10.1858; *Bernard*: Jésus et Jésuite 29; *Pascale*: Au pape Pie 26; Adresse au futur concile 15; ausführlich zur jesuitischen Moral bereits *Leroy*: Le mythe jésuite 152–155; *Cubitt*: The Jesuit Myth 258–274; *Healy*: The Jesuit Specter 150–158.

474 Vgl. allgemein zu dieser Kritik für Spanien *Frías Fernández*: Percepciones, imágenes y explicaciones sowie *Salomón Chéliz*: Anticlericalismo en Aragón 84–86, 143–147.

475 Vgl. bereits für die Orden in Frankreich *Sorrel*: La République contre les congrégations 73f.; generell zur ökonomischen Stellung der Kirche als Hintergrundfolie in Spanien *Frías Fernández*: Percepciones, imágenes y explicaciones; *Revuelta González*: Anticlericalismo español, Documentos 5–8; in Frankreich *Magraw*: The Conflict 172f.; *Grévy*: Le cléricalisme 27; allgemein zur Stellung und Entwicklung der Kirchen in den drei Ländern Kapitel 1.

476 Eine sinnvolle Korrelierung der ökonomischen Stellung und der unterschiedlichen Stärke des Arguments müsste auf der Ebene von Regionen ansetzen. Vgl. zur Herstellung solcher Korrelationen *Bruhat*: Anticléricalisme et mouvement ouvrier 86–88; *Rémond*: Anticléricalisme en France 47; *Ullman*: Tragic Week 33–35.

477 Die katholische Lehre der Ökonomie wandelte sich selbst im Laufe des 19. Jahrhunderts aufgrund der zunehmenden Industrialisierung maßgeblich und die Kirche entwickelte

Zunächst standen Reichtum und der Luxus kirchlicher Institutionen in der Kritik:

> Was macht diese Masse von teuren Stoffen, von reichen Spitzen, von Bischofsmützen aus fulminant leuchtendem Gold aus dieser Religion der Einfachheit? In euren so luxuriösen, so großartigen Palästen [...] [wird] die Luft erdrückt durch die überflüssigen Formalitäten.[478]

Wie in diesem Kommentar wurde zur Zeit des Konzils immer wieder der Pomp der Versammlung der Kirchenoberen kritisiert.[479] Die bereits im mittelalterlichen Antiklerikalismus gebräuchliche Argumentationsfigur des in Reichtum und Luxus lebenden katholischen Klerus prägte den gesamten Diskurs und wurde in den Bildern und Texten insbesondere zum regulären Klerus ergänzt durch die Darstellung von großen Gelagen und individueller Völlerei (vgl. Abb. 13).[480] Vor allem die radikalere Presse bediente sich dieses Topos.

Emblem war die stereotype Figur des dicken und faulen Mönchs.[481] Die Kleriker seien unersättlich in ihrem Durst nach Geld, »Priester des Mammons« und »das Geld der Zentralnerv allens, sogar des Glaubens«.[482] Auch die bereits

die moderne katholische Soziallehre. Die Antiklerikalen setzten sich damit jedoch nur vereinzelt auseinander und deshalb blieb das kreierte Bild relativ statisch. Vgl. zur katholischen Soziallehre Kapitel 1.1, Anmerkung 11; zu Auseinandersetzungen der spanischen Antiklerikalen damit *Salomón Chéliz*: Anticlericalismo en Aragón 144–146.

478 »Que fait à cette religion toute de simplicité, cet appareil de riches étoffes, de riches dentelles, de mitres d'or de luminaires éblouissants? Dans vos palais si luxueux, si grandioses [...] l'air [est] étouffé par de vaines formalités«, *Dénoix des Vergnes*: Le concile 13.

479 Vgl. bereits Anmerkung 335.

480 Vgl. z. B. zum Reichtum etwa El Imparcial, 15. 9. 1869; *Reinhard*: Zum Allerwelts-Pfaffenkongreß 53; *Grand-Carteret*: Contre Rome 65, 69, 74, 76, 79, 93; zu den Bildern der Völlerei Le Rappel, 15. 4. 1870; El Motín, 13. 10. 1910; die Figur des Kaplan im Einakter *Fritzsche*: Unfehlbarkeit; allgemein zum Komplex von Luxus, Völlerei und Reichtum bereits *Salomón Chéliz*: Anticlericalismo en Aragón 96–98; *Magenti Javaloyas*: L'anticlericalisme blasquista 39; *Boutry*: Prêtres et paroisses 387; *Rémond*: Anticléricalisme en France 28 f.; *Borutta*: Antikatholizismus 187–190; für das Vorkommen im traditionellen Antiklerikalismus *Goertz*: Antiklerikalismus und Reformation 22, 49, 95; *De la Cueva Merino*: Clericales y anticlericales 68–70; *Bierlaire*: Érasme et Rabelais 43.

481 Vgl. z. B. España Nueva, 4. 8. 1909.

482 In der Reihenfolge des Zitierens »prêtre de Mammon«, *Barrillot*: Le concile oecuménique 22; »l'argent est le nerf de tous, même de la croyance«, Le Charivari, 20. 11. 1869. Vgl. als weitere Beispiele Le Rappel, 4. 12. 1869; Le Siècle, 4. 7. 1870; Libre Conscience 3 (1868/1869) 375; República Ibérica, 22. 7. 1870; El Motín, 21. 10. 1909; *Hinschius*: Päpstliche Unfehlbarkeit 17; dazu bereits *Faury*: Cléricalisme et anticléricalisme 226 f.; *Grévy*: La république 51; zum Geiz zu Spanien *Salomón Chéliz*: Anticlericalismo en Aragón 96–98; zum deutschen Antijesuitismus *Healy*: The Jesuit Specter 23; zum französischen Pendant *Cubitt*: The Jesuit Myth 201–211.

Abb. 13: Funciones de Desagravios (Messe der Wiedergutmachungen). In: La Flaca, 23.5.1869, 4.

in der Reformation verbreiteten Topoi der Käuflichkeit der Religion und der Vergebung griffen die Antiklerikalen des 19. Jahrhunderts auf:

> Rom ist ein großer öffentlicher Markt
> offen für die schwerbeladenen Gewissen
> Die Stadt des frommen Handels
> Der große Kontor des Ablasses.
> Es geht nicht mehr um Jesus
> Um Maria oder Gottvater
> Wenn de Mérode Taler hat.
> Prosperiert die Religion.[483]

483 »Rome est le grand marché public/ Ouvert aux lourdes consciences,/ La Ville du pieux trafic/ Le Grand comptoir des indulgences./ Il ne s'agit plus de Jésus/ De Marie et de Dieu le père/ Si de Mérode a des écus./ La religion est prospère«, Le Charivari, 22.9.1869. In diesem Gedicht des Charivari bezieht sich »de Mérode« auf den belgischen Politiker der katholischen Partei Charles de Mérode-Westerloo (1824–1892).

Sie prangerten die »Schamlosigkeit« in der Erfindung von Reliquien, die Käuflichkeit gottesdienstlicher Handlungen ebenso an wie die »Einträglichkeit der Jubeljahre« und den bereits genannten Ablasshandel.[484]

Dass dieser üppige, habgierige, prachtliebende römische Klerus nun plötzlich alle seine Lebensgewohnheiten ändern, seine vielhundertjährigen Ueberlieferungen vergessen, aus seiner tiefen Verweltlichung zu apostolischer Einfachheit und rein kirchlichen Zielen zurückkehren [...] werde,[485]

bezweifelte der Philosoph und protestantische Theologe Eduard Zeller (1814–1908) und lancierte damit in seiner Kritik am Konzil den bereits angedeuteten Topos der Gegenüberstellung christlicher Armut und Katholizismus. Wie im vorangegangenen Abschnitt ausgeführt, war die religiöse Aufladung der Kritik an Luxus, Geiz und Reichtum keine Besonderheit protestantischer Antiklerikaler. Dieser ebenfalls bereits in der mittelalterlichen Kirchenkritik existierende Vorwurf fand seinen Eingang auch in die Texte politischer Kritiker liberaler, republikanischer, sozialistischer und anarchistischer Provenienz.[486] Beide Themenfelder, Lüge und Reichtum, waren noch geprägt von christlichen und katholischen Werten und überführten also den Klerus und die Kirche der Übertretung ihrer eigenen Vorstellungen.

Prosperität und soziale Gleichheit

Die Kirchenkritiker entwickelten über das christliche Armutsideal hinausgehend alternative Vorstellungen zur Wirtschaftsordnung der sich wandelnden Gesellschaften. Die Antiklerikalen artikulierten indirekt in ihrer Kritik an der

484 Vgl. die Auflistung in der Gartenlaube 18 (1870) 320; zum Ablass auch Le Temps, 26.3.1870; die protestantischen Schriften *Euler*: Le concile, Bd. 2 15; *Maffre*: Le concile 23; die Freimaurerschrift Lettres d'un franc-maçon 7; die Freidenkerbroschüre *Chabert*: Le concile oecuménique 25; für die Erfindung von Reliquien und Wundern zum Zwecke des Geldverdienens Le Rappel, 13.11.1869; Le National, 25.12.1869; *Roth*: Die Unfehlbaren 36; zur Bezahlung von religiösen Handlungen ebenda 42; dazu bereits bei französischen Republikanern *Cazals*: La presse toulousaine 77; allgemein *Lalouette*: La Salette 176f.

485 *Zeller*: Päpstliche Unfehlbarkeit 512.

486 Vgl. etwa zu liberaler katholischer Kritik Augsburger Allgemeine Zeitung, 3.10.1869; liberal ohne klare konfessionelle Orientierung Le Temps, 14.3.1870; Revue des Deux Mondes 86 (1870) 148; El Imparcial, 5.9.1869; La América, 13.12.1869; zum Republikanismus La Discusión, 8.12.1869; *Barrillot*: Le concile oecuménique 15, 21; zu einem Beispiel aus dem sozialistischen Feld *Domela Nieuwenhuis*: Francisco Ferrer o.p.; aus dem Freimaurerkontext Lettres d'un franc-maçon 11; zur anarchistischen Kritik der Topos des »Verrats am Evangelium« Anmerkung 339; allgemein bereits *Mira Abad*: Actitudes religiosas 12f.; zum mittelalterlichen Vorkommen *Despy*: Hérétiques ou anticléricaux.

Lebensweise der Kleriker Werte einer Arbeitsmoral, die von Fleiß und Disziplin bestimmt war, wenn die Faulheit insbesondere des regulären Klerus in Wort und Bild evoziert wurde.[487] Sie grenzten sich damit vom katholischen Ideal der außerweltlichen Askese ab und propagierten stattdessen bürgerliche Tugenden einer aktiven Weltzugewandtheit.[488] Das »Heer von Nichtstuern«[489] besonders in den Klöstern stand dem wirtschaftlichen Fortschritt und damit der aufstrebenden industriellen Welt entgegen. Dieses zweite Argumentationscluster – dem ersten scheinbar diametral entgegengesetzt – war auch ein Element des Topos katholischer Inferiorität.[490] Inferiorität bezog sich auf Moral, Bildung und insbesondere wirtschaftliche Prosperität. Statistische Untersuchungen versuchten darzulegen, wie die katholische Kirche und ihre Orden das Wirtschaftsleben beeinträchtigten. Auf diese Darstellungen griff auch die Tagespresse in ihrer Einschätzung bestimmter Regionen zurück.[491] Die Gegenüberstellung von Kirche und Klerus zu bürgerlichen Tugenden erstaunt in der liberalen oder republikanischen Presse nicht. In der Forschung zu den deutschen Ländern in der Mitte des 19. Jahrhunderts wurde bereits an unterschiedlichen Beispielen herausgearbeitet, dass der Antiklerikalismus zum Ort wurde, liberale und industrielle Wirtschaftsprinzipien zum Modell zu erheben.[492] So zeigte die Gartenlaube beispielweise anhand von Lithografien und Texten Bilder aufopfernder, aktiver Unternehmer und stellte diese mittelalterlich anmutenden Klöstern

487 Vgl. bereits zur Faulheit in Frankreich *Doizy*: Corbeaux contre la Calotte 97; in Spanien *De la Cueva Merino*: The Stick 246; *Pérez Garzón*: Curas y liberales 73; *Salomón Chéliz*: Anticlericalismo en Aragón 84f.; in den deutschen Ländern *Köhle-Hezinger*: Evangelisch – katholisch 102; *Jürgensmeier*: Die katholische Kirche 102; *Healy*: The Jesuit Specter 24; in der Aufklärungskritik *Jäger*: Mönchskritik und Klostersatire 197f.

488 Diese Gegenüberstellung bedeutet aber nicht, dass die zeitgenössische katholische Moral Arbeit grundsätzlich negativ betrachtete. Deshalb sehe ich auch davon ab, hier von einer Protestantisierung zu sprechen. Vgl. dazu *Strumingher*: Church and Workers 549–551; zum positiven Gegenmodell bereits *Faury*: Cléricalisme et anticléricalisme 260; *Borutta*: Antikatholizismus 187–190, 195; zu den hier sich manifestierenden ›bürgerlichen Tugenden‹ und ihrer Prägung in der Frühen Neuzeit z. B. *Münch*: Ordnung, Fleiß und Sparsamkeit.

489 Vossische Zeitung, 4. 8. 1909, AA.

490 Vgl. Kapitel 2.3, Anmerkung 505.

491 Vgl. etwa die beiden spanischen Darstellungen *Ibero [Pseudonym von José Ferrándiz]*: Das heutige Spanien; *Morote*: Los frailes; als Beispiele für die Verwendung von Statistik zu Kirche, Klerus und Ökonomie in der Tages- und Wochenpresse sowie Publizistik La Calotte, 12. 11. 1909; Freie Arbeiter, 4. 9. 1909; Vossische Zeitung, 18. 10. 1909, AA; Der Freidenker, 17 (1909) 162–164; *Mlochowski de Belina*: Le catholicisme romain, Anhang; *Wendel*: Francisco Ferrer 6; zu den statistischen Darstellungen im deutschen Kontext insgesamt *Baumeister*: Parität 18–25.

492 Vgl. *Blackbourn*: Volksfrömmigkeit und Fortschrittsglaube 23–30; *ders.*: Progress and Piety 61f.; *Gross*: War against Catholicism 136–157; sowie in der Belletristik *Hirschmann*: Kulturkampf 173–181.

gegenüber, die vom Devotionalienhandel lebten, Hort der Völlerei waren oder einfach romantisch verklärt und damit in einen Gegensatz zum Fortschritt gesetzt wurden. Diese dualistische Argumentationsfigur fand jedoch auch Eingang in die nichtbürgerliche Presse. Das Bild eines rückständigen Spaniens, dessen Industrialisierung vom erstarkenden Ordensklerus behindert würde, verwendete beispielsweise auch der anarchistische »Temps Nouveaux« 1909: »Als Ferrer auf die Welt kam, – 1859 […] – war Spanien vollständig in den Händen der Kirche, wie die Städte voller Konvente und Kirchen es bezeugen.« Das mit Klöstern übersäte Spanien kontrastierte der Autor dann mit Barcelona, dem Sitz »einer industriellen, kommerziellen, intellektuellen und sozialen Bewegung, wie in die entwickeltsten Ländern«[493] – dem Ort, wo Ferrer seine emanzipatorischen Schulen gründete.

In der Kritik am wirtschaftlichen Regime von Kirche und Klerus seitens der Organe der Arbeiterbewegung sowie Teilen der republikanischen Presse dominierte allerdings ein anderes Argumentationsmuster. Der Klerus war hier konstituierender Bestandteil eines sozioökonomischen Systems, das auf der Ausbeutung des einfachen Volkes und der Arbeiter durch Bürgertum und Kirche beruhe.[494] Die eingeforderte Gleichheit sollte dieses System beenden.[495] Das Thema der Ausbeutung ökonomisch wenig potenter Teile der Bevölkerung spielte bereits Mitte des Jahrhunderts eine Rolle: Während des Konzils wurden immer wieder der Peterspfennig und die Geschenke für das Kirchenoberhaupt angeprangert, die den bereits reichen Papst noch reicher machen und die sich die armen Gläubigen vom Mund absparen würden.[496] 1909 hieß es dann im selben Tenor: »Aus den arbeitenden Massen pressen [die Pfaffen] […] die Mittel

493 »Quand Ferrer naquît, – en 1859 […] – l'Espagne était entièrement la propriété de l'église, comme en témoignaient les villes pleines de couvents et d'églises«, »le siège d'un mouvement industriel, commercial, intellectuel et social, pareils à celui qui agite les pays les plus évolues«, Le Temps Nouveaux, 30.10.1909. Vgl. ähnlich auch L'Humanité, 7.10.1909; Der Anarchist, 16.10.1909.

494 Vgl. dazu für Frankreich bereits auf die zwei verschiedenen ökonomischen Konzepte hinweisend *Faury*: Cléricalisme et anticléricalisme 263–265; für Spanien in Ansätzen *Díaz Mozaz*: Apuntes 142f.; ausführlicher *Salomón Chéliz*: Anticlericalismo en Aragón 85f., 112f., 143–147; *De Diego Romero*: Anticlericalismo y cultura 109–111. Hier wurde auch zum Teil die konkrete Konkurrenzsituation gegenüber den gelben Gewerkschaften ausgetragen. Vgl. dazu für Spanien *Suárez Cortina*: Anticlericalismo y republicanismo 79; *De la Cueva Merino*: Anticlericalismo e identidad 175; für Frankreich *Vandenbussche*: Libre pensée 161.

495 Vgl. zur Gleichheit als Gegenbegriff zu Kirche, Klerus oder Religion La Réforme politique et sociale, 6.11.1869; Monde Maçonnique 12 (1868/1869) 275; La Federación, 27.3.1870; Solidaridad Obrera, 26.3.1870; La Igualdad, 16.7.1869; Der Anarchist, 25.12.1909; *Saillard*: La révolution 21; *Verlet*: 1793–1869 8; *Barrillot*: Le concile oecuménique 36.

496 Vgl. Le Rappel, 4.2.1870; La Nación, 22.7.1870; Gil Blas, 12.12.1869; Gartenlaube 18 (1870) 42; *Bernard*: Jésus et Jésuite 3, 5; *Keller*: Streiflichter 13; Kirche, Staat und ökumenisches Konzil 5f.

zur Befriedigung ihrer lucullischen Genusssucht«.[497] Ein Teil der Antiklerikalen kämpfte nun explizit in allen drei Ländern gegen die »Koalition aus Klerus und Finanz«, gegen den »heißhungrigen Klerus und die gefräßige, vermögende Bourgeoisie«.[498]

In [...] diesen alten Konventen, die in der Altstadt verwurzelt sind, und in den modernen, die [...] eine erstickende Schlinge um Barcelona formen, wird unter der Maske der Barmherzigkeit abgesehen von der mysteriösen Gier, die Millionen sammelt, eine heuchlerische Ausbeutung ausgeübt, die die Persönlichkeit der Menschen beruhigt und herabwürdigt.[499]

Die Kirche helfe durch ihre erniedrigende Moral sowie das Prinzip der Wohltätigkeit an Stelle von Gleichheit, die ökonomische Ausbeutung aufrechtzuerhalten und nutze diese Vorstellungen zugleich, um sich selbst auf Kosten der Armen zu bereichern. Die Kirchenkritiker entwarfen ein dualistisches Bild der Ausbeutung, das sich auch in den antiklerikalen Karikaturen niederschlug. Als Kommentar zum Eucharistischen Kongress 1911 in Madrid veröffentliche die Vida Socialista zum Beispiel eine Zeichnung, auf der ein in Arbeiterkleidung dargestellter Mann von einem auf ihn niederkommenden Schwarm von Raben angegriffen wird, die das Brot aus seinen Händen rauben wollen. Die Bildunterschrift verband die Karikatur der Verehrung der Eucharistie mit einer Sozialkritik: »Die eucharistischen Kongressteilnehmer nehmen sich das Brot des Körpers im Austausch gegen spirituelles Brot«[500] (vgl. Abb. 14).

Die Kritik am ökonomischen Regime der Kirche als Ausbeutung des ›Volkes‹, der ›Masse‹ oder ›Arbeiterklasse‹ war das alternative antiklerikale Modell zur liberalen Wirtschaftskritik und band Teile der Arbeiterbewegung in die Kirchenkritik mit ein, um zugleich eine Differenz zu betonen. Dies galt allerdings nicht für das gesamte Spektrum. Wie bereits betont, sah besonders der marxistische Teil der Sozialisten im Antiklerikalismus die Gefahr der Ablenkung vom eigentlichen Ziel der sozialistischen Revolution. Neben diesen Positionen standen aber sowohl bei Anarchisten wie bei Sozialisten die eben dargelegten Topoi, die die

497 Der Anarchist, 6.11.1909. Vgl. ähnlich für das Bild der Ausbeutung des Volkes Voix du Peuple, 10.–17.10.1909; Tierra y Libertad, 13.10.1910; El País, 2.11.1909; El Motín, 2.12.1909.

498 In der Reihenfolge des Zitierens »coalition clerico-financière«, Le Temps Nouveaux, 20.10.1909; »el clero y la burguesa adinerada repleta de apetitos«, *Bonafulla*: La Revolución 37.

499 »[E]n [...] esos conventos antiguos, que radican en la ciudad vieja, y modernos, que forman [...] como un dogal que asfixia a Barcelona, donde, aparte de la codicia misteriosa que atesora millones, se ejerce hipócrita explotación disfrazada de caridad que amansa y envilece caracteres«, El Socialista, 22.10.1909.

500 »Los congresistas eucarísticos llevándose el pan del cuerpo á cambio del pan espiritual«, Vida Socialista, 18.6.1911; weitere bildliche Darstellung aus dem deutschen Kontext *Grand-Carteret*: Contre Rome 54.

Abb. 14: La próxima visita (Der nächste Besuch). In Vida Socialista, 18.6.1911, 4.

Kirchen im Kontext der ökonomischen Kritik der bürgerlichen Gesellschaft angriffen. Mit diesen Argumentationsclustern entwickelte ein Teil der Arbeiterbewegung in allen drei Ländern einen eigenständigen Antiklerikalismus.[501] Die

501 Vgl. für Frankreich bereits *Bruhat*: Anticléricalisme et mouvement ouvrier; *Howorth*: The French Socialists; *Stuart*: Jesus the Sans-Culotte; für die deutschen Länder *Prüfer*: Sozialismus statt Religion 45–47, 55f.; für Spanien *De la Cueva Merino*: Clericales y anticlericales 168–178; *Villazón González*: Las polémicas 380f.; zum anarchistischen Antiklerikalismus in Frankreich Kapitel 1.2, Anmerkung 132; zu Spanien Kapitel 1.3, Anmerkung 254.

Topoi zeigen, dass eine Reduzierung der ökonomischen Kritik der Antiklerikalen auf Bürgerlichkeit zu kurz greift.[502] Kirchen waren für ihre Kritiker nicht nur die Negativfolie zur industriellen, liberal bürgerlichen Moderne, sondern auch zu sozialer Gleichheit. Gemeinsame Basis beider Konzepte waren die Werte von Arbeit und Disziplin.[503] Die Differenzen zu den bürgerlich liberalen Antiklerikalen müssen als ein weiterer zentraler Reibungspunkt innerhalb des kirchenkritischen Spektrums angesehen werden. Im Kontext des Antikonzils wurde etwa beschrieben, wie die Kritik von französischen Freidenkern (die zu dieser Zeit ein Becken für die sich entwickelnde sozialistische Bewegung darstellten) am Konzept der »Charité« zu einem alternativen Programmentwurf führte und mit zur Spaltung der Initiative beitrug. Wohltätigkeit von Kirchen wurde als sozialpolitisches Mittel der bürgerlichen Gesellschaft abgelehnt.

Mit dem Befund zweier wirtschaftspolitischer Modelle müssen bisher favorisierte Lesarten der sozialen Verortung der Kirchenkritik hinterfragt werden. Zugleich lässt er Unterschiede in den Trägergruppen im nationalen Vergleich hervortreten. Für den deutschen Forschungskontext sollte die oft herausgestellte soziale Komponente des Kulturkampfes in seiner konfessionellen Lesart – liberales protestantisches Bürgertum versus katholische unterbürgerliche Schichten – mit Blick auf den sozialistischen (und anarchistischen) Antiklerikalismus einer erneuten Prüfung unterzogen werden. Auch wenn die soziale Differenz das Gefüge der Kämpfe besonders in der heißen Phase der legislativen Veränderungen in vielen Regionen wie in Münster oder in den großen Industriestädten bestimmte, so scheint sie doch zu stark aus dem Diskurs der liberalen Quellen selbst generiert. Außerdem übergeht diese soziale Lesart die unterbürgerlichen Trägergruppen der Kirchenkritik.[504] Die Unterschiede zwischen dem liberalen und egalitären Antiklerikalismus verweisen zudem erneut auf den Republikanismus als zentralen Unterschied zwischen den drei Ländern, der sozial und, wie

502 Vgl. z. B. *Zeldin*: Conflict of Moralities 45 f.; *Drury*: Anti-Catholicism 99; *Healy*: The Jesuit Specter 172; *Borutta*: Antikatholizismus; für Spanien dagegen übergreifend argumentierend *Sanabria*: Republicanism and Anticlerical Nationalism 111–114.

503 Inwieweit hier bürgerliche Werte bereits diffundiert waren, kann nicht eingehender diskutiert werden. Vgl. zur Diskussion der Bürgerlichkeit der deutschen Sozialdemokratie z. B. *Prüfer*: Sozialismus statt Religion 19–21.

504 Die These der sozialen und konfessionellen Trennlinie im deutschen Kulturkampf müsste durch intensivere Erforschung der ökonomischen Kritik im Antiklerikalismus sowie durch den Nachweis des Fehlens einer protestantischen unterbürgerlichen Kirchenkritik erhärtet werden. Vgl. bereits auf die Forschungslücke zum protestantischen unterbürgerlichen Antiklerikalismus hinweisend *Blackbourn*: Progress and Piety 71; zur sozialen Komponente in den deutschen Kulturkämpfen z. B. *Drury*: Anti-Catholicism 100–112, 116; *Owzar*: Kampf der Kulturen 358; *Borutta*: Antikatholizismus 357–366; zur sozialhistorischen Verteilung der Konfessionen *Greschat*: Deutschland II., Protestantismus, Kaiserreich 663; differenzierter *Walser Smith*: German Nationalism 102–113; *Dietrich*: Konfession im Dorf 325–348, 400 f.

hier erläutert, wirtschaftspolitisch ein Bindeglied in Frankreich und Spanien darstellte. Dennoch muss bei aller Überschneidung der Argumentationen gerade die endgültige Lösung der sozialen Frage auch als eine Scheidelinie zwischen Arbeiterbewegung und dem Republikanismus beider Länder gelten.[505] Für Spanien sollte angesichts des von mir herausgearbeiteten wirtschaftsliberalen Modells das vor allem in materialistisch geprägten und kirchengeschichtlichen Darstellungen gepflegte Interpretationsmuster des Kampfes von unten an der Kirche als bürgerlicher Institution modifiziert werden. Im antiklerikalen Feld scheint diese Frontlinie erst im 20. Jahrhundert dominant zu werden, als Republikanismus, Sozialismus und Anarchismus zu den Hauptträgern des Antiklerikalismus wurden.[506]

Sexualität und Geschlecht – Keine bürgerliche Moral

Ebenso wie die Debatten um ökonomische Prinzipien war auch ein anderes Feld der Moralkritik, das auf den ersten Blick genuin bürgerlich erscheint, Teil der Kirchenkritik des gesamten Spektrums: die Sexualmoral. Die Kritik an der kirchlichen Sexualmoral und die Gegenmodelle der Antiklerikalen sollen nun als dritter Schwerpunkt kurz umrissen werden. Ich stütze mich dabei vor allem auf die bereits existierende Forschung, da sich gerade in den letzten Jahren viele Autoren mit diesem Aspekt beschäftigt haben.[507] Antiklerikale Presseartikel waren in der Nachfolge traditioneller Kirchenkritik durchsetzt von Anspielungen auf die Sexualität des Klerus: Beim Weltklerus waren die Kontakte zu frommen Frauen eine Angriffsfläche. Antiklerikale vermuteten hinter der engen Bindung von Seelsorgern zu ihren weiblichen Gläubigen sexuelle Annäherungsversuche und befürchteten, dass Ehefrauen und Töchter verführt werden könnten. Die Figur der Haushaltshilfe von Klerikern als Sexualpartnerin blieb ein steter Topos. Wie in den historischen Papstdarstellungen sagte die kulturkämpferische Presse und Publizistik dem Klerus zugleich nach, käufliche Liebe in Anspruch zu nehmen und verschiedensten Formen von damals als deviant angesehenen Sexualpraktiken nachzugehen: Onanie, Pädophilie und Zoophilie.

505 Vgl. zur Differenzierung in Spanien *De la Cueva Merino*: Clericales y anticlericales 268–271, 381; in Frankreich z. B. *Bruhat*: Anticléricalisme et mouvement ouvrier 89–100.

506 Vgl. Einleitung, Anmerkung 46.

507 Vgl. dazu zu den deutschen Ländern *Healy*: Anti-Jesuitism; *dies.*: The Jesuit Specter; *Borutta*: Männlichkeit; *ders.*: Das Andere; *ders.*: Enemies; *ders.*: Antikatholizismus 155–266; zu Frankreich *Verhoeven*: Transatlantic Anti-Catholicism; zu Spanien die anthropologische Studie *Delgado Ruiz*: Las palabras de otro hombre.

Hinter den Klostermauern imaginierten Antiklerikale gleichgeschlechtliche Beziehungen oder gemischtgeschlechtliche Verbindungen zwischen Nonnen und Mönchen.

Für die Kritik rekurrierten die Antiklerikalen dabei vor allem auf konkrete einzelne Fälle sexueller Vergehen des Klerus. Es bildete sich auch hier ein eigenes Genre. Die Freidenkerzeitschrift »Le Concile de la Libre Pensée« sammelte etwa in der Serie »Die Notwendigkeit, das priesterliche Zölibat abzuschaffen« verschiedene aktuell auftauchende Beispiele solcher Fehltritte.[508] Ganze antiklerikale Monografien widmeten sich in ernstem und besonnenem Ton diesem Aspekt.[509] Daneben entstand ein medizinischer Diskurs zur Frage der Natürlichkeit und den Folgen sexueller Abstinenz, der zum Teil die zölibatäre Lebensweise – ob religiös gewählt oder nicht – als Gefahr für Leib und Seele darstellte.[510] Zugleich prägten fiktionale Geschichten die Vorstellung klerikaler sexueller Verfehlungen und Devianz, die sowohl Romane literarisch anerkannter Autoren wie Clarín (Pseudonym von Leopoldo Enrique García-Alas y Ureña, 1852–1901) in seiner »La Regenta« aber auch Fortsetzungsromane oder Unterhaltungsliteratur verbreiteten.[511] Ebenso griff das bildliche Repertoire der Karikaturen dieses Themenfeld auf.[512] Die Beschreibungen der Antiklerikalen bezogen sich also einerseits auf reale Begebenheiten und andererseits bestimmten fiktionale Darstellungen maßgeblich das Bild des sexualmoralisch verkommenen Klerus. Diese Darstellungen changierten insofern zwischen Realität und Fiktion, wie bereits anhand des Mortara-Falls beschrieben wurde.[513]

508 »Nécessité d'abolir le Celibat des prêtres«, vgl. z. B. Concile de la Libre Pensée 1 (1870) 26 f.; ähnlich auch Le Radical, 13. 10. 1909; dazu bereits *De la Cueva Merino*: Clericales y anticlericales 68–70; zu den deutschen Ländern *Grote*: Sozialdemokratie und Religion 177–180; *Prüfer*: Sozialismus statt Religion 47 f.; zu Italien *Borutta*: Antikatholizismus 179–183.

509 Vgl. die zum Konzil entstandenen Broschüren *Cayla*: Le curés mariés; *Lorente y Peñafort*: El Celibato.

510 Vgl. zu Frankreich und den USA *Verhoeven*: Transatlantic Anti-Catholicism 75–98.

511 Vgl. *Alas*: La Regenta; zur Behandlung des klerikalen Sexuallebens in der Literatur in Spanien *Ferreras*: La novela por entregas 270–287; *Molina Martínez*: Anticlericalismo y literatura; *Mitchell*: Betrayal Kapitel 2; zu Frankreich *Lalouette*: Dimensions anticléricales 131 f.; zu den deutschen Ländern und Italien *Borutta*: Antikatholizismus 159–170.

512 Vgl. zu Frankreich *Doizy*: Corbeaux contre la Calotte 77 f.; zu den deutschen Ländern *Borutta*: Antikatholizismus 195–200, 205–208; zu Spanien *Salomón Chéliz*: Beatas sojuzgadas.

513 Hier soll aufgrund von quellenkritischen Problemen darauf verzichtet werden zu fragen, inwieweit in der zweiten Hälfte des 19. Jahrhunderts die sittliche Moral des Klerus nachließ, wie die in dieser Zeit nun so präsenten Darstellungen der Antiklerikalen nahelegen. Vgl. für die Quellenprobleme sowie für Versuche, das moralische Verhalten zu werten, die Priesterstudien *Götz von Olenhusen*: Klerus 207–276; *Pérouas*: Refus d'une religion 114–120; *Boutry*: Prêtres et paroisses 227 f., 448 f.; für das Changieren des Diskurses *Borutta*: Antikatholizismus 155–218; zu den Effekten dieser Diskursstrategie Kapitel 4.2.

Ausgangspunkt für die Kritik war das Ideal des Zölibats. Indem dessen Übertretungen angeprangert wurden, warfen Antiklerikale dem Klerus zunächst wieder den Verrat an seinen eigenen Normen vor und reproduzierten die Gültigkeit dieser Vorstellung. Die kulturkämpferische Kritik ging aber zumeist weiter. Der christliche Ursprung des Zölibats wurde verneint und insbesondere die sexuell abstinente Lebensweise als naturwidrig beschrieben. Die Lebensform im Kloster widerspreche nicht nur der individuellen freien Entfaltung, sondern dem grundlegenden Trieb menschlicher Natur. Diese Bedürfnisse brächen sich dann in degenerierter Form ihre Bahn.[514] Deshalb, so die Argumentationslogik, die nur in bestimmten Medien voll ausgearbeitet wurde, lebe der Klerus seine Sexualität durch Selbstbefriedigung, in gleichgeschlechtlichen Beziehungen oder durch Kindesmissbrauch in nicht generativer Form aus.[515] Diese als deviant angesehenen Formen der Sexualität wiesen ihrerseits die Naturwidrigkeit der priesterlichen Sexuallehre nach und hatten zugleich die Funktion, den Klerus einer Normübertretung zu überführen und ihn moralisch zu desavouieren, sowie auch mit diesem Themenspektrum zu kriminalisieren – Funktionen der Kirchenkritik, die bereits herausgearbeitet wurden. Für die Antiklerikalen ging vom sexuellen Drang des Klerus in der Folge eine Gefahr für Individuen sowie für die gesamte Gesellschaft aus: Zum einen korrumpiere der Klerus in seiner Vorbildfunktion mit der ihm nachgesagten Sexualmoral die gesamtgesellschaftliche Sittlichkeit. Zum anderen würden gerade die schwächeren Glieder der Gemeinschaft Opfer seiner Gelüste.

Neben der Devianz wurden immer wieder die Schreckbilder geschildert, wie Priester entweder durch die Verführung von Töchtern zum Eintritt in Klöster oder zu sexuellen Handlungen in Familien eindringen. Antiklerikale etablierten die Familie dabei als Modell natürlicher und sittlich gelebter Sexualität. Die Eingriffe in den privaten Lebensraum waren Angriffe auf die männliche Autorität im Haus und auf die Verfügungsgewalt über Frauen.[516] In der Thematisierung

514 Vgl. dazu *Verhoeven*: Transatlantic Anti-Catholicism 75–98; *Borutta*: Antikatholizismus 155–218; für die durchaus auch innerkatholisch geführten Debatten zu Frankreich *Kselman*: The Perraud Affair 601–607; *Hastings*: Feminized Church.

515 Vgl. z.B. zu Frankreich *Doizy*: Corbeaux contre la Calotte 77f.; *Verhoeven*: Transatlantic Anti-Catholicism 75–98; nur zu Jesuiten *Leroy*: Le mythe jésuite 155–164; zu Spanien *Álvarez Junco*: El anticlericalismo 295–297; *Delgado Ruiz*: Las palabras de otro hombre; *Mira Abad*: Actitudes religiosas 103–107; *Salomón Chéliz*: Anticlericalismo en Aragón 98–103; zu den deutschen Ländern *Healy*: The Jesuit Specter 164–172; *Borutta*: Antikatholizismus 155–218.

516 Vgl. z.B. zu den Verführungsgeschichten *Ferreras*: La novela por entregas 270–287; zur Frage der Autorität zu Frankreich *Zeldin*: Conflict of Moralities 13–20; *Faury*: Cléricalisme et anticléricalisme 271–273; *Gibson*: Republicans and Catholics 110–120; *Verhoeven*: Transatlantic Anti-Catholicism 62–66; zu Spanien *Álvarez Junco*: El anticlericalismo 295–298; *ders.*:

klerikaler Sexualität diskutierten die Antiklerikalen also auch die Geschlechterordnung, die bereits in Kapitel 3.2 erläutert wurde. Einige Autoren haben herausgestellt, dass dieser Aspekt insbesondere dadurch verstärkt wurde, dass Kirchenkritiker Jesuiten oder den männlichen Klerus allgemein als tendenziell androgyn darstellten. Weder in physiognomischen Darstellungen noch durch das beschriebene Verhalten wiesen Antiklerikale ihren Gegnern klar ein Geschlecht im Sinne der bürgerlichen Geschlechterordnung des 19. Jahrhunderts zu: Gesicht und Körper männlicher Kleriker wurden in Bildern weichlich und rund dargestellt. Beschreibungen von Priestern und Mönchen evozierten Emotionalität sowie Unterwürfigkeit als weibliche, aber auch Herrschaft, starken Willen und Kraft als genuin männliche Charaktereigenschaften.[517]

Der Diskurs über klerikale Sexualität entwickelte also in Abgrenzung vom Verhalten des Priesterstandes eine positive Moral, die das generative Sexualverhalten innerhalb ehelicher Bindung als Ideal propagierte und damit auch in diesem Bereich die bürgerliche Geschlechterordnung zum Maßstab machte.[518] Die Antiklerikalen des 19. Jahrhunderts griffen zugleich ältere Topoi sexueller Vergehen auf, die bereits in der frühmodernen Kirchenkritik genutzt wurden und nun systematisiert in eine grundsätzliche Ablehnung des Zölibats eingebunden wurden.[519] Die Sexualmoral stellte also wie die ökonomischen Modelle einer-

Los intelectuales 124; *De la Cueva Merino*: Clericales y anticlericales 307; *Delgado Ruiz*: Las palabras de otro hombre 36–42; *Salomón Chéliz*: Anticlericalismo en Aragón 88, 101; zu den deutschen Ländern *Healy*: The Jesuit Specter 144–150, 162–172; *Gross*: War against Catholicism 157–170, 185–225.

517 Vgl. *Healy*: Anti-Jesuitism; *dies.*: The Jesuit Specter 144–172; *Borutta*: Männlichkeit; *ders.*: Antikatholizismus 204 f.; *Verhoeven*: Transatlantic Anti-Catholicism 103–129.

518 Wegen des zumeist im Tentativen bleibenden Erklärungswertes soll hier nicht weitergehend diskutiert werden, inwieweit nur eine bestimmte Sexualmoral produziert wurde oder der Obsession mit klerikalem Sexualverhalten tiefere psychologische Probleme, wie ein pathologischer Machismus oder Sexismus, eine Krise der Geschlechterordnung oder eine Rebellion gegen rigide Sexualmoral zugrunde lagen. Vgl. für Interpretationen, die dabei stehen bleiben, dass bestimmte puritanische oder bürgerliche Normwelten konstruiert wurden, z. B. *Faury*: Cléricalisme et anticléricalisme 267–280; *Álvarez Junco*: El anticlericalismo 296–298; *Borutta*: Enemies 230 f.; *ders.*: Geistliche Gefühle 129–132; *ders.*: Antikatholizismus 215; für solche, die psychologische Schieflagen ausmachen, *Delgado Ruiz*: Las palabras de otro hombre 36–43; *Salomón Chéliz*: Mujeres, religión y anticlericalismo; *dies.*: Beatas sojuzgadas 42–59; *dies.*: Las mujeres 104 f.; *Gross*: War against Catholicism 157–225; *Verhoeven*: Transatlantic Anti-Catholicism 135–146; die antiklerikale Kritik auf eine Krise der Geschlechterordnung zurückführend *Cubitt*: The Jesuit Myth 296; *Delgado Ruiz*: Las palabras de otro hombre; *Healy*: The Jesuit Specter 149, 157; *Verhoeven*: Transatlantic Anti-Catholicism 125–146; zur rigiden Sexualmoral die beiden Studien *Conard*: Sexualité et anticléricalisme und *Mitchell*: Betrayal.

519 Inwiefern die reformatorische Kritik am Zölibat letztlich diese Kritik vorwegnahm, kann hier nicht diskutiert werden. Einen entscheidenden Unterschied stellte sicherlich die Biologisierung dar. Vgl. zu Vorwürfen der Übertretung des Keuschheitsgelübdes während der

seits eine Fortführung alter, auch christlicher Normen dar, wenn die Einhegung sexueller Aktivität in der Ehe propagiert wurde, andererseits wandten sich Kirchenkritiker sehr spezifisch gegen die katholische Lehre der Abstinenz.[520] Die bürgerlichen Normen der Geschlechterordnung waren darüber hinaus bei weitem nicht nur im bürgerlichen Antiklerikalismus anzutreffen.[521] So fanden sich etwa in der Vida Socialista unzählige antiklerikale Karikaturen mit sexuellen Anspielungen und auch Studien zur spanischen Arbeiterbewegung sowie zum deutschen Sozialismus haben dieses Themenfeld nachgewiesen.[522] Dagegen favorisierten französische und deutsche Anarchisten sowie französische Sozialisten wohl eher libertäre Vorstellungen.[523] Aufgrund des thematischen Fokus der hier untersuchten Fälle muss auf eine eingehendere Analyse der Sexualmoral und ihre Einbindung in kulturelle Milieus oder in die soziale Schichtung der Gesellschaften verzichtet werden. Die hier genannten Hinweise sollten aber deutlich machen, dass ebenso in Bezug auf die Sexualmoral wie in Hinblick auf die ökonomische Kritik die Frage nach der sozialen und kulturellen Verortung der zunächst als bürgerlich bestimmten moralischen Normen und der Geschlechterordnung einer eingehenderen Überprüfung harrt. Auch in Bezug auf die Moral war der Kampf gegen den gemeinsamen Feind der zentrale Schnittpunkt, an dem sich die verschiedenen Gruppen des Antiklerikalismus trafen. Die Kritik am realen oder imaginierten Sexualverhalten der Kleriker stellte jedoch zugleich ein Streit- und Differenzierungsmoment innerhalb des Antiklerikalismus dar. Nur ein Teil der Antiklerikalen griff die sexuelle Kritik auf, der andere Teil wehrte sich zum Teil sehr explizit gegen die tendenzielle Boulevardisierung.[524] Dabei scheinen die in der spanischen und französischen

Reformation *Goertz*: Antiklerikalismus und Reformation 22; zu den frühmodernen Kritiken *Lorenzo Vélez*: Cuentos anticlericales 59–73; *Castro Alfín*: Cultura 72–79; für die Aufklärung *Jäger*: Mönchskritik und Klostersatire 198, 203 f.

520 Dennoch soll dies hier nicht als Protestantisierung gedeutet werden, da das Ideal der Ehe durchaus auch eine katholische Wertvorstellung darstellte. Vgl. als Fortschreibung christlicher Normen bereits bei *Faury*: Cléricalisme et anticléricalisme 278 f.; *Álvarez Junco*: El anticlericalismo 296–298.

521 Vgl. dagegen die Interpretationen als bürgerliche Kulturkämpfe, die weder den Begriff ›bürgerlich‹ diskutieren noch systematisch andere Gruppen in die Analyse und Schlussfolgerung miteinbeziehen, *Zeldin*: Conflict of Moralities; *Gross*: War against Catholicism; *Borutta*: Enemies 230 f.; *ders.*: Geistliche Gefühle 129–132; *ders.*: Antikatholizismus 215 f.

522 Vgl. Vida Socialista, 1910–1914; zur spanischen Arbeiterbewegung *Álvarez Junco*: El anticlericalismo 296–298; zur deutschen Sozialdemokratie in ihrer Anfangsphase *Prüfer*: Sozialismus statt Religion 47 f., 93–100.

523 Vgl. zum sozialistischen Antiklerikalismus *Faury*: Cléricalisme et anticléricalisme 272, 282–283; zu den Anarchisten *Maitron*: Le mouvement anarchiste passim; *Kümper*: Marriage is a Failure; *Van den Berg*: Free Love.

524 Vgl. etwa *De Bruyne*: Aspects 56; *De la Cueva Merino*: Anticlericalismo e identidad 173.

Forschung verwendeten Kategorien »populär« und »intellektuell« nicht ideal, da sowohl bürgerliche als auch Arbeiterbewegungsorgane, Mediziner wie Satiremagazine die Kritik am Sexualverhalten lancierten.[525]

Fassen wir zusammen: Der antiklerikale Diskurs war bestimmt durch eine omnipräsente moralische Kritik am Klerus. Diese hatte zum einen die Funktion, Kirchen und Klerus als Instanzen moralischer Normgebung zu delegitimieren, zum anderen desavouierte sie beide, so dass sie den Weg für Kritik hinsichtlich anderer Fragen ebnete. Zugleich transportierten die ständigen Hinweise moralischer Verfehlungen bestimmte negative beziehungsweise positive Vorstellungen sittlich schlechten und guten Verhaltens. Zorn, Eitelkeit, Lüge, Völlerei, Verschwendung, sexuelle Ausschweifungen – viele der vorgestellten moralischen Vorwürfe gegen den Klerus entstammten christlichem Repertoire.[526] Wie im vorangegangenen Abschnitt deutlich wurde, fanden sich diese Bezüge quer durch die unterschiedlichen religiösen Positionen der Antiklerikalen bis hin zu den Antireligiösen. Antiklerikale warfen Klerus und Kirchen vor allem die Missachtung eigener Normen und Werte vor. Die christlichen Bestände wurden in der Übernahme durch Antiklerikale teilweise allerdings modifiziert beziehungsweise begrenzt. Insofern basierte die Kritik zum Teil auch auf diametral unterschiedlichen Positionen. *Erstens* propagierten die Antiklerikalen ein gegen die katholische Weltabgewandtheit gerichtetes, auf Fleiß und Disziplin beruhendes Arbeitsethos. Dabei entwickelten sich zwei unterschiedliche Modelle. Die Kritik am Klosterwesen war ein Ort, die liberalen Wirtschaftsvorstellungen des Wettbewerbs zu propagieren. Anarchisten, Sozialisten sowie Teile der republikanischen Antiklerikalen betonten die Ausbeutung des Volkes durch den Priesterstand und verfochten das Ideal einer auf materieller Gleichheit beruhenden Wirtschaftsordnung. Der *zweite* Themenbereich, in dem neue Werte propagiert wurden, war die Sexualmoral. Im Fokus der Kritik stand hier die Lehre des Zölibats. Teile der Antiklerikalen sparten allerdings die Kritik an den realen oder imaginierten Sexualpraktiken von Klerikern aus. Die Grenze verlief hier indes nicht zwischen populärem und intellektuellem beziehungsweise bürgerlichem Antiklerikalismus, sondern die tendenziell respektlose Kritik verteilte sich über das gesamte Spektrum.

525 Vgl. differenzierend aber auf die Durchlässigkeit in thematischer Hinsicht verweisend *Mira Abad*: Iglesia y anticlericalismo 147; als Top-down-Bewegung *Gadille*: French Anticlericalism 129, 134 f.; dagegen klar unterscheidend z. B. *Pérez Ledesma*: Las clases populares 721–723.

526 Vgl. dazu z. B. bereits zu Frankreich *Rémond*: Anticléricalisme en France 27–30; zu Spanien *Álvarez Junco*: El anticlericalismo 284; *Salomón Chéliz*: Anticlericalismo en Aragón 81, 92; *De la Cueva Merino*: Clericales y anticlericales 307; zum deutschen Antijesuitismus *Healy*: The Jesuit Specter 146.

Anhand einer detaillierten exemplarischen Analyse der Papstkritik wurden die Wirkungsweisen des moralischen Antiklerikalismus nachgezeichnet: Ziel war es, eine Gleichheit zwischen der kritisierten Person beziehungsweise dem Amtsträger und anderen Menschen herzustellen, die den Anspruch, die normativ maßgebende Instanz zu sein, aufhob und alternative Bezugsgrößen etablierte. Hierin sowie in der großen medialen Präsenz muss wohl der Unterschied zwischen der moralischen Kritik des traditionellen Antiklerikalismus und den Formen des 19. Jahrhunderts gesucht werden.[527] Ältere Formen strebten vor allem eine Reform des Klerus oder im Einzelfall seine Ersetzung an. Der reformatorische Antiklerikalismus ging weiter und hatte eine antiständische Zielsetzung,[528] aber er vertrat keine grundsätzliche antiinstitutionelle Stoßrichtung gegen die katholische Kirche.[529] Der Antiklerikalismus des 19. Jahrhunderts wurde ergänzt durch die Etablierung neuer Maßstäbe wie Menschlichkeit und individuelles Gewissen. Dieser Prozess kann als Säkularisierung der Moral bezeichnet werden; die Kritik drängte die Kirchen aus dem Feld der Bestimmung von Normen richtigen Verhaltens heraus. Trotz dieser Differenzen zwischen der traditionellen Kirchenkritik und den Formen des 19. Jahrhunderts scheint es angesichts der großen Kontinuitäten der moralischen Kritik schließlich nicht sinnvoll, diese Komponente in den Mittelpunkt des Antiklerikalismus des 19. Jahrhunderts zu rücken, wie es besonders die Forschung zum deutschen Antiklerikalismus in den letzten Jahren getan hat.

3.5 Eine Frage der Zeit – Modelle für die Moderne

Nein, die moderne Gesellschaft befindet sich nicht im Todeskampf! In dem Moment, wo sie kaum den Windeln entwachsen ist, wird sie nicht bereit sein, über sich das Leichentuch ausbreiten zu lassen, unter dem der Jesuitismus sie ersticken will. Dieser Kampf des alten Geistes gegen den neuen Geist wird kein kleiner Akt dieses Jahres 1870 sein. Die Gesellschaft wird es nicht zulassen, dass man versucht, sie zurück in die Zeiten des Mittelalters zu bringen.[530]

527 Vgl. zur Kontinuität *Díaz Mozaz*: Apuntes 56; *Caro Baroja*: Introducción; *Rémond*: Anticlericalism 123; *De la Cueva Merino*: The Stick 246; *ders.*: Anticlericalismo en la Segunda República 223; *Lorenzo Vélez*: Cuentos anticlericales 56–73; *Castro Alfín*: Palabras de Fuego 220; *Wanegffelen*: L'anticléricalisme croyant 75.

528 Vgl. *Goertz*: Antiklerikalismus und Reformation 15–20.

529 Vgl. *Díaz Mozaz*: Apuntes 56; *Salomón Chéliz*: Anticlericalismo en Aragón 276, 367; aus der frühneuzeitlichen Perspektive *Schilling*: Afkeer van Domineesheerschappij 666; aus der mittelalterlichen *Schreiner*: Mittelalter 513–521.

530 »Non, la société moderne n'en est pas à l'agonie! Ce n'est pas au moment ou elle sort à peine des langes qu'elle est disposée à laisser étendre sur elle le linceul sous lequel le jésuitisme

Die Zeitung Le National imaginierte in diesem Kommentar zum Jahresanfang 1870 in Hinblick auf die Bischofsversammlung die Bestrebungen der Majorität auf dem Konzil als Kampf des Mittelalters gegen die moderne Gesellschaft – des Todes und des neuen Lebens, aus dem letzteres siegreich hervorgehen würde. Das Zitat versammelt die Grundmuster der Zeitbezüge des antiklerikalen Diskurses.

Die Gegenüberstellung ›Antiklerikalismus versus Kirchen, Klerus und Religion‹ in den Kategorien von ›Moderne und Fortschritt versus Vergangenheit und Mittelalter‹ wurde bereits vielfach in der Forschung betont. Ältere Studien besonders liberaler Provenienz verwendeten hierbei relativ unreflektiert die Selbstzuschreibungen der Antiklerikalen ›modern‹ und ›fortschrittlich‹ als analytische Charakterisierungen, während neuere Arbeiten davor warnen, diese Begrifflichkeiten einfach zu übernehmen beziehungsweise die Besetzung als diskursive Selbst- und Fremdbeschreibungen enttarnen.[531] Hier reihe ich mich mit meiner Analyse ein. Die Zeitbezüge in der Kirchenkritik erschöpften sich jedoch nicht in der Bipolarität von Kirche versus Moderne. Im Folgenden möchte ich nach der Darstellung der grundlegenden antiklerikalen Zeitbezüge zeigen, dass die Kirchenkritiker aus einer evolutionistischen Perspektive im Sinne des zeitgenössischen Historismus[532] ihren Diskurs mit einer temporalen Dynamik durchsetzten: Sie ordneten ihre Antagonisten und ihre positiven Modelle in eine zeitliche Hierarchie ein, die geprägt war von der immer wieder konstatierten Idee des Fortschritts und der historischen Entwicklung der Gesellschaften, und legitimierten so ihre Vorstellungen. Mit der entworfenen Evolution schrieben die Antiklerikalen sich darüber hinaus ein in den Vorherbestimmungsglauben des Fortschrittsdiskurses und ihren Standpunkt als zukünftigen fest. Mit den Zeitbezügen untersucht der folgende Abschnitt damit eine zentrale Funktion im kirchenkritischen Diskurs.

voudrait l'étouffer. Cette lutte de l'esprit ancien contre l'esprit nouveau ne sera pas un des moindres actes de cette année 1870. La société ne permettra pas qu'on essaie de la reporter au temps du moyen âge«, Le National, 2.–3.1870.

531 Vgl. z. B. für die älteren Positionen *Blackbourn*: Progress and Piety; *ders.*: Volksfrömmigkeit und Fortschrittsglaube 17–37; *Álvarez Junco*: El anticlericalismo 289; *Rémond*: Anticlericalism 126; *ders.*: Anticléricalisme en France; *Heinen*: Umstrittene Moderne; zur Warnung *McMillan*: Religion and Politics 46–49; zur diskursiven Lesart *Álvarez Junco*: Los intelectuales 123; *Gross*: War against Catholicism 28, 128–184, 238 f.; *Verhoeven*: Transatlantic Anti-Catholicism 152–155, 160–163; als Selbstbeschreibung der Moderne z. B. bei *Borutta*: Enemies 233 f., 253 f.; *ders.*: Genealogie der Säkularisierungstheorie; *ders.*: Antikatholizismus 47–154, 267–288.

532 Vgl. dazu bereits *Pérez Ledesma*: Por tierras 399 f.; in Ansätzen auch *Borutta*: Antikatholizismus 103–107.

Zeitliche Verortungen

Wie bereits mehrfach in den Beispielen der vorangegangenen Abschnitte aufschien, stellten die Antiklerikalen jeglicher Provenienz in allen drei Ländern den Dualismus zwischen ihren jeweiligen Positionen und ihren Antagonisten (vor allem Ultramontanismus, Katholizismus, aber auch Klerus, Kirchen und Religion an sich) als Gegenüberstellung der modernen Gesellschaft und einer überkommenen Vergangenheit dar. Das Mittelalter war dabei die Epoche erster Wahl.[533] Kritikwürdige Handlungen, Positionen und Strukturen von Klerus und Kirche wurden als mittelalterlich bezeichnet und damit fehlende Aufklärung, Fanatismus, Gewalt, mangelnde Hygiene und ökonomische Rückständigkeit evoziert. Le National postulierte 1858, die vom Univers verteidigten kanonischen Rechte »würden heute korrekterweise als aus dem Mittelalter geerbter Rest von Barbarei und Ignoranz«[534] bezeichnet. 1869 wurde das Konzil als »vergessenes Mittelalter in der Mitte der modernen Welt« und die Kirche selbst eine »formidable und grauenvolle Tyrannei des Mittelalters« beschrieben.[535] Eine Freidenkerbroschüre nahm die Hinrichtung Ferrers zum Anlass, davor zu warnen, dass der »finstere Geist des Mittelalters im modernen Klerikalismus aller Länder«[536] noch lebe. Wenn es nicht das Mittelalter war, spielte die Kritik auf frühere Epochen an, ohne diese genauer zu definieren. Die Gegner wurden mit dem Ancien Régime gleichgesetzt, mit der »Barbarei der alten Zeiten«, den »Trümmern der früheren Jahrhunderte«.[537] Über die Schlagworte ging die All-

533 Vgl. dazu bereits zu Klöstern *Gross*: War against Catholicism 136–157; *Borutta*: Enemies 227f.

534 »[S]eraient justement considérées aujourd'hui comme un reste de barbarie et d'ignorance légué par le moyen-âge«, Journal des Débats, 12.10.1858.

535 In der Reihenfolge des Zitierens »Moyen-âge oublié au milieu du monde moderne«, Le National, 28.12.1869; »formidable y espantosa tiranía de la Edad Media«, Justicia Social, 21.2.1870.

536 *Tschirn*: Der klerikale Justizmord 8. Vgl. allgemein zum Mittelaltervergleich 1858 Archives Israélites 19 (1858) 586; Protestantische Kirchenzeitung 5 (1858) 790; Edgard Mortara, deutsche Version 8; 1869/1870 Le Siècle, 10.12.1869; Monde Maçonnique 12 (1868/1869) 417; Libre Conscience 3 (1868/1869) 269; La Igualdad, 3.9.1869; Social-Democrat, 10.12.1869; Gartenlaube 18 (1870) 126; Evangelische Kirchenzeitung 43 (1870) 686; Allgemeine Zeitung des Judentums 35 (1871) 902; die protestantische Broschüre *Luigi*: Le catholicisme moderne 15; 1909 Temps Nouveaux, 30.10.1909; L'Humanité, 14.10.1909; L'Action, 16.10.1909, Der Wahre Jakob 26 (1909) 6015; Menschentum 28 (1909) 173.

537 In der Reihenfolge des Zitierens »barbarie des vieux âges«, Le National, 8.1.1870; »tous le débris des anciens âges«, *Luigi*: Le catholicisme moderne 22. Vgl. zum Bezug auf das Ancien Régime Le Temps, 31.7.1867; den Untertitel Saillard, La révolution et l'église. L'Ancien Régime et le nouveau ou la question romaine et le concile œcuménique, sowie ebenda 1, 69; El Motín, 13.10.1909; zu den Gleichsetzungen mit ›alten Zeiten‹ Voix du Peuple, 31.10.–

tagspublizistik selten hinaus. Die Bilder der Inquisition oder romantisierende Klosterdarstellungen bildeten die wenigen Ausnahmen, die die zum Vergleich herangezogenen Vergangenheiten inhaltlich füllten.[538] Ihre eigentliche Substanz erhielten die zeitlichen Verortungen als Gegenbilder zur zeitgenössischen ›modernen‹ Welt und den angestrebten Formen der Gesellschaftsordnung.

Die von Kirchen, Klerus oder Religion vertretene alte Ordnung war ›das Andere‹ der modernen Errungenschaften – als »[Feind] des modernen Fortschritts«[539] bezeichnet, der gegen die Errungenschaften der neuen Zeit kämpfe. Das Verhältnis zwischen der Moderne und den evozierten Vergangenheiten stellten die Antiklerikalen in absoluter Bipolarität dar. Für die meisten standen zwei sich ausschließende Welten einander unversöhnlich gegenüber: Es liege ein »unüberbrückbarer Graben zwischen dem Katholizismus und der modernen Gesellschaft«[540]. Die Bilder des Kampfes wurden auf den temporal imaginierten Dualismus übertragen: »Es ist das Mittelalter, das [...] gegen das 19. Jahrhundert kämpft« und die Antiklerikalen mobilisierten ihrerseits »gegen die Machenschaften einer anderen Zeit«.[541] Das Festhalten am kanonischen Recht während der Entführung Edgardo Mortaras, das Unfehlbarkeitsdogma und die Verfolgung Ferrers waren Angriffe auf die zeitgenössischen Errungenschaften staatlicher und gesellschaftlicher Einrichtungen.[542] Ebenso bedrohten die Klöster die moderne Familie, die moralischen Vergehen den sittlichen Fortschritt der Zivilisation, Dogmen und religiöser Bezug als Hauptorientierungsnormen die moderne Bildung und Entwicklung der Vernunft.[543] In der Beschreibung der

7.11.1909; El País, 24.10.1909; Escuela Moderna, 13.10.1910; Es werde Licht! 2 (1871) 109; *Wolffberg*: Mortara 11.

538 Vgl. zur Inquisition Kapitel 3.1; zu den Klosterdarstellungen Kapitel 3.4.

539 »Enemigos del progreso moderno«, La Reforma, 15.3.1870.

540 »L'abîme infranchissable entre le Catholicisme et la société moderne«, Monde Maçonnique 12 (1869/1870) 411. Vgl. zur Charakterisierung des Verhältnisses als ausschließend und unversöhnlich z.B. La Marseillaise, 15.3.1870; Le Siècle, 22.7.1870, 10.10.1909; Le Temps, 27.2.1870; L'Action, 13.10.1909; El Socialista, 17.12.1909; La Igualdad, 3.9.1869; La Iberia, 12.3.1870; El Liberal, 17.10.1909; Vossische Zeitung, 1.12.1858; die protestantische Schrift *Cropp*: Dogma 7; die Freidenkerbroschüre *Tschirn*: Der klerikale Justizmord 15.

541 In der Reihenfolge des Zitierens »[c]'est le moyen-âge qui lutte contre [...] le dix-neuvième siècle«, La Presse, 18.10.1858; »[c]ontre des agissements d'un autre âge«, L'Action, 11.9.1909.

542 Vgl. zur Mortara-Affäre Le Siècle, 20.10.1858; Journal des Débats, 16.10.1858; Vossische Zeitung, 6.10.1858; zum Vatikanum Réforme politique et sociale, 8.2.1870; Le Réveil, 9.7.1868; Diario de Sesiones, Serie histórica, Bd.14 4088; Augsburger Allgemeine Zeitung, 12.7.1870; die protestantischen Schriften *Pascale*: Au pape Pie 63; *Hinschius*: Päpstliche Unfehlbarkeit 5; zu Ferrer Le Siècle, 3.11.1909; L'Acacia 24 (1909) 247; El País, 25.10.1909; Der Freidenker 17 (1909) 167.

543 Vgl. zu Wissenschaft und Bildung La Discusión, 8.12.1869; Neueste Nachrichten aus dem Gebiete der Politik, 25.3.1869; Bauhütte 13 (1870) 341; Freidenker 17 (1909) 167; zu

Auseinandersetzungen als Kampf mit einer relativ unbestimmten Vergangenheit grenzten die Antiklerikalen ihre Gegner aus der modernen Welt aus und entwarfen unterschiedliche Modelle, wie diese zu gestalten sei. In schlagwortartigen Zuschreibungen bezeichneten sie sich selbst beziehungsweise die von ihnen vertretenen Positionen als »moderne Zivilisation«, »moderne Kultur«[544] und so stilisierten sie die verschiedenen eingeforderten Rechte, Prinzipien und Orientierungsinstanzen in den Zuschreibungen zu genuinen Konstituenten modernen Lebens: »Die moderne Gesellschaft stütz[e] sich auf die Freiheit des Gewissens« und der Gedanken.[545] Antiklerikale setzten die Moderne mit dem Staat, Wissen oder wissenschaftlichen Erkenntnissen gleich.[546]

Bei der Bezeichnung ›Moderne‹ handelt es sich nicht um eine analytische Kategorie, sondern zunächst um einen Quellenbegriff. Wie im Eingangskapitel angedeutet, wies gerade der ultramontane Katholizismus Züge auf, die ihn durchaus als Avantgarde etwa hinsichtlich der Mobilisierung von Massen erscheinen lassen – im Gegensatz etwa zur zeitgenössischen liberalen Honoratiorenpolitik.[547] Meine Analyse beschäftigt sich aber nicht mit der sozialen Formation von Kirchen, Klerus und ihren Gegnern, sondern bewegt sich hinsichtlich der Frage der Moderne auf der ideen- beziehungsweise wissensgeschichtlichen Ebene. Hier muss festgehalten werden, dass sich der »neue Katholizismus« gerade gegen die zeitgenössischen Entwicklungen in Wissenschaft, Technik, Staat und Gesellschaft richtete und er in Frankreich und Spanien eher konservative und traditionalistische politische Strömungen unterstützte.[548] Wie für die einzelnen thematischen Bereiche gezeigt, waren die konkreten Verdammungen durch die katholische Kirche in ihrer offiziellen beziehungsweise dominanten Richtung der Hintergrund, vor dem die Antiklerikalen ihre Kämpfe führten.

Moral und dem Klosterwesen im Dualismus Mittelalter und Moderne *Gross*: War against Catholicism 128–184; *Borutta*: Das Andere.

544 In der Reihenfolge des Zitierens »civilización moderna«, Clamor Público, 21. 11. 1858; »culture moderne«, *Kaspar*: Réponse des intellectuels, Vorwort, o. p.

545 »La société moderne s'appuie sur la liberté de conscience«, Le Siècle, 18. 11. 1858. Vgl. allgemein zur Gleichsetzung von Gewissens- und Gedankenfreiheit mit Moderne z. B. Courrier Française, 31. 7. 1867; La Lanterne, 20. 9. 1909; El Liberal, 21. 10. 1909; Augsburger Allgemeine Zeitung, 21. 6. 1869; Allgemeine Zeitung des Judentums 34 (1870) 266.

546 Vgl. z. B. zur Gleichsetzung von Moderne und Staat Preußische Jahrbücher 27 (1870) 492; *Hinschius*: Päpstliche Unfehlbarkeit 5; *Uhlhorn*: Das römische Concil 70; *Nippold*: Welche Wege führen nach Rom 450; von Moderne und Wissen beziehungsweise Wissenschaft Justicia Social, 28. 1. 1870; El Socialista, 17. 12. 1909; El Liberal, 21. 10. 1909.

547 Vgl. zur Betonung der Modernität des Katholizismus z. B. *Clark*: The New Catholicism 13; sowie Kapitel 1.1.

548 Die ideengeschichtliche Antimodernität betont auch *Clark*: The New Catholicism 46; vgl. zu den politischen Anbindungen Kapitel 1.1.

Die ablehnenden Positionen der römischen Kirche verliehen Zuschreibungen von Modernität und Antimodernismus ihre Plausibilität.

Hierarchien und Dynamiken

Dem Vergleich mit dem Mittelalter oder anderen vage bezeichneten vergangenen Epochen lag der Vorwurf zugrunde, sich nicht zeitgemäß zu verhalten. In allen drei untersuchten Fällen wurden die kritisierten Ideen und Handlungen nicht nur als den Entwicklungen des 19. beziehungsweise 20. Jahrhunderts entgegenstehend, sondern auch als schlicht dem Zeitgeist nicht entsprechend bezeichnet.[549] Sie seien »Stimmen aus der Vergangenheit«, die »Schande des Jahrhunderts«, »überholt« – ein »Anachronismus«. Insofern hatte die Zeit Kirchen und Klerus eigentlich schon überfällig werden lassen.[550] Die Antiklerikalen etablierten in der zeitlichen Einordnung der Eigen- und Fremdposition eine Wertung des Verhaltens. Sie stilisierten sich zu »Anhänger[n] des Fortschritts«, als Teil der »Fortschrittsbewegung« – das heißt, sie gingen voraus und standen für die als positiv bewerteten Veränderungen insbesondere des 19. Jahrhunderts.[551] Wie die Moderne wurde der Fortschritt mit den eigenen Positionen gleichgesetzt, zumeist schlagwortartig in einem Zug mit der Findung von »Wahrheit« assoziiert, mit einem Mehr von »Freiheit«, »Gleichheit«, »Gerechtigkeit«, und »Vernunft«, mit Verbesserungen in »Bildung«, »Wissenschaften«, Kunst, Technik, Moral und industrieller Entwicklung gleichgesetzt.[552] Der

549 Vgl. zum Hinweis auf den Zeitgeist die deutschen Quellen Volkszeitung, 4.2.1870; Vossische Zeitung, 31.10.1869; Es werde Licht! 1 (1870) 193; *Reinhard*: Zum Allerwelts-Pfaffenkongreß 17; sowie die Bezüge auf das eigene Jahrhundert Temps Nouveaux, 12.11.1909; La Lanterne, 18.10.1909; Revue des Deux Mondes 82 (1869) 742; L'Excommunié, 4.12.1869; El Socialista, 14.10.1909; La Discusión, 22.10.1858; El Imparcial, 8.12.1869; El Liberal, 21.10.1909; Gladiador del Libre Pensamiento, 1.8.1914; Social-Democrat, 10.12.1869; Frankfurter Zeitung, 14.10.1909, AA; Preußische Jahrbücher 27 (1871) 529; Bauhütte 13 (1870) 341; Allgemeine Zeitung des Judentums 22 (1858) 601; die protestantischen Schriften *Kraussold*: Römisches Concil V; die Freidenkerschrift *Tschirn*: Der klerikale Justizmord 15.

550 In der Reihenfolge des Zitierens »ces voix du passé«, Libre Conscience 3 (1868/1869) 361; »vergüenza del siglo«, Tierra y Libertad, 13.10.1910; »suranné« in L'Excommunié, 6.11.1869. Vgl. zum Begriff des Anachronismus Le National, 2.–3.1.1870; Journal des Débats, 16.10.1858; L'Action, 14.10.1909; Clamor Público, 21.10.1858; Allgemeine Zeitung des Judentums 22 (1858) 637f.

551 In der Reihenfolge des Zitierens Bauhütte 12 (1870) 379; Gartenlaube 17 (1869) 95. Vgl. für weitere Beispiele der Selbstzuschreibung L'Action, 16.10.1909; Brief der Loge Morayta N° 284 an den Gran Consejo de la Orden anlässlich der Hinrichtung Ferrers, 17.10.1909, CDMH, 760-B-7; Diario de Sesiones, Serie histórica, Bd. 14 4025; zum Vorausgehen Monde Maçonnique 12 (1868/1869) 197.

552 Vgl. z.B. zu Freiheit, Gleichheit und Gerechtigkeit Voix du Peuple, 10.–17.10.1909;

moderne Fortschrittsbegriff vermittelt die Vorstellung von Bewegung, allerdings ohne Zielbestimmung. Er entstand maßgebend im 18. und wandelte sich im 19. Jahrhundert zu einem politischen Schlagwort. Hintergrund der begrifflichen Entwicklung war der durch die gesellschaftlichen Veränderungen, insbesondere durch die Französische Revolution, in »Bewegung geratene Erwartungshorizont«[553], der nun als zunehmende Verbesserung und Vermehrung vorgestellt wurde, sowie die Erfahrung von gleichzeitig existierenden Zeitmomenten, das heißt unterschiedlichen ›Entwicklungsstufen‹ in verschiedenen Räumen. In der vor allem die zweite Hälfte des 19. Jahrhunderts prägenden Inferioritätsdebatte fand diese hiatische Erfahrung räumlicher Verzeitlichung eine spezifische Ausprägung – wahrgenommene Unterschiede zwischen den Lebenswelten verschiedener Räume wurden mit katholischer Religion in einen kausalen Zusammenhang gebracht und bekamen so einen Platz in der zeitlichen Ordnung zugewiesen. Fortschritt war in diesen Jahrzehnten selbst zum Subjekt avanciert und fungierte zugleich als »geschichtlicher Perspektivbegriff«[554], um politische Gruppen in fortschrittlich, stagnierend und rückschrittlich zu unterscheiden. Dadurch gewann der Begriff das Potential, Handlungen zu legitimieren und Führungsansprüche zu artikulieren, wie es die Antiklerikalen in ihrem Kampf taten.[555]

Kirchen, Klerus und zum Teil die Religion standen für die Kirchenkritiker dem immer wieder angerufenen Fortschritt entgegen.[556] Zum einen waren sie »[Kräfte] der Regungslosigkeit«, »versteinert in ihrer Bewegungslosigkeit«.[557] Der antiklerikale Diskurs tendierte dazu, seinen Gegnern jegliches Potential der Angleichung an die fortschreitende Zeit abzusprechen,[558] auch wenn liberale

Le Matin, 13.10.1909; L'Excommunié, 20.10.1869; Archives Israélites 19 (1869) 19; La Iberia, 17.3.1870; El Imparcial, 16.9.1869; Humanidad 2 (1871) 122; Volkszeitung, 13.7.1870; Berliner Tageblatt, 16.10.1909, AA; zu Vernunft, Bildung und Wissenschaft Voix du Peuple, 10.–17.10.1909; Le Radical, 14.10.1910; Le Siècle, 9.7.1870; Le Matin, 13.10.1909; L'Excommunié, 20.10.1869; Berliner Tageblatt, 16.10.1909, AA; Vossische Zeitung, 10.12.1869; Freidenker 17 (1909) 169; El Imparcial, 21.7.1870; zu Technik, industrieller Entwicklung und Kunst Le Matin, 13.10.1909; Assiette au Beurre, 14.8.1909; El Imparcial, 21.7.1870; Berliner Tageblatt, 16.10.1909, AA; zu Moral Univers Israélite 14 (1858/1859) 170.

553 *Koselleck* u.a.: Drei bürgerliche Welten 391.

554 *Ders.*: Fortschritt 412.

555 Vgl. allgemein zur Begriffsgeschichte ebenda; zur Entwicklung von Fortschrittsideen jenseits des Begriffes *Loewenstein*: Der Fortschrittsglaube.

556 Vgl. z.B. Monde Maçonnique 13 (1870/1872) 29; Tierra y Libertad, 13.10.1909; La Discusión, 15.7.1870; El País, 13.10.1909; El Imparcial, 10.12.1869; La Humanidad 2 (1871) 122; Vorwärts, 19.10.1909; Preußische Jahrbücher 24 (1869) 489; Bauhütte 12 (1869) 400; Es werde Licht! 3 (1872) 106; die protestantische Broschüre *Luigi*: Le catholicisme moderne 9.

557 In der Reihenfolge des Zitierens »la force d'inertie«, Le Temps, 8.3.1870; »petrie dans son immobilité«, Libre Conscience 3 (1869/1870) 331.

558 Vgl. zum Vorwurf der Bewegungslosigkeit auch La Marseillaise, 24.12.1869; Le Rappel, 21.3.1870; Le Temps, 2.12.1868; El Socialista, 29.10.1909; La Igualdad, 16.7.1870; Volks-

Katholiken auf eine Anpassung der katholischen Kirche hofften.[559] Zum anderen kämpften die »Rückschrittsapostel« für ihre »rückwärtsgewandten Projekte«.[560] Die Gefahr, die deshalb von ihnen ausgehe, sei nichts weniger als eine Bedrohung für die Zukunft. »Wer diese Geschichte [die der katholischen Kirche, L. D.] ohne Beispiel [...] sich vergegenwärtigt, der kann versucht werden an dem Fortschritt der Menschheit [...] zu verzweifeln.«[561] Diese dritte Zeitdimension stellte die eigentliche Arena der Auseinandersetzungen dar, denn es ging letztlich darum, die zukünftigen Modelle der Gesellschaft zu bestimmen, die durch die Bewegungslosigkeit und die Rückwärtsgewandtheit in Gefahr waren. Die zeitlichen Hierarchien, in die sich die Antiklerikalen einschrieben, stellten sie selbst auf die Seite der Zukunft, gaben damit eine Handlungsanleitung und legitimierten ihre Ziele.

Der temporale Subdiskurs war eingebettet in die historistische Weltsicht. Der Historismus griff das in Ansätzen bereits in der Aufklärung herausgebildete Geschichtsverständnis einer diesseitigen chronologischen Entwicklung auf und machte dieses zum Kern seines Weltverständnisses. Als maßgebliche geistesgeschichtliche Bewegung des 19. Jahrhunderts, die nicht nur die Geschichtsschreibung selbst, sondern alle kulturwissenschaftlichen Wissensbereiche betraf, wurde historische Entwicklung von Individualitäten (Individuum, Staat, Nation) als konsekutiv und kausalbestimmte Abfolge von Ereignissen entdeckt und zur Begründungsgrundlage für Normen und Werte – zu einer Orientierungsinstanz. Man griff auf Vergangenheit zurück, um Überlegenheit zu erklären. In dieser Weltsicht wurzelte der Fortschrittsbegriff, der die Entzweiung von Gegenwart und Vergangenheit als Grundlage der Entwicklungsidee begrifflich fasste.[562] Wie in den vorangegangenen Abschnitten mehrfach anhand der drei untersuchten Fälle vorgeführt, bedienten sich die Antiklerikalen ausgiebig dieses

zeitung, 4.2.1870; Augsburger Allgemeine Zeitung, 12.7.1870; allgemein dazu bereits *Salomón Chéliz*: Anticlericalismo en Aragón 116; *Borutta*: Enemies 227f.; *ders.*: Antikatholizismus 46–120.

559 Vgl. etwa die Broschüre *Bourdonné*: Concile et papauté 6f.

560 In der Reihenfolge des Zitierens »apôtres retrogrades«, Monde Maçonnique 12 (1869/1870) 409; »projets retrogrades«, Le National, 12.12.1869. Vgl. zum Vorwurf der Rückwärtsgewandtheit auch Le National, 16.12.1870; Le Matin, 4.10.1909; Vrai Protestant 2 (1868/1869) 250f.; Monde Maçonnique 12 (1869/1870) 197; Libre Conscience N.F. 4 (1869/1870) 22; Solidaridad Obrera, 7.10.1909; Clamor Público, 11.11.1858; Der Wahre Jakob 26 (1909) 6015; Berliner Tageblatt, 14.10.1909, AA; Vossische Zeitung, 14.10.1909, AA.

561 Preußische Jahrbücher 24 (1869) 489. Vgl. für ähnliche Gegenüberstellungen zur Zukunft El Radical, 13.10.1909; La Iberia, 22.7.1870; Ausgburger Allgemeine Zeitung, 10.3.1869; *Bonafulla*: La Revolución 38.

562 Vgl. *Nipperdey*: Deutsche Geschichte 1800–1866 498–504, 513–519; *Hardtwig*: Geschichtskultur und Wissenschaft 22–34; allgemein aus der Fülle der Literatur *Oexle/Rüsen*: Historismus in den Kulturwissenschaften; *Schulin*: Geschichtsdiskurs.

neuen Legitimationsmittels.[563] Sie entwickelten eine eigene populäre Kirchengeschichte, um ihre Kritik zu untermauern.[564] Darüber hinaus wurde bei den Kirchenkritikern die Geschichte selbst zur Richterin. Hier artikulierte sich eine evolutionäre Weltsicht, die ein providentielles Sicherheitsgefühl vermittelte.

»Die Weltgeschichte ist das Weltgericht«[565] verkündete Gustav Tschirn auf einer Freidenkerversammlung gegen die Hinrichtung Ferrers. Der in diesem Zitat im Wort »Weltgericht« aufscheinende Rest transzendenter Begründung war ins Diesseitige verlagert und speiste sich zugleich aus einem dem Fortschrittsbegriff inhärenten Glauben an eine Bestimmung, die letztlich in der Entwicklung der Welt selbst angelegt war.[566] Antiklerikale artikulierten in verschiedenen Argumentationsclustern und Bildern immer wieder ein Gefühl der Sicherheit, dass sich die eigenen Ziele mit dem schlichten Fortschreiten der Zeit realisieren würden. Man betonte beispielweise die Fortschritte der eigenen Interessen, berief sich auf das »Gesetz des Fortschritts«, auf den »Weg [der Geschichte]«.[567] So schrieb die Vossische Zeitung etwa in Bezug auf die Situation Spaniens im Jahr 1909:

563 Vgl. zur Verwendung historischer Darstellungen bereits z. B. zu Frankreich *McManners*: Church and State 8; *Faury*: Cléricalisme et anticléricalisme 242–245; *Leroy*: Le mythe jésuite 271–279; *Cubitt*: The Jesuit Myth 183–194; *Grévy*: Le cléricalisme 41; zu Spanien *De Mateo Avilés*: Anticlericalismo en Málaga 60–72; zu den deutschen Ländern *Holzem*: Religion und Öffentlichkeit 20; *Prüfer*: Sozialismus statt Religion 56–70; *Healy*: The Jesuit Specter 117–143; *Borutta*: Antikatholizismus 163–167, 184–186.

564 Im Katholizismus stellte Vergangenheit als Tradition ebenfalls eine maßgebende zeitliche Begründungsinstanz dar, so dass die historischen Argumentationen 1858 im Rückgriff auf frühere Fälle von Kindstaufen oder in der Kritik am Unfehlbarkeitsdogma letztlich eine Fortsetzung des innerkirchlichen Diskurses waren. Dennoch unterschied sich die Logik des Bezuges auf Vergangenes grundlegend. In der Idee der Tradition der katholischen Kirche offenbarte sich die Lehre Gottes in der Vergangenheit, während sich die historischen Argumente der Antiklerikalen auf keinen dahinterliegenden Begründungshorizont stützten. Inwieweit zeitgleich innerhalb des Katholizismus diese Differenz zwischen dem älteren Traditionssowie dem neueren Geschichtsverständnis ausgetragen wurde, kann hier nicht weiter diskutiert werden. Vgl. dazu etwa die theologischen Debatten zum Ersten Vatikanum *Hasler*: Pius IX., Bd. 1 263–354; *Brandmüller*: Ignaz von Döllinger 141–143; *Schatz*: Kirchenbild 190–240; zur Einordnung historischer Legitimation im katholischen Kontext außerhalb von theologischen Debatten *Grévy*: Le cléricalisme 78; *Boutry*: Papauté et culture 41–52.

565 *Tschirn*: Der klerikale Justizmord 7. Vgl. weitere Beispiele für die Geschichte als wertende Instanz L'Excommunié, 29. 1. 1870; El Liberal, 21. 10. 1909; Preußisches Jahrbuch 27 (1871) 500; Es werde Licht! 3 (1872) 106.

566 Vgl. allgemein zum transzendenten Bezug im Historismus *Hardtwig*: Geschichtsreligion; zum Glaubenscharakter der Fortschrittsvorstellung *Charlton*: Secular Religions 155–199; *Koselleck*: Fortschritt 410–412; speziell im französischen Antiklerikalismus bereits *McManners*: Church and State 17.

567 In der Reihenfolge des Zitierens »loi du progrès«, Libre Conscience 3 (1868/1867) 329; ebenso »la ley del movimiento y del progreso«, El Socialista, 22. 10. 1909; Volkszeitung,

Er [der moderne Geist, L.D.] weht von allen Seiten herein. Er kommt mit der Industrie des Auslandes, er kommt auf den Schienen, die Spanien mit der Welt verbinden, er kommt über die Häfen, die die Schiffe der ganzen Welt aufnehmen, er kommt mit den Freidenkern, die sich in Spanien niederlassen, er kommt mit allen modernen Erfindungen und Entdeckungen und er ist unwiderstehlich.[568]

In diesen Glaubenshymnen auf den Fortschritt wurden die Bemühungen der Gegner zu vergeblichen Unternehmungen: Die republikanische Igualdad brachte dies auf den Punkt und beschrieb das Konzil 1869 als »törichte Herausforderung der Zukunft durch die Vergangenheit«[569]. Die Sicherheit, die überlegene Kraft zu sein, transportierten die Kirchenkritiker insbesondere durch Bilder der Dekadenz, des Alters und des biologischen Vergehens, durch die Assoziation mit moribunden Stadien und Tod: »Die Kirche [...] ist wie eine Alte, die sich auf eine Krücke stützt und die Jugend negiert und niederschreit.«[570] Presse und Publizistik zogen den Vergleich zu Ruinen, belegten die Antagonisten mit Adjektiven wie »morsch« oder »wurmstichig«, schrieben von der »letzten Tat« oder direkt von dem herankommenden Tod der Kirche oder der Religion.[571] So postulierten die Antiklerikalen die Unvermeidbarkeit des Endes ihrer Gegner. Antiklerikale aller Gruppen standen fest im Glauben an den zeitgenössischen Fortschritt auch über das Fin de Siècle hinaus. Die Idee der Vorherbestimmung, die die Kirchenkritiker in der evolutionären Entwicklungsidee artikulierten, gab ihren Vorstellungen eine überindividuelle Gültigkeit und machte sie selbst nur zum Exekutivorgan einer höheren Macht.

25.9.1869. Vgl. ähnlich auch Réforme politique et sociale, 8.2.1870; Le Siècle, 10.12.1869; Le Temps, 8.3.1870; Libre Pensée, 29.11.1869; L'Acacia 24 (1909) 247; Solidaridad Obrera, 21.10.1909; La Igualdad, 22.7.1870; El Imparcial, 21.7.1870; Campana de Gràcia, 1.4.1911; Social-Democrat, 10.12.1869; Volkszeitung, 9.7.1870; Gartenlaube 18 (1870) 126; Es werde Licht! 192; zum Fortschritt der eigenen Interessen Vrai Protestant 2 (1868/1869) 251; El País, 3.11.1909; die beiden protestantischen Schriften *Maffre*: Le concile 27 f.; *Schaeffer*: Non possumus 29.

568 Vossische Zeitung, 14.10.1909, AA.

569 »Un reto insensato del pasado al porvenir«, La Igualdad, 3.9.1869. Vgl. zur Betonung der Ohnmacht auch La Presse, 5.10.1858; Le Siècle, 30.12.1869; L'Excommunié, 11.9.1869; Justicia Social, 28.1.1870; La América, 13.12.1869; Frankfurter Zeitung, 9.12.1869; Gartenlaube 18 (1870) 42.

570 »Comme une veille qui s'appuie sur une béquille, elle nie et conspue la jeunesse«, *Barrillot*: Le concile oecuménique 27.

571 In der Reihenfolge des Zitierens Neueste Nachrichten aus dem Gebiet der Politik, 25.3.1869; »vermoulu«, Le Siècle, 20.10.1858; Volkszeitung, 8.2.1870. Vgl. zu Ruinen Le Rappel, 1.1.1870; *Luigi*: Le catholicisme moderne 13; zu den Todesbezügen Le National, 28.12.1869; Le Temps, 14.12.1869; Libre Conscience 2 (1868/1869) 80; Monde Maçonnique, 12 (1870) 408; La Discusión, 15.7.1869; El Motín, 4.11.1909; La América, 13.12.1869; Volkszeitung, 13.7.1870; Allgemeine Zeitung des Judentums 34 (1870) 265.

Fassen wir zusammen: Antiklerikale imaginierten ihre Kirchen- beziehungsweise Religionskritik in zeitlichen Kategorien. Indem sie ihre Gegner vergangenen Epochen zuordneten, stellten sie ihre eigenen Vorstellungen als Modelle der Moderne dar. Durch die Zeitbezüge etablierten sie eine wertende Hierarchie. Sie schrieben sich ein in die im 19. Jahrhundert maßgebende Vorstellung historischer Entwicklung im Sinne des Fortschrittsglaubens von Verbesserung und Vervollkommnung. Während ihre Gegner für Stagnation und Rückschritt standen, beanspruchten die Kirchenkritiker für sich die Seite des Fortschritts und der Zukunft. Hierin artikulierten sie sowohl Hoffnung als auch ein Gefühl der Gewissheit, dass es nur eine Frage der Zeit sei, bis ihre Ziele Wirklichkeit würden. Zugleich legitimierten sie damit eventuelle Handlungen, die ihre Gesellschaftsvorstellungen verwirklichen helfen sollten.

3.6 Säkularisierung: Delegitimierung und Pluralität – Zwischenfazit

In ihrer Kirchenkritik verhandelten Antiklerikale ein sehr breites Themenspektrum.[572] Sie traten ein für bürgerliche Rechte, Toleranz und Freiheit, agitierten gegen Gewalt als Herrschaftsmittel. Wissenschaft und Vernunft sollten zum erkenntnistheoretischen Leitmedium werden, das Individuum zum Maßstab für moralische Entscheidungen. Antiklerikale transportierten in ihrer Kritik verschiedene Vorstellungen angemessener Lebensführung und berührten dabei Fragen von Sexualmoral bis zu ökonomischen Orientierungen. Maßgebend war dabei in erster Linie die Positionierung konträr zur katholischen Kirche und zu ihren Vertretern, in zweiter Linie zu konservativen Orientierungen anderer Konfessionen oder Religion an sich. Aufgrund der bestimmenden, zwischen liberaler und konservativer Orientierung verlaufenden Front scheint es sinnvoll, konservative Formen des Antikatholizismus als ein gesondertes Phänomen zu behandeln. Antiklerikalismus ist dann als eine liberale Orientierung zu klassifizieren im Sinne eines weiten Verständnisses des Begriffs emanzipatorisch orientierter gesellschaftlicher, politischer und religiöser Positionen.[573]

572 Vgl. zum Antiklerikalismus als Gefäß für verschiedene Themen bereits z. B. *Verhoeven*: Transatlantic Anti-Catholicism 101.

573 Vgl. dazu Kapitel 3.3; allgemein zur Gleichsetzung mit Liberalismus in einem engeren Verständnis auf die liberalen Parteien bezogen bereits *Gross*: War against Catholicism; tendenziell auch bei *Borutta*: Antikatholizismus; *De la Cueva Merino*: Clericales y anticlericales 244; *Sanllorente Barragán*: Anticlericalismo 223.

Das Grundproblem der Kulturkämpfe der zweiten Hälfte des 19. Jahrhunderts war die Frage nach der Neuorientierung von Religion und Kirchen sowie ihre Verortungen in der Gesellschaft.[574] Antiklerikale setzten die katholische Kirche mit illegitimen Herrschaftsformen und Machtansprüchen gleich und bemühten sich, eine unabhängige Sphäre des Staatlichen oder des Gesellschaftlichen zu schaffen, wo Kirchen beziehungsweise Religion keinen Einfluss haben sollten. Tendenziell lehnten sie zur Wissensgenerierung transzendente religiöse Bezüge ab, wandten sich gegen die Kirchen als Wahrerin von Moral sowie gegen spezifische christliche Wertvorstellungen und ökonomische Grundsätze. Zugleich nahmen die französischen Kirchenkritiker zunehmend persönliche religiöse Positionen aus dem öffentlichen Diskurs heraus. Die Antiklerikalen wollten, so können all diese Forderungen zusammengefasst werden, Kirchen beziehungsweise Religion aus bestimmten Bereichen hinausdrängen, als maßgebende Instanz und Institution zurückdrängen oder ganz abschaffen. In der vorgelegten Diskursanalyse erwies sich insofern Säkularisierung als Kernforderung der Antiklerikalen, auch wenn sie begrifflich kaum artikuliert wurde. Säkularisierung bedeutete hierbei erstens Ausdifferenzierung, zweitens Ablösung von Kirchen und Religion als maßgebende epistemologische und moralische Instanzen – ein Prozess der mit Entzauberung und Rationalisierung einhergehen konnte – sowie drittens Privatisierung.[575] Im Anschluss an die neuere Forschung zu den deutschen Ländern und Spanien zeigen meine Ergebnisse, dass der Antiklerikalismus nicht in erster Linie als eine Reaktion auf Säkularisierung betrachtet werden sollte, sondern als deren aktiver Träger gelten muss.[576] Säkularisierung stellt sich in dieser Perspektive nicht als automatischer Prozess der Moderne dar, sie war vielmehr ein erkämpftes oder zu erkämpfendes Modell für eine Gesellschaft, in der Kirchen, Klerus und zum Teil Religion einen anderen, weniger zentralen Platz zugewiesen bekamen. Somit muss sie als ein historisches Konstrukt angesehen werden.[577]

In der Artikulation der Säkularisierungsbemühungen entwickelten die Kirchenkritiker positive Beschreibungen für die Moderne. Denn wie dargelegt setzten Antiklerikale in ihrer Kirchenkritik ihre Positionen immer wieder mit der

574 Vgl. z. B. bereits *Díaz Mozaz*: Apuntes 56.

575 Vgl. zur Ausdifferenzierung Kapitel 3.1; zur Ablösung sowie zur Entzauberung Kapitel 3.2 und 3.4; zur Privatisierung Kapitel 3.1 und 3.3; zu den verschiedenen Ebenen des Begriffs Säkularisierung die Einleitung.

576 Vgl. dazu den Forschungsüberblick in der Einleitung.

577 Vgl. dazu bereits z. B. *De la Cueva Merino/Montero García*: Clericalismo y anticlericalismo 110–114; *Borutta*: Antikatholizismus 95–101, 267–288; *ders.*: Genealogie der Säkularisierungstheorie 349 f., 374–376. Die hier präsentierte Sicht auf Säkularisierung als erkämpftes Modell schließt analytische Beobachtungen makrogeschichtlicher Prozesse nicht notwendigerweise aus.

neuen Epoche gleich und schufen so Modelle für die Moderne.[578] Durch diese Gleichsetzung schrieben die Antiklerikalen – und das ist die andere Seite der Medaille – zugleich die Idee der Rückständigkeit des Katholizismus beziehungsweise von Religion insgesamt in die Vorstellung von Säkularisierung ein und grenzten Katholizismus beziehungsweise Religion aus der Moderne aus.[579] Die temporalen Bezüge gaben dem Diskurs zudem eine zeitliche Dynamik, die den Prozess der Säkularisierung zu einer providentiellen Sicherheit werden ließ.[580]

Meine Untersuchung erweitert die Ergebnisse der Studien aus den vergangenen Jahren, die Säkularisierung als historisches Konstrukt ansehen, um Einsichten in die grundlegenden Verfahrensweisen und Mittel des säkularisierenden antiklerikalen Diskurses. Zudem verdeutlicht sie die Ambivalenzen und Pluralität säkularer Zielsetzungen und liefert neue Erkenntnisse hinsichtlich des Verhältnisses von Antiklerikalismus, Säkularisierung und Religion. Zentrales Mittel des säkularisierenden Impetus war Delegitimierung. Dieses Ergebnis ist in gewisser Weise durch die Wahl von Skandalisierungen als Ausgangspunkt determiniert, da Skandale immer den Verlust von Legitimationsanspruch bedeuten.[581] Zugleich haben bereits frühere Untersuchungen gezeigt, dass der skandalisierende, empörte Ton eine Konstante in den Kulturkämpfen darstellte.[582] Antiklerikale setzten Herrschaftsformen der katholischen Kirche mit illegitimen Formen wie Despotie und Gewaltherrschaft gleich.[583] Sie bemühten sich, mittels Vernunft, Wissenschaft oder sinnlicher Erfahrung bestimmte Glaubensvorstellungen als unwahr zu entlarven und transzendente Bezüge als Grundlage der Wissensgenerierung zu delegitimieren. Unterstützt wurde diese Stoßrichtung durch die radikale Tonlage, durch Veralberung und Pathologisierung,[584] moralische Vorwürfe, Kriminalisierung, die Nivellierung hierarchischer Stufen[585] und den Vorwurf der Rückständigkeit[586]. All diese Verfahren hinterfragten oder negierten den Macht- beziehungsweise Geltungsanspruch

578 Vgl. Kapitel 3.5.

579 Vgl. bereits *Borutta*: Antikatholizismus; *ders.*: Genealogie der Säkularisierungstheorie; *Habermas*: Piety, Power, and Powerless 464; zur Reflexion dieser Zuschreibung mit Blick auf den Katholizismus Kapitel 3.5.

580 Dieses Argumentationscluster scheint mir ein interessantes Erbe für die Entstehung der Säkularisierungstheorie, das in den bisherigen Untersuchungen bislang nicht berücksichtig worden ist. Vgl. für die Untersuchung der Genealogie der Säkularisierungstheorie Einleitung, Anmerkung 79.

581 Vgl. zur Theorie des Skandals Einleitung, Anmerkung 13 und 14.

582 Vgl. z. B. *De la Cueva Merino*: Movilización política; *Borutta*: Antikatholizismus 155–218.

583 Vgl. Kapitel 3.1.

584 Vgl. Kapitel 3.2.

585 Vgl. Kapitel 3.4.

586 Vgl. Kapitel 3.5.

von Kirchen, Klerus und Religion. Insofern entwickelten die Antiklerikalen nicht nur Modelle für eine säkularisierte Welt, sondern säkularisierten mit ihrer Kritik die untersuchten Gesellschaften.

Die Angriffe auf den Machtanspruch zeigen den Antiklerikalismus im Kern als emanzipatorisches Projekt. Gegen die Institutionen Kirchen, Klerus oder Religion setzten die Kirchenkritiker in aufklärerischer Tradition das Individuum, den Menschen, als Maßstab. Politische Ordnungen wurden, wenn auch nicht durchgängig, von den Antiklerikalen von der Freiheit des Individuums her gedacht, Religions-, Moral- und Wissensbestimmung ins Individuelle verlagert. Hier artikulierte sich ein demokratisierender Impetus,[587] der bereits im Rahmen der Untersuchung der antiklerikalen Öffentlichkeit herausgearbeitet worden ist. Zugleich war dieser emanzipatorische Zug durch die Dialektik der Aufklärung geprägt. Die Ambivalenz des im Kern aufklärerischen Konzepts der Kirchenkritiker manifestierte sich *erstens* im Grundproblem ihres universalen Gültigkeitsanspruchs. Diesen galt es nämlich zunächst durchzusetzen. Der Antiklerikalismus beschnitt mit seinen Forderungen konkret den Einfluss von Kirchen und Religion.[588] Insofern war Säkularisierung in der zweiten Hälfte des 19. Jahrhunderts vor allem auch eine Machtfrage.[589] In den universalen Anspruch individueller Freiheit war *zweitens* soziale Exklusivität eingeschrieben; nur das mündige Individuum im Sinne der Antiklerikalen, das heißt dasjenige, das seine moralische, epistemologische und politische Orientierung aus sich selbst generierte, konnte die Freiheit für sich in Anspruch nehmen. Im Anschluss an frühere Studien habe ich auf der einen Seite die sozialen und geschlechtsspezifischen Grenzen des emanzipatorischen Anspruchs der Kirchenkritiker bestätigen können. Frauen und das ›Volk‹ beziehungsweise die ›Masse‹ wurden in essentialistischen Zuschreibungen im dualistischen Muster der antiklerikalen Kritik als unmündig und damit als führungsbedürftig charakterisiert. Auf der anderen Seite waren diese Schranken ambivalent. Die Betonung der Unmündigkeit darf deshalb nicht nur als Hegemoniestreben männlicher Bürger bewertet werden.[590] Die Allianzen, die der Antiklerikalismus zum Teil einging, zeigen vielmehr, dass das Freiheitspathos durchaus ernst zu nehmen war. Antiklerikale kooperierten mit Teilen der Frauenbewegung und in ihrer Kirchenkritik artikulierten Sozialisten, Anarchisten, aber auch Republikaner ihre Hoffnung auf die emanzipatorische Kraft des Volkes.[591] Mir scheint,

587 Vgl. dazu bereits *Gadille*: Höhepunkt 448.

588 Vgl. Kapitel 3.1, 3.2 und 3.4 sowie Kapitel 2.1.

589 Vgl. so bereits für die Freimaurer *Ferrer Benimeli*: Masonería, laicismo y anticlericalismo 111.

590 Vgl. dagegen z. B. *Borutta*: Antikatholizismus 357–387.

591 Vgl. Kapitel 3.2.

dass gerade in Bezug auf diese Diskrepanzen und Verbindungen weitere Untersuchungen sinnvoll wären, um den ambivalenten Charakter des Antiklerikalismus genauer zu fassen.

Die säkularen Gesellschaftsmodelle der Antiklerikalen mussten zum einen erkämpft werden, zum anderen waren sie auch selbst unter den Kirchenkritikern umstritten, wie nun anhand der drei untersuchten Bereiche – Politik, Wissen und Moral – rekapituliert werden soll.[592] Säkularisierung bedeutete hier nicht nur verschiedene Prozesse wie Ausdifferenzierung, Privatisierung, Entzauberung oder schlicht Ablösung von einer normativen und epistemologischen Instanz, sondern sollte durch unterschiedliche Wege Wirklichkeit werden.[593] Für das Politische ist zunächst zu betonen, dass nicht alle Positionen unter dem Stichwort Säkularisierung – das heißt hier Ausdifferenzierung – zu fassen sind. Gerade politisch gemäßigtere Positionen des antiklerikalen Spektrums suchten den Einfluss des Staates auf die Kirchen zu verstärken, und arbeiteten damit letztlich gegen eine Trennung der beiden Institutionen. Grundlage aller vorgeschlagenen Modelle war die Freiheit des Individuums, des Staates oder der Nation in ihrem Bezug zu Kirchen und Religion. Die individuelle Freiheit sahen die Kirchenkritiker, so legen meine Quellenbefunde nahe, zunehmend in einer Freiheitsgarantie und nicht mehr in Toleranzforderungen verwirklicht. Des Weiteren propagierten die Antiklerikalen verschiedene Varianten der Ausdifferenzierung von Staat und Kirchen. Neben der Vorstellung staatlicher Neutralität standen Modelle der Nichtreligiosität und gesellschaftlicher Laizität. Diskutiert wurde der Grad des zugestandenen Einflusses von Kirchen beziehungsweise Religion und welcher Raum als kirchenfreier beziehungsweise religionsfreier zu konstituieren sei: Staat oder Gesellschaft. Zum Teil drehten sich die Debatten dabei um die Frage der Grenzziehung zwischen Privatem und Öffentlichem. Hier konnten insbesondere länderspezifische Differenzen ausgemacht werden. In Frankreich tendierten vor allem die radikaleren Kräfte zu der Idee einer säkularen gesellschaftlichen Sphäre, während in den deutschen Ländern und zu einem geringeren Teil in Spanien die staatliche Hoheit maßgebend war.[594] Mit dem Konzept der Laizität entwickelten dann auch nur die französischen Antiklerikalen eine begriffliche Vorstellung einer von den Kirchen wie auch immer unabhängigen Gesellschaft. Diese Unterschiede bestätigen die Sonderstellung Frankreichs hinsichtlich des Konzepts einer gesellschaftlichen Säkularität.

592 Vgl. für eine umfassende Einschätzung der Kohärenz und der Frage der Differenzierung des Antiklerikalismus sowohl hinsichtlich der verschiedenen Gruppen als auch der drei Länder das Schlusskapitel.

593 Vgl. dazu bereits zu Spanien *De la Cueva Merino*: La Democracia frailófoba 233.

594 Vgl. Kapitel 3.1.

Die Modelle wurden sowohl im Diskurs entworfen als auch bereits gelebt. Für Frankreich konnte gezeigt werden, dass die Laizisierung der Gesellschaft als Privatisierung des Religiösen innerhalb der Verschiebungen der drei untersuchten Fälle in den Diskussionen nachweisbar ist. Französische Antiklerikale klammerten zusehends ihre persönlichen religiösen Überzeugungen aus dem Diskurs aus, während ihre deutschen und spanischen Mitkämpfer diese weiterhin als Teil ihrer Argumentationen artikulierten. Besonders in Spanien scheiterte die zum Teil theoretisch explizit geforderte Privatisierung des Religiösen an der defensiven Diskursführung, die Antiklerikale immer wieder betonen ließ, dass sie nicht antireligiös oder atheistisch seien. Die sich in dieser Haltung spiegelnde Ambivalenz kann auf der Basis angenommener psychologischer Mechanismen als mögliche Erklärung für die hohe Gewalttätigkeit des spanischen Antiklerikalismus herangezogen werden. Die spezifischen spanischen Positionierungen korrespondierten zudem mit der für den politischen Bereich herausgearbeiteten doppelten Stoßrichtung gegen Kirche *und* Staat im Falle der spanischen Republikaner.[595] Der Vergleich beider Länder verdeutlicht, dass auf der einen Seite die nationalen Diskussionszusammenhänge und politischen Konstellationen die jeweiligen Säkularisierungsmodelle durchaus beeinflussten. Auf der anderen Seite zeigen die nationsspezifischen Differenzen außerdem, dass bereits im Diskurs der Antiklerikalen in den drei Ländern jeweils unterschiedliche Wege hinsichtlich von Säkularisierung betreten wurden, die sich zum Teil in politischen Umsetzungen etwa im französischen Trennungsgesetz von 1905 materialisierten. Diese Unterschiede sowie die dargelegten Wechselbeziehungen von Diskurs, politischen Rahmenbedingungen und Modellen laden ein zu weiteren komparativen Studien, welche die herausgearbeiteten Diskussionen und Wege in ihrer Entwicklung im 20. Jahrhundert weiterverfolgen sowie auch andere Länder berücksichtigen und die hier vorgeschlagene Auflösung der Systematisierung der Kulturkämpfe in bi- und monokonfessionelle Pfade überprüfen sollten.

Im Bereich der Wissensgenerierung verdeutlicht schon allein das Vorkommen von Kritik klare Unterschiede zwischen den Gruppen: Bemühungen, Glaubensvorstellungen durch Vernunft oder Wissenschaft und sinnliche Erfahrung zu delegitimieren oder Kirchen und Religion direkt mit Unwissen gleichzusetzen, fanden sich vor allem bei Republikanern, Freidenkern, Sozialisten, Anarchisten und bei Protestanten. Zudem stellte sich auch hier die Frage nach der Reichweite der Kritik. Sollten Vernunft und Glaube zur Deckung gebracht, sollte Glaube ein eigener Bereich des Wissens eingeräumt oder Glaube durch Vernunft und Wissenschaft entlarvt werden? Tendenziell dominierte unter den

595 Vgl. Kapitel 3.1 und 3.3.

genannten radikaleren Gruppen letztere Position.[596] Ebenso lancierten nicht alle Antiklerikalen weitreichende Vorwürfe im Feld der Moral. Insbesondere die Sexualmoral wurde oft ausgespart. Klare gruppenspezifische argumentative Profile konnten hier nicht ausgemacht werden, es zeigte sich jedoch, dass die Zurückhaltung insgesamt umso stärker ausfiel, je größer die Fallhöhe der kritisierten Person war. Darüber hinaus konnten hinsichtlich der positiven Norm- und Wertvorstellungen Unterschiede ausgemacht werden. So wurden im Antiklerikalismus zwei weltbezogene, das heißt im Kern säkulare, ökonomische Modelle entworfen: Bürgerliche Gruppen vertraten das klassisch liberale Modell individuellen Gewinnstrebens, während Republikaner, Sozialisten und Anarchisten die Kirchenkritik nutzten, um ihre Forderungen nach Gleichheit vorzubringen.[597]

Die Säkularisierungsbemühungen der Antiklerikalen in der zweiten Hälfte des 19. Jahrhunderts können bei aller Kritik an kirchlichen und religiösen Gegenständen nicht generell als Abwendung von Religion gewertet werden. Dies hat die Untersuchung erstmals systematisch für die drei untersuchten Länder gezeigt. Kirchenkritik war oft mit Religionskritik verbunden, aber nicht zwangsläufig daran gekoppelt. Individuelle religiöse Orientierungen oder Phänomene wie Entkirchlichung konnten im Rahmen der Studie nicht ausführlich untersucht werden, stattdessen wurde den religiösen Debatten in der öffentlichen Kirchenkritik mehr Aufmerksamkeit gezollt, als die neueren Arbeiten zum Antiklerikalismus dies bislang taten, und das Verhältnis von Antiklerikalismus zu Atheismus, religiösen Vorstellungen und Konfession systematisch beleuchtet. Der Antiklerikalismus stand in den drei untersuchten Ländern im Kontext der Pluralisierung des Religiösen der zweiten Hälfte des 19. Jahrhunderts und die religiöse Haltung der Kirchenkritiker oszillierte je nach Land und auch innerhalb eines Landes zwischen Atheismus, konfessionellem Liberalismus und nichtkonfessioneller moderner, nicht christlich determinierter Religiosität. Im Anschluss an die neuere deutsche Forschung zum antiklerikalen Phänomen wurde *erstens* herausgearbeitet, dass die konfessionelle Orientierung (katholisch, protestantisch, jüdisch) dabei nicht die allein maßgebende Kategorie war. Häufig waren innerkonfessionelle Auseinandersetzungen zwischen den dichotomen Polen liberal und konservativ ausschlaggebend. Zudem scheint es, dass konfessionelle Differenzziehungen im Laufe der zweiten Hälfte des 19. Jahrhunderts in spezifischen Momenten stärker wirksam waren als in anderen. Darüber hinaus wurden die Auseinandersetzungen *zweitens* über weite Strecken als religiöse Debatten geführt. Ein zentrales Argument im antiklerikalen Diskurs in

596 Vgl. Kapitel 3.2.
597 Vgl. Kapitel 3.4.

allen drei Ländern war, dass die eigene Position dem wahren Katholizismus, dem wahren Christentum oder der wahren Religion entspreche, was den Debatten eine besondere Virulenz verlieh. Diese Diskursführung trat, wie erwähnt, in Frankreich allerdings zunehmend in den Hintergrund. Atheistische Positionen stellten in den drei untersuchten Ländern nur eine und nicht die dominierende Option dar. Die unterschiedlichen Vorstellungen lassen sich tendenziell eher als Versuche religiöser Reform fassen. Religion wurde von den Antiklerikalen oft unabhängig von institutionellen Bindungen gesehen und individualistisch konzeptualisiert. Religion sollte kompatibel sein mit dem emanzipatorischen Gesellschaftskonzept der Kirchenkritiker. Zugleich bestimmten viele christliche Bestände maßgeblich die antiklerikalen Positionen. So stellte das Evangelium einen positiven Bezugspunkt dar.[598] Moralvorstellungen wie das Verbot der Lüge, das Gebot christlicher Armut und Bescheidenheit, ein aktiver Arbeitsethos oder eine nicht zölibatäre Sexualmoral, die die heterosexuelle Ehe zum Ideal machte, führten religiöse Normen fort.[599] Abgesehen von den offen als religiöse Positionen deklarierten Ideen wurden *drittens* die eigenen Modelle sakralisiert sowie transzendiert und dem Antiklerikalismus so eine religiöse Dimension im Diskurs verliehen.[600] Beide Tendenzen ließen Kirchenkritik aber nicht generell zu einer Art neuer Konfession werden.[601] Solch eine Bezeichnung scheint nur für Teile der Freidenker beziehungsweise Freigeistigen sinnvoll, die neben der religiösen Reform und ideellen Sakralisierungen auch neue rituelle Formen entwickelten.[602] Insofern waren die antiklerikalen Positionen zu Religion ebenso wie zu Säkularisierung durch Pluralität gekennzeichnet.

598 Vgl. Kapitel 3.3.
599 Vgl. Kapitel 3.4.
600 Vgl. Kapitel 3.2.
601 Vgl. dagegen z. B. *Plé*: Die sakralen Grundlagen.
602 Vgl. dazu Kapitel 3.3.

4. Formen und Dynamiken des Diskurses

»Le Cléricalisme, voilà l'ennemi!«[1] Dieser Léon Gambetta (1838–1882) zugeschriebene Ausruf bündelt die zentralen Strukturen des kirchenkritischen Diskurses. Der Antiklerikalismus war eine Antiposition, die Kirchenkritik binär strukturiert. Die antiklerikalen Ansichten wurden in Opposition zum jeweiligen Gegner entwickelt, der unterschiedlich bezeichnet und oft mit Sammelbegriffen belegt wurde, die keine klare personelle Zuschreibung zuließen, sondern vielmehr polysemantisch aufgeladen waren, wie der antiklerikale Zentralbegriff ›cléricalisme‹. Der Satz von Gambetta ist wohl eine der meistzitierten Aussagen aus den Kulturkämpfen und zu einem Schlagwort geronnen, das bis heute Buchdeckel ziert.[2] Hier manifestiert sich ein Grundzug aller kirchenkritischen Begriffe und Topoi: Sie verfestigten sich durch die ständige mediale Wiederholung zu vieldeutigen Sentenzen. Zudem ging die dichotomische Struktur des Antiklerikalismus oft einher mit klaren Feindbildern und Ausgrenzungen, die zum einen den spezifischen Charakter des Diskurses prägten und zum anderen verdeutlichen, dass die Kirchenkritik eine polemische mediale Mobilisierung darstellte. Während sich die beiden vorherigen Abschnitte vorwiegend den inhaltlich-thematischen Fragen und den Varianten und Mechanismen der antiklerikalen Mobilisierung gewidmet haben, wird auf den folgenden Seiten der Fokus verschoben und es sollen die in der vorgängigen Beschreibung des Zitats angedeuteten Formen und Dynamiken des Diskurses in den Vordergrund gerückt werden. Es geht darum, Grundmuster, die bereits in den unterschiedlichen Themen- und Motivbereichen sowie im Öffentlichkeitsabschnitt analysiert wurden, auch im Anschluss an frühere Studien noch einmal gebündelt darzulegen. Mit der Untersuchung der Strukturen des Diskurses soll erstens ein Vorschlag für eine neue Konzeptualisierung des Antiklerikalismus als soziale Einheit im massenmedialen Zeitalter gemacht werden. Zweitens wird die stereotypisierende und antagonistische Dynamik des Diskurses herausgearbeitet, um den spezifischen Charakter der Kirchenkritik zu bestimmen und nach ihrer Funktion zu fragen. Abschließend, nach einem Exkurs zu Karikaturen als einem

1 Gambettas Aussage aus dem Jahre 1876 stammt eigentlich aus einer Rede des Journalisten und Politikers Alphonse Peyrats (1812–1890), die dieser vor Senatoren des Departements Seine hielt. Vgl. *Weber*: Der moderne Staat 25.

2 Vgl. *Grévy*: Le cléricalisme.

besonderen Medium des Antiklerikalismus, das den spezifischen Strukturen ausnehmend gut entsprach, werden die Ergebnisse zusammengefasst und so der Diskurs insgesamt hinsichtlich seiner Form charakterisiert.

4.1 Strukturen – Wiederholung und Verschmelzung

Die thematischen Analysen haben im Anschluss an frühere Arbeiten verdeutlicht, dass dem Antiklerikalismus die nötige Kohärenz fehlte, um als eine geschlossene Ideologie oder Weltanschauung beschrieben zu werden. Der Antiklerikalismus muss als ein Ensemble von verschiedenen Vorstellungen und Werten verstanden werden, die für unterschiedlichste politische Gruppen anschlussfähig waren. Die soziale Einheit in den Mobilisierungen war allerdings relativ labil. Auch wenn Teile und Phasen des Antiklerikalismus als eine Bewegung charakterisiert werden können, wie etwa die spanische Kirchenkritik um die Jahrhundertwende, so wurden die meisten sozialen Zusammenschlüsse nur situativ geschlossen und waren von wechselnden Ein- und Ausgrenzungstendenzen geprägt. Zugleich konstruierten die Kirchenkritiker antiklerikal aufgeladene Kollektivvorstellungen von Nation und Europa.[3] Insofern macht es zwar Sinn, von einem antiklerikalen Lager zu sprechen, dieses Konzept sagt aber wenig aus über die Bildung und Struktur des Zusammenschlusses. Das Ensemble der antiklerikalen Ideenwelt wies jedoch gemeinsame Strukturen auf, die die Einheit der Kirchenkritik garantierten, sie als eine Erscheinung des beginnenden massenmedialen Zeitalters ausweisen und zentral für das Verständnis des Phänomens sind. Ausgehend von den Strukturen des Diskurses kann der Antiklerikalismus, so die grundlegende These des folgenden Abschnitts, charakterisiert werden, und zwar als Code. Ich werde analysieren, wie sich dieser Code in der medialen Mobilisierung ausbildete und dabei insbesondere die Begriffsbildungen wie Fremdbezeichnungen aber auch die gesamte Diskursführung in den Blick nehmen.[4] Die Untersuchung von Selbstbezeichnungen wird zugleich nahelegen, dass das Verständnis von Kirchenkritik als einer geschlossenen Identität in vielen Fällen zu weit geht und dass es sinnvoller ist, von einer spezifischen Kultur zu sprechen.

3 Vgl. Kapitel 1.2, 1.3 und 1.4; Kapitel 2 sowie Kapitel 3.3.

4 Vgl. zur Beschreibung als Code allerdings ohne genauere Analyse bereits *Silvan*: Anticléricalisme 37–40.

Mediale Omnipräsenz und Verknüpfung

Die ins Feld zu führenden Mittel, um die Unwahrhaftigkeit der Offenbarungen aufzudecken, variieren unbegrenzt; die Ereignisse, die täglich vorkommen, Schriften der Apologeten bieten unaufhörlich Themen, Thesen und ermöglichen den Rationalisten, die Leere der religiösen Institutionen zu zeigen sowie die Notwendigkeit für die Menschheit, aus der langen Unterdrückung herauszutreten.[5]

Das Verfahren zur Delegitimierung religiöser Vorstellungen, das der »Guide de Libre Penseur« von 1869 in diesem Zitat beschrieb, galt für den gesamten Antiklerikalismus. Durch Medien, insbesondere durch die tägliche Berichterstattung zu lokalen, regionalen und nationalen Themen, durch die immer wiederkehrende kritische Beschreibung wurde das kulturelle Muster des Antiklerikalismus konstruiert und transportiert. Dabei wurden nicht nur bürgerliche Medien wie Romane, Broschüren, wissenschaftliche Abhandlungen, Tagespresse und spezifische Enzyklopädien als Vehikel genutzt.[6] Wie in Abschnitt 2 und 3 dargelegt wurde, zeichnete sich die antiklerikale Mobilisierung dadurch aus, dass mediale Verbreitungsformen ausprobiert wurden, die ein breiteres soziales Spektrum der Bevölkerung erreichen sollten. Der Antiklerikalismus profitierte von der Entwicklung der Massenpresse, er bediente sich populärer Fortsetzungsromane, Plakate, Bildpostkarten, bedruckter Streichholzschachteln, Aufkleber, Lieder, Gedichte, Kartenspiele und einer spezifischen Erinnerungskultur, die sich durch Straßenumbenennungen sowie die Aufstellung von Denkmälern auch des öffentlichen Raumes bemächtigte und nur zum Teil bürgerlich war. Gerade der Fall Ferrer zeigt mit den Erinnerungsausgaben einschlägiger Zeitschriften den Anteil der Arbeiterbewegung an dieser Kultur.[7] Die mediale Omnipräsenz charakterisierte die grundlegende Struktur des antiklerikalen Diskurses.

5 »Les moyens à faire valoir pour prouver la fausseté des révélations, varient à l'infini; les événements qui surgissent chaque jour, les écrits que publient les apologistes, fournissent continuellement des sujet, des thèses et donnent occasion aux rationalistes de faire ressortir les vides des institutions religieuses et la nécessité pour l'humanité de sortir de sa longue servitude«, *Verlière*: Guide 13.

6 Vgl. allgemein zu den unterschiedlichen Medien Kapitel 1.2, 1.3 und 1.4 sowie Kapitel 2; zur Pluralität der Medien und der ubiquitären Kritik bereits für Frankreich *Lalouette*: Dimensions anticléricales 130–138; für den spanischen Republikanismus *Sanabria*: Anticlerical Politics 270–325; für die deutschen Länder und Italien *Borutta*: Geistliche Gefühle 122–126; *ders.*: Antikatholizismus 154–218.

7 Vgl. z.B. die Erinnerungsausgaben Tierra y Libertad, 13.10.1912; Solidaridad Obrera, 21.10.1910; El Socialista, 13.10.1914; Vida Socialista, 13.10.1912; Der Anarchist, 13.10.1910; insgesamt bereits auf die unterschiedlichen Niveaus verweisend *Lalouette*: Dimensions anticléricales 130–138; dagegen ausschließlich auf den bürgerlichen Kontext bezogen *Borutta*: Geistliche Gefühle 126.

Im folgenden Kommentar des deutschen Freireligiösen Carl Scholl[8] zur altkatholischen Bewegung finden wir wie in vielen anderen Zitaten unterschiedliche Versatzstücke der vorgestellten Themen in einer Aussage verbunden:

[Päpste], unterstützt durch ihre Bischöfe, durch das ganze Heer der Priester und Mönche, [haben] sich in die rein weltlichen Angelegenheiten der Fürsten und Staaten gemischt, die Alleinherrschaft über Kirche und Staat angemaßt, und wo man sich ihnen nicht blindlings unterworfen, Bann und Fluch über die Widerspenstigen geschleudert. [...] Und ist es nicht staatsgefährlich [...], wenn die römische Hierarchie zu allen Zeiten der naturgemäßen Entwicklung und Fortbildung der Menschheit systematisch entgegengetreten, wenn sie die Erziehung der Völker in der Schule vernachlässigt, wenn sie die leiseste Regung freierer Gedanken in der Geburt erstickt, wenn sie mit allen nur denkbaren Mitteln, durch Kerker, Folter, Schafott, Scheiterhaufen und die blutigsten Religionskriege den Geist bekämpft hat? Ist das nicht eine Gefahr für die Staaten, wenn sie, nach dem Zeugnis der unbestochenen Geschichte, durch Ablaß und Zölibat die Sittlichkeit der Völker geschädigt und schädigt, [...] wenn sie unter dem Vorwand, für's Heil der Seelen zu Sorgen, durch ihren Ablaßhandel [...], Wucher mit Heiligen und Reliquien, mit Dispensen [...] die Völker und gerade die Aermsten in ihnen ausgesogen und ausgeplündert hat.[9]

Scholl beginnt diesen Absatz mit der Imagination des ›antiklerikalen Heeres‹, der Staatsgefährdung durch die Macht der katholischen Kirche, um dann auf die Intransigenz letzterer hinzuweisen und, deren Kampf gegen Fortschritt sowie Moderne streifend, auf die Frage von Bildung überzuleiten. Diese verknüpft er mit der Idee der geistigen Freiheit, der er das brutale Regime der Kirche gegenüberstellt. Abschließend hebt der Autor dann mit Hinweis auf die Geschichte den verderbenden Einfluss der Kirche auf die Moral der Völker durch Zölibat und Ablasshandel hervor; damit betont der freireligiöse Prediger erneut die Gefährdung des Staates durch die kritisierte Institution. Dieses Zitat verdeutlicht, dass die hier bislang getrennt untersuchten thematischen Felder, die verschiedenen Motivgruppen und Argumentationscluster im Diskurs selbst oft miteinander verwoben wurden. In diesem Beispiel ist dies sicherlich auch darauf zurückzuführen, dass es sich um eine Quelle aus dem Kontext der Freireligiösen handelt – also einer Gruppe, deren Kerninteresse der Antiklerikalismus insgesamt war und die deshalb eher eine umfassende Kritik äußerte. Selbstverständlich bündelte nicht jede sprachliche oder bildliche Äußerung von Kirchen-

8 Scholl, Carl (auch als Karl) (1820–1907), Prediger und Schriftsteller. Scholl beteiligte sich an der 1848er Revolution und wurde deshalb inhaftiert. Er arbeitete an unterschiedlichen Orten besonders in Süddeutschland als Prediger. Mit seiner von ihm gegründeten Zeitschrift »Es werde Licht!« verkörperte er den linken Flügel der freireligiösen Gemeinden. Ab 1877 unterstützte er aktiv die Kirchenaustrittspropaganda. Vgl. zu Scholl *Simon-Ritz*: Organisation einer Weltanschauung 65.

9 *Scholl*: Die altkatholische Bewegung 106, 112.

kritikern alle Aspekte in vergleichbarer Weise und oft wurde nur ein spezifisches Thema behandelt, dennoch tendierte der Diskurs in den verschiedenen Medien dazu, gewisse Begriffe, Argumente, Argumentationscluster, Szenarien und Bilder beziehungsweise Figuren zu wiederholen und miteinander zu verknüpfen. Zentrale Funktion in diesem Verschmelzungsprozess nahmen drei Begriffe ein: die Abstrakta ›Ultramontanismus‹, ›Jesuitismus‹ und ›Klerikalismus‹. Die ersten beiden bezeichneten zunächst relativ klar zu bestimmende Tendenzen beziehungsweise Verhaltenskomplexe. Sie wurden aber in der medialen Kommunikation mit unterschiedlichen Vorwürfen angereichert und avancierten so zu vieldeutigen, polemischen, oft synonym gebrauchten Begriffen, die umfassend einsetzbar waren. ›Klerikalismus‹, der dritte Begriff, hatte von vorneherein eine relativ breite Bedeutungsvarianz, die in den Gegenbegriff ›Antiklerikalismus‹ mit einging.

Polysemantische Schwammwörter[10] und Begriffsgeschichten

Die folgende Skizze stellt die grundlegenden Fremd- und Selbstbezeichnungen in ihrer Funktion sowie im internationalen Vergleich dar und leistet damit jenseits der Analyse der Diskursstrukturen auch einen Beitrag zur Begriffsgeschichte des Antiklerikalismus.[11] Schauen wir uns zunächst die Anreicherungsprozesse und die Bedeutungsvielfalt der drei antiklerikalen Fremdbezeichnungen einzeln an.

Begriffsgeschichtliche Studien zum ›Ultramontanismus‹ haben gezeigt, dass die Bezeichnung zunächst rein geografisch verwendet wurde. ›Ultramontan‹ waren Personen und Gegenstände, die von jenseits der Alpen (in beiderlei Rich-

10 Vgl. zur Bezeichnung »Schwammwort« *Weiß*: Der Ultramontanismus 824.

11 Die bisherige Forschung hat die Bedeutung und Verwendung der Begriffe zumeist nur einzeln behandelt oder sich auf die Analyse von bestimmten Gruppen beschränkt. Den Selbstbezeichnungen wurde insgesamt weniger Aufmerksamkeit zu Teil. Eine Ausnahme stellt die als Wörterbuch angelegte Monografie Patrick Cabanels dar, aber auch sie kommt über die Definitionen und Entwicklungsmomente nicht hinaus. In der deutschen Forschung ist die begriffsgeschichtliche Dimension der Selbstbezeichnungen fast vollständig vernachlässigt worden. Vgl. *Cabanel*: Les mots; zum ›Klerikalismus‹ *Ozouf*: L'école 12, 33, 263 f.; *De la Cueva Merino/Montero García*: Introducción 16–18; zum ›Ultramontanismus‹ *Weiß*: Der Ultramontanismus; *Boutry*: Ultramontanisme; dazu und zum ›Jesuitismus‹ *Joskowicz*: Liberal Judaism 184 f.; die umfassendere begriffsgeschichtliche Analyse, allerdings beschränkt auf den Evangelischen Bund *Müller-Dreier*: Konfession in Politik 250–257; die zwei positivistischen, lexikografischen Untersuchungen *Honoré*: Le vocabulaire und *Lalouette*: Lexique libre penseur; zu den Selbstbezeichnungen zu Frankreich z. B. *Rémond*: Anticléricalisme en France 8–11; *Lalouette*: L'anticléricalisme 333–338; zu Spanien *Pérez Garzón*: Luis Morote 19; *Pellistrandi*: Clericalismo y anticlericalismo 24 f.; umfassender, aber sehr positivistisch *Plard*: Anticlérical, Anticléricalisme.

tung) stammten.[12] In innerkirchlichen Auseinandersetzungen bezeichnete der Begriff im Frankreich des 17., im deutschen Sprachraum Mitte des 18. Jahrhunderts die Vertreter des Universalprimats des Papstes. In der katholischen Aufklärung verband sich die nun pejorative Bezeichnung zudem mit dem Vorwurf des Antipatriotismus und mit der Kritik an antiaufklärerischen Tendenzen. Seinen genuin polemischen Charakter erhielt der Begriff allerdings erst ab den 1840er Jahren. Das »Schwammwort« ›Ultramontanismus‹ nahm über den innerkirchlichen Kontext hinausgehend eine zentrale Rolle in den auftretenden Kulturkämpfen ein, wo es wie zuvor unterschiedliche Bedeutungsebenen miteinander verband. Es transportierte neben der dogmatischen Frage um die päpstliche Stellung innerhalb der Kirchenverfassung weiterhin den antipatriotischen, antinationalen Vorwurf, nun vor allem auch hinsichtlich des Verhältnisses von Staat und Kirche. Zudem konnte der Begriff im Kontext religiöser Debatten sowohl antiindividualistische Positionen verurteilen als auch insgesamt Ausdruck einer antichristlichen Position sein.[13] Diese vielfältigen Konnotationen machen den Begriff bis heute so umstritten. Die unterschiedlichen Bedeutungsebenen ließen die Bezeichnung, wenn sie jenseits der innerkirchlichen Parteienbildung verwendet wurde, diffus werden, gaben ihr aber zugleich eine besondere Kraft, da sie universal einsetzbar war und zunehmend die unterschiedlichen Facetten der Kirchenkritik insgesamt bündelte. Die Wörterbücher und einschlägigen Lexika der zweiten Hälfte des 19. Jahrhunderts verzeichnen ›Ultramontanismus‹ zum Großteil als kirchenrechtlichen beziehungsweise kirchen-staatsrechtlichen Begriff. Nur in den Definitionen von Nachschlagewerken mit parteiischem Standpunkt wurden die anderen Bedeutungsebenen berücksichtigt, wie in dem radikal antiklerikalen Wörterbuch von Larousse[14] oder der Erstausgabe des liberal protestantischen Lexikons »Religion in Geschichte und Gegenwart«, die den Katholizismus an sich letztlich als Ultramontanismus charakterisierten.[15] Ebenso wurde ›Ultramontanismus‹ im Kontext der Mortara-Affäre und

12 Vgl. für die folgenden Ausführungen zum deutschen Sprachkontext *Raab*: Geschichte und Bedeutung des Schlagwortes; *Weiß*: Der Ultramontanismus; *Fleckenstein/Schmiedl*: Ultramontanismus 7–9; für den französischen *Boutry*: Ultramontanisme.

13 Die mit dem Begriff Bezeichneten reagierten auf die außerkirchlichen Verwendungen des Begriffes unterschiedlich. Zum einen wurde ›Ultramontanismus‹ als Selbstbezeichnung aufgegriffen und dabei ins Positive gewendet, andere verwahrten sich gegen den Begriff. Vgl. zur Abwehr des Begriffes von kirchlicher Seite *Lorinser*: Vor dem Concil 34; Encyclopédie Catholique, Ultramontanisme (1848) und *Hilgenreiner*: Kirchliches Handlexikon, Ultramontanismus (1912); zur Übernahme des Begriffs *Weiß*: Der Ultramontanismus 825.

14 Vgl. zur Larousse' *Baubérot*: Conciliation und *Lalouette*: Le Grand Dictionnaire.

15 Vgl. zur kirchen- beziehungsweise staatsrechtlichen Definition Littré, Ultramontain (1878); Brockhaus, Ultramontanismus (1887); Diccionario enciclopédico hispano-americano, Ultramontano (1912); sowie weitergefasst in Larousse, Ultramontanisme (1876) und *Mulert*: Religion in Geschichte und Gegenwart, Ultramontanismus (1913).

des Vatikanums sowohl als Bezeichnung für Vertreter einer kirchlichen Verfassung mit relativ weiten Prärogativen der Kirche und zur Charakterisierung ihrer publizistischen Organe verwendet[16] als auch mit weitergehenden Konnotationen ausgestattet: Ultramontane kämpften nicht nur für die romzentrierte Kirchenverfassung, sondern auch für die antimodernen Tendenzen des »Syllabus«. So »schweb[t]e [der Vossischen Zeitung, L. D.] bei dem Namen Ultramontanismus immer jene fanatische Gesinnung und Handlung gegen Andersgläubige vor«[17]. Andere verbanden mit dem Begriff den »blinden Glauben« an das »Unbeweisbare«[18]. Zugleich wurde die Bezeichnung auf außerkirchliche Gegenstände übertragen. Die »Novedades« setzten sie zum Beispiel im Kontext des Konzils in Opposition zum Liberalismus an sich.[19] Eine radikal antiklerikale Polemik gegen das Konzil fasste in ihrem Titel den Druck zur Durchsetzung der Beschlüsse der Bischofsversammlung unter der Bezeichnung »Ultramontane Kampfmittel« zusammen und beschrieb Zwang, Lügen, Verteufelungen und Aberglauben als Kernelemente des kritisierten Verhaltens.[20] Diese verschiede-

16 Vgl. als Bezeichnung für bestimmte Presseorgane Le Siècle, 26. 10. 1858; La Iberia, 2. 11. 1858; Nationalzeitung, 25. 11. 1858; Augsburger Allgemeine Zeitung, 21. 6. 1869; für eine bestimmte Gruppe von Bischöfen Le Temps, 7. 7. 1868; allgemein für Anhänger einer spezifischen Kirchenverfassung Le Temps, 26. 3. 1870; Augsburger Allgemeine Zeitung, 11. 3. 1869; Neueste Nachrichten aus dem Gebiet der Politik, 25. 3. 1869. Im spanischen Kontext verwendeten Kirchenkritiker des Weiteren den Begriff ›neocatolicismo‹ als Synonym für die Tendenzen des katholischen Aufschwungs. Während die französischen Nachschlagewerke wie der Larousse oder der Littré darunter eine Tendenz im Katholizismus verstanden, der eine Annäherung an die ›Moderne‹ fordere – eine Bedeutung, die ich in den Quellen nicht gefunden habe –, kennt das spanische Wörterbuch zwei Bedeutungen, wobei die zweite die integralistische Position bezeichnet, die sowohl im spanischen wie im deutschen Forschungskontext mit Ultramontanismus verbunden wird. Die gallische Kodifizierung bezog sich auf den frühen französischen und zum Teil auch spanischen Ultramontanismus in der ersten Hälfte des 19. Jahrhunderts etwa Félicité de La Mennais', bei dem die Orientierung nach Rom mit Forderungen nach Liberalisierung und Anpassung an den Wandel der Gesellschaften verbunden wurde. Die spanischen Einträge reflektieren dagegen sowohl den frühen Ultramontanismus als auch seine späteren Ausprägungen integralistischer Art. Vgl. zum französischen ›néocatholicisme‹ z. B. *Bénichou*: Le temps 69–220; zum spanischen *Cruz Romeo Mateo*: Qué es ser neocatólico 132; zur dortigen Begriffsgeschichte Diccionario enciclopédico hispano-americano, Neocatolicismo (1912); zu den synonymen Verwendungen La Iberia, 26. 10. 1858; La América, 13. 12. 1869.

17 Vossische Zeitung, 6. 10. 1858. Vgl. allgemein zur Gleichsetzung mit Fanatismus und Intransigenz z. B. Le Siècle, 18. 2. 1870; La Iberia, 13. 3. 1870.

18 In der Reihenfolge des Zitierens »indémontrable«, Le National, 28. 12. 1869; »croyances aveugle«, L'Excommunié, 2. 10. 1869.

19 Vgl. Las Novedades, 17. 1. 1860; andere Übertragungen z. B. in Diario de Sesiones, Serie histórica, Bd. 14 4588.

20 Vgl. Ultramontane Kampfmittel.

nen Komponenten konnten auch verbunden auftreten wie in dem folgenden Zitat:

> Er [der Ultramontanismus, L. D.] wird auch noch durch ein anderes Motiv bestimmt [...], durch das Interesse zu Beherrschen, eines der grundlegenden Charakterzüge des Ultramontanismus [...], er wendet sich wie der stärkste Deich gegen die immer stärker werdende Flut der Demokratie [...]. Es gibt einen organisierten Stand im Staat, einen Teil der Nation, der im Antagonismus zu den Ideen der Nation steht [...], eine Erziehung gegen den Fortschritt [...] eine Leidenschaft der Fanatischen.[21]

Ultramontanismus bezeichnete hier ein »System«[22], das heißt ein ganzes Ensemble von Vorstellungen und Verhaltensformen. Der polysemantische Begriff wurde des Weiteren mit dem zweiten hier vorzustellenden Begriff in Verbindung gebracht oder gleichgesetzt und so mit weiteren Argumentationsclustern[23] angereichert. Der Imparcial schrieb beispielweise von den Bestrebungen der »ganze[n] ultramontane[n] Phalanx« auf dem Konzil und setzte diese mit »d[er] jesuitische[n] Partei«[24] gleich.

Die Attribuierung ›jesuitisch/ jesuitique/ jesuitico‹ oder die Substantivierung ›Jesuitismus/ Jesuitisme/ Jesuitismo‹ bezeichnete zunächst den konkreten Einfluss der Gesellschaft Jesu auf die katholische Kirche. Die Antiklerikalen griffen in der zweiten Hälfte des 19. Jahrhunderts auf eine lange Tradition des Antijesuitismus zurück, operierten mit Elementen der frühmodernen und aufklärerischen Kritik und schrieben diese fort. Jesuiten waren ebenso wie die Figur des faulen, gefräßigen Priesters ein beliebtes Sujet bildlicher Darstellungen. Es etablierte sich ein physiognomischer Typus der Jesuiten, hager, groß, langgliedrig, spitze Nase, oft lange Ohren, obligatorischer Jesuitenhut, zumeist schwarz gewandet und häufig in schleichender oder geduckter Haltung (vgl. zum Beispiel Abb. 15).[25] Kulturkämpfer bezogen sich mit ihrer Kritik am ›Jesuitismus‹

21 »Il [l'ultramontanisme, L. D.] y était poussé encore par un autre mobile aussi puissant, par ce mobile [...] de domination qui est un des caractères principaux de l'ultramontanisme [...], pour se dresser comme la digue la plus puissante contre le flot de plus en plus ascendant de la démocratie [...]. Il y a un état organisé hostile dans l'État, une partie de la nation en antagonisme d'idées dans la nation [...], un enseignement si hostile à tout progrès, [...] passion de fanatiques«, *Bernier*: L'infaillibilité théocratique 4, 10 f.

22 Vgl. zum Begriff des ultramontanen Systems Le Temps, 2. 12. 1868.

23 Vgl. zum Begriff »Argumentationscluster« als gebündelt auftretende kanonisierte Erklärungen und Schlagworte *Schmale*: Geschichte und Zukunft 32.

24 In der Reihenfolge des Zitierens »toda la falange ultramontana«, »partido jesuita«, El Imparcial, 25. 9. 1869; zur synonymen Verwendung beider Begriffe auch Les républiques 27; *Neumeister*: Neun Thesen 62.

25 Vgl. dazu z. B. *Leroy*: Le mythe jésuite 206; *Healy*: The Jesuit Specter 24; zu den beiden Typen *Lalouette*: La libre pensée 219–224; *Salomón Chéliz*: Anticlericalismo en Aragón 166 f. und *Grévy*: La république 47 f.

Abb. 15: *Asmodée*: Pour Ferrer (Für Ferrer). In: La Calotte, 22. 10. 1909, 3.
Untertitel: LOYOLA. – Hier unsere Unterweisung; dort unser Beispiel. Wenn hiernach das Volk nicht zufrieden ist! …

vor allem auf den Einfluss des Ordens innerhalb des neuen Katholizismus ultramontaner Ausrichtung und machten dadurch beide Begriffe zu Synonymen.[26] Jesuiten symbolisierten in der Bildsprache den Ultramontanismus wie etwa in den Konzilskarikaturen des Charivari (vgl. Abb. 16 und 17). Im Prozess dieser Abstrahierung wurde der Begriff ebenso polysemantisch aufgeladen:[27]

Der Jesuitismus möchte [die moderne Gesellschaft] ersticken. Dieser Kampf zwischen dem alten gegen den neuen Geist wird kein unwichtiger Akt im Jahr 1870 sein. […] Weiche zurück, Armee des Aberglaubens und des Egoismus! Weiche zurück, Tugend, die nur eine Antwort auf die Angst vor der Hölle ist! […] Weiche zurück, Beichtstuhl! […] Weiche zurück, hassenswertes Mittel, um in die Geheimnisse der Familien einzudringen und Zwist zu sähen […]! Weiche zurück, moralische Verfolgungen […]! Wei-

26 Vgl. für den Einfluss der Jesuiten und die Gleichsetzung mit ›Ultramontanismus‹ etwa die Berichterstattung über das Konzil Le National, 25. 8. 1869; Libre Pensée, 3. 2. 1870; La América, 13. 12. 1869; La Iberia, 17. 3. 1870; Volkszeitung, 18. 2. 1870; Evangelische Kirchenzeitung 42 (1869) 62; Bauhütte 12 (1869) 230, 13 (1870) 341; allgemein zum synonymen Charakter der Begriffe *Jürgensmeier*: Die katholische Kirche 113; *Kaiser*: Clericalism 64; *Müller-Dreier*: Konfession in Politik 252; Joskowicz meint, eine Ersetzung des Begriffs Ultramontanismus ab den 1880er Jahren auszumachen, was die Untersuchung der Ferrer-Proteste durchaus unterstützt, *Joskowicz*: Liberal Judaism 185.

27 Vgl. zur Polysemie des Begriffs ›Jesuit‹ in der ersten Hälfte des 19. Jahrhunderts bereits *Leroy*: Le mythe jésuite 61 f., 199–202.

Abb. 16: *Daumier*, Honoré: Le Concile selon Basile (Das Konzil nach Basil) (1869). In: Le Charivari, 30. 11. 1869, 250.
Basile ist die Figur des intriganten Jesuiten und Musiklehrers aus dem Barbier von Sevilla von Pierre Augustin Caron de Beaumarchais (1732–1799), der auch in der Hochzeit des Figaro auftaucht und in der Ikono- und Lexikografie des französischen Antiklerikalismus zur zentralen Repräsentation des Jesuiten beziehungsweise der Kirche allgemein wurde. Vgl. *Lalouette*: Lexique libre penseur 308.
Honoré Daumier (1808–1879) Maler, Bildhauer, Grafiker, bestimmte als fester Zeichner des Charivari über mehrere Jahrzehnte dessen Bilderwelten. Vgl. *Albrecht*: Honoré Daumier.

Abb. 17: *Daumier*, Honoré: La Nouvelle Assomption. Édition de 1870 (Die neue Himmelfahrt. Die Edition von 1870). In: Le Charivari, 18. 5. 1870, 109.

che zurück, Heilige Inquisition, die bald Pius IX. damit beauftragen wird, die Beschlüsse und Exkommunikationen des Konzils durchzusetzen[28]

Zugleich ging der Begriff ›Jesuitismus‹ über die Bezeichnung ›ultramontan‹ hinaus. Wie in diesem Zitat konnte er auch die traditionell an den Jesuiten geübte moralische Kritik implizieren. So stand der ›Jesuitismus‹ auch für das »kasuistische System« »jesuitischer Wendung[en]«, das letztlich die Sittlichkeit verderbe, sowie für despotische und autoritäre Führung.[29] Des Weiteren wurde er entgegen seines stärker innerkirchlich bestimmten Pendants in größerem Umfang auf das politische Feld übertragen. Antiklerikale sprachen von »jesuitischen Abkommen«, von »jesuitischem Cliquenwesen« in Regierungen und verwendeten den Begriff auch für die kirchlich orientierten oder konservativen Parteien.[30] Die Übertragung ins Politische zeigte sich besonders 1909, wo die Bezeichnungen ›Jesuiten‹, ›jesuitisch‹ oder ›Gesellschaft Jesu‹ als Topos für gewalttätige Verfolgung fungierten.[31] Die Presse schrieb vom »Jesuitenhund Alfons«, vom »Jesuitismus von Maura«, von der »jesuitischen Erziehung« im »jesuitischen Spanien«, wo »Jesuiten im Gehrock« und der »kapitalistische Jesuitismus« regiere. ›Jesuitisch‹ war im Kontext der Proteste gegen die Hinrichtung Ferrers universal einsetzbar und bezeichnete die »jesuitische Reaktion«[32]. In dieser weiterreichenden Bedeutung wurde er bereits im 19. Jahrhundert auf protestantische Erscheinungen angewendet.[33] 1909 verlor der Begriff endgültig seinen kirchlichen Bezug und machte die antiklerikale Kritik zu einem umfassenden

28 »La société moderne […] le jésuitisme voudrait l'étouffer. Cette lutte de l'esprit ancien contre esprit nouveau ne sera pas un des moindres actes de cette année 1870. […] Arrière donc, armée de la superstition et de l'égoïsme! Arrière la vertu qui ne repose que sur la crainte de l'enfer! […] Arrière le confessionnal! […] Arrière ce moyen odieux de pénétrer le secret des familles en jetant la désunion […] ! Arrière les persécutions morales […] ! Arrière la sainte inquisition que Pie IX compte bien charger prochainement de mettre à l'exécution les sentences du concile et les excommunications«, Le National, 2. 1. 1870.

29 In der Reihenfolge des Zitierens »sistema casuistico«, Justicia Social, 21. 2. 1870; Nationalzeitung, 29. 10. 1858; allgemein zur Moralkritik im Begriff ›Jesuitismus‹ auch *Schmidt*: Concilien 27; zur Despotie Le Rappel, 17. 2. 1870; Bauhütte 12 (1869) 387.

30 In der Reihenfolge des Zitierens »accord jesuitique«, Le National, 25. 6. 1870; »coterie jesuitique«, Le Rappel, 2. 3. 1870. Vgl. für die Parteienbezeichnung z. B. El Imparcial, 8. 12. 1869; allgemein als politischer Begriff La Discusión, 19. 11. 1869.

31 Vgl. z. B. Temps Nouveaux, 30. 10. 1909; Le Matin, 20. 10. 1909; L'Action, 6. 9. 1909; El País, 10. 10. 1909; Menschentum 38 (1909) 173.

32 In der Reihenfolge des Zitierens Der Anarchist, 22. 10. 1909; »el jesuitismo de Maura«, El País, 30. 10. 1909; »enseñanza jesuítica«, El Socialista, 17. 12. 1909; Der Anarchist, 22. 10. 1909; »jesuitas de levita«, El Socialista, 22. 10. 1909; »capitalismo jesuítico«, El Socialista, 22. 10. 1909; »reaction jesuitique«, L'Action, 11. 9. 1909.

33 Vgl. *Gerber*: Jesuitische Umtriebe 254, 264, 271.

System gesellschaftlicher und politischer Vorstellungen.[34] Dass hierbei oft ein spezifischer Ton angeschlagen wurde, wird im folgenden Abschnitt erläutert.

In diesem breiten Sinn wurde ›Jesuitismus‹ und ›jesuitische Partei‹ auch als Synonym für ›Klerikalismus/ cléricalisme/ clericalismo‹ und ›klerikal/ cléricale/ clerical‹ verwendet: Die Antiklerikalen riefen dazu auf, »die klerikalen, jesuitischen und reaktionären Ideen [eine nach der anderen zu bekämpfen]«[35]. Der Begriff ›Klerikalismus‹ war ein Neologismus, den die Antiklerikalen im 19. Jahrhundert erfanden, um ihrer Kritik einen Namen zu geben.[36] Der Begriff bezeichnete in der ersten Hälfte des 19. Jahrhunderts in seiner adjektivischen Form ›klerikal‹ zunächst schlicht die Zugehörigkeit zur sozialen Gruppe des Klerus.[37] Diese Bedeutung wurde in französischen und deutschen lexikalischen Einträgen nach 1850 von einer anderen überlagert. ›Klerikal‹ führten die Nachschlagewerke nun auch als Parteienbezeichnung der Anhänger von Klerus und Kirchen insgesamt.[38] In der medialen Kommunikation dieser Jahrzehnte trat die soziale Bedeutung ganz in den Hintergrund.[39] Hier hatte sich der Begriff

34 In Bezug auf den Antijesuitismus kann man durchaus auch argumentieren, dass dieser weiter gefasst werden muss als der Antiklerikalismus und Antiultramontanismus. Insbesondere für Frankreich wurde nachgewiesen, dass der Antijesuitismus ein sehr heterogenes Phänomen war. Die hier geleistete Analyse erhebt nicht den Anspruch, Antijesuitismus insgesamt zu untersuchen, sondern sie konzentriert sich auf die von den Antiklerikalen in ihrem Diskurs integrierten Elemente der Jesuitenkritik. Vgl. zur Nähe beziehungsweise zur Differenzierung beider Phänomene *Healy*: The Jesuit Specter 1–4; *Leroy*: Le mythe jésuite 339–386; insgesamt zum Antijesuitismus im Antiklerikalismus z. B. für Spanien *Álvarez Junco*: Los intelectuales 124; *Castro Alfín*: Cultura 82 f.; in den deutschen konfessionellen Auseinandersetzungen *Köhle-Hezinger*: Evangelisch - katholisch 316 f. sowie *Gross*: War against Catholicism 89–96; zum Antijesuitismus im 19. Jahrhundert allgemein zu Frankreich und den deutschen Ländern Einleitung, Anmerkung 27; sowie darüber hinaus zu Spanien *Revuelta González*: La Compañía, Bd. 2 690–728; *Salomón Chéliz*: Anticlericalismo en Aragón 93–95; mit einer transnationalen Perspektive *Busemann*: Der Jesuit und *Verhoeven*: Transatlantic Anti-Catholicism 103–128.

35 »Combattre une a une les idées cléricales, jésuitiques et rétrogrades«, Monde Maçonnique 12 (1869/1870) 271. Vgl. für weitere Gleichsetzungen der Begriffe Le National, 18. 12. 1869; Revue des Deux Mondes 83 (1869) 740–742.

36 Vgl. zur Begriffserfindung bereits *McMillan*: Religion and Politics 44 f.; zur Begriffsgeschichte *Rémond*: Anticléricalisme en France 8–11 und *Cabanel*: Les mots 7–9.

37 Als Substantiv ist er in diesem Sinn wohl erstmals 1863 verwendet worden. Vgl. *Rémond*: Anticléricalisme en France 8–11.

38 Im spanischen Kontext reflektieren die Kodifizierungen diesen Bedeutungswandel im untersuchten Zeitraum nicht. Allerdings führt der »Diccionario enciclopédico hispano-americano« in seiner Ausgabe von 1912 negative Variationen der sozialen Bedeutung wie ›clerigiullo‹. Vgl. zu Frankreich Larousse, Clérical (1876); Littré, Clérical (1863); *Scoppola*: Laicismo e anticlericalismo 229; zu den deutschen Ländern Brockhaus, Klerikal (1908); zu Spanien Diccionario enciclopédico hispano-americano, Clerical (1912).

39 Als Bezeichnung für die Zugehörigkeit zum Klerus wurde er in den drei untersuchten Fällen noch verwendet, doch zumeist transportierte er weit mehr als eine schlichte ständische

bereits in der ersten Hälfte des Jahrhunderts mit einer negativen Konnotation aufgeladen. Er beschrieb den zu starken Einfluss von Kirchen und Klerus im nichtreligiösen Leben der Gesellschaft.[40] Diese zweite Bedeutungsebene bestimmte maßgeblich die Verwendung der adjektivischen und substantivischen Form in den hier untersuchten Fällen. Es wurde der Einfluss der »klerikalen Partei«, der »klerikalen Fraktion« angeprangert und das »klerikal[e] Gebäude« und die Macht des »Klerikalismus« evoziert.[41] Ähnlich wie im Fall der Begriffe ›Ultramontanismus‹ und besonders ›Jesuitismus‹ umfasste Klerikalismus hierbei oft mehr als Kirche und Klerus katholischer Provenienz. Auch bestimmte Tendenzen im Protestantismus oder im Judentum bezeichneten Antiklerikale als »klerikal«.[42] Der Begriff wurde darüber hinaus auf den politischen Bereich, auf Parteien, Regierungen und Personen des öffentlichen Lebens übertragen, die einen starken Einfluss von Kirchen und Klerus förderten oder zuließen.[43] Ebenso gebrauchten ihn Journalisten und Publizisten für Presseorgane sowie zivilgesellschaftliche Organisationen, die solche Positionen vertraten.[44] Bisweilen wurden ganze Länder als »klerikal« charakterisiert wie Spanien 1909.[45] Teile der Kirchenkritik wendeten den Begriff außerdem gegen die bürgerliche Gesellschaft in eine sozialkritische Richtung und sprachen von der »Klerikalen-Finanz-Koalition« oder der »klerikalistischen bürgerlichen Macht«.[46]

Verortung. Als positive Selbstbezeichnung im breiteren Sinn wurde der Begriff wahrscheinlich nie übernommen. Vgl. für den spanischen Kontext *De la Cueva Merino/Montero García*: Introducción 16; zu seltenen neutralen Verwendungen z. B. Le National, 9. 12. 1869; Le Siècle, 12. 2. 1870.

40 Dies ist die bis heute übliche Verwendung. Vgl. allgemein zur Definition *McMillan*: Religion and Politics 46–49 und *Lalouette*: L'anticléricalisme 333.

41 In der Reihenfolge des Zitierens z. B. zu »parti clérical«, Le Temps, 14. 12. 1869; zu Fraktion Volkszeitung, 19. 1. 1871; »édifice cléricale«, Le Temps, 14. 12. 1869; »cléricalisme«, Le Siècle, 16. 10. 1909; »clericalismo«, España Nueva, 9. 11. 1909. Im deutschen Sprachraum wurde das gleiche Phänomen oft mit Derivaten des grundsätzlich negativ konnotierten Begriffs ›Pfaffe‹, wie »Pfaffenwirtschaft« oder »Pfaffenknechtschaft«, bezeichnet. Vgl. in der Reihenfolge des Zitierens Berliner Tageblatt, 17. 10. 1909; Der Anarchist, 16. 10. 1909; ähnlich auch *Wendel*: Francisco Ferrer 15 f.

42 Vgl. zu diesem Phänomen Kapitel 3.3, Anmerkung 358.

43 Vgl. z. B. während des Konzils die Kritik an der eigenen Regierung in Frankreich Le Rappel, 17. 12. 1869; die Kritik an der spanischen Regierung 1909 El Motín, 13. 4. 1911; Sozialistische Monatshefte 13 (1909) 1402; *Bertrand*: La vérité 11; die Charakterisierung von Einzelpersonen als ›klerikal‹ wie den obersten Staatsanwalt 1909 Escuela Moderna, 13. 10. 1910.

44 Vgl. zur Presse España Nueva, 9. 11. 1909; zur Bezeichnung von Vereinen etc. *Simarro Lacabra*: El proceso Ferrer 155.

45 Vgl. z. B. L'Action, 14. 10. 1909; El Motín, 11. 9. 1909.

46 In der Reihenfolge des Zitierens »coalition clérico-financière«, Temps Nouveaux, 20. 10. 1909; »poderío burgués clerizonte«, El Socialista, 22. 10. 1909.

›Klerikalismus‹ prangerte wie ›Ultramontanismus‹ und ›Jesuitismus‹ durch die besonders 1909 zu findenden Übertragungen auf andere Gegenstände nicht nur den Einfluss von Kirchen und Klerus an. Vielmehr bezeichnete er eine umfassendere religiöse, politische und gesellschaftliche Orientierung,[47] so fanden sich dann Kombinationen wie »militaristisch-klerikale Reaktion«, die »ranzigen Theorien der jesuitisch-klerikalen Erziehung« oder »klerikaler Konservativismus«.[48] Zentrale Komponente des Sammelbegriffs ›Klerikalismus‹ war der Vorwurf einer illegitimen, despotischen Form der Machtausübung, der Vorwurf der Freiheitsberaubung und des Fanatismus:

Wir haben nicht das Mindeste gegen den Katholizismus, aber alles gegen den Klerikalismus. Der katholische Glaube ist uns so lieb und läßt uns so gleichmütig wie jeder andere Glaube unter der Voraussetzung, daß er Andersgläubige nicht belästigt, nicht bevormundet und vergewaltigt. Das tut aber der Klerikalismus. Er macht aus der Religion eine Zwangsanstalt und aus dem Glauben ein politisches Machtmittel.[49]

Die Antiklerikalen machten die drei untersuchten Begriffe in ihrer medialen Kritik also zu Sammelbegriffen für ein ganzes Konglomerat von Vorstellungen und Werten und somit zugleich zu Synonymen.[50]

Während die Kirchenkritiker sehr produktiv in der Kreation von Begriffen für ihre Gegner waren, hielten sie sich mit Selbstbezeichnungen eher zurück. ›Antiklerikalismus‹ wurde zunächst von seinen Gegnern als Antonym entwickelt für diejenigen, die sich den ›Klerikalismus‹ als ihren Feind auserkoren hatten. Die Fremdbezeichnung übernahmen die Antiklerikalen schnell, wenn auch nur vereinzelt; zu keinem Zeitpunkt identifizierten sich alle Gruppen der Kulturkämpfer des 19. Jahrhunderts mit ihm.[51] Der in erster Linie als Adjektiv verwendete Begriff tauchte relativ zeitgleich mit seinem Gegenbegriff ›klerikal‹ in

47 Vgl. zu dieser Beobachtung bereits *McMillan*: Religion and Politics 46–49.

48 In der Reihenfolge des Zitierens »reaction clérico-militaire«, La Lanterne, 15.10.1909; »rancias teorías de enseñanza jesuítica-clerical«, El Socialista, 17.12.1909; »conservadurismo clerical«, El País, 13.10.1909; ähnlich auch Le Siècle, 10.10.1909; El País, 15.10.1909.

49 Frankfurter Zeitung, 21.10.1909, AA. Vgl. zum Vorwurf des Despotismus auch La Marseillaise, 2.3.1870; Le Siècle, 27.10.1858; La Lanterne, 16.10.1909; L'Acacia 24 (1909) 131; El Socialista, 14.10.1909; La Discusión, 23.3.1870; El País, 16.10.1909; La Iberia, 13.3.1870; Vorwärts, 20.10.1909; Volkszeitung, 18.10.1871; Vossische Zeitung, 14.10.1909, AA; Der Freidenker 17 (1909) 165; zum Fanatismus La Lanterne, 20.9.1909; El Motín, 11.10.1909; Frankfurter Zeitung, 15.10.1909, AA.

50 Vgl. zur Nähe von ›Antiultramontanismus‹ und Antiklerikalismus bereits *Schlossmacher*: Antiultramontanismus.

51 Vgl. *Verucci*: Antiklerikalismus und Laizismus 27; *Rémond*: Anticléricalisme en France 8–11 und *De la Cueva Merino*: Anticlericalismo e identidad 184.

den 1850er Jahren auf[52] und erscheint in Frankreich dann vermehrt um 1860.[53] Im darauffolgenden Jahrzehnt findet er Eingang in die einschlägigen französischen Lexika, wo der Begriff als politische Position definiert wird.[54] Während des Konzils war auch hier seine Verwendung allerdings noch sehr rar: Ausschließlich die französischen Freidenker bezeichneten sich selbst oder ihr Ziel der Trennung von Staat und Kirche als ›anticlérical‹.[55] In der spanischen und deutschen Berichterstattung zum Konzil vermisst man ihn ganz. Die Forschung hat für Spanien die erstmalige Verwendung auf die 1860er Jahre datiert.[56] Kodifiziert finden wir ihn 1912. Der Diccionario enciclopédico hispano-americano verstand unter dem Adjektiv die Gegnerschaft gegen die Einmischung des Klerus in die zivile oder irreligiöse Gesellschaft.[57] Deutsche Lexika der Zeit führten ihn gar nicht. Dennoch bezeichneten sich auch Teile der deutschen Kirchenkritiker selbst als antiklerikal. Diese nationalen Differenzen erklären auch, warum der Begriff besonders in der romanischen Welt als wissenschaftliche Kategorie des in dieser Studie untersuchten Phänomens verbreitet ist.[58] Eine umfangreiche Übernahme des Begriffes als Selbstbezeichnung manifestierte sich in den untersuchten Fällen erst 1909. Französische Republikaner und Freidenker, spanische Republikaner und Sozialisten sowie deutsche Sozialisten und Freidenker bezeichneten nun die Semana Trágica, Ferrers Werk sowie ihre eigenen Aktionen und Proteste als antiklerikal.[59] Der Begriff ging hier über die bloße Bezeich-

52 Oft wird 1852 als Geburtsstunde genannt, als ein französischer Präfektenbericht über antiklerikale Reaktionen berichtete. Andere Autoren machen das Jahr 1845 oder 1855 aus. Auch das Herkunftsland ist umstritten. Neben England wird auf Belgien verwiesen. Vgl. zu den verschiedenen Daten und Ländern *Schreiner*: Mittelalter 517; *Lalouette*: El anticlericalismo 17; *Gadille*: French Anticlericalism 127; *Rémond*: Anticléricalisme en France 8; *Moody*: French Anticlericalism 630.

53 Vgl. *Lalouette*: El anticlericalismo 17; *Rémond*: Anticléricalisme en France 8–11; *Wanegffelen*: L'anticléricalisme croyant 60.

54 Erstmalig definierte ihn der Larousse 1866. Der Littré führte den Begriff erst im Supplementband 1877. Vgl. Larousse, Anticlérical (1866); Littré, Anticlérical (1877); sowie *Plard*: Anticlérical, Anticléricalisme; *Sowerwine*: France since 1870 43.

55 Vgl. den Untertitel der Freidenkerzeitschrift »Bonne Nouvelle du XIX Siècle. Journal Déiste, Anticlérical, Antimatérialiste« ab März 1869 oder allgemein für die zunehmenden »tendences anticléricales«, Concile de la Libre Pensée 1 (1870) 69.

56 Vgl. *Pérez Garzón*: Luis Morote 19; *Pellistrandi*: Clericalismo y anticlericalismo 24 f.

57 Diese Beschreibung ist identisch mit der Definition, die der modernistisch orientierte Priester und Publizist Romolo Murri im selben Jahr gab und auf den sich die meiste Forschung beruft. Vgl. Diccionario enciclopédico hispano-americano, Anticlerical (1912); sowie z. B. *Ferrer Benimeli*: Clericalismo e anticlericalismo 68; *Aubert*: Poderes fácticos 220.

58 Vgl. dazu ebenda; *Cabanel*: Les mots 7–9; *Lalouette*: L'anticléricalisme 333–338.

59 Vgl. zur Bezeichnung der Semana Trágica Le Siècle, 14. 10. 1909; El Motín, 21. 10. 1909; für Ferrers Arbeit Berliner Tageblatt, 9. 10. 1909, MA; für die eigenen Aktionen und Proteste L'Action, 14. 10. 1909; El Socialista, 29. 10. 1909; España Nueva, 16. 10. 1909; Neue Zeit 28 (1909) 99; Der Freidenker 11 (1909) 175.

nung der kulturkämpferischen Aktivitäten nicht hinaus und beinhaltete keine weiteren Spezifikationen. Deshalb kann er 1909 als allgemein bekannt vorausgesetzt werden. Seine verschiedenen Bedeutungen müssen aus dem zweiten Morphem geschlossen werden. Angesichts der Analyse des Bedeutungsfeldes ›Klerikalismus‹ scheint es sinnvoll, auch unter ›antiklerikal‹ ein ganzes System von Vorstellungen und Ideen zu verstehen, das sich in der Gegenüberstellung zu seinem Antonym erschließt. Methodisch rechtfertigen die Verwendungen des Begriffes durch die Akteure selbst die Verwendung der Bezeichnung für das untersuchte Phänomen insgesamt. Die Zurückhaltung in den Selbstbezeichnungen verdeutlicht aber zugleich auch die Grenzen der Betrachtungen des gesamten Spektrums der Kulturkämpfer: Nur ein Teil gab der Vorstellung, einer Gemeinschaft anzugehören, in der Bezeichnung ›antiklerikal‹ Ausdruck.

Neben der Selbstbeschreibung ›antiklerikal‹ kannten die Kirchenkritiker in Frankreich und Spanien allerdings jeweils noch eine alternative Bezeichnung. In Frankreich war es sowohl 1869/1870 als auch 1909 seitens der radikaleren Gruppen, zum Teil aber auch bei moderateren liberalen Stimmen üblich, sich als »libre penseur« (Freidenker), als »penseur libre« (als freier Denker), als Anhänger der »libre pensée«, der »pensée libre« (des freien Denkens) oder der »libre conscience« (des freien Gewissens) zu bezeichnen.[60] Diese zwischen 1848 und 1850 als Gruppenbezeichnung auftauchenden Begriffe gingen über die Freidenkerbewegung im engeren Sinn hinaus. Gerade die Bezeichnung »penseur libre«, »pensée libre« und »libre conscience« waren nicht notwendigerweise mit einer religionskritischen Position verbunden und insofern auch für weitere Kreise akzeptabel.[61] Die zweite alternative Selbstbezeichnung war besonders südlich der Pyrenäen verbreitet, wurde aber auch vereinzelt von französischen Antiklerikalen verwendet.[62] In der liberalen und republikanischen Presse nannten sich spanische Kirchenkritiker selbst und ihre Vorstellungen bereits während des

60 Vgl. z.B. zum Begriff des »libre penseur« L'Humanité, 15.10.1909; La Marseillaise, 14.3.1870; Le National, 27.12.1869; La Lanterne, 21.9.1909; Monde Maçonnique 12 (1868/1869) 414; zur »libre pensée« Le Rappel, 17.2.1870; Le Siècle, 14.7.1868; La Lanterne, 26.10.1909; Le Temps, 31.7.1867; Libre Pensée, 29.1.1870; zur »pensée libre« Voix du Peuple, 17.–24.10.1909; L'Humanité, 7.10.1909; zum »penseur libre« Le Siècle, 3.11.1909; zur »libre conscience« Le Siècle, 14.7.1868.

61 Vgl. zu dieser Begriffsgruppe bereits *Lalouette*: Libero Pensiero, repubblica e socialismo 251–268; *dies.*: Le Grand Dictionnaire 125f., 141, die »pensée libre« als die schwächere Variante ausmacht.

62 Vgl. für die französischen Verwendungen z.B. Le National, 8.3.1870; Le Siècle, 13.9.1909; L'Excommunié, 20.11.1869; dagegen als Parteienbezeichnung Voix du Peuple, 10.–17.10.1909; Journal des Débats, 21.10.1858; Le Temps, 2.3.1870; dazu auch bereits *Dubois*: Le vocabulaire politique 76; *Leonhard*: Semantische Deplazierung 14.

Konzils gehäuft schlicht ›liberal‹.[63] 1909 fand diese über die Parteienbezeichnung hinausgehende Bedeutung auch ihren Eingang in die sozialistische und anarchistische Presse und erschien in fast jedem zweiten Artikel: Das ›liberale‹ Spanien kämpfte im Fall Ferrer zusammen mit dem ›liberalen‹ Europa.[64] ›Liberal‹ war auf der iberischen Halbinsel eine gemeinsame Selbstbezeichnung aller Antiklerikalen.[65]

Wegen der national beschränkten Reichweite der Begriffe ›libre penseur‹ und ›liberal‹ und ihrer Derivate scheint es nicht sinnvoll, sie als analytische Konzepte anstelle von ›Antiklerikalismus‹ zu verwenden. Sie verdeutlichen aber in Frankreich und noch stärker in Spanien die Bemühungen, eine gemeinsame Identität zu kreieren. Wie labil diese Einheit war, haben die Analysen der Öffentlichkeit bereits gezeigt. In den deutschen Quellen fehlen vergleichbare Begriffsbildungen. Dies kann (wenn auch mit gewisser Vorsicht) auf die sehr viel prekärere gemeinsame Basis der Kirchenkritik zurückgeführt werden.[66] Insgesamt zeigen alle drei Selbstbezeichnungen, dass die Antiklerikalen nur in begrenztem Maß einer gemeinsamen positiven Identität Ausdruck verliehen. Zwar entwickelten die Kirchenkritiker in den untersuchten Fällen die Vorstellungen einer protestierenden Öffentlichkeit und Gemeinschaft, die sich in den Nations- und Europakonzepten niederschlugen; Bezeichnungen, die den Antiklerikalismus als den gemeinsamen Kern begriffen hätten und von allen Kirchenkritikern gemeinsam verwendet worden wären, entstanden jedoch nicht.

63 Vgl. Justicia Social, 28.1.1870; La Igualdad, 9.2.1870; La Discusión, 10.11.1869; La Iberia, 13.3.1870; La América, 13.12.1869.

64 In der Reihenfolge des Zitierens »España liberal«, España Nueva, 11.11.1912; »Europa liberal«, Vida Socialista, 9.10.1910. Vgl. zu weiteren Attribuierungen geografischer Begriffe z.B. El Socialista, 22.10.1909; El País, 24.10.1909; allgemein für den Begriff Solidaridad Obrera, 7.10.1910; El Socialista, 29.10.1909; El País 19.10.1909; El Motín, 13.10.1909; als Parteienbezeichnung in España Nueva, 5.10.1909; El País, 4.10.1909.

65 Julio de la Cueva hat in seiner Lokalstudie allerdings darauf verwiesen, dass die Bezeichnung während der Restauration zunehmend in den Hintergrund trat und besonders bei Sozialisten und Anarchisten durch den Begriff ›radical‹ ersetzt wurde. Diesen Befund bestätigen meine Quellen nicht. Vgl. *De la Cueva Merino*: Clericales y anticlericales 233–235; für die Bezeichnung bei Anarchisten auch *Álvarez Junco*: Ideología política 204; bei den Republikanern *De Diego Romero*: Imaginar la República 286–295.

66 Der engere parteipolitische Begriff ›liberal‹ konstituierte sich im Kaiserreich aber durchaus durch die Gegenüberstellung zum Katholizismus. Vgl. dazu *Leonhard*: Semantische Deplazierung 25–27; allgemein zur prekäreren Basis Kapitel 1.4.

Codebildung

Nicht allein angesichts der fehlenden einheitlichen Selbstbezeichnung ist es überzogen, das gesamte kirchenkritische Spektrum als eine geschlossene kulturelle Identität zu beschreiben.[67] Auch wegen der labilen sozialen Bindung sowie der begrenzten inhaltlichen Kohärenz ist es sinnvoller, von einer flexibleren Form der Gruppenzugehörigkeit auszugehen. Die beschriebenen Diskurs- und Begriffsstrukturen bieten einen Ansatzpunkt, Antiklerikalismus anders zu konzeptualisieren. Durch die hohe Repetitivität der Begriffe, der verschiedenen Motivgruppen und Argumentationscluster verschmolzen Antiklerikale die einzelnen Bestandteile im medialen Diskurs zu einem assoziativen Verweisungskomplex, der, so möchte ich in Anlehnung an Shulamit Volkovs Konzept des antisemitischen Codes behaupten, einen antiklerikalen Code darstellte.[68] Dieser vielschichtige und variierende Symbolkomplex von Einstellungen und Ideen konstituierte die gemeinsame Kultur der Antiklerikalen, die die Basis für politische Koalitionen darstellen konnte.[69] Die Unterschiede waren wahrscheinlich größer als im Spektrum des Antisemitismus und zum Teil durchaus auch unüberwindlich. Die hier konstatierte Analogie zielt also nicht darauf ab, eine vergleichbare Kohärenz wie im Antisemitismus des Kaiserreichs (für das Volkov das Konzept entwickelte) zu konstatieren, sondern es soll die strukturelle Ähnlichkeit beider medialer Phänomene hervorgehoben werden: Die soziale Einheit entstand aus einer assoziativ zusammengewobenen Vorstellungswelt, die aus einem medialen Anreicherungsprozess resultierte.

In verschiedenen thematischen Bereichen griffen die Antiklerikalen auf Traditionsbestände von Begriffen, Metaphern, Argumentationsclustern, Bildern und Figuren der traditionellen Kirchenkritik zurück.[70] Dieses Verfahren ermöglichte die offene Struktur des Diskurses – zugleich bildeten sich aber auch neue Traditionsbestände heraus. So wurde im Abschnitt zum Mortara-Fall beschrieben, wie sich aus einem konkreten Fall ein bestimmter Erzählplot entwickelte, verselbstständigte und im antiklerikalen Repertoire Aufnahme fand. Ähnliche Prozesse muss man auch für die unterschiedlichen moralisierenden Geschichten

67 Vgl. dagegen die Argumentation für eine gemeinsame Identität *Castro Alfín*: Cultura 86; *ders.*: Palabras de Fuego 210; *De la Cueva Merino*: Anticlericalismo e identidad 169–175, 184.

68 Vgl. zur Definition des Konzepts die Einleitung.

69 Vgl. zur gemeinsamen Kultur *Solà Gussinyer*: El anticlericalismo español 7; *Cabanel*: Anticlericalismo 115f.

70 Vgl. allgemein *De la Cueva Merino*: Movilización política 121; als Beispiele den Topos der Herrschsucht Kapitel 3.1; die aufklärerischen Traditionsbestände Kapitel 3.2; die moralische Kritik Kapitel 3.4.

wie die Geschichte von mordenden Priestern oder von der ›Gefangennahme‹ und gewalttätigen Misshandlungen von jungen Mädchen im Kloster annehmen. Reale Konflikte und Fälle wurden literarisiert und vermischten sich mit fiktionalen Darstellungen sowie Gerüchten.[71] Auch die Begriffe verselbstständigten sich; im Zuge der Affäre wurde der Name Mortara ebenso wie Ferrer 1909 zu einem antiklerikalen Symbol. Die in Kapitel 3.1 vorgestellten Geschichtsdarstellungen boten eine sich immer wiederholende Aufzählung bestimmter Episoden. Die Figur des Jesuiten verdeutlicht, dass auch die antiklerikale Karikaturensprache charakteristische Darstellungselemente entwickelte, die keiner ausführlichen Erklärung oder eines realen Bezugs mehr bedurften. Die Antiklerikalen pflegten ihr Repertoire der Narrative, der Begriffe, der Geschichtsdarstellung sowie der Bilder in speziellen Medien, wovon die Almanache, die verschiedenen Nachschlagewerke (wie etwa »Das schwarze Schuldbuch. Konto Klerus in Debet und Credit«) und die eigene Erinnerungskultur Zeugnis ablegen.[72] Dabei wurden auch nationale Grenzen überschritten. Man verwendete ausländische Literatur und nicht nur die theoretischen Grundlagentexte, sondern auch die großen antiklerikalen Werke und die Gebrauchsliteratur wurden übersetzt. Michelets Priesterbuch wurde noch im Jahr seines Erscheinens ins Spanische und Deutsche übertragen. Ebenso erging es einer kritischen Broschüre zur Mortara-Affäre, die 1860 nicht nur auf Französisch, sondern auch auf Deutsch erschien.[73] Ein besonderes Beispiel der Repertoirepflege in transnationaler Hinsicht stellte eine zeitgenössische Karikaturenanthologie dar. John Grand-Carteret[74] gab 1906 einen Band antiklerikaler Karikaturen seit der Französischen Revolution bis zum Datum der Trennung von Staat und Kirchen heraus: »Contre Rome. La bataille anticléricale en Europe«.[75] Diesen Typus Bildband verlegte er auch zu anderen Themen.[76] Allerdings veröffentlichte der Journalist

71 Vgl. dazu für die Klostergeschichten *Borutta*: Antikatholizismus 155–265; allgemein zu dieser Diskursstrategie *Salomón Chéliz*: Anticlericalismo en Aragón 162.

72 Vgl. *Dr. Hutten*: Das schwarze Schuldbuch; weitere Beispiel bei *Hirschmann*: Kulturkampf 80–84; auf das Phänomen eines Repertoires verweisen bereits *Clark/Kaiser*: Introduction 5; zur Wiederholung in der Literatur *Molina Martínez*: Anticlericalismo y literatura 147; *Ferreras*: La novela por entregas 270–287.

73 Vgl. zur Verwendung etwa die Rezeptionsprozesse der Geschichtsdarstellungen Kapitel 3.4, Anmerkung 430; die Erwähnung französischer Quellen in *Hase*: Handbuch, Vorwort; zur Übersetzung antiklerikaler Gebrauchsliteratur *Molina Martínez*: Anticlericalismo y literatura 151; die Broschüre Edgard Mortara, deutsche Version.

74 John Grand-Carteret (1850–1927), liberaler Journalist. Vgl. *Bettega*: John Grand-Carteret.

75 Der Titelbegriff »Europa« entsprach nicht ganz der Auswahl, da neben französischen, belgischen, deutschen, österreichischen, holländischen, italienischen, schweizerischen, portugiesischen und englischen auch amerikanische Zeichnungen in dem Band zu finden waren. Vgl. *Grand-Carteret*: Contre Rome.

76 Vgl. etwa *Grand-Carteret*: L'affaire Dreyfus oder *Grand-Carteret*: ›Lui‹.

die antiklerikale Sammlung mit einem sehr spezifischen politischen Interesse; er wollte demonstrieren, dass der Kirchenkampf auch außerhalb Frankreichs geführt wurde und dass das europäische Ausland die Trennungsbestrebungen unterstützt habe. So sammelte der Band nicht nur die kommentierenden Karikaturen aus dem Ausland zu dem Gesetz von 1905, sondern er endete mit einer Umfrage unter Personen des öffentlichen Lebens über ihre Einschätzung der neuen französischen Gesetzgebung zum Staat-Kirchen-Verhältnis. Es kamen die üblichen Personen des engen Kreises der Kirchenkritik zu Wort. Für das Kaiserreich zitierte Grand-Carteret Ernst Haeckel, für Spanien den Gründer eines zentralen Freidenkerblattes Fernando Lozano[77]. Für Frankreich hatte man die uns schon aus den Ferrer-Protesten bekannten Charles-Ange Laisant, Alfred Naquet und Wilfred Monod befragt. Zugleich gab Grand-Carteret mit dem Band eine Anregung an die Hand sowohl für den zeichnerischen Kirchenkampf wie auch für das antiklerikale Wortgefecht, denn er fügte eine Lektüreliste einschlägiger Literatur bei. Mit dem Buch präsentierte der französische Journalist den Antiklerikalismus also als eine europäische Bewegung und versuchte diese zugleich zu stärken. Hinsichtlich des Codes demonstriert es, wie die anderen Nachschlagewerke, Almanache und die Erinnerungskultur, dass am Ende des 19. Jahrhunderts die Verdichtung des antiklerikalen Codes einen so hohen Grad erreicht hatte, dass eine transnationale antiklerikale Kultur konstituiert wurde, die zugleich eine flexible, doch relativ kohärente soziale Einheit darstellte. Grundlage für ihre Ausbildung war die Entwicklung der Massenmedien, denn erst diese erlaubten die Omnipräsenz und die assoziative Verschmelzung des Konglomerats, die die verschiedenen Anknüpfungsmöglichkeiten schafften.

Fassen wir zusammen: Der Antiklerikalismus der zweiten Hälfte des 19. Jahrhunderts kann nicht als eine geschlossene Ideologie verstanden werden, vielmehr erschuf er einen vielschichtigen und variierenden Symbolkomplex, der für verschiedene soziale und politische Gruppen anschlussfähig war und als Code beschrieben werden kann. Dieser assoziative Verweisungskomplex entstand aus der ständigen Wiederholung von Argumenten, Metaphern, Bildern und Begriffen in unterschiedlichen Medien, die zu einem Repertoire wurden, das als antiklerikale Kultur beschrieben werden sollte. Eine besondere Rolle in diesem Prozess spielten die Bezeichnungen des Gegners. Im antiklerikalen Diskurs entwickelten sich die polysemantisch aufgeladenen Schwammbegriffe ›Ultramontanismus‹, ›Jesuitismus‹ und ›Klerikalismus‹. Diese Abstrakta stellten zwar unter-

77 Fernando Lozano, Pseudonym Demófilo (1844–1935), Republikaner, zunächst Lehrer und Militär. Lozano widmete sich nach der gescheiterten Revolution von 1868 ausschließlich seinen journalistischen und schriftstellerischen Aktivitäten. Er gründete die Dominicales del Libre Pensamiento. Vgl. ABEPI, IV, 362 263–265.

schiedliche Nuancen der Kirchenkritik in den Vordergrund, dienten aber alle dazu, die Kritik als ein relativ kohärentes System von verschiedenen Ideen und Vorstellungen zusammenzubinden. Vergleichbare Selbstbezeichnungen haben die Antiklerikalen dagegen nicht ausgebildet. Die Selbstbeschreibungen im Embryonalzustand legen nahe, dass die Kirchenkritiker nur in einem gewissen Maße eine gemeinsame Identität ausbildeten, und unterstreichen die Notwendigkeit eines flexibleren Konzepts für die Beschreibung des Phänomens.

4.2 Charakter und Tonlagen – Stereotypisierung und Gegnerschaft

Die Codebildung ging mit einer medialen Dynamik einher, die dem Antiklerikalismus seinen kennzeichnenden stereotypen und antagonistischen Charakter verlieh. Durch die ständige Wiederholung des antiklerikalen Repertoires wurde das umfangreiche Bündel an Vorstellungen, Topoi und Ideen zusammengezogen und verhärtete sich zu einzelnen Schlagworten und Sentenzen, wie im zu Beginn des vorherigen Abschnitts zitierten Textbeispiel aus der Feder des Freireligiösen Carl Scholl. Der Antiklerikalismus unterlag insofern insgesamt einem Prozess der Verselbstständigung, der in der assoziativen Struktur zunächst eine Mehrdeutigkeit mit sich brachte. Zugleich essentialisierte die ständige Wiederholung in der Darstellung die Vorstellungen von katholischer Kirche, Kirchen und Religion und so verfestigte sich die Kritik zu Stereotypen,[78] die häufig in manichäischen Mustern entworfen wurden.

Auf den stereotypen Charakter des Antiklerikalismus ist bereits oft verwiesen worden. Dabei verfolgten die meisten Historiker die Absicht, die mangelnde Realitätsbezogenheit der Antiklerikalen nachzuweisen. So definiert etwa Jacqueline Lalouette Antiklerikalismus als ein Konglomerat von Vorstellungen und Werten, die nicht der Realität entsprachen, sondern eine spezifische Wahrnehmung der Realität darstellten.[79] Meine Ergebnisse untermauern diese Feststel-

78 Vgl. zur Essentialisierung durch Wiederholung bereits *Borutta*: Antikatholizismus 155–218; sowie zur Verselbstständigung kürzlich *Zimmer*: Beneath the Culture War 294; die wiederholende Skandalaufzählung als Stereotypisierung nennen *Goossaert/Zuber*: Introduction 15.

79 Vgl. für die Charakterisierung als Stereotyp, um den mangelnden Realitätssinn zu betonen, etwa *Lalouette*: L'anticléricalisme 333; *Bertocci*: Jules Simon 10; *Mira Abad*: Actitudes religiosas 279; *Frías Fernández*: Percepciones, imágenes y explicaciones 173 f.; *Köhle-Hezinger*: Evangelisch – katholisch 312–323; *Borutta*: Geistliche Gefühle 137; oft unausgesprochen auch *ders.*: Antikatholizismus 77, 155–218, wo trotz der Feststellung einer Vermischung von Realität und Fiktion im Diskurs immer wieder auf die einseitige beziehungsweise »empirieresistente« Darstellung hingewiesen wird, z. B. ebenda 171, 180, 246, Zitat 264.

lung. Antiklerikalismus und sein jeweiliges Gegenüber (konservative religiöse Orientierung im Katholizismus sowie zum Teil im Protestantismus) waren zwei sich ausschließende Weisen, die Realität wahrzunehmen.[80] Viele Elemente wie große Teile der jesuitischen Verschwörungstheorie oder die Schuldzuweisung im Fall Ferrer müssen vollständig im Bereich des Imaginären verortet werden.[81] Zugleich sollte in den vorangegangenen Abschnitten am empirischen Material deutlich geworden sein, dass sich der Antiklerikalismus anders als der Antisemitismus durchaus auf Realkonflikte und Interessensgegensätze bezog.[82] Die Kirchenkritik nahm konkrete Fälle als Ausgangspunkt und arbeitete sich vor allem am Wandel der katholischen Kirche ab, die sich ihrerseits im Laufe des 19. Jahrhunderts in den Staaten und Gesellschaften neu orientieren musste. Diese Seite des Realkonflikts sollte im Antiklerikalismus nicht vergessen werden.[83] Bei aller Ambivalenz der Stereotypenbildung hinsichtlich ihres Realitätsgehalts wird man dem Charakter des Diskurses jedoch zugleich nicht gerecht, wenn die Omnipräsenz der Feindbilder als spezifischer Typus von Stereotypen und die exkludierende Stoßrichtung des Antiklerikalismus unterschätzt wird. Die bisherige Forschung hat hier verschiedenste Topoi herausgearbeitet, aber den Stellenwert dieses intransigenten Tons innerhalb des antiklerikalen Lagers bislang zumeist nicht bewertet. Nur hinsichtlich der radikalen Moralkritik hat insbesondere die spanische Forschung sich bemüht, das Verhältnis des traditionellen, populären Antiklerikalismus zum modernen politischen Pendant zu klären, wobei sie zum Teil den politischen oder medialen Führungseliten eine instrumentelle Verwendung der alten Topoi zur populären Mobilisierung nachsagte.[84]

80 Vgl. Kapitel 2.1, 2.3; Kapitel 3.1, 3.2. und 3.4; zur Ausschließlichkeit bereits *Almuiña Fernández*: Clericalismo y anticlericalismo 127; *McMillan*: Religion and Politics 46–49.

81 Vgl. zur Verschwörungstheorie *Leroy*: Le mythe jésuite; *Healy*: The Jesuit Specter 171 f., 230; stärker das Changieren zwischen Realität und Imaginärem betont dagegen *Cubitt*: The Jesuit Myth.

82 Vgl. zur Absetzung gegen und zur Ähnlichkeit mit Antisemitismus oder Antiprotestantismus *Leroy-Beaulieu*: Les doctrines; *Baubérot/Zuber*: Une haine oubliée 252–271; *Olender*: Race sans histoire 69–73.

83 Vgl. dazu Kapitel 2.1, 2.2; Kapitel 3.1, 3.2, 3.3 und 3.4; so bereits für Frankreich argumentierend *Baubérot/Zuber*: Une haine oubliée 252–271; für den deutschen Antijesuitismus *Healy*: The Jesuit Specter 24 f.; den Bezug auf konkrete Fälle betonend *Faury*: Cléricalisme et anticléricalisme 489; *Salomón Chéliz*: Anticlericalismo en Aragón 162.

84 Vgl. zur spanischen Debatte z. B. *Álvarez Junco*: Los intelectuales; *De la Cueva Merino*: The Stick; *Castro Alfín*: Cultura 70–97; *Delgado Ruiz*: Anticlericalismo, espacio y poder 153; *Mira Abad*: Actitudes religiosas 92; *dies.*: Iglesia y anticlericalismo 147; *Salomón Chéliz*: Contra el poder; *dies.*: Anticlericalismo en Aragón 96, 362, 367; *Pérez Ledesma*: Las clases populares 721–723; als einseitige Einflussnahme der Eliten auf den populären Antiklerikalismus dagegen für Frankreich *Gadille*: French Anticlericalism 134 f.; für die Betonung der Ähn-

Im folgenden Abschnitt werden die Stereotypenbildung und die antagonistische Struktur des Antiklerikalismus noch einmal vertiefend beleuchtet, um sowohl die Funktion als auch den Charakter des Diskurses zu bestimmen. Dabei argumentiere ich in zwei auf den ersten Blick gegensätzliche Richtungen: Zum einen zeige ich, dass die Stereotype im Antiklerikalismus nicht als Zeichen mangelnder Plausibilität gewertet werden sollten, sondern aufgrund ihrer antagonistischen Struktur eine Orientierungshilfe in der kritischen Suche der Kirchenkritiker nach neuen Modellen darstellten. Zum anderen wird die Grundtonlage des Diskurses herausgearbeitet, die sich in Feindbildern mit paranoider Tendenz und ausgrenzendem Impetus manifestierte und damit ein typisches Beispiel polemischer Mobilisierung im massenmedialen Zeitalter darstellte. Dieser Charakter des Diskurses muss jedoch zugleich als ein Scheidepunkt des antiklerikalen Lagers gewertet werden. In einem dritten Schritt werden deshalb verschiedene Tonlagen differenziert und noch einmal die These sozial differenzierter Formen des antiklerikalen Diskurses überprüft. Wenden wir uns nun zunächst der Funktion des stereotypen Charakters des Antiklerikalismus zu.

Simplifizierung und Orientierung

Neuere sozialwissenschaftliche wie psychologische Theorien gehen erst einmal nur davon aus, dass Stereotype Sets von verallgemeinerten und wertenden Vorstellungen von Fremdgruppen sind. Ob es sich dabei um Vereinfachungen handelt, die keiner Realität entsprechen, wird zunehmend als irrelevante Frage betrachtet.[85] Die Studien richten ihr Augenmerk auf etwas anderes: Stereotype erleichtern durch ihre Funktion einer schematischen Vorstrukturierung die Weltwahrnehmung, sie werden insbesondere durch Medien erlernt, in konfliktiven Situationen produziert und weiterentwickelt, dienen Ex- und Inklusionsvorgängen und helfen, Selbstbilder zu schaffen. Deshalb geben sie vor allem Auskunft über den Produzenten der Stereotypen und den sozialen Kontext, in

lichkeit beider Ebenen für den deutschen Fall in Bezug auf den Charakter der Kritik *Gross*: Jesus 54 f.; *Hübinger*: Kulturprotestantismus und Politik 292 f.; allgemein zu Feindbildern und dem intransigenten Ton beispielhaft aus der Fülle der Literatur für Frankreich *Leroy-Beaulieu*: Les doctrines; für Spanien *De la Cueva Merino*: Clericales y anticlericales; für die deutschen Länder *Köhle-Hezinger*: Evangelisch – katholisch; *Borutta*: Antikatholizismus und für den dortigen Antijesuitismus *Healy*: The Jesuit Specter.

85 Vgl. den Überblick neuerer Ansätze im Vergleich zu den älteren Theorien *Stroebe/Insko*: Stereotype, Prejudice, and Discrimination; sowie *Pickering*: Stereotyping; *Hahn/Hahn*: Nationale Stereotypen.

dem sie generiert werden.[86] Mit diesen sozial- und individualpsychologischen Erklärungen lassen sich wichtige Charakteristika des Antiklerikalismus fassen: In der sich pluralisierenden Welt hinsichtlich der Rolle von Religion und Kirchen in der Gesellschaft der zweiten Hälfte des 19. Jahrhunderts, an deren Entstehung die antiklerikale Kritik nicht unbeteiligt war, konnten die essentialisierten Vorstellungen des Gegners, der katholischen Kirche, der Kirchen oder der Religion helfen, sich zu orientieren.[87]

Der sich stereotypisierende Diskurs der Antiklerikalen tendierte – und dies nicht nur in der Tagespresse, die als Medium generell schnelle und leicht konsumierbare, das heißt vereinfachte Kommunikation bieten muss[88] – zu klaren Fremd- und Selbstzuschreibungen, zu einer Simplifizierung von Problemkonstellationen.[89] Der kirchenkritische Code fußte auf binären Mustern, die oft manichäische Strukturen aufwiesen.[90] Er bestand auf der einen Seite aus der Kritik vor allem an der katholischen Kirche, anderen Kirchen, ihren Trägern und zum Teil der Religion. Auf der anderen Seite wurde ein positives Modell aufgebaut, das große Ähnlichkeiten innerhalb des gesamten Spektrums aufwies. Alle Gruppen nannten beziehungsweise evozierten in Opposition zur jeweiligen Beschreibung der Kirchen und ihrer Vertreter – je nach Thema – immer wieder bestimmte Abstrakta. Hier ließen sich folgende semantische Felder ausmachen: Freiheit versus Despotie, Tyrannei, Autokratie und Hierarchie; Fortschritt, Zivilisation und Moderne versus Mittelalter und Anachronismus sowie Wissenschaft, Vernunft, Verstand und Rationalismus versus Glaube und Aberglaube. Die innere Kohäsion der positiven Vorstellungen des Antiklerikalismus war, wie der vorangegangene Abschnitt gezeigt hat, jedoch relativ schwach. Das einigende Band wurde in erster Linie durch das gemeinsame Gegenüber geschaffen. Das stereotype Bild des ›Anderen‹ verdeckte die mangelnde Einheit des kirchenkritischen Lagers und stellte die Folie bereit, vor der neue Selbstbilder und Modelle für die eigenen Gesellschaften (national oder europäisch gefasst) entwickelt wurden.[91] Die unklare Orientierung und die internen Differenzen wurden durch die Reduktion auf Schlagwörter und Sentenzen überbrückt und dies half

86 Vgl. zu den verschiedenen Aspekten z. B. die Aufsätze in *Bar-Tal u. a.*: Stereotyping and Prejudice; *Pickering*: Stereotyping sowie *Hahn/Hahn*: Nationale Stereotypen.

87 Ähnlich argumentierend rein auf das religiöse Feld bezogen *Graf*: Die Wiederkehr 37.

88 Vgl. dazu *Neidhardt*: Öffentlichkeit, öffentliche Meinung, soziale Bewegungen, Einleitung 21–23.

89 Vgl. bereits *De la Cueva Merino*: The Stick 260.

90 Vgl. bereits zur Binarität in Bezug auf die Geschlechterzuweisungen *Delgado Ruiz*: Las palabras de otro hombre 302; *Borutta*: Antikatholizismus 267–288.

91 Vgl. zu dieser Funktion des Antiklerikalismus in nationaler und politischer Hinsicht bereits z. B. *Cabanel*: Anticlericalismo 112–115; *Healy*: The Jesuit Specter 18; *Clark/Kaiser*: Introduction 3; *Villazón González*: Las polémicas 374, 379; *Joskowicz*: Anticlerical Alliances 332.

den positiven Modellen, sich im sich pluralisierenden Meinungsmarkt zu behaupten. Die Struktur des Diskurses legt also eine orientierende Funktion nahe, auch wenn eindeutige Beweise nicht zu erbringen sind und die These eine nicht belegbare Interpretation bleiben muss.[92]

Viele der Kirchenkritiker konstruierten darüber hinaus durch dichotomische Zuschreibungen eine klare Gegnerschaft. Der Antagonismus wurde im medialen Diskurs der Auseinandersetzung tendenziell zu einer Feindschaft ausgestaltet,[93] die mit paranoiden Vorstellungen aufgeladen war und mit ausgrenzendem Impetus ausgestattet wurde, was den spezifischen Ton des Antiklerikalismus prägte. Die Kirchenkritiker rekurrierten dabei besonders auf zwei Argumentationscluster, die im Folgenden vorgestellt werden. Erstens machten sie überall den Einfluss von Kirche und Klerus aus und beschworen die Gefahr eines allgegenwärtigen ›Klerikalismus‹. Zweitens verorteten Antiklerikale ihre Gegner außerhalb der evozierten kollektiven Gemeinschaftsvorstellungen von Nation und Zivilisation.[94]

Vom allgegenwärtigen Klerus – Paranoia und Feindbildung

Sie sind weder schwarz noch weiß, sie haben alle Farben der Chamäleons […], sie wissen sich schnell nach dem Wind zu richten. Sie errichten einen Staat im Staat; wie die Termiten zerfressen sie die Gebäude, sie untergraben langsam aber sicher das gesamte Land. Dies ist der Todfeind der Demokratie […]. Gestern hieß er Gesellschaft Jesu, danach Gemeinschaft von St. Vinzenz von Paul, morgen wird er noch einflussreicher sein […], er nimmt die Kinder in Beschlag und gibt ihnen eine Erziehung, die sich nie auslöschen lassen wird […]. Der Ultramontanismus ist überall.[95]

92 Vgl. theoretisch zu diesem Problem, das sich grundsätzlich bei der historischen Untersuchung von Feindbildern stellt, *Bernhardt*: Voraussetzungen, Struktur und Funktion.

93 Ein Feind ist anders als ein Gegner durch den ihm zugeschriebenen, grundsätzlichen Antagonismus und die große Gefahr bestimmt, die dadurch von ihm ausgeht. Vgl. zur Definition z. B. *Stobbe*: Vorurteile – Stereotype – Feindbilder 163 f.; allgemein *Bernhardt*: Voraussetzungen, Struktur und Funktion; *Benz*: Feindbilder in Europa.

94 Der folgende Abschnitt konzentriert sich auf die Darstellung der katholischen Kirche als Hauptfeind im Gegensatz zu den thematischen Abschnitten, die auch andere Antagonisten der Antiklerikalen stärker berücksichtigt haben.

95 »Ils ne sont ni noir ni blanc, ils ont toutes les couleurs caméléons […], ils savent changer tout à coup de vent. Ils créèrent un État dans l'État; comme ces termites qui rongent les édifices, ils minent lentement mais surement le pays tout entier. C'est là l'ennemi mortel de la démocratie […]. Il s'appelait hier la Compagnie des Jésus, puis la Société de Saint-Vincent-de-Paul, demain il sera plus puissant encore […], il s'accapare les enfants et leur donne une éducation qui ne s'efface jamais […]. L'ultramontanisme est partout«, Larousse, Ultramontanisme (1876).

Wie in diesem Lexikoneintrag im »Larousse« zum Ultramontanismus imaginierten die Antiklerikalen mittels verschiedener Bilder, Metaphern und Argumentationscluster einen omnipotenten klerikalen Einfluss, in dem sie eine große Gefahr witterten. Neben diesen Bildern der Stärke standen die Imaginationen der Schwäche, die sich aus der Gewissheit des Fortschritts speisten.[96] Je nach Konstellation und Strategie tendierte der Diskurs zur einen oder zur anderen Seite. Doch schauen wir uns die Gefahrenszenarien und ihre Implikationen genauer an. Kirchenkritiker betonten immer wieder, dass es Kirche, Klerus und Klerikalismus gelungen sei, omnipräsent zu sein.[97] Sie agierten, so die verbreitete Vorstellung, in »den verschiedenen Schichten der Gesellschaft«[98]. »Der Klerus [habe] es verstanden, eine immense Mönchskutte über die Schultern Frankreichs zu werfen.«[99] Ein deutscher Kulturkämpfer vermutete ein ganzes Netz von »Fäden«, mit denen »die Welt- und Ordensgeistlichen mit der Gesellschaft zusammenhängen«[100]. Den Erfahrungsraum[101], aus dem sich diese Darstellungen generierten, bildete wahrscheinlich das in Kapitel 1.1 dargestellte Erstarken der katholischen Kirche und insbesondere ihre öffentliche Präsenz – auch wenn die konkreten Bezüge zu den Veränderungen in diesen Bildern zumeist fehlten.[102]

In Karikaturen fanden sich Massendarstellungen: Gewimmel von Priestern, Mönchen und Nonnen, die fortgejagt wurden oder sich um Symbolisierungen des Vatikans scharten.[103] In einer Karikatur der »Flaca« aus dem Sommer 1869 vertrat die Sache der Antiklerikalen etwa der als Teufel gezeichnete atheistische Republikaner Francisco Suñer y Capdevila. Werkzeug des spanischen Politikers war eine Fackel, durch den Schriftzug gekennzeichnet als Sinnbild für seine eben in den Cortes gehaltene, materialistisch orientierte Rede (noch im selben Jahr

96 Vgl. Kapitel 3.5.

97 Die im Folgenden analysierten Variationen dieses Themas bestimmten zwar maßgeblich die Tonlage der Darstellung, aber für die untersuchten Ereignisse konnten nicht genügend Belegstellen ausfindig gemacht werden, die eine Differenzierung zwischen Gruppen und Ländern erlaubt hätten. Vgl. für die Vorstellung von Omnipräsenz bereits für die deutschen Länder *Köhle-Hezinger*: Evangelisch – katholisch 316; für den französischen Antijesuitismus *Leroy*: Le mythe jésuite 227–230.

98 Nationalzeitung, 28.10.1858; ähnlich auch Allgemeine Zeitung des Judentums 33 (1869) 716.

99 »Le clergé aura su jeté un immense froc sur les épaules de la France«, La Marseillaise, 2.3.1870.

100 *Hinschius*: Die Stellung 59.

101 Vgl. für diesen Begriff *Koselleck*: Erfahrungsraum und Erwartungshorizont.

102 Vgl. bereits *Gross*: War against Catholicism 128–184; *Grévy*: Le cléricalisme 26.

103 Vgl. z.B. L'Action, 30.10.1909; Vida Socialista, 16.10.1910; *Grand-Carteret*: Contre Rome 120–122; *Dixmier* u.a.: Images d'une querelle 43; *Doizy*: Corbeaux contre la Calotte 134f. und *Salomón Chéliz*: Beatas sojuzgadas.

unter dem Titel »Dios« veröffentlicht), seinen Kampf gegen die Tuberkulose und seine antimonarchistische Politik (vgl. Abb. 18).[104]

Auch wenn diese Fluchtbilder den Klerus im Gegensatz zur jeweiligen Repräsentation des eigenen Kampfes als klein präsentierten, rückten diese Karikaturen ebenso wie die Zeichnungen, die nur den Gegner als Gewimmel darstellten, die Stärke in den Vordergrund. Die Antagonisten wurden als amorphe Masse imaginiert, die im Kleinen überall auftauchte. Eine Sonderform dieses visuellen Topos waren Grenzdarstellungen, die die Wanderungsbewegung von Ordensklerikern innerhalb Europas kommentierten. Diese Bilder zeigen sehr deutlich die enge Bezugnahme der Antiklerikalen auf ihre konkreten Erfahrungen. Reale Veränderungen und quantitative Zunahmen des Klerus in einzelnen Regionen wurden registriert und im Sinne des antiklerikalen Kosmos als Gefahr interpretiert. Die Trennungsgesetzgebung in Frankreich oder die Revolution in Portugal 1910 ließen etwa eine größere Anzahl monastisch lebender Geistlicher auswandern[105] und in diesen Kontexten entstanden nicht nur in Spanien Karikaturen, die die Grenzübertritte von Massen von Mönchen und Nonnen darstellten (vgl. Abb. 19).[106]

»Der Wahre Jakob« warf beispielsweise einen kontinentalen Blick auf das Phänomen und skizzierte eine Europakarte: Frankreichs Umrisse gaben eine barbusige Marianne-Figur ab, die Cancan tanzend die Ordensgeistlichen aus dem Land trieb. Mit diesem Bild unter der Überschrift »Frankreichs höhere Balletkunst im Dienste der Freiheit« kommentierte die sozialistische Zeitschrift die Abstimmung über das Gesetz über das Verbot von erzieherischer Arbeit der Orden in Frankreich. Besonders Bayern und Spanien wurden bevölkert, aber auch Preußen drohte Gefahr; der Reichkanzler Bernhard von Bülow (1849–1929) scheint in fast serviler Manier die ankommenden Massen willkommen zu heißen (Abb. 20; zugleich die Titelabbildung dieses Buches).

Metaphorisch griffen die Antiklerikalen in ihren Darstellungen auf die reale und mythologische Tierwelt zurück, um die Idee eines allmächtigen Einflusses zu chiffrieren.[107] Sie verglichen das Papsttum mit Spinnen[108], stellten den ›Klerikalismus‹ sprachlich oder bildlich als Oktopus dar, der verschiedenste Berei-

104 Vgl. zu Suñer Kapitel 2.2, Anmerkung 255; zu seiner Schrift, deren Bedeutung für die spanische Religionskritik sowie seinem Kampf gegen Tuberkulose *Sánchez Martínez*: Francisco Suñer Capdevila.

105 Vgl. zu den Wanderungsbewegungen aus Frankreich und den Folgen in Spanien *Delaunay*: Pyrenées.

106 Vgl. für weitere Beispiele aus Spanien Diluvio 52 (1910) 664; aus den deutschen Ländern *Koschatzky/Grill*: Karikatur 92; aus Italien *Dixmier* u. a.: Images d'une querelle 123.

107 Vgl. dazu bereits *Lalouette*: El anticlericalismo 33; *Doizy*: De la caricature anticléricale à la farce biblique 128; zum Antijesuitismus *Cubitt*: The Jesuit Myth 184.

108 Vgl. z. B. den Titel *Huber*: Die Lateranische Kreuzspinne.

Abb. 18: ¿Per ché tal sorpresa? (Warum solche Überraschung?). In: La Flaca, 17.7.1869, 4. Schriftzug auf der Fackel: Krieg gegen Gott, die Lungentuberkulose und die Könige; auf den Spruchbändern: Brüder Jesu.

Abb. 19: ¡Pfff.....!!!..... ¡¡Quin candau!!!..... (Pff!... Was für eine Verriegelung!!). In: Papitu 3 (1910), 672.
»Candau« bezieht sich auf die sogenannte ›Ley de Candado‹ (›Vorhängeschlossgesetz‹).

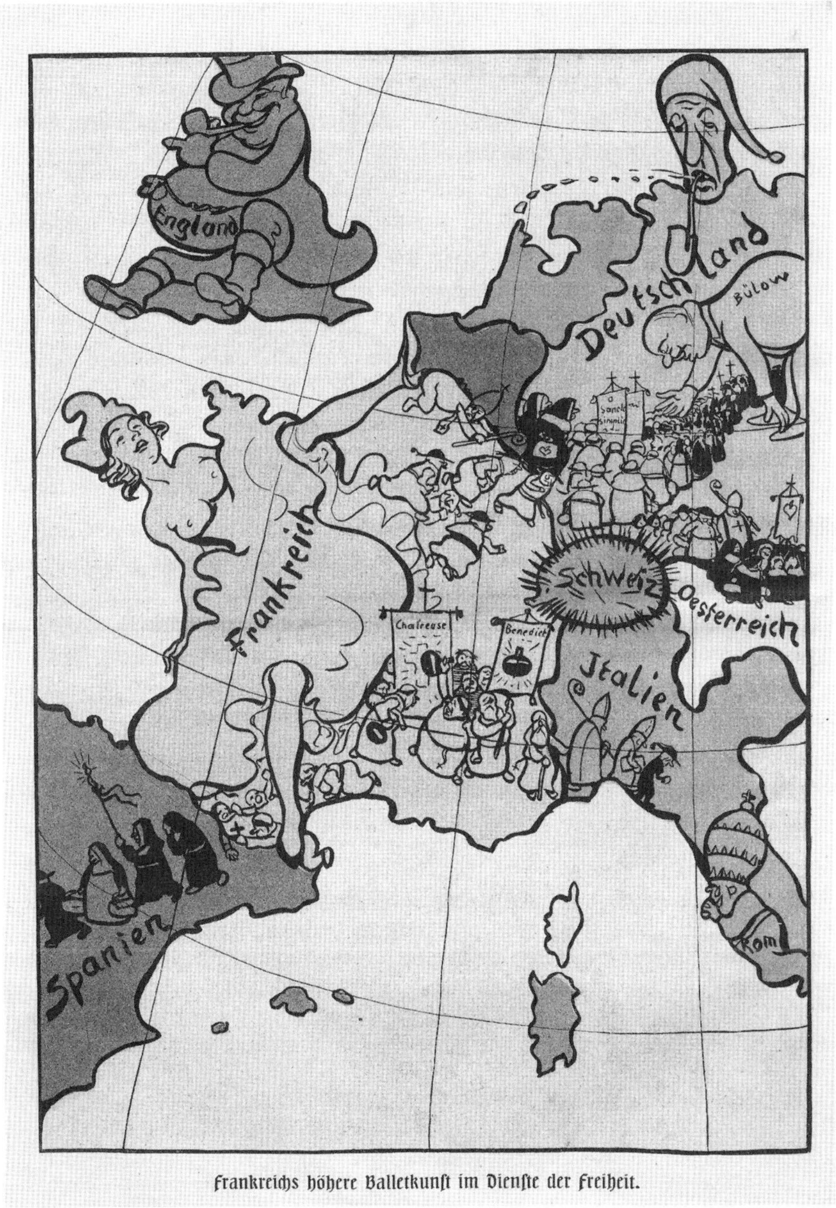

Abb. 20: *Galantara*, Gabriele: Frankreichs höhere Balletkunst im Dienste der Freiheit. In: Der Wahre Jakob, 4. 10. 1904, 4480.
Gabriele Galantara (Pseudonym Rata Langa [1865–1937]), italienischer Zeichner und Sozialist. Vgl. *Neri*, Galantara.

che der Gesellschaft mit seinen Fangarmen würgte (vgl. Abb. 21).[109] Jesuiten wurden zu Schwärmen herumschwirrender Raben (vgl. Abb. 22). Die Polemiken setzten die Kirche mit einer Schlange oder der »Hydra aus den vergangenen Zeiten«[110] gleich. Diese zum Teil schon im Antiklerikalismus der Aufklärung auftauchenden Tiergestalten transportierten neben der Idee des Umgreifens, Erwürgens und Belagerns zudem das Böse an sich – Spinnen, Raben und Hydra insbesondere waren von Grund auf negativ besetzt.[111] Die »ganze ekelhafte klerikale Fauna«[112] vermittelte ebenso wie die Analogien zu epidemischen und sich im Körper langsam ausbreitenden Krankheiten Gefahrenszenarien. Der ›Klerikalismus‹ sei ein »Krebsgeschwür, das den ganzen Organismus durchsetzt und zerstört«[113]. Die Antiklerikalen schrieben von Pest, Cholera sowie ansteckenden Viren und imaginierten den Einfluss des Klerus als Parasitenbefall, wie etwa die Campana de Gràcia, die das neue Aufblühen der Konvente in Barcelona nach der Semana Trágica 1914 in einer Karikatur kommentierte: Eine Familie, der Kleidung nach aus der Arbeiterschicht stammend, betrachtet ratlos eine große Anzahl in einer Küchenzeile umherkriechender Käfer. Die Unterschrift fingiert ein Gespräch zwischen den Eheleuten und zieht den Konnex zur antiklerikalen Gewalt von 1909, indem sie der Frau die ironischen Worte in den Mund legt: »Mir scheint, […] dass die letzte Ausräucherung relativ ergiebig war«[114] (vgl. Abb. 23).

109 Vgl. für weitere Beispiele *Dixmier* u. a.: Images d'une querelle 133; zu sprachlichen Vergleichen El Socialista, 22. 10. 1909; El Motín, 11. 11. 1909; *Hecker*: Betrachtungen 6.

110 »Hidra de los tiempos pasados«, La Igualdad, 3. 9. 1869. Vgl. zum Bild der Schlange El Motín, 13. 10. 1909, 11. 11. 1909.

111 Vgl. allgemein zu Tiervergleichen z. B. bereits für Frankreich *Lalouette*: Iconoclastie et caricature 56; *Leroy*: Le mythe jésuite 210–224; *Doizy*: Corbeaux contre la Calotte 77; für die deutsche Presse *Koch*: Teufel 514, 517; *Borutta*: Antikatholizismus 195, 209 f.; *Jürgensmeier*: Die katholische Kirche 113; in Spanien *Sanabria*: Republicanism and Anticlerical Nationalism 79–84; *Castro Alfín*: Palabras de Fuego 214; für die Klassifizierung der Tiere *Lalouette*: El anticlericalismo 33; für die Tradition dieser Darstellungen in der frühmodernen Kirchenkritik *Grand-Carteret*: Contre Rome 18.

112 »[L]a asquerosa fauna clerical«, El País, 15. 10. 1909.

113 Vossische Zeitung, 4. 8. 1909, AA. Vgl. zum Krebsbild auch Gartenlaube 18 (1870) 320.

114 »Me sembla […] que l'ultima cremada bé va ésser prou seria«, Campana de Gràcia, 24. 7. 1914; zu weiteren Parasitenanalogien z. B. Simplicissimus 10 (1905) 217; Der Freidenker 17 (1909) 163 f.; *Reinhard*: Zum Allerwelts-Pfaffenkongreß 56; *Wendel*: Francisco Ferrer 6; zu den epidemischen Krankheiten El País, 15. 10. 1909; La Iberia, 13. 3. 1870; *Reinhard*: Zum Allerwelts-Pfaffenkongreß 56; zu beidem in der Literatur bereits für die deutschen Länder in der Aufklärung *Jäger*: Mönchskritik und Klostersatire 196 f.; für das 19. Jahrhundert *Borutta*: Antikatholizismus 209–213, 226; für den französischen Antijesuitismus *Leroy*: Le mythe jésuite 224–228; *Cubitt*: The Jesuit Myth 184.

LA PIEUVRE DE LOYOLA

Hardi, Marianne, le monstre ne crèvera qu'en lui tranchant toutes ses tentacules.

Abb. 21: *Gabriel*, Lange (unbekanntes Pseudonym): La Pieuvre de Loyola (Die Krake Loyola). In: La Calotte, 30. 11. 1906, Titelblatt.
Untertitel: Los, Marianne! Das Monster wird nicht verrecken, bis Du ihm alle seine Tentakel abgehackt hast.
Die Tentakel symbolisieren verschiedene Bereiche der Gesellschaft (die Armee, die Fabriken, die Gerichte, die Kolonien und das Bildungswesen).
Informationen zum Zeichner konnten nicht eruiert werden. Vgl. zu den Pseudonymen in der Calotte *Doizy*, Corbeaux contre la Calotte 74 f.

LA COUVÉE

Abb. 22: *Rata Langa* (Pseudonym von Gabriele Galantara), La Couvée (Die Brut). In: L'Asino, 4. 1. 1903.

Abb. 23: Els Escarabats (Die Käfer) (1914). In: La Campana de Gràcia, 24. 7. 1914, 5. Untertitel: – Joan, mir scheint, dass die letzte Ausräucherung relativ ergiebig war – Wir werden sie also bald wieder im Suppenteller finden.

Die Krankheitsbilder und Parasitenanalogien transportierten Vorstellungen einer unkontrollierbaren, zum Teil versteckten, schleichend arbeitenden gefährlichen Macht.

Das, was die Kirche will, ist in der Tat, eindringen, eindringen ohne Unterlass, korrumpieren, immer korrumpieren, zuerst das Kind, dann die jungen Mädchen, danach die Mutter und die Familie und das Volk, die Nationen und die Welt.[115]

Die Kirche und der Klerus suchten in der Argumentation der Antiklerikalen »überall politischen Einfluss zu gewinnen« durch ihre »klerikalen Ränkespiele«.[116] Während die Massenbilder vom Klerus, die Zeichnungen von Parasiten, Tieren und Krankheiten keine planend handelnden Gegner darstellten, entwarf der Diskurs mit anderen Topoi die Vorstellung einer systematisch gesteuerten Einflussnahme durch Kirche und Klerus. Hier arbeiteten die Antiklerikalen, wie bereits in der Untersuchung der Mortara-Affäre und der Ferrer-Proteste angedeutet, mit Argumentationsclustern der besonders Ende des 18. und im 19. Jahrhundert verbreiteten Verschwörungstheorien.[117] Als Verschwörungstheorien bezeichnet man medial vermittelte Szenarien, mit deren Hilfe sämtliche Vorgänge auf der Welt gedeutet werden und die die Vorstellung eines umfassenden Netzwerks von Verschwörern entwerfen, welche in böser Absicht ausschließlich darauf bedacht sind, ihre eigenen Interessen durchzusetzen. Diese oft stereotypen Kausalerklärungen wurden im 19. Jahrhundert sowohl von Antiklerikalen als auch von intransigenten Katholiken gepflegt. Während Antiklerikale überall den Einfluss von Klerus und Kirche vermuteten, witterten ihre Gegner in Hindernissen, Widerständen und nachteiligen Veränderungen für die katholische Kirche das Werk von Freimaurern, Sozialisten, Juden oder

115 »Ce que veut l'Église, en effet, c'est envahir, envahir sans cesse, corrompre et corrompre toujours; d'abord l'enfant, puis les jeunes filles, puis la mère, et la famille et le peuple, les nations et le monde«, *Lucifer*: Les Orléanaises, Bd. 3 21.

116 In der Reihenfolge des Zitierens Bauhütte 12 (1869) 387; »machination cléricale«, *De Juvé Buloix*: L'affaire Ferrer 7. Vgl. zur Vorstellung der versuchten Einflussausweitung z. B. auch Vossische Zeitung, 1. 12. 1869; *Simarro Lacabra*: El proceso Ferrer 115; Diario de Sesiones de Cortes, Legislatura de 1910, 718.

117 Für das Aufkommen der Verschwörungstheorien in der Sattelzeit haben die Untersuchungen dieser narrativen Strukturen unterschiedliche Faktoren angeführt, wie den Verlust umfassender Welterklärungen durch Säkularisierung, das Aufkommen von Geheimgesellschaften und die Rolle des politischen Arkanums, die psychologische Verunsicherung durch die Französische Revolution oder die politischen Kämpfe zwischen Aufklärung und Gegenaufklärung. Vgl. zur Definition *Hoffmann*: Die Politik 174 f. und *Klausnitzer*: Poesie und Konspiration 6–28; allgemein zur Charakterisierung von Verschwörungstheorien der Klassiker *Hofstadter*: Paranoid Style; *Groh*: Verschwörung; zu den Gründen des Auftretens der Theorien *Hofstadter*: Paranoid Style 36; *Revuelta González*: La Compañía, Bd. 2 693; *Cubitt*: The Jesuit Myth 17; *Klausnitzer*: Poesie und Konspiration 210, 270; *Meteling*: Verschwörungstheorien.

Protestanten. Beide Seiten entwickelten im Kontext der sich medial aufschaukelnden Auseinandersetzungen komplementäre Gegenerzählungen.[118] Da die Kirchenkritiker nur mit einzelnen Argumentationsclustern arbeiteten, zumeist aber weit davon entfernt waren, den gesamten Weltverlauf auf Kirche und Klerus zurückzuführen, kann der Antiklerikalismus nicht als umfassende Verschwörungstheorie analysiert werden.

Die Jesuiten nahmen sowohl in der antiklerikalen Begriffsbildung als auch in den Verschwörungstheorien eine besondere Rolle ein. Die Darstellung der Gesellschaft Jesu kann den Charakter verdeutlichen, der dem Diskurs aus den Verschwörungsszenarien erwuchs. Die Feindschaft gegen den Orden war bereits ein ausgeprägter Diskurs in der Frühen Neuzeit und gewann an politischer Virulenz in der Aufklärung und in den verschiedenen Verboten der Gesellschaft sowie deren Aufhebung 1773 durch Papst Clemens XIV. (1705–1774).[119] Es entwickelte sich im Jahrhundert der Kulturkämpfe eine umfangreiche spezifische antijesuistische, antiklerikale Literatur. Der Orden wurde mit historischen Darstellungen, Romanen, politischen Schriften und eigens konzipierten Vorlesungsreihen bedacht. Die monografischen Schriften waren dabei nicht selten von Renegaten verfasst.[120] Die Verschwörungsszenarien rekurrierten auf die weltliche Ausrichtung, die Tätigkeit regulärer Mitglieder oder Laien-Anhänger der Gemeinschaft in allen Bereichen der Gesellschaft im Dienste des Ordens. Hieraus speiste sich die Vorstellung des Jesuiten »des langen oder des kurzen Rocks«[121]:

Die SACHT AUFTRETENDEN, SCHLEICHENDEN JESUITEN [...] mit ihrem aristokratischen Schliff, mit ihrem äußeren Anstande, mit ihrem [...] bestechlichem Wesen, mit ihrer

118 Vgl. allgemein dazu für den französischen Antiklerikalismus *Cabanel*: Anticlericalismo 110–112; zu den Verschwörungstheorien der intransigenten Katholiken in Frankreich *Cubitt*: The Jesuit Myth 4; *Grévy*: Le cléricalisme 35, 140–144; in Spanien *Revuelta González*: La Compañía, Bd. 2 729–735; in den deutschen Ländern mit extrem chronologisch weitreichendem Anspruch *Rogalla Bieberstein*: These von der Verschwörung; *Hoffmann*: Die Politik 174 f.; für die jüdische Verschwörung aus der Fülle der Literatur z. B. *Olender*: Race sans histoire 69–73; zur protestantischen *Avilés Farré*: Francisco Ferrer 263; *Larkin*: Church and State 65–79; *De Ségur*: L'Antimaçonnisme catholique 155.

119 Vgl. zum Antijesuitismus in der Frühen Neuzeit und der Aufklärung in Frankreich *Leroy*: Le mythe jésuite 14–20, 262–270; *Fabre*: Les antijésuites; in den deutschen Ländern *Healy*: The Jesuit Specter 21–50; *Vogel*: Untergang; *Paintner*: Des Papsts neue Creatur.

120 Vgl. zur antijesuitischen Literatur fiktionaler und nicht fiktionaler Provenienz z. B. *Molina Martínez*: Anticlericalismo y literatura 246–253; *Revuelta González*: La Compañía, Bd. 2 707–710; *Hirschmann*: Kulturkampf 140–151; zur Vorlesungsreihe bereits Kapitel 2.2, Anmerkung 237; zur Rolle der Ex-Jesuiten *Hofstadter*: Paranoid Style 34 f.; *Revuelta González*: La Compañía, Bd. 2 693; *La Parra López*: L'antijésuitisme.

121 »Jésuite de robe longue ou de robe courte«, Le Siècle, 20. 12. 1869, ähnlich auch *Luigi*: Le catholicisme moderne 10; zu diesem Topos bereits *Cubitt*: The Jesuit Myth 225–233.

wissenschaftlichen Bildung, mit ihrem unbedingten Gehorsam, mit ihrem leichten, durch keine Scrupel beängstigten Gewissen […], ha[b]en ihre weltlichen Mitglieder überall […] auf den Comptoiren […] in den weltlichen Behörden. […] [Sie] schädig[en] die Predigt des Evangeliums durch Lehre und Witz, durch Lug und Trug, durch List und Gewalt.[122]

Jesuiten seien die Drahtzieher des Konzils, sie hätten in ihren »kühnen Plänen« das Unfehlbarkeitsdogma entwickelt, um die ›Herrschaft des Papsttums‹ zu sichern, und dieses mit »eine[r] schlau berechneten Geschäftsordnung« mittels der »Entfaltung aller erdenklichen Mittel der Intrigue und des frommen Betruges« durchgesetzt.[123] Ebenso wurde besonders der Gesellschaft Jesu die Schuld für die Verurteilung Ferrers in Wort und Schrift zugewiesen.[124] In beiden Untersuchungsfällen (1869/1870 und 1909) sagten die Kirchenkritiker den Jesuiten (aber auch anderen Klerikern) nach, nach einem ausgefeilten, böswilligen Plan vorzugehen und darauf aus zu sein, ihre Macht auszuweiten und Einfluss zu nehmen, die Dinge in ihrem Sinne zu bestimmen. Während die Vorstellung jesuitischer Einflussnahme im Konzil sich auf die Aktivitäten des Ordens im Kontext der Bischofsversammlung stützte, die Vorwürfe sich also durchaus an relativ konkreten Einflussnahmen festmachten, zeigte insbesondere der Fall Ferrer, dass im Topos der überall aktiven und strippenziehenden Jesuiten eine kollektive Paranoia beschworen wurde. Es soll hier nicht entschieden werden, ob die Akteure tatsächlich an eine Verschwörung glaubten oder es sich hierbei um ein rhetorisches Mittel oder ein psychologisches Ventil im Sinne der Sündenbocktheorie handelte. Vielmehr geht es lediglich darum, den Charakter der Feindesdarstellung zu bestimmen.[125] Jesuiten und zum Teil der Klerus allgemein wurden in den Bildern der planvollen, aber versteckten Einflussnahme als starker, geschlossener, aber nicht zu greifender Feind vorgestellt. Dieser Blick auf die Widersacher bestimmte nicht alle Positionen, prägte aber dennoch maßgeblich die Tonlage der Auseinandersetzungen.

Die Bilder von Massenansturm, Krankheiten, Parasiten sowie die Verschwörungsszenarien transportierten die Vorstellung von Bedrohung und Tod und lassen aus heutiger Sicht den Diskurs paranoid[126] erscheinen.

122 Vossische Zeitung, 19.12.1969.

123 In der Reihenfolge des Zitierens *Baader*: Blitzstrahl wider Rom IX; Es werde Licht! 1 (1870) 188; *Waagen*: Der unfehlbare Papst 37. Vgl. allgemein zur Idee des Einflusses auf dem Konzil z. B. auch Augsburger Allgemeine Zeitung, 10.3.1869.

124 Vgl. ausführlich Kapitel 2.3, Anmerkung 352.

125 Vgl. zur Psychologisierung und funktionalistischen Lesart z. B. *Healy*: The Jesuit Specter 228 f.; *De la Cueva Merino*: Clericales y anticlericales 331 f.

126 Wie Hofstadter in seinem Grundlagenwerk verwende ich den Begriff nicht klinisch. Vgl. *Hofstadter*: Paranoid Style; ähnlich argumentierend bereits *Grévy*: Le cléricalisme 58.

Die Soldaten des Ultramontanismus werden [...] dies Gift [der Idee des blinden Gehorsams, L. D.] allen Mitgliedern der Gesellschaft eintrichtern [...]; es wird durch alle Venen des sozialen Körpers zirkulieren und sämtliche Lebensenergie der Generation verschlingen.[127]

Der »Priesterstaat« werfe »seinen tödtlichen Schatten nach Nord und Süd, nach West und Ost« und »eine drohende Zukunft« wurde befürchtet, da die »überwältigende klerikale Macht« die »Freiheit getötet [habe]«.[128] Gefahr suggerierte auch insbesondere martialisch-militärisches Vokabular. Die Gegnerschaft stilisierten die Antiklerikalen zum »Kampf«, »Krieg« oder zur »Schlacht« – die Antagonisten damit zum Feind und dies quer durch das gesamte Spektrum der Kirchenkritik.[129] In der Kriegsmetaphorik artikulierte sich die tendenzielle Unversöhnlichkeit des Antiklerikalismus und seiner Gegner. Klerus, Kirche oder Klerikalismus traten als »Armee von Priestern«, »schwarze Miliz« oder »ultramontane Phalanx« in Text und Bild auf[130] und wurden zumeist als Urheber des Gefechts herausgestellt.[131] Antiklerikale riefen aber auch selbst auf zur

127 »Les soldats de l'ultramontanisme vont [...] verser ce poison à tous les membres de la société [...]; il va circuler dans toutes les vaines du corps social et dévorer toute l'énergie vitale des générations«, Le Temps, 22.7.1870.

128 In der Reihenfolge des Zitierens *Spitzer*: Papstthum und Concil 37; *Janus [Pseudonym von Ignaz von Döllinger]*: Papst und Concil III; »avallasador poder clerical«, El Gladiador, 1.8.1914; »se ha matado la libertad [...] [se [la colonia de las islas filipinas, L. D.] ha llenado de frailes]«, El Motín, 7.10.1909. Vgl. allgemein für die Betonung der Gefahr z. B. L'Action, 25.10.1909; Le Matin, 13.10.1909; Protestantische Kirchenzeitung 5 (1858) 789; Allgemeine Zeitung des Judentums 33 (1869) 982; die protestantische Schrift *Maffre*: Le concile 3 f.

129 Vgl. für diese Charakterisierungen der Gegnerschaft Le Rappel, 20.2.1870; Le Siècle, 30.12.1869; Le Temps, 10.3.1870; Monde Maçonnique 13 (1869/1870) 29; El Socialista, 12.11.1909; España Nueva, 22.10.1909; La Iberia, 22.7.1870; Volkszeitung, 7.12.1869; Augsburger Allgemeine Zeitung, 21.6.1870; Bauhütte 13 (1870) 34; Allgemeine Zeitung des Judentums 33 (1869) 269; die protestantische Schrift *Luigi*: Le catholicisme moderne 9; allgemein zu dieser Metaphorik bereits *Gross*: Kulturkampf and Unification 561–564; *Borutta*: Antikatholizismus 108 f.

130 In der Reihenfolge des Zitierens »armée de prêtres«, Le National, 6.1.1870; »milicia negra«, La Iberia, 17.3.1870; »falange ultramontana«, El Imparcial, 25.9.1869. Vgl. für weitere Beispiele El Motín, 13.4.1911; Augsburger Allgemeine Zeitung, 19.3.1870; Allgemeine Zeitung des Judentums 32 (1868) 595; *Simarro Lacabra*: El proceso Ferrer 180; *Hinschius*: Päpstliche Unfehlbarkeit 59; bildliche Darstellung in Charivari, 11.4.1870; La Flaca, 7.8.1869; allgemein zu den Kampfmetaphern im deutschen Sprachraum bereits *Köhle-Hezinger*: Evangelisch – katholisch 313.

131 Vgl. Le Siècle, 3.11.1909; Le Temps, 7.7.1870; Monde Maçonnique 12 (1869/1870) 414; L'Excommunié, 20.10.1869; La Discusión, 15.7.1870; El País, 25.10.1909; El Imparcial, 8.12.1869; La Humanidad 2 (1871) 236; Frankfurter Zeitung, 15.10.1909, AA; Augsburger Allgemeine Zeitung, 11.3.1869; Bauhütte 12 (1869) 401; für die Protestanten *Rabbe*: Le père Hyacinthe 21; *Hecker*: Betrachtungen 10.

Schlacht gegen den Klerikalismus[132] oder wahlweise für die »Ehre Spaniens«, die »Laizität«, für »Fortschritt und Wahrheit«, »Aufklärung«, »Wissenschaft« oder »Freiheit«.[133] Dabei gelte es in diesem Kampf insbesondere die kollektive Identität zu verteidigen.

Nation und Zivilisation – Ausgrenzungen

Der Antiklerikalismus als Antiposition stellte also gruppenpsychologisch vor allem ein Mittel dar, sich als Einheit zu differenzieren und zu konstituieren. Über die kreierten Feindbilder konnten Allianzen und kollektive Identitätsvorstellungen gebildet werden. Die Produktion von Nationsvorstellungen in den Kulturkämpfen aller drei Länder ist bereits umfangreich herausgearbeitet worden.[134] Für das Kaiserreich konstatierte in dieser funktionalistischen Perspektive schon die ältere Forschung zum Kulturkampf Bismarcks Ziel der negativen Integration durch die Ausgrenzung des Katholizismus. Neuere kulturwissenschaftliche Studien haben sich stärker auf die inhaltliche Ausgestaltung des deutsch-protestantischen Konzepts der Nation bezogen, an deren Konstruktion die konfessionellen Auseinandersetzungen maßgeblich beteiligt waren, und die daraus folgende Situation für die deutschen Katholiken.[135] Dagegen betont die Forschung in den beiden romanischen Ländern vor allem die Existenz zweier konkurrierender Vorstellungen der Nation, die in sich Frankreich bereits seit

132 Vgl. z.B. Le National, 21.1.1870; El Liberal, 21.10.1909; Neue Zeit 28 (1909) 98.

133 In der Reihenfolge des Zitierens »l'honneur de l'Espagne«, L'Humanité, 7.10.1909; »laïcité«, L'Humanité, 14.10.1909; »progrès et verité«, L'Action, 16.10.1909; »les lumières«, Temps Nouveaux, 12.11.1909, Supplement; Augsburger Allgemeine Zeitung, 19.3.1870; Volkszeitung, 31.12.1869; allgemein für den Aufruf zum Kampf Voix du Peuple 10.–17.10.1909; Le National, 18.12.1869; L'Action, 6.9.1909; Le Matin, 4.10.1909; Libre Pensée, 4.6.1870; Monde Maçonnique 13 (1869/1870) 29; El Motín, 21.10.1909; Der Anarchist, 22.10.1909; Neue Zeit 28 (1909) 98; Vossische Zeitung, 19.12.1869; Allgemeine Zeitung des Judentums 33 (1869) 269; Bauhütte 13 (1870) 231.

134 Einen neueren Forschungsüberblick über den Zusammenhang zwischen Religion und Nation bietet auf den Katholizismus beschränkt *Altermatt*: Katholizismus und Nation; vgl. allgemein für die deutschen Länder *Haupt/Langewiesche*: Nation und Religion; für Europa *dies.*: Nation und Religion in Europa; *Haupt*: Nation und Religion aus westeuropäischer Perspektive; *Geyer/Lehmann*: Religion und Nation.

135 Vgl. zur älteren Kulturkampfforschung *Wehler*: Deutsche Gesellschaftsgeschichte, Bd. 3 900; *Köhle-Hezinger*: Evangelisch – katholisch 101; sowie die neueren Untersuchungen *Walser Smith*: German Nationalism; *ders.*: Protestants, Catholics and Jews; *Becker*: Konfessionelle Nationsbilder; *Healy*: The Jesuit Specter 121, 142–143, 229; *Gross*: War against Catholicism; *Zimmer*: Nation und Religion; *ders.*: Beneath the Culture War 290, 328 f.

der Französischen Revolution auszubilden begannen.[136] In Spanien intensivierte sich der Dualismus aufgrund der langsameren kulturellen Nationsbildung später. Aber auch hier bildeten sich im 19. Jahrhundert zwei antagonistische Konzepte der Nation heraus. Katholiken und Konservative beriefen sich auf die historisch enge Bindung zwischen spanischer Nation und katholischer Religion, während die Antiklerikalen diese Verknüpfung negierten und laizistische Modelle propagierten.[137] In den Analysen der drei Ereignisse wurde jeweils die konkrete Verwendung eines der kulturkämpferischen Konzepte von Nation nachgezeichnet. An dieser Stelle möchte ich den Blick nun auf den komplementären Mechanismus kollektiver Identitätsbildung lenken: die Exklusion.

Die im vorigen Abschnitt skizzierten Gefahrenszenerien wurden auf den nationalen Rahmen bezogen, was den Gegner zum nationalen Feind machte. Den Einfluss von Kirche und Klerus beschrieb etwa die Gartenlaube 1870 als Angriff auf die Willensstärke der Nation, ihre kulturelle Einheit und »geistige Gesundheit«[138]. Die Forschung hat gezeigt, dass gerade prekäre Momente wie Kriegssituationen oder Niederlagen dazu angetan waren, im katholischen Klerus eine nationale Gefahr zu sehen. Dies geschah etwa 1871 in Frankreich, als Erklärungen für die Niederlage gesucht wurden, aber auch während des Ersten Weltkriegs, wo sowohl dies- als auch jenseits des Rheins der römischen Geistlichkeit mangelnde Loyalität vorgeworfen wurde.[139] Die internationale Verfasstheit der katholischen Kirche, »ihr[en] mittelalterliche[n] kosmopolitische[n] Charakter«[140], verwendeten Antiklerikale gegen sie.[141] So fragte der National,

136 Vgl. für die beiden französischen Vorstellungen von Nation z. B. *Mollenhauer*: Symbolkämpfe; für den Beitrag des Antiklerikalismus an deren Herausbildung *Rémond*: Anticléricalisme en France 179.

137 Vgl. zum katholischen Nationsbild *Lannon*: Catholic Identity 62–64, 71 f.; *Álvarez Junco*: Mater dolorosa 383–496; ausschließlich für den neuen intransigenten katholischen Nationalismus *Botti*: Cielo y dinero; *ders.*: Algo más; für die Nationsbildung im spanischen Antiklerikalismus z. B. *Sanabria*: Republicanism and Anticlerical Nationalism 69–99 und *Salomón Chéliz*: Anticlericalismo en Aragón 86, 89.

138 Gartenlaube 18 (1870) 320. Vgl. ähnlich auch z. B. Augsburger Allgemeine Zeitung, 15. 3. 1869; *Reinhard*: Zum Allerwelts-Pfaffenkongreß 53; dazu bereits für Spanien *Salomón Chéliz*: Anticlericalismo en Aragón 90 f.

139 Vgl. zur Niederlage 1871 auf französischer Seite *Rémond*: Anticléricalisme en France 84; auch während des Krieges existierte dieser Topos bereits, *Armengaud*: Sur l'opinion publique; *Cazals*: La presse toulousaine 81 f.; zum Ersten Weltkrieg *Horne/Kramer*: German Atrocities 37, 40 f.; *McMillan*: French Catholics 114 f.

140 Augsburger Allgemeine Zeitung, 12. 7. 1870. Vgl. ähnlich auch La Igualdad, 31. 7. 1869; *Schmidt*: Concilien 29.

141 Vgl. hierzu bereits für Frankreich *Faury*: Cléricalisme et anticléricalisme 229.

»aber haben die Ultramontanen irgendeine Nationalität?«[142] Und in den Orden, besonders den Jesuiten, sahen Kirchenkritiker eine Gefahr, da sie angeblich unter ausländischer Herrschaft standen.[143] Dem gesamten katholischen Klerus wurde zudem sein spezieller rechtlicher Status als eigener Stand zum Vorwurf gemacht und ihm nachgesagt, einen »Staat im Staate [zu] bilde[n]«[144] Mit diesen Argumentationsclustern deklarierten Antiklerikale ihre jeweiligen Gegner zur Gefahr für die Einheit der Nation und grenzten den kollektiven Feind aus der Gemeinschaft aus.

Die Nation war nur eine der kollektiven Identitätsvorstellungen, die Antiklerikale für sich reklamierten. Sie schlossen die »schwarze Internationale«[145] diskursiv ebenso aus der konstruierten Zivilisationsgemeinschaft aus, wie bereits anhand der Proteste gegen die Entführung Mortaras und im Kontext der Hinrichtung Ferrers gezeigt wurde.[146] In der Mobilisierung gegen das Vatikanische Konzil spielte eine europäische oder weltumfassende Gemeinschaftsvorstellung keine zentrale Rolle, aber die Gegnerschaft zum Konzil und zu den Bestrebungen des Papstes, der Jesuiten oder des Ultramontanismus wurden auch 1869/1870 zum Teil als zivilisatorisch klassifiziert.[147] Zivilisation als Werte- und Kulturgemeinschaft war zunächst eine Frage des Ortes – durch verschiedene Mittel exotisierte der antiklerikale Diskurs die katholische Kirche, Klerus, Teile der römischen Religion oder die Religion an sich und setzte sie mit vermeintlich primitiveren Kulturen gleich: So betonte die Presse während des Vatikanums die Präsenz und den deplatzierten Einfluss der orientalischen Bischöfe auf dem

142 »[M]ais les ultramontains ont-ils un nationalité quelconque?«, Le National, 16. 5. 1870.

143 Vgl. z. B. El Motín, 21. 10. 1909; *Huber*: Die Lateranische Kreuzspinne 132; hierzu bereits in Frankreich *Grévy*: Le cléricalisme 44 f.; in Spanien *Salomón Chéliz*: Anticlericalismo en Aragón 488; in den deutschsprachigen Gebieten *Leugers*: Latente Kulturkampfstimmung 87; *Hogg*: Fighting the Religious War 75; zu den Jesuiten *Leroy*: Le mythe jésuite 118–121; *Cubitt*: The Jesuit Myth 242; *Healy*: Anti-Jesuitism 153; *dies.*: The Jesuit Specter 118, 125 f., 130, 138–140.

144 *Hecker*: Betrachtungen 3; in fast identischem Wortlaut La Discusión, 8. 12. 1869. Vgl. hierzu bereits *Kaiser*: Clericalism 62–64.

145 Vorwärts, 20. 10. 1909 oder Berliner Tageblatt, 17. 10. 1909.

146 Angesichts fehlender Topoi in meinem Material erscheint mir der Vorschlag, hierin eine Orientalisierung in Anlehnung an Edward Said zu sehen, zu weitgehend. Zentral sind meines Erachtens der Mechanismus der Ausgrenzung und das Konstrukt einer spezifischen Zivilisation. Vgl. zur Orientalisierung *Borutta*: Orient; *ders.*: Antikatholizismus 47–116.

147 Die eingeklagte Zivilisation verkörperte hierbei Fortschritt, Moderne, Religionsfreiheit oder Wissenschaft. Vgl. dazu Le Rappel, 1. 1. 1870; Le National, 10. 12. 1869; Le Temps, 2. 12. 1869; L'Excommunié, 11. 9. 1869; Libre Conscience N. F. 4 (1869/1870) 175; Monde Maçonnique 12 (1869/1870) 267; La Igualdad, 3. 9. 1869; El Imparcial, 8. 12. 1869; Volkszeitung, 24. 3. 1870; Augsburger Allgemeine Zeitung, 11. 3. 1869; Allgemeine Zeitung des Judentums 32 (1868) 217; Bauhütte 12 (1870) 401.

Konzil, die die Geschicke der europäischen Christenheit mit zu bestimmen hatten.[148] Die Unfehlbarkeit, eine »chinesische Forderung«, machte aus dem Papst »einen christlichen Dalai-Lama«.[149] 1909 stellten die Journalisten das ›klerikale‹ Spanien wegen der Hinrichtung Ferrers mit Afrika oder den »Wilden« auf eine Stufe und zogen Vergleiche zwischen Bibel und Koran als rachsüchtigen Religionen.[150] In allen drei untersuchten Fällen wurden die angeprangerten Handlungen oder Vorhaben als »barbarisch« klassifiziert: So war etwa die Entführung Edgardo Mortaras »ein Rest der Barbarei und Ignoranz geerbt aus dem Mittelalter«[151]. Die Identitätsentwürfe stellten in der internen Logik des Antiklerikalismus ein rhetorisches Mittel dar.[152] Diese Lesart soll den Eigenwert nicht in Abrede stellen, den Nation und Zivilisation im Kontext von Nationalismus, Kolonialismus und Rassismus besonders im 19. Jahrhundert erhielten, aber die untersuchten Quellen rücken den Antiklerikalismus in den Mittelpunkt und lenken den Blick vor allem auf die Funktion der Identitätsvorstellungen:[153] Den propagierten Werten und Vorstellungen wurde durch die Ausgrenzung ein kollektiver Geltungsanspruch verliehen und sie gaben dem Diskurs seinen tendenziell intransigenten und exkludierenden Charakter.

Tonlagen

Die Simplifizierung in der Stereotypenbildung und der antagonistischen Struktur verwischt die von Historikern immer wieder gern gezogene Differenz zwischen populärem und intellektuellem beziehungsweise Eliten-Antiklerikalismus. Bereits anhand des Moraldiskurses wurde gezeigt, dass sich populäre Darstellungen teils sehr wenig von ihren akademischen Gegenstücken unterschie-

148 Vgl. Le National, 9.1.1870; Gartenlaube 18 (1870) 127, 349; *Hecker*: Betrachtungen 30.

149 Süddeutsche Zeitung, 18.12.1869.

150 Vgl. zum Afrikavergleich El Motín, 4.11.1909; Vossische Zeitung, 14.10.1909, AA; Berliner Tageblatt, 16.10.1909, MA; zum Koranvergleich El País, 16.10.1909, 18.10.1909.

151 »Reste de barbarie et d'ignorance légué par le moyen-âge«, Journal des Debats, 12.10.1858. Vgl. für weitere Beispiele von 1869/1870 und 1909 Le National, 10.12.1869; *Simarro Lacabra*: El proceso Ferrer VI.

152 Aufgrund dieses Stellenwertes möchte ich die radikalnationalistischen und völkischen Stimmen gegen den Katholizismus im Deutschen Kaiserreich nicht als Teil des Antiklerikalismus bezeichnen: Ihre Nähe zur Österreichischen »Los-von-Rom-Bewegung« sowie ihre Kirchenkritik gründeten sich ausschließlich auf nationalistische und zum Teil rassische Argumentationen und sie wiesen sonst kaum Überschneidungen mit dem antiklerikalen Code auf. Vgl. dazu *Puschner*: Die völkische Bewegung 207–214; *ders.*: Kulturkampf 60f.

153 Vgl. dazu die neuere Kritik an der dominierenden funktionalistischen Perspektive auf das Verhältnis von Religion und Nation *Graf*: Die Nation; *Mergel*: Dauernde Zugehörigkeiten.

den – beide tendierten dazu, Episoden der katholischen Vergangenheit und der Papsthistorie als Schauergeschichten zu erzählen.[154] Am Beispiel eines Autors soll exemplarisch noch einmal vor Augen geführt werden, dass der simplifizierende Dualismus sowie gewisse antikatholische beziehungsweise antiklerikale Stereotype durchaus ihren Platz im akademischen beziehungsweise intellektuellen Diskurs hatten, und damit die These untermauert werden, dass die Differenzen zwischen populärem und intellektuellem Antiklerikalismus zum Teil gar nicht so groß waren wie oft angenommen.

Gumersindo de Azcárate, Mitbegründer der ILE und Vertreter des liberalen Katholizismus in Spanien[155] legte in der Mitte seines Lebens in der unter Pseudonym veröffentlichten Schrift »Minuta de un testamento« (1876) Zeugnis über seinen persönlichen Glauben, seine politischen Aktivitäten und Überzeugungen ab. In dem Text nahm die religiöse Frage einen zentralen Raum ein – Ausgangspunkt war eine persönliche Glaubenskrise, die besonders durch das Erste Vatikanische Konzil hervorgerufen worden war.

> Ich war einer von diesen […], katholisch und liberal, mir schien es, dass die Ziele der Theokratie und der Kirche unterschiedlich waren, und ich glaubte sogar, dass die Vernichtung der ersten zu Gunsten und zum Ruhm der zweiten ausfallen würde. Wie die Zeit voranschritt, stellte sich die Frage zwischen den beiden Begriffen jeden Tag klarer. […] Ich glaubte, wenn der Verstand des Katholiken überwiege, könnte er noch in großem Maße der Zivilisation dienen. Diese Hoffnung verschwand mit der Zeit, bis der Syllabus mich überzeugte, dass auch wenn meine alten Mitschüler sich darin irrten, die Religion und Freiheit für inkompatibel zu halten, die Kirche selbst erklärte, dass der Katholizismus in der Tat nicht mit der modernen Zivilisation vereinbar sei.[156]

154 Meine Untersuchung kann selbstverständlich nur Ausführungen zum medial vermittelten Antiklerikalismus machen und erhebt keinen Erklärungsanspruch auf die Frage der Differenzierung zwischen letzterem und oralen Traditionen oder lokal begrenzten Konflikten mit Vertretern und Trägern der Kirchen, wie Streitigkeiten um die Ausgabe von Sakramenten, Verbote von Tanzveranstaltungen und Ähnliches (vgl. dazu Einleitung, Anmerkung 45). Durch die breitgefächerte politische und mediale Quellenbasis können aber durchaus Aussagen zum Antiklerikalismus jenseits des reinen intellektuellen oder bürgerlichen Diskurses gemacht werden.

155 Gumersindo de Azcárate y Flórez (1840–1917), Jurist, Historiker und Inhaber eines Lehrstuhls für Politische Ökonomie und Statistik. Azcárate wurde zusammen mit Francisco Giner de los Rios (1839–1915) wegen seines Eintretens für die Lehrfreiheit 1875 der Madrider Zentraluniversität verwiesen und gründete daraufhin mit Giner die ILE. Später kehrte er an die öffentliche Universität zurück. Er spielte eine zentrale Rolle in der Neugestaltung der akademischen Lehre in der »Junta de Ampliación de Estudios« nach der Jahrhundertwende und war er Präsident des »Instituto de Reforma Social«, das eine umfassende gesellschaftliche Umgestaltung Spaniens auf Grundlage wissenschaftlicher Erkenntnisse vorantreiben sollte. Vgl. zur ILE bereits Kapitel 1.3, Anmerkung 235 sowie zu Azcárate *Capellán de Miguel*: Gumersindo de Azcárate.

156 »Yo era de estos […], católico y liberal, parecíame que era distinta la causa de la teo-

Dieses Zitat zeugt davon, dass die Gegenüberstellung von Moderne und Katholizismus von Azcárate nicht von vornherein geteilt wurde, er vielmehr in einem langsamen Prozess der Auseinandersetzung mit der offiziellen Position der Kirche zu dieser Überzeugung im Rahmen des binären Schemas gelangte. Neben dem genannten Dualismus finden sich in seinem Text auch klassische Schlagworte und Topoi des antiklerikalen Diskurses: die kirchliche Intoleranz, die Formelhaftigkeit des katholischen Ritus, die Ablehnung der Privilegien des Klerus und die moralische Kritik.[157] Azcárates Schrift verdeutlicht, dass trotz aller Differenzierung und im Falle des Spaniers trotz dessen starker Empathie auch der akademische Antiklerikalismus nicht der binären und somit simplen Logik des Diskurses entging. Solch eine Nähe könnte auch bei anderen Autoren wie etwa dem protestantischen Theologen Ernst Troeltsch nachgewiesen werden.[158] Im Falle des liberalen Katholiken in Spanien war dies nur zum Teil auf die Eigendynamik des Antiklerikalismus mit seinem Hang zur Vereinfachung zurückzuführen, denn sie entstand insbesondere auch aus der Auseinandersetzung mit der Entwicklung des ultramontanen Katholizismus. Dessen zunehmende Intransigenz förderte ihrerseits die Stereotypisierung des Antiklerikalismus.

Auch wenn die strukturellen Ähnlichkeiten der Simplifizierung des Diskurses und der binären Zuweisungen die Unterschiede der verschiedenen Kritikniveaus nivellieren, muss betont werden, dass der Antiklerikalismus in allen drei Ländern in unterschiedlichen Tonlagen intoniert wurde. Dies soll auf der Basis der in vorangegangenen Abschnitten herausgearbeiteten Differenzen anhand dreier Aspekte noch einmal zusammenfassend herausgestellt werden. *Erstens* war der Antiklerikalismus Teil politischer beziehungsweise gesellschaftlicher Mobilisierung und erhielt dadurch seinen spezifischen Charakter. Die Kampfmotive und der hohe Grad der Emotionalisierung, die im Zusammenhang mit der Mortara-Affäre, dem Fall Ferrer sowie im Abschnitt zu den Feindbildern

crácia y la de la Iglesia, y hasta esperaba que la destrucción de aquella había de venir en provecho y gloria de ésta. Andando los tiempos y planteándose cada día más claramente la cuestión entre aquellos dos términos. […] yo creía que si su sentido preponderaba, podía todavía el católico servir en gran manera a la causa de la civilización. Esta esperanza fuése después desvaneciendo hasta que el Syllabus vinó á convencerme de que si erraban mis antiguos compañeros de las aulas al creer incompatible la Religion con la libertad, la misma Iglesia ha venido á declarar que lo es el catolicismo con la civilización moderna«, *De Azcárate*: Minuta 156–157.

157 Vgl. *Capellán de Miguel*: Gumersindo de Azcárate 210–230.

158 Ernst Troeltsch (1865–1923), deutscher liberaler Theologe und Politiker. Troeltsch gehörte zum Umfeld Max Webers in Heidelberg und wurde 1914 nach Berlin berufen, wo er einen philosophischen Lehrstuhl bekleidete. Theologisch ist er der religionsgeschichtlichen Schule zuzuordnen. Gesellschaftspolitisch engagierte er sich besonders nach dem Ersten Weltkrieg für die Erneuerung Europas im Geiste des Christentums und saß für die Deutsche Demokratische Partei in der Preußischen Nationalversammlung. Vgl. *Graf*: Troeltsch; als Beispiel für seine Nähe zum Antiklerikalismus *Troeltsch*: Die Bedeutung.

analysiert wurden, zeugten von einem agitierendem Tonfall, der jedoch nicht in allen Texten hörbar war.[159] Die Stimmen, die ihn anschlugen, kamen jedoch aus unterschiedlichen politischen und sozialen Gruppen des Antiklerikalismus.

Eng verbunden mit der Emotionalisierung ist die Frage der Gewalt als Mittel des antiklerikalen Protestes. Gewalttätige Formen des Antiklerikalismus wurden zwar nicht ausführlicher untersucht, aber sowohl anhand der Analysen der Proteste von 1909 als auch der Geschichtsdarstellungen wurde aufgezeigt, wie stark der Diskurs von gewalttätigen Darstellungen geprägt sein konnte.[160] Zugleich stellte aber gerade real ausgeübte Gewalt einen Streitpunkt innerhalb der Antiklerikalen dar – gemäßigtere Kräfte distanzierten sich angesichts der Ausschreitungen von den Protesten 1909.[161] Gewalt war also ein *zweiter* Aspekt, der Unterschiede in der Tonart ausmachte. Die Grenze war aber auch hier nicht notwendigerweise eine soziale, wie in der spanischen Forschung häufig behauptet wird. Der Republikanismus mit seiner durchaus bürgerlichen Sozialstruktur stand gewalttätigen Formen nicht unbedingt ablehnend gegenüber, wie die Haltung des Motín und seine Erinnerung an die Ferrer-Proteste verdeutlicht.[162] Zum Teil ging diese Sympathie durchaus so weit, dass auch junge spanische bürgerliche Journalisten das Werfen von Steinen auf Prozessionen als genuinen Teil ihres antiklerikalen Kampfes verstanden.[163]

Drittens wurden die unterschiedlichen Tonlagen durch thematische Differenzen erzeugt. Verschwörungstheorien und paranoide Bilder prägten nicht alle kirchenkritischen Äußerungen. Angriffe auf die schon traditionell ein Feindbild darstellenden Jesuiten waren selbstverständlich sehr viel unproblematischer als Vorwürfe gegenüber dem Papst, dem in seiner Stellung als Oberhaupt der

159 Vgl. Anmerkung 129 und Kapitel 2, Anmerkungen 99f., 439–443; für die Betonung des Mobilisierungscharakters bereits *Salomón Chéliz*: Anticlericalismo en Aragón 162–168.

160 Vgl. zur Analyse der Gewaltdarstellungen Kapitel 2.3 und Kapitel 3.1.

161 Vgl. Kapitel 2.3, Anmerkung 559; zur Differenzierung des Antiklerikalismus hinsichtlich der Gewaltfrage bereits *Caro Baroja*: Introducción 214; *Salomón Chéliz*: Anticlericalismo y movilización 201 und *Lagrée*: Processions religieuses 98f.

162 Vgl. El Motín, 13.10.1910; ähnliche Nähe herstellend *Salomón Chéliz*: Anticlericalismo en la calle 135–139.

163 So beispielsweise die Erzählungen von Luis Morote y Greus über seine Jugend. Morote (1862–1913) war Journalist und Politiker. Er entstammte dem Umfeld der ILE und war Teil des sogenannten Regeneracionismo. Als Journalist arbeitete er für die beiden radikaleren liberalen Blätter, die sich an ein Massenpublikum richteten El Liberal und Heraldo de Madrid. Morote saß als republikanischer Abgeordneter in den Cortes von 1905 bis 1907 und war Zeit seines Lebens aktiver Antiklerikaler. Vgl. *Pérez Garzón*: Luis Morote, die Aussage 36; zu weiteren Beispielen zu bürgerlicher antiklerikaler Gewalt in Frankreich Kapitel 2.3, Anmerkung 521; in Italien *Borutta*: Antikatholizismus 337–347; zu den Differenzierungen entlang der sozialen Unterschiede für Spanien *Álvarez Junco*: Los intelectuales 126 und *Martín Rubio*: Educación y formación 75.

katholischen Kirche eine besondere Autorität und Ehrerbietung zukam. Moralische Kritik zeichnete den gesamten antiklerikalen Diskurs aus, aber hinsichtlich einer radikalen Sexualisierung und Kriminalisierung des Klerus hielten sich einige Gruppen zurück.[164] Auch hier verliefen die Differenzen nicht entlang sozialer Schichtung. Ebenso differierten die unterschiedlichen Gruppen in Bezug auf die Vehemenz ihrer Kritik an Glaubensvorstellungen. Während Veralberungen von spezifischen Vorstellungen, wie etwa der Eingebung durch den Heiligen Geist während des Konzils auch in gemäßigten liberalen Blättern in Frankreich und den deutschen Ländern gefunden werden konnten, waren solche Formen der Kritik in einem Text wie dem liberal katholischen von Azcárate selbstverständlich undenkbar. Gerade für Spanien wurde in Bezug auf die religiöse Frage herausgearbeitet, dass die eingeforderte religiöse Kohärenz zu einer spezifischen Zurückhaltung in der Kritik führte.[165] Die drei Aspekte, die mobilisierende Stoßrichtung, die Frage der Gewalt und der unterschiedliche Schärfegrad der verschiedenen Themen, legen nahe, anders als vor allem spanische Studien bislang vorschlugen, den Antiklerikalismus nicht nach sozialen Niveaus zu differenzieren, sondern in Bezug auf den angeschlagenen Ton zu unterscheiden.

Fassen wir zusammen: Die gesamte Kirchenkritik unterlag einer in der medialen Dynamik und durch die diskursive Verselbstständigung hervorgerufenen Vereindeutigung, die den stereotypen Charakter des Diskurses bedingte. Die Stereotypisierung des Antiklerikalismus ist nicht als Zeichen mangelnder Realitätsbezogenheit zu werten, sondern ihr kann psychologisch eine orientierende Funktion zugewiesen werden. Die Fokussierung auf den gemeinsamen Gegner sowie die stereotype Struktur stabilisierten die eigenen Vorstellungen und die soziale Einheit des Antiklerikalismus. Vielfach wurde die Gegnerschaft im Diskurs zu einer Feindschaft ausgebaut, die mit paranoiden Beschreibungen evoziert wurde. Darüber hinaus grenzten die Kirchenkritiker ihre Antagonisten aus den kollektiven Gemeinschaftsvorstellungen der Nation und Europas aus. Beide Argumentationscluster prägten den kennzeichnenden intransigenten und manichäischen Ton des Antiklerikalismus, der zugleich die Kirchenkritik als typisches Phänomen massenmedialer Mobilisierung ausweist. Während die in der Stereotypisierung und Binarität enthaltene Simplifizierung letztlich das gesamte antiklerikale Lager bestimmte, zeigten sich jedoch gerade hinsichtlich der Tonlagen Differenzen. Der agitierende Impetus und damit verbundene gewalttätige Darstellungen sowie Gewalt als Mittel des Kampfes und Themen mit hohem

164 Vgl. Kapitel 2.1, Anmerkung 82; Kapitel 3.4, Anmerkung 524f.
165 Vgl. Kapitel 3.3.

Schärfegrad (Paranoia, Verschwörungstheorien, Papstkritik, Sexualisierung) wurden von bestimmten Gruppen der Kirchenkritik gemieden beziehungsweise abgelehnt. Dieser unterschiedliche Stil und nicht die soziale Herkunft der Akteure sollten in Zukunft helfen, das antiklerikale Lager zu differenzieren.

4.3 Karikaturen: Erhöhte Verdichtung – eine Coda

Karikaturen waren nicht das einzige Bildmedium in der Kirchenkritik, aber wohl doch das verbreitetste.[166] Nachdem die Karikaturen bislang nur als integraler Teil des Diskurses analysiert wurden, wird sich der abschließende Abschnitt meiner Studie ausschließlich diesem spezifischen Genre zuwenden und zeigen, dass Karikaturen hinsichtlich ihrer Form den Strukturen des sprachlichen Diskurses kongenial entsprachen und zugleich für die Kirchenkritik ein besonderes Potential im Gegensatz zu schriftlichen Medien boten. Anders als in bisherigen Untersuchungen werden die intermedialen Differenzen zwischen bildlicher und sprachlicher Mobilisierung in den Fokus gerückt und die spezifischen Leistungen antiklerikaler Karikaturen aufgezeigt werden.[167]

Ihren Ursprung hat die Karikatur kunsthistorisch in der satirischen Porträtzeichnung im romanischen Raum. Die moderne Karikatur als Gesellschaftskritik entwickelte sich im 18. Jahrhundert in den Niederlanden und besonders in England, wurde aber erst ab den 1830er Jahren aufgrund der technischen Reproduzierbarkeit durch das lithografische Verfahren (erfunden 1798) zu

166 Friedhelm Jürgensmeier folgend geht Manuel Borutta von fast 2.000 Karikaturen mit religiös-kirchenpolitischer Thematik in deutschsprachigen Satireblättern der zweiten Hälfte des 19. Jahrhunderts aus, wobei der Höhepunkt, wie nicht weiter verwundert, in der Kulturkampfzeit lag. Borutta weist auch darauf hin, dass zugleich nur sehr wenige katholische Karikaturen produziert wurden. Gegen die Präsenz der karikierenden Darstellungen antwortete der organisierte Katholizismus in Frankreich allerdings sogar mit eigenen Magazinen. Vgl. *Borutta*: Antikatholizismus 183; zu den antiklerikalen Karikaturen ebenda 191, 193; zu den katholischen Magazinen *Dixmier* u. a.: Images d'une querelle 48.

167 Vgl. zur antiklerikalen Karikatur die zeitgenössischen Kompilationen *Wendel*: Die Kirche; *Grand-Carteret*: Contre Rome; die drei französischen Anthologien *Dixmier* u. a.: Images d'une querelle; *Doizy/Lalaux*: A bas la calotte; *ders.*: La caricature anticléricale; sowie für den deutschen Kontext *Jürgensmeier*: Die katholische Kirche; *Koch*: Teufel 515–526; zu Belgien *Morelli*: La caricature anticléricale; thematisch eingegrenzt auf Geschlechterverhältnisse *Salomón Chéliz*: Beatas sojuzgadas; zu antireligiösen Karikaturen *Doizy*: De la caricature anticléricale à la farce biblique; *ders.*: Le dessinateur Lavrate und der apologetische Sammelband *ders./Lalaux*: Dieu créa le rire; auf die Formensprachen und mediengeschichtliche Aspekte gehen ein, ohne das Verhältnis zur sprachlichen Kritik auszuloten, *Doizy*: Corbeaux contre la Calotte; zusammenfassend *ders.*: L'image; *Lalouette*: Iconoclastie et caricature; *Borutta*: Antikatholizismus 191–213.

einem zentralen Mittel vor allem der französischen Presse. Ihre Hochphase erlebte die Karikatur in der zweiten Hälfte des 19. Jahrhunderts mit der zunehmenden Präsenz visueller Darstellungen in der Alltagskultur. Mediengeschichtlich wurde sie im Zuge der Umbruchphase um 1900, wo eine ganz neue Kultur umfassender Visualisierungsformen entstand, aufgrund der Weiterentwicklung technischer Vervielfältigungsmöglichkeiten durch andere Träger (Fotografie und Plakat) ergänzt und dann zunehmend verdrängt.[168] Thematisch deckten die antiklerikalen Karikaturen sämtliche Bereiche des Diskurses ab – sie nahmen Bezug auf aktuelle politische Debatten, propagierten bestimmte Lösungen, thematisierten den Konflikt von Glaube und Wissenschaft, bearbeiteten besonders ausführlich moralische Vergehen des Klerus, beteiligten sich an der Kritik von Bibel und Glaubensvorstellungen bis hin zur Veralberung der Gottesidee.[169] Ebenso wie sprachliche Produkte waren Karikaturen und andere Bildformen Medien der Mobilisierung und ihre Autoren beziehungsweise Zeichner oft selbst antiklerikale Aktivisten, etwa der besonders für seine sozialkritischen Zeichenarbeiten bekannte Théophile-Alexandre Steinlen[170] oder Fermín Sagristá[171].

168 Vgl. zur Geschichte der Karikatur als kunsthistorischer Gegenstand *Lucie-Smith/Aufhammer*: Kunst; *Heinisch*: Geschichte als Karikatur 98; *Hofmann*: Die Karikatur 37–40; zu den Phasen der antiklerikalen Karikatur in Frankreich *Dixmier* u.a.: Images d'une querelle 10f.; zur mediengeschichtlichen Einordnung im Kontext von Bildmedien *Paul*: Das Jahrhundert, Einleitung 13–16 und *Robertson*: Karikatur im Kontext; zur visuellen Kultur um 1900 *Hardtwig*: Performanz und Öffentlichkeit 78.

169 Vgl. zum Themenspektrum der politischen antiklerikalen Karikatur besonders die Anthologien *Grand-Carteret*: Contre Rome; *Doizy/Lalaux*: A bas la calotte; *Dixmier* u.a.: Images d'une querelle; sowie *Lalouette*: Iconoclastie et caricature 55f.; zur moralischen Komponente *Borutta*: Antikatholizismus 191–213; zur radikalen Glaubenskritik *Doizy*: De la caricature anticléricale à la farce biblique; *ders./Lalaux*: Dieu créa le rire; *ders.*: Corbeaux contre la Calotte 99–101; sowie zu Glaube und Wissenschaft z.B. Le Charivari, 2.2.1870; La Calotte, 22.10.1909.

170 Théophile-Alexandre Steinlen (1859–1923), französischer Maler und Zeichner, Sympathisant des Anarchismus. Bekannt sind besonders seine Entwürfe für das Kabarett »Le Chat Noir«. Steinlen gehörte zur Kunstwelt des Montmartre des »Art Nouveau«. Neben seinen realistischen, sozialkritischen Zeichnungen arbeitete er auch als Grafiker für verschiedene Zeitungen und Zeitschriften, unter anderem den Gil Blas oder die »L'Assiette au Beurre«. Vgl. zu Steinlen *Dittmer*: Theophile Alexandre Steinlen; sowie den kurzen Überblick über zentrale Zeichner in Frankreich *Dixmier* u.a.: Images d'une querelle 143–147.

171 Fermín Sagristá war Graveur und politisch engagiert. Er unterstützte etwa die mexikanische Revolution und schuf in Erinnerung an Ferrer das Bild »Montjuich. Vision ultime«. Dieses wurde von den anarchistischen Blättern »Réveil« (Genf) und der »Tierra y Libertad« zu Gunsten der revolutionären Arbeit gegen den spanischen Staat in ganz Europa verkauft und hat wohl innerhalb weniger Wochen relativ viel Geld zusammengetragen. Für dieses Werk ging Sagristá für mehrere Monate ins Gefängnis. Die Verurteilung zu zwölf Jahren wurde jedoch aufgrund eines breiten Protestes der europäischen Presse und von Freidenkerorganisa-

Antiklerikale Karikaturen erschienen im untersuchten Zeitraum in der einschlägigen Presse und in spezialisierten Zeitschriften, die sich – wie La Calotte – zum Teil ausschließlich als antiklerikale Satireblätter verstanden.[172] Zugleich wurden sie über Plakate, Handzettel und Ähnliches auch in anderer Weise auf der Straße verbreitet, so dass man durchaus davon ausgehen kann, dass sie als bildliches Medium auch Analphabeten erreichten und deshalb einen größeren Rezeptionsradius hatten als schriftliche Quellen. Die hohe Komplexität von karikierenden Darstellungen verlangt allerdings vom jeweiligen Rezipienten ein relativ großes Vorwissen, was ihre soziale Reichweite tendenziell wieder eingrenzt.[173] Abgesehen von der Frage des potentiellen Publikums werden bildliche Darstellungen zudem durch ihre hohe Verdichtungsleistung und ihre holistische Gestalt sehr viel schneller erfasst als schriftliche Texte.[174] Deshalb beschleunigten und erleichterten antiklerikale Karikaturen wohl aufgrund ihrer spezifischen Rezeptionsweise die Verbreitung kritischer Ansichten.

Karikaturen eigneten sich besonders für grenzüberschreitende Transferprozesse, da die Übersetzungsarbeit sich im Gegensatz zu Texten extrem reduzierte beziehungsweise vollständig entfiel.[175] So kooperierten einzelne Zeichner systematisch mit Zeitschriften jenseits der Grenzen. Der italienische Grafiker Gabriele Galantara zeichnete etwa für den »Asino« ebenso wie für den »Wahren Jakob« oder »Les Corbeaux«.[176] Wie im Abschnitt zum Fall Ferrer beobachtet, druckten die Zeitungen und Zeitschriften zudem in großem Stil Karikaturen

tionen sowie Anarchisten aufgehoben. Vgl. zu seiner Beteiligung an der mexikanischen Revolution La Regeneración, 14. 9. 1912; zur Gefängnisstrafe ebenda, 8. 6. 1912; Wohlstand für Alle. Ohne Herrschaft, 30. 1. 1913; zu Sagristá allgemein *Abelló i Güell*: Relacions internacionals 186–188.

172 Vgl. zur Calotte *Doizy*: Corbeaux contre la Calotte; als Überblick zu deutschen Satirezeitschriften *Koch*: Teufel; *Borutta*: Antikatholizismus 192 f.; zu den französischen Zeitschriften *Dixmier* u. a.: Images d'une querelle 17–20, 134–142; zu Spanien *Sáiz/Seoane*: Historia del periodismo, Bd. 2 259 f., 280–283.

173 Wieweit die soziale Reichweite wirklich ging, kann letztlich nicht eruiert werden, da die Rezeption der Bildträger (wie Plakate etc.) nicht zu ergründen ist und wir über das Leseverhalten von Printmedien, die Karikaturen enthalten, immer noch viel zu wenig wissen. Die Ausschreitungen in Forchheim angesichts der Papstkarikatur im Kontext des Konzils zeigen aber sehr deutlich, dass gerade die Bildmedien unterbürgerliche Schichten mobilisieren konnten. Vgl. Kapitel 2.2; dagegen zu einer eher skeptischen Einschätzung aufgrund ihrer Präsenz in Printmedien *Salomón Chéliz*: Beatas sojuzgadas 48; zu den verschiedenen Formen der Verbreitung Kapitel 1.2, 1.3 und 1.4 und Kapitel 2.

174 Vgl. allgemein dazu *Streicher*: Theory 437 und *Robertson*: Karikatur im Kontext 102.

175 Vgl. allgemein *Dixmier* u. a.: Images d'une querelle 57.

176 Vgl. zu Galantaras Kooperationen *Doizy*: Corbeaux contre la Calotte 73.

FANFARE QUOTIDIENNE ET... PARTOUT LE MÊME REFRAIN !

Abb. 24: *Julio*, G. (Pseudonym von Jules Jauz): Fanfare quotidienne et... partout le même refrain ! (Zeitgenössische Fanfaren ... und überall der gleiche Refrain!). In: La Réforme (Brüssel), März 1904.
Schriftzug in den Sprechblasen: Nieder mit den Pfaffen!
Jules Jauz, Zeichner, stammte aus Italien, lebte ab 1895 in Belgien und arbeitete für die »Réforme« und für den »Peuple«. Vgl. *Van Ypersele*: L'image du roi 156.

anderer Blätter ab, sobald die technischen Möglichkeiten dies zuließen.[177] Autoren bedienten sich zum Teil in einem geradezu unverschämten Ausmaß der Motive von Karikaturen ihrer Kollegen aus dem Ausland, so dass man von systematischem Plagiieren sprechen kann.[178] Die Zeichner arbeiteten an und im Kontext eines transnationalen Motivrepertoires.

Anstatt den sozial- und mediengeschichtlichen Hintergrund weiter zu vertiefen, soll nun im Folgenden die spezifische Kunstform in den Mittelpunkt

177 Vgl. etwa die Abdrucke aus den Lustigen Blättern, der Jugend und dem Simplicissimus in L'Action, 18.9.1909, 25.9.1909, 6.11.1909, 30.11.1909; aus den Lustigen Blättern im El Motín, 2.12.1909.

178 Vgl. La Réforme (Brüssel), März 1904 (in *Grand-Carteret*: Contre Rome 200) sowie die Adaption von Asmodée in La Calotte, 8.10.1909, Abb. 24 und Abb. 8, S. 265; als weitere Beispiele die Zeichnungen Galantaras im Wahren Jakob 18 (1901) 3519 und die Adaption erneut von Asmodée in La Calotte, 12.11.1909; die Karikatur im Ulk, 9.10.1908 (abgedruckt in *Grand-Carteret*: Contre Rome 138) und seine Version wieder von Asmodée in La Calotte, 5.11.1909.

gerückt werden. Karikaturen sind zeichnerische Darstellungen, die in kritischer Absicht einen Sachverhalt bildlich verdichten.[179] Oft wurde ausgehend von der etymologischen Herleitung des Begriffes »caricare« (ital. überladen) die Verzerrung als ihr zentrales künstlerisches Verfahren beschrieben. Prägnanter scheint mir dagegen die Beobachtung des Kunsthistorikers Werner Hofmann, der betont, dass die Karikatur aus der Porträtzeichnung herkommend vielmehr den Versuch darstellt, in einem dialektischen Verhältnis zwischen Mimesis und Abstraktion, zwischen Abbildung und Übertreibung, eine subjektive (und dies ist wichtig zu betonen) Weltwahrnehmung zu typisieren.[180] Dabei bedienen sich Karikaturisten der Personifizierung, Allegorisierung, Symbolisierung und der zeichnerischen Umsetzung von Metaphern. Die kirchenkritische Karikatur bildete zudem eine spezifische Bildgrammatik aus. Die Darstellung vom Klerus prägten abgesehen von der Herausbildung bestimmter Figuren Deformierung, Feminisierung, Entmenschlichung und Animalisierung und die Bilder waren zumeist binär strukturiert. Licht- und Dunkelheitsmetaphorik ist im sprachlichen Diskurs selbst schon ein bildliches Verfahren.[181] Das mimetische und abstrahierende Verfahren der Karikatur entsprach der Tendenz des antiklerikalen Diskurses, die antiklerikale Weltsicht zunehmend zu stereotypisieren. Antiklerikale Karikaturen arbeiteten mit oft wiederholten Motiven und Figuren, wie die Abschnitte zur Gewalt und zur Gegnerdarstellung bereits herausgestellt haben. Zudem wurden die Zeichnungen häufig mehrfach abgedruckt – so entstanden zentrale bildliche Vorstellungen antiklerikaler Kritik, die mit Aby Warburg als »Schlagbilder« bezeichnet werden können.[182] Zweitens konnten die Zeichnungen durch ihre hohe symbolische Verdichtungsfähigkeit ebenso wie der sprachliche Code verschiedene komplexe Sachverhalte verbinden. Doch schauen wir uns dies konkret an einem Beispiel an.

Die französische Karikaturenzeitschrift La Calotte veröffentlichte im Herbst 1909 eine bildliche Kritik am Vorgehen gegen Ferrer beziehungsweise eine Eloge auf Ferrers Arbeit (vgl. Abb. 15, S. 439). Auf der linken Seite der Zeichnung ist ein dicker, mit dümmlichen Gesichtszügen dargestellter Mönch zu sehen, der mehrere Bücher in ein Feuer wirft. Sie tragen die Titel »Die Natürli-

179 Vgl. zur knappen Definition *Harding*: Karikatur und Abstraktion 53.

180 Vgl. *Hofmann*: Die Karikatur; zur stereotypisierenden Tendenz bereits *Robertson*: Karikatur im Kontext; für die Idee der Verzerrung *Jones*: Europa 33 f.; diese Interpretation kritisierend *Achterberg*: Karikatur als Quelle 96–100; *Harding*: Karikatur und Abstraktion 53–60.

181 Vgl. *Doizy*: De la caricature anticléricale à la farce biblique; *ders.*: Corbeaux contre la Calotte 101–116 und *Borutta*: Antikatholizismus 195, 201–213; eine unsystematische Aufzählung auch bei *Dixmier* u. a.: Images d'une querelle 7, 9; für die Typen Anmerkung 25 und die Licht- und Dunkelheitsmetaphorik Kapitel 3.2.

182 Vgl. zum Begriff der Schlagbilder z. B. *Warnke*: Vier Stichworte 75–83.

che Evolution«, »Darwin«, »Die Entstehung der Arten« und »Menschenrechte«. Neben ihm steht ein dozierender Jesuit, der die stereotype hagere bösartige Physiognomie aufweist und unter dem Arm ein Buch hält: »Das Evangelium nach St. Arsch«. Der Jesuit (laut Bildunterschrift Loyola, also der Gründer des Ordens) weist hinter sich ins Bild, wo vier Personen am Galgen hängen. Der Text legt ihm folgende Worte in den Mund: »Hier unsere Erziehung; dort unser Beispiel. Wenn hiernach das Volk nicht zufrieden ist!…«[183] Diese Karikatur versammelt eine große Zahl von Elementen des antiklerikalen Diskurses. *Erstens* transportiert sie die Gegenüberstellung der Lehre der katholischen Kirche und der Naturwissenschaften, wobei letztere durch den Titel »Für Ferrer« dem Pädagogen zugeordnet werden. *Zweitens* werden auch hier erneut die Jesuiten in der Personifizierung Loyolas zur treibenden Kraft stilisiert, konkret am Tod Ferrers. Ohne dies explizit zu machen, wird durch die schemenhaften Galgen dessen Tötung symbolisiert und mit dem Untertitel als Werk der Jesuiten herausgestellt. Die radikale Beschimpfung, die der Buchtitel »Das Evangelium nach St. Arsch«[184] bedeutet, kritisiert *drittens* das Vorgehen der Kirche als Pervertierung der christlichen Lehre. Neben der physiognomischen Darstellung von Mönch und Jesuit und der darin transportierten Wertung wird viertens die Erinnerung an die Inquisition forciert durch die Abbildung von Scheiterhaufen und Galgen als Mittel öffentlicher Hinrichtung. Das mimetische und abstrahierende Verfahren fand seine Anwendung in der physiognomischen Typenbildung; so wurde die Kritik an der mangelnden Bildung und dem faulen Klerus in die Figur des dicken, mit dummem Gesichtsausdruck (offen stehender Mund) gezeichneten Mönchs gegossen.[185] Desgleichen waren die Galgen eine mimetische und abstrahierende Darstellung des Todes Ferrers als gewaltsame Hinrichtung und zugleich eine Zuspitzung der kritischen Sicht des Zeichners, die mit der Unterschrift – dem Ausrufezeichen und den Auslassungspunkten – zudem auch in eine Drohung gegen das spanische Volk umgewandelt wurde. Als Ergebnis stand die Reduktion der Träger der katholischen Kirche auf Dummheit und Gewalttätigkeit.

Das Beispiel zeigt, dass die Figuren, die bildlichen Metaphern und die physiognomischen Darstellungen allesamt stereotype Vorstellungen (re)produzierten. Die hohe Verdichtung wurde von Karikaturen insbesondere aufgrund ihrer genrespezifischen Form geleistet: Bildliche Symbole und Allegorien boten die Möglichkeit, neben dem Hauptthema noch weitere Aspekte unterzubringen, wie etwa in der Karikatur durch das Evangelienbuch. So konnten verschiedene

183 »LOYOLA. – Notre instruction, la voici; notre exemple, la voilà. Après cela, si le peuple n'est pas content !…«, La Calotte, 22.10.1909.

184 »Evangile selon St. Cul«, ebenda.

185 Vgl. dazu auch die Figur des Jesuiten Anmerkung 25.

Themen in ein und derselben Karikatur sehr viel gebündelter aufgegriffen werden, als es in einem konsekutiv aufgebauten Text möglich gewesen wäre. Anhand einer Spaniendarstellung aus den Lustigen Blättern von 1909 soll dieses Verfahren noch einmal veranschaulicht werden. Vor einer Allegorie Spaniens als junge leicht bekleidete Frau kniet ein dicker Priester und bittet sie, ihn nicht zu verlassen, wie die Bildunterschrift besagt – durch die abstrakte Darstellung des Verhältnisses von Spanien und der Kirche wird hier eine zweite Ebene eingeführt, die die Vorstellung von illegitimen Verhältnissen von Priestern zu Frauen integriert (vgl. Abb. 6, S. 261). Auch die physiognomischen Darstellungen[186] der Figuren in den Bildern boten einen zusätzlichen Raum für Kommentare, wie etwa die Darstellung des dicken Mönchs im Beispiel aus der Calotte. Dieses Verfahren ließ sich besonders auch in den Gesichtsdarstellungen der Priester im Zusammenhang der Hinrichtung Ferrers beobachten. In den Karikaturen wurde dem Klerus jenseits des Vorwurfs der Schuld am Tod Ferrers zusätzlich entweder Freude oder Boshaftigkeit untergeschoben (vgl. Abb. 25 und Abb. 4, S. 259).[187] Zugleich muss aber festgehalten werden, dass gerade diese bildlichen Verfahrensweisen in ihrer Mischung aus Abbildung und Abstraktion in noch viel höherem Maße symbolisch unabgeschlossen sind als sprachliche Ausdrucksformen.[188]

Die erhöhte Kompaktheit in der Darstellung konnte dazu genutzt werden, Emotionen zu evozieren und so die mobilisierende Wirkung zu verstärken. Licht- und Schatteneffekte ebenso wie die quantitativen Übertreibungen von Proportionen und Menge in der bildlichen Darstellung halfen unmittelbarer als ein sprachlicher Ausdruck, positive beziehungsweise negative Gefühle zu vermitteln.[189] Für das erste Stilmittel sei auf eine weitere Spanienallegorie aus dem Ferrer-Kontext hingewiesen, die von einem Schatten – einer dunklen Klerikerfigur – verfolgt wird (Abb. 26). Die finstere Darstellung vermittelt das Gefühl von Gefahr, was durch die physiognomischen Umrisse des Schattens, die Hakennase und den gezahnten offenen Mund im Profil noch verstärkt wird. Als Beispiel für das zweite Stilmittel der quantitativen Übertreibung möchte ich noch kurz auf die im vorangegangen Abschnitt vorgestellten Invasionsbilder eingehen. Der »Papitu« kommentierte die Ausweisung der Mönche aus Portugal 1910 mit einer Karikatur, in der ein Riese von Mönch über einen zerbrochenen Grenz-

186 Vgl. zum Mittel der Physiognomie in der Karikatur allgemein *Gombrich*: Das Arsenal 207–210.

187 Vgl. neben den beiden Abbildungen auch La Calotte, 22. 10. 1909; La Lanterne 28. 9. 1909; Les Corbeaux, 3. 10. 1909.

188 Vgl. dazu *Gombrich*: Das Arsenal 211.

189 Vgl. dazu allgemein *Gombrich*: Das Arsenal 210–214 und *Achterberg*: Karikatur als Quelle 215–220.

Abb. 25: *Deyveaux-Gassier*, Henri-Paul: Notre œuvre est accomplie (Unser Werk ist vollbracht). In: L'Humanité, 14. 10. 1909, 2.
Henri-Paul Deyveaux-Gassier (1883–1951), engagierter Karikaturist, Mitbegründer des »Canard Enchainé«, zunächst Sozialist, später Kommunist, zeichnete für »La Guerre Sociale«, »L'Humanité«, »L'Égalité«. Vgl. Larousse, Deyveaux-Gassier, Henri-Paul.

Abb. 26: La mala sombra (Der böse Schatten). In: España Nueva, 13. 3. 1901, 1.
Untertitel: SPANIEN – Ich sehe schwarz!

zaun steigt, hinter ihm folgen unzählige weitere. Die Darstellung transportierte insbesondere durch die Größe sowie die Unüberschaubarkeit der Masse der Ordensleute hinter dem Zaun ein Gefühl von Bedrohung und Unsicherheit (vgl. Abb. 19, S. 460).

Karikaturen sollen Lächerlichkeit hervorrufen, was den Respekt gegenüber dem karikierten Gegenstand verringert und ihn entwertet. Diese Wirkungsweisen konnten evozierte Bedrohungen relativeren und ein Gegengewicht schaffen, wie etwa im Falle des Beispiels aus der Calotte die Veralberung des Evangeliums. Durch die Balance beider Verfahren gelang es bestimmten kirchenkritischen Karikaturen, gerade eine Zwitterstellung zwischen ernsthaftem Kampf und Unterhaltung einzunehmen. Selbst wenn sicherlich nicht allen antiklerikalen Karikaturen der komische Effekt zu Eigen war (sie fehlten etwa bei den Gewaltdarstellungen des Klerus), so war die Degradierung konstitutiv für das gesamte Genre: Die abstrahierende Darstellung reduzierte immer den dargestellten Gegenstand. Animalisierung und Deformation waren dabei nur der höchste Grad dieses performativen Aktes der Verweigerung von Respekt und Ehrfurcht, der die Macht von Kirche und Klerus zu delegitimieren half – das Grundprinzip des antiklerikalen Diskurses.[190]

Fassen wir zusammen: Karikaturen vermochten als bildliche Medien auf eine besondere Art und Weise, leicht decodierbare Botschaften zu transportieren, und konnten mit weniger Aufwand als Texte transnational verbreitet werden. Zugleich hatten sie wahrscheinlich einen größeren sozialen Wirkungsgrad. Mit ihrer spezifischen Form, die zwischen Abstraktion und Mimesis schwankt, konnten sie kongenial die Strukturen des antiklerikalen Diskurses ergänzen. Die Kirchenkritiker bildeten in Analogie zu den sprachlichen Sentenzen Schlagbilder aus, die ein Bildrepertoire der Antiklerikalen entstehen ließen. In der abstrahierenden visuellen Darstellung des Gegenstandes liegen von Grund auf eine Delegitimierung und die Tendenz zur Stereotypisierung. Zugleich bargen die Karikaturen ein besonderes Potential im Vergleich zu sprachlichen antiklerikalen Medien, da in der hohen Kompaktheit bildlicher Symbolik Informationen und Emotionen schneller und direkter transportiert werden können, was wohl die mobilisierende Wirkung verstärkte.

190 Vgl. zur Frage der komischen Wirkung und seiner Funktion in Karikaturen z. B. *Gombrich*: Das Arsenal 203; *Heinisch*: Geschichte als Karikatur 98 f. und *Vincent*: Keys 84; sowie zur befreienden Komponente *Harding*: Karikatur und Abstraktion 54; speziell auf die antireligiöse Komponente bezogen, zum Teil apologetisch, *Doizy*: De la caricature anticléricale à la farce biblique 84, 86–90 und *ders.*: La caricature anticléricale 12; allgemein zur Funktion des Komischen im Antiklerikalismus *Lalouette*: La libre pensée 213–218.

4.4 Antiklerikalismus: Ein binärer Code – Zwischenfazit

Der Antiklerikalismus war kein kohärentes Weltbild mit zentralen Denkern, sondern vielmehr ein Ensemble von verschiedenen Vorstellungen und Werten, die durch die ständige Wiederholung in den einschlägigen Medien zu einem Code gebündelt wurden. Der Code manifestierte sich insbesondere in den austauschbaren polysemantisch aufgeladenen Sammelbegriffen. ›Ultramontanismus‹, ›Jesuitismus‹ und ›Klerikalismus‹ bezeichneten sowohl moralische, politische, kirchenrechtliche als auch genuin religiöse Standpunkte, ohne dass immer genau zu bestimmen war, welche Bedeutungsebene gerade im Vordergrund stand. Jeder Begriff hatte seine spezifische Konnotation. Zugleich transportierten aber alle drei eine Vorstellung relativ kohärenter Gegnerschaft zu konservativen, religiös oder kirchlich orientierten, intransigenten Gesellschaftsmodellen. Vergleichbare Selbstbezeichnungen haben die Antiklerikalen dagegen nicht entwickelt. Die Kirchenkritiker bezeichneten sich zum Teil als ›antiklerikal‹, in Frankreich als Freidenker oder freie Denker und in Spanien griffen sie zum Begriff ›liberal‹. Alle drei Varianten nutzten aber entweder nur das radikalere Spektrum der Antiklerikalen oder die Begriffe waren ausschließlich in bestimmten Phasen beziehungsweise einzelnen Nationen präsent. Die nur begrenzt ausgebildeten und verbreiteten Selbstbezeichnungen sind ein Beleg dafür, dass die Kirchenkritiker jenseits der kollektiven Identitätsvorstellungen (in Bezug auf Europa und Nationskonzepte) nur zum Teil eine gemeinsame Identität entwickelten. Die Beschreibung des Antiklerikalismus als Code erlaubt im Gegensatz zu anderen Konzepten (wie Ideologie, soziale Bewegung oder Identität) eine klarere Konzeptualisierung der Kirchenkritik in seiner ganzen Breite, da sie ermöglicht, die flexible soziale Einheit des Lagers zu beschreiben, die nur in Momenten erhöhter Mobilisierung situativ in politische Koalitionen mündete. Zugleich verortet das Konzept den Antiklerikalismus zeitlich: Der antiklerikale Code konnte erst im Zeitalter der entstehenden Massenmedien die nötige Kohärenz gewinnen, um einen breiten sozialen Zusammenhang zu konstituieren.

Die einzelnen Bedeutungen der Begriffe sowie die Bestandteile des diskursiven Codes stellten ein Repertoire dar, das durch die Repetitivität dazu tendierte, zu Schlagworten und Sentenzen zu versteinern. Die antiklerikale Kritik ging oft von konkreten Beispielen aus, aber im Prozess der medialen Kommunikation verselbstständigte sie sich. Sie essentialisierte die Vorstellungen von katholischer Kirche, Kirchen und Religion und verfestigte sie zu Stereotypen. Diese Stereotype waren binär konstruiert und halfen, Fremd- und Selbstbilder zu konstruieren. Auf der einen Seite stand die Kritik an Kirchen, Klerus und zum Teil an Religion und auf der anderen Seite ein positives Modell, das jeweils unterschiedlich ausgeprägt war. Gemeinsamkeiten wurden vor allem über den Gegner und seine Charakterisierung hergestellt. Als Code zog der Antiklerikalismus verschiedene komplexe Sachverhalte zusammen und in seiner zunehmenden Stereotypisierung vereinfachte er seine Weltsicht. Die Vereinfachung muss zum einen als Produkt der medialen Dynamik des Diskurses angesehen werden. Zum anderen verweist aber die Analyse des Antiklerikalismus als Stereotypensammlung auch auf einen psychologischen Effekt der Diskursstrukturen. Die klaren Zuweisungen in der Kirchenkritik halfen, den Zusammenhalt der offenen und flexiblen Struktur des Antiklerikalismus zu sichern und stellten zugleich eine Orientierungshilfe innerhalb der sich pluralisierenden Vorstellungen im Feld von Religion und Kirchen bereit.

Es zeigte sich, dass gerade das Medium der antiklerikalen Karikatur aufgrund seiner spezifischen Kunstform mit dem Verfahren Mimesis und Abstraktion sowie der hohen Verdichtung dazu geeignet war, einen Beitrag zum antiklerikalen Diskurs mit seinen spezifischen Strukturen zu leisten. Antiklerikale Karikaturen delegitimierten und stereotypisierten, indem sie die spezifische Weltsicht zu einer bildlichen Darstellung abstrahierend komprimierten, und zogen sowohl durch das physiognomische Verfahren als auch durch die Verwendung von Allegorien und Symbolen unterschiedliche thematische Aspekte zusammen. Dabei konnten die gezeichneten Bilder schneller und leichter Emotionen und Informationen transportieren als sprachliche kirchenkritische Medien.

Die Gegner wurden von den Kirchenkritikern als stark, übermächtig und unkontrollierbar imaginiert und die Antiklerikalen schürten durch Bilder von Massenansturm, Krankheit, Tieren und Parasiten sowie durch die Versatzstücke aus Verschwörungstheorien zum Teil Ängste von Überschwemmung und Unterwanderung. Kirche, Klerus und Klerikalismus stilisierten sie so zu einer Gefahr, die für das Überleben der Individuen, der Nation, des Volkes bekämpft und bekriegt werden musste. In der Rekonstruktion der Präsentationen des gegnerischen Personals wurde gezeigt, dass Antiklerikalismus sich als Antiposition durch eine klare Feindzuschreibung konstituierte. Die Kirchenkritiker konstruierten zudem positive kollektive Identitätsvorstellungen, Konzepte von Nation und Zivilisation. Die Kehrseite der Medaille dieser Identitäten war jedoch die Ausgrenzung des Gegners. Ihren in der Kritik entwickelten positiven Gesellschaftsmodellen verliehen die Antiklerikalen durch die Exklusionsprozesse kollektiven Geltungsanspruch. Der Antiklerikalismus schlug mit den vorgestellten Imaginationen und Verortungen von Kirche und Klerus einen paranoiden und exkludierenden Ton an, der ihn als Phänomen massenmedialer polemischer Mobilisierung ausweist. Die hierbei wirksamen Ausgrenzungsmechanismen müssen ernst genommen werden. Denn die diskursive Verortung des jeweiligen Gegners außerhalb der kollektiven Identitätsvorstellungen stellte die Basis für reale Exklusion dar, wie etwa in den in Kapitel 1 vorgestellten Ausweisungsgesetzen oder -plänen, die in Frankreich in den 1880er Jahren, im Zuge der Trennungsgesetzgebung, im deutschen Kulturkampf oder in Spanien 1910 gegenüber Orden und Kongregationen erlassen beziehungsweise geschmiedet wurden.

Simplifizierung und stereotype Binarität waren kein Alleinstellungsmerkmal populärer oder populistischer Antiklerikaler. Sie prägten Kirchenkritiker bis ins akademische Feld hinein. Deshalb sollte die Kirchenkritik hinsichtlich ihres Gehalts nicht entlang sozialer Niveaus differenziert werden. Unterschiede in der Kritik gab es dennoch zur Genüge, wobei in diesem Abschnitt vorgeschlagen wurde, verschiedene Tonlagen der Kritik zu differenzieren. Dabei wurden drei Punkte herausgearbeitet, die Unterschiede markierten. Erstens unterschied sich der Grad der Emotionalisierung und Mobilisierung im Diskurs. Damit einher ging zweitens die Debatte um die Frage der Gewalt als legitimes Mittel des Kampfes. Drittens wurde durch thematische Differenzen ein unterschiedlicher Charakter des Diskurses erzeugt. Insofern unterstreicht auch der jeweils verschiedene Tonfall des Diskurses die Notwendigkeit eines flexiblen Konzepts der sozialen Einheit des antiklerikalen Lagers, wie es der Code darstellt.

5. Antiklerikalismus als europäisches Phänomen – Fazit

Religion und Kirchen unterlagen im Europa des 19. Jahrhunderts, besonders in seiner zweiten Hälfte, Umbrüchen, die die fundamentalen Weichen für ihre heutige Erscheinungsweise gestellt haben. Die durch diese Umbrüche hervorgerufenen Veränderungen waren nicht nur intrinsischer Natur, sondern wurden auch von außen an Kirchen und Religion herangetragen. In den überall auftretenden Kulturkämpfen verhandelten Antiklerikale die Frage nach der Stellung von Religion und Kirchen in Staat und Gesellschaft grundlegend neu. Die dabei geübte Kritik berührte politische, epistemologische, ökonomische und moralische Fragen, wie auch solche nach der persönlichen Lebensführung. Eine Reduzierung des Antiklerikalismus auf einen thematischen Teilbereich wird dem Umfang der von seinen Protagonisten favorisierten gesellschaftlichen Veränderungen nicht gerecht. Die Kirchenkritiker kamen aus dem gesamten linken politischen Spektrum, das auf diesem Gebiet zum Teil auch Allianzen mit konservativen Kräften bildete. Bürgerliche engagierten sich ebenso wie die aufkommende Arbeiterbewegung. Ihre Bedeutung und ihre Dynamik erhielten die Debatten besonders dadurch, dass die propagierten Vorschläge mit kollektivem Anspruch auftraten. In Erweiterung der traditionellen Kirchenkritik, deren Themen und Topoi aufgegriffen wurden, stand die Stellung von Kirchen und Religion nun grundsätzlich zur Disposition und zwar sowohl ihre Verankerung im politischen Machtsystem als auch ihre Rollen als moralische, epistemologische und religiös normgebende Institutionen.[1] Diese prinzipielle Kirchenkritik hatte sich bereits in der Aufklärung sowie der Französischen und Amerikanischen Revolution angekündigt. Im Antiklerikalismus des 19. Jahrhunderts verschärfte sie sich zum Teil inhaltlich – so erstarkte der Atheismus – und gewann zudem entscheidend an Virulenz, weil sie erst im Zeitalter der Fundamentalpolitisierung zu einem Massenphänomen wurde. Zugleich verband sich die neue Kirchenkritik mit der institutionellen Umgestaltung des Staat-Kirchen-Verhältnisses, die im Zusammenhang mit der Ausbildung der liberalen souveränen Nationalstaaten erfolgte. Die Kulturkämpfe in den deutschen Ländern, in Frankreich und in Spanien sind in dieser Untersuchung anhand dreier Fallbeispiele – der Mortara-Affäre, des Ersten Vatikanums und der Hinrichtung Francisco Ferrers – als kulturelles, soziales und mediales Phänomen in ihrer europäischen Dimension ana-

1 Vgl. zur Frage der Kontinuität Kapitel 3.4.

lysiert worden. Mithilfe einer vergleichenden, transfer- und wahrnehmungsgeschichtlichen Perspektive und eines die politischen Lager überspannenden Zugriffs wurden erstens diese Auseinandersetzungen erstmals in ihrer Vielfältigkeit konzeptualisiert und besonders das Verhältnis von Religion, Konfession, Säkularisierung und Antiklerikalismus und dessen Dynamiken systematisch beleuchtet, zweitens neue Erkenntnisse über Einheit und Grenzen des Phänomens generiert sowie drittens nach seinem europäischen Charakter gefragt.

5.1 Säkularisierung, Kirchen, Religion und Ultramontanismus

Gemeinsamer Kern des Antiklerikalismus in den drei untersuchten Ländern und über die Lagergrenzen hinweg war die Forderung nach Säkularisierung. Säkularisierung bedeutete dabei Unterschiedliches – politische Entflechtung, Privatisierung, Rationalisierung, Entzauberung, Ablösung von Kirchen und Religion als den maßgebenden moralischen Instanzen. Summa summarum rangen die Antiklerikalen alle um die Eingrenzung des Geltungsbereichs von Religion und Kirchen als normative Instanzen. Säkularisierung stellte aber mehr als nur eine Forderung dar. Antiklerikale konstruierten in den Kämpfen ihre Vorstellungen des Verhältnisses von Staat, Gesellschaft, Religion und Kirchen und mit ihrer Politik der Skandalisierung trugen sie maßgeblich dazu bei, dass ihren Ideen Legitimität verliehen wurde. Insofern müssen die Kulturkämpfe als Orte der Säkularisierung bezeichnet werden. Diese Ergebnisse stimmen mit neueren Studien zum Antiklerikalismus überein und sie verdeutlichen, dass es sinnvoll ist, die Säkularisierungsthese jenseits der Frage von Entkirchlichung in modifizierter Form aufrecht zu erhalten, wenn man die Religionsgeschichte des 19. Jahrhunderts verstehen will: Als interpretativer Rahmen für die Kirchenkritik darf Säkularisierung nicht als ein automatischer Prozess gedacht, sondern muss in Einzelprozesse zerlegt und als Produkt von Kämpfen verstanden werden. Antiklerikale kämpften gegen ihre Gegner für eine Veränderung des Verhältnisses von Kirchen, Religion, Staat und Gesellschaft und stritten untereinander über das, was Säkularisierung sein sollte.[2]

Die von den Antiklerikalen entwickelten Forderungen waren Modelle für die Moderne, denn die Kirchenkritiker setzten ihre Forderungen immer wieder mit Moderne, mit Fortschritt und mit Zukunft gleich und schrieben sich selbst damit in den von ihnen konstatierten historischen Wandel ein. Antiklerikale kreierten mit diesen Gleichsetzungen die Wahrnehmung der Moderne als säkulares Zeitalter. Es ist aber auch zu betonen, dass die katholische Kirche, ihre

2 Vgl. die ausführliche Zusammenfassung Kapitel 3.6.

Anhänger und zum Teil auch Vertreter anderer Konfessionen sich in den Konflikten bewusst von soziokulturellen Veränderungen der Zeit absetzten, indem sie sich als Verteidiger von Tradition und guter alter Ordnung gerierten, und so der Gleichsetzung von Moderne und Antiklerikalismus zusätzlich Plausibilität verliehen. Die Moderne darf im Kontext der Kulturkämpfe zudem nicht nur als Objekt der Auseinandersetzung oder als Selbstbeschreibungsformel gelten. Vielmehr ging es um die Etablierung der als modern verstandenen Modelle im Sinne konkreter Gestaltung zukünftiger Welt und dafür war die zeitliche Dynamik, die dem Diskurs eingeschrieben wurde, von entscheidender Bedeutung. Sich selbst auf die Seite der Zukunft stellend, machten sich die Antiklerikalen zum ausführenden Organ einer überindividuellen Wirkungsmacht, der Zeit. Die etablierte Fortschrittshierarchie zwischen der vergangenen Welt von Kirchen und Religion und zukünftiger säkularer Gesellschaft war eines der Legitimationsmittel ihrer Ansprüche.[3]

Die Antiklerikalen beschrieben ihre Positionen jeweils in Opposition zur katholischen Kirche, zu Kirchen, zum Klerus, zum Klerikalismus oder zur Religion an sich und grenzten ihre Gegner damit aus ihren Modellen säkularer Gesellschaft aus. Hier manifestierte sich der entscheidende Charakter der Kulturkämpfe, der ihnen ihre Virulenz verlieh. Meine Analysen der verschiedenen Themen haben gezeigt, dass, auch wenn ökonomisches Interesse am Verkauf von antiklerikalen Produkten eine Rolle gespielt haben mochte oder Antiklerikalismus ein Mittel zur politischen Mobilisierung und zur Bildung von Allianzen gewesen ist, es im Kern der Auseinandersetzungen um die Legitimierung von Macht ging. Antiklerikale kämpften um die Etablierung einer bestimmten Gesellschaftsordnung und Weltsicht. Dafür mussten sie die existierende Ordnung delegitimieren. Die katholische Kirche wurde von ihnen mit illegitimen Herrschaftsformen gleichgesetzt und zugleich nahmen sie für sich selbst das im 19. Jahrhundert für Macht maßgebend werdende Legitimationsprinzip Freiheit in Anspruch. Glaubensvorstellungen wurden mittels Pathologisierung, des Verweises auf Vernunft und Wissenschaft als unwahr desavouiert und transzendente Bezüge als Grundlage für Welterklärungen delegitimiert. Antiklerikale betrachteten sich als die Vertreter des wahren Glaubens. Mithilfe moralischer Skandalisierungen hinterfragten sie den Machtanspruch von Kirchen und Religion im Bereich der Sitte und öffneten damit zugleich einen Raum für weitere Kritik. Delegitimierung war insofern der zentrale Mechanismus der antiklerikalen Kritik.[4]

Der neue Machtanspruch der Kirchenkritiker war tendenziell antiinstitutionell und in seinem Kern demokratisierend und emanzipatorisch, denn er setzte

3 Vgl. Kapitel 3.5.

4 Vgl. zur Zusammenfassung der verschiedenen Delegitimierungsstrategien Kapitel 3.6.

zumeist das Individuum ins Zentrum der Gesellschaftsentwürfe. Sowohl in politischer, epistemologischer, religiöser wie auch moralischer Hinsicht wurde das Individuum vermehrt zum Maßstab von Handeln und Reflexion. Für die bürgerlichen Trägergruppen galt dies selbstverständlich im Besonderen, während bei Republikanern, Sozialisten und Anarchisten auch kollektive Bezugsgrößen wie ›Volk‹ oder ›Klasse‹ bemüht wurden. Der emanzipatorische Charakter der individualisierenden Stoßrichtung unterlag der Dialektik der Aufklärung. In seinem implizit universalen Anspruch artikulierte sich zugleich eine Exklusivität, denn nur das mündige Individuum galt als Garant für die neue Ordnung. Dies betraf – so habe ich im Anschluss an frühere Studien bestätigen können – besonders zwei soziale Gruppen, Frauen und die ›Masse‹, das ›Volk‹. Beiden Gruppen wurde Mündigkeit abgesprochen und damit wurden sie aus den Ordnungsvorstellungen ausgegrenzt. Meine Analyse zeigt aber auch, dass der Dialektik der emanzipatorischen Idee mehr analytische Aufmerksamkeit gewidmet werden muss. So konnte ich verdeutlichen, dass das komplexe Verhältnis von Misogynie und Frauenemanzipation in der Kirchenkritik des 19. Jahrhunderts noch längst nicht geklärt ist. Die sich hier bildende Gemengelage bedarf noch eingehenderer Untersuchungen. Ähnlich möchte ich auch hinsichtlich der Frage der von den Antiklerikalen oft gezogenen sozialen Grenze zum ›Volk‹ und zur ›Masse‹ argumentieren, in der sich Aufklärungsanspruch und Exklusivität kreuzten. Hier konnte in der Studie ein entscheidender Unterschied zwischen Bürgerlichen und Antiklerikalen aus dem Umfeld der Arbeiterbewegung respektive dem republikanischen Lager ausgemacht werden. Während erstere einen Hegemonialanspruch gegenüber dem unmündigen ›Volk‹ artikulierten, das sich noch aus den Fängen der Kirchen befreien müsse, betonten letztere die emanzipatorische Kraft, die aus der Befreiung des Volks aus der kirchlichen Herrschaft erwüchse.[5]

Religion war – so konnte meine Untersuchung erstmals systematisch für die drei behandelten Länder aufzeigen – für die Kulturkämpfer nicht nur ein Gegenüber, das eingehegt oder abgeschafft werden sollte.[6] Vielmehr artikulierte sich in der Kirchenkritik die Pluralisierung des Religiösen.[7] Die Gruppe der Antiklerikalen war in religiöser Hinsicht sehr heterogen; neben liberalen Katholiken fanden sich Protestanten, Juden, Deisten, Theisten und Vertreter neuer Religionen. Im Umfeld der radikalen Kirchenkritiker, der Freidenker, entstanden Entwürfe von alternativen Religionen. Ein Teil der Antiklerikalen entwickelte eigene Riten, die religiöse Züge trugen. Atheisten bildeten unter den Kir-

5 Vgl. zu den Differenzen Kapitel 3.2.
6 Vgl. die umfangreiche Zusammenfassung in Kapitel 3.6.
7 Vgl. Kapitel 1.1.

chenkritikern nur eine Teilgruppe, auch wenn diese im Laufe der zweiten Hälfte des 19. Jahrhunderts an Einfluss gewann. Glaubensfragen spielten in den Konflikten eine entscheidende Rolle. Die Antiklerikalen betonten *erstens* immer wieder den Anspruch, den eigentlich wahren Katholizismus, das wahre Christentum oder die wahre Religion zu vertreten. Allen antiklerikalen religiösen Alternativentwürfen war eines gemeinsam: Sie sollten mit dem emanzipatorischen Ideal kompatibel sein. Entscheidende Außengrenze des Antiklerikalismus innerhalb der religiösen Debatten war die Differenz zwischen liberal und konservativ. Zugleich konnte die religiöse Frage aber auch so scharfe interne Differenzen aufwerfen, dass potentielle kirchenkritische Verbündete nicht zueinander fanden. Konfession stellte *zweitens* in diesen Auseinandersetzungen nur eine Konfliktlinie dar, entlang der die Debatten verlaufen konnten. Insofern hat meine Untersuchung die neueren Studien zum deutschen Antiklerikalismus bestätigt und die konfessionelle Aufladung der Konflikte relativiert. Dabei konnte herausgearbeitet werden, dass man von Konjunkturen des Konfessionellen ausgehen sollte. So offenbarte sich der protestantische Antikatholizismus besonders deutlich im Zusammenhang mit der deutschen Einigung und der mit ihr verbundenen Aufladung des Nationalen. Diesen Konjunkturen sollte in nachfolgenden Studien zu den deutschen Kulturkämpfen mehr Aufmerksamkeit gewidmet werden.[8] *Drittens* demonstrierte gerade die moralische Kritik der Antiklerikalen an Kirchen und Klerus eine deutliche Gebundenheit an christliche Vorstellungen, wobei die Kirchenkritiker bei deren Übernahme gewisse Modifikationen vornahmen, wenn sie etwa das Zölibat und die kontemplativen Lebensformen des regulären Klerus ablehnten.[9] *Viertens* manifestierten sich in den in der Kritik entwickelten neuen Gesellschaftsvorstellungen immer wieder Formen der Sakralisierung der von den Antiklerikalen als maßgebend angesehenen Instanzen, die so transzendiert wurden.[10] Alle vier Punkte verdeutlichen, dass das Verhältnis zwischen Säkularisierung und Religion von einer komplexen Dynamik sozialer, politischer und kultureller Faktoren bestimmt war.

Ein ebenso komplexes Bild ergeben meine Ergebnisse hinsichtlich des Verhältnisses zwischen Antiklerikalismus und dem ›neuen Katholizismus‹ (sowie in nachgeordnetem Maße anderen Konfessionen und Religionen[11]) und der damit verbundenen Frage nach der realen Konfliktdimension und der Eigendynamik der Kulturkämpfe. Beide Phänomene waren dialektisch aufeinander bezogen

8 Vgl. Kapitel 3.3.

9 Vgl. Kapitel 3.4.

10 Vgl. Kapitel 3.2.

11 Diese werden in der folgenden Zusammenfassung ausgespart. Vgl. dazu Kapitel 3.1, 3.2, 3.3.

und mit einfachen Kausalitäten lässt sich dieses Verhältnis nicht klären.[12] Zunächst ist herauszustreichen, dass der ultramontane Katholizismus und der Antiklerikalismus in einen umfangreichen politischen und sozialen Prozess der Neuordnung und Positionierung von Religion und Kirchen in Gesellschaft und Staat eingeordnet werden müssen. Der Ultramontanismus entstand, so rekapitulierte das Einleitungskapitel, als Reaktion auf Säkularisation, den Ausbau des modernen souveränen Staates, die Französische Revolution und die italienische Einigung.[13] Das Verhältnis von Eigendynamik und Abhängigkeit antiklerikaler Realitätsproduktion wurde in der Analyse kommunikativer Prozesses genauer bestimmt. Diese Ergebnisse können in drei Punkten zusammengefasst werden. *Erstens* arbeiteten sich die Antiklerikalen im Diskurs an den Entwicklungen des Katholizismus ab. Die von ihnen artikulierte Angst vor dessen zu großem politischem Einfluss reflektierte etwa die Wahrnehmung der veränderten kirchlichen Aktivitäten, die sich in den neuen Formen gesellschaftlicher Teilhabe (wie Vereinen, politischen Parteien und Massendemonstrationen von Frömmigkeit) des ultramontanen Katholizismus manifestierten. Epistemologisch prangerten die Kirchenkritiker besonders die abwehrende Haltung der offiziellen Linie der katholischen Kirche gegenüber den neuen Formen der Wissenschaft an. Die Vorwürfe im Feld der Ökonomie, namentlich gegen den Reichtum und die wirtschaftliche Prosperität der Kirche, basierten auch auf beobachtbaren Entwicklungen, wie dem Ordenswachstum. Der reaktive Charakter des Antiklerikalismus wurde besonders deutlich im Zusammenhang mit dem Vatikanum, wo eine Mischung aus gespannter Aufmerksamkeit, Befürchtung und abwartender Distanzierung eine Öffentlichkeit in Habachtstellung entstehen ließ. Diese Austauschprozesse zu konstatieren, bedeutet nicht, die Einschätzung der Antiklerikalen als ›wahr‹ zu bestätigen und zu rechtfertigen, vielmehr geht es darum aufzuzeigen, wie den kirchenkritischen Vorstellungen Plausibilität zuwuchs.[14]

Zweitens wurde für die verschiedenen Themenbereiche herausgearbeitet, dass es nicht nur eine Reflexion von Veränderungen war, die den Antiklerikalismus bestimmte, sondern dass die Kulturkämpfe vor allem als das Aufeinandertreffen zweier sich ausschließender Sichtweisen auf die Realität verstanden werden müssen. Dieser Befund betont die relative Unabhängigkeit des Antiklerika-

12 Vgl. ähnlich bereits *De la Cueva Merino*: Clericales y anticlericales 12–17; *ders./Montero García*: Clericalismo y anticlericalismo 101–103; *Grévy*: Le cléricalisme 77–79; *Ivereigh*: Introduction 11; *Louzao Villar*: Soldados de la fe 352; die Unabhängigkeit beider Phänomene betonen dagegen *McMillan*: Religion and Politics 44f.; *Borutta*: Antikatholizismus 27; für schlichtere Kausalitätsketten *Pellistrandi*: Clericalismo y anticlericalismo 25f.; *Gross*: War against Catholicism 96–127; *Sanabria*: Republicanism and Anticlerical Nationalism 9f.; *Magenti Javaloyas*: L'anticlericalisme blasquista 73–104.

13 Vgl. Kapitel 1.1.

14 Vgl. Kapitel 2.2 sowie Kapitel 3.1, 3.2 und 3.4.

lismus von der Entwicklung ihrer potentiellen Gegner und verweist auf das kreative Potential der Kirchenkritik als positives Ideenkonglomerat. Der Grundstein der antiklerikalen Kritik, die Ausrichtung der politischen, wissenschaftlichen, moralischen und religiösen Ordnung auf das Individuum und zum Teil auf kollektive Vorstellungen, wie ›Volk‹ oder ›Klasse‹, kollidierte mit der institutionellen Macht und transzendenten Orientierung der katholischen Kirche und in geringerem Maße auch jener der protestantischen Kirchen. Diese grundsätzliche Differenz muss als eine veränderte und neue Wahrnehmung sowie Bestimmung von Realität gesehen werden.[15] Antiklerikale bewegten sich dabei zum Teil an der Grenze des Sag- und Denkbaren. In Spanien kämpften die Antiklerikalen etwa darum, ihre Kritik nicht zugleich als Atheismus oder Antireligiosität gewertet zu sehen.[16]

Abgesehen von der Kontextgebundenheit und der grundsätzlichen Opposition Antiklerikaler zu ihren Gegnern wurde *drittens* die Eigendynamik des Diskurses herausgearbeitet. Die antiklerikalen Bilder verselbstständigten sich im Laufe der jeweiligen Mobilisierung, sie radikalisierten sich und trugen so zu einer erhöhten Polarisierung bei. Durch die ständige mediale Wiederholung essentialisierten die Kirchenkritiker das Bild eines intransigenten Katholizismus, das in einer klaren Schwarz-Weiß-Zeichnung ihrer eigenen Position gegenüber gestellt wurde. Antiklerikale bildeten hier stereotype Muster von Geschichten, Begriffen, Metaphern und Topoi aus, die auch relativ unabhängig von konkreten Kontexten verwendet und fiktionalisiert wurden.[17] Auch wenn die Diskussion zwischen Antiklerikalen und ihren Gegnern nie ganz unterbrochen wurde, zeigen meine Analysen antiklerikaler Öffentlichkeit doch die Tendenz auf, versöhnende Stimmen wie jene aus dem liberalen Katholizismus oder vermittelnde Positionen zu verdrängen und so die Gegensätzlichkeit der Positionen zu verstärken.[18] Sowohl die Stereotypisierung als auch die Feinddarstellungen und eine mediale Verschärfung der Opposition erhöhten die Barrieren zwischen den einander gegenüberstehenden Realitätsvorstellungen[19] und führten schließlich zu zwei sich ausschließenden und unversöhnlichen Weltsichten, epistemologischen Systemen und Ansprüchen auf Deutungshoheit. Dies war eine der zentralen Folgen der Kulturkämpfe. Die Eigendynamik des Diskurses und der Auseinandersetzungen veranschaulicht die gegenseitige Abhängigkeit von Antiklerikalen und ihren Gegnern und betont zugleich die mediale Seite der Konflikte. Sie verortet die Auseinandersetzungen um Religion und Säkulari-

15 Vgl. Kapitel 3.1, 3.2 sowie 3.4.
16 Vgl. Kapitel 3.3.
17 Vgl. Kapitel 4.2.
18 Vgl. Kapitel 2.
19 Vgl. Kapitel 2 und Kapitel 4.2.

sierung im Kontext der zunehmenden Polarisierungen der europäischen Gesellschaften in der zweiten Hälfte des 19. Jahrhunderts und verweist auf den Anteil der entstehenden Massenmedien in diesem Zusammenhang. Damit treten wir aber bereits in den zweiten großen Fragenkomplex der Studie ein.

5.2 Der antiklerikale liberale Code – Eingrenzung und Abgrenzung

Will man die Ergebnisse der Untersuchung hinsichtlich der Einheit und der sozialen Formation des Antiklerikalismus charakterisieren, ergibt sich das widersprüchliche Bild von einerseits einer hohen Kohärenz der beteiligten Gruppen und andererseits einer von inneren Brüchen gekennzeichneten Kirchenkritik. Der Antiklerikalismus wurde im Laufe der Analyse als ein genuin liberales, das heißt emanzipatorisches Phänomen definiert, das nicht im politischen Liberalismus aufging. Es zeigte sich, dass das Spektrum sehr viel breiter zu fassen ist und die Kirchenkritik von bürgerlichen wie unterbürgerlichen Schichten getragen wurde. Die in der spanischen Forschung durchaus noch übliche Interpretation des Kampfes von unten gegen die Kirche als bürgerliche Institution ist in dieser Schlichtheit also nicht haltbar, auch wenn diese soziale Frontstellung im Zuge des Wandels des antiklerikalen Spektrums im 20. Jahrhundert wohl zunehmend an Bedeutung gewann. Für den deutschen Forschungskontext ist die soziale Breite der Trägerschichten besonders hervorzuheben, da der lagerübergreifende Charakter der deutschen Kulturkämpfe bislang weitgehend übersehen wurde. Zukünftige Studien sollten die Verbindungen zwischen liberalen und sozialistischen (sowie in geringerem Maße anarchistischen) Positionen in der Kirchenkritik ernst nehmen. Mit der Bestimmung des Antiklerikalismus als liberales Phänomen gingen zwei Abgrenzungen einher. Zum einen muss der konservative protestantische *Antikatholizismus* als ein Randphänomen betrachtet werden. Auch wenn dieser zum Teil gemeinsam mit den Antiklerikalen kämpfte, kann er in inhaltlicher Perspektive nicht als Teil der Kirchenkritik angesehen werden. Hier scheint die Vieldeutigkeit der Kulturkämpfe auf, die konfessionelle Konfliktlinien mit anderen verband. Zum anderen verdeutlichten der Überblick über die gesetzlichen Kämpfe wie die Analysen der politischen Fragen, dass konservative Positionen wie die von Bismarck, die der spanischen Moderados oder von Napoleon III. sich mit den Antiklerikalen in der Idee des souveränen modernen Staates trafen, ohne mit diesen wirklich zusammenzufallen.[20] Neben diesen beiden Abgrenzungen wurde des Weiteren

20 Vgl. Kapitel 3.1, 3.2, 3.3, 3.4.

indirekt dafür plädiert, einen Teil der liberalen Positionen des Katholizismus als Bestandteil der allgemeinen Kirchenkritik zu interpretieren. Auch wenn deutliche Abgrenzungsversuche anderer Antiklerikaler gegenüber diesen Tendenzen ausgemacht wurden, rechtfertigen die in verschiedenen Bereichen herausgearbeiteten Ähnlichkeiten ihre Einordnung in die Kirchenkritik.[21]

Meine lagerübergreifende Untersuchung hat die großen Ähnlichkeiten zwischen den unterschiedlichen Trägergruppen in den untersuchten Themenbereichen nachgewiesen und kann die Annahme verschiedener ›Antiklerikalismen‹ nicht bestätigen. Sicherlich ist es sinnvoll, auf Unterschiede zu verweisen, doch in Anbetracht der großen Gleichförmigkeit scheint es erhellender, von einem Konzept ausgehend die Unterschiede und Schwerpunkte differenziert zu betrachten.[22] Gemeinsam war den Gruppen das Bemühen um eine säkularisierte Gesellschaft. Ihre konkreten positiven Konzepte und Modelle differierten dagegen, wobei die Konfliktlinien nicht einheitlich verliefen. Neben den bereits erläuterten Unterschieden hinsichtlich der Frage nach der Religion wiesen auch die Felder des Politischen, des Wissens sowie der Ökonomie Differenzen auf. Die politischen Ordnungsvorstellungen, die individuelle Freiheit sichern sollten, wandelten sich zunächst generell von Toleranzforderungen zu einer Betonung des Rechts auf religiöse Freiheit. Fluchtpunkt war zumeist eine wie auch immer gedachte Trennung zwischen Staat und Kirche. Zwischen den Gruppen schwankten die Positionen zwischen staatskirchlichen Konzepten, der Betonung einer neutralen Sphäre und dem Wunsch nach totaler Verdrängung kirchlicher und religiöser Bindungen. Umstritten war dabei sowohl, wieweit Kirchen und Religion auf die Gesellschaft Einfluss ausüben können sollten, als auch, welcher Raum als die öffentliche und unabhängige Sphäre (Staat oder Zivilgesellschaft) zu definieren sei. Zudem spaltete die von Demokraten, Republikanern, später besonders von Sozialisten, Anarchisten und Freidenkern artikulierte grundsätzliche Herrschaftskritik das antiklerikale Spektrum.[23] Eine epistemologische Kritik an transzendenten Vorstellungen wurde insbesondere von den radikaleren Kirchenkritikern (Freidenkern, radikalen Republikanern, Sozialisten und Anarchisten) und bei Protestanten vertreten und auch hier zeigten sich Unterschiede.

21 Vgl. zu den Ähnlichkeiten besonders Kapitel 3.1, 3.2, 3.3 und Kapitel 4.2; sowie zu den Abgrenzungsversuchen besonders Kapitel 2.2.

22 Vgl. zusammenfassend Kapitel 3.6 und dagegen die Bemühungen um Differenzierung z.B. bei *Lalouette*: El anticlericalismo 18, 37; *Suárez Cortina*: Democracia y anticlericalismo 184; *Grévy*: Le cléricalisme 38; eher die Einheit betont vor allem *De la Cueva Merino*: La Democracia frailófoba 247; *ders./Montero García*: Introducción 14f.

23 Die Radikalität der Kirchenkritik war nicht immer kongruent mit der politischen. Vgl. bereits für Frankreich *Sculle*: French Anticlericalism 212–235 oder für Spanien *Salomón Chéliz*: Anticlericalismo en Aragón 126; für die Positionen im Einzelnen Kapitel 3.1.

Die Antiklerikalen waren sich nicht einig, ob der vernunft- und wissenschaftsorientierte Zugang zur Welt noch Raum für transzendente Phänomene lassen sollte oder nicht.[24] Als letzter thematischer Bereich, der das antiklerikale Spektrum ausdifferenzierte und auch spalten konnte, ist die ökonomische Frage zu nennen. Während die Kritik der Liberalen insbesondere liberale Wirtschaftsvorstellungen gegen die katholische Weltabgewandtheit stellten, betonten Anarchisten, Sozialisten und Teile der republikanischen Antiklerikalen dagegen die Ausbeutung des ›Volkes‹ durch die Kirche und forderten eine auf Gleichheit beruhende Wirtschaftsordnung.[25] Dies korrespondierte mit der bereits beschriebenen unterschiedlichen Behandlung des ›Volkes‹ als emanzipatorischer Träger oder anzuleitende amorphe ›Masse‹ durch die verschiedenen antiklerikalen Gruppen.[26] All die Differenzen zeigen, dass der Antiklerikalismus auch schlicht ein Ort war, an dem sich verschiedene Gesellschaftskonzeptionen in Opposition zu Kirchen und Religion artikulieren konnten.

Das antiklerikale Spektrum wies über die thematischen Unterschiede hinaus besonders hinsichtlich des Tonfalls Brüche auf. So waren nicht alle antiklerikalen Äußerungen durch die gerade in Momenten hoher Mobilisierung beliebte Kampfrhetorik und Emotionalisierung geprägt. Hiermit ging einher, dass viele Gruppen Gewalt als Mittel der Auseinandersetzungen ablehnten. Verschiedene Aspekte wie Verschwörungsszenarien, eine radikale Sexualisierung und Kriminalisierung des Klerus oder Veralberungen von Glaubensvorstellungen finden sich bei gemäßigteren Positionen überhaupt nicht. Eine radikale Delegitimierung von religiöser und institutioneller Autorität wurde also nur von einem Teil der Antiklerikalen verfolgt. Diese Unterschiede verliefen im Gegensatz zu den thematischen Unterschieden quer zu sozialen Schichtungen und politischen Differenzen. Freidenker konnten sich ebenso wie Sozialisten oder Liberale untereinander über die Vehemenz der Kirchenkritik streiten. Die in der Forschung der beiden romanischen Länder, besonders in Spanien, verbreitete Unterscheidung zwischen populärer, radikaler Kritik und intellektuellem oder bürgerlichem Antiklerikalismus sollte deshalb aufgehoben werden.[27]

Die Unterschiede in Themen und Tonfall überwölbte ein assoziativ verschmolzener Symbolkomplex, der eine binäre Struktur aufwies. Gemeinsamer Bezugspunkt waren die sich stark ähnelnden Darstellungen des Gegners, denen die Kirchenkritiker ihre zum Teil unterschiedlichen positiven Vorstellungen gegenüberstellten. Antiklerikale jeglicher Couleur wiederholten immer wieder die gleichen Metaphern, Bilder, erzählerischen Plots, Begriffe und Argumenta-

24 Vgl. Kapitel 3.2.
25 Vgl. Kapitel 3.4.
26 Vgl. Kapitel 3.2.
27 Vgl. Kapitel 4.2.

tionscluster. Die Beschreibungen ihrer Gegner sammelten sich besonders in den drei polyvalenten Begriffen ›Ultramontanismus‹, ›Jesuitismus‹ und ›Klerikalismus‹, die unterschiedlichste Bedeutungsebenen in sich aufnehmen konnten. In der ständigen Wiederholung in schriftlichen Medien, aber auch durch die Besetzung des Raumes durch die Errichtung von Denkmälern und Straßenumbenennungen oder durch die bei Teilen der Antiklerikalen verbreiteten neuen Riten verbanden die Kulturkämpfer die verschiedenen Bestandteile ihrer Kritik.

Ausgehend von diesen Strukturen des Diskurses und den internen inhaltlichen Differenzen hat die Studie den Antiklerikalismus in Anlehnung an Shulamit Volkovs Vorstellung eines antisemitischen Codes als einen kulturellen Code konzeptualisiert. Der Code ermöglicht im Gegensatz zu alternativen Konzepten (wie Ideologie oder Weltbild), die Kirchenkritik als eine flexible soziale Einheit zu beschreiben, die aber kein kohärentes und geschlossenes Ganzes darstellte. Zudem berücksichtigt es auch die Ergebnisse der Analyse von Selbstbezeichnungen. Nur bestimmte Gruppen entwickelten Begriffe für ein gemeinsames Selbstverständnis – ein Zeichen dafür, dass es problematisch ist, den Antiklerikalismus insgesamt als eine geschlossene Identität zu verstehen. Schließlich erklärt das Konzept des Codes die große Einheitlichkeit der verschiedenen Gruppen aus der Entstehung einer gemeinsamen medialen europäischen Kultur und liefert einen Ansatzpunkt für eine zeitliche Verortung der Hochzeit der Kulturkämpfe. Erst die sich entwickelnden transnationalen Massenmedien bereiteten den Boden für die Bildung des Antiklerikalismus als eines assoziativen Verweisungskomplexes, der die lockere soziale Einheit entstehen ließ.[28]

Der Formierung des Antiklerikalismus als liberaler Code wurde begleitet von kommunikativen Ein- und Abgrenzungsprozessen. Die klare Bipolarität, die Polarisierung und die Feindbildkonstruktionen im Diskurs sowie die Konstruktionen kollektiver Identitätsvorstellungen ließen auf der diskursiven Ebene durchaus ein antiklerikales Lager entstehen. Dies war eine weitere zentrale Folge der Kulturkämpfe. Die Kommunikationsanalysen der drei untersuchten Fälle haben aber verdeutlicht, dass diese Lagerbildung nicht mit einer Versäulung der Öffentlichkeit einherging. Charakteristisch für das Verhältnis war vielmehr die bereits erwähnte Abhängigkeit, ein ›Dialog von Schwerhörigen‹ – eine Kommunikation, die die Gegenposition aufgreift, ohne in einen diskursiven Austausch zu treten. Während es in Spanien mittlerweile üblich geworden ist, die kommunikative Abhängigkeit der beiden Lager als konstitutiv für die Kulturkämpfe besonders nach 1900 zu betrachten, konzentriert sich die Forschung zum französischen und deutschen Fall vor allem auf die diskursive Scheidelinie zwischen

28 Vgl. zur Codebildung Kapitel 4.1.

›Klerikalen‹ und ›Antiklerikalen‹, Katholiken und Kirchenkritikern oder für das Kaiserreich auf die getrennte Lebenswelt. Meine Analysen ergänzen somit die neuere Forschung zur Milieubildung in den deutschen Ländern sowie zur Trennung der beiden Lager in Frankreich, die die Durchlässigkeit betonen, und zeigen, dass diese Permeabilität auch für die kommunikativen Prozesse der Kulturkämpfe galt.[29] Die antiklerikale Lagerbildung lässt zudem für den deutschen Fall die übliche Teilung der Lebenswelt in vier Milieus oder Lager in den Hintergrund treten und unterstützt auf der diskursiven Ebene die Vorstellung einer bipolaren Konstellation zwischen Kirchenkritikern und ihren Gegnern, die nicht immer entlang der konfessionellen Trennlinie verlief.

Neben den Abgrenzungsprozessen gab es kurzfristige, situative Koalitionsbildungen, deren Grundlage der gemeinsame antiklerikale Code war. Antiklerikalismus schuf im politischen, aber auch im religiösen Kontext lagerübergreifende Koalitionen. Meine Analyse hat die konfessionsübergreifenden Ansätze zur Zusammenarbeit im Kontext der Mortara-Affäre herausgearbeitet und die Ansätze einer antiklerikalen Allianz jenseits der Trennung der beiden christlichen Konfessionen beleuchtet. In der Mortara-Affäre und im Fall Ferrer gelang es den Antiklerikalen zudem für einen kurzen Moment, eine umfassende Koalition (die das gesamte linke Spektrum sowie bestimmte religiöse Gruppen integrierte) als öffentliche Stimme zu evozieren. Dies sollte aber nicht dazu verleiten, von einer sozialen Bewegung zu sprechen. Nicht alle Antiklerikalen engagierten sich jenseits der Publizistik. Die konkrete Zusammenarbeit bei der Organisation von Versammlungen, Demonstrationen und anderen Protestformen blieb in den meisten Fällen gering. Politische Kooperationen außerhalb der konkreten Mobilisierungsphasen brachen immer wieder auf. Zudem wurde gezeigt, dass die Kulturkämpfe auch eine Bühne für die politischen Gruppen darstellten, um sich zu profilieren. Bestimmend blieb hier besonders der nationale Zusammenhang. So war beispielsweise der französische Kontext für das Zusammengehen der Gruppen im Jahre 1909 besonders günstig, während sich im Deutschen Kaiserreich schon allein innerhalb der Sozialisten große Differenzen artikulierten, die ein umfassenderes gemeinsames Engagement wahrscheinlich verhinderten.[30]

Diese Befunde berühren bereits den dritten Fragenkomplex der Untersuchung, die nationalen Unterschiede und Gemeinsamkeiten sowie den europäischen Charakter der Kirchenkritik. Hinsichtlich der verschiedenen Gruppen scheint es – meine Ergebnisse zusammenfassend – sinnvoll, den Antiklerikalis-

29 Vgl. Kapitel 2; zur Betonung der diskursiven Lagerbildung *De la Cueva Merino*: La Democracia frailófoba 233 oder *ders./Montero García*: Introducción; für die französische und deutsche Forschung die Einleitung, Anmerkung 58.

30 Vgl. zu den Verbindungen und ihren Grenzen Kapitel 2.

mus als Code, als eine flexible, relativ kohärente Einheit zu verstehen, die im Kontext erhöhter gesellschaftlicher Polarisierung besonders durch situative Ein- und Abgrenzungsmechanismen bestimmt war. Damit verweist meine Studie über den Antiklerikalismus hinaus auf einen generellen Trend, den interaktiven sowie kommunikativen und medialen Charakter von Gruppenbildung im Kontext der gesellschaftlichen Polarisierung, der Fundamentalpolitisierung und der Ausbildung der Massenmedien in der zweiten Hälfte des 19. Jahrhunderts.

5.3 Europäische Dimensionen und Pfade

Ebenso wie die Antwort auf die Frage nach der Einheit der Kirchenkritik fällt das Urteil zur europäischen Dimension des Antiklerikalismus ambivalent aus. Der vergleichende Blick hat zunächst gezeigt, dass die Konflikte und die diskutierten Lösungsvorstellungen in allen drei Ländern sehr ähnlich gelagert waren. Der antiklerikale Diskurs wurde auch im internationalen Vergleich durch eine erstaunliche Gleichförmigkeit bestimmt. Zudem konnten im Laufe der Analyse auf verschiedenen Ebenen mehrere grenzüberschreitende Formen der Kommunikation und des Austausches nachgewiesen werden. *Erstens* bauten die Antiklerikalen auf einem gemeinsamen Kanon von Grundlagenliteratur der Religionskritik, der Naturwissenschaften und der Epistemologie auf, die durch die aktiven Kirchenkritiker übersetzt und popularisiert wurde. *Zweitens* erfuhr auch die Höhenkammliteratur des Antiklerikalismus, wie beispielsweise die Schriften Michelets, große Verbreitung innerhalb Europas. Zeitungs- und Zeitschriftenartikel sowie insbesondere Karikaturen wurden ausgetauscht oder voneinander kopiert. Innerhalb dieser Transferprozesse konnte allerdings kein Land oder Modell identifiziert werden, das einen besonders beherrschenden Einfluss gehabt hätte.[31] *Drittens* registrierten die Antiklerikalen die Kämpfe jenseits der Nationsgrenzen. *Viertens* vernetzten sich Kirchenkritiker für ihren Kampf in einzelnen Gruppen oder in übergreifenden Clustern personell. Neben Verbindungen zwischen Freimaurerlogen wurden besonders drei Netzwerke herausgearbeitet. Die konfessionsübergreifende Allianz in der Mortara-Affäre zwischen der EA und der jüdischen AIU war auch ein transnationales Phänomen. Mit dem Antikonzil wurden die ersten organisatorischen Zusammenschlüsse der Freidenker und ihnen nahestehender Gruppen auf nationaler wie auf europä-

31 Vgl. bereits ähnlich zur Frage der Vorbilder zum Sexenio in Spanien *Mira Abad*: Actitudes religiosas 241–256, 274, 279; für Italien *Verucci*: Antiklerikalismus und Laizismus 56; dagegen für die zahllosen, oft nicht fundierten Hinweise auf den Einfluss des französischen Modells in Spanien Einleitung, Anmerkung 116.

ischer Ebene vorgeführt. Der Fall Ferrer lenkte den Blick auf das amorphe Kontaktfeld zwischen Anarchisten, Sozialisten, Freidenkern und Republikanern, das die Grundlage für die Mobilisierung der europäischen Öffentlichkeit gegen die Hinrichtung des katalanischen Pädagogen darstellte. Diese Netzwerke waren Katalysatoren von antiklerikalen Protesten. Zum Teil entstanden sie aber auch erst aus kirchenkritischen Mobilisierungen. Als dauerhafte genuin antiklerikale Vereinigungen, die sich im Kontext der Internationalisierung zivilgesellschaftlicher Organisationen bildeten, können jedoch nur die internationalen Assoziationen der Freidenker angesehen werden.[32]

Abgesehen von der Sammlung dieser transnationalen Prozesse und Verbindungen hat die Studie in den Falluntersuchungen das komplexe Verhältnis zwischen transnational europäischer Vernetzung und nationaler (und zum Teil lokaler) Ebene systematisch analysiert und so die europäische Dimension erstmals gewichtet. Eine europäische Öffentlichkeit existierte im Sinne eines gemeinsamen Wahrnehmungs- und Kommunikationsraumes im Kontext aller drei untersuchten Skandalisierungsfälle. Die kommunikative Verdichtung nahm dabei sprunghaft zu und führte zu einer zunehmenden gegenseitigen Wahrnehmung der nationalen Öffentlichkeiten und gab der jeweiligen Mobilisierung eine höhere Dynamik. Grenzüberschreitende Versammlungen hielten die Antiklerikalen dagegen nur vereinzelt ab. Ob aber eine europäische Öffentlichkeit im Sinne einer Identifikation mit einem nicht nationalen Sachverhalt entstand, war von verschiedenen Faktoren abhängig. Konkrete politische Interessen und Konstellationen spielten eine Rolle. Die Macht des Faktischen ebenso wie das emotionale Potential einer Geschichte erhöhten die Chancen auf Mobilisierung sowie die Aussicht, Erfolg zu haben. Das Verhältnis zwischen nationaler und europäischer Ebene gestaltete sich dabei vielschichtig und ging weder in einer schlichten Transzendierung des kleineren Bezugsrahmens noch in einem einfachen Gegeneinander auf. Der nationale Rahmen blieb als struktureller und politischer Kontext bestimmend für die Rezeption eines Ereignisses. Gerade in der Rückbindung an nationale Fragen manifestierte sich aber eine höhere Identifikation. Dies verweist darauf, dass Öffentlichkeit dazu tendiert, sich in einem Raum zu konstituieren, in dem eine politische Instanz als Ansprechpartner zu finden ist. Zugleich konnte mehrfach nachgewiesen werden, dass der europäische oder transnationale Bezug vor allem dann eingesetzt wurde, wenn eine schlechte Informationssituation oder eine Marginalisierung der Akteure nachzuweisen war. Das heißt, Europa hatte eine kompensatorische Funktion, die zunehmend überflüssig wurde, als die Barrieren für die Vernet-

32 Vgl. die Fallbeispiele Kapitel 2; zu den Transferprozessen darüber hinaus Kapitel 3.2; Kapitel 4.1 und 4.3.

zung abgebaut wurden und rechtliche Restriktionen wegfielen.[33] Hiervon ausgehend könnte man für weitere Untersuchungen die Hypothese aufstellen, dass das Zeitalter des Nationalen in kommunikationshistorischer Sicht auch aus der zunehmenden Freiheit entstand.

In Momenten europäischer Mobilisierung inszenierten sich Antiklerikale als eine gemeinsame Öffentlichkeit, schufen so eine grenzübergreifende Solidarität und propagierten europäische Identitätsvorstellungen, die nicht nur in Anspruch genommen wurden, sondern die es auch zu verteidigen galt. Je nach politischer und konfessioneller Konstellation konstituierten Kirchenkritiker dabei in der jeweiligen nationalen Gesellschaft Gegenöffentlichkeiten. Das Band des grenzüberschreitenden Zusammenhangs war neben gemeinsamen Werten und Normen eine evozierte Gefühlsgemeinschaft. Anhand der drei Fälle wurde verdeutlicht, dass im Laufe des 19. Jahrhunderts im Rahmen politischer Interessenvertretung der Bezug auf eine europäische Öffentlichkeit als wert- und normbestimmende Instanz an Wichtigkeit gewann, diese sich als zentrales Legitimationsmittel etablierte und durchaus auch bereits vor der vollständigen Demokratisierung der Gesellschaften als reale Macht fungierte. Während der Appell an die europäische Öffentlichkeit 1858 neben älteren Formen der Interessenvertretung wie Fürsprache und Petitionen stand, bildete er 1909 das zentrale Mittel der politischen Einflussnahme, die das Selbstverständnis der Antiklerikalen maßgeblich bestimmte. Denn durch diese Anrufung ließ sich politischer Druck erzeugen, der im Fall Ferrer auch dazu beitrug, die spanische Regierung zum Rücktritt zu bewegen. Antiklerikale Öffentlichkeit artikulierte sich hier nun mit dem gesamten Arsenal klassischer Protestformen: kritische Presse und Publizistik, veröffentlichte Protestschreiben und Subskriptionslisten, Konferenzen, Versammlungen und Demonstrationen, die auch gewalttätige Formen annahmen. Im Hintergrund wirkten hier sicherlich auch die im untersuchten Zeitraum beobachtbare quantitative Zunahme des öffentlichen Engagements und die Fundamentalpolitisierung der drei Gesellschaften. Antiklerikale Mobilisierung bewegte im Fall Ferrer mithilfe neuer Formen Schichten, die sich vorher nicht engagiert hatten, und die Straße wurde zu einem zentralen Ort der Artikulation kirchenkritischer Positionen. Das wurde auch möglich, weil die gesetzlichen Rahmenbedingungen für öffentliches Engagement dies nun zuließen. So führte der Fall Ferrer in Frankreich zur ersten legalen Demonstration.

Öffentlichkeit entsprach in der zweiten Hälfte des 19. Jahrhunderts allerdings nicht dem Habermasschen Idealtypus einer rational bestimmten Sphäre des freien und offenen Meinungsaustauschs. Die antiklerikale Öffentlichkeit war vielmehr geprägt von Polemik und einer stark emotionalisierten politischen

33 Die Verflechtungen der beiden Ebenen analysiert ausführlich Kapitel 2.4.

Kultur. Überzeugungsstrategien überwogen vor rationalen Argumenten. Antiklerikale kämpften untereinander um den Anspruch Öffentlichkeit zu repräsentieren, stritten darum, ob Gewalt als Mittel einzusetzen war, und mussten sich zum Teil noch gegen restriktive Pressepolitik zur Wehr setzen. Im Anschluss an neuere Studien zur Öffentlichkeit im 19. Jahrhundert wurde das Habermassche Demokratisierungsparadigma ›auf den Kopf gestellt‹. Die Politik der Skandalisierung als Teil der neuen massenmedial bestimmten Kommunikation war weniger ein Zeichen der Dekadenz des demokratischen Ideals als vielmehr Grundlage für Herrschaftskritik und Demokratisierung. Indem Antiklerikale gegen Kirchen, ihre Vertreter und Religion polemisierten, nivellierten sie Standesunterschiede, hierarchische Ansprüche und traditionelle Vorstellungen des Respekts und eröffneten so die Möglichkeit für jeden Einzelnen, religiöse Norm- und Wertbezüge zu hinterfragen.[34] Diese Analyse von Öffentlichkeit ermöglichte es nicht nur, den Antiklerikalismus als soziale Formation zu beschreiben, sondern zeigt aus diesem anderen Blickwinkel heraus noch einmal einen bereits dargestellten grundlegenden Zug der Kirchenkritik auf; im Kern drehte es sich immer um die Frage, wer legitimiert ist, Werte, Normen und Ordnungsvorstellungen zu bestimmen. Die Entwicklung einer antiklerikalen Öffentlichkeit bedeutete also als soziale Formation selbst schon eine Form der Delegitimierung älterer Mächte wie der katholischen Kirche. Doch kehren wir zurück zur Frage nach der europäischen Dimension.

Geografisch relativ unbestimmt wurde Europa im Diskurs der Kirchenkritiker zur zentralen grenzüberschreitenden Gemeinschaftsvorstellung, gleichgesetzt mit Moderne und unterschiedlichen Werten und Normen, deren Zentrum die Idee der Freiheit und eine wie auch immer gedachte Unabhängigkeit von Kirche und zum Teil von Religion bildeten. Diese Konzepte von Europa müssen im Kontext der Idee europäischer Überlegenheit verortet werden. Die heute dominierenden säkularen Europavorstellungen erscheinen im Lichte meiner Befunde als ein Erbe der Kulturkämpfe des 19. Jahrhunderts. Eine eingehendere Rezeptionsanalyse müsste diese Hypothese allerdings erst prüfen. Die katholische Kirche und andere Gegenbilder wurden aus dem antiklerikalen ›modernen‹ Europa ausgegrenzt. Dies bedeutete aber nicht, dass die neuen europäischen Identitätsvorstellungen christliche Komponenten ausschlossen. Im diachronen Durchgang der drei untersuchten Ereignisse nahm ihre Bedeutung allerdings ab. Die europäischen Identitätsvorstellungen konnten sich auch mit nationalen ergänzen, wurden ebenfalls kompensatorisch eingesetzt und waren darüber hinaus von einer Spannung zwischen universalem Anspruch und territorialer sowie kultureller Grenzziehung geprägt. Diese manifestierte sich beson-

34 Vgl. zusammenfassend zum Strukturwandel von Öffentlichkeit Kapitel 2.4.

ders im Fall Ferrer und entwickelte eine komplexe Dynamik. Spanien wurde von den Antiklerikalen in Frankreich und in den deutschen Ländern als katholisch unterjocht sowie der Vergangenheit verhaftet beschrieben und als uneuropäisch ausgegrenzt. Spanische Kirchenkritiker stellte diese Situation vor ein Dilemma, das eine Hemmschwelle für eine vorbehaltlose Beteiligung an den transnationalen Protesten bildete. Denn entweder mussten sie in die rückhaltlose Kritik an ihrem eigenen Land einstimmen oder auf den Europabezug verzichten. Die Ergebnisse ergänzen die bisherigen Untersuchungen zu Europavorstellungen um den alltäglichen Charakter der untersuchten Identitätskonzepte und zeigen deren Verbreitung bereits im 19. Jahrhundert. Sie verdeutlichen zudem, dass Europa wie jede andere Identitätsvorstellung von Ein- und Ausgrenzungen bestimmt war, die im Falle der Kulturkämpfe durch die Dichotomie von Tradition und Moderne konstituiert wurden und innerhalb des vorgestellten kontinentalen Raumes verlaufen konnten.[35] Die Befunde legen nahe, diesen Brüchen in Untersuchungen zu Europakonzepten verstärkt nachzugehen.

Der Europabezug und die Europavorstellungen rechtfertigen die europäische Perspektive auf den Antiklerikalismus. Antiklerikale verbanden sich mit Mitkämpfern jenseits nationaler Grenzen, weil sie ähnliche Konflikte austrugen und von den gleichen Ideen getrieben wurden. Sie entwickelten Vorstellungen einer europäischen Kultur und ordneten ihr Modelle des Verhältnisses von Staat, Gesellschaft, Kirchen und Religion zu, die zwar keinem einheitlichen Konzept von Laizismus oder Säkularität folgten, aber alle eine Emanzipation von der Macht der Kirchen oder der Religion propagierten. Zugleich blieb antiklerikale Mobilisierung an den nationalen politischen Kontext als Handlungsrahmen und Handlungshorizont gebunden. Nationale und europäische Ebene waren nicht durch ein Gegeneinander, sondern durch Gleichzeitigkeit geprägt – sie ergänzten, widersprachen oder vermischten sich. Für die zweite Hälfte des 19. Jahrhunderts sollte angesichts dieser Befunde Europäizität weder kleingeredet noch als einziger Bezugspunkt angenommen werden. Ihre Rolle muss vielmehr situativ bestimmt werden, denn nur so können die Fehler einer Nationalgeschichte mit ihrem a priori gesetzten Rahmen umgangen und eine kritische europäische Geschichte geschrieben werden, die Europa selbst zum Thema macht.

Bei aller Verflechtung und bei allem gemeinsamen europäischen Selbstverständnis hat meine Untersuchung aber auch gezeigt, dass trotz gleicher Themen und ähnlicher Konflikte zwischen den drei Ländern doch entscheidende Differenzen existierten. Im ersten Abschnitt wurden die unterschiedlichen politischen und gesellschaftlichen Konstellationen der jeweiligen nationalstaatlichen

35 Vgl. zusammenfassend Kapitel 2.4.

Entwicklungen vorgestellt, in denen sich die Antiklerikalen bewegten. In Frankreich entwickelte sich die Kirchenkritik, die zunächst während des Zweiten Empires vor allem Teil der Opposition war, zu einem Grundpfeiler der neuen Ordnung in der Dritten Republik. In Spanien blieb der Antiklerikalismus dagegen marginalisiert. Mit Ausnahme der Jahre des Sexenio war Spanien ein konfessioneller Staat und Kirchenkritik befand sich dadurch tendenziell in einer prekären rechtlichen Lage, auch wenn nach der Jahrhundertwende die turnusmäßig wechselnd regierende liberale Partei versuchte, gewisse Reformen durchzusetzen – ein Versuch mit sehr eingeschränktem Erfolg. Zentrale Trägergruppen waren in beiden romanischen Ländern die Republikaner mit ihrer klar säkularistisch ausgerichteten Stoßrichtung, die sowohl sozial wie auch inhaltlich eine Brücke zwischen dem bürgerlichen Antiklerikalismus und der Kirchenkritik der Arbeiterbewegung bildeten. In den deutschen Ländern fehlte dieses republikanische Verbindungsstück. Differenzen zwischen den antiklerikalen Gruppen lagen, wie erläutert wurde, in ihrer Stellung zum ›Volk‹ beziehungsweise zur ›Masse‹ und in der unterschiedlichen Stoßrichtung ihrer ökonomischen Kritik (liberal oder egalitär). Vor dem Hintergrund der politischen Konstellation in den deutschen Ländern verstärkte sich durch diese Unterschiede die soziale Kluft innerhalb des kirchenkritischen Lagers, die aus dem Fehlen des Republikanismus resultierte.[36] Dafür unterstützte die deutsche Kirchenkritik ein viel breiteres Spektrum, das aber abgesehen von der sozialen Kluft zugleich auch inhaltlich größere innere Differenzen aufwies. Die konfessionellen Konfliktlinien zwischen Protestantismus und Katholizismus führten dazu, dass konservative protestantische Kirchenkritiker ähnliche Positionen einnahmen wie Liberale und sogar Sozialisten. Wobei letztere ein sehr viel ambivalenteres Verhältnis zum Antiklerikalismus hatten als ihre romanischen Pendants. Die Unterstützung der Liberalen und Konservativen ermöglichte es, dass im gesetzlichen Kulturkampf wichtige Ideen des Antiklerikalismus (als liberales Phänomen in dem weiten, in dieser Untersuchung zugrundegelegten nicht parteipolitischen Sinn) umgesetzt werden konnten. Zugleich stießen die Liberalen, später auch die Sozialisten und selbstverständlich die Anarchisten mit ihren Forderungen aber auch an Grenzen, besonders vor und nach dem legislativen Kulturkampf. Viele Ideen der Antiklerikalen – wie die Ablehnung von Kirchen und Religion als gesellschaftliche und staatliche Leitinstanzen oder die vollständige individuelle Freiheit und damit einhergehende Privatisierung des Glaubens – waren Vorstellungen, die keine Chancen auf Mehrheiten hatten und gegen Grundlagen der Verfassungen der deutschen Länder verstießen. So war ein Teil des deutschen Antiklerikalismus wie in Spanien ein Oppositionsphänomen.[37]

36 Vgl. für den Republikanismus Kapitel 3.2 und 3.4.

37 Vgl. allgemein für die grundlegenden Konstellationen Kapitel 1.2, 1.3 und 1.4.

Für eine klare Lagerbildung auch jenseits des Diskurses trat erschwerend hinzu, dass diese Gruppen zum Teil ähnliche Freiheitsforderungen formulierten wie der politische Katholizismus oder die katholische Kirche – eine Nähe, die in Frankreich in der Mitte des Jahrhunderts im Kontext des frühen Ultramontanismus und im liberalen Katholizismus von Bedeutung war.[38]

Die Untersuchung der konkreten Mobilisierungen hat gezeigt, dass die strukturellen Unterschiede auf Ausmaß und Charakter des Antiklerikalismus durchaus entscheidenden Einfluss nahmen. Antiklerikale veränderten durch die von ihnen durchgesetzten rechtlichen Reformen staatliche und gesellschaftliche Strukturen grundlegend, zugleich bewegten sie sich mit ihrem Engagement zunächst einmal in einem bestimmten politischen und rechtlichen Kontext. Angesichts meiner Fallanalysen ist gerade für den Antiklerikalismus der zweiten Hälfte des 19. Jahrhunderts zu betonen, dass rechtliche Schranken weiterhin eine zentrale Rolle für die Mobilisierung spielten, wie besonders die Beispiele aus Spanien und den deutschen Ländern zeigen.[39] Zugleich sollten die strukturellen Voraussetzungen wie die grundsätzlich andere konfessionelle Verteilung oder das Fehlen des republikanischen Antiklerikalismus in den deutschen Ländern aber auch nicht überbewertet werden. Der Vergleich hat verdeutlicht, dass der deutsche Fall zwar Besonderheiten aufwies, diese aber keinen deutschen Sonderweg nahelegen. Dafür war der Diskurs in allen drei Nationen erstens insgesamt zu einheitlich und zweitens zeigten auch die beiden anderen Länder Spezifika.

Politik und besonders Religion waren die beiden Felder, in denen bei aller Ähnlichkeit doch diskursive nationale Unterschiede auftraten. Im deutschen Diskurs manifestierte sich auch in der Kirchenkritik die immer wieder beklagte Staatszentrierung, während die Antiklerikalen in den beiden romanischen Ländern die Emanzipation der politischen Ordnung von Kirche eher aus der Forderung nach der Freiheit des Individuums, der Nation oder des Volkes ableiteten. Zugleich stellten radikal laizistische Staats- und Gesellschaftsvorstellungen eine Minderheitenposition unter den deutschen Kirchenkritikern dar. Der spanische Antiklerikalismus stach durch die eingeflochtene allgemeine Herrschaftskritik heraus. Für Frankreich hat der Vergleich die Annahme einer nationalen Sonderstellung aufgrund des Konzepts der Laizität bestätigt. Auch trotz einer Eingliederung des französischen Modells in das Säkularisierungskonzept zeigte sich, dass nur in Frankreich eine begrifflich definierte Idee einer neuen Ordnung artikuliert wurde. Zwar war auch sie umstritten, aber die französischen Antiklerikalen gaben dem für die neue Ordnung kreierten Neologismus Laizität eine posi-

38 Vgl. Kapitel 3.1.
39 Vgl. Kapitel 2.

tive Bestimmung und stellten zudem tendenziell radikalere Forderungen nach einer Zivilgesellschaft ohne religiösen Einfluss auf.[40]

Größere Differenzen zeigten sich im Umgang mit der Gretchenfrage. Der Antiklerikalismus formulierte in allen drei Ländern immer wieder Stellungnahmen zu der Frage, was der wahre Katholizismus, das wahre Christentum, die wahre Religion seien. Hinsichtlich der Intensität dieser Debatten konnten allerdings entscheidende Unterschiede ausgemacht werden. In Frankreich trat die religiöse Komponente in den Diskussionen zunehmend zurück. Deshalb kann davon ausgegangen werden, dass Laizität hier auch ein gelebtes Modell darstellte. Durch das Ausblenden von religiösen Fragen verbannten die französischen Kirchenkritiker Debatten um den Glauben aus der öffentlichen Diskussion und schufen so eine neutrale, säkulare Sphäre. Dieses Resultat beweist jenseits des begrifflichen Konzepts erneut Frankreichs besondere Stellung im europäischen Vergleich. In Spanien dagegen blieben die Kulturkämpfe religiöse Konflikte. Die Antiklerikalen auf der iberischen Halbinsel verharrten im gesamten Untersuchungszeitraum in einer defensiven Haltung. Sie beteuerten immer wieder, dass sich ihre Kritik nicht gegen den Katholizismus, das Christentum oder die Religion richte, und beklagten gleichzeitig, dass sie ständig Vorwürfen dieser Art ausgesetzt seien. Dieses Gefühl, fortwährend unter Beschuss zu stehen, war wahrscheinlich auch der Grund für die besondere Bedeutung und das Gewicht, das die allgemeine Herrschaftskritik in den spanischen Debatten hatte. Hier manifestierte sich eine Mischung aus Abwehr und Anerkennung des Drucks der monokonfessionellen und kirchlich gebundenen Gesellschaft. Diese Ambivalenz musste Ohnmachtsgefühle erzeugen, die zum Nährboden für Gewalt werden konnten. Der spezifische Umgang in Spanien mit der Frage nach der Religion wurde als potentielle Erklärung dafür herausgearbeitet, warum die Konflikte sich hier besonders stark emotional aufluden, von hoher Gewalt geprägt waren und warum letztlich die Chancen für einen gesellschaftlichen Kompromiss untergruben wurden. Die deutschen Kulturkämpfe nahmen hinsichtlich der religiösen Dimension eine mittlere Position ein; so blieben religiöse Fragen konstant, aber aufgrund der konfessionellen Machtverteilung (der protestantischen Mehrheitsgesellschaft) und der bereits länger existierenden, rechtlich garantierten Toleranz entwickelten die Auseinandersetzungen keine den spanischen Diskussionen vergleichbare Vehemenz.[41]

Die Unterschiede in den politischen und rechtlichen Konstellationen und ihre Entwicklung sowie die Differenzen im Diskurs insbesondere hinsichtlich der religiösen Frage legen es nahe, von verschiedenen Entwicklungspfaden

40 Vgl. Kapitel 3.1.
41 Vgl. Kapitel 3.3.

innerhalb eines gesamteuropäischen Phänomens Antiklerikalismus zu sprechen. Angesichts der dargestellten Besonderheiten der Kämpfe scheint es aber nicht sinnvoll, die verschiedenen Wege der Länder nach konfessionellen Verteilungen zu differenzieren und etwa in monokonfessionellen katholischen Ländern im Gegensatz zu bikonfessionellen oder mehrheitlich protestantischen Nationen grundsätzlich von radikaleren und konfliktreicheren Kämpfen auszugehen, wie dies zumeist in der Forschung üblich ist.[42] Konfession war ein Faktor der Konflikte, aber angesichts des hier vorgenommenen Vergleichs dreier Länder waren es die Religion in einem weiteren Sinne und der Umgang mit ihr im Kampfe für Säkularisierung, die zum Kriterium für nationale Unterschiede wurden. Mit solch einer Perspektive können die konfessionellen Gräben überbrückt werden, die sich auch in die Literatur zu den europäischen Kulturkämpfen eingeschrieben haben.

Die Varianten des Verlaufs lenken den Blick ein drittes Mal auf einen entscheidenden Zug der Kulturkämpfe. Die Einflüsse politischer und rechtlicher Rahmenbedingungen auf die nationalen und europäischen Mobilisierungen allgemein sowie die Reaktionen der spanischen Antiklerikalen auf die staatliche und gesellschaftliche Repression im Speziellen verweisen auf die Rolle struktureller Rahmenbedingungen, das heißt Machtverteilungen in Kulturkämpfen. Macht zu legitimieren beziehungsweise zu delegitimieren wurde als das zentrale Anliegen des antiklerikalen Diskurses herausgearbeitet. Säkularisierung bedeutete eine Machtfrage, dies hat die Zusammenschau der diskursiven und der strukturellen Ebene der Kulturkämpfe verdeutlicht. Als die Macht der Kirchen in Staat und Gesellschaft eingehegt war, klangen die Kulturkämpfe ab.[43] Die Konjunkturen der Kämpfe in den drei Ländern legen diese schlichte Hypothese über das Ende der heißen Konfliktphase nahe. Die Trennungsgesetzgebung in Frankreich 1905 und die Weimarer Verfassung setzten zentrale Forderungen der Antiklerikalen um. Die Kämpfe bezogen sich in beiden Staaten in der Zwischenkriegszeit auf den gesellschaftlichen Einfluss und wurden wie in Spanien auch zunehmend von den Kirchenkritikern der Arbeiterbewegung getragen.[44] In den deutschen Ländern und in Frankreich waren die Hauptstreitpunkte in Hinblick auf das Staat-Kirchenverhältnis nach dem Ersten Weltkrieg aus dem Weg geräumt, in Spanien sollten die Konflikte nach einer Zeit der Ruhe dagegen

42 Vgl. bereits ähnlich *Mély*: La question 468; *Townson*: Anticlericalismo y secularización; für die traditionelle Differenzierung die Einleitung, Anmerkung 87.

43 Vgl. bereits *Rémond*: Anticléricalisme en France 356–358.

44 Vgl. z. B. zu Frankreich *Mellor*: Histoire 408–456; *Rémond*: Anticléricalisme en France 225–282; zu den deutschen Ländern *Kaiser*: Arbeiterbewegung; *Weir*: A European Culture War; *Hölscher*: Die Säkularisierung 207; zu Spanien *De la Cueva Merino*: Anticlericalismo e identidad 176–184; *Suárez Cortina*: Entre cirios, barricadas y bayonetas 43, 49.

noch zunehmen. Doch damit treten wir aus der Hochphase der europäischen Kulturkämpfe heraus. Diese Epoche war maßgeblich durch die sich entwickelnden Formen gesellschaftlicher und politischer Teilhabe, die zunehmende gesellschaftliche Polarisierung und die Entstehung einer massenmedial kreierten Kultur eines europäischen Antiklerikalismus geprägt, die im Zentrum dieser Studie gestanden haben.

Danksagung

Die vorliegende Studie ist eine gekürzte und leicht überarbeitete Fassung meiner Dissertation, die im Februar 2012 an der Ludwig-Maximilians-Universität München angenommen wurde. Eine Doktorarbeit entsteht immer in einem breiten kommunikativen Kontext von Personen und Institutionen. Wenn das Thema die Grenzen dreier Nationalstaaten überschreitet, gilt dies in besonderer Weise. Es ist deshalb vielen Personen und Institutionen, die die Entstehung und den Abschluss der Studie in verschiedenster Form gefördert und unterstützt haben, zu danken.

An erster Stelle möchte ich mich bei meinem Doktorvater, Martin Baumeister, bedanken, der mich nicht nur thematisch zu dieser Arbeit angeregt, sondern sie bis zu ihrem Abschluss mit seinen kritischen Kommentaren und seiner vorbehaltlosen Offenheit begleitet hat. Martin Schulze Wessel hat als Zweitgutachter die Studie durch vielfältige Anregungen vor allem aus seiner Expertise in der Religionsgeschichte weitergebracht. Michael Brenner übernahm dankenswerter Weise das dritte Gutachten und schärfte für die Überarbeitung die Frage nach der Stellung der Juden zum Antiklerikalismus noch einmal entscheidend.

Gisela Bock, Esther Chen, Nicole Kramer, Reinhild Kreis, Isabel Leicht, Stefan Schlelein und Tobias Schwartz haben sich der Mühe unterzogen, einzelne Kapitel kritisch zu lesen, und durch Korrekturen und Kommentare entscheidend geholfen, ein abgabefertiges Manuskript zu erstellen. Darüber hinaus erhielt ich in einer Vielzahl von Gesprächen Anregungen und weiterführende Hinweise. Danken möchte ich hierfür: Joaquín Abellán, José Álvarez Junco, Birgit Aschmann, Franz Xaver Bischof, Manuel Borutta, José Casanova, Julio de la Cueva Merino, Javier de Diego Romero, Etienne François, Friedrich Wilhelm Graf, Diether Hopf, Frauke Kersten, Martin von Koppenfels, Till Kössler, Jacqueline Lalouette, Dieter Langewiesche, Philipp Lenhard, Jesús Millán, Thomas Mergel, Xosé Manoel Núñez Seixas, Juan Pan-Montojo, Manuel Pérez Ledesma, Jörg Requate, Alejandro Tiana und Damien Tricoire. Eine besondere Erwähnung verdient Pedro Álvarez Lázaro, dessen Privatarchiv ich nutzen konnte und der mir damit Zugang zu den überall in Spanien verteilt liegenden Freidenker- und Freimaurerzeitschriften verschaffte, die ich in dieser Breite sonst nicht hätte berücksichtigen können.

Zwischenergebnisse habe ich im Rahmen verschiedener Kolloquien und Tagungen vorgestellt. Außerordentlich profitierte ich von meiner Einbindung in das internationale Graduiertenkolleg »Religiöse Kulturen im Europa des 19. und 20. Jahrhunderts« der Ludwig-Maximilians-Universität München und dem Diskussionsforum zur Religionsgeschichte, das mir dadurch erschlossen wurde. Bei den Organisatoren dieser Veranstaltungen bedanke ich mich für die Einladungen, bei den Institutionen für die Aufnahme und bei den Teilnehmern und Mitgliedern für die weiterführenden Gespräche. Nennen möchte ich hier im Besonderen die Koordinatorinnen des Kollegs, Laura Hölzlwimmer und Manina Ott.

Die Studie hätte nicht ohne ein dreijähriges Promotionsstipendium des Evangelischen Studienwerks Villigst e. V. abgefasst werden können. Auch das Deutsche Historische Institut Paris sowie die Fazit-Stiftung haben Phasen der Arbeit finanziert. Für die Unterstützung des ersten Stipendienantrags muss ich mich bei Wolfgang Hardtwig bedanken, von dem ich während meines Studiums hinsichtlich der kritischen Reflexion historischer Forschung viel gelernt habe. An dieser Stelle möchte ich auch Hella Tiedemann erwähnen, die in unterschiedlichsten Gesprächskreisen nicht nur meinen akademischen Werdegang entscheidend geprägt hat.

Den Herausgebern Friedrich Wilhelm Graf, Miloš Havelka und Martin Schulze Wessel danke ich für die Aufnahme meiner Studie in die Reihe »Religiöse Kulturen im Europa der Neuzeit« beim Verlag Vandenhoeck & Ruprecht. Die Drucklegung wurde durch die großzügige Finanzierung des Graduiertenkollegs getragen. Die Auszeichnung der Arbeit mit dem Max-Weber-Preis der Bayerischen Akademie der Wissenschaften 2012 ermöglichte zudem den umfangreichen Abdruck der Karikaturen. Dass aus dem Manuskript schließlich ein Buch wurde, habe ich dem kompetenten Lektorat von Tino Jacobs zu verdanken. Auch die Hilfskräfte des Lehrstuhls für Europäische Geschichte der Ludwig-Maximilians-Universität München, Alexander Mayer und Julia von der Wense, haben dazu beigetragen sowie Hannes Pichler, der zudem das Register zu erstellen half.

Schließlich sorgten meine Freunde, Antje Arens, Esther Chen, Dalia Inbal, Frauke Kersten, Nicole Kramer, Reinhild Kreis, Isabel Leicht, Tobias Schwartz, Johanna Sprengel und viele andere mit Aufmunterungen und Ablenkungen dafür, dass die Zeit der Promotion nicht nur eine intellektuelle Herausforderung, sondern auch eine schöne Zeit war. In ganz besonderer Weise möchte ich Ignacio Valenzuela danken, der mit seinem Glauben an mich sowie mit seiner kritischen Nachsicht die gesamte Arbeit begleitet und damit zugleich geholfen hat, die schwierigen Phasen zu überwinden. Die Untersuchung widme ich meiner Großmutter, Maria Benedicte Jacobi, die mein historisches Interesse immer wieder angefacht hat, und meinen Eltern, Juliane Jacobi und Eckhard Dittrich. Beide hätten durchaus auch bei den Korrektoren genannt werden sollen, aber ihre Unterstützung und Hilfe, auf die ich immer zählen konnte, gehen weit darüber hinaus.

Abkürzungen

AA	Abendausgabe
ABEPI	Archivo Bibliográfico de España, Portugal e Iberoamérica
ABF	Archives Biographiques Françaises
AFG	Arxiu Ferrer i Guàrdia
ANF	Archives Nationales de France
APPP	Archives de la Préfecture de Police de Paris
AIU	Alliance Israélite Universelle
BayHStA	Bayerisches Hauptstaatsarchiv
BNF	Bibliothèque nationale de france
CDMH	Centro Documental de la Memoria Histórica
CGT	Confédération Générale de Travail
CNRS	Centre national de la recherche scientifique
DBA	Deutsches Biographisches Archiv
EA	Evangelical Alliance
ILE	Institución Libre de Enseñanza
MA	Morgenausgabe

Bildnachweis

Abb. 1: Karlsruher Stadtarchiv, 8/PBS, X, Nr. 430
Abb. 2: BNF, M-16956, Les Corbeaux, 3. 10. 1909, 8
Abb. 3: Weimar Stiftung Klassik, Simplicissimus 14 (1909/1910) 510
Abb. 4: Olaf Gulbransson/ VG Bild-Kunst, Bonn 2012, Simplicissimus 14 (1909/1910) 526
Abb. 5: BNF, FOL-LC2-6319, 5.1909, La Calotte, 2. 11. 1909, Titelblatt
Abb. 6: Bayerische Staatsbibliothek, 4 Per. 51 m-24, Lustige Blätter, 15. 9. 1909, 18
Abb. 7: BNF, FOL-LC2-6319, 5.1909, La Calotte, 2. 11. 1909, 6
Abb. 8: BNF, FOL-LC2-6319, 5.1909, La Calotte, 8. 10. 1909, 3
Abb. 9: Bayerische Staatsbibliothek, 4 Per. 51 m-24, Lustige Blätter, 3. 11. 1909, 3
Abb. 10: *Díaz-Plaja*, Fernando: España, los años decisivos: 1909. Barcelona 1970, nach 112
Abb. 11: VG Bild-Kunst, Bonn 2012, Simplicissimus 14 (1909/1910) 529
Abb. 12: BNF, NUMP-3493, L'Éclipse, 5. 12. 1869, Titelblatt
Abb. 13: Biblioteca Nacional de España, R/21091, La Flaca, 23. 5. 1869, 4
Abb. 14: Biblioteca Nacional de España, ZR/1022, Vida Socialista, 18. 6. 1911, 4
Abb. 15: BNF, FOL-LC2-6319, 5.1909, La Calotte, 22. 10. 1909, 3
Abb. 16: BNF, NUMP-1358, Le Charivari, 30. 11. 1869, 250
Abb. 17: BNF, NUMP-1358, Le Charivari, 18. 5. 1870, 109
Abb. 18: Biblioteca Nacional de España, R/21091, La Flaca, 17. 7. 1869, 4
Abb. 19: Biblioteca Nacional de España, Z/13761, Papitu 3 (1910) 672
Abb. 20: Bayerische Staatsbibliothek, 4 Z 36.299–1903/1905, Der Wahre Jakob, 4. 10. 1904, 4480
Abb. 21: BNF, FOL-LC2-6319, 2.1906, La Calotte, 30. 11. 1906, Titelblatt
Abb. 22: Bayerische Staatsbibliothek, L.eleg.m. 408 mm, *Grand-Carteret*, John: Contre Rome. La bataille anticléricale en Europe. Paris 1906, 81
Abb. 23: Biblioteca de Catalunya, Grav GFol C II/8, Campana de Gràcia, 24. 7. 1914, 5
Abb. 24: Bayerische Staatsbibliothek, L.eleg.m. 408 mm, *Grand-Carteret*, John (1906): Contre Rome. La bataille anticléricale en Europe. Paris, 200
Abb. 25: BNF, NUMP-1120, L'Humanité, 14. 10. 1909, 2
Abb. 26: Biblioteca Nacional de España, HN/1920(1), España Nueva, 13. 3. 1910, 1

Die Autorin hat sich bemüht, sämtliche Rechteinhaber ausfindig zu machen. Leider war dies nicht bei allen Bildern möglich. Eventuelle weitere Rechteinhaber bitten wir um Kontaktaufnahme mit der Autorin.

Bibliografie

Ungedruckte Quellen

Archives Nationales de France (*ANF*), Paris

Police, F/7/12558B Rapports quotidiens de la préfecture de police (Août-décembre 1909)

Police, F/7/13066 Anarchistes étrangers réfugiés en France. Surveillance (1908–1920). Espagnols (1908–1909)

Police, F/7/13321 Manifestation du 1er août pour l'anniversaire de Draveil (1909–1912) – Affaire Ferrer (1909–1910)

Ministère de Culte, F/19/1939–1942 Rapport France et Saint-Siège. Concile Ecuménique

Archives Havas, Série I, 5 AR 95 Lettres adressées aux agences alliés, aux succursales et aux bureaux d'Havas en France et à l'Étranger. Madrid. Agence Fabra 1904–1918

Archives de la Préfecture de Police de Paris (*APPP*), Paris

BA 1075 Dossier de Francisco Ferrer (1894–1914)

BA 1499 Menées anarchistes 1907–1914

BA 1642 Dossier de Francisco Ferrer (1906–1910)

Bibliothèque Historique de la Ville de Paris, Paris

NA 155 Rapport sur des réunions publiques (1868–1870)

Bibliothèque nationale de France (*BNF*), Paris

8 – R PIECE – 26367 *Loge Maçonnique les Ecossais Inséparables à l'Oriem [sic !] de Paris*: Rapport sur la question du Concile de la Libre Pensée à Naples (Italie). Unveröffentlichtes Manuskript. Paris o. D. [1869].

Arxiu Ferrer i Guàrdia (*AFG*), Barcelona

E-038 Esbós del monument a Ferrer de Derre

R-0097 Agenda personal 1900–1901

Centro Documental de la Memoria Histórica (*CDMH*), Salamanca

760-B-7 Homenajes a Ferrer por la Masonería

Bayerisches Hauptstaatsarchiv (*BayHSt*), München

Ministerium des Äußeren, MA 93377 Akten zum Fall Ferrer

Ministerium des Inneren, MInn 30981/7 Berichte der Regierungspräsidenten. Die allgemeine Volksstimmung bzw. die Anzeigen wichtiger Vorgänge, 1869

Ministerium des Inneren, MInn 30981/8 Berichte der Regierungspräsidenten. Die allgemeine Volksstimmung bzw. die Anzeigen wichtiger Vorgänge, 1869–1870

Ministerium des Inneren, MInn 30981/9 Berichte der Regierungspräsidenten. Die allgemeine Volksstimmung bzw. die Anzeigen wichtiger Vorgänge, 1869–1870

Ministerium des Inneren, MInn 30981/10 Berichte der Regierungspräsidenten. Die allgemeine Volksstimmung bzw. die Anzeigen wichtiger Vorgänge, 1870

Ministerium des Inneren, MInn 30981/11 Berichte der Regierungspräsidenten. Die allgemeine Volksstimmung bzw. die Anzeigen wichtiger Vorgänge, 1870

Karlsruher Stadtarchiv, Karlsruhe
Plan- und Bildersammlung, 8/PBS, X, Nr. 430

Gedruckte Quellen

Zeitgenössische Periodika[1]

Anarchistische Presse
L'Anarchie (*1909*)
Le Libertaire (1909)
La Société Nouvelle (*1909*)
Les Temps Nouveaux (*1909*)
El Porvenir del Obrero (1909)
Solidaridad Obrera (1909)
Tierra y Libertad (*1909*)
Der Anarchist (1909)
Der Freie Arbeiter (*1909*)

Sozialistische Presse
La Guerre Sociale (*1909*)
L'Humanité (*1909*)
La Réforme politique et social[2] (*1869, 1870*)
Le Socialisme (1909)
Le Travail (1869, 1870)
La Voix du Peuple (*1909*)
La Federación (1869, 1870)
El Socialista (*1909*)
La Solidaridad (*1870*)
Vida Socialista [1910–1914]. Reproducción de la publicación semanal, Madrid. (*1909*) [ND 1996].
Die Neue Zeit (*1909*)
Der Social-Democrat (*1869, 1870*)
Sozialistische Monatshefte (*1909*)
Vorwärts (*1909*)
Der Wahre Jakob (*1909*)

Republikanische und liberal-demokratische Presse
Le Courrier Française (1867, 1868)
La Lanterne (*1909*)
La Marseillaise (*1869*, 1870)

1 Um die Auswahl der Zeitungen zu veranschaulichen und eine bessere Orientierung zu ermöglichen, wurde die folgende Liste in Gruppen eingeteilt und nach Ländern sortiert. Die Jahreszahlen zeigen an, für welche Jahre das Organ schwerpunktmäßig konsultiert wurde. Kursiv gesetzte Jahresangaben kennzeichnen die für die ausgewählten Daten systematisch durchgesehenen Zeitschriften beziehungsweise Zeitungen. Nicht aufgeführt wurden punktuell konsultierte Organe oder Artikel aus Ausschnittsammlungen.

2 Die Réforme ist dem radikal-republikanischen Lager zuzuordnen, wies aber sozialistische Tendenzen auf und wurde wegen fehlender Alternativen als Beispiel für diese gewählt.

Le National (*1869*, *1870*)
Le Rappel (*1869*, *1870*)
Le Réveil (1869,1870)
Le Siècle (*1858*, *1869*, *1870*, *1909*)
El Diluvio (*1909*, *1910*, *1911*, *1912*)
El Diluvio Ilustrado (1909, 1910, 1911)
La Discusión (*1858*,*1869*, *1870*)
España Nueva (*1909*, *1910*, *1911*, *1912*, *1914*)
La Igualdad (*1869*, *1870*)
El Intransigente (1912, 1913)
La Justicia Social (1869, 1870)
El Motín (*1909*, *1910*, *1911*, *1912*, *1914*)
Nuevo Régimen (*1909*, *1910*, *1911*, *1912*, *1914*)
El País (*1909*, *1910*, *1911*, *1912*, *1914*)
La Palabra Libre (1910, 1911)
El Progreso (1910)
El Progreso Ilustrado (1910)
La Publicidad (1909)
El Pueblo (*1869*, *1870*)
El Radical (1910, 1911, 1912, 1913, 1914)
La Rebeldía (1909, 1911)
La Reforma (1869)
La Républica Ibérica (*1869*, *1870*)
Berliner Tageblatt (*1909*)
Frankfurter Zeitung (*1869*, *1870*, *1909*)
Nationalzeitung (1858)
Süddeutsche Zeitung (1869, 1870)
Volkszeitung (*1858*, *1869*, *1870*)

Liberale und bonapartistische Presse
Le Constitutionnel (1858)
Journal des Débats (*1858*, 1869, 1870)
La Liberté (1869, 1870)
Moniteur Universel (1869, 1870)
La Nación (1869, 1870)
La Patrie (1858, 1869, 1870)
La Presse (1858)
Revue des Deux Mondes (*1858*, *1869*, *1870*)
Le Temps (*1869*, *1870*, *1909*)
El Clamor Público (*1858*, *1859*)
Correspondencia de España (*1869*, *1870*)
El Diario Español (1858, 1869, 1870)
Diario Universal (1909, 1910)
La Época (1858, 1859, 1870)
El Estado (1858)
El Heraldo de Madrid[3] (*1910*, *1911*, *1912*, *1913*, *1914*)

3 Sowohl der Heraldo als auch der Liberal könnten zudem in die Kategorie Massenpresse eingeordnet werden.

La Iberia. Diario Liberal (*1869*, *1870*)
La Iberia. Diario Liberal de la Mañana (*1858*, *1859*)
El Imparcial (*1858*, *1869*, *1870*, 1909)
El Liberal (*1909*, *1910*, *1911*, *1912*, *1913*, *1914*)
La Mañana (1910, 1911)
Las Novedades (*1858*)
Augsburger Allgemeine Zeitung (1858, 1859, *1869*, *1870*)
Gartenlaube (*1869*, *1870*)
Kölnische Zeitung (*1858*, *1859*,1869, 1870, *1909*)
Neueste Nachrichten aus dem Gebiet der Politik (1869, 1870)
Preußische Jahrbücher (*1869*, *1870*, 1909)
Schwäbischer Merkur (1858, 1859)
Tägliche Rundschau (*1909*)
Vossische Zeitung (1858, 1859, 1869, 1870, *1909*)

Massenpresse
BZ am Mittag (1909)
Le Matin (1909)
Le Petit Parisien (1909)

Freidenkerorgane
L'Action (*1909*)
Bonne Nouvelle du XIX Siècle (1870)
Le Concile de la Libre Pensée (1870)
L'Excommunié (*1869*, *1870*)
La Libre Conscience (*1869*, *1870*)
La Libre Pensée (1870)
Morale Indépendante (1869, 1870)
La Domincales (*1909*, *1911*)
El Gladiador del Libre Pensamiento (*1914*)
La Humanidad (*1870*, *1871*)
Blätter für freies religiöses Leben (1870)
Deutschkatholisches Sonntags-Blatt (*1869*, *1870*)
Der Dissident (*1858*)
Es werde Licht! (*1870*, *1871*, *1872*)
Der Freidenker (*1909*)
Das Menschentum (*1909*)
Sonntags-Blatt (*1869*, *1870*)

Freimaurerorgane
L'Acacia (*1909*)
Bulletin du Grand Orient de France (1869, 1870)
Bulletin Hebdomaire des Ligues de la Région Parisienne. Relevant du Grand Orient de France et de la Grande Loge de France (*1909*)
Le Monde Maçonnique (*1858*, *1869*, *1870*)
Andalucía Masónica (*1909*)
Boletín Oficial de la Gran Logia Simbólica Regional Catalana-Balear (*1909*, *1910*, *1911*, *1912*, *1913*, *1914*)
Boletín Oficial del Gran Oriente de España (1871, 1872)
Boletín Oficial del Grande Oriente Español (*1909*, *1910*, *1911*, *1912*, *1913*, *1914*)

Die Bauhütte (*1858*, *1869*, *1870*, 1909)
Bausteine (*1909*)
Latomia (1858, 1869, 1870)

Protestantische Presse
Archives du Christianisme au Dix-Neuvième Siècle (*1858*)
L'Espérance (*1858*)
Le Lien (*1858*)
Le Protestant (1909)
Le Protestant Libéral (*1869*, 1870)
Revue Chrétienne (*1858*, *1909*)
Le Vrai Protestant (*1869*, *1870*)
Allgemeine Evangelisch-Lutherische Kirchenzeitung (*1909*)
Christliche Welt (1909)
Evangelische Kirchenzeitung (1858, 1869, 1870, 1909)
Neue Evangelische Kirchenzeitung (1869, 1870)
Protestantische Kirchenzeitung für das Evangelische Deutschland (*1858*, *1859*, *1869*, *1870*)
Reformierte Kirchen-Zeitung (1909)

Jüdische Presse
Les Archives Israélites (*1858*, *1869*, *1870*)
L'Univers Israélite (*1858*, *1869*, *1870*)
Allgemeine Zeitung des Judentums (*1858*, *1859*, *1869*, *1870*, *1909*)
Der Israelit (1869, 1870, 1909)

Satirezeitschriften
L'Assiette au Beurre (*1909*, 1910, 1911)
La Calotte (*1909*)
Le Charivari (*1858*, *1869*, *1870*, 1909)
Les Corbeaux (*1909*)
L'Éclipse (1869, 1870)
La Campana de Gràcia (*1870*, *1909*, *1910*, *1911*, *1912*, *1913*)
El Cencerro (*1869*, *1870*)
La Esquella de la Torratxa (*1909*)
La Flaca (*1869*, *1870*)
Gil Blas (*1869*, *1870*)
Jeremías (*1869*, *1870*)
El Papitu (*1909*)
Berliner Wespen (*1869*, *1870*, *1871*)
Kladderadatsch (*1858*, *1859*, *1869*, *1870*, *1909*)
Lustige Blätter (*1909*)
Simplicissimus (*1909*)
Ulk (*1909*)

Illustrierte und sonstige Zeitschriften
Bulletin Officiel de la Ligue des Droits de l'Homme (*1909*, *1910*)
L'Illustration (1869, 1870, 1909)
Monde Illustré (1909)
La América (*1869*, *1870*)

La Escuela Moderna (1910)
Francisco Ferrer (1911)
Museo Universal (1869, 1870)
Die Zukunft (1909)

Konservative und katholische Presse
L'Univers (1858, 1869, 1870)
Augsburger Postzeitung (1858, 1859)
Mainzer Journal (1858, 1859)
Neue Preußische Zeitung (Kreuzzeitung) (1858, 1859, 1869, 1870)

Parlamentsprotokolle
Chambre de Deputés. Débats parlementaires. Compte rendu (1905)
Sénat. Débats parlementaires. Compte rendu (1881)
Congreso de los Diputados: Diario de Sesiones. Serie histórica. Bd. 14: Legislaturas: 1865–1866, 1867, 1867–1868, 1869–1871 Cortes Constituyentes. Madrid 2005.
Diario de Sesiones de Cortes. Legislatura de 1910, 1911
Bayerischer Landtag: Verhandlungen der Kammer der Abgeordneten des bayerischen Landtages im Jahre 1871/1872. Stenographische Berichte Nr. 1–31. Von der I. Sitzung am 29. September 1871 bis zur XXXI., München o. D.

Zeitgenössische Literatur

Adresse au futur concile par des catholiques matérialistes qui croient au symbole des apôtres mais ne vont ni à messe ni à confesse. Paris 1869.
Anticlerical. In: Diccionario enciclopédico hispano-americano de literatura, ciencias, artes. Bd. 26, Apéndice. Barcelona 1912, 125.
Anticlérical. In: *Larousse,* Pierre (Hg.): Dictionnaire universel du XIXe siècle. Bd. 1. Paris 1866, 440.
Anticlérical. In: *Littré,* Émile (Hg.): Dictionnaire de la langue française. Supplément. Paris 1877, 17.
Brockhaus' Conversation-Lexikon. 17 Bände. 13. Aufl. Leipzig 1882–1887.
Brockhaus' Konversationslexikon. 17 Bände. 14. Aufl. Leipzig 1908–1910.
Clerical. In: Diccionario enciclopédico hispano-americano de literatura, ciencias, artes. Bd. 5. Barcelona 1912, 260.
Clérical. In: *Larousse,* Pierre (Hg.): Dictionnaire universel du XIXe siècle. Bd. 4. Paris 1869, 437.
Clérical. In: *Littré,* Émile (Hg.): Dictionnaire de la langue française. Bd. 1. Paris 1863, 642.
Concil und Jesuitismus. Brennende Fragen zur Orientierung für das deutsche Volk. Von einem schwäbischen Theologen. Stuttgart 1870.
Das Coelibat, seine Ursachen und seine Wirkungen. Eine Anleitung für das ökumenische Concil sich nützlich und zeitgemäss zu beschäftigen. Berlin 1869.
Der kleine Neophyt Edgar Mortara. Aus dem Italienischen der Civiltà Cattolica. Würzburg 1859.
Diccionario enciclopédico hispano-americano de literatura, ciencias, artes. 28 Bände. Barcelona 1912.

Discurso contra la supremacia é infalibilidad del Papa atribuido al Obispo Strossmayer en el Concilio Vaticano de 1870. Madrid 1904.

Edgar Mortara. Dédié aux pères et aux mères de toutes les nations et de toutes les religions. Paris 1860.

Edgard Mortara. Den Israeliten des neunzehnten Jahrhunderts, den Vätern und Müttern aller Nationen und aller Religionen gewidmet. Leipzig 1860.

Ein römisch-katholischer Laie an Pius den Neunten, Papst der römisch-katholischen Kirche, welcher im Laufe dieses Jahres ein ökumenisches Konzil zusammenberufen will, und an die Väter, welche zu diesem Konzil berufen werden sollen. Aus dem Lat. übers. vom Verfasser. Leipzig 1869.

Encyclopédie catholique. Répertoire universel et raisonné des sciences, des lettres, des arts et de métiers. 21 Bände. Paris 1839–1860.

Ferrer im Lichte der Wahrheit. Ein internationaler Feldzug von Freimaurerei und Anarchismus gegen Altar und Thron. Aktenmäßig dargestellt. Berlin 1909.

Francisco Ferrer und seine Mission vor österreichischen Gerichtsschranken. Erkenntnissenatsverhandlung gegen Rudolf Großmann (P. Ramus) über die Anklage der öffentlichen Herabwürdigung des Eigentums und Gutheißung od. unsittlichen Handlungen etc. begangen durch einen Vortrag im Grazer Verein »Freie Denker« und durchgeführt vor dem Grazer Landesgericht am 8. April 1911. (Nach stenographischen Aufzeichnungen.) Mit einem Geleitwort von F. Domela Nieuwemhuis. Paris o. D. [um 1911].

Juicio ordinario seguido ante los tribunales militares en la plaza de Barcelona contra Francisco Ferrer Guardia. Madrid 1909.

Kirche, Staat und ökumenisches Konzil. Ein Mahnruf an alle Katholiken. Bruchsal 1869.

Kirchliches Handlexikon. 2 Bände. Freiburg im Breisgau 1907–1912.

Klerikal. In: Brockhaus' Konversationslexikon. Bd. 10. 14. Aufl. Leipzig 1908, 408 f.

Laïcité. In: *Larousse,* Pierre (Hg.): Dictionnaire universel du XIXe siècle. Bd. 10. Paris 1873, 80.

Laïcité. In: *Littré,* Émile (Hg.): Dictionnaire de la langue française. Supplément. Paris 1877, 210.

L'origine allemande de l'anticléricalisme en France. Orleans 1916.

La vérité sur l'affaire Mortara. Traduit de l'Italien. Brüssel 1858.

Les biens de Ferrer. Le drame de Montjuich devant les cortès espagnoles. Le monument commémoratif. Brüssel 1912.

Les républiques de l'Amérique Latine considérées dans leurs rapports avec l'église catholique et le concile oecuménique du Vatican. Paris 1869.

Lettres d'un franc-maçon au concile oecuménique de l'an de Grâce 1869. o. O. o. D. [um 1869].

Neocatolicismo. In: Diccionario enciclopédico hispano-americano de literatura, ciencias, artes. Bd. 14. Barcelona 1912, 882.

Religion in Geschichte und Gegenwart. 5 Bände. Tübingen 1909–1913.

Ultramontain. In: *Littré,* Émile (Hg.): Dictionnaire de la langue française. Bd. 4. Paris 1869, 2387.

Ultramontane Kampfmittel. Ans Licht gestellt von den Verfassern des »kleinen katholischen Katechismus von der Unfehlbarkeit«, des »Syllabus« und des »Jesuitengesetzes«. Köln, Leipzig 1872.

Ultramontanisme. In: Encyclopédie catholique. Répertoire universel et raisonné des sciences, des lettres, des arts et des métiers. Bd. 18. Paris 1848, 212–221.

Ultramontanisme. In: *Larousse,* Pierre (Hg.): Dictionnaire universel du XIXe siècle. Bd. 15. Paris 1876, 644.

Ultramontanismus. In: Brockhaus' Conversations-Lexikon. Bd. 16. 13. Aufl. Leipzig 1887, 12.

Ultramontano. In: Diccionario enciclopédico hispano-americano de literatura, ciencias, artes. Bd. 22. Barcelona 1912, 841.

Albrecht, Friedrich: Der gewaltsame Kinderraub zu Bologna. Zugleich ein Wort der Warnung an alle Concordatsfreunde. Ulm 1858.

Assézat, Jules: Affaire Mortara. Le droit du père. Paris 1858.

Baader, Franz *von*: Blitzstrahl wider Rom. Die Verfassung der christlichen Kirche und der Geist des Christenthums. Würzburg 1871.

Barrillot, François: Le concile oecuménique. Lettre de Jean Populus à Pie IX. Avant-propos par Eugène Chatelain. Paris 1870.

Baumstark, Reinhold: Gedanken eines Protestanten über die päpstliche Einladung zur Wiedervereinigung mit der römisch-katholischen Kirche. 6. Aufl. Regensburg 1868.

Berchtold, Josef: Die Unvereinbarkeit der neuen päpstlichen Glaubensdekrete mit der bayerischen Staatsverfassung. München 1871.

Bernard, Paul: Jésus et Jésuite, poème dédié à l'anti-concile de Naples. Marseille 1869.

Bernier: L'infaillibilité théocratique en face de la démocratie ou la question religieuse dans ses rapports avec le problème social. Paris 1870.

Berthazène, Alfred: Absurdité d'un concile. Avec une lettre de M. E. Ducasse. Paris 1869.

Bertran, Luis: Yo acuso. El testamento de Ferrer. Barcelona 1911.

Bertrand, Auguste: La vérité sur l'affaire Ferrer. Paris 1910.

Boissonade, J.-A: La Bible dévoilée. Paris 1871.

Bonafulla, Leopoldo: La Revolución de Julio. Valencia o. D. [um 1909].

Bonnal de Ganges, Edmond: Le concile et les temps nouveaux ou catholicisme et université. Paris 1870.

Bourdonné, N.: Concile et papauté. Paris 1869.

Brissa, José: La revolución de julio en Barcelona. Su represión, sus víctimas, proceso de Ferrer. Con el informe del fiscal y el del defensor Señor Galcerán. Recopilación completa de sucesos y comentarios. Barcelona, Buenos Aires 1910.

Canals, Salvador: Los sucesos de España en 1909. Crónica documentada. Bd. 2. Madrid 1911.

Carbonero y Sol, León: Crónica del Concilio ecuménico del Vaticano. Bd. 2: Preparación del Concilio. Madrid 1869–1870.

– Crónica del Concilio ecuménico del Vaticano. Bd. 3: Preparación del Concilio. Madrid 1870.

Cauderlier, Emile: Hommage à Ferrer, suivi d'un répertoire des principales calomnies. Œuvre Francisco Ferrer. Brüssel 1910.

Cayla, Jean Mamert: Les curés mariés par le Concile. Paris 1869.

Cazeaux, Louis: Examen critique du Non possumus de M. A. Schaeffer (Pasteur). Straßburg 1870.

Cecconi, Eugenio (Hg.): Storia del Concilio ecumenico Vaticano scritta sui documenti originali. Bd. 1.2.2: Antecedenti del Concilio. Documenti. Rom 1879.

Chabert, François: Le concile oecuménique de Rome en 1869. Poésie provençale, traduction française en regard, mot à mot par un Libre Penseur. Marseille 1870.

Channing, William Ellery: Werke. Hg v. *Schulze*, F. A./*Sydow*, Adolf. Berlin, Leipzig 1852.

Chapelier, Emile: Pourquoi l'église a tué Ferrer. o.O. 1909.

Comas, Casimiro: Un revolucionario de acción Francisco Ferrer. Su vida, su obra destructora, justicia de su condena. Barcelona 1910.

Comité de Défense des Victimes de la Répression Espagnole: Un martyr des prêtres. Francisco Ferrer (10 janvier 1859–13 octobre 1909). Sa vie – son œuvre. Paris 1909.

Cropp, Johannes: Das Dogma von der päpstlichen Unfehlbarkeit nach seiner principiellen Bedeutung für die katholische und für die protestantische Kirche. Vortrag im Protestanten-Verein gehalten. Hamburg 1871.

Darwin, Charles: De l'origine des espèces, ou Des lois du progrès chez les êtres organisés. Übersetzt von Clémence-Auguste [sic!] Royer. Paris 1862.

De Dardel, Otto: La question Ferrer envisagée devant un Église. Neuchâtel 1910.

De Juvé Buloix, A.: L'affaire Ferrer devant la conscience universelle. Examen critique des documents du procès Ferrer par le Tribunal Militaire de Barcelona. Paris o.D. [um 1910].

De Pressensé, Edmond: Le concile du Vatican. Son histoire et ses conséquences politiques et religieuses. Paris 1872.

De Ségur, Louis Gaston: Le concile. Paris o.D. [um 1869].

– Das Concil. Ein Büchlein für das katholische Volk. Mainz 1869.

De Urdebuenas, Pedro: Melilla, Barcelona, Ferrer. Artículos publicados en »La Defensa«. Malaga 1911.

De Valori, Henry: Infaillibilité du Pape. Rome, le Christ et le concile. Paris 1870.

Dechamps, Victor-Auguste: Über die Opportunität der Deklarirung der päpstlichen Unfehlbarkeit. Schreiben an d. hochw. Bischof Felix Dupanloup von Orléans. Mainz 1870.

Delacouture, André-Vincent: Le droit canon et le droit naturel dans l'affaire Mortara. Paris 1858.

Dénoix des Vergnes, Fanny: Le concile. Lettres écrites au Journal d'Amiens. Amiens 1870.

Döllinger, Ignaz *von*: Le pape et le concile. Paris 1869.

Domela Nieuwenhuis, F.: Francisco Ferrer. Berlin 1911.

Dr. Hutten: Das schwarze Schuldbuch. Konto Klerus in Debet und Credit. Zu Beginn einer neuen Ära. Berlin 1910.

Dupanloup, Félix: Muss der Katholik an die päpstliche Unfehlbarkeit glauben? Verdeutschung der Denkschrift eines Concilsvaters über die Nothwendigkeit der Einstimmigkeit bei dogmatischen Concilsbeschlüssen, nebst Vorwort, Einleitung und Anhang betreffend die Freiheit des Vaticanischen Concils. Braunsberg 1870.

Euler, Charles: Le concile du vatican et le mouvement anti-infaillibiliste en Allemagne. Bd.2: L'excommunication du chanoine Dr. von Doellinger et sa déclaration en réponse. Brüssel 1871.

Friedrich, Albert: Der gewaltsame Kinderraub zu Bologna. Zugleich ein Wort der Warnung an alle Concordatsfreunde. Ulm 1858.

Frohschammer, Jakob: Die Unfehlbarkeit des Papstes. Offenes Sendschreiben an seine Excellenz den Herrn Erzbischof von München-Freising Gregor von Scherr betreffend den Hirtenbrief vom 26. Dezember 1870. Schutterwald/Baden 2009 [ND zuerst 1869].

Graffin, Léopold: Lettre à M. Ricciardi, Promoteur du Concile des Libres Penseurs à Naples. Paris 1869.

Grand Orient de France: Enquête maçonnique sur la proposition d'un convent extraordinaire au 8 décembre 1869. Réponses des Atelieres. Paris 1870.

Grand-Carteret, John: L'affaire Dreyfus et l'image. 266 caricatures françaises et étrangères. Paris 1898.

– »Lui« devant l'objectif caricatural. Les célébrités vues par l'image. Paris 1906.
– Contre Rome. La bataille anticléricale en Europe. Paris 1906.

Granderath, Theodor (Hg.): Acta et decreta sacrosancti oecumenici concilii Vaticani. Cum permultis aliis documentis ad concilium ejusque historiam spectantibus. Freiburg im Breisgau 1892.

–/*Kirch*, Konrad: Geschichte des Vatikanischen Konzils von seiner ersten Ankündigung bis zu seiner Vertagung. Nach den authentischen Dokumenten. Bd. 2: Von der Eröffnung bis zum Schlusse der dritten öffentlichen Sitzung. Freiburg im Breisgau 1903.

–/*Kirch*, Konrad: Geschichte des Vatikanischen Konzils von seiner ersten Ankündigung bis zu seiner Vertagung. Nach den authentischen Dokumenten. Bd. 3: Vom Schlusse der dritten öffentlichen Sitzung bis zur Vertagung des Konzils. Freiburg im Breisgau 1903.

Gregorovius, Ferdinand: Geschichte der Stadt Rom im Mittelalter. Vom V. bis zum XVI. Jahrhundert. Bd. 6: Vierzehntes Buch. Stuttgart 1867.

Hagelüken, Franz A.: Randglossen zu der »Antwort auf das Sendschreiben Pius IX. vom 13. September 1868 von einem evangelisch-lutherischen Pastor«. In Briefform herausgegeben für Akatholiken und Katholiken besonders Diejenigen welche die Antwort gelesen haben; nebst einem Anhang: »Fünfzehn Dummheiten eines schlesischen Protestanten«. 5. verm. und verb. Aufl. Erfurt 1869 [zuerst 1869].

Hase, Karl August *von*: Handbuch der Protestantischen Polemik gegen die Römisch-Katholische Kirche. 2. verb. Aufl. Leipzig 1865 [zuerst 1862].

Hecker, Friedrich: Betrachtungen über den Kirchenstreit in Teutschland und die Infallibilität. Neustadt am Haardt u. a. 1874.

Hefele, Karl Joseph: Honorius und das sechste allgemeine Concil. Autorisirte Uebersetzung, mit einem Nachtrag des Verfassers. Tübingen 1870.

Hendlé, Ernest: La Séparation de l'Église et de l'État. Paris 1869.

Hergenröther, Joseph: Anti-Janus. Eine historisch-theologische Kritik der Schrift »Der Papst und das Concil« von Janus. Freiburg im Breisgau 1870.

Hernández Villaescusa, Modesto: La revolución de julio en Barcelona. Hechos, causas y remedios. Barcelona 1909.

Heymann, Robert: Francesco Ferrer. Ein Roman aus dem modernen Spanien. Dresden o. D. [um 1910].

Hilgenreiner, Karl: Ultramontanismus. In: Kirchliches Handlexikon. Bd. 2. Freiburg im Breisgau 1912, 2493.

Hinschius, Paul: Die päpstliche Unfehlbarkeit und das vatikanische Koncil. Vortrag gehalten zum Besten der deutschen Invalidenstiftung am 11. Februar 1871. Kiel 1871.
– Die Stellung der deutschen Staatsregierungen gegenüber den Beschlüssen des vatikanischen Koncils. Berlin 1871.

Huber, Franz: Die Lateranische Kreuzspinne, oder: das Papstthum als Hemmschuh der Völkerwohlfahrt. Eine volksthümliche Studie. Bern 1869.

Huber, Johannes: Das Papstthum und der Staat. Wider den Anti-Janus. München 1870.

Ibero [Pseudonym von José Ferrándiz]: Das heutige Spanien unter dem Joch des Papsttums. Frankfurt am Main 1909.

Janus [Pseudonym von Ignaz von Döllinger]: Der Papst und das Concil. Eine weiter ausgeführte und mit dem Quellennachweis versehene Neubearbeitung der in der Augsburger Allgemeinen Zeitung erschienenen Artikel: Das Concil und die Civiltà. Leipzig 1869.

Joserey, Amable: La violence légale. À propos de Francisco Ferrer. Paris 1909.

Kaspar, Jean-Jacques: Réponse des intellectuels français à S. M. Alphonse XIII. Pour la

révision du procès Ferrer. Étude juridique d'après les pièces publiées par le gouvernement espagnol. Préface de Gabriel Seailles. Paris 1910.
Keller, Julius: Streiflichter über die päpstliche Unfehlbarkeit. Sagan 1874.
Klopp, Onno: Der evangelische Ober-Kirchenrath in Berlin und das Concil. Freiburg im Breisgau 1869.
Köhler, Karl: Das allgemeine Concil und der Protestantismus. Betrachtungen aus Anlass der Schrift des Herrn Bischofs von Mainz »Das allgemeine Concil und seine Bedeutung für unsere Zeit«. Darmstadt 1869.
Kraussold, Max: Das sogenannte römische Concil und die Protestanten in Bayern. Leipzig 1870.
L'aumonier du Cercle des jeunes ouvriers: Le pape est-il impeccable, faux-monnayeur, infaillible? Propos du jour. o. O. o. D. [um 1870].
L'Ermite de Brompton [Ph. de Riv.]: Le Possumus Libéral ou une séance inédite de l'Anticoncile de Monaco. Paris 1872.
La Chatre, Maurice: Histoire des papes. Mystères d'iniquités de la cour de Rome. Crimes, meurtres, empoisonnements, parricides, adultères, incestes, débauches et turpitudes des pontifes romains, depuis Saint-Pierre jusqu'à nos jours, crimes des rois, des reines et des empereurs. 10 Bände. Paris 1844–1865.
La Petruccelli Gattina, Ferdinando *de*: Le concile. Paris 1869.
La Vicomterie Saint-Samson, Louis *de*: Les crimes des papes. Depuis S. Pierre jusqu'à Pie VI. Avec 9 gravures. Paris 1792.
Lanfrey, Pierre: Histoire politique des papes. Paris 1860.
Larousse, Pierre (Hg.): Dictionnaire universel du XIXe siècle, 17 Bände. Paris 1866–1890.
Leroy-Beaulieu, Anatole: Les doctrines de haine. L'antisémitisme, l'antiprotestantisme, l'anticléricalisme. Paris 1902.
Littré, Émile (Hg.): Dictionnaire de la langue française. 5 Bände. Paris 1863–1877.
Lorente y Peñafort, Julio: El celibato en el futuro Concilio. Madrid 1869.
Lorinser, Franz: Vor dem Concil. Breslau 1869.
Loyson, Paul Hyacinthe u. a.: Les idées en bataille. Discours et polémiques (1900–1910). Paris 1910.
Lucifer: Les Orléanaises. 3 Bände. Paris 1869.
Luigi, Charles: Le catholicisme moderne et le concile de 1869. Conférence donnée le 15 décembre 1869. Marseille 1870.
Maffre, Jacques-Numa: Le concile et l'infaillibilité devant l'histoire et la conscience. 4ème conférence. Royan 1870.
Mateos Gago y Fernández, Francisco: Colección de Opúsculos. Bd. 2. Sevilla 1877.
Meffert, Franz: Die Ferrer-Bewegung. Eine Selbstentlarvung des Freidenkertums. Mönchen-Gladbach 1909.
Meyer, Ferdinand: Die Lehre von der Unfehlbarkeit des römischen Pabstes in ihrem Zusammenhange mit dem katholischen Traditionsprincipe gegenüber dem protest. Schriftprincipe. Vortrag gehalten in Alfeld am 17. Januar 1872. Alfeld 1872.
Michon, Jean Hippolyte: Le concile et la science moderne. Paris 1869.
Mlochowski de Belina, Apollo: Le catholicisme romain et l'orthodoxie russe. (1386–1870). Paris 1870.
Modon, H./*Moulinez*, Ph.: La suprématie papale. Le droit d'absolution ecclésiastique. Deux conférences à l'occasion du concile de 1869. Marseille 1870.
Moos, Herman M.: Mortara. Or, The Pope and His Inquisitors. A Drama. Together With Choice Poems. Cincinnati Ohio 1860.
Moreno Cebada, Emilio: El Santo Concilio Ecuménico del Vaticano. Historia de esta

augusta asamblea, discursos, reseña de las sesiones, número y nombres de los Padres que toman parte en la misma, con cuantas noticias puedan ser de interés. Bd. 1. Barcelona o. D. [um 1869/1870].

Morote, Luis: Los frailes en España. Madrid 1904.

Mulert: Ultramontanismus. In: Religion in Geschichte und Gegenwart. Bd. 4. Tübingen 1913, 1430–1436.

Neumeister, Rudolf: Neun Thesen wider das sogenannte Dogma von der Unfehlbarkeit des Papstes. Eisleben 1872.

Nippold, Friedrich: Welche Wege führen nach Rom? Geschichtliche Beleuchtung der römischen Illusionen über die Erfolge der Propaganda. Heidelberg 1869.

– Ein Bischofsbrief vom Concil und eine deutsche Antwort. Ein Beitrag zur Unterscheidung von Katholicismus und Jesuitismus, von einem protestantischen Christen. Berlin 1870.

Normandy, Georges/*Lesueur*, Émile: Ferrer. L'homme et son œuvre – sa mort – Castille contre Catalogne. Paris o. D. [um 1909].

Pascale, César: Au pape Pie IX. Réponse à sa lettre apostolique à tous les protestants. Dediée aux membres du concile oecuménique. Paris 1869.

Perdiguier, Agricol: Religion et fanatisme. Réponse à un pasteur protestant. Seconde expédition romaine. Le concile ocuménique. Paris 1870.

Preger, Wilhelm: Die Unfehlbarkeit des Papstes und die Schwäche der kirchlichen Opposition in Deutschland. Von einem Theologen der evangelischen Kirchen in Bayern. München 1871.

Puaux, Frank: Le concile oecuménique du Vatican. o. O. 1869–1870.

Pulle, Guilio *von [Pseudonym von Riccardo Castelveccio]*: La famiglia ebrea. Dramma in quattro atti ed un prologo. Mailand 1861.

Rabbe, Félix: Le père Hyacinthe et le libéralisme clérical. Paris 1869.

Ramus, Pierre: Francisco Ferrer (10. Jänner 1859 bis 13. Oktober 1909). Sein Leben und Werk. Nach authentischen Quellen und Materialien, insbesondere nach den dokumentarischen Veröffentlichungen des »Comité de défense des victimes de la répression espagnole«. Paris 1910.

Ranke, Leopold *von*: Fürsten und Völker von Süd-Europa im sechzehnten und siebzehnten Jahrhundert. Bd. 2.1: Die römischen Päpste, ihre Kirche und ihr Staat im sechzehnten und siebzehnten Jahrhundert. Berlin 1834.

Read, Charles-Alexandre: Phoenix ille: Les 95 thèses de Luther contre les indulgences réimprimées d'après l'original latin et entièrement translatées en français pour la première fois. Souvenir du Concile de Trente offert aux pères du concile oecuménique de Rome 1869. Paris 1870.

Reichelt, G. Th: Das Vatikanische Concil. Eine kurzgefaßte Darlegung der Veranlassungen, des Verlaufs und der Folgen dieser Kirchenversammlung. Bautzen 1872.

Reinhard, Ludwig: Zum Allerwelts-Pfaffenkongreß, genannt ökumenisches Concil (8. December 1869). Dem Coburger Arbeiterverein gewidmet. Coburg 1869.

Ricciardi, Guiseppe: Aux libres penseurs de toutes les nations. (Circulaire signée: J. Ricciardi, Naples, 15 mars 1869, tendant à provoquer la réunion d'une assemblée générale par opposition au futur concile oecuménique). o. O. 1869.

– L'Anticoncilio di Napoli del 1869. Promosso e descritto da Guiseppe Ricciardi. Foggia o. D. [ND zuerst 1870].

Roth, Julius: Die Unfehlbaren. Geschichtliche Reihenfolge sämmtlicher Päbste. Leipzig 1871.

Ruelle, Charles-Claude: La schmita au concile. Question à l'ordre du jour: Qu'est-ce, en réalité, que Jésus? – Réponse de l'Histoire. Paris 1870.

Saillard, M.: La révolution et l'église. L'Ancien Régime et le nouveau ou la question romaine et le concile oecuménique. Paris 1869.

Salmerón, Nicolás: Prólogo. In: *Draper*, Jan G. (Hg.): Historia de los conflictos entre la religión y la ciencia. Traducción directa del inglés por Augusto T. Arcimis con un prólogo de Nicolas Salmerón. Madrid 1876, IV–LXXX.

Sancha y Hervás, Ciriaco María: El Kulturkampf internacional. Madrid 1901.

Sangro y Ros de Olano, Pedro: La sombra de Ferrer. De la semana trágica a la guerra europea. Madrid 1917.

Schaeffer, Adolphe: Non possumus. Réponse à la lettre d'un catholique aux pasteurs protestants à propos du prochain concile oecuménique, de M. l'abbé Ch. Lamey. Paris 1869.

Schick, August Hermann: Protestantische Antwort auf den an alle Protestanten gerichteten Brief Pabst Pius IX. mit einer Vorrede an denselben. Eine Schutzwehr wider Rom dem christlichen Volk aus allerlei Stand und Geschlecht zu Nutz und Frommen. Erlangen 1869.

Schickelé, Modest: À propos du Non possumus de M. Schaeffer par L'Abbé Schickelé (Vicaire à Colmar). Colmar 1869.

Schleiermacher, Friedrich: Über die Religion. Reden an die Gebildeten unter ihren Verächtern. Berlin 1799.

Schmidt, Hermann: Concilien in alter und neuer Zeit. Vortrag gehalten in Karlsruhe und Stuttgart. Stuttgart 1870.

Schmitt, Jakob: Die Lehre von der päpstlichen Unfehlbarkeit für das katholische Volk. Freiburg im Breisgau 1870.

Séjour, Victor: La tireuse de cartes. Drame en cinq actes et un prologue, en prose. Paris 1860.

Simarro Lacabra, Luis: El proceso Ferrer y la opinión europea. Bd. 1: El proceso. Madrid 1910.

Spitzer, Jakob: Papstthum und Concil. Antwort auf die 21 Canones als Mahnruf an das deutsche Volk zur Abschüttelung des Joches Römischer Herrsch- und Habsucht. Leipzig 1870.

Stein, Leopold: Der Knabenraub zu Carpentras. Drama in vier Aufzügen. Berlin 1863.

Strauss, David Friedrich: Vie de Jésus, ou examen critique de son histoire, par le docteur David Frédéric Strauss. Übersetzt von Émile Littré. Paris 1839–1840.

Thomassen, Josef Herman: Die Thaetigkeit des oekumenischen Concils zu Rom. Beleuchtet vom Standpunkte der Vernunft und der Wissenschaft. Bd. 2: Was nach den beiden ersten Monaten berathen und beschlossen wurde! Leipzig 1870.

Tube, Abraham Friedrich: Das römische Concil. Zwei Vorträge auf Veranlassung des »Vereins zur Verbreitung christlicher Schriften in Dresden« gehalten und zum Besten dieses Vereins in Druck gegeben. Dresden 1870.

Uhlhorn, Gerhard: Das römische Concil. Vier Vorträge im Evangelischen Verein zu Hannover gehalten. Hannover 1870.

Valois, Georges: Œuvre. Bd. 3: Histoire et philosophie sociales. Hg. v. *ders.* Paris 1924.

Véricel, Gustave: Observations sur la proposition Massol et Colfavru relative à l'attitude à garder par la Maçonnerie en face de l'ouverture du concile oecuménique. o. O. 1869.

Verlet, Henri: 1793–1869. Le peuple et la révolution. L'athéisme et l'Être Suprême. Se vend au profit des écoles de la Libre Pensée. 4. Aufl. Paris o. D. [um 1870].

Verlière, Alfred: Guide du Libre Penseur. Dédié aux membres du concile oecuménique. Paris 1869.

Volkmuth, Peter: Petrus und Paulus auf dem Concil zu Jerusalem. Beleuchtung d. Schrift d. Frhr. v. Ketteler Bischof v. Mainz: »Das allgemeine Concil und seine Bedeutung für unsere Zeit«. Leipzig 1869.

Waagen, Carl: Der unfehlbare Papst oder die grosse Häresie des 19. Jahrhunderts. In aphoristischen Bemerkungen populär besprochen. München 1871.

Wendel, Hermann: Francisco Ferrer. Ein Kapitel Reaktion und Inquisition. Erweiterter Vortrag. Frankfurt am Main 1909.

Wolffberg: Mortara oder das Ereigniß in Bologna. Nach authentischsten Quellen. Ein Beitrag zur Culturgeschichte des neunzehnten Jahrhunderts. Stettin 1859.

X...: L'infaillibilité papale en présence de la Sainte Écriture, de la tradition catholique et de la raison ou Lettres à Mgr. Dechamps, Archevêque de Malines à propos de son ouvrage intitulé l'infaillibilité et le concile géneral. Paris 1870.

Zachariä, Heinrich Albert: Zur Frage von der Reichscompetenz gegenüber dem Unfehlbarkeits-Dogma. Zusammenstellung verschiedener darauf bezüglicher Schriftsätze mit zusätzlichen Bemerkungen. Braunschweig 1871.

Zacher, Albert: Der Raub des Judenknaben Mortara. Nach den neuesten Forschungen erzählt. Frankfurt am Main 1908.

Werkausgaben zeitgenössischer Autoren und Quelleneditionen

Francisco Ferrer. Denée 1984 [ND der Veröffentlichung des Comité de Défense des Victimes de la Répression Espagnole, Martyr de prêtre, zuerst 1909].

Alas, Leopoldo: La Regenta. 2 Bände. Hg. v. *Sobejano*, Gonzalo. 5. Aufl. Madrid 1984 [zuerst 1976, Erstausgabe 1885].

Allendesalazar, José Manuel: La diplomacia española y Marruecos, 1907–1909. Madrid 1990.

De Azcárate, Gumersindo: Minuta de un testamento. Barcelona 1967 [zuerst 1876].

De Castro, Fernando: Memoria testamentaria. El problema del catolicismo liberal. Hg v. *Abellán*, José Luis. Madrid 1975 [zuerst 1875].

De Ségur, Louis Gaston: L'Antimaçonnisme catholique. Les francs-maçons. Hg. v. *Poulat*, Émile/*Laurant*, Jean-Pierre. Paris 1994 [zuerst 1867].

Goethe, Johann Wolfgang: Goethes Werke. Hamburger Ausgabe in 14 Bänden. Bd. 3: Dramatische Dichtungen I. München 1998.

Ortega y Gasset, José: Obras Completas. Bd. 10: Escritos políticos I. 2. Aufl. Madrid 1988 [zuerst 1969].

Quinet, Edgar: Œuvres complètes. Bd. 11, Hg. v. *Dumesnil*, Alfred. Paris o. D. [um 1860].

Troeltsch, Ernst: Die Bedeutung des Protestantismus für die Entstehung der modernen Welt. In: *Ders.*: Kritische Gesamtausgabe. Bd. 8: Schriften zur Bedeutung des Protestantismus für die moderne Welt (1906–1913). Hg. v. *Rendtorff*, Trutz u. a. Berlin 2001, 182–316.

Zimmermann, Harald (Hg.): Regesta Imperii. Bd. II.5: Sächsische Zeit. Papstregesten 911–1024. 2. Aufl. Wien 1998.

Literatur

Archives Biographiques Françaises I.–III. London u. a. 1989–2001.
Archivio Biografico Italiano I.–IV. München 1990–2004.
Archivo Biográfico de España, Portugal e Iberoamérica I.–IV. München 1996–2009.
Barcelona Francisco Ferrer Guàrdia. 80 Aniversario 13 de octubre 1909–13 de octubre de 1989. Discursos pronunciados en el Saló de Cent el 13 de octubre de 1989 en homenaje a Ferrer Guardia. In: Fundación Ferrer Guardia, URL: http://www.laic.org/cas/fig/salocent/salocent.htm (am 13.1.2009).
Beatos Mártires del Siglo XX en España. Mártires de la Familia Dominicana. In: Orden de Predicadores, URL: http://www.dominicos.org/grandes-figuras/martires (am 10.9.2013).
Biografisch Archief van de Benelux I.–II. München 1992–2001.
Bulletin de la Société de l'histoire du protestantisme français 151 (2005).
Deutsches Biographisches Archiv I.–III. München 1960–1999.
Deyveaux-Gassier, Henri-Paul. In: Larousse, URL: http://www.larousse.fr/encyclopedie/personnage/Gassier/120896 (am 15.9.2013).
Jüdisches Biographisches Archiv I.–II. München 1994–2003.
La Iglesia beatificará a casi 500 mártires que dieron la vida por Cristo y España en los años 30. In: Rebelión, URL: http://www.rebelion.org/noticia.php?id=50294 (am 10.9.2013).
Meyers kleines Lexikon Philosophie. Mannheim 1987.
Montbard, G. (Georges). In: Katalog des Worldcat, URL: http://www.worldcat.org/identities/lccn-n84-41118 (am 15.9.2013).
Montbard, Georges (Loye, Charles). In: Univers Arts, URL: http://www.universdesarts.-com/460/graveur/montbard-georges-%28-loye-charles%29/ (am 15.9.2013).
Pousthomis, Léon Césaire Auguste. In: Katalog der Bibliothèque nationale de France, URL: http://catalogue.bnf.fr./servlet/autorite?ID=12823326&idNoeud=1.1&host=catalogue (am 15.9.2013).
WerkstattGeschichte 15 (2009).
Abellán, José Luis: Introducción. In: *De Castro*, Fernando: Memoria testamentaria. El problema del catolicismo liberal. Hg. v. *ders.* Madrid 1975 [zuerst 1875], 3–65.
– El significado de la idea de Europa en la política y en la historia de España. In: Sistema 86/87 (1988) 31–43.
– Historia crítica del pensamiento español. Bd. 5.1: La crisis contemporánea (1875–1936). Madrid 1989.
– El reto europeo. Identidades culturales en el cambio de siglo. Madrid 1994.
Abelló i Güell, Teresa: Les relacions internacionals de l'anarquisme català (1881–1914). Barcelona 1987.
– »La Semana Trágica«: Violencia y política a principios del siglo XX. In: Bulletin d'histoire contemporaine de l'Espagne 47 (2012) 77–92.
Abend, Lisa: Specters of the Secular: Spiritism in Nineteenth-Century Spain. In: European History Quarterly 34 (2004) 507–534.
Abrosimov, Kirill: Die Genese des Intellektuellen im Prozess der Kommunikation. Friedrich Melchior Grimms »Correspondance littéraire«, Voltaire und die Affäre Calas. In: Geschichte und Gesellschaft 33 (2007) 163–197.
Achterberg, Christoph: Karikatur als Quelle. Determinanten sozialwissenschaftlicher Interpretation. Frankfurt am Main 1998.

Adamovsky, Ezequiel: Euro-Orientalism. Liberal Ideology and the Image of Russia in France (c. 1740–1880). Oxford 2006.

Aguinaga, Jean-Francois: Francisco Ferrer et l'École Moderne de Barcelone. Diss. Université Paris X. Paris 1992–1993.

Ahlers-Hestermann, Friedrich: Gulbransson, Olaf Leonhard. In: Neue Deutsche Biographie. Bd. 7: Grassauer-Hartmann. Berlin 1966, 300–301.

Albertí i Oriol, Jordi: El silenci de les campanes. De l'anticlericalisme del segle XIX a la persecució religiosa durant la Guerra Civil a Catalunya. Barcelona 2007.

Albert, Pierre: La presse française de 1871 à 1940. In: *Bellanger*, Claude u. a. (Hg.): Histoire générale de la presse française. Bd. 3: De 1871 à 1940. Paris 1972, 135–622.

– Histoire de la presse. 10. Aufl. Paris 2003.

Albrecht, Jürgen: Honoré Daumier. Mit Selbstzeugnissen und Bilddokumenten. Reinbek bei Hamburg 1984.

Alcalde Fernández, Ángel: Anticlericalismo y populismo. In: *Aldunate León*, Oscar/*Heredia Urzáiz*, Iván (Hg.): Comunicaciones del I encuentro de jóvenes investigadores en historia contemporánea de la Asociación de historia contemporánea. Zaragoza, 26, 27 y 28 de septiembre de 2007. Zaragoza 2008, o. p.

Alexandre, Philippe: La loi scolaire française du 28 mars 1882 et la question de l'enseignement laïque. Un débat dans la presse allemande. In: *Cahn*, Jean-Paul (Hg.): Religion und Laizität in Frankreich und Deutschland im 19. und 20. Jahrhundert. Religions et laïcité en France et en Allemagne aux 19e et 20e siècles. Stuttgart 2008, 39–52.

Almuiña Fernández, Celso: Clericalismo y anticlericalismo a través de la prensa española decimonona. In: *Seco Serrano*, Carlos (Hg.): La cuestión social en la Iglesia española contemporánea. El Escorial 1981, 125–175.

– Los gobernadores civiles y el control de la prensa decimonónica. In: *Garitaonaindía Garnacho*, Carmelo u. a. (Hg.): La prensa de los siglos XIX y XX. Metodología, ideología e información. Bilbao 1986, 167–182.

Alonso García, Gregorio: Ciudadanía católica y ciudadanía laica en la experiencia liberal. In: *Pérez Ledesma*, Manuel (Hg.): De súbditos a ciudadanos. Una historia de la ciudadanía en España. Madrid 2007, 165–191.

– La ciudadanía católica y sus enemigos. Cuestión religiosa, cambio político y modernidad en España (1793–1874). Diss. Universidad Autónoma de Madrid. Madrid 2008.

– No sólo con leyes sabias y justas… La protección de la unidad católica en España y Toscana a mediados del siglo XIX. Unveröffentlichtes Manuskript. London 2009.

Altermatt, Urs: Katholizismus: Antimodernismus mit modernen Mitteln? In: *Ders.* u. a. (Hg.): Moderne als Problem des Katholizismus. Regensburg 1995, 33–50.

– Katholizismus und Nation. Vier Modelle in europäisch-vergleichender Perspektive. In: *Ders.* (Hg.): Religion und Nation. Katholizismen im Europa des 19. und 20. Jahrhunderts. Stuttgart 2007, 15–34.

Altgeld, Wolfgang: Katholizismus, Protestantismus, Judentum. Über religiös begründete Gegensätze und nationalreligiöse Ideen in der Geschichte des deutschen Nationalismus. Mainz 1992.

Altholz, Josef L.: The Vatican Decrees Controversy, 1874–1875. In: The Catholic Historical Review 57 (1972) 593–605.

Álvarez Junco, José: El anticlericalismo en el movimiento obrero. In: *Jackson*, Gabriel (Hg.): Octubre 1934. 50 años para la reflexión. Madrid 1985, 283–300.

– (Hg.): Populismo, caudillaje y discurso demagógico. Madrid 1987.

– La ideología política del anarquismo español (1868–1910). 2. Aufl. Madrid 1991.

- Los intelectuales: Anticlericalismo y republicanismo. In: *García Delgado*, José Luis u. a. (Hg.): Los orígenes culturales de la II República. Madrid 1993, 101–126.
- El populismo como problema. In: *Ders./González Leandri*, Ricardo (Hg.): El populismo en España y América. Madrid 1994, 11–38.
- Mater dolorosa. La idea de España en el siglo XIX. Madrid 2001.
- Confirmación de una identidad. In: *Gómez-Ferrer Morant*, Guadalupe (Hg.): Historia de España. Bd. 36.2: La época de la Restauración (1875–1902). Civilización y cultura. Madrid 2002, 5–45.
- Alejandro Lerroux. El emperador del paralelo. Madrid 2005.

Álvarez Lázaro, Pedro F.: Masonería e Iglesia españolas (1868–1900): El auge de una controversia. In: Anales de historia contemporánea 4 (1984) 105–120.
- Masonería y librepensamiento en la España de la Restauración. Aproximación histórica. Madrid 1985.
- Masonería y librepensamiento españoles de entresiglos. In: *Ferrer Benimeli*, José Antonio (Hg.): La masonería en la historia de España. Actas del I Symposium de Metodología Aplicada a la Historia de la Masonería Española, Zaragoza, 20–22 de junio de 1983. Zaragoza 1985, 105–120.
- Istituzionalizzazione del Libero Pensiero in Europa. In: *Mola*, Aldo Alessandro (Hg.): Stato, chiesa e società in Italia, Francia, Belgio e Spagna nei secoli XIX–XX. Atti del convegno internazionale di studi (Cuneo-Mondovi-Cavour-Savigliano 30–31 ottobre 1992). Foggia 1993, 229–244.
- (Hg.): Librepensamiento y secularización en la Europa contemporánea. Madrid 1996.
- Laicismo y librepensamiento institucional en la España peninsular de la Restauración. In: *Suárez Cortina*, Manuel (Hg.): Secularización y laicismo en la España contemporánea. III encuentro de historia de la Restauración. Santander 2001, 161–206.
- La masonería, escuela de formación del ciudadano. La educación interna de los masones españoles en el último tercio del siglo XIX. 3. Aufl. Madrid 2005.
- Páginas de historia masónica. Santa Cruz de Tenerife, Las Palmas de Gran Canaria 2006.
- La masonería librepensadora en la vida, la obra y el proceso de mitificación de Francisco Ferrer Guardia. In: Actes de les jornades sobre la Setmana Tràgica (1909). Barcelona, 5, 6 i 7 de maig de 2009. Barcelona 2009, 281–380.
- Un librepensador abanderado de la revolución: Francisco Ferrer Guardia. In: Bulletin d'histoire contemporaine de l'Espagne 47 (2012) 113–135.

Álvarez Tardío, Manuel: Política y secularización en la Europa contemporánea. In: Studia histórica. Historia contemporánea 16 (1998) 143–166.
- Anticlericalismo y libertad de conciencia. Política y religión en la Segunda República Española (1931–1936). Madrid 2002.

Anderson, Margaret Lavinia: The Kulturkampf in the Course of German History. In: Central European History 19 (1986) 82–115.
- Windthorst. Zentrumspolitiker und Gegenspieler Bismarcks. Düsseldorf 1988.
- The Divisions of the Pope: The Catholic Revival and Europe's Transition to Democracy. In: *Ivereigh*, Austen (Hg.): The Politics of Religion in an Age of Revival. Studies in Nineteenth-Century Europe and Latin America. London 2000, 22–42.
- Lehrjahre der Demokratie. Wahlen und politische Kultur im Deutschen Kaiserreich. Stuttgart 2009.

Anderson, Robert D.: The Conflict in Education. Catholic Secondary Schools (1850–1870): A Reappraisal. In: *Zeldin*, Theodore (Hg.): Conflicts in French Society. Anticlericalism, Education and Morals in the 19th Century. London 1970, 51–93.

- France, 1870–1914. London 1977.

Andrés Gallego, José/*Pazos*, Antón M.: La Iglesia en la España contemporánea. Bd. 1: 1800–1936. Madrid 1999.

Antonioli, Maurizio u. a. (Hg.): Contro la chiesa. I moti pro Ferrer del 1909 in Italia. Pisa 2009.

Aragno, Guiseppe: Campania per Ferrer. In: *Antonioli*, Maurizio u. a. (Hg.): Contro la chiesa. I moti pro Ferrer del 1909 in Italia. Pisa 2009, 169–188.

Arbeitskreis für kirchliche Zeitgeschichte (AKKZG), Münster: Konfession und Cleavages im 19. Jahrhundert. Ein Erklärungsmodell zur regionalen Entstehung des katholischen Milieus. In: Historisches Jahrbuch 20 (2000) 358–395.

Arbeloa, Victor Manuel: Socialismo y anticlericalismo. Madrid 1973.

- Clericalismo y anticlericalismo en España (1767–1930). Una introducción. Madrid 2009.

Armengaud, André: Sur l'opinion publique toulousaine en août 1870. In: Annales. Économies, sociétés, civilisation 9 (1954) 106–107.

- II. Westeuropa. Großbritannien und Irland, Frankreich, Belgien und die Niederlande 1850–1914. 1. Die Bevölkerung. In: *Fischer*, Wolfram (Hg.): Handbuch der Europäischen Wirtschafts- und Sozialgeschichte. Bd. 5: Von der Mitte des 19. Jahrhunderts bis zum Ersten Weltkrieg. Stuttgart 1985, 286–301.

Arnaldi, Girolamo: Gregorovius als Geschichtsschreiber der Stadt Rom: Das Frühmittelalter. Eine Würdigung. In: *Esch*, Arnold/*Petersen*, Jens (Hg.): Ferdinand Gregorovius und Italien. Eine kritische Würdigung. Tübingen 1993, 117–130.

Arnold, Claus: Kleine Geschichte des Modernismus. Freiburg im Breisgau 2007.

Aronson, Elliot u. a.: Sozialpsychologie. 4. Aufl. München 2008.

Aróstegui, Julio u. a.: El carlismo y las guerras carlistas. Hechos, hombres e ideas. Madrid 2003.

Asad, Talal: Formations of the Secular. Christianity, Islam, Modernity. Stanford/California 2003.

Aschmann, Birgit: Spanien: »Eine seltsame Ente im europäischen Teich«? Zur Bedeutung von Europa und Europabildern im spätneuzeitlichen Spanien. In: *Elvert*, Jürgen/*Nielsen-Sikora*, Jürgen (Hg.): Leitbild Europa? Europabilder und ihre Wirkungen in der Neuzeit. Tagung, die im März 2007 anlässlich des 50. Jahrestags der Römischen Verträge in den Räumen der Vertretung der EU-Kommission in Bonn stattfand. Stuttgart 2009, 156–173.

Aschoff, Hans-Georg: Bismarck und der deutsche Katholizismus. In: *Heidenreich*, Bernd (Hg.): Bismarck und die Deutschen. Berlin 2005, 63–74.

Atkin, Nicholas/*Tallett*, Frank: Priests, Prelates, and People. A History of European Catholicism since 1750. New York 2003.

Aubert, Paul: L'influence idéologique et politique de la France en Espagne de la fin du XIXe siècle à la Première Guerre mondiale (1875–1918). In: *Etienvre*, Jean-Pierre (Hg.): España, Francia y la Comunidad Europea. Actas del segundo coloquio hispano-francés de historia contemporánea, celebrado en Aix-en-Provence los días 16, 17 y 18 de junio de 1986. Madrid 1989, 57–102.

- Luchar contra los poderes fácticos: El anticlericalismo. In: *Aubert*, Paul (Hg.): Religión y sociedad en España (siglos XIX y XX). Seminario celebrado en la Casa de Velázquez (1994–1995). Madrid 2002, 219–253.

- Consecuencias de la Semana Trágica y del caso Ferrer: Los intelectuales españoles y franceses frente a la Leyenda Negra de España a principio del siglo XX. In: Bulletin d'histoire contemporaine de l'Espagne 47 (2012) 143–178.

Aubert, Roger: Monseigneur Dupanloup et le Syllabus. In: Bulletin de la Société d'histoire moderne 54 (1955) 5–12.
– Monseigneur Dupanloup et le Syllabus. In: Revue d'histoire ecclésiastique 51 (1956) 79–142, 471–512, 837–915.
– Vaticanum I. Mainz 1965.
– Die Auseinandersetzung zwischen Katholizismus und Liberalismus. In: *Jedin*, Hubert (Hg.): Handbuch der Kirchengeschichte. Bd. 6.1: Die Kirche in der Gegenwart. Die Kirche zwischen Revolution und Restauration. Freiburg im Breisgau u.a. 1971, 696–760.
Ávila Espinosa, Felipe Arturo: El anticlericalismo en México y en España. In: *Suárez Cortina*, Manuel u.a. (Hg.): Cuestión religiosa. España y México en la época liberal. 2. Aufl. Santander 2013, 261–298.
Avilés Farré, Juan: Republicanismo, librepensamiento y revolución: La ideología de Francisco Ferrer y Guardia. In: Ayer 49 (2003) 249–270.
– Francisco Ferrer y Guardia. Pedagogo, anarquista y mártir. Madrid 2006.
Baader, Benjamin Maria: Gender, Judaism, and Bourgeois Culture in Germany, 1800–1870. Bloomington/Indiana 2006.
Baader, Meike Sophia u.a.: Ellen Keys reformpädagogische Vision. »Das Jahrhundert des Kindes« und seine Wirkung. Weinheim 2000.
Baal, Gérard: Combes et la »République des Comités«. In: Revue d'histoire moderne et contemporaine 24 (1977) 260–285.
Bachoud, Andrée: L'affaire Ferrer ou la France en question. In: *Etienvre*, Jean-Pierre (Hg.): España, Francia y la Comunidad Europea. Actas del segundo coloquio hispano-francés de historia contemporánea, celebrado en Aix-en-Provence los días 16, 17 y 18 de junio de 1986. Madrid 1989, 103–113.
Bahn, Peter: Deutschkatholiken und Freireligiöse. Geschichte und Kultur einer religiös-weltanschaulichen Dissidentengruppe, dargestellt am Beispiel der Pfalz. Mainz 1991.
Barbat, Gustau/*Estivill*, Jordi: L'anticlericalisme en la revolta popular del 1909. In: L'Avenç 2 (1977) 28–37.
Barbier, Maurice: La laïcité. Paris 1995.
Barnosell, Genis: God and Freedom: Radical Liberalism, Republicanism, and Religion in Spain, 1808–1847. In: International Review of Social History 57 (2012) 37–59.
Bar-Tal, Daniel u.a. (Hg.): Stereotyping and Prejudice. Changing Conceptions. New York, Berlin 1989.
Barth, Volker: Medien, Transnationalität und Globalisierung 1830–1960. Neuerscheinungen und Desiderata. In: Archiv für Sozialgeschichte 51 (2001) 717–737.
Baubérot, Jean: Le christianisme social protestant et la Libre pensée (1898–1914). In: *Mayeur*, Jean-Marie (Hg.): Libre pensée et religion laïque en France. De la fin du Second Empire à la Fin de la Troisième République. Straßburg 1980, 231–246.
– Vers un nouveau pacte laïque? Paris 1990.
– La morale laïque contre l'ordre moral. Paris 1997.
– De la conciliation à l'anticléricalisme militant: Le Grand Dictionnaire Universel de Pierre Larousse. In: *Dierkens*, Alain (Hg.): L'intelligentsia européenne en mutation, 1850–1875. Darwin, le syllabus et leurs conséquences. Actes du colloque organisé à l'Université Libre de Bruxelles les 13 et 14 mars 1998. Brüssel 1998, 9–18.
– Der Laizismus in Frankreich vom Standpunkt der historischen Soziologie. In: *Sauzay*, Brigitte (Hg.): Eine Welt ohne Gott? Religion und Ethik in Staat, Schule und Gesellschaft. Göttingen 1999, 19–34.

– Pour une comparaison anticléricalisme européen/anticléricalisme chinois. In: Extrême-orient, extrême-occident 24 (2002) 167–178.
– Sécularisation et laïcisation. Une trame décisive. In: *Pellistrandi*, Benoît (Hg.): L'histoire religieuse en France et en Espagne. Colloque international (Casa de Velázquez, 2–5 avril 2001). Madrid 2004, 17–38.
–/*Zuber*, Valentine: Une haine oubliée. L'antiprotestantisme avant le »pacte laïque« (1870–1905). Paris 2000.
Bauman, Mark K.: Variations on the Mortara Case in Midnineteenth-Century New Orleans. In: The American Jewish Archives Journal 55 (2003) 43–58.
Baumeister, Martin: Parität und katholische Inferiorität. Untersuchung zur Stellung des Katholizismus im Deutschen Kaiserreich. Paderborn 1987.
– Diesseits von Afrika? Konzepte des europäischen Süden. In: *Schenk*, Frithjof Benjamin/*Winkler*, Martina (Hg.): Der Süden. Neue Perspektiven auf eine europäische Geschichtsregion. Frankfurt am Main 2007, 23–47.
Bautz, Friedrich Wilhelm: Corvin-Wiersbitzki. In: Biographisch-Bibliographisches Kirchenlexikon. Bd. 1: Aalders-Faustus v. Byzanz. Hamm 1990, 1137–1138.
– Acton. In: Biographisch-Bibliographisches Kirchenlexikon. Bd. 1: Aalders-Faustus v. Byzanz. Hamm 1990, 21.
– Bonifatius VII. In: Biographisch-Bibliographisches Kirchenlexikon. Bd. 1: Aalders-Faustus v. Byzanz. Hamm 1990, 689–690.
– Döllinger. In: Biographisch-Bibliographisches Kirchenlexikon. Bd. 1: Aalders-Faustus v. Byzanz. Hamm 1990, 1344–1347.
Becker, Frank: Konfessionelle Nationsbilder im Deutschen Kaiserreich. In: *Haupt*, Heinz-Gerhard/*Langewiesche*, Dieter (Hg.): Nation und Religion in der deutschen Geschichte. Frankfurt am Main 2001, 389–418.
Becker, Josef: Liberaler Staat und Kirche in der Ära von Reichsgründung und Kulturkampf. Geschichte und Strukturen ihres Verhältnisses in Baden 1860–1876. Mainz 1973.
Becker, Winfried: Der Kulturkampf als europäisches und als deutsches Phänomen. In: Historisches Jahrbuch 101 (1981) 422–446.
– Liberale Kulturkampf-Positionen und politischer Katholizismus. In: *Pflanze*, Otto (Hg.): Innenpolitische Probleme des Bismarck-Reiches. München 1983, 45–71.
– Die Deutsche Zentrumspartei im Bismarckreich. In: *Ders.* (Hg.): Die Minderheit als Mitte. Die deutsche Zentrumspartei in der Innenpolitik des Reiches, 1871–1933. Paderborn 1986, 9–46.
– Der Kulturkampf in Preussen und in Bayern. Eine vergleichende Betrachtung. In: *Zedler*, Jörg (Hg.): Der Heilige Stuhl in den internationalen Beziehungen. 1870–1939. München 2010, 51–91.
Beckford, James A.: Social Theory and Religion. Cambridge 2003.
Becquet, Jean: Les Limousins, L'Univers et le premier concile du Vatican, 1869–1870. In: Revue d'histoire ecclésiastique 89 (1994) 98–104.
Beiser, J. Ryan: The Vatican Council and the American Secular Newspapers, 1869–70. Washington/District of Columbia 1941.
Bellanger, Claude u. a. (Hg.): Histoire générale de la presse française. Bd. 2: De 1815 à 1871. Paris 1969.
– (Hg.): Histoire générale de la presse française. Bd. 3: De 1871 à 1940. Paris 1972.
Ben-Amos, Avner: Les funérailles de gauche sous la IIIe République: deuil et contestation. In: *Corbin*, Alain (Hg.): Les usages politiques des fêtes aux XIXe–XXe siècles. Actes du colloque organisé les 22 et 23 novembre 1990 à Paris. Paris 1994, 199–210.

Benet, Josep: Maragall i la Setmana Tràgica. 6. Aufl. Barcelona 1992.

Bénichou, Paul: Le temps des prophètes. Doctrines de l'âge romantique. Paris 2001.

Bennette, Rebecca Ayako: Fighting for the Soul of Germany. The Catholic Struggle for Inclusion after Unification. Cambridge/Massachusetts 2012.

Benz, Hartmut: Der Peterspfennig im Pontifikat Pius IX. Initiativen zur Unterstützung des Papsttums (1859–1878). In: Römische Quartalschrift für christliche Altertumskunde und Kirchengeschichte 90 (1995) 90–109.

Benz, Wolfgang: Feindbilder in Europa – Traditionen und Strukturen. In: *Pelinka*, Anton (Hg.): Feindbilder in Europa. Analysen und Perspektiven. Wien 2008, 13–25.

Berger, Joachim: Between Universal Values and National Ties: Western European Freemasonries Face the Challenge of »Europe« 1850–1930. In: Journal of Research into Freemasonry and Fraternalism 1 (2010) 205–226.

– European Freemasonries, 1850–1935: Networks and Transnational Movements. In: European History Online, 3.12.2010, URL: http://www.ieg-ego.eu/bergerj-2010-en (am 10.9.2013).

Berlan, Hélène u.a. (Hg.): L'Anticléricalisme de la fin du XVe siècle au début du XXe siècle. Discours, image et militances. Paris 2011.

Berlis, Angela: Celibate or Married Priests? Polemical Gender Discourse in Nineteenth-Century Catholicism. In: *Pasture*, Patrick (Hg.): Gender and Christianity in Modern Europe. Beyond the Feminization Thesis. Leuven 2012, 57–71.

Bernecker, Walther L.: Spanische Geschichte. Von der Reconquista bis heute. Darmstadt 2002.

–/*Pietschmann*, Horst: Geschichte Spaniens. 4. Aufl. Stuttgart 2005.

Bernhardt, Hans-Michael: Voraussetzungen, Struktur und Funktion von Feindbildern. Vorüberlegungen aus historischer Sicht. In: *Jahr*, Christoph (Hg.): Feindbilder in der deutschen Geschichte. Studien zur Vorurteilsgeschichte im 19. und 20. Jahrhundert. Berlin 1994, 9–24.

Berry, David/*Bantman*, Constance: New Perspectives on Anarchism, Labour and Syndicalism. The Individual, the National and the Transnational. Newcastle upon Tyne 2010.

Berstein, Serge: Le parti radical-socialiste français et la laïcité. In: *Miroir*, André (Hg.): Laïcité et classes sociales 1789–1945. En hommage à John Bartier. Brüssel 1992, 83–97.

Berti, Giampietro D.: Errico Malatesta e il movimento anarchico italiano e internazionale. 1872–1932. Milano 2003.

Bertocci, Philip A.: Jules Simon. Republican Anticlericalism and Cultural Politics in France, 1848–1886. Columbia 1978.

Bertrand, Regis: Limites d'une laïcisation de la mort. In: *Chantin*, Jean-Pierre/*Moulinet*, Daniel (Hg.): La Séparation de 1905. Les hommes et les lieux. Paris 2005, 37–49.

Besier, Gerhard: Der Kulturkampf als europäisches Phänomen? Zur Relativierung einer Kulturkampfhistoriographie aus katholischer Sicht. In: Monatshefe für Evangelische Kirchengeschichte des Rheinlandes 37/38 (1988/1989) 515–527.

Best, Francine: Francisco Ferrer et les expériences d'éducation libertaire en France au début du siècle. In: *Dies.* u.a. (Hg.): L'affaire Ferrer. Actes du colloque »Les expériences libertaires en France en matière d'éducation au début du siècle«, 14 octobre 1989, Centre National et Musée Jean Jaurès. Castres 1991, 41–47.

– (Hg.): L'affaire Ferrer. Actes du colloque »Les expériences libertaires en France en matière d'éducation au début du siècle«, 14 octobre 1989, Centre National et Musée Jean Jaurès. Castres 1991.

Bettega, Victor: John Grand-Carteret 1850–1927. Essai de bio-bibliographie. Grenoble 1990.

Bianco, René: Francisco Ferrer dans la presse de langue française. In: *Best*, Francine u. a. (Hg.): L'affaire Ferrer. Actes du colloque »Les expériences libertaires en France en matière d'éducation au début du siècle«, 14 octobre 1989, Centre National et Musée Jean Jaurès. Castres 1991, 159–173.

Bidelman, Patrick Kay: Pariahs Stand Up! The Founding of the Liberal Feminist Movement in France, 1858–1889. Westport/Connecticut 1982.

Biefang, Andreas: Die andere Seite der Macht. Reichstag und Öffentlichkeit im »System Bismarck« 1871–1890. Düsseldorf 2009.

Bierlaire, Franz: Érasme et Rabelais: D'une anticléricalisme à l'autre. In: *Marx*, Jacques (Hg.): Aspects de l'anticléricalisme du Moyen âge à nos jours. Hommage à Robert Joly. Colloque de Bruxelles – Juin 1988. Brüssel 1988, 25–46.

Birke, Adolf M.: Zur Entwicklung und politischen Funktion des bürgerlichen Kulturkampfverständnisses in Preußen-Deutschland. In: *Kurze*, Dietrich (Hg.): Aus Theorie und Praxis der Geschichtswissenschaft. Festschrift für Hans Herzfeld zum 80. Geburtstag. Berlin 1972, 257–279.

– Bischof Kettelers Kritik am deutschen Liberalismus. In: *Schmidt*, Martin/*Schwaiger*, Georg (Hg.): Kirchen und Liberalismus im 19. Jahrhundert. Göttingen 1976, 155–163.

Birnbaum, Pierre: The Jews of the Republic. A Political History of State Jews in France from Gambetta to Vichy. Stanford/California 1996.

Bischof, Franz Xaver: Theologie und Geschichte. Ignaz von Döllinger (1799–1890) in der zweiten Hälfte seines Lebens. Ein Beitrag zu seiner Biographie. Stuttgart 1997.

Blackbourn, David: The Problem of Democratisation. German Catholics and the Role of the Centre Party. In: *Evans*, Richard J. (Hg.): Society and Politics in Wilhelmine Germany. London 1978, 160–185.

– Catholics and Politics in Imperial Germany: The Centre Party and its Constituency. In: *Ders.* (Hg.): Populists and Patricians. Essays in Modern German History. London 1987, 188–214.

– Progress and Piety: Liberalism, Catholicism and the State in Imperial Germany. In: History Workshop 26 (1988) 57–78.

– Volksfrömmigkeit und Fortschrittsglaube im Kulturkampf. Stuttgart 1988.

– Wenn ihr sie wieder seht, fragt wer sie sei: Marienerscheinungen in Marpingen. Aufstieg und Niedergang des deutschen Lourdes. Reinbek bei Hamburg 1997.

Blaschke, Olaf: Die Kolonialisierung der Laienwelt. Priester als Milieumanager und die Kanäle klerikaler Kuratel. In: *Ders.*/*Kuhlemann*, Frank-Michael (Hg.): Religion im Kaiserreich. Milieus, Mentalitäten, Krisen. Gütersloh 1996, 93–135.

– Das 16. Jahrhundert und das 19. Jahrhundert. Zwei konfessionelle Zeitalter? Ein Vergleich. In: *Giebmeyer*, Angela/*Schnabel-Schule*, Helga (Hg.): »Das Wichtigste ist der Mensch«. Festschrift für Klaus Gerteis zum 60. Geburtstag. Mainz 2000, 117–138.

– Das 19. Jahrhundert: Ein zweites konfessionelles Zeitalter? In: Geschichte und Gesellschaft 26 (2000) 28–75.

– Der »Dämon des Konfessionalismus«. Einführende Überlegungen. In: *Ders.* (Hg.): Konfessionen im Konflikt. Deutschland zwischen 1800 und 1970 ein zweites konfessionelles Zeitalter. Göttingen 2002, 71–95.

– Abschied von der Säkularisierungslegende. Daten zur Karrierekurve der Religion (1800–1970) im zweiten konfessionellen Zeitalter. In: Zeitenblicke 5 (2006), 1–50.

– Das Deutsche Kaiserreich im Zeitalter der Kulturkämpfe. In: *Müller*, Sven Oliver u. a. (Hg.): Das deutsche Kaiserreich in der Kontroverse. Göttingen 2009, 185–202.

– Offenders or Victims? German Jews and the Causes of Modern Catholic Antisemitism. Lincoln 2009.
– Säkularisierung und Sakralisierung im 19. Jahrhundert. In: *Gabriel*, Karl u. a. (Hg.): Umstrittene Säkularisierung. Soziologische und historische Analysen zur Differenzierung von Religion und Politik. Berlin 2012, 439–459.
– Antiprotestantismus und Antikatholizismus als gobalgeschichtliche Phänomene 1789–1945. In: *Sarx*, Tobias u. a. (Hg.): Protestantismus und Gesellschaft. Beiträge zur Geschichte von Kirche und Diakonie im 19. und 20. Jahrhundert. Jochen-Christoph Kaiser zum 65. Geburtstag. Stuttgart 2013, 263–279.
– Anti-Protestantism and Anti-Catholicism in the 19th Century: A Comparaison. In: *Werner*, Yvonne M./*Havard*, Jonas (Hg.): European Anti-Catholicism in a Comparative and Transnational Perspective. Amsterdam, New York 2013, 115–134.
–/*Altermatt*, Urs: »Katholizismus und Antisemitismus«. Eine Kontroverse. In: Schweizerische Zeitschrift für Geschichte 50 (2000) 205–236.
–/*Kuhlemann*, Frank-Michael: Religion in Geschichte und Gesellschaft. Sozialhistorische Perspektiven für die vergleichende Erforschung religiöser Mentalitäten und Milieus. In: *Dies.* (Hg.): Religion im Kaiserreich. Milieus, Mentalitäten, Krisen. Gütersloh 1996, 7–56.
–/*Mattioli*, Aram (Hg.): Katholischer Antisemitismus im 19. Jahrhundert. Ursachen und Traditionen im internationalen Vergleich. Zürich 2000.
Blasco Herranz, Inmaculada: Género y religión: De la feminización de la religión a la movilización católica femenina. Una revisión crítica. In: Historia social 53 (2005) 119–136.
Blumenberg, Hans: Licht als Metapher der Wahrheit. Im Vorfeld der philosophischen Begriffsbildung. In: Studium Generale 10 (1957) 432–447.
Boeldieu, Gérard: Au mois d'octobre 1909 à décembre 1946. In: Gavroche 24 (2005) 28–33.
Bohusch, Florian: Verfassungsrechtliche Grundlagen der Glaubensfreiheit. Religionsverfassungsrecht in den deutschen Verfassungsberatungen seit 1848. Diss. Universität Konstanz. Konstanz 2002.
Bollenbeck, Georg: »Kultur« und »civilisation« – eine deutsch-französische Geschichte. In: *Viehoff*, Reinhold/*Segers*, Rien T. (Hg.): Kultur, Identität, Europa. Über die Schwierigkeiten und Möglichkeiten einer Konstruktion. Frankfurt am Main 1999, 289–303.
Bories-Sawala, Helga: Sacrée laïcité. Eine geschichtsmächtige französische Idee im historischen Abriss. In: Lendemains 29 (2004) 11–28.
Bornkamp, Heinrich: Die Staatsidee im Kulturkampf. In: Historische Zeitschrift 170 (1950) 41–72.
Borutta, Manuel: Antikatholizismus, Männlichkeit und Moderne. Die diskursive Feminisierung des Katholizismus in Deutschland und Italien (1850–1900). In: AIM Gender, URL: http://www.ruendal.de/aim/pdfs/Borutta.pdf (am 10.9.2013).
– Das Andere der Moderne. Geschlecht, Sexualität und Krankheit in antikatholischen Diskursen Deutschlands und Italiens (1850–1900). In: *Rammert*, Werner (Hg.): Kollektive Identitäten und kulturelle Innovationen. Ethnologische, soziologische und historische Studien. Leipzig 2001, 59–75.
– Enemies at the Gate: The Moabit Klostersturm and the Kulturkampf: Germany. In: *Clark*, Christopher/*Kaiser*, Wolfram (Hg.): Culture Wars. Secular-Catholic Conflict in Nineteenth-Century Europe. Cambridge 2003, 227–254.
– Religion und Zivilgesellschaft: Zur Theorie und Geschichte ihrer Beziehung. Berlin 2005.

- Geistliche Gefühle. Medien und Emotionen im Kulturkampf. In: *Bösch*, Frank/ *Borutta*, Manuel (Hg.): Die Massen bewegen. Medien und Emotionen in der Moderne. Frankfurt am Main 2006, 119–141.
- Der innere Orient: Antikatholizismus als Orientalismus in Deutschland, 1781–1924. In: *Juneja*, Monica/*Pernau*, Margrit (Hg.): Religion und Grenzen in Indien und Deutschland. Auf dem Weg zu einer transnationalen Historiographie. Göttingen 2008, 245–273.
- Antikatholizismus. Deutschland und Italien im Zeitalter der europäischen Kulturkämpfe. Göttingen 2010.
- Genealogie der Säkularisierungstheorie. Zur Historisierung einer großen Erzählung der Moderne. In: Geschichte und Gesellschaft 36 (2010) 347–376.

–/*Verheyen*, Nina: Vulkanier und Choleriker? Männlichkeit und Emotion in der deutschen Geschichte 1800–2000. In: *Dies.* (Hg.): Die Präsenz der Gefühle. Männlichkeit und Emotion in der Moderne. Bielefeld 2010, 11–40.

Bösch, Frank: Historische Skandalforschung als Schnittstelle zwischen Medien-, Kommunikations- und Geschichtswissenschaft. In: *Crivellari*, Fabio u. a. (Hg.): Die Medien der Geschichte. Historizität und Medialität in interdisziplinärer Perspektive. Konstanz 2004, 445–464.
- Zeitungsberichte im Alltagsgespräch. Mediennutzung, Medienwirkung und Kommunikation im Kaiserreich. In: Publizistik 49 (2004) 319–336.
- Zwischen Populärkultur und Politik. Britische und deutsche Printmedien im 19. Jahrhundert. In: Archiv für Sozialgeschichte 45 (2005) 549–584.
- Politische Skandale in Deutschland und Großbritannien. In: Aus Politik und Zeitgeschichte 7 (2006) 25–32.
- Transfers and Similarities: Journalists, Politicians and Scandals in Imperial Germany and Britain. In: *Ders.*/*Geppert*, Dominik (Hg.): Journalists as Political Actors. Transfers and Interactions between Britain and Germany since the Late 19th Century. Augsburg 2008, 16–34.
- Öffentliche Geheimnisse. Skandale, Politik und Medien in Deutschland und Großbritannien 1880–1914. München 2009.
- u. a. (Hg.): Europabilder im 20. Jahrhundert. Entstehung an der Peripherie. Göttingen 2012.

–/*Schmidt*, Patrick (Hg.): Medialisierte Ereignisse. Performanz, Inszenierung und Medien seit dem 18. Jahrhundert. Frankfurt am Main, New York 2010.

Boscus, Alain: L'affaire Ferrer dans le midi toulousain, d'après la Dépêche et la presse tarnaise. In: *Best*, Francine u. a. (Hg.): L'affaire Ferrer. Actes du colloque »Les expériences libertaires en France en matière d'éducation au début du siècle«, 14 octobre 1989, Centre National et Musée Jean Jaurès. Castres 1991, 113–134.

Botrel, Jean François: La Iglesia católica y los medios de comunicación. In: *Barrère*, Bernard (Hg.): Metodología de la historia de la prensa española. Madrid 1982, 119–176.

Botti, Alfonso: La Spagna e la crisi modernista. Cultura, società civile e religiosa tra 8 e 900. Brescia 1987.
- Curas, frailes y demonios: La España anticlerical. In: Aula de cultura 7 (1988–1989) 13–23.
- Cielo y dinero. El nacionalcatolicismo en España (1881–1975). Madrid 1992.
- Iglesia, clericalismo y anticlericalismo. In: *Juliá Díaz*, Santos (Hg.): Memoria del 98. De la guerra de Cuba a la semana trágica. Madrid 1997, 309–313.
- Algo más sobre el nacionalcatolicismo. In: *Ders.* u. a. (Hg.): Clericalismo y asociacio-

nismo católico en España. De la Restauración a la Transición: Un siglo entre el palio y el consiliario. Cuenca 2005, 195–211.

Boudon, Jacques-Olivier: Dupanloup. In: *Mayeur*, Jean-Marie/*Hilaire*, Yves-Marie (Hg.): Dictionnaire du monde religieux dans la France contemporaine. Bd. 9: Les sciences religieuses. Le XIXe siècle 1800–1914. Paris 1996, 210–211.

– Paris, capitale religieuse sous la Second Empire. Paris 2001.

Bouflet, Joachim/*Boutry*, Philippe: Un signe dans le ciel. Les apparitions de la Vierge. Paris 1997.

Bouisson, Bernard: L'anticléricalisme à Marseille entre 1919 et 1935. Aix-en-Provence 1971.

Bourdieu, Pierre: Satz und Gegensatz. Über die Verantwortung des Intellektuellen. Frankfurt am Main 1993.

Boutry, Philippe: Prêtres et paroisses au pays du Curé d'Ars. Paris 1986.

– Industrialisation et déstructuration de la société rurale. In: *Rémond*, René/*Le Goff*, Jacques (Hg.): Histoire de la France religieuse. Bd. 3: Du roi très chrétien à la laïcité républicaine (XVIIIe–XIXe siècle). Paris 1991, 271–292.

– Le mouvement vers Rome et le renouveau missionnaire. In: *Rémond*, René/*Le Goff*, Jacques (Hg.): Histoire de la France religieuse. Bd. 3: Du roi très chrétien à la laïcité républicaine (XVIIIe–XIXe siècle). Paris 1991, 423–452.

– Ultramontanisme. In: *Levillain*, Philippe (Hg.): Dictionnaire historique de la papauté. Paris 1994, 1651–1653.

– Papauté et culture au XIX siècle. Magistère, orthodoxie, tradition. In: Revue d'histoire du XIXe siècle 28 (2004) 31–58.

– Edgar Quinet et le mythe jésuite en 1843: nova et vetera. In: *Fabre*, Pierre-Antoine (Hg.): Les antijésuites. Discours figures et lieux de l'antijésuitisme à l'époque moderne. Rennes 2010, 91–135.

–/*Encrevé*, André (Hg.): Vers la liberté religieuse. La séparation des Églises et de l'État. Actes du colloque organisé à Créteil les 4 et 5 février 2005 par l'Institut Jean-Baptiste Say de l'Université de Paris XII-Val-de-Marne. Bordeaux 2006.

Braive, Gaston: Un choc psychologique révélateur avant la guerre d'Italie: l'affaire Mortara. Les répercussions en Belgique (juilllet-décembre 1858). In: Risorgimento 8 (1965) 49–82.

Brandmüller, Walter: Ignaz von Döllinger am Vorabend des I. Vatikanums. Herausforderung und Antwort. Sankt Ottilien 1978.

Brawer, Abraham Jacob: Damascus Affair. In: Encyclopedia Judaica. Bd. 5: Cahan-Draguignan. Jerusalem 1971–1972, 1249–1252.

Brechenmacher, Thomas: Der Vatikan und die Juden. Geschichte einer unheiligen Beziehung vom 16. Jahrhundert bis zur Gegenwart. München 2005.

Brederlow, Jörn: »Lichtfreunde« und »Freie Gemeinden«. Religiöser Protest und Freiheitsbewegung im Vormärz und in der Revolution von 1848/49. München 1976.

Bredin, Jean-Denis: L'affaire. Paris 1985.

Bredow, Wilfried *von*: Legitimation durch Empörung. Vorüberlegungen zu einer politischen Theorie des Skandals. In: *Schoeps*, Julius H./*Schütze*, Christian (Hg.): Der politische Skandal. Stuttgart 1992.

Bremer, Thomas: »Papst entführt Kind!«. Der »Fall Mortara«, das Ende des Kirchenstaats und der Beginn des neuen Italien (1858/1861). In: Zibaldone 29 (2000) 49–58.

Brenan, Gerald: El laberinto español. Antecedentes sociales y políticos de la guerra civil. Madrid 2009.

Brendel, Thomas: Zukunft Europa? Das Europabild und die Idee der internationalen

Solidarität bei den deutschen Liberalen und Demokraten im Vormärz (1815–1848). Bochum 2005.

Brennan, James F.: The Reflection of the Dreyfus Affair in the European Press, 1897–1899. New York 1998.

Brown, Callum G.: A Revisionist Approach to Religious Change. In: *Bruce*, Steve (Hg.): Religion and Modernization. Sociologists and Historians Debate the Secularization Thesis. Oxford 2001, 31–58.

Bruhat, Jean: Anticléricalisme et mouvement ouvrier en France avant 1914. Esquisse d'une problématique. In: Mouvement social 57 (1966) 61–100.

Brüll, Adolf: Stein, Leopold. In: Allgemeine Deutsche Biographie. Bd. 35: Spalatin-Steinmar. Leipzig 1893, 660–661.

Budde, Gunilla u. a. (Hg.): Transnationale Geschichte. Themen, Tendenzen und Theorien. Jürgen Kocka zum 65. Geburtstag. Göttingen 2006.

Bulin, Rudolf: »Daß Licht in das Dunkel der religiösen Wirren gebracht werde«. Konflikte um die Rezeption der Papstdogmen des Ersten Vatikanischen Konzils (1869–70) auf lokaler Ebene zwischen Grafing und Kiefersfelden. In: Das bayerische Inn-Oberland 54 (1999) 7–182.

Buschmann, Nikolaus: Auferstehung der Nation? Konfession und Nationalismus vor der Reichsgründung in der Debatte jüdischer, protestantischer und katholischer Kreise. In: *Haupt*, Heinz-Gerhard/*Langewiesche*, Dieter (Hg.): Nation und Religion in der deutschen Geschichte. Frankfurt am Main 2001, 333–388.

– Krise und Untergang der politischen Theologie. Zum Verhältnis von Religion und Politik im Umfeld der Evangelischen Kirchenzeitung. In: Pietismus und Neuzeit 27 (2001) 165–184.

Busch, Norbert: Katholische Frömmigkeit und Moderne. Die Sozial- und Mentalitätsgeschichte des Herz-Jesu-Kultes in Deutschland zwischen Kulturkampf und Erstem Weltkrieg. Gütersloh 1997.

Busemann, Hertha Luise: Der Jesuit und seine Beichttochter. Die Faszination eines Sittenskandals in drei Jahrhunderten. Oldenburg 1987.

Cabanel, Patrick: L'anticlericalismo in Francia (sec. XIX–XX). La resistibile ascesa di un'ideologia. In: *Mola*, Aldo Alessandro (Hg.): Stato, chiesa e società in Italia, Francia, Belgio e Spagna nei secoli XIX–XX. Atti del convegno internazionale di studi (Cuneo-Mondovi-Cavour-Savigliano 30–31 ottobre 1992). Foggia 1993, 105–134.

– Catholicisme, protestantisme et laïcité: réflexion sur la trace religieuse dans l'histoire contemporaine de la France. In: Modern & Contemporary France 10 (2002) 89–103.

– Le Dieu de la République. Aux sources protestantes de la laïcité (1860–1900). Rennes 2003.

– Les mots de la laïcité. Toulouse 2004.

– La révolte des Inventaires. In: *Chantin*, Jean-Pierre/*Moulinet*, Daniel (Hg.): La Séparation de 1905. Les hommes et les lieux. Paris 2005, 91–104.

– Protestants et juifs face à la Séparation des Églises et de l'État. In: *Munier*, Marie-Odile (Hg.): Regards croisés en 1905 sur la Loi de séparation de l'Église et de l'État. Toulouse 2005, 147–171.

– Dans la rue: l'Église catholique et le contrôle de la voie publique en France (XIXe–XXe siècles). In: *Ders.*: Entre religions et laïcité. La voie française: XIXe–XXIe siècles. Toulouse 2007, 41–62.

Cabrera Bosch, María Isabel: La libertad religiosa. In: Ayer 34 (1999) 93–125.

Calhoun, Craig J. (Hg.): Habermas and the Public Sphere. Cambridge/Massachusetts 1999.

Callahan, William James: Church, Politics and Society in Spain, 1750–1874. Cambridge/Massachusetts 1984.

– An Organizational and Pastoral Failure. Urbanization, Industrialization and Religion in Spain, 1850–1930. In: *McLeod*, Hugh (Hg.): European Religion in the Age of Great Cities, 1830–1930. London, New York 1995, 43–61.

– The Catholic Church in Spain, 1875–1998. Washington/District of Columbia 2000.

Capellán de Miguel, Gonzálo: Gumersindo de Azcárate. Biografía intelectual. Valladolid 2005.

– La España armónica. El proyecto del krausismo español para una sociedad en conflicto. Madrid 2006.

–/*Garrido Martín*, Aurora: Los intérpretes de la opinión. Uso, abuso y transformación del concepto »opinión pública« en el discurso político durante la Restauración (1875–1902). In: Ayer 80 (2010) 83–114.

Capéran, Louis: Histoire contemporaine de la laïcité française. 1. Bd: La crise du seize mai et la revanche républicaine. Paris 1957.

– Histoire contemporaine de la laïcité française. 2. Bd: La révolution scolaire. Paris 1960.

– Histoire contemporaine de la laïcité française. 3. Bd: La laïcité en marche. Paris 1961.

Carbonnier-Burkard, Marianne/*Cabanel*, Patrick: Une histoire des protestants en France. XVIe–XXe siècle. Paris 1998.

Cárcel Ortí, Vicente: Iglesia y revolución en España (1868–1874). Estudio histórico-jurídico desde la documentación vaticana inédita. Pamplona 1979.

– La Publicación del »Syllabus« en España. In: Analecta sacra tarraconensia 57/58 (1984/1985) 57–58.

Caro Baroja, Julio: Introducción a una historia contemporánea del anticlericalismo español. Madrid 1980.

Caron, Jeanne: Le Sillon et la démocratie chrétienne 1894–1910. Paris 1967.

Caron, Vicki: Catholic Political Mobilization and Antisemitic Violence in Fin de Siècle France: The Case of the Union Nationale. In: Journal of Modern European History 81 (2009) 294–346.

Carpintero, Helio u. a. (Hg.): Luis Simarro y la psicología científica en España. Cien años de la cátedra de psicología experimental en la Universidad de Madrid. Madrid 2002.

Casanova, José: Public Religions in the Modern World. Chicago 1994.

– Eurocentric Secularism and the Challenge of Globalization. In: Innsbrucker Diskussionspapiere zu Weltordnung, Religion und Gewalt 25 (2008) 1–18.

– Europas Angst vor der Religion. Berlin 2009.

Castaldo, Clive: Socialism and Catholicism in France: Jaurès, Guesde and the Dreyfus Affair. In: *Tallett*, Frank/*Atkin*, Nicholas (Hg.): Religion, Society and Politics in France since 1789. London 1991, 137–147.

Castro Alfín, Demetrio: Orígenes y primeras etapas del republicanismo en España. In: *Townson*, Nigel (Hg.): El republicanismo en España. (1830–1977). Madrid 1994, 33–57.

– Cultura, política y cultura política en la violencia anticlerical. In: *Cruz*, Rafael/*Álvarez Junco*, José (Hg.): Cultura y movilización en la España contemporánea. Madrid 1997, 69–97.

– Anarquismo y protestantismo. Reflexiones sobre un viejo argumento. In: Studia histórica. Historia contemporánea 16 (1998) 197–220.

– Los males de la imprenta. Política y libertad de prensa en una sociedad dual. Madrid 1998.

– La indefinida secularización de la España isabelina. Ni estado laico ni sociedad profana. In: *Suárez Cortina*, Manuel (Hg.): Secularización y laicismo en la España contemporánea. III encuentro de historia de la Restauración. Santander 2001, 975–994.
– Palabras de Fuego. El anticlericalismo republicano. In: Journal of Spanish Cultural Studies 6 (2005) 205–225.
Catroga, Fernando: Anticlericalismo y librepensamiento masónicos en Portugal (Contactos con el librepensamiento español). In: *Ferrer Benimeli*, José Antonio (Hg.): Masonería, revolución y reacción. Symposium Internacional de Historia de la Masonería Española, Alicante, 27–30 de septiembre de 1989. Alicante 1990, 111–122.
Cazals, Danielle: La presse toulousaine et le Concile du Vatican 1869–1870. Mémoire DES. Université de Toulouse-Le Mirail. Toulouse 1968.
Cazals, Rémy: Rue Francisco Ferrer Boulevard – Jean Jaurès. In: *Best*, Francine u. a. (Hg.): L'affaire Ferrer. Actes du colloque »Les expériences libertaires en France en matière d'éducation au début du siècle«, 14 octobre 1989, Centre National et Musée Jean Jaurès. Castres 1991, 135–147.
Ceccuti, Cosimo: Il concilio Vaticano I (1868–1870). Rom 1970.
Chadwick, Owen: The Secularization of the European Mind in the Nineteenth Century. Cambrigde 1977.
Champion, Françoise: Les rapports église-état dans les pays européens de tradition protestante et de tradition catholique: essai d'analyse. In: Social Compass 40 (1993) 589-609.
Champ, Nicolas: La religion dans l'espace public. Catholiques, protestants et anticléricaux en Charente-Inférieure au XIXe siècle. Bordeaux 2010.
Chantin, Jean-Pierre/*Moulinet*, Daniel (Hg.): La Séparation de 1905. Les hommes et les lieux. Paris 2005.
Chapman, Jane: Comparative Media History. An Introduction: 1789 to the Present. Cambridge 2005.
Charle, Christophe: Les intellectuels en Europe au XIXe siècle. Essai d'histoire comparée. Paris 1996.
– Vordenker der Moderne. Die Intellektuellen im 19. Jahrhundert. 2. Aufl. Frankfurt am Main 2001.
Charlet, Louis/*Ranc*, Robert: L'évolution des techniques. In: *Bellanger*, Claude u. a. (Hg.): Histoire générale de la presse française. Bd. 3: De 1871 à 1940. Paris 1972, 61–134.
Charlton, Donald G.: Secular Religions in France, 1815–1870. London 1963.
Chélini-Pont, Blandine: L'origine religieuse de la laïcité française. In: Revue des deux mondes (2002) 27–34.
Chevallier, Pierre: Histoire de la franc-maçonnerie française. Bd. 2: La Maçonnerie: Missionnaire du libéralisme (1800–1877). Paris 1974.
– Histoire de la franc-maçonnerie française. Bd. 3: La Maçonnerie: Église et République (1877–1944). Paris 1975.
– Le Frère Thévento, Secrétaire Général du Grand Orient devant la suppression des affirmations dogmatiques et la tolérance absolute (1877–1882). In: *Mayeur*, Jean-Marie (Hg.): Libre pensée et religion laïque en France. De la fin du Second Empire à la Fin de la Troisième République. Straßburg 1980, 43–80.
– La séparation de l'église et de l'école. Jules Ferry et Léon XIII. Paris 1981.
Cholvy, Gérard: Indifférence religieuse et anticléricalisme à Narbonne et en Narbonnais au XIXe siècle. In: Narbonne du XVIIe au XXe siècle. XLVe congrès organisé par la Fédération Historique du Languedoc méditerranéen et du Roussillon, Narbonne, 14, 15 et 16 avril 1972. Montpellier 1973, 73–93.

–/*Hilaire*, Yves-Marie: Histoire religieuse de la France contemporaine. Bd. 1: 1800–1880. Toulouse 1985.

–/*Hilaire*, Yves-Marie: Histoire religieuse de la France contemporaine. Bd. 2: 1880–1930. Toulouse 1989.

Chopineau, Jacques: Bible et histoire. La transformation des études bibliques dans la deuxième moitié du XIXe siècle. In: *Dierkens*, Alain (Hg.): L'intelligentsia européenne en mutation, 1850–1875. Darwin, le syllabus et leurs conséquences. Actes du colloque organisé à l'Université Libre de Bruxelles les 13 et 14 mars 1998. Brüssel 1998, 25–43.

Christophe, Paul: Le Concile Vatican I. Paris 2000.

Clark, Christopher: The New Catholicism and the European Culture Wars. In: *Ders./Kaiser*, Wolfram (Hg.): Culture Wars. Secular-Catholic Conflict in Nineteenth-Century Europe. Cambridge 2003, 11–46.

–/*Kaiser*, Wolfram (Hg.): Culture Wars. Secular-Catholic Conflict in Nineteenth-Century Europe. Cambridge 2003.

–/*Kaiser*, Wolfram: Introduction: The European Culture Wars. In: *Dies.* (Hg.): Culture Wars. Secular-Catholic Conflict in Nineteenth-Century Europe. Cambridge 2003, 1–10.

Cobacho López, Ángel: Matrimonio civil y matrimonio canónico en España durante la Restauración borbónica. Murcia 2009.

Cohen, Deborah/*O'Connor*, Maura (Hg.): Comparison and History. Europe in Cross-National Perspective. New York 2004.

Colin, Pierre: Transigeance et Séparation. In: *Boutry*, Philippe/*Encrevé*, André (Hg.): Vers la liberté religieuse. La séparation des Églises et de l'État. Actes du colloque organisé à Créteil les 4 et 5 février 2005 par l'Institut Jean-Baptiste Say de l'Université de Paris XII-Val-de-Marne. Bordeaux 2006, 129–142.

Combeau, Yvan: Paris et les élections municipales sous la Troisième République. La scène capitale dans la vie politique française. Paris 1998.

– Histoire de Paris. 5. Aufl. Paris 2008.

Combes, André: Charles Fauvety et la Religion Laïque. In: *Mayeur*, Jean-Marie (Hg.): Libre pensée et religion laïque en France. De la fin du Second Empire à la Fin de la Troisième République. Straßburg 1980, 26–42.

– Histoire de la franc-maçonnerie au XIXe siècle. Bd. 2. Monaco 1999.

– La Franc-Maçonnerie et la question religieuse à l'aube du XXe siècle. In: *Munier*, Marie-Odile (Hg.): Regards croisés en 1905 sur la Loi de séparation de l'Église et de l'État. Toulouse 2005, 73–86.

Conard, Pierre: Sexualité et anticléricalisme (Madrid 1910). In: Hispania 31 (1971) 103–131.

Conrad, Sebastian: Globalisierung und Nation im deutschen Kaiserreich. München 2006.

– Globalisierungseffekte: Mobilität und Nation. In: *Müller*, Sven Oliver u. a. (Hg.): Das deutsche Kaiserreich in der Kontroverse. Göttingen 2009, 406–421.

Conry, Yvette: L'introduction du Darwinisme en France au XIX siècle. Paris 1974.

Conter, Claude D.: Jenseits der Nation – das vergessene Europa des 19. Jahrhunderts. Die Geschichte der Inszenierungen und Visionen Europas in Literatur, Geschichte und Politik. Bielefeld 2004.

Conzemius, Victor: Römische Briefe vom Konzil. In: Theologische Quartalschrift 140 (1960) 427–462.

– Die »Römischen Briefe vom Konzil«. Eine Entstehungsgeschichte und quellenkritische Untersuchung zum Konzilsjournalismus von Ignaz von Döllinger und Lord Acton. In:

Römische Quartalschrift für christliche Altertumskunde und Kirchengeschichte 59 (1964) 186–229.
- Die Verfasser der »Römischen Briefe vom Konzil« des »Quirinius«. In: Festschrift Hans Foerster zum 75. Geburtstag. Freiburg in der Schweiz 1964, 229–251.
- Die »Römischen Briefe vom Konzil«. Eine quellenkritische Untersuchung zum Konzilsjournalismus Ignaz von Döllingers und Lord Actons. In: Römische Quartalschrift für christliche Altertumskunde und Kirchengeschichte 60 (1965) 76–119.
- Das I. Vatikanum im Bannkreis der päpstlichen Autorität. In: *Weinzierl*, Erika (Hg.): Die päpstliche Autorität im katholischen Selbstverständnis des 19. und 20. Jahrhunderts. München 1970, 53–83.
- Preussen und das Erste Vatikanische Konzil. In: Annuarium historiae conciliorum 2 (1970) 353–419.
- Les foyers internationaux du catholicisme libéral hors de France au XIXe siècle: Esquisse d'une géographie historique. In: *Gadille*, Jacques (Hg.): Les catholiques libéraux au XIXe siècle. Actes du colloque international d'histoire religieuse de Grenoble de 30 sept.–3 oct. 1971. Grenoble 1974, 15–51.
- Deutschland. I. Die katholische Kirche. In: *Gadille*, Jacques u. a. (Hg.): Die Geschichte des Christentums. Bd. 11: Liberalismus, Industrialisierung, Expansion Europas (1830–1914). Freiburg im Breisgau 1997, 642–655.
- Deutschland. I. Die katholische Kirche. In: *Gadille*, Jacques u. a. (Hg.): Die Geschichte des Christentums. Bd. 11: Liberalismus, Industrialisierung, Expansion Europas (1830–1914). Freiburg im Breisgau 1997, 294–308.

Coq, Guy: Laïcité et République. Le lien nécessaire. Paris 1995.

Corts i Blay, Ramon: Anticlericalisme i Setmana Tràgica. Algunes reflexions. In: Analecta sacra tarraconensia 82 (2009) 545–576.
- Documentació sobre la Setmana Tràgica conservada a l'Arxiu Secret Vaticà. In: Actes de les jornades sobre la Setmana Tràgica (1909). Barcelona, 5, 6 i 7 de maig de 2009. Barcelona 2009, 649–688.
- La Setmana Tràgica de 1909. L'Arxiu Secret Vaticà. Barcelona 2009.

Costas Costas, Magali: La escuela, lugar de confrontación entre laicistas y clericales en la Galicia de entre siglos (1868–1931). In: Minius 5 (1996) 103–116.

Couturier, Louis: La Libre Pensée et les femmes, les femmes et la Libre Pensée, 1904–1905. In: *Schiappa*, Jean-Marc (Hg.): 1905! La loi de séparation des églises et de l'État. Paris 2005, 191–195.
- Une levée en masse souvent ignorée: 1866–1872, la pétition pour la laïcité de l'École de Jean Macé et Emmanuel Vauchez. In: *Schiappa*, Jean-Marc (Hg.): 1905! La loi de séparation des Eglises et de l'Etat. Paris 2005, 81–84.

Crouzet, Jean: Francisco Ferrer y Guardia y las logias francesas. In: *Ferrer Benimeli*, José Antonio (Hg.): La masonería española y la crisis colonial del 98. VIII Symposium Internacional de Historia de la Masonería Española, Barcelona, del 3 al 6 de diciembre de 1997. Zaragoza 1999, 477–483.

Cruz Romeo Mateo, María: ¿Qué es ser neocatólico? La crítica antiliberal de Aparisi y Guijarro. In: Por Dios, por la patria y el Rey. Las ideas del carlismo. IV Jornadas de Estudio del Carlismo, 22–24 septiembre 2010. Pamplona 2011, 131–163.

Cruz, Rafael (Hg.): El anticlericalismo. Madrid 1997.

Cubitt, Geoffrey: The Jesuit Myth. Conspiracy Theory and Politics in Nineteenth Century France. Oxford 1993.

Cuchet, Guillaume: Le retour des esprits, ou la naissance du spritisme sous le Second Empire. In: Revue d'histoire moderne et contemporaine 54 (2007) 74–90.

Cuenca Toribio, José Manuel: El catolicismo liberal español: Las razones de una ausencia. In: *Ders.*: Estudios sobre la Iglesia española del XIX. Madrid 1973, 15–33.
- Un posible punto de partida para el análisis de una cuestión de la historia española contemporánea: El anticlericalismo. In: *Ferrer Benimeli,* José Antonio (Hg.): Masonería, política y sociedad. III Symposium de Metodología Aplicada a la Historia de la Masonería Española, Bd. 2. Zaragoza 1989, 709–730.
- Catolicismo social y político en la España contemporánea (1870–2000). Madrid 2003.
- Catolicismo y opinión pública a mediados del siglo XIX. In: Anales de la Real Academia de Ciencias Morales y Políticas 82 (2005) 529–552.

Da Silva, Gérard Emmanuel: L'affaire Mortara et l'antisémitisme chrétien. Paris 2008.

Daled, Pierre F.: L'émergence d'un matérialisme athée lors des congrès internationaux d'étudiants de Liège (1865), Bruxelles (1867) et Gand (1868). In: *Dierkens,* Alain (Hg.): L'intelligentsia européenne en mutation, 1850–1875. Darwin, le syllabus et leurs conséquences. Actes du colloque organisé à l'Université Libre de Bruxelles les 13 et 14 mars 1998. Brüssel 1998, 44–55.

Dange, Françoise: Les catholiques libéraux français et anglais des années 1840 aux années 1880. Diss. Université Paris IV, Sorbonne. Paris 2001.

Dardé, Carlos: La larga noche de la Restauración 1875–1900. In: *Townson,* Nigel (Hg.): El republicanismo en España. (1830–1977). Madrid 1994, 113–135.

Daum, Andreas W.: Wissenschaftspopularisierung im 19. Jahrhundert. Bürgerliche Kultur, naturwissenschaftliche Bildung und die deutsche Öffentlichkeit, 1848–1914. München 1998.

Daumard, Adeline: L'État libéral et le libéralisme économique. In: *Léon,* Pierre/*Braudel,* Fernand (Hg.): Histoire économique et sociale de la France. Bd. 3.1: L'avènement de l'ère industrielle (1789-années 1880). Paris 1976, 137–238.

Daum, Werner: Oszillationen des Gemeingeistes. Öffentlichkeit, Buchhandel und Kommunikation in der Revolution des Königreichs beider Sizilien 1820/21. Köln 2005.

Day, Hem: Francisco Ferrer, un précurseur. Paris, Brüssel 1959.

De Bellmunt, Domènec: Causes de l'anticléricalisme espanyol. Toulouse 1967.

De Bruyne, Jacques: Aspects of Pio Baroja's Anticlericalism. In: Neophilologues 60 (1976) 56–74.

De Cambra Bassols, Jordi: Anarquismo y positivismo. El caso Ferrer. Madrid 1981.

De Diego Romero, Javier: Anticlericalismo y cultura política republicana en España, 1881–1898. Tesina. Universidad Autónoma de Madrid. Madrid 2002.
- Ramón Chíes (1845–1893). Librepensamiento y cultura republicana en la España de la Restauración. In: *Casas Sánchez,* José Luis/*Durán Alcalá,* Francisco (Hg.): Historia y biografía en la España del siglo XX. II congreso sobre el Republicanismo. Priego de Córdoba 2003, 441–461.
- Ciudadanía católica y ciudadanía laica (II): De la tolerancia a la libertad religiosa. In: *Pérez Ledesma,* Manuel (Hg.): De súbditos a ciudadanos. Una historia de la ciudadanía en España. Madrid 2007, 251–276.
- Imaginar la República. La cultura política del republicanismo español, 1876–1908. Madrid 2008.

De la Cueva Merino, Julio: La cuestión clerical-anticlerical contemporánea en la historiografía española. In: *Rueda Hernanz,* Germán/*Baró Pazos,* Juan (Hg.): Doce estudios de historiografía contemporánea. Santander 1991, 112–142.
- Clericales y anticlericales. El conflicto entre confesionalidad y secularización en Cantabria (1875–1923). Santander 1994.
- Anticlericalismo y masonería: El caso de Cantabria durante la Restauración. In: *Ferrer*

Benimeli, José Antonio (Hg.): La masonería española entre Europa y América. VI Symposium Internacional de la Masonería Española, Zaragoza, 1–3 de julio de 1993. Zaragoza 1995, 439–452.

- The Stick and the Candle: Clericals and Anticlericals in Northern Spain, 1898–1913. In: European History Quarterly 26 (1996) 241–265.
- La Democracia frailófoba. Democracia liberal y anticlericalismo durante la Restauración. In: *Suárez Cortina*, Manuel/*Barrio Alonso*, Ángeles (Hg.): La Restauración, entre el liberalismo y la democracia. Madrid 1997, 229–271.
- Movilización política e identidad anticlerical, 1898–1910. In: Ayer 27 (1997) 101–125.
- El anticlericalismo en la Segunda República y la Guerra Civil. In: *La Parra López*, Emilio/*Suárez Cortina*, Manuel (Hg.): El anticlericalismo español contemporáneo. Madrid 1998, 211–301.
- Cultura y movilización en el movimiento católico de la Restauración (1899–1913). In: *Suárez Cortina*, Manuel (Hg.): La cultura española en la Restauración. Santander 1999, 167–192.
- »Si los curas y frailes supieran…«. La violencia anticlerical. In: *Juliá Díaz*, Santos/*Boyd*, Carolyn P. (Hg.): Violencia política en la España del siglo XX. Madrid 2000, 191–233.
- Católicos en la calle: la movilización de los católicos españoles, 1899–1923. In: Historia y política 3 (2000) 54–79.
- Balance y tareas en el estudio del anticlericalismo español: una perspectiva desde la historia de la masonería. In: *Ferrer Benimeli*, José Antonio (Hg.): La masonería española en el 2000. Una revisión histórica. Zaragoza 2001, 25–39.
- The Assault on the City of Levites: Spain. In: *Clark*, Christopher/*Kaiser*, Wolfram (Hg.): Culture Wars. Secular-Catholic Conflict in Nineteenth-Century Europe. Cambridge 2003, 181–201.
- El anticlericalismo en España. Un balance historiográfico. In: *Pellistrandi*, Benoît (Hg.): L'histoire religieuse en France et en Espagne. Colloque international (Casa de Velázquez, 2–5 avril 2001). Madrid 2004, 353–370.
- Clericalismo y movilización católica durante la Restauración. In: *Botti*, Alfonso u. a. (Hg.): Clericalismo y asociacionismo católico en España. De la Restauración a la Transición: un siglo entre el palio y el consiliario. Cuenca 2005, 27–50.
- Anticlericalismo e identidad anticlerical en España: del movimiento a la política. In: *Boyd*, Carolyn P./*Blasco Herranz*, Inmaculada (Hg.): Religión y política en la España contemporánea. Madrid 2007, 165–185.
- El asalto de los cielos: una perspectiva comparada para la violencia anticlerical española de 1936. In: Ayer 88 (2012) 51–74.

–/*Montero García*, Feliciano: Clericalismo y anticlericalismo entre dos siglos: percepciones recíprocas. In: *Dies.* (Hg.): La secularización conflictiva. España 1898–1931. Madrid 2007, 101–119.

–/*Montero García*, Feliciano: Introducción. Clericalismo y anticlericalismo en la España contemporánea. In: *Dies.* (Hg.): La secularización conflictiva. España 1898–1931. Madrid 2007, 9–22.

–/*Montero García*, Feliciano: (Hg.): La secularización conflictiva. España 1898–1931. Madrid 2007.

De la Fuente Monge, Gregorio: Clericalismo y anticlericalismo en México, 1801–1838. In: Ayer 27 (1997) 39–63.

- El enfrentamiento entre clericales y revolucionarios en torno a 1869. In: Ayer 44 (2001) 127–150.

De Mateo Avilés, Elías: Masonería, protestantismo, librepensamiento y otras heterodoxias en la Málaga del siglo XIX. Malaga 1986.
- Anticlericalismo en Málaga. 1874–1923. Malaga 1990.
- El apogeo del clericalismo a principios del siglo XX. El caso de Málaga. In: Ayer 27 (1997) 127–148.
- Espiritistas y teósofos en Andalucía (1853–1939). Perseguidos y olvidados. Málaga 2011.

De Puelles Benítez, Manuel: Secularización y enseñanza en España (1874–1917). In: *García Delgado*, José Luis/*Alpert*, Michael (Hg.): España entre dos siglos (1875–1931). Continuidad y cambio. Madrid 1991, 191–212.

Decormeille, Patrice: Sources et fondements de la philosophie politique des »républicains de gouvernement«. In: *Hamon*, Léo (Hg.): Les opportunistes. Les débuts de la République aux républicains. Paris 1991, 17–48.

Del Moral Vargas, Marta: Acción colectiva femenina republicana. Las damas Rojas de Madrid (1909–1911), una breve experiencia política. In: Hispania 67 (2007) 541–566.

Delaunay, Jean-Marc: De nouveau au sud des Pyrénées: congrégations françaises et refuges espagnols: 1901–1914. In: Mélanges de la Casa de Velazquez 18 (1982) 259–287.
- La Ligue de défense des droits de l'homme et du citoyen et les affaires espagnoles au début du XXe siècle. In: Relations internationales 131 (2007) 27–38.

Delgado Ruiz, Manuel: La antireligiosidad popular en España. In: *Álvarez Santaló*, León Carlos/*Álvarez Barrientos*, Joaquín (Hg.): La religiosidad popular. Barcelona 1989, 499–516.
- La ira sagrada. Anticlericalismo, iconoclastia y antiritualismo en la España contemporánea. Barcelona 1992.
- Las palabras de otro hombre. Anticlericalismo y misoginia. Barcelona 1993.
- Anticlericalismo, espacio y poder. La destrucción de los rituales católicos, 1931–1939. In: Ayer 27 (1997) 149–180.
- Luces iconoclastas. Anticlericalismo, blasfemia y martirio de imágenes. 2. Aufl. Barcelona 2002.

Delgado, Buenaventura: Polémica en torno a Ferrer Guardia. In: Perspectivas pedagógicas 1974 23–36.

Delgado, Mariano: Religion und Nation in den »zwei Spanien«. Der Kampf um die nationale Identität 1812–1980. In: *Altermatt*, Urs (Hg.): Religion und Nation. Katholizismen im Europa des 19. und 20. Jahrhunderts. Stuttgart 2007, 51–68.

Delisle, Philippe: Introduction générale. In: *Ders.* (Hg.): L'anticléricalisme dans les colonies françaises sous la Troisième République. Enjeux, acteurs et discours. Paris 2009, 9–10.

Delmaire, Danielle: Les juifs face à la Séparation. In: *Chantin*, Jean-Pierre/*Moulinet*, Daniel (Hg.): La Séparation de 1905. Les hommes et les lieux. Paris 2005, 141–154.

Delord, Dominique: Francisco Ferrer y Guardia. La pédagogie comme action polique. In: Histoires et Vies du 10ème arrondissement, November 2009, URL: http://hv10.org/pages/Ferrer.pdf (am 10.9.2013).

Déloye, Yves: Les voix de Dieu. Pour une autre histoire du suffrage électoral: le clergé catholique français et le vote, XIXe–XXe siècle. Paris 2006.

Delporte, Christian: Presse et culture de masse en France (1880–1914). In: Revue historique 298 (1998) 93–121.

Despy, Georges: Hérétiques ou anticléricaux? Les »cathares« dans nos régions avant 1300. In: *Marx*, Jacques (Hg.): Aspects de l'anticléricalisme du Moyen âge à nos jours. Hommage à Robert Joly. Colloque de Bruxelles – Juin 1988. Brüssel 1988, 23–33.

Devlin, Judith: The Superstitious Mind. French Peasants and the Supernatural in the Nineteenth Century. New Haven 1987.
Díaz Mozaz, José María: Apuntes para una sociología del anticlericalismo. Barcelona 1976.
Díaz-Plaja, Fernando: España, los años decisivos: 1909. Barcelona 1970.
Dierkens, Alain (Hg.): L'intelligentsia européenne en mutation, 1850–1875. Darwin, le syllabus et leurs conséquences. Actes du colloque organisé à l'Université Libre de Bruxelles les 13 et 14 mars 1998. Brüssel 1998.
Dietrich, Tobias: Konfession im Dorf. Westeuropäische Erfahrungen im 19. Jahrhundert. Köln 2004.
Dion, Michel: État, Église et luttes populaires. Paris 1980.
Dipper, Christof: Freiheit. VIII. Der Freiheitsbegriff im 19. Jahrhundert. In: *Brunner*, Otto u. a. (Hg.): Geschichtliche Grundbegriffe. Historisches Lexikon zur politisch-sozialen Sprache in Deutschland. Bd. 2: E–G. Stuttgart 2004, 488–538.
Dittmer, Peter: Theophile Alexandre Steinlen – Werk und Wirkung. Auszug aus Diss. Technische Universität München. München 1979.
Dittrich, Lisa: Landschaft und Gemeinschaft. Eine Analyse der spanischen 98er Generation mit einem vergleichenden Ausblick auf die deutsche Heimatkunstbewegung (1890–1914). Magisterarbeit. Humboldt-Universität zu Berlin. Berlin 2004.
– Die Hinrichtung Francisco Ferrers – Ein Fall für die europäische Öffentlichkeit im frühen 20. Jahrhundert. In: Themenportal Europäische Geschichte, 2008, URL: http://www.europa.clio-online.de/2008/Article=325 (am 10.9.2013).
Dixmier, Michel u. a.: La république et l'église. Images d'une querelle. Paris 2005.
Dobbelaere, Karel: Secularization: A Multi-Dimensional Concept. In: Current Sociology 39 (1981) 3–217.
Doizy, Guillaume: L'image, le rire et la Libre Pensée militante. La revue anticléricale »Les Corbeaux«. In: Gavroche 24 (2005) 8–13.
– De la caricature anticléricale à la farce biblique. In: Archives de sciences sociales des religions 51 (2006) 62–91.
– Le dessinateur Lavrate (1829–1888) et la religion comique. In: Gavroche 25 (2006) 10–19.
– La caricature anticléricale sous la Commune de Paris (1871). In: Gavroche 26 (2007) 4–13.
– Les Corbeaux contre la Calotte. La lutte anticléricale par l'image à la Belle Époque. Saint-Georges d'Oléron 2007.
–/*Lalaux*, Jean-Bernard: A bas la calotte. La caricature anticléricale et la séparation des églises et de l'état. Paris 2005.
–/*Lalaux*, Jean-Bernard: Et Dieu créa le rire! Satires et caricatures de la Bible. Paris 2006.
Domeier, Norman: Der Eulenburg-Skandal. Eine politische Kulturgeschichte des Kaiserreichs. Frankfurt am Main 2010.
Dooley, Brendan Maurice (Hg.): The Dissemination of News and the Emergence of Contemporaneity in Early Modern Europe. Farnham 2010.
Dowe, Christopher: Auch Bildungsbürger. Katholische Studierende und Akademiker im Kaiserreich. Göttingen 2006.
Drehsen, Volker/*Zander*, Helmut: Rationale Weltveränderung durch »naturwissenschaftliche« Weltinterpretation? Der Monistenbund – eine Religion der Fortschrittsgläubigkeit. In: *Drehsen*, Volker/*Sparn*, Walter (Hg.): Vom Weltbildwandel zur Weltanschauungsanalyse. Krisenwahrnehmung und Krisenbewältigung um 1900. Berlin 1996, 217–238.

Drochon, Paul: Une polémique sur l'Inquisition en 1869. In: Hispania sacra 34 (1987) 117–137.

Drumons, Bruno/*Moulinet*, Daniel: Les laïcs catholiques face à la Séparation. In: *Chantin*, Jean-Pierre/*Moulinet*, Daniel (Hg.): La Séparation de 1905. Les hommes et les lieux. Paris 2005, 67–89.

Drury, Marjule Anne: Anti-Catholicism in Germany, Britain, and the United States. A Review and Critique of Recent Scholarship. In: Church History 70 (2001) 98–131.

Dubois, Christophe: Représenter, Protester, Expier. La fête du 8 décembre à Lyon (1870–1914). In: *D'Hollander*, Paul (Hg.): L'Église dans la rue. Les cérémonies extérieures du culte en France au XIXe siècle. Actes du colloque des 23–24 mars 2000 à Limoges. Limoges 2001, 243–254.

Dubois, Jean: Le vocabulaire politique et social en France de 1869 à 1872. A travers les œuvres des écrivains, les revues et les journaux. Paris 1963.

Duchhardt, Heinz: Was heisst und zu welchem Ende betreibt man – Europäische Geschichte? In: *Ders.*/*Kunz*, Andreas (Hg.): »Europäische Geschichte als historiographisches Problem«. Mainz 1997, 190–202.

Duclert, Vincent: L'affaire Dreyfus. Paris 1994.

Duffin, Jacalyn: Medical Miracles. Doctors, Saints, and Healing in the Modern World. Oxford, New York 2009.

Dumons, Bruno/*Pollet*, Gilles: Enterrement civil et anticléricalisme à Lyon sous la Troisième République (1870–1914). In: Revue d'histoire moderne et contemporaine 37 (1990) 478–499.

Dykema, Peter A./*Oberman*, Heiko Augustinus (Hg.): Anticlericalism in Late Medieval and Early Modern Europe. Leiden u. a. 1993.

Ebbighausen, Rolf/*Neckel*, Sighard (Hg.): Anatomie des politischen Skandals. Frankfurt am Main 1989.

Ebertz, Michael N.: »Ein Haus voll Glorie, schauet…«. Modernisierungsprozesse der römisch-katholischen Kirche im 19. Jahrhundert. In: *Schieder*, Wolfgang (Hg.): Religion und Gesellschaft im 19. Jahrhundert. Stuttgart 1993, 62–85.

Echternkamp, Jörg: »Religiöses Nationalgefühl« oder »Frömmelei der Deutschtümler«? Religion, Nation und Politik im Frühnationalismus. In: *Haupt*, Heinz-Gerhard/*Langewiesche*, Dieter (Hg.): Nation und Religion in der deutschen Geschichte. Frankfurt am Main 2001, 142–169.

Eco, Umberto: Einführung in die Semiotik. 8. Aufl. München 1994.

Edelman, Nicole: Voyantes, guérisseuses et visionnaires en France. 1785–1914. Paris 1995.

Eley, Geoff: Nations, Publics, and Political Cultures: Placing Habermas in the Nineteenth Century. In: *Calhoun*, Craig J. (Hg.): Habermas and the Public Sphere. Cambridge/Massachusetts 1999, 289–338.

Encrevé, André: Les protestants en France de 1800 à nos jours. Histoire d'une réintégration. Paris 1985.

– Les protestants réformés face à la laïcisation de l'école au début des années 1880. In: Revue d'histoire de l'Église de France 84 (1998) 71–96.

– Pensée protestante et séparation parmi les réformés français au XIXe siècle. In: *Boutry*, Philippe/*Encrevé*, André (Hg.): Vers la liberté religieuse. La séparation des Églises et de l'État. Actes du colloque organisé à Créteil les 4 et 5 février 2005 par l'Institut Jean-Baptiste Say de l'Université de Paris XII-Val-de-Marne. Bordeaux 2006, 143–169.

–/*Gadille*, Jacques: Frankreich. In: *Ders.* u. a. (Hg.): Die Geschichte des Christentums.

Bd. 11: Liberalismus, Industrialisierung, Expansion Europas (1830–1914). Freiburg im Breisgau 1997, 167–199.

– u. a.: Frankreich. In: *Gadille*, Jacques u. a. (Hg.): Die Geschichte des Christentums. Bd. 11: Liberalismus, Industrialisierung, Expansion Europas (1830–1914). Freiburg im Breisgau 1997, 487–532.

Engels, Jens Ivo: Kleine Geschichte der Dritten französischen Republik (1870–1940). Köln 2007.

Ermel, Horst Dieter: Die Kirchenaustrittsbewegung im Deutschen Reich 1906–1914. Diss. Universität zu Köln. Köln 1971.

Ernst, Andreas: Mutmassungen über Gerüchte. Zu Jean-Nöel Kapferers Untersuchungen über das Gerücht. In: WerkstattGeschichte 15 (2009) 105–108.

Esch, Arnold: Gregorovius als Geschichtsschreiber der Stadt Rom: sein Spätmittelalter in heutiger Sicht. In: *Ders.*/Petersen, Jens (Hg.): Ferdinand Gregorovius und Italien. Eine kritische Würdigung. Tübingen 1993, 131–184.

Espiago Tocino, Gloria: Las mujeres en el anarquismo español (1869–1939). In: Ayer 45 (2002) 39–72.

– Las primeras republicanas en España: Prácticas y discursos identitarios (1868–1874). In: Historia social 67 (2010) 75–91.

Esteban Gonzalo, José: Refranero anticlerical. Madrid 1994.

Estruch, Juan: Los protestantes españoles. Barcelona 1968.

Evans, Ellen Lovell: The Cross and the Ballot. Catholic Political Parties in Germany, Switzerland, Austria, Belgium and the Netherlands, 1785–1985. Boston/Massachusetts 1999.

Evans, Eric J.: The Church in Danger? Anticlericalism in Nineteenth-Century England. In: European Studies Review 13 (1983) 201–223.

Evans, Richard J.: The Feminists. Women's Emancipation Movements in Europe, America and Australia 1840–1920. London 1977.

– Feminism and Anticlericalism in France, 1870–1922. In: Historical Journal 25 (1982) 947–949.

Everett, Martin: Two Mode Techniques for Social Network Analysis. In: Université de Lausanne, URL: http://www3.unil.ch/wpmu/reseaux2010/files/2009/10/Martin-Everett.pdf (am 22.6.2011).

Fabre, Pierre-Antoine (Hg.): Les antijésuites. Discours figures et lieux de l'antijésuitisme à l'époque moderne. Rennes 2010.

Fabre, Rémi: Socialisme et Séparation. In: *Boutry*, Philippe/*Encrevé*, André (Hg.): Vers la liberté religieuse. La séparation des Églises et de l'État. Actes du colloque organisé à Créteil les 4 et 5 février 2005 par l'Institut Jean-Baptiste Say de l'Université de Paris XII-Val-de-Marne. Bordeaux 2006, 189–198.

Fagoaga, Concha: De la libertad a la igualdad, laicistas y sufragistas. In: *Segura Graiño*, Cristina/*Nielfa Cristóbal*, Gloria (Hg.): Entre la marginación y el desarrollo. Madrid 1996, 171–198.

– La herencia laicista del movimiento sufragista en España. In: *Aguado*, Ana (Hg.): Las mujeres entre la historia y la sociedad contemporánea. Valencia 1999, 91–111.

Fäßler, Peter E.: Globalisierung. Ein historisches Kompendium. Köln u. a. 2007.

Faury, Jean: Cléricalisme et anticléricalisme dans le Tarn (1848–1900). Toulouse 1980.

Faux, Françoise: Église et société dans le diocèse de Pamiers à l'heure de la république anticléricale (1880–1914). Diss. Paris-Sorbonne. Paris 1998.

Fayet-Scribe, Sylvie: Associations féminines et catholicisme. XIXe–XXe siècle. Paris 1990.

Fedele, Santi/*Nusarra*, Natale: Ferrer and Sicily. In: *Antonioli*, Maurizio u.a. (Hg.): Contro la chiesa. I moti pro Ferrer del 1909 in Italia. Pisa 2009, 203–232.

Fernández García, Antonio: El conflicto Iglesia-Estado en la revolución de 1868. In: Estudios históricos. Homenaje a los profesores José M. Jover Zamora y Vicente Palacio Atard. Bd. 2. Madrid 1990, 441–508.

Fernández Herr, Elena: Les origines de l'Espagne romantique. Les récits de voyage 1755–1823. Paris 1974.

Ferrer Benimeli, José Antonio (Hg.): Bibliografía de la Masonería. Introducción histórico-crítica. 2. Aufl. Madrid 1978.

– Clericalismo e anticlericalismo nella Spagna contemporanea. In: *Mola*, Aldo Alessandro (Hg.): Stato, chiesa e società in Italia, Francia, Belgio e Spagna nei secoli XIX–XX. Atti del convegno internazionale di studi (Cuneo-Mondovi-Cavour-Savigliano 30–31 ottobre 1992). Foggia 1993, 65–103.

– Masonería, laicismo y anticlericalismo en la España contemporánea. In: *Bastian*, Jean-Pierre (Hg.): La modernidad religiosa. Europa latina y América Latina en perspectiva comparada. México 2004, 111–123.

– La masonería. 2. Aufl. Madrid 2005.

–/*Cuartero Escobés*, Susana: Bibliografía de la masonería. Bd. 1. 3. Aufl. Madrid 2004.

Ferreras, Juan I.: La novela por entregas (1840–1900). (Concentración obrera y economía editorial). Madrid 1972.

– Los orígenes de la novela decimonónica. (1800–1830). Madrid 1973.

Ferrer, Sol: La vie de Francisco Ferrer, un martyr au XXe siècle. Paris 1962.

Fiala, Pierre: Les termes de la laïcité. Différenciation morphologique et conflits sémantiques. In: Mots 27 (1991) 41–57.

Fiore, Massimo: L'anticoncilio di Napoli del 1869 tra le visioni del libero pensiero e la realtà del clerico-moderatismo. In: Chiesa e religiosità in Italia dopo l'unità (1861–1878). Bd. 4: Communicazioni II. Milano 1973, 341–350.

Fischer, Wolfram: III. Mitteleuropa. Deutschland 1850–1914. In: *Ders.* (Hg.): Handbuch der Europäischen Wirtschafts- und Sozialgeschichte. Bd. 5: Europäische Wirtschafts- und Sozialgeschichte von der Mitte des 19. Jahrhunderts bis zum Ersten Weltkrieg. Stuttgart 1985, 357–442.

Fleckenstein, Gisela: Katholische Initiativen zur Lösung der sozialen Frage in Deutschland. In: Geschichte und Region 2 (1993) 43–64.

–/*Schmiedl*, Joachim: Ultramontanismus in der Diskussion. Zur Neupositionierung eines Forschungsbegriffs. In: *Fleckenstein*, Gisela (Hg.): Ultramontanismus. Tendenzen der Forschung. Paderborn 2005, 11–20.

Ford, Caroline C.: Divided Houses. Religion and Gender in Modern France. Ithaca 2005.

Foucault, Michel: Die Ordnung der Dinge. Eine Archäologie der Humanwissenschaften. Frankfurt am Main 1971.

Fouilloux, Étienne/*Langlois*, Claude: Les parrainages civils à Ivry-sur-Seine au XXe siècle. In: *Mayeur*, Jean-Marie (Hg.): Libre pensée et religion laïque en France. De la fin du Second Empire à la Fin de la Troisième République. Straßburg 1980, 193–209.

Fox, Edward Inman: »Electra«, de Pérez Galdós (historia, literatura y la polémica entre Martínez Ruiz y Maeztu). In: *Ders.*: Ideología y política en las letras de fin de siglo (1898). Madrid 1988, 65–93.

Franzen, August: Die Katholisch-Theologische Fakultät Bonn im Streit um das Erste Vatikanische Konzil. Zugleich ein Beitrag zur Entstehungsgeschichte des Altkatholizismus am Niederrhein. Köln 1974.

Franz, Georg: Kulturkampf. Staat und Katholische Kirche in Mitteleuropa von der Säkularisation bis zum Abschluss des preussischen Kulturkampfes. München 1954.

– Kulturkampf gestern und heute. Eine Säkularbetrachtung 1871–1971. München 1971.

Freán Hernández, Oscar: La libération des consciences: les anarchistes galiciens et la laïcité. In: Cahiers de civilisation espagnole contemporaine 2 (2008) o. p.

Freeze, Gergory L.: A Case of Stunted Anticlericalism: Clergy and Society in Imperial Russia. In: European Studies Review 13 (1982) 177–196.

Freudenberger, Theobald: Die Universität Würzburg und das Erste Vatikanische Konzil. Ein Beitrag zur Kirchen- und Geistesgeschichte des 19. Jahrhunderts. Anlässlich des 100. Jahrestags der Einberufung des Konzils in Verbindung mit dem Sebastian Merkle-Institut der Universität Würzburg. Neustadt an der Aisch 1969.

Frevert, Ute: Eurovisionen. Ansichten guter Europäer im 19. und 20. Jahrhundert. Frankfurt am Main 2003.

– Was haben Gefühle in der Geschichte zu suchen? In: Geschichte und Gesellschaft 35 (2009) 183–207.

Frías Fernández, Juan Carlos: Percepciones, imágenes y explicaciones de la recuperación económica de la Iglesia: los anticlericales entre 1876–1899. In: *La Parra López*, Emilio/ *Pradells Nodal*, Jesús (Hg.): Iglesia, sociedad y estado en España, Francia e Italia (ss. XVIII al XX). Alicante 1991, 173–184.

Friedel, Helmut: Thomas Theodor Heine. Leipzig 2000.

Friedrich, Martin: Uhlich. In: Biographisch-Bibliographisches Kirchenlexikon. Bd. 12: Tibbon-Volpe. Herzberg 1997, 837–841.

– Das 19. Jahrhundert als »Zweites Konfessionelles Zeitalter«? Anmerkungen aus evangelisch-theologischer Sicht. In: *Blaschke*, Olaf (Hg.): Konfessionen im Konflikt. Deutschland zwischen 1800 und 1970 ein zweites konfessionelles Zeitalter. Göttingen 2002, 95–113.

Friedrich, Norbert: Zwischen allen Stühlen? Zur Geschichte der protestantischen Arbeiterbewegung zwischen Kaiserreich und früher Bundesrepublik. In: *Hiepel*, Claudia/ *Ruff*, Mark (Hg.): Christliche Arbeiterbewegung in Europa 1850–1950. Stuttgart 2003, 42–63.

Frölich, Jürgen: Repression und Lenkung versus Pressefreiheit und Meinungsmarkt. Zur preußischen Pressegeschichte in der Reichsgründungszeit 1848–1871. In: *Sösemann*, Bernd (Hg.): Kommunikation und Medien in Preußen vom 16. bis zum 19. Jahrhundert. Stuttgart 2002, 364–385.

Fuchs, Eckhardt/*Fuchs*, Günther: Die Affäre Dreyfus im Spiegel der Berliner Presse. In: *Schoeps*, Julius H./*Simon*, Hermann (Hg.): Dreyfus und die Folgen. Berlin 1995, 51–80.

Fuentes, Juan Francisco/*Fernández Sebastián*, Javier: Historia del periodismo español. Prensa, política y opinión pública en la España contemporánea. Madrid 1998.

Fusi Aizpúrua, Juan Pablo: El estado español en el fin de siglo. ¿Era normal en relación con Europa? In: *Juliá Díaz*, Santos (Hg.): Debates en torno al 98. Estado, sociedad y política. Madrid 1998, 59–70.

Gabriel, Pere: Republicanismo popular, socialismo, anarquismo y cultura política en España (1860–1914). In: *Paniagua Fuentes*, Xavier u. a. (Hg.): Cultura social y política en el mundo del trabajo. Valencia 1999, 211–222.

Gadille, Jacques: La phase décisive de Vatican I: Mars-Avril 1870. In: Annuarium historiae conciliorum 1 (1969) 336–347.

– (Hg.): Les catholiques libéraux au XIXe siècle. Actes du colloque international d'histoire religieuse de Grenoble de 30 sept.–3 oct. 1971. Grenoble 1974.

- On French Anticlericalism: Some Reflections. In: European Studies Review 13 (1983) 127–144.
- Der Höhepunkt des Antiklerikalismus – Die Strategien Leos XIII. und Pius' X. In: *Ders.* u.a. (Hg.): Die Geschichte des Christentums. Bd. 11: Liberalismus, Industrialisierung, Expansion Europas (1830–1914). Freiburg im Breisgau 1997, 446–473.

Gailus, Manfred/*Lehmann*, Hartmut (Hg.): Nationalprotestantische Mentalitäten. Konturen, Entwicklungslinien und Umbrüche eines Weltbildes. Göttingen 2005.

Galanopoulos, Philippe: Le Dr. Bourneville, l'hystérie et l'anticléricalisme au début de la Troisième République. Un médecin à l'assaut des superstitions et des croyances religieuse. Diss. Université de Versailles Saint-Quentin-en-Yvelines. Versailles 2005.

García Cárcel, Ricardo: La leyenda negra. Historia y opinión. Madrid 1993.

García Regidor, Teódulo: La polémica sobre la secularización de la enseñanza en España. Madrid 1985.

García Sanz, Fernando: Historia de las relaciones entre España e Italia. Imágenes, comercio y política exterior (1890–1914). Madrid 1994.
- (Hg.): España e Italia en la Europa contemporánea. Desde finales del siglo XIX a las dictaduras. Madrid 2002.
- El caso Ferrer: imagen y relaciones internacionales de España. In: Actes de les jornades sobre la Setmana Tràgica (1909). Barcelona, 5, 6 i 7 de maig de 2009. Barcelona 2009, 425–469.

Garnier, Sabine: L'expulsion des congrégations, un cas de conscience pour l'armée. Les événements de Ploërmel, 1904. Paris 2010.

Gatz, Erwin: Die Auseinandersetzungen um das Erste Vatikanische Konzil im Bistum Breslau. In: Römische Quartalschrift für christliche Altertumskunde und Kirchengeschichte 79 (1984) 189–254.

Gause, Ute: Friederike Fliedner und die »Feminisierung des Religiösen« im 19. Jahrhundert. In: *Friedrich*, Martin (Hg.): Sozialer Protestantismus im Vormärz. Münster 2001, 123–131.

Geier, Wolfgang: Europabilder. Begriffe, Ideen, Projekte aus 2500 Jahren. Wien 2009.

Gerber, Stefan: »Jesuitische Umtriebe«. Tradition und Aktualität eines konfessionellen Topos im Sachsen des 19. Jahrhunderts. In: *Rosseaux*, Ulrich/*Poppe*, Gerhard (Hg.): Konfession und Konflikt. Religiöse Pluralisierung in Sachsen im 18. und 19. Jahrhundert. Münster 2012, 251–272.

Gerhards, Jürgen: Politische Öffentlichkeit. Ein system- und akteurstheoretischer Bestimmungsversuch. In: *Neidhardt*, Friedhelm (Hg.): Öffentlichkeit, öffentliche Meinung, soziale Bewegungen. Opladen 1994, 77–105.

–/*Neidhardt*, Friedhelm: Strukturen und Funktionen moderner Öffentlichkeit: Fragestellungen und Ansätze. In: *Müller-Doohm*, Stefan (Hg.): Öffentlichkeit, Kultur, Massenkommunikation. Beiträge zur Medien- und Kommunikationssoziologie. Oldenburg 1991, 31–89.

Gestrich, Andreas: The Public Sphere and the Habermas Debate. In: German History 24 (2006) 412–430.

Geyer, Martin H./*Paulmann*, Johannes: Introduction: The Mechanics of Internationalism. In: *Dies.* (Hg.): The Mechanics of Internationalism. Culture, Society, and Politics from the 1840s to the First World War. Oxford 2001, 1–26.

–/*Paulmann*, Johannes (Hg.): The Mechanics of Internationalism. Culture, Society, and Politics from the 1840s to the First World War. Oxford 2001.

Geyer, Michael/*Lehmann*, Hartmut (Hg.): Religion und Nation – Nation und Religion. Beiträge zu einer unbewältigten Geschichte. Göttingen 2004.

Gibson, Ralph: A Social History of French Catholicism. 1789–1914. London 1989.
– Why Republicans and Catholics Couldn't Stand Each Other in the Nineteenth Century. In: *Tallett*, Frank/*Atkin*, Nicholas (Hg.): Religion, Society and Politics in France since 1789. London 1991, 107–120.
Giesen, Berhard: Europäische Identität und transnationale Öffentlichkeit. Eine historische Perspektive. In: *Kaelble*, Hartmut u. a. (Hg.): Transnationale Öffentlichkeiten und Identitäten im 20. Jahrhundert. Frankfurt am Main 2002, 67–84.
–/*Junge*, Kay: Vom Patriotismus zum Nationalismus. Zur Evolution der »Deutschen Kulturnation«. In: *Giesen*, Bernhard (Hg.): Nationale und kulturelle Identität. Studien zur Entwicklung des kollektiven Bewußtseins in der Neuzeit. Frankfurt am Main 1991, 255–303.
Girón Sierra, Álvaro: En la mesa con Darwin. Evolución y revolución en el movimiento libertario en España (1869–1914). Madrid 2005.
Glick, Thomas F.: Spain. In: *Ders.* (Hg.): The Comparative Reception of Darwinism. 2. Aufl. Chicago 1988, 307–345.
– Darwin en España. Valencia 2010.
Goertz, Hans-Jürgen: Antiklerikalismus und Reformation. Sozialgeschichtliche Untersuchungen. Göttingen 1995.
Goldstein, Jan: The Hysteria Diagnosis and the Politics of Anticlericalism in Late Nineteenth-Century France. In: Journal of Modern History 54 (1982) 298–329.
Gollwitzer, Heinz: Europabild und Europagedanke. Beiträge zur deutschen Geistesgeschichte des 18. und 19. Jahrhunderts. 2. Aufl. München 1964.
Goltermann, Svenja: Figuren der Freiheit. In: *Hettling*, Manfred/*Hoffmann*, Stefan-Ludwig (Hg.): Der bürgerliche Wertehimmel. Innenansichten des 19. Jahrhunderts. Göttingen 2000, 149–168.
Gombrich, Ernst Hans: Das Arsenal der Karikaturisten. In: *Ders.*: Meditationen über ein Steckenpferd. Wien 1973, 195–216.
Gómez Aparicio, Pedro: Historia del periodismo español. Bd. 2: De la Revolución de Septiembre al desastre colonial. Madrid 1971.
– Historia del periodismo español. Bd. 3: De las guerras coloniales a la dictadura. Madrid 1974.
Gómez Molleda, María Dolores: Los reformadores de la España contemporánea. Madrid 1966.
Gómez Mompart, Josep Lluís: ¿Existió en España prensa de masas? La prensa en torno a 1900. In: *Álvarez*, Jesús Timoteo/*Aguilera*, César (Hg.): Historia de los medios de comunicación en España. Periodismo, imagen y publicidad, 1900–1990. Barcelona 1989, 27–40.
Gondicart, Jean-Louis: L'anticléricalisme dans le Var. De la fin du XIXème siècle au début du XXème siècle. Mémoire D.E.A. Université de Droit, d'Économie et des Sciences d'Aix-Marseille. Aix-en-Provence-Marseille 1991–1992.
González Calleja, Eduardo: La razón de la fuerza. Orden público, subversión y violencia política en la España de la Restauración (1875–1917). Madrid 1998.
González Cuevas, Pedro Carlos: La guerra civil de la espiritualidad: el catolicismo español y sus enemigos (1898–1936). In: *De la Cueva Merino*, Julio/*Montero García*, Feliciano (Hg.): La secularización conflictiva. España 1898–1931. Madrid 2007, 39–72.
González Hernández, María Jesús: El universo conservador de Antonio Maura. Biografía y proyecto de Estado. Madrid 1997.
Goossaert, Vincent/*Zuber*, Valentine: Introduction. La Chine a-t-elle connu l'anticléricalisme? In: Extrême-orient, extrême-occident 24 (2002) 5–16.

Gossel, Daniel: Medien und Politik in Deutschland und den USA. Kontrolle, Konflikt und Kooperation vom 18. bis zum frühen 20. Jahrhundert. Stuttgart 2010.

Götz von Olenhusen, Irmtraud: Klerus und Ultramontanisierung in der Erzdiözese Freiburg. Entbürgerlichung und Klerikalisierung des Katholizismus nach der Revolution von 1848/49. In: *Schieder*, Wolfgang (Hg.): Religion und Gesellschaft im 19. Jahrhundert. Stuttgart 1993, 113–143.

– Klerus und abweichendes Verhalten. Zur Sozialgeschichte katholischer Priester im 19. Jahrhundert: Die Erzdiözese Freiburg. Göttingen 1994.

– Feminisierung von Religion und Kirchen im 19. und 20. Jahrhundert. In: *Lukatis*, Ingrid u. a. (Hg.): Religion und Geschlechterverhältnis. Opladen 2000, 37–47.

Graetz, Michael: Les Juifs en France au XIXe siècle. De la Révolution Française à l'Alliance israélite universelle. Paris 1989.

Graf, Friedrich Wilhelm: Die Politisierung des religiösen Bewußtseins. Die bürgerlichen Religionsparteien im deutschen Vormärz das Beispiel des Deutschkatholizismus. Stuttgart-Bad Cannstatt 1978.

– Protestantische Theologie in der Gesellschaft des Kaiserreichs. In: *Ders.* (Hg.): Profile des neuzeitlichen Protestantismus. Bd. 2.1: Kaiserreich. Gütersloh 1992, 12–117.

– Die Spaltung des Protestantismus. Zum Verhältnis von evangelischer Kirche, Staat und »Gesellschaft« im frühen 19. Jahrhundert. In: *Schieder*, Wolfgang (Hg.): Religion und Gesellschaft im 19. Jahrhundert. Stuttgart 1993, 157–190.

– Die Nation – von Gott »erfunden«. In: *Krumeich*, Gerd/*Lehmann*, Hartmut (Hg.): »Gott mit uns«. Nation, Religion und Gewalt im 19. und frühen 20. Jahrhundert. Göttingen 2000, 285–318.

– Ronge. In: Die Religion in Geschichte und Gegenwart. Bd. 4: I–K. 4. Aufl. Tübingen 2004, 628–329.

– Die Wiederkehr der Götter. Religion in der modernen Kultur. München 2004.

– Troeltsch. In: Religion in Geschichte und Gegenwart. Bd. 8: T–Z. 4. Aufl. Tübingen 2005, 627–632.

Green, Abigail: Intervening in the Public Sphere: German Governments and the Press, 1815–1870. In: Historical Journal 44 (2001) 155–175.

– Nationalism and the Jewish International. Religious Internationalism in Europe and the Middle East, c. 1840–1880. In: Comparative Studies in Society and History 50 (2008) 535–558.

– Moses Montefiore. Jewish Liberator, Imperial Hero. Cambridge/Massachusetts 2010.

Grell, Ole Peter/*Scribner*, Bob *(Hg.)*: Tolerance and Intolerance in the European Reformation. Cambridge 1996.

Greschat, Martin: Das Zeitalter der Industriellen Revolution. Das Christentum vor der Moderne. Stuttgart 1980.

– Deutschland. II. Der deutsche Protestantismus im Kaiserreich. In: *Gadille*, Jacques u. a. (Hg.): Die Geschichte des Christentums. Bd. 11: Liberalismus, Industrialisierung, Expansion Europas (1830–1914). Freiburg im Breisgau 1997, 656–681.

– Deutschland. II. Der Protestantismus: Vom Vormärz zur deutschen Einheit. In: *Gadille*, Jacques u. a. (Hg.): Die Geschichte des Christentums. Bd. 11: Liberalismus, Industrialisierung, Expansion Europas (1830–1914). Freiburg im Breisgau 1997, 309–325.

Grévy, Jérôme: La république des opportunistes. 1870–1885. Paris 1998.

– Le cléricalisme? Voilà l'ennemi! Une guerre de religion en France. Paris 2005.

Grew, Raymond: Liberty and the Catholic Church in Nineteenth-Century Europe. In:

Helmstadter, Richard J. (Hg.): Freedom and Religion in the Nineteenth Century. Stanford/California 1997, 196–232.
Griffin, Susan M.: Anti-Catholicism and Nineteenth-Century Fiction. Cambridge 2008.
Grisar, Josef: Die Circulardepesche des Fürsten Hohenlohe vom 9. April 1869 über das bevorstehende Vatikanische Konzil. In: *Schottenloher*, Otto (Hg.): Bayern, Staat und Kirche, Land und Reich. Forschungen zur bayerischen Geschichte vornehmlich im 19. Jahrhundert. Wilhelm Winkler zum Gedächtnis. München 1961, 216–240.
Groh, Dieter: Verschwörung und kein Ende. In: Kursbuch 124 (1996) 12–34.
Grohs, Winfried: Die Liberale Reichspartei 1871–1874. Liberale Katholiken und föderalistische Protestanten im ersten Deutschen Reichstag. Frankfurt am Main 1990.
Groschopp, Horst: Dissidenten. Freidenkerei und Kultur in Deutschland. Berlin 1997.
– Geschichte des Kirchenaustritts in Deutschland. Von den »Dissidenten« zur »dritten Konfession«. In: *Ders.* u. a. (Hg.): Umworbene »dritte Konfession«. Befunde über die Konfessionsfreien in Deutschland. Berlin 2006, 7–33.
Große Kracht, Hermann-Josef: Religion in der Demokratisierungsfalle? Zum Verhältnis von traditioneller Religion und politischer Moderne am Beispiel des deutschen Katholizismus im Kaiserreich. In: Geschichte in Wissenschaft und Unterricht 51 (2000) 140–154.
Gross, Friedrich: Jesus, Luther und der Papst im Bilderkampf 1871 bis 1918. Zur Malereigeschichte der Kaiserzeit. Marburg 1989.
Gross, Michael B.: Kulturkampf and Unification: German Liberalism and the War against the Jesuits. In: Central European History 30 (1997) 545–566.
– The Strange Case of the Nun in the Dungeon, or German Liberalism as a Convent Atrocity Story. In: German Studies Association 23 (2000) 69–84.
– The War against Catholicism. Liberalism and the Anti-Catholic Imagination in Nineteenth-Century Germany. Ann Arbor/Michigan 2004.
– *Kulturkampf* and *Geschlechterkampf*: Anti-Catholicism, Catholic Women, and Public Space. In: *Biess*, Frank u. a. (Hg.): Conflict, Catastrophe and Continuity. Essays on Modern German History. New York 2007, 27–43.
Grote, Heiner: Sozialdemokratie und Religion. Eine Dokumentation für die Jahre 1863–1875. Tübingen 1968.
Gruner, Walter D.: Europaperzeption und Europapläne des 19. Jahrhunderts zwischen Utopie, Pragmatismus, Realismus und Machtinteressen. In: *Elvert*, Jürgen/*Nielsen-Sikora*, Jürgen (Hg.): Leitbild Europa? Europabilder und ihre Wirkungen in der Neuzeit. Tagung, die im März 2007 anlässlich des 50. Jahrestags der Römischen Verträge in den Räumen der Vertretung der EU-Kommission in Bonn stattfand. Stuttgart 2009, 89–118.
Guesnet, François: Strukturwandel im Gebrauch der Öffentlichkeit: Zu einem Aspekt jüdischer politischer Praxis 1744 und 1881. In: *Requate*, Jörg/*Schulze Wessel*, Martin (Hg.): Europäische Öffentlichkeit. Transnationale Kommunikation seit dem 18. Jahrhundert. Frankfurt am Main 2002, 42–62.
Guiral, Pierre: La presse de 1848 à 1871. In: *Bellanger*, Claude u. a. (Hg.): Histoire générale de la presse française. Bd. 2: De 1815 à 1871. Paris 1969, 207–383.
Habermas, Jürgen: Strukturwandel der Öffentlichkeit. Untersuchungen zu einer Kategorie der bürgerlichen Gesellschaft. Frankfurt am Main 1990.
Habermas, Rebekka: Weibliche Religiosität oder: Oder von der Fragilität bürgerlicher Identitäten. In: *Tenfelde*, Klaus/*Wehler*, Hans-Ulrich (Hg.): Wege zur Geschichte des Bürgertums. Vierzehn Beiträge. Göttingen 1994, 125–148.
– Piety, Power, and Powerless: Religion and Religious Groups in Germany 1870–1945.

In: *Walser Smith*, Helmut (Hg.): The Oxford Handbook of Modern German History. Oxford 2011, 457–484.

– /*Hölzl*, Richard (Hg.): Mission global. Eine Verflechtungsgeschichte seit dem 19. Jahrhundert. Köln 2014.

Haguenau-Moizard, Catherine: État et religions en Europe. Grenoble 2000.

Hahn, Hans Henning/*Hahn*, Eva: Nationale Stereotypen. In: *Hahn*, Hans Henning/*Scholz*, Stephan (Hg.): Stereotyp, Identität und Geschichte. Die Funktion von Stereotypen in gesellschaftlichen Diskursen. Frankfurt am Main 2002, 17–56.

Halder, Winfrid: Katholische Vereine in Baden und Württemberg 1848–1914. Ein Beitrag zur Organisationsgeschichte des südwestdeutschen Katholizismus im Rahmen der Entstehung der modernen Industriegesellschaft. Paderborn u. a. 1995.

Hamburger, Ernest: Juden im öffentlichen Leben Deutschlands. Regierungsmitglieder, Beamte und Parlamentarier in der monarchischen Zeit 1848–1918. Tübingen 1968.

Hanschmidt, Alwin: Republikanisch-demokratischer Internationalismus im 19. Jahrhundert. Ideen, Formen, Organisierungsversuche. Husum 1977.

Harding, Klaus: Karikatur und Abstraktion. In: *Tietenberg*, Annette/*Mittig*, Hans-Ernst (Hg.): Das Kunstwerk als Geschichtsdokument. Festschrift für Hans-Ernst Mittig. München 1999, 53–66.

Hardtwig, Wolfgang: Geschichtskultur und Wissenschaft. München 1990.

– Geschichtsreligion – Wissenschaft als Arbeit – Objektivität. Der Historismus in neuer Sicht. In: Historische Zeitschrift 252 (1991) 1–32.

– Performanz und Öffentlichkeit in der krisenhaften Moderne: Visualisierung des Politischen in Deutschland 1900–1936. In: *Münkler*, Herfried/*Hacke*, Jens (Hg.): Strategien der Visualisierung. Verbildlichung als Mittel politischer Kommunikation. Frankfurt am Main 2009, 71–92.

Harismendy, Patrick: Les protestants face à la Séparation. In: *Chantin*, Jean-Pierre/*Moulinet*, Daniel (Hg.): La Séparation de 1905. Les hommes et les lieux. Paris 2005, 125–140.

Harland-Jacobs, Jessica L.: Freemasonry. In: *Iriye*, Akira/*Saunier*, Pierre-Yves (Hg.): The Palgrave Dictionary of Transnational History. From the Mid-19th Century to the Present Day. Basingstoke 2009, 429–431.

Harris, Ruth: Lourdes. Body and Spirit in the Secular Age. London 1999.

Hartmannsgruber, Friedrich: Die Bayerische Patriotenpartei 1868–1887. München 1986.

Hasler, August Bernhard: Pius IX. (1846–1878), päpstliche Unfehlbarkeit und 1. Vatikanisches Konzil. Dogmatisierung und Durchsetzung einer Ideologie. Bd. 1. Stuttgart 1977.

– Pius IX. (1846–1878), päpstliche Unfehlbarkeit und 1. Vatikanisches Konzil. Dogmatisierung und Durchsetzung einer Ideologie. Bd. 2. Stuttgart 1977.

Hastings, Derek K.: Fears of a Feminized Church: Catholicism, Clerical Celibacy, and the Crisis of Masculinity in Wilhelmine Germany. In: European History Quarterly 38 (2008) 34–65.

Haupt, Heinz-Gerhard: Nation und Religion aus westeuropäischer Perspektive. Einige einleitende Bemerkungen. In: *Juneja*, Monica/*Pernau*, Margrit (Hg.): Religion und Grenzen in Indien und Deutschland. Auf dem Weg zu einer transnationalen Historiographie. Göttingen 2008, 171–185.

–/*Langewiesche*, Dieter (Hg.): Nation und Religion in der deutschen Geschichte. Frankfurt am Main 2001.

–/*Langewiesche*, Dieter (Hg.): Nation und Religion in Europa. Mehrkonfessionelle Gesellschaften im 19. und 20. Jahrhundert. Frankfurt am Main 2004.

Hause, Steven C.: French Protestants, Laicization, and the Separation of the Churches and the State, 1802–1905. In: *Long*, Kathleen Perry (Hg.): Religious Differences in France. Past and Present. Kirksville 2006, 141–159.

Hazareesingh, Sudhir: Intellectual Founders of the Republic. Five Studies in Nineteenth-Century French Republican Political Thought. Oxford 2005.

Healy, Róisín: Religion and Civil Society. Catholics, Jesuits, and Protestants in Imperial Germany. In: *Trentmann*, Frank (Hg.): Paradoxes of Civil Society. New Perspectives on Modern German and British History. New York 2000, 244–259.

- Anti-Jesuitism in Imperial Germany: The Jesuit as Androgyne. In: *Walser Smith*, Helmut (Hg.): Protestants, Catholics and Jews in Germany. 1800–1914. Oxford 2001, 153–181.
- The Jesuit Specter in Imperial Germany. Boston/Massachusetts 2003.

Heenemann, Horst: Die Auflagenhöhen der deutschen Zeitungen. Ihre Entwicklung und ihre Probleme. Berlin 1929.

Heilbronner, Oded: In Search of the (Rural) Catholic Bourgeoisie: The Bürgertum of South Germany. In: Central European History 29 (1996) 175–200.

Heil, Johannes: »Antijudaismus« und »Antisemitismus«. Begriffe als Bedeutungsträger. In: Jahrbuch für Antisemitismusforschung 6 (1997) 92–114.

Heinen, Armin: Umstrittene Moderne. Die Liberalen und der preußisch-deutsche Kulturkampf. In: Geschichte und Gesellschaft 29 (2003) 138–156.

Heinisch, Severin: Geschichte als Karikatur. In: *Füßmann*, Klaus u. a. (Hg.): Historische Faszination. Geschichtskultur heute. Köln 1994, 91–104.

Heitzer, Horstwalter: Der Volksverein für das Katholische Deutschland im Kaiserreich 1890–1918. Mainz 1979.

Helmstadter, Richard J.: Introduction. In: *Ders.* (Hg.): Freedom and Religion in the Nineteenth Century. Stanford/California 1997, 1–28.

Hense, Gerhard: Kommunikationsobservanz in Wilhelminischer Zeit (1890–1914). In: *Fischer*, Heinz-Dietrich (Hg.): Deutsche Kommunikationskontrolle des 15. bis 20. Jahrhunderts. München 1982, 153–184.

Hermon-Belot, Rita: Pensée juive et Séparation. In: *Boutry*, Philippe/*Encrevé*, André (Hg.): Vers la liberté religieuse. La séparation des Églises et de l'État. Actes du colloque organisé à Créteil les 4 et 5 février 2005 par l'Institut Jean-Baptiste Say de l'Université de Paris XII-Val-de-Marne. Bordeaux 2006, 171–187.

Herres, Jürgen: Städtische Gesellschaft und katholische Vereine im Rheinland 1840–1870. Essen, Trier 1996.

Hertfelder, Thomas: Kritik und Mandat. Zur Einführung. In: *Hübinger*, Gangolf/*Hertfelder*, Thomas (Hg.): Kritik und Mandat. Intellektuelle in der deutschen Politik. Stuttgart 2000, 11–29.

Herzog, Dagmar: Intimacy and Exclusion. Religious Politics in Pre-Revolutionary Baden. Princeton/New Jersey 1996.

Heuser, Katrin: Allan Kardec und der Spiritismus in Lyon um 1900. Geisterkommunikation als soziales Phänomen. Saarbrücken 2008.

Hibbs-Lissorgues, Solange: Iglesia, prensa y sociedad en España. (1868–1904). Alicante 1995.

- Voix singulières, voix rebelles de femme: Amalia Domingo Soler (1835–1909), Rosario de Acuña (1851–1923), Angeles López de Ayala (1856–1926). In: *Delrue*, Élisabeth (Hg.): Femmes et démocratie. Les Espagnoles dans l'espace public, 1868–1978. Actes de la journée d'études d'Amiens, 09.11.2007. Paris 2008, 35–51.

Hilge, Friedrich: Die evangelische Kirche und der Kulturkampf (unter besonderer Berücksichtigung Preußens). Diss. Universität Osnabrück. Osnabrück 1999.

Hillgruber, Christian: Staat und Religion. Überlegungen zur Säkularität, zur Neutralität und zum religiös-weltanschaulichen Fundament des modernen Staates. Paderborn 2007.

Hirschmann, Günther: Kulturkampf im historischen Roman der Gründerzeit 1859–1878. München 1978.

Hoffmann, Christhard: Christlicher Antijudaismus und moderner Antisemitismus. Zusammenhänge und Differenzen als Problem der historischen Antisemitismusforschung. In: *Siegele-Wenschkewitz*, Leonore (Hg.): Christlicher Antijuidaismus und Antisemitismus. Theologie und kirchliche Programme Deutscher Christen. Frankfurt am Main 1994.

Hoffmann, Johannes O.: Das Ringen des 1. Vatikanums um den päpstlichen Primat im Spiegel der kirchlichen Kräfte Bayerns besonders der theologischen Fakultät der Universität München. In: Beiträge zur Altbayrischen Kirchengeschichte 41 (1994) 149–172.

Hoffmann, Léon-François: Romantique Espagne. L'image de l'Espagne en France entre 1800 et 1850. Paris 1961.

Hoffmann, Stefan-Ludwig: Die Politik der Geselligkeit. Freimaurerlogen in der deutschen Bürgergesellschaft, 1840–1918. Göttingen 2000.

– Nationalism and the Quest for Moral Universalism. German Freemasonry, 1860–1914. In: *Geyer*, Martin H./*Paulmann*, Johannes (Hg.): The Mechanics of Internationalism. Culture, Society, and Politics from the 1840s to the First World War. Oxford 2001, 259–284.

Hofmann, Werner: Die Karikatur. Von Leonardo bis Picasso. 2. Aufl. Hamburg 2007.

Hofstadter, Richard: The Paranoid Style in American Politics. In: *Ders.*: The Paranoid Style in American Politics and Other Essays. New York 1985, 3–40.

Hogg, Robert F.: Fighting the Religious War of 1866. Silesian Clerics and the Anti-Catholic Smear Campaign in Prussia. In: *Geyer*, Michael/*Lehmann*, Hartmut (Hg.): Religion und Nation – Nation und Religion. Beiträge zu einer unbewältigten Geschichte. Göttingen 2004, 49–75.

Hohls, Rüdiger u.a. (Hg.): Europa und die Europäer. Quellen und Essays zur modernen europäischen Geschichte. Festschrift für Hartmut Kaelble zum 65. Geburtstag. Stuttgart 2005.

Hölscher, Lucian: Weltgericht oder Revolution. Protestantische und sozialistische Zukunftsvorstellungen im deutschen Kaiserreich. Stuttgart 1989.

– Die Religion des Bürgers. Bürgerliche Frömmigkeit und protestantische Kirche im 19. Jahrhundert. In: Historische Zeitschrift 250 (1990) 595–627.

– Möglichkeiten und Grenzen der statistischen Erfassung kirchlicher Bindungen. In: *Elm*, Kaspar/*Loock*, Hans-Dietrich (Hg.): Seelsorge und Diakonie in Berlin. Beiträge zum Verhältnis von Kirche und Großstadt im 19. und beginnenden 20. Jahrhundert. Berlin 1990, 39–59.

– Säkularisierungsprozesse im deutschen Protestantismus des 19. Jahrhunderts. Ein Vergleich zwischen Bürgertum und Arbeiterschaft. In: *Puhle*, Hans-Jürgen (Hg.): Bürger in der Gesellschaft der Neuzeit. Wirtschaft – Politik – Kultur. Göttingen 1991, 236–258.

– Die religiöse Entzweiung. Entwurf zu einer Geschichte der Frömmigkeit im 19. Jahrhundert. In: Jahrbuch der Gesellschaft für Niedersächsische Kirchengeschichte 93 (1995) 9–25.

- Secularization and Urbanization in the Nineteenth Century. An Interpretative Model. In: *McLeod*, Hugh (Hg.): European Religion in the Age of Great Cities, 1830–1930. London, New York 1995, 263–289.
- Öffentlichkeit. In: *Brunner*, Otto u.a. (Hg.): Geschichtliche Grundbegriffe. Historisches Lexikon zur politisch-sozialen Sprache in Deutschland. Bd. 4: Mi-Pre. Stuttgart 1997, 413–467.
- Semantic Structures of Religious Change in Modern Germany. In: *McLeod*, Hugh/ *Ustorf*, Werner (Hg.): The Decline of Christendom in Western Europe, 1750–2000. Cambridge 2004, 184–197.
- Geschichte der protestantischen Frömmigkeit in Deutschland. München 2005.
- Konfessionspolitik in Deutschland zwischen Glaubensstreit und Koexistenz. In: *Ders.* (Hg.): Baupläne der sichtbaren Kirche. Sprachliche Konzepte religiöser Vergemeinschaftung in Europa. Göttingen 2007, 11–52.
- Europe in the Age of Secularisation. In: *Brown*, Callum G./*Snape*, Michael (Hg.): Secularisation in the Christian World. Farnham 2010, 197–204.
- Die Säkularisierung der Kirchen. Sprachliche Transformationsprozesse in den langen 1960er Jahren. In: *Damberg*, Wilhelm (Hg.): Soziale Strukturen und Semantiken des Religiösen im Wandel. Transformationen in der Bundesrepublik Deutschland 1949–1989. Essen 2011, 203–214.

Holzem, Andreas: Religion und Öffentlichkeit. Chancen und Grenzen des Deutschkatholizismus – religiös, sozial, mental. Mit drei Abbildungen. In: Archiv für schlesische Kirchengeschichte 51/51 (1994) 7–32.
- Katholische Kultur in kommunalen Lebenswelten Südwestdeutschland 1850–1940. »Katholisches Milieu« in kultureller Erweiterung – Skizzen eines langfristigen Forschungsprogramms. In: Rottenburger Jahrbuch für Kirchengeschichte 24 (2005) 87–113.

Hondrich, Karl Otto: Enthüllung und Entrüstung. Eine Phänomenologie des politischen Skandals. Frankfurt am Main 2002.

Honoré, Jean-Paul: Le vocabulaire de l'anticléricalisme en France de l'Affaire à la Séparation (1898–1905). In: Mots 5 (1982) 69–84.

Horaist, Bruno: La dévotion au Pape et les catholiques français. Sous le pontificat de Pie IX (1846–1878). D'après les archives de la Bibliothèque Apostolique Vaticane. Rom 1995.

Horne, John N./*Kramer*, Alan: German Atrocities, 1914. A History of Denial. New Haven 2001.

Horta, Gerard: Cos i revolució. L'espiritisme català o les paradoxes de la modernitat. Barcelona 2004.

Horváth, Árpád: Sozialismus und Religion. Die Religion und ihre Funktion im Spiegel sozialistischer Ideologien 1835–1900. Bern, Frankfurt am Main 1987.

Howorth, Jolyon: The French Socialists and Anticlericalism: The Position of Edouard Vaillant and the Parti Socialiste Révolutionnaire. In: International Review of Social History 22 (1977) 165–183.

Huard, Raymond: La naissance du parti politique en France. Paris 1996.

Hub, Dietrich: Syllabus. In: Theologische Realenzyklopädie. Bd. 32: Spurgeon-Taylor. Berlin, New York 2001, 476–479.

Hübinger, Gangolf: Kulturprotestantismus, Bürgerkirche und liberaler Revisionismus im wilhelminischen Deutschland. In: *Schieder*, Wolfgang (Hg.): Religion und Gesellschaft im 19. Jahrhundert. Stuttgart 1993, 272–299.

– Kulturprotestantismus und Politik. Zum Verhältnis von Liberalismus und Protestantismus im wilhelminischen Deutschland. Tübingen 1994.
– Confessionalism. In: *Chickering*, Roger (Hg.): Imperial Germany. A Historiographical Companion. Westport/Connecticut 1996, 156–184.
– Die monistische Bewegung. Sozialingenieure und Kulturprediger. In: *Ders./Vom Bruch*, Rüdiger (Hg.): Kultur und Kulturwissenschaften um 1900. Bd. 2: Idealismus und Positivismus. Stuttgart 1997, 246–259.
– Sakralisierung der Nation und Formen des Nationalismus im deutschen Protestantismus. In: *Krumeich*, Gerd/*Lehmann*, Hartmut (Hg.): »Gott mit uns«. Nation, Religion und Gewalt im 19. und frühen 20. Jahrhundert. Göttingen 2000, 233–247.

Humbert, Sylvie/*Bernaudeau*, Vincent (Hg.): Auteurs et acteurs de la séparation des Églises et de l'État. Actes du colloque tenu à Lille, les 29 et 30 septembre 2005. Lille 2007.

Hunt, Lynn Avery: Inventing Human Rights. A History. New York 2007.

Hurd, Madeleine: Class, Masculinity, Manners and Mores. In: Social Science History 24 (2000) 75–110.

Hyman, Paula E.: The Jews of Modern France. Berkeley 1998.

Ihl, Olivier: La fête républicaine. Paris 1996.

Isser, Natalie: The Mortara Affair and Louis Veuillot. In: Proceedings of the Western Society of French History 7 (1981) 69–78.

Iurlano, Giuliana: Da Barcellona a Stelton. Francisco Ferrer e il movimento delle scuole moderne in Spagna e negli Stati Uniti. Milano 2000.

Iuso, Pascale: October 1909: Rome and Francisco Ferrer. In: *Antonioli*, Maurizio u. a. (Hg.): Contro la chiesa. I moti pro Ferrer del 1909 in Italia. Pisa 2009, 47–70.

Ivereigh, Austen: Introduction. The Politics of Religion in an Age of Revival. In: *Ders.* (Hg.): The Politics of Religion in an Age of Revival. Studies in Nineteenth-Century Europe and Latin America. London 2000, 1–21.

Jäger, Bernd: Nationalliberale Geschichtstheologie. Karl August von Hase 1800–1890. In: *Graf*, Friedrich Wilhelm (Hg.): Profile des neuzeitlichen Protestantismus. Bd. 2.1: Kaiserreich. Gütersloh 1992, 118–145.

Jäger, Hans-Wolf: Mönchskritik und Klostersatire in der deutschen Spätaufklärung. In: *Klueting*, Harm u. a. (Hg.): Katholische Aufklärung. Aufklärung im katholischen Deutschland. Hamburg 1993, 192–207.

Janz, Oliver: Bürger besonderer Art. Evangelische Pfarrer in Preußen 1850–1914. Berlin 1994.

Jarausch, Konrad Hugo: Students, Society, and Politics in Imperial Germany. The Rise of Academic Illiberalism. Princeton/New Jersey 1982.

Jaume, Lucien: L'individu effacé ou le paradoxe du libéralisme français. Paris 1997.

Jáuretegui, Pablo: »Europeanism« versus »Africanism«: »Europe« as a Symbol of Modernity and Democratic Renewal in Spain. In: *Malmborg*, Mikael/*Stråth*, Bo (Hg.): The Meaning of Europe. Variety and Contention Within and Among Nations. Oxford 2002, 77–100.

Jentsch, Lars: Evolution der Religion? Der Deutsche Monistenbund zwischen Kulturkampforganisation und Religionsgesellschaft am Vorabend des Ersten Weltkrieges. In: *Lenz*, Arnher E. (Hg.): Darwin, Haeckel und die Folgen. Monismus in Vergangenheit und Gegenwart. Neustadt am Rübenberge 2006, 275–295.

Jiménez Lozano, José: Los cementerios civiles y la heterodoxia española. Madrid 1978.

Jonas, Raymond Anthony: France and the Cult of the Sacred Heart. An Epic Tale for Modern Times. Berkeley 2000.

Jones, Priska: Europa in der Karikatur. Deutsche und britische Darstellungen im 20. Jahrhundert. Frankfurt am Main 2009.

Jones, W. R.: Palladism and the Papacy. An Episode of French Anticlericalism in Nineteenth Century. In: Journal of Church and State 12 (1970) 453–473.

Joskowicz, Alexander: Liberal Judaism and Confessional Politics of Difference in the German *Kulturkampf*. In: Leo Baeck Year Book 50 (2005) 177–197.

– Anticlerical Alliances: Jews and the Church Question in Germany and France, 1783–1905. Diss. University of Chicago. Chicago 2008.

Journeau, Brigitte: Église et censure en Espagne au milieu du XIXe siècle. In: Mélanges de la Casa de Velazquez 24 (1988) 209–233.

Juderías, Julián: La leyenda negra. Estudios acerca del concepto de España en el extranjero. Salamanca 2003.

Juliá Díaz, Santos (Hg.): Debates en torno al 98. Estado, sociedad y política. Madrid 1998.

– Historias de las dos Españas. 5. Aufl. Madrid 2006.

Julia, Dominique: Des indicateurs de longue durée. In: *Rémond*, René/*Le Goff*, Jacques (Hg.): Histoire de la France religieuse. Bd. 3: Du roi très chrétien à la laïcité républicaine (XVIIIe–XIXe siècle). Paris 1991, 183–207.

Jürgensmeier, Friedhelm: Die katholische Kirche im Spiegel der Karikatur der deutschen satirischen Tendenzzeitschriften von 1848 bis 1900. Trier 1969.

Kaelble, Hartmut: Der historische Vergleich. Eine Einführung zum 19. und 20. Jahrhundert. Frankfurt am Main 1999.

– Europäer über Europa. Die Entstehung des europäischen Selbstverständnisses im 19. und 20. Jahrhundert. Frankfurt am Main 2001.

– The Historical Rise of a European Public Sphere? In: Journal of European Integration 8 (2002) 9–22.

–/*Kirsch*, Martin: Einleitung: Zur Europäisierung des Selbstverständnisses und der Gesellschaft der Europäer im 19. und 20. Jahrhundert. In: *Kaelble*, Hartmut (Hg.): Selbstverständnis und Gesellschaft der Europäer. Aspekte der sozialen und kulturellen Europäisierung im späten 19. und 20. Jahrhundert. Frankfurt am Main 2008, 11–28.

– u. a. (Hg.): Transnationale Öffentlichkeiten und Identitäten im 20. Jahrhundert. Frankfurt am Main 2002.

– u. a.: Zur Entwicklung transnationaler Öffentlichkeit und Identität im 20. Jahrhundert. Eine Einleitung. In: *Dies.* (Hg.): Transnationale Öffentlichkeiten und Identitäten im 20. Jahrhundert. Frankfurt am Main 2002, 7–33.

–/*Schriewer*, Jürgen (Hg.): Vergleich und Transfer. Komparatistik in den Sozial-, Geschichts- und Kulturwissenschaften. Frankfurt am Main, New York 2003.

Kaiser, Jochen-Christoph: Arbeiterbewegung und organisierte Religionskritik. Proletarische Freidenkerverbände in Kaiserreich und Weimarer Republik. Stuttgart 1981.

– Sozialdemokratie und »praktische« Religionskritik. Das Beispiel der Kirchenaustrittsbewegung 1878–1914. In: Archiv für Sozialgeschichte 22 (1982) 263–298.

– Organisierte Religionskritik im 19. und 20. Jahrhundert. In: Zeitschrift für Religions- und Geistesgeschichte 37 (1985) 203–215.

– Sozialer Protestantismus im 19. Jahrhundert. In: *Gräb*, Wilhelm u. a. (Hg.): Praktische Theologie und protestantische Kultur. Für Peter C. Bloth zum 70. Geburtstag. Gütersloh 2002, 151–161.

Kaiser, Wolfram: »Clericalism – That is our Enemy!«. European Anticlericalism and the Culture Wars. In: *Clark*, Christopher/*Kaiser*, Wolfram (Hg.): Culture Wars. Secular-Catholic Conflict in Nineteenth-Century Europe. Cambridge 2003, 47–76.

Kamen, Henry: Del imperio a la decadencia. Los mitos que forjaron la España moderna. Madrid 2006.
Kaplan, Temma: Ciudad roja, periodo azul. Los movimientos sociales en la Barcelona de Picasso. Barcelona 2002.
Kaplan, Zvi Jonathan: Between the Devil and the Deep Blue Sea? French Jewry and the Problem of Church and State. Providence/Rhode Island 2009.
Käsler, Dirk/*Albers*, Hans Peter: Der politische Skandal. Zur symbolischen und dramaturgischen Qualität von Politik. Opladen 1991.
Kaspi, André/*Assan*, Valérie (Hg.): Histoire de l'Alliance israélite universelle de 1860 à nos jours. Paris 2010.
Kaufman, Suzanne K.: Consuming Visions. Mass Culture and the Lourdes Shrine. Ithaca 2005.
Kelly, Alfred: The Descent of Darwin. The Popularization of Darwinism in Germany, 1860–1914. Chapel Hill 1981.
Kertzer, David I.: Die Entführung des Edgardo Mortara. Ein Kind in der Gewalt des Vatikans. München 1998.
Kippenberg, Hans Gerhard: Die Entdeckung der Religionsgeschichte. Religionswissenschaft und Moderne. München 1997.
Kissling, Johannes B.: Geschichte des Kulturkampfes im Deutschen Reiche. Bd. 1: Die Vorgeschichte. Freiburg im Breisgau 1911.
– Geschichte des Kulturkampfes im Deutschen Reiche. Bd. 2: Die Kulturkampfgesetzgebung 1871–1874. Freiburg im Breisgau 1913.
– Geschichte des Kulturkampfes im Deutschen Reiche. Bd. 3: Der Kampf gegen den passiven Widerstand – die Friedensverhandlungen. Freiburg im Breisgau 1916.
Kittel, Manfred: Die »deux France« und der deutsche Bikonfessionalismus im Vergleich. In: *Möller*, Horst/*Kittel*, Manfred (Hg.): Demokratie in Deutschland und Frankreich 1918–1933/40. Beiträge zu einem historischen Vergleich. München 2002, 33–55.
Kittsteiner, Heinz-Dieter: Die Entstehung des modernen Gewissens. Frankfurt am Main 1991.
Klaus, Elisabeth: Von der Beschränktheit unserer Öffentlichkeitstheorien im europäischen Kontext. In: *Langenbucher*, Wolfgang R./*Latzer*, Michael (Hg.): Europäische Öffentlichkeit und medialer Wandel. Eine transdisziplinäre Perspektive. Wiesbaden 2006, 93–106.
Klausnitzer, Ralf: Poesie und Konspiration. Beziehungssinn und Zeichenökonomie von Verschwörungsszenarien in Publizistik, Literatur und Wissenschaft 1750–1850. Berlin 2007.
Kleinen, Peter: Politics, Religion, and National Integration in Wilhelmine Germany and Meiji Japan: A Comparative View on the *Kulturkampf* and the »Persecution of Buddhism«. In: Senri Ethnological Studies 51 (2000) 61–94.
Klein, Gotthard: Der Volksverein für das Katholische Deutschland 1890–1933. Geschichte, Bedeutung, Untergang. Paderborn 1996.
Klejman, Laurence/*Rochefort*, Florence: L'égalité en marche. Le féminisme sous la Troisième République. Paris 1989.
Klemm, Ulrich: Francisco Ferrer – Ein libertärer Schulreformer im 20. Jahrhundert. In: Zeitschrift für pädagogische Historiographie 10 (2004) 68–73.
Kneißl, Daniela: Die Republik im Zwielicht. Zur Metapher von Licht und Finsternis in der französischen Bildpublizistik (1871–1914). München 2010.
Knoch, Habbo/*Morat*, Daniel: Medienwandel und Gesellschaftsbilder 1880–1960. Zur historischen Kommunikologie der massenmedialen Sattelzeit. In: *Dies.* (Hg.): Kom-

munikation als Beobachtung. Medienwandel und Gesellschaftsbilder 1880–1960. München 2003, 9–33.

Koch, Ursula E.: Der Teufel in Berlin. Von der Märzrevolution bis zu Bismarcks Entlassung. Illustrierte politische Witzblätter einer Metropole 1848–1890. Köln 1991.

Kocka, Jürgen: Bürgertum und bürgerliche Gesellschaft im 19. Jahrhundert. Europäische Entwicklungen und deutsche Eigenarten. In: *Ders./Frevert*, Ute (Hg.): Bürgertum im 19. Jahrhundert. Deutschland im europäischen Vergleich. München 1988, 11–76.

Köhle-Hezinger, Christel: Evangelisch – katholisch. Untersuchungen zu konfessionellem Vorurteil und Konflikt im 19. und 20. Jahrhundert vornehmlich am Beispiel Württembergs. Tübingen 1976.

Kohli, Martin: Die Entstehung einer europäischen Identität: Konflikte und Potentiale. In: *Kaelble*, Hartmut u. a. (Hg.): Transnationale Öffentlichkeiten und Identitäten im 20. Jahrhundert. Frankfurt am Main 2002, 111–134.

Kohlrausch, Martin: Der Monarch im Skandal. Die Logik der Massenmedien und die Transformation der wilhelminischen Monarchie. Berlin 2005.

Kohnen, Richard: Pressepolitik des Deutschen Bundes. Methoden staatlicher Pressepolitik nach der Revolution von 1848. Tübingen 1995.

Köllmann, Wolfgang: Bevölkerungsgeschichte 1800–1970. In: *Aubin*, Hermann/*Zorn*, Wolfgang (Hg.): Handbuch der deutschen Wirtschafts- und Sozialgeschichte. Bd. 2: Das 19. und 20. Jahrhundert. Stuttgart 1971, 9–50.

Kopper, Françoise: Moritz Hartmann et la première laïcisation dans le Midi de la France. In: *Cahn*, Jean-Paul (Hg.): Religion und Laizität in Frankreich und Deutschland im 19. und 20. Jahrhundert. Religions et laïcité en France et en Allemagne aux 19e et 20e siècles. Stuttgart 2008, 22–38.

Korn, Bertram Wallace: The American Reaction to the Mortara Case 1858–1859. Cincinnati 1957.

Koschatzky, Walter/*Grill*, Helmut: Karikatur & Satire. Fünf Jahrhunderte Zeitkritik. München 1992.

Koselleck, Reinhart: »Erfahrungsraum« und »Erwartungshorizont« – zwei historische Kategorien. In: *Ders.*: Vergangene Zukunft. Zur Semantik geschichtlicher Zeiten. Frankfurt am Main 1989, 349–375.

– Fortschritt. In: *Brunner*, Otto u. a. (Hg.): Geschichtliche Grundbegriffe. Historisches Lexikon zur politisch-sozialen Sprache in Deutschland. Bd. 2: E–G. Stuttgart 2004, 351–353, 363–423.

– u. a.: Drei bürgerliche Welten? Zur vergleichenden Semantik der bürgerlichen Gesellschaft in Deutschland, England und Frankreich. In: *Puhle*, Hans-Jürgen (Hg.): Bürger in der Gesellschaft der Neuzeit. Wirtschaft – Politik – Kultur. Göttingen 1991, 14–58.

Kösters, Christoph/*Liedhegener*, Antonius: Historische Milieus als Forschungsaufgabe. Zwischenbilanz und Perspektiven. In: *Horstmann*, Johannes/*Liedhegener*, Antonius (Hg.): Konfession, Milieu, Moderne. Konzeptionelle Positionen und Kontroversen zur Geschichte von Katholizismus und Kirche im 19. und 20. Jahrhundert. Schwerte 2001, 15–25.

Koszyk, Kurt: Geschichte der deutschen Presse. Bd. 2: Deutsche Presse im 19. Jahrhundert. Berlin 1966.

Kotulla, Andreas Johannes: Lourdes und die Katholiken im Kaiserreich. Zur Erforschung der Rezeption eines Kultes der ultramontanen Frömmigkeit. In: *Fleckenstein*, Gisela (Hg.): Ultramontanismus. Tendenzen der Forschung. Paderborn 2005, 135–157.

– »Nach Lourdes!«. Der französische Marienwallfahrtsort und die Katholiken im Deutschen Kaiserreich (1871–1914). München 2006.

Kretschmann, Carsten/*Pahl*, Henning: Ein »Zweites Konfessionelles Zeitalter«? Vom Nutzen und Nachteil einer neuen Epochensignatur. In: Historische Zeitschrift 276 (2003) 269–392.

Krull, Lena: Prozessionen in Preußen. Katholisches Leben in Berlin, Breslau, Essen und Münster im 19. Jahrhundert (Religion und Politik). Würzburg 2013 [in Vorbereitung].

Kryżanowski, Michał u. a.: Conclusion: Europe, Media, Crises and the Public Sphere. In: *Dies.* (Hg.): The European Public Sphere and the Media. Europe in Crisis. Basingstoke 2009, 261–268.

Kselman, Thomas A.: Miracles & Prophecies in Nineteenth-Century France. New Brunswick/New Jersey 1983.

– Funeral Conflicts in Nineteenth-Century France. In: Comparative Studies in Society and History 30 (1988) 312–332.

– The Varieties of Religious Experience in Urban France. In: *McLeod*, Hugh (Hg.): European Religion in the Age of Great Cities, 1830–1930. London, New York 1995, 165–191.

– The Perraud Affair: Clergy, Church and Sexual Politics in Fin-de-Siècle France. In: Journal of Modern History 70 (1998) 588–618.

Kümper, Hiram: ... so She Practically Begins to Think that Marriage Is a Failure. AnarchistInnen and the »Sex Question« vor und nach 1900 in Frankreich, USA und Deutschland - ein Problemaufriss. In: Ariadne 55 (2009) 40–46.

Kuhlemann, Frank-Michael: Protestantisches Milieu in Baden. Konfessionelle Vergesellschaftung und Mentalität im Umbruch zur Moderne. In: *Blaschke*, Olaf/*Kuhlemann*, Frank-Michael (Hg.): Religion im Kaiserreich. Milieus, Mentalitäten, Krisen. Gütersloh 1996, 316–349.

– Bürgerlichkeit und Religion. Zur Sozial- und Mentalitätsgeschichte der evangelischen Pfarrer in Baden 1860–1914. Göttingen 2001.

– Konfessionalisierung der Nation? Deutschland im 19. und frühen 20. Jahrhundert. In: *Haupt*, Heinz-Gerhard/*Langewiesche*, Dieter (Hg.): Nation und Religion in Europa. Mehrkonfessionelle Gesellschaften im 19. und 20. Jahrhundert. Frankfurt am Main 2004, 27–63.

La Parra López, Emilio: Secularización y opciones modernizadoras. Para liberales, republicanos y progresistas, europeizar España significaba frenar la excesiva influencia de la Iglesia católica en los asuntos públicos. In: *Juliá Díaz*, Santos (Hg.): Memoria del 98. De la guerra de Cuba a la semana trágica. Madrid 1997, 314 f.

– Los inicios del anticlericalismo español contemporáneo (1750–1833). In: *Ders.*/*Suárez Cortina*, Manuel (Hg.): El anticlericalismo español contemporáneo. Madrid 1998, 17–68.

– El anticlericalismo durante el Trienio Liberal. In: *Olcina*, Manuel H./*Soler Díaz*, Jorge A. (Hg.): Scripta in honorem Enrique A. Llobregat Conesa. Alicante 2000, 245–259.

– Iglesia y secularización en la primera época liberal. In: *Suárez Cortina*, Manuel (Hg.): Secularización y laicismo en la España contemporánea. III encuentro de historia de la Restauración. Santander 2001, 55–74.

– Anticlericalismo y proceso de secularización en la España contemporánea. In: *Castañeda Delgado*, Paulino/*García de Lomas Mier*, Josemaría (Hg.): La Iglesia y la II República. Córdoba 2009, 17–25.

– L'antijésuitisme des jésuites: »Los jesuitas de puertas adentro« du Père Miguel Mir. In: *Fabre*, Pierre-Antoine (Hg.): Les antijésuites. Discours figures et lieux de l'antijésuitisme à l'époque moderne. Rennes 2010, 220–237.

–/*Suárez Cortina*, Manuel (Hg.): El anticlericalismo español contemporáneo. Madrid 1998.

–/*Suárez Cortina*, Manuel: Presentación. In: *Dies.* (Hg.): El anticlericalismo español contemporáneo. Madrid 1998, 11–15.

Laborie, Léonard: L'Europe mise en réseaux. La France et la coopération internationale dans les postes et les télécommunications (années 1850-années 1950). Brüssel 2011.

Lacalzada de Mateo, María José: El racionalismo bifurcado: de Francisco Giner a Francisco Ferrer. In: *Ferrer Benimeli*, José Antonio (Hg.): La masonería española entre Europa y América. VI Symposium Internacional de la Masonería Española, Zaragoza, 1–3 de julio de 1993. Zaragoza 1995, 469–486.

Lachner, Raimund: Frohschammer. In: Biographisch-Bibliographisches Kirchenlexikon. Bd. 14: Wolfram von Eschenbach-Zuygomalas, Theodosios und Ergänzungen I. Herzberg 1998, 998–1006.

Lacouture, Maryline: Eugène Sue et Vicente Blasco Ibañez. Deux hommes, deux œuvres (Le juif errant et La araña negra), deux expressions de l'anticléricalisme et d'un pensée républicaine au XIXème siècle en France et en Espagne. Diss. Université de Toulouse-Le Mirail. Toulouse 1984.

Lagrée, Michel: Processions religieuses et violence démocratique dans la France de 1903. In: French Historical Studies 21 (1998) 77–99.

– The Impact of Technology on Catholicism in France (1850–1950). In: *McLeod*, Hugh/*Ustorf*, Werner (Hg.): The Decline of Christendom in Western Europe, 1750–2000. Cambridge 2004, 163–183.

Laín Entralgo, Pedro: España como problema. 2. Aufl. Madrid 1957.

Lalouette, Jacqueline: Libero Pensiero, repubblica e socialismo in Francia 1848–1871. In: Movimento operaio e socialiste 10 (1982) 251–268.

– Dimensions anticléricales de la culture républicaine (1870–1914). In: Histoire, économie et société 19 (1991) 127–142.

– Épouser une protestante: le choix de républicains et de libres penseurs au siècle dernier. In: Bulletin de la Société de l'histoire du protestantisme français 137 (1991) 197–231.

– Paul Bert, libre-penseur. In: *Hamon*, Léo (Hg.): Les opportunistes. Les débuts de la République aux républicains. Paris 1991, 221–244.

– Souvenir de Francisco Ferrer dans la libre pensée française. In: *Best*, Francine u. a. (Hg.): L'affaire Ferrer. Actes du colloque »Les expériences libertaires en France en matière d'éducation au début du siècle«, 14 octobre 1989, Centre National et Musée Jean Jaurès. Castres 1991, 179–188.

– Une rencontre oubliée: La Libre Pensée française et les savants matérialistes allemands (1863–1870). In: Romantisme 73 (1991) 57–67.

– Iconoclastie et caricature dans le combat libre-penseur et anticléricale (1879–1914). In: *Michaud*, Stéphane u. a. (Hg.): Usages de l'image au XIXe siècle. Paris 1992, 51–61.

– Les banquets du »vendredi dit Saint«. In: *Corbin*, Alain (Hg.): Les usages politiques des fêtes aux XIXe–XXe siècles. Actes du colloque organisé les 22 et 23 novembre 1990 à Paris. Paris 1994, 223–235.

– El anticlericalismo en Francia, 1877–1914. In: Ayer 27 (1997) 15–38.

– La libre pensée en France. 1848–1940. Paris 1997.

– Les libres penseurs face aux processions (France – XIXe–XXe siècles). In: *D'Hollander*, Paul (Hg.): L'Église dans la rue. Les cérémonies extérieures du culte en France au XIXe siècle. Actes du colloque des 23–24 mars 2000 à Limoges. Limoges 2001, 91–110.

– Charcot au cœur des problèmes religieux de son temps: à propos de »La foi qui guérit«. In: *Dies.*: La république anticléricale. XIXe–XXe siècles. Paris 2002, 285–299.
– Du bûcher au piédestal: Étienne Dolet, symbole de la libre pensée. In: *Dies.*: La république anticléricale. XIXe–XXe siècles. Paris 2002, 201–223.
– La chanson révolutionnaire: une forme de combat. In: *Dies.*: La république anticléricale. XIXe–XXe siècles. Paris 2002, 392–412.
– La république anticléricale. XIXe–XXe siècles. Paris 2002.
– La Salette et la contestation anticléricale. In: *Dies.*: La république anticléricale. XIXe–XXe siècles. Paris 2002, 161–181.
– Le *Grand Dictionnaire universel du XIXe siècle*: un moment libre penseur et anticlérical. In: *Dies.*: La république anticléricale. XIXe–XXe siècles. Paris 2002, 123–141.
– Lexique libre penseur et anticlérical. In: *Lalouette*, Jacqueline: La république anticléricale. XIXe–XXe siècles. Paris 2002, 303–379.
– Libérer la morale. In: *Dies.*: La république anticléricale. XIXe–XXe siècles. Paris 2002, 142–160.
– Science et foi dans l'idéologie libre penseuse (1866–1914). In: *Dies.*: La république anticléricale. XIXe–XXe siècles. Paris 2002, 227–261.
– Pour une approche des rapports entre libre pensée et positivisme. In: *Petit*, Annie (Hg.): Auguste Comte, trajectoires positivistes, 1798–1998. Paris 2003, 303–316.
– Anticléricalisme et laïcité. In: *Becker*, Jean-Jacques/*Candar*, Gilles (Hg.): Histoire de gauches en France. Bd. 2: XXe siècle: à l'épreuve de l'histoire. Paris 2004, 645–665.
– L'anticléricalisme. In: *Pellistrandi*, Benoît (Hg.): L'histoire religieuse en France et en Espagne. Colloque international (Casa de Velázquez, 2–5 avril 2001). Madrid 2004, 333–352.
– La libre pensée et la séparation des Églises et de l'État (de la fin du Second Empire à la loi du 9 décembre 1905). In: *Munier*, Marie-Odile (Hg.): Regards croisés en 1905 sur la Loi de séparation de l'Église et de l'État. Toulouse 2005, 87–138.
– La séparation des Églises et de l'État. Genèse et développement d'une idée 1789–1905. Paris 2005.
– u.a. (Hg.): Les congrégations hors la loi? Autour de la loi du 1er juillet 1901. Paris 2002.

Laloum, Jean: La Séparation au regard de la presse israélite. In: *Boutry*, Philippe/*Encrevé*, André (Hg.): Vers la liberté religieuse. La séparation des Églises et de l'État. Actes du colloque organisé à Créteil les 4 et 5 février 2005 par l'Institut Jean-Baptiste Say de l'Université de Paris XII-Val-de-Marne. Bordeaux 2006, 67–87.

Lamberti, Marjorie: State, Church, and the Politics of School Reform during the Kulturkampf. In: Central European History 19 (1986) 63–81.
– State, Society, and the Elementary School in Imperial Germany. New York 1989.

Landau, Peter: Die Entstehung des neueren Staatskirchenrechts in der deutschen Rechtswissenschaft der zweiten Hälfte des 19. Jahrhunderts. In: *Schieder*, Wolfgang (Hg.): Religion und Gesellschaft im 19. Jahrhundert. Stuttgart 1993, 29–61.

Landry, Stan M.: That All May Be One? Church Unity and the German National Idea, 1866–1883. In: Church History 80 (2011) 281–301.

Landwehr, Achim: Geschichte des Sagbaren. Einführung in die historische Diskursanalyse. Tübingen 2001.
– Historische Diskursanalyse. Frankfurt am Main 2008.

Lanfrey, André: Sécularisation, séparation et guerre scolaire. Les catholiques français et l'école (1901–1914). Paris 2003.

Langewiesche, Dieter: Liberalismus in Deutschland. Frankfurt am Main 1988.

- Kommunikationsraum Europa. In: *Ders.*: Demokratiebewegung und Revolution 1847 bis 1849. Internationale Aspekte und europäische Verbindungen. Karlsruhe 1998, 11–35.
- Politikstile im Kaiserreich. Zum Wandel von Politik und Öffentlichkeit im Zeitalter des »politischen Massenmarktes«. In: *Gall*, Lothar (Hg.): Regierung, Parlament und Öffentlichkeit im Zeitalter Bismarcks. Politikstile im Wandel. Paderborn 2003, 1–21.

Langham, Raphael: The Reaction in England to the Kidnapping of Edgardo Mortara. In: Jewish Historical Studies 39 (2004) 79–101.

Langlois, Claude: Catholiques et laïcs. In: *Nora*, Pierre (Hg.): Les lieux de mémoire. Bd. 3.1: Les France. Conflits et partages. Paris 1982, 140–183.
- Le catholicisme au féminin. Paris 1984.
- Une France duelle? L'espace religieux contemporain. In: *Rémond*, René/*Le Goff*, Jacques (Hg.): Histoire de la France religieuse. Bd. 3: Du roi très chrétien à la laïcité républicaine (XVIIIe–XIXe siècle). Paris 1991, 311–329.
- La fin des guerres de Religion: La disparition de la violence religieuse en France au 19e siècle. In: French Historical Studies 21 (1998) 3–25.
- Lire le Syllabus. In: *Dierkens*, Alain (Hg.): L'intelligentsia européenne en mutation, 1850–1875. Darwin, le syllabus et leurs conséquences. Actes du colloque organisé à l'Université Libre de Bruxelles les 13 et 14 mars 1998. Brüssel 1998, 85–103.

–/*Jacquement*, Gérard: Déchristianisation, structures familiales et anticléricalisme. Belleville au XIXe siècle. In: Archives de sciences sociales des religions 29 (1984) 69–82.

Lang, W. M. *de*: Weerklank van de Mortara-Affaire in Nederland. In: Studia Rosenthaliana 19 (1985) 159–173.

Lannon, Frances: Privilege, Persecution, and Prophecy. The Catholic Church in Spain 1875–1975. Oxford 1987.
- 1898 and the Politics of Catholic Identity in Spain. In: *Ivereigh*, Austen (Hg.): The Politics of Religion in an Age of Revival. Studies in Nineteenth-Century Europe and Latin America. London 2000, 56–73.

Laplanche, François: Loyson. In: *Mayeur*, Jean-Marie/*Hilaire*, Yves-Marie (Hg.): Dictionnaire du monde religieux dans la France contemporaine. Bd. 9: Les sciences religieuses. Le XIXe siècle 1800–1914. Paris 1996, 432 f.

Laqua, Daniel: »Laïque, démocratique et sociale«? Socialism and Freethinkers' International. In: Labour History Review 74 (2009) 257–273.

Larkin, Maurice: Church and State after the Dreyfus Affair. The Separation Issue in France. London 1974.

Launay, Marcel: Le bon prêtre. Le clergé rural au XIXe siècle. Paris 1986.
- Le syndicalisme chrétien en France. De 1885 à nos jours. Paris 1984.

Lázaro Lorente, Luis Miguel: Con Barrabás o con Cristo. El acoso a la escuela laica en España, 1880–1910. In: Historia de educación 31 (2012) 209–330.
- El proceso de Francisco Ferrer Guardia. Repercusiones nacionales e internacionales. In: Tiempo de historia 7 (1981) 28–41.

Lefebvre, Denis: Montéhus, la lutte en chantant. In: Cahiers et Revue de l'OURS (1993) 13–20.

Leff, Lisa Moses: Sacred Bonds of Solidarity. The Rise of Jewish Internationalism in Nineteenth-Century France. Stanford/California 2006.

Lefkovitz, Elliot Benjamin: A Political Biography of Alfred Naquet. Diss. University of Michigan. Michigan 1975.

Lehmann, Hartmut: Säkularisierung. Der europäische Sonderweg in Sachen Religion. Göttingen 2004.

– Säkularisation und Säkularisierung. In: *Klueting*, Harm (Hg.): 200 Jahre Reichsdeputationshauptschluss. Säkularisation, Mediatisierung und Modernisierung zwischen Altem Reich und neuer Staatlichkeit. Tagung der Historischen Kommission für Westfalen vom 3.–5. April 2003 in Corvey. Münster 2005, 7–26.

Lenger, Friedrich (Hg.): Medienereignisse der Moderne. Darmstadt 2008.

Lenz, Arnher E. (Hg.): Darwin, Haeckel und die Folgen. Monismus in Vergangenheit und Gegenwart. Neustadt am Rübenberge 2006.

Leonhard, Jörn: Liberalismus. Zur historischen Semantik eines Deutungsmusters. München 2001.

– Semantische Deplazierung und Entwertung. Deutsche Deutungen von liberal und Liberalismus nach 1850 im europäischen Vergleich. In: Geschichte und Gesellschaft 29 (2003) 5–39.

– Europäisches Deutungswissen in komparativer Absicht: Zugänge, Methoden und Potentiale. In: Zeitschrift für Staats-und Europawissenschaften 3 (2006) 341–363.

– Von den Sprachen der Politik und den Grenzen der Übersetzbarkeit: Methodik und Herausforderung einer europäischen Erfahrungsgeschichte. In: *Renner*, Rolf Günter/ *Hörner*, Fernand (Hg.): Deutsch-französische Berührungs- und Wendepunkte. Zwanzig Jahre Forschung, Lehre und öffentlicher Dialog am Frankreich-Zentrum. Freiburg im Breisgau 2009, 407–420.

Lepp, Claudia: Protestantisch-liberaler Aufbruch in die Moderne. Der deutsche Protestantenverein in der Zeit der Reichsgründung und des Kulturkampfes. Gütersloh 1996.

Lepsius, M. Rainer: Parteisystem und Sozialstruktur: zum Problem der Demokratisierung der deutschen Gesellschaft. In: *Ritter*, Gerhard A. (Hg.): Deutsche Parteien vor 1918. Köln 1973, 56–81.

– Kritik als Beruf. Zur Soziologie der Intellektuellen. In: *Ders.*: Interessen, Ideen und Institutionen. Wiesbaden 2009, 75–91.

Leroy, Michel: Le mythe jésuite. De Béranger à Michelet. Paris 1992.

Leruth, Michael F.: Laicism, Religion and the Economy of Belief in the French Republic. In: Historical Reflections 31 (2005) 445–467.

Leugers, August-Hermann: Latente Kulturkampfstimmung im Wilhelminischen Kaiserreich. Konfessionelle Polemik als konfessions- und innenpolitisches Kampfmittel. In: *Horstmann*, Johannes/*Becker*, Winfried (Hg.): Die Verschränkung von Innen-, Konfessions- und Kolonialpolitik im Deutschen Reich vor 1914. Schwerte 1987, 13–37.

Lévêque, Pierre: Libre Pensée et Socialisme (1889–1939). Quelques points de repère. In: Mouvement social 57 (1966) 101–141.

Liedhegener, Antonius: Christentum und Urbanisierung. Katholiken und Protestanten in Münster und Bochum 1830–1933. Paderborn, Münster 1997.

– Säkularisierung als Entkirchlichung. Trends und Konjunkturen in Deutschland von der Mitte des 19. Jahrhunderts bis zur Gegenwart. In: *Gabriel*, Karl u. a. (Hg.): Umstrittene Säkularisierung. Soziologische und historische Analysen zur Differenzierung von Religion und Politik. Berlin 2012, 481–531.

Liermann, Hans: Hinschius. In: Neue Deutsche Biographie. Bd. 9: Heß-Hüttig. Berlin 1972, 190 f.

Lijphart, Arend: The Politics of Accommodation. Pluralism and Democracy in the Netherlands. Berkeley 1968.

Lill, Rudolf: Katholizismus und Nation bis zur Reichsgründung. In: *Langner*, Albrecht (Hg.): Katholizismus, nationaler Gedanke und Europa seit 1800. Paderborn 1985, 51–64.

- Zur Einführung. In: *Ders.*/*Traniello*, Francesco (Hg.): Der Kulturkampf in Italien und in den deutschsprachigen Ländern. Berlin 1993, 7–14.
-/*Traniello*, Francesco (Hg.): Der Kulturkampf in Italien und in den deutschsprachigen Ländern. Berlin 1993.
Lindner, Dieter: Die Entwicklung der Kulturkampfgesetze in Bayern und Preußen. Diss. Ludwig-Maximilians-Universität München. München 1977.
Linse, Ulrich: Geisterseher und Wunderwirker. Heilsuche im Industriezeitalter. Frankfurt am Main 1996.
Litvak, Lily: La prensa anarquista 1880–1913. In: *Hofmann*, Bert (Hg.): El anarquismo español y sus tradiciones culturales. Frankfurt am Main 1995, 214–235.
Llanque, Marcus: Räsonnement und Deliberation. Zu einem Grundproblem öffentlicher Kommunikation bei Habermas. In: *Laberenz*, Lennart (Hg.): Schöne neue Öffentlichkeit. Beiträge zu Jürgen Habermas' »Strukturwandel der Öffentlichkeit«. Hamburg 2003.
Loeffel, Laurence: Ferdinand Buisson. Apôtre de l'école laïque. Paris 1999.
- La question du fondement de la morale laïque sous la Troisième République, 1870–1914. Paris 2000.
Loewenstein, Bedrich: Der Fortschrittsglaube. Geschichte einer europäischen Idee. Göttingen 2009.
Long, Kathleen Perry (Hg.): Religious Differences in France. Past and Present. Kirksville 2006.
López Estudillo, Antonio: El anarquismo español decimonónico. In: Ayer 45 (2002) 73–104.
López Sánchez, Pere: Un verano con mil julios y otras estaciones, Barcelona. De la reforma interior a la revolución de julio de 1909. Madrid 1993.
Lorenzo Vélez, Antonio: Cuentos anticlericales de tradición oral. Valladolid 1997.
Lösch, Stefan: Döllinger und Frankreich. Eine geistige Allianz. 1823–1871. Im Lichte von 56 bisher meist unbekannten Briefen mit 2 Döllingerbildnissen nebst Döllinger-Bibliographie. München 1955.
Loth, Wilfried: Katholiken im Kaiserreich. Der politische Katholizismus in der Krise des wilhelminischen Deutschlands. Düsseldorf 1984.
- Integration und Erosion: Wandlungen des katholischen Milieus in Deutschland. In: *Ders.* (Hg.): Deutscher Katholizismus im Umbruch zur Moderne. Stuttgart u. a. 1991, 266–281.
Louzao Villar, Joseba: Soldados de la fe o amantes del progreso. Catolicismo y modernidad en Vizcaya (1890–1923). Logroño 2011.
- »No es la religión de Cristo«. La figura de Jesús de Nazaret en el socialismo español hasta 1936. In: Amnis 11 (2012) o. p.
- La creación de un marco de sociabilidad anticlerical. El caso vizcaíno durante la Restauración (c. 1890–1923). In: Historia social 73 (2012) 59–79.
Lübbe, Hermann: Säkularisierung. Geschichte eines ideenpolitischen Begriffs. Freiburg im Breisgau 1975.
Lucie-Smith, Edward/*Auffhammer*, Christian: Die Kunst der Karikatur. Weingarten 1981.
Luparini, Alesandro: »The Truly Modern Man«. The Popular Parties of the Ravenna Area for Francisco Ferrer. In: *Antonioli*, Maurizio u. a. (Hg.): Contro la chiesa. I moti pro Ferrer del 1909 in Italia. Pisa 2009, 123–136.
Lyons, F. S. L.: Internationalism in Europe 1815–1914. Leyden 1963.

Lyttleton, Adrian: An Old Church and a New State: Italian Anticlericalism 1876–1915. In: European Studies Review 13 (1983) 225–248.
Macherey, Pierre: Philosophies laïques. In: Mots 27 (1991) 5–22.
Magenti Javaloyas, Silvia: El problema religioso en la primera década del siglo XX: »Clericalismo« y »anticlericalismo« en la ciudad de Valencià. In: Saitabi 37 (1987) 173–185.
– La »cuestión religiosa« en el año 1906: el anticlericalismo gubernamental y la respuesta política valenciana. In: Estudis d'història contemporània del País Valencià 8 (1990) 237–268.
– La cuestión religiosa: 1899–1902. Los católicos valencianos y su respuesta política. In: Saitabi 47 (1997) 393–404.
– L'anticlericalisme blasquista. Valencià: 1898–1913. Simat de la Valldigna 2001.
Magraw, Roger: The Conflict in the Villages. Popular Anticlericalism in the Isère (1852–1870). In: *Zeldin*, Theodore (Hg.): Conflicts in French Society. Anticlericalism, Education and Morals in the 19th Century. London 1970, 169–227.
Mah, Harold: Phantasies of the Public Sphere: Rethinking the Habermas of Historians. In: Journal of Modern History 72 (2000) 151–175.
Maingueneau, Dominique: Les livres d'école de la république, 1870–1914. Discours et idéologie. Paris 1979.
Maitron, Jean: Le mouvement anarchiste en France. Bd. 1: Des origines à 1914. Paris 1983.
Malmborg, Mikael/*Stråth*, Bo (Hg.): The Meaning of Europe. Variety and Contention Within and Among Nations. Oxford 2002.
Mann, Katja: Ellen Key. Ein Leben über die Pädagogik hinaus. Darmstadt 2004.
Marcuello Benedicto, Juan Ignacio: La libertad de imprenta y su marco legal en la España liberal. In: *Flaquer Montequi*, Rafael (Hg.): Derechos y constitución. Madrid 1999, 65–95.
Marín, Dolors: La semana trágica. Barcelona en llamas, la revuelta popular y la Escuela Moderna. Madrid 2008.
Marramao, Giacomo: Die Säkularisierung der westlichen Welt. Frankfurt am Main, Leipzig 1999.
Martí Gilabert, Francisco: La cuestión religiosa en la Revolución de 1868–1874. Madrid 1989.
– La cuestión religiosa en la I República. In: Hispania sacra 50 (1998) 735–757.
Martí, Casimir: Provocacions eclesiàstiques a l'anticlericalisme, 1856–1868. In: L'Avenç 177 (1994) 26–30.
Martín Rubio, Ángel David: Educación y formación de una mentalidad anticlerical en España (1875–1931). In: Aportes 49 (2002) 74–89.
Martín Tejedor, Jesús: España y el Concilio Vaticano I. In: Hispania sacra 20 (1967) 99–175.
– Conc. Vaticano I, 1870. In: Diccionario de historia eclesiástica de España. Bd. 1: A–C. Madrid 1972, 501–515.
Martínez Blanco, Antonio: Las secularización de la enseñanza. Madrid 1999.
Martin, Jean-Paul: L'émergence des Ligues de l'enseignement en Europe, de la tentation cosmopolite à l'invention de la laïcité (1864–1876). In: *Dierkens*, Alain (Hg.): L'intelligentsia européenne en mutation, 1850–1875. Darwin, le syllabus et leurs conséquences. Actes du colloque organisé à l'Université Libre de Bruxelles les 13 et 14 mars 1998. Brüssel 1998, 109–131.
Martín Martínez, Luis P.: El anticlericalismo en la masonería española (1900–1931). In: *Ferrer Benimeli*, José Antonio (Hg.): La masonería en Madrid y en España del siglo

XVIII al XXI. X Symposium Internacional de la Historia de la Masonería Española, Leganés (Madrid), del 2 al 6 de septiembre de 2003. Zaragoza 2004, 383–403.
- Recepción y difusión del modelo laico en la España contemporánea (1808–1931). In: Alcores 8 (2009) 263–284.

Martin, Marc: Médias et journalistes de la République. Paris 1997.

Marx, Jacques (Hg.): Aspects de l'anticléricalisme du Moyen âge à nos jours. Hommage à Robert Joly. Colloque de Bruxelles – Juin 1988. Brüssel 1988.

Masuzawa, Tomoko: The Invention of World Religions. Or, How European Universalism Was Preserved in the Language of Pluralism. 3. Aufl. Chicago/Illinois 2007.

Matos Ferreira, Antonio: Die Iberische Halbinsel. II. Das religiöse Leben in Spanien von der Revolution von 1868 bis zum Beginn des 20. Jh. In: *Gadille*, Jacques u. a. (Hg.): Die Geschichte des Christentums. Bd. 11: Liberalismus, Industrialisierung, Expansion Europas (1830–1914). Freiburg im Breisgau 1997, 631–641.

Mattioli, Aram: Das letzte Ghetto Alteuropas. Die Segregationspolitik der Papstkönige in der »heiligen Stadt« bis 1870. In: *Blaschke*, Olaf/*Mattioli*, Aram (Hg.): Katholischer Antisemitismus im 19. Jahrhundert. Ursachen und Traditionen im internationalen Vergleich. Zürich 2000, 111–143.

Mauch, Christof: Monod. In: Biographisch-Bibliographisches Kirchenlexikon. Bd. 6: Moenius-Patijn. Herzberg 1993, 65–68.

Maurer, Trude: Die Entwicklung der jüdischen Minderheit in Deutschland (1780–1933). Neuere Forschungen und offene Fragen. Tübingen 1992.

Mayeur, Jean-Marie: La séparation de l'église et de l'état. o. O. 1966.
- Catholicisme intransigeant, catholicisme social, démocratie chrétienne. In: Annales. Économies, sociétés, civilisation 27 (1972) 483–498.
- Des partis catholiques à la démocratie chrétienne. XIX–XX siècles. Paris 1980.
- Catholicisme social et démocratie chrétienne. Principes romains, expériences françaises. Paris 1986.
- Laïcité et idée laïque au début de la Troisième République. In: *Hamon*, Léo (Hg.): Les opportunistes. Les débuts de la République aux républicains. Paris 1991, 105–124.
- La question laïque. XIXe–XXe siècle. Paris 1997.
- Avant-propos. Réflexions sur l'historie de la Séparation. In: *Chantin*, Jean-Pierre/*Moulinet*, Daniel (Hg.): La Séparation de 1905. Les hommes et les lieux. Paris 2005, 11–16.
- Les parlementaires et leur rôle dans le vote de la loi. In: *Munier*, Marie-Odile (Hg.): Regards croisés en 1905 sur la Loi de séparation de l'Église et de l'État. Toulouse 2005, 17–27.

Mazower, Mark: Ende der Zivilisation und Aufstieg der Menschenrechte. Die konzeptionelle Trennung Mitte des 20. Jahrhunderts. In: *Hoffmann*, Stefan-Ludwig (Hg.): Moralpolitik. Geschichte der Menschenrechte im 20. Jahrhundert. Göttingen 2010, 41–62.

Mazura, Uwe: Zentrumspartei und Judenfrage 1870/71–1933. Mainz 1994.

McIntire, Carl Thomas: Changing Religious Establishments and Religious Liberty in France. Part I: 1787–1879. In: *Helmstadter*, Richard J. (Hg.): Freedom and Religion in the Nineteenth Century. Stanford/California 1997, 233–272.
- Changing Religious Establishments and Religious Liberty in France. Part 2: 1879–1908. In: *Helmstadter*, Richard J. (Hg.): Freedom and Religion in the Nineteenth Century. Stanford/California 1997, 272–301.

McLeod, Hugh: Introduction. In: *Ders.* (Hg.): European Religion in the Age of Great Cities, 1830–1930. London, New York 1995, 1–39.

– Piety and Poverty. Working-Class Religion in Berlin, London and New York, 1870–1914. New York 1996.
– Religion and the People of Western Europe. 1789–1989. 2. Aufl. Oxford 1997.
– Secularisation in Western Europe, 1848–1914. Basingstoke 2000.
– Separation of Church and State: An Elusive (Illusive?) Ideal. In: *Gabriel*, Karl u.a. (Hg.): Umstrittene Säkularisierung. Soziologische und historische Analysen zur Differenzierung von Religion und Politik. Berlin 2012, 460–481.
McManners, John: Church and State in France. 1870–1914. London 1972.
McMillan, James F.: Clericals, Anticlericals and the Women's Movement in France under the Third Republic. In: Historical Journal 24 (1981) 361–376.
– A Reply to Richard Evans. In: Historical Journal 25 (1982) 951–952.
– Religion and Gender in Modern France: Some Reflections. In: *Tallett*, Frank/*Atkin*, Nicholas (Hg.): Religion, Society and Politics in France since 1789. London 1991, 55–66.
– French Catholics. »Rumeurs Infâmes« and the »Union Sacrée«, 1914–1918. In: *Coetzee*, Frans/*Shevin-Coetzee*, Marilyn (Hg.): Authority, Identity and the Social History of the Great War. Providence/Rhode Island 1995, 113–132.
– Religion and Politics in Nineteenth-Century France: Further Reflection on Why Catholics and Republicans Couldn't Stand Each Other. In: *Ivereigh*, Austen (Hg.): The Politics of Religion in an Age of Revival. Studies in Nineteenth-Century Europe and Latin America. London 2000, 43–55.
– Remaking Catholic Europe: Louis Veuillot and the Ultramontane Project. In: Kirchliche Zeitgeschichte 14 (2001) 112–122.
– »Priest hits girl«: On the Front Line in the »War of the Two Frances«. In: *Clark*, Christopher/*Kaiser*, Wolfram (Hg.): Culture Wars. Secular-Catholic Conflict in Nineteenth-Century Europe. Cambridge 2003, 77–101.
Mehnert, Gottfried: Programme evangelischer Kirchenzeitungen im 19. Jahrhundert. Witten 1972.
Meisl, Josef: Beiträge zum Fall Mortara (1858). In: Monatsschrift für Geschichte und Wissenschaft des Judentums 77 (1933) 321–339.
Meiwes, Relinde: »Arbeiterinnen des Herrn«. Katholische Frauenkongregationen im 19. Jahrhundert. Frankfurt am Main 2000.
Mellor, Alec: Histoire de l'anticléricalisme français. Tours 1966.
Mély, Benoît: La question de la séparation des églises et de l'école dans quelques pays européens. Allemagne, France, Grande-Bretagne, Italie: 1789–1914. Lausanne 2004.
Mergel Riba, Juan: Orígenes del anticlericalismo español. In: Hispania 33 (1973) 101–123.
Mergel, Thomas: Zwischen Klasse und Konfession. Katholisches Bürgertum im Rheinland 1794–1914. Göttingen 1994.
– Für eine bürgerliche Kirche. Ultramontanismus, Liberalismus und Bürgertum 1820–1850. Rheinland und Südwestdeutschland im Vergleich. In: Zeitschrift für die Geschichte des Oberrheins 144 (1996) 397–427.
– Ultramontanism, Liberalism, Moderation: Political Mentalities and Political Behavior of the German Catholic Bürgertum, 1848–1914. In: Central European History 29 (1996) 151–174.
– Überlegungen zu einer Kulturgeschichte der Politik. In: Geschichte und Gesellschaft 28 (2002) 576–606.
– Transnationaler Katholizismus und Nationalismus im späten 19. Jahrhundert: Heinrich Hansjakob in Lourdes und Paray. In: *Hohls*, Rüdiger u.a. (Hg.): Europa und die

Europäer. Quellen und Essays zur modernen europäischen Geschichte. Festschrift für Hartmut Kaelble zum 65. Geburtstag. Stuttgart 2005, 141–147.

– Dauernde Zugehörigkeiten. Überlegungen zum Verhältnis zwischen Nation und Religion im 19. und frühen 20. Jahrhundert in Europa. In: *Fleckenstein*, Gisela u. a. (Hg.): Kirchengeschichte. Alte und neue Wege. Festschrift für Christoph Weber. Frankfurt am Main 2008, 867–885.

– Konfessionelle Grenzen und überkonfessionelle Gemeinsamkeiten im 19. Jahrhundert. Europäische Grundlinien. In: *Juneja*, Monica/*Pernau*, Margrit (Hg.): Religion und Grenzen in Indien und Deutschland. Auf dem Weg zu einer transnationalen Historiographie. Göttingen 2008, 79–104.

Merle, Gabriel: Emile Combes. Paris 1995.

Meteling, Arno: Verschwörungstheorien. Zum Imaginären des Verdachts. In: *Ellrich*, Lutz u. a. (Hg.): Die Unsichtbarkeit des Politischen. Theorie und Geschichte medialer Latenz. Bielefeld 2009, 179–213.

Meyer, Michael A.: Response to Modernity. A History of the Reform Movement in Judaism. New York 1988.

Mezza, Raffaele: Il Concilio Vaticano I nella stampa periodica napoletana (1869–1870). Neapel 1982.

Michel, Jacques (Hg.): La laïcité, histoires nationales, perspectives européennes. Lyon 2005.

Middendorf, Stefanie: Massenkultur. Zur Wahrnehmung gesellschaftlicher Modernität in Frankreich 1880–1980. Göttingen 2009.

Milán García, José Ramón: El asociacionismo católico español en 1900 un intento e aproximación. In: Hispania sacra 50 (1998) 639–665.

Miletto, Gianfranco: Der Mortarafall vor dem Beginn der Einheit Italiens. Neue Urkunden aus dem Vatikanischen Archiv. In: Zeitschrift für Religions- und Geistesgeschichte 45 (1993) 1–17.

Millman, Richard: Jewish Anticlericalism and the Rise of Modern French Antisemitism. In: History 77 (1992) 220–236.

Mínguez Blasco, Raúl: Monjas, esposas y madres católicas: una panorámica de la feminización de la religión en España a mediados del siglo XIX. In: Amnis 11 (2012) o. p.

Minois, Georges: Geschichte des Atheismus. Von den Anfängen bis zur Gegenwart. Weimar 2000.

Mira Abad, Alicia: Actitudes religiosas y modernización social. La prensa alicantina del Sexenio Democrático (1868–1873). Alicante 1999.

– Iglesia y anticlericalismo. In: Canelobre 43 (2000/2001) 147–161.

– Secularización y mentalidades. El Sexenio Democrático en Alicante (1868–1875). Alicante 2006.

–/*Moreno Seco*, Mónica: Alicante en el cambio del siglo XIX al XX: secularización y modernidad. In: Hispania nova 3 (2003) o. p.

Misner, Paul: Social Catholicism in Europe. From the Onset of Industrialization to the First World War. New York 1991.

Mitchell, Timothy J.: Betrayal of the Innocents. Desire, Power, and the Catholic Church in Spain. Philadelphia 1998.

Mitterauer, Michael: Die Entwicklung Europas. Ein Sonderweg? Legitimationsideologien und die Diskussion der Wissenschaft. Wien 1999.

Möckl, Karl: Europavorstellungen im konservativen politischen Denken des 19. Jahrhunderts. In: *Segebrecht*, Wulf u. a. (Hg.): Europavisionen im 19. Jahrhundert. Vorstellungen von Europa in Literatur und Kunst, Geschichte und Philosophie. Referate des Symposiums über Europavorstellungen im 19. Jahrhundert. Würzburg 1999, 21–32.

Mola, Aldo Alessandro: El problema del anticlericalismo y la masonería. In: *Ferrer Benimeli*, José Antonio (Hg.): Masonería y religión. Madrid 1996, 239–252.

Molina Martínez, José Luis: Anticlericalismo y literatura en el siglo XIX. Murcia 1998.

Molina Martínez, Miguel: La leyenda negra. Madrid 1991.

Moliner Prada, Antonio: Algunos aspectos del anticlericalismo español en la Revolución de 1868. In: Investigaciones históricas. Época de historia moderna y contemporánea 14 (1994) 137–157.

– El anticlericalismo popular durante el Bienio (1834–35). In: Hispania sacra 49 (1997) 498–451.

– Anticlericalismo y revolución liberal (1833–1874). In: *La Parra López*, Emilio/*Suárez Cortina*, Manuel (Hg.): El anticlericalismo español contemporáneo. Madrid 1998, 69–125.

– Opinión pública y anticlericalismo en la prensa exaltada del Trienio Liberal. In: *Fuentes Aragonés*, Juan Francisco/*Roura Aulinas*, Lluís (Hg.): Sociabilidad y liberalismo en la España del siglo XIX. Homenaje al profesor Alberto Gil Novales. Lleida 2001, 73–101.

Mollenhauer, Daniel: Auf der Suche nach der »wahren Republik«. Die französischen »radicaux« in der frühen Dritten Republik (1870–1890). Bonn 1997.

– Symbolkämpfe um die Nation. Katholiken und Laizisten in Frankreich (1871–1914). In: *Haupt*, Heinz-Gerhard/*Langewiesche*, Dieter (Hg.): Nation und Religion in Europa. Mehrkonfessionelle Gesellschaften im 19. und 20. Jahrhundert. Frankfurt am Main 2004, 202–230.

Mommsen, Wolfgang J.: Lenkung und Selbstzensur der deutschen Presse im Kaiserreich. In: *Andel*, Michal (Hg.): Propaganda, (Selbst-)Zensur, Sensation. Grenzen von Presse- und Wissenschaftsfreiheit in Deutschland und Tschechien seit 1871. Essen 2005, 15–27.

Monés i Pujol-Busquets, Jordi: Le laicisme éducatif et l'influence des lois Ferry en Espagne dans le dernier quart du XIXe siècle. In: *Frijhoff*, Willem (Hg.): L'offre d'école. Éléments pour une étude comparée des politiques éducatives au XIXe siècle. Actes du troisième colloque internationale, Sèvres, 27–30 septembre 1981. Paris 1983, 327–340.

Monroe, John Warne: Laboratories of Faith. Mesmerism, Spiritism, and Occultism in Modern France. Ithaca 2008.

Montero García, Feliciano: El movimiento católico en España. Madrid 1993.

– Relaciones Iglesia-Estado en la España del siglo XX: de la confesionalidad limitada a la separación traumática. In: *Suárez Cortina*, Manuel (Hg.): Secularización y laicismo en la España contemporánea. III encuentro de historia de la Restauración. Santander 2001, 281–298.

– La historia de la Iglesia y del catolicismo español en el siglo XX: apunte historiográfico. In: Ayer 51 (2003) 265–282.

–/*De la Cueva Merino*, Julio (Hg.): Laicismo y catolicismo. El conflicto político-religioso en la Segunda República. Alcalá de Henares 2009.

Montesinos Sánchez, Nieves: El contencioso Iglesia-Estado. Los gobiernos liberales intentaron resolver la »cuestión religiosa« heredada de las Cortes de Cádiz, pero el problema siguió hasta la Segunda República. In: *Juliá Díaz*, Santos (Hg.): Memoria del 98. De la guerra de Cuba a la semana trágica. Madrid 1997, 316–317.

Moody, Joseph N.: French Anticlericalism: Image and Reality. In: Catholic Historical Review 56 (1971) 630–648.

Mooser, Josef: Katholische Volksreligion, Klerus und Bürgertum in der zweiten Hälfte des 19. Jahrhunderts. Thesen. In: *Schieder*, Wolfgang (Hg.): Religion und Gesellschaft im 19. Jahrhundert. Stuttgart 1993, 144–156.

– Das katholische Milieu in der bürgerlichen Gesellschaft. Zum Vereinswesen des Katholizismus im späten Deutschen Kaiserreich. In: *Blaschke*, Olaf/*Kuhlemann*, Frank-Michael (Hg.): Religion im Kaiserreich. Milieus, Mentalitäten, Krisen. Gütersloh 1996, 59–92.

Morelli, Anne: La caricature anticléricale en Belgique aux XIXe et XXe siècles. Une continuité. In: *Marx*, Jacques (Hg.): Aspects de l'anticléricalisme du Moyen âge à nos jours. Hommage à Robert Joly. Colloque de Bruxelles – Juin 1988. Brüssel 1988, 149–162.

Morsey, Rudolf: Der Kulturkampf. Bismarcks Präventivkrieg gegen das Zentrum und die katholische Kirche. In: *Weitlauff*, Manfred (Hg.): Kirche im 19. Jahrhundert. Regensburg 1998, 163–185.

Mosher, J. Randolph: The Birth of Mass Politics in Spain. Lerrouxismo in Barcelona, 1901–1909. New York 1991.

Moulinet, Daniel: Les mesures anti-congrégationistes de 1880. In: Provence historique 57 (2007) 13–27.

Müller, Corinna: Frühe deutsche Kinematographie. Stuttgart, Hamburg 1994.

Müller-Dreier, Armin: Konfession in Politik, Gesellschaft und Kultur des Kaiserreichs. Gütersloh 1998.

Müller, Michael G.: Europäische Geschichte – Nur eine Sprachkonvention. In: H-Soz-und-Kult, 31.5.2006, URL: http://hsozkult.geschichte.hu-berlin.de/forum/2006-05-005 (am 9.9.2013).

Münch, Paul: Ordnung, Fleiß und Sparsamkeit. Texte und Dokumente zur Entstehung der »bürgerlichen Tugenden«. München 1984.

– The Thesis before Weber: an Archeology. In: *Lehmann*, Hartmut/*Roth*, Guenther (Hg.): Weber's Protestant Ethic. Origins, Evidence, Contexts. Washington/District of Columbia u. a. 1993.

Munier, Marie-Odile (Hg.): Regards croisés en 1905 sur la Loi de séparation de l'Église et de l'État. Toulouse 2005.

Muro, Nora: La enseñanza en la Escuela Moderna de Francisco Ferrer y Guardia. Barcelona (1901–1906). Burgos 2009.

Myrrhe, Ramona: Lichtfreunde und freie Gemeinden in der preussischen Provinz Sachsen in den vierziger Jahren des 19. Jahrhunderts. Die Verkettung von religiösem, politischem und sozialem Protest. In: *Dies.* (Hg.): Geschichte als Beruf. Demokratie und Diktatur, Protestantismus und Politische Kultur. Halle an der Saale 2005, 189–208.

Nash, David: Reconnecting Religion with Social and Cultural History: Secularization's Failure as Master Narrative. In: Cultural and Social History 1 (2004) 302–325.

Navarra Ordoño, Andreu: El anticlericalismo. ¿Una singularidad de la cultura española? Madrid 2013.

Neckel, Sighard: Das Stellhölzchen der Macht. Zur Soziologie des politischen Skandals. In: *Ebbighausen*, Rolf/*Neckel*, Sighard (Hg.): Anatomie des politischen Skandals. Frankfurt am Main 1989, 55–80.

Nefontaine, Luc: Francisco Ferrer y Guardia y la masonería belga. In: *Ferrer Benimeli*, José Antonio (Hg.): La masonería española y la crisis colonial del 98. VIII Symposium Internacional de Historia de la Masonería Española, Barcelona, del 3 al 6 de diciembre de 1997. Zaragoza 1999, 485–499.

Neidhardt, Friedhelm: Öffentlichkeit, öffentliche Meinung, soziale Bewegung. In: *Ders.* (Hg.): Öffentlichkeit, öffentliche Meinung, soziale Bewegungen. Opladen 1994, 7–41.

Nembach, Ulrich: Die Stellung der Evangelischen Kirche und ihrer Presse zum Vatikanischen Konzil. Zürich 1962.

Neri, Guido Davide: Galantara. Il morso dell'Asino. 2. Aufl. Milano 1980.

Nicolet, Claude: La République en France. État des lieux. Paris 1992.

– L'idée républicaine en France, 1789–1924. Essai d'histoire critique. Paris 1995.

Nieto-Galan, Augustí: A Republican Natural History in Spain around 1900: Odón de Buen (1863–1945) and His Audiences. In: Historical Studies in the Natural Sciences 42 (2012) 159–189.

Nipperdey, Thomas: Religion im Umbruch. Deutschland 1870–1918. München 1988.

– Max Weber, Protestantism, and the Debate around 1900. In: *Lehmann*, Hartmut/*Roth*, Guenther (Hg.): Weber's Protestant Ethic. Origins, Evidence, Contexts. Washington/District of Columbia u.a. 1993, 73–81.

– Deutsche Geschichte 1800–1866. Bürgerwelt und starker Staat. München 1994.

Nord, Philip: The Republican Moment. Struggles for Democracy in Nineteenth-Century France. Cambridge/Massachusetts 1995.

– Catholic Culture in Interwar France. In: *Long*, Kathleen Perry (Hg.): Religious Differences in France. Past and Present. Kirksville 2006, 179–199.

Nowak, Kurt: Geschichte des Christentums in Deutschland. Religion, Politik und Gesellschaft vom Ende der Aufklärung bis zur Mitte des 20. Jahrhunderts. München 1995.

– Historische und dogmatische Methode? In: *Schulin*, Ernst (Hg.): Geschichtsdiskurs. Die Epoche der Historisierung. Frankfurt am Main 1997, 282–297.

Núñez Ruiz, Diego: La mentalidad positiva en España. Desarrollo y crisis. Madrid 1975.

Oberman, Heiko Augustinus: Anticlericalism as an Agent of Change. In: *Dykema*, Peter A./*Oberman*, Heiko Augustinus (Hg.): Anticlericalism in Late Medieval and Early Modern Europe. Leiden u.a. 1993, IX–XI.

Octavio Ruiz, Manuel: La cultura política del republicanismo español. In: *Gómez-Ferrer Morant*, Guadalupe (Hg.): Historia de España. Bd. 36.2: La época de la Restauración (1875–1902). Civilización y cultura. Madrid 2002, 179–196.

Oexle, Otto Gerhard/*Rüsen*, Jörn (Hg.): Historismus in den Kulturwissenschaften. Geschichtskonzepte, historische Einschätzungen, Grundlagenprobleme. Köln 1996.

Offenstadt, Nicolas/*Van Damme*, Stéphane: Introduction. Une longue histoire. In: *Boltanski*, Luc u.a. (Hg.): Affaires, scandales et grandes causes. De Socrate à Pinochet. Paris 2007, 7–18.

Olender, Maurice: Race sans histoire. Paris 2009.

Ordioni, Pierre: Les origines gallicanes de l'anticléricalisme en Auxerrois. In: *Hamon*, Léo (Hg.): Du jansénisme à la laïcité. Paris 1987, 167–189.

Orozco Guerrero, Antonio: Cádiz durante el Sexenio Democrático. El conflicto Iglesia-Secularización. Diss. Universidad Nacional de Educación a Distancia. Madrid 2013.

Ortiz, David: Redefining Public Education: Contestation, the Press, and Education in Regency Spain, 1885–1902. In: Journal of Social History 35 (2001) 73–94.

Osterhammel, Jürgen: Die Verwandlung der Welt. Eine Geschichte des 19. Jahrhunderts. Bonn 2010.

Ostolaza, Maitane: Los socialistas y el conflicto educativo (1900–1936). In: *De la Cueva Merino*, Julio/*Montero García*, Feliciano (Hg.): Izquierda obrera y religión en España (1900–1939). Alcalá de Henares 2012, 199–218.

Owzar, Armin: »Du sollst nicht streiten!«. Zur Auseinandersetzung um das Unfehlbarkeitsdogma in München. In: *Hoyer*, Ulrich (Hg.): »Eine Religion in philosophischer Form auf naturwissenschaftlicher Grundlage«. Gideon Spickers Religionsphilosophie im Kontext seines Lebens, seines Werkes, seiner Zeit. Hildesheim 2002, 45–67.

– Ein Kampf der Kulturen? Intrakonfessionelle Auseinandersetzungen und interkonfessionelle Konflikte im deutschen Kaiserreich. In: Zeitschrift für Kirchengeschichte 116 (2005) 354–377.
– »Keine Lust« zur Diskussion. Zum Kommunikationsverhalten deutscher Katholiken 1870 bis 1930. In: Schweizerische Zeitschrift für Religions- und Kulturgeschichte 101 (2007) 123–147.
Ozouf, Mona: L'école, l'église et la république. 1871–1914. Paris 1982.
– Quand la République s'apprenait au tableau noir. In: L'Histoire 155 (1992) 36–40.
Pahl, Henning: Die Kirche im Dorf. Religiöse Wissenskulturen im gesellschaftlichen Wandel des 19. Jahrhunderts. Berlin 2006.
Paintner, Ursula: »Des Papsts neue Creatur«. Antijesuitische Publizistik im deutschsprachigen Raum (1555–1618). Amsterdam, New York 2011.
Palà Moncusí, Albert: Entre el nou dogma i la llibertat de pensar. Ideología i bases filosòfiques del primer lliurepensament català (1868–1874). In: Cercles. Revista de historia cultural 8 (2008) 186–195.
Palamara, Graziano: Pensiero e azione di un democratico meridionale. Giuseppe Ricciardi e l'unità nazionale (1808–1882). Napoli, Pagani Salerno 2007.
Palanque, Jean-Rémy: Catholiques libéraux et gallicans en France. Face au concile du Vatican 1867–1870. Aix-en-Provence 1962.
– Le cercle de Madame de Forbin et le Premier Concile du Vatican. In: Revue d'histoire de l'Église de France 48 (1962) 54–79.
Palard, Jacques: Ultramontanisme et contre-révolution en France au XIXe siècle. In: The Toqueville Review 10 (1989/1990) 65–83.
Paletschek, Sylvia: Frauen und Dissens. Frauen im Deutschkatholizismus und in den freien Gemeinden 1841–1852. Göttingen 1990.
Palmer, Michael B.: Des petits journaux aux grandes agences. Naissance du journalisme moderne 1863–1914. Paris 1983.
Paniagua Fuentes, Xavier: Religión y anticlericalismo en el anarquismo español. Notas para su estudio. In: Estudis d'història contemporània del País Valencià 1 (1979) 255–269.
– Republicanos, socialistas y anarquistas, ¿Qué revolución? In: *Ders.* u. a. (Hg.): Cultura social y política en el mundo del trabajo. Valencia 1999, 243–269.
Pan-Montojo, Juan/*Álvarez Junco*, José (Hg.): Más se perdió en Cuba. España, 1898 y la crisis de fin de siglo. Madrid 2006.
Panofsky, Erwin: Ikonographie und Ikonologie. In: *Kaemmerling*, Ekkehard (Hg.): Bildende Kunst als Zeichensystem. 6. Aufl. Köln 1994, 207–225.
Papa, Egidio: Il sillabo di Pio IX e la stampa francese, inglese e italiana. Rom 1968.
Papenheim, Martin: Roma o morte: Culture Wars in Italy. In: *Clark*, Christopher/*Kaiser*, Wolfram (Hg.): Culture Wars. Secular-Catholic Conflict in Nineteenth-Century Europe. Cambridge 2003, 202–226.
Papet, Philippe: Cléricaux et anticléricaux dans l'arrondissement de Senlis 1870–1914. Diss. Université Paris IV, Sorbonne. Paris 1993.
Pardo Lazina, Victor: El obispo combatiente. In: El País, Archivo, 29.10.2007, URL: http://www.elpais.com/articulo/sociedad/obispo/combatiente/elpepusoc/20071029elpepisoc_6/Tes (am 9.9.2013).
Park, So Ya: Cosmopolitanism and Universalism. In: *Iriye*, Akira/*Saunier*, Pierre-Yves (Hg.): The Palgrave Dictionary of Transnational History. From the Mid-19th Century to the Present Day. Basingstoke 2009, 218–222.

Park, Tiidu Peter: The European Reaction to the Execution of Francisco Ferrer. Diss. University of Virginia. Ann Arbor/Michigan 1971.

Patel, Kiran Klaus: Nach der Nationalfixiertheit. Perspektiven einer transnationalen Geschichte. Antrittsvorlesung, 12. Januar 2004. Berlin 2004.

– Transnationale Geschichte – ein neues Paradigma? In: H-Soz-und-Kult, 2.2.2005, URL: http://hsozkult.geschichte.hu-berlin.de/forum/id=573&type=artikel (am 9.9.2013).

Patsch, Hermann: Friedrich Nippold. In: Religion in Geschichte und Gegenwart. Bd. 6: N–Q. 4. Aufl. Tübingen 2003, 344.

Paul, Gerhard: Von der Historischen Bildkunde zur Visual History. Eine Einführung. In: *Ders.* (Hg.): Visual History. Ein Studienbuch. 46. Historikertag, Konstanz, 19.–22.9.2006. Göttingen 2006, 7–35.

– Das Jahrhundert der Bilder. Die visuelle Geschichte und der Bildkanon des kulturellen Gedächtnisses. In: *Ders.* (Hg.): Das Jahrhundert der Bilder. Bd. 1: 1900 bis 1949. Göttingen 2009, 14–39.

– Die aktuelle Historische Bildforschung in Deutschland. Themen – Methoden – Probleme – Perspektiven. In: *Jäger*, Jens/*Knauer*, Martin (Hg.): Bilder als historische Quellen? Dimension der Debatten um historische Bildforschung. Paderborn 2009, 125–143.

Payne, Stanley G.: Spanish Catholicism. An Historical Overview. Madison/Wisconsin 1984.

Paz Rebollo, María Antonia: Las agencias: España en el flujo internacional. In: *Álvarez*, Jesús Timoteo/*Aguilera*, César (Hg.): Historia de los medios de comunicación en España. Periodismo, imagen y publicidad, 1900–1990. Barcelona 1989, 71–81.

– El colonialismo informativo de la agencia Havas en España (1870–1940). Diss. Universidad Complutense de Madrid. Madrid 1987.

Pelayo, Francisco: Creacionismo y evolucionismo en el siglo XIX: las repercusiones del Darwinismo en la comunidad científica española. In: Anales del Seminario de Historia de la Filosofía 13 (1996) 263–284.

– Ciencia y creencia en España durante el siglo XIX. La paleontología en el debate sobre el darwinismo. Madrid 1999.

– Ciencia y secularización del pensamiento en el siglo XIX. In: *Suárez Cortina*, Manuel (Hg.): Secularización y laicismo en la España contemporánea. III encuentro de historia de la Restauración. Santander 2001, 145–160.

Pellistrandi, Benoît: Clericalismo y anticlericalismo en Francia. ¿Una denominación de origen? In: *De la Cueva Merino*, Julio/*Montero García*, Feliciano (Hg.): La secularización conflictiva. España 1898–1931. Madrid 2007, 23–38.

Pérez Garzón, Juan Sisinio: Luis Morote. La problemática de un republicano (1862–1913). Madrid 1976.

– Curas y liberales en la revolución burguesa. In: Ayer 27 (1997) 67–100.

– El estado educador: la secularización de la instrucción pública en España. In: *Suárez Cortina*, Manuel (Hg.): Secularización y laicismo en la España contemporánea. III encuentro de historia de la Restauración. Santander 2001, 95–121.

Pérez Ledesma, Manuel: El estado y la movilización social en el siglo XIX español. In: *Castillo*, Santiago/*De Ortiz Orruño Legarda*, José María (Hg.): Estado, protesta y movimientos sociales. Actas del IIIer congreso de historia social de España, Vitoria-Gasteiz, julio de 1997. Bilbao 1998, 215–231.

– El movimiento obrero. In: *Espadas Burgos*, Manuel (Hg.): Historia de España.

Bd. 36.1: La época de la Restauración. Estado, política e islas de ultramar. Madrid 2000, 473–507.
- José Nakens. (1841–1926). In: *Burdiel*, Isabel/*Pérez Ledesma*, Manuel (Hg.): Liberales, agitadores y conspiradores. Biografías heterodoxas del siglo XIX. Madrid 2000, 303–329.
- Anticlericalismo y secularización en España. In: *Morales Moya*, Antonio (Hg.): Las claves de la España del siglo XX. Bd. 8: La cultura. Madrid 2001, 269–285.
- Studies on Anticlericalism in Contemporary Spain. In: International Review of Social History 46 (2001) 227–255.
- Las clases populares. In: *Gómez-Ferrer Morant*, Guadalupe (Hg.): Historia de España. Bd. 36.2: La época de la Restauración (1875–1902). Civilización y cultura. Madrid 2002, 707–744.
- Por tierras de España y América. Belén Sárraga, feminista y librepensadora. In: *Casaús Arzú*, Marta Elena (Hg.): Redes intelectuales y formación de naciones en España y América Latina, (1890–1940). Seminario en la Universidad Autónoma de Madrid los días 7 a 9 de octubre de 2002. Madrid 2005, 387–420.
- La sociedad española, la guerra y la derrota. In: *Pan-Montojo*, Juan/*Álvarez Junco*, José (Hg.): Más se perdió en Cuba. España, 1898 y la crisis de fin de siglo. Madrid 2006, 97–155.

Perkins, Mary Anne: Christendom and European Identity. The Legacy of a Grand Narrative since 1789. Berlin, New York 2004.

Pernau, Margrit: An ihren Gefühlen sollt Ihr sie erkennen. Eine Verflechtungsgeschichte des britischen Zivilitätsdiskurses (ca. 1750–1860). In: Geschichte und Gesellschaft 25 (2009) 249–291.

Pérouas, Louis: Les libres penseurs devant la mort: Un corpus de discours funéraires. In: *Mayeur*, Jean-Marie (Hg.): Libre pensée et religion laïque en France. De la fin du Second Empire à la Fin de la Troisième République. Straßburg 1980, 211–230.
- Refus d'une religion, religion d'un refus. En Limousin rural, 1880–1940. Paris 1985.

Peters, Edward: Inquisition. Berkeley 1989.

Petitier, Paule: Jules Michelet. L'homme histoire. Paris 2006.

Petri, Rolf: Europa? Ein Zitatensystem. In: Comparativ 14/3 (2004) 15–49.

Petschen, Santiago: Iglesia – Estado. Un cambio político. Las constituyentes de 1869. Madrid 1975.
- El anticlericalismo en las Cortes Constituyentes de 1869–1871. In: Miscelánea Comillas 34 (1976) 67–96.

Philippon, Jean: Le combat pour la laïcité dans un village de Bourgogne (1871–1906) et le »Kulturkampf«. In: *Cahn*, Jean-Paul (Hg.): Religion und Laizität in Frankreich und Deutschland im 19. und 20. Jahrhundert. Religions et laïcité en France et en Allemagne aux 19e et 20e siècles. Stuttgart 2008, 65–77.

Pickering, Mary: Auguste Comte. An Intellectual Biography. 3 Bände. Cambridge 1993–2009.

Pickering, Michael: Stereotyping. The Politics of Representation. Basingstoke 2001.

Pickus, Keith H.: Native Born Strangers. Jews, Catholics and the German Nation. In: *Geyer*, Michael/*Lehmann*, Hartmut (Hg.): Religion und Nation – Nation und Religion. Beiträge zu einer unbewältigten Geschichte. Göttingen 2004, 141–156.

Piereth, Wolfgang: Propaganda im 19. Jahrhundert. Die Anfänge aktiver staatlicher Pressepolitik in Deutschland (1800–1871). In: *Daniel*, Ute/*Siemann*, Wolfram (Hg.): Propaganda. Meinungskampf, Verführung und politische Sinnstiftung (1789–1989). Frankfurt am Main 1994, 21–43.

Pierrard, Pierre: L'Église et les ouvriers en France. (1840–1940). Paris 1984.
- La vie quotidienne du prêtre français au XIX siècle. 1801–1905. Paris 1986.
- Louis Veuillot. Paris 1998.

Pilbeam, Pamela M.: Republicanism in Nineteenth-Century France. 1814–1871. New York 1995.

Plard, Henri: Anticlérical, Anticléricalisme: Évolution de ces termes. In: *Marx*, Jacques (Hg.): Aspects de l'anticléricalisme du Moyen âge à nos jours. Hommage à Robert Joly. Colloque de Bruxelles – Juin 1988. Brüssel 1988, 15–22.

Plé, Berhard: Die sakralen Grundlagen der laizistischen Republik Frankreichs. Zur Liturgie der aufgeklärten Bürger. In: Archiv für Kulturgeschichte 87 (2005) 373–395.

Pohl, Karl Heinrich: Katholische Sozialdemokraten oder sozialdemokratische Katholiken in München: ein Identitätskonflikt. In: *Blaschke*, Olaf/*Kuhlemann*, Frank-Michael (Hg.): Religion im Kaiserreich. Milieus, Mentalitäten, Krisen. Gütersloh 1996, 233–253.

Pohl-Valero, Stefan: The Circulation of Energy: Thermodynamics, National Culture and Social Progress in Spain, 1868–1890. In: *Papanelopoulou*, Faidra u. a. (Hg.): Popularizing Science and Technology in the European Periphery, 1800–2000. Farnham/Surrey, Burlington/Vermont 2009, 115–134.

Pollack, Detlef: Säkularisierung – Konzept und empirische Befunde. In: *Kippenberg*, Hans G. (Hg.): Europäische Religionsgeschichte. Ein mehrfacher Pluralismus. Göttingen 2009, 61–86.

Pomés Vives, Jordi: Diálogo Oriente-Occidente en la España de finales del siglo XIX. El primer teosofismo español (1888–1906): un movimiento religioso heterodoxo bien integrado en los movimientos sociales de su época. In: Revista de historia moderna i contemporania 4 (2006) 55–74.

Porte, Cheryl A.: Pontmain, Prophecy, and Protest. A Cultural-Historical Study of a Nineteenth-Century Apparition. New York 2005.

Port, Johannes: Die Reaktion auf den Syllabus Pius IX. in den deutschsprachigen Ländern. Diss. Pointificia Università Gregoriana. Rom 1965.

Poset, Charles: Presse maçonnique. In: *Saunier*, Eric (Hg.): Encyclopédie de la franc-maçonnerie. Paris 2000, 674–676.

Poulat, Émile: Socialisme et anticléricalisme. Une enquête socialiste internationale (1902–1903). In: Archives de sciences sociales des religions 10 (1960) 109–131.
- Déchristianisation du prolétariat ou dépérissement de la religion? In: Mouvement social 57 (1966) 47–59.
- Liberté, laïcité. La guerre des deux France et le principe de la modernité. Paris 1988.
- Histoire, dogme et critique dans la crise moderniste. 3. Aufl. Paris 1996.

Prats Batet, Josep María: Los movimientos anticlericales en la archidiocesis de Tarragona. In: Quaderns d'història contemporània 9 (1989) 65–72.

Prelinger, Catherine M.: Charity, Challenge, and Change. Religious Dimensions of the Mid-Nineteenth-Century Women's Movement in Germany. New York 1987.

Preston, Paschal Metykova: Media, Political Communication and the European Public Sphere. In: *Triandafyllidou*, Anna u. a. (Hg.): The European Public Sphere and the Media. Europe in Crisis. Basingstoke 2009, 34–49.

Preuß, Ulrich K.: Zur Definition von Freiheits- und Menschenrechten. In: *Haustein*, Lydia (Hg.): Feindbilder. Ideologien und visuelle Strategien der Kulturen. Göttingen 2007, 49–58.

Prüfer, Sebastian: Sozialismus statt Religion. Die deutsche Sozialdemokratie vor der religiösen Frage 1863–1890. Göttingen 2002.

Puhle, Hans-Jürgen: Zwischen Protest und Politikstil: Populismus, Neo-Populismus und Demokratie. In: *Werz*, Nikolaus (Hg.): Populismus. Populisten in Übersee und Europa. Opladen 2003, 15–45.

Puschner, Uwe: Die völkische Bewegung im wilhelminischen Kaiserreich. Sprache – Rasse – Religion. Darmstadt 2001.

– Kulturkampf. Ursachen, Verlauf, Folgen. In: *Faber*, Richard/*Puschner*, Uwe (Hg.): Preußische Katholiken und katholische Preußen im 20. Jahrhundert. Würzburg 2011, 45–62.

Pyta, Wolfram/*Kretschmann*, Carsten (Hg.): Burgfrieden und Union sacrée. Literarische Deutungen und politische Ordnungsvorstellungen in Deutschland und Frankreich 1914–1933. München 2011.

Raab, Heribert: Zur Geschichte und Bedeutung des Schlagwortes »Ultramontan« im 18. und frühen 19. Jahrhundert. In: Historisches Jahrbuch 81 (1962) 159–173.

Radcliff, Pamela Beth: From Mobilization to Civil War. The Politics of Polarization in the Spanish City of Gijón, 1900–1937. Cambridge 1996.

Rahden, Till *van:* Juden und andere Breslauer. Die Beziehungen zwischen Juden, Protestanten und Katholiken in einer deutschen Großstadt von 1860 bis 1925. Göttingen 2000.

Railton, Nicholas M: No North Sea. The Anglo-German Evangelical Network in the Middle of the Nineteenth Century. Leiden u. a. 2000.

Ramos, María Dolores: Hermanas en creencias, hermanas de lucha. Mujeres racionalistas, cultura republicana y sociedad civil en la Restauración. In: Arenal 11 (2004) 27–56.

– Heterodoxias religiosas, familias espiritistas y apóstolas laicas a finales del s. XIX: Amalia Domingo Soler y Belén de Sárraga Hernández. In: Historia social 53 (2005) 65–83.

– La República de las librepensadoras (1890–1914): laicismo, emancipismo, anticlericalismo. In: Ayer 60 (2005) 45–74.

– Las primeras modernas. Secularización, activismo político y feminismo en la prensa republicana: *Los Gladiadores* (1906–1919). In: Historia social 67 (2010) 93–112.

Randall, Ian/*Hilborn*, David: One Body in Christ. The History and Significance of the Evangelical Alliance. Carlisle 2001.

Rapoport, Michel: L'écho de la séparation en Grande-Bretagne. In: *Boutry*, Philippe/*Encrevé*, André (Hg.): Vers la liberté religieuse. La séparation des Églises et de l'État. Actes du colloque organisé à Créteil les 4 et 5 février 2005 par l'Institut Jean-Baptiste Say de l'Université de Paris XII-Val-de-Marne. Bordeaux 2006, 315–325.

Rauscher, Anton (Hg.): Der soziale und politische Katholizismus. Entwicklungslinien in Deutschland 1803–1963. Bd. 2. München 1982.

Rebérioux, Madeleine: Manifester pour Ferrer. Paris, octobre 1909. In: *Best*, Francine u. a. (Hg.): L'affaire Ferrer. Actes du colloque »Les expériences libertaires en France en matière d'éducation au début du siècle«, 14 octobre 1989, Centre National et Musée Jean Jaurès. Castres 1991, 79–99.

Reeken, Dietmar *von*: Kirchen im Umbruch zur Moderne. Milieubildungsprozesse im nordwestdeutschen Protestantismus 1849–1914. Gütersloh 1999.

Reemtsma, Jan Philipp: Muss man Religiosität respektieren? Über Glaubensfragen und den Stolz einer säkularen Gesellschaft. In: Le Monde diplomatique, 12.8.2005, 12 f.

Reichardt, Rolf: Wortfelder – Bilder – semantische Netze. Beispiele interdisziplinärer Quellen und Methoden in der Historischen Semantik. In: *Scholtz*, Gunter (Hg.): Die Interdisziplinarität der Begriffsgeschichte. Hamburg 2000, 111–134.

Reig Armero, Ramir: Blasquistas y clericales. La lucha por la ciudad en la Valencia de 1900. Valencia 1986.

Rémond, René: Anticlericalism: Some Reflections by Way of Introduction. In: European Studies Review 13 (1983) 121–126.

– Laïcisation, union sacrée et apaisement (1895–1926). In: *Ders.* u.a. (Hg.): Histoire de la France religieuse. Bd. 4: Société sécularisée et renouveaux religieux (XXe siècle). Paris 1992, 7–128.

– Religion et société en Europe. Essai sur la sécularisation des sociétés européennes aux XIXe et XXe siècles (1789–1998). Paris 1998.

– L'anticléricalisme en France. De 1815 à nos jours. 3. Aufl. Paris 1999.

–/*Le Goff*, Jacques (Hg.): Histoire de la France religieuse. Bd. 3: Du roi très chrétien à la laïcité républicaine (XVIIIe–XIXe siècle). Paris 1991.

Requate, Jörg: Journalismus als Beruf. Entstehung und Entwicklung des Journalistenberufs im 19. Jahrhundert. Deutschland im internationalen Vergleich. Göttingen 1995.

– Kommunikationswege und -bedingungen zwischen Deutschland und Frankreich. Konjunkturen in der wechselseitigen Berichterstattung beider Länder. In: *François*, Etienne (Hg.): Marianne-Germania. Deutsch-französischer Kulturtransfer im europäischen Kontext. Les transferts culturels France-Allemagne et leur contexte européen 1789–1914. Leipzig 1998, 71–91.

– Öffentlichkeit und Medien als Gegenstände historischer Analyse. In: Geschichte und Gesellschaft 25 (1999) 6–32.

– »Unverbürgte Sagen und wahre Fakta«. Anmerkungen zur »Kultur der Neuigkeiten« in der deutschen Presselandschaft zwischen dem 18. und der ersten Hälfte des 19. Jahrhunderts. In: *Sösemann*, Bernd (Hg.): Kommunikation und Medien in Preußen vom 16. bis zum 19. Jahrhundert. Stuttgart 2002, 239–245.

– Politischer Massenmarkt und nationale Öffentlichkeit – Die Entstehung einer »Vierten Gewalt«. Deutschland, England und Frankreich im Vergleich. In: *Kirsch*, Martin u.a. (Hg.): Der Verfassungsstaat vor der Herausforderung der Massengesellschaft. Konstitutionalismus um 1900 im europäischen Vergleich. Berlin 2002, 145–168.

–/*Schulze Wessel*, Martin: Europäische Öffentlichkeit. Realität und Imagination einer appellativen Instanz. In: *Dies.* (Hg.): Europäische Öffentlichkeit. Transnationale Kommunikation seit dem 18. Jahrhundert. Frankfurt am Main 2002, 11–42.

– (Hg.): Europäische Öffentlichkeit. Transnationale Kommunikation seit dem 18. Jahrhundert. Frankfurt am Main 2002.

–/*Vollert*, Matthias: »Die Lieben und die Bösen« – Zur Diskussion um den Jugoslawienkonflikt in Deutschland und Frankreich (1990–1996). In: *Requate*, Jörg/*Schulze Wessel*, Martin (Hg.): Europäische Öffentlichkeit. Transnationale Kommunikation seit dem 18. Jahrhundert. Frankfurt am Main 2002, 295–325.

Revuelta González, Manuel: Política religiosa de los liberales en el siglo XIX. Trienio constitucional. Madrid 1973.

– Clero viejo y clero nuevo en el siglo XIX. In: *Andrés Gallego*, José (Hg.): Estudios históricos sobre la Iglesia española contemporánea. Madrid 1979, 151–197.

– La Compañía de Jesús en la España contemporánea. Bd. 2: Expansión en tiempos recios (1884–1906). Santander 1991.

– La recuperación eclesiástica y el rechazo anticlerical en el cambio del siglo. In: *García Delgado*, José Luis/*Alpert*, Michael (Hg.): España entre dos siglos (1875–1931). Continuidad y cambio. Madrid 1991, 213–234.

– El anticlericalismo español en sus documentos. Barcelona 1999.

– El anticlericalismo español en el siglo XIX. In: *Aubert*, Paul (Hg.): Religión y sociedad

en España (siglos XIX y XX). Seminario celebrado en la Casa de Velázquez (1994–1995). Madrid 2002, 155–178.
- Jalones de la evangelización en el siglo XIX. In: *Ders.*: La Iglesia española en el siglo XIX. Desafíos y respuestas. Cantoblanco Madrid 2005, 234–251.
- La enseñanza de la iglesia, una acción discutida y afianzada al comenzar el siglo XX. In: *Ders.*: La Iglesia española en el siglo XIX. Desafíos y respuestas. Cantoblanco Madrid 2005, 253–264.

Rey, Alain: Littré. L'humaniste et les mots. Paris 2008.

Ricci, Aristide: Giuseppe Ricciardi e l'Anticoncilio di Napoli del 1869. Neapel 1975.

Richards, Robert J.: The Tragic Sense of Life. Ernst Haeckel and the Struggle over Evolutionary Thought. Chicago 2008.

Riché, Pierre: Montalembert. In: *Mayeur*, Jean-Marie/*Hilaire*, Yves-Marie (Hg.): Dictionnaire du monde religieux dans la France contemporaine. Bd. 9: Les sciences religieuses. Le XIXe siècle 1800–1914. Paris 1996, 485–486.

Richer, Laurence: Edgar Quinet. L'aurore de la République. Bourg-en-Bresse 1999.

Riesebrodt, Martin: Cultus und Heilsversprechen. Eine Theorie der Religionen. München 2007.

Robertson, Ann: Karikatur im Kontext. Zur Entwicklung der sozialdemokratischen illustrierten satirischen Zeitschrift »Der wahre Jakob« zwischen Kaiserreich und Republik. Frankfurt am Main 1992.

Robert, Vincent: »La protestation universelle«. Lors de l'exécution de Ferrer: Les manifestations d'octobre. In: Revue d'histoire moderne et contemporaine 36 (1989) 245–265.

Robles Egea, Antonio: La Conjunción Republicano-Socialista: una síntesis de liberalismo y socialismo. In: Ayer 54 (2004) 97–127.

Robles Muñoz, Cristóbal: Insurrección o legalidad. Los católicos y la restauración. Madrid 1988.

Rodríguez Infiesta, Víctor: Socialización política y prensa de masas. El proceso de la opinión pública en Asturias, 1898–1923. Oviedo 2007.

Roegele, Otto B.: Presse und Publizistik des deutschen Katholizismus 1803–1963. In: *Rauscher*, Anton (Hg.): Der soziale und politische Katholizismus. Entwicklungslinien in Deutschland 1803–1963. Bd. 2. München 1982, 395–433.

Rogalla Bieberstein, Johannes *von*: Die These von der Verschwörung, 1776–1945. Philosophen, Freimaurer, Juden, Liberale und Sozialisten als Verschwörer gegen die Sozialordnung. 2. Aufl. Frankfurt am Main 1978.

Rohe, Karl: Wahlen und Wählertraditionen in Deutschland. Kulturelle Grundlagen deutscher Parteien und Parteiensysteme im 19. und 20. Jahrhundert. Frankfurt am Main 1992.

Rollet, Henri: L'action sociale des catholiques en France. 2 Bände. Paris 1948–1958.

Romero Maura, Joaquín: La rosa de fuego. Republicanos y anarquistas: La política de los obreros Barceloneses entre el desastre colonial y la Semana Trágica 1899–1909. Barcelona 1975.
- La Semana Trágica. In: *Juliá Díaz*, Santos (Hg.): Memoria del 98. De la guerra de Cuba a la semana trágica. Madrid 1997, 357–364.

Rönz, Helmut: Der Trierer Diözesanklerus im 19. Jahrhundert. Herkunft – Ausbildung – Identität. Köln 2006.

Rorty, Richard: Menschenrechte, Rationalität und Gefühl. In: *Shute*, Stephen/*Lukes*, Steven (Hg.): Die Idee der Menschenrechte. Frankfurt am Main 1996, 144–170.
- Antiklerikalismus und Atheismus. In: *Ders.* u. a. (Hg.): Die Zukunft der Religion. Frankfurt am Main 2006, 33–47.

Ross, Ronald J.: The Kulturkampf and the Limitations of Power in Bismarck's Germany. In: Journal of Ecclesiastical History 46 (1995) 669–688.
- The Failure of Bismarck's Kulturkampf. Catholicism and State Power in Imperial Germany, 1871–1887. Washington/District of Columbia 1998.
Rudolph, Kurt: Religionswissenschaft. In: Die Religion in Geschichte und Gegenwart. Bd. 7: R–S. 4. Aufl. Tübingen 2004, 400–403.
Ruhbach, Gerhard: Evangelische Allianz. In: Die Religion in Geschichte und Gegenwart. Bd. 1: A–B. 4. Aufl. Tübingen 1998, 317 f.
Ruiz Domènec, José Enrique: Europa. Las claves para su historia. Barcelona 2010.
Ruiz Sánchez, José-Leonardo: Política e Iglesia durante la Restauración. La Liga Católica de Sevilla (1901–1923). Sevilla 1994.
- Periodismo católico en Sevilla. De la Asociación de la Buena Prensa a la Junta Nacional de Prensa Católica (1900–1925). In: *Ders.* (Hg.): Catolicismo y comunicación en la historia contemporánea. Sevilla 2005, 104–199.
Rummel, Peter: Der »Meringer Kirchenstreit«. Das erste postkonziliare Schisma von 1870. In: Annuarium historiae conciliorum 3 (1971) 174–218.
Ruppenthal, Jens: Tagungsbericht »Leitbild Europa? Europabilder und ihre Wirkungen in der Neuzeit. Ausgewählte Beispiele«. In: H-Soz-und-Kult, 1.5.2007, URL: http://hsozkult.geschichte.hu-berlin.de/tagungsberichte/id=1547 (am 10.9.2013).
Sacquin, Michèle: Entre Bossuet et Maurras. L'antiprotestantisme en France de 1814 à 1870. Paris 1998.
Sáiz, María Dolores/*Seoane*, María Cruz: Historia del periodismo en España. Bd. 3: El siglo XX: 1898–1936. Madrid 1983.
-/Seoane, María Cruz: Historia del periodismo en España. Bd. 2: El siglo XIX. 2. Aufl. Madrid 1989.
Sala Burgués, Francisco: El anticlericalismo de la semana trágica en Barcelona. Tesis de Licenciatura. Barcelona o. D.
Salomón Chéliz, María Pilar: Poder y ética. Balance historiográfico sobre anticlericalismo. In: Historia social 19 (1994) 113–128.
- Contra el poder establecido de la iglesia: La protesta anticlerical popular en el Aragón de comienzos del siglo XX. In: *Castillo*, Santiago/*De Ortiz Orruño Legarda*, José María (Hg.): Estado, protesta y movimientos sociales. Actas del IIIer congreso de historia social de España, Vitoria-Gasteiz, julio de 1997. Bilbao 1998, 269–282.
- Republicanismo y rivalidad con el clero: Movilización de la protesta anticlerical en Aragón 1900–1913. In: Studia histórica. Historia contemporánea 17 (1999) 211–229.
- Mujeres, religión y anticlericalismo en la España contemporánea. ¿para cuándo una historia desde la perspectiva de género? In: *Álvarez*, Amparo/*Aguado*, Ana (Hg.): El siglo XX: Balance y perspectivas. V Congreso de la Asociación de historia contemporánea. Valencia 2000, 237–245.
- Anticlericalismo y movilización política en Aragón (1898–1936). In: Ayer 41 (2001) 189–211.
- Anticlericalismo en Aragón. Protesta popular y movilización política, 1900–1939. Zaragoza 2002.
- El discurso anticlerical en la construcción de una identidad nacional española republicana (1898–1936). In: Hispania sacra 54 (2002) 485–497.
- Beatas sojuzgadas por el clero: La imagen de las mujeres en el discurso anticlerical en la España del primer tercio del siglo XX. In: Feminismo/s 2 (2003) 41–59.
-¿Espejos invertidos? Mujeres clericales, mujeres anticlericales. In: Arenal 11 (2004) 87–111.

– Las mujeres en la cultura política republicana: religión y anticlericalismo. In: Historia social 53 (2005) 103–118.
– Laicismo, género y religión. Perspectivas historiográficas. In: Ayer 61 (2006) 291–308.
– El anticlericalismo en la calle. Republicanismo, populismo, radicalismo y protesta popular (1898–1913). In: *De la Cueva Merino*, Julio/*Montero García*, Feliciano (Hg.): La secularización conflictiva. España 1898–1931. Madrid 2007, 121–138.
– Devotas mojigatas, fanáticas y libidinosas. Anticlericalismo y antifeminismo en el discurso republicano a fines del siglo XIX. In: *Aguado*, Ana/*Ortega López*, Teresa María (Hg.): Feminismos y antifeminismos. Culturas políticas e identidades de género en la España del siglo XX. Valencia, Granada 2011, 71–98.
Sanabria, Enrique A.: Anticlerical Politics: Republicanism, Nationalism, and the Public Sphere in Restoration Madrid (1875–1912). Diss. University of California. San Diego 2001.
– Republicanism and Anticlerical Nationalism in Spain. New York 2009.
Sánchez Aranda, José Javier/*Barrera*, Carlos: Historia del periodismo español. Desde sus orígenes hasta 1975. Pamplona 1992.
Sánchez Férriz, Remedio: Libertad religiosa y ciudadanía en las constituciones españolas del siglo XIX. In: *Suárez Cortina*, Manuel (Hg.): Secularización y laicismo en la España contemporánea. III encuentro de historia de la Restauración. Santander 2001, 121–144.
Sànchez i Ferré, Pere: La maçoneria a Catalunya. 1868–1936. Barcelona 1990.
– El moviment lliurepensador a Catalunya (1870–1920). In: Revista de Catalunya 56 (1991) 43–60.
– Anticlericalismo y masonería en España. In: *Ferrer Benimeli*, José Antonio (Hg.): Masonería y religión. Madrid 1996, 271–288.
Sánchez Martínez, Guillermo: Guerra a Dios, a la tisis y a los reyes. Francisco Suñer Capdevila, una propuesta materialista para la segunda mitad del siglo XIX español. Madrid 1987.
Sánchez Sánchez, Isidro: El pan de los fuertes. La »Buena Prensa« en España. In: *Botti*, Alfonso u. a. (Hg.): Clericalismo y asociacionismo católico en España. De la Restauración a la Transición: un siglo entre el palio y el consiliario. Cuenca 2005, 51–105.
Sánchez de Murillo, José: Anticlericalism. A Brief History. Notre Dame/Indiana 1972.
Sanfeliú, Luz: Familias republicanas e identidades femeninas en el blasquismo: 1896–1910. In: Ayer 60 (2005) 75–103.
– Republicanas. Identidades de género en el Blasquismo (1895–1910). Valencia 2005.
Sanllorente Barragán, Francisco: Anticlericalismo, pacifismo y cuestión social en las logias del Gran Oriente Español (1890–1895). In: *Ferrer Benimeli*, José Antonio (Hg.): La masonería española y la crisis colonial del 98. VIII Symposium Internacional de Historia de la Masonería Española, Barcelona, del 3 al 6 de diciembre de 1997. Zaragoza 1999, 223–236.
Sarasin, Philipp: Diskurstheorie und Geschichtswissenschaft. In: *Keller*, Reiner u. a. (Hg.): Handbuch sozialwissenschaftliche Diskursanalyse. Opladen 2001, 53–80.
– Geschichtswissenschaft und Diskursanalyse. In: *Sarasin*, Philipp: Geschichtswissenschaft und Diskursanalyse. Frankfurt am Main 2003, 10–60.
Saunier, Pierre-Yves: Learning by Doing: Notes about the Making of the »Palgrave Dictionary of Transnational History«. In: Journal of Modern European History 6 (2008) 159–180.
Sawicki, Diethard: Leben mit den Toten. Geisterglauben und die Entstehung des Spiritismus in Deutschland 1770–1900. Paderborn 2002.

Scalise, Daniele: Il caso Mortara. La vera storia del bambino ebreo rapito dal papa. Milano 1997.
Schapiro, Jacob Salwyn: Anticlericalism. Conflict between Church and State in France, Italy, and Spain. Princeton/New Jersey 1967.
Schappes, Morris U.: A Documentary History of the Jews in the United States. 1654–1875. New York 1952.
Schatz, Klaus: Kirchenbild und päpstliche Unfehlbarkeit. Bei den deutschsprachigen Minoritätsbischöfen auf dem I. Vatikanum. Rom 1975.
- Vaticanum I 1869–1870. Bd. 1: Vor der Eröffnung. Paderborn u. a. 1992.
- Vaticanum I 1869–1870. Bd. 2: Von der Eröffnung bis zur Konstitution »Dei Filius«.Paderborn u. a. 1993.
- Vaticanum I 1869–1870. Bd. 3: Unfehlbarkeitsdiskussion und Rezeption. Paderborn u. a. 1994.
- Das Erste Vatikanum. In: *Weitlauff*, Manfred (Hg.): Kirche im 19. Jahrhundert. Regensburg 1998, 140–161.
Schieder, Wolfgang: Kirche und Revolution. Sozialgeschichtliche Aspekte der Trierer Wallfahrt von 1844. In: Archiv für Sozialgeschichte 14 (1974) 419–454.
- Die Katholische Kirche in Deutschland nach der Säkularisation. Institutionalisierungen im Laufe des 19. Jahrhunderts. In: *Blickle*, Peter/*Schlögl*, Rudolf (Hg.): Die Säkularisation im Prozess der Säkularisierung Europas. Kongress im Neuen Kloster Bad Schussenried vom 12. bis 15. Mai 2003. Epfendorf 2005, 517–529.
Schildt, Axel: Das Jahrhundert der Massenmedien. In: Geschichte und Gesellschaft 27 (2001) 177–206.
Schilling, Heinz: Afkeer van Domineesheerschappij. Ein neuzeitlicher Typus des Antiklerikalismus. In: *Dykema*, Peter A./*Oberman*, Heiko Augustinus (Hg.): Anticlericalism in Late Medieval and Early Modern Europe. Leiden u. a. 1993, 654–668.
Schindler-Joppien, Ulrich: Das Neuluthertum und die Macht. Ideologiekritische Analysen zur Entstehungsgeschichte des lutherischen Konfessionalismus in Bayern (1825–1838). Stuttgart 1998.
Schlögl, Rudolf: Rationalisierung als Entsinnlichung religiöser Praxis? Zur sozialen und medialen Form von Religion in der Neuzeit. In: *Blickle*, Peter/*Schlögl*, Rudolf (Hg.): Die Säkularisation im Prozess der Säkularisierung Europas. Kongress im Neuen Kloster Bad Schussenried vom 12. bis 15. Mai 2003. Epfendorf 2005, 37–64.
Schlossmacher, Norbert: Der Antiultramontanismus im Wilhelminischen Deutschland. Ein Versuch. In: *Loth*, Wilfried (Hg.): Deutscher Katholizismus im Umbruch zur Moderne. Stuttgart u. a. 1991, 164–198.
- Entkirchlichung, Antiultramontanismus und »nationalreligiöse Orientierung« im Liberalismus der Kulturkampfära. Der Deutsche Verein für die Rheinprovinz. In: *Blaschke*, Olaf/*Kuhlemann*, Frank-Michael (Hg.): Religion im Kaiserreich. Milieus, Mentalitäten, Krisen. Gütersloh 1996, 474–502.
Schlott, René: Papsttod und Weltöffentlichkeit seit 1878. Die Medialisierung eines Rituals. Paderborn u. a. 2013.
Schmale, Wolfgang: Europäische Geschichte als historische Disziplin. Überlegungen zu einer »Europäistik«. In: Zeitschrift für Geschichtswissenschaft 46 (1999) 389–405.
- Geschichte Europas. Wien 2000.
- Eckpunkte einer Geschichte Europäischer Identität. In: *Nida-Rümelin*, Julian/*Weidenfeld*, Werner (Hg.): Europäische Identität: Voraussetzungen und Strategien. Baden-Baden 2007, 63–85.
- Geschichte und Zukunft der europäischen Identität. Stuttgart 2008.

– Europäische Geschichte. Literaturbericht. In: Geschichte in Wissenschaft und Unterricht 60 (2009) 517–530, 594–603, 660–683.
Schmidt, Bernhard: Spanien im Urteil spanischer Autoren. Kritische Untersuchungen zum sogenannten Spanienproblem 1609–1936. Berlin 1975.
Schmidt-Gernig, Alexander: Die Presse als »vierte Gewalt« – Politischer Skandal und die Macht der Öffentlichkeit um 1900 in Deutschland, Frankreich und den USA. In: *Kirsch*, Martin u. a. (Hg.): Der Verfassungsstaat vor der Herausforderung der Massengesellschaft. Konstitutionalismus um 1900 im europäischen Vergleich. Berlin 2002, 169–193.
Schmidt-Volkmar, Erich: Der Kulturkampf in Deutschland 1871–1890. Göttingen 1962.
Schnabel, Franz: Deutsche Geschichte im neunzehnten Jahrhundert. Bd. 4: Die Religiösen Kräfte. 2. Aufl. Freiburg im Breisgau 1951.
Schneider, Michael: Die christlichen Gewerkschaften. 1894–1933. Bonn 1982.
Schnurbein, Stefanie *von/Ulbricht*, Justus H. (Hg.): Völkische Religion und Krisen der Moderne. Entwürfe »arteigener« Glaubenssysteme seit der Jahrhundertwende. Würzburg 2001.
Schreiner, Klaus: Gab es im Mittelalter und in der Frühen Neuzeit Antiklerikalismus? Von der Schwierigkeit, aus einem modernen Kampfbegriff eine Kategorie historischer Erkenntnis zu machen. In: Zeitschrift für Historische Forschung 21 (1994) 513–521.
Schriewer, Jürgen: Vergleich und Erklärung zwischen Kausalität und Komplexität. In: *Kaelble*, Hartmut/*Schriewer*, Jürgen (Hg.): Diskurse und Entwicklungspfade. Der Gesellschaftsvergleich in den Geschichts- und Sozialwissenschaften. Frankfurt am Main 1999, 53–104.
Schröder, Markus: Sydow. In: Die Religion in Geschichte und Gegenwart. Bd. 7: R–S. 4. Aufl. Tübingen 2004, 1917.
Schröder, Richard: Säkularisierung: Ursprung und Entwicklung eines umstrittenen Begriffs. In: *Braun*, Christina *von* u. a. (Hg.): Säkularisierung. Bilanz und Perspektiven einer umstrittenen These. Berlin 2007, 61–73.
Schröder, Tilman Matthias: Naturwissenschaften und Protestantismus im Deutschen Kaiserreich. Die Versammlungen der Gesellschaft Deutscher Naturforscher und Ärzte und ihre Bedeutung für die evangelische Theologie. Stuttgart 2008.
Schüler-Springorum, Stefanie: Assimilation and Community Reconsidered: The Jewish Community in Königsberg, 1871–1914. In: Jewish Social Studies 5 (1999) 104–131.
Schulin, Ernst (Hg.): Geschichtsdiskurs. Die Epoche der Historisierung. Frankfurt am Main 1997.
Schulte, Engelbert: Die Stellung der Konservativen zum Kulturkampf. 1870–1878. Diss. Universität zu Köln. Köln 1959.
Schulte-Umberg, Thomas: Profession und Charisma. Herkunft und Ausbildung des Klerus im Bistum Münster 1776–1940. Paderborn 1999.
– Berlin – Rom – Verdun. Überlegungen zum Verhältnis von Ultramontanismus und Nation. In: *Geyer*, Michael/*Lehmann*, Hartmut (Hg.): Religion und Nation – Nation und Religion. Beiträge zu einer unbewältigten Geschichte. Göttingen 2004, 171–141.
Schultheiss, Katrin: Gender and the Limits of Anti-Clericalism: The Secularization of Hospital Nursing in France, 1880–1914. In: French History 12 (1998) 229–245.
Schulz, Andreas: Der Aufstieg der »vierten Gewalt«. Medien, Politik und Öffentlichkeit im Zeitalter der Massenkommunikation. In: Historische Zeitschrift 270 (2000) 69–97.
Schulze Wessel, Martin: Das 19. Jahrhundert als »Zweites Konfessionelles Zeitalter«? Thesen zur Religionsgeschichte der böhmischen Länder in europäischer Hinsicht. In: Zeitschrift für Ostmitteleuropaforschung 2 (2002) 514–529.

– Religiöse Intoleranz, grenzüberschreitende Kommunikation und die politische Geographie Ostmitteleuropas im 18. Jahrhundert. In: *Requate*, Jörg/*Schulze Wessel*, Martin (Hg.): Europäische Öffentlichkeit. Transnationale Kommunikation seit dem 18. Jahrhundert. Frankfurt am Main 2002, 63–79.

– Russland und das Erste Vatikanische Konzil. In: *Zedler*, Jörg (Hg.): Der Heilige Stuhl in den internationalen Beziehungen. 1870–1939. München 2010, 17–34.

Schwartz, Laura: Infidel Feminism. Secularism, Religion and Women's Emancipation, England 1830–1914. Manchester 2013.

Schwarz, Angela: Der Schlüssel zur modernen Welt. Wissenschaftspopularisierung in Grossbritannien und Deutschland im Übergang zur Moderne (ca. 1870–1914). Stuttgart 1999.

Scoppola, Pietro: Laicismo e anticlericalismo. In: Chiesa e religiosità in Italia dopo l'unità (1861–1878). Bd. 2: Relazioni II. Milano 1973, 225–274.

Scott, David: Powers of the Secular Modern. Talal Asad and His Interlocutors. Stanford/California 2006.

Sculle, Keith Aldwyn: French Anticlericalism after the Separation of Church and State 1906–1910. Diss. University of Illinois. Urbana 1972.

Seibt, Gustav: Rom oder Tod. Der Kampf um die italienische Hauptstadt. Berlin 2001.

Seiler, Jörg: Somatische Solidarität als Moment ultramontaner Kommunikation. Die Inszenierung der Körperlichkeit Pius' IX. in der Rottenburger Bistumszeitung. In: Schweizerische Zeitschrift für Religions- und Kulturgeschichte 101 (2007) 77–106.

Sharp, Lynn L.: Secular Spirituality. Reincarnation and Spiritism in Nineteenth-Century France. Lanham/Maryland 2006.

Shiose, Yuki Zylberberg: L'univers flou de la laïcité. In: Social Compass 47 (2000) 299–316.

Sick, Klaus-Peter: Vom *Opportunisme* zum *Libéralisme autoritaire*. Die Krise des französischen Liberalismus im demokratisierten Parlamentarismus 1885–1940. In: Geschichte und Gesellschaft 29 (2003) 66–104.

Sidenvall, Erik: The Elusivness of Protestantism: The Last Expatriations for »Apostasy« from the Church of Sweden (1858) in a European Perspective. In: Journal of Religious History 31 (2007) 253–268.

Siebold, Thomas: Zur Geschichte und Struktur der Weltnachrichtenordnung. In: *Steinweg*, Reiner/*Becker*, Jörg (Hg.): Medienmacht im Nord-Süd-Konflikt. Die neue internationale Informationsordnung. Frankfurt am Main 1984, 45–93.

Siegrist, Hannes/*Petri*, Rolf: Geschichten Europas. Kritik, Methoden und Perspektiven. In: Comparativ 14/3 (2004) 3–14.

Siemann, Wolfram: Von der offenen zur mittelbaren Kontrolle. Der Wandel in der deutschen Preßgesetzgebung und Zensurpraxis des 19. Jahrhunderts. In: *Göpfert*, Herbert G./*Weyrauch*, Erdmann (Hg.): »Unmoralisch an sich ...« Zensur im 18. und 19. Jahrhundert. 7. Jahrestreffen des Wolfenbütteler Arbeitskreises für Geschichte des Buchwesens vom 14.–17. Mai 1985 in Wolfenbüttel. Wiesbaden 1988, 293–308.

Silvan, Vincent: L'anticléricalisme dans la république opportuniste 1879–1884. Anticléricalisme et athéisme. Mémoire de D.E.A. Université Panthéon-ASSAS Paris II. Paris 1997/1998.

Simon-Nahume, Perrine: Aux origines de l'Alliance. In: *Kaspi*, André/*Assan*, Valérie (Hg.): Histoire de l'Alliance israélite universelle de 1860 à nos jours. Paris 2010, 11–52.

Simon-Ritz, Frank: Die Organisation einer Weltanschauung. Die freigeistige Bewegung im Wilhelminischen Deutschland. Gütersloh 1997.

Smith, Angel: Anarchism, Revolution and Reaction. Catalan Labor and the Crisis of the Spanish State, 1898–1923. New York 2007.
Smolinsy, Heribert: Freiheit für die katholische Kirche? Ein Streit in der Mitte des 19. Jahrhunderts. In: *Ammerich*, Hans/*Gut*, Johanna (Hg.): Zwischen »Staatsanstalt« und Selbstbestimmung. Kirche und Staat in Südwestdeutschland vom Ausgang des alten Reiches bis 1870. Stuttgart 2000, 123–141.
Solà Gussinyer, Pere: Francesc Ferrer i Guàrdia i l'escola moderna. Barcelona 1978.
– Las escuelas racionalistas en Cataluña (1909–1939). 2. Aufl. Barcelona 1978.
– El anticlericalismo español. In: Tiempo de historia 7 (1981) 5–15.
– Las consecuencias europeas del fusilamiento de Ferrer i Guàrdia. In: Historia y vida 18 (1985) 31–46.
– École nouvelle, libre pensée et anarchisme au début du XXe siècle dans la vie et l'œuvre de Francisco Ferrer. In: *Best*, Francine u. a. (Hg.): L'affaire Ferrer. Actes du colloque »Les expériences libertaires en France en matière d'éducation au début du siècle«, 14 octobre 1989, Centre National et Musée Jean Jaurès. Castres 1991, 15–36.
– El honor de los estados y los juicios paralelos en el caso Ferrer Guardia. Un cuarto de siglo de historiografía sobre la »Escuela Moderna« de Barcelona. In: Cuadernos de historia contemporánea 26 (2004) 49–75.
Solis, Yves/*Savarino Roggero*, Franco (Hg.): El anticlericalismo en Europa y América Latina. Una visión transatlántica. México/Distrito Federal 2011.
Sorrel, Christian: La République contre les congrégations. Histoire d'une passion française: 1899–1904. Paris 2003.
– (Hg.): L'anticléricalisme croyant (1860–1914). Jalons pour une histoire. Actes du colloque, Chambéry, 22–23 janvier 2003. Chambéry 2004.
Sösemann, Bernd: Theodor Wolff. Ein Leben mit der Zeitung. München 2000.
–/*Frölich*, Jürgen: Theodor Wolff. Journalist, Weltbürger, Demokrat. Teetz 2004.
Southern, Gilbert Edwin: The Bavarian Kulturkampf. A Chapter in Government, Church, and Society in the Early Bismarckreich. University of Massachusetts. Amherst/Massachusetts 1977.
Sowerwine, Charles: France since 1870. Culture, Politics and Society. Basingstoke 2001.
Sparn, Walter: Aberglaube. In: Die Religion in Geschichte und Gegenwart. Bd. 1: A–B. 4. Aufl. Tübingen 1998, 55–59.
Sperber, Jonathan: Popular Catholicism in Nineteenth-Century Germany. Princeton/New Jersey 1984.
– The Kaiser's Voters. Electors and Elections in Imperial Germany. Cambridge 1997.
Sperl, Georg Ferdinand: Die Vereinigten Staaten von Amerika und der deutsche Kulturkampf 1870–1886. Diss. Ludwig-Maximilians-Universität München. München 1953.
Speth, Volker: Kulturkampf und Volksfrömmigkeit. Die Diskussion im preußischen Staatsministerium und in der preußischen Verwaltungselite über die staatliche Repression des Wallfahrts- und Prozessionswesens im Kulturkampf. Frankfurt am Main 2013.
Spohn, Willfried: Religiosidad, laicismo, socialismo: Religión y formación de la clase obrera en la Alemania Imperial (1871–194). In: Historia social 16 (1993) 51–70.
Stache, Christa: Bürgerlicher Liberalismus und katholischer Konservativismus in Bayern 1867–1871. Kulturkämpferische Auseinandersetzungen vor dem Hintergrund von nationaler Einigung und wirtschaftlich-sozialem Wandel. Frankfurt am Main 1981.
Stadler, Peter: Kulturkampf und Kulturkämpfe im mittleren Europa des 19. Jahrhunderts. Versuch einer vergleichenden Orientierung. In: Rottenburger Jahrbuch für Kirchengeschichte 15 (1996) 13–25.

Stambolis, Barbara: Nationalisierung trotz Ultramontanisierung oder: »Alles für Deutschland. Deutschland aber für Christus«. Mentalitätsleitende Wertorientierung deutscher Katholiken im 19. und 20. Jahrhundert. In: Historische Zeitschrift 269 (1999) 57–97.

Stasiowski, Marek: Die Polen und das I. Vatikanische Konzil. Wien 2004.

Stebbins, Robert E.: France. In: *Glick*, Thomas F. (Hg.): The Comparative Reception of Darwinism. 2. Aufl. Chicago 1988, 117–163.

Steinhoff, Anthony J.: Ein zweites konfessionelles Zeitalter? Nachdenken über die Religion im langen 19. Jahrhundert. In: Geschichte und Gesellschaft 30 (2004) 549–570.

Stenzel, Jürgen: Rhetorischer Manichäismus. Vorschläge zu einer Theorie der Polemik. In: *Worstbrock*, Franz Josef/*Koopmann*, Helmut (Hg.): Formen und Formgeschichte des Streitens. Der Literaturstreit. Tübingen 1986, 3–11.

Stobbe, Heinz-Günther: Vorurteile – Stereotype – Feindbilder. In: *Bremer*, Thomas (Hg.): Religion und Nation im Krieg auf dem Balkan. Beiträge des Treffens deutscher, kroatischer und serbischer Wissenschaftler vom 05.–09. April 1995 in Freising. Bonn 1996, 161–173.

Stöber, Rudolf: Die erfolgverführte Nation. Deutschlands öffentliche Stimmungen 1866 bis 1945. Stuttgart 1998.

– Deutsche Pressegeschichte. Einführung, Systematik, Glossar. Konstanz 2000.

Stöckli, Rita: Der Savoyerhandel von 1860. Die mediale Konstruktion eines politischen Ereignisses. Zürich 2008.

Stock-Morton, Phyllis: Moral Education for a Secular Society. Albany 1988.

Stone, Judith F.: Sons of the Revolution. Radical Democrats in France, 1862–1914. Baton Rouge 1996.

– Anticlericals and Bonne Sœurs: The Rhetoric of the 1901 Law of Associations. In: French Historical Studies 23 (2000) 103–128.

Storne-Sengel, Catherine: L'Église réformée de l'unité à l'éclatement (1902–1907). In: *Boutry*, Philippe/*Encrevé*, André (Hg.): Vers la liberté religieuse. La séparation des Églises et de l'État. Actes du colloque organisé à Créteil les 4 et 5 février 2005 par l'Institut Jean-Baptiste Say de l'Université de Paris XII-Val-de-Marne. Bordeaux 2006, 33–51.

Stråth, Bo/*Wodak*, Ruth: Europe – Discourse – Politics – Media – History: Constructing »Crises«? In: *Triandafyllidou*, Anna u. a. (Hg.): The European Public Sphere and the Media. Europe in Crisis. Basingstoke 2009, 15–33.

Streicher, Lawrence H.: On a Theory of Political Caricature. In: Comparative Studies in Society and History 9 (1967) 427–445.

Stroebe, Wolfgang/*Insko*, Chester A.: Stereotype, Prejudice, and Discrimination: Changing Conceptions in Theory and Research. In: *Bar-Tal*, Daniel u. a. (Hg.): Stereotyping and Prejudice. Changing Conceptions. New York, Berlin 1989, 3–34.

Strumingher, Laura S.: »A bas les prêtres!«: The Church and the Workers in 19th Century Lyon. In: Journal of Social History 11 (1978) 546–553.

Stuart, Robert: Marxism and Anticlericalism: The Parti Ouvrier Français and the War against Religion, 1882–1905. In: The Journal of Religious History 22 (1998) 287–303.

– »Jesus the *Sans-Culotte*«: Marxism and Religion during the French *Fin de Siècle*. In: Historical Journal 42 (1999) 705–727.

Stürmer, Michael: Dialog der Schwerhörigen. Liberalismus und Kirchen im Zeitalter des Nationalstaats. In: *Ders.*: Dissonanzen des Fortschritts. Essays über Geschichte und Politik in Deutschland. München 1986, 138–150.

Suárez Cortina, Manuel: La quiebra del republicanismo histórico, 1898–1932. In: *Townson*, Nigel (Hg.): El republicanismo en España. (1830–1977). Madrid 1994, 139–163.
- Anticlericalismo y republicanismo en la Restauración 1874–1898. In: Bulletin d'histoire contemporaine de l'Espagne 23 (1996) 59–82.
- Anticlericalismo, religión y política en la Restauración. In: *La Parra López*, Emilio/ *Suárez Cortina*, Manuel (Hg.): El anticlericalismo español contemporáneo. Madrid 1998, 127–210.
- ¿David frente a Goliat? Secularización y confesionalidad en la España contemporánea. In: *Ders.* (Hg.): Secularización y laicismo en la España contemporánea. III encuentro de historia de la Restauración. Santander 2001, 9–54.
- (Hg.): Secularización y laicismo en la España contemporánea. III encuentro de historia de la Restauración. Santander 2001.
- Democracia y anticlericalismo en la crisis de 1898. In: *Aubert*, Paul (Hg.): Religión y sociedad en España (siglos XIX y XX). Seminario celebrado en la Casa de Velázquez (1994–1995). Madrid 2002, 179–218.
- La confrontación clericalismo/anticlericalismo en la España de principios del siglo XX. In: *García Sanz*, Fernando (Hg.): España e Italia en la Europa contemporánea. Desde finales del siglo XIX a las dictaduras. Madrid 2002, 187–220.
- Religión, Iglesia y Estado en la cultura institucionista. De Francisco Giner a Manuel Azaña. In: *De la Cueva Merino*, Julio/*Montero García*, Feliciano (Hg.): La secularización conflictiva. España 1898–1931. Madrid 2007, 73–99.
- Secularización y laicismo en la cultura política del republicanismo español. In: *Cabrero Blanco*, Claudia (Hg.): La escarapela tricolor. El republicanismo en la España contemporánea. Oviedo 2008, 55–87.
- Entre cirios, barricadas y bayonetas el anticlericalismo en España de fin de siglo. In: *Moliner*, Antonio (Hg.): La semana trágica de Cataluña. Barcelona 2009, 25–50.

Sun, Raymond Chien: Before the Enemy is within our Walls. Catholic Workers in Cologne 1885–1912. A Social Cultural and Political History. Boston 1999.

Swartout, Lisa: Culture Wars. Protestant, Catholic, and Jewish Students at German Universities, 1890–1914. In: *Geyer*, Michael/*Lehmann*, Hartmut (Hg.): Religion und Nation - Nation und Religion. Beiträge zu einer unbewältigten Geschichte. Göttingen 2004, 157–175.

Sweeney, Dennis: Liberalism, the Worker and the Limits of Bourgeois Öffentlichkeit in Wilhelmine Germany. In: German History 22 (2004) 36–75.

Tacke, Charlotte: Von der Zweiten Republik bis zum Ersten Weltkrieg 1848–1914. In: *Haupt*, Heinz-Gerhard/*Hinrichs*, Ernst (Hg.): Kleine Geschichte Frankreichs. Bonn 2005, 311–360.

Tal, Uriel: Christians and Jews in Germany. Religion, Politics, and Ideology in the Second Reich, 1870–1914. Ithaca 1975.

Tartakowsky, Danielle: Manifester à Paris. 1880–2010. Seyssel 2010.

Te Velde, Henk: Political Transfer: An Introduction. In: European Review of History 12 (2005) 205–221.

–/*Margry*, Peter Jan: Contested Rituals and the Battle for Public Space: The Netherlands. In: *Clark*, Christopher/*Kaiser*, Wolfram (Hg.): Culture Wars. Secular-Catholic Conflict in Nineteenth-Century Europe. Cambridge 2003, 129–151.

Teatro Stabile Napoli: Info. Gli psazi del Teatro Stabile di Napoli. In: Teatro Stabile Napoli, URL: http://www.teatrostabilenapoli.it/info/teatri (am 10.9.2013).

Terral, Hervé: Laïcité religieuse, antireligieuse, a-religieuse: L'évolution de l'école française entre 1880 et 1918. In: Social Compass 54 (2007) 255–265.

Terrou, Fernand: Le cadre juridique. In: *Bellanger*, Claude u.a. (Hg.): Histoire générale de la presse française. Bd. 2: De 1815 à 1871. Paris 1969, 3–12.

Thadden, Rudolf *von*: Bismarck – ein Lutheraner? In: *Ders.*: Weltliche Kirchengeschichte. Ausgewählte Aufsätze. Göttingen 1989, 146–163.

Thogmartin, Clyde: The National Daily Press of France. Birmingham/Alabama 1998.

Tilly, Charles: Durable Inequality. Berkeley 1998.

Todorov, Tzvetan: Scientisme et totalitarisme. In: *Courtois*, Stéphane (Hg.): Quand tombe la nuit. Origines et émergence des régimes totalitaires en Europe, 1900–1934. Lausanne 2001, 291–300.

Toscer-Angot, Sylvie: Zur Genealogie der Begriff »Säkularisierung« und »Laizität«. In: *Koenig*, Matthias/*Willaime*, Jean-Paul (Hg.): Religionskontroversen in Frankreich und Deutschland. Hamburg 2008, 39–47.

Toury, Jacob: Die politischen Orientierungen der Juden in Deutschland. Von Jena bis Weimar. Tübingen 1966.

Townson, Nigel: Anticlericalismo y secularización en España. ¿Una excepción europea? In: *Ders.*/*Álvarez Junco*, José (Hg.): ¿Es España diferente? Una mirada comparativa (siglos XIX y XX). Madrid 2010, 81–119.

Tschannen, Olivier: Les théories de la sécularisation. Genf 1992.

Tusell, Javier/*Avilés*, Juan: La derecha española contemporánea. Sus orígenes: el maurismo. Madrid 1986.

Tyrell, Hartmann: Kulturkämpfe in Frankreich und Deutschland und die Anfänge der Religionssoziologie. In: *Koenig*, Matthias/*Willaime*, Jean-Paul (Hg.): Religionskontroversen in Frankreich und Deutschland. Hamburg 2008, 96–181.

Ullman, Joan Conelly: La semana trágica. Estudio sobre las causas socioeconómicas del anticlericalismo en España (1898–1912). Cambridge/Massachusetts 1968.

Ungern-Sternberg, Antje *von*: Religionsfreiheit in Europa. Die Freiheit individueller Religionsausübung in Großbritannien, Frankreich und Deutschland. Ein Vergleich. Tübingen 2008.

Urban, Josef: Kleinstadtwirbel um ein »Schandbild«. Die »Forchheimer Revolution« am Vorabend des 1. Vatikanischen Konzils. In: Unser Bayern 30 (1981) 13–15.

– Die Bamberger Kirche in Auseinandersetzung mit dem Ersten Vatikanischen Konzil. Bd. 1. Bamberg 1982.

– Eine »Caricatur vom Zeitgeist und vom Papst«. In: *Baier*, Helmut (Hg.): Kirche in Staat und Gesellschaft im 19. Jahrhundert. Referate und Fachvorträge des 6. Internationalen Kirchenarchivtags, Rom 1991. Neustadt an der Aisch 1992, 41–57.

– Die »Interpellation Herz« vom September 1871 – Politik und Seelsorge vor dem Hintergrund des Unfehlbarkeitsdogmas. In: *Hoyer*, Ulrich (Hg.): »Eine Religion in philosophischer Form auf naturwissenschaftlicher Grundlage«. Gideon Spickers Religionsphilosophie im Kontext seines Lebens, seines Werkes, seiner Zeit. Hildesheim 2002, 69–81.

Uría, Jorge: La España liberal (1868–1917). Cultura y vida cotidiana. Madrid 2008.

Uriguen González, María Begoña: Orígenes y evolución de la derecha española. El neocatolicismo. Madrid 1986.

Valín Fernández, Alberto Juan: Laicismo, educación y represión en la España del siglo XX. (Ourense, 1909–1936/39). Sada A Coruña 1993.

Valls, Rafael: La derecha regional valenciana. El catolicismo político valenciano, 1930–1936. Valencia 1992.

Van den Dungen, Pierre: Milieux de presse et journalistes en Belgique (1828–1914). Brüssel 2005.

Van Heerma Voss, Lex: Introduction. In: *Ders. (Hg.)*: Petitions in Social History. Cambridge 2001, 3–11.
Van den Berg, Hubert: »Free Love« in Imperial Germany: Anarchism and Patriarchy 1870–1918. In: Anarchist Studies 4 (1996) 33–26.
Van der Linden, Marcel: Transnational Labour History. Explorations. Aldershot 2003.
Van Ypersele, Laurence: L'image du roi dans la caricature politique en Belgique de 1884 à 1914. In: Revue belge d'histoire contemporaine 26 (1996) 133–164.
Vandenbussche, Robert: Libre pensée et libres penseurs dans le Nord sous la IIIe République. In: *Mayeur*, Jean-Marie (Hg.): Libre pensée et religion laïque en France. De la fin du Second Empire à la Fin de la Troisième République. Straßburg 1980, 127–183.
Vergara, Sofia: El monumento a Ferrer. Traducción de la tesina de licenciatura inédita: Le culte Francisco Ferrer en Belgique. Universidad Libre de Bruselas. Bruselas, 1987. Páginas 124 a 143. In: Fundación Ferrer Guardia, URL: http://www.laic.org/cas/fig/monument/monument.htm (am 13.1.2009).
Verhoeven, Timothy: Neither Male Nor Female: Androgyny, Nativism and International Anti-Catholicism. In: Australasian Journal of American Studies 24 (2005) 5–19.
– Transatlantic Anti-Catholicism. France and the United States in the Nineteenth Century. Basingstoke 2010.
Verucci, Guido: Antiklerikalismus und Laizismus in den Jahren des Kulturkampfes. In: *Lill*, Rudolf/*Traniello*, Francesco (Hg.): Der Kulturkampf in Italien und in den deutschsprachigen Ländern. Berlin 1993, 27–56.
Viaene, Vincent: International History, Religious History, Catholic History: Perspectives for Cross-Fertilization (1830–1914). In: European History Quarterly 38 (2008) 578–607.
Vilar, Juan Bautista: Intolerancia y libertad en la España contemporánea. Los orígenes del protestantismo español actual. Madrid 1994.
Villacorta, Francisco: Les espagnols et le défi européen au XXe siècle. In: *Girault*, René (Hg.): Les Europe des Européens. Paris 1993, 27–42.
Villazón González, Pablo: Las polémicas del anticlericalismo. In: *Uría*, Jorge (Hg.): Nace el cuarto poder. Oviedo 2004, 369–383.
Villena Espinosa, Rafael: Anselmo Lorenzo. El proletario militante. Ciudad Real 2009.
Vincent, Mary: »The Keys of the Kingdom«: Religious Violence in the Spanish Civil War, July-August 1936. In: *Ealham*, Chris/*Richards*, Michael (Hg.): The Splintering of Spain. Cultural History of the Spanish Civil War, 1936–1939. Cambridge 2005, 68–89.
– The Spanish Civil War as a War of Religion. In: *Baumeister*, Martin/*Schüler-Springorum*, Stefanie (Hg.): »If you tolerate this ...«. The Spanish Civil War in the Age of Total War. Frankfurt am Main 2008, 74–89.
Vogel, Christine: Der Untergang der Gesellschaft Jesu als europäisches Medienereignis (1758–1773). Publizistische Debatten im Spannungsfeld von Aufklärung und Gegenaufklärung. Mainz 2006.
– (Hg.): Medienereignisse im 18. und 19. Jahrhundert. Beiträge einer Interdisziplinären Tagung aus Anlass des 65. Geburtstages von Rolf Reichardt. München 2009.
Vogel, Jakob: Die Politik des Gerüchts. Soziale Kommunikation und Herrschaftspraxis in Frühneuzeit und Moderne. In: WerkstattGeschichte 15 (2009) 3–10.
Voigt, Karl Heinz: Vier Vorkämpfer in Sachen »Religionsfreiheit«; Culling Eardley, John Howard Hinton, Edward Stean und Gottfried Wilhelm Lehmann. In: *Hilborn*, David/*Voigt*, Karl Heinz (Hg.): Menschenrechte für Minderheiten in Deutschland und Europa. Vom Einsatz für Religionsfreiheit durch die Evangelische Allianz und die Freikirchen im 19. Jahrhundert. Bonn 2004, 75–81.

Volkov, Shulamit: Antisemitismus als kultureller Code. In: *Dies.*: Jüdisches Leben und Antisemitismus im 19. und 20. Jahrhundert. 10 Essays. München 1990, 13–36.

Volli, Gemma: Il caso Mortara (nel primo centenario). In: Rassegna mensile di Israel 26 (1960) 29–39, 108–112, 149–157, 214–221, 274–279.

– Il caso Mortara nell'opinione pubblica e nella politica del tempo. In: Bollettino del Museo del Risorgimento 5 (1960) 1087–1152.

– Alcune conseguenze benefiche dell'»affare Mortara«. In: Rassegna mensile di Israel 28 (1962) 309–320.

Voltes, Pedro: La Semana Trágica. 1953 [sic!], 26 julio. Madrid 1995.

Wagner, Florian: Von der kolonialpraktischen Kooperation zum »europäischen Ideal«. Kolonialverbände in Deutschland, Frankreich, Spanien und Belgien (1870–1914). In: *Bösch*, Frank u. a. (Hg.): Europabilder im 20. Jahrhundert. Entstehung an der Peripherie. Göttingen 2012, 27–54.

Wagner, Marion: Romolo Murri In: Biographisch-Bibliographisches Kirchenlexikon. Bd. 6: Moenius-Patijn. Herzberg 1993, 369 f.

Wahl, Alfred: Confession et comportement dans les campagnes d'Alsace et de Bade (1871–1939). Catholiques, protestants et juifs. Démographie, dynamisme économique et social, relation et attitude politique. Diss. Université de Metz. Straßburg 1980.

Walkenhorst, Peter: Nationalismus als »politische Religion«? Zur religiösen Dimension nationalistischer Ideologie im Kaiserreich. In: *Blaschke*, Olaf/*Kuhlemann*, Frank-Michael (Hg.): Religion im Kaiserreich. Milieus, Mentalitäten, Krisen. Gütersloh 1996, 503–529.

Wallis, Roy/*Bruce*, Steve: Secularization: The Orthodox Model. In: *Bruce*, Steve (Hg.): Religion and Modernization. Sociologists and Historians Debate the Secularization Thesis. Oxford 2001, 8–30.

Walser Smith, Helmut: German Nationalism and Religious Conflict. Culture, Ideology, Politics, 1870–1914. Princeton/New Jersey 1995.

– (Hg.): Protestants, Catholics and Jews in Germany. 1800–1914. Oxford 2001.

– The Longue Durée of German Religious Conflict. In: *Wolffe*, John (Hg.): Protestant-Catholic Conflict from the Reformation to the Twenty-first Century. The Dynamics of Religious Difference. Basingstoke 2013, 71–100.

Wanegffelen, Thierry: L'anticléricalisme croyant: de l'oxymore à l'anthropologie du vivre religieux. In: Annales de l'Est 57 (2007) 59–80.

Warnke, Martin: Vier Stichworte: Ikonologie – Pathosformel – Polarität und Ausgleich – Schlagbilder und Bilderfahrzeug. In: *Hofmann*, Werner/*Syamken*, Georg (Hg.): Die Menschenrechte des Auges. Über Aby Warburg. Frankfurt am Main 1980, 53–83.

Wartelle, Jean-Claude: L'héritage d'Auguste Comte. Histoire de »l'église positiviste« (1849–1946). Paris 2001.

Washington, Mary Kathleen: The English Reaction to the German »Kulturkampf«, 1871–1879. Diss. Catholic University of America. Washington/District of Columbia 1991.

Weber, Christoph: Ultramontanismus als katholischer Fundamentalismus. In: *Loth*, Wilfried (Hg.): Deutscher Katholizismus im Umbruch zur Moderne. Stuttgart u. a. 1991, 40–45.

– Die liberale Reichspartei. Antiultramontane Katholiken in der ersten Phase des Kulturkampfes. In: *Lill*, Rudolf/*Traniello*, Francesco (Hg.): Der Kulturkampf in Italien und in den deutschsprachigen Ländern. Berlin 1993, 251–255.

Weber, Klaus: Der moderne Staat und die katholische Kirche. Laizistische Tendenzen im staatlichen Leben der Dritten Französischen Republik, des Dritten Deutschen Reiches und der Volksrepublik Polen. Essen 1967.

Weber, Margot: Das I. Vatikanische Konzil im Spiegel der bayerischen Politik. München 1970.

Wehler, Hans-Ulrich: Deutsche Gesellschaftsgeschichte. Bd. 3: Von der »Deutschen Doppelrevolution« bis zum Ersten Weltkrieg. München 1995.

Weichlein, Siegfried: Corporate Catholicism and Social Change. Recent American Literature on Religion in Central Europe. In: Journal for Urban History 28 (2002) 231–239.

– Nationsbilder und Staatskritik im deutschen Katholizismus des 19. und 20. Jahrhunderts. In: *Altermatt*, Urs (Hg.): Religion und Nation. Katholizismen im Europa des 19. und 20. Jahrhunderts. Stuttgart 2007, 137–151.

– »Ich versichere bei Strafe des Zuchthauses«. Die Säkularisierung des Eides in Deutschland und Frankreich 1786–1882. In: Themenportal Europäische Geschichte, 2013, URL: http://www.europa.clio-online.de/2013/Article=598 (am 10.9.2013).

– Konfession und Region. Katholische Milieubildung am Beispiel Fuldas. In: *Blaschke*, Olaf/*Kuhlemann*, Frank-Michael (Hg.): Religion im Kaiserreich. Milieus, Mentalitäten, Krisen. Gütersloh 1996, 193–232.

– Der Apostel der Deutschen. Die konfessionspolitische Konstruktion des Bonifatius im 19. Jahrhundert. In: *Blaschke*, Olaf (Hg.): Konfessionen im Konflikt. Deutschland zwischen 1800 und 1970 ein zweites konfessionelles Zeitalter. Göttingen 2002, 155–180.

Weikart, Richard: Socialist Darwinism. Evolution in German Socialist Thought from Marx to Bernstein. San Francisco 1999.

Weil, Georges J.: L'affaire Mortara et l'anticléricalisme en Europe à l'époque du Risorgimento. In: *Marx*, Jacques (Hg.): Aspects de l'anticléricalisme du Moyen âge à nos jours. Hommage à Robert Joly. Colloque de Bruxelles – Juin 1988. Brüssel 1988, 103–134.

Weill, Georges: Élie-Aristide Astruc, rabbin, écrivain et publiciste (Bordeaux, 12 décembre 1831-Bruxelles, 23 février 1905). In: Archives juives 35 (2002) 127–143.

Weir, Todd: A European Culture War of the Twentieth Century: Anticatholicism and Antibolshevism between Moscow, Berlin and Rome 1924 to 1933. In: Journal of Religious History. Special Issue »International Connections: Transnational Approaches to the History of Anti-Catholicism« 38 (2014) [in Vorbereitung].

– The Secularization of Religious Dissent: Anticlerical Politics and the »Freigeistig« Movement in Germany 1844–1933. In: *Köck*, Nicole u. a. (Hg.): Religiosität in der säkularisierten Welt. Theoretische und empirische Beiträge zur Säkularisierungsdebatte in der Religionssoziologie. Wiesbaden 2006, 155–176.

– Towards a History and Sociology of Atheistic Religious Community. The Berlin Free Religious Congregation 1845–1921. In: *Geyer*, Michael/*Hölscher*, Lucian (Hg.): Die Gegenwart Gottes in der modernen Gesellschaft. Transzendenz und Religiöse Vergemeinschaftung in Deutschland. Göttingen 2006, 197–228.

– The Secular Beyond: Free Religious Dissent and Debates over the Afterlife in Nineteenth-Century Germany. In: Church History 77 (2008) 629–658.

– Fourth Confession: Organized Secularism in Nineteenth-Century Berlin. Oxford, New York [in Vorbereitung].

Weisbrod, Bernd: Medien als symbolische Form der Massengesellschaft. Die medialen Bedingungen von Öffentlichkeit im 20. Jahrhundert. In: Historische Anthropologie 9 (2001) 270–283.

Weiß, Otto: Der Ultramontanismus. Grundlagen – Vorgeschichte – Struktur. In: Zeitschrift für Bayerische Landesgeschichte 41 (1978) 821–877.

– Der deutsche Kulturkampf (1871–1890) in der öffentlichen Meinung Italiens. In: *Lill*,

Rudolf/*Traniello*, Francesco (Hg.): Der Kulturkampf in Italien und in den deutschsprachigen Ländern. Berlin 1993, 221–250.

– Der Modernismus in Deutschland. Ein Beitrag zur Theologiegeschichte. Regensburg 1995.

– »Was heißt und zu welchem Ende betreibt man Theologie«. Bemerkungen zu Tendenzen und Strategien katholischer Theologie im 19. Jahrhundert. In: *Blum*, Matthias/*Kampling*, Rainer (Hg.): Zwischen katholischer Aufklärung und Ultramontanismus. Neutestamentliche Exegeten der »Katholischen Tübinger Schule« im 19. Jahrhundert und ihre Bedeutung für die katholische Bibelwissenschaft. Stuttgart 2012, 241–262.

Welskopp, Thomas: Das Banner der Brüderlichkeit. Die deutsche Sozialdemokratie vom Vormärz bis zum Sozialistengesetz. Bonn 2000.

Werner, Michael/*Zimmermann*, Bénédicte: Vergleich, Transfer, Verflechtung. Der Ansatz der Histoire croisée und die Herausforderung des Transnationalen. In: Geschichte und Gesellschaft 28 (2002) 607–636.

–/*Zimmermann*, Bénédicte: Penser l'histoire croisée: entre empirie et réflexivité. In: *Dies.* (Hg.): De la comparaison à l'histoire croisée. Paris 2004.

Werner, Yvonne Maria/*Havard*, Jonas (Hg.): European Anti-Catholicism in a Comparative and Transnational Perspective. Amsterdam 2013.

–/*Havard*, Jonas (Hg.): European Anti-Catholicism in a Comparative and Transnational Perspective – The Role of Unifiying Other: An Introduction. In: European Anti-Catholicism in a Comparative and Transnational Perspective. Amsterdam 2013, 13–24.

Wessel, Horst A.: Die Rolle des Telefons in der Kommunikationsrevolution des 19. Jahrhunderts. In: *North*, Michael (Hg.): Kommunikationsrevolutionen. Die neuen Medien des 16. und 19. Jahrhunderts. Vorträge des Vierten Salzau-Kolloquiums. 2. Aufl. Köln 2001, 101–128.

Wetzel, Hans Wolfgang: Presseinnenpolitik im Bismarckreich, 1874–1890. Das Problem der Repression oppositioneller Zeitungen. Bern 1975.

Weyer, Adam: Gewissen. IV. Neuzeit/Ethisch. In: Theologische Realenzyklopädie. Bd. 13: Gesellschaft/Gesellschaft und Christentum VI-Gottesbeweis. Berlin, New York 1985, 225–234.

Winkler, Heinz: Die Stellungnahme der französischen Katholiken zu Deutschland und zum Kulturkampf in den Jahren 1872 bis 1875. Diss. Universität Mainz. Mainz 1964.

Winock, Michel: Le mythe fondateur: l'affaire Dreyfus. In: *Berstein*, Serge/*Rudelle*, Odile (Hg.): Le modèle républicain. Paris 1992, 131–145.

– Une question de principe. In: *Birnbaum*, Pierre (Hg.): La France de l'affaire Dreyfus. Paris 1994, 543–572.

– Louis Veuillot et l'antijudaïsme français lors de l'affaire Mortara. In: *Brice*, Catherine/*Miccoli*, Giovanni (Hg.): Les racines chrétiennes de l'antisémitisme politique. (fin XIXe–XXe siècle). Rom 2003, 79–88.

Wischmeyer, Johannes: Objektivitätsideal zwischen Toleranz und Revisionismus. Leopold von Ranke und Ludwig von Pastor als Historiographen des Papsttums. In: *Armborst-Weihs*, Kerstin/*Becker*, Judith (Hg.): Toleranz und Identität. Geschichtsschreibung und Geschichtsbewusstsein zwischen religiösem Anspruch und historischer Erfahrung. Göttingen 2010, 253–272.

Wohlfeil, Rainer: Methodische Reflexionen zur Historischen Bildkunde. In: *Tolkemitt*, Brigitte/*Wohlfeil*, Rainer (Hg.): Historische Bildkunde. Probleme – Wege – Beispiele. Berlin 1991, 17–35.

Wolf, Hubert: »Ist es möglich, bis zum 18. Juli etwas für unwahr und von da an für wahr

zu halten?«. Neue Quellen zur Rezeption des Unfehlbarkeitsdogmas in Württemberg. In: Zeitschrift für neuere Theologiegeschichte 3 (1996) 88–115.
- Der »Syllabus errorum« (1864). Oder: Sind katholische Kirchen und Moderne unvereinbar? In: *Weitlauff*, Manfred (Hg.): Kirche im 19. Jahrhundert. Regensburg 1998, 115–139.
- u. a.: Rankes »Päpste« auf dem Index. Dogma und Historie im Widerstreit. Paderborn 2003.

Wolffe, John: Anti-Catholicism and Evangelical Identity in Britain and the United States, 1830–1860. In: *Bebbington*, David William u. a. (Hg.): Evangelism: Comparative Studies of Popular Protestantism in North America, the British Isles and Beyond, 1770–1990. New York 1994, 179–197.
- Protestant-Catholic Divisions in Europe and the United States: an Historical and Comparative Perspective. In: Politics, Religion & Ideology 12 (2011) 241–236.

Würgler, Andreas: Fama und Rumor. Gerücht, Aufruhr und Presse im Ancien Régime. In: WerkstattGeschichte 15 (2009) 20–31.

Zachhuber, Johannes: Die Diskussion über Säkularisierung am Beginn des 21. Jahrhunderts. In: *Braun*, Christina *von* u. a. (Hg.): Säkularisierung. Bilanz und Perspektiven einer umstrittenen These. Berlin 2007, 11–42.

Zahn, Friedrich: Brentano. In: Neue Deutsche Biographie. Bd. 2: Behaim-Bürkel. Berlin 1955, 596 f.

Zander, Helmut: Maria erscheint in Sievernich. Plausibilitätsbedingungen eines katholischen Wunders. In: *Geppert*, Alexander C. T./*Kössler*, Till (Hg.): Wunder. Poetik und Politik des Staunens im 20. Jahrhundert. Berlin 2010, 146–177.

Zeldin, Theodore (Hg.): Conflicts in French Society. Anticlericalism, Education and Morals in the 19th Century. London 1970.
- The Conflict of Moralities. Confession, Sin and Pleasure in Nineteenth Century. In: *Ders.* (Hg.): Conflicts in French Society. Anticlericalism, Education and Morals in the 19th Century. London 1970, 13–50.

Ziemann, Benjamin: Sozialgeschichte der Religion. Von der Reformation bis zur Gegenwart. Frankfurt am Main 2009.
- Säkularisierung und Neuformierung des Religiösen. Religion und Gesellschaft in der zweiten Hälfte des 20. Jahrhundert. In: Archiv für Sozialgeschichte 51 (2011) 3–36.

Zimmermann, Harald (Hg.): Regesta Imperii. Bd. II.5: Sächsische Zeit. Papstregesten 911–1024. 2. Aufl. Wien 1998.

Zimmer, Oliver: Nation und Religion. Von der Imagination des Nationalen zur Verarbeitung des Nationalisierungsprozesses. In: Historische Zeitschrift 283 (2006) 617–656.
- Beneath the »Culture War«: Corpus Christi Processions and Mutual Accommodation in the Second German Empire. In: Journal of Modern History 82 (2010) 288–334.

Zöller, Martin: Publizistik und Protest im Fall Mortara (1858). Kulturkämpfe und jüdische Emanzipation im Spiegel eines »Kinderraubes«. Magisterarbeit. Ludwig-Maximilians-Universität München. München 2005.

Zuber, Valentine: Hyacinthe Loyson d'un catholicisme à l'autre… In: *Dierkens*, Alain (Hg.): L'intelligentsia européenne en mutation, 1850–1875. Darwin, le syllabus et leurs conséquences. Actes du colloque organisé à l'Université Libre de Bruxelles les 13 et 14 mars 1998. Brüssel 1998, 197–214.

Zwicker, Lisa Fetheringill: Dueling Students. Conflict, Masculinity, and Politics in German Universities, 1890–1914. Ann Arbor/Michigan 2011.

Register

Personenregister

Acton, John 193–194
Albert, Charles siehe Daudet Charles Victor Albert Fernand
Alfons XIII. 222, 252
Alonso García, Gregorio 35
Altermatt, Urs 60
Álvarez Lázaro, Pedro 224
Antonelli, Giacomo 177
Asmodée (unbekanntes Pseudonym) 263, 265, 439, 481
Astruc, Élie Aristide 179
Azorín siehe Martínez Ruiz, José

Barrio, Vicente 252, 270
Benso di Cavour, Camillo 183
Bismarck, Otto von 9, 115, 122, 183 f., 325, 470, 498
Blaschke, Olaf 153
Blasco Ibáñez, Vicente 112
Borutta, Manuel 28, 37, 39, 161, 325, 478
Bösch, Frank 10
Bourneville, Désiré Magloire 331, 362
Brentano, Lujo 225, 249 f.
Briand, Aristide 89
Bruno, Giordano 238, 306 f.
Buchanan, James 179
Büchner, Ludwig 332 f., 365
Buisson, Ferdinand 359, 362
Bülow, Bernhard von 458

Cahen, Isidore 179
Calavia, Mariano 376
Canalejas Méndez, José 358
Caron de Beaumarchais, Pierre Augustin 440
Casanova, José 28
Channing, William Ellery 65
Charcot, Jean Martin 331
Chevalier de la Barre siehe Lefèbvre, Jean-François
Chíes, Ramón 104
Clarín siehe García-Alas y Ureña, Leopoldo
Clark, Christopher 10
Clemenceau, Georges 223
Combes, Émile 359
Comte, Auguste 67 f.
Corvin-Wiersbitzki, Otto von 121
Cousin, Victor 67
Cubitt, Geoffrey 33

D'Holbach, Paul Henry 330
Darwin, Charles 103, 330, 332, 483
Daudet Charles Victor Albert Fernand (Pseudonym Albert, Charles) 224
Daumier, Honoré 440 f.
De Azcárate y Flórez, Gumersindo 474
De Buen y del Cos, Odón 103, 222
De Castro y Pajares, Fernando 201
De Gramont, Antoine Agénor Alfred 179
De Hault de Pressensé, Edmond Marcellin 215
De Hault de Pressensé, Francis Charles 89
De Lamarck, Jean-Baptiste 330
De Maeztu, Ramiro 269
De Montalembert, Charles 185
De Unamuno y Jugo, Miguel 267
Dehmel, Richard 225
Delgado Ruiz, Manuel 35, 357
Demófilo siehe Lozano, Fernando
Deyveaux-Gassier, Henri-Paul 485
Dolet, Etienne 306
Döllinger, Ignaz von 186, 192–196, 337, 388, 390
Durkheim, Émile 332

Eardly, Culling 178

Erzberger, Matthias 243
Estévanez y Murphy, Nicolás 222

Ferdinand VII. 92
Ferrer, Francisco 220–224, 253–255
Feuerbach, Ludwig 330 f., 365
Friedrich Wilhelm III. 63
Friedrich Wilhelm IV. 119, 143

G., Julio siehe Jauz, Jules 481
Gabriel, Lange (unbekanntes Pseudonym) 463
Galantara, Gabriele (Pseudonym Rata Langa) 461, 464, 480 f.
Gambetta, Léon 431
García-Alas y Ureña, Leopoldo (Pseudonym Clarín) 407
García Ruiz, Eugenio 377
Garibaldi, Giuseppe 206, 361
Garrido Tortosa, Fernando 98
Gestwicki, Bruno 261
Gonin, Giulio (auch als Guido) 199
Grand-Carteret, John 450 f.
Gregor XVI. 60
Gregorovius, Ferdinand 308, 389
Guizot, François 73
Gulbransson, Olaf Leonhard 259

Habermas, Jürgen 25, 148, 284, 506
Habermas, Rebekka 28, 324
Haeckel, Ernst 67 f., 139, 225, 233, 248, 332 f., 353, 365, 451
Harms, Paul Dietrich Nicolaus 237–239
Hase, Karl August von 121
Heaford, William 224 f., 233
Heine, Thomas Theodor 304 f.
Helvétius, Adrien Claude 330
Hinschius, Paul 216 f., 318
Hölscher, Lucian 171
Huber, Franz 307 f.
Hus, Jan 238, 306

Iglesias, Pablo 111, 252
Isabella II. 92, 98, 325

Jaurès, Jean 84, 89, 224
Jauz, Jules (Pseudonym Julio G.) 481

Kaiser, Wolfram 10, 39
Ketteler, Wilhelm Emmanuel von 196, 318
Key, Ellen 223
Kolb, Georg Friedrich 216
Kropotkin, Piotr Alexejewitsch 222

La Mennais, Felicité de 318, 437
Laisant, Charles-Ange 224, 451
Lalouette, Jacqueline 33, 80, 89, 316, 322, 452
Lefèbvre, Jean François (Chevalier de la Barre) 306
Leo XIII. 52, 83, 128
Leroy, Michel 33
Leroy-Beaulieu, Antoine 289
Lerroux García, Alejandro 111
Liebermann, Max 225
Littré, Émile 206, 330, 332, 334
Llorentes, Juan Antonio 308
Lorand, Georges 225
Lorenzo, Anselmo 221, 223, 233, 272,
Löwenthal, Eduard 204
Loye, Charles Auguste (Pseudonym Georges Montbard) 351
Loyson, Charles (Père Hyacinthe) 195, 215
Loyson, Paul Hyacinthe 234, 264
Lozano, Fernando (Pseudonym Demófilo) 451
Luca de Tena y Álvarez Ossorio, Torcuato 267
Lutz, Johann von 124

Machado Núñez, Antonio 332
Mahr, Franz Josef 202 f.
Malatesta, Errico 222
Malato, Charles 222 f.
Manning, Henry Edward 193
Maragall, Joan 240
Martínez Ruiz, José (Pseudonym Azorín) 267, 269
Matamoros García, Manuel 95
Maura y Montaner, Antonio 252, 269, 274 f., 442
Maurras, Charles 372
Meffert, Franz 243 f.
Meier-Graefe, Julius 225

Mellor, Alec 33, 78
Michelet, Jules 204, 206, 450, 503
Mola, Aldo 357
Moleschott, Jakob 330, 332
Monod, Wilfred 273, 451
Montbard, Georges siehe Loye, Charles Auguste
Montefiori, Moses 178
Morote y Greus, Luis 476
Mortara, Edgardo 148–151, 157
Mortara (Ehepaar: Momolo Mortara und Marianna Padovani) 148 f., 152, 157, 175–177
Mühsam, Erich 310
Murri, Romolo 240, 446

Nakens, José 104, 393
Napoleon I. 72
Napoleon III. 19, 74–75, 150–151, 163, 166, 177–179, 197, 206, 211, 298, 396, 498
Naquet, Alfred 224, 451
Naumann, Friedrich 248
Nipperdey, Thomas 67
Nippold, Friedrich 196, 318

Ortega y Gasset, José 252, 269 f.

Père Hyacinthe siehe Loyson, Charles
Pérez Galdós, Benito 107, 240, 252
Pétavel, Abram-François 180
Philippson, Ludwig 177
Pius IX. 52, 58, 97, 340, 389-391, 442
Pius X. 52, 90, 236
Portet, Lorenzo 233
Pousthomis, Léon Césaire Auguste 303

Quinet, Edgard 204, 206

Ranke, Leopold von 193, 308, 389
Rata Langa siehe Galantara, Gabriele
Rémond, René 33, 78
Renan, Ernest 75, 331–334
Renouvier, Charles 369
Requate, Jörg 24, 158, 164
Ricciardi, Guiseppe 206–211, 214
Richer, Léon 204, 347
Ronge, Johannes 208
Rorty, Richard 327, 380
Russell, Odo 193

Sagristá, Fermín 479 f.
Sancha y Hervás, Ciriaco María 7 f., 10
Schleiermacher, Friedrich 331
Schlossmacher, Norbert 32
Scholl, Carl (auch als Karl) 434, 452
Schopenhauer, Arthur 365
Schulz, Wilhelm 258
Schulze Wessel, Martin 24
Servet, Miguel 214, 306 f.
Simarro Lacabra, Luis 275
Simon, Jules 204, 362
Soriano Barroeta-Aldamar, Rodrigo 252
Stein, Leopold 309
Steinlen, Théophile-Alexandre 479
Strauß, David Friedrich 67, 262, 330 f., 333
Suñer y Capdevila, Francisco 208 f., 376, 457
Sydow, Adolf 65, 335

Tarrida del Mármol, Fernando 233
Troeltsch, Ernst 475
Tschirn, Gustav 244 f., 420

Uhlich, Leberecht 208, 210

Vaillant, Eduard 84
Verhoeven, Timothy 12, 38, 161, 172
Veuillot, Louis 152, 164–166, 197
Virchow, Rudolf 7
Volkov, Shulamit 31, 449, 501

Weber, Max 28, 225, 332, 475
Wolff, Theodor 232 f., 237, 254, 257, 262

Yvetot, Georges 222, 224, 226

Zeldin, Theodore 33
Zeller, Eduard 400
Zu Hohenlohe-Schillingsfürst, Chlodwig 183

Sachregister

1848er Revolution 52, 56, 66, 117f., 143, 186, 206, 208, 281, 343, 396, 434
1898 104–106, 109–110, 112, 268
98er Generation 267–269, 271

Aberglaubetopos 333, 336–339, 390, 437, 439, 442, 455
Ablass 396, 399f., 434
Alliance Chrétienne Universelle 177
Alliance Israélite Universelle (AIU) 179f., 503
Alliance religieuse universelle 204
Allmacht siehe Herrschaftskritik
Altkatholizismus 124, 127, 132, 195f., 215f., 257
American Party 149, 177
Anarchisten 9, 19, 144, 148, 225, 227, 239, 241f., 246, 252, 264, 299, 308, 321, 332, 349, 356, 360, 363, 367, 400, 403, 411, 425, 427f., 480, 494, 498–500, 504, 508
- Deutschland 134, 248, 250, 292, 314, 405
- Frankreich 84f., 222, 247, 332, 404, 410
- Spanien 35, 105–107, 110–114, 219, 221, 223f., 227f., 233, 239, 244, 251, 253, 272, 286, 320, 330, 332, 347, 353f., 360, 363, 367, 378, 380, 385, 402, 406, 448
Antijesuitismus 14, 32–33, 121, 132, 137, 195, 204, 206, 257, 285, 294, 300, 307, 373, 398, 438, 443, 453f., 457f., 462, 467f.
- Begriff 13f.
Antikatholizismus siehe auch Antiklerikalismus und Konfession
- Begriff 13f., 312, 422, 498
Antiklerikalismus
- antiklerikale Allianzen 22f., 76, 80, 85–87, 105f., 110–112, 130–132, 134, 136–140, 144, 154f., 164f., 171–174, 179f., 206–213, 221–225, 232–234, 247f., 252, 254–256, 262–266, 268–270, 272–274, 281–286, 292, 347f., 368–374, 405, 422, 425f., 428, 432, 447–449, 455f., 470–473, 477f., 498–508
- und Arbeiterbewegung siehe Antiklerikalismus und soziale Reichweite
- Barcelona 11, 45, 97, 111f., 219f., 227, 334
- Begriff 13–15, 445–448
- bürgerlicher Antiklerikalismus siehe Antiklerikalismus und soziale Reichweite
- antiklerikaler Code 31f., 48, 432–453, 455, 482, 488f., 498–503
- Deutschland 115–141, 143–145, 168–170, 198, 202–204, 207, 215–217, 224, 247–251, 297–299, 312, 317f., 321, 329, 359, 369–374, 381, 383, 397, 446, 495, 498, 502, 508f., 511
- Frankreich 163–167, 189, 197f., 201f., 204f., 207, 211, 224–226, 231, 246–247, 297–299, 312, 316–324, 329, 358f., 368–372, 374f., 379–381, 383, 405f., 446f., 498, 502, 509f.
- als europäisches Phänomen 8, 142, 144f., 147–152, 156–161, 171–176, 181, 187–215, 218–240, 246–284, 330–333, 368–384 , 450f., 480f., 498–512
- und Geschlecht 12, 20, 32–35, 160f., 204, 207, 240, 293, 298, 341f., 345–348, 350, 356, 385, 406–410, 425, 455, 462, 478, 484, 494
- antiklerikale Gesetzgebung 77, 81–83, 86–90, 93, 99–100, 112f., 122–128, 136f., 142–144, 291, 315, 318f., 324f., 327, 358, 370f., 427, 489f., 508f., 511
- und Gewalt 9, 16, 20, 22, 34f., 76–78, 93, 97f., 107–108, 114, 127, 140, 151, 162, 173, 188, 201, 216, 219, 226, 237, 253f., 257–260, 264–267, 272f., 285, 287f., 300–310, 327, 334, 363, 366, 380–382, 384, 387, 389, 393–394, 414, 422, 424, 427, 442, 445, 450, 462, 468, 476f., 482f., 485f., 490, 500, 505f., 510
- antiklerikale Ideologie siehe antiklerikaler Code
- intellektueller Antiklerikalismus siehe Antiklerikalismus und soziale Reichweite

- und Konfession 9, 12, 14–16, 20, 27, 29–32, 42, 45, 50, 56f., 59, 61–65, 68–70, 72f., 78, 81, 90, 93, 100, 102, 105, 109, 115–124, 128–133, 136–145, 154, 169, 177, 180, 190, 196, 203, 228, 245, 248, 250, 257, 285, 289, 294, 297, 299, 311f., 317–319, 325f., 328f., 331, 336, 348, 353, 357–359, 362f., 367–374, 381–384, 386, 388, 400, 405, 422, 427–429, 443, 470, 492f., 495, 498, 502f., 505, 508–511
- antiklerikale Kultur 21, 451
- antiklerikales Lager siehe Lager, antiklerikales
- antiklerikale Literatur (Belletristik) 9, 46, 96, 104f., 112, 132f., 161f., 185, 256, 306, 393, 401, 407, 443, 450, 467
- antiklerikales Milieu siehe Lager, antiklerikales
- und Moral siehe Moral
- und Nation 8, 24, 87–88, 108f., 120f., 123, 125f., 129, 133, 138f., 140, 145, 155, 174, 190, 214–217, 256–263, 266–271, 292, 296, 313f., 325, 370, 373f., 470–473, 495, 507
- und Ökonomie siehe Moral, ökonomische
- Paris 76–78, 80, 204, 207, 226, 235, 237, 239, 245–247, 264, 274, 331
- populärer Antiklerikalismus siehe Antiklerikalismus und soziale Reichweite
- antiklerikale Protestformen 75–81, 86, 90f., 95–100, 104–108, 111f., 120f., 129f., 132f., 137–140, 144f., 149f., 201–209, 220, 223–227, 233, 238f., 247–253, 276, 433, 478–481
- und politische Reichweite 19, 75f., 78f., 83–85, 96, 98f., 104f., 110–113, 123–126, 129–131, 134–138, 142–144, 151, 164f., 167–169, 187, 189f., 195–197, 200f., 223f., 247f., 252, 271–274, 317–320, 339, 349, 363, 498–503
- und soziale Reichweite 19f., 35f., 46, 78f., 83–85, 98, 105f., 110–112, 121, 125, 130, 132–137, 139f., 143f., 150, 187, 219, 222–225, 227f., 236, 239f., 247f., 252, 264, 267, 269, 272–274, 284f., 291, 314, 318–320, 332, 321, 343–349, 354, 356, 361, 363–365, 368, 400–411, 427f., 433, 444, 446, 448, 453, 473–477, 480, 490f., 494, 498–500, 504, 508, 512
- und Religion 19, 29–31, 65–72, 195–197, 273, 350–355, 357–385, 396–400, 409f., 411, 473–477, 494–498
- antiklerikale Sakralisierung 350–357, 429, 495
- und Säkularisierung siehe Säkularisierung
- antiklerikales Selbstverständnis siehe Antiklerikalismus, Begriff
- Spanien 167f., 189, 198–200, 211, 214f., 251–254, 268–271, 298f., 306, 312, 314f., 317, 320, 322f., 328f., 358, 368f., 375–384, 405f., 446–448, 474, 510
- und Staat 77, 81–83, 86–90, 93, 99f., 112f., 122–128, 136f., 142–144, 166–168, 170, 197f., 230f., 249–251, 253, 314f., 321, 509
- traditioneller Antiklerikalismus 12, 19, 162. 290, 313, 356, 384, 396, 398, 400, 406, 409f., 412, 438, 442, 449, 453, 462, 491
- und Vergleich siehe Antiklerikalismus Verhältnis europäischer und nationaler Antiklerikalismus
- Verhältnis europäischer und nationaler Antiklerikalismus 15–18, 156–171, 197–200, 203, 211, 246–271, 299, 279–283, 321–323, 368–384, 503–512

Antikonzil 204, 206–212, 214, 218, 279, 282, 352, 364, 368, 376, 405, 503
Antisemitismus 31, 87, 152–155, 166, 169, 297, 449, 453, 501
- antisemitischer Code 31, 449, 501

Antiultramontaner Reichsverband 139f.
Antiultramontanismus 13, 443
Arbeiterbewegung siehe Antiklerikalismus und soziale Reichweite
Arbeitsethos siehe Moral, ökonomische
Armut siehe Moral, ökonomische
Asociación española de Libre Pensadores 211
Association nationale des libres penseurs 80
Atheismus 8f., 71, 81, 85, 99, 133–135,

141, 330, 339, 357, 359, 363–365, 367, 372, 376, 378, 380, 383, 427–429, 457, 491, 494, 497
Aufklärung 12, 42, 50, 64, 69, 154, 173, 255, 257, 310, 330 f., 336, 343, 350, 355, 419, 435 f., 438, 462, 466 f., 470, 491, 494
Ausgrenzung 20, 128 f., 155, 172–175, 195 f., 254–271, 277, 283, 325–327, 343–349, 356, 470–473, 501 f.

Bayerische Patriotenpartei siehe katholische Parteien, Deutschland
Bibel 73, 266, 273, 330, 338, 473, 479
Bildung 9, 62, 103, 105, 128, 138, 215, 257, 268, 317, 343–345, 347, 388, 390, 401, 415–418, 434, 463, 468, 482
Bildungssystem 74, 92, 103, 118, 124, 359, 369
- Loi Falloux 73, 78
- Frankreich 77 f., 81–83
- Deutschland 123, 126
- Ley Moyano 94
- Loi Guizot 73, 78,
- Spanien 92, 94, 100, 105
Binarität 263, 277, 327 f., 336, 245, 349, 355, 431, 455 f., 475, 477, 482, 488–490, 500 f.
Bismarck-Bund 139
Bonapartisten 75, 77, 164–167, 188, 325
Bürgertum siehe Antiklerikalismus und soziale Reichweite
Burgfrieden 140

Code siehe antiklerikaler Code und Antisemitismus, antisemitischer Code
Code Civil 72, 174
Cogitanten 204
Comité de défense de victimes de la répression espagnole 224, 228, 238, 272
Commune 77 f., 319, 381
Confédération générale de travail (CGT) 247, 285
Conjunción Republicano-Socialista 110, 272

Deisten 65, 76, 104, 359, 494
Delegitimierung 48, 290, 300 f., 308, 328, 342 f., 346, 356, 392, 395, 411, 424, 427, 433, 487, 489, 493, 500, 506, 511
Demokratisierung 8, 22, 40, 50, 54, 56 f., 147, 275–276, 342, 392, 425, 493, 505 f.
Denkmäler 226 f., 233, 239, 433, 501
Despotie siehe Herrschaftskritik
Deutsche Gesellschaft für Ethische Kultur 139
Deutscher Protestantenverein 121, 132, 136, 204
Diskurs
- Argumentationsstrategien siehe auch Ausgrenzung; Delegitimierung; Emotion, Emotionalisierung; Pathologisierung 431–490, 501
- -theorie 41–43
- Tonlagen 473–477, 490, 500
Dreyfus-Affäre 11, 86 f., 143, 155, 247, 271

Electra 107–109
Emanzipation 20, 25, 54, 60, 117, 143, 144, 149, 155, 175, 179, 181, 182, 241, 282, 311, 318–320, 328, 335 f., 344, 347–349, 356, 367–369, 372, 383, 402, 422, 425, 429, 493–495, 498, 500, 507, 509
Emotionen, Emotionalisierung 10, 22, 59 f., 141, 152 f., 156, 167, 174–176, 180 f., 227, 234 f., 237, 245, 246, 265, 268, 273, 276, 279, 287, 293, 301, 337, 346, 382, 409, 475 f., 484, 487, 489 f., 500, 504–506, 510
- emotionale Gemeinschaft siehe Europa, europäisches Selbstverständnis
Episkopat 182, 185, 187, 228, 230
- Spanien 228, 230
Epistemologie 121, 141, 290, 329–357, 362, 423, 425 f., 491, 494, 496 f., 499, 503
Erstes Vatikanisches Konzil 11 f., 45, 46 f., 54, 59, 125, 154, 181–206, 213–218, 238, 271, 278–282, 295, 298 f., 307, 311, 314, 316 f., 321 f., 326, 328–330, 334–337, 339 f., 342, 349, 351 f., 357 f., 365 f., 370, 373–377, 387, 389 f., 392, 394–396, 398, 400, 402, 407, 413–415, 420 f., 436–440, 442, 446, 448, 468, 472–474, 477, 480, 491, 496
Erziehungssystem siehe Bildungssystem

Escuela Moderna 221, 223, 242
Europa 15–18
- Begriff 172–174, 213 f., 254–271, 281–283, 506 f.
- europäische Öffentlichkeit siehe Antiklerikalismus als europäisches Phänomen sowie Kommunikationsfluss und Vernetzung
- europäisches Selbstverständnis 17 f., 171–175, 212–215, 254–271, 281–284, 505–508
Evangelical Alliance (EA) 62, 177 f., 180, 204, 503
Evangelischer Bund 133, 136, 138, 196, 248, 435

Fabra siehe Nachrichtenagenturen
Fall Ferrer 11–13, 44 f., 90, 108, 219–281, 283–285, 287, 292, 299, 301–304, 307, 310, 314, 328, 348, 353 f., 368, 370, 373, 375, 378, 393–395, 402, 414 f., 420, 433, 439, 442, 446, 448, 450 f., 453, 466, 468, 472 f., 475–478, 480, 482–484, 491, 502, 504–507, 519
Fédération International de la Libre Pensée 210
Feindbilder 76, 140, 431, 453 f., 456–470, 475 f., 501
Feminisierung des Religiösen 59–61, 70 f., 346 f., 482
Fiktionalisierung 43, 158–162, 301, 304, 306, 407, 450, 467, 497
Fortschrittsbegriff 48, 52, 84, 131, 173 f., 189 f., 199, 206, 217, 254 f., 257, 260, 269, 317, 354, 365, 401 f., 413, 415, 417–422, 434, 438, 455, 457, 470, 472, 492 f.
Frauen siehe Antiklerikalismus und Geschlecht; Katholizismus und Geschlecht; Misogynie
Freidenker 9, 13, 33, 35 f., 45, 133, 141, 187, 189, 192, 194, 198, 204, 206 f., 210–212, 299, 311, 332, 338 f., 347, 352, 360–364, 375, 389, 414, 420, 427, 429, 494, 499–500
- Deutschland 66 f., 119, 130 f., 133–137, 139 f., 144, 150, 154 f., 211, 245, 248, 250, 318, 359, 363, 365, 368, 382, 389, 434, 446
- Frankreich 76, 80, 85 f., 88 f., 91, 133, 204, 207–209, 211, 224, 226, 232, 285, 318, 326, 331 f., 347 f., 352 f., 361, 363–365, 389, 405, 407, 446 f., 488
- und internationale Vernetzung 39, 206 f., 209–211, 221–225, 233, 246, 503 f.
- Spanien 11, 99, 101, 103 f., 106, 108, 112, 133, 143, 148, 160, 208, 211 f., 224, 227 f., 233, 252 f., 262, 264, 272 f., 324, 332 f., 338, 347, 363–365, 421, 451, 480
Freiheit siehe Religions-, Gewissens- und Kultusfreiheit
Freimaurer siehe auch Verschwörungstheorien 9, 35, 45, 152, 164, 187, 190, 194, 205–207, 209, 221–225, 227, 233, 242–244, 318, 323, 331, 352, 359 f., 389, 400
- Deutschland 127, 132 f.
- Frankreich 76, 85 f., 88 f.
- und internationale Vernetzung 148 f., 205, 368, 503
- Spanien 99, 103, 105 f., 112
Freireligiöse, Freigeistige siehe Freidenker
Friedhöfe 9, 81, 94, 100, 102, 325
Frömmigkeit siehe Ultramontanismus

Gallikanismus 73, 75, 77, 142, 318 f.
Gender siehe Antiklerikalismus und Geschlecht; Katholizismus und Geschlecht; Misogynie
Gerüchte 158 f., 192 f., 301, 388, 450
Geschichte siehe auch Zeitpolitik
- antiklerikales Bild der Geschichte 304–308, 366, 384, 387–389, 417–421, 434
- Historismus 413, 419 f.
Geschlecht siehe Antiklerikalismus und Geschlecht; Katholizismus und Geschlecht; Misogynie
Gesellschaft Jesu siehe Jesuiten, Jesuitismus
Gesetzgebung siehe Antiklerikalismus, antiklerikale Gesetzgebung sowie Kirchen- und Religionspolitik
Gewalt siehe Antiklerikalismus und Gewalt
Gewissen 72, 74, 81, 118 f., 137, 151, 173, 175, 190, 234 f., 250, 254, 283, 300, 309–

313, 318, 328, 350, 372, 395, 399, 412, 416, 447, 468
Gleichheit, soziale siehe Moral, ökonomische
Gran Oriente Español 275
Grand Orient de France 85 f., 133, 205, 243, 352
Großer Architekt des Universums 85 f.
Gustav-Adolf-Verein 196

Havas siehe Nachrichtenagenturen
Herrschaftskritik 151, 214, 294–300, 307, 309, 311, 314, 327, 364, 424, 442, 445, 455
Historismus siehe Geschichte, Historismus

Individualisierung 310–313, 323–325, 327, 342, 355 f., 367, 383, 394 f., 422, 425 f., 493 f., 497, 509
Inferiorität, katholische 257, 344, 387, 397, 401, 418
Inquisition 12, 214, 244, 256, 258, 304, 306 f., 415, 439, 442, 483
Institución Libre de Enseñanza (ILE) 105, 201, 262, 275, 334, 474, 476
Intellektuelle siehe Antiklerikalismus und soziale Reichweite

Jesuiten, Jesuitismus 13 f., 82, 94, 96, 99, 107 f., 127 f., 131 f., 137 f., 140, 204, 212, 217, 228 f., 238, 242, 256 f., 263 f., 268, 289, 296, 301, 307, 325, 346, 354, 370 f., 378, 396 f., 408 f., 411 f., 435, 438–443, 445, 450 f., 453, 459, 462, 467 f., 472, 476, 482 f., 488, 501
- Begriff 438–443
Juden siehe auch Antisemitismus 9, 36, 45, 61, 64 f., 70, 141, 152–155, 169, 177–181, 187, 281, 289, 319, 370–372, 444, 494
- Board of Delegates 179
- Board of Deputies 178
- Deutschland 119 f., 123, 130–132
- Frankreich 73, 87, 89 f., 142
- jüdische Gemeinden 149
- und innerkonfessionelle Differenzen und Konflikte 64 f., 371 f.
- Spanien 64

Kampfbegriff 7 f., 217, 241, 339, 412, 415 f., 434, 437, 439, 443, 469 f., 500
Karikaturen 41, 46, 48, 86, 132 f., 135, 198, 202, 227 f., 232, 256, 261, 263 f., 289, 301, 304, 308, 338, 340, 342 f., 350 f., 392, 403, 407, 410, 431, 439, 450 f., 457 f., 462, 478–487, 489, 503
Karlismus, Karlisten 92 f., 95, 97, 108 f.
Kartell der katholisch bürgerlichen Vereine 240
Katholische Parteien 56 f., 59, 399, 442
- Deutschland 56 f., 63, 118, 122, 124 f., 127 f., 130, 136–138, 141, 155, 202 f., 250, 292, 297, 348 f., 369, 373
- Frankreich 56
- Spanien 56, 348
Katholischer Volksverein 243
Katholizismus siehe auch Réveil, Revival, Awakening (Aufschwung), katholischer Aufschwung 51–61, 76, 83, 90 f., 95, 113 f., 121 f., 137, 181 f., 192 f., 215 f., 218, 328, 334 f., 346–348, 391 f., 397, 416 f., 496 f.
- und Geschlecht 59 f., 261, 346 f.
- katholische Mobilisierung 113 f., 121 f., 128, 137, 152 f., 165 f., 168, 185–187, 195–198, 200–203, 228–230, 236, 240–245, 250 f., 278, 286 f., 296–298, 326, 358, 365 f., 369 f., 388, 466 f., 478, 498 f.
- politischer Katholizismus siehe katholische Parteien
- Verbandskatholizismus 55, 59, 101
Kirchen- und Religionspolitik 291, 315, 324 f., 327, 489 f., 508 f., 511
- Deutschland 115–120, 122–128, 136 f., 140, 142–144, 183, 215 f., 248–250, 370 f.
- Frankreich 72–75, 77–79, 81–83, 86–90, 143, 163 f., 183 f., 197 f., 247, 318 f., 427
- Spanien 91–95, 99 f., 102 f., 112 f., 257, 358, 427
Klerikalismus 7, 14 f., 41, 54, 240, 248, 262, 269, 286, 300, 315, 319, 343, 371, 414, 435, 443–445, 447, 451, 456 f., 462, 469 f., 488 f., 493, 501
- Begriff 14–15, 443–445

- Klerikalisierung im Ultramontanismus 54

Klerus 9, 14, 48, 54 f., 57–59, 69, 74, 77, 82, 87, 90, 96 f., 100, 102 f., 124, 138, 165, 185, 201, 203, 215, 228, 240, 256 f., 260, 262, 268, 289 f., 292, 294, 301, 324, 343, 345–347, 356, 365 f., 377–387, 384, 389, 392–396, 398, 400–403, 406–418, 423, 425, 443–446, 450, 456–458, 462, 466–469, 471–472, 475, 477, 479, 481 f., 484, 486, 488 f., 493, 495, 500
- regulärer Klerus siehe Orden

Kommunikationsfluss und Vernetzung 149–151, 156–160, 162–165, 166–171, 177–180, 183–197, 202, 205–210, 211 f., 220–233, 237–239, 241, 246–250, 255 f., 262, 266–271, 276, 278–281, 283 f.
- gesetzliche Hindernisse siehe Pressegesetzgebung

Konfession siehe Antiklerikalismus und Konfession

Kraus-Gesellschaft 138

Krausisten, Krausismo 97, 105, 200–201, 291, 377 f., 417

Kriminalisierung 424, 477, 500

Kulturkampf siehe auch Antiklerikalismus, antiklerikale Gesetzgebung
- Begriff 7, 14

Kulturprotestantismus 63, 383

Lager, antiklerikales 11, 21, 23, 56, 145, 159, 187–189, 194–197, 225, 240–245, 271–274, 286–288, 432, 453 f., 477 f., 488, 490, 495–503
- Deutschland 19, 23, 168 f., 248 f., 349
- Frankreich 79, 87, 91, 142 f., 146, 156
- Spanien 114, 143, 167 f., 253 f., 270 f.

Lager, katholisches 11, 65, 186 f., 200 f., 240–245, 495–497
- Deutschland 128 f., 139 f., 245
- Frankreich 56, 79, 91, 146
- Spanien 56, 114, 267

Lager, protestantisches 65
- Deutschland 63 f., 130, 137–140, 144
- Frankreich 63 f.

Laïcité, Laizität 27 f., 30 f., 73, 76, 79, 164–165, 190 f., 279, 321–323, 363, 373–382, 470, 510
- Begriff 27 f., 321 f.
- französischer Sonderweg 321–323, 374–382, 510

Laizismus 13, 28, 79, 132, 282, 318, 320 f., 324, 353, 507
- Begriff 13, 28
- laizistische Moral 323, 366, 369, 384 f.

Lateinamerika 17, 67, 112, 193, 207, 255,

Ley de Candado 113, 358, 460

Ley Moyano siehe Bildungssystem, Ley Moyano

Leyenda negra 214 f., 256 f., 270

Liberale, Liberalismus 9, 12, 19, 37, 44, 52–54, 64–66, 69, 72, 144, 151–153, 156, 158, 180 f., 183, 185–187, 189 f., 192 f., 195–197, 200 f., 206, 218, 225, 227, 232, 241, 267, 271–273, 286, 292, 295, 310–312, 314, 325, 327, 335, 345, 347–349, 356–359, 364, 368, 370 f., 374, 390, 400 f., 403, 411, 416, 418 f., 422, 428, 437, 447 f., 474 f., 477, 494 f., 497, 498–502, 508
- Begriff 79, 447 f.
- Deutschland 19, 36 f., 42, 63, 66, 115, 121–125, 131–134, 136–139, 143–145, 169, 189, 195, 200, 202 f., 216, 248 f., 291 f., 317 f., 321, 325, 327, 343, 368–370, 383, 389, 405
- Frankreich 72, 75, 79, 164 f., 204, 247, 318 f., 371, 372
- Freisinn, Fortschritt 131, 248,
- Liberale Reichspartei 369
- Moderados 93–96, 102, 167 f., 188, 325, 498
- Nationalliberale 133, 248, 317, 369
- Opportunistes 79, 87, 143, 319
- Progresistas 92–94, 98–101, 167 f.
- Spanien 65, 92–95, 97, 99, 102, 104, 107, 112–115, 143, 167, 200 f., 252, 270, 320, 375 f., 387, 406, 474 f., 488

Liberaler Katholizismus 52–54, 97, 99, 196, 200, 286, 289, 318, 358, 370, 418 f., 474 f., 477, 494, 497, 499, 509

Ligue de l'enseignement 80

Ligue des droits de l'Hommes 226, 239

Ligue internationale pour l'éducation rationnelle de l'enfant 222

Loi Falloux siehe Bildungssystem, Loi Falloux
Loi Guizot siehe Bildungssystem, Loi Guizot

Manichäismus 350–353, 452, 455–470, 477
Masse, Volk 125, 140, 345 f., 348 f., 356, 402–406, 425 f., 494, 500, 508
Medien siehe auch Nachrichtenagenturen sowie Öffentlichkeit
- Karikaturen siehe Karikaturen
- Massenmedien 8, 13, 21, 25, 31, 46, 132, 144, 147, 236, 238–240, 246, 276 f., 287, 431–433, 451, 477, 488 f., 498, 501, 503, 506, 512, 522
- sonstige Medien 75 f., 79 f., 95 f., 104 f., 107 f., 120 f., 132, 150, 189, 225–227, 306–308, 332 f., 387–389, 433, 501
- mediale Verselbstständigung 21 f., 31 f., 36, 39, 43, 147 f., 158–162, 181–193, 227 f., 311, 327 f., 387, 432–456 , 488 f., 497 f.
Menschenrechte 72, 174, 275, 287
Menschheitsbegriff 172, 213, 235, 244, 256, 269, 350, 354 f., 394 f., 419, 433 f.
Menschlichkeit, Vermenschlichung 52, 175, 210, 234 f., 244, 268, 296, 330, 335 f., 355, 340, 387–396, 408, 412
Milieu siehe Lager
Misogynie 346, 348, 494
Mittelalter 12, 19, 34, 238, 313, 384, 398, 400 f., 412–417, 455, 471, 473
Moderne 8 f., 25, 42, 51 f., 92, 141–143, 179–181, 286, 423, 437, 496, 498
- Begriff 190, 217, 235, 264, 270, 311, 318, 364, 367, 383, 403, 405, 412–424, 434, 437, 439, 442, 455, 472, 474 f., 492 f., 506 f.
Modernismus 52, 240, 331, 334
Monistenbund 67, 139
Moral 8 f., 11 f., 20, 24, 26, 28 f., 32–36, 38, 48, 73 f., 76, 81 f., 94–96, 100, 102, 117, 121, 132, 142, 152, 160, 173–176, 181, 188, 200, 289, 306, 354 366–369, 377, 383–412, 415, 417, 422–426, 428 f., 434, 439, 442, 449 f., 453, 473–475, 477, 479, 488, 491–495, 497
- bürgerliche Moral 19, 400–411
- christliche Moral 356, 366–368, 378, 383–385, 394, 396–403, 408–411, 423, 429, 483, 495
- moralischer Führungsanspruch 392–395
- laizistische Moral siehe Laizismus, laizistische Moral
- Lüge 387, 396 f., 400, 411, 429, 437,
- ökonomische Moral 257, 397–406, 411, 496, 500
- Sexualmoral, das Zölibat 385 f., 406–412, 422, 428 f., 434, 495
Mortara-Affäre 11–13, 44, 47, 148–181, 191, 233, 240, 274, 278–281, 287 f., 292, 297, 300, 309, 312, 313, 317, 323, 326, 328, 357, 365, 371–375, 389, 393 f., 407, 415, 436, 449 f., 466, 472 f., 475, 491, 502 f.
Mündigkeit 310 f., 324, 343–349, 356, 425, 494

Nachrichtenagenturen 147, 156, 191, 231
- Deutschland 191
- Frankreich 191, 194, 231, 519
- Spanien 191, 231, 519
Nation, Nationalismus siehe Antiklerikalismus und Nation
Nationalverein 121
Neo-catolicismo siehe Ultramontanismus
Neuluthertum 63
New catholicism siehe Ultramontanismus

Öffentlichkeit siehe auch antiklerikale Protestformen sowie Medien 11, 13, 22, 24 f., 39 f., 47, 107, 136, 147–149, 151, 158, 162–164, 171–182, 184–187, 191–193, 195 f., 201, 211–213, 218–220, 223, 225, 230, 233–241, 245 f., 253–256, 268, 378–380, 391, 425, 448, 496 f., 501, 504–506
- Begriff 24 f., 171 f., 212 f., 233–235, 238, 254 f., 277, 505
- Demonstrationen 9, 24, 80, 97, 107, 127, 201, 225 f., 228, 237–240, 247, 252, 264, 267, 269, 277, 496, 502, 505 f.
- europäische Öffentlichkeit siehe Antiklerikalismus als europäisches Phäno-

men; Europa sowie Kommunikationsfluss und Vernetzung
- als Instanz 24 f., 162–164, 171–182, 184, 192 f., 237–246, 274–278, 284 f.
- Selbstverständnis als Öffentlichkeit 171–177, 212 f., 218, 230, 233–240, 254–256, 268, 276 f., 448, 505
- Strukturwandel der Öffentlichkeit 13, 47, 147, 235–240, 276 f., 284–288, 506
- Vernetzung siehe Kommunikationsfluss und Vernetzung
- Versammlungen 9, 13, 24, 55 f., 73 f., 77 f., 132, 149, 185, 201, 204–212, 225, 227, 238, 244 f., 247 f., 251 f., 277, 279, 348, 352, 420, 502, 504 f.

Ökonomie siehe Moral, ökonomische

Orden, Klöster und Kongregationen siehe auch Jesuiten
- und antiklerikale Kritik 8 f., 132, 161, 201, 220, 244, 253, 320, 324, 346 f., 397 f., 401 f., 407 f., 411, 415, 450, 457–462, 472, 486, 489 f., 495
- Entwicklung 58, 60, 74, 78, 109
- Gesetzgebung 73, 77, 83 f., 87 f., 91 f., 94, 99 f., 102, 107, 112 f., 123 f., 127, 358,

Papst, Papsttum
- und antiklerikale Kritik 8, 97, 125, 149–151, 154, 162, 166, 169, 177 f., 189, 191, 197–200, 202, 215, 244, 262, 289, 294 f., 306–308, 313, 336–338, 340–342, 345, 366, 386–394, 402, 406, 412, 434, 436, 441, 458, 464, 468, 472–474, 476 f., 480
- Entwicklung 52, 54 f., 58–60, 73, 83, 90, 113, 127 f., 182 f., 193, 236, 467

Parteien siehe katholische Parteien

Pathologisierung 43, 331, 341–343, 345, 356, 409, 424, 493

Polemik siehe auch Lager, antiklerikales, katholisches und protestantisches 23, 51, 75 f., 120 f., 129, 137 f., 164–166, 197–202, 218, 240–246, 280, 286–288, 294, 367, 387 f., 431, 435–437, 454, 456–473, 475–478, 489 f., 505 f.

Politik siehe antiklerikale Gesetzgebung; Antiklerikalismus und Nation; Antiklerikalismus und politische Reichweite; Antiklerikalismus und Staat; katholische Parteien sowie Kirchen- und Religionspolitik

Popularisierung 79 f., 239, 332 f., 503

Populismus 86, 106, 111, 236, 291, 490

Presse siehe auch Karikaturen; Kommunikationsfluss und Vernetzung; Medien; Öffentlichkeit sowie Zeitungen/ Zeitschriften
- -gesetzgebung 44 f., 74 f., 95 f., 104, 128, 136, 166–168, 170, 192 f., 197–199, 200, 220, 230 f., 249–253, 266–267, 276, 284, 375

Protest siehe Antiklerikalismus, antiklerikale Protestformen sowie Katholizismus, katholische Mobilisierung

Protestanten, Protestantismus siehe auch Réveil, Revival, Awakening (Aufschwung), protestantischer Aufschwung 9, 30, 37, 61, 63 f., 68, 95, 142, 149, 153, 177–179, 184, 187 f., 194, 196, 202 f., 212, 215, 282, 289, 298, 311 f., 328, 330 f., 334–337, 339, 342, 344, 352, 360, 362, 364, 368–375, 377, 379, 381, 383, 400 f., 405, 410, 427 f., 442, 444, 453, 467, 470, 494, 497–499, 511
- Deutschland 16, 23, 29, 36, 38, 45, 57, 61–63, 65–66, 68–71, 115–118, 120–123, 125, 129–140, 144, 154 f., 160, 169, 179, 184, 188, 193, 198, 203 f., 216 f., 219, 248–250, 281, 285, 297 f., 318, 324 f., 330, 358–360, 371–374, 381, 405, 436, 470, 495, 508, 511
- Frankreich 50, 62–65, 71, 73 f., 87, 89 f., 164 f., 167, 184, 212, 248, 273, 285, 297, 304, 307, 319, 348, 359, 362, 368–371, 375
- und innerkonfessionelle Differenzen und Konflikte 63 f., 138 f., 370 f., 373, 428
- Spanien 9, 61, 95 f., 104, 180, 285, 359, 368 f., 377
- Verbandsprotestantismus 62,

Protestantenverein 121, 132, 136, 204

Psychologisierung siehe Pathologisierung

Quanta cura siehe Syllabus Errorum

Ralliement 83, 90

Reformjudentum siehe Juden und innerkonfessionelle Differenzen und Konflikte
Regeneracionismo 109, 476
Religion siehe auch Antiklerikalismus und Religion
- religiöse Pluralisierung 8, 50–72, 123, 141, 367, 383, 428, 494
Religions-, Gewissens- und Kultusfreiheit 28, 52, 69, 95 f., 100, 106, 151, 173 f., 178, 182, 188–190, 250, 255, 283, 309–313, 318, 323, 328, 355, 395, 416, 447, 422, 426, 472, 499, 511
- gesetzliche Bestimmungen 12, 72, 74, 81, 88, 93–95, 99 f., 102, 118–120, 127, 137, 140, 142 f., 205
Republikaner, Republikanismus 9, 28, 35, 144, 148, 153, 187, 190, 197, 206, 222, 225, 244, 292, 295, 299, 308, 314, 347, 349, 356, 389, 400–402, 405, 411, 425, 427 f., 494, 499 f., 504, 508
- Frankreich 72, 75, 77–82, 84–89, 142–145, 155, 164, 185, 189, 195–197, 205, 211, 287, 224, 226, 247, 249, 272, 274, 306, 318, 332, 347, 349, 364, 369, 379, 400, 406, 446
- Deutschland 145, 356, 508 f.
- Opportunistes 79, 87, 143, 319
- Radicaux 79, 83, 87, 319
- Spanien 45, 96, 98 f., 101, 103 f., 106–108, 110–114, 143, 145, 189 f., 196, 201, 208, 212, 219, 221 f., 227, 233, 236, 252, 254, 262, 272, 286, 299, 304, 320, 339, 347, 349, 375, 377 f., 406, 421, 427, 433, 446–448, 457, 476
Réveil, Revival, Awakening (Aufschwung) 50
- katholischer Aufschwung 51, 55–59, 62, 68, 69, 397, 437
- protestantischer Aufschwung (Erweckungsbewegung) 62, 68, 74
Riten (rites de passages), antiklerikale 67, 76, 80, 99 108, 360–362, 367, 494, 501

Saint-Simonismus 67, 180, 372
Sakralisierung siehe Antiklerikalismus, antiklerikale Sakralisierung
Säkularisation 27, 92, 94, 99, 102, 115–117, 397, 496
Säkularisierung 8 f., 20, 25–31, 36 f., 40–42, 47 f., 50, 69, 71, 80, 84, 89, 100, 105, 114, 118, 130 f., 143, 140, 154, 164, 173 f., 182, 188, 190 f., 218, 254 f., 282, 287, 289–429, 466, 492–495, 506 f., 509–511
- Begriff 27–29, 315
- Entkirchlichung 8, 59, 68–72, 92, 141, 361, 367, 380, 428, 492
Semana Trágica11, 44, 108, 162, 219, 228, 230, 242, 244, 252 f., 266, 378, 446, 462
Sexualität, Sexualisierung 36, 161 f., 288 f., 384–390, 392 f., 406–411, 422, 428 f., 477 f., 500
Sillon 53
Sozialer Katholizismus 53, 55, 83, 134
Sozialisten 9, 19 f., 144, 147, 187, 190, 225, 227, 230, 239, 246, 250, 264, 272–274, 279, 291 f., 295, 299, 308, 314, 332, 347, 349, 354, 356, 360, 363 f., 366–368, 400, 403, 410 f., 425, 427 f., 466, 494, 498–500
- Deutschland 36, 130, 134–137, 139 f., 144, 236, 273, 285, 318, 332, 359–361, 405 f., 410, 446, 458, 502, 508
- Frankreich 83–86, 89, 197, 224, 226, 247, 249, 257, 273 f., 319, 405, 410
- Spanien 45, 108, 110–114, 212, 219, 221, 224, 227 f., 252, 272, 286, 320, 347, 360, 446, 448
Staat-Kirchen-Konflikte siehe Antiklerikalismus, antiklerikale Gesetzgebung sowie Kirchen- und Religionspolitik
Stereotype, Stereotypisierung 41 f., 152 f., 161, 169, 174, 256, 262, 270 f., 286, 289, 297, 311, 328, 342, 346, 348, 398, 431, 452–455, 466, 473–475, 477, 481–483, 486, 488–490, 497
Straßenumbenennungen 226 f., 249, 274, 433, 501
Syllabus Errorum 51 f., 74 f., 95, 182, 186, 295, 311, 334, 337, 374, 440

Telegrafie 147, 156, 191 f., 237, 252, 278, 300
Theisten 204, 212, 359, 494

Tierdarstellungen 404, 458–466, 489
Transnationalisierung, Transnationalität siehe Antiklerikalismus als europäisches Phänomen; Antiklerikalismus, Verhältnis europäischer und nationaler; Europa; Kommunikationsfluss und Vernetzung sowie Telegrafie
Transzendenz, transzendente Vorstellungen 30, 58, 65, 67, 276, 280, 334f., 337, 339, 343, 353f., 361, 364, 420, 423f., 429, 493, 495, 497, 499f., 504
Trennung von Staat und Kirche 9, 52, 93, 100f., 134, 182, 188, 190, 216, 250, 253, 297, 316–318, 320f., 324, 326, 329, 359, 451, 499
- Frankreich 12, 28, 72, 75, 77, 80f., 83f., 87–91, 143, 155, 163, 174, 224, 316–320, 322, 326, 371, 379, 427, 446, 450f., 458, 489, 511
Tyrannei siehe Herrschaftskritik

Ubao-Fall 109
Ultramontanismus 51–61, 63, 68, 74, 120–123, 125, 128, 141f., 151f., 160, 163, 165, 181f., 185, 189, 191f., 197, 200, 202f., 286, 294–298, 316, 318f., 327, 337, 341, 348, 358, 371, 374f., 389, 397, 414, 416, 439, 472, 475, 495–498, 509
- Begriff 51, 301f., 371, 435–439, 451f., 456f., 469, 472, 488, 501
- und Frömmigkeit 20, 51, 55, 58–60, 62, 120, 128, 141f., 337, 346–348, 358, 391, 496
Unfehlbarkeit 11, 54, 124f., 182f., 185–191, 197, 200, 203, 215–217, 294f., 297, 316, 337f., 341f., 375, 387, 388f., 390–392, 396, 415, 420, 441, 468, 473
Union de libres penseurs et de libres croyants pour la culture morale 273
Union sacrée 91
USA 12, 17, 38, 149, 163, 172f., 179, 207f., 213, 255, 373, 407

Vatikan siehe Papst, Papsttum
Vatikanum siehe Erstes Vatikanisches Konzil
Verein für die Rheinprovinz 369
Vergleich siehe auch Antiklerikalismus, Verhältnis europäischer und nationaler Antiklerikalismus 15f.
Vermenschlichung 387–395
Vernunft, Verstand 11, 52, 63, 151, 171, 182, 210, 213, 255, 296, 329, 330, 333–344, 346, 350, 355f., 364, 415, 417f., 422, 424, 427, 455, 474, 493, 500
Verschwörungstheorien 8, 85, 105, 121, 152, 158, 165, 181, 206, 242f., 287, 453, 466–468, 476, 478, 489, 500
Visual History siehe Karikaturen
Volk siehe Masse, Volk
Volksverein für das Katholische Deutschland 138

Wahrheitsanspruch 161, 191, 327, 334, 350, 352, 356
Westen, der 24, 172, 281
Wissen, Wissenschaft 9, 27, 48, 50, 63f., 67–69, 97, 105, 141, 150, 185, 195, 199, 268, 289, 321, 324, 329–336, 338–340, 343, 345f., 350, 354–356, 388, 415–419, 422–427, 433, 446, 455, 468, 470, 474, 479, 493, 496f., 499–500
Wolffsche Telegraphenbüro siehe Nachrichtenagenturen

Zeitpolitik siehe auch Fortschrittsbegriff sowie Geschichte 48, 412–422, 423–434, 492f.
- epochale Zuordnungen siehe Mittelalter sowie Moderne
Zeitungen/ Zeitschriften siehe auch Karikaturen; Kommunikationsfluss und Vernetzung; Medien sowie Öffentlichkeit 43–46, 520–524
Zensur siehe Pressegesetzgebung
Zentrum siehe katholische Parteien, Deutschland
Zivilgesellschaft 55–57, 60, 103, 147, 211, 218, 220, 276, 297, 444, 504
- Begriff 321–323, 329, 499, 510
Zivilisationsbegriff 172f., 174, 190, 213f., 254, 268, 281, 283, 415f., 455, 472–474, 489
Zölibat siehe Moral, Sexualmoral, das Zölibat